DAS ÖFFENTLICHE RECHT DER GEGENWART

JAHRBUCH DES ÖFFENTLICHEN RECHTS DER GEGENWART

NEUE FOLGE / BAND 44

HERAUSGEGEBEN VON

PETER HÄBERLE

1996

J. C. B. MOHR (PAUL SIEBECK) TÜBINGEN

© 1996 J. C. B. Mohr (Paul Siebeck) Tübingen.

Die Annahme zur Veröffentlichung erfolgt schriftlich und unter dem Vorbehalt, daß das Manuskript nicht anderweitig zur Veröffentlichung angeboten wurde. Mit der Annahme zur Veröffentlichung überträgt der Autor dem Verlag das ausschließende Verlagsrecht. Das Verlagsrecht endet mit dem Ablauf der gesetzlichen Urheberschutzfrist. Der Autor behält das Recht, ein Jahr nach der Veröffentlichung einem anderen Verlag eine einfache Abdruckgenehmigung zu erteilen. Bestandteil des Verlagsrechts ist das Recht, den Beitrag fotomechanisch zu vervielfältigen und zu verbreiten und das Recht, die Daten des Beitrags zu speichern und auf Datenträger oder im Online-Verfahren zu verbreiten.

Das Buch wurde aus der Bembo-Antiqua von Gulde-Druck in Tübingen gesetzt, auf alterungsbeständiges Papier der Papierfabrik Niefern gedruckt und von der Großbuchbinderei Heinr. Koch in Tübingen gebunden.

ISBN 3-16-146549-0
ISSN 0075-2517

Inhaltsverzeichnis

Abhandlungen

Europäische Staatsrechtslehrer

---

* Diese und die folgenden Zahlen verweisen auf einschlägige Beiträge in den früheren Bänden: z. B. bedeutet NF 8: Band 8 der Neuen Folge des Jahrbuchs; 6: Band 6 der ersten Folge des Jahrbuchs.

Richterbilder

Berichte

Entwicklungen des Verfassungsrechts im europäischen Raum
Der Aufbruch in Mittel- und Osteuropa

Entwicklungen des Verfassungsrechts im außereuropäischen Raum

I. Amerika

II. Asien

III. Afrika

Abhandlungen

Die Vereinigung Deutschlands und die gesamtdeutsche Verfassung (1991)*

Prof. Dr. Dres. h. c. Konrad Hesse

Freiburg/Br.

Vor etwa zwei Jahren, am 7. Oktober 1989, feierte die Deutsche Demokratische Republik den vierzigsten Jahrestag ihrer Gründung, mit aller Pracht und allem Glanz, zu dem ein politisches System fähig war, das sich auf dem Höhepunkt seiner Macht wähnte und das von der ganzen Welt als innerlich und äußerlich gefestigt angesehen wurde. Niemand hätte geglaubt, daß das Ende dieses Systems und mit ihm das Ende der Teilung Deutschlands unmittelbar bevorstünde. Tatsächlich war die Deutsche Demokratische Republik kaum ein Jahr später wie ein Kartenhaus in sich zusammengefallen und als Staat untergegangen. Der Auftrag des Grundgesetzes für die Bundesrepublik Deutschland: die Einheit und Freiheit Deutschlands wiederherzustellen und als gleichberechtigtes Glied in einem vereinten Europa dem Frieden der Welt zu dienen, hatte seine Erfüllung gefunden.

Was das bedeutet, läßt sich nur ermessen, wenn wir uns den Bestand und das Ausmaß der deutschen Spaltung vergegenwärtigen, welche die vergangenen fünfundvierzig Jahre deutscher Geschichte geprägt haben.

I. Die Entwicklung bis zum Beitritt der Deutschen Demokratischen Republik

1. Die Ausgangslage

Nach der bedingungslosen Kapitulation des Deutschen Reiches am Ende des Zweiten Weltkrieges hatten die Siegermächte in der Vier-Mächte-Erklärung vom 5. Juni 1945 die oberste Regierungsgewalt in Deutschland übernommen. Die deutschen Gebiete östlich der Oder und der Neiße wurden unter polnische und sowjetische

---

* Vortrag, den der Verf. als Gast der griechischen Staatsrechtslehrervereinigung am 22. November 1991 in Athen gehalten hat. – Anm. des Hrsg. P. H.: Der Vortrag ist mehr als eine Dokumentation für das Denken zum damaligen Zeitpunkt.

Verwaltung gestellt. Berlin und das übrige Reichsgebiet wurden in Besatzungszonen aufgeteilt, die von den Militärregierungen der Siegermächte regiert wurden.

Auf dieser Grundlage und unter diesen Bedingungen hat sich in der folgenden Zeit der Neuaufbau deutscher Staatlichkeit von unten nach oben vollzogen. Er begann sehr bald auf der Gemeindestufe, setzte sich fort in der Entstehung der im wesentlichen noch heute bestehenden Länder und führte zur Bildung deutscher Zonenverwaltungen sowie gemeinsamer Zoneneinrichtungen. Den Abschluß bildete die Entstehung der Bundesrepublik Deutschland und der Deutschen Demokratischen Republik im Jahre 1949.

Damit endete allerdings noch nicht die Besatzungsherrschaft. Zwar wurden die Befugnisse der Besatzungsmächte in der Folgezeit abgebaut. Doch blieb es bei den von den Siegermächten bisher ausgeübten oder innegehabten Rechten in bezug auf Berlin und auf Deutschland als Ganzes, einschließlich der Wiedervereinigung Deutschlands und einer friedensvertraglichen Regelung. Diese Fragen waren selbständiger deutscher Politik und Entscheidung entzogen; zugleich stellte die fortbestehende Vier-Mächte-Verantwortung indessen eine Klammer zwischen den beiden deutschen Staaten dar, welche die Annahme einer vollständigen und völkerrechtlich endgültigen Sezession oder Separation der Deutschen Demokratischen Republik ausschloß.

Das alles war freilich nur die rechtliche Seite einer Entwicklung, die weit mehr zum Inhalt hatte als bloß eine geteilte deutsche Staatlichkeit. Denn mit der dargestellten Aufspaltung wurde der tiefgreifende Antagonismus, der durch die Welt der Nachkriegszeit ging, zu einem deutschen Antagonismus. Die Grenze der zwei großen Machtblöcke zog sich mitten durch Deutschland hindurch, und die unterschiedlichen Gesellschaftssysteme der Siegermächte gingen auf die Besiegten über: Jede Besatzungsmacht projizierte das eigene System auf ihre Zone und orientierte daran ihre Deutschlandpolitik.

Am radikalsten war diese Umgestaltung in der sowjetischen Besatzungszone, in der nach sowjetischem Vorbild ein sozialistisches System, der Realität nach freilich eine Einparteien-Diktatur, geschaffen wurde, welche sich in ihren politischen, geistigen, gesellschaftlichen, wirtschaftlichen und auch rechtlichen Ausprägungen fundamental von dem System der in Westdeutschland wieder hergestellten freiheitlichen Demokratie unterschied. Darüber hinaus wurden beide Teile Deutschlands in die neu entstehenden Vertrags- und Bündnissysteme eingebunden: wirtschaftlich in die Europäischen Gemeinschaften auf der einen, in den Rat für gegenseitige Wirtschaftshilfe (Comecon) auf der anderen Seite, militärisch in die Westeuropäische Union und den Nordatlantik-Vertrag hier, dort in den Warschauer Pakt. Hinzu kamen bedeutende ökonomische und Wohlstands-Unterschiede. Diese ergaben sich nicht nur daraus, daß die Sowjetunion die von Deutschland beanspruchte Wiedergutmachung ihrer Kriegsschäden letztlich allein aus ihrem Besatzungsgebiet herauspreßte; sie ergaben sich auch aus den verschiedenen Systemen der staatlich regulierten Planwirtschaft in der Deutschen Demokratischen Republik, der sozialen Marktwirtschaft in der Bundesrepublik. Wohin man blickte: Überall bot sich ein Bild diametraler, unüberbrückbarer Gegensätze, aus denen es für das deutsche Volk keinen Ausweg mehr zu geben schien. So grenzt es an ein Wunder, wenn es innerhalb nur eines Jahres gelungen ist, die Teilung Deutschlands zu überwinden.

2. Der Umbruch

Der Umbruch, der zu diesem Ergebnis geführt hat, ist keine Revolution im eigentlichen Sinn des Begriffs gewesen, nicht das planmäßige Werk straff organisierter und zielbewußt geführter politischer Kräfte, etwa einer oder mehrerer Parteien. Was ihn bewirkt hat, ist vielmehr ein spontanes, verzweifeltes Aufbegehren der Menschen gewesen, welche die Lebensverhältnisse in der, wie die Verfassung formulierte, »entwickelten sozialistischen Gesellschaft« nicht mehr länger geduldig hinnehmen mochten. Daß dieses Aufbegehren zum Erfolg geführt hat, dürfte weniger eine Folge eigener Stärke als der Schwäche des politischen Systems gewesen sein, gegen das es sich richtete.

Den Gang der Ereignisse haben vor allem drei Tatbestände bestimmt: die seit dem Sommer 1989 sprunghaft ansteigende Fluchtbewegung von Einwohnern der Deutschen Demokratischen Republik in die Bundesrepublik, das Anwachsen des öffentlichen Protestes gegen das Regime der Sozialistischen Einheitspartei und der Wegfall der Unterstützung dieses Regimes durch die Sowjetunion. Deren Staats- und Parteichef Gorbatschow hatte auf dem Festakt zum vierzigsten Jahrestag der Staatsgründung dazu ermahnt, vom Leben zu lernen und entsprechende Konsequenzen zu ziehen. Und er hatte wörtlich hinzugefügt: »Gefahren warten nur auf jene, die nicht auf das Leben reagieren.«

Zunächst zu der Fluchtbewegung: Die Grenze zwischen der Deutschen Demokratischen Republik und der Bundesrepublik war seit langem durch Stacheldraht, Befestigungen und ständige strenge Bewachung hermetisch geschlossen. Abgesehen von seltenen Ausnahmefällen wurde eine Genehmigung zur Ausreise nicht erteilt. Hingegen hatten die Einwohner der Deutschen Demokratischen Republik die Möglichkeit zu Reisen in die sozialistischen Bruderländer, die allerdings ihre Grenzen nach Westeuropa ebenfalls geschlossen hatten. Die Liberalisierung in diesen Ländern führte zu Lockerungen der Absperrung, zunächst und vor allem an der Grenze zwischen Ungarn und Österreich. Über diese Grenze strömten seit dem Sommer 1989 ungefähr 50.000 Deutsche aus der Deutschen Demokratischen Republik in die Bundesrepublik. Anderen Flüchtlingen gelang es, über die deutschen Botschaften in Budapest, Prag und Warschau die Bundesrepublik zu erreichen. Diese Bewegung setzte sich nach Öffnung der innerdeutschen Grenzen fort. Bis zum Ende des Jahres 1989 hatten etwa 340.000 Ostdeutsche ihr Land verlassen und in der Bundesrepublik Zuflucht gefunden. Wird dabei bedacht, daß es sich zu einem großen Teil um dringend benötigte Angehörige hochqualifizierter Berufe handelte wie Facharbeiter, Ärzte, Krankenschwestern, Wissenschaftler und Techniker, dann wird deutlich, was diese Massenflucht für die Deutsche Demokratische Republik bedeuten mußte.

Was den zweiten Faktor, die Protestbewegung, betrifft, so waren es vor allem Demonstrationen in Berlin, Leipzig und anderen Städten, in denen sich das Aufbegehren der Menschen manifestierte. Sie gingen aus von kleinen, kaum organisierten Gruppen, die sich als Bürgerbewegungen verstanden; vielfach standen sie im Zusammenhang mit regelmäßigen Friedensgebeten der evangelischen Kirche, die sich nun – neben der katholischen Kirche – als einzige vertrauenswürdige geistige Macht erwies und die bei der Jahrestagung ihrer Synode am 2. September 1989 zu tiefgreifenden Reformen aufrief. Die Beteiligung wuchs im Lauf der Zeit ständig an. Am 16.

Oktober 1989 kam es in Leipzig zur größten Protestdemonstration in der Geschichte der Deutschen Demokratischen Republik, an der sich 120.000–150.000 Menschen beteiligten. Ihr Ruf »Wir sind das Volk« ist berühmt geworden. Aufgerufen wurde zur Gewaltfreiheit. Unmittelbar gefordert wurden Reisefreiheit, Meinungs-, Vereinigungs- und Versammlungsfreiheit sowie eine demokratische Umgestaltung der Gesellschaft. Zum Ausdruck gebracht wurde Unzufriedenheit mit dem Regime der Sozialistischen Einheitspartei; doch richtete sich der Unwille wohl eher gegen die Pervertierung des Sozialismus als gegen den Sozialismus selbst.

Ihre volle Wirkung entfalteten diese örtlichen Protestaktionen erst durch die Verbreitung in den Medien, vor allem dem Fernsehen: Insbesondere die weltweit verbreiteten Bilder von dem brutalen Vorgehen der Polizei gegen friedliche Demonstranten mußten das Regime noch mehr als schon bislang diskreditieren. Insgesamt wird man sagen müssen, daß der Umbruch in der Deutschen Demokratischen Republik ohne das Fernsehen nicht möglich gewesen wäre, ein Beispiel für die politische Bedeutung der Medien unter modernen Verhältnissen.

Bereits elf Tage nach dem vierzigjährigen Jubiläum der Deutschen Demokratischen Republik, am 18. Oktober 1989, mußte der Generalsekretär der Sozialistischen Einheitspartei und Vorsitzende des Staatsrates, Erich Honecker, zurücktreten. Gleichwohl gingen die Demonstrationen weiter. So versammelten sich am 4. November 1989 etwa eine Million Menschen in Ost-Berlin; sie forderten unter anderem freie Wahlen, Meinungsfreiheit, Aufgabe des Führungsmonopols der Sozialistischen Einheitspartei, den Rücktritt der Regierung und die Zulassung von Oppositionsgruppen. Auch in anderen Städten setzten sich die Demonstrationen fort. Am Abend des 7. November trat die Regierung unter Ministerpräsident Stoph zurück. Zwei Tage später, am 9. November 1989, wurden die Grenzen der Deutschen Demokratischen Republik geöffnet.

3. Reformen

Die folgenden Monate standen im Zeichen von Bestrebungen, durch Reformen den Zusammenbruch des Regimes und des Staates aufzuhalten und das Vertrauen der Bürger wiederzugewinnen. Die Führung der sozialistischen Einheitspartei räumte Fehler ein. Sie deutete den Volkswillen als Willen zur Erneuerung der sozialistischen Gesellschaft, zu einem »guten Sozialismus«, den es nunmehr zu verwirklichen gelte.

Damit begann eine Phase der Liberalisierung: die führenden Funktionäre der Einheitspartei wurden durch Angehörige des Reformflügels der Partei ersetzt; ebenso wurden die Verantwortlichen in den Distrikten abgelöst. Die Partei gab sich ein liberales Statut. Später änderte sie auch ihren Namen und bezeichnete sich fortan als Partei des demokratischen Sozialismus (PDS). Die Verfassung der Deutschen Demokratischen Republik wurde mehrfach geändert, und es wurden in dichter Folge Reformgesetze beschlossen. Hervorzuheben sind der Fortfall des Primats der Einheitspartei und ihrer Verbindung mit den übrigen Parteien in der sogenannten Nationalen Front, eine Veränderung in der Organisation der Staatsspitze, ein Wahlgesetz, das erstmals allgemeine, freie und geheime Wahlen unter öffentlicher Kontrolle vorsah, ein Vereinigungsgesetz, ein Parteien- und ein Versammlungsgesetz sowie ein Gesetz über unabhängige Gewerkschaften, welches Arbeitskämpfe zuließ, das Streikrecht gewährleistete und Aussperrungen verbot.

Beträchtliche Bedeutung kam in dieser Phase dem sogenannten »Runden Tisch« zu, der auf Einladung der evangelischen und der katholischen Kirche im Dezember 1989 gebildet wurde und an dem sich neben dem Reformflügel der Sozialistischen Einheitspartei auch die bisherigen »Blockparteien« sowie diejenigen Gruppierungen beteiligten, welche den Umbruch zu ihrem Teil bewirkt hatten. Der »Runde Tisch« wurde später an der Regierung beteiligt, die bis zu den vorgesehenen Wahlen als Kabinett der nationalen Verantwortung amtieren sollte.

Alle diese Maßnahmen vermochten jedoch nicht das bisherige gesellschaftliche und politische System der Deutschen Demokratischen Republik zu konsolidieren. Die Demonstrationen im Lande nahmen ihren Fortgang. Bei der ersten freien Wahl am 18. März 1990 erreichte die bisherige Einheitspartei nicht mehr als 16,3 Prozent der Stimmen. Damit war offenkundig, daß das sozialistische System endgültig gescheitert war. So ist auch der Versuch, die Deutsche Demokratische Republik durch eine neue Verfassung auf neuen Grundlagen zu konstituieren, nicht mehr unternommen worden. Zwar hat der »Runde Tisch« noch einen Verfassungsentwurf für die Deutsche Demokratische Republik ausgearbeitet, der die Zustimmung aller Parteien und Gruppen gefunden hatte, welche in dieser Einrichtung vertreten waren. Der Entwurf stimmte weitgehend mit dem Grundgesetz der Bundesrepublik Deutschland überein, enthielt jedoch auch eine Reihe bemerkenswerter Neuerungen. Er ist nicht mehr in der Volkskammer eingebracht und beraten worden. Denn es ging nicht mehr um eine grundsätzlich erneuerte Deutsche Demokratische Republik, sondern um den Zusammenschluß der beiden deutschen Staaten.

4. Die Vereinigung

An einen solchen Zusammenschluß hätte im Herbst 1989 niemand gedacht. Das Ziel hieß Freiheit, noch nicht deutsche Einheit. Mit den Schritten zu einer freiheitlichen Demokratie, die sich in der Öffnung der Grenzen und der dargestellten Liberalisierung manifestierten, verband sich indessen bald der Gedanke einer Annäherung der beiden deutschen Staaten in Gestalt einer föderativen Ordnung als Vorstufe einer späteren Vereinigung. Doch ist der Gedanke schon nach kurzer Zeit aufgegeben worden, ich meine mit Recht, weil jede föderative Verknüpfung der beiden deutschen Staaten eine Gleichheit vorausgesetzt hätte, die nicht bestand: Unvermeidlich hätten die zwischen beiden Staaten bestehenden Unterschiede der Größe des Gebiets, der Einwohnerzahl, der Wirtschaftskraft, einer gescheiterten politisch-gesellschaftlichen Ordnung in der Deutschen Demokratischen Republik, einer intakten in der Bundesrepublik, zu einer gänzlichen Dominanz der Bundesrepublik geführt, so daß einer Konföderation von vornherein jede Lebenskraft gefehlt hätte.

Statt dessen wurde nun mit zunehmender Kraft die Forderung nach unmittelbarer Herstellung der Einheit Deutschlands erhoben. »Deutschland, einig Vaterland« lautete die Parole bei Großdemonstrationen in der Deutschen Demokratischen Republik. Auch in der Bundesrepublik bestand der Wunsch nach einer Vereinigung. Die Frage war, welcher Weg zu diesem Ziele einzuschlagen wäre. Während die Einheit Deutschlands im Jahre 1871 in der Form von Verträgen zwischen dem Norddeut-

schen Bund und den süddeutschen Staaten zustandegekommen war, normierte das
Grundgesetz für die Bundesrepublik Deutschland zwei Wege, auf denen die Einheit
hergestellt werden konnte, den Weg des Artikels 146 und denjenigen des Artikels 23,
Satz 2 Grundgesetz.

Die Bedeutung des Art. 146 ergab sich aus der Entstehungsgeschichte des Grund-
gesetzes: Der Parlamentarische Rat, der das Grundgesetz für die Bundesrepublik
Deutschland im Jahre 1949 beschlossen hatte, war keine volksgewählte verfassungge-
bende Versammlung, sondern lediglich ein Gremium, dessen Mitglieder von den
Landtagen der westdeutschen Länder bestellt worden waren. Im Bewußtsein dieser
unvollständigen demokratischen Legitimation hat er mit dem Grundgesetz nicht eine
»Verfassung« schaffen wollen, sondern nur ein Provisorium, wie die Präambel des
Grundgesetzes es formulierte: eine »neue Ordnung des staatlichen Lebens für eine
Übergangszeit«, welche auf die Gebiete der westdeutschen Länder beschränkt war.
Nach dem Schlußsatz der Präambel blieb das gesamte deutsche Volk aufgefordert, in
freier Selbstbestimmung die Einheit und Freiheit Deutschlands zu vollenden. Diese
Vollendung konnte aus der damaligen Sicht nur in einem Akt der verfassunggeben-
den Gewalt des Volkes bestehen. Und so bestimmte der letzte Artikel des Grundge-
setzes, eben Art. 146, daß dieses Grundgesetz seine Gültigkeit an dem Tage verliert,
»an dem eine Verfassung in Kraft tritt, die von dem deutschen Volke in freier
Selbstbestimmung beschlossen worden ist«. Der Weg zur Wiedervereinigung, den
diese Bestimmung eröffnete, bestand also in der Schaffung einer gesamtdeutschen
Verfassung.

Anders Art. 23 Grundgesetz. Dieser betraf den Geltungsbereich des Grundgesetzes, der »zunächst« die Gebiete der westdeutschen Länder umfaßte. Nach Satz 2 des
Artikels war das Grundgesetz in anderen Teilen Deutschlands nach deren Beitritt in
Kraft zu setzen. Die Frage, ob dieser Satz auch auf die Deutsche Demokratische
Republik anwendbar sei, ist von der Verfassungsrechtsprechung (BVerfGE 36, 1
[28]) und ganz überwiegend auch in der deutschen Staatsrechtswissenschaft, mit
einem Ja beantwortet worden.

Lebhafter Streit hat sich indessen an der Frage entzündet, welcher der beiden Wege
vorzuziehen sei. Die Verfechter einer neuen gesamtdeutschen Verfassung machten
geltend, daß eine wirklich legitimierte Verfassung Deutschlands nur durch einen
Beschluß des ganzen deutschen Volkes entstehen könne. Demgegenüber wiesen die
Befürworter eines Beitritts und einer Erstreckung der Geltung des Grundgesetzes auf
den beitretenden Teil Deutschlands darauf hin, daß sich das Grundgesetz in einem bei
seiner Entstehung nicht vorauszusehenden Maße bewährt habe; wie die inzwischen
vierzigjährige Praxis zeige, sei das Grundgesetz die beste aller bisherigen deutschen
Verfassungen, so daß kein Anlaß bestehe, daran etwas zu ändern[1]. Die Entscheidung
ist mit gutem Grunde nicht für die Ausarbeitung einer neuen Verfassung, sondern für
einen Beitritt der Deutschen Demokratischen Republik und eine Inkraftsetzung des
Grundgesetzes in diesem Teil Deutschlands gefallen; der Weg der Verfassungsgebung hätte zu einer nicht unerheblichen Verzögerung, wenn nicht zu einem Scheitern
des Einigungswerkes geführt.

---

[1] Wichtige Beiträge hierzu sind dokumentiert in dem von B. Guggenberger und T. Stein herausgegebenen Sammelband: Die Verfassungsdiskussion im Jahr der deutschen Einheit, 1991.

Art. 23 Grundgesetz schloß Vereinbarungen vor dem Beitritt nicht aus, und so sind dem Beitritt Verträge zwischen beiden Staaten vorausgegangen, welche die Voraussetzungen, die Modalitäten und die Auswirkungen des Beitritts bis ins einzelne regelten. Zu nennen sind vor allem der Vertrag über die Schaffung einer Währungs-, Wirtschafts- und Sozialunion vom 18. Mai 1990, der Vertrag zur Vorbereitung und Durchführung der ersten gesamtdeutschen Wahl des Deutschen Bundestages vom 3. August 1990 und der Vertrag über die Herstellung der Einheit Deutschlands, der Einigungsvertrag vom 31. August 1990.

Diese Verträge sind zur Grundlage der deutschen Vereinigung geworden: Ebenso wie die Herstellung der Einheit Deutschlands im Jahre 1871 hat sich die Wiederherstellung dieser Einheit im Jahre 1990 der Sache nach durch Verträge vollzogen. Ihrem äußeren Hergang nach ist die Vereinigung also ein Werk der Regierenden gewesen, nicht der Parlamente und auch nicht des Volkes. Daß hierbei, dem schon erwähnten Übergewicht der Bundesrepublik entsprechend, der entscheidende Einfluß auf den Inhalt der Verträge der Bundesregierung zukam, war nicht zu vermeiden; dieses Übergewicht hätte auch bei jeder anderen Form der Vereinigung, im besonderen der Verfassungsgebung durch eine gesamtdeutsche Nationalversammlung bestanden.

Der dargelegten Rechtslage gemäß sind der Beitritt der Deutschen Demokratischen Republik und die Inkraftsetzung des Grundgesetzes vollzogen worden: Mit dem Wirksamwerden des Beitrittsbeschlusses der Volkskammer der Deutschen Demokratischen Republik sind die Länder Brandenburg, Mecklenburg-Vorpommern, Sachsen, Sachsen-Anhalt und Thüringen am 3. Oktober 1990 zu Ländern der Bundesrepublik Deutschland, Ost-Berlin zu einem Teil des Landes Berlin geworden. Das Grundgesetz ist in diesen Ländern in Kraft gesetzt und nunmehr zur gesamtdeutschen Verfassung geworden.

5. Der »Zwei-Plus-Vier-Vertrag«

Ebenso wie das Einigungswerk selbst war auch die uneingeschränkte Geltung des Grundgesetzes im vereinten Deutschland abhängig von dem Einverständnis der ehemaligen Besatzungsmächte. Die anfangs erwähnte Vier-Mächte-Verantwortung und mit ihr die Rechte der Siegermächte in bezug auf Berlin und auf Deutschland als Ganzes einschließlich der Wiedervereinigung Deutschlands und einer friedensvertraglichen Regelung bestanden noch fort; sie standen einem alleinigen deutschen Vorgehen entgegen. Um die Einheit Deutschlands zu verwirklichen, bedurfte es deshalb neben der dargestellten inneren deutschen Entwicklung einer Neugestaltung der äußeren Aspekte der Rechtslage Deutschlands. Diese Aufgabe barg angesichts der Einbindung der beiden deutschen Staaten in unterschiedliche Vertrags- und Bündnissysteme noch größere Schwierigkeiten in sich als die inneren Aspekte der Einigung. Daß es geglückt ist, diese scheinbar unüberwindlichen Hindernisse in Koordination mit der inneren deutschen Entwicklung zu überwinden, ist das zweite große Wunder des Einigungsprozesses, das in erster Linie dem Verhalten der Sowjetunion zu danken ist. Gleichzeitig mit dem Prozeß der deutschen Einigung fanden Verhandlungen zwischen der Bundesrepublik, der Deutschen Demokratischen Republik und den Vier Mächten statt. Diese haben zu dem Vertrag über die abschließende Regelung in bezug auf Deutschland vom 12. September 1990, dem sogenannten Zwei-Plus-Vier-Vertrag, geführt.

Zu den Kernstücken des Vertrages gehören die Beendigung der Rechte und Verantwortlichkeiten der Vier Mächte in bezug auf Berlin und auf Deutschland als Ganzes, die Aufhebung aller mit diesen Rechten zusammenhängenden Vereinbarungen, Beschlüsse und Praktiken und die Auflösung aller entsprechenden Einrichtungen der Vier Mächte. Als endgültige Außengrenze des vereinten Deutschlands werden die Grenzen der Bundesrepublik und der Deutschen Demokratischen Republik festgelegt, eine Regelung, die vor allem einen endgültigen Verzicht auf die Gebiete des Deutschen Reiches jenseits der Oder-Neiße-Linie enthält. Die Bundesrepublik und die Deutsche Demokratische Republik bekräftigen ferner den Verzicht des vereinten Deutschlands auf Herstellung, Besitz und Verfügungsgewalt über atomare, biologische und chemische Waffen; sie werden die deutschen Streitkräfte innerhalb von drei bis vier Jahren auf eine Personalstärke von 370.000 Mann reduzieren. Nachdem die Vier Mächte die Wirksamkeit ihrer Rechte und Verantwortlichkeiten in einer Erklärung vom 1. Oktober 1990 bereits mit dem Zeitpunkt der Vereinigung ausgesetzt hatten, ist der Vertrag mit der Ratifizierung durch alle Vertragspartner am 15. März 1991 in Kraft getreten. Das vereinte Deutschland hat damit nunmehr die volle Souveränität über seine inneren und äußeren Angelegenheiten.

6. Die heutige Lage

Mit der Erlangung der staatlichen Einheit und der vollen Souveränität hat der Prozeß der deutschen Einigung noch keinen Abschluß gefunden. Das gilt bis zum heutigen Tage. Denn durch das Ende der deutschen Teilung sind nur erste, freilich unerläßliche Voraussetzungen realer Einheit geschaffen. Nach wie vor stehen wir vor der Aufgabe einer Überwindung der vorhin dargestellten fundamentalen Unterschiede zwischen den beiden Teilen Deutschlands. Die Ablösung der sozialistischen Planwirtschaft durch die soziale Marktwirtschaft stößt auf nicht vorausgesehene Hindernisse; sie ist mit einem gefährlich hohen und noch wachsenden Maß von Arbeitslosigkeit in den neuen Bundesländern verbunden. Der Aufbau einer funktionsfähigen Verwaltung und Justiz, der Umbau des Gesundheitswesens, die Neuordnung des Bildungswesens, kommen nur zögernd voran. Das Versagen der allumfassenden Lehre des Marxismus-Leninismus ist zwar offenkundig geworden. Aber die Menschen in der ehemaligen Deutschen Demokratischen Republik haben über vierzig Jahre hindurch unter den Dogmen und Auswirkungen dieser Lehre gelitten. Auch wenn sie sich die Doktrin des Marxismus nur zu einem kleinen Teil zu eigen gemacht haben, haben sie sich doch auf die mit dem sozialistischen System verbundene totale Überwachung, Reglementierung und Bevormundung einrichten müssen. Dies hat ihre Mentalität geprägt und läßt sie nicht von heute auf morgen in die Rolle des selbständigen und selbstverantwortlichen Bürgers einer freiheitlichen Demokratie mit freiheitlicher Wirtschaftsordnung finden. Zudem ist nahezu alles, was das vergangene System hinterlassen hat, Produktionsanlagen, Straßen, Wohnungen, heruntergewirtschaftet, reparatur- und sanierungsbedürftig. So leben die Menschen in Ostdeutschland auch nach der Vereinigung noch unter Verhältnissen, die sich weit von den Lebensverhältnissen im westlichen Deutschland abheben, und diese Unterschiede bestehen nicht nur in einem drastischen Wohlstandsgefälle. In allem steht vielmehr der notwendige Neuaufbau erst in den Anfängen.

Bei diesem kurzen Hinweis muß ich es im Rahmen dieses Vortrags bewenden lassen. Ebensowenig kann ich auf die im Einigungsvertrag in umfassender Weise geregelte Herstellung der Rechtseinheit im vereinten Deutschland eingehen, die durch eine prinzipielle Erstreckung der gesamten Rechtsordnung der Bundesrepublik auf das Gebiet der ehemaligen Deutschen Demokratischen Republik bewirkt worden ist. Ich beschränke mich vielmehr im folgenden zweiten Teil meiner Ausführungen auf die mit der deutschen Einigung verbundenen verfassungsrechtlichen Fragen, insbesondere auf eine Problematik von gegenwärtig höchster Aktualität: die Frage der künftigen Verfassung der vereinten, in die Europäische Gemeinschaft eingefügten Bundesrepublik Deutschland.

II. Zur Verfassungslage

Wie im vorangehenden gezeigt, ist das Grundgesetz mit dem Wirksamwerden des Beitritts der Deutschen Demokratischen Republik zur geltenden gesamtdeutschen Verfassung geworden. Es hat dabei Änderungen erfahren, die im Bereich der ehemaligen Deutschen Demokratischen Republik den Übergang zu der neuen Rechtslage erleichern sollen und die – jedenfalls ihrem Wortlaut nach – die Frage der künftigen deutschen Verfassung offenhalten.

1. Beitrittsbedingte Änderungen des Grundgesetzes

Diese Verfassungsänderungen sind nicht nur wegen ihres Inhalts, sondern auch wegen des Verfahrens bemerkenswert, in dem sie zustandegekommen sind. Das Grundgesetz kann nur durch ein Gesetz geändert werden, das den Wortlaut des Grundgesetzes ausdrücklich ändert oder ergänzt und das mit qualifizierten Mehrheiten in Bundestag und Bundesrat beschlossen worden ist (Art. 79 Abs. 1 und 2). Die beitrittsbedingten Änderungen des Grundgesetzes sind indessen im Einigungsvertrag von den Regierungen der Bundesrepublik Deutschland und der Deutschen Demokratischen Republik, also von Organen der Exekutive vereinbart worden (Art. 4). Diese Vereinbarungen bedurften zwar wie ein völkerrechtlicher Vertrag der Zustimmung der gesetzgebenden Körperschaften in der Form eines Gesetzes. Bundestag und Bundesrat haben dem Vertrag auch mit den für Verfassungsänderungen erforderlichen Mehrheiten zugestimmt. Doch hatten sie nur die Möglichkeit, entweder zuzustimmen oder die Zustimmung zu verweigern; sie waren mithin auf eine Akklamation beschränkt. Das Bundesverfassungsgericht, das aus diesem Grund von einigen Abgeordneten angerufen worden war, hat das eingeschlagene Verfahren für zulässig erachtet, weil das Zustimmungsgesetz seine verfassungsrechtliche Grundlage in Art. 23 Satz 2 GG in Verbindung mit dem Wiedervereinigungsgebot des Grundgesetzes finde (BVerfGE 82, 316).

Auf den Inhalt dieser Verfassungsänderungen möchte ich nicht in Vollständigkeit eingehen, sondern nur einige wesentliche Punkte herausheben.

Das gilt zunächst für das Wiedervereinigungsgebot des Grundgesetzes. Dieses ist obsolet geworden; es kann nicht mehr als Grundlage von Gebietsansprüchen auf nicht zur Bundesrepublik gehörende Teile des Deutschen Reiches angesehen werden, wie dies teilweise in bezug auf die ehemaligen deutschen Ostgebiete behauptet worden ist. Die Verfassungsbestimmungen, welchen das Wiedervereinigungsgebot entnommen wurde, sind daher gestrichen oder neu gefaßt worden. Allerdings ist der ebenfalls als Positivierung jenes Gebotes angesehene und insoweit gegenstandslose Art. 146, der Schlußartikel des Grundgesetzes, nicht aufgehoben worden; er hat vielmehr eine neue Fassung erhalten. Nach ihm verliert »dieses Grundgesetz, das nach Vollendung der Einheit und Freiheit Deutschlands für das gesamte deutsche Volk gilt,« . . . »seine Gültigkeit an dem Tage, an dem eine Verfassung in Kraft tritt, die von dem deutschen Volk in freier Entscheidung beschlossen worden ist.« Das ist der Grund, aus dem die Frage der künftigen deutschen Verfassung noch offen ist – trotz der Geltung des Grundgesetzes für das ganze deutsche Volk. Darauf ist noch zurückzukommen.

Die beitrittsbedingten Änderungen des Grundgesetzes enthalten ferner Übergangsvorschriften. Das Grundgesetz konnte in den neu hinzutretenden Teilen Deutschlands in zahlreichen Bereichen nur stufenweise in Kraft gesetzt werden. Demgemäß werden im Gebiet der Deutschen Demokratischen Republik Abweichungen von den Vorschriften des Grundgesetzes bis zum Ablauf bestimmter Fristen zugelassen.

Schließlich ist noch die weittragende Bestimmung des neuen Art. 143 Abs. 3 Grundgesetz zu erwähnen. Danach haben Enteignungen Bestand, welche in den Jahren von 1945 bis 1949 in der damaligen sowjetischen Besatzungszone auf besatzungsrechtlicher oder besatzungshoheitlicher Grundlage vorgenommen wurden und für die die betroffenen Eigentümer nicht entschädigt worden sind. Es handelt sich dabei um insgesamt 13.699 Betriebe und etwa ein Drittel der gesamten land- und forstwirtschaftlichen Nutzfläche der Deutschen Demokratischen Republik, also um eine elementare Umgestaltung, die heute nicht mehr rückgängig gemacht werden kann. Die Frage, ob diese Vorschrift gegen das grundgesetzliche Verbot bestimmter Verfassungsänderungen verstößt, hat das Bundesverfassungsgericht in einem eingehend begründeten Urteil vom 23. April dieses Jahres verneint. Allerdings gebietet nach seiner Entscheidung der verfassungsrechtliche Gleichheitssatz, daß der Gesetzgeber für jene Enteignungen eine Ausgleichsregelung trifft (BVerfGE 84, 90).

2. Künftige Verfassungsänderungen

Über diese und weitere bereits bewirkte Verfassungsänderungen hinaus enthält der Einigungsvertrag in Art. 5 eine Regelung für »künftige Verfassungsänderungen«: Die Regierungen der beiden Vertragsparteien »empfehlen« den gesetzgebenden Körperschaften des vereinten Deutschlands, sich innerhalb von zwei Jahren mit den im Zusammenhang mit der deutschen Einigung aufgeworfenen Fragen »zu befassen«; insbesondere werden genannt das Verhältnis von Bund und Ländern, eine Neugliederung für den Raum Berlin-Brandenburg, die Aufnahme von Staatszielbestimmungen in das Grundgesetz sowie die Frage der Anwendung des neuen Art. 146 GG und in deren Rahmen einer Volksabstimmung.

Diese Bestimmung des Einigungsvertrages erweist sich als Versuch eines politischen Kompromisses in der lebhaft umstrittenen Frage, ob es bei der mit dem Beitritt verbundenen automatischen Erstreckung der Geltung des Grundgesetzes auf das gesamte Deutschland sein Bewenden haben soll oder ob es noch der Schaffung einer Verfassung bedarf, die vom deutschen Volke in freier Selbstbestimmung beschlossen worden ist.

Diese Frage wird im Einigungsvertrag selbst nicht entschieden, sondern als Problem einer Verfassungsrevision betrachtet, mit deren Verfahren und Inhalt sich die gesetzgebenden Körperschaften, wie es im Vertrag heißt, »befassen« sollen. Juristisch enthält dieser Kompromiß Widersprüche, welche in der Staatsrechtslehre bereits zu heftigen Auseinandersetzungen geführt haben und auf die ich hier nicht eingehen möchte[2]. Jedenfalls steht das Thema in den nächsten Monaten auf der Tagesordnung. Voraussichtlich wird ein aus Mitgliedern des Bundestages und des Bundesrates bestehender gemeinsamer Ausschuß eingerichtet werden, dem die Vorbereitung der Verfassungsänderungen obliegt[3]. Der Bundesrat hat bereits eine aus den Regierungschefs der Länder und je einem weiteren Regierungsmitglied bestehende Kommission gebildet, deren Arbeitsschwerpunkt auf der verfassungsrechtlichen Seite einer Stärkung des Föderalismus liegen soll.

Unabweisbare Notwendigkeiten zu künftigen Verfassungsänderungen ergeben sich aus der neuen Rechtslage Deutschlands und den veränderten Voraussetzungen der föderativen Ordnung. Dazu gehört die Frage des Einsatzes deutscher Streitkräfte auch zu anderen Zwecken als zur Verteidigung des Bundesgebietes und zur Erfüllung der Bündnisverpflichtungen des NATO-Vertrages. Ferner bedarf es der Sicherung der Funktionsfähigkeit der bundesstaatlichen Ordnung des Grundgesetzes. Diese hängt weniger von einer Stärkung der Gliedstaaten gegenüber dem Gesamtstaat ab, in welcher die Länder heute die primäre Aufgabe einer Reform erblicken. Vielmehr wird es in erster Linie darauf ankommen, nach Größe und Leistungsfähigkeit annähernd gleichgewichtige Länder zu schaffen und die Funktionsfähigkeit des deutschen Bundesstaates durch eine angemessene Finanzordnung zu gewährleisten. Die Schwierigkeiten einer Lösung dieser Aufgabe können kaum überschätzt werden. An der Aufgabe selbst kann kein Zweifel bestehen.

Offen ist bislang, ob die Arbeit der Gremien über solche eher punktuellen Ergänzungen und Änderungen hinaus einer umfassenden Prüfung und Revision des Grundgesetzes gelten soll. Es wird in der gegenwärtigen deutschen Diskussion weithin als notwendig betrachtet, das Grundgesetz, das nur für eine Übergangszeit als Provisorium konzipiert gewesen sei und dessen Entstehung der Mangel demokratischer Legitimation anhafte, durch eine vom Volk beschlossene Verfassung des wiedervereinigten Deutschland zu ersetzen. Im Zusammenhang damit werden zeitgemäße Verbesserungen vorgeschlagen, welche das überkommene Verfassungsmodell wesentlich verändern würden. Das gilt in erster Linie für die Vorschläge einer weitgehenden Aufnahme von Staatszielbestimmungen und eines Einbaus plebiszitärer Elemente in das Grundgesetz. Dazu noch einige skizzenhafte Überlegungen:

Im beginnenden 19. Jahrhundert ist in der deutschen Rechtswissenschaft ein be-

---

[2] Siehe dazu mit Nachweisen aus der umfassenden Literatur: *K. Hesse*, Grundzüge des Verfassungsrechts der Bundesrepublik Deutschland, 18. Aufl. 1991, Randnummer 100.

[3] Der Ausschuß hat inzwischen (Februar 1992) seine Arbeit aufgenommen.

rühmter Streit ausgetragen worden. Es ging damals um die Frage, ob das bürgerliche Recht in einem gemeindeutschen Gesetzbuch zusammenfassend kodifiziert werden sollte. Diese Forderung hatte der Heidelberger Professor Thibaut in einer Denkschrift aus dem Jahre 1814 erhoben. Er erhoffte von einem solchen Gesetzbuch ein Zusammenwachsen der durch die Dynastien bislang geteilten Nation. Zugleich sollte damit das Recht aus einer toten Gelehrten-Tradition zu einem lebendigen politischen Besitz der Nation werden. Dem trat Friedrich Carl von Savigny in seiner Schrift »Vom Beruf unserer Zeit für Gesetzgebung und Rechtswissenschaft« entgegen, in der er dem Gedanken der nationalen Einheit das Gewicht der europäischen Tradition entgegenhielt und den Beruf für ein solches deutsches Gesetzbuch verneinte.

Ähnliche Züge trägt die heutige Problematik: Würde eine neue gesamtdeutsche Verfassung im Sinne Thibauts zum Zusammenwachsen des lange Zeit hindurch geteilten Deutschland beitragen und zum lebendigen Besitz der Deutschen werden? Oder wäre es insoweit besser, bei dem zweiundvierzig Jahre hindurch bewährten Grundgesetz zu bleiben und damit der Kontinuität und der Tradition den Vorzug zu geben? Und weiter: Haben wir heute den Beruf zu einer Verfassung, die es unternehmen soll, die moderne politische, wirtschaftliche, soziale und kulturelle Entwicklung und ihre Wandlungen gleichsam kodifizierend zu erfassen, dieser Entwicklung gemäße Gewährleistungen zu schaffen und Ziele der künftigen Entwicklung zu normieren? Oder wäre es nicht, auch im Blick auf Europa, besser, auf den Versuch einer umfassenden Lösung dieser komplexen Fragen zu verzichten, sie schrittweise zu beantworten, wenn die Zeit dafür reif geworden ist und damit in gewisser Weise an Savignys damaliges Votum anzuknüpfen?

Was die erste Frage betrifft, so kommt der Verfassung eine entscheidende Funktion für die Gewinnung und Erhaltung der politischen Einheit des Staates zu. Dies ist seit Rudolf Smends grundlegender Integrationslehre aus dem Jahre 1928 Gemeingut nicht nur der Staatsrechtswissenschaft. Ohne Zweifel muß die Erhaltung und Festigung der deutschen Einheit sich auf die Verfassung gründen.

Diese Funktion könnte das Grundgesetz besser erfüllen als eine neue gesamtdeutsche Verfassung. Denn es kann auf zweiundvierzig Jahre unangefochtener Geltung, der Konsolidierung, des Ausbaus, der Fortentwicklung zurückblicken. Das wiegt mehr als seine unbestreitbaren Mängel oder Lücken.

Das Ansehen einer Verfassung, ihre Verwurzelung in der Bevölkerung und damit ihre Autorität und ihre integrierende Kraft, beruhen weitgehend auf Gewöhnung und unbewußter Aneignung, darauf, daß die Verfassung zu etwas Selbstverständlichem geworden ist. Hier liegt der Vorzug älterer, gewachsener, gelebter Verfassungen gegenüber den jungen, »erdachten«, konstruierten Verfassungen, die zunächst nicht mehr sein können als ein Gedankenwerk und die erst der Aneignung durch die Menschen bedürfen, wenn sie zur »living constitution« werden sollen. Das Hauptbeispiel hierfür gibt uns die Verfassung der Vereinigten Staaten von Amerika, deren Bedeutung weniger von ihrem – durchaus verbesserungsfähigen – Inhalt abhängt als von ihrem Alter, ihrer Bewährung und gewachsener Tradition. Und es ist vermutlich kein Zufall, daß die weit über hundertjährige Schweizerische Bundesverfassung mit ihrer veralteten Systematik, ihren offenkundigen Lücken und manchen Wunderlichkeiten von der Mehrheit der Bevölkerung offenbar gar nicht als revisionsbedürftig betrachtet wird, so daß der vor wenigen Jahren mit größter Sorgfalt erarbeitete und in jeder Hinsicht vorbildliche Entwurf für eine Totalrevision dieser Verfassung keine Chance mehr hat, einmal verwirklicht zu werden.

Für die gegenwärtige deutsche Problemlage gilt nichts anderes. Zwar trifft das eben Gesagte nur für die bisherige Bundesrepublik zu. Aber schon das ist ein wesentlicher Faktor, für den es nicht darauf ankommt, daß das Grundgesetz ursprünglich nur als Provisorium konzipiert war und daß seiner Entstehung Mängel demokratischer Legitimation angehaftet haben. Das hat die Geschichte des Grundgesetzes mehr als aufgewogen. Allerdings waren die Bürger der ehemaligen DDR an diesem langjährigen Verfassungsleben nicht beteiligt. Aber sie müssen sich in jedem Falle die gesamtdeutsche Verfassung erst innerlich aneignen, sei es nun eine neue Verfassung oder das – nur wenig veränderte – Grundgesetz. Insoweit wird es darauf ankommen, die Zustimmung der Bürger der neuen Bundesländer zu gewinnen. Hierfür würde einer Volksabstimmung große Bedeutung zukommen, in der alle Deutschen unmittelbar bekunden können, ob sie das Grundgesetz als »ihre« Verfassung betrachten. Grundsätzlich aber sollte das Grundgesetz gesamtdeutsche Verfassung bleiben, die es mit dem Beitritt der Deutschen Demokratischen Republik geworden ist.

Damit ist freilich die zweite Frage etwaiger, über die bereits genannten hinausgehender Verfassungsergänzungen noch nicht beantwortet. Sie macht eine nicht einfache Abwägung zwischen dem Für und Wider solcher Ergänzungen notwendig. Ich versuche dies anhand zweier repräsentativer Beispiele zu erläutern, und zwar der Vorschläge einer Einführung von Staatszielbestimmungen und eines Einbaus von Elementen unmittelbarer Demokratie in das Grundgesetz.

Aufgaben und Ziele staatlichen Handelns normieren mehrere Verfassungen der neuesten Zeit, teils in Gestalt sozialer Grundrechte, teils in Gestalt von Staatszielbestimmungen. Da soziale Grundrechte nicht wie die traditionellen Menschen- und Bürgerrechte, unmittelbare Ansprüche des einzelnen Bürgers begründen können, besteht zwischen beiden kein wesentlicher Unterschied. Im Vordergrund heutiger Staatszielbestimmungen steht der Umweltschutz, der in Europa in den Verfassungen Griechenlands (Art. 24), Portugals (Art. 66), Spaniens (Art. 45) und der Schweiz (Art. 24 septies) aufgenommen worden, Bestandteil des europäischen Rechts ist und der auch in einige Landesverfassungen der Bundesrepublik Deutschland Eingang gefunden hat. Ferner ist an den staatlichen Schutz der elementaren Lebensgrundlagen und -bedürfnisse der Menschen zu denken, wie die Sorge für ausreichende Wohnung, den Schutz vor Arbeitslosigkeit, die Sicherung im Alter und bei Krankheit, die Pflege von Bildung und Kultur.

Praktische Bedeutung entfalten würden solche Staatsziele vor allem als Richtlinie und Aufgabe für die Gesetzgebung, als Maßstab für das Handeln der Verwaltung sowie für die Rechtsprechung, besonders die Verfassungsrechtsprechung. Auch würden die Menschen in der Verfassung Regelungen finden, welche Grundlagen ihres eigenen Lebens betreffen; das würde ihnen die Verfassung näher bringen und darum integrierend wirken.

In Deutschland sprechen gute Gründe für die verfassungsmäßige Normierung eines Staatszieles, das die natürlichen Grundlagen des Lebens unter den besonderen Schutz des Staates stellt. Der Schutz der Umwelt ist heute zu einer primären Staatsaufgabe geworden. Hingegen wäre die Einführung näher benannter sozialer Staatsziele nicht frei von Bedenken.

Das Grundgesetz hat auf soziale Grundrechte verzichtet und sich auf die klassischen Menschen- und Bürgerrechte beschränkt, zu denen einige besondere Garantien und Grundsatzregelungen treten. Doch enthält es bereits eine Staatszielbestimmung in dem Prinzip des sozialen Rechtsstaats, das nach der Rechtsprechung des Bundesverfassungsgerichts die Pflicht des Staates begründet, für eine gerechte Sozialordnung zu sorgen. Ob die Erfüllung dieser Aufgabe durch eine weitere Aufgliederung in die erwähnten konkreten sozialen Staatsziele gefördert würde, erscheint zweifelhaft. Staatszielbestimmungen haben programmatischen, direktiven Charakter. Sie sind zwar für die staatlichen Gewalten verbindlich, aber ihnen fehlt die unmittelbare rechtliche Wirksamkeit anderer Verfassungsbestimmungen; sie bewirken für sich allein nichts, sind vielmehr darauf angewiesen, daß sie vom Gesetzgeber aufgenommen und je nach den Problemlagen und Möglichkeiten der Zeit in unmittelbar geltendes Recht umgesetzt und realisiert werden. Dies wird oft die Möglichkeiten des Staates übersteigen. Er verspricht etwas, was er nicht halten kann, und so können Erwartungen, die sich an solche Staatszielbestimmungen in der Verfassung knüpfen, leicht enttäuscht werden, womit deren integrierende Wirkung dann in ihr Gegenteil umschlägt. Es entsteht die Gefahr, daß mit programmatischen Sätzen dieser Art die Leistungsfähigkeit der Verfassung überschritten wird, auch wenn eine gewisse Zwangsläufigkeit des Sozialstaates ihnen zu Hilfe kommen mag, weil keine politische Leitung heute auf soziale Fürsorge, Vorsorge und sozialen Ausgleich verzichten kann.

Zu grundlegenden Veränderungen der verfassungsmäßigen Ordnung würde es ferner führen, wenn in das Grundgesetz Elemente unmittelbarer Demokratie eingefügt würden, wie dies heute in Deutschland mit Nachdruck gefordert wird.

Das Grundgesetz hat sich, wenn man von einer wenig bedeutsamen Ausnahme absieht, für eine ausschließlich mittelbare, repräsentative Demokratie entschieden. Maßgebend dafür war die Sorge vor einem demagogischen Mißbrauch, den die Väter und Mütter des Grundgesetzes, wohl nicht ganz zu Recht, aus den Erfahrungen in der Zeit der Weimarer Verfassung hergeleitet haben – die Weimarer Reichsverfassung hatte eine Volkswahl des Reichspräsidenten und die Einrichtungen des Volksbegehrens und des Volksentscheids im Bereich der Gesetzgebung vorgesehen. Die heutigen Änderungsvorschläge zielen auf die Einführung des Instituts einer Volksinitiative, von Volksbegehren und Volksentscheiden bei der Bundesgesetzgebung.

Das entspricht einem offenkundigen Zug unserer Zeit, der auch in europäischen Verfassungen, beispielsweise in denjenigen Spaniens, Frankreichs, Italiens, der Schweiz oder Österreichs, mit Deutlichkeit hervortritt. Die älteren Verfassungen der deutschen Bundesländer kennen von Beginn an diese Formen unmittelbarer Willensbildung des Volkes; in den Verfassungen der neuen Bundesländer werden sie eine wesentliche Rolle spielen. Fast überall nimmt das Volk seine Geschicke selbst in die Hand. Die deutsche Einigung ist zu einem großen Teil das Werk des Volkes in der Deutschen Demokratischen Republik gewesen, und die jüngste Entwicklung in Osteuropa wäre ohne das unmittelbare Handeln des Volkes nicht denkbar. Das Volk, von dem in der Demokratie alle Staatsgewalt ausgeht, will sich heute nicht mehr nur durch staatliche Organe repräsentieren und unter Umständen bevormunden lassen.

Ob diese Entwicklung dazu führen soll, das Volk an der Gesetzgebung zu beteiligen, ist indessen nach wie vor lebhaft umstritten. Für mehr unmittelbare Demokratie spricht es, daß der größere Einfluß des Volkes ein gewisses Gegengewicht gegen die Allmacht der Parteien bildet, der verbreiteten Parteiverdrossenheit und dem Gefühl der Ohnmacht des Bürgers entgegenwirken könnte. Es gibt ferner Fragen, in denen eine unmittelbare Entscheidung durch das Volk eher zur Beilegung eines Streits und zur Befriedung beitragen kann als eine Entscheidung des Parlaments oder des Verfassungsgerichts. Nach der Erfahrung in den Ländern der Bundesrepublik besteht auch kaum Anlaß zu der Sorge vor übermäßigem Gebrauch der Möglichkeiten einer Volksgesetzgebung, der die offizielle staatliche Politik lahmlegen könnte. Auf der anderen Seite wird nicht zu Unrecht befürchtet, daß eine Beteiligung des Volkes an der Gesetzgebung ein Element der Unberechenbarkeit und Instabilität in den politischen Prozeß bringen und daß sie zu einem Werkzeug mächtiger Gruppen und Verbände werden könne, welches es ermöglichte, wichtige und unaufschiebbare Entscheidungen zu verhindern. Daß diese Sorge nicht unbegründet ist, zeigt das Beispiel der Schweiz. –

3. Zur Bedeutung der europäischen Integration für Verfassungsänderungen

Ich breche meine Erörterungen hier ab und möchte abschließend nur noch auf einen bedeutsamen allgemeinen Zusammenhang hinweisen: den europäischen Aspekt der Problematik.

Verfassungsgebung und Verfassungsänderung beruhen bislang auf der offenen oder stillschweigenden Voraussetzung, daß die Verfassung das höchste Gesetz des Staates sei. Eben diese Voraussetzung ist im Zeichen der europäischen Integration entfallen. Sowohl das Primär- als auch das Sekundärrecht der Europäischen Gemeinschaft geht dem nationalen Recht, einschließlich des nationalen Verfassungsrechts, vor, und dieser Vorgang wird mit der fortschreitenden Entwicklung zu einer europäischen Union an Bedeutung gewinnen. Wesentliche staatliche Aufgaben sind bereits dem einzelnen Mitgliedstaat entglitten, namentlich in Bereichen der Wirtschafts- und Sozialpolitik, der Umweltpolitik, in Anfängen auch der Kulturpolitik; und durch die europäische politische Zusammenarbeit ist die Außenpolitik der Mitgliedstaaten weitgehend gebunden.

Dies führt zu tiefen Rückwirkungen auf das nationale Verfassungsrecht, die hier nicht zu verfolgen sind. Für die Verfassungspolitik der Mitgliedstaaten bedeutet es, daß auch diese stets im Rahmen der durch das Europäische Recht geschaffenen Gegebenheiten bleiben muß. So können beispielsweise die erwähnten Staatszielbestimmungen in einer nationalen Verfassung ebenso mit übergeordnetem Recht in Konflikt geraten wie Gesetze, über die das Volk entschieden hat. Sieger in einem solchen Konflikt ist das Europäische Recht – selbst das Volk ist nicht mehr höchste und letzte Instanz. Auch dort wo keine Konflikte entstehen, müssen europäisches Recht und nationales Verfassungsrecht doch immer aufeinander bezogen werden.

In dieser Lage der Dämmerung des souveränen Nationalstaats und des Wandels seiner Verfassung zum Grundgesetz eines Mitgliedstaates der Europäischen Union kann das geeinte Deutschland nicht mehr wie die Nationalversammlungen der Vergangenheit ein von den neuen Gegebenheiten unabhängiges Verfassungsgebäude errichten. Es muß die durch das Europäische Recht gezogenen Grenzen respektieren. Soll es von Dauer sein und die Fähigkeit haben, die Realität gelebter, geschichtliche Wirklichkeit formender und gestaltender Ordnung zu gewinnen, so muß es den Verschränkungen mit den Entscheidungsstrukturen und -verfahren der Europäischen Gemeinschaft Rechnung tragen. Solange indessen der Fortgang der europäischen Integration und die Konturen der mit ihr entstehenden neuen Ordnung nicht besser als heute erkennbar sind, lassen sich auch die künftigen Aufgaben und Funktionen der mitgliedstaatlichen Verfassung noch nicht klar bestimmen. In einer solchen Situation erscheint es richtiger, nicht einen Aufbruch zu neuen Ufern zu unternehmen, sondern sich bei der Entscheidung von Verfassungsfragen auf das Nächstliegende und Unabweisbare zu beschränken.

Zugleich wird jedoch in dieser Lage der untrennbare Zusammenhang sichtbar, der zwischen deutscher Einigung und europäischer Einigung besteht. Beide setzen einander voraus. Wie das geeinte Deutschland notwendiger Bestandteil eines geeinten Europa, so ist die Einfügung Deutschlands in dieses Europa Grundbedingung der nunmehrigen geschichtlichen Wende, nach der es keine Auferstehung des früheren deutschen Nationalstaats mehr geben kann.

Die Reform des Grundgesetzes
nach der staatlichen Einigung Deutschlands

von

Dr. Uwe Berlit

Hannover

Inhalt

Einleitung

Das 42. Gesetz zur Änderung des Grundgesetzes[1] hat den Prozeß der Umgestaltung des Grundgesetzes nach der staatlichen Einigung Deutschlands vorerst abgeschlossen und damit die Phase verstärkter verfassungspolitischer Dynamik auch auf Bundesebene[2] beendet. Auf absehbare Zeit werden für die Verfassungsentwicklung auf der Ebene der Textänderung[3] punktuelle Änderungen[4] an die Stelle umfassenderer Verfassungsreformüberlegungen treten. Diese relative Stabilität gibt Anlaß, sich auf Anstöße und Verlauf der Verfassungsreformdebatte zu besinnen (I.), kommentierend über die beschlossenen Grundgesetzänderungen zu berichten (II.) und sie bilanzierend zu bewerten (III.).

---

[1] Gesetz vom 27. Oktober 1994, BGBl. I S. 3146 (zum 15. 11. 1994 in Kraft getreten).

[2] Zum Abschluß der Verfassunggebung in den ostdeutschen Ländern s. etwa *Häberle* JöR N.F. 42 (1994), 149 ff.; 43 (1995), 355 ff.; *H. v. Mangoldt,* Die Verfassungen der neuen Bundesländer, Berlin 1993; *Starck,* Die Verfassungen der neuen deutschen Länder, Heidelberg 1994.

[3] Zu Verfassungsanpassungen ohne Textänderung etwa durch Verfassungswandel oder Verfassungsinterpretationsänderung s. etwa *A. Roßnagel,* Die Änderungen des Grundgesetzes, Frankfurt 1981, 4 ff.; *B.-O. Bryde,* Verfassungsentwicklung, Baden-Baden 1982; *P. Häberle,* Zeit und Verfassungskultur, in: *ders.,* Rechtsvergleichung im Kraftfeld des Verfassungsstaates, Berlin 1992, 627 (636 f.).

[4] Schon jetzt stehen auf der Agenda der 13. Legislaturperiode – trotz Scheitern im ersten Anlauf am 12. 5. 1995 – eine Änderung des Art. 106 GG im Zuge der Gemeindefinanzreform (BT-Drs. 13/900, 13/1313), die – am öffentlichen Protest gescheiterte – Konkretisierung der Vorgaben des Art. 48 Abs. 3 GG für die Abgeordnetenentschädigung (Gesetzentwurf der Fraktionen der CDU/CSU und SPD v. 28. 6. 1995, BT-Drs. 13/1824) (dazu *H. v. Arnim,* »Der Staat sind wir!«, München 1995), ein erneuter Vorstoß, durch Änderung des Art. 13 GG den sog. »großen Lauschangriff« zuzulassen, und eine auf den Familienlastenausgleich bezogene Änderung des Art. 106 GG (Interfraktioneller Gesetzentwurf v. 4. 9. 1995, BT-Drs. 13/2245).

I. Anstöße, Verfahren und Verlauf der Reformdebatte

1. Überblick über die Grundgesetzänderungen seit 1989

Das Selbstverständnis der Bundesrepublik Deutschland als Verfassungsstaat gründet in unverbrüchlichen, nach Art. 79 Abs. 3 GG änderungsfesten Grundprinzipien: Schutz der Menschenwürde und Grundrechte, Rechts- und Sozialstaat und bundesstaatliche Gliederung bilden die Grundlagen der Rechtsordnung, des Verfassungskonsenses[5] und der Verfassungskultur. Der von diesen typprägenden, identitätsstiftenden[6] Elementen gezogene stabile, statische Rahmen ist aber offen für vielfältige Ausformungen und Veränderungen. Dies erhellen der rechtsvergleichende Blick auf die Entwicklung des Verfassungsrechts in den westeuropäischen Demokratien und die Ausformung seiner Kernelemente in den Verfassungen und Verfassungsentwürfen in Osteuropa[7].

Flexibilität in der Zeit kennzeichnet auch das Grundgesetz. Namentlich der besondere Anpassungsbedarf, den bundesstaatliche Ordnungen mit sich bringen, machte – verfahrensrechtlich gehegte – Verfassungsänderungen zur Normalität der kontinuierlichen Fortentwicklung einer lebendigen Verfassung[8]. Mit der staatlichen Einigung Deutschlands hat sich die Änderungsfolge spürbar erhöht. Sie war nicht der einzige Anstoß für diesen Beschleunigungsprozeß. Weitere Faktoren waren der fortschreitende Prozeß der europäischen Einigung und die zunehmende inter- und supranationale Verflechtung der Staaten der Welt, die eine wachsende Mobilität der Menschen mit sich bringt, aber auch den Aufgabenbestand des Staates auf den Prüfstand stellt[9] und zu Anpassungs- und Modernisierungsreaktionen[10] zwingt. Weitreichende Änderungen des Grundgesetzes seit 1989 waren die Folge:

Das Einigungsvertragsgesetz[11] enthielt als beitrittsbedingte bzw. -bezogene[12] Anpassungen die Streichung des Art. 23 GG a. F., Änderungen der Präambel und des Art. 146 GG, die für den Transformationsprozeß notwendige Ermächtigung in Art. 143 Abs. 1 und 2 GG, für einen begrenzten Zeitraum im Beitrittsgebiet Abweichungen vom Grundgesetz zuzulassen[13], eine

---

[5] Zu Dimensionen dieses Begriffs s. *Würtenberger* JZ 1993, 745 (746).

[6] *Kirchhof,* in: HStR I, Heidelberg 1987, § 19, Rn. 47 ff., 66 f.

[7] Dazu *Häberle* EuGRZ 1991, 261 ff.

[8] S. nur *Robbers* NJW 1989, 1325 ff.; *Hofmann,* in: HStR I, Heidelberg 1987, § 7; *S. Schaub,* Der verfassungsändernde Gesetzgeber, Berlin 1994; *Roßnagel* (Fn. 3); *J. Seifert,* Das Grundgesetz und seine Veränderung, 4. Aufl. Neuwied 1983.

[9] Dazu nur D. Grimm (Hrsg.), Staatsaufgaben, Baden-Baden 1994; *König* VerwArch 1995, 1 ff.; *G. Gaentsch,* Aufgaben der öffentlichen Verwaltung. Bestandsaufnahme und Kritik, *Speyer* (Forschungsberichte Nr. 113) 1992; aus mehr staats- und verfassungsphilosophischer Sicht *Link* und *Ress* (VVDStRL 48 ⟨1990⟩, 10 ff., 56 ff.).

[10] Sie finden ihren praktischen Ausdruck in der Diskussion über die Privatisierung von Verwaltungsaufgaben; dazu etwa *Schuppert* StWiss 1994, 541 ff.; *Lecheler* BayVBl. 1994, 555 ff.; *Schoch* DVBl. 1994, 962 ff.; Referate von *Hengstschläger, Osterloh* und *Bauer* auf der 54. Tagung der Vereinigung der Deutschen Staatsrechtslehrer 1994 VVDStRL 54 (1995), 165 ff., 204 ff. und 243 ff. (Leitsätze DVBl. 1994, 1348 ff.).

[11] Gesetz vom 31. August 1990, BGBl. II S. 889; dazu *M. Herdegen,* Die Verfassungsänderungen im Einigungsvertrag, Heidelberg 1991; *H. H. Klein,* in: HStR VIII, Heidelberg 1995, § 198 Rn. 23–55.

[12] Zur Bedeutung dieser Unterscheidung s. *Meyer* KritV 1993, 399 (412 ff., passim).

[13] Dazu – m.w.N. – *Feddersen* DVBl. 1995, 502 ff., der – mit Recht – die verfassungsrechtlichen Bedenken gegen die verfassungsgesetzliche Verfassungsdurchbrechung nicht durchgreifen läßt.

Absicherung auf besatzungsrechtlicher Grundlage bewirkter Veränderungen der Eigentumsordnung im Beitrittsgebiet in Art. 143 Abs. 3 GG sowie eine Rejustierung der Stimmverteilung im Bundesrat[14], bei der sich die großen westdeutschen Bundesländer eine Sperrminorität sicherten.

Das 38. Gesetz zur Änderung des Grundgesetzes[15] ebnete den Weg für die Unterzeichnung des Maastricht-Vertrages und damit für eine aktive Beteiligung der Bundesrepublik am Prozeß der europäischen Integration. Sein Herzstück ist die Einfügung des neuen Europaartikels Art. 23 GG n. F. unter Ergänzung des Art. 24 GG um die Möglichkeit grenzüberschreitender Zusammenarbeit für die Länder, im Staatsorganisationsrecht flankiert durch die verfassungsgesetzliche Verankerung des Ausschusses für Angelegenheiten der EU im Bundestag (Art. 45 GG) und der Europakammer des Bundesrates (Art. 52 Abs. 3a GG), die Anerkennung des Kommunalwahlrechts für Ausländerinnen und Ausländer aus EU-Staaten (Art. 28 Abs. 1 Satz 3 GG)[16] und – Voraussetzung für eine Währungsunion – die Möglichkeit, Aufgaben und Befugnisse der Bundesbank im Rahmen der Europäischen Union einer Europäischen Zentralbank zu übertragen[17].

Das 39. Gesetz zur Änderung des Grundgesetzes[18] gestaltete unter Verkürzung des Gewährleistungsgehaltes das Asylrecht durch Einfügung eines neuen Art. 16a GG grundlegend um[19] – nach der Gesetzesbegründung in Reaktion auf die quantitativen und qualitativen Veränderungen der Flüchtlingsbewegungen in Zeiten wachsender internationaler Verflechtung und Mobilität – und warf erstmals seit der Einfügung des Art. 10 Abs. 2 GG mit Macht die Frage nach den Grenzen auf, die dem verfassungsändernden Gesetzgeber gezogen sind[20].

Auf die Umgestaltung der Staatsaufgaben und der Wege ihrer Erledigung bezogen sind die Änderung, die eine Organisationsprivatisierung der Luftverkehrsverwaltung ermöglicht hat (Art. 87d Abs. 1 GG)[21], sowie die Gesetze zur Umsetzung der Bahn-[22] und Postreform[23], die verfassungsgesetzlich die Umwandlung der Bundeseisenbahnen und der Deutschen Bundespost in privatwirtschaftliche Wirtschaftsunternehmen absichern; sie enthalten mit ihren Struktursicherungsklauseln (Art. 87e Abs. 4, 87f Abs. 1 GG n. F.), der Regionalisierung des Schienenpersonennahverkehrs und der hierauf bezogenen Finanzierungsregelung des Art. 106a GG eine gewichtige föderale Komponente. Die Sonderregelungen für die Beamten bei Bahn und Post (Art. 143a Abs. 1 Satz 3, Art. 143b Abs. 3 GG) bewirken zugleich eine Umgestaltung des Rechts des öffentlichen Dienstes für diese Bereiche[24].

---

[14] *Klatt* VerwArch 1991, 430 (436ff.); *Busch* ZG 1990, 307ff.; *Jekewitz* RuP 1991, 97ff.; *Meyer* KritV 1993, 399 (414ff.).

[15] Vom 21. Dezember 1992, BGBl. I 2086; dazu etwa *Scholz* NJW 1992, 2593ff.; *ders.* NVwZ 1993, 817ff.; *Wilhelm* BayVBl. 1992, 705ff.; *Classen* ZRP 1993, 57ff.; *Sommermann* DÖV 1994, 596ff.; *Di Fabio* Der Staat 32 (1993), 191ff.; *Magiera* Jura 1994, 1ff.; *Everling* DVBl. 1993, 936ff.; *Fischer* ZParl. 1993, 32ff.

[16] S. *Röger* VR 1993, 137ff.

[17] Dazu *Weikart* NVwZ 1993, 834ff.

[18] Vom 28. Juni 1993, BGBl. I 1002; dazu etwa *Gusy* Jura 1993, 505ff.; *Renner* NJ 1994, 241 (242f.), *Voßkuhle* DÖV 1994, 53ff.; *Kokott* StWiss 1993, 197ff.; *Hailbronner* ZAR 1993, 107ff.; *Hehl* ZRP 1993, 301ff.

[19] Art. 18 GG wurde lediglich redaktionell angepaßt.

[20] Die Entscheidung des Bundesverfassungsgerichts zu Art. 16a GG n. F., namentlich zur umstrittenen Drittstaatenklausel, steht noch aus.

[21] 37. Gesetz zur Änderung des Grundgesetzes vom 14. Juli 1992, BGBl. I 1254; dazu – im breiteren Kontext – *P. Lerche,* Neue Entwicklungen zum Begriff der Bundeseigenverwaltung, in: FS Klein, 1994, 527ff.

[22] 40. Gesetz zur Änderung des Grundgesetzes vom 20. Dezember 1993, BGBl. I 2089; dazu *Heinze* BayVBl. 1994, 266ff.; *Schmitt-Assmann* DÖV 1994, 577ff.

[23] 41. Gesetz zur Änderung des Grundgesetzes vom 30. August 1994, BGBl. I 2245; dazu *Rottmann* ArchPT 1994, 193ff.; *Gramlich* NJW 1994, 2785ff.

[24] Dazu etwa *Blanke/Sterzel* AuR 1993, 265ff.

Nach Regelungsgegenständen und Reichweite der Änderungen hebt sich von diesen punktuellen, wenn auch qualitativ gewichtigen Eingriffen in das Verfassungsgefüge deutlich ab das 42. Gesetz zur Änderung des Grundgesetzes[25], das als Teilrevision des Grundgesetzes an die Ergebnisse der Gemeinsamen Verfassungskommission von Bundestag und Bundesrat[26] anknüpft. Mit insgesamt 29 Einzeländerungen und 14 betroffenen Artikeln gehört es zu den qualitativ »großen« Verfassungsänderungen. Betroffen sind die Grundrechtsbestimmungen[27], die Staatsfundamentalnormen[28], die Garantie kommunaler Selbstverwaltung[29], die Bestimmungen zum Neugliederungsverfahren[30], zur Verteilung der Gesetzgebungskompetenzen zwischen Bund und Ländern[31], zum Rechtsetzungsverfahren[32], zu den Gegenständen der bundeseigenen Verwaltung[33] und zum Zugang zum Bundesverfassungsgericht[34].

Aus zwei Gründen konzentrieren sich die folgenden Überlegungen auf diese Grundgesetzänderungen: das besondere Verfahren zu ihrer Vorbereitung und der

---

[25] Vom 27. Oktober 1994, BGBl. I 3146.

[26] BT-Drs. 12/6000; zu Darstellung und Bewertung der Empfehlungen der GVK s. aus der Literatur etwa *Batt* StWiss 1994, 211 ff.; *Berlit* Prokla 1994, 65 ff.; *ders.* GewMH 1993, 76 ff.; *ders.* RuP 1994, 194 ff.; *ders.* AuR 1994, 19 ff.; *M. Bremers,* Die Gemeinsame Verfassungskommission. Vorgabe, Diskussion, Ergebnisse und Einschätzung, Bonn (Magisterarbeit) 1994; *Depenheuer* Die politische Meinung 4/1994, 17 ff.; B. Guggenberger/A. Meier (Hrsg.), Der Souverän auf der Zwischenbühne, Opladen 1994; *S. Heitmann,* Die mißbrauchte Einheit, in: FS Helmrich, München 1994, 217 ff.; *Incesu* KJ 1993, 475 ff.; *dies.* Vorgänge 123 (3/1993), 7 ff.; *dies.* RuP 1992, 153 ff.; *Isensee* NJW 1993, 2583 ff.; *Jahn* DVBl. 1994, 177 ff.; H. H. *Klein,* in: HStR VIII, Heidelberg 1995, § 198 Rn. 56–72; *M. Kloepfer,* Verfassungsgebung als Zukunftsbewältigung aus Vergangenheitserfahrung, in: *ders.* u. a., Kontinuität und Diskontinuität in der deutschen Verfassungsgeschichte, Berlin 1994, 35 (64 ff.); *ders.,* Verfassungsänderung statt Verfassungsreform, Berlin 1995; *Lieberam/Heuer* DuR 1993, 118 ff.; *Meyer* ZfSH/SGB 1994, 123 ff.; H.-J. *Papier,* Verfassungskontinuität und Verfassungsreform im Zuge der Wiedervereinigung, in: M. Kloepfer u. a., ebd., 85 ff.; *Rohn/Sannwald* ZRP 1994, 65 ff.; *Rubel* JA 1992, 265 ff., 1993, 12 ff., 296 ff.; *Schneider* NJW 1994, 558 ff.; R. *Scholz,* Zur Arbeit der Gemeinsamen Verfassungskommission von Bundestag und Bundesrat, in: K. Stern (Hrsg.), Deutsche Wiedervereinigung, Bd. IV (Zur Reform des Grundgesetzes), Köln u. a. 1993, 5 ff. (GVK); *ders.,* Zur Reform des Grundgesetzes. Die Arbeit der Gemeinsamen Verfassungskommission von Bundestag und Bundesrat, Regensburg 1993 (Reform); *ders.* Grundgesetz zwischen Reform und Bewahrung, Berlin/New York 1993 (Bewahrung); *Seifert* Vorgänge 123 (3/1993), 90 ff.; *Vogel* DVBl. 1994, 497 ff.; *ders.* NJ 1994, 145 ff.; H. *Voscherau,* Zur Arbeit der Gemeinsamen Verfassungskommission von Bundestag und Bundesrat, in: K. Stern (Hrsg.), ebd., 29 ff.; weiterhin die Beiträge von *Scholz, Voscherau, Busch, Zapfe, Fischer, Holtschneider, Mayer-Teschendorf, Hofmann, Klotz* und *Meyer* in: APuZ B 52–53/93.

[27] Einfügung der Art. 3 Abs. 2 Satz 2 GG (Staatsziel Gleichstellung) und Art. 3 Abs. 3 Satz 2 (Diskriminierungsschutz für Behinderte).

[28] Durch Einfügung des Art. 20a GG n. F. (Staatsziel »Schutz der natürlichen Lebensgrundlagen«).

[29] Finanzgarantie in Art. 28 Abs. 2 Satz 3 GG n. F.

[30] Art. 29 Abs. 7, 8 GG sowie die Öffnungsklausel für eine erleichterte Neugliederung des Raumes Berlin/Brandenburg.

[31] Insb. Neufassung der »Bedürfnisklausel« des Art. 72 Abs. 1 GG, Verschiebungen bei den Gebieten der konkurrierenden Gesetzgebung (Art. 74 GG) und der Rahmengesetzgebung des Bundes (Art. 75 Abs. 1 GG) sowie den Voraussetzungen und Grenzen ihrer Inanspruchnahme (Art. 75 Abs. 2 GG), flankiert durch die Übergangsregelungen in Art. 118a GG n. F.

[32] Art. 76 Abs. 2, 3, 77 Abs. 2a und Art. 80 Abs. 3, 4, GG.

[33] Art. 87 Abs. 2 Satz 2 GG (länderübergreifende Sozialversicherungsträger).

[34] Antragsrechte der Landesparlamente nach Art. 93 Abs. 1 Nr. 2a GG n. F.

Umstand, daß sich in der Auseinandersetzung um diese Änderungen die kontroversen Einschätzungen zu den angemessenen verfassungsgesetzlichen Reaktionen auf die staatliche Einigung, die richtige Balance zwischen Rigidität und Flexibilität[35] der Verfassung, ebenso bündeln wie die Grundanschauungen über den der Bundesrepublik angemessenen Verfassungstyp.

2. *Verfassungspolitische Grundpositionen*

Konstante der Kontroverse um die Reform des Grundgesetzes war bei breitem Konsens über die Bewährung des Grundgesetzes[36] und seiner Grundprinzipien der verfassungspolitische Dissens über Grund, Umfang und Richtung des Änderungsbedarfes und letztlich über die Funktion der Verfassung. In ihm setzten sich die Meinungsunterschiede über den – zugunsten des Beitritts nach Art. 23 GG a. F. entschiedenen – richtigen Weg zur staatlichen Einigung fort[37]. In der politischen und öffentlichen Debatte sind diese Grundsatzfragen trotz ihrer prägenden Bedeutung zu selten tiefergehend thematisiert worden. Im Kern standen sich – unter Vernachlässigung von Zwischenpositionen – zwei Grundpositionen gegenüber[38], die sich nach der Haltung zu den Folgen des Beitritts, der Darlegungs- und Begründungslast für Änderungen, den der Verfassung zugeschriebenen Funktionen und – nicht zuletzt – der Wahrnehmung der damit verbundenen Brüche und Transformationsprobleme unterscheiden lassen.

Für die im politischen Raum eher von den Unionsparteien vertretene Haltung bedeutete der von der ersten frei gewählten Volkskammer erklärte Beitritt der DDR nach Art. 23 GG a. F. nicht den Beginn, sondern das Ende der Verfassungsdebatte insofern, als er das Grundgesetz vom Transitorium verfassungsrechtlich und verfassungspolitisch zur endgültigen Verfassung des geeinten Deutschland wandelte[39]. Das Ergebnis der Volkskammerwahlen vom 18. März 1990 wurde zugleich interpretiert

---

[35] Vgl. *Schuppert* AöR 120 (1995), 32 (49 ff.).

[36] Dazu nur die »Festtagsbeiträge« zum 40jährigen Bestehen des Grundgesetzes (s. etwa P. Arens u. a. ⟨Hrsg.⟩, 40 Jahre Grundgesetz. Der Einfluß des Verfassungsrechts auf die Entwicklung der Rechtsordnung, Heidelberg 1990; *Becker* RiA 1989, 281 ff.; *Grimm* NJW 1989, 1305 ff.; *Herzog* DÖV 1989, 465 ff.; *Ipsen* JöR N.F. 38 (1989), 1 ff.; *Schenke* JZ 1989, 653 ff.; M. Pfeiffer ⟨Hrsg.⟩, Auftrag Grundgesetz. Wirklichkeit und Perspektiven, Stuttgart 1989; K. Stern ⟨Hrsg.⟩, 40 Jahre Grundgesetz. Entstehung, Bewährung und internationale Ausstrahlung, München 1990; *ders.* NWVBL 1990, 1 ff.; G. Schröder/H.-P. Schneider ⟨Hrsg.⟩, Soziale Demokratie. Das Grundgesetz nach 40 Jahren, Heidelberg 1991), in deren einhellig positive Bilanz sich – mit unterschiedlichen Akzenten und Perspektiven – durchweg auch kritische Anmerkungen mischten.

[37] Zur Diskussion über den »richtigen« Weg s. nur *Häberle* JZ 1990, 358 (358–360); *ders.*, ZfP 1992, 233 (236); *Isensee* VVDStRL 49 (1990), 39 ff.; B. Guggenberger/T. Stein (Hrsg.), Die Verfassungsdiskussion im Jahr der deutschen Einheit, München 1991.

[38] S. auch *Batt* StWiss 1994, 211 (215 ff.).

[39] In der Staatsrechtswissenschaft prononciert vertreten durch *Isensee* (bereits im Vorfeld des Einigungsvertrages VVDStRL 49 ⟨1990⟩, 39 ⟨48 ff., 56 ff.⟩; s. a. *ders.*, Braucht Deutschland eine neue Verfassung? (Neue Verfassung), Köln 1992; *ders.*, Das Grundgesetz zwischen Endgültigkeitsanspruch und Ablösungsklausel, in: K. Stern ⟨Hrsg.⟩, Deutsche Wiedervereinigung, Bd. I (Eigentum. Neue Verfassung. Finanzverfassung, Köln u. a. 1991, 63 ff.; s. a. *Blumenwitz* APuZ B 49/91, 3 ff.; *ders.* ZfP 1992, 1 ff.; *Papier* (Fn. 26), 85 ff. (85); P. *Kirchhof*, Brauchen wir ein erneuertes Grundgesetz?, 2. Aufl., Heidelberg 1993, 7; *Roellecke* NJW 1991, 2441 ff.; R. *Scholz*, Aufgaben und Grenzen einer Reform des Grundgesetzes, in: FS Lerche, München 1993, 65 (67) (Aufgaben); *ders.* (Fn. 26 ⟨Bewahrung⟩), 5.

als Hinnahme des Gedankens der »stellvertretenden Verfassunggebung«[40] und als mittelbare plebiszitäre Annahme eines im Kern unveränderten, nicht veränderungsbedürftigen und in den westlichen Bundesländern – allzumal durch langjährige Bewährung in der Sache und Akzeptanz in der Bevölkerung[41] – demokratisch legitimierten Grundgesetzes. Bestehe kein Demokratiedefizit, bedürfe es zu dessen Behebung – auch nach der Neufassung des Art. 146 GG – keines Verfassungsreferendums, sei es über das Grundgesetz selbst, sei es über seine Änderungen[42].

Verfassungsstabilität sei auch in der Sache geboten: Die Transformationsprobleme, die mit der Herstellung der staatlichen Einheit verbunden seien, seien durch Verfassungsänderungen weder zu lösen noch einer Lösung näher zu bringen[43]. Nicht zwingend notwendige Grundgesetzänderungen belasteten ohne Not den Transformationsprozeß und entwerteten die Beitrittsentscheidung[44]. Die Herstellung der deutschen Einheit durch Beitritt sei die Entscheidung für Kontinuität auch in den Grundstrukturen und dem Regelungstypus, in Verfassungsstil und -sprache[45] und der Regelungsdichte des Grundgesetzes gewesen – für eine Verfassung vor allem, die auf programmatische Vorgaben für politisches Handeln durch Staatszielbestimmungen, Gesetzgebungsaufträge oder schwer erfüllbare Verfassungsverheißungen jenseits der Staatsstrukturprinzipien verzichtet, durch Nüchternheit[46] sowie Zurückhaltung in Sprache und Regelungsgehalt ihre Flexibilität, Zukunftsoffenheit und Leistungsfähigkeit bewahrt[47] und sich bei materiellen Bindungen der Staatsgewalt auf justiziable subjektiv-öffentliche Gewährleistungen[48] beschränkt. Jede Ethisierung oder Ethnisierung der Verfassung wird ebenso abgelehnt wie Verfassungsgehalte, die das individualrechtliche Konzept (rechtlicher) Gleichheit aller um Elemente gruppenbezogener Solidarität ergänzen. Änderungen waren nach dieser Konzeption daher nur dort angezeigt, wo sie diesen Rahmen und die Leistungsgrenzen der Verfassung wahrten *und* entweder aus übergeordneten Gründen – etwa wegen der fortschreitenden europäischen Integration – unabweisbar oder nachweislich erforderlich waren, um die Ordnungs- und Steuerungsfunktionen der Verfassung einschließlich ihrer freiheitssichernden, einheitsstiftenden und integrierenden Kraft zu erhöhen; die Vermutung

---

[40] So – unter Berufung auf den ursprünglichen Präambeltext, nach dem das deutsche Volk in den westdeutschen Bundesländern »auch für jene Deutschen gehandelt« habe, »denen mitzuwirken versagt war« – *Scholz* (Fn. 26 ⟨Bewahrung⟩), 5.

[41] So *Isensee*, in: HStR VII, Heidelberg 1992, § 161 Rn. 21; *Huba* Der Staat 1991, 431 ff.; *K. Hesse*, Grundlinien der verfassungsrechtlichen Ordnung und ihrer Fortbildung, in: Arens u. a. (Fn. 36), 1 ⟨6 f.⟩; gegen die These einer »Legitimation durch Erfolg« *Storost*, Der Staat 1991, 537 ff.; *D. Heckmann*, Das »unvollkommen-plebiszitäre Element« des Art. 146 GG. Ursprung, Obsoletwerden, Erfüllung, in: K. Borgmann u. a. (Hrsg.), Verfassungsreform und Grundgesetz, Stuttgart u. a. 1992, 17 ff.

[42] Zum möglichen Gegenstand eines Verfassungsreferendums *Isensee*, in: HStR VII, Heidelberg 1992, § 166 Rn. 63.

[43] In diese Richtung auch die Richtpunkte für Verfassungsänderungen bei *Grimm* AöR 97 (1972), 489, 507 f.

[44] Ungenau ist aber die oft gebrauchte Formulierung, die DDR sei »dem Grundgesetz« beigetreten: Der Beitritt erfolgte zum durch das Grundgesetz verfaßten Staat; s. a. *Meyer* KritV 1993, 399 (401 ⟨in und bei Fn. 7⟩).

[45] Dazu *Voßkuhle* AöR 1994, 35 (insb. 36 ff., 46 ff.); *Hilf*, in: HStR VII, Heidelberg 1992, § 161.

[46] »Verfassungslyrik« (*Günther* KJ 1991, 369 ff.) bzw. »Verfassungsschwärmerei« (*Merten* VerwArch 83 ⟨1992⟩, 283 ff.) sind die häufig genutzten Gegenbegriffe.

[47] Statt vieler: *Papier* (Fn. 26), 89; *P. Badura*, in: HStR VII, Heidelberg 1992, § 160 Rn. 42.

[48] Zur Terminologie *Badura*, in: HStR VII, Heidelberg 1992, § 159 Rn. 9, 23 ff.; *Sachs* ZG 1991, 1 ff.

spricht hier gegen Änderung und für Kontinuität. Verfassungsreform wird beschränkt auf unerläßliche Anpassungsveränderungen[49].

Nach der Gegenposition – im politischen Raum vor allem den Sozialdemokraten
und Bündnis 90/Die Grünen zuzuordnen – ließ der Beitritt als Entscheidung für
Verfassungskontinuität in den Grundprinzipien die Verfassungsfrage offen für dynamische Umgestaltungen innerhalb des so gezogenen Rahmens[50]. Eine prinzipiell
ergebnisoffene Verfassungsdiskussion wurde als Chance zur kollektiven Selbstverständigung aller Menschen des geeinten Deutschland über die gemeinsamen verfassungsrechtlichen Grundlagen gesehen. Sie erhöhe schon als Prozeß die Integrationswirkung des Grundgesetzes, stärke so den Verfassungskonsens und gewährleiste eine
gleichgewichtige Verteilung der Last von Veränderungsleistungen bei der Herstellung der inneren Einheit[51]. Verfassungspolitisch[52] schließe dies eine Volksabstimmung über das (geänderte) Grundgesetz zur Stärkung[53] des demokratischen Fundaments der Verfassung ein[54].

Der geltend gemachte Veränderungsbedarf in der Sache gründete auf einem Verfassungsverständnis, das innerhalb der verschiedenen Verfassungsfunktionen[55] die
Akzente anders setzt: Im Rahmen einer unverändert auf Freiheitsschutz angelegten,
machtbegrenzenden Verfassungsordnung werden die sozialen und ökonomischen
Voraussetzungen der Grundrechtsverwirklichung durch objektivrechtliche Vorgaben für die Staatstätigkeit, namentlich (soziale und kulturelle) Staatsziele stärker in
den Blick genommen und zugleich die Schutzfunktion des Staates gegenüber einer
Grundrechtsgefährdung durch private Dritte betont[56]: Die Staatsverfassung wird
durch Elemente der Gesellschaftsverfassung ergänzt; sie soll die gesellschaftliche
Entwicklung anstoßen und vorantreiben[57].

Die Erhaltung der Politikfähigkeit des Staates führt dabei zum Rückgriff auch auf
final programmierende Normen mit geringerer Wirkungsintensität, die eher auf
durch den Gesetzgeber umsetzungsbedürftige Steuerung angelegt sind. Damit eng
verbunden ist ein Ausbau der Sinngebungsfunktion[58] der Verfassung: Die Verfassung
wird – auch – gesehen als historisches Selbstzeugnis[59] der sich selbst verfassenden

---

[49] So die Bezeichnung bei *Häberle* (Fn. 3), 627 (642).

[50] S. etwa *Häberle* JZ 1990, 358 (359); *Grimm* Merkur 1992, 1059 (1059 f.).

[51] Diesen Aspekt betont *Grimm* Merkur 1992, 1059 (1060).

[52] E.-G. *Mahrenholz,* Die Verfassung und das Volk, München 1992, 10 ff., 41.

[53] Zur rechtlichen Gleichwertigkeit direktdemokratischer und repräsentativer Verfahren bereits bei der
Verfassunggebung s. *Schneider,* in: HStR VII, Heidelberg 1992, Rn. 27 f.; *Steinberg* ZParl. 1992, 497
(508 ff.); für den Bereich der Landesverfassungen s. *F. R. Pfetsch,* Ursprünge der Zweiten Republik,
Opladen 1990, 56 ff.; *Hölscheidt* ZParl. 1995, 58 ff.

[54] Die Hinweise auf ein »Demokratiedefizit« des Grundgesetzes (dazu etwa *H.-P. Schneider,* Die Zukunft des Grundgesetzes: Vom Beruf unserer Zeit zur Verfassunggebung, in: R. Wildenmann ⟨Hrsg.⟩,
Nation und Demokratie, Baden-Baden 1991, 51 ⟨56 ff.⟩) beziehen sich auf verfassungspolitische, nicht
verfassungsrechtliche Erwägungen.

[55] Dazu *K. Stern,* Staatsrecht, Bd. I, 2. Aufl., München 1984, § 3 III (78 ff.).

[56] Vgl. dazu *Denninger,* Sicherheit/Vielfalt/Solidarität: Ethisierung der Verfassung?, in: U. K. Preuß
(Hrsg.), Zum Begriff der Verfassung, Frankfurt 1994, 95 (101).

[57] In der Terminologie *Häberles* (⟨Fn. 3⟩, 642) eher Gestaltungsveränderungen.

[58] Unter Rückgriff auf die Typisierung bei *Sachs* ZG 1991, 1 (25 f.); s. a. *Schuppert* AöR 120 (1995), 32
(54).

[59] Zur Präambel als angemessenem Regelungsort solcher expressiven Funktionen s. nur *P. Häberle,*
Präambeln im Text und Kontext von Verfassungen, in: *ders.* (Fn. 3), 176 (190 ff.).

Einheit über die fundamentalen Bedingungen und Ziele der eigenen kollektiven Existenz[60] und hat nach dieser Vorstellung auch jene Probleme aufzugreifen, die die Menschen bewegen, und Orientierung für die Lösungen zu geben. Die (individuellen und kollektiven) Verfassungserwartungen seien als Kriterium der Verfassungswürdigkeit final-programmierender Regelungen auch dort anzuerkennen, wo die Verfassung als machtbegrenzender Handlungsrahmen staatliche Aktivitäten auch ohne Änderung zuläßt und die Erfüllung der Erwartungen der Umsetzung durch die staatliche Politik bedarf; sie dokumentiert selbstgewählte Aufgabenschwerpunkte staatlicher Tätigkeit. Daß sich diese Verfassungserwartungen speisen aus der konkreten, sozialen Situation der Einzelnen, die in einer pluralen Gesellschaft auch über die Zugehörigkeit zu bestimmten Gruppen definiert werden, ist für diese Position Grund, auch Gruppen zum Bezugspunkt verfassungsrechtlicher Normen, vorrangig besonderer Schutzversprechen und Förderpflichten, zu machen und so dem Begriff der Solidarität eine neue Dimension hinzuzufügen. Dabei wurde bewußt an die Verfassungs(text)entwicklung in den (ostdeutschen) Bundesländern und im Ausland angeknüpft.

Wissenschaftlich klar scheidbar, waren die verfassungspolitischen Optionen für die parteipolitische Positionsbestimmung zu einzelnen Sachthemen überlagert durch innerparteiliche Zwischenpositionen. Sie zeigten sich namentlich in den unter anderen Kompromißzwängen stehenden Verfassungsdebatten in den ostdeutschen Bundesländern und folgten wählerorientierten Rücksichtnahmen: Die verfassungspolitische Diskussion prägen andere Regeln als den wissenschaftlichen Diskurs. Bei einzelnen Sachthemen wandelte sich so der prinzipielle Gegensatz der Grundoptionen im Hintergrund in weiterhin wirksame, aber graduelle Unterschiede. Bei der Diskussion um die Aufnahme neuer Staatsziele etwa konnte es nach der Entscheidung für die Aufnahme der Staatsziele »Schutz der natürlichen Lebensgrundlagen« und »Frauenförderung«, die sich schon früh abzeichnete, nur noch um die nach abstrakten Kriterien schwerlich zu beantwortende Frage gehen, ab wann final-materielle Bindungen der Staatsgewalt nach Art und Umfang umschlagen in eine »Übersteuerung«: Ein Übermaß an Staatszielen nimmt jedem einzelnen die ohnehin begrenzte, normativ steuernde Kraft, weil es unter Bedingungen knapper Ressourcen zusätzliche Abwägungsprozesse und Entscheidungen über Prioritäten erforderlich macht, die ihrerseits – prinzipielle Ranggleichheit der Staatsziele unterstellt – normativ nicht (eindeutig) entscheidbar sind. Entsprechendes gilt für die Frage, in welchem Grad die Verfassung als Gesetz mit dem Anspruch normativ wirksamer (direkter) Steuerung expressive und vorrangig auf Sinngebung zielende Verfassungsergänzungen verträgt, ohne Normativitätseinbußen zu erleiden und die Balance zwischen verschiedenen, dem Grunde nach anerkannten Verfassungsfunktionen zu zerstören, oder das Problem, ab wann die integrierende, einheitsstiftende Funktion durch Materialisierung der Vorgaben für die – strukturell begrenzte – Staatstätigkeit umschlägt in desintegrierende Wirkungen, die unerfüllte, weil unerfüllbare Verfassungsverheißungen mit sich bringen. Hier machte sich das Fehlen einer empirischen Verfassungsrechtswissenschaft bemerkbar, die gesicherte Prognosen zu den (direkten und indirekten) Wirkungen materialer Verfassungsänderungen auf die Konsens- und Integra-

---

[60] *Denninger* (Fn. 56), 98.

tionsfunktion der Verfassungen erlaubte, Aufschluß darüber gäbe, welches Maß an Verfassungsinnovation oder »Werkstattcharakter«[61] ein etabliertes Verfassungsgefüge verträgt, oder die das Verhältnis zwischen der wertsetzenden und wertprägenden Kraft materialer Verfassungsnormen mit ethischem Bezug zu den außerrechtlichen Verfassungsvoraussetzungen klärte.

Von diesem Grundsatzdissens weniger beeinflußt waren – die Überlegungen zur Ergänzung des repräsentativen Systems des Grundgesetzes durch Elemente direkter Demokratie und zu behutsamen, wissenschaftlich teils durch die Enquete-Kommission-Verfassungsreform[62] vorbereiteten Neuerungen im Parlamentsrecht ausgenommen – die Diskussionen zum Staatsorganisationsrecht. Die verfassungspolitischen »Konfliktlinien« verliefen hier quer zu den Parteien im Bund-Länder-Verhältnis. Dies nimmt das gesetzestechnisch ungewöhnliche Vorgehen vorweg, die Forderungen eines verfassungsgesetzlich nicht vorgesehenen Instruments des kooperativen Föderalismus – des Gemeinsamen Beschlusses der (westdeutschen) Ministerpräsidenten vom 5. Juli 1990[63] – in Art. 5 EinigungsV aufzunehmen und so kraft Gesetzes zur thematischen Vorgabe für die künftige Arbeit der gesetzgebenden Körperschaften zu erheben.

3. Die Gemeinsame Verfassungskommission von Bundestag und Bundesrat (GVK)

3.1. Verfassungsablösung oder Verfassungsreform?

Rahmen und Richtung der Verfassungsdebatte bestimmte Art. 5 EinigungsV. Formuliert als »Empfehlung« der Regierungen der beiden Vertragsparteien an die gesetzgebenden Körperschaften, sich mit im einzelnen bezeichneten Fragen zur Änderung oder Ergänzung des Grundgesetzes zu befassen, sahen diese hierin eine bindende Selbstverpflichtung: einen Auftrag. Die Grundkontroverse um den Verfassungsänderungsbedarf blieb mit dem Formelkompromiß in der Schwebe, daß sich der Befassungsauftrag auch erstrecke auf »die Frage der Anwendung des Artikels 146 des Grundgesetzes und in deren Rahmen einer Volksabstimmung«. Bedeutung und Regelungsgehalt des durch Art. 4 Nr. 6 EinigungsV neu gefaßten Artikel 146 GG waren ihrerseits – schon in den Beratungen über den Einigungsvertrag[64] – umstritten geblieben. Der Konflikt zentrierte sich um die Frage, inwieweit Art. 146 GG weiterhin eine legale Verfassungsablösung ermöglicht und in welchem Verhältnis Art. 146 GG zur »Ewigkeitsklausel« des Art. 79 Abs. 3 GG und dem in Art. 79 Abs. 1 und 2 GG geregelten Verfahren der Verfassungsänderung steht. Das Spektrum der im Schrifttum vertretenen Meinung ist denkbar weit: Es reicht von der Reaktivierung der Figuren der »verfassungswidrigen«[65] bzw. »obsoleten«[66] Verfassungsnorm bis

---

61 *Häberle* JöR N.F. 42 (1994), 149 (195 f.).

62 Schlußbericht der Enquete-Kommission-Verfassungsreform, BT-Drs. 7/5924, 22 ff.

63 ZParl. 1990, 461 ff.

64 Dazu *Isensee,* in: HStR VII § 166 Rn. 48–50; *E. Bülow,* Zur Entstehung des Art. 146 GG n. F., in: Stern (Fn. 39), 49 (51 ff.).

65 S. nur *Bartlsperger* DVBl. 1990, 1285 (1300); *Kempen* NJW 1991, 964 (967); *Roellecke* NJW 1991, 2441 (2443).

66 *J. Isensee,* Das Grundgesetz zwischen Endgültigkeitsanspruch und Ablösungsklausel, in: Stern

hin zu Positionen, die hierin auch nach der Wiedervereinigung auf der Grundlage des Art. 23 GG einen Weg zu einer rechtlich geordneten und gehegten grundlegenden Verfassungserneuerung jenseits des Verfahrens des Art. 79 Abs. 1 und 2 GG sehen. Als Eckpunkte des hier nicht zu vertiefenden Auslegungsstreites[67] können festgehalten werden: Art. 146 GG n. F. kann als vom verfassungsändernden Gesetzgeber gestaltete Verfassungsnorm nicht von Art. 79 Abs. 3 GG dispensieren[68], schafft mithin keine Situation völliger Ungebundenheit[69]. Art. 146 GG n. F. enthält weiterhin jedenfalls keinen Verfassungsauftrag zur Ablösung des Grundgesetzes, seiner grundlegenden Revision[70] oder einer Volksabstimmung[71]: Das Grundgesetz ist auch ohne Bestätigung durch Volksentscheid die Verfassung des staatlich geeinten Deutschland. Ob die Möglichkeit einer legalen Verfassungsablösung, die Art. 146 GG a. F. für den Fall der Wiedervereinigung eröffnet hatte, durch Art. 146 n. F. perpetuiert wird und – dies unterstellt – welche Verfahrensanforderungen gelten, wird die Wissenschaft wohl noch lange beschäftigen; verfassungspolitisch hat die Staatspraxis durch die Einsetzung der Gemeinsamen Verfassungskommission (GVK) von Bundesrat und Bundestag diese Frage auf absehbare Zeit entschieden.

3.2. *Der Kompromiß: Die Gemeinsame Verfassungskommission*

Die Beschlüsse zur Einsetzung der Gemeinsamen Verfassungskommission (GVK)[72] von Bundesrat und Bundestag zeichneten den Weg einer Verfassungsänderung ohne »Anwendung des Artikels 146« (Art. 5 EinigungsV) im Verfahren des Art. 79 Abs. 2 GG vor: Die Kommission sollte über »Verfassungsänderungen und -ergänzungen« beraten, die den gesetzgebenden Körperschaften *vorgeschlagen* werden sollen; die Verfahrensregel, nach der Vorschläge der Zweidrittelmehrheit bedurften, enthielt inhaltlich die Vorentscheidung für die Option, die auf Kontinuität und möglichst wenige Änderungen setzte[73]. Mit der Ablehnung der Vorschläge der

(Fn. 39), 63 (75 f.); *ders.*, Braucht Deutschland eine neue Verfassung?, Köln 1993, 31 ff.; eine pikante Randerscheinung ist, daß das Obsolet-Werden von Verfassungsnormen zuvor u. a. am Beispiel des Wiedervereinigungsgebotes diskutiert worden ist (vgl. *J. Rottmann*, Über das Obsolet-Werden von Verfassungsnormen, in: FS Zeidler, Band 2, Berlin/New York 1987, 1096 ff.; *H.-H. Klein*, ». . . die Einheit und Freiheit Deutschlands zu vollenden« – Geltung und Bestand des Wiedervereinigungsgebotes, in: FS Geiger, 1989, 132 ⟨134 ff. ⟩); s. a. *Schmidt-Jortzig* Rechtstheorie 1991, 395 ff.

[67] Eingehend hierzu *Wiederin* AöR 1992, 410 ff.; *Meyer* KritV 1993, 399 ff.; einerseits; *Isensee*, in: HStR VII, Heidelberg 1992, § 166 Rn. 23 ff.; *ders.* (Fn. 39 ⟨Neue Verfassung⟩) andererseits; vermittelnde Positionen etwa bei *Heckmann* (Fn. 41), 9 ff.; *T. Würtenberger*, Art. 146 GG n. F.: Kontinuität oder Diskontinuität im Verfassungsrecht?, in: Stern (Fn. 39), 95 ff.; *Sachs* JuS 1991, 985 ff.; s. weiterhin *v. Mangoldt/Klein/ v. Campenhausen*, Das Bonner Grundgesetz, 3. Aufl., Bd. 14, München 1991, Art. 146, Rn. 10 ff.; *Maunz/ Dürig/Herzog/Scholz*, GG, Art. 146, insb. Rn. 14 ff.

[68] Statt vieler: *Jarass/Pieroth*, GG, 3. Aufl., München 1995, Art. 146 Rn. 2; *K. Hesse*, Grundzüge des Verfassungsrechts, 19. Aufl., Heidelberg 1993, Rn. 707; *Schneider*, in: HStR VII, Heidelberg 1992, Rn. 39.

[69] In diese Richtung *Wiederin* AöR 1992, 410 (431 ff.); *Storost* Der Staat 1990, 321 (329 f.); *ders.* Der Staat 1991, 537 (545); *Mahrenholz* (Fn. 52), 41.

[70] Für das Verfahren der Verfassungsänderung nach Art. 79 unterscheidet das Grundgesetz im Gegensatz etwa zur Schweizer Bundesverfassung (Art. 118 ff.) nicht zwischen Partial- und Totalrevision.

[71] A. A. *Mahrenholz* (Fn. 52); *ders.*, Der Spiegel v. 5. 4. 1994.

[72] BT-Drs. 12/1590, 1670 (Beschluß des Bundestages vom 14. November 1994); BR-Drs. 741/91 (Beschluß) vom 29. November 1991.

[73] Diese verfahrensrechtliche Vorgabe hindert, den Verzicht auf umfassende Änderungsvorschläge als

Oppositionsparteien, einen Verfassungsrat einzusetzen, dem auch Nichtpolitiker angehören sollten[74], war die Änderungsdebatte zugleich von einem strukturell ergebnisoffenen, als grundlegende Überprüfung – nicht notwendig inhaltlich weitreichende Revision – und in der Organisation auf die Aufnahme innovativer, kreativer Anstöße angelegten Prozeß verschoben hin zum Regelverfahren der Verfassungsänderung im Rahmen des parlamentarisch-repräsentativ geprägten, »routinisierten«[75] Politikbetriebes[76].

Paritätisch gebildet aus je 32 Vertreterinnen und Vertretern von Bundestag – nach Fraktionsstärke und -vorschlägen gewählt vom Bundestag – und der Landesregierungen[77] betont die GVK das föderative Moment der grundgesetzlichen Ordnung. Die Länderbeteiligung wich dabei in zwei Punkten vom Bundesratsmodell ab: Jede Landesregierung konnte unabhängig von der einwohnerzahlabhängigen Stimmgewichtung des Art. 51 Abs. 2 GG aus dem Kreis ihrer Bundesrats- und stellvertretenden Bundesratsmitglieder zwei Kommissionsmitglieder[78] benennen[79], die – abweichend von Art. 51 Abs. 3 Satz 2 GG – nicht einheitlich abzustimmen brauchten. Mit der Aufgabenstellung der Entscheidungsvorbereitung und in den Folgen der Kommissionsarbeit einer Enquete-Kommission vergleichbar[80], unterstreicht die auf Mitglieder der gesetzgebenden Körperschaften beschränkte personelle Zusammensetzung die Verbindung zum parlamentarisch-repräsentativen System und den politischen Willen zur Umsetzung der Kommissionsempfehlungen[81]. Verfassungsgesetzlich nicht verankert, gründete die GVK in der Geschäftsordnungsautonomie von Bundestag und Bundesrat; verfassungsorganähnliche Stellung kann der GVK als besonderer Ausprägung des kooperativen Föderalismus indes nicht beigemessen werden[82].

---

positive Bestätigung des im Kern unveränderten Grundgesetzes zu werten; s. a. *Vogel* DVBl. 1994, 497 (498).

[74] Antrag der SPD, BT-Drs. 12/415; weitergehend der Antrag von Bündnis 90/Die Grünen BT-Drs. 12/563, der an Überlegungen des Kuratoriums für einen demokratisch verfaßten Bund deutscher Länder (vgl. Vom Grundgesetz zur deutschen Verfassung. Denkschrift und Verfassungsentwurf, Baden-Baden 1991, 18 f., 64) anknüpfte. Der Antrag der CDU/CSU und FDP (BT-Drs. 12/567) sah einen gemeinsamen Verfassungsausschuß mit je 16 Mitgliedern von Bundestag und Bundesrat vor.

[75] S. *Voscherau* (Fn. 26), 29 (29 f.).

[76] *Benz* DÖV 1993, 881 (883 f.); *Berlit* RuP 1994, 194 (195 f.); *T. Evers*, Entsorgte Vergangenheit. Warum die Verfassungskommission erfolgreich scheiterte, in: Guggenberger/Maier (Fn. 26), 51 (51).

[77] Zur personellen Zusammensetzung s. BT-Drs. 12/6000, 7, 120 ff.

[78] Die stellvertretenden Kommissionsmitglieder konnten auch aus dem Kreis der Bevollmächtigten stammen.

[79] Der Bundesrat war nicht als Wahlorgan eingeschaltet.

[80] Vgl. dazu *Hoffmann-Riem,* in: Schneider/Zeh (Hrsg.), Parlamentsrecht und Parlamentspraxis, Berlin/ New York 1989, § 47 Rn. 5 f., 52 ff.

[81] S. etwa *E. Benda,* in: ders./W. Maihofer/H.-J. Vogel (Hrsg.), Handbuch des Verfassungsrechts (HdBVerfR), 2. Aufl., Berlin/New York 1994, Abschließende Äußerung Rn. 12; diese Erwartung hat sich durch die Aufkündigung wesentlicher Teile der in der GVK gefundenen Kompromisse nur zum Teil erfüllt.

[82] A. A. – mit dem Hinweis auf Vermittlungsausschuß und Gemeinsamen Ausschuß – wohl *Jahn,* DVBl. 1994, 177 (177); *Meyer-Teschendorf* DÖV 1994, 766 (766); *Busch* APuZ 52–53/93, 7 (7); *Batt* StWiss 1994, 211 (243).

3.3. Die Arbeit der GVK

Die Besonderheiten in Ausgangslage und personeller Zusammensetzung spiegelten sich in Arbeitsweise, Verfahren und Beratungsablauf der GVK wider[83]: der gemeinsamen Ausübung des Vorsitzes durch je ein Mitglied des Bundestages und des Bundesrates, der seit der 4. Sitzung hergestellten Öffentlichkeit auch der Beratungen[84], einem ausdifferenzierten, nachhaltig transparenzmindernden[85] System von Obleuten und Berichterstattern – jeweils von Bundestags- und Länderseite –, das seinerseits anknüpfte an Koordinationsgremien auf Partei- bzw. Fraktionsebene[86]. Die GVK nahm für sich ein Selbstbefassungsrecht in Anspruch, das zu einer Überschreitung der thematischen Vorgaben des Art. 5 EinigungsV bis hin zur Befassung mit bereits eingeleiteten Verfahren der Verfassungsänderung führte. Nahezu die Hälfte der Artikel des Grundgesetzes und ein breiter Katalog von Ergänzungsvorschlägen wurden so in der GVK beraten[87], ohne daß in dieser Breite Grundgesetzänderungen von der Mehrheit ernsthaft erwogen worden wären[88].

Eine vom Sekretariat der GVK unterstützte aktive Öffentlichkeitsarbeit, etwa 800 000 Sammel- und Einzeleingaben von Einzelpersonen, Verbänden und Gruppierungen mit verfassungspolitischen Anliegen[89], die personelle und thematische Vernetzung der Verfassungsdiskussionen auf Bundes- und Landesebene und die Beschäftigung auch der Landesparlamente mit der Grundgesetzreform indizieren neben der intensiven Befassung mit Verfassungsreformfragen auch in der Fachöffentlichkeit, daß es mit der GVK in gewissem Umfange gelungen ist, die aus der institutionellen Engführung der Verfassungsdebatte folgenden Grenzen hin zu einem breiter angelegten Verfassungsdialog zu überschreiten. Unter *Ausschluß* der Öffentlichkeit fand diese Verfassungsreformdebatte nicht statt[90]. Für die Medienberichterstattung gilt dies nur mit gewissen Abstrichen. Trotz kontinuierlicher Sachberichterstattung konzentrierte sich das Medieninteresse – den Selektionskriterien der Medien folgend[91] – auf die Berichterstattung über Streit in der GVK und in der nachfolgenden parlamentarischen Phase. Die Verfassungsreformdebatte war kein zentrales Medienthema oder Gegenstand einer breiten politischen Massenbewegung. Dies ist neben der institutionellen Engführung vor allem darauf zurückzuführen, daß existentielle Richtungsentscheidungen mit sich unmittelbar aufdrängendem Bezug zu den Lebensbedingungen der Menschen oder das Insgesamt des Gemeinwesens nicht zur Diskussion

---

[83] Eingehend hierzu der Kommissionsbericht, BT-Drs. 12/6000, 8 ff.

[84] Insgesamt 26 Sitzungen und 9 Anhörungen.

[85] S. die berechtigte Kritik bei *Batt* StWiss 1994, 211 (224 f.).

[86] Dazu *Scholz* (Fn. 26 ⟨GVK⟩), 5; *Batt* StWiss 1994, 211 (223 ff.).

[87] S. den Abschlußbericht, BT-Drs. 12/6000, insb. 136 ff.

[88] *Papier* (Fn. 26), 88; *Scholz* (Fn. 39), 72 ff.

[89] Vorrangig zur Einführung direktdemokratischer Elemente (ca. 266 000 Eingaben), zum Tierschutz (ca. 144 000 Eingaben), zur Gleichstellung der Geschlechter (ca. 106 000 Eingaben), zur Gleichstellung nichtehelicher Lebensgemeinschaften (ca. 103 000 Eingaben), zu § 218 (ca. 99 000 Eingaben), zum Minderheitenschutz (ca. 95 000 Eingaben) und zum Umweltschutz (ca. 59 000 Eingaben).

[90] A. A. *Isensee* (NJW 1993, 2583): »Das Volk nahm nicht Anteil an der Arbeit der Gemeinsamen Verfassungskommission. «

[91] Aufmerksamkeitsmindernd wirkte, daß die GVK während der regulären Sitzungswochen des Bundestages tagte, die dort verhandelten tagespolitischen Themen höhere Aktualität aufwiesen.

standen[92]; auch die weiterreichenden Änderungsvorstellungen wahrten um des Gestaltungsspielraumes der Politik willen in Abstraktionsniveau und Zeitperspektive möglicher Veränderungswirkungen eine Ebene, die eine Vermittlung ebenso erschwerten wie eine Mobilisierung für bestimmte verfassungspolitische Anliegen.

Die Voraussetzungen gelungener Verfassungsgesetzgebung, die immer auch politische Machtfragen und -verhältnisse widerspiegelt, sind noch wenig erforscht. Beratungsverlauf und Ergebnisse der GVK zeigen, daß Wille und Fähigkeit zum konsensgetragenen Kompromiß entscheidend abhängen von den wahrgenommenen Folgen der Nichteinigung. In den ostdeutschen Ländern bewirkte hier neben geringeren parteipolitischen Verfestigungen des Politikstils und -verständnisses als Folge gemeinsamer Erfahrungen unter dem DDR-Regime vor allem der politische Einigungszwang, der sich aus der Alternative fortdauernden verfassungslosen Zustandes ergeben hätte, daß die Diskussion offener war auch für die Inkorporation neuer Verfassungsideen in eine rechtsstaatlich fundierte Verfassung.

Auf Bundesebene waren hier die Gewichte und Interessen anders verteilt. Das Ziel, den fortschreitenden europäischen Integrationsprozeß gegenüber Bedenken verfassungsgesetzlich abzusichern[93], ob er noch durch Art. 24 GG a. F. getragen sei[94], und die Auswirkungen der Kompetenzerweiterungen der Europäischen Union im Rahmen der bundesstaatlichen Ordnung des Grundgesetzes zwischen Bundes- und Länderebene angemessen zu verteilen, zwang in Fragen der verfassungsgesetzlichen Reaktion auf die europäische Einigung zum Kompromiß. Die im Vertrag von Maastricht vereinbarte Einführung einer Unionsbürgerschaft und die Schaffung einer Europäischen Zentralbank machte ohnehin Grundgesetzänderungen unausweichlich. Die Länder sahen sich hier in ihren – in diesem Punkt homogenen – Interessen berührt. Denn neben dem Einbruch der EU-Rechtsetzung in den schmalen Bereich den Ländern verbliebener Gesetzgebungskompetenzen drohte das Modell der Kompensation von Kompetenzverlusten durch Bundesratsmitwirkung[95] mit zunehmender Verlagerung von Entscheidungen auf die europäische Ebene leerzulaufen.

Die erforderliche Zustimmung des Bundesrates zu den unmittelbar Maastricht-bedingten Grundgesetzänderungen schuf politisch Ansatzpunkte zur Durchsetzung weitergehender Länderanliegen – vorbereitet durch eine Bundesratskommission zur Verfassungsreform[96] – zur Rejustierung der bundesstaatlichen Ordnung bei der innerstaatlichen Verteilung der Gesetzgebungskompetenzen und des Gesetzgebungsverfahrens. Diesen Zusammenhang unterstreicht, daß die Empfehlungen der GVK

---

[92] Plastisch *Seifert,* Vorgänge 123 (Sep. 1993), 90, (91): keine »Messer- und Gabelfragen«.

[93] Die Maastrichtentscheidung des Bundesverfassungsgerichts (BVerfGE 89, 155 ff.) wäre im Ergebnis ohne die Verfassungsänderung sicher anders ausgefallen; s. nur *Scholz* ZG 1994, 1 (8); *Götz* JZ 1993, 1081 f.; a. A. *Tomuschat* (EuGRZ 1993, 489 ⟨492 f.⟩) mit seiner Kritik, das Bundesverfassungsgericht habe die zur Absicherung des Vertragswerkes bestimmten Verfassungsänderungen »(i)m Grunde ignoriert«.

[94] S. nur GVK (Anhörungsprot.) 1/1 ff.

[95] Dazu *Hesse* AöR 1973, 1 (35 ff.).

[96] Bericht der Kommission Verfassungsreform des Bundesrates »Stärkung des Föderalismus in Deutschland und Europa sowie weitere Vorschläge zur Änderung des Grundgesetzes« vom 14. Mai 1992, BR-Drs. 360/92; dazu *Asmussen/Engeling* VerwArch 1993, 230 ff.; zur Bundesstaatlichkeit in der GVK s. a. *Starck,* in: FS Remmers (1995), 159 ff.

zu den Gesetzgebungskompetenzen und zum Gesetzgebungsverfahren im zeitlichen Zusammenhang mit den europabezogenen Empfehlungen beraten und beschlossen wurden[97].

In den übrigen Bereichen bestand wegen der divergierenden Grundpositionen kein nachhaltiger Konsensdruck: Die Struktur des Entscheidungsprozesses gewährleistete die Durchsetzung der Position, die weitergehende Verfassungsänderungen oder -ergänzungen allenfalls punktuell zulassen wollte. Die aus dem Zeitplan für die Ratifizierung des Maastricht-Vertrages vorgegebene Zeitstruktur verschärfte das Problem der thematisch ungleich verteilten Einigungsbereitschaft: Bei den europabezogenen Grundgesetzänderungen bestand dringender und vorrangiger Beratungs- und Entscheidungsbedarf. Er schloß eine politische »Koppelung« heteronomer verfassungspolitischer Ziele zu »Kompromißpaketen« – in einem auf Verfassungsänderung, nicht Verfassunggebung angelegten Prozeß ohnehin rechtfertigungsbedürftig[98] – aus.

Folge war eine – nach Zeitstruktur und Themen – segmentierte Debatte auch in der GVK. Bei den europabezogenen Änderungen ermöglichte die personelle Zusammensetzung der GVK eine Konsensfindung, die wesentlich auf die Ergebnisse des für die parlamentarische Beratung des Vertragswerkes von Maastricht und der damit zusammenhängenden Gesetzeswerke eingesetzten Bundestagssonderausschusses »Europäische Union« einwirkte[99]. Mit Inkrafttreten der europabezogenen Grundgesetzänderungen[100] und der weitgehenden Abschichtung der auf das Bund-Länder-Verhältnis bezogenen Themen[101] rückten die von parteipolitisch geprägten Gegensätzen[102] bestimmten, eher »weltanschaulich«[103] besetzten Themen – Änderungen des Grundrechtsteils, Einfügung von (sozialen) Staatszielen, Schaffung direktdemokratischer Teilhabemöglichkeiten, Friedensstaatlichkeit und Einsatz der Bundeswehr out of area – in den Vordergrund. In dieser Phase war – ungeachtet intensiver Sachdebatten – die Kompromißfähigkeit der GVK weitgehend erschöpft. Andere Themen – etwa die Änderung des Asylrechts, die Schaffung der verfassungsrechtlichen Voraussetzungen für die Bahn- und Postreform, out-of-area-Einsatz der Bundeswehr oder »Großer Lauschangriff« – wurden in der GVK zwar behandelt; hier waren Konsenssuche oder Entscheidungsbildung indes von vornherein an andere Gremien verwiesen.

Diese klare Phaseneinteilung schließt es – trotz der Breite der behandelten Themen – aus, von einer einheitlichen, auf das Insgesamt der Verfassung bezogenen Verfassungsreformdebatte auszugehen. Die GVK bündelte institutionell die Diskussion über aus vielfältigen Quellen gespeiste punktuelle Verfassungsänderungsanregungen, ohne die komplexen Zusammenhänge und Wechselbeziehungen zwischen den einzelnen Diskussionssträngen systematisch in den Blick zu nehmen.

---

[97] 11. Sitzung vom 15. Oktober 1992; nach Auflösung dieses politischen Zusammenhanges wurde denn auch die Zustimmung zum Maastricht-Vertrag, ohne die Umsetzung der zeitgleich vereinbarten Grundgesetzänderungen zur Bedingung zu machen, als möglicher Fehler thematisiert (vgl. BR-Prot. 673. Sitzung/473).

[98] *Benz* DÖV 1993, 881 (885 ff.).

[99] Dazu *Verheugen* ZG 1993, 162 ff.

[100] Gesetz zur Änderung des Grundgesetzes vom 21. Dezember 1992, BGBl. I S. 2086.

[101] Die Empfehlungen zum Verfahren der Neugliederung im Bundesgebiet und der Neugliederung des Raumes Berlin/Brandenburg wurden erst in der 25. Sitzung am 1. Juli 1993 beschlossen.

[102] Vgl. *Scholz* (Fn. 26 ⟨GVK⟩), 5 (9).

[103] So die Bezeichnung bei *Voscherau* (Fn. 26), 29 (32).

4. Parlamentarische Phase

Verfassungsgesetzliche Festlegungen – dies macht die Konsensfunktion der Verfassung aus – wandeln Gegenstände von Politik in deren Prämissen[104]. Zusammensetzung und Verfahren der GVK, namentlich das Zweidrittelerfordernis für Empfehlungen, begründeten verfassungspolitisch die rechtlich unverbindliche Erwartung, daß ihre Empfehlungen[105] zu 23 Änderungen und Ergänzungen des Grundgesetzes[106] in der nachfolgenden parlamentarischen Phase durch die gesetzgebenden Körperschaften auch beschlossen würden. Neben der nur mit knapper Mehrheit empfohlenen Einfügung einer kulturstaatlich geprägten Klausel zur Achtung von Minderheiten[107] erwiesen sich vor allem die zur bundesstaatlichen Ordnung gefundenen Kompromisse als nicht hinreichend tragfähig[108]. Die Bundestagsmehrheit machte sich die in der Stellungnahme der Bundesregierung zu dem vom Bundesrat einstimmig verabschiedeten Gesetzentwurf zur Umsetzung der GVK-Empfehlungen[109] dargelegten Kritik[110] in zentralen Punkten zu eigen. Bei vielen Bundespolitikern hatte sich der Eindruck verstärkt[111], die aus Sicht der Länder durch die europäische Entwicklung gestörte föderale Balance sei durch die Teilhabe der Länder an den Entscheidungsprozessen auf europäischer Ebene mehr als wiederhergestellt, so daß auf der von den Ländern angestrebten zweiten Kompensationsebene[112] – den innerstaatlichen Kompetenzverschiebungen – keine Änderung gerechtfertigt sei. Bei der Zweiten und Dritten Lesung am 30. Juni 1994 versagten sie – ungeachtet von Länderseite auf der Grundlage eines einstimmigen Beschlusses der Ministerpräsidentenkonferenz[113] unmißverständlich vorgetragener Warnungen[114] – den für die Länder zentralen Empfehlungen der GVK zur Stärkung ihrer Kompetenzen die Zustimmung. Folge war die schon in der Zweiten und Dritten Lesung angekündigte Anrufung des Vermittlungs-

---

[104] *Grimm,* Die Zukunft der Verfassung, StWiss 1990, 5 (23).

[105] Zu Darstellung und Bewertung s. die Nachweise in Fn. 26.

[106] BT-Drs. 12/6000, 15 ff.; die acht Artikel betreffenden europabezogenen Änderungsempfehlungen sind mitgerechnet.

[107] Dazu bereits *Häberle,* Sprachen-Artikel und Sprachenprobleme in westlichen Verfassungsstaaten, in: ders. (Fn. 3), 273 (286 ff., 294).

[108] Zum Beratungsverlauf – namentlich den teils differenzierten Stellungnahmen der mitberatenden Ausschüsse – s. BT-Drs. 12/8165, 23–25.

[109] BR-Drs. 886/93 (Beschluß).

[110] Die Bundesregierung machte vor allem eine Beeinträchtigung der europapolitischen Handlungsfähigkeit des Bundes und eine Gefährdung von Rechtseinheit und Rechtssicherheit durch die erhöhten Voraussetzungen der Inanspruchnahme der konkurrierenden Gesetzgebung durch den Bund geltend; BT-Drs. 12/7109, 13 ff.

[111] Hintergrund waren u. a. die Auseinandersetzungen um das Gesetz über die Zusammenarbeit von Bund und Ländern in Angelegenheiten der Europäischen Union (vom 12. 3. 1993, BGBl. I S. 311) und erste Konflikte um dessen Auslegung.

[112] *Degenhart* ZfA 1993, 409 (422 f.).

[113] Der Beschluß vom 30. 6. 1994 hat folgenden Wortlaut: »Die Regierungschefs der Länder kommen überein, im Bundesrat den Vermittlungsausschuß mit dem Ziel anzurufen, den sich abzeichnenden Gesetzesbeschluß des Deutschen Bundestages durch den Gesetzentwurf des Bundesrates zu ersetzen, der die Empfehlungen der Gemeinsamen Verfassungskommission insgesamt enthält«; BR-Prot. 673. Sitzung/462.

[114] Vgl. BT-Prot. 12/238, 20972 ff. *(Voscherau),* 20982 ff. *(Stoiber)* und 20989 f. *(Vogel).*

ausschusses[115]. Dessen Hauptvermittlungsvorschlag[116] führte mit Ausnahme der von der GVK empfohlenen Modifizierungen der Rahmengesetzgebungskompetenz des Bundes im Hochschulwesen zur Wiederherstellung der Empfehlungen der GVK zur Rejustierung der bundesstaatlichen Kompetenzverteilung. Er fand schließlich im Bundestag[117] und Bundesrat[118] die nach Art. 79 Abs. 2 GG erforderliche Mehrheit.

Die partielle Aufkündigung der in der GVK gefundenen politischen Kompromisse und der Umstand, daß einige weitergehende Vorstellungen der SPD letztlich die Zustimmung des kleineren Koalitionspartners der Regierungskoalition fanden, haben bei den Beratungen des Rechtsausschusses zu einer ungewöhnlichen, wenn auch mit der Geschäftsordnung des Bundestages vereinbaren Aufspaltung der ihm zur Beratung überwiesenen Gesetzentwürfe zur Änderung des Grundgesetzes[119] geführt. Von dem interfraktionellen Antrag zur Umsetzung der Empfehlungen der GVK wurden die strittig gewordenen Empfehlungen abgetrennt und zu selbständigen Gesetzentwürfen zur Änderung des Grundgesetzes zusammengefaßt: der Vorschlag zum Minderheitenschutz[120], die Empfehlungen zu den Änderungen der Gesetzgebungskompetenzen und des Gesetzgebungsverfahrens[121] und – gesondert – zu den Verschiebungen bei der konkurrierenden Gesetzgebung[122]. Von dem Gesetzentwurf der SPD wurden zu jeweils selbständigen Gesetzentwürfen »abgespalten« die Vorschläge zur Ergänzung der Präambel um das Gebot, die innere Einheit Deutschlands herzustellen, des Art. 6 Abs. 1 GG um das Gebot, andere auf Dauer angelegte Lebensgemeinschaften zu achten, und des Staatszieles »Schutz der natürlichen Lebensgrundlagen« um eine Regelung zum Tierschutz[123]; sie hatten im Rechtsausschuß wegen der Zustimmung der FDP die für eine Empfehlung hinreichende einfache Mehrheit gefunden.

---

[115] Beschluß des Bundesrates vom 26. August 1994, BR-Drs. 742/94 (Beschluß); BR-Prot. 673. Sitzung/462ff.

[116] BT-Drs. 12/8423; im Bundestag keine Mehrheiten fanden die Vorschläge, einen Aufruf zu Mitmenschlichkeit und Gemeinsinn einzufügen (BR-Drs. 742/5/94; dazu bereits BT-Drs. 12/6708) und an der von der GVK empfohlenen Aufnahme einer Klausel zur Achtung der Identität ethnischer, kultureller und sprachlicher Minderheiten festzuhalten.

[117] BT-Prot. 12/241, 21283; mit Recht nicht durchgesetzt haben sich in der Debatte geäußerte Zweifel an der Befugnis des Vermittlungsausschusses, Verfassungsfragen zu behandeln (BT-Prot. 12/241, 21286f.).

[118] BR-Prot. 674. Sitzung/505–508 (vom 23. 9. 1994).

[119] Bei den Beratungen des Rechtsausschusses und in der Beschlußempfehlung (BT-Drs. 12/8165) wurden zusammengefaßt die gleichlautenden Gesetzentwürfe des Bundesrates (12/7109) und der Fraktionen der CDU/CSU, SPD und FDP (BT-Drs. 12/6633) zur Umsetzung der Empfehlungen der GVK, der Gesetzentwurf der Fraktion der SPD (BT-Drs. 12/6323) mit ihren weitergehenden Vorstellungen, der Entwurf eines Gesetzes der Gruppe PDS/LL über die Annahme einer neuen Verfassung (BT-Drs. 12/6570), der im Anhang einen vollständigen Verfassungsentwurf enthielt, Gesetzentwürfe der Gruppe Bündnis 90/Die Grünen betreffend die Durchführung der Verfassungsreform (BT-Drs. 12/6686), die Durchführung eines Verfassungsreferendums nach Art. 146 GG (BT-Drs. 12/6716), die Direktwahl des Bundespräsidenten (BT-Drs. 12/6105), die Einführung von Volksinitiative, Volksbegehren und Volksentscheid (BT-Drs. 12/3826) und zur verfassungsgesetzlichen Verankerung des Datenschutzes (BT-Drs. 12/5695), ein fraktionsübergreifender Gruppenantrag zur »Mitmenschlichkeit und Gemeinsinn« (BT-Drs. 12/6708) sowie der Bericht der GVK selbst (BT-Drs. 12/6000).

[120] Anlage 4 zum Bericht des Rechtsausschusses, BT-Drs. 12/8165, 17.

[121] Anlage 3 zum Bericht des Rechtsausschusses, BT-Drs. 12/8165, 13ff.

[122] Anlage 2 zum Bericht des Rechtsausschusses, BT-Drs. 12/8165, 11f.

[123] Anlagen 5 bis 7 zum Bericht des Rechtsausschusses, BT-Drs. 12/8165, 18ff.

Die ungewöhnlich differenzierte Beschlußempfehlung sollte verhindern, die von breitem Konsens getragenen Verfassungsänderungen durch die Verbindung mit Vorschlägen, für die in der Schlußabstimmung[124] die Mehrheit des Art. 79 Abs. 2 GG nicht zu erwarten war, zu gefährden, und – hinsichtlich der Bestimmungen zu den Gesetzgebungskompetenzen und dem Gesetzgebungsverfahren – sicherstellen, daß für den Bundesrat Anknüpfungspunkte für die vorhersehbare Anrufung des Vermittlungsausschusses mit dem Ziel der Wiederherstellung der GVK-Empfehlungen bestanden. Folge war in der Zweiten und Dritten Lesung am 30. Juni 1994 eine äußerst unübersichtliche, differenzierte und aufwendige Abstimmung, zumal weitere Änderungs- und Entschließungsanträge[125] hinzutraten und über dreißig namentliche Abstimmungen durchgeführt wurden[126].

II. Das 42. Gesetz zur Änderung des Grundgesetzes: Verfassungsänderungen statt Verfassungsreform?

Die in das Gesetz vom 27. Oktober 1994 aufgenommenen Änderungen ergeben ein buntes Bild. Der Schwerpunkt liegt im Staatsorganisationsrecht und dort im föderativen Bereich: Verschiebungen bei den materiellen Gesetzgebungskompetenzen (1.), erhöhte Voraussetzungen der Inanspruchnahme der konkurrierenden und der Rahmengesetzgebung durch den Bund (2.), Gewichtsverschiebungen im Rechtsetzungsverfahren zu Gunsten der Länder (3.), Erleichterungen im Verfahren der Neugliederung (4.), Öffnung der Aufsicht über länderübergreifende Sozialversicherungsträger für Formen des kooperativen Föderalismus (5.) sowie eine Betonung der finanziellen Grundlagen kommunaler Selbstverwaltung (6.). In der Medienöffentlichkeit größere Aufmerksamkeit haben erlangt die Ergänzung des Art. 3 Abs. 2 GG um ein Staatsziel Frauenförderung (7.), die Einfügung eines besonderen Benachteiligungsverbotes für Behinderte (8.) und die Aufnahme eines Staatszieles »Schutz der natürlichen Lebensgrundlagen« (9.).

1. Gesetzgebungskompetenzen

Der »Eckpunktebeschluß« der Ministerpräsidentenkonferenz[127] hatte eine »umfassende Überprüfung insbesondere der Kompetenzkataloge des Grundgesetzes im Bereich der Gesetzgebung mit der Zielsetzung, die Gesetzgebungskompetenz der Länder zu stärken«, gefordert. Schon die Vorschläge der vorbereitenden Kommission des Bundesrates hatten gezeigt, daß selbst die Länder für die Umkehr des sukzessiven Prozesses der Kompetenzstärkung des Bundes nur einen geringen Spielraum gesehen haben[128]. Beschlossen wurden bei den Kompetenztiteln der Art. 74, 75

---

[124] Nur für sie gilt die qualifizierte Mehrheit des Art. 79 Abs. 2 GG (*Jarass/Pieroth* ⟨Fn. 68⟩, Art. 79 Rn. 4; BK-GG Art. 79 Rn. 56).

[125] BT-Drs. 12/8171–8183, 8197, 8199, 8200, 8205, 8211.

[126] Zu deren Ergebnissen Erster und Zweiter Nachtrag zum Plenarprotokoll, BT-Prot. 12/238, 21052–21145.

[127] ZParl. 1990, 461 (463).

[128] BR-Drs. 360/92, Rn. 69ff.; zu weitergehenden Vorstellungen s. Beschluß der Konferenz der Präsi-

GG sechs Änderungen[129]: In die Rahmengesetzgebung überführt wurde die Kompetenz des Art. 74 Nr. 5 GG a. F. zum »Schutz deutschen Kulturgutes gegen Abwanderung in das Ausland«, aus der die allgemeinen Rechtsverhältnisse des Films gestrichen wurden; der Bund verliert die – praktisch bedeutungslose – Gesetzgebungskompetenz für »die Staatsangehörigkeit in den Ländern« (Art. 74 Nr. 8 GG a. F.) und das Recht der Erschließungsbeiträge[130] und erhält dafür die konkurrierende Gesetzgebungskompetenz für das Staatshaftungsrecht – wegen der finanziellen Folgen für die Länder nach Art. 74 Abs. 2 GG n. F. gebunden an die Zustimmung des Bundesrates – und das Recht der künstlichen Befruchtung beim Menschen, das Gentechnik- und Transplantationsrecht (Art. 74 Nr. 25 GG n. F.).

Als Leitlinie läßt sich eine vorsichtige Stärkung der kulturellen Gestaltungskraft der Länder erkennen. Gegen die Sorgen um die Wettbewerbsfähigkeit des deutschen Hochschulsystems in Europa durch Rückkehr zu einem »hochschulpolitischen Partikularismus«[131] und eines Wiederaufflammens der hochschulpolitischen Grundsatzstreitigkeiten der 70er Jahre[132] hat sich ein für die Länder zentrales Element – auch im Vermittlungsausschuß – nicht durchgesetzt: die Empfehlung der GVK, die Rahmengesetzgebungskompetenz des Bundes im Hochschulwesen auf die zur Sicherung von Mobilität und Freizügigkeit unerläßlichen Bereiche »Zulassung zum Studium, Studiengänge, Prüfungen, Hochschulgrade sowie wissenschaftliches und künstlerisches Personal« – unter Ausschluß von Fragen der Hochschulstruktur – zu beschränken[133]. Dem Bund hingegen sind mit dem Staatshaftungs-, Gentechnik- und Transplantationsrecht wichtige Kompetenzen in zukunftsbezogenen Regelungsbereichen zugewachsen. Daß der Verteilung der Gesetzgebungskompetenzen auch künftig für die föderale Balance entscheidendes Gewicht zukommen wird, unterstreicht der bei der Zweiten und Dritten Lesung der Gesetzentwürfe zur Änderung des Grundgesetzes

---

dentinnen und Präsidenten der deutschen Landesparlamente vom 24. 9. 1991 »Stärkung der Länder in Europa« (Anlage zum Protokoll der 5. Sitzung der GVK v. 7. 5. 1992), der seinerseits anknüpfte etwa an die Empfehlungen der Enquete-Kommission Verfassungsreform (Schlußbericht, BT-Drs. 7/5924, 122 ff., 261 ff.) und die Entschließung »Kompetenzen des Landtages« einer interfraktionellen Arbeitsgruppe vom Januar 1985 (s. Nds. LT-Drs. 10/3810) (dazu *Blanke* ZG 1 ⟨9 ff.⟩); s. a. Bericht der Kommission »Erhaltung und Fortentwicklung der bundesstaatlichen Ordnung innerhalb der Bundesrepublik Deutschland – auch in einem Vereinten Europa« des Landtages NRW, Teil 2, Düsseldorf (November) 1990, 35 ff.

[129] Dazu *Rybak/Hofmann* NVwZ 1995, 230 (234); zu den Vorschlägen der GVK s. auch *Sannwald* ZG 1994, 134 ff.; *ders.* DÖV 1994, 629 ff.; *Klotz* APuZ 52–53/93, 39 ff.

[130] Art. 74 Nr. 18 GG wurde um den Klammerzusatz »ohne das Recht der Erschließungsbeiträge« ergänzt; der Deutsche Städtetag hat sich u. a. aus Gründen der Rechtssicherheit und -einheit und aus Sorge vor einer für die Kommunen finanziell nicht tragbaren landesgesetzlichen Erhöhung des gemeindlichen Eigenanteils an den Erschließungskosten nachdrücklich gegen diese Änderung ausgesprochen (Schreiben vom 26. 4. 1994 an die mit den Gesetzentwürfen befaßten Bundestagsausschüsse), ebenso die Bundesvereinigung der Kommunalen Spitzenverbände (Schreiben vom 17. 5. 1994). Diesen Bedenken hat sich der Ausschuß für Raumordnung, Bauwesen und Städtebau (Stellungnahmen vom 9. 3. und 20. 4. 1994) angeschlossen (BT-Drs. 12/8165, 24).

[131] *Degenhardt*, ZfA 1993, 409 (415 f.); *Karpen/Rickert* RdJB 1994, 456 ff.

[132] Dazu *Kriele* FAZ v. 21. Dezember 1993, 7.

[133] BT-Drs. 12/6000, 35; dazu *F. Bitz*, Konsequenzen einer Überführung von Bundesrahmenkompetenzen auf den Landesgesetzgeber für das Hochschulwesen, Bonn (Wiss. Dienste des Deutschen Bundestages) September 1993; *K. Hailbronner*, Auswirkungen der durch die Gemeinsame Verfassungskommission vorgeschlagenen Grundgesetzänderungen für die Kompetenzen des Bundesgesetzgebers im Bildungsbereich, Bonn (Wiss. Dienste des Deutschen Bundestages) November 1993, 43 ff.

mit großer Mehrheit angenommene Entschließungsantrag[134], der dem Bundestag aufgibt, diese Frage nochmals aufzugreifen[135].

Die Übergangsvorschrift des Art. 125a Abs. 1 GG stellt sicher, daß Recht auf den Gebieten, auf denen der Bund durch die Änderungen der Kompetenztitel die Gesetzgebungszuständigkeit ersatzlos verloren hat, als Bundesrecht bis zu seiner ohne bundesgesetzliche Freigabeermächtigung möglichen Ersetzung durch Landesrecht fortgilt. Der verfassungsunmittelbare Kompetenzverlust schließt Änderungen des hiernach fortgeltenden Bundesrechts aus. Im Bereich des in die Rahmengesetzgebungskompetenz überführten Rechts des Schutzes deutschen Kulturgutes gegen Abwanderung in das Ausland ist nach Art. 125 Abs. 2 Satz 3 GG n. F. die bundesgesetzliche Freigabe Voraussetzung landesrechtlicher Regelungen[136]. In welchem Umfang für dieselbe Materie künftig neben partielles Bundesrecht Landesrecht tritt, wird davon abhängen, inwieweit die Länder die ihnen eröffneten Gesetzgebungsräume besetzen und damit dem im politischen System wie in der Bevölkerung verbreiteten Homogenitätsdenken entgegentreten, das föderaler Vielfalt in der Gesetzgebung wenig Verständnis entgegenbringt[137].

2. Voraussetzungen und Grenzen der Inanspruchnahme der Gesetzgebungskompetenzen des Bundes

Die Schwierigkeiten einer auf einzelne Kompetenztitel bezogenen Reföderalisierung der Gesetzgebung waren Grund, die Inanspruchnahme der konkurrierenden Gesetzgebung (Art. 72 GG) und der Rahmengesetzgebung (Art. 75 Abs. 2 GG) durch den Bund strengeren Voraussetzungen zu unterwerfen.

2.1. Sperrwirkung bundesgesetzlicher Regelung (Art. 72 Abs. 1 GG)

Der Zusatz »durch Gesetz« in Art. 72 Abs. 1 GG n. F. stellt klar, daß die Sperrwirkung bundesgesetzlicher Regelungen zeitlich erst mit deren Erlaß[138] und nicht schon mit der Einleitung des Gesetzgebungsverfahrens greift[139]. Sperrwirkungen entfalten alle Bundesgesetze im materiellen Sinne, also auch Verordnungsermächtigungen[140]. Dies nimmt den namentlich aus dem Bereich der beruflichen Bildung, bei dessen

---

[134] BT-Drs. 12/8197; BT-Prot. 12/238, 21030.

[135] Der Entschließungsantrag läßt allerdings offen, auf welchen Politikfeldern Raum für Änderungen bleibt, die den Ländern »substantielle Zuständigkeiten« auch künftig sichern.

[136] *Rybak/Hoffmann* NVwZ 1995, 230 (235); *Schmidt-Bleibtreu/Klein,* GG, 8. Aufl., Neuwied u. a. 1995, Art. 125a Rn. 2.

[137] S. a. *S. Oeter,* Neuverteilung der Gesetzgebungskompetenzen, in: Borgmann u. a. (Fn. 41), 115 (126f., 129f.).

[138] Im Interesse der Rechtssicherheit und Rechtsklarheit ist dabei auf den Zeitpunkt der Verkündung abzustellen; so auch *Rybak/Hofmann* NVwZ 1995, 230 (230); *Jarass/Pieroth* (Fn. 68), Art. 72 Rn. 6; a. A. B. *Schmidt-Bleibtreu/F. Klein,* (Fn. 136), Art. 72 Rn. 3; *Sannwald* ZG 1994, 134 (138); offen bei *Scholz* ZG 1994, 1 (11).

[139] Eine Vorverlegung des Beginns der Sperrwirkung, hergeleitet aus dem Gebot der Bundestreue (dazu BVerfGE 34, 2 ⟨29⟩) wird künftig nur in engen Ausnahmefällen, etwa bei unmittelbar bevorstehendem Abschluß des Gesetzgebungsverfahrens, in Betracht kommen.

[140] Vgl. Stellungnahme der Bundesregierung, BT-Drs. 12/7109; Bericht des Abg. *Blenz,* BT-Prot. 12/241, 21278; Protokollerklärung der SPD-Bundestagsfraktion vom 15. 6. 1994 (s. BT-Drs. 12/8165, 31f.);

bundeseinheitlicher Gestaltung Verordnungsrecht eine wichtige Bedeutung zu-kommt, geäußerten Sorgen vor einer unzuträglichen Rechtszersplitterung[141] die Grundlage[142]. Zur Bestimmung der inhaltlichen Reichweite der Sperrwirkung wird an die bisherige Rechtsprechung des Bundesverfassungsgerichts, die auf die Gesamtwürdigung des betreffenden Normbereichs abstellt[143], mit der Maßgabe zurückzugreifen sein, daß dem Gesetz selbst Anknüpfungspunkte für eine abschlie-ßende bundesgesetzliche Regelung zu entnehmen sein müssen[144]. Eine ausschließ-lich kompetenzthematische Betrachtung[145] scheidet hiernach ungeachtet dessen aus, daß die von den Ländern vorgeschlagene Formulierung »solange und soweit eine Regelung in einem Bundesgesetz nicht entgegensteht« nicht übernommen wurde.

2.2. Neufassung der »Bedürfnisklausel« (Art. 72 Abs. 2 GG)

Zu Recht als »eines der Haupteinfallstore für die Auszehrung der Länderkompe-tenzen«[146] und Faktor der Unitarisierung des Bundesstaates[147] gesehen wurde die Bedürfnisklausel des Art. 72 Abs. 2 GG a. F.[148]; nach der ständigen Rechtsprechung des Bundesverfassungsgerichts[149] ist sie »ihrer Natur nach nicht justiziabel« und daher der verfassungsgerichtlichen Nachprüfung »grundsätzlich entzogen«[150]. Die Fortbildung des Art. 72 Abs. 2 GG zu einer »Erforderlichkeitsklausel« hat sich ge-genüber der von der Verfassungskommission des Bundesrates vorgeschlagenen Verfahrenslösung[151] durchgesetzt. Die materiellrechtliche Lösung soll die Justizia-bilität der Inanspruchnahmevoraussetzungen durch ihre Konzentration, Präzisie-

Rybak/Hofmann NVwZ 1995, 230 (230 f.); *Schmidt-Bleibtreu/Klein* (Fn. 136), Art. 72 Rn. 2; a. A. *Jarass/ Pieroth* (Fn. 68), Art. 72 Rn. 2.

[141] Vgl. *F. Bitz,* Konsequenzen einer Überführung von Bundeskompetenzen auf den Landesgesetzge-ber für das Qualifikations- und Prüfungswesen in der Berufsbildung, Bonn (Wiss. Dienst des Deut-schen Bundestages) September 1993; *Hailbronner* (Fn. 133), 19 ff., 31 ff.; DAG/DGB/Kuratorium der Deutschen Wirtschaft für Berufsbildung (Hrsg.), Bundeszuständigkeiten in der beruflichen Bildung erhalten, Zersplitterung vermeiden, Bonn Mai 1993; s. a. Ausschuß für Bildung und Wissenschaft v. 13. 4. 1994 (BT-Drs. 12/8165, 24 f.); Erklärung der Abg. *Odendahl* u. a. nach §31 GO, BT-Prot. 12/ 238, 21049 f.

[142] A. A. (wohl) *Müller* RdJB 1994, 467 (475 f., 479 ff.), die weiterhin davon ausgeht, nicht ausgefüll-te Verordnungsermächtigungen entfalteten keine Sperrwirkung.

[143] BVerfGE 7, 342 (347); 49, 343 (358), 67, 299 (324).

[144] BT-Drs. 12/6000, 33.

[145] So *Schmidt-Bleibtreu/Klein* (Fn. 136), Art. 72 Rn. 3; ähnlich *Scholz* ZG 1994, 1 (12).

[146] BT-Drs. 12/6000, 33.

[147] Dazu *K. Hesse,* Der unitarische Bundesstaat, 1962, dessen Analyse allzuoft als verfassungspoliti-sches Programm mißverstanden worden ist.

[148] S. dazu etwa *Hendler* ZG 1987, 210 (213 ff.); *Oeter* (Fn. 137), 115 (122); *Rengeling,* in: HStR IV, Heidelberg 1990, § 100 Rn. 121 ff.

[149] Vgl. etwa BVerfGE 2, 213 (224); 4, 115 (127); 10, 234 (245); 33, 224 (229); 78, 249 (270); einge-hend *Majer* EuGRZ 1980, 98 (106 ff.), zur Kritik dieser Rechtsprechung s. – m.w.N. – *Rengeling,* in: HStR Bd. IV, Heidelberg 1990, Rn. 124; *Scholz,* in: FS BVerfG, Bd. II, 252 (261 ff.).

[150] Die verbleibende Prüfung, ob der Bundesgesetzgeber die Begriffe »im Prinzip richtig ausgelegt und sich in dem dadurch bezeichneten Rahmen gehalten« habe (s. nur BVerfGE 69, 299 ⟨327⟩), hat keine effektive Schutzwirkung entfaltet.

[151] BR-Drs. 360/92, Rz. 56 ff.; zur »Bundesratslösung« s. a. die Überlegungen in der Enquete-Kom-mission Verfassungsreform, BT-Drs. 7/5924, 132.

rung und Verschärfung verbessern: Unter Wegfall von Art. 72 Abs. 2 Nrn. 1 und 2 GG a. F. wird die konkurrierende Gesetzgebung des Bundes dem Grund und der Regelungsdichte nach (»wenn und soweit«) tatbestandlich an die Ziele »Herstellung gleichwertiger Lebensverhältnisse« oder »die Wahrung der Rechts- oder Wirtschaftseinheit im gesamtstaatlichen Interesse« gebunden; die bundesgesetzliche Regelung muß zur Zielerreichung nicht nur geeignet, sondern erforderlich sein.

Seiner Normstruktur nach knüpft auch die Neufassung des Art. 72 Abs. 2 GG die Handlungsermächtigung des Bundes an unbestimmte Rechtsbegriffe. Diese unbestimmten Rechtsbegriffe sollen mehr Raum für föderale Vielfalt lassen. So verlangt die »Gleichwertigkeit«[152] der Lebensverhältnisse, die entgegen den Befürchtungen der ostdeutschen Länder[153] das Verfassungsziel präzisieren, nicht den Bereich hinzunehmender wirtschaftlicher und sozialer Disparitäten erweitern soll[154], keine »gleichartige« Aufgabenerfüllung und läßt Raum für regionale Unterschiede. Das zur Rechts- und Wirtschaftseinheit[155] hinzutretende Kriterium des »gesamtstaatlichen[156] Interesses« schließt aus, daß Bundesgesetze ausschließlich im Interesse einzelner Länder oder zur Lösung lokaler oder regionaler Probleme ohne nachhaltige Auswirkungen auf den Gesamtstaat erlassen werden[157]. Es bleibt das Problem, daß diese Begriffe in hohem Maße auslegungsbedürftig und auslegungsfähig sind sowie Raum für einen – eingegrenzten – Beurteilungsspielraum[158] des Bundes lassen, der durch dessen Einschätzungsprärogative bei der Beurteilung und Prognose tatsächlicher Verhältnisse und Entwicklungen ergänzt wird[159]. Entsprechendes gilt für den Begriff der Erforderlichkeit – entnommen aus dem Begriffsrepertoire des nach der jüngeren Rechtsprechung des Bundesverfassungsgerichts auf das Bund-Länder-Kompetenz-

---

[152] Aufgegriffen wird ein Vorschlag der Enquete-Kommission Verfassungsreform (BT-Drs. 7/5924, 131); für die Umsatzsteuerverteilung hält Art. 106 Abs. 3 Satz 4 Nr. 2 GG am Kriterium der »Einheitlichkeit« der Lebensverhältnisse fest.

[153] Das Land Brandenburg hat in der GVK vergeblich beantragt, es beim Begriff der »Einheitlichkeit« zu belassen (BT-Drs. 12/6000, 33 f.).

[154] Zur »Einheitlichkeit der Lebensverhältnisse« als Verfassungsgebot s. etwa den gleichnamigen Beitrag von *W. Däubler,* in: FS Mahrenholz, Baden-Baden 1994, 455 ff.; *Arndt* JuS 1993, 360 f.; *Hohmann* DÖV 1991, 191 ff.; *Wimmer* DVBl. 1982, 62 ff.; *P. Lerche,* Finanzausgleich und Einheitlichkeit der Lebensverhältnisse, in: FS Berber, München 1973, 299 ff.; hiernach ist »Einheitlichkeit« nach Art. 72 Abs. 2 GG a. F. stets als – wie auch immer zu bestimmende – »Gleichwertigkeit« oder »Vergleichbarkeit« gedacht worden.

[155] Nach dem Vorschlag der GVK sollte auf den Begriff der »Wirtschaftseinheit«, der als Tautologie zur »Rechtseinheit« gesehen wurde, verzichtet werden; es wurde dann aber wegen nicht auszuschließender Nebenwirkungen auf wirtschaftsregelnde- und fördernde Bundesgesetze sowie auf das Steuerrecht wieder aufgenommen; s. a. BR-Prot. 673. Sitzung/469.

[156] Hierin liegt keine verfassungsgesetzliche Abkehr von der zweigliedrigen Bundesstaatstheorie (dazu *Maunz,* in: HStR IV, Heidelberg 1990, § 94 Rn. 7 f.; *Isensee,* ebd., § 98 Rn. 161 ff.); der hieraus von *Rybak/ Hofmann* (NVwZ 1995, 230 ⟨232⟩) gezogene Schluß, das gesamtstaatliche Interesse sei »aus dem Blickwinkel des Bundes« zu beurteilen, trägt demgegenüber nur, wenn der als Zentralstaat agierende Bund hierbei die aus der bundesstaatlichen Gliederung folgenden Belange der Länder in Rechnung stellt.

[157] *Müller* RdJB 1994, 467 (485).

[158] *Rybak/Hofmann* (NVwZ 1995, 230 ⟨231⟩) gehen weiterhin von einem »politischen Ermessensspielraum« des Bundes aus.

[159] Zur abgestuften verfassungsgerichtlichen Kontrolle gesetzgeberischer Tatsachenbeurteilungen vgl. *F. Ossenbühl,* Die Kontrolle von Tatsachenfeststellungen und Prognoseentscheidungen durch das Bundesverfassungsgericht, in: FS BVerfG (1976), Bd. I, 458 (insb. 466 f., 504 ff.).

gefüge nicht anwendbaren[160] Verhältnismäßigkeitsgrundsatzes –, dem neben der Feststellung des »gesamtstaatlichen Interesses« eigenständige Bedeutung insoweit zukommt, als er die Darlegungs- und Begründungslasten für den Bund erhöht[161].

Ob das verfassungspolitisch gewollte Ziel einer stärkeren Justiziabilität angesichts dieser Auslegungsprobleme erreicht wird, wird maßgeblich davon abhängen, inwieweit es in Politik und Wissenschaft und letztlich dem Bundesverfassungsgericht gelingt, operationalisierbare Maßstäbe für die Eingrenzung der politischen Wertungs- und Entscheidungsgehalte der herangezogenen unbestimmten Rechtsbegriffe zu entwickeln. Skepsis ist hier angebracht. Der normativen Hegung der Inanspruchnahmevoraussetzungen der konkurrierenden Gesetzgebung kommt für eine ausbalancierte bundesstaatliche Ordnung hohe Bedeutung zu; das Ziel des verfassungsändernden Gesetzgebers, hier die Kontrolldichte des Bundesverfassungsgerichts zu erhöhen, kann so jedenfalls nicht als explizite Übertragung politischer Funktionen oder als systemwidrige Ermächtigung zu Übergriffen in die Prärogative des demokratisch legitimierten Gesetzgebers gesehen werden[162]. Dies gilt um so mehr, als Art. 93 Abs. 1 Nr. 2a GG n. F. u. a. für den Bundesrat und die Landesparlamente die Möglichkeit schafft, bei Meinungsverschiedenheiten, ob ein Gesetz den Anforderungen des Art. 72 Abs. 2 GG entspricht, das Bundesverfassungsgericht anzurufen[163]. Bei der Konzentration der Diskussion auf die Justiziabilität der in Art. 72 Abs. 2 GG vorgenommenen Änderungen, die auf die unmittelbare Anwendung und Anwendbarkeit – letztlich durch verfassungsgerichtliche Kontrolle – abstellt, geraten zudem die mittelbaren Funktionen von Verfassungsrecht, insb. dessen indirekte Steuerungswirkung[164], aus dem Blick: Die Neufassung des Art. 72 Abs. 2 GG bietet den Ländern vor allem Anknüpfungspunkte, in der politischen Diskussion um die Notwendigkeit bundesgesetzlicher Regelungen im Vorfeld förmlicher Gesetzesbeschlüsse das Moment föderaler Vielfalt offensiv geltend zu machen[165].

2.3. Bestandswahrung; Freigabegesetz (Art. 72 Abs. 3, 125a Abs. 2 GG n. F.)

Die Änderungen des Art. 72 Abs. 2 GG lassen zumindest für eine Übergangszeit in Einzelfällen Zweifel an den kompetenzrechtlichen Voraussetzungen von Bundesgesetzgebung erwarten. Im Interesse der Rechtssicherheit und zur Konfliktvermeidung knüpfen daher Art. 72 Abs. 3, 125a Abs. 2 GG n. F. die Rückverlagerung der Gesetz-

[160] BVerfGE 81, 310 (338).
[161] *Schmidt-Bleibtreu/Klein* (Fn. 136), Art. 72 Rn. 7; a. A. *Rybak/Hofmann* NVwZ 1995, 230 (232), nach denen das Vorliegen eines gesamtstaatlichen Interesses die Erforderlichkeit bundesgesetzlicher Regelung indiziert.
[162] In diese Richtung *Müller* RdJB 1994, 467 (487); Stellungnahme der Bundesregierung, BT-Drs. 12/7109, 15.
[163] Das Antragsrecht der Landesparlamente schafft eine Verfahrenssonderform zwischen abstrakter Normenkontrolle, Organstreit und Bund-Länder-Streit; so *Scholz* (Fn. 26 ⟨Bewahrung⟩), 18; *Papier* (Fn. 26), 93.
[164] Dazu *Schuppert* AöR 1995, 32 (51); *H.-P. Schneider,* Direkte Anwendung und indirekte Wirkungen von Verfassungsnormen, in: R. Bernhardt/U. Beyerlein (Hrsg.), Deutsche Landesreferate zum Öffentlichen Recht und Völkerrecht, Heidelberg 1982, 23 ff.
[165] Skepsis ist hier angebracht: Die Länder haben der schleichenden Aushöhlung ihrer Gesetzgebungsbefugnisse in der bisherigen Verfassungsentwicklung nicht nur zugestimmt, sondern sie mitunter aktiv selbst vorangetrieben.

gebungskompetenz in bundesgesetzlich geregelten Gebieten an ein Freigabegesetz des Bundes: Der Bundesgesetzgeber kann hiernach in Fällen, in denen ein Bundesgesetz nicht (mehr) erforderlich ist, durch – nicht zustimmungsbedürftiges – Bundesgesetz bestimmen, daß einmal kompetenzgerecht erlassenes Bundesrecht – ganz oder teilweise – durch Landesrecht ersetzt werden kann. Art. 72 Abs. 3 GG erfaßt dabei nach dem 15. November 1994 erlassenes oder geändertes Bundesrecht, während die Übergangsvorschrift des Art. 125a Abs. 2 GG n. F. den Bestand des bis zum 15. November 1994 erlassenen Bundesrechts wahrt und den Bundesgesetzgeber von einer Totalrevision des Bundesrechtsbestandes entlastet[166]. Das »Rückübertragungs«- oder »Freigabegesetz« ist formelle Voraussetzung für die Ländergesetzgebung; ein einseitiger Zugriff auf bundesrechtlich geregelte Materien unter Berufung darauf, daß die bundesgesetzliche Regelung nicht (mehr) erforderlich sei, ist den Ländern auch dann verwehrt, wenn die Voraussetzungen für die Inanspruchnahme der konkurrierenden Gesetzgebung nach Art. 72 Abs. 2 GG n. F. eindeutig nicht mehr vorliegen.

Beiden Regelungen geht es um die verfahrensrechtliche Absicherung der Belange von Rechtssicherheit und -kontinuität vor dem Hintergrund erwartbarer Abgrenzungsschwierigkeiten bei der Anwendung des Art. 72 Abs. 2 GG n. F. Dies begrenzt das nach dem Wortlaut (»kann«) dem Bundesgesetzgeber eingeräumte Handlungsermessen. Der Bund hat bei der Änderung bestehenden Rechts oder bei einem Gesetzentwurf des Bundesrates für ein Freigabegesetz stets zu prüfen, ob die Voraussetzungen des Art. 72 Abs. 2 GG n. F. (noch) vorliegen, und ein Freigabegesetz jedenfalls dann zu erlassen, wenn dies (eindeutig) nicht mehr der Fall ist. Der Spielraum, den Art. 72 Abs. 3, 125 Abs. 2 GG n. F. dem Bund hierbei einräumen, stützt dabei die Ansicht, daß dem Bund eine Beurteilungsprärogative zukommt, ob die Voraussetzungen des Art. 72 Abs. 2 GG (noch) vorliegen.

2.4. *Reichweite der Rahmengesetzgebung*

Art. 75 Abs. 2 GG n. F. schränkt bei der Rahmengesetzgebung die Befugnis des Bundes, unmittelbar bindendes Recht bis hin zu partiellen Vollregelungen zu setzen, im Vergleich zu den bislang durch die Rechtsprechung des Bundesverfassungsgerichts anerkannten Möglichkeiten[167] auf Ausnahmefälle[168] ein. Ebenso darf ein Rahmengesetz künftig nur ausnahmsweise »in Einzelheiten gehende ... Regelungen« enthalten. Der verfassungsändernde Gesetzgeber knüpft hier wieder an den ursprünglichen Sinn der Rahmengesetzgebung an, die – als Sonderform der konkurrierenden Gesetzgebung ausdrücklich auch an die Voraussetzungen des Art. 72 Abs. 2 GG n. F. gebunden[169] – den Ländern einen substantiellen eigenen Spielraum lassen und darauf angelegt sein sollte, von ihnen aufgrund eigener Entschließung ausgefüllt

---

[166] *Rybak/Hofmann* NVwZ 1995, 230 (235).

[167] BVerfGE 4, 115 (128); 7, 29 (41); 67, 382 (387).

[168] Die Länder hatten ohne Erfolg eine Regelung angestrebt, die dem Bund Detailvorschriften, Vollregelungen und die Setzung unmittelbar geltenden Rechts ausnahmslos untersagt.

[169] S. a. BT-Drs. 12/6000, 35.

zu werden[170]. Frühere Erwägungen, die Rahmengesetzgebung als gesonderte Form abzuschaffen[171], wurden nicht aufgegriffen.

Durch die Eingrenzung von Voraussetzungen und Reichweite der Rahmengesetzgebung ergeben sich ähnliche Übergangs- und Abgrenzungsprobleme wie bei der Änderung des Art. 72 Abs. 2 GG, zumal nach der Rechtsprechung des Bundesverfassungsgerichts die Beachtung der inhaltlichen Beschränkungen der Rahmengesetzgebungskompetenz verfassungsgerichtlich voll nachprüfbar sein soll[172]. Auch hier hat der verfassungsändernde Gesetzgeber, um Rechtsunsicherheit und Kompetenzkonflikte zu vermeiden, zum Mittel der Freigabegesetzgebung gegriffen (Art. 75 Abs. 1 Satz 1, 125a Abs. 2 Satz 3 GG n. F.).

Zur ausdrücklichen Verfassungspflicht verdichtet wird in Art. 75 Abs. 3 GG die bislang allenfalls aus dem Gebot des bundesfreundlichen Verhaltens ableitbare Pflicht[173] der Länder zur Ausfüllung des rahmenrechtlich gesetzten Rahmens. Voraussetzung ist eine im Rahmengesetz selbst bestimmte, angemessene Frist. Die Rechtsfolgen einer Verletzung dieser Pflicht sind nicht normiert. Nach Fristablauf wird jedenfalls ein Ausnahmefall i. S. v. Art. 75 Abs. 2 GG anzunehmen sein, der eine (partielle) bundesgesetzliche Vollregelung mit unmittelbar die Bürgerinnen und Bürger bindenden Regelungen rechtfertigt. Diese Lösung verdient gegenüber einer Übertragung der Rechtsprechung des EuGH zur zögerlichen Umsetzung von EG-Richtlinien[174] den Vorrang.

3. Gesetzgebungsverfahren

Das Zusammenwirken von Bundestag und Bundesrat bei der Gesetzgebung des Bundes soll die Interessen der Länder im Bund zur Geltung bringen und zugleich sicherstellen, daß deren besondere Erfahrungen beim Verwaltungsvollzug bereits – frühzeitig – bei der Rechtsetzung berücksichtigt werden. Mit Beginn der 13. Legislaturperiode[175] des Bundestages sind die Zeitstruktur des Gesetzgebungsverfahrens verändert (3.1.), die Gesetzgebungsorgane zur wechselseitigen Behandlung ihrer Vorlagen binnen angemessener Frist verpflichtet (3.2.) und dem Bundesrat ein Initiativrecht für zustimmungsbedürftige Rechtsverordnungen eingeräumt (3.3.); die Möglichkeit der Landesparlamente, bei den Landesregierungen erteilten Verordnungsermächtigungen durch Gesetz tätig zu werden (3.4.), tangiert keine zentralen Bundesinteressen[176].

---

[170] BVerfGE 4, 115 (129 f.); 36, 193 (202); 38, 1 (10); 51, 43 (54); 67, 382 (387).

[171] Schlußbericht der Enquetekommission Verfassungsreform, BT-Drs. 7/5925, 133; s. a. *Oeter* (Fn. 137), 128 f.

[172] BVerfGE 4, 115 (128).

[173] AK-GG-*Bothe*, Bd. 2, 2. Aufl., Art. 75 Rn. 5; gegen eine Umsetzungspflicht *Maunz/Dürig/Herzog/Scholz*, GG, Art. 75 Rn. 18.

[174] So *Schmidt-Bleibtreu/Klein* (Fn. 136), Art. 75 Rn. 20.

[175] Die Änderungen des Grundgesetzes sind zum 15. November 1994 – spätestens an diesem Tag hätte nach Art. 39 Abs. 2 GG der 13. Deutsche Bundestag zusammentreten müssen – in Kraft getreten, um sicherzustellen, daß die Änderungen bei Gesetzgebungskompetenzen und -verfahren laufenden Gesetzgebungsverfahren nicht die Grundlage entzieht (s. *Hofmann* NVwZ 1995, 134 ⟨135⟩).

[176] Zu den Änderungen des Gesetzgebungsverfahrens s. a. *Meyer-Teschendorf* DÖV 1994, 766 ff.; *Hofmann* NVwZ 1995, 134; *Klotz* APuZ B 52–53/93, 39 (43 f.).

3.1. Stellungnahme- und Vorlagefristen

Einer frühzeitigen Information und Konfliktvermeidung dient das schon mehrfach geänderte[177] Vorverfahren des Art. 76 Abs. 2 und 3 GG. Die Frist zur Stellungnahme zu Vorlagen der Bundesregierung ist von Seiten der Länder wegen der landesinternen und länderübergreifenden Koordinationsprozesse als zu kurz empfunden worden; vor allem verschiedene Landesparlamente hatten eine erhebliche Fristverlängerung verlangt, um bei der Bundesgesetzgebung ihre (indirekten) Einflußmöglichkeiten auf das Stimmverhalten der Landesregierungen zu verbessern und die Informationspflichten, die den Landesregierungen nach neueren Landesverfassungen[178] hinsichtlich der Mitwirkung im Bundesrat obliegt, effektiv werden zu lassen[179]. Art. 76 Abs. 2 GG n. F. beläßt es bei der 1969[180] von drei auf sechs Wochen verlängerten Regelstellungnahmefrist, die nun aber auf Verlangen des Bundesrates aus wichtigem Grund, namentlich bei umfangreichen Vorlagen, auf neun Wochen verlängert wird. Bei besonders eilbedürftigen Vorlagen bleibt es bei der bisherigen Zuleitungsfrist von drei Wochen, die bei einem Verlangen auf Verlängerung der Stellungnahmefrist auf sechs Wochen verlängert wird; die Bundesratsstellungnahme ist dann unverzüglich dem Bundestag nachzureichen. Obligatorisch auf neun Wochen verlängert wurde die Stellungnahmefrist wegen deren Tragweite bei Vorlagen zur Änderung des Grundgesetzes und Übertragung von Hoheitsrechten nach Art. 23, 24 GG, die die Bundesregierung nicht zur Beschleunigung als besonders eilbedürftig bezeichnen kann (Art. 76 Abs. 2 Satz 5 GG n. F.).

Diese Neuregelungen werden auf die Gesamtdauer der Gesetzgebungsverfahren[181] keinen entscheidenden Einfluß haben. Aus Sicht der Bundesregierung[182] wird die Ablaufplanung allerdings erschwert, weil das Verlängerungsverlangen des Bundesratsplenums[183] nicht unmittelbar nach Zuleitung gestellt werden muß und ein wichtiger Grund auch darin liegen kann, daß sich bei nicht umfangreichen Vorlagen die Koordinationsprozesse in der Sache erst im Zuge der Beratungen als schwieriger als erwartet erweisen. Bei Gesetzesvorhaben, die hinsichtlich des Inkrafttretens fristgebunden, aus politischen Gründen termingebunden oder sonst besonders eilbedürftig sind, bleibt der schon in der Vergangenheit beschrittene Weg der »unechten Parlamentsinitiativen«[184]: der »Paralleleinbringung« durch Bundesregierung und der sie tragenden Fraktionen[185]. Nicht durchsetzen konnte sich der Ländervorschlag, ein

---

[177] Gesetz v. 15. 11. 1968, BGBl. I S. 1177; Gesetz v. 17. 7. 1969, BGBl. I S. 817.

[178] S. nur Art. 94 Satz 2 LV BB, 39 Abs. 1 Satz 2 LV M.-V., 25 Abs. 1 Satz 2 NV, 62 Abs. 1 Satz 2 LV S.-An., 22 Abs. 1 Satz 2 LV S.-H.

[179] BR-Drs. 360/92, Rz. 28; die Bundesregierung sah wegen der Einbindung der Länder schon im Vorfeld ihrer Gesetzentwürfe keinen Änderungsbedarf, zumal sie bei der Zuleitung die Sitzungstermine des Bundesrates berücksichtige (BT-Drs. 12/7109, 17); s. a. *Meyer-Teschendorf* DÖV 1994, 766 (768).

[180] Gesetz vom 17. Juli 1969, BGBl. I S. 817.

[181] Sie lag in der 10. Wahlperiode im Durchschnitt bei 259 Tagen, in der 11. Wahlperiode bei 212 Tagen; Datenhandbuch zur Geschichte des Deutschen Bundestages 1983–1991, Baden-Baden 1994, 862 f.

[182] BT-Drs. 12/7109, 17.

[183] *Hofmann* NVwZ 1995, 134 (136).

[184] So die Bezeichnung durch *Meyer-Teschendorf* DÖV 1994, 766 (773).

[185] BT-Drs. 12/7109, 17; *Meyer-Teschendorf* DÖV 1994, 766 (773, 776); ein Beispiel aus jüngerer Zeit bietet das im »parlamentarische(n) ›Schnelldurchlauf‹ (*Schreiber* NVwZ 1995, 521 〈523〉) verabschiedete Gesetz zur Neuregelung der Vorschriften über den Bundesgrenzschutz (Bundesgrenzschutzneuregelungs-

Recht zur Stellungnahme zu Vorlagen aus der Mitte des Bundestages mit Sperrwirkung[186] einzuführen, um diese »Umgehung« der vorweggezogenen Beteiligung des Bundesrates zu verhindern[187].

Die bislang dreimonatige Frist der Bundesregierung zur Stellungnahme zu Gesetzentwürfen des Bundesrates wurde den Äußerungsfristen des Bundesrates angepaßt und im Regelfall auf sechs Wochen – mit Verlängerungsmöglichkeit auf neun Wochen – verkürzt; die bisherige Stellungnahmepflicht wurde zu einer »Soll-Vorschrift« abgestuft (Art. 76 Abs. 3 Satz 2 GG). Die Bundesregierung hatte ohne Erfolg geltend gemacht, diese Verkürzung sei wegen der aufwendigen Ressortabstimmungsprozesse unpraktikabel und verliere ihren Sinn dadurch, daß nunmehr die Bundesregierung auch von einer Stellungnahme absehen könne[188].

3.2. Befassungspflicht

Die aus der wechselseitigen Verfassungsorgantreue folgende Pflicht zur Beratung und Beschlußfassung von Gesetzesvorlagen wurde verfassungsgesetzlich normiert: Bundestag (Art. 76 Abs. 2 Satz 6 GG n. F.) und – beschränkt auf die große Zahl zustimmungsbedürftiger Bundesgesetze – Bundesrat (Art. 77 Abs. 2a GG n. F.) sind verpflichtet, über Vorlagen »in angemessener Frist« zu beraten und Beschluß zu fassen, um das Schicksal eines Gesetzesentwurfes nicht auf Dauer in der Schwebe zu lassen.

Die Auslegungsbedürftigkeit dieser Zeitvorgabe und das Fehlen von Sanktionen[189] läßt Beschleunigungseffekte kaum erwarten. Bei der Fristbestimmung wird auch das drohende Scheitern eines Gesetzesvorhabens wegen des Diskontinuitätsprinzips zu berücksichtigen sein; das legislative »Dezemberfieber« des Bundestages kurz vor Ablauf einer Legislaturperiode gebietet dem Bundesrat von Verfassungs wegen aber nicht schlechthin, sich zu allen Gesetzesbeschlüssen des Bundestages vor Ablauf der Legislaturperiode zu erklären, wenn Bundesregierung und Bundestag dessen begrenzte Beratungs- und Verarbeitungskapazitäten nicht bei ihrer Gesetzgebungsplanung berücksichtigt haben.

3.3. Initiativrecht des Bundesrates bei zustimmungsbedürftigen Rechtsverordnungen

Der wachsenden Bedeutung von Rechtsverordnungen für die Feinsteuerung des Rechtssystems trägt das Initiativrecht des Bundesrates bei zustimmungsbedürftigen Rechtsverordnungen Rechnung (Art. 80 Abs. 3 GG n. F.)[190]. Die Verfassungsände-

---

gesetz) vom 19. 10. 1994 (BGBl. I S. 2978); dazu BT-Drs. 12/7562 (Gesetzentwurf der CDU/CSU und FDP v. 17. 5. 1994) und BT-Drs. 12/8047 (Gesetzentwurf der Bundesregierung v. 22. 6. 1994), die der Bundestag in 2. und 3. Lesung ca. fünf Wochen nach der Einbringung behandelte.

[186] BR-Drs. 360/92, Rz. 30–34; vor Ablauf dieser Stellungnahmefrist sollte ein Gesetzesbeschluß nicht möglich sein.

[187] Zu den Gründen BT-Drs. 12/6000, 40; *Meyer-Teschendorf* DÖV 1994, 766 (774).

[188] BT-Drs. 12/7109, 17; dazu auch *Meyer-Teschendorf* DÖV 1994, 766 (776).

[189] Zustimmungsfiktionen sind nicht ernsthaft erwogen worden.

[190] Die Neuregelung geht zurück auf einen Vorschlag der Bundesratskommission (BR-Drs. 360/92, Rz. 47 ff.; dazu *Jekewitz* RuP 1993, 20 〈24 f.〉), ohne die vorgeschlagene Pflicht zur Beschlußfassung binnen

rung stellt klar, daß aus dem Zustimmungserfordernis die Legitimation des Bundesrates folgt, gestaltend auf den Inhalt der Verordnungen einzuwirken[191]. Mit Recht
nicht aufgegriffen wurde die Kritik der Bundesregierung an einer Verschiebung der
Verantwortungszuweisung im bundesstaatlichen Regierungssystem, wenn sie als das
zuständige Exekutivorgan durch Bundesratsvorlagen »von außen« unter Druck gesetzt werden könne, und ihre Warnung vor einem sachwidrigen Wettstreit konkur-
rierender Regelungskonzepte. Namentlich in Bereichen, in denen der im Regelfall
den Ländern obliegende Gesetzesvollzug auf eine ergänzende Rechtsverordnung
angewiesen oder diese konstitutiv für das Wirksamwerden im Gesetz vorgegebener
Schutzwirkungen ist, folgt aus der Verordnungsermächtigung an die Bundesregierung auch eine Wahrnehmungsobliegenheit. Sie kann nun durch Bundesratsvorlagen
aktiviert werden. Art. 80 Abs. 3 GG n. F. als weitere Ausprägung der föderalistischen
Grundstruktur der Bundesrepublik ist eine sinnvolle Ergänzung des in Art. 83 GG
verankerten, in der Staatspraxis ohnehin relativierten Ländervorranges beim Verwaltungsvollzug.

3.4. Eintrittsrecht der Landesparlamente

Die Verlagerung von Rechtsetzungskompetenzen von den Ländern auf den Bund
und die europäische Ebene hat zu einem »Machtverlust der Landesparlamente«[192] und
einer Akzentverschiebung hin zu ihren Kontrollfunktionen geführt, weil die Kompensation durch Bundesratsmitwirkung länderintern die Landesregierungen stärkt.
Das Parlamentsrecht in den neueren Landesverfassungen hat hierauf durch einen
Ausbau der Informations- und Kontrollrechte reagiert[193]. Konstruktiv interessant,
realpolitisch voraussichtlich indes ohne größere Bedeutung ist hier nun die Öffnungsklausel des Art. 80 Abs. 4 GG n. F.: Bundesgesetzliche Verordnungsermächtigungen
an die Landesregierungen können auch durch Landesgesetz ausgefüllt werden.

Diese gezielte Stärkung der Handlungsmöglichkeiten der Landesparlamente[194]
greift Erwägungen der Enquete-Kommission Verfassungsreform auf[195]. Mittelbar
erweitert werden zugleich die direktdemokratischen Mitwirkungsmöglichkeiten der

---

angemessener Frist zu übernehmen; zu einem ersten Anwendungs- und Konfliktfall *Jekewitz* ZRP 1995,
248 ff.

[191] Mit Recht kritisch zur Maßgabebeschlußpraxis des Bundesrates *Jekewitz* RuP 1994, 72 (75 ff.).

[192] *H. Eicher,* Der Machtverlust der Landesparlamente, Berlin 1988; *R. Stober,* Kompetenzverschiebungen zwischen den Landesparlamenten und den anderen Staatsfunktionen, in: H. Kremer (Hrsg.), Das
Selbstverständnis des Landesparlamentarismus, München 1986, 15 ff.; Bericht der Kommission »Erhaltung und Fortentwicklung der bundesstaatlichen Ordnung innerhalb der Bundesrepublik Deutschland –
auch in einem Vereinten Europa« des Landtages NRW, Teil 1, Düsseldorf 1990, 78 ff.; Institut für
Europäische Politik, Die Landtage im europäischen Integrationsprozeß nach Maastricht (Gutachten für
den Landtag NRW), Düsseldorf 1992; allgemein: *H. Schneider,* Länderparlamentarismus in der Bundesrepublik, Opladen 1979; Beschluß der Konferenz der Präsidentinnen und Präsidenten der deutschen Landesparlamente vom 24. 9. 1991 »Stärkung der Länder in Europa« (Fn. 128).

[193] Vorbildwirkung entfaltete hier die Verfassung Schleswig-Holstein i.d.F. vom 13. 6. 1990 (GVBl.
S. 391); dazu Schleswig-Holsteinischer Landtag (Hrsg.), Schlußbericht der Enquete-Kommission Verfas-
sungs- und Parlamentsreform, Baden-Baden 1989, 48 ff., 80 ff.

[194] BT-Drs. 12/7109, 12; bezeichnend ist, daß die Empfehlungen der Bundesratskommision (BR-Drs.
360/92) keinen vergleichbaren Vorschlag enthielten.

[195] Schlußbericht, BT-Drs. 7/5924, 90.

Bürgerinnen und Bürger, die bei der Verfassungsbewegung auf Länderebene in den letzten Jahren deutlich gestärkt worden sind[196]: Sie beziehen sich bei der verbindlichen Rechtsetzung nach den Landesverfassungen auf die Gesetzgebung im formellen Sinne; von der Verordnungstätigkeit der Landesregierungen sind die Bürgerinnen und Bürger bislang ausgeschlossen. Allerdings stößt diese erweiterte bürgerschaftliche Teilhabe auf die durch die Verordnungsermächtigung gezogenen Grenzen und wird daher entweder nicht effektiv werden oder die direktdemokratische Gestaltung zu »kleiner Münze« verkommen lassen, weil die zumeist recht hohen Quoren für das Volksbegehren mit Blick auf die geringen Gestaltungschancen kaum überwunden werden können. Immerhin ermöglicht das Eintrittsrecht der Landesgesetzgeber auch die Korrektur bereits durch die Landesregierungen ausgenutzter Verordnungsermächtigungen und schafft in Ländern, die einen dreistufigen Aufbau der Volksgesetzgebung vorsehen[197], über die Volksinitiative formalisierte Thematisierungschancen.

4. Neugliederung

Die räumliche Gliederung des Bundesgebietes gehört zu den »Dauerthemen« der föderalen Ordnung des Grundgesetzes. Der breite Konsens bei der Entstehung des Grundgesetzes, daß es – nicht nur im südwestdeutschen Raum[198] – einer grundlegenden Revision der weitgehend von militärischen Gesichtspunkten geprägten alliierten Ländergrenzziehungen vorgegebenen territorialen Gliederung des Bundesgebietes bedürfe, hatte in Art. 29 GG a. F. zu einem verbindlichen[199] und befristeten Neugliederungsauftrag mit dem Ziel einer ausgewogenen föderalen Ordnung geführt[200]. Zunächst der alliierte Vorbehalt in bezug auf Art. 29 GG a. F. und nach Erlangen der staatlichen Souveränität das Beharrungsvermögen der bestehenden Länder ließen diesen Auftrag weitgehend[201] unerfüllt[202] und bewirkten eine Abstufung zu einer bloßen Neugliederungsmöglichkeit[203]. Im Zuge der Wiedervereinigungsdiskussion flackerte die Neugliederungsdiskussion unter Rückgriff auf das sog. Ernst-Gut-

---

[196] Vgl. nur *Häberle* JöR N.F. 43 (1995), 355 (366 f.); *J. Fuchs,* Das Verfahren der Landesgesetzgebung und plebiszitäre Elemente in Landesverfassungen, in: ders. (Hrsg.), Landesverfassungen im Umbruch, Vieselbach/Bornheim-Roisdorf 1994, 27 ff.; *G. Jürgens,* Direkte Demokratie in den Bundesländern, Stuttgart u. a., 1993.

[197] Vgl. etwa Art. 76 LV Brandenburg; Art. 59, 60 LV Mecklenburg-Vorpommern; Art. 47 bis 49 LV Niedersachsen; Art. 80 LV Sachsen-Anhalt; Art. 41 LV Schleswig-Holstein.

[198] Dazu *G. Glaser,* Die rechtlichen Probleme im Zusammenhang mit der Entstehung des Landes Baden-Württemberg, Würzburg (Diss. jur.) 1976.

[199] BVerfGE 5, 34 (39); 13, 54 (97).

[200] Dazu JöR N.F. 1 (1951), 262 ff.

[201] Einen Überblick über die vorgenommenen und gescheiterten Neugliederungen nach Art. 29 GG gibt *S. Greulich,* Länderneugliederung und Grundgesetz, Baden-Baden 1995, 43 ff.; s. a. *Schmidt-Bleibtreu/Klein* (Fn. 136), Art. 29 Rn. 1; AK-GG-*Bothe,* Bd. 1, 2. Aufl., Art. 29 Rn. 5 f.

[202] *Hennings,* Der unerfüllte Verfassungsauftrag. Die Neugliederung des Bundesgebietes im Spannungsfeld politischer Interessengegensätze, Heidelberg (Diss. jur.) 1983.

[203] Gesetze zur Änderung des Grundgesetzes vom 19. 8. 1969, BGBl. I S. 1241, und vom 23. 8. 1976, BGBl. I S. 2381.

achten[204] – nicht nur in bezug auf das Beitrittsgebiet – kurz wieder auf[205], um dann wegen der identitätsstiftenden und integrierenden Wirkung der im Beitrittsgebiet entstehenden bzw. entstandenen Länder schnell wieder zu verlöschen[206].

Die Änderungen des Art. 29 GG greifen weder Bestrebungen auf[207], zu einem fristgebundenen Neugliederungs*auftrag* zurückzukehren[208], noch beziehen sie sich auf die Richtbegriffe der (Neu)Gliederung des Bundesgebietes: Sie beschränken sich bewußt[209] auf die Verfahrensregelungen. Art. 29 Abs. 7 GG n. F. beseitigt Unklarheiten im Verfassungstext[210] in bezug auf die Abgrenzung zwischen einer Neugliederung und sonstigen Änderungen und Gebietskorrekturen sowie das dabei anzuwendende Verfahren. In einem vereinfachten Verfahren können nach Anhörung der betroffenen Gemeinden und Kreise – einer Volksbefragung oder -abstimmung bedarf es nicht – Gebiete, in denen nicht mehr als 50 000 (bislang: 10 000) Personen leben, umgegliedert werden; die bisherige Flächenbegrenzung entfällt. Die Gebietskorrektur kann durch Staatsvertrag der beteiligten Länder oder durch zustimmungsbedürftiges Bundesgesetz geregelt werden. Eine bundesgesetzliche Neuregelung auch gegen den Willen eines der betroffenen Länder bleibt möglich; wenn auch der neugefaßte Art. 72 Abs. 2 GG nicht anzuwenden ist, ist die Ausübung dieser Kompetenz aber schon mit Blick auf die Eigenstaatlichkeit der Länder als Auffangkompetenz zu verstehen und an das ungeschriebene Tatbestandsmerkmal eines besonderen Bedürfnisses für ein solches Bundesgesetz zu binden[211], das in aller Regel nicht gegeben sein wird[212]. Eine Stärkung der Bundeskompetenz für Gebiete, die seit langem eine

[204] Bundesminister der Justiz (Hrsg.), Bericht der Sachverständigenkommission für die Neugliederung des Bundesgebietes. Vorschläge für die Neugliederung des Bundesgebietes gemäß Art. 29 GG, 1973; dazu *Göb* DVBl. 1973, 728 ff.; *Schäfer* DVBl. 1973, 732 ff.; *Rietdorf* DÖV 1974, 2 ff.; *Feuchte* DÖV 1974, 12; *Scheuner* DÖV 1974, 16 ff.; *Weber* DÖV 1974, 14 ff.; *Grézer* BayVBl. 90 ff.; *Röper* Der Staat 1975, 305 ff.; *Greulich* (Fn. 201), 100 ff.

[205] S. nur *Ernst* DVBl. 1991, 1024 ff.; *Greulich* (Fn. 201), 136 ff.; *Hoppe/Schulte* DVBl. 1991, 1041 ff.; *Klatt* VerwArch 1991, 430 (447 ff.); *Donner/Berlit* ZParl. 1992, 316 (329 f.); *M. Herdegen,* Neugliederung des Bundesgebietes im Spannungsfeld zwischen staatsrechtlicher Kontinuität und Effizienzerwartung, in: K. Bohr (Hrsg.), Föderalismus, München 1992, 123 (128 f.); *A. Benz,* Chancen und Grenzen einer Länderneugliederung in Deutschland, in: G. Hirscher (Hrsg.), Die Zukunft des kooperativen Föderalismus in Deutschland, München 1991, 143 ff.; *C. Mecking,* Die räumliche Neugliederung der Bundesrepublik Deutschland als Gegenstand der Verfassungsreform, in: Borgmann u. a. (Fn. 41), 95 (102 ff.).

[206] Allgemein zur Diskussion über Zahl und territoriale Gliederung der Länder im Beitrittsgebiet *W. Rutz/K. Scherf/W. Strenz,* Die fünf neuen Bundesländer, 1993; *J. Klingbeil,* Die Neubildung föderalstaatlicher Strukturen in der DDR, in: Hesse/Renzsch, Föderalstaatliche Entwicklung in Europa, 1991, 111 ff.; *K.-H. Blasckke* APuZ B 27/90, 39 f.; *R. Kaufmann,* Bundesstaat und Deutsche Einheit, 1992, 72 ff.; *Greulich* (Fn. 201), 139 ff.

[207] Nach einem – letztlich nicht zur Abstimmung gestellten – Antrag des Sächsischen Staatsministeriums der Justiz, GVK-Kommissionsdrucksache Nr. 53 (BT-Drs. 12/6000, 151), sollten sich zunächst die Länder der Aufgabe annehmen und erst dann, wenn binnen fünf Jahren keine Neugliederung auf der Grundlage einer (durch den Bundestag zustimmungsbedürftigen) Ländervereinbarung zustandegekommen wäre, der Bundesgesetzgeber tätig werden.

[208] Hierzu die Kritik durch *Häberle* JöR N.F. 40 (1991/92), 291 (363 f.).

[209] BT-Drs. 12/6000, 44 f.

[210] S. bereits das Ausführungsgesetz zu Art. 29 Abs. 7 GG vom 16. 3. 1965, BGBl. I S. 65.

[211] S. a. *Maunz/Dürig/Herzog/Scholz,* GG, Art. 29 Rn. 109.

[212] S. *Meyer-Teschendorf* DÖV 1993, 889 (894); bei den Rechtsausschußberatungen wurde daher beantragt, die Bundeskompetenz für kleinere Gebietsänderungen in Art. 29 Abs. 7 GG zu streichen und

Umgliederung anstreben[213], war nach der Entstehungsgeschichte, bei der die staatsvertragliche Option im Vordergrund stand, nicht gewollt.

Die GVK hatte den auf den Raum Berlin/Brandenburg fokussierten Auftrag des Art. 5 EV, die Möglichkeiten einer von dem schwerfälligen Regelverfahren des Art. 29 GG a. F. abweichenden Neugliederung zu prüfen, ausgedehnt und vorgeschlagen, den Ländern eine staatsvertragliche Neugliederungsoption zu eröffnen. Art. 29 Abs. 8 GG n. F. setzt diesen Vorschlag um und trägt damit dem Umstand Rechnung, daß bei langfristig fortbestehendem Neugliederungsbedarf eine Neugliederung durch den Bund verfahrensrechtlich nachhaltig erschwert bleibt. Abweichend von dem neugliederungsverhindernden bundesgesetzlichen Regelverfahren (Art. 29 Abs. 2 bis 7 GG) können die Länder nun eine Neugliederung ihres gesamten Staatsgebietes (Länderzusammenschluß) oder von Teilen ihres Gebietes durch Staatsvertrag regeln, der der Bestätigung durch Volksentscheid in beiden Ländern bzw. – nach Maßgabe des Staatsvertrages – im jeweiligen Umgliederungsgebiet bedarf[214]. Größere Umgliederungen bis hin zu einer – nach dem Wortlaut des Art. 29 Abs. 8 GG n. F. nicht ausgeschlossenen – Gründung eines neuen Landes aus dem Gebiet bestehender Länder[215] oder einem Länderzusammenschluß berühren stets auch die gesamtstaatlichen Interessen.

Das Interesse der Länder, autonom über Länderumgliederungsmaßnahmen befinden zu können und damit ihre Eigenstaatlichkeit zu unterstreichen, stößt – zumal in einem zusammenwachsenden Europa mit Regionen[216] – auf die Verantwortung des Bundes für die Gesamtstruktur des Staatsganzen und die Leistungsfähigkeit der Länder. Nicht durchgesetzt haben sich hier Vorschläge, den Bund erst mitwirken zu lassen, wenn die Bundesstruktur nachhaltig tangiert wird[217]. Art. 29 Abs. 8 GG n. F. beschränkt stattdessen die Staatsvertragsabschlußfreiheit durch verfahrensrechtliche Mindestanforderungen: Die betroffenen Gemeinden und Kreise sind zu hören; jedenfalls in den Umgliederungsgebieten ist – anders als in Fällen des Art. 29 Abs. 7 GG n. F. – eine Volksabstimmung nach Maßgabe bundesgesetzlicher Verfahrensregelung obligatorisch, bei der neben der (einfachen) Abstimmungsmehrheit auch ein Zustimmungsquorum von einem Viertel der zum Bundestag Wahlberechtigten erreicht werden muß. Der Balance zwischen föderaler Freiheit und gesamtstaatlicher Verantwortung und Interessen dient vor allem die Bundesmitwirkung nach Art. 29 Abs. 8

---

lediglich die Zustimmung des Bundestages für staatsvertragliche Gebietskorrekturen vorzusehen (BT-RA-Prot. 12/124, 46 f.; abgelehnt BT-RA-Prot. 12/134, 21 f., 127).

[213] Etwa die nach Kriegsende Wiesbaden zugeschlagenen früheren Mainzer Stadtteile Amöneburg, Kastel und Kostheim; s. Der Spiegel v. 5. 6. 1995, 84; dazu auch *Meyer-Teschendorf* DÖV 1993, 889 (895).

[214] Die Eingliederung eines die Grenzen des Abs. 7 übersteigenden Teilgebietes in ein im übrigen territorial unverändertes Land ist hiernach im aufnehmenden Land im gesamten Landesgebiet zur Abstimmung zu stellen.

[215] Die Entstehungsgeschichte gibt keinen klaren Aufschluß zur Frage, ob die Länderaufzählung in der durch Art. 4 Nr. 1 EinigungsV neugefaßten Präambel eine staatsvertragliche Länderneubildung aus dem Gebiet bestehender Länder ohne Grundgesetzänderung ausschließt; sie ist – namentlich nach der Aufhebung des Art. 23 Satz 1 GG a. F. – zu verneinen.

[216] Das Konzept eines »Europas der/mit Regionen« als neue Form eines föderal geprägten Europa nimmt nur langsam Konturen an, wobei für die Bundesrepublik noch immer die – wegen der Unterschiede in Größe und Leistungsfähigkeit begründungsbedürftige – Vorstellung vorherrscht, die Länder seien die geborenen Regionen im europäischen Sinne.

[217] Verringerung der Zahl der Länder um mehr als ein Land; BT-Drs. 12/6000, 45.

Satz 6 GG n. F.: Der Staatsvertrag bedarf zwar nicht der bundesgesetzlichen Umsetzung oder Bestätigung, wohl aber der Zustimmung des Bundestages. Der inhomogenen Gruppe der schlichten Parlamentsbeschlüsse[218] wird ein neuer Typus hinzugefügt, wobei dieser Zustimmungsbeschluß von Verfassungs wegen konstitutive Wirkung entfaltet; entstehungsgeschichtlich eindeutig ist[219], daß auf diesen Beschluß die Wesentlichkeitstheorie[220] nicht anzuwenden ist, er daher nicht in Gesetzesform zu ergehen hat.

Art. 118a GG n. F. enthält – im Anschluß an den ausdrücklichen Auftrag des Art. 5 EinigungsV – eine Sonderregelung für die erleichterte Neugliederung des Raumes Berlin/Brandenburg durch Staatsvertrag. Daß – nicht zuletzt wegen der historischen Verbundenheit von Berlin und Brandenburg – diese Neugliederung im gesamtstaatlichen Interesse liegt, betont der Verzicht auf eine besondere Mitwirkung des Bundes; sie ist durch die Verfassungsänderung vorweggenommen. Unterstrichen wird das Bundesinteresse an diesem Länderzusammenschluß weiter durch das Gesetz zur Regelung der finanziellen Voraussetzungen für die Neugliederung der Länder Berlin und Brandenburg[221], das die finanzausgleichsrechtlichen Folgen eines Länderzusammenschlusses u. a. durch eine übergangsweise Fortschreibung des Stadtstaatenbonus und der für die anderen Stadtstaaten nicht unumstrittenen[222], aber verfassungskonformen[223] Einwohner»veredelung« fortschreibt[224]. Die im Regelverfahren des Art. 29 Abs. 8 GG obligatorische Volksabstimmung ist auf Drängen der Länder Berlin und Brandenburg, die konkrete Ausgestaltung der Bürgerbeteiligung bundesverfassungsgesetzlich nicht vorzugeben, zum Gebot einer »Beteiligung« der Wahlberechtigten gewandelt worden, deren konkrete Form der Staatsvertrag selbst zu regeln hat. Der verfassungsändernde Gesetzgeber konnte hier an Art. 116 LV Brandenburg anknüpfen, der für den Staatsvertrag neben der qualifizierten Zustimmung durch den Landtag einen Volksentscheid verlangt, in dem die Mehrheit der Abstimmenden der Vereinbarung zustimmt[225]. Mit der breiten Zustimmung, die die ausgehandelten Staatsver-

---

[218] Vgl. *Kretschmer,* in: Schneider/Zeh (Hrsg.), Parlamentsrecht und Parlamentspraxis, Berlin/New York 1989, § 9 Rn. 64; *K.-A. Sellmann,* Der schlichte Parlamentsbeschluß, 1966; zum konstitutiven Parlamentsvorbehalt beim Einsatz bewaffneter Streitkräfte s. a. BVerfGE 90, 286 (381 ff.).

[219] BT-Drs. 12/6000, 45: Der Antrag, daß der Staatsvertrag der Zustimmung durch Bundesgesetz bedürfe, ist in der GVK abgelehnt worden, weil eine inhaltliche Überprüfung der Länderstaatsverträge im Rahmen eines Gesetzgebungsverfahrens mehrheitlich als verfassungspolitisch bedenklicher Eingriff in die Länderstaatlichkeit bewertet wurde.

[220] Zum organisationsrechtlichen Gesetzesvorbehalt im Zusammenhang mit der Bonn/Berlin-Debatte s. nur *Repewitz* ZParl. 1990, 505 (509 ff.); *Kühne* ZParl. 1990, 515 (517 ff.); *Heintzen* ZfP 1990, 134 ff.; *Häberle* DÖV 1990, 989 (996 ff.); *Hufen* NJW 1991, 1321 ff.; *Lerche* ZG 1991, 193 ff.

[221] Gesetz vom 9. 8. 1994, BGBl. I S. 2066; dazu BT-Drs. 12/7818; Wissenschaftlicher Dienst des Deutschen Bundestages, Gutachten »Finanzausgleichspolitik für den Fall des Zusammenschlusses Berlin/Brandenburg« v. 16. 11. 1993 (WF IV – 129/93 –).

[222] BVerfGE 72, 330 (401, 415 f.).

[223] BVerfGE 86, 148 (238 ff.).

[224] Die Bundesregierung und die Länder Bremen und Hessen haben zunächst verfassungsrechtliche Bedenken gegen die Dauer der Übergangszeit, die Dynamisierung der Einwohnerveredelung und das späte Einsetzen der Degression geltend gemacht (vgl. BT-Drs. 12/7818, 8 f.), die in den weiteren Beratungen nicht weiter verfolgt wurden (BT-Drs. 12/8212, 8).

[225] Dazu auch *Berlit,* in: Simon/Franke/Sachs (Hrsg.), Handbuch der Verfassung des Landes Brandenburg, Stuttgart 1994, § 1 Rn. 34 ff.; *v. Brünneck/Epting,* ebd., § 22 Rn. 20.

träge im Berliner Senat und im Brandenburgischen Landtag gefunden haben[226], hat diese Neugliederung inzwischen konkrete Gestalt angenommen.

Mit Ausnahme des Raumes Berlin/Brandenburg sind die politischen Durchsetzungschancen einer territorialen Neugliederung nach wie vor gering und die verfahrensrechtlichen Anforderungen jenseits der kleineren Gebietskorrekturen neugliederungshindernd hoch. Bei der Bewertung dieses Befundes darf indes nicht verkannt werden, daß eine radikale Neugliederung allein unter föderalfunktionalen Aspekten das (ge)wachsende Staatsbewußtsein in den Ländern und historisch-kulturelle Zusammenhänge vernachlässigte und die positiven Effekte einer Neugliederung teils überschätzt werden – namentlich dann, wenn die Probleme gravierender regionaler Disparitäten lediglich in länderinterne Verteilungsprobleme transformiert werden. Als Alternative bieten sich neue Formen der länderübergreifenden, bilateralen Kooperation an[227].

5. *Verwaltungsaufbau*

Der föderalistische Aufbau des Grundgesetzes entspricht im internationalen Vergleich[228] einem »Verwaltungsföderalismus«, bei dem de facto das Schwergewicht der Gesetzgebung auf Bundesebene, das der Verwaltung auf Landesebene liegt. Neben der vorgezogenen Öffnung für eine Privatisierung der Luftverkehrsverwaltung[229], die die Gewichtsverteilung im Bund-Länder-Verhältnis unberührt läßt, ist es hier nur im Bereich der Sozialversicherung zu Änderungen gekommen. Nicht durchgesetzt haben sich Überlegungen, Gesetze, die die Errichtung neuer Bundesoberbehörden oder bundesunmittelbarer Körperschaften ermöglichen oder vorsehen, an die Zustimmung des Bundesrates zu binden[230] und dadurch die Organisationsgewalt des Bundes zu beschränken, die durch Art. 36 Abs. 1 GG für das Personal des Bundes vorgegebene föderale Parität[231] durch das Gebot einer regional gleichgewichtigen Verteilung von Behörden und Institutionen des Bundes sowie europäischer und internationaler Behörden zu ergänzen, und die Rechtsprechung des Bundesverfassungsgerichts zur Überprüfbarkeit von Weisungen bei der Bundesauftragsverwaltung[232] durch das Gebot einer Rechtmäßigkeitsprüfung zu korrigieren[233].

---

[226] Gesetz zu dem Staatsvertrag der Länder Berlin und Brandenburg über die Bildung eines gemeinsamen Bundeslandes (Neugliederungs-Vertrag) und zu dem Staatsvertrag zur Regelung der Volksabstimmung ... über den Neugliederungs-Vertrag vom 18. 7. 1995, GVBl. Berlin S. 490; Gesetz zu den Staatsverträgen über die Neugliederung der Länder Brandenburg und Berlin vom 27. 6. 1995, GVBl. I Brandenburg S. 150.

[227] Vgl. – mit erheblicher Skepsis – dazu *F. W. Scharpf/A. Benz,* Kooperation als Alternative zur Neugliederung?, Baden-Baden 1991.

[228] Noch immer grundlegend *M. Bothe,* Die Kompetenzstruktur des modernen Bundesstaates in rechtsvergleichender Sicht, Berlin u. a. 1977.

[229] 37. Gesetz zur Änderung des Grundgesetzes v. 14. 7. 1992, BGBl. I S. 1254.

[230] BR-Drs. 360/92, Rn. 91 f.; BT-Drs. 12/6000, 42 f.

[231] Dazu *A. Chr. Didczuhn,* Der Grundsatz der proportionalen föderalen Parität, Baden-Baden 1990.

[232] BVerfGE 81, 310 ff.; 84, 25 ff.; s. dazu *Danwitz* DVBl. 1992, 1005 ff.; *Zimmermann* DVBl. 1992, 93 ff.; allgemein *K. Lange,* Das Weisungsrecht des Bundes in der atomrechtlichen Auftragsverwaltung, Baden-Baden 1990; *W. Pauly,* Anfechtbarkeit und Verbindlichkeit von Weisungen in der Bundesauftragsverwaltung, Berlin 1989; *R. Steinberg,* Bundesaufsicht, Länderhoheit und Atomgesetz, Heidelberg 1990.

[233] BR-Drs. 360/92, Rz. 79–81; BT-Drs. 12/6000, 43.

Die nunmehr in Art. 87 Abs. 2 GG geschaffene Möglichkeit, die obligatorische mittelbare Bundesverwaltung bei überregionalen Sozialversicherungsträgern für Sozialversicherungsträger, deren Zuständigkeitsbereich drei Länder nicht überschreitet, durch landesunmittelbare Körperschaften unter Aufsicht eines von den beteiligten Ländern zu bestimmenden Landes zu überführen, greift Überlegungen der Bundesratskommission auf[234]. Sie erweitert die Möglichkeiten einer länderübergreifenden Kooperation – namentlich im Bereich der Kranken- und Unfallversicherung –, erleichtert, bei der Ausgestaltung der Sozialversicherungsträger Effektivitäts- und Effizienzreserven auszuschöpfen, und ist so – an versteckter Stelle – verfassungsgesetzlicher Ausdruck der Überlegungen zu einer »Modernisierung« des Staates und den Einrichtungen und Verfahren der Erfüllung öffentlicher Aufgaben, die bei Art. 87e, f GG im Vordergrund standen. Die regionale Begrenzung – der Zuständigkeitsbereich der neuen Körperschaften unter Länderaufsicht darf drei Länder nicht überschreiten – bedeutet im Ergebnis aber eine Absage an eine umfassende Föderalisierung der Sozialversicherungen, die namentlich die Probleme der Verschiebungen angeht, die sich durch die Veränderungen der Arbeitswelt im Verhältnis der Rentenversicherungsträger ergeben haben und die die Landesversicherungsanstalten trotz der bestehenden Ausgleichsmechanismen »auszubluten« drohen.

6. *Finanzgarantie für die Kommunen*

Die Krise der öffentlichen Haushalte und der – zumindest rhetorisch – breite politische Konsens, die Staatsquote jedenfalls nicht ansteigen zu lassen, wirkt sich vor allem bei den Kommunen aus: Die Schere zwischen strukturell und konjunkturbedingt sinkenden kommunalen Einnahmen[235] und hohen Zusatzbelastungen, vor allem den trotz Pflegeversicherung steigenden Soziallasten und den Finanzierungsbeiträgen der Deutschen Einheit, hat sich in den letzten Jahren trotz vielfältiger Modernisierungs- und Einsparmaßnahmen auf kommunaler Ebene weiter geöffnet[236]. Art. 28 Abs. 2 Satz 3 GG n. F. greift dieses Thema für das Grundgesetz[237] mit der Klarstellung[238] auf: »Die Gewährleistung der Selbstverwaltung umfaßt auch die Grundlagen der kommunalen Selbstverwaltung.«

Regelungsgehalt und Schutzwirkung dieser Neuregelung für die Kommunen sind ebenso unklar[239] wie das Verhältnis zu den Bestimmungen über das Finanzwesen

---

[234] BR-Drs. 360/92, Rz. 84–91; BT-Drs. 12/6000, 41 f.

[235] Hinzu kommt das Problem, daß bei wachsendem Druck auf die Länderhaushalte die Neigung der Länder steigt, den kommunalen Finanzausgleich als »Reservekasse« zu nutzen.

[236] Vgl. *Karrenberg/Münstermann,* Gemeindefinanzbericht 1995, Der Städtetag 1995, 115 ff.

[237] Die meisten Landesverfassungen enthalten bei den Vorgaben für den kommunalen Finanzausgleich im einzelnen unterschiedlich formulierte Garantien einer aufgabengerechten Finanzausstattung.

[238] Das Bundesverfassungsgericht hat die im Schrifttum (s. nur – jeweils m.w.N. – *A. v. Mutius/H.-G. Henneke,* Kommunale Finanzausstattung und Verfassungsrecht, Siegburg 1985, 31 ⟨in und bei Fn. 42⟩; *P. Kirchhof,* Die kommunale Finanzhoheit, in: HdkWP, Bd. 6, 2. Aufl., § 112, 3 ⟨9 f.⟩; *G. Wixforth,* Die gemeindliche Finanzhoheit und ihre Grenzen, Siegburg 1964, 18 ff.; *Hofmann-Hoeppel,* Die (finanz-)verfassungsrechtliche Problematik des BSHG-Vollzuges durch kommunale Gebietskörperschaften, Berlin 1992, 118 ff.) überwiegend bejahte Frage, ob die bundesverfassungsgesetzlich gewährleistete Finanzhoheit auch die angemessene Finanzausstattung der Kommunen oder jedenfalls eine finanzielle Mindestausstattung umfaßt, bislang stets offengelassen (vgl. BVerfGE 26, 172 ⟨181⟩; 71, 25 ⟨36 f.⟩; 83, 363 ⟨386⟩).

[239] Kritisch zum GVK-Vorschlag *H.-G. Henneke,* Die vorgebliche »Stärkung der kommunalen Selbst-

(Art. 104a ff. GG), auf die ein in der GVK nicht zur Abstimmung gestellter Formulierungsvorschlag der CDU/CSU-Fraktion[240] verweisen wollte. Klärungsbedürftig ist zunächst der Adressat der Finanzgarantie. Wortlaut[241] und Entstehungsgeschichte[242] sprechen dafür, Art. 28 Abs. 2 GG primär als eine an die Landesverfassung- oder -gesetzgeber gerichtete Normativbestimmung zu sehen, die gleichgerichtete Landesverfassungsgarantien nicht er-, sondern voraussetzt[243]; ihrem systematischen Standort nach erweitert die kommunale Finanzgarantie die Rechte, die den Kommunen kraft Bundesverfassungsrechts durch die für das Kommunalrecht zuständigen Länder zu gewährleisten sind. Dies deutet darauf, daß Adressat die Länder sind und der Bund lediglich im Rahmen seiner Pflicht nach Art. 28 Abs. 3 GG gebunden wird, über die Einhaltung auch der kommunalen Selbstverwaltungsgarantie zu wachen. Jedenfalls mit der verfassungsgesetzlichen Absicherung[244] der einfachgesetzlich bereits seit Inkrafttreten des Bundesverfassungsgerichtsgesetzes eröffneten Kommunalverfassungsbeschwerde zum Bundesverfassungsgericht ist indes unbestritten, daß Art. 28 Abs. 2 GG eine unmittelbare Garantie[245] enthält, die sich auch an den Bundesgesetzgeber richtet.

Aus der unmittelbaren Bindung auch des Bundes folgt indes noch nicht, daß sich künftig Ansprüche der Kommunen auf eine finanzielle Mindestausstattung unmittelbar gegen den Bund richten können. Nach der bisherigen Rechtsprechung des Bundesverfassungsgerichts[246] scheidet dies aus, weil der Bund weder berechtigt noch verpflichtet ist, die finanziellen Verhältnisse der Kommunen unmittelbar ohne Einschaltung der Länder zu ordnen[247]. Die Finanzverfassung des Grundgesetzes ist zweistufig aufgebaut und betrachtet für den Finanzausgleich die Kommunen grundsätzlich als Teil der Länder. Über seine Garantenstellung nach Art. 28 Abs. 3 GG, die bundesgesetzliche Festlegung des kommunalen Einkommensteueranteils und die unmittelbar einnahmerelevante Steuergesetzgebung des Bundes hinaus scheidet so in bezug auf die kommunalen Einnahmen eine verfassungsunmittelbare Inpflichtnahme des Bundes aus. Hauptverpflichtete für die finanzielle Mindestausstattung der Kommunen sind und bleiben auch nach der Neuregelung die Länder.

Diese Betrachtung erschöpft indes nicht die Verantwortung des Bundes für die Kommunalfinanzen. Die kommunale Finanzsituation wird neben den mittelbaren

---

verwaltung« durch die Empfehlungen der Gemeinsamen Verfassungskommission aus Sicht der Kreise, in: F. Schoch/ders./H. Maurer, Die Kreise im Bundesstaat, Baden-Baden 1994, 61 ff.; *ders.* Der Landkreis 1993, 212 ff.; s. auch *F. Schoch/J. Wieland*, Finanzverantwortung für gesetzgeberisch veranlaßte kommunale Aufgaben, Baden-Baden 1995, 181 ff.

[240] Kommissionsdrucksache Nr. 84 (BT-Drs. 12/6000, 157): »Die Grundlagen der finanziellen Eigenverantwortung der Gemeinden und Gemeindeverbände werden im Rahmen der Bestimmungen über das Finanzwesen gewahrt.«

[241] Vgl. *Püttner*, in: HStR IV, Heidelberg 1990, § 107 Rn. 11.

[242] Vgl. JöR N.F. 1 (1951), 256 f.; s. a. *O. Gönnenwein*, Gemeinderecht. Tübingen 1963, 43 f., 127 ff.; *E. Becker*, Kommunale Selbstverwaltung, in: Die Grundrechte IV/2, Berlin 1962, 729 ff.

[243] Nds. StGHE 1, 144 (168).

[244] Gesetz zur Änderung des Grundgesetzes vom 29. 1. 1969, BGBl. I S. 97.

[245] So bereits BVerfGE 1, 167.

[246] BVerfGE 26, 172 (181).

[247] Vgl. auch *Henneke* (Fn. 239), 83; zu Finanzhilfen des Bundes für kommunale Zwecke s. *C. Meis*, Verfassungsrechtliche Beziehungen zwischen Bund und Gemeinden, Baden-Baden 1989, 96 ff.; zum Verbot der unmittelbaren Finanzierung kommunaler Projekte s. a. BVerfGE 41, 291 (313).

Folgen bundespolitischer Entscheidungen maßgeblich durch bundesgesetzliche Vorgaben für den kommunalen Auf- und Ausgabenumfang und kommunale Leistungsstandards bestimmt[248]; wichtigste Beispiele aus der aktuellen Diskussion sind die Sozialhilfe[249] und der Rechtsanspruch auf einen Kindergartenplatz[250]. Die Ablehnung des Vorschlages, die Grundlagen der finanziellen Eigenverantwortung »im Rahmen der Bestimmungen über das Finanzwesen« zu wahren[251], öffnet den Weg, die verfassungsunmittelbare Inpflichtnahme des Bundes auch auf die Aufgaben- und Ausgabenseite zu erstrecken. Die unverändert gebliebenen Vorschriften über das Finanzwesen sind nicht der einzige Weg, der vielbeklagten Auszehrung der finanziellen Grundlagen kommunaler Selbstverantwortung gegenzusteuern[252]. Auch wenn das Konnexitätsprinzip des Art. 104a GG im Verhältnis des Bundes zu den Kommunen nicht unmittelbar greift, wird in bezug auf den Bund Art. 28 Abs. 2 Satz 3 GG n. F. dahin auszulegen sein, daß er die Kommunen unmittelbar vor einer Überlastung durch ausgabenverursachende oder –erhöhende Bundesgesetze schützt und dem Bund verwehrt, sich den Folgen solcher Gesetze durch Verweis auf die verfassungsrechtliche Garantenstellung der Länder zu entziehen, die sich aus dem zweistufigen Aufbau der Finanzverfassung ergibt. Unter Beibehaltung der Grundstrukturen der Finanzverfassung, namentlich der über die Länder vermittelten Finanzbeziehungen[253], ist neben einer Reinterpretation des Art. 104a Abs. 3 GG[254] eine stärkere Finanzverantwortung des Bundes bei nach Art und Höhe bundesrechtlich veranlaßten Geldleistungen auch auf der kommunalen Ebene ebenso in Betracht zu ziehen wie eine Rechtspflicht des

---

[248] Die Bedeutung dieses Problems unterstreichen die »Forderungen des Deutschen Städtetages zur Änderung des Grundgesetzes« vom 23. 2. 1994, die als neuen Abs. 3 in Art. 28 GG u. a. aufgenommen wissen wollten: »Werden die Gemeinden und Gemeindeverbände durch Gesetz verpflichtet, bestimmte öffentliche Aufgaben zu erfüllen, sind die gesetzlichen Regelungsgegenstände auf das Wesentliche und Weisungsrechte auf das zur Aufgabenerfüllung unabweisbar Notwendige zu beschränken; Art und Inhalt von Weisungsrechten sind im Gesetz zu bestimmen. Führen gesetzlich übertragene Aufgaben zu einer Mehrbelastung der Gemeinden und Gemeindeverbände, sind ihnen die erforderlichen Mittel zur Verfügung zu stellen.«; umfassend hierzu jüngst *Schoch/Wieland* (Fn. 239).

[249] Vgl. eingehend *Hardt/Hoffmann/Postlep,* Die Bedeutung von Bundes- und Landesgesetzgebung für kommunale Haushaltsstrukturen und Selbstverwaltungsspielräume, Hannover ⟨April⟩ 1994, 110 ff., nach denen die drastisch steigenden kommunalen Belastungen weniger Folge explizier Aufgabenverlagerungen oder verschärfter Leistungsstandards denn Folge der durch Entscheidungen in vorgelagerten Politikfeldern gestiegenen Zahl der Hilfeempfänger bei gegebenem oder gar reduziertem Leistungsstandard sind (114); vgl. auch *Hofmann-Hoeppel* (Fn. 238); *Henneke* (Fn. 239), 123 ff.; *J. Makswit,* Finanzierung kommunaler Fremdverwaltung, Frankfurt u. a. 1984; *Patzig* DÖV 1985, 645 ff.

[250] Der zum 1. 1. 1996 bundesrechtlich verankerte Rechtsanspruch auf einen Kindergartenplatz bewirkt nach einer Kostenschätzung des Bundesministeriums für Frauen und Jugend bundesweit einen – überwiegend von den Kommunen zu tragenden – zusätzlichen Investitionsbedarf von ca. 21 Mrd. DM und zusätzliche jährliche Betriebskosten i.H.v. 4 bis 7 Mrd. DM (zit. nach *Schoch* ZG 1994, 246 ⟨247⟩); zu verfassungsrechtlichen Bedenken gegen diese Inpflichtnahme der Kommunen ohne (hinreichende) finanzielle Absicherung *Isensee* DVBl. 1995, 1 (6 ff.).

[251] BT-Drs. 12/6000, 47 f.

[252] Die – unbestrittene – Spezialität der finanzverfassungsrechtlichen Gewährleistungen (BT-Drs. 12/6000, 48; *Scholz* ZG 1994, 1 ⟨17⟩; *Jarass/Pieroth* ⟨Fn. 68⟩, Art. 28 Rn. 7a) bedeutet nicht, daß zur Sicherung der Grundlagen finanzieller Eigenverantwortung allein das Finanzausgleichsrecht in den Blick zu nehmen ist.

[253] Der Finanzbedarf der Kommunen ist ebenso wie deren Finanzkraft eine Determinante des Bund-Länder-Finanzausgleichs.

[254] Dazu – m.w.N. – *Henneke* (Fn. 239), 127 ff.; *Schoch/Wieland* (Fn. 239), insb. 126 ff., 151 ff.

Bundesgesetzgebers, bei seiner rechtsetzenden Tätigkeit die finanziellen Folgen auch für die Kommunen in den Blick zu nehmen. Dies setzt allerdings voraus, daß diese Kosten schon bei der Rechtsetzung selbst systematisch erfaßt und ausgewiesen werden[255].

In den Verfassungsberatungen unbestimmt geblieben ist weiterhin der genaue Umfang der Finanzgarantie. Zu sichern sind (lediglich) die »Grundlagen der finanziellen Eigenverantwortung«; dies kann von einer optimalen über eine angemessene oder hinreichende bis hin zu einer notwendigen Finanzausstattung reichen. Entstehungsgeschichtlich sollte eine einseitige Bevorzugung des kommunalen Finanzbedarfs im Verhältnis zu dem in Bund und Ländern ausgeschlossen werden[256]: In Zeiten knapper Haushalte soll die »Verteilung des Mangels« gleichmäßig sein. Unhintergehbares Minimum der Finanzgarantie ist die finanzielle Sicherung der unabweisbaren Aufgaben: Die Kommunen müssen unter Berücksichtigung des Gesamtfinanzgefüges *im Ergebnis* – ungeachtet der Herkunft der Mittel – finanziell in der Lage sein, die ihnen durch oder aufgrund Landes- oder Bundesgesetzes zugewiesenen Aufgaben in dem gesetzlich vorgegebenen Mindestmaß zu erfüllen. Den Kommunen muß eine rechtmäßige Aufgabenerfüllung schon deswegen möglich sein, weil gegenüber individualrechtlich verbürgten Leistungsansprüchen der haushaltsrechtliche Einwand nicht greift, die Finanzmittel seien erschöpft[257]. Dieses Minimum kann nicht hinter das bundesverfassungsrechtlich durch Art. 115c Abs. 3 GG selbst für den Verteidigungsfall garantierte Mindestmaß einer finanziellen Ausstattung zurückfallen; hiernach ist die »Lebensfähigkeit« der Kommunen, insbesondere auch in finanzieller Hinsicht, zu wahren. Operationalisierbare Maßstäbe folgen indes auch hieraus nicht[258].

Jenseits dieser äußersten Grenze ist – unter Berücksichtigung der Finanzlage des Bundes und der Länder – anzustreben, den Kommunen eine Ausstattung mit Finanzmitteln zukommen zu lassen, die ihnen auch eine Wahrnehmung freiwilliger Selbstverwaltungsaufgaben ermöglicht. In diesem Aufgabensektor nämlich bewährt sich die kommunale Eigenverantwortung, die zu stärken Ziel der Verfassungsänderung war. Durch die Berufung auf den durch die finanzielle Leistungsfähigkeit von Bund und Ländern gezogenen Rahmen, der enger oder weiter sein kann, ergibt sich, daß die Einschränkungen aufeinander bezogen und auf einen billigen Ausgleich der wechselseitigen Deckungsinteressen gerichtet sein müssen. Dies entspricht dem für die Umsatzsteueraufteilung im Bund-Länder-Verhältnis in Art. 106 Abs. 3 Satz 4 GG kodifizierten Gedanken[259] und folgt aus dem auch im Verhältnis der Länder zu ihren

---

[255] Vorbildhaft insoweit – für das Verhältnis von Land und Kommunen – Art. 68 Abs. 1 NV: »Wer einen Gesetzentwurf einbringt, muß die Kosten und Mindereinnahmen darlegen, die für das Land, für die Gemeinden, für die Landkreise und für betroffene andere Träger öffentlicher Gewalt in absehbarer Zeit zu erwarten sind. «

[256] BT-Drs. 12/6000, 47.

[257] *Kirchhof* (Fn. 108), § 112 (8).

[258] *Maunz/Dürig*, GG, Art. 115c Rn. 61: Unlösbarkeit der Interpretationsaufgabe.

[259] Zu den Schwierigkeiten der Operationalisierung der herangezogenen Begriffe »gleichmäßiger Anspruch auf Deckung der notwendigen Ausgaben« und »billigen Ausgleich« s. nur *Prokisch*, Die Justiziabilität der Finanzverfassung, Baden-Baden 1993, 219 ff., der zwar mit einer funktionalen Argumentation die Justiziabilität annimmt und damit der These entgegentritt, daraus folgten keinerlei Kontrollmaßstäbe,

Kommunen wirkenden Grundsatz der Gliedertreue[260]. Dies verbietet Bund und Ländern jedenfalls eine grob unausgewogene Überwälzung von Kosten oder Etatkürzungsanforderungen auch dann, wenn das kommunale Bestandsminimum nicht tangiert wird.

Nicht durchgesetzt haben sich dagegen die Forderungen der Kommunen[261] nach einer verfassungsgesetzlichen Stärkung ihrer verfahrensrechtlichen Mitwirkungsmöglichkeiten an kommunalrelevanter Gesetzgebung[262], die bereits der Enquete-Kommission Verfassungsreform vorgetragen worden waren[263]. Die auf die Empfehlungen der Enquete-Kommission zurückzuführende Verfahrensbeteiligung der Kommunen auf geschäftsordnungsrechtlicher Grundlage wurde als hinreichend gesehen[264].

7. Staatsziel Frauenförderung

Die Gleichstellung der Geschlechter gehört zu den »öffentlichkeitswirksamen« Themen der Verfassungsreformdebatte. Möglichkeiten und Grenzen von Recht allgemein und namentlich der Verfassung, hier auf die gesellschaftliche Wirklichkeit einzuwirken, und die Frage einer aus Art. 3 Abs. 2 GG folgenden Einstandspflicht der Träger der öffentlichen Gewalt für die tatsächliche Gleichberechtigung sind seit längerem Gegenstand einer breiten, kontrovers geführten Diskussion im Schrifttum[265]. In der ersten Phase der Entfaltung des Gleichberechtigungsgrundsatzes des Art. 3 Abs. 2 GG konzentrierten sich die Bemühungen auf die Beseitigung Frauen unmittelbar benachteiligender Rechtsvorschriften, die in erheblichem Umfange im Familien-, Arbeits- und Sozialrecht bestanden. Erst allmählich setzte sich die Erkenntnis durch, daß Art. 3 Abs. 2 GG in der Weise auf die gesellschaftliche Lebenswirklichkeit bezogen ist, daß nicht nur Rechtsnormen zu beseitigen sind, die Vor- oder Nachteile an die Geschlechtszugehörigkeit knüpfen, sonden daß für die Zukunft die tatsächliche Gleichstellung der Geschlechter in der sozialen Wirklichkeit durchzu-

---

indes zugleich darauf verweist, daß hierfür materielle Kriterien erst noch zu erarbeiten und offenzulegen seien (s. insb. 224 f.).

[260] Im Gegensatz zu *H. Bauer* (Die Bundestreue, Tübingen 1992), der für den Grundsatz der Bundestreue der dogmatischen Herleitung aus dem allgemeinen Rechtsgrundsatz von Treu und Glauben den Vorzug gibt, ist die kommunalrechtliche Gliedertreue aus der Garantie kommunaler Selbstverwaltung und seinen Ausprägungen in Grundgesetz und den Landesverfassungen herzuleiten.

[261] Dazu auch die Anträge der SPD (Kommissionsdrucksache 10, BT-Drs. 12/6000, 140) und der PDS/LL (Kommissionsdrucksache 66, BT-Drs. 12/6000, 154).

[262] Dazu *Meyer* ZG 1994, 262 ff.; *v. Hausen* Der Landkreis 1992, 609 ff.; *Henneke* (Fn. 239), 72, 74.

[263] BT-Drs. 7/5924, 224 f.

[264] BT-Drs. 12/6000, 48.

[265] Vgl. den Überblick durch *I. Ebsen,* Gleichberechtigung von Männern und Frauen, in: HdBVerfR (Fn. 81), § 8, ins. Rn. 15 ff., 30 ff.; aus der Fülle der Literatur s. nur: *I. Reich-Hilweg,* Männer und Frauen sind gleichberechtigt, Köln 1979; *U. Sacksofsky,* Das Grundrecht auf Gleichberechtigung, Baden-Baden 1991; *V. Slupik,* Die Entscheidung des Grundgesetzes für Parität im Geschlechterverhältnis, Berlin 1988; *U. Maidowski,* Umgekehrte Diskriminierung, Berlin 1989; *M. Sachs,* Grenzen des Diskriminierungsverbotes, München 1987; *S. Raasch,* Frauenquote und Männerrechte, Baden-Baden 1991; *H.-G. Suelmann,* Die Horizontalwirkung des Art. 3 Abs. 2, GG, Baden-Baden 1994.

setzen ist[266]. Hintergrund für dieses gewandelte Verständnis auch im europäischen[267] und internationalen[268] Recht war der Befund, daß die Aufhebung Frauen ausdrücklich benachteiligender Regelungen nur wenig an dem de facto fortbestehenden Gleichberechtigungsdefizit im Erwerbsleben[269], aber auch in anderen gesellschaftlichen Bereichen[270] geändert hatte und es aktiver staatlicher Maßnahmen bedarf, um für die tatsächliche Verwirklichung der Gleichberechtigung zu sorgen. Seit Anfang der 80er Jahre intensivierte sich die Diskussion um Antidiskriminierungs- oder Gleichstellungsgesetze[271], namentlich um Zulässigkeit[272] und Grenzen[273]; die in vielen Ländern erlassenen – zumeist auf den öffentlichen Dienst bezogenen – Gleichstellungsgesetze[274] sehen sich verfassungsrechtlichen Bedenken ausgesetzt[275].

---

[266] BVerfGE 85, 191 (207); zur Entwicklung der Rechtsprechung des Bundesverfassungsgerichts s. a. *Eckertz-Höfer,* in: FS Simon, Baden-Baden 1987, 447 ff.; zum Wirklichkeitsbezug dieses Verfassungsauftrages s. bereits *E. Benda,* Notwendigkeit und Möglichkeiten positiver Aktionen zugunsten von Frauen im öffentlichen Dienst. Gutachten im Auftrag der Leitstelle Gleichstellung der Frau (Hamburg), Freiburg 1986, insb. 104 ff.

[267] *H. Dieball* AuR 1991, 166 ff.; *G. Kyriazis,* Die Sozialpolitik der Europäischen Wirtschaftsgemeinschaft in bezug auf die Gleichberechtigung männlicher und weiblicher Erwerbstätiger, Berlin 1990; *C. Langenfeld,* Die Gleichbehandlung von Mann und Frau im Europäischen Gemeinschaftsrecht, Baden-Baden 1990.

[268] Zu Gleichberechtigungsgewährleistungen in völkerrechtlichen Verträgen s. *Ebsen* (Fn. 265), § 8 Rn. 7 f.

[269] Dazu nur *H. Pfarr/K. Bertelsmann,* Diskriminierung im Erwerbsleben, Baden-Baden 1989; *G. Dahlke,* Frauenerwerbstätigkeit im Spannungsfeld von Gleichberechtigung und Gleichstellung, 1986; *S. Bischoff,* Männer und Frauen in Führungspositionen in der Bundesrepublik Deutschland, 1986; zum öffentlichen Dienst vgl. die Bestandsaufnahme bei *Benda* (Fn. 267), 9 ff.; BT-Drs. 11/273; 11/8129; für den kommunalen Bereich *B. Leutner,* Führungspositionen in den Stadtverwaltungen, Köln (DST-Beiträge zur Kommunalpolitik Heft 20) 1994.

[270] Etwa in den Parteien (zu Gegenmaßnahmen s. *I. Ebsen,* Verbindliche Quotenregelungen für Männer und Frauen in Parteistatuten, Heidelberg 1988; *ders.* JZ 1989, 553 ff.; *Lange* NJW 1988, 1174 ff.) oder öffentlich-rechtlichen Beratungs- und Beschlußgremien (dazu etwa *H.-P. Schneider,* Die Gleichstellung von Frauen in Mitwirkungsgremien der öffentlichen Verwaltung, Baden-Baden 1991; BT-Drs. 12/594).

[271] Dazu etwa *K. Garbe-Emden,* Gleichberechtigung durch Gesetz, Hannover (Diss. jur.) 1984; *A. Dix,* Gleichberechtigung durch Gesetz, Baden-Baden 1984; *Chr. Hohmann-Dennhardt,* Ungleichheit und Gleichberechtigung, Heidelberg 1982; s. bereits das Gutachten *W. Gitter,* Welche rechtlichen Maßnahmen sind vordringlich, um die tatsächliche Gleichstellung der Frau mit den Männern zu gewährleisten?, in: Verhandlungen des 50 DJT, München 1974, D 107 ff.; zur Diskussion auch *A. Breuer,* Antidiskriminierungsgesetzgebung – Chance oder Irrweg?, Frankfurt u. a. 1991.

[272] Vgl. etwa *H. Pfarr,* Quoten und Grundgesetz, Baden-Baden 1988; *dies.,* Quotierung und Rechtswissenschaft, in: H. Däubler-Gmelin u. a. (Hrsg.), »Mehr als nur gleicher Lohn«, Hamburg 1985; *Raasch* (Fn. 265); *Battis/Eisenhardt* ZRP 1994, 18 (23 ⟨mit w.N. in Fn. 85, 88⟩).

[273] Statt vieler: *W. Schmitt Glaeser,* Abbau des tatsächlichen Gleichberechtigungsdefizits der Frauen durch gesetzliche Quotierungsregelungen, Köln u. a. 1982; *ders.* DÖV 1982, 381 ff.; *Sachs* (Fn. 265); *ders.* NJW 1989, 553 ff.; *ders.* NVwZ 1991, 437 ff.; *ders.* ZBR 1994, 133 (137 ff.).

[274] S. die von der Konrad-Adenauer-Stiftung herausgegebene vergleichende Dokumentation »Gesetze zur Gleichberechtigung von Männern und Frauen in Bund und Ländern«, Sankt Augustin (November) 1993; aus der Folgezeit Gesetze in Hessen (Gesetz vom 21. 12. 1993, GVBl. 1993, 729), Mecklenburg-Vorpommern (Gesetz vom 18. 2. 1994, GVBl., 343), Niedersachsen (Gesetz vom 15. 6. 1994, GVBl. 1994, 246), Sachsen (Gesetz vom 31. 3. 1994, SächsGVBl. 1994, 684) und Brandenburg (GVBl. I 1994, 254).

[275] Allen voran die beamtenrechtlichen Gleichstellungsregelungen in Nordrhein-Westfalen (dazu OVG NW NJW 1989, 2560; DVBl. 1991, 118 ⟨aufgehoben durch OVG NW 1992, 1226⟩); zur Kontroverse *Sudhof* JZ 1991, 751 ff.; *Fuchsloch* NVwZ 1991, 442 ff.; *Battis/Schulte-Trux/Weber* DVBl. 1991, 1165 ff.; *Lange* NVwZ 1990, 135 ff.; zum LandesgleichstellungsG Bremen s. BAG AuR 1993, 251; LAG Bremen RiA 1993, 82 (mit zust. Anm. *Sokol*); EuGH, Urt. v. 17. 10. 1995 – C 450/93 –, der bei seiner Beanstandung

Der Streit um die Verfassungskonformität frauenfördernder Maßnahmen de constitutione lata und die unterschiedlichen Gleichstellungskonzepte bildeten den Hintergrund für die Diskussion um die Ergänzung des Art. 3 Abs. 2 GG um ein auf gleichstellungsfördernde Maßnahmen bezogenes Staatsziel. Anstöße waren Forderungen der westdeutschen Frauenbewegung nach zumindest einer klarstellenden verfassungsgesetzlichen Absicherung der einfachrechtlich entwickelten Verfahren und Einrichtungen der Frauenförderung oder gar einer Erweiterung des verfassungsgesetzlichen Rahmens für eine aktive staatliche Gleichstellungspolitik einerseits[276], der Umstand andererseits, daß in den ostdeutschen Bundesländern die Bemühungen um einen Abbau der strukturellen Benachteiligungen von Frauen und ihrer gesellschaftlichen Voraussetzungen – wenn auch unter Rahmenbedingungen, die keinen Anlaß zu idealisierenden Reminiszenzen geben[277] – weiter vorangeschritten waren und die Frauen Ostdeutschlands – mit Recht[278] – Sorge hatten, zu den sozioökonomischen Verliererinnen der Einheit zu werden[279]. Folgerichtig enthalten der Verfassungsentwurf der Arbeitsgruppe des Runden Tisches[280] und alle ostdeutschen Landesverfassungen[281] Gleichstellungsgebote mit im einzelnen unterschiedlicher Reichweite, die ihrerseits Anknüpfungspunkte für die Formulierungen einer Grundgesetzergänzung boten[282]. Gegenstand der Diskussionen[283] waren neben dem Verfassungs-

---

einer absoluten und unbedingten Vorrangregelung (Rz. 22) vernachlässigt, daß das vorlegende Gericht bereits durch Auslegung eine Härteregelung angenommen hatte (Rz. 9).

[276] Dazu etwa die Vorschläge der Initiative »Frauen in bester Verfassung« der Humanistischen Union und des Frankfurter Frauenmanifestes; einen Überblick über die Vorschläge zur Ergänzung des Art. 3 Abs. 2 und 3 GG geben J. Limbach/M. Eckertz-Höfer (Hrsg.), Frauenrechte im Grundgesetz des geeinten Deutschland, Baden-Baden 1993, 243 ff.

[277] Das Argument zielt auf die konkreten Erfahrungen von Frauen in der DDR mit ihrer Lebenswelt, nicht auf eine abstrakte »Erhaltung von ›Errungenschaften‹ der DDR« (dazu *Kloepfer* ⟨Fn. 26⟩, 35 ⟨67⟩).

[278] Vgl. etwa *W. Haensch u. a.*, Armut in Deutschland, Reinbek 1994, 57 ff., 89 ff.; *Engelbrecht,* Die Mitbestimmung 6/1993, 11 ff.

[279] Auf diese Sorge sind auch Art. 31 Abs. 1 und 2 EinigungsV zurückzuführen, nach dem es Aufgabe des gesamtdeutschen Gesetzgebers ist, »die Gesetzgebung zur Gleichberechtigung zwischen Männern und Frauen weiterzuentwickeln« (Abs. 1) und »angesichts unterschiedlicher rechtlicher und institutioneller Ausgangssituationen bei der Erwerbstätigkeit von Müttern und Vätern die Rechtslage unter dem Gesichtspunkt der Vereinbarkeit von Familie und Beruf zu gestalten«; dazu die durch die Gutachten von *Birk* und *Fuchs* (Gutachten E und F zum 60. DJT, München 1994) sowie die Referate von *Simitis, Jaeger* und *Lang* vorbereiteten Diskussionen und Beschlüsse (NJW 1994, 3082 f.) auf dem 60. DJT in Münster; s. a. die Begleitaufsätze von *Heinze* DVBl. 1994, 908 ff.; *Köbl* JZ 1994, 840 ff.; *Colneric* RdA 1994, 65 ff.; *Pfarr* ZRP 1994, 309 ff.; *Ruland* NJW 1994, 2049 ff.

[280] Dazu *Häberle* JöR N.F. 39 (1990), 319 ff., 350 ff.; das aus Art. 3 Abs. 2 GG übernommene Gleichberechtigungsgebot sollte ergänzt werden um die an den Staat gerichtete Pflicht, »auf die Gleichstellung der Frau in Beruf und öffentlichem Leben, in Bildung und Ausbildung, in der Familie sowie im Bereich der sozialen Sicherung hinzuwirken«.

[281] Dazu *Deter* ZRP 1993, 22 ff.

[282] So rezipiert der Verfassungsentwurf des »Kuratoriums für einen demokratisch verfaßten Bund deutscher Länder« (⟨Fn. 74⟩, 31 ff., 70) neben westdeutschen Anregungen wesentliche Elemente der Vorstellungen der Arbeitsgruppe »Neue Verfassung« des Runden Tisches und der werdenden ostdeutschen Landesverfassungen.

[283] Vgl. insb. Sten. Bericht der 5. Öffentlichen Anhörung der GVK vom 5. 11. 1992 (nachfolgend: GVK ⟨Anhörungsprot. 5⟩) sowie GVK-Prot. 10/1 ff., 23/3 ff., BT-RA-Prot. 12/116, 8, 12/134, 17 f.; die Beratungen in der GVK dokumentieren Limbach/Eckertz-Höfer (Fn. 276); zu Regelungsalternativen und Diskussionsverlauf auch BT-Drs. 12/6000, 49; *H.-J. Vogel,* Verfassungsreform und Geschlechterverhältnis, in: FS Benda (Heidelberg 1995), 395 (404 ff.); *Bumke* Der Staat 1993, 116 ff.; *Zapfe* APuZ 52-43/93, 11 ff.

änderungsbedarf dem Grund nach, bei dem auch die gesellschaftsgestaltende Kraft verfassungsrechtlicher Regelungen thematisiert wurde, die Perspektive eines Gleichstellungs- oder Fördergebotes – die Herstellung von Chancengleichheit in den Ausgangsbedingungen wurde der Gleichstellung im Ergebnis gegenübergestellt – und seiner sprachlichen Umschreibung[284], die Verpflichtungsintensität des Staatszieles – die Abstufungen reichten von einer Förderungs- oder Hinwirkungspflicht hin zu Gewährleistungs-, Herstellungs- oder Sicherstellungspflichten –, die Verpflichtungsadressaten – nur der Bund oder alle Träger öffentlicher Gewalt –, der Bereich, auf den sich staatliche Aktivitäten zu beziehen haben – von einer Beschränkung auf den öffentlichen Dienst bzw. den öffentlichen Binnenbereich mit Abstufungen bis hin zu allen gesellschaftlichen Teilbereichen, insb. auch Familie und Privatwirtschaft –, den Kreis der von einer Förder- oder Gleichstellungspflicht Begünstigten – Nachweis individueller Diskriminierungen vs. gruppenbezogener Perspektive – und – last not least – das Verhältnis eines Staatszieles zur abwehrrechtlich-individualbezogenen Dimension der Grundrechte, namentlich dem individualbezogenen Diskriminierungsschutz von Frauenförderungsmaßnahmen direkt oder indirekt betroffener Männer aus Art. 3 Abs. 3 GG und dem durch Art. 33 Abs. 2 GG gesicherten gleichen Zugang zu öffentlichen Ämtern – eine Frage, die im Schrifttum – vor allem in bezug auf Quotenregelungen – auch unter dem Stichwort »Gerechtigkeitsdilemma der faktischen Gleichberechtigung« diskutiert wird[285] und das zu verschiedenen Vorschlägen einer (klarstellenden) Kompensationsklausel führte[286].

Anders als noch in der Verfassungskommission des Bundesrates, in der lediglich der Vorschlag, die Reihenfolge der Worte »Männer« und »Frauen« in Art. 3 Abs. 2 GG umzukehren, unter Hinweis auf die alphabetische Reihenfolge die erforderliche Mehrheit fand[287], zeichnete sich in den – nicht geschlechterparitätisch besetzten[288] – Berichterstattergesprächen in der GVK schon frühzeitig ein – unter dem Vorbehalt moderater Formulierung stehender – Konsens ab, Art. 3 Abs. 2 GG um ein auf die Frauenförderung bezogenes Staatsziel zu ergänzen. Die in schwierigen Berichterstatterinnen- und Berichterstattergesprächen von der GVK gefundene Kompromißformulierung »Der Staat fördert die tatsächliche Gleichberechtigung von Frauen und Männern und wirkt auf die Beseitigung bestehender Nachteile hin« blieb in der nachfolgenden parlamentarischen Phase zwischen den Parteien außer Streit[289]. Über

---

[284] Verwendung fanden, ohne daß die sachliche Reichweite der terminologischen Unterschiede stets deutlich wurde, Begriffe wie Gleichstellung, tatsächliche Gleichberechtigung, tatsächliche Durchsetzung der Gleichberechtigung, gleichberechtigte Teilhabe.

[285] Vgl. *Ebsen* (Fn. 265), §8 Rn. 12ff.; *Huster* AöR 1993, 109ff.; aus philosophischer Sicht *B. Gräfrath,* Wie gerecht ist die Frauenquote?, Würzburg 1992; dezidiert bei der Sachverständigenanhörung der GVK auch *Benda,* GVK (Anhörungsprot.) 5/66; dagegen *Sacksofsky,* ebd. 5/11, 35.

[286] »Maßnahmen zum Ausgleich bestehender Nachteile sind »zulässig« bzw. »erforderlich« oder »keine Bevorzugung im Sinne des Abs. 3«; die bei der 5. Sachverständigenanhörung erörterten Formulierungen geben wieder *Vogel* (Fn. 283), 395 (405 f. ⟨Fn. 40⟩); *Hofmann* FamRZ 1995, 257 (258 ⟨Fn. 12.⟩).

[287] BR-Drs. 360/92, Rz. 101 f.

[288] Dazu *Vogel* (Fn. 283), 404.

[289] Kritik kam aus den Reihen der Frauenbewegung einerseits, der der Kompromiß nicht weit genug ging (s. etwa *A. Schapals,* Das Theater »Frauenrechte in der Verfassung« als perfekte Inszenierung, in: Guggenberger/Meier ⟨Fn. 26⟩, 230ff.), und den Spitzenverbänden der Deutschen Wirtschaft, die eine arbeitsplatzgefährdende, leistungsfeindliche Bürokratisierung ihrer Personalpolitik geltend machten (Stellungnahme zu dem Bericht der GVK, vorgelegt im Februar 1994), andererseits.

dem Kompromiß in der Formulierung blieb unausgetragen der explizite[290] Dissens zu wesentlichen Elementen des Regelungsinhaltes. Einigkeit besteht allerdings darin, daß Art. 3 Abs. 2 Satz 2 GG n. F. ein an alle Träger öffentlicher Gewalt gerichtetes Staatsziel enthält, das keinen Individualanspruch auf ein bestimmtes staatliches Handeln einräumt[291], und der Einwirkungsbereich nicht auf den Binnenbereich des Staates, namentlich den öffentlichen Dienst, beschränkt ist, sondern der verbindliche Förderauftrag sich auf alle Bereiche der Gesellschaft erstreckt.

Auf die zentrale Frage des Verhältnisses gruppenbezogener frauenfördernder Maßnahmen zu den individualrechtlichen Abwehransprüchen potentiell betroffener Männer und der Perspektive der frauenfördernden, nachteilsausgleichenden Maßnahmen gibt die Entstehungsgeschichte dieses »Formelkompromisses«[292] jenseits der übereinstimmenden Absage an leistungsunabhängige, starre Quoten keine Auskunft[293]. Die besseren Gründe[294] sprechen hier indes dafür, die Verfassungsergänzung zumindest als Fest- und Fortschreibung der Rechtsprechung des Bundesverfassungsgerichts zu sehen, die schon im Rahmen des auf die gesellschaftliche Wirklichkeit bezogenen Zieles des Art. 3 Abs. 2 GG a. F., »für die Zukunft die Gleichberechtigung der Geschlechter durchzusetzen«[295], typisierend-gruppenbezogene Elemente kompensatorischer Maßnahmen zugelassen hatte. Da Zielgröße ein bestimmter gesellschaftlicher Zustand ist und dem verfassungsändernden Gesetzgeber das Problem der vom Nachweis individuell erlittener, konkreter Benachteiligung unabhängiger struktureller Diskriminierung bekannt war, enthalten Förderpflicht und Nachteilsausgleich notwendig ein überindividuell-gruppenbezogenes Element, das die individuellrechtlich orientierten Benachteiligungsverbote der Art. 3 Abs. 3, 33 Abs. 2 GG nicht gänzlich verdrängt, aber eine verhältnismäßige Zuordnung zu den gruppenbezogenen Fördermaßnahmen erlaubt. Dies läßt unter Beachtung des Verbotes einer »reversed discrimination« durch Überkompensation Raum auch für relative, qualifikationsorientierte Quotenregelungen für öffentlichen Dienst und Privatwirtschaft, soweit sie sachlich begrenzt sind auf Bereiche, in denen – bei ergebnisbezogener Betrachtung – Benachteiligungen feststellbar sind, und zeitlich auf den Abbau feststellbarer Benachteiligungen begrenzt bleiben. Wird das komplexe Bedingungsgefüge struktureller Diskriminierungen, bei dem einzelne Faktoren nur schwer klar identifiziert oder gar isoliert angegangen werden können, in den Blick genommen, verliert auch der in den Diskussionen unter den Stichworten »Chancengleichheit in den Ausgangsbedingungen« vs. »Gleichstellung im Ergebnis« diskutierte Gegensatz der Gleichberechtigungskonzepte[296] an Schärfe und verlagert sich auf die Frage, zu welchem Zeitpunkt und in bezug auf welche auf strukturelle Diskriminierungen einwirkenden Faktoren »Chancengleichheit in den Ausgangsbedingungen« herzustellen ist. Nur dann nämlich kann beurteilt werden, ob eine entscheidungs- oder

---

[290] Vgl. BT-Drs. 12/6000, 50 f.

[291] *Schmidt-Bleibtreu/Klein* (Fn. 136), Art. 3 Rn. 39a.

[292] So mit Recht *Isensee* NJW 1993, 2583 (2585).

[293] Zur Auslegung des Art. 3 Abs. 2 Satz 3 GG n. F. s. *Vogel* (Fn. 283), 412 ff. einerseits, *Hofmann* FamRZ 1995, 257 ff. andererseits.

[294] Eingehend hierzu *Vogel* (Fn. 283), 414 ff.

[295] BVerfGE 85, 191 (207).

[296] S. auch die von *Huster* (AöR 1993, 109 ⟨117 f.⟩) getroffene Unterscheidung zwischen vergangenheitsorientiertem (Kompensations-) und zukunftsbezogenem (Paritäts-) Ansatz.

ergebnisbezogene Quotierungsvorgabe »den Anfangs- oder Endpunkt einer Entwicklung markiert oder eine Zwischenstufe betrifft«[297], mithin der auch von einer engen Auslegung zugestandenen Herstellung von Chancengleichheit in den Ausgangsbedingungen für den weiteren Wettbewerbs- und Ausleseprozeß dient oder einer von ihnen verworfenen Ergebnisgleichheit. Denn paritätswidrige Lagen im Ergebnis indizieren vielfach fortbestehende Unterschiede in den Ausgangs- und Wettbewerbsbedingungen, mithin zu beseitigende Chancenungleichheiten. Da das verfassungsgesetzliche Ziel einer Parität im Geschlechterverhältnis darauf zielt, eine vom Geschlecht unabhängige gleichberechtigte Wahl von Optionen auch de facto sicherzustellen, insoweit also dem Grundrechtsvoraussetzungsschutz dient, kann gegenüber qualifikations- und leistungsorientierten Quoten auch nicht ins Feld geführt werden, sie dienten einer freiheitsfeindlichen Verhaltenssteuerung, orientiert an bestimmten Leitbildern des Verhaltens, etwa in bezug auf Erwerbsbeteiligung.

Im Zusammenhang mit dem Staatsziel Frauenförderung ist im Anschluß an bereits 1987 entwickelte Vorstellungen zum Gebrauch einer geschlechtsneutralen Gesetzesformulierung[298] der Sprachgebrauch des Grundgesetzes diskutiert worden[299]; Vorstöße[300] mit dem Ziel, einen Grundgesetztext zu schaffen, der – wie die Landesverfassungen von Niedersachsen und Schleswig-Holstein – geschlechtsneutral formuliert ist bzw. beide Geschlechter berücksichtigt, haben unter Hinweis auf die mangelnde Praktikabilität, die Rechtssicherheit und Rechtsklarheit und die Gefahr ungewollter Inhaltsänderungen durch sprachliche Änderung nicht die erforderliche Zweitdrittelmehrheit gefunden.

8. Benachteiligungsverbot für Behinderte

Die Ergänzung des Art. 3 Abs. 3 GG um den neuen Satz 2 »Niemand darf wegen seiner Behinderung benachteiligt werden« ist die einzige Grundgesetzänderung, die über die Empfehlungen der GVK hinausgeht[301]. Die GVK hatte die Aufnahme von Schutzvorschriften zugunsten Behinderter nach dem Vorbild einiger Landesverfassungen[302] kontrovers diskutiert[303] und durch die Berichterstatterinnen und Berichterstatter eine Anhörung[304] durchgeführt, auf der die Behindertenverbände einhellig eine Ergänzung der speziellen Diskriminierungsverbote des Art. 3 Abs. 3 GG und die Verankerung einer Schutz- und Förderpflicht für behinderte Menschen gefordert

---

[297] *Raasch* (Fn. 265), 156.

[298] S. BT-Drs. 11/118, 11/860 und 11/1043; daß der Sprachgebrauch der Gesetze mehr ist als semantische »Spielerei«, weist überzeugend *M. Grabrucker* (Vater Staat hat keine Muttersprache, Frankfurt 1993) nach; s. a. Bericht der Arbeitsgruppe Rechtsprache BT-Drs. 12/1041.

[299] BT-Drs. 12/6000, 51 f.

[300] Kommissionsdrucksache Nr. 71 (BT-Drs. 12/6000, 155).

[301] Entgegen *Sannwald* (NJW 1994, 3313 ⟨3314 in und bei Fn. 12⟩) ist diese Ergänzung nicht erst im Vermittlungsverfahren eingefügt, sondern bereits vom Rechtsausschuß vorgeschlagen (BT-Drs. 12/8165, 6, 28 f., 38 f.) und am 30. 6. 1994 mit verfassungsändernder Mehrheit vom Bundestag beschlossen worden (vgl. BT-Prot. 12/238, 21029, 21052 ff.).

[302] Art. 12 Abs. 2 LV Berlin; Art. 12 Abs. 4 LV Brandenburg; Art. 7 Abs. 2 LV Sachsen; Art. 38 LV Sachsen-Anhalt; s. nunmehr auch Art. 2a LV Baden-Württemberg.

[303] GVK-Prot. 24/3 ff.; s. a. BT-RA-Prot. 12/131, 9 ff.; 12/134, 24.

[304] Protokoll der Anhörung vom 15. Januar 1993 (V.n.b.).

hatten. Gegen den Vorschlag der SPD, der an ein für den Wissenschaftlichen Dienst des Deutschen Bundestages angefertigtes Gutachten über den Nutzen einer solchen Verfassungsänderung anknüpfte[305] und der in der GVK die für eine Empfehlung erforderliche Zweidrittelmehrheit nicht erreichte, wurden in der GVK[306] und in der Ersten Lesung der Gesetzentwürfe[307] vor allem ein hinreichender Schutz durch das Sozialstaatsgebot, eine sachwidrige Auflösung der Aufzählung der von Art. 3 Abs. 3 GG erfaßten Diskriminierungsmerkmale und eine unerwünschte Vorbildwirkung für die Wünsche weiterer Gruppen[308] nach besonderem Diskriminierungsschutz aufgeführt. Vielfältige Aktivitäten und Eingaben behinderter Menschen und ihrer – geschlossen auftretenden – Vereinigungen und Verbände haben dann zunächst bei dem Behindertenbeauftragten der Bundesregierung[309] und dann bei den Koalitionsfraktionen zu einem Meinungsumschwung[310] geführt.

Das Verbot der Benachteiligung Behinderter soll die Stellung behinderter Menschen in Recht und Gesellschaft stärken[311]. In seiner abwehrrechtlichen Dimension verbietet dieses Gleichheitsrecht zunächst dem Staat, behinderte schlechter als nichtbehinderte Menschen zu stellen; dies gilt außer bei Maßnahmen, die unmittelbar an die Behinderteneigenschaft anknüpfen, auch für solche indirekten Ungleichbehandlungen, die zwar an ein anderes Differenzierungskriterium anknüpfen, aber einen engen sachlichen Zusammenhang zu der Behinderteneigenschaft aufweisen und zu einer wesentlichen Benachteiligung führen, ohne daß dieses Differenzierungsmerkmal durch einen zwingenden Grund gerechtfertigt ist[312]. Insoweit geht der Schutz des Art. 3 Abs. 3 Satz 2 GG n. F. über jenen hinaus, den der allgemeine Gleichheitssatz des Art. 3 Abs. 1 GG gewährt. Die Beschränkung auf ein Benachteiligungsverbot stellt klar, daß Bevorzugungen[313] zum Ausgleich bestehender Behinderungen mit dem Ziel gleichberechtigter Teilhabe am gesellschaftlichen Leben weiterhin zulässig und von

---

[305] *Herdegen* VSSR 1992, 245 ff.

[306] BT-Drs. 12/6000, 53.

[307] BT-Prot. 12/209, 18127 ff., 18130 ff.

[308] In der Ersten Lesung am 4. 2. 1994 war u. a. die Rede von einem »Warenhauskatalog« der Schutzmerkmale und davon, daß dann auch Linkshänder und Brillenträger verfassungsrechtlich besonders zu schützen seien; BT-Prot. 12/209, 18131 f.

[309] Presseerklärung des Behindertenbeauftragten der Bundesregierung (Abg. Regenspurger ⟨CSU⟩) vom 4. 2. 1994.

[310] Noch in dem »Dritten Bericht der Bundesregierung über die Lage der Behinderten und die Entwicklung der Rehabilitation« (BT-Drs. 12/7148 v. 24. 3. 1994, 115) ist die Bundesregierung den Forderungen nach einer Ergänzung des Grundgesetzes ausdrücklich entgegengetreten.

[311] BT-Drs. 12/8165; 29; zum nachfolgenden auch *Vogel* DVBl. 1994, 497 (504); *Herdegen* VSSR 1992, 245 ff.; *ders.*, Möglichkeiten und Grenzen eines Diskriminierungsschutzes für Behinderte durch Verfassung und Gesetz, in: Vorstand der SPD (Hrsg.), Materialien zum Workshop »Benachteiligungsverbot für Behinderte in das Grundgesetz« vom 15. April 1994, Bonn 1994, 29 ff.; *Jürgens* ZfSH/SGB 1995, 353 ff.

[312] Ähnlich *Jarass/Pieroth* (Fn. 68), Art. 3 Rn. 82; ein Beispiel hierfür mag die Forderung nach hinreichendem Sehvermögen für die Teilnahme am Straßenverkehr sein. Für die im einzelnen schwierige Abgrenzung wird an die Rechtsprechung des Bundesverfassungsgerichts zur Rechtfertigung geschlechtsbezogener Differenzierungen aus objektiven biologischen oder funktionalen (arbeitsteiligen) Unterschieden (s. etwa BVerfGE 3, 225 ⟨242⟩; 5, 9 ⟨12⟩; 10, 59 ⟨73 f.⟩; 11, 277 ⟨281⟩; st. Rspr.) angeknüpft werden können.

[313] Etwa die Beschäftigungspflichten nach §§ 5 ff. SchwbG oder die Hilfe für Behinderte nach §§ 39 ff. BSHG.

Verfassungs wegen vorausgesetzt werden. Als objektives Prinzip und Element objektiver Ordnung verstärkt das ausdrückliche Diskriminierungsverbot den aus dem Sozialstaatsprinzip folgenden Auftrag an die staatliche Gemeinschaft, die Mindestvoraussetzungen für ein menschenwürdiges Dasein zu schaffen und sich darum zu bemühen, Behinderte so weit wie möglich in die Gesellschaft einzugliedern[314]. Verfassungsunmittelbare Leistungsansprüche folgen hieraus nicht. Weitere Konkretisierungen dieses sozialstaatlichen Schutz- und Fördergebotes unter Ausformung des Diskriminierungsschutzes werden in das ausstehende SGB IX aufzunehmen sein[315]. Auch jenseits einfachgesetzlicher Ausformungen strahlt das Diskriminierungsverbot auf die Anwendung und Auslegung des einfachen Rechts aus und begrenzt über diese mittelbare Drittwirkung die Berufung auf die Privatautonomie und die Handlungsfreiheit zur Rechtfertigung diskriminierenden Handelns. Für die Zustimmung der Koalitionsfraktionen zu der Änderung spielte schließlich die Signal- und Appellwirkung[316] eine wichtige Rolle, durch die im Wissen darum, daß dieses Benachteiligungsverbot verfassungsunmittelbar soziale Benachteiligungen nicht wird verhindern können, gesellschaftliche Lern- und Umdenkprozesse angestoßen werden können.

Art. 3 Abs. 3 Satz 2 GG n. F. definiert nicht selbst den Behinderungsbegriff. Der personale Schutzbereich beschränkt sich auf natürliche Personen unabhängig von den Gründen der Behinderung. Die Aufnahme in die speziellen Diskriminierungsverbote und damit den spezifischen Schutz gleicher personaler Würde schafft Anhaltspunkte für eine funktionale Auslegung des verfassungsgesetzlichen Behinderungsbegriffes, der sich von dem Schwerbehindertenbegriff des § 1 SchwbG löst[317], ohne sich auf Schwerstbehinderte zu beschränken.

---

[314] BVerfGE 40, 121 (133); *Jarass/Pieroth* (Fn. 68), Art. 3 Rn. 79; der verfassungsändernde Gesetzgeber hat wegen der Wechselwirkung zwischen Diskriminierungswirkung und Sozialstaatsprinzip von einem zusätzlichen, ausdrücklichen Schutz- und Fördergebot abgesehen.

[315] Vgl. § 1a des Referentenentwurfes eines SGB IX; s. a. Bundesverband Selbsthilfe Körperbehinderter (Hrsg.), Antidiskriminierungsgesetz (ADG) für Menschen mit Behinderung, Bonn 1990; *Frehe,* Perspektiven eines Antidiskriminierungs- und Gleichstellungsgesetzes für Menschen mit Beeinträchtigungen, in: Friedrich-Ebert-Stiftung (Hrsg.), Weiterentwicklung der Behindertenpolitik in Deutschland, Bonn 1994, 67 ff.; *ders.,* BETRIFFT JUSTIZ 1993, 87 ff.; *Jürgens* ZRP 1993, 129 ff.; zu Vorbildern in den USA s. *Mensching/Nolte* ZfSH/SGH 1993, 289 ff.; ablehnend BT-Drs. 12/7148, 115.

[316] Zu eng insoweit *Schmidt-Bleibtreu/Klein* (⟨Fn. 136⟩), Art. 3 Rn. 42a) und *Sannwald* (NJW 1994, 3313 ⟨3314⟩), die die appellative Funktion in den Vordergrund rücken.

[317] In diese Richtung *Jarass/Pieroth* (Fn. 68), Art. 3 Rn. 80, unter Hinweis auf BSGE 48, 82 f.; *Schmidt-Bleibtreu/Klein* (Fn. 136), Art. 3 Rn. 42a; a. A. (wohl) *Jürgens* ZfSH/SGB 1995, 358 f.

9. Staatsziel »Schutz der natürlichen Lebensgrundlagen«

Die Einfügung des Staatszieles »Schutz der natürlichen Lebensgrundlagen« in der von der GVK vorgeschlagenen Formulierung[318] gründet auf einer über fünfzehnjährigen Diskussion in Rechtswissenschaft[319] und Politik[320] um die angemessene verfassungsgesetzliche Antwort auf eine der zentralen Herausforderungen unserer Zeit: die globale Zerstörung der natürlichen Lebensgrundlagen durch Verbrauch und Schädigung von Umweltgütern als Folge von Industrialisierung und Zivilisation.

Die kontroverse Diskussion in der GVK[321] behandelte die »alten« Streitfragen[322], die in der 11. Legislaturperiode letztlich die Aufnahme eines Staatszieles verhindert haben: den – vermeintlich unversöhnlichen – Gegensatz von anthro- und biozentrischem Ansatz, die Gewichtung des Staatszieles (»besonderer« oder »einfacher« Schutz der natürlichen Lebensgrundlagen) im verfassungsgesetzlichen Gesamtgefüge, seine Ausbalancierung mit anderen verfassungsrechtlich verankerten Schutzgütern mithin, und den gesetzgeberischen Konkretisierungs- oder gar Aktualisierungsvorbehalt[323]; nicht nachhaltig wieder aufgegriffen wurden Forderungen nach einem grundrechtlichen Umweltschutz[324]. Die wachsende Sensibilität der Bürgerinnen und Bürger für Umweltfragen und der breite Konsens, der sich bei der Verfassunggebung in den ostdeutschen Bundesländern und bei der Verfassungserneuerung in den westdeutschen Bundesländern in bezug auf die verfassungsrechtliche Verankerung des Schutzes der natürlichen Lebensgrundlagen gebildet hatte[325], waren die wesentlichen Faktoren dafür, nunmehr auch auf Bundesebene zu einer Einigung über ein Staatsziel Umweltschutz gelangen zu wollen. Trotz dieses deutlichen Einigungswillens und der zunächst erklärten Bereitschaft der Union einerseits, auf eine ausdrückliche Verankerung des anthropozentrischen Ansatzes zu verzichten, und der SPD, von der Forderung nach einem (relativen) Gewichtungsvorrang abzurücken, gestaltete sich die

---

[318] Dazu *Meyer-Teschendorf* ZRP 1994, 73 ff.; *ders.* APuZ 52–53/93, 23 ff.; *Uhle* DÖV 1993, 947 ff.; *Vogel* DVBl. 1994, 497 (498 ff.); *Jahn* DVBl. 1994, 177 (184 f.); *Scholz* et 1993, 342 ff.; *ders.* ZG 1994, 1 (21 f.); *Kuhlmann* NuR 1995, 1 ff.; *Henneke* NuR 1995, 325 ff.

[319] Aus der Lit. nur: *Brohm* JZ 1994, 213 ff.; *Klein* DVBl. 1991, 729 ff.; *Heinz* ZfU 1988, 1 ff.; *M. Kloepfer,* Zum Grundrecht auf Umweltschutz, Berlin/New York 1978; *ders.* DVBl. 1988, 305 ff.; *N. Müller-Bromley,* Staatszielbestimmung Umweltschutz im Grundgesetz, Berlin 1990; *Murswiek* ZRP 1988, 14 ff.; *v. Mutius* WiVerw 1987, 51 ff.; *Rauschnig* DÖV 1986, 489 ff.; *R. Robert,* Umweltschutz und Grundgesetz, Münster/New York 1993; *Rupp* DVBl. 1985, 990 ff.; *Sommermann* DVBl. 1991, 34 ff.; *Sterzel* KJ 1992, 19 ff.; BMI/BMJ (Hrsg.), Bericht der Sachverständigenkommission »Staatszielbestimmungen/Gesetzgebungsaufträge«, Bonn 1983, Rz. 130; zur Diskussion und den divergierenden Positionen *B. Bock,* Umweltschutz im Spiegel von Verfassungsrecht und Verfassungspolitik, Berlin 1990.

[320] Zu den in der 11. Legislaturperiode gescheiterten Bemühungen um eine Verfassungsergänzung vgl. *Bock* (Fn. 319), insb. 69 ff.; *Robert* (Fn. 319), 16 ff.

[321] GVK-Prot. 6/36 f., 40, 43 f., 48 f., 54 f., 12/3 ff., 10 ff., 25 ff., 17/1 ff., 25/6 ff., 46, GVK (Anhörungsprot.) 2/1 ff.; s. a. BT-RA-Prot. 12/116, 8 f., 11, 13, 12/134, 18 f.

[322] Sie konnten in der Bundesratskommission überwunden werden, die mit der vereinbarten Zweidrittelmehrheit unter Verzicht auf anthropozentrische Ausrichtung und ausdrücklichen Gesetzesvorbehalt die Formulierung empfohlen hatte: »Die natürlichen Lebensgrundlagen des Lebens stehen unter dem besonderen Schutz des Staates« (BR-Drs. 360/92, Rz. 132 ff.).

[323] Vgl. BT-Drs. 12/6000, 66 f.; *Batt* StWiss 1994, 211 (239 ff.).

[324] Dazu der Gesetzentwurf der Grünen aus der 11. Legislaturperiode, BT 11/663; s. a. *W. van den Daele,* Natur und Verfassung, in: J. Gebhardt/R. Schmalz-Bruns (Hrsg.), Demokratie, Verfassung und Nation, Baden-Baden 1994, 364 (365 f.); *Bock* (Fn. 319), 125 ff.

[325] Er relativierte das weitere Problem der Einfügung einer ausdrücklichen Homogenitätsklausel.

Kompromißfindung komplizierter als erwartet. Ein in den Berichterstattergesprächen konsentierter Formulierungsvorschlag des Abgeordneten Scholz[326] verfehlte in der 17. Sitzung nach Druck auf die Mitglieder der CDU/CSU seitens der Fraktionsführung[327] knapp die erforderliche Zweidrittelmehrheit[328] und führte dazu, daß der Kommissionsvorsitzende zeitweilig den Vorsitz ruhen ließ[329]. Erst in der vorletzten Sitzung der GVK fand eine in intensiven informellen Gesprächen im Rahmen der GVK gefundene Kompromißformulierung knapp die erforderliche Mehrheit, die die bereits konsentierte Fassung um den Bezug auf die »Verantwortung für die künftigen Generationen« und um eine ausdrückliche Wiederholung der bereits in Art. 20 Abs. 3 GG verankerten Bindung von Rechtsprechung und vollziehender Gewalt an Gesetz und Recht ergänzte. In den parlamentarischen Beratungen wurde diese Kompromißformulierung – ungeachtet gewisser Kritik an der Formulierung[330] – von den beteiligten Parteien nicht mehr in Frage gestellt; die Kritik der Spitzenverbände der Wirtschaft[331], die auf zusätzliche Belastungen der Wirtschaft durch einen ökonomisch unausgewogenen Umweltschutz verwies, setzte sich nicht durch.

Art. 20a GG n. F. beschränkt sich auf ein Staatsziel und erteilt damit Vorstellungen nach einem »Umweltgrundrecht« eine Absage; subjektive, verfassungsunmittelbar einklagbare Rechte gewährt Art. 20a GG n. F. nicht. Zur Bestimmung des normativen Gehalts des Staatszieles ist mit der GVK[332] und dem verfassungsändernden Gesetzgeber der Definition der Sachverständigenkommission »Staatszielbestimmungen/Gesetzgebungsaufträge«[333] zu folgen, die Staatsziele als Verfassungsnormen mit rechtlich bindender Wirkung für alle staatliche Gewalt von allein an den Gesetzgeber gerichteten Gesetzgebungsaufträgen, von Programmsätzen mit Anregungsfunktion, aber auch von Grundrechten abgrenzt, die individuelle Rechtspositionen vermitteln. Einigkeit bestand darin, daß das Staatsziel als Richtlinie oder Direktive für das staatliche Handeln auf die Ausformung und Konkretisierung durch den Gesetzgeber angewiesen ist, dessen politischer Gestaltungsfreiheit es überlassen ist, in welcher Weise und zu welchem Zeitpunkt er zur Erreichung des verbindlich vorgegebenen Zieles tätig wird. In diesem Sinne ist das Staatsziel inhaltlich unbestimmt und entwicklungsoffen. Eine verfassungsgerichtlich durchsetzbare Pflicht zum Tätigwerden kommt nur in dem wegen des Standes der Umweltgesetzgebung, der Komplexität von Umweltpolitik und ihrer Wechselbezüge zur Finanz-, Wirtschafts- und Sozialpo-

---

[326] Er lautete: »Die natürlichen Lebensgrundlagen stehen im Rahmen der verfassungsmäßigen Ordnung unter dem Schutz des Staates« und wurde von der SPD zum Antrag erhoben (Kommissionsdrucksache 38, BT-Drs. 12/6000, 66, 149).

[327] *Batt* StWiss 1994, 211 (240); die Fraktionsmehrheit sah den Vorrang des Gesetzgebers bei der Konkretisierung des Staatszieles nicht klar genug sichergestellt, befürchtete eine Juridifizierung der (Umwelt)Politik und damit eine Störung der Balance von Ökonomie und Ökologie; BT-Drs. 12/6000, 67.

[328] GVK-Prot. 17/1 ff., 14; die weiteren Anträge zum Staatsziel »Umweltschutz« der CDU/CSU, der Länder Bayern und Hessen sowie der Gruppe Bündnis 90/Die Grünen (BT-Drs. 12/6000, 67) wurden ebenfalls abgelehnt oder fanden nicht die erforderliche Mehrheit.

[329] BT-Drs. 12/6000, 8.

[330] Der Abg. *Kleinert* verglich die Formulierung in den Rechtsausschußberatungen mit der »Laokoongruppe«, RA-Prot. 12/116, 13.

[331] Gemeinsame Stellungnahme zum Bericht der GVK vom Februar 1994; s. a. *Heise* Der Arbeitgeber 1994, 382 f., 425 f.

[332] BT-Drs. 12/6000, 77.

[333] Bericht (Fn. 319), Rz. 7; *Isensee,* in: HStR III, Heidelberg 1988, § 57 Rn. 115 ff.

litik und der Operationalisierungsschwierigkeiten dieses Minimums auch theoretisch kaum denkbaren Fall einer evidenten Mißachtung des »ökologischen Existenzminimums«[334] in Betracht[335]. Die ausdrückliche Bindung des Gesetzgebers an die »verfassungsmäßige Ordnung« in Art. 20a GG n. F. – sie folgt bereits aus Art. 20 Abs. 3 GG – hat keinen selbständigen Regelungsgehalt[336] und unterstreicht, daß bei der Verfassungsauslegung und Anwendung das Prinzip der Einheit der Verfassung[337] zu wahren und dem Staatsziel »Schutz der natürlichen Lebensgrundlagen« kein *absoluter* Vorrang bei der notwendigen Abwägung mit anderen Verfassungsgütern zukommt[338]. Davon zu trennen ist die Frage, inwieweit aus der zentralen Bedeutung der natürlichen Lebensgrundlagen als Voraussetzung allen Lebens und Wirtschaftens ein *relativer* Abwägungsvorrang der Sache nach folgt[339]. Gegenüber der bisherigen Rechtslage führt das Staatsziel zu einer normativen Verstärkung des Schutzes der natürlichen Lebensgrundlagen insofern, als es als Zielvorgabe normativ gleichen Ranges neben andere Staatsziele tritt und die verfassungsrechtliche Bedeutung der Belange des Um- und Nachweltschutzes nicht mehr aus der interpretatorischen Zusammenschau anderer Verfassungsnormen begründet werden muß. Zumindest sichert die Staatszielbestimmung die Handlungsspielräume ab, die die Umweltgesetzgebung mit der Durchsetzung des Vorsorgegedankens und den Mechanismen der staatlichen Bewirtschaftung knapper Umweltressourcen schon bisher in Anspruch genommen hat.

Adressat des Staatszieles sind auch Judikative und Verwaltung[340]. Mit der ausdrücklichen Bindung von Rechtsprechung und vollziehender Gewalt an »Gesetz und Recht« – deklaratorisch wird im Sinne einer »nachdrückliche(n) Pflichtenmahnung«[341] auch hier Art. 20 Abs. 3 GG wiederholt – wird lediglich der Vorrang des Gesetzes und der Ausgestaltungsvorrang des Gesetzgebers betont und kein Aktualisierungs- oder Maßgabevorbehalt geschaffen[342]. Verfassungsunmittelbare Bedeutung hat das Staatsziel als Prüfungsmaßstab für Gesetzes- und Verordnungsrecht, als Auslegungsrichtlinie bei der Anwendung von Gesetzes- und Verordnungsrecht und als Orientierung für die Ermessensbetätigung und die Ausfüllung planerischer Ent-

---

[334] *Van den Daele* (Fn. 324), 371 ff.

[335] *Schmidt-Bleibtreu/Klein* (Fn. 136), Art. 20a Rn. 4, deren Formulierung, das Staatsziel sei »im Grundsatz nicht justitiabel« deswegen aber ungenau ist, weil sie die Funktion des Staatszieles als verfassungsgerichtlichen Prüfungsmaßstab – sei es isoliert, sei es im Verbund mit anderen Verfassungsnormen – nicht hinreichend berücksichtigt.

[336] *Uhle* DÖV 1993, 947 (952); *Meyer-Teschendorf* ZRP 1994, 73 (77); *Schmidt-Bleibtreu/Klein* (Fn. 136), Art. 20a Rn. 14; *Kloepfer* (Fn. 26), 82; a. A. *Papier* (⟨Fn. 26⟩, 92), der hierin auch eine Betonung der anthropozentrischen Perspektive sieht.

[337] Vgl. *K. Hesse,* Grundzüge des Verfassungsrechts der Bundesrepublik Deutschland, 18. Aufl., Heidelberg 1991, Rn. 18, 20, 71.

[338] *Vogel* DVBl. 1994, 497 (499); *Scholz* (Fn. 26 ⟨Bewahrung⟩), 27; *Papier* (Fn. 26), 91; *Uhle* DÖV 1993, 947 (951); *Meyer-Teschendorf* ZRP 1994, 73 (77 f.); *Schröder* DVBl. 1994, 835 (837).

[339] Zur Harmonisierung mit dem sozialen Staatsziel und den Vorgaben des Art. 115 GG vgl. *W. Fikentscher,* Die umweltsoziale Marktwirtschaft – als Rechtsproblem, Heidelberg 1991.

[340] *Schmidt-Bleibtreu/Klein* (Fn. 136), Art. 20a Rn. 16; *Henneke* NuR 1995, 332 ff., 334 f.; *Peters* NVwZ 1995, 556 f.

[341] *Meyer-Teschendorf* ZRP 1994, 73 (78).

[342] So der in der GVK abgelehnte Vorschlag des Freistaates Bayern: »Der Staat schützt die natürlichen Lebensgrundlagen durch seine gesetzliche Ordnung«; Kommissionsdrucksache Nr. 49 (BT-Drs. 12/6000, 67, 151); s. a. BR-Drs. 360/92, Rz. 134.

scheidungsspielräume[343]. Eine verfassungsunmittelbare Grundrechtsschranke[344] oder Eingriffsgrundlage folgt aus dem Staatsziel nicht.

Schutzobjekt des Staatszieles sind die »natürlichen Lebensgrundlagen« und damit die biologisch-physischen Grundlagen des Lebens, nicht die psycho-sozialen und kulturellen Dimensionen, die der weitergehende Begriff der Umwelt in sich birgt[345]. Davon abgesehen ist der Begriff der »natürlichen Lebensgrundlagen« weit zu verstehen; er erfaßt alle Umweltmedien einschließlich der Artenvielfalt in Fauna und Flora, und zwar auch dann, wenn Einwirkungen auf sie kurz- oder mittelfristige Auswirkungen auf die Lebensgrundlagen und -qualität der Menschen nicht besorgen lassen. Die komplexen Zusammenhänge der Biosphäre und der Umstand, daß Einwirkungen häufig erst langfristig wirken und dann zumeist irreversibel sind, schließen für die Schutzobjektbestimmung eine direkte Bezugnahme auf die im Handlungszeitpunkt erkennbaren Belange der Menschen aus. Den dynamischen Zukunftsbezug des Staatszieles unterstreicht dabei der Zusatz »auch in Verantwortung für künftige Generationen«, der auf einen anthropozentrischen Ansatz deutet, durch das Wort »auch« aber Raum läßt für eine ökozentrische Perspektive[346]. Der Zukunftsbezug des Umweltschutzstaatszieles und die Ungewißheit künftiger Folgen aktueller Umwelteingriffe relativiert – zumindest für den praktisch-politischen Diskurs[347]– den konstruktiven Gegensatz[348] zwischen einem ökozentrischen Ansatz, der den Umweltgütern einen verfassungsrechtlich schutzwürdigen Eigenwert beimißt[349], und einer Perspektive, die am anthropozentrischen Leitbild eines Umweltschutzes um des Menschen Willen festhält und sich hierzu auf die anthropozentrische Grundstruktur des Grundgesetzes, namentlich auf die Menschenwürde (Art. 1 Abs. 1 GG) als obersten Leitwert und Bezugspunkt der Verfassung beruft[350]. Die Verantwortung für künftige Generationen schließt zumindest eine an kurzfristigem Nutzen orientierte utilitaristische Anthropozentrik ebenso aus wie Wert und Würde des Menschen als verfassungsänderungsfester Mittelpunkt der Verfassung Raum für einen Verantwortungsbegriff lassen, der unter den Bedingungen der Ungewißheit über Folgen menschlichen Handelns den Schutz der Natur um ihrer selbst willen zur Bezugsgröße ethisch verantworteten Handelns werden läßt.

---

[343] Statt vieler: *Vogel* DVBl. 1994, 497 (499); *Meyer-Teschendorf* ZRP 1994, 73 (78); *Brohm* JZ 1994, 213 (219); *Henneke* NuR 1995, 330 ff.

[344] In diese Richtung Art. 7 Abs. 2, 12 Abs. 3 LV Mecklenburg-Vorpommern; dazu *Erbguth/Wiegand* DVBl. 1994, 1325 (1328 f.); *P. C. Fischer,* Staatszielbestimmungen in den Verfassungen und Verfassungsentwürfen der neuen Bundesländer, München 1994, 138 f.

[345] Bericht Sachverständigenkommission »Staatszielbestimmung/Gesetzgebungsaufträge« (Fn. 319), Rz. 144; *Schmidt-Bleibtreu/Klein* (Fn. 136), Art. 20a Rn. 10, 12 f.; *Jarass/Pieroth* (Fn. 68), Art. 20a Rn. 3.

[346] *Vogel* DVBl. 1994, 497 (500); *Henneke* NuR 1995, 329.

[347] *Kloepfer* DVBl. 1994, 12 (14) (Konvergenz von »verantworteter« Anthropozentrik und – kognitiv nicht denkbarer – Ökozentrik).

[348] Gegen eine Überbetonung dieses Gegensatzes etwa *Wiegand* JöR N.F. 43 (1995), 31 (40 f. ⟨in und bei Fn. 51⟩).

[349] Dazu etwa *K. Bosselmann,* Im Namen der Natur, München/Bern 1992; *ders.* KJ 1986, 1; *Frank* DVBl. 1989, 693 ff.; *Kersten* Der Staat 1990, 415 ff.; s. a. Art. 39 LV Brandenburg (dazu *G. Balensiefen,* Natur und Umwelt, in: HdLVBB ⟨Fn. 225⟩, § 8 Rn. 6).

[350] Dazu statt vieler: *Meyer-Teschendorf* ZRP 1994, 73 (77); *Brohm* JZ 1994, 213 (219); mit beachtlichen Gründen kritisch gegenüber der politischen Durchsetzbarkeit bio- oder ökozentrischer Perspektiven *van den Daele* (Fn. 324), 364 (367 ff.).

Skepsis ist angebracht, ob das neue Staatsziel einen umweltpolitischen Durchbruch darstellt. Nach den langjährigen Auseinandersetzungen um die richtige Gestalt des Staatszieles und dem zähen Ringen um eine Kompromißformulierung ratifiziert das Staatsziel mehr einen – spannungsgeladenen – Formelkompromiß statt Orientierung für die Zukunft zu geben oder gar einen breiten Konsens für eine Umorientierung in der Umweltpolitik zu signalisieren. Als materiale Verfassungsvorgabe ist der Schutz der natürlichen Lebensgrundlagen – hier sind sich unabhängig von dem Streit um den Gesetzesvorbehalt alle einig – in hohem Maße auf die Aktivierung durch den Gesetzgeber angewiesen. Prozedurale Vorkehrungen in Form etwa ökologischer Verfahrensrechte der Bürgerinnen und Bürger, institutionell gesicherter Technikfolgeabschätzung oder einer Transparenzsicherung und -steigerung in bezug auf Umweltinformationen, die eine Aktivierung und Dynamisierung der legislativen und exekutiven Verantwortung im Rahmen des politischen Prozesses durch Öffnung für aktive politische Teilhabe sicherstellen oder doch fördern[351], hatten bei den Beratungen indes keine ernsthafte Durchsetzungschance.

Zum Abschluß der Beratungen ist die Bedeutung des Staatszieles für den verfassungsrechtlichen Rang des Tierschutzes jenseits des Schutzes frei lebender Tiere und ihrer Lebensräume wieder klärungsbedürftig geworden. In der GVK bestand – bekräftigt durch gutachterliche Äußerungen des Bundesinnen- und des Bundesjustizministeriums – Einigkeit, daß der Schutz der »natürlichen Lebensgrundlagen« zumindest Haus-, Nutz- und Versuchstiere nicht vor nicht artgemäßer Haltung und vermeidbarem Leiden schütze. Dies führte in der GVK – unterstützt von über 170 000 Eingaben – zu verschiedenen Vorschlägen[352], eine gesonderte Staatszielbestimmung »Tierschutz« einzufügen, um im Rahmen einer auf den Menschen bezogenen Ordnung dessen Verantwortung für einen ethisch verantwortbaren Umgang mit der belebten Natur als Teil der Menschenwürde zu unterstreichen und sicherzustellen, daß die Belange des Tierschutzes künftig mit Verfassungsrang in die Abwägungs- und Entscheidungsprozesse von Gesetzgebung, Verwaltung und Rechtsprechung eingestellt werden können[353]. Die erforderliche Zweidrittelmehrheit kam hierfür nicht zustande. Die Kritiker einer gesonderten Staatszielbestimmung befürchteten eine Verschiebung in der ausschließlich auf den Menschen bezogenen Ordnung des Grundgesetzes und überzogene Erwartungen in der Bevölkerung; sie hielten den verfassungsrechtlichen Spielraum für einen wirksamen und zugleich differenzierten einfachgesetzlichen Schutz auch ohne Staatsziel für ausreichend[354]. Die Empfehlung des Rechtsausschusses des Bundestages[355], Art. 20a GG n. F. um folgenden Absatz 2 zu ergänzen: »Tiere werden nach Maßgabe der Gesetze vor vermeidbaren Leiden

---

[351] Vgl. dazu *van den Daele* (Fn. 324), 364 (379 ff.); Denkschrift des Kuratoriums für einen demokratisch verfaßten Bund deutscher Länder (Fn. 74), 41 f.

[352] Vorschlag der SPD und des Landes Hessen (Kommissionsdrucksache Nr. 29 und 46 〈BT-Drs. 12/6000, 69, 145, 150〉): »Tiere werden als Lebewesen geachtet. Sie werden vor nicht artgemäßer Haltung, vermeidbaren Leiden und Zerstörung ihrer Lebensräume geschützt«; Vorschlag der FDP (Kommissionsdrucksache Nr. 50 〈BT-Drs. 12/6000, 69, 151〉): »Tiere werden im Rahmen der geltenden Gesetze vor vermeidbaren Leiden und Schäden geschützt«.

[353] BT-Drs. 12/6000, 68 f.; 12/6323, 21 f.

[354] BT-Drs. 12/6000, 71; 12/8165, 48 f.; s. a. BT-Prot. 12/238, 20950, 21009, 21017, 21029 f., 21032 f.

[355] BT-Drs. 12/8165, 4 (Nr. 8), 20, 44 f.

geschützt«, fand bereits in der Zweiten Lesung nicht die (einfache) Mehrheit[356]. Die einfache Mehrheit jener, die kurz zuvor gegen die Aufnahme eines Staatszieles gestimmt hatten, verhalf wenig später indes einem Entschließungsantrag der Fraktionen der CDU/CSU und FDP[357] zur Mehrheit, in dem mit dem Ziel einer interpretatorischen Bindung der Gerichte u. a. bekräftigt wird, »daß die Staatszielbestimmung Umweltschutz auch den Tierschutz prinzipiell mit umfaßt. Auch der Schutz der Tiere ist im Schutz der ›natürlichen Lebensgrundlagen‹ Staat und Gesellschaft im Rahmen ihrer jetzt auch verfassungsrechtlich bekräftigten ökologischen Grundverantwortung mit aufgegeben.« Angesichts des klaren, unverändert gebliebenen Wortlautes des Art. 20a GG n. F. ist aber daran festzuhalten, daß der Schutz nicht frei lebender Tiere von dem Staatsziel Umweltschutz nicht umfaßt ist[358] und das Staatsziel lediglich mittelbar, argumentativ verstärkenden Einfluß auf die verschiedenen Ansätze hat, de constitutione lata dem Tierindividualschutz einen auch grundrechtlichen Freiheiten Schranken setzenden Verfassungsrang beizumessen[359].

10. *Zu ausgewählten weiteren Vorschlägen im Gesetzgebungsverfahren*

In der Verfassungsdiskussion ist eine Vielzahl weitergehender Änderungen beraten worden, die nicht die nach Art. 79 Abs. 2 GG erforderliche Mehrheit gefunden haben. Ohne Anspruch auf Vollständigkeit seien beispielhaft genannt Vorschläge zur Konkretisierung des Sozialstaatsprinzips durch Staatszielbestimmungen zu Arbeit, Wohnen und sozialer Sicherung[360], zur Ausformung der kulturstaatlichen Dimension des Grundgesetzes durch einen Bildungsartikel[361], zur verfassungsgesetzlichen Verankerung des Rechts auf Privatheit und Datenschutz[362], zur Förderung der Vereinbarkeit

---

[356] BT-Prot. 12/238, 21033, 21085.

[357] BT-Drs. 12/8211; BT-Prot. 12/238, 21035 ff.

[358] So bereits in der Debatte über den Entschließungsantrag die Abg. *Schmude, Hirsch, Schily* und *Meyer* (BT-Prot. 12/238, 21035 f.); s. a. *Schmidt-Bleibtreu/Klein* (Fn. 136), Art. 20a Rn. 11; *Brohm,* JZ 1994, 213 (219); a. A. – unter Hinweis auf den Entschließungsantrag und die Unteilbarkeit der ethischen Kategorie Verantwortung – *Kuhlmann* NuR 1995, 1 (3 ff.), der allerdings vernachlässigt, daß der umfassendere Begriff der »Bewahrung der Schöpfung« gerade nicht Verfassungstext geworden ist.

[359] Vgl. dazu etwa *Kuhlmann* NuR 1995, 1 (8 ff.); *ders.* JZ 1990, 162 ff.; *Lübbe* NuR 1994, 469 ff.; *Frankenberg* KJ 1994, 421 ff.; *Wiegand* JöR N.F. 43 (1995), 31 (53 f.); *Erbel* DVBl. 1986, 1235 (1248 ff.); *v. Loeper/Reyer* ZRP 1984, 211 ff.; *v. Loeper* ZRP 1991, 224 (226 f.); *ders.* Tierschutz ins Grundgesetz, Aachen 1994; U. *Händel* (Hrsg.), Testfall unserer Menschlichkeit, 1984; der Beschluß des 1. Kammer des Ersten Senats des Bundesverfassungsgerichts (NVwZ 1994, 894 ff., dazu *Kluge* NVwZ 1994, 869 ff.) zu dem Vorlagebeschluß des VG Berlin (NVwZ-RR 1994, 506), der die Verfassungskonformität bereits der geltenden Tierversuchsbeschränkungen verneint hatte, stützt sich auf verfassungsprozessuale Erwägungen und klärt nicht die Frage des Verfassungsranges des Tier(individual)schutzes.

[360] S. BT-Drs. 12/6000, 75 ff.; GVK-Prot. 6/23 ff. (Grundsatzdebatte), GVK-Prot. 12/2 ff., GVK-Prot. 17/1 ff., 17 ff., GVK (Anhörungsprot.) 2/1 ff., BT-RA-Prot. 12/134, 110 f.; aus dem umfangreichen Schrifttum s. nur *J. Limbach,* Soziale Staatsziele, in: FS Helmrich, München 1994, 279 ff., einerseits, *Scholz* ZG 1994, 1 (17 ff.), andererseits; noch immer grundlegend: Bericht der Sachverständigenkommission »Staatszielbestimmungen/Gesetzgebungsaufträge« (Fn. 319).

[361] Dazu *Pieroth/Siegert* RdJB 1994, 438 ff.; *Geis* ZG 1994, 38 ff.

[362] Dazu *Schrader* CuR 1994, 427 ff.; Beschlüsse der Konferenz der Datenschutzbeauftragten des Bundes und der Länder vom 16./17. 2. 1993 und 9./10. 3. 1994; Datenschutzbeauftragter Hamburg (Hrsg.), Grundrecht auf Datenschutz im Grundgesetz, Hamburg (März) 1994.

von Familie und Beruf[363], zur Einfügung von Kinderrechten[364], zum Verbot von
Diskriminierungen in bezug auf die sexuelle Identität, zur Betonung der internationalen Verantwortung der Bundesrepublik und der Bekräftigung ihrer Friedensstaatlichkeit[365], zur Einfügung direktdemokratischer Elemente in das Grundgesetz[366] oder zur
Ausdehnung des Kommunalwahlrechts für Ausländerinnen und Ausländer über den
Kreis der EU-Bürgerinnen und Bürger hinaus[367].

Behandelt werden können hier nur jene Vorschläge, die in den parlamentarischen
Beratungen zumindest eine einfache Mehrheit gefunden haben oder Gegenstand des
Vermittlungsverfahrens waren: die Ergänzung der Präambel um die Bekundung des
Bestrebens, die innere Einheit zu vollenden (10.1.), die Einfügung eines Minderheitenartikels (10.2.), einer Achtensklausel für nichteheliche Lebensgemeinschaften (10.3.) und eines Aufrufs zu Mitmenschlichkeit und Gemeinsinn (10.4.).

10.1. Präambelergänzung zur »inneren Einheit«

Die Herstellung der staatlichen Einheit Deutschlands durch den Einigungsvertrag
hat die vielschichtigen Probleme im Zusammenwachsen der beiden Bundesstaatshälften[368] nicht gelöst, sondern deutlich zu Tage treten lassen. Die Überwindung der
fortwirkenden sozialen, wirtschaftlichen und als deren Folge mentalen[369] Spaltung
und der Verschiebungen im bundesstaatlichen Gleichgewicht durch die Entwicklung
eines »fiduziarischen Föderalismus«[370] ist eine Schlüsselfrage der Bundesstaatsentwicklung und des Gelingens des Projekts »Wiedervereinigung«.

Die Vollendung der staatlichen Einheit als Anstoß der Verfassungsdiskussion sollte
nach Vorschlägen in der GVK Ausdruck in einer Grundgesetzergänzung finden, die
den Willen bekundet, die innere Einheit Deutschlands zu vollenden[371]. Die Präambel
als die »Verfassung vor der Verfassung«, die über den historischen Hintergrund der
Verfassung ebenso Aufschluß gibt wie über das zukunftsbezogene Selbstverständnis
und die Grundlagen des Gemeinwesens[372], schien hierfür der geeignete Ort[373]. Damit

---

363 BT-Drs. 12/6000, 54ff.; *Berghahn* KJ 1993, 397ff.
364 BT-Drs. 12/6000, 54ff.; s. a. *Herdegen* FamRZ 1993, 374–384; *Peschel-Gutzeit* RdJB 1994, 491–497.
365 BT-Drs. 12/6000, 101ff.; GVK-Prot. 15/1ff., GVK-Prot. 18/26ff., GVK-Prot. 25/62ff., GVK (Anhörungsprot.) 7/1ff., BT-RA-Prot. 12/134, 112f.; *Busch* APuZ B 52–53/93, 27ff.
366 BT-Drs. 12/6000, 83ff.; GVK-Prot. 6/2–23, 37f.; GVK-Prot. 17/33ff., GVK (Anhörungsprot.) 3/1ff., BT-RA-Prot. 12/124, 32, 36ff., BT-RA-Prot. 12/134, 114–120; s. a. *Berlit* KritV 1993, 318ff.; *K. Bugiel,* Volkswille und repräsentative Entscheidung, Baden-Baden 1991, 443ff.
367 BT-Drs. 12/6000, 97ff.; GVK-Prot. 18/16ff., GVK-Prot. 24/41ff., 83ff., BT-RA-Prot. 12/134, 113f.
368 Dazu – unter Betonung der kulturstaatlichen Dimension – *Häberle* JöR N.F. 43 (1995), 355 (390ff.).
369 Dazu Der Spiegel v. 3. 7. 1995, 40ff.
370 *Häberle* Die Verwaltung 1991, 169 (183); *ders.* JöR N.F. 43 (1995), 355 (410f.).
371 BT-Drs. 12/6000, 108f.; zur Diskussion s. GVK-Prot. 20/7ff., GVK-Prot. 25/22ff., 47, 55ff., BT-RA-Prot. 12/134, 81–87, BT-RA-Prot. 12/136, 71–75.
372 S. dazu *Häberle* (Fn. 59), 176ff.
373 Hierauf zielte auch der nicht zur Abstimmung gestellte Vorschlag des Abg. *Ullmann* (Gruppe Bündnis 90/Die Grünen, Kommissionsdrucksache Nr. 72, BT-Drs. 12/6000, 155), die Präambel gänzlich neu zu fassen, bei der u. a. auf die invocatio dei verzichtet, die Verantwortung vor der deutschen Geschichte betont, auf die Erfahrungen der friedlichen Revolution Bezug genommen und die Entschlossenheit bekundet werden sollte, »ein demokratisches und solidarisches Gemeinwesen zu erneuern, in dem das Wohl und die Stärke aller aus dem Schutz der Schwachen erwächst«.

sollte zugleich an das durch den Einigungsvertrag gestrichene Wiedervereinigungsgebot der Präambel angeknüpft, Rang und Bedeutung dieses Zieles unterstrichen und
deutlich gemacht werden, daß die innere Einheit des Gemeinwesens unabhängig von
dem Zeitraum, den die Überwindung der sozialen, wirtschaftlichen[374] und kulturellen Ost-West-Spaltung in Anspruch nehmen wird, Daueraufgabe insoweit bleibt,
als einzelne Regionen und Bevölkerungsgruppen nicht vernachlässigt werden dürfen;
nach Bedeutung und Gewicht sei das Ziel innerer Einheit dem im Europaartikel
enthaltenen Staatsziel zumindest gleichrangig[375]. Die Gegner einer Präambelergänzung wandten sich gegen eine Verfälschung des historischen Gehaltes der Präambel
aus eher tagespolitischen Erwägungen und verwiesen darauf, daß die innere Einheit
mittelfristig erreicht werden könne, eine Präambel aber nur dauerhafte Staatsaufgaben beschreiben solle.

In der GVK verfehlte der Vorschlag trotz deutlicher absoluter Mehrheit die erforderliche Zweidrittelmehrheit[376]. Im Rechtsausschuß wieder aufgegriffen[377], erreichte
der Vorschlag in der Dritten Beratung nicht die verfassungsändernde Mehrheit[378].

10.2. Minderheitenartikel

Mit der Öffnung der Grenzen, dem Prozeß der Europäischen Einigung und der
Wiederbelebung des Nationengedankens, der mit Nationalismus im pejorativen
Sinne des Wortes nicht identisch zu sein braucht[379], ist auch in Deutschland[380] das
vielschichtige Problem der Minderheiten wieder stärker in das Bewußtsein gerückt.
Verschiedene Ebenen vermischen sich: die Bewältigung der Folgen der Arbeitsmi-
gration der letzten Jahrzehnte, der Integration der Ausländerinnen und Ausländer, die
teils in zweiter und dritter Generation im Bundesgebiet leben[381], der Zuwanderungs-
druck aus Osteuropa, die Probleme der seit langem im Bundesgebiet lebenden
Minderheiten und Volksgruppen deutscher Staatsangehörigkeit, die Probleme einer
individualistisch geprägten Gesellschaft, in der für die individuelle Identitätsfindung
Elemente auch sprachlich-kultureller Gemeinschaft oder ethnischer Herkunft wachsende Bedeutung erlangen, aber auch das außenpolitische Interesse der Bundesrepublik an einem wirksamen Schutz deutschstämmiger Minderheiten in den Staaten

---

[374] Beim wirtschaftlichen und sozialen Aufbau der ostdeutschen Bundesländer geht es um weit mehr als
die Angleichung von Einkommen und Konsumchancen, etwa um die langfristig auch ökonomisch
wichtigere Vermögensverteilung (dazu *Thimann* StWiss 1995, 83 ff.) oder die auf Dauer durch innerdeut-
sche Transferleistungen (dazu *Nahamowitz,* in: FS Massing, Baden-Baden 1995, 213 ⟨219 ff.⟩) ohne
Nebenwirkungen für die föderale Machtbalance nicht gesicherten finanziellen Grundlagen eigenverant-
worteter Politikgestaltung in den ostdeutschen Ländern und Kommunen.

[375] BT-Drs. 12/6000, 108 f.; BT-Drs. 12/6323, 10; BT-Drs. 12/8165, 37.

[376] BT-Drs. 12/6000, 109 f.; BT-Drs. 12/8165, 37 f.

[377] BT-Drs. 12/8165, 4 (Nr. 6), 18, 37 f.

[378] BT-Prot. 12/238, 21033, 21091; in der Zweiten Lesung ergab sich eine relative Mehrheit (BT-Prot.
12/238, 21033, 21079).

[379] Vgl. etwa *O. Dann,* Nation und Nationalismus in Deutschland, München 1993; *D. Oberndörfer,* Der
Wahn des Nationalen, 2. Aufl., Freiburg u. a. 1994.

[380] Eingehend dazu *H. A. Stopp,* Die Behandlung ethnischer Minderheiten als Gleichheitsproblem,
Baden-Baden 1994; *ders.* StWiss 1994, 3 ff.; *Franke/Hofmann* EuGRZ 1992, 401 ff.

[381] Dazu *K. Bade* (Hrsg.), Deutschland und die Einwanderung, München 1994.

Osteuropas[382]. Im Anschluß an die völkerrechtliche Entwicklung der Zwischen-
kriegszeit ist das Grundgesetz 1949 den Weg vom kollektiven Minderheitenschutz
hin zu individualrechtlichen Schutzverbürgungen – allen voran durch Art. 3 Abs. 3
GG und die Verbürgung von Menschenrechten – gegangen[383].

Die Entwicklungen im Landesverfassungsrecht[384] und im internationalen Recht[385]
haben im Anschluß an die deutsche Verfassungstradition[386] den effektiven Schutz
nationaler Minderheiten[387] zum Thema auch der Bundesratskommission[388] und der
GVK[389] werden lassen. Im Vordergrund standen Fragen des Bedürfnisses nach einer
bundesverfassungsgesetzlichen Überformung der landesverfassungsrechtlichen
Minderheitenartikel, der Bestimmung des Minderheitenbegriffs (Beschränkung auf
Minderheiten deutscher Staatsangehörigkeit oder Ausdehnung auf Minderheiten
fremder Staatsangehörigkeit; qualitative Anforderungen an regionale Verteilung und
Bestandsdauer der Minderheit), der Ausrichtung (gruppenrechtlicher vs. individual/
menschenrechtlicher Ansatz) und der Reichweite der Verbürgungen (Achtung,
Schutz oder Förderung), aber auch Sorgen vor einer integrationsfeindlichen, desinte-
grierenden Segmentierung oder gar Ethnisierung der Verfassung[390] oder einer verfassungsgesetzlichen Festschreibung einer »multikulturellen« Gesellschaft[391], die funda-

---

[382] Zum bilateralen Schutz der deutschen Minderheit in Polen s. die Beiträge in H. van der Meulen
(Hrsg.), Anerkannt als Minderheit. Vergangenheit und Zukunft der Deutschen in Polen, Baden-Baden
1994.

[383] *Stopp* (Fn. 380), 121 ff.

[384] S. Art. 5 LV Schleswig-Holstein; Art. 25 LV Brandenburg (dazu *Franke/Kier,* in: HdLVBB
⟨Fn. 225⟩, § 10); Art. 6 LV Sachsen.

[385] Art. 27 IPbürgR (dazu *R. Oxenknecht,* Der Schutz ethnischer, religiöser und sprachlicher Minderhei-
ten, Frankfurt u. a. 1988; *F. Ermacora,* Der Minderheitenschutz im Rahmen der Vereinten Nationen, Wien
1988, insb. 68 ff.; *Tomuschat,* Protection of Minorities under Article 27 of the International Covenant on
Civil and Political Rights, in: FS Mosler, Berlin/Heidelberg/New York 1983, 949 ff.); Dokumente im
Rahmen des KSZE-Prozesses (dazu *Kühnhardt* APuZ 47/94, B 11 ff.), etwa Teil IV Nr. 30 ff. Kopenhagener
Abschlußdokument v. 29. 6. 1990; Entwurf eines Zusatzprotokolls zur Europäischen Menschenrechtskonvention über Rechte nationaler Minderheiten und ihrer Angehörigen vom 1. 2. 1993 (dazu BT-Drs. 12/
5227); allg. *Hofmann* ZaöRV 1992, 1 ff.; zur nationalstaatlichen Entwicklung s. a. J. A. Frowein u. a.
(Hrsg.), Das Minderheitenrecht europäischer Staaten, Berlin u. a. 1993 (darin *Hahn,* Die rechtliche Stellung der Minderheiten in Deutschland, 62 ff.); s. a. den aus rechtsvergleichenden Studien unter Einschluß
des Art. 27 IPbürgR gewonnenen Textvorschlag eines Minderheitenartikels bei *Häberle* Die Verwaltung
1991, 169 (206 f.); s. auch das Rahmenübereinkommen des Europarates zum Schutz nationaler Minderheiten (zur Unterzeichnung aufgelegt am 1. Februar 1995) (mit einer Einführung von *H. Klebes* dokumentiert
in EuGRZ 1995, 263 ff.).

[386] Art. 188 Paulskirchenverfassung; Art. 113 Weimarer Reichsverfassung.

[387] Dies umschließt nach dem Sprachgebrauch der KSZE ethnische, kulturelle, sprachliche und religiöse
Minderheiten (*O. Kimminich,* Rechtsprobleme der polyethnischen Staatsorganisation, Mainz 1985; *Hofmann* ZaöRV 1992, 1 ⟨3⟩).

[388] BR-Drs. 360/92, Rz. 125 ff.

[389] BT-Drs. 12/6000, 71 ff.

[390] So *Alexy* InfAuslR 1994, 301 (304 ff.); *Oberndörfer* (Carl Schmitt ins Grundgesetz?), FR v. 10. 3. 1994
(dagegen *Bräutigam* ⟨Völkisches Denken oder modernes Völkerrecht?⟩, FR v. 10. 5. 1994).

[391] So die Kritik durch *D. Murswiek,* Minderheitenschutz – für welche Minderheiten. Zur Debatte um
die Einfügung eines Minderheitenartikels ins Grundgesetz, Bonn 1994, 21 ff. (»Multikulturalismus – durch
die Hintertür ins Grundgesetz?«); zu Ambivalenz und Ideologieanfälligkeit des Begriffs der »multikulturellen Gesellschaft« s. *Schulte* APuZ 23–24/1990, B 3 ff.; zu einer differenzierten Betrachtung der »Verfassungsfragen multikultureller Gesellschaften« s. den gleichnamigen Beitrag von *I. Richter,* in: FS Mahren-

mentalistischen Bestrebungen[392] in der Bundesrepublik verfassungsgesetzlich abgesicherte Handlungsräume öffne. Zur Abstimmung gestellt wurde der Vorschlag eines gestuften Minderheitenschutzes als Staatsziel[393]: eine allgemeine Achtensklausel für ethnische, kulturelle und sprachliche Minderheiten unabhängig von der Staatsangehörigkeit, eine weitergehende Schutz- und Förderklausel für Minderheiten und Volksgruppen deutscher Staatsangehörigkeit. Dabei wurde vorausgesetzt, daß das Bekenntnis zu einer Minderheit grundrechtlich geschützt frei ist, es mit Blick auf den Grundsatz der Einheit der Verfassung nicht von der Beachtung allgemeiner Pflichten entbindet und die individuelle Entscheidung, sich auch gegen die Sitten und Normen der Minderheit zu entscheiden, geschützt bleibt[394]. Bei der Abstimmung fand lediglich die Achtensklausel die für eine Empfehlung notwendige Mehrheit.

In der parlamentarischen Phase setzten sich schließlich in der Union die schon frühzeitig geäußerten Vorbehalte[395] gegen einen gruppenbezogenen Minderheitenschutz und einen Schutz solcher Minderheiten durch, die nicht die deutsche Staatsangehörigkeit besitzen. Informelle Kompromißvorschläge scheiterten daran, daß der Schutz von Minderheiten deutscher Staatsangehörigkeit weiterhin auf solche alteingesessenen Minderheiten, die in festen bzw. geschlossenen Siedlungsgebieten leben, beschränkt werden sollte[396], was die Minderheit der Sinti und Roma deutscher Staatsangehörigkeit ausgeschlossen hätte[397]. Im Bundestag fand in der Dritten Beratung die Empfehlung des Rechtsausschusses[398], einen Minderheitenartikel in der von der GVK vorgeschlagenen Fassung in das Grundgesetz aufzunehmen, nicht die verfassungsändernde Mehrheit[399], die auch der gleichlautenden Beschlußempfehlung des Vermittlungsausschusses versagt blieb[400].

---

holz, Baden-Baden 1994, 637 ff.; *C. Leggewie,* Multikulturelle Gesellschaft und Rechtspluralismus – eine Herausforderung für Politik und Rechtswissenschaft, in: FS Massing, Baden-Baden 1995, 257 ff.

[392] Erscheinungsformen des Fundamentalismus und seine Bedeutung für Verfassungsrecht und Rechtsphilosophie untersucht *Hufen* StWiss 1992, 455 ff.

[393] Kommissionsdrucksache Nr. 27, BT-Drs. 12/6000, 72, 145.

[394] Dies vernachlässigt *Alexy* (InfAuslR 1994, 301 ⟨302 ff.⟩) bei seiner Kritik des gruppenrechtlichen Ansatzes; zu Gruppenschutzelementen in Art. 27 IPbpR s. *Ermacora* (Fn. 385), 68 ff.

[395] Abg. *Jahn,* BT-Prot. 12/209, 18105 f.; s. a. *Jahn* DVBl. 1994, 177 (185).

[396] Diese Überlegung stieß auch bei den hiervon nicht betroffenen Vertretern der Minderheiten der Friesen, Dänen und Sorben auf Ablehnung.

[397] So fand auch ein in der Zweiten Beratung zur Abstimmung gestellter Kompromißvorschlag (BT-Drs. 12/8173), Schutz und Förderung auf die »alteingesessenen Volksgruppen und Minderheiten deutscher Staatsangehörigkeit« zu beschränken, nicht die einfache Mehrheit (BT-Prot. 12/238, 21030, 21058 ff.).

[398] BT-Drs. 12/8165, 17, 34 ff.

[399] BT-Prot. 12/238, 21033, 21088 ff.

[400] BT-Drs. 12/8423; BT-Prot. 12/241, 21288; dazu auch die Erklärung des aus Schleswig-Holstein stammenden Abg. *Börnsen* (CDU/CSU) nach § 31 GO, BT-Prot. 12/241, 21397; der Bundesrat hat bei seiner Zustimmung zum Vermittlungsergebnis seinen Willen bekräftigt, »in der nächsten Legislaturperiode mit dem Ziel der Aufnahme von Minderheitenrechten in das Grundgesetz erneut initiativ zu werden«, BR-Drs. 834/94 (Beschluß). Wegen des fehlenden Minderheitenschutzes hat das Land Schleswig-Holstein dem Vermittlungsvorschlag und damit der Grundgesetzänderung nicht zugestimmt (BR-Prot. 674/506 ff.).

10.3. Achtung anderer Lebensgemeinschaften

Die Formen des Zusammenlebens der Menschen in Gesellschaft und Familie haben sich seit Inkrafttreten des Grundgesetzes grundlegend gewandelt. Immer mehr Menschen leben auf Dauer in Lebensgemeinschaften zusammen, ohne eine Ehe eingehen zu wollen oder zu können; die Ehe ist immer noch die häufigste, aber nicht mehr die einzig gesellschaftlich akzeptierte Form des Zusammenlebens von Menschen oder von Gemeinschaften, in denen Menschen füreinander einstehen, und nicht mehr einzige und typische Vorform familiärer Lebensgemeinschaften. Diese Formen des Zusammenlebens unterfallen nach allgemeiner Ansicht[401] dem Schutzbereich des Art. 2 Abs. 1 GG, genießen aber – weder direkt noch analog – den Schutz des Art. 6 Abs. 1 GG.

Neben Vorschlägen, staatliche Schutz- und Fördermaßnahmen auf Gemeinschaften zu konzentrieren, in denen unabhängig von der Rechtsform des Zusammenlebens Kinder erzogen oder für Hilfebedürftige gesorgt wird, sollte dem durch eine Ausdehnung des besonderen Schutzes von Ehe und Familie auf andere auf Dauer angelegte Lebensgemeinschaften[402] Rechnung getragen werden[403], die im einfachen Recht zunehmend Anknüpfungspunkt rechtlicher Regulierungen werden[404]. Der Rechtsausschuß griff diese Vorstöße, denen in der GVK auch die einfache Mehrheit versagt geblieben war, mit den Stimmen der FDP-Abgeordneten in der Weise auf, daß er statt der – auch in der SPD nicht unumstrittenen – Erstreckung des Schutzes von Ehe und Familie die Ergänzung des Art. 6 Abs. 1 GG dahin empfahl, daß sonstige auf Dauer angelegte Lebensgemeinschaften durch die staatliche Gemeinschaft »zu achten« seien[405]. Diese Empfehlung fand im Bundestag bereits in der Zweiten Beratung nicht die einfache Mehrheit[406].

10.4. Mitmenschlichkeit und Gemeinsinn

Die modernen Industriegesellschaften kennzeichnet ein globaler Wertewandel hin zu individualbezogenen Werten und Orientierungen. Die damit verbundene Segmentierung und Atomisierung der Gesellschaft läßt die für den gesellschaftlichen Zusammenhang unerläßlichen außerrechtlichen Voraussetzungen eines Mindestmaßes an Solidarität, Hilfsbereitschaft und Gemeinschaftsorientierung[407] fraglich wer-

---

[401] Statt vieler: *v. Campenhausen* VVDStRL 1987, 8 (17 ⟨m.w.N. in Fn. 39⟩); *Zippelius* DÖV 1986, 805 (806, 808); *M. Lieb,* Empfiehlt es sich, die rechtlichen Fragen der nichtehelichen Lebensgemeinschaft gesetzlich zu regeln?, Gutachten A zum 57. DJT, München 1988, A 25 ff.

[402] Unabhängig davon, ob es sich um heterosexuelle oder homosexuelle Lebensgemeinschaften handelt, denen nach herrschendem Verständnis die Eheschließung weiterhin versagt ist (zur Öffnung der Ehe für Lesben und Schwule s. *Reiß* KJ 1994, 98 f.).

[403] BT-Drs. 12/6000, 55 ff.; zu entsprechenden Regelungen in den Verfassungen und Verfassungsentwürfen der ostdeutschen Bundesländer *Dietlein* DtZ 1993, 136 ff.

[404] Vgl. etwa § 122 BSHG (dazu jüngst BVerwG NJW 1995, 2802 f.); § 137 AFG (dazu BVerfGE 87, 234 ff.); s. a. *A. Luckey,* Eheähnliche und sonstige Wohn- und Wirtschaftsgemeinschaften im Recht der Sozial- und Arbeitslosenhilfe, Neuwied u. a. 1991; *Lieb* (Fn. 401).

[405] BT-Drs. 12/8165, 19, 39 f.; der entscheidenden Abstimmung im Rechtsausschuß war ein FDP-Parteitag vorausgegangen, der diese Forderung in das Bundestagswahlprogramm aufgenommen hatte.

[406] BT-Drs. 12/238, 21033, 21082 ff.

[407] Vgl. dazu auch die Rechtsprechung des Bundesverfassungsgerichts, nach der das Grundgesetz »die

den. Die Rückbesinnung auf die ethischen Grundlagen staatlicher Gemeinschaft führte zu dem Vorstoß, einen Aufruf zu »Mitmenschlichkeit und Gemeinsinn« in das Grundgesetz aufzunehmen und damit neben der Freiheit und Gleichheit das dritte Element der Ideale der französischen Revolution, die Brüderlichkeit, in zeitgerechter Weise in der Verfassung auszuformen. Ein Anstoß war die gerade von Menschen in den ostdeutschen Bundesländern empfundene »soziale Kälte«, die dem schnellen Übergang von einer »Nischengesellschaft« im Rahmen eines freiheitswidrigen Systems in ein individualistisch-marktwirtschaftliches System zugeschrieben wurde[408].

Bemerkenswert an diesem Vorschlag, der in der GVK[409] und im Bundestag[410] – auch nach Aufnahme in den Vermittlungsvorschlag des Vermittlungsausschusses[411] – die verfassungsändernde Mehrheit nicht fand, ist zweierlei. Als Gruppenantrag, der von Mitgliedern aller Fraktionen getragen war[412], überwand dieser Vorstoß – erstens – sowohl die recht starren parteipolitischen Trennlinien, die die Verfassungsdiskussion in der parlamentarischen Phase prägten, als auch den Gegensatz von Ost und West bzw. von Bund und Ländern. Einem Ideal einer Verfassungsreformdebatte, bei der von parteipolitischen Überlagerungen relativ frei, ergebnisoffen über die gemeinsamen Grundlagen des Gemeinwesens diskutiert wird, kam dieser Antrag noch am nächsten. Die breite Bereitschaft, der Aufnahme eines solchen Aufrufs – trotz rechtlich schwer faßbaren Inhalts[413] und wechselnden Vorstellungen zum Regelungsort[414] – zuzustimmen[415], indiziert – zweitens – ein gewisses Bedürfnis, die außerrechtlichen, ethischen Grundlagen der Verfassung im Verfassungstext selbst zu thematisieren[416]

Spannung Individuum – Gemeinschaft im Sinne der Gemeinschaftsbezogenheit und Gemeinschaftsgebundenheit der Person entschieden« habe, »ohne dabei den Eigenwert der Person anzutasten« (BVerfGE 4, 7 ⟨15 f.⟩); s. a. BVerfGE 8, 274 (329); 27, 1 (17); 33, 303 (334); 50, 290 (353); 56, 37 (49); 65, 1 (44); *P. Häberle*, Das Menschenbild im Verfassungsstaat, Berlin 1988, 41 ff. (dort auch zur Kritik an diesem »Menschenbild«).

[408] Hieran setzt u. a. die Kritik durch *Grimm* (Was zuviel ist, ist von Übel, FAZ v. 15. 6. 1994) an, der in der Aufnahme dieses Appells ein »billiges«, weil rechtlich folgenloses Zugeständnis an ostdeutsche Verfassungserwartungen wertet, das darüber hinwegzutäuschen geeignet sei, daß im übrigen die staatliche Einigung keinen Niederschlag im geänderten Grundgesetz gefunden habe.

[409] BT-Drs. 12/6000, 82 f.

[410] BT-Prot. 12/238, 21034 f., 21038 f., 21094 ff., 21097 ff.; 12/241, 21288, 21396.

[411] BT-Drs. 12/8423; der Beschluß des Bundesrates zur Anrufung des Vermittlungsausschusses in dieser Frage geht zurück auf einen Antrag des Landes Mecklenburg-Vorpommern (BR-Drs. 742/2/94).

[412] Auf die stärkste Ablehnung stieß der Antrag ungeachtet von über 50 Ja-Stimmen aus ihren Reihen bei den Mitgliedern der CDU/CSU-Fraktion.

[413] Der Gesetzentwurf sah den Aufruf als Verfassungserwartung, die keine zusätzliche Grundrechtsschranke sei, gleichwohl aber mehr als ein rechtlich unverbindlicher Appell (BT-Drs. 12/6708, 4); zu dem Entwurf *Gramm* JZ 1994, 611 ff.; *Isensee* NJW 1993, 2583 (2585 f.), der die Vereinbarkeit mit dem juristischen Charakter des Grundgesetzes gerade daraus herleitet, daß dieses »verfassungsethische Signal« »auch nicht den entferntesten Schein einer Rechtsnorm erzeugt«; *Grimm* FAZ v. 15. 6. 1994; *Hofmann* ZRP 1994, 215 ff.

[414] In der Zweiten und Dritten Beratung wurde nach einem entsprechenden Änderungsantrag die Aufnahme in die Präambel zur Abstimmung gestellt, während der Gesetzentwurf und der Vermittlungsvorschlag die Aufnahme als Art. 2a GG (neu) vorsahen; in der Diskussion waren weiterhin die Verortung als Art. 1a, 3a oder als Abs. 3 in Art. 2 GG.

[415] Die innerparlamentarische Kritik wandte sich nicht gegen das Ziel des Antrages, sondern verwies darauf, daß in einer streng juristischen Verfassung für Elemente eines Tugendkataloges kein Raum sei (BT-Drs. 12/6000, 83).

[416] Thematische Nähe besteht zu der Anfang der 80er Jahre in der deutschen Staatsrechtslehre geführten

und damit explizit zu machen, was sich bei einer streng juridisch orientierten Verfassung erst durch die rechtswissenschaftliche Analyse erschließt. Angesprochen war die Orientierungsfunktion der Verfassung – im Wissen darum, daß das Grundgesetz kein Tugendkatalog ist, der Verfassungsappell als solcher gesellschaftliche Desintegrationsprozesse nicht stoppen oder umkehren kann. Als normatives Problem bleibt indes, daß bei diesem Aufruf die Appellfunktion die wesentliche, wenn nicht einzige Funktion sein sollte, dem Bekenntnis zu Mitmenschlichkeit und Gemeinsinn die Verfassungsbestimmungen sonst eigene Staatsgerichtetheit fehlt[417] und die Verfassungserwartung[418] als Erinnerung an die »Sozialpflichtigkeit des Freiheitsgebrauchs« umschlagen kann in eine weitere, allgemeine Grundrechtsschranke[419].

III. Ansätze einer Bilanz

Art. 5 EinigungsV hat den gesetzgebenden Körperschaften des vereinten Deutschland seinem Wortlaut nach lediglich eine Prüfempfehlung gegeben. Diesen Auftrag haben sie – vorbereitet durch die GVK – _formell_ erfüllt und mit dem Ergebnis abgeschlossen, daß das Grundgesetz im wesentlichen unverändert bleiben solle. Eine materielle Bewertung hat demgegenüber zu fragen, ob das Grundgesetz in seiner geänderten Fassung angemessen den weitreichenden Veränderungen Rechnung trägt, die sich mit der Überwindung der deutschen Spaltung, der Wiedererlangung der uneingeschränkten Souveränität Deutschlands und dem fortschreitenden europäischen Integrationsprozeß ergeben haben. Jeder Versuch einer Antwort birgt mangels gesicherter, allgemein konsentierter Maßstäbe gelungener Verfassungspolitik und -gestaltung notwendig verfassungspolitische Elemente, müßte Stellung beziehen zu den in der GVK und der nachfolgenden parlamentarischen Phase kontroversen Vorstellungen über Funktion und Gestalt einer Verfassung: die richtige Mischung der verschiedenen Verfassungselemente etwa, das optimale Verhältnis der eher vergangenheits- und der eher zukunftsorientierten, der expressiven, grenzziehenden, orientierenden und organisierenden Verfassungsbestandteile, die Balance zwischen Dynamik und Stabilität. Statt einer bloßen Wiederholung der Debatten in GVK und gesetzgebenden Körperschaften sowie der sie begleitenden Positionierungen der

---

Diskussion um »Grundpflichten« als Korrelat zu den Grundrechten (s. die Referate von _Götz_ und _Hofmann_ VVDStRL 41 ⟨1983⟩, 7ff., 42ff.); _Hofmann,_ in: HStR V, Heidelberg 1992, § 114; _Badura_ DVBl. 1982, 861 ff.; _Bethge_ NJW 1982, 2145 ff.; _Isensee_ DÖV 1992, 609 ff.; _Stober_ NVwZ 1982, 473 ff.), die allerdings auf das Staat-Bürger-Verhältnis, die Statuierung rechtlicher (nicht: ethischer) Handlungspflichten, deren Gehalt auch auf soziale Solidarität und Gerechtigkeit bezogen sein kann, konzentriert blieb.

[417] Die bürgerbezogenen Hilfe- und Solidaritätsnormen einiger Landesverfassungen verweisen entweder explizit auf die Umsetzung durch den Gesetzgeber (Art. 46 LV Brandenburg) oder verlagern das Problem der innergesellschaftlichen Solidarität durch Aufnahme in den Katalog der Erziehungsziele in das Bildungssystem (s. dazu _Denninger_ KritV 1995, 7 ⟨9 f.⟩).

[418] Dazu eingehend _Isensee,_ in: HStR V, Heidelberg 1992, § 115 Rn. 163 ff. (Verfassungserwartung als das von der Verfassung angestrebte, aber nicht durch Rechtsgebot sanktionierte Leitbild des gemeinwohlgemäßen Gebrauchs der grundrechtlichen Freiheit).

[419] In diese Richtung _Gramm_ JZ 1994, 611 (616 ff.), der hierin eine Aktualisierung und Ausformung des »Sittengesetzes« des Art. 2 Abs. 1 GG sah; wegen dieser Gefahren plädiert _Grimm_ (FAZ v. 15. 6. 1994) für eine Aufnahme allenfalls in die Präambel; ähnlich _Denninger_ KritV 1995, 7 (7 f.).

Verfassungsrechtswissenschaft[420] soll hier der Blick gerichtet werden darauf, wie sich das Ereignis der staatlichen Einigung im Verfassungstext wiederspiegelt (1.), welche Veränderungen sich bei den Verfassungsstrukturprinzipien (2.), im Verhältnis der Staatsgewalten (3.) sowie in Verfassungsstil und -sprache (4.) ergeben haben.

1. Bedeutung der staatlichen Einigung Deutschlands für die Verfassungsreform

Die gesetzgebenden Körperschaften hatten sich nach Art. 5 EinigungsV mit den »im Zusammenhang mit der deutschen Einigung« aufgeworfenen Verfassungsreformfragen zu befassen. Diese Kompromißformel entscheidet nicht über Grund und Richtung von Grundgesetzänderungen über die im Einigungsvertrag enthaltenen hinaus und läßt offen, wie eng der Zusammenhang zwischen Reformvorschlägen und deutscher Einigung zu sein hat, um eine Änderung zu rechtfertigen. Zur Beantwortung der Frage nach dem Zusammenhang von staatlicher Einigung und Verfassungsreformdebatte ist auf die – durchaus nicht einheitliche – Bewertung der verfassungsrechtlichen und -politischen Bedeutung des Beitritts nach Art. 23 GG a. F. einzugehen (1.1.), dem erkennbaren Niederschlag nachzugehen, den dieses Ergebnis und die von ihm aufgeworfenen Probleme und Verfassungserwartungen im Verfassungstext gefunden haben (1.2.), und der Blick auf die Bedeutung der ostdeutschen Landesverfassungen für die Verfassungsreformdebatte auf Bundesebene zu richten (1.3.).

1.1. Die »mißbrauchte Einheit«?

Der Beitritt nach Art. 23 GG a. F. bedeutete – hierüber besteht kein Dissens – eine Erweiterung des Geltungsbereichs des Grundgesetzes auf das Beitrittsgebiet. Verfassungspolitischer Dissens bestand bis zuletzt, ob diese Ausdehnung des Verfassungsgebietes zugleich eine Absage an (unmittelbar oder mittelbar) einigungsbedingten Veränderungsbedarf bedeutete oder ob die neue staatliche Einheit qualitative Veränderungen auf Verfassungsebene rechtfertigte, nahelegte oder gar gebot. Es divergierten die Einschätzungen zum möglichen Beitrag, den Verfassungsänderungen zur Herstellung der inneren Einheit Deutschlands leisten können, zur Berücksichtigung spezifisch ostdeutscher Interessen und Erwartungen bei der Verfassungsreform und – letztlich – zur Verteilung der Anpassungsanforderungen zwischen Ost und West. Einen »Mißbrauch der Einheit«[421] in der Verfassungsreformdiskussion sieht der sächsische Justizminister Heitmann: Nach Anlaß, Verfahren und Inhalten sei die Verfassungsdebatte von Anbeginn an eine von westdeutschen Themen und Problemen geprägte Debatte, bei der die deutsche Einheit rasch zur Nebensache geworden sei und die an den gravierenden wirtschaftlichen und sozialen Problemen

---

[420] S. Nachweise in Fn. 26; für die Darstellung der Positionen im Bericht der GVK (BT-Drs. 12/6000) galt das Konsensprinzip: Im Zweifel konnte jede Seite über die Darstellung ihrer Position entscheiden und dabei auch »ihre« Argumente konziser darstellen als in den Beratungen selbst.

[421] Die mißbrauchte Einheit. Bemerkungen zur Verfassungsdiskussion im wiedervereinten Deutschland, in: FS Helmrich, München 1994, 217ff.; s. a. *ders.* Die politische Meinung Nr. 288 (Nov. 1993), 4ff.; *Helmrich* GVK-Prot. 17/30f.; *Isensee* (Die politische Meinung Nr. 269 〈April 1992〉, 11ff.) sieht die Verfassungsdebatte als »künstlich herbeigeredet«.

in den ostdeutschen Ländern vorbeigehe. Dem ist in- und außerhalb der GVK von
Politikerinnen und Politikern aus Ostdeutschland entgegengetreten worden[422].

Einigungsrelevanz von Anstößen zur und Themen der Verfassungsdebatte sind
bestritten. Die »Verschiebung der Verfassungsdebatte«[423] durch Art. 5 EinigungsV
ist maßgeblich zurückzuführen auf Überlegungen und Forderungen der westdeutschen Bundesländer und der Oppositionsparteien, deren Zustimmung zum Einigungsvertrag und den damit verbundenen Verfassungsänderungen unabdingbar
war[424]. Zu den vertagten Verfassungsänderungswünschen von ostdeutscher Seite
gehörten in den Verhandlungen über den Einigungsvertrag indes auch die Forderung
nach Einführung von sozialen Staatszielbestimmungen[425]. Das Spektrum der Reformvorschläge – und die »Frontlinien« der verfassungspolitischen Diskussion –
knüpft an westdeutsche Diskussionen aus der Zeit vor der staatlichen Einigung
ebenso an wie das für den Aufbau der ostdeutschen Länder zentrale Problem der
Finanzverfassung ausgeblendet blieb[426]. Die Verfassungsreformdebatte in Diskussionsverlauf, Themen und Empfehlungen als »westdeutsche Veranstaltung« zu sehen, gründete indes auf einem zu engen Verständnis von Einigungsrelevanz. Die
»westdeutschen Diskussionen« etwa um die Konkretisierung des Sozialstaatsgebotes
durch Staatsziele zu Arbeit, Wohnen und sozialer Sicherheit, um eine Ergänzung der
strikt repräsentativ ausgerichteten Demokratie des Grundgesetzes durch Einbau direktdemokratischer Elemente oder die Einfügung eines Grundrechtes auf Datenschutz, das die Rechtsprechung des Bundesverfassungsgerichts zum informationellen
Selbstbestimmungsrecht[427] aufgreift und in das Verfassungsgefüge einpaßt, sind
durch den Beitritt in einen geänderten Kontext gestellt worden. Bei einer Verfassungsreform, die sich als »Zukunftsbewältigung aus Vergangenheitserfahrung«[428]
versteht, hätten die spezifischen Erfahrungen der Menschen in den ostdeutschen
Bundesländern durchaus Anlaß geboten, die in den westdeutschen Diskussionen
geführten Argumente neu und anders zu gewichten, die gefundenen Antworten zu
überdenken. Dies gilt mit Blick auf die verheerende Umweltsituation im Beitrittsgebiet, die Bedeutung, die die Ökologiebewegung im Rahmen der friedlichen Revolution als ein Kristallisationspunkt für politischen Protest gegen das DDR-Regime
gehabt hat, und die besondere Brisanz, die dem Ausgleich der Belange von Ökonomie und Ökologie bei der Gestaltung der ostdeutschen Wirtschaft zukommt, auch für
ein auf den ersten Blick genuin »westdeutsches« Thema wie dem Staatsziel Umweltschutz. Die in den westdeutschen Diskussionen aufgeworfenen Probleme bleiben
auch dem geeinten Deutschland; die bloße Themenidentität reicht mithin nicht aus,
die hierauf bezogenen Reformvorschläge auf den Versuch zu reduzieren, den Eini-
gungsprozeß als Chance zur Durchsetzung alter, im Westen nicht durchsetzbarer
Verfassungserneuerungen auszunutzen. Einigungsrelevanz kann auch jenen Vorschlägen nicht abgesprochen werden, die etwa auf die Stärkung der Friedensstaatlich-

---

[422] S. etwa *Bräutigam* RdJB 1994, 435 ff.
[423] *Batt* StWiss 1994, 211 (213 f.).
[424] *W. Schäuble* Der Vertrag, München 1993, 108 ff.
[425] *Batt* StWiss 1994, 211 (213); *Schäuble* (Fn. 424), 193.
[426] S. a. *Kloepfer* (Fn. 26), 35 (66 f.).
[427] BVerfGE 65, 1 (43); 78, 77 (84); 80, 367 (373); 84, 192 (194).
[428] So der gleichnamige Beitrag von *Kloepfer* (Fn. 26), 35 ff. (insb. 64 ff.).

keit einerseits, den Einsatz der Bundeswehr out of area andererseits zielten: Sie haben zwar keinen unmittelbaren Bezug zu den spezifischen Problemen der und in den ostdeutschen Ländern, reagieren aber auf die geänderte Rolle des von allen Souveränitätsbeschränkungen befreiten Deutschlands in der Welt.

Der Maßstab der (unmittelbaren) Einigungsrelevanz als Grund und Grenze von Verfassungsänderungen steht so im Kontext der – im Entscheidungsprozeß strukturell bevorzugten – Option der Erhaltung des grundgesetzlichen status quo. Verfassungen lösen politische, namentlich soziale und wirtschaftliche Probleme selbst nicht, sondern strukturieren die Voraussetzungen, Perspektiven und Verfahren der gesellschaftlich-politischen Problemverarbeitung. Wer die Beitrittsentscheidung als Systementscheidung für ein (unverändertes) Grundgesetz als angemessener Grundlage der Bewältigung der vielfältigen Probleme des geeinten Deutschlands versteht, wird gerade deswegen auch keinen einigungsbedingten Veränderungsbedarf anerkennen können, weil Verfassungskontinuität auch in den Einzelheiten Voraussetzung eines stabilen Rahmens für die politische Bewältigung der Transformationsprozesse zu sein scheint. Materiellprogrammatische Verfassungsvorgaben, die dem politischen Prozeß Rahmen und Richtung geben, erforderten hingegen einen Konsens über die gemeinsamen Grundlagen der Bewältigung – nicht nur – der einigungsinduzierten Probleme; er hätte vorausgesetzt, daß auch das bisherige Verfassungsgefüge auf seine Leistungsfähigkeit unter den veränderten Bedingungen hin hätte überprüft werden können – nicht mit dem Ziel einer inhaltlichen Totalrevision, wohl aber im Sinne einer selbstkritischen Überprüfung der Schwachstellen der bisherigen Lösungsangebote. Das verengte Verständnis von einigungsinduziertem Reformbedarf hat hier dieselbe Funktion wie der auf Veränderungsabwehr gerichtete formelhafte Hinweis auf die – im Kern unbestrittene – Bewährung des Grundgesetzes in der Vergangenheit und der Appell, nur das »sachlich Notwendige« zu ändern: Als verfassungspolitische »Beweislastregel« für Veränderungen erhöht es die Schwellen für eine zukunftsorientierte und -orientierende Verarbeitung der Vergangenheitserfahrungen und überbetont die normativen, grenzziehenden Verfassungsfunktionen gegenüber der expressiven, auf Selbstvergewisserung über die Grundbedingungen der gemeinsamen Existenz und Gefährdungslagen gerichteten Funktionen.

1.2. Die deutsche Einheit im Grundgesetz

Die über vierzigjährige Spaltung Deutschlands als prägendes Element der deutschen Nachkriegsgeschichte findet im Grundgesetz Ausdruck nur in den bereits durch den Einigungsvertrag beschlossenen Verfassungsänderungen: in der geänderten Präambel mit dem Hinweis auf die Geltung des Grundgesetzes für das gesamte Deutsche Volk, das in freier Selbstbestimmung die Einheit und Freiheit Deutschlands vollendet hat[429], in Art. 146 GG und in den Übergangsbestimmungen der Art. 135a Abs. 2, 143 GG. Bei den beschlossenen Änderungen des Grundgesetzes fehlen sowohl jeder direkte Bezug auf die staatliche Einigung als auch identitätsstiftende oder

---

[429] Die geänderte Präambel erweckt indes den Eindruck, als sei das gesamte deutsche Volk verfassunggebend tätig gewesen, die Erweiterung des Geltungsbereiches mithin ein Akt der Verfassunggebung (s. a. *Grimm* KritV 1990, 148 ⟨150, 152⟩), und weist die nachträgliche Erweiterung des Verfassungsgebietes nicht als solche aus (mit Recht krit. *Wahl* StWiss 1990, 468 ⟨475 f.⟩).

-fördernde Verfassungsgehalte. Gewiß: Die Staatsziele »Schutz der natürlichen Lebensgrundlagen« und »Frauenförderung« zielen auf Probleme, die sich in besonderer
Weise auch in den ostdeutschen Bundesländern stellen; im Verfassungstext selbst
findet dies indes keinen Niederschlag. Hinweise auf eine Verarbeitung des Zuwachses
nicht nur an »Raum und Bevölkerung«, sondern auch an »Geschichte und an historischer Verantwortung«[430] sowie an spezifischen Unrechtserfahrungen und sozioökonomischen Problemen – allen voran der Arbeitslosigkeit – sucht man vergebens.

Verfassungspolitisch Kritik verdient hier vor allem die Ablehnung, die fortbestehende innere Spaltung durch eine Selbstverpflichtung auf die Herstellung innerer
Einheit in der Präambel zu reflektieren. Sie hätte in einer Präambeltexten gemäßen
Weise – vergangenheitsbezogen – an die staatliche Spaltung erinnert, – gegenwartsbe-
zogen – das Problem der inneren Trennung benannt und – zukunftsbezogen – mit
staatszielähnlichem Charakter darauf verwiesen, daß es diese im Bewußtsein der
Menschen in Ost und West verankerte Trennung durch Angleichung der rechtlichen,
wirtschaftlichen und sozialen Verhältnisse zu überwinden gilt[431]; schon dieser Zukunftsbezug hätte ausgeschlossen, daß die Benennung dieser Trennung sie konser-
viert und verfassungsfest geschrieben hätte[432]. Zumindest fünf Jahre nach der staatlichen Einigung spricht Überwiegendes dafür, daß das Zusammenwachsen der beiden
Bundesstaatshälften – nicht nur auf der kulturellen Ebene[433] – mehr ist als ein mittelfristig lösbares »tagespolitisches Problem« wie andere auch, das in der Präambel
keinen Raum habe. Festzuhalten bleibt so, daß das Grundgesetz zwar in Art. 23 Abs. 1
GG n. F. durch ein Staatsziel die Bundesrepublik Deutschland darauf verpflichtet, an
der Verwirklichung eines vereinten Europas mitzuwirken[434], die innere Einheit indes
unerwähnt bleibt.

1.3. *Ostdeutsche Landesverfassungen und Grundgesetz*

Verfassungspolitik in einem Bundesstaat ist keine Einbahnstraße. Bundesverfassung und Länderverfassungen stehen in einem Prozeß wechselseitiger Ergänzung und
Beeinflussung[435]. Der »Werkstattcharakter« gliedstaatlichen Verfassungsrechts ist in
den letzten Jahren namentlich[436] bei den Verfassungen der ostdeutschen Bundesländer

---

[430] *Kloepfer* (Fn. 26), 83.

[431] Entgegen *Denninger* (KritV 1995, 7 ⟨8⟩) waren damit Hoffnungen »auf Überwindung der stark
empfundenen Mentalitätsunterschiede, der Kluft in den soziokulturellen Wertungen und Verhaltensweis-
sen« nicht verbunden.

[432] In diese Richtung *Heitmann* (Fn. 26), 217 (227).

[433] Dazu eingehend *Häberle* JöR N.F. 43 (1995), 355 (399 ff.).

[434] Dazu *Sommermann* DÖV 1994, 596 ff.

[435] Zum Beitrag der Verfassungen in den neuen Bundesländern zur Verfassungsentwicklung in
Deutschland s. a. den gleichnamigen Beitrag von *Hesse* KritV 1993, 7 ff.; *R. Steinberg,* Der Beitrag des
Einigungsprozesses und der neuen Bundesländer zur Verfassungsentwicklung in Deutschland, in: FS
Mahrenholz, Baden-Baden 1994, 423 ff.

[436] Zur Verfassungsentwicklung in den westdeutschen Bundesländern s. *S. von Braunschweig,* Verfassungsentwicklung in den westlichen Bundesländern, Pfaffenweiler 1993; *M. Niedobitk,* Neuere Entwicklungen im Verfassungsrecht der deutschen Länder, Speyer 1994; zur Änderung der Verfassung des Landes
Baden-Württemberg (Gesetz v. 15. 2. 1995, GBl. 269) s. *Engelken* VBlBW 1995, 217 ff.; zu Reformüberlegungen in Rheinland-Pfalz *Gusy* DÖV 1995, 257 ff.

und ihren vielfältigen Verfassungsneuerungen zu Tage getreten[437]: Erweiterungen des Grundrechtsschutzes, Ausbau direktdemokratischer Beteiligungselemente, Aufnahme differenzierter Staatszielbestimmungen, Schutz- und Förderklauseln und parlamentsrechtliche Fortentwicklungen; über die einzelnen Neuerungen hinaus lassen sie auch ein gewandeltes Verfassungsverständnis erkennen. Auf die Grundgesetzreform haben sich diese »Anregungen« im Ergebnis kaum ausgewirkt. Mehrheitlich setzten sich »Abschottungsargumentationen« durch. Die Entscheidung aller ostdeutschen Landesverfassungen für soziale Staatsziele[438] etwa sei als in der Sache verfehlt, als Ausfluß des Einflusses westdeutscher Berater[439] oder als Zugeständnis an besondere Bewußtseinslagen in den neuen Ländern[440] auf das strikt normativistisch orientierte Grundgesetz nicht übertragbar; direktdemokratische Elemente in den Ländern seien als bloße Variante mittelbarer Demokratie[441] wegen der Größe des Bundesvolkes und der Komplexität auch der bei Herausnahme ausgabenwirksamer Gesetze und völkerrechtlicher Verträge zur Abstimmung tauglichen Fragen auf Bundesebene nicht geeignet[442]; das normative Gefüge des Grundgesetzes sei in Verfassungsrechtsprechung, -praxis und -lehre so ausdifferenziert und entfaltet, daß es gegenüber Neuerungen weit empfindlicher sei, zumal – anders als bei den Landesverfassungen – das hegende Dach einer übergeordneten, stabilen Verfassungsordnung fehle.

Die Würdigung dieses Befundes bleibt ambivalent: Einerseits reicht wegen der Trennung der Verfassungsräume und der Selbständigkeit gliedstaatlichen Verfassungsrechts auch eine in Struktur und Richtung eindeutige verfassungspolitische Entwicklung auf Länderebene als Argument nicht aus, um eine Übernahme verfassungsrechtlicher Gestaltungselemente auch in die Bundesverfassung zu rechtfertigen. Gliedstaatliches Verfassungsrecht bewährt sich gerade auch in der Vielfalt der aufgegriffenen Themen und der ausdifferenzierten Textstrukturen, die durch eine Homogenisierung von Bundes- und Landesverfassungen verloren ginge. Andererseits sind die Verfassungsbewegungen auf Landesebene durchaus geeignet, gleichermaßen verfassungsdogmatische wie verfassungspolitische Einwände gegen bestimmte Normtypen, Textelemente oder Verfassungsverständnisse zu relativieren. In die Betonung der spezifischen Struktur und Normativität des Grundgesetzes mischen sich so auch Elemente einer verfassungspolitischen Geringschätzung des Landesverfassungsrechts: neue Elemente auf dieser Ebene seien – weil normativ weitgehend folgenlos – als verfassungspolitischer Kompromiß eher hinnehmbar.

---

[437] *Häberle* JöR N.F. 43 (1995), 355 (393 ff., 397 f.).

[438] *Kutscha* ZRP 1993, 339 ff.; *Fischer* (Fn. 344).

[439] *Scholz* (Fn. 39), 65 (67); *Heitmann* (Fn. 26), 217 (226).

[440] S. *Heitmann,* Eine besondere Bewußtseinslage in den neuen Ländern, in: J. Rüttgers/E. Oswald (Hrsg.), Die Zukunft des Grundgesetzes, Bonn (Schriftenreihe der CDU/CSU-Bundestagsfraktion) 1992, 25 (25 f., 28) (Staatsgläubigkeit und Festhalten an der »Versorgungsideologie« des realsozialistischen Staates).

[441] So *Badura,* in: FS Redeker, München 1993, 111 (121 f.); *Böckenförde,* in: HStR II, Heidelberg 1987, § 30 Rn. 7.

[442] Zur Diskussion um die Aufnahme direktdemokratischer Elemente s. etwa *Berlit* KritV 1993, 318 ff.

2. *Grundgesetzreform und Verfassungsstruktur*

Art. 20 Abs. 1 und 3, 79 Abs. 3 GG treffen eine verfassungsänderungsfeste Strukturentscheidung für einen demokratischen und sozialen Bundesstaat, der als Rechtsstaat auf der Menschenwürde als Grundlage der staatlichen Gemeinschaft gründet. Diese Kernelemente standen auch bei den teils weitreichenden Reformvorschlägen inhaltlich ernsthaft nicht zur Disposition[443]. In einem verfassungs*politischen* Diskurs wurde im Rahmen nach Art. 79 Abs. 3 GG möglicher Verfassungsänderungen um die Gewichtung verschiedener Verfassungselemente und -funktionen gestritten. Nachfolgende Bilanz am Maßstab dieser Grundstrukturen des Grundgesetzes nimmt dabei auch die weiteren Verfassungsänderungen nach Inkrafttreten des Einigungsvertrages in den Blick.

2.1. *Grundrechtlicher Freiheitsschutz und Staatsziele*

Der verfassungsändernde Gesetzgeber hat sich in den über vierzig Jahren der Geltung des Grundgesetzes nur zu wenigen Änderungen des »klassischen« Katalogs des Grundrechtsteiles veranlaßt gesehen. Verfassungswandel hat hier vor allem die Rechtsprechung des Bundesverfassungsgerichts durch Entfaltung neuer Grundrechtsgehalte neben der staatsgerichteten Abwehrfunktion bewirkt. Eine deutliche Einschränkung hat die Verselbständigung des Asylrechts als Art. 16a GG mit seinen Verschränkungen von materiell-rechtlicher Gewährleistung mit verfassungsunmittelbaren, verwaltungsverfahrens- und verwaltungsprozeßrechtlichen Einschränkungen gebracht. Das Diskriminierungsverbot für Behinderte bringt erstmals eine Verstärkung des Grundrechtsschutzes; dessen Schutzwirkung wird aber maßgeblich von den Anforderungen abhängen, die an den kausalen Zusammenhang zwischen dem Differenzierungskriterium und der Benachteiligung gestellt werden[444]. Den Grundrechtsverwirklichungsschutz nehmen die Staatsziele »Frauenförderung« und – insoweit der Schutz von Leben und Gesundheit betroffen ist[445] – »Schutz der natürlichen Lebensgrundlagen« in den Blick. Funktional können sie als spezifische Ausformungen der über den negatorischen Grundrechtsschutz hinausweisenden, objektiv-rechtlichen Grundrechtsgehalte verstanden werden[446], wenn sie auch kein subjektives Verfassungsrecht auf Schutz gewähren. In dieser Funktion sind sie ungeachtet der gegen Staatszielbestimmungen erhobenen Einwendungen als Stärkung des grundrechtlichen Freiheitsschutzes zu werten.

---

[443] Abstriche sind hier – etwa mit Blick auf die vorgeschlagene Ostkammer – bei den Änderungsvorschlägen der PDS (BT-Drs. 12/6570, 34) angezeigt (s. dazu BT-RA-Prot. 12/124, 21 ff., 28 ff., BT-RA-Prot. 12/134, 121 ff.); nicht gefolgt werden kann der Beurteilung der Unionsfraktion (*Jahn,* BT-RA-Prot. 12/124, 34 f.), auch die Änderungsvorschläge von Bündnis 90/Die Grünen rührten »am Kern der bisherigen Verfassungsstruktur des Grundgesetzes und damit an den Grundlagen der gefestigten Demokratie und der rechtsstaatlichen Ordnung«.

[444] Die jüngere Rechtsprechung des Bundesverfassungsgerichts (s. BVerfGE 85, 191 ⟨206⟩; dazu *Rozek* BayVBl. 1993, 646 ⟨648⟩; s. bereits BVerfGE 63, 266, 298 ⟨Sondervotum⟩, 303) deutet auf eine Lockerung des strikten Kausalitätserfordernisses der bisherigen Rechtsprechung (vgl. BVerfGE 2, 266 ⟨268⟩; 59, 128 ⟨157⟩; 75, 40 ⟨70⟩).

[445] Dazu *G. Hermes,* Das Grundrecht auf Schutz von Leben und Gesundheit. Schutzpflicht und Schutzanspruch aus Art. 2 Abs. 2 Satz 1 GG, Heidelberg 1987.

[446] Vgl. *J. Dietlein,* Die Lehre von den grundrechtlichen Schutzpflichten, Berlin 1992, insb. 51 ff.

Nicht durchgesetzt hat sich dagegen der Ansatz, die sozialen Voraussetzungen des grundrechtlichen Freiheitsschutzes durch soziale Staatsziele sowie gruppenbezogene Schutz- und Förderpflichten systematisch als Verfassungsproblem zu begreifen. Auch wer die Aufnahme sozialer Staatsziele unter Hinweis auf die Gefahren für Verfassungsnormativität und Gewaltenteilung oder auf die Leistungsgrenzen der Verfassung ablehnt, wird weder das mit sozialer Unsicherheit verbundene Menschenwürde- und Freiheitsproblem[447] leugnen noch daran vorbeikommen können, daß mit der zwar kritisierten, aber wohl irreversiblen Entfaltung objektivrechtlicher Grundrechtsgehalte[448] bis hin zu grundrechtlichen Schutzpflichten das Problem der freiheitswahrenden Funktion staatlicher Leistungen wie der autonomie- und damit freiheitsgefährdenden Voraussetzungen und Verfahren ihrer Gewährung[449] die Verfassungsebene längst erreicht hat[450]. Daß der verfassungsändernde Gesetzgeber diese Entwicklung verfassungsgesetzlich nicht aufgegriffen hat, ist – gerade auch unter dem Aspekt des Freiheitsschutzes – ebenso als verfassungspolitisches Manko zu werten wie die Absage an eine Minderheitenschutzklausel, die die kollektive Dimension individueller Identitätsbildung reflektiert.

2.2. Demokratie

Politik-, Politiker- bzw. Parteienverdrossenheit sind die Schlagworte, mit denen in der Diskussion der letzten Jahre Funktionsschwächen des demokratischen Systems des Grundgesetzes bezeichnet werden. Die beschlossenen Grundgesetzänderungen nehmen sich dieses Themas nicht ausdrücklich an. Mit Recht ist kritisiert worden[451], daß die Reformüberlegungen von vornherein auf den Versuch verzichtet haben, den verschiedenen Erscheinungsformen des expandierenden Parteienstaates und ihrer Auswirkungen namentlich auf das Gewaltenteilungsprinzip[452] zu begegnen. Ohne Erfolg blieben alle Vorstöße, das repräsentative System durch Einbau direktdemokratischer Elemente zu ergänzen und so durch Milderung seiner strukturellen Defizite das Repräsentativsystem zu stabilisieren[453]. Auf der »Verlustliste« stehen hier neben der Ablehnung von Volksinitiative, Volksbegehren und Volksentscheid der Verzicht auf verfassungsgesetzlich abgesicherte Informations- und Beteiligungsrechte, auf parlamentsrechtliche Neuerungen, die auf Stärkung der Kontrollfunktion des Parlaments zielten[454], und auf eine Erweiterung des Kommunalwahlrechts auf Nicht-EU-Angehörige. Mittelbare Stärkungen des demokratischen Gehalts des Grundgesetzes bewirken die vorsichtige Stärkung der Stellung der Landesparlamente (Art. 80

---

[447] Zur Sicherheit des individuellen und sozialen Lebens als Bedingung der Menschenwürde s. nur AK-GG-*Podlech*, 2. Aufl., Neuwied 1989, Art. 1 Abs. 1 Rn. 23 ff.

[448] S. nur *E.-W. Böckenförde*, Grundrechte als Grundsatznormen, in: *ders.*, Staat, Verfassung, Demokratie, Frankfurt 1991, 159 ff.; s. a. *H. Dreier*, Dimensionen der Grundrechte, Hannover 1993.

[449] Vorbildhaft insoweit Art. 45 Abs. 1 Satz 2 LV Brandenburg: »Soziale Sicherung soll eine menschenwürdige und eigenverantwortliche Lebensgestaltung ermöglichen.«

[450] S. a. *Denninger* (Fn. 56), 95 (100 f.).

[451] *Grimm* Merkur 1992, 1059 (1063 ff.); *ders.*, in: HdBVerfR (Fn. 81), § 14 Rn. 78 ff.

[452] Dazu *Grimm*, in: HdBVerfR (Fn. 81), § 14 Rn. 66 ff.; unter Einschluß der Verbände *ders.* StWiss 1990, 5 (24 ff.); s. a. *Graf Vitzthum*, in: Zur Lage der parlamentarischen Demokratie, Tübingen 1995, 71 ff.

[453] *Berlit* KritV 1993, 318 (337).

[454] Zu den Gründen s. BT-Drs. 12/6000, 86 ff.; *Sannwald* ZParl. 1994, 15 ff.

Abs. 4, 93 Abs. 1 Nr. 2a GG n. F.) und die kommunale Finanzgarantie (Art. 28 Abs. 2 Satz 3 GG n. F.), die – ihre Wirksamkeit unterstellt – dem demokratischen Element kommunaler Selbstverwaltung[455] verlorengegangene Handlungsspielräume wieder zu öffnen vermag.

Aus Sicht eines eher partizipatorisch, in-put-orientierten Demokratiemodells[456] ist die Bilanz eindeutig negativ. Vertreter eines stärker out-put-orientierten, auf die Leistungsfähigkeit des repräsentativen Systems setzenden Demokratiemodells mögen dem entgegenhalten, daß die Abwehr direktdemokratischer Elemente ebenso wie der weitgehende Verzicht auf Politikbindungen durch Staatsziele, Schutz- und Fördergebote die offene demokratische Struktur des Grundgesetzes gerade bewahrt habe. Verfassungspolitisch legitim ist, wenn dabei die wegen der ungleich verteilten Organisations- und Konfliktfähigkeit gesellschaftlicher Interessen macht- und verteilungspolitischen Konsequenzen mitbedacht werden; direktdemokratische Partizipationsmöglichkeiten auf Bundesebene mögen auch kein Allheilmittel gegen »Politik(er)verdrossenheit« bilden und ohne mediatisierende Strukturen nicht auskommen.

2.3. Sozialstaatlichkeit

Die soziale Dimension des Grundgesetzes wird durch die Verfassungsänderungen nach dem Einigungsvertrag nicht wesentlich berührt. Seine ausdrückliche Konkretisierung und Akzentuierung durch Aufnahme sozialer Staatsziele hat nicht die erforderlichen Mehrheiten gefunden. Die Beschränkung des Art. 3 Abs. 3 Satz 2 GG n. F. auf ein Benachteiligungsverbot unterstreicht in seinen objektiv-rechtlichen Gehalten den sozialstaatlichen Auftrag zur Sorge für behinderte Menschen, die statt paternalistischer »Fürsorge« auf eine Gleichstellung in den Lebensbedingungen und Entfaltungschancen zielt. Mittelbare Auswirkungen auf die Sozialstaatlichkeit lassen auch die personalwirtschaftlichen Übergangsbestimmungen zur Umsetzung der Bahn- und Postreformen zumindest insoweit erwarten (Art. 143a Abs. 1 Satz 3, 143b Abs. 3 GG n. F.), als arbeitsmarkt- und beschäftigungspolitisch motivierte staatliche Einwirkungen auf diese Personalkörper wesentlich erschwert werden.

Gegen sozialstaatliche Verfassungsergänzungen ist u. a. geltend gemacht worden, daß gerade die normative Unbestimmtheit und Offenheit des Sozialstaatspostulats in der Zeit und in der Sache[457] seine Stärke ausmache, jede Ausformung mithin seine Schwächung bedeute. Die Bewährungsprobe steht diesem Argument bei den Diskussionen um einen »Umbau« des Sozialstaates, hinter denen sich vielfach Überlegungen zu seinem »Abbau« verbergen, noch bevor; Testfrage wird hier sein, inwieweit aus dem Sozialstaatsgebot zumindest in den für die sozio-ökonomische Existenz

---

[455] S. nur BVerfGE 79, 127 (148f.); *R. Hendler,* Selbstverwaltung als Ordnungsprinzip, Köln u. a. 1984, 301 ff.; *H. Hill,* Die politisch-demokratische Funktion der kommunalen Selbstverwaltung nach der Reform, Baden-Baden 1987, 12ff.; *v. Arnim* AöR 1988, 1 (16); *Püttner,* in: HStR IV, Heidelberg 1990, § 107 Rn. 14f.

[456] Vgl. dazu *F. W. Scharpf,* Demokratietheorie zwischen Theorie und Anpassung, Konstanz 1970, 21 ff., 29 ff.

[457] *Zacher,* in: HStR Bd. I, Heidelberg 1987, § 25 Rn. 65 f.

zentralen Bereichen Arbeit, Wohnen und soziale Sicherung ein relatives Rückschritts-verbot folgt[458].

2.4. Bundesstaatsprinzip

Das bundesstaatliche Gefüge hat durch die Verfassungsänderungen nachhaltige Änderungen auf zwei Ebenen erfahren: Durch den neuen Europaartikel Art. 23 GG n. F. wurde auf die Herausforderungen reagiert, die sich für die bundesstaatliche Ordnung durch den Prozeß der europäischen Integration ergeben haben; auf die Rejustierung der innerstaatlichen Balance zwischen Bund und Ländern zielen die Änderungen bei Gesetzgebungskompetenzen und -verfahren, die Föderalisierung der Sozialversicherung und – mittelbar – die Neugliederungsbestimmungen. Vor einer vorläufigen Bilanz der beschlossenen Änderungen ist kritisch anzumerken, daß die zentrale Frage der Neuordnung des bundesstaatlichen Finanzausgleichs[459] bei den Diskussionen der GVK ebenso ausgespart blieb wie schon zuvor bei den Beratungen der Bundesratskommission[460]; die Neuordnung der bundesstaatlichen Finanzbezie-hungen im Rahmen des »Föderalen Konsolidierungsprogramms«[461] spart die Verfas-sungsebene ebenfalls zugunsten einer Lösung aus, die den durch den allgemeinen Finanzausgleich nicht gedeckten Finanzbedarf der ostdeutschen Länder durch eine verfassungspolitisch fragwürdige Fondslösung sichert.

Die Struktursicherungsklausel und die Mitwirkungsrechte der Länder nach Art. 23 GG n. F.[462] schaffen einen gewissen Ausgleich für den Verlust an Eigenentschei-dungs- und innerstaatlichen Mitwirkungsrechten, den die fortschreitende europäi-sche Einigung notwendig mit sich bringt. Als Kompensation bereits eingetretener und drohender Kompetenzverluste liegt hierin keine Stärkung der Länder, sondern die Abwehr ihrer weiteren Schwächung. Daß sich die im Schrifttum[463] vielfach geäußerte Gefahr, die Beteiligungs- und Mitwirkungsrechte der Länder führten zu einer nachhaltigen Beeinträchtigung der Integrationsgewalt des Bundes und seiner

---

[458] Dazu *R.-U. Schlenker,* Soziales Rückschrittsverbot und Grundgesetz, Berlin 1986.

[459] Dazu nur die Beiträge von *Schmidt-Bleibtreu, Engel, Selmer* und *Wendt,* in: Stern (Fn. 39), 161 ff., 169 ff., 189 ff. und 213 ff.; *Selmer* VVDStRL 52 (1993), 11 ff.; *Kirchhof* VVDStRL 52 (1993), 71 ff.; *Hendler* DÖV 1993, 292 ff.; *Wieland* DVBl. 1992, 1181 ff.; *Korioth* 1991, 1048 ff.; *Heun* Der Staat 1992, 205 ff.; *Schneider* StWiss 1993, 3 ff.; *Henke* StWiss 1993, 10 ff.; *Schuppert* StWiss 1993, 26 ff.; *Wendt* StWiss 1993, 56 ff.; *K.-D. Henke/G. F. Schuppert,* Rechtliche und finanzwissenschaftliche Probleme der Neuordnung der Finanzbeziehungen von Bund und Ländern im vereinten Deutschland, Baden-Baden 1993; *D. Carl,* Bund-Länder-Finanzausgleich im Verfassungsstaat, Baden-Baden 1995.

[460] S. *Eckertz* DÖV 1993, 281 (283 f.); *Sannwald* ZRP 1993, 103 (106 f.).

[461] Gesetz zur Umsetzung des Föderalen Konsolidierungsprogramms v. 23. 6. 1993, BGBl. I S. 944; s. a. *Häde* JZ 1994, 76 ff.; *Eckertz* ZRP 1993, 297 ff.; *Renzsch* ZParl. 1994, 116 ff; *Carl* (Fn. 459), 170 ff.

[462] Ausgeformt durch das Gesetz über die Zusammenarbeit von Bund und Ländern in Angelegenheiten der Europäischen Union vom 12. 3. 1993, BGBl. I S. 313; dazu auch *Morawitz/Kaiser,* Die Zusammenar-beit von Bund und Ländern bei Vorhaben der europäischen Union, 1994; *Oschatz/Risse* DÖV 1995, 437 ff.; *Sommermann* LKV 1994, 382 ff.

[463] Vgl. nur *Stein* VVDStRL 53 (1994), 26 (36 f.); *Badura* (Fn. 441), 111 (127 f.); *Herdegen* EuGRZ 1992, 589 (593 f.); *von Simson/Schwarze,* in: HdBVerfR (Fn. 81), § 5 Rn. 90; *Breuer* NVwZ 1994, 417 (427); *Everling* DVBl. 1993, 936 (945 ff.); *Schwarze* JZ 1993, 585 (586 f., 590); *Oppermann/Classen* NJW 1993, 5 (12); a. A. *Möller/Limpert* ZParl. 1993, 21 (32); *Wilhelm* BayVBl. 1993, 705 (710); *Scholz* NVwZ 1993, 817 (822 ff.); *Fischer* ZParl. 1993, 32 (42 ff.).

europapolitischen Handlungsfähigkeit, realisiert hätte, ist dabei bislang nicht erkennbar[464].

Bei den innerstaatlichen Gewichtsverlagerungen ergibt die Bilanz bei den Kompetenztiteln letztlich einen Zugewinn des Bundes; er gibt eher randständige Materien ab und erhält dafür mit der konkurrierenden Gesetzgebung für das Staatshaftungsrecht (Art. 74 Nr. 25 GG n. F.) sowie das Gentechnik- und Transplantationsrecht (Art. 74 Nr. 26 GG n. F.) gewichtige Materien. Welche Auswirkungen die Änderung bei den Voraussetzungen der Inanspruchnahme der konkurrierenden Gesetzgebung und der Reichweite der Rahmengesetzgebung haben werden, entzieht sich gegenwärtig einer auch nur vorläufigen Beurteilung. Die Hoffnungen der Länder scheinen mir hier ebenso überzogen wie die Sorge des Bundes. Solange das Handeln des Bundesrates angesichts divergierender Mehrheiten in Bundestag und Bundesrat in hohem Maße parteipolitisch überlagert ist, wird die »Aktivierung« dieser Verfassungsänderungen durch ein geschlossenes Vorgehen der Länder eher der Ausnahmefall bleiben. Die weiteren Änderungen – Gesetzgebungsverfahren, Sozialversicherung, Neugliederung – berühren die bundesstaatliche Balance nur am Rande.

3. Gewaltenteilung

Im Gefüge der Staatsorgane des Bundes haben sich die Gewichte zugunsten des Bundesrates – und damit der Länderexekutiven – verschoben. Die Beteiligungs- und Mitwirkungsrechte der Länder nach dem Europaartikel[465] sind beim Bundesrat konzentriert; von der Kompetenz zur Ordnung des Staatshaftungsrechts kann der Bund nur durch zustimmungsbedürftiges Gesetz Gebrauch machen. Der Bundesrat ist der Ort, an dem sich die Änderungen der Art. 72, 75 GG in Verhandlungen über Grund und Reichweite bundesgesetzlicher Regelungen auswirken werden. Die erweiterten Stellungnahmefristen erleichtern die praktische Arbeit des Bundesrates, dem nun auch das Initiativrecht für zustimmungsbedürftige Rechtsverordnungen zusteht.

Für den Bundestag ergibt sich ein differenziertes Bild. Art. 23 Abs. 3 GG n. F.[466] sichert ihm zwar in Angelegenheiten der Europäischen Union gewisse Informations- und Mitwirkungsrechte, ohne das politische Letztentscheidungsrecht der Bundesregierung in Rechtsetzungsangelegenheiten aufzuheben[467]. Die Beteiligungs- und Mitwirkungsrechte der Länder bis hin zu der Möglichkeit, die Verhandlungsführerschaft Ländervertretern zu übertragen, erschweren indes die politische Kontrolle durch den Bundestag und führen, soweit die Bundesregierung die Stellungnahme des Bundesrates »maßgeblich« zu berücksichtigen hat, zur Diffusion der parlamentarischen Verantwortung der Regierung[468]. Zumindest rechtssystematisch bewirken die neuen Staatszielbestimmungen eine gewisse Beschränkung der Gestaltungsfreiheit der Par-

---

[464] Dazu – aus Sicht des Bundesrates – *Oschatz/Risse* DÖV 1995, 437 ff.

[465] Nach *Di Fabio* (Der Staat 1993, 191 ⟨207 ff.⟩) verletzt Art. 79 Abs. 3 GG, daß dem Bundesrat bei der Rechtsetzung auf europäischer Ebene ein stärkeres Gewicht eingeräumt worden ist als dem Bundestag.

[466] Ausgeformt durch das Gesetz über die Zusammenarbeit von Bundesregierung und Deutschem Bundestag in Angelegenheiten der Europäischen Union vom 12. 3. 1993 (BGBl. I S. 2311).

[467] *Breuer* NVwZ 1994, 417 (426).

[468] Vgl. *Badura* (Fn. 441), 111 (126 f.); *Di Fabio* Der Staat 1993, 191 (209 f.); *Breuer* NVwZ 1994, 417 (421); *Ossenbühl* DVBl. 1993, 629 (636 f.).

lamente, wenngleich die Sorge vor einer »Parlamentsentmachtung« zugunsten einer Juridifizierung von Politik angesichts der Gestaltungsfreiheit, die dem Gesetzgeber bei der Verwirklichung von Staatszielen unbestritten zusteht, überzogen scheint. Die erhöhten Anforderungen an die Ausübung der konkurrierenden Gesetzgebung und die Wahrnehmung der Rahmengesetzgebung treffen ebenfalls – so sie wirksam werden – den Bundestag.

Die Stärkung des Bundesrates geht überwiegend zu Lasten der Bundesregierung, die in Angelegenheiten der Europäischen Union auch die erweiterten Mitwirkungsrechte des Bundestages zu beachten hat. Dies erklärt auch die deutliche Kritik der Bundesregierung an den von der GVK empfohlenen Änderungen[469].

Nur mittelbar tangiert wird die Stellung des Bundesverfassungsgerichts. Es sieht sich den – durch Art. 93 Abs. 1 Nr. 2b GG n. F. unterstrichenen – Erwartungen des verfassungsändernden Gesetzgebers ausgesetzt, seine bisherige Zurückhaltung bei der verfassungsgerichtlichen Überprüfung bei den Voraussetzungen der Inanspruchnahme der konkurrierenden Gesetzgebung und bei der Rahmengesetzgebung aufzugeben. Es bleibt abzuwarten, inwieweit es dieser Erwartung nachkommen wird. Dagegen steht nicht zu erwarten, daß das Bundesverfassungsgericht die neuen Staatszielbestimmungen benutzen wird, um aktiv politikgestaltend einzugreifen. Staatszielbestimmungen können nicht nur politikbeschränkend, sondern auch politikermöglichend oder -fördernd wirken[470], etwa indem sie auf bestimmten Feldern politische Aktivitäten anmahnen, das verfassungsrechtliche Gewicht bestimmter Belange klarstellen oder erhöhen und damit die verfassungsgerichtliche Beanstandung politischer Gestaltungsentscheidungen erschweren. Die systematisch ernst zu nehmenden Warnungen vor einem Kompetenzzuwachs der rechtsprechenden Gewalt durch Staatszielbestimmungen blenden zudem das Problem aus, daß – etwa mit der Entfaltung objektiv-rechtlicher Grundrechtsgehalte und mit der neueren Schutzpflichtenrechtsprechung – schon heute das Bundesverfassungsgericht über ein methodisch abgesichertes Instrumentarium verfügte, aktivierend auf den politischen Prozeß einzuwirken[471], und der Prozeß der »Juridifizierung von Politik« auch dadurch befördert wird, daß die Politik das Bundesverfassungsgericht systematisch als ihr Mittel nutzt.

Den schleichenden Machtverlust der Landesparlamente mildern die Änderungen lediglich ab, ohne die für die Stärkung der parlamentarischen Demokratie auf Landesebene notwendige Umkehr zu bringen. Von der gestaltenden Mitwirkung der Länder auf Bundesebene durch den Bundesrat bleiben die Landesparlamente weiterhin ausgeschlossen; dies gilt auch für die Kompensation der europabedingten Kompetenzverluste durch die erweiterten Mitwirkungs- und Beteiligungsrechte des Bundesrates[472]. Neben den Rückverlagerungen von Kompetenzen auf die Landesebene (Art. 74, 75 GG n. F.) eröffnen den Landesparlamenten allerdings neue Handlungsspielräume die Klagebefugnis nach Art. 93 Abs. 1 Nr. 2a GG n. F. bei Meinungsver-

---

[469] BT-Drs. 12/7109, 13 ff.

[470] *N. Wimmer,* Soziale Grundrechte, in: Borgmann u. a. (Fn. 41), 177 (187); *Preuß* APuZ 49/91, B 12 (16).

[471] S. a. die funktionell-rechtlich orientierte Kritik an der Herleitung von Leistungsrechten und Schutzpflichten durch *W. Heun,* Funktionell-rechtliche Schranken der Verfassungsgerichtsbarkeit, Baden-Baden 1992, 66 ff.

[472] *Müller* DÖV 1993, 103 ff.; *Stein* VVDStRL 53 (1994), 26 (37).

schiedenheiten, ob ein Gesetz den Voraussetzungen des Art. 72 Abs. 2 GG n. F. entspricht, und die Gesetzgebungsbefugnis nach Art. 80 Abs. 4 GG n. F.

4. *Verfassungsstruktur und -sprache*

Strikte Normativität des Grundgesetzes und »Kargheit« in der Verfassungssprache sind in der Verfassungsdebatte immer wieder als Argumente herangezogen worden. Inhaltliche und sprachliche Dimension sind zu unterscheiden. Das Argument der Strukturwidrigkeit appellativer, politikleitender oder identitätsstiftender Verfassungsergänzungen jenseits einklagbarer subjektiver Rechte ist vor allem gegen die Aufnahme neuer Staatszielbestimmungen, Schutz- und Förderpflichten gewendet worden. Diese verfassungspolitische Grundentscheidung, an dem begrenzenden, formal-rechtsstaatlichen Verfassungstyp[473] festzuhalten, wendet sich zugleich gegen ein Grundwertemodell[474], das sich im internationalen Vergleich mehr und mehr durchzusetzen scheint. Sie verdeckt ein Stück weit, daß das Grundgesetz dem Typus der rigiden, auf materiell-programmatische Elemente verzichtenden Verfassung nicht in Reinkultur entsprochen hat, schon immer eine »Mischstruktur«[475] aufwies: Neben den expliziten Staatszielen folgt dies vor allem aus dem Verfassungswandel, der sich durch die Entfaltung der vielschichtigen Grundrechtsgehalte ergeben hat, die über die klassisch abwehrrechtlichen Dimensionen hinaus weisen und auch die sozialen Voraussetzungen grundrechtlicher Freiheit in den Blick genommen haben. Dies stützt den Befund, daß das Grundgesetz ungeachtet der Aufnahme neuer Staatsziele in seinen wesentlichen Verfassungsstrukturentscheidungen unberührt geblieben ist. Es verweist indes zugleich darauf, daß das Verfassungsstrukturargument neben der formalen auch eine inhaltliche Dimension hat, für sich allein mithin nicht den Verzicht auf die Aufnahme weiterer Aufgaben-, Schutz- und Förderklauseln trägt, und relativiert durch die – nicht thematisierte – Hinnahme des durch Verfassungsrechtsprechung und Verfassungslehre bewirkten »stillen« Verfassungswandels das kompetenzrechtliche Argument, materiale Verfassungsbestimmungen bewirkten einen demokratiewidrigen Kompetenzzuwachs der Judikative.

Sprachlich-stilistisch haben sich die »normierungstechnischen Fehlgriffe« bei der Neufassung des Asylartikels[476] und dem Europaartikel[477] lediglich bei der Kompromißformulierung des Staatsziels Umweltschutz fortgesetzt, die ohne Not und erkennbaren dogmatischen Sinn Art. 20 Abs. 3 GG im Normtext des Art. 20a GG wiederholt. Der hohe Rang, der normativer Qualität und juristischer Exaktheit des Verfassungstextes in den Diskussionen beigemessen wurde, steht in einem gewissen Spannungsverhältnis dazu, daß eine normierungstechnische »Bereinigung« des Grundgesetzes – jenseits der zumeist durch Interpretation überwundenen Unzuläng-

---

[473] *Schuppert,* AöR 120 (1995), 32 (49).

[474] So die Bezeichnung bei *P. Häberle* Artenreichtum und Vielschichtigkeit von Verfassungstexten, eine vergleichende Typologie, in: *ders.* (Fn. 3), 228 (236 ff.).

[475] *Limbach* (Fn. 360), 279 (280).

[476] Vgl. *Voßkuhle* AöR 119 (1994), 35 (59); *ders.* DÖV 1994, 53 (53 f. ⟨m.w.N. in Fn. 2⟩); *Fliegauf* DÖV 1993, 984 (989); s. a. *Franßen* DVBl. 1993, 300 (301).

[477] Zur Sprachkritik s. nur *Classen* ZRP 1993, 57 (56); *Starck* VVDStRL 53 (1993), 127; *Häberle* VVDStRL 53 (1993), 147; *Brenner* AöR 120 (1995), 248 (259 f.).

lichkeiten des Verfassungstextes[478] – durch Aufhebung jener Vorschriften des Grundgesetzes abgelehnt wurde, die durch Zeitablauf oder aus anderen Gründen jeden (weiteren) normativen Sinn verloren hatten[479].

5. Akteure und Verfahren der Verfassungsdiskussion

Stabilität und Erfolg einer Verfassungsordnung hängen nicht zuletzt von ihrer Verankerung in der Bevölkerung im allgemeinen und bei den politischen Eliten im besonderen ab. Diese Dimension des Verfassungskonsenses ist durch die institutionelle Engführung der Verfassungsdebatte nicht gezielt gestärkt worden. Hauptakteure der Verfassungsdiskussion blieben ungeachtet der zahlreichen Eingaben und Anstöße aus der Bevölkerung die politischen Entscheidungsträger in Bund und Ländern. Die plurale Struktur der Gesellschaft spiegelt sich indes in vielfältigen Anstößen und Interventionen verbandlich organisierter Interessen wider. Sie galten überwiegend punktuellen Anliegen – etwa dem Behinderten- oder Tierschutz, der Aufnahme von Frauen- und Kinderrechten, einem Staatsziel Umweltschutz–; umfassendere Vorstellungen entwickelten Bürgerrechtsgruppen aus Ost und West. Auffällig ist indes die relative Zurückhaltung der großen, durchsetzungsfähigen Verbände und Organisationen[480] bis hin zu den Kirchen. Zwar hat der Deutsche Gewerkschaftsbund seine Vorstellungen zur Verfassungsreform formuliert und verbreitet[481]; zu einer Mobilisierung der Gewerkschaftsmitglieder – etwa für eine Stärkung der Arbeitnehmerrechte oder soziale Staatsziele – ist es indes nicht gekommen.

Vorstellungen nach einer breiten Verfassungsdebatte, an deren Ende eine Volksabstimmung über die gesamtdeutsche Verfassung stehen sollte, bildeten einen Anstoß zur Reformdiskussion[482]. Mit dem eingeschlagenen Verfahren der Verfassungsdebatte entfiel verfassungspolitisch ein tragender Grund für eine Volksabstimmung über das Grundgesetz oder seine Änderungen. Die direktdemokratische Bestätigung des (geänderten) Grundgesetzes sollte kein Selbstzweck sein: Ihre legitimierende, identifikationsstiftende und integrierende Wirkung könnte sie nur entfalten, wenn sie mehr ist als bloße Akklamation des repräsentativ bereits Beschlossenen, mithin gründet auf einem auch institutionell offenen pluralen diskursiven

---

[478] S. den gleichnamigen Beitrag von *R. Herzog,* in: FS Redeker (Fn. 441), 149 ff.; *Schwabe* ZRP 1991, 361 ff.

[479] Dazu der – wegen der ablehnenden Haltung der Union letztlich nicht zur Abstimmung gestellte (BT-RA-Prot. 12/134, 125 f.) – Antrag der SPD-Bundestagsfraktion im Rechtsausschuß (BT-RA-Prot. 12/124, 46 f.) auf Aufhebung der Art. 117, 118, 119, 122, 127, 136, 137 Abs. 2 und 3, 144 Abs. 2 GG; er wurde durch die Anfrage eines ostdeutschen Bürgers nach dem Sinn des Art. 144 Abs. 2 GG angestoßen.

[480] Eine Ausnahme bildet die koordinierte Kampagne von Industrie- und Handelskammern, Handwerkskammern und einiger Gewerkschaften in bezug auf die – vermeintlich – negativen Auswirkungen der geänderten Bedürfnisklausel auf das Recht der beruflichen Bildung.

[481] Deutscher Gewerkschaftsbund (Hrsg.), »Alle Staatsgewalt geht vom Volke aus« (darin: Bausteine zur Entwicklung des Grundgesetzes), Düsseldorf Juni 1992; s. a. *Meyer* GewMH 1990, 609 ff.; *Sommer* GewMH 1993, 89 ff.

[482] Vgl. Kuratorium für einen demokratisch verfaßten Bund deutscher Länder (Hrsg.), In freier Selbstbestimmung. Für eine Gesamtdeutsche Verfassung mit Volksentscheid, Berlin u. a. 1990; FES (Hrsg.), Deutschland in neuer Verfassung, Bonn 1991.

Prozeß, und Raum für Alternativen läßt. Ohne diese Voraussetzungen hätte sie – neben dem Risiko delegitimierender Wirkungen – lediglich eines bewirkt: den »Verbrauch« der in Art. 146 GG weiterhin enthaltenen Option[483] der legalen Verfassungsablösung[484].

Der Verfassungskultur im Lande einen schlechten Dienst erwiesen hat die Politik jedenfalls in der Endphase des Verfahrens: durch die Aufkündigung gefundener Kompromisse und die dadurch provozierte Einschaltung des Vermittlungsausschusses mit dem Risiko eines Scheiterns der Reformüberlegungen insgesamt. Dies war geeignet, die Skepsis gegenüber der Problemlösungsfähigkeit der politischen Institutionen zu fördern und ein Bild von Politik zu verstärken, das statt von dem sachlichen Ringen um den richtigen Weg in einer pluralen Gesellschaft geprägt ist vom Eindruck der Zerrissenheit, des Streites um des kurzfristigen parteipolitisch-wahltaktischen Vorteils willen. Grundgesetzänderungen aus dem Vermittlungsausschuß schaden dem Ansehen der Verfassung und seiner Konsensfunktion. Zu hoffen bleibt, daß dieser parlamentarische Umgang mit dem Grundgesetz eine Ausnahme bleibt.

Schlußbemerkung: Integration, Konsens und Kompromiß

Der große »verfassungsreformerische Wurf« waren die Grundgesetzänderungen nach der staatlichen Einheit nicht – und sollten es nach dem Willen der demokratisch legitimierten politischen Mehrheit nicht sein. Integrierende Wirkung durch zusätzliche Anknüpfungspunkte für Identifikation bringen sie den Bürgerinnen und Bürgern nicht. Selbst die Bedeutung der meisten Änderungen – namentlich jener des Staatsorganisationsrechts – wird sich wohl nur »Experten« erschließen.

Einfluß von Verfahren und Ergebnis der Verfassungsreformdebatte auf den Verfassungskonsens müssen differenziert gesehen werden. Sie hat an der grundlegenden Übereinstimmung – zumindest der Entscheidungsträger in der Politik – nichts geändert, daß das Grundgesetz eine geeignete Rahmenordnung für den politischen Prozeß und stabile Grundlage für Bildung und Erhaltung staatlicher Einheit bildet. Jenseits dieses ungebrochenen Basiskonsenses ist der (verfassungs)politische Dissens über das Maß geblieben, in dem der Normtext die verschiedenen Verfassungsfunktionen abzubilden und neben der politischen die gesellschaftliche Einheit in den Blick zu nehmen hat. Die einen loben das Ergebnis als stabilitätssichernde Bewahrung des Grundgesetzes gegenüber »verfassungsschwärmerischen« Versuchen einer – auch gesellschafts- und machtpolitischen – Umorientierung oder einer (tages)politischen Instrumentalisierung der Verfassung, die anderen kritisieren es als verpaßte Chance einer zeitgerechten Anpassung. Der Dissens erstreckt sich bei den neuen Staatszielen selbst auf alle zentralen Fragen von Reichweite und Änderungswirkung – Staatslehre und Verfassungsrechtsprechung werden sich ihrer annehmen –; ihre »Offenheit« geht über die unverzichtbare, integrierend-entlastende Wirkung hinaus, die auslegungsoffen-unbestimmten Verfassungsnormen und damit auch Formelkompromissen durch die Vertagung des offenen Verfassungskonfliktes zukommt. Es sind mühsam errun-

---

[483] Zur Diskussion über den Gehalt des Art. 146 GG n. F. s. Nachweise in Fn. 64ff.
[484] So *Kriele* ZRP 1991, 1 (4f.).

gene Kompromisse, die schon im Ansatz – und nicht nur in den Einzelheiten – nicht von einem inhaltlichen Veränderungskonsens getragen sind.

Das politische System wird durch das Ergebnis der Verfassungsreformdiskussion jedenfalls nicht entlastet. Die Probleme der »Verfassungswirklichkeit« bleiben – von den vielfältigen Folgewirkungen der Überwindung der Ost-West-Spaltung und der neuen Stellung Deutschlands in der Welt bis hin zu den ökonomischen, ökologischen und sozialen Problemen, die zunehmend die nationalstaatlichen Verarbeitungsmöglichkeiten und -kapazitäten transzendieren. Für das Festhalten am »bewährten« Normierungsstil und Steuerungsmodus des Grundgesetzes hat die Politik den Preis zu zahlen, daß sie auf konsensgetragene Orientierung und Leitlinien durch die Verfassung in diesen Fragen zu verzichten und zugleich in höherem Maß auf das keineswegs mehr selbstverständliche Grundvertrauen der Bürgerinnen und Bürger darin zu setzen hat, in dieser Umbruchphase relative Sicherheit vor einer Gefährdung der individuellen, sozioökonomisch-kulturellen Existenz nicht nur vor dem, sondern auch durch den Staat zu finden. Daß es in der Verfassungsdiskussion zu parteipolitischen Blockaden gekommen ist, ist weniger Ausdruck verfassungspolitischen Kleinmutes; es ist Teil des Problems, daß in den Grundoptionen zur Lösung der Probleme deutscher Politik – trotz des gegenwärtigen Zwanges zu einer heimlichen großen Koalition – der Konsens brüchig geworden ist.

Eine bewußt gestaltete Verfassungsreform ist nur ein Weg, auf Veränderungen der Verfassungswirklichkeit zu reagieren; er begreift Verfassungspolitik als grundlegende Gestaltungsaufgabe, die das Gesamtgefüge der Verfassung in den Blick zu nehmen hat. Für den Verfassungswandel werden auf absehbare Zeit neben punktuellen Grundgesetzänderungen wieder das ausgestaltende Gesetzesrecht und Akzentverschiebungen bei der Verfassungsanwendung und -interpretation in den Vordergrund rücken. Die Verfassungsrechtswissenschaft wird diese Wandlungsprozesse gerade auch unter verfassungspolitischen Aspekten im Blick behalten müssen. Unter gewandelten sozioökonomischen und (welt)politischen Bedingungen können Akzeptanz und Integrationskraft der Verfassung, ihre Fähigkeit, das politische Gemeinwesen unter aktiver Teilhabe aller von staatlichen Entscheidungen Betroffenen zu organisieren, und die Balance von rechts- und sozialstaatlicher Freiheitssicherung, zwischen Offenheit des demokratischen politischen Prozesses und notwendigem Schutz von Minderheiten und gesellschaftlicher Solidarität bedürftiger Gruppen auch durch stillen Verfassungswandel oder den Verzicht auf Verfassungsänderungen verschoben bzw. gefährdet werden.

Der Staat »über alles«

Demos, Telos und die Maastricht-Entscheidung des Bundesverfassungsgerichts

von

J. H. H. Weiler[*]

I. Einleitung

Selbst mit nur geringem zeitlichen Abstand fällt es bereits schwer, sich das Drama der langwierigen, unerwarteten, quälenden und dennoch willkommenen nationalen Debatten und Ratifikationsprozesse um den Vertrag von Maastricht ins Gedächtnis zurückzurufen. Das praktische Ergebnis – die Annahme durch alle zwölf Mitgliedstaaten – erscheint nun als ein unspektakuläres, ›in der Rückschau vorhersehbares‹ historisches Faktum. Von fortdauerndem Interesse sind jedoch die Lehren, die hinsichtlich politischer Prozesse, sozialer Sensibilitäten und institutioneller sowie öffentlicher Standpunkte in den verschiedenen Mitgliedstaaten aus der Ratifikations-Saga gezogen werden können.

Deutschland ist in dieser Hinsicht von besonderem Interesse, da hier das letzte Wort in der nationalen Debatte das Bundesverfassungsgericht hatte, das eine besonnene, abwägende und doch deutliche Stimme besitzt, im Gegensatz etwa zum eher rüpelhaften Stil des britischen Unterhauses oder der Leidenschaft, die den Kampf um Wählerstimmen bei den Referenden in Frankreich und Dänemark auszeichnete. Die Maastricht-Entscheidung des Bundesverfassungsgerichts[1] hat natürlich eine Vielzahl von Stellungnahmen hervorgerufen.[2] Die Entscheidung selbst ist inzwischen so

[*] Manley Hudson Professor of Law, Harvard Law School. Co-Director, Harvard European Law Research Center; Co-Director, Academy of European Law, European University Institute, Florenz. Ich möchte Ulrich R. Haltern und Franz C. Mayer, beide Yale Law School, für ihre unschätzbare Unterstützung bei der Vorbereitung und Abfassung dieses Beitrages danken. Zenon Bankowski, Meinhard Hilf, Juliane Kokott, Neil McCormick, Jochen Wieland, Armin von Bogdandy und Manfred Zuleeg machten hilfreiche Anmerkungen zu früheren Entwürfen. Für die Übersetzung danke ich Alexander Ballmann, Harvard University, sowie Ulrich Haltern und Franz Mayer. Die übliche Absolution erfolgt mit besonderem Nachdruck: Ich bin alleine für die in diesem Essay vorgetragenen Ansichten verantwortlich.

[1] BVerfGE 89, 155.

[2] *Albert Bleckmann, Stefan Ulrich Pieper,* Maastricht, die grundgesetzliche Ordnung und die »Superrevisionsinstanz«. Die Maastricht-Entscheidung des Bundesverfassungsgerichts, RIW 1993, 969; *Jochen A. Frowein,* Das Maastricht-Urteil und die Grenzen der Verfassungsgerichtsbarkeit, ZaöRV 54 (1994), 1; *Volkmar Götz,* Das Maastricht-Urteil des Bundesverfassungsgerichts, JZ 1993, 1081; *Ulrich Häde,* Das Bundesverfassungsgericht und der Vertrag von Maastricht – Anmerkungen zum Urteil des Zweiten Senats

bekannt, daß auf eine Zusammenfassung verzichtet werden kann. Trotz der formalen Bestätigung des Vertrags, die den Weg für die deutsche Ratifikation und damit auch für das Inkrafttreten von Maastricht ebnete, wird die Entscheidung vor allem wegen der pointierten und zum Teil provokanten Positionen diskutiert, die das Bundesverfassungsgericht hinsichtlich einiger der vom Europäischen Gerichtshof herausgearbeiteten ehernen Verfassungsgebote und -grundsätze der Gemeinschaft einnimmt, wie etwa hinsichtlich der »gerichtlichen Kompetenz-Kompetenz« (d.h. der Frage, welchem Gericht die Letztentscheidungsgewalt über die Grenzen der Gemeinschaftskompetenzen zukommt)[3], des Austritts aus der Gemeinschaft und der Union[4] und ähnlichem. Natürlich fehlt es nicht an kritischen Kommentaren zu diesen und anderen Punkten, meistenteils aus der Feder deutscher Verfassungsrechtler.[5]

---

vom 12. 10. 1993, BB 1993, 2457; *Matthias Herdegen*, Maastricht and the German Constitutional Court: Constitutional Restraints for an »Ever Closer Union«, CMLR 31 (1994), 235; *Hans Peter Ipsen*, Zehn Glossen zum Maastricht-Urteil, EuR 1994, 1; *Juliane Kokott*, Deutschland im Rahmen der Europäischen Union – Zum Vertrag von Maastricht, AöR 119 (1993), 207; *Doris König*, Das Urteil des Bundesverfassungsgerichts zum Vertrag von Maastricht – ein Stolperstein auf dem Weg in die europäische Integration?, ZaöRV 54 (1994), 17; *Carl Otto Lenz*, Der Vertrag von Maastricht nach dem Urteil des Bundesverfassungsgerichts, NJW 1993, 3038; *Karl M. Meessen*, Maastricht nach Karlsruhe, NJW 1994, 549; *Meinhard Schröder*, Das Bundesverfassungsgericht als Hüter des Staates im Prozeß der europäischen Integration – Bemerkungen zum Maastricht-Urteil, DVBl. 1994, 316; *Jürgen Schwarze*, Europapolitik unter deutschem Verfassungsvorbehalt. Anmerkungen zum Maastricht-Urteil des BVerfG vom 12. 10. 1993, NJ 1994, 1; *Ernst Steindorff*, Das Maastricht-Urteil zwischen Grundgesetz und europäischer Integration, EWS 1993, 341; *Rudolf Streinz*, Das Maastricht-Urteil des Bundesverfassungsgerichts, EuZW 1994, 329; *Christian Tomuschat*, Die Europäische Union unter Aufsicht des Bundesverfassungsgerichts, EuGRZ 1993, 489; *Albrecht Weber*, Die Wirtschafts- und Währungsunion nach dem Urteil des Bundesverfassungsgerichts, JZ 1994, 53; *Joachim Wieland*, Germany in the European Union – The Maastricht Decision of the Bundesverfassungsgericht, EJIL 5 (1994), 259.

[3] Der Europäische Gerichtshof ist der Auffassung, daß im Interesse eines kohärenten Rechtssystems er allein die Autorität besitzt, Maßnahmen der Gemeinschaft zu überprüfen und aus verschiedenen Gründen, einschließlich dem der fehlenden Kompetenz, zu annullieren. Siehe Fall 314/85 Firma Foto Frost vs. Hauptzollamt Lübeck-Ost, [1987] ECR 4199; das Bundesverfassungsgericht hat diese Auffassung behutsam aber deutlich zurückgewiesen: BVerfGE 89, 155 (188).

[4] Zur Debatte um die Möglichkeit eines einseitigen Austritts siehe z.B. *J. H. H. Weiler*, Alternatives to Withdrawal from International Organizations, 20 Israel Law Review 282 (1985). Das Bundesverfassungsgericht beharrt auf dem Recht der Mitgliedstaaten zu einem einseitigen Austritt: BVerfGE 89, 155 (190).

[5] Verschiedene Punkte wurden vehement kritisiert. Ein Hauptkritikpunkt ist das Verständnis des Bundesverfassungsgerichts von Art. 38 Grundgesetz, siehe z.B. *Ipsen*, FN 2, S. 2; *König*, FN 2, S. 19–20, 26–29; *Schwarze*, FN 2, S. 1–2; vgl. *Schröder*, FN 2, S. 319. Die Annahme des Bundesverfassungsgerichts, daß Ultra-Vires-Akte von Gemeinschaftsorganen auf deutschem Territorium nicht bindend sind und daß deutsche staatliche Institutionen solche Rechtsinstrumente in Deutschland nicht anwenden dürfen, wurde heftig angegriffen, z.B. von *Tomuschat*, FN 2, S. 494; *Frowein*, FN 2, S. 8–10; *Schröder*, FN 2, S. 323–324; *Schwarze*, FN 2, S. 3; *Meessen*, FN 2, S. 552–553. Einige Autoren sind darüberhinaus beunruhigt hinsichtlich der Beziehung zwischen dem Europäischen Gerichtshof und dem Bundesverfassungsgericht: z.B. *Tomuschat*, FN 2, S. 495; *Schröder*, FN 2, S. 323–324; *Frowein*, FN 2, S. 1–3; *Ipsen*, FN 2, S. 9–12. Schließlich stößt die Art, wie das Bundesverfassungsgericht die Frage behandelt, ob Deutschland die Europäische Union verlassen könnte, auf Ablehnung: z.B. *Frowein*, FN 2, S. 10–12; *Götz*, FN 2, S. 1085; *Ipsen*, FN 2, S. 15–17; *König*, FN 2, S. 33–35; *Schwarze*, FN 2, S. 4; *Tomuschat*, FN 2, S. 494–495. Gelegentliche Kritik wurde hinsichtlich der folgenden Punkte geäußert: Der neue Artikel 23 Grundgesetz, der auf den Maastrichter Vertrag zugeschnitten wurde, sei nicht in ausreichendem Maße als sedes materiae gewürdigt worden (*Tomuschat*, FN 2, S. 492–493); weiter kritisiert wurde die neu geschaffene Begrifflichkeit eines ›Staatenverbundes‹ (*Frowein*, FN 2, S. 7; *Ipsen*, FN 2, S. 8–9; *Weber*, FN 2, S. 60; *Steindorff*, FN 2, S. 344–345).

Ich möchte dieser fortdauernden kritischen Reflexion die Perspektive eines ›Außenseiters‹ hinzufügen. Mich interessieren dabei nicht spezifische verfassungsrechtliche Probleme. Vielmehr werde ich mich der verfassungsrechtlichen Weltanschauung des Bundesverfassungsgerichts zuwenden, wie sie in dieser Entscheidung zum Ausdruck kommt. Die Entscheidung eines Gerichts dieses Ranges bezüglich einer Fragestellung von so großer Bedeutung ist immer mehr als eine einfache dogmatische Herausarbeitung positiven Rechts und seine Anwendung auf einen bestimmten Sachverhalt. Sie beinhaltet zwangsläufig die Entwicklung tiefergehender Prinzipien und enthüllt gleichzeitig das Verfassungsethos und -verständnis des Gerichts und seiner Richter.[6] Die Frage, in welchem Ausmaße die Entscheidung darüber hinaus weitverbreitete gesellschaftliche Einstellungen in Deutschland widerspiegelt, kann nicht präzise beantwortet werden.

In seiner kritischen Haltung gegenüber der Zukunft des europäischen Hauses vermeidet das Bundesverfassungsgericht die krasse Sprache des Nationalismus und das Vokabular eines unverhohlenen Chauvinismus, die weite Teile der politischen Opposition zu Maastricht gekennzeichnet haben. Stattdessen präsentiert es seine Position als notwendig zur Erfüllung seines Verfassungsauftrages, der darin besteht, die Unterminierung der demokratischen Natur des politischen Prozesses, wie ihn das Grundgesetz garantiert, zu verhindern. Damit präsentiert sich das Bundesverfassungsgericht als Garant universeller demokratischer Werte, und nicht als Garant eines deutschen Partikularismus.

Meine Kritik richtet sich auf diesen Aspekt der Entscheidung und bezieht sich auf die explizite und implizite Beurteilung des gegenwärtigen Standes der europäischen Integration sowie ihrer zukünftigen Entwicklung durch das Gericht. Um nichts zu beschönigen: aus Gründen, die ich noch darlegen werde, betrachte ich die Entscheidung, soweit sie die bestehende Gemeinschaft betrifft, als peinlich; soweit sie ihre zukünftige Entwicklung betrifft, finde ich sie traurig, ja sogar beklagenswert.

Sie ist peinlich, da das Bundesverfassungsgericht, während es sich selbst als Garant zukünftiger Demokratie darstellt, aus politischen und anderen Gründen[7] gezwungen ist, die Gemeinschaft und Union von heute zu akzeptieren und ›reinzuwaschen‹, obwohl diese ganz offensichtlich an schwerwiegenden demokratischen Defiziten leidet – was aus meiner Sicht allgemein anerkannt ist. Um dieses Kunststück zu bewerkstelligen, muß das Gericht eine Position beziehen, die impliziert, daß die existierenden Demokratiedefizite der Gemeinschaft durch die politischen Strukturen und Prozesse der Mitgliedstaaten ausgeglichen werden.[8] Diese Position jedoch macht das Ganze nur noch peinlicher. Auf der einen Seite nämlich leugnet sie in gewissem Umfang die dringende Notwendigkeit einer substantiellen Demokratisierung der gegenwärtigen Entscheidungsprozesse der Gemeinschaft/Union, sowohl auf europäischer als auch mitgliedstaatlicher Ebene – ein Anliegen, das in den letzten Jahren von der deutschen Bundesregierung lobenswerterweise durchweg unterstützt wurde. Wenn ein Verfassungsgericht mit einem derartigen Prestige, ein Gericht, das ausdrücklich den Maßstab der Demokratie anlegt, der gegenwärtigen Gemeinschaft

---

6 Der Entscheidung sind keine abweichenden oder ablehnenden Voten beigefügt. Bemerkenswert ist aber das Fehlen des üblichen Hinweises, daß die Entscheidung einstimmig erging.

7 Siehe unten, Text zu FN 44.

8 Siehe unten, FN 42.

(trotz ein wenig kritischer Rhetorik) ein Gesundheitsattest ausstellt, warum sollte
man dann an ihren grundlegenden institutionellen Strukturen und Entscheidungsprozessen herumbasteln? Auf der anderen Seite: sollte das Bundesverfassungsgericht
tatsächlich glauben, daß die politischen Strukturen und Prozesse in den Mitgliedstaaten das Demokratiedefizit der Gemeinschaft ausgeglichen haben, dann muß dies
unser Vertrauen in sein eigenes Demokratieverständnis und in seine Fähigkeit und
Bereitschaft erschüttern, effektive Garantien für die Zukunft zu geben.

Es ist eine traurige, ja sogar beklagenswerte Entscheidung vor allem aber aus
gewichtigeren Gründen.

Demokratie existiert nicht in einem Vakuum. Sie setzt ein Gemeinwesen mit
Mitgliedern – dem Demos – voraus, durch die und für die der demokratische Diskurs
mit seinen vielen Varianten stattfindet. Die Autorität und Legitimität einer Mehrheit,
sich gegenüber der Minderheit durchzusetzen, existiert nur innerhalb politischer
Grenzen, die durch den Demos definiert werden. Selbst wenn daher die semantische
Oberfläche der Entscheidung Demokratie zum Thema hat, so offenbart doch ihre
tiefere Struktur das explizite und implizite, bewußte und unterbewußte Verständnis
des Verfassungsgerichts und seiner Richter von der wahren Natur des Gemeinwesens
und den Kriterien der Zugehörigkeit zu ihm. Da das Grundgesetz selbst, ebenso wie
viele andere Verfassungen, keine umfassende Antwort auf diese Fragen gibt, mußte
das Gericht auf tieferliegende Schichten jenseits des ausdrücklichen Verfassungstextes
zurückgreifen. Diese Schichten werden, meistens unausgesprochen, einfach vorausgesetzt. Sie erscheinen, wie manchmal Sprache überhaupt, so ›natürlich‹ und ›neutral‹, daß dies die relativ sparsame Aufmerksamkeit erklärt, die ihnen in den umfangreichen deutschen Kommentaren zu dieser Entscheidung gewidmet wird.[9] Diese
Fragen nach der Zugehörigkeit und Nichtzugehörigkeit, nach Mitgliedschaft und
Macht, nach Demos und Ethnos, haben die gewaltsame Geschichte Europas in
diesem Jahrhundert begleitet und seit Ende des Zweiten Weltkrieges einen guten Teil
der politischen Debatte geprägt. Seit dem Fall der Berliner Mauer sind sie erneut in
den Mittelpunkt der Aufmerksamkeit gerückt, mit dem Wiedererscheinen des häßli-
chen Gesichts von nationalen und ethnischen Konflikten und ethnischen Säuberungen in den alten-neuen Staaten Osteuropas und der früheren Sowjetunion und mit
dem beunruhigenden Anstieg von Fremdenfeindlichkeit, Rassismus und Antisemitismus sogar in Westeuropa. Angesichts dessen besteht ein Bedarf für geistige und
moralische Führung in diesen Fragen, die Politiker, ständig bedacht auf ihre Klientel,
nicht immer leisten können. Wir dürfen daher erwarten, daß unsere Gerichte – ohne
dabei die Sphäre des Juristischen zu verlassen – einen Teil dieser Führung bilden. Die
Europäische Gemeinschaft/Union kann keine Zauberrezeptur gegen diese Krankhei-
ten anbieten, aber sie ermöglicht es uns wenigstens, die Konzepte ›Gemeinwesen‹ und
›Zugehörigkeit‹ – das Konzept ›Demos‹ – in kreativer Weise zu überdenken – ein
Überdenken, welches das Wertvolle des klassischen europäischen Nationalstaates
bewahren mag, ihn aber gleichzeitig vor seinen Exzessen schützt.

Wie betrüblich ist es dann, das Bundesverfassungsgericht dabei zu beobachten, wie

---

[9] Siehe jedoch *Tomuschat, Schwarze*, FN 2, S. 496. Ein kürzlich erschienener Beitrag *Brydes* bezieht sich
zwar nicht primär auf die Maastricht-Entscheidung, erfaßt aber scharf die dieser Entscheidung zugrundeliegenden tieferen Verständnisse: *Brun-Otto Bryde*, Die bundesrepublikanische Volksdemokratie als Irrweg
der Demokratietheorie, Staatswissenschaften und Staatspraxis 1994, 305.

es angesichts der Notwendigkeit und historischen Chance, diese Fragen im Kontext von Gemeinschaft und Mitgliedstaat zu überdenken, wie Lots Frau seinen Blick zurückwirft auf ein Gemeinwesen, gegründet auf die müden, alten Vorstellungen eines ethno-kulturell homogenen Volkes und der unheiligen Dreieinigkeit von Volk-Staat-Staatsangehöriger als der ausschließlichen Basis für demokratische Autorität und legitime Normsetzung. Möglicherweise scheint eine subtile Spur Scham oder zumindest Unbehagen in der Argumentation des Verfassungsgerichts durch, die nach Legitimierung verlangt. Warum sonst hätte das Gericht Hermann Heller, den Sozialisten, Antifaschisten, Juden und Carl Schmitt-Kritiker, als einzigen Beleg für die Behauptung von der Erforderlichkeit einer Homogenität des Volkes gewählt? Läßt das nicht eine gewisse Besorgnis vermuten, ein koscheres Siegel der Zustimmung zu finden für diese wenn auch blutarme und rassisch neutrale Version des ausgehenden zwanzigsten Jahrhunderts dessen, was in alten Zeiten den Slogan von Blut (Volk) und Boden (Staat) nährte?[10]

Angesichts der großen Herausforderungen, denen sich Deutschland im Hinblick auf die Frage der ›Gastarbeiter‹, des eigenen Brandherdes wachsender Xenophobie und erneuten Antisemitismus und ähnlichem sowie seiner neuen Position als internationale Führungsmacht gegenübersieht, ist es traurig für den deutschen Verfassungs-

---

[10] Ich möchte nicht den grundsätzlichen guten Glauben des Bundesverfassungsgerichts in Zweifel ziehen, aber das Heller-Zitat ist recht merkwürdig. Wie wir sehen werden, zitiert das Bundesverfassungsgericht, gerade wenn es zu den heikelsten Passagen kommt, in denen es sein Verständnis von Volk und die Notwendigkeit der Homogenität darlegt, *Hermann Heller*: »Die Staaten bedürfen hinreichend bedeutsamer eigener Aufgabenfelder, auf denen sich das jeweilige Staatsvolk in einem von ihm legitimierten und gesteuerten Prozeß politischer Willensbildung entfalten und artikulieren kann, um so dem, was es – relativ homogen – geistig, sozial und politisch verbindet (vgl. hierzu *H. Heller*, Politische Demokratie und soziale Homogenität, Gesammelte Schriften, 2.Band, 1971, S. 421 [427 ff.]), rechtlichen Ausdruck zu geben.« (BVerfGE 89, 155 [186]). Ob *Hellers* Konzept der sozialen Homogenität die Kein-Demos-These wirklich trägt oder nicht (es könnte auch das genaue Gegenteil unterstützen): Es scheint doch so, daß die Arbeiten anderer Autoren viel geeigneter als Beleg für die Position des Bundesverfassungsgerichts gewesen wären, z. B. *Isensee* (zum Verständnis von Volk vor und nach 1993 vgl. *Oliver Lepsius*, Die gegensatzaufhebende Begriffsbildung. Methodenentwicklung in der Weimarer Republik und ihr Verhältnis zur Ideologisierung der Rechtswissenschaft unter dem Nationalsozialismus, München 1994, S. 13ff.); oder gar *Schmitt* selbst, vgl. *Carl Schmitt*, Verfassungslehre, München/Leipzig 1928, S. 231. Ich kann es mir nicht anders denken, als daß das Bundesverfassungsgericht es, in Anbetracht von *Hellers* Biographie und seiner Anschauungen, einfach zweckmäßig fand, ihn anstatt anderer zu zitieren. (Man beachte, daß *Hellers* Artikel, der ursprünglich direkt hinter *Schmitts* Artikel »Der Begriff des Politischen« in: Politische Wissenschaft, Heft 5: Probleme der Demokratie, Berlin 1928, abgedruckt war, gleich zu Beginn kritisch auf *Schmitt* verweist.) Zu *Heller* allgemein siehe *Christoph Müller*, Hermann Heller, in Kritische Justiz (Hrsg.), Streitbare Juristen: eine andere Tradition, Baden-Baden 1988, S. 268–281. Ich denke nicht, daß ich mit diesem Verständnis alleine bin: vgl. *Ipsen*, FN 2, S. 17; ausführlich nunmehr *Ingolf Pernice*, Carl Schmitt, Rudolf Smend und die europäische Integration, Archiv des öffentlichen Rechts 120 (1995), S. 100. Diese Strategie, sich auf Referenzen zu beziehen, die eigentlich für andere oder sogar entgegengesetzte Konzepte stehen – womit auf subtile Weise zusätzliche Legitimität und Übereinstimmung im Hinblick auf die eigenen Stellungnahmen des Bundesverfassungsgerichts suggeriert wird –, taucht auch in der ›Zitierung‹ von *Zuleeg* auf: BVerfGE 89, 155 (210). *Zuleeg* hat die Verweisung auf ihn nicht anerkannt: »Erklärung. Zum Urteil des BVerfG vom 12. 10. 1993 (2 BvR 2134/92 u. 2 BvR 2159/92) stelle ich fest: Die Aussagen, für die ich auf S. 80 der vervielfältigten Fassung zitiert werde, stammen nicht von mir. Ich weise an der angegebenen Stelle auch nicht auf andere Autoren hin, die sich in diesem Sinne geäußert haben. Ich bin der Auffassung, daß die Kompetenzgrenzen der Gemeinschaft ernst zu nehmen sind. Ich kann in der Rechtsprechung des EuGH keine Anzeichen entdecken, daß er nicht auf die Einhaltung der Kompetenzvorschriften achtet. Professor Dr. *Manfred Zuleeg*, Richter am EuGH« (JZ 1993, 1112).

staat[11], wenn das Bundesverfassungsgericht unter all den reichhaltigen Strömungen in der gegenwärtigen deutschen Debatte um Gemeinwesen und Zugehörigkeit gerade diese eine herausgreifen mußte.

Die Entscheidung ist beklagenswert, soweit das Gericht versucht, diese problematischen Konzeptualisierungen auf die Gemeinschaft/Union selbst zu projizieren, ja ihr aufzuzwingen, und damit nicht nur die Möglichkeit einer Demokratisierung auf europäischer Ebene untergräbt, sondern, wie sich zeigen wird, sie sogar ausschließt und implizit der Gemeinschaft ein Ziel unterschiebt, das den Gründungszwecken der europäischen Integration fremd ist.

Im folgenden werde ich versuchen, sowohl die Natur meiner Kritik detaillierter darzulegen als auch Alternativen im Hinblick auf das Verständnis der Gemeinschaft/Union und ihrer Mitgliedstaaten aufzuzeigen.

II. Europa: Die Kein-Demos-These

Die besondere Aufmerksamkeit des Bundesverfassungsgerichts gilt der Gefahr, die der voranschreitende Prozeß der europäischen Integration und insbesondere das dem Maastrichter Vertrag inhärente Potential für den demokratischen Charakter des Gemeinwesens darstellen. In diesem Zusammenhang mußte das Gericht das Demokratisierungspotential der Europäischen Union auf der europäischen Ebene ansprechen. Seine Haltung ist skeptisch.[12] Es ist nicht diese Skepsis an sich, die interessant oder beunruhigend ist. Man kann und soll sogar hinsichtlich der Demokratie innerhalb der Europäischen Union beunruhigt sein, und da keine einfache Lösung in Sicht ist[13], sind Skepsis hinsichtlich des Ist-Zustandes und vorsichtiges Abwägen im Hinblick auf die Zukunft sogar lobenswert. Interessant und meiner Ansicht nach ziemlich besorgniserregend ist allerdings das Fundament, auf dem die Skepsis des Bundesverfassungsgerichts ruht. Diese wird genährt von der, wie wir es nennen werden, ›Kein-Demos-These‹. Diese scheinbar elegante These beruht auf einer starken Strömung – wie dominant sie ist, ist schwer zu sagen – innerhalb der deutschen Staatsrechtslehre, die unter anderem in den Arbeiten Paul Kirchhofs, der als Architekt der Maastricht-

---

[11] Traurig, aber insgesamt nicht überraschend: vgl. die Entscheidung des Bundesverfassungsgerichts zum kommunalen Wahlrecht für Ausländer, BVerfGE 83, 37 und 83, 60,

[12] BVerfGE 89, 155 (182 ff.)

[13] Zur Komplexität und inneren Widersprüchlichkeit der Suche nach Demokratie und Legitimität für und in Europa siehe *J. H. H. Weiler*, Parlement Européen, Intégration Européene, Démocratie et Légitimité, in Louis/Waelbroeck (Hrsg.), Le Parlement Européen, Brüssel 1988; *J. H. H. Weiler*, The Transformation of Europe, 100 Yale Law Journal 2403 (1991), S. 2466.

Entscheidung gilt[14], vertreten ist und von zahlreichen anderen geteilt wird[15]. Aus Fairneß gegenüber den übrigen Richtern des Gerichts ist einzuräumen, daß die Sprache der Entscheidung nicht in allen Bereichen die ›hard core‹-Version von Kirchhof wiedergibt. Vergleicht man die Arbeiten Kirchhofs und die Entscheidung, so erhält man den Eindruck eines Gerichts, das nicht in jeder Hinsicht glücklich mit den vollblütigen Ansichten seines Berichterstatters war, das aber auch keine alternative Konstruktion präsentieren konnte. Der Kompromiß scheint eine verwässerte Version von Kirchhof zu sein. Die gewogenste Interpretation ist, daß es zwei mögliche Lesarten der Entscheidung gibt. Falls dies der Fall sein sollte (was ich bezweifle), dann nehme der Leser diesen Beitrag als normative Anregung, die Kirchhofsche Version des Urteils abzulehnen.

Die geistigen Wurzeln der Kein-Demos-These reichen natürlich weit über Kirchhof hinaus. Die Kein-Demos-These findet ihren Ausdruck auch im positiven deutschen Recht, insbesondere im Staatsangehörigkeitsrecht, das die Bedingungen der Zugehörigkeit zum deutschen Gemeinwesen regelt. Die Entscheidung bedeutet nun eine Übertragung des Verständnisses des Gerichts vom deutschen Gemeinwesen auf die europäische Ebene.

Im Folgenden werde ich eine zusammenfassende Version der Kein-Demos-These vorstellen, die aus der Entscheidung des Gerichts selbst sowie den Arbeiten einiger der wichtigsten Vertreter dieser These abgeleitet ist. Ich zeige in dieser Version darüber hinaus auf, was ich für einige der Implikationen halte, die logisch aus der These folgen oder in ihr enthalten sind, auch wenn die Autoren selbst sich davor scheuen, sie darzulegen.

Die Angehörigen eines Gemeinwesens, das Volk, sein Demos, ist ein Konzept, das eine subjektive – sozialpsychologische – Komponente besitzt, die in objektiven, organischen Bedingungen wurzelt. Sowohl das Subjektive als auch das Objektive kann empirisch so beobachtet werden, daß wir in der Lage sind, auf der Basis von Beobachtung und Analyse zum Beispiel festzustellen, daß es kein europäisches Volk gibt.

Die subjektiven Manifestierungen der Volkszugehörigkeit, des Demos, finden sich in einem Gefühl sozialer Kohäsion, eines gemeinsamen Schicksals und einer kollektiven Identität, die wiederum in Loyalität resultieren (und sie verdienen).[16] Diese subjektiven Manifestierungen besitzen damit sowohl ein deskriptives als auch ein normatives Element.

---

[14] *Paul Kirchhof*, Der deutsche Staat im Prozeß der europäischen Integration, in: Josef Isensee/Paul Kirchhof (Hrsg.), Handbuch des Staatsrechts der Bundesrepublik Deutschland, Band VII: Normativität und Schutz der Verfassung – Internationale Beziehungen, Heidelberg 1992, S. 855; *Paul Kirchhof*, Europäische Einigung und der Verfassungsstaat der Bundesrepublik Deutschland, in: Josef Isensee (Hrsg.), Europa als politische Idee und als rechtliche Form, Berlin 1993, S. 63; *Paul Kirchhof*, Deutsches Verfassungsrecht und Europäisches Gemeinschaftsrecht, in: *Paul Kirchhof/Claus-Dieter Ehlermann*, Deutsches Verfassungsrecht und Europäisches Gemeinschaftsrecht, Europarecht, Beiheft 1/1991, Baden-Baden 1991, S. 11. Es ist bemerkenswert, wie leicht sich sogar semantische Parallelen zwischen *Paul Kirchhofs* juristischen Publikationen und der Entscheidung des Bundesverfassungsgerichts – an der Kirchhof als Berichterstatter mitwirkte – finden lassen; vgl. *Tomuschat*, FN 2, S. 493. Darüber hinaus wurde kritisiert, daß er seine Meinung zu diesem Fall überhaupt publiziert hat: vgl. *Schwarze*, FN 2, S. 2.

[15] Z. B. *Josef Isensee*, Nachwort. Europa – die politische Erfindung eines Erdteils, in: J. Isensee (Hrsg.), Europa als politische Idee und rechtliche Form, FN 14, S. 103; *Fritz Ossenbühl*, Maastricht und das Grundgesetz – eine verfassungsrechtliche Wende?, DVBl. 1993, S. 629 (634); *Udo Di Fabio*, Der neue Artikel 23 des Grundgesetzes, Der Staat 1993, S. 191 (202 ff.).

[16] *Kirchhof*, HdbStR VII, FN 14, Rdnr. 18, erwähnt ausdrücklich die ›kritische Loyalität‹ und kritisiert

Die subjektiven Manifestierungen sind sowohl Resultante als auch gleichzeitig Bedingung
einiger – wenn auch nicht notwendigerweise aller – der folgenden objektiven Elemente:
gemeinsame Sprache[17], gemeinsame Geschichte, gemeinsame kulturelle Bräuche und Empfin-
dungen[18] und – was nach den zwölf Jahren Nationalsozialismus nur verhalten ausgedrückt
wird – eine gemeinsame ethnische Herkunft, eine gemeinsame Religion. Diese Faktoren
erfassen nicht die Essenz dessen, was das Volk ausmacht – man wird immer auch Verbindungen zu spirituellen und sogar mystischen Elementen finden.[19] Wenn auch verschiedene Autoren mit unterschiedlichen Mischungen der genannten Elemente operieren, so ist doch das
Beharren auf einem mehrschichtigen Begriff von Homogenität, gemessen am Maßstab dieser

---

gleichzeitig die Tendenz zum Gegenteil in Deutschland: »In der deutschen Entwicklung – vielleicht
insbesondere seiner Religionsgeschichte – scheint es geradezu eine bewußt gepflegte Geste demonstrativen
Zweifelns und grüblerischen Protests zu geben, die sich eher zum Widerstand gegen die Staatsgewalt als zu
kritischer Loyalität in Mitverantwortung innerhalb des Staates berufen fühlt.«

[17] Vgl. *Paul Kirchhof*, Deutsche Sprache, in: Josef Isensee/Paul Kirchhof (Hrsg.), Handbuch des Staats-
rechts der Bundesrepublik Deutschland, Band I: Grundlagen von Staat und Verfassung, Heidelberg 1987,
S. 745, Rdnr. 33: »Die sprachliche Homogenität konstituiert das deutsche Staatsvolk.« Kritisch dazu
Schwarze, FN 2, S. 4: »provinzieller Zuschnitt«.

[18] *Kirchhof* betont diese Punkte durch die Verweisung auf die Gründung der Vereinigten Staaten von
Amerika (1787), der Schweiz (1848) und des Norddeutschen Bundes (1866), HdbStR VII, FN 14, Rdnr. 38:
»Dort allerdings waren die Grundlagen der Staatenbildung – ein zusammengehöriges, vom Willen zu
einem gemeinsamen Staat bestimmtes Staatsvolk, eine wirtschaftliche und kulturelle Homogenität und
eine – mit Ausnahme der Schweiz – prägende Gemeinsamkeit der Sprache vorhanden.« Ders., Rdnr. 41:
»[...] [die] in gemeinsamer Geschichte, Sprache und Kultur gewachsenen, in gemeinsamem Schicksal
zusammengehörigen Staatsvölker und ihrer Staaten [...]«. Ich werde weiter unten etwas andere Lesarten
dieser Ereignisse vorstellen.

[19] *Kirchhof*, HdbStR VII, FN 14, Rdnr. 25: »Die europäischen Staaten der Gegenwart schirmen sich
somit nicht gegenüber anderen Staaten oder Bürgern anderer Staaten ab, bewahren aber ihre Eigenständig-
keit in einem durch Geburt und Herkunft verwandten Staatsvolk, einem ihm zugehörigen Raum und der
kulturellen Gemeinsamkeit von Sprache, Religion, Kunst und geschichtlicher Erfahrung.« *Josef Isensee*,
Abschied der Demokratie vom Demos. Ausländerwahlrecht als Identitätsfrage für Volk, Demokratie und
Verfassung, in: Dieter Schwab/Dieter Giesen/Joseph Listl/Hans-Wolfgang Strätz (Hrsg.), Staat, Kirche,
Wissenschaft in einer pluralistischen Gesellschaft – Festschrift zum 65. Geburtstag von Paul Mikat, Berlin
1989, S. 705 (708): »Die rechtliche Einheit des Volkes ist auf Dauer nur lebensfähig, wenn sie sich auf eine
reale Grundlage stützen kann: auf ein Mindestmaß effektiver Homogenität als Grundbestand an Gemeinsamkeiten, wie sie Abstammung, Geschichte, Sprache, Kultur und Interessen hervorbringen können
[...].« Vgl. auch *Isensee*, Nachwort, FN 15, S. 122: »Ohne ein gewisses Maß an Homogenität kann kein
Staat bestehen. Der Wille zur politischen Einheit, der eine Menschengruppe zum Volk als Nation und
damit zum möglichen Subjekt demokratischer Selbstbestimmung werden läßt, knüpft an objektive
Vorgegebenheiten an, etwa geopolitische Lage, wirtschaftliche Interessen, Geschichte, Sprache, zivilisato-
rische Standards, Ethos, Kultur, Religion.« Ähnlich, auf jeglichen ›Bund‹ verweisend und mit zahlreichen
Zitaten von *Schmitt: Bardo Faßbender*, Zur staatlichen Ordnung Europas nach der deutschen Einigung, EA
1991, 395 (401). Vgl. die mystischen Konnotationen, die von *Isensee* in die Debatte geworfen wurden:
Isensee, Abschied der Demokratie vom Demos, s. oben, S. 709 f.: »Das Bild des Staatsvolkes [...] ist die
politische *Schicksalsgemeinschaft*, in welche die einzelnen Bürger eingebunden sind.« – »So liegt in der
grundsätzlich dauerhaften und grundsätzlich ausschließlichen personalen Zugehörigkeit zur staatlichen
Schicksalsgemeinschaft eine Gewähr für demokratisches Bürgerethos.« (Hervorhebungen von mir) Ich bin
natürlich nicht der erste, der diese ›Ikonographie‹ der Volkszugehörigkeit beobachtet und kritisiert, vgl.
etwa *Jürgen Habermas*, Staatsbürgerschaft und nationale Identität (1990), in: *Jürgen Habermas*, Faktizität und
Geltung. Beiträge zur Diskurstheorie des Rechts und des demokratischen Rechtsstaates, Frankfurt/Main
1992, S. 632 (633). Sehr kritisch ist auch *Helmut Rittstieg*, Staatsangehörigkeit und Minderheiten in der
transnationalen Industriegesellschaft, NJW 1991, 1383 (1386), mit ausdrücklichem Verweis auf *Isensee*.
Erstaunlich ist die Art, wie diese Terminologie vom Bundesverfassungsgericht angenommen wurde, vgl.
BVerfGE 83, 37 und 83, 60.

organisch-kulturellen Kriterien, typischerweise ein wichtiges und in der Tat kritisches Element des Diskurses. Hier liegt natürlich der heikelste Aspekt der Theorie, da das Beharren auf Homogenität das ist, was in seiner staatlichen Operationalisierung die Regeln für Inklusion und Exklusion bestimmt. Als etwa Juden in vielen europäischen Nationalstaaten von der vollen Zugehörigkeit als gleiche Bürger ausgeschlossen wurden, geschah dies oft aufgrund der Theorie, daß das Christsein essentiell für die Homogenität des Volkes sei.[20]

Die ›organische‹ Natur des Volkes ist eine heikle Angelegenheit. Ich nenne ›organisch‹ diejenigen Teile des Diskurses, die mehr oder weniger eine oder mehrere der folgenden Behauptungen aufstellen: Das Volk geht historisch und politisch dem modernen Staat voraus.[21] Deutschland konnte sich als moderner Nationalstaat entwickeln, weil es bereits ein deutsches Volk gab. ›Nation‹ ist einfach eine moderne Benennung, im Kontext von modernistischer politischer Theorie und Völkerrecht, des bereits existierenden Volkes, und der Staat ist sein politischer Ausdruck.[22] Es ist dieser Blickwinkel, aus dem die Argumentation für die deutsche (Wieder-)Vereinigung Überzeugungskraft schöpfte. Man konnte den deutschen Staat teilen, nicht jedoch die deutsche Nation. Folglich mag man zwar von einer Vereinigung der Staaten sprechen, jedoch nur von einer *Wieder*vereinigung des Volkes.

Anthropologisch gesehen ist dieses Verständnis etwa des Deutschseins, d. h. Teil des deutschen Volkes zu sein, ›organisch‹ im folgenden Sinne: Es hat zunächst eine fast natürliche Konnotation. Man wird als Deutscher geboren, ebenso wie man als Mann oder Frau geboren wird – obwohl man seine nationale Identität etwas leichter wechseln kann (doch selbst dann wird man ›ex-Deutscher‹ bleiben). Und in dem Ausmaß, in dem Ethnizität in diesem Diskurs über das Volk weiterhin eine Rolle spielt – sicherlich verhalten –, ist Ethnizität sogar noch unwandelbarer als das Geschlecht: es gibt keine Operation, welche die Ethnizität verändern kann. Aus dieser Ansicht folgt, daß die Nationalität einer Person als Form der Identität fast primordial ist und dabei anderen Formen des Bewußtseins und der Zugehörigkeit vorgeht. Ich mag mich solidarisch fühlen mit anderen Christen, mit anderen Arbeitern, mit anderen Frauen. Das macht mich zu einem christlichen Deutschen, einem sozialistischen Deutschen, einer feministischen Deutschen, oder bestenfalls einem deutschen Christen, einem deutschen Sozialisten, einer deutschen Feministin. Ich kann jedoch meiner volksbezogenen, nationalen Identität nicht entkommen.

Niemand vertritt heute, daß das ›Organische‹ absolut sei. Man kann etwa ›naturalisiert‹ werden, die Zugehörigkeit zu einer anderen Nation erwerben – aber spricht nicht selbst in diesem Zusammenhang der Begriff ›Naturalisation‹ Bände? Und man kann sich – mehr hypothetisch denn tatsächlich – vorstellen, daß, sollten die objektiven Bedingungen sich in ausreichendem Umfang verändern und sich ein neues Maß an Homogenität in Sprache, Kultur und gemeinsamer historischer Erfahrung entwickeln, ein entsprechendes subjektives Bewußtsein folgen könnte und ein neues Volk/eine neue Nation entstünde. Doch realistischerweise können solche Veränderungen nur in einem ›geologischen‹ Zeitrahmen erwartet werden, sind nur in Epochen, nicht in Generationen möglich.

Das Konzept des Volkes fügt sich sehr leicht in die moderne politische Theorie ein. Das Grundgesetz mag das Nachkriegsdeutschland begründet haben, doch es hat sicherlich nicht das deutsche Volk begründet, außer vielleicht in einem engen rechtlichen Sinne. Das Volk, die Nation, verstanden in diesem nationalen, ethno-kulturellen Sinn, bilden das Fundament des modernen Staates. Bundesverfassungsrichter Böckenförde etwa stimmt zu, daß die deutsche

---

[20] In diesem heiklen Kontext zitiert das Bundesverfassungsgericht *Hermann Heller* als Autorität. Siehe FN 10.

[21] Vgl. z. B. *Kirchhof*, HdbStR VII, FN 14, Rdnrn. 38 und 41.

[22] *Rolf Grawert*, Staatsvolk und Staatsangehörigkeit, in Josef Isensee/Paul Kirchhof (Hrsg.), Handbuch des Staatsrechts der Bundesrepublik Deutschland, Band I (FN 17), S. 633, Rdnr. 10.

nationale Identität ethnisch-kulturell definiert ist und dem Staat vorausgeht.[23] Sie sind die Basis im herkömmlichen Verständnis von Selbstbestimmung als der politischen Unabhängigkeit in Form eines eigenen Staates. Nur Nationen können Staaten besitzen.[24] Der Staat gehört zur Nation – seinem Volk –, und die Nation (das Volk) ›gehört‹ zum Staat.[25]

Volk/Nation sind auch das Fundament für den modernen demokratischen Staat: Die Nation und ihre Angehörigen, das Volk, konstituieren das Gemeinwesen zu dem Zweck, die Disziplin demokratischer, mehrheitlicher Herrschaft zu akzeptieren. Sowohl deskriptiv als auch präskriptiv (wie es ist und wie es sein soll) wird/soll eine Minderheit die Legitimität einer Mehrheitsentscheidung akzeptieren, da beide, Mehrheit und Minderheit, Teil desselben Volkes sind, der gleichen Nation angehören. Dies ist ein integraler Bestandteil dessen, was Herrschaft des Volkes – Demokratie – nach dieser Lesart meint. Damit konstituiert Nationalität den Staat (folglich National-Staat), der wiederum ihre politische Grenze bildet, ein Gedanke, der von Schmitt bis zu Kirchhof reicht.[26] Die Bedeutung der politischen Grenze erstreckt sich nicht nur auf das ursprüngliche Verständnis von politischer Unabhängigkeit und territorialer Integrität, sondern auch auf die grundlegende demokratische Natur des Gemeinwesens. Ein Parlament ist aus dieser Perspektive eine demokratische Institution nicht nur, weil es einen Mechanismus für Repräsentation und Mehrheitsentscheidung bereitstellt, sondern weil es das Volk, die Nation, den Demos repräsentiert, von dem sich die Autorität und Legitimität seiner Entscheidungen ableiten.[27] Um diesen Punkt klarzumachen stelle man sich einen Anschluß Dänemarks an Deutschland vor. Man versuche nun, den Dänen zu erzählen, sie bräuchten sich

---

[23] *Ernst-Wolfgang Böckenförde*, Die Nation – Jenseits von Herkunft, Muttersprache und Religion: Über ein Phänomen, das selbst die Merkmale bestimmt, die es bestimmen, in: Frankfurter Allgemeine Zeitung, 30. September 1995. Vgl. auch *Kirchhof*, HdbStR VII, FN 14, Rdnr. 27: »Der Gedanke der Nation [erklärt] [...] den Staat aus der Mitte der kulturellen, religiösen, ökonomischen und politischen Vorbefindlichkeiten [...].« *Rogers Brubaker* behauptet, daß die grundsätzliche ethno-kulturelle Konzeption der Nation sogar im Grundgesetz wahrgenommen werden kann: *Rogers Brubaker*, Einwanderung und Nationalstaat in Frankreich und in Deutschland, Der Staat 1989, 1 (15) (»man [kann] eine grundsätzliche ethno-kulturelle Konzeption der Nation sogar im Grundgesetz der Bundesrepublik erkennen«).

[24] Diese Idee ist nicht wirklich neu, vgl. *Schmitt*, Verfassungslehre, FN 10, S. 251 (»Volk=Nation= Staat«). Ebd., S. 231: »Ein demokratischer Staat, der in der nationalen Gleichartigkeit seiner Bürger die Voraussetzungen seiner Demokratie findet, entspricht dem sog. Nationalitätsprinzip, nach welchem eine Nation einen Staat bildet, ein Staat eine Nation umfaßt. Ein national homogener Staat erscheint dann als etwas Normales; ein Staat, dem diese Homogenität fehlt, hat etwas Abnormes, den Frieden Gefährdendes.« Nur leicht abgeschwächt *Isensee*: Abschied der Demokratie vom Demos, FN 9, S. 709, der die Nation als optimale Voraussetzung für den Staat versteht: »Der rechtliche Staatsverband muß nicht auf nationaler Einheit gründen. Auch die Demokratie setzt sie nicht notwendig voraus. Gleichwohl bildet sie ihre optimale Voraussetzung. Eine Nation besteht ihrer Idee und ihrem Selbstbewußtsein nach vor Staat und Verfassung. Sie begreift sich als politische Einheit und strebt danach, diese in staatlicher Form zu organisieren.«

[25] Siehe z. B. *Alfred Verdross*, Völkerrecht, Berlin 1937, S. 39–41.

[26] *Kirchhof* beschreibt den Staat als »Herrschaftsorganisation«, vgl. HdbStR VII, FN 14, Rdnr. 31: »Der Inhaber der Staatsgewalt sichert den Zusammenhalt des Staates durch Entscheidung und Zwang, der Staat hebt seine Staatsangehörigen von Fremden rechtlich und tatsächlich ab, beansprucht Führung, indem er Eigenes vom Allgemeinen, Zugehöriges vom Fernstehenden unterscheidet. Die Staatstheorie betont den Gegensatz von Freund und Feind, um dem Denken und Handeln eine verläßliche Ausrichtung zu geben.« *Kirchhofs* einzige Fußnote in diesem Kontext verweist auf *Carl Schmitt*, Der Begriff des Politischen, 1932, S. 13 ff. (bes. S. 17).

[27] Der Nexus in den Augen des Gerichts zwischen Demos – verstanden in diesem ethno-kulturellen Sinn – und Demokratie ist ebenfalls ganz deutlich in den Entscheidungen des Bundesverfassungsgerichts zum kommunalen Wahlrecht für Ausländer (BVerfGE 83, 37; 83, 60). Die beste theoretische Arbeit zu politischen Grenzen und ihrem Verhältnis zur Demokratie, die ich kenne, ist *Robert A. Dahl*, Democracy and its Critics, New Haven/London 1989, S. 19 ff. Vgl. zur Verbindung zwischen Demokratie und Volk BVerfGE 89, 155 (182); *Ernst-Wolfgang Böckenförde*, Demokratie als Verfassungsprinzip, in: Josef Isensee/

keine Sorgen zu machen, da sie im Bundestag voll repräsentiert sein werden. Ihr Wehgeschrei wäre schrill, nicht einfach weil sie als Dänen zu permanenter Minderheit verurteilt wären (das mag auf die deutschen Grünen ebenfalls zutreffen)[28], sondern weil nach der Art, wie Nationalität und mit Demokratie miteinander verstrickt sind, *in diesem Gedankengang*, selbst die Herrschaft der Mehrheit nur legitim ist innerhalb eines Demos, wenn Dänen Dänen regieren.[29] Somit ist Demos eine Bedingung für Demokratie. Wenn im Gegensatz dazu Demokraten wie Alfred Verdross für ein Großdeutschland[30] plädierten, war dies sicherlich nicht von einer irgendwie gearteten proto-faschistischen Vorstellung motiviert, sondern vom Glauben, daß die deutschsprachigen Völker eigentlich ein Volk seien, im Sinne dieser besonderen Vorstellung von Volkszugehörigkeit.

Wenden wir uns nun Europa zu, so wird argumentiert, daß auf der Basis dieser organischen kulturellen-nationalen Kriterien empirisch betrachtet ein europäischer Demos nicht existiert[31]

Paul Kirchhof (Hrsg.), Handbuch des Staatsrechts der Bundesrepublik Deutschland, Band I (FN 17), S. 887, Rdnr. 10 ff.

[28] Dieser Punkt wird von *Dahl*, FN 27, S. 146–148, angesprochen.

[29] Natürlich gibt es, wie ich noch darlegen werde, weniger volksbezogene/nationalistische Wege, sich ein Gemeinwesen vorzustellen, Wege, die transnationale Formen von Demokratie erlauben würden. Vgl. *Dahl*, FN 27, S. 317 ff., der, nachdem er einen kurzen Überblick über die Wandlung von Demokratie mit einem beschränkten Demos, wie etwa in den Stadtstaaten des antiken Griechenland oder in Rom, zum erweiterten Rahmen der politischen Ordnung im Nationalstaat gibt, eine weitere Ausdehnung der Grenzen von Demokratie durch die Verbreitung transnationaler Aktivitäten und Entscheidungen voraussagt.

[30] Siehe *Anthony Carty*, Alfred Verdross und Othmar Spann, German Romantic Nationalism, National Socialism and International Law, EJIL Vol. 6 (1995), S. 78–97.

[31] *Kirchhof*, HdbStR VII, FN 14, Rdnr. 2: »Die Entwicklung einer kulturellen Einheit in Europa ist ausgeschlossen, weil in der Gemeinschaft neun verschiedene nationale Sprachen gesprochen werden [...].« Ebd., Rdnr. 37: »Das Sprachbild einer »verfassungsgebenden Gewalt« des zustimmenden Staatsvolkes kann auch das Entstehen eines europäischen Staates nicht ausreichend rechtlich erfassen. Es erklärt nicht, warum die Bildung eines neuen Staates in seiner anderen Verfaßtheit die gegenwärtig nicht mit abstimmenden, nachfolgend aber stimmberechtigten Staatsbürger binden sollte. Es rechtfertigt nicht, warum der entstehende Staat – etwa die Gemeinschaft der Zwölf – andere Staaten und Staatsbürger ausgrenzt und damit ihre europäische Ausgangslage tiefgreifend verändern darf. Es vermag aber vor allem seine eigenen Prämissen nicht zu begründen, nämlich die Gemeinsamkeit eines zusammengehörigen europäischen Staatsvolkes: eine Mindesthomogenität in den staatsrechtlichen Grundauffassungen, eine für jedermann zugängliche Rechtssprache, wirtschaftliche und kulturelle Ähnlichkeiten oder zumindest Annäherungskräfte, die Fähigkeit zum politischen Austausch durch gesamteuropäisch wirkende Medien, ein in Europa bekanntes Führungspersonal und europaweit tätige Parteien.« Ebd., Rdnr. 52: »Eine Europäisierung ohne ein sich vorausentwickelndes europäisches Bewußtsein und damit ohne ein europäisches Volk mit konkreter Fähigkeit und Bereitschaft zur gemeinsamen Staatlichkeit wäre ideengeschichtlich uneuropäisch.« Vgl. ebenfalls *Kirchhofs* Ausführungen hinsichtlich der Wirtschaftsgemeinschaft als Basis der Staatlichkeit, Rdnr. 10: »Eine im Handlungsziel und Rechtsmaßstab derart begrenzte Wirtschaftsgemeinschaft mag zwar anfangs als Vorstufe eines staatsähnlichen Verbundes gedacht gewesen sein, ist aber in ihren Kompetenzen und Befugnissen nicht darauf angelegt, sich zu einer umfassenden Staatlichkeit fortzubilden. [...] Insofern ist eine Wirtschaftsgemeinschaft keine Demokratie, die sich veranlaßt sähe, ihr Entstehen und ihre Entwicklung kontinuierlich auf den Willen der Marktbürger abzustimmen. Auch das Anliegen einer gemeinsamen Sprache, eines politischen Zusammenhalts und einer rechtlich geprägten Einheit treten in einer Wirtschaftsgemeinschaft zurück [...].« Vgl. auch *Kirchhof*, in: Europarecht Beiheft 1/1991, FN 14, S. 12: »Die Europäische Gemeinschaft (EWG) hingegen ist eine internationale Organisation, die nicht die Marktbürger zu einem Staatsvolk der ›EWG-Bürger‹ zusammenfaßt, insbesondere kein umfassendes Schutz- und Gehorsamsverhältnis begründet.« Vgl. auch explizit *Isensee*, Nachwort, FN 15, S. 133–134: »[E]s gibt kein europäisches Volk, sondern nur die Völker der europäischen Staaten. [...] Auch die Einführung einer rechtlich formalisierten Unionsbürgerschaft, die durch die Staatsangehörigkeit eines Mitgliedstaates vermittelt wird, vermag kein Unionsvolk als politische Einheit zu schaffen: keine Europanation. Eben damit fehlt auch das Subjekt für eine mögliche europäische Demokratie: das europäische Volk. Es gibt keine Demokratie ohne Demos. [...] Da [der Europäischen Gemeinschaft] das Volk fehlt,

– kein europäisches Volk, keine europäische Nation.[32] Es existieren weder das subjektive Element (das Bewußtsein einer gemeinsamen kollektiven Identität und Loyalität) noch die objektiven Bedingungen, die diese erzeugen könnten (die Art von Homogenität der organischen national-kulturellen Bedingungen, auf denen Volkszugehörigkeit beruht). Langfristige friedliche Beziehungen mit sich verdichtendem wirtschaftlichem und sozialem Austausch sollten nicht verwechselt werden mit dem Zusammenhalt durch Volkszugehörigkeit und Nationalität, geschmiedet durch Sprache, Geschichte, Ethnizität usw. An diesem Punkt entdecken wir zwei Versionen der Kein-Demos-These. Die abgemilderte, ›weiche‹ Version des Gerichts selbst[33] ist die *Noch Nicht*-Version[34]: Obwohl gegenwärtig kein Demos existiert, ist die Möglichkeit eines solchen für die Zukunft nicht *von vornherein* ausgeschlossen. Wenn und soweit sich einmal ein europäischer Demos entwickeln sollte, dann – und auch nur dann – müssen die grundlegenden politischen Prämissen der Entscheidung überdacht werden. Dies ist in der vorhersehbaren Zukunft unwahrscheinlich.[35] Die radikale, ›harte‹ Version lehnt diese Möglichkeit nicht nur als objektiv unrealistisch, sondern auch als nicht wünschenswert ab: es wird (meiner Ansicht nach korrekt) argumentiert, daß die europäische Integration nicht die Schaffung einer europäischen Nation oder eines europäischen Volkes zum Ziel hat, sondern eine immer engere Union zwischen den Völkern Europas.[36] Was die ›abgemilderte‹ und die

---

ermangelt ihr ein Staatselement, mithin die verfassungspolitische Fähigkeit, aus sich heraus Demokratie zu bilden.«

[32] Und daher auch kein Staat: vgl. BVerfGE 89, 155 (188): »Der Unionsvertrag begründet – wie ausgeführt – einen Staatenverbund zur Verwirklichung einer immer engeren Union der – staatlich organisierten – Völker Europas (Art. A EUV), *keinen sich auf ein europäisches Staatsvolk stützenden Staat.*« (Hervorhebungen von mir).

[33] Und einige andere: vgl. *Dieter Grimm*, Mit einer Aufwertung des Europa-Parlaments ist es nicht getan. – Das Demokratiedefizit der EG hat strukturelle Ursachen –, in: Jahrbuch zur Staats- und Verwaltungswissenschaft, Bd. 6 (1992/93), S. 13.

[34] BVerfGE 89, 155 (185): »Demokratie, soll sie nicht lediglich formales Zurechnungsprinzip bleiben, ist vom Vorhandensein bestimmter vorrechtlicher Voraussetzungen abhängig, wie einer ständigen freien Auseinandersetzung zwischen sich begegnenden sozialen Kräften, Interessen und Ideen, in der sich auch politische Ziele klären und wandeln [...] und aus der heraus eine öffentliche Meinung den politischen Willen vorformt. Dazu gehört auch, daß die Entscheidungsverfahren der Hoheitsgewalt ausübenden Organe und die jeweils verfolgten politischen Zielvorstellungen allgemein sichtbar und verstehbar sind, und ebenso, daß der wahlberechtigte Bürger mit der Hoheitsgewalt, der er unterworfen ist, in seiner Sprache kommunizieren kann. *Derartige tatsächliche Bedingungen können sich, soweit sie noch nicht bestehen, im Verlauf der Zeit im institutionellen Rahmen der Europäischen Union entwickeln.* Eine solche Entwicklung hängt nicht zuletzt davon ab, daß die Ziele der Gemeinschaftsorgane und die Abläufe ihrer Entscheidungen in die Nationen vermittelt werden. Parteien, Presse und Rundfunk sind sowohl Medium als auch Faktor dieses Vermittlungsprozesses, aus dem heraus sich eine öffentliche Meinung in Europa zu bilden vermag (vgl. Art. 138a EGV).« (Hervorhebungen von mir).

[35] Z. B. *Grimm*, FN 33, S. 16: »Eine europäische Öffentlichkeit und einen breiten öffentlichen Diskurs auf europäischer Ebene wird es deswegen noch auf längere Zeit nicht geben. Ein europäisches Staatsvolk, dem die europäische Hoheitsgewalt zugerechnet werden könnte, ist nicht einmal in Sicht.«

[36] Siehe *Isensee*, Nachwort, FN 15, S. 137: er steht dieser Idee eindeutig negativ gegenüber (»Schon die Sprachenvielfalt bildet hier ein Hindernis für den allgemeinen, direkten Diskurs der Demokratie. Alles spricht gegen die staatliche Einheit: Reichtum an kollektiver Individualität, Verdichtung des Lebens in gedrängten Räumen, historische Tiefe und kulturelle Gegensätze, die Runzeln und Falten, die Abgründe eines alten Erdteils. Vielleicht werden alle diese Besonderheiten Europas einmal aufhören zu existieren, nivelliert von einer kosmopolitischen Zivilisation oder überlagert durch Einwanderer aus anderen Weltgegenden. Am Ende mag es sein, daß Deutschland und Italien sich zueinander verhalten werden wie Kansas und Texas, daß auch hier der amerikanische Traum aufgeht: von der einen, neuen Gesellschaft, multikulturell und uninational. Doch wenn der amerikanische Traum sich auf dem alten Kontinent verwirklichen sollte, wäre der europäische Traum zu Ende. Mit ihm die Realität des politischen Europa.«). Ähnlich Bundesverfassungsrichter *Hans Hugo Klein*, Europa – Verschiedenes gemeinsam erlebt. Es gibt kein

›radikale‹ Version jedoch teilen, ist ein gemeinsames Verständnis von Volkszugehörigkeit, ihrer Charakteristika und Manifestationen.

Abgemilderte oder radikale Version, die Konsequenzen der Kein-Demos-These für das Europäische Haus sind von großem Interesse. Die rigorose Auswirkung dieser Ansicht wäre, daß in Abwesenheit eines Demos *per definitionem* keine Demokratie oder Demokratisierung auf europäischer Ebene möglich ist.[37] Das ist keine bloß semantische Behauptung. Nach dieser Lesart unterscheidet sich europäische Demokratie (d.h. zumindest ein bindender Mehrheitsentscheidungsprozeß auf europäischer Ebene) ohne Demos in keiner Weise von dem vorher erwähnten deutsch-dänischen Anschluß, abgesehen von den Dimensionen. Den Dänen Stimmrecht im Bundestag zu geben ist, wie dargelegt, ein wirklich schwacher Trost. Ihnen Stimmrecht im europäischen Parlament oder dem Ministerrat zu geben, macht konzeptionell keinen Unterschied. Dies träfe auf jeden Nationalstaat zu. Europäische Integration mag dieser Ansicht nach zwar einen gewissen Transfer von Staatsfunktionen an die Union beinhaltet haben, der jedoch nicht begleitet worden ist von einer Neubestimmung der politischen Grenzen; eine solche kann nur vorgenommen werden, wenn man von der Existenz eines europäischen Volkes sprechen könnte. Da dies, so wird behauptet, bisher noch nicht der Fall ist, können die Union und ihre Institutionen weder die Autorität noch die Legitimität eines ›demos-kratischen‹ Staates besitzen.[38] Die Stärkung des Europäischen Parlaments ist keine Lösung und könnte – in dem Ausmaße, in dem sie den Ministerrat (die Stimme der Mitgliedstaaten) schwächt – das Legitimitätsproblem der Gemeinschaft sogar noch verstärken.[39] Dieser Ansicht nach ist ein Parlament ohne Demos konzeptionell unmöglich und in der Praxis despotisch. Wenn das Europäische Parlament nicht der Repräsentant *eines* Volkes ist, wenn die territorialen Grenzen der EU nicht ihren politischen Grenzen entsprechen, dann hat die Verfügung eines solchen Parlaments nur geringfügig mehr Legitimität als die Verfügung eines Alleinherrschers.

Was aber, wenn die funktionale Kooperation mit anderen Nationalstaaten dem Interesse eines Nationalstaates dienen würde? Die Kein-Demos-These hat eine implizite, traditionelle Lösung: Kooperation durch internationale Abkommen – frei geschlossen durch die ›Hohen Vertragschließenden Parteien‹ und bevorzugt von vertraglicher Natur (d. h. keine zeitlich nicht begrenzten Verpflichtungen) mit der Möglichkeit des Austritts –, die genau umschriebene Bereiche betreffen. Historisch gesehen wurden solche Verträge von Staatsoberhäuptern geschlossen, die die Souveränität des Nationalstaates verkörperten. In der moderneren Version werden solche Verträge von einer Regierung geschlossen, die sich gegenüber einem nationalen Parlament verantworten muß – wobei oftmals sogar eine parlamentarische Zustimmung notwendig ist – und den materiellen Bedingungen der nationalen demokratischen Verfassung unterworfen ist. Demokratie ist auf diese Weise sichergestellt.

Einige Passagen in der Entscheidung des Bundesverfassungsgerichts – besonders in ihrer ›weichen‹ Version – scheinen diese Schlußfolgerung zu widerlegen. Immerhin schreibt das

---

europäisches Volk, sondern die Völker Europas, Frankfurter Allgemeine Zeitung, 17. Oktober 1994, S. 12.

[37] Vgl. *Kirchhofs* Behauptung in HdbStR VII, FN 14, Rdnr. 33; »Demokratie setzt eine Vergemeinschaftung im Staatsvolk voraus.« Explizit auf die Europäische Gemeinschaft bezogen, ebendort, Rdnr. 53: Die Europäische Gemeinschaft kann nicht auf demokratischer Legitimation beruhen, »die Repräsentation durch das Europäische Parlament [stützt] sich [...] nicht auf ein Staatsvolk«. *Isensee*, Nachwort, FN 15, S. 133: »Es gibt keine Demokratie ohne Demos.« Weniger rigoros BVerfGE 89, 155 (186): »Vermitteln die Staatsvölker – wie gegenwärtig – über die nationalen Parlamente demokratische Legitimation, sind mithin der Ausdehnung der Aufgaben und Befugnisse der Europäischen Gemeinschaft vom demokratischen Prinzip her Grenzen gesetzt.«

[38] *Isensee*, Abschied der Demokratie vom Demos, FN 19, S. 727: »Demokratie entwickelt sich legitim nur innerhalb des Demos, aus dem und für den sie besteht.«

[39] Vgl. *Weiler*, Parlement Européen, FN 13.

Gericht, daß »mit dem Ausbau der Aufgaben und Befugnisse der Gemeinschaft die Notwendigkeit [wächst], zu der über die nationalen Parlamente vermittelten demokratischen Legitimation und Einflußnahme eine Repräsentation der Staatsvölker durch ein europäisches Parlament hinzutreten zu lassen, von der ergänzend eine demokratische Abstützung der Politik der Europäischen Union ausgeht«[40]. Dies aber beweist nur die Inkonsistenz der verfassungsgerichtlichen Argumentation. In seinem Versuch, sich selbst in einer Linie mit den eher traditionellen Vorschlägen zur Demokratisierung der Union durch eine Stärkung des Europäischen Parlaments zu positionieren, begibt sich das Bundesverfassungsgericht in scharfen Widerspruch zu seinem eigenen, ausdrücklich vorgetragenen Verständnis von Demokratie und deren Nexus zum Demos. In Anbetracht der Verneinung eines europäischen Demos durch das Gericht stellt die Formel von der »Repräsentation der Staatsvölker durch ein Europäisches Parlament« schlechtestenfalls nichts als eine leere rhetorische Figur dar im Widerspruch zu den eigenen Überzeugungen des Verfassungsgerichts, bestenfalls eine ebenso widersprüchliche Ausnahme von einem ansonsten in die Gegenrichtung verlaufenden Argumentationsstrom.

III. Das europäische Demokratiedefizit und die Kein-Demos-These

Dies also macht nun die Kein-Demos-These aus, die, wie es scheint, einer ausgeprägten Sorge um demokratische Strukturen und Prozesse entspringt, wobei diese jedoch auf der Existenz eines Demos beruhen müssen. Ob es nun einen europäischen Demos gibt oder nicht, es ist schwer zu sehen, wie auf der bereits *existierenden* Stufe europäischer Integration, sowohl vor als auch nach Maastricht, staatliche Strukturen, Prozesse und Institutionen alleine – das Bundesverfassungsgericht selbst eingeschlossen – in der Lage sein sollen, angemessene demokratische Garantien für das Europäische Haus zu geben. Um es auf den Punkt zu bringen: Wenn es das Anliegen des Bundesverfassungsgerichts war, den demokratischen Charakter des Europäischen Hauses in seiner zukünftigen Entwicklung sicherzustellen, und wenn es die explizite und implizite These des Gerichts ist, daß mangels eines europäischen Demos Demokratie nur durch mitgliedstaatliche Mechanismen garantiert werden kann, dann ist schwer einzusehen, wie das Bundesverfassungsgericht – unter Anwendung desselben Verständnisses – der bereits existierenden Europäischen Union und Gemeinschaft ein demokratisches Gütesiegel erteilen konnte.

Was immer die Absichten der ›Hohen Vertragschließenden Parteien‹ waren, die Verträge zur Gründung der Europäischen Gemeinschaft und Union haben sich auf eine Art und Weise entwickelt, für die es keine internationale Parallele gibt, und nationale Verfahren zur Sicherung demokratischer Kontrolle über internationale Abkommen eines Staates sind offensichtlich schlecht dazu geeignet und jämmerlich unangemessen, um die durch die Europäische Union gestellten Probleme anzusprechen.

Die Problematik der Demokratie in der Europäischen Union ist gut erforscht. Sie wird häufig als ›Demokratie-Defizit‹ der Gemeinschaft bezeichnet, doch gleich welche Terminologie man verwendet, die wesentlichen Punkte sind offensichtlich. Hier ein kurzer Überblick:

---

[40] BVerfGE 89, 155 (184).

Im Zuge der europäischen Integration wurden zahlreiche, und zunehmend wichtigere, Regierungsfunktionen auf ›Brüssel‹ übertragen, in die exklusive oder konkurrierende Zuständigkeit der Gemeinschaft und Union verlagert. Dies ist in mehrerlei Hinsicht problematisch.

Obwohl die formalen politischen Grenzen der Staaten intakt geblieben sind, wurden in den Bereichen, in denen eine Kompetenzübertragung auf die Union stattfand, die funktionalen politischen Grenzen des Gemeinwesens in der Tat neu gezogen. Wenn wichtige politische Entscheidungen, etwa im Zusammenhang mit internationalem Handel, Umweltschutz, Konsumentenschutz oder Einwanderung, ausschließlich oder überwiegend in den Verantwortungsbereich der Gemeinschaft fallen, dann ist für diese Angelegenheiten der Entscheidungsort nicht mehr der Staat, sondern die Union.

Selbst wenn die Union in ihrem Regierungssystem die exakt gleichen institutionellen Strukturen widerspiegeln würde, wie man sie in den Mitgliedstaaten vorfindet, dann würde das eine Verringerung der spezifischen Bedeutung, des politischen Gewichts und des Umfangs der Kontrollmöglichkeiten jedes Individuums innerhalb der neu gezogenen politischen Grenzen bedeuten. Das ist, so kann man argumentieren, die unvermeidliche Konsequenz der Erweiterung der Mitgliedschaft im funktionalen Gemeinwesen (wenn ein Unternehmen neue Aktien ausgibt, dann wird das Gewicht jeder Stimme in der Aktionärsversammlung verringert) und der Hinzufügung einer zusätzlichen Regierungsebene, welche die Union weiter von ihren eigentlichen Subjekten entfernt, in deren Namen und für die eine demokratische Regierungsform doch arbeiten soll. Wenn man hierfür eine Bezeichnung sucht, so könnte man es ›umgekehrten Regionalismus‹ nennen. Alle wirklichen und unterstellten Vorzüge des Regionalismus sind hier umgekehrt.

Umgekehrter Regionalismus vermindert nicht einfach Demokratie im Sinne einer Entmachtung des Individuums, sondern er fördert auch das davon getrennte Phänomen der De-Legitimierung. Demokratie und Legitimation sind nicht gleichbedeutend. Man kennt aus der Geschichte Gemeinwesen, bei denen man mit Recht von demokratischen Strukturen und Prozessen ausgehen kann, die jedoch eine zweifelhafte politische Legitimität besaßen und die, auf demokratische Weise, durch Diktaturen ersetzt wurden. Man kennt aus Geschichte und Gegenwart Gemeinwesen mit extrem undemokratischen Regierungsstrukturen und -prozessen, die nichtsdestotrotz ein hohes Maß und Legitimität besaßen oder besitzen.[41] Umgekehrter Regionalismus, in dem Umfange, in dem er Demokratie im oben beschriebenen Sinne vermindert, oder in dem Umfange, in dem man diesen Effekt annimmt, wird in mehr oder weniger großem Ausmaße die Legitimität der Union in Frage stellen.

Die so wahrgenommene Schädlichkeit des umgekehrten Regionalismus und seine delegitimierende Wirkung werden durch drei Faktoren verstärkt:

Die Ausdehnung der Gemeinschaft oder Union in Bereiche, die klassische, symbolische Staatsfunktionen sind oder zumindest als solche aufgefaßt werden, und wo ›uns‹ (Franzosen, oder Dänen, oder Iren, usw.) ›andere‹ nicht vorschreiben sollen, wie wir unser Leben zu gestalten haben. Diese sozial konstruierten und kulturell bestimmten Bereiche sind nicht eindeutig festgelegt. Sie reichen vom Lächerlichen (das britische Pint) zum Sublimen (dem Recht auf Leben der irischen Abtreibungs-Saga).

Die Ausdehnung der Gemeinschaft oder Union in Bereiche, die als Angelegenheiten des Einzelnen oder lokaler Gemeinschaften gelten oder zumindest als solche aufgefaßt werden, und

---

[41] Zur Notwendigkeit, analytisch zwischen Legitimität und Demokratie zu trennen, siehe *Weiler*, Parlement Européen, FN 13.

in bezug auf die ›uns‹ (den Individuen) die ›Regierung‹ nicht vorschreiben soll, wie wir unser
Leben zu gestalten haben.

Der Eindruck, ob er nun der Realität entspricht oder nicht, daß es keine effektive Begrenzung und/oder Kontrolle der Fähigkeit der Gemeinschaft oder Union gibt, in Bereiche einzugreifen, die bisher als Domäne des Staates oder des Individuums aufgefaßt wurden.

Umgekehrter Regionalismus ist nur ein Aspekt des beklagten Demokratieproblems der europäischen Integration. Ich habe oben ausgeführt: »Selbst wenn die
Union in ihrem Regierungssystem die exakt gleichen institutionellen Strukturen
widerspiegeln würde, wie man sie in den Mitgliedstaaten finden kann, dann würde
das eine Verringerung der spezifischen Bedeutung, des politischen Gewichts und des
Umfangs der Kontrollmöglichkeiten jedes Individuums innerhalb der neu gezogenen
politischen Grenzen bedeuten.« Aber natürlich spiegelt die Union nicht die nationalstaatlichen demokratischen Einrichtungen wider.

Ein Bestandteil des demokratischen Prozesses in den Mitgliedstaaten ist, mit vielen
Variationen natürlich, daß die Regierung, die Exekutive, wenigstens formell der
parlamentarischen Kontrolle unterliegt. Insbesondere wenn politische Programme
Gesetzgebung erfordern, ist die Zustimmung des Parlaments notwendig. Nationale
Parlamente erfüllen, abgesehen von der Ausübung dieser ›Machtfunktionen‹, auch
eine ›Öffentlichkeitsfunktion‹, verschiedentlich beschrieben als Information, Kom-
munikation, Legitimation usw. Es wird nun argumentiert, daß die Ausübung von
Regierungsgewalt durch die Gemeinschaft und die Union und die Institutionen der
Union nachteilige Auswirkungen auf diese grundsätzlichen demokratischen Prozesse
innerhalb der Mitgliedstaaten und innerhalb der Union selbst haben.

Die Ausübung von Regierungsgewalt durch Gemeinschaft und Union stört die Machtbalance zwischen Exekutiv- und Legislativorganen eines Staates. Die Exekutive der Mitgliedstaaten,
Minister, werden innerhalb der Gemeinschaft als Hauptgesetzgebungsorgan eingesetzt, das,
wie bereits erwähnt, eine sich ständig erweiternde Kompetenz über anwachsende Politikfelder
besitzt. Der Umfang, die Komplexität und das Timing des innergemeinschaftlichen Entscheidungsprozesses machen die Kontrolle durch die nationalen Parlamente, insbesondere in den
großen Mitgliedstaaten, eher zur Illusion denn zur Realität. In einem von Mehrheitsentschei-
dungen bestimmten Umfeld ist die Möglichkeit der nationalen Parlamente, Ergebnisse innerhalb des Ministerrates zu beeinflussen, noch weiter beeinträchtigt. Das Europäische Parlament
bietet hier keinen ausreichenden Ersatz. Selbst nach Maastricht ist die parlamentarische Kontrolle durch das Europäische Parlament in wesentlichen Teilen lückenhaft. Nach dieser Lesart
resultiert die Ausübung von Regierungsgewalt durch die Union in einer Nettostärkung der
Exekutive innerhalb der Mitgliedstaaten.

Das Europäische Parlament ist nicht nur schwach aufgrund des formalen Fehlens bestimmter
Kompetenzen, sondern auch aufgrund seiner strukturellen Abgelegenheit. Die technische
Möglichkeit der Mitglieder des Europäischen Parlaments, ihren Wahlkreis in den Gemein-
schaftsprozeß einzubinden und ihn zu repräsentieren, wird in den größeren Mitgliedstaaten
bereits durch die bloße Größe der Wahlkreise ernsthaft in Frage gestellt. Auch die abstrakte
Funktion des Parlaments als Repräsentant »des Volkes« – seine Funktion als öffentliches Forum
– wird in Frage gestellt; Ursache ist eine Kombination ineffektiver Kompetenzen des Europäischen Parlaments (die wirklichen Entscheidungen fallen nicht dort), seiner Arbeitsweise (Ort
und Zeit), seines Sprach-«Problems« und der Schwierigkeit adäquater Medienberichterstattung (und dem Desinteresse daran). Es ist vielsagend, daß trotz einer schrittweisen Erweiterung der formellen Kompetenzen des Parlaments gleichzeitig ein Rückgang der Wahlbeteili-

gung bei Europawahlen zu verzeichnen ist. Auch werden Europawahlen von der jeweiligen nationalen politischen Agenda bestimmt und nur allzu häufig als Stimmungsbarommeter für die regierenden nationalen Parteien in der Mitte einer Legislaturperiode betrachtet. Dies ist – eine ebenfalls bemerkenswerte Tatsache – genau das Gegenteil des amerikanischen Systems, in dem Wahlen auf der Ebene der Bundesstaaten häufig ein Signal für die Regierung in Washington sind. Daß wirklich trans-europäische politische Parteien bisher nicht auf den Plan getreten sind, ist ein weiterer Ausdruck dieses Phänomens. Damit gibt es keinen wirklichen Weg, auf dem der europäische politische Prozeß es den Wählern erlauben würde, »die Schurken hinauszuwerfen« – d.h. die oft wirklich letzte verbleibende Macht des Volkes zu ergreifen und eine regierende Gruppe durch eine andere zu ersetzen. Im gegenwärtigen Zustand hat niemand, der bei einer Europawahl seine Stimme abgibt, die Vorstellung, wichtige politische Entscheidungen auf europäischer Ebene zu beeinflussen, und noch viel weniger, die Art der Regierungsausübung in Europa zu bestätigen oder zurückzuweisen.

Die Ausübung von Regierungsfunktionen durch die Gemeinschaft kann sich auch dann als verzerrend auswirken, wenn man einen neo-korporatistischen Blickwinkel hinsichtlich des europäischen Gemeinwesens einnimmt. Aus dieser Perspektive monopolisiert die Regierung – sowohl Exekutive als auch Legislative – nicht den politischen Entscheidungsprozeß, sondern ist nur ein Akteur, wenn auch ein wichtiger, in einer größeren Arena, die öffentliche und private Interessengruppen umfaßt. Die Bedeutung des Parlaments in diesem Modell liegt darin, diffusen und fragmentierten Interessen, deren politischer Einfluß auf ihrer Bedeutung als potentielle Wählerschaft und dem Streben der Politiker nach Wiederwahl beruht, Stimme und Gewicht zu verleihen. Andere Akteure, wie etwa große Industrieverbände oder die Gewerkschaften, deren Interessenzuordnung viel weniger diffus und fragmentiert ist, üben politischen Einfluß durch andere Kanäle und mit anderen Mitteln aus, etwa durch Spenden, durch Kontrolle von Parteiorganisationen und durch direktes Lobbying gegenüber der Verwaltung. Wenn Kompetenzbereiche auf Europa übertragen werden, so bedeutet das an sich schon eine Schwächung diffuser und fragmentierter nationaler Interessen; es ist für diese nämlich schwieriger, sich auf transnationaler Ebene zu organisieren, verglichen etwa mit einem kompakteren Verbund großer Produzenten (etwa in der Tabakindustrie). Zusätzlich haben die strukturellen Schwächen des Europäischen Parlaments einen entsprechenden Effekt auf diese Interessen, selbst wenn sie organisiert sind. Die Wählerschaft besitzt einfach wenig Gewicht in der Europapolitik.

Da die Rechtsakte der Gemeinschaftsgesetzgebung auf der obersten Stufe der Normenhierarchie jedes Landes stehen, wird die nationale gerichtliche Kontrolle primärer Gesetzgebung – in den Systemen, die eine solche besitzen (z.B. Italien, Deutschland, Irland) – ebenfalls geschwächt. Der Europäische Gerichtshof, ebenso wie das Europäische Parlament, bietet, so kann man argumentieren, keinen effektiven Ersatz, da er notwenigerweise von einem anderen gerichtlichen Verständnis angeleitet wird, insbesondere im Hinblick auf die Interpretation der Schranken der Gemeinschaftskompetenzen. Da die Regierungen der Mitgliedstaaten nicht nur das einflußreichste Gesetzgebungsorgan der Gemeinschaft bilden, sondern auch die wichtigste Exekutivfunktion wahrnehmen (sie sind in viel größerem Maße als die Kommission verantwortlich für die Implementierung und Durchführung von Gemeinschaftsrecht und -politik), entgehen sie im Hinblick auf den Großteil ihrer Administrativfunktion auch der Kontrolle durch nationale Parlamente (die typischerweise schwach ist) und durch nationale Gerichte (die typischerweise stärker ist).

Nationale Präferenzen werden, so kann man mit gutem Grund behaupten, ebenfalls in substantieller Weise verfälscht. Ein Mitgliedstaat hat vielleicht eine Mitte-Rechts-Regierung gewählt und kann sich doch mit einer Mitte-Links-Politik konfrontiert sehen, wenn eine Mehrheit von Mitte-Links-Regierungen den Ministerrat dominieren sollte. Umgekehrt, selbst wenn es eine Mehrheit von Mitte-Rechts-Regierungen im Ministerrat geben sollte, kann es sein, daß diese sich durch eine Minderheit von Mitte-Links- Regierungen – oder sogar durch eine einzige derartige Regierung, wenn die Entscheidungsregel Einstimmigkeit vorsieht – blockiert sehen. Sowohl im Ministerrat als auch im Europäischen Parlament ist das Prinzip der proportionalen Repräsentation nur begrenzt verwirklicht, wobei den Bürgern kleiner Staaten, vor allem Luxemburg, verstärktes Gewicht zukommt, während die Bürger der größeren Staaten und vor allem Deutschlands nur eine unzureichende Stimme besitzen.

Zuletzt ein Punkt, von dem gesagt wird, daß er die Ausübung von Regierungsfunktionen durch die Gemeinschaft insgesamt beeinträchtige und den demokratischen Prozeß negativ beeinflusse, nämlich die insgesamt fehlende Transparenz. Diese ist nicht nur ein Ergebnis der zusätzlichen Regierungsebene und der verstärkten Distanz der Regierung. Das Gemeinschaftsverfahren selbst ist notorisch langwierig, in den einzelnen Politikbereichen höchst unterschiedlich und zum Teil ohne Einblicksmöglichkeit für die Öffentlichkeit. »Komitologie« ist ein treffender Neologismus – ein Phänomen, das seine ureigene Wissenschaft erfordert und das bisher noch keine Einzelperson gemeistert hat.

Selbst wenn man nicht alle Details dieser Kurzversion des Demokratiedefizits akzeptiert – kann man ernsthaft argumentieren, daß sie völlig falsch sei? Daß es in der Gemeinschaft von heute kein ernsthaftes Demokratieproblem gebe? Ironischerweise betont und verstärkt die Kein-Demos-These das Problem, da sie als Konsequenz nach sich zieht, daß der bescheidene Zuwachs an Entscheidungkompetenz für das Europäische Parlament nicht zur Lösung des Demokratie-Dilemmas beitragen kann; nach der Kein-Demos-These genießt das Europäische Parlament – wie oben erklärt – in Abwesenheit eines europäischen Demos ja keine unabhängige Autorität und Legitimität als Gesetzgebungsorgan im Gemeinwesen.

Dies ist nicht der Ort, um detaillierte Maßnahmen zur Behebung des Demokratiedefizits der Europäischen Union darzulegen. Aber ich würde behaupten, daß eine realistische Beurteilung des Problems nahelegt, daß, wenn man nicht einen guten Teil der bestehenden Struktur abtragen und Europa nicht zahlreiche Kompetenzen wieder zugunsten der Mitgliedstaaten abringen will, der einzige Weg, ein gewisses Maß an Demokratisierung zu erreichen, eine kombinierte Revision von Kompetenzen und Entscheidungsprozessen sowohl auf der europäischen Ebene als auch auf der der Mitgliedstaaten ist. Ich würde zum Beispiel vehement dafür eintreten, daß die nationalen Parlamente in kritischen Bereichen der Entscheidungsfindung der Union stärker einbezogen werden und/oder effektive, nicht bloß symbolische Kontrolle über die Legislativtätigkeit der nationalen Minister auf der europäischen Ebene erhalten. Aber dies alleine wird das Problem nicht lösen, etwa in den Bereichen, in denen die Union ausschließliche Kompetenzen besitzt und die Mitgliedstaaten daher einfach ihre Regelungskompetenz verloren haben, oder dort, wo die Ausübung von Regierungsgewalt durch die Gemeinschaft auf der Management- und Verwaltungsebene sich einfach der Kontrolle entzieht. Es ist klar, daß die Kompetenzen des Europäischen Parlaments in bestimmten Bereichen gestärkt werden müssen. Aber auch das wird aus den oben erläuterten Gründen das Defizit auch nicht beheben. Nur ein kombiniertes Vorgehen auf nationaler und transnationaler Ebene kann wirkliche Auswirkungen auf das Problem der Demokratie haben. Dies kann kaum erstaunen, da die Union eindeutig weniger als ein Staat, aber ebenso eindeutig mehr als eine klassische internationale Organisation ist.

Wenn dies zutrifft, so bringt es die Befürworter der Kein-Demos-These in eine etwas
komplizierte Lage. Nehmen wir die Position des Bundesverfassungsgerichts. Indem es
die Kein-Demos-These vertritt, betont es die Schwere des Demokratiedefizits dadurch, daß es den gegenwärtig erweiterten Kompetenzen des Europäischen Parlaments jede Demokratisierungswirkung abspricht. Und doch erteilt es gleichzeitig
durch die Zustimmung zum Vertrag von Maastricht nolens volens das Siegel ›demokratischer Gesundheit‹. Wie ist das möglich? – Durch, wie mir scheint, eine der
folgenden Überlegungen:

– Man könnte einer Fiktion anhängen, den Kopf in den Sand stecken und so tun, als ob die
gegenwärtigen Probleme gar nicht existierten. Die Mängel der Gemeinschaft in Sachen Demokratie, die es bereits lange vor Maastricht gab und die Maastricht nicht geheilt hat, hervorzuheben, würde die Aufmerksamkeit auf das Versagen des Bundesverfassungsgerichts lenken, bei
früheren Gelegenheiten das Demokratiedefizit zu erkennen und auf einer Behebung zu insistie-
ren. Aber wenn der Strauß seinen Kopf in den Sand steckt, ist ausschließlich er realitätsblind. Wie
würde sich das auf die Glaubwürdigkeit des Gerichts als zukünftigem Garanten der Demokratie
auswirken? Wenn man das Problem heute nicht sieht, warum sollte man es morgen ansprechen?
Zu meinem Leidwesen findet sich ein wenig von diesem Vogel-Strauß-Syndrom in der
Entscheidung des Bundesverfassungsgerichts.
– Man könnte explizit oder implizit[42] annehmen, daß der gegenwärtige Stand der Union
durch nationale Prozesse demokratisch legitimiert worden ist – zum Beispiel durch die Zustimmung von Bundestag und Bundesrat zur Gemeinschaft. Dies jedoch ist problematisch
und auch ein wenig billig. Erstens, selbst wenn, wie ich an anderer Stelle eingeräumt habe[43],
die gegenwärtige Union durch die Zustimmung zu den Vertragsergänzungen (wie der Einheitlichen Europäischen Akte und den verschiedenen Abkommen zum Beitritt neuer Mitgliedstaaten) sukzessive demokratisch abgesegnet wurde, ist dies doch eine sehr formale
Betrachtung demokratischer Legitimation. Erinnert das nicht ein wenig an die Wahlen in der
Weimarer Republik, die ein nicht-demokratisches Regime demokratisch bestätigten? Ist es
nicht die Aufgabe eines Verfassungsgerichts, ein Gegengewicht zu einer derartigen selbstzer-
störerischen Demokratie zu bilden? Die Vermittlung durch die Mitgliedstaaten hat in der Tat
wesentliche Auswirkungen auf die soziale und formale Legitimation des Europäischen Hauses, aber sie hat nur wenig dazu beigetragen, das Problem mangelhafter demokratischer
Strukturen und Prozesse anzugehen. Wenn das Bundesverfassungsgericht das gegenwärtige
demokratische Problem der Union durch die einfache Tatsache als gelöst ansähe, daß nationale Parlamente das Vertragspaket auf die eine oder andere Weise bestätigt haben, dann würde
sich das Gericht schlimmstenfalls in eine andere Form der Fiktion über die Realität der Union
und die demokratisierende Kraft nationaler Strukturen und Institutionen flüchten, bestenfalls
in die Annahme eines formalen und ärmlichen Verständnisses dessen, was zur Sicherstellung
von Demokratie im Gemeinwesen notwendig ist. So oder so – es verheißt nichts Gutes für
unser Vertrauen in die Fähigkeit des Bundesverfassungsgerichts, als effektiver Hüter demokratischer Strukturen und Prozesse zu firmieren.
– Hinsichtlich der Demokratisierung auf europäischer Ebene scheint das Bundesverfassungsgericht auf verlorenem Posten zu stehen. Wenn es einen weiteren Kompetenzzuwachs
des Europäischen Parlaments (insbesondere auf Kosten nationaler Institutionen) erlaubt, untergräbt es die Kein-Demos-These. Wenn es einen derartigen weiteren Kompetenzzuwachs nicht

---

[42] BVerfGE 89, 155 (183–184)
[43] *Weiler*, Parlement Européen, FN 13.

erlaubt, schließt es meiner Ansicht nach für immer die Lösung des Demokratieproblems der Gemeinschaft aus, denn obwohl Demokratisierung auf europäischer Ebene allein nicht ausreichend ist, so stellt sie doch zumindest eine notwendige Bedingung für die Beseitigung der demokratischen Malaise dar.

Ich kann nur spekulieren, wie das Bundesverfassungsgericht sich in diese Reihe unhaltbarer Optionen hineinmanövrierte. Die europäische Integration wurde immer als positives Element in der deutschen Politik gesehen, erstrebenswert an sich, aber auch als Hauptplattform für eine deutsche Wiederlegitimierung nach 1945. Sie war jedoch bis vor kurzem kein politisches und/oder intellektuelles Anliegen des Gerichts und seiner Richter. Das traf, wie ich vermute, auch für die große Mehrzahl der deutschen Professoren des Öffentlichen Rechts zu. Europäisches Gemeinschaftsrecht war für viele Jahre die ausschließliche Domäne einer relativ kleinen Gruppe von Wissenschaftlern und Praktikern.[44] Während sich die Aufmerksamkeit in Karlsruhe auf andere Gebiete richtete, machte die Gemeinschaft weitreichende Verfassungswandlungen durch, inhaltlich unterschiedlicher Art aber ebenso radikal etwa wie diejenigen, die durch den amerikanischen Verfassungskonvent von Philadelphia ausgelöst wurden, und sicherlich ebenso tiefgreifend wie irgendeine Wandlung, der im Vertrag selbst ausdrücklich zugestimmt wurde. In meiner eigenen Studie *The Transformation of Europe*[45] versuche ich, nicht nur die Natur solcher Wandlungen zu erklären, sondern auch, wie radikale Entwicklungen – etwa die Auflösung verfassungsmäßiger Garantien einer nur beschränkten Gemeinschaftszuständigkeit, die in den 70er (!) Jahren stattfand – ohne große politische und juristische Diskussion geschehen konnte.[46] In einer anderen Studie *Journey to an Unknown Destination: A Retrospective and Prospective of the European Court of Justice in the Arena of Political Integration*[47] spekuliere ich über die Gründe dafür, warum sich im Bereich der Europäischen Integration erst so spät eine interne kritische Perspektive entwickelt hat. Wie dem auch sein mag, erst die Einheitliche Europäische Akte 1986 (die das Mehrheitsprinzip in der Gemeinschaft »wiederherstellte« und damit Fragen der Legitimität und Demokratie aufwarf[48]) und der Vertrag von Maastricht in den frühen 90er Jahren weckten ernsthaftes Interesse an der Gemeinschaft bei einem größeren Kreis von Verfassungsrechtlern. Die erbitterte Debatte um Maastricht und die weitverbreitete Ablehnung in der Bevölkerung haben eine neue kritische Perspektive angestoßen. Zu dieser Zeit jedoch war der Zug längst abgefahren. Als das Karlsruher Dornröschen aus seinem Schlaf erwachte, war kaum noch etwas zu machen am *status quo*: Sollte man im Namen der Demokratie erklären, daß das Problem nicht Maastricht war, sondern das, was zuvor passierte? (Eines sollte ganz klar sein: Maastricht – sollte es auch nicht ausreichend sein – verbessert aus demokratischer Perspektive den Zustand

---

[44] Vgl. in diesem Zusammenhang *Fritz Ossenbühl*, FN 15, S. 637: »die deutsche Staatsrechtslehre [hat] lange Zeit im Hinblick auf die verfassungsrechtlichen Fragen der europäischen Integration in einem Dornröschenschlaf gelegen.«

[45] *Weiler*, The Transformation of Europe, FN 13.

[46] *Weiler*, The Transformation of Europe, FN 13, Part II.

[47] 31 Journal of Common Market Studies 418 (1993).

[48] *Weiler*, Parlement Européen, FN 13.

der Demokratie in der Gemeinschaft!) Die Europäische Gemeinschaft schließen? Auf einen deutschen Austritt beharren? – Alles politisch abstrus und rechtlich unmöglich. Außerdem würde dann die Frage gestellt werden nach dem merkwürdigen Fehlen dieses demokratischen Bewußtseins zu der Zeit, als das Gericht seine hoch gehandelten *Solange I*[49] und *Solange II*[50] Entscheidungen fällte. So scheint es, daß der einzige Ausweg darin bestand, die Vergangenheit im Wege dieses schwachen Konzepts der demokratischen Vermittlung durch die Mitgliedstaaten zu rechtfertigen und damit das Signal auszusenden, daß der deutsche Konstitutionalismus nicht noch einmal bei einem Nickerchen erwischt werden wird.

IV. Die Kein-Demos-These: Welches Gemeinwesen? Welche Zugehörigkeit?

Das Bundesverfassungsgericht hätte eine andere Lösung wählen können: Nämlich die demokratischen Schwächen der Gemeinschaft herausstellen – wie unbequem dies auch immer sein mag –, die Maastricht nicht behoben hat und die alle europäischen und mitgliedstaatlichen Institutionen (einschließlich der Gerichte) stillschweigend geduldet haben. Da die Union aber, trotz dieser Schwächen, formal legitimiert war[51], hätte das Gericht zum Beispiel den Vertrag für verfassungsmäßig erklären und gleichzeitig darauf bestehen können, daß die existierende Kluft zwischen formaler Legitimation und materiellem Demokratiedefizit nur als vorübergehend angesehen werden darf und mittel- und langfristig nicht akzeptiert werden kann. Auf diese Weise hätte das Bundesverfassungsgericht seine große Autorität hinter die Bestrebungen zur Demokratisierung gestellt.

Diese Option jedoch käme nicht umhin, neben anderen Maßnahmen die Notwendigkeit einer Stärkung etwa des Europäischen Parlaments anzuerkennen. Man kann es nicht ernst mit der Demokratie in Europa meinen und gleichzeitig glauben, daß angesichts der gegenwärtigen Fülle von Macht und Kompetenzen, die bereits auf die Union übertragen wurde, Demokratisierung ausschließlich auf der nationalen Ebene stattfinden kann. Diese Konstruktion erschien dem Bundesverfassungsgericht, wie ich vermute, sogar noch bedrohlicher. Warum? Das ist eines der Rätsel der Entscheidung. Wie ich versuchen werde zu zeigen, hat sich das Gericht, trotz all seiner Ausführungen über Demokratie, durch das Verständnis, das es von Volk, Staat und Staatsangehörigkeit hat, in eine noch unhaltbarere Situation manövriert.

Kurz gesagt: Wenn die Richter, die die Entscheidung unterstützten, wirklich glauben, daß ein Gemeinwesen, um demokratische Autorität und legitime Gesetzgebungskompetenz zu besitzen, auf der Verschmelzung von Volk, Staat und Staatsangehörigkeit beruhen muß, daß der einzige Weg, sich den Demos eines derartigen Gemeinwesens vorzustellen, in mehrschichtigen homogenen, organisch-kulturellen

---

[49] BVerfGE 37, 271.
[50] BVerfGE 73, 339.
[51] Siehe *Weiler*, Parlemet Européen, FN 13, zur Möglichkeit der Koexistenz von formaler und sozialer Legitimität und defizitären materiell-demokratischen Prozessen.

Begriffen liegt, dann stellt die Zukunft der europäischen Integration eine große Bedrohung dar, ob man dies zugeben will oder nicht. Das Problem ist nicht, daß es gegenwärtig keinen europäischen Demos gibt; das Problem ist, daß es eines Tages möglicherweise einen geben wird. Und warum ist das ein Problem? Weil nach diesem Verständnis von Gemeinwesen und Demos die Entstehung eines europäischen Demos, der in einem europäischen Gemeinwesen legitime Autorität besitzt, die Ersetzung der verschiedenen Demoi der Mitgliedstaaten, einschließlich des deutschen Volkes, bedeuten würde. Ich stimme zu, daß dies ein zu hoher Preis für die europäische Integration wäre. Da aber nach dem Verständnis des Gerichts nur eine binäre Option existiert – entweder ein europäischer Staat (ein europäisches Volk) oder ein Staatenverbund (mit der Bewahrung aller europäischen Völker – einschließlich des deutschen) – ist diese Angst unvermeidlich.

Ich werde zu zeigen versuchen, daß diese Auffassung auf einer oder vielleicht sogar zwei grundlegenden Fehlkonzeptionen mit nachteiligen Konsequenzen sowohl für Deutschland selbst (so glaube ich) und für Europa (hier bin ich mir sicher) beruht. Meine Kritik richtet sich *nicht* gegen das ethno-kulturelle, homogene Konzept des Volkes als solches, sondern gegen die Auffassung, daß der *einzige* Weg, sich einen Demos vorzustellen, der einem Gemeinwesen legitime Gesetzgebungsmacht und demokratische Autorität verleiht, in diesen volksbezogenen Begriffen liegt. Ebenso kritisiere ich die damit einhergehende Vorstellung, daß der *einzige* Weg, sich ein legitime Gesetzgebungsmacht und demokratische Autorität genießendes Gemeinwesen vorzustellen, in staatlichen Formen liegt. Schließlich kritisiere ich das der Entscheidung implizite Verständnis, daß der einzige Weg, sich die Union vorzustellen, in einer staatlichen Form liegt: Staat, Staatenbund, Bundesstaat, Staatenverbund. Bemerkenswert ist nicht nur die ›Versklavung‹ unter das Konzept des Staates, sondern auch, wie wir sehen werden, die Unfähigkeit, sich eine Entität mit mehreren nebeneinanderstehenden Identitäten zu vorzustellen. Polyzentrisches Denken ist offensichtlich inakzeptabel.

Ich werde meine Kritik Schritt für Schritt darlegen und mit dem Verständnis von Demos als Volk beginnen. Ich möchte drei mögliche Einwände gegen die bundesverfassungsgerichtliche Version der Kein-Demos-These und ihre Implikationen formulieren.

Der erste Einwand hat zwei Stränge. Der eine, weniger zwingend, argumentiert, daß die Kein-Demos-These einfach die anthroplogische Landkarte Europas fehlinterpretiert: daß nämlich in der Tat ein europäisches Bewußtsein sozialen Zusammenhaltes, einer gemeinsamen Identität und eines kollektiven Ich existiert, das wiederum in Loyalität resultiert (und diese auch verdient) und das damit den europäischen Institutionen potentielle Autorität und demokratische Legitimität verleiht. Kurz: daß, ob man will oder nicht, ein europäisches Volk existiert, wie es die Kein-Demos-These fordert, und daß das einzige Demokratieproblem in der Gemeinschaft in Prozeßdefiziten wie etwa der Schwäche des Europäischen Parlaments liegt, nicht jedoch in der grundsätzlichen strukturellen Abwesenheit eines Demos. Zwar existiert keine gemeinsame europäische Sprache, doch kann dies als solches noch keine conditio sine qua non sein, wie etwa das Beispiel der Schweiz zeigt. Außerdem gebe es ein ausreichendes Maß an gemeinsamer Geschichte und gemeinsamen kulturellen Gewohnheiten, um die die Vorstellung von einem europäischen Demos aufrechterhalten zu können. Das Problem mit dieser Konstruktion ist, daß sie einfach nicht zutrifft. [52] Für die meisten Europäer wäre jede Vorstellung einer europäischen Identität, definiert in organisch-kulturellen oder nationalen Begriffen, extrem befremdlich. Ich will diese Kritik als solche daher nicht weiter verfolgen.

Allerdings gibt es einen Strang dieses ersten Einwandes, der es wert ist, aufgegriffen zu werden. Man kann argumentieren, daß Volkszugehörigkeit und nationale Identität in bestimmten kritischen Übergangsphasen ein weitaus größeres Maß an Künstlichkeit, an sozialer Konstruktion und gar ›Social Engineering‹ besitzen, als die organische, volksbezogene Auffassung zugestehen würde. So gesehen sind sie viel fließender, potentiell instabil und veränderlich. Sie können fraglos als bewußte Entscheidung konstruiert werden und müssen nicht unbedingt eine Reflexion eines bereits existierenden Bewußtseins sein. Wie könnte man sich jemals eine politische Vereinigung vorstellen, wenn man strikt diesem Verständnis von Volkszugehörigkeit folgen würde? Bei der Entstehung derjenigen europäischen Staaten, die eine Vereinigung mit sich brachten, wie etwa Deutschland und Italien, ging der Akt der formalen Vereinigung der vollständigen und umfassenden Veränderung des Bewußtseins voraus. Die hieraus deutlich werdende soziale Konstruktion der nationalen Identität findet ihren Ausdruck in einer besonderen Art von Selbst-Referentialität: In ihrer Entstehung bestimmt die Nation die Merkmale, die sie bestimmen, selbst. Obwohl konzeptionell die Nation Bedingung für den Staat ist, war es historisch gesehen oft der Staat, der die Nation konstituierte, indem er eine Sprache festlegte und/oder einen bestimmten Dialekt privilegierte und/oder eine bestimmte Geschichtsdeutung bevorzugte und/oder kollektive Symbole und Mythen schuf. [53] In

---

[52] Vgl. z. B. *Sergio Dellavalle*, Für einen normativen Begriff von Europa: Nationalstaat und europäische Einigung im Lichte der politischen Theorie, in: *Armin v. Bogdandy*, Die Europäische Option, Baden-Baden 1993, S. 237, (253): »[Es fehlen] sowohl die sprachliche als auch die kulturelle und religiöse Einheit, die rassische Homogenität sowie die Möglichkeit eines Rückgriffs auf eine gemeinsame historische Vergangenheit.« Dies scheint für die meisten Autoren so offensichtlich zu sein, daß sie sich mit der Möglichkeit einer organisch-kulturellen oder nationalen europäischen Identität nicht einmal beschäftigen. Es wird jedoch wenigstens diskutiert, ob es eine europäische ›politische Öffentlichkeit‹ (siehe *Habermas*, FN 19, S. 645 und 650 und *M. Rainer Lepsius*, Der europäische Nationalstaat: Erbe und Zukunft, in: *M. Rainer Lepsius*, Interessen, Ideen und Institutionen, Opladen 1990, 256 (266)) oder eine europäische öffentliche Meinung (siehe z. B. *M. Rainer Lepsius*, Die Europäische Gemeinschaft, Beitrag zum 20. Deutschen Soziologentag, Frankfurt/Main 1990, zitiert nach *Habermas*, FN 19, S. 646) gibt. Es wird sogar behauptet, daß die außergewöhnliche Vielfalt kultureller, politischer und religiöser Traditionen – die miteinander konfligierten und dadurch Toleranz und gegenseitige Bereicherung schufen – den charakteristischen Zug und vielleicht sogar das einigende Element Europas bildet; vgl. *Dellavalle*, in dieser FN, S. 253, mit weiteren Literaturhinweisen.

[53] Diese Beobachtung wurde bereits von dem gleichen Heller gemacht, den das Gericht für seine Homogenitätsthese zitiert. Siehe *Hermann Heller*, Staatslehre, Leiden 1934, S. 164: »Weder das Volk noch die Nation dürfen als die gleichsam natürliche Einheit angesehen werden, die der staatlichen Einheit vorgegeben wäre und sie selbsttätig konstituierte. Oft genug war es [...] umgekehrt die staatliche Einheit, welche die »natürliche« Einheit des Volkes und der Nation erst gezüchtet hat.« Ich bin hier ganz offensichtlich anderer Meinung als *Kirchhof*, der behauptet, daß Deutschland im 19. Jahrhundert (1866) ebenso wie die Vereinigten Staaten 1787 ein Beispiel wirtschaftlicher und kultureller Homogenität, gemeinsamer Sprache und eines Volkes, das dem Staat vorausgeht, darstellen: HdbStR VII, FN 14, Rdnr. 38. Vielleicht ist die Differenz in der Perspektive lediglich eine Version des Bildes vom halbvollen, halbleeren Glas. *Alexis de Tocqueville* besaß hinsichtlich der USA scheinbar eine etwas andere Auffassung als *Paul Kirchhof*. In einem Brief an Ernest de Chabrol vom 9. Juni 1831 beschreibt er, wie die Amerikanische Gesellschaft »[...] formed of all the nations of the world [...] people having different languages, beliefs, opinions: in a

einem Vereinigungsprozeß ist dies die oftmals notwendige Reihenfolge der tatsächlichen Abläufe. Man denke etwa an Preußen und Österreich. Wäre es so abwegig, sich eine andere historische Entwicklung vorzustellen, in der Preußen seinen eigenen Weg gegangen wäre, ein partikularistisches Verständnis seiner Geschichte, Symbole, kulturellen Gewohnheiten und Mythen gefördert hätte und ein Verständnis von Volk und Nation entwickelt worden wäre, das all das betont hätte, was es von anderen deutschsprachigen Nationen unterschied, und daß Österreich, in dieser ›was wäre wenn‹ Vorstellung, einfach ein Teil des vereinigten Deutschlands geworden wäre?

Ich will hier natürlich nicht Stellung beziehen hinsichtlich der Wünschbarkeit oder Nichtwünschbarkeit einer europäischen Vereinigung, die getragen ist vom Konzept der Nation und der Volkszugehörigkeit. (Allerdings wird wohl durchscheinen, daß ich sie ablehne.) Jedoch argumentiere ich, daß das Beharren auf der vorangehenden Entwicklung eines europäischen Demos, definiert in organischen nationalen-kulturellen Begriffen, als Voraussetzung für eine verfassungsmäßige Vereinigung oder, minimalistischer, für das Neuziehen politischer Grenzen, gleichbedeutend damit ist sicherzustellen, daß dies niemals geschehen wird. Die Kein-Demos-These, die von ihren Befürwortern als auf empirischer und objektiver Beobachtung gründend dargestellt wird, verbirgt kaum ihr vorherbestimmtes Ergebnis.

Der zweite Einwand ist zentraler und betrifft das Konzept von Zugehörigkeit, das der Kein-Demos-These innewohnt. Wer, so können wir fragen, sind die Angehörigen des deutschen Gemeinwesens? Die Antwort scheint offensichtlich: Das deutsche Volk, die Personen, die die deutsche Staatsangehörigkeit besitzen. Sie sind der deutsche Demos. Deutschland ist der Staat der Deutschen, definiert in den bekannten ethno-nationalen Kategorien. Vor diesem Hintergrund zu sagen, daß kein europäischer Demos existiert, ist gleichbedeutend mit der Aussage, es gebe keine europäische Nation. Ich sollte gleich hinzufügen, daß ich dem zustimme: Es gibt keine europäische Nation oder und kein europäisches Volk in dem Sinne, in dem diese Begriffe vom Bundesverfassungsgericht und den Staatsrechtslehrern, auf die es sich beruft, verstanden werden.

Das ist jedoch nicht der Punkt. Der eigentliche Punkt ist der folgende: Ist es zwingend, daß Demos allgemein und der europäische Demos im besonderen ausschließlich in den ethno-kulturellen Homogenitäts-Kategorien verstanden werden muß, von denen das Bundesverfassungsgericht in seinem Selbstverständnis ausgeht? Kann es nicht andere Verständnisse von Demos geben, die zu anderen Konzepten und Potentialen für Europa führen? Hat nicht die deutsche Soziologie und politische Theorie selbst eines der in dieser Hinsicht herausforderndsten Konzepte entwickelt, nämlich das des ›Verfassungspatriotismus‹?

Ich habe bis hierhin ein Konzept, das im Englischen unter ›citizenship‹ gefaßt wird, absichtsvoll vermieden. Bevor ich erläutern kann, warum sich hier ein Ausweg aus

---

word, a society without roots, without memories« zu einem Volk werden konnte. Seine Antwort, wie es scheint, war, daß Nationen auf der Basis von Werten, wie denen der amerikanischen Verfassung – Demokratie, Selbst-Regierung, Gleichheit, etc. – gegründet werden können. Roger Boesche (Hrsg.), Alexis de Tocqueville, Selected Letters on Politics and Society, Berkeley 1985, S. 38. Ich berufe mich hier auf die aufschlußreiche Vorlesung von *Arthur Schlesinger* jr., Multiculturalism and the Bill of Rights, 46 MELR 191 (1994), in der Tocquevilles Position zitiert und herausgearbeitet wird.
Zur Selbst-Referentialität des Begriffs der Nation vgl. *Böckenförde*, FN 23.

der Gedankenschleife der Kein-Demos These ergibt, möchte ich klarstellen, wovon ich eigentlich rede.

Im Deutschen stoßen wir auf die Schwierigkeit, daß es eine exakte Entsprechung zu ›citizenship‹ nicht gibt.[54] Vielmehr wird, jedenfalls terminologisch, unterschieden zwischen 1) dem formal-rechtlichen Band zwischen dem einzelnen und ›seinem‹ Staat (Staatsangehörigkeit), 2) der partizipatorisch angelegten Zugehörigkeit zum Gemeinwesen im Sinne eines status activus (Staatsbürgerschaft), die Staatsangehörigkeit voraussetzt, und 3) der ethno-kulturellen National- oder Volkszugehörigkeit. Zwar wird diese Terminologie nicht streng durchgehalten, wird doch der Erwerb der *Staatsangehörigkeit* als Ein*bürgerung* bezeichnet; auch werde ich darauf zurückkommen, daß der terminologischen Trennung in Deutschland gerade keine Unverbundenheit der dahinterstehenden Konzepte entspricht – man muß eben in Deutschland grundsätzlich zum Nationalvolk gehören, um staatsangehörig zu sein und infolgedessen als Staatsbürger zu gelten. Das englische *citizenship* erfaßt nun vor allem sowohl den formal-rechtlichen (Staatsangehörigkeit) als auch – womöglich noch stärker – den partizipatorischen (Staatsbürgerschaft) Zug im Verhältnis des einzelnen zum Gemeinwesen, ohne dabei jedoch auf den Begriff ›Staat‹ bereits in der Bezeichnung dieses Verhältnisses rekurrieren zu müssen (darauf wird später zurückzukommen sein). Ich werde im folgenden dort, wo man im Englischen schlicht *citizenship* gebrauchen würde, versuchen, die Nuance zu treffen und jeweils Staatsangehörigkeit oder Staatsbürgerschaft verwenden.

Dies vor Augen, können wir nicht die Angehörigkeit zu einem Gemeinwesen in staatsbürgerlichen, nicht ethno-kulturellen Begriffen definieren? Sollte es nicht möglich sein, Ethnos von Demos trennen? Und können wir uns nicht ein Gemeinwesen vorstellen, dessen Demos auf den staatsangehörigen Staatsbürger zurückgreifend verstanden und definiert wird und Demos eben nicht in ethno-kulturellen Kategorien begreift, und auf dieser Basis demokratische Autorität zur legitimen Normsetzung besäße? Es gibt mit Sicherheit eine bestimmte deutsche Verfassungstradition, der die Kein-Demos-These entspringt, die diese Möglichkeiten verschleiert: Mindestens seit der Zeit des Kaiserreiches läßt sich eine starke Strömung ausmachen, die auf der Einheit von Volk-Nation-Staat-Staatsangehörigkeit beharrt. Die Begriffe Deutscher Staatsbürger, Staatsangehöriger, Deutscher im Sinne eines Angehörigen der deutschen Nation sowie Angehöriger des Deutschen Volkes sind grundsätzlich – von einigen Ausnahmen abgesehen – deckungsgleich[55]. Zugehörigkeit zum deutschen Volk ist normalerweise die Bedingung für Staatsangehörigkeit.[56] Und Staatsangehö-

---

[54] Auf dieses Problem sind bereits andere gestoßen, z. B. *Rogers Brubaker*, Citizenship and Nationhood in France and in Germany, Cambridge, Mass./London 1992, S. 50; siehe auch *Grawert*, HdbStR I, FN 22 Rz. 47 ff., und *Habermas*, FN 19, S. 638 f

[55] Das deutsche Staatsangehörigkeitsrecht wird von jeher vom Abstammungsprinzip (Ius sanguinis) dominiert, wonach grundsätzlich nur Abkömmlinge deutscher Staatsangehöriger die deutsche Staatsangehörigkeit erlangen, vgl. §4 Reichs- und Staatsangehörigkeitsgesetz von 1913. Im Gegensatz zum Ius soli-Prinzip impliziert das Ius sanguinis-Prinzip eine ablehnende Haltung gegenüber Zuwanderung und ein ganz bestimmtes Konzept von Staatsangehörigkeit. Das Prinzip war 1913 sehr bewußt gewählt worden, um die ethnische Tradition des deutschen Nationalstaates zu erhalten und zu fördern. (*Rittstieg*, FN 19, S. 1387.)

[56] Vgl. *Isensee*, Abschied der Demokratie vom Demos, FN 19, S. 735, der die Funktion der Staatsangehörigkeit beschreibt als »die nationale Einheit und die deutsche Identität zu gewährleisten«; siehe auch

rigkeit kann in dieser Tradition eben nur in staatsbezogenen Begriffen verstanden werden. Allein die Sprache spiegelt das Verschmelzen der Kategorien wider: das Konzept des Staates ist in dem Begriff ›Staatsangehöriger‹ fest eingebaut. Staatsangehörigkeit und Staatlichkeit bedingen sich gegenseitig. Dies ist keineswegs lediglich eine Frage der Verfassungstheorie und der politischen Theorie, sondern spiegelt sich auch im positiven Recht wider. So ist die Einbürgerung in Deutschland – soweit sie nicht im Zusammenhnag mit Heirat, Adoption und einigen anderen Ausnahmen erfolgt – ein Akt, der nicht nur die Annahme der mit der Staatsangehörigkeit verbundenen staatsbürgerlichen Pflichten und der Verpflichtung zu Loyalität gegenüber dem Staat beinhaltet, sondern auch das Bekenntnis zur nationalen deutschen Identität in diesem mehrschichtigen, kulturellen Sinne, zum Deutschtum, umfaßt, d. h. eine echte kulturelle Assimilation, welche die Aufgabe anderer volksbezogener Loyalitäten und Identifikationen fordert.[57] So setzte, um ein historisches Beispiel zu nennen, die Emanzipation der Juden in Deutschland die Verweisung von Jüdischsein und Judentum in den Bereich der Religion und eine Negierung der Vorstellung eines jüdischen Volkes voraus.[58] Um nach dieser Konzeption ein deutscher Staatsangehöriger zu sein, muß man Teil des Volkes sein. Und in diesen Kategorien ist Deutschland als Staat der Staat der Deutschen.

Entsprechend konnte man bis vor kurzem schon in der dritten Generation in Deutschland leben und dennoch die Staatsangehörigkeit verweigert bekommen, weil man nicht in der Lage oder nicht Willens war, ›Deutscher‹ in einem kulturellen und identifikatorischen Sinne zu werden.[59] Das Recht verweigert – abgesehen von einigen Ausnahmen – insbesondere denjenigen Personen die Einbürgerung, die zwar bereit wären, sich zu ihren staatsbürgerlichen Pflichten zu bekennen und diese zu erfüllen,

---

Albert Bleckmann, Anwartschaft auf die deutsche Staatsangehörigkeit?, NJW 1990, 1397, der zwischen einer formalen Staatsangehörigkeit (der ›normalen‹ Staatsangehörigkeit) und einer materiellen Staatsangehörigkeit (der Zugehörigkeit zur Nation) unterscheidet (vgl. ebd., S. 1399: »[D]as Staatsangehörigkeitsrecht [darf] nur solchen Personen die deutsche Staatsangehörigkeit verleihen. welche der deutschen Nation angehören, also in hinreichendem Maße in die deutsche Kulturnation integriert sind.«).

[57] Aus den Regeln zum Erwerb der deutschen Staatsangehörigkeit außerhalb des Erwerbs durch Abstammung ergeben sich vielsagende Hinweise auf die Grundkonzeption deutschen Staatsangehörigkeitsrechts (vgl. *Rittstieg*, FN 19, S. 1387: »Die Einbürgerungsrichtlinien aus dem Jahre 1977 und ihre praktische Handhabung entsprechen ohne Einschränkung der völkischen Tradition des Reichs- und Staatsangehörigkeitsgesetzes«): Einbürgerung erfordert in Deutschland u. a. die »freiwillige und dauernde Hinwendung zu Deutschland« (Einbürgerungsrichtlinien von Bund und Ländern vom 15. 12. 1977, 3.1 und 3.1.1. [GMBl. 1978, 16. letzte Änderung durch Rundschreiben BMI 7.März 1989, GMBl. 1989, 185]); nebenbei bemerkt verwundert es nicht, daß diese Bestimmungen in Verwaltungsrichtlinien vergraben sind.

[58] Vgl. die folgenden Essays von *Gershom Gerhard Scholem*, Against the Myth of the German-Jewish Dialogue; Once More: The German-Jewish Dialogue; Jews and Germans, in *Gershom Gerhard Scholem*, On Jews and Judaism in Crisis: Selected Essays, New York 1976.

[59] Die ›Forderung nach ethnischer Assimilierung‹ (*Rittstieg*, FN 19, S. 1385) wurde – vor kurzem erst – folgendermaßen abgeschwächt: seit 1. Januar 1991 ist es für Ausländer zwischen 16 und 21, die für acht Jahre ununterbrochen in Deutschland gelebt haben, leichter, die deutsche Staatsbürgerschaft zu erwerben (kein freies Verwaltungsermessen mehr); davon abgesehen kann die Einbürgerung Ausländern, die in Deutschland aufgewachsen und ausgebildet worden sind und mindestens 15 Jahre ununterbrochen in Deutschland gelebt haben, nicht mehr ohne besondere Umstände verweigert werden (Regelanspruch nach §§ 85 und 86 Ausländergesetz).

Allerdings muß auch in diesen Fällen eine frühere Staatsangehörigkeit aufgegeben werden.

aber gleichzeitig eine andere nationale Identität behalten wollen. Mehrfache Staatsangehörigkeit wird in besonderen Fällen geduldet, grundsätzlich aber mißbilligt.[60] Im Gegensatz dazu steht, daß man als ethnisch definierter Deutscher, selbst wenn man in der dritten Generation Staatsangehöriger und Einwohner irgendeines weit entfernten Landes ist, trotzdem als Angehöriger des deutschen Volkes[61] (Volkszugehöriger) eine privilegierte Stellung bei der Einbürgerung erhält[62].

Demnach ist der formal-rechtliche ›Ausweis‹ der Angehörigkeit zum Gemeinwesen die Staatsangehörigkeit[63]: Staatsangehörigkeit ist das, was jemanden als Angehö-

---

[60] Obwohl mehrfache Staasangehörigkeit immer wieder auftritt und unter bestimmten Umständen auch in Deutschland zulässig ist, betrachten das Bundesverfassungsgericht und andere deutsche Gerichte, ebenso wie weite Teile der deutschen Staatsrechtslehre und auch die Bundesregierung mehrfache Staatsangehörigkeit als ›Übel‹ (BVerfGE 37, 217 (254); BVerwGE 64, 7 (10); *v. Mangoldt*, Probleme mehrfacher Staatsangehörigkeit, JZ 1993, 965 (969); Einbürgerungsrichtlinien, FN 57, 5.3; Verlautbarung der Bundesregierung im Bundestag, Bundestagsdrucksache 12/2035, bezugnehmend auf Frage 4). Gestützt wird dies auf ein vorgebliches Prinzip des Völkerrechts, was äußerst zweifelhaft ist (vgl. auch *Helmut Rittstieg*, Doppelte Staatsangehörigkeit im Völkerrecht, NJW 1990, 1401 (1403).

[61] Volk im ethno-kulturellen Sinne, siehe *Isensee*, Abschied der Demokratie vom Demos, FN 19, S. 724: sie gehören zum »Volk als vor-rechtlicher, ethnisch-kultureller Einheit«).

[62] Ich habe bestimmt nicht vor, mich in das Miasma des deutschen Staatsangehörigkeitsrechts vorzuwagen. Jedoch erscheint es typisch für die deutsche Konzeption von Staatsangehörigkeit, daß ein Gedanke wie ›deutscher Volkszugehöriger‹ im Staatsangehörigkeitsrecht, und zwar im Zusammenhang mit Einbürgerungsbestimmungen und bei der Frage, wer als Deutscher im Sinne des Grundgesetzes gilt, von Relevanz ist: der Begriff ›Volkszugehöriger‹ wurde vom Gesetzgeber des Jahres 1938 eingeführt. In einem Rundschreiben von 1939 (Runderlaß des RMI vom 29. 3. 1939 [RMBliV 783]) definierte der Innenminister die kulturellen und rassischen Kategorien des Begriffes (»Deutscher Volkszugehöriger ist, wer sich selbst als Angehöriger des deutschen Volkes bekennt, sofern dieses Bekenntnis durch bestimmte Tatsachen, wie Sprache, Erziehung, Kultur, usw. bestätigt wird. Personen artfremden Blutes, insbesondere Juden, sind niemals solche Volkszugehörige, auch wenn sie sich bisher als solche bezeichnet haben.«) Nach Kriegsende taucht die Formulierung in entschärfter Fassung wieder auf, § 6 BVFG: »Deutscher Volkszugehöriger im Sinne dieses Gesetzes ist, wer sich in seiner Heimat zum deutschen Volkstum bekannt hat, sofern dieses Bekenntnis durch bestimmte Merkmale wie Abstammung, Sprache, Erziehung, Kultur bestätigt wird.«, die enge Anlehnung an die Definition von 1939 ist offensichtlich (*Alexander Makarov/Hans von Mangoldt*, Deutsches Staatsangehörigkeitsrecht, Kommentar, 10. Lieferung August 1993, Neuwied, Abschnitt 11, Paragraph 5). In Verwaltungsrichtlinien wird der Begriff ›Volkszugehöriger‹ an die Idee der Nation geknüpft, siehe z. B. für Bayern die bei *Makarov/Mangoldt*, ebd., Abschnitt 2, Paragraph 26 zitierten Richtlinien: »Um einen Volkszugehörigen zum deutschen Volkstum setzt das Bewußtsein und den Willen voraus, ausschließlich als Angehöriger des deutschen Volkes als einer national geprägten Kulturgemeinschaft angesehen zu werden und sich dieser Gemeinschaft verbunden zu fühlen [...]. Eine deutschfreundliche Einstellung und Betätigung reicht für dieses Bekenntnis nicht aus [...].« Obwohl immer wieder behauptet wird, daß ›deutscher Volkszugehöriger‹ nur ein rechtlicher, nicht aber ein ethnologischer Terminus sei (*Makarov/von Mangoldt*, ebd., Abschnitt 2, Paragraph 34; siehe auch Richtlinien zur Anwendung des § 6 BVFG, Mustererlaß des Landes Nordrhein-Westfalen vom 20. 2. 1980, Mbl. NRW 1980, 1782), und daß der eher technische Begriff der Staatsangehörigkeit auf der einen Seite und Zugehörigkeit zu einem Volk, einer Nation auf der anderen Seite von einander unabhängig sind (vgl. *von Mangoldt*, FN 60, 971), läßt sich die Idee eines multinationalen oder gar multikulturellen Gemeinwesens sicherlich dem deutschen Staatsangehörigkeitsrecht ganz offenkundig nicht entnehmen. Für neuere Implikationen des Begriffs ›Volkszugehöriger‹ (insbesondere im Zusammenhang mit dem dramatischen Zustrom Deutschstämmiger: über eine Million Menschen zwischen 1988 und 1991) siehe *Rogers Brubaker*, Citizenship and Nationhood in France and Germany, FN 54, S. 68 ff.

[63] Vgl. *Isensee*, Abschied der Demokratie vom Demos, FN 19, S. 706: »Das Volk, auf dem die Demokratie als Staats- und Regierungsform aufbaut, wird gefaßt durch das Staatsangehörigkeitsrecht. Volk in diesem rechtlichen Sinne ist die Gesamtheit der Staatsangehörigen.«; S. 707: »Die rechtliche Verfaßtheit des Volkes liegt im Staatsangehörigkeitsrecht.«

rigen des Gemeinwesens definiert, mit allen politischen und staatsbürgerlichen Rechten und Pflichten. Dies wird jedoch wiederum verschmolzen mit Nationalität, d.h. der Zugehörigkeit zum Volk im ethno-kulturellen Sinne.[64] Und da Demos in nationalen Begriffen definiert wird, ist der einzig vorstellbare Demos einer, dem staatsangehörige Staatsbürger einheitlicher Nationalität angehören – also bleibt Demos auf der Ebene des Staates.

Ich sollte darauf hinweisen, daß Deutschland nicht der einzige Staat in Europa oder anderswo ist, dessen Angehörigkeitsphilosophie sich in dieser Form darstellt. In einem gewissen Maße ist dies die Philosophie des Nationalstaates. Aber Deutschland bietet ein eher extremes Beispiel des Verschmelzens von Staat, Volk/Nation und Staatsangehörigkeit.

Wie dem auch sei, diese Verschmelzung ist weder konzeptionell notwendig noch universell praktiziert und wohl auch kaum erstrebenswert. In einer ganzen Reihe von Staaten zieht beispielsweise die bloße Geburt innerhalb des Staates die Staatsangehörigkeit oder wenigstens einen Anspruch auf die Staatsangehörigkeit nach sich, dies ohne jeden Anspruch darauf, daß man ein Volksangehöriger im ethno-kulturellen Sinne wird. Es gibt Staaten, in denen Staatsbürgertum im Sinne eines Bekenntnisses zu den verfassungsmäßigen Werten und den staatsbürgerlichen Pflichten des Gemeinwesens die Bedingung für eine Einbürgerung ist, während Nationalität im ethno-kulturellen Sinne, ebenso wie Religion, als Angelegenheit persönlicher Präferenzen betrachtet wird.[65] Es gibt Staaten – wie Deutschland – mit einer starken ethno-kulturellen Identität, die trotzdem die Staatsangehörigkeit nicht nur einzelnen anderer Nationalität, die nicht zum Mehrheits-Volk gehören, sondern auch Minderheiten mit ausgeprägten, oft gar konkurrierenden ethno-kulturellen Identitäten verleihen.[66] Letztlich obliegt es den Deutschen zu entscheiden, ob die Einheit von Volk, Staat und Staatsangehörigkeit weiterhin der beste Weg sein wird, ihren Staat, ihre Nation und ihr Staatsbürgertum zu verstehen. Ich werde darauf später zurückkommen.

Die Entscheidung des Bundesverfassungsgerichts läßt jedoch ein bestimmtes Verständnis nicht nur des deutschen Gemeinwesens und des deutschen Demos, sondern auch von Europa erkennen, insbesondere in der ›Noch Nicht‹-Formulierung. Wenn das Gericht uns sagt, daß es noch keinen europäischen Demos gibt, lädt es uns implizit dazu ein, uns Europa, seine Zukunft und sein Ziel in ethno-nationalen Begriffen zu

---

[64] In diesem Sinne *Isensee*, Abschied der Demokratie vom Demos, FN 19, S. 706: »Die Staatsangehörigkeit muß an Vorgaben realer Homogenität und politischen Einheitswillens anknüpfen, die das Recht als solches nicht schaffen und nicht herbeizwingen [...] kann.«

[65] So – theoretisch zumindest – entwirft es die U. S.-amerikanische Verfassung. Einbürgerung wird vor allem in staatsbürgerlichen Kategorien gedacht und viele stolze amerikanische *Staatsangehörigen* sind ebenso stolz auf ihre verschiedenen ethno-nationalen Identitäten – African Americans, Italo Americans, Jewish Americans, etc. In der Praxis herrscht leider kein Mangel an Beispielen für Fehlentwicklungen, wie etwa die beschämende Internierung von Amerikanern japanischer Herkunft (Japanese Americans) während des Zweiten Weltkriegs, nicht zu reden vom noch immer gegenwärtigen Gespenst des Rassismus in der amerikanischen Gesellschaft.

[66] Interessant erscheint in diesem Zusammenhang Israel. Israel ist konzipiert als Staat der Juden im Sinne eines Volkes. Die israelische Staatsangehörigkeit ergibt sich jedoch nicht ausschließlich aus dem Begriff des Volkes. Jude zu sein ist sicherlich nicht die Bedingung für die Staatsangehörigkeit – es gibt eine beachtliche arabische Minderheit mit voller Zugehörigkeit und Staatsangehörigkeit. Auch hier gibt es keinen Mangel an Fehlentwicklungen bei der Verwirklichung dessen, was im wesentlichen ein Staat mit mindestens zwei nationalen Gruppen und nur einer Staatsangehörigkeit ist.

denken. Stillschweigend konstruiert es damit Europa in einer Art vor-staatlichem Zustand, als noch unterentwickelt und daher einer eigenen legitimen Normsetzung und demokratischen Autorität entbehrend. Es ist dieses (Miß)Verständnis, das die entweder-oder Nullsummenbeziehung zwischen Europa und den Mitgliedstaaten nach sich zieht. Wenn der Demos das Volk ist und Angehörigkeit eben nur als *Staats*angehörigkeit verstanden werden kann, dann kann ein europäischer Demos und eine europäische »Staats«-Angehörigkeit nur zu Lasten der parallelen deutschen Kategorien entstehen.

Für diese Auffassung unvorstellbar ist die Abkopplung von Nationalität (verstanden im volksbezogenen, ethno-kulturellen Sinne) und Staatsangehörigkeit. Ebensowenig vorstellbar ist ein Demos, der in nicht-organischen staatsbürgerlichen Begriffen verstanden wird, ein Zusammenschluß nicht auf der Basis eines gemeinsamen Ethnos und/oder einer organischen Kultur, sondern auf der Grundlage gemeinsamer Werte, eines gemeinsamen Verständnisses von Rechten und sozialen Pflichten und einer gemeinsamen rationalen intellektuellen Kultur, die ethno-nationale Differenzen überwindet.[67] Weiterhin unvorstellbar ist nach dieser Auffassung das Modell eines Gemeinwesens, das Normsetzungskompetenz und demokratische Autorität besitzt und dessen Demos (und damit das Gemeinwesen selbst) einen nicht-staatlichen Charakter hat und anders verstanden wird als im deutschen Selbstverständnis. Schließlich ist aus dieser Perspektive ebenfalls unvorstellbar, daß ein Mitgliedstaat wie Deutschland zum einen sein eigenes Verständnis von Demos für sich selbst (zum Beispiel in der relativ extremen Form von Staat = Volk = Staatsangehöriger Staatsbürger) hegen kann und doch gleichzeitig Teil eines größeren Gemeinwesens mit einem abweichenden Verständnis von Demos ist.

Der Kein-Demos-These liegt letztendlich ein Weltbild zugrunde, das den Konzepten von Volk, Staat und Staatsangehörigkeit hörig erlegen ist und das unfähig ist, die Gemeinschaft oder Union anders als mittels dieser Begriffe wahrzunehmen. Hier

---

[67] Ich beanspruche keine Urheberschaft für die Idee der Trennung von Nationalität und Staatsangehörigkeit, ein Konzept, das bereits von anderen vorgeschlagen wurde (neuestens dazu: *Bryde*, FN 9), insbesondere in nicht-juristischen Schriften und nicht zuletzt in Deutschland selbst; siehe allgemein, *Julia Kristeva*, Nations without Nationalism, New York 1993, und eine jüngere, brillante Konstruktion: *Armin von Bogdandy*, L'Unione Sovranationale Come Forma di Potere politico, X Teoria Politica 133 (1994). In Deutschland siehe vor allem *Habermas*, FN 9, S. 633, 634, 637, 638, 643, und *M. Rainer Lepsius*, »Ethnos« oder »Demos« – Zur Anwendung zweier Kategorien von Emerich Francis auf das nationale Selbstverständnis der Bundesrepublik und auf die europäische Einigung, in: *Lepsius*, Interessen, Ideen und Institutionen, FN 52, S. 247 (249 ff.), beide mit weiteren Hinweisen. Lepsius zeigt klar die Gefahren der Verschmelzung von Nationalität und Staatsangehörigkeit und verweist auf das Dritte Reich: »Jede Gleichsetzung des ›Demos'als des Trägers der politischen Souveränität mit einem spezifischen ›Ethnos‹ führt im Ergebnis zu einer Unterdrückung oder Zwangsassimilation von anderen ethnischen, kulturellen, religiösen oder sozi-ökonomischen Bevölkerungsteilen innerhalb eines politischen Verbandes. [...] [D]as Gleichheitsgebot zwischen den Staatsbürgern erfährt eine Brechung über zusätzliche Eigenschaften: die ethnische Gleichheit, die religiöse Gleichheit, die kulturelle Gleichheit oder die rassische Gleichheit. Das extremste Beispiel für die Brechung der staatsbürgerlichen Gleichheitsnormen durch die Einführung eines weiteren Kriteriums zur Gewährung der politischen Gleichheit stellt die nationalsozialistische Judengesetzgebung dar, durch die deutsche Staatsbürger jüdischer Herkunft ihrer Gleichheitsrechte beraubt wurden.« (S. 249–250). Wären das Bundesverfassungsgericht und die Richter nur daran interessiert gewesen, die intellektuellen Konzepte existierten durchaus. Warum diese Gedanken im Kontext der deutschen juristischen Debatte über Europa übersehen wurden, liegt, wie ich glaube, an einem Mißverständnis der Natur der Gemeinschaft.

findet sich ein weiterer Grund, warum die Union so bedrohlich erscheinen mag, da
die staatliche Vision sie nur im Gegensatz zu den Mitgliedstaaten wahrnehmen kann.
Dies bedeutet jedoch, der Gemeinschaft oder Union eine externe Vorstellung aufzuzwingen, anstatt den Versuch zu unternehmen, sie den ihr eigenen und eigentümli-
chen Begriffen gemäß zu verstehen (oder zu definieren). Dies bedeutet ein Versagen,
die Bedeutung und Möglichkeiten von Supranationalität auch nur zu erfassen.

Bevor wir auf das Potential einer Trennung von Nationalität und »Bürgerschaft«
zurückkommen, erscheint es sinnvoll, die grundlegendere Beziehung zwischen Union, Nation und Staat innerhalb der europäischen Konstruktion, wie sie der Begriff
Supranationalität umschreibt, zu diskutieren.

V. Supranationalität: Gemeinschaft, Nation und Staat

Wie aber kann, vor diesem Hintergrund, die Idee der Supranationalität verstanden
oder beschrieben werden? An dieser Stelle scheint zunächst etwas Vorsicht geboten.
Eine feststehende Bedeutung des Begriffes ›Supranationalität‹ existiert nicht. Tatsächlich scheint es, seitdem der Begriff verwendet wird, zwei konkurrierende Visionen im Hinblick auf seine Realisierung seitens der Gemeinschaft gegeben zu haben:
Eine Einheits- oder Staatsvision – wofür die Befürworter der Vereinigten Staaten von
Europa standen – und eine abgeschwächtere Gemeinschaftsvision. Diese beiden
Stränge, die natürlich Berührungspunkte aufweisen, existieren nach wie vor nebeneinander. Allerdings ist es meine Lesart der historischen Landkarte – des Scheiterns
der EVG und der Europäischen Politischen Gemeinschaft in den 50er Jahren und der
Artikulation von Supranationalität insbesondere im EWG-Vertrag –, daß die Ge-
meinschafts-Vision in den Gründungsjahren der EG vorherrschte.

Bei den Versuchen zu erklären, inwiefern die Gemeinschaft supranational ist oder
wurde, tendierte die Diskussion im Laufe der Jahre interessanterweise meist dazu,
sich auf das Verhältnis der Gemeinschaft zum ›Staat‹ anstatt zur ›Nation‹ zu konzentrieren. Diese Verschmelzung von Nation und Staat ist nicht immer hilfreich. Supranationalität bezieht sich in spezifischer und behutsamer Weise auf Nation und Staatlichkeit. Nach meinem Verständnis von Supranationalität ist dessen Wertesystem
überraschenderweise im Wertesystem des europäischen, ethno-national geprägten
Liberalismus des 19. Jahrhunderts verwurzelt und kann damit denjenigen Trost
spenden, die um die Bewahrung der Werte und Tugenden des Nationalstaates be-
sorgt sind.

Zur Klärung des Verhältnisses zwischen Supranationalität, Nation und Staatlichkeit sollen im folgenden zunächst jeweils Nation und Staatlichkeit in den Blick
genommen und versucht werden, deren Verheißungen und Gefahren auszuloten. In
einem nächsten Schritt werden wir dies dann zum Ziel des Konzepts der Supranationalität in Beziehung setzen. Meine Auseinandersetzung mit Staat und Nation muß
sich natürlich auf einige wenige Fingerzeige und Schlagworte beschränken, alles
andere würde den Rahmen der vorliegenden Abhandlung bei weitem überschreiten.

Bei all dem Gerede über Volk und Nation und unseren Obsessionen im Hinblick
auf die Gefahren von Nationalismus, Chauvinismus oder gar Rassismus, von denen
oft gesagt wird, daß sie sich aus diesen Konzepten ableiten – was kann über sie auf

normativer Ebene gesagt werden? Ich werde mich auf das Konzept der Nation beziehen, jedoch gilt das Gesagte weitgehend auch für das Konzept des Volkes.

Nation – zumindest in der liberalen Konzeption des 19. Jahrhunderts – scheint zwei zutiefst menschlichen Werten Ausdruck zu verleihen: Zugehörigkeit und Originalität.

(Es sollte jedoch gleich festgehalten werden, daß die Nation nicht die einzig denkbare soziale Form ist, in der diese Werte verwirklicht werden können.)

Zugehörigkeit wohnt der Idee der Nation inne, Nation verkörpert eine Form des Dazugehörens. Nation ist kein Instrument, um Zugehörigkeit zu erlangen, Nation ist Zugehörigkeit. Form und Inhalt verschmelzen hier in der gleichen Weise wie etwa in einem Liebessonett von Shakespeare: Der Wert des Sonettes liegt nicht in seiner Liebesbotschaft; wir nehmen das Sonett nicht als bloßes Instrument zur Übermittlung der Botschaft wahr. Ohne die Form ist die Botschaft banal. Was dem Sonett seinen zeitlosen Wert verleiht, ist die unentwirrbare Art und Weise, in der Inhalt und Form von Shakespeare verwoben wurden.

Welches sind die tieferen Werte, die hinter Zugehörigkeit – nationaler Zugehörigkeit – stehen, über die verbreitete Ansicht hinaus, daß Zugehörigkeit angenehm und gut ist? Wir können ohne weiteres eine gewisse grundlegende Anziehungskraft auf die Menschen verstehen, die vermutlich inhärent sozial ist: die Anziehungskraft, die Familie und Stamm ebenfalls ausüben. Teil dieser Anziehungskraft ist einfach die Bereitstellung eines Rahmens für soziale Interaktion. Dies greift jedoch zweifellos zu kurz: könnten doch viel losere soziale Konstrukte als Nation, oder erst recht als Stamm und Familie, dieses Gerüst bereitstellen. Zugehörigkeit bedeutet sicher mehr als das. Es bedeutet einen Platz zu haben, ein soziales Zuhause.

Die Zugehörigkeit zur Nation ist den Blutsbanden in Familie und Stamm zugleich ähnlich und unähnlich; in sowohl dieser Ähnlichkeit als auch dieser Unähnlichkeit mögen sich Hinweise finden lassen auf die zugrundeliegenden Werte.

Die Ähnlichkeit zu den Blutsbanden in Familie und Stamm besteht darin, daß die der Nation Zugehörigen anerkannt sind, ihren Platz haben, eben dazugehören – dies unabhängig von ihren Leistungen: durch ihr bloßes Sein. Hierin liegt die machtvolle Anziehungskraft (und die schreckliche Gefahr) von Zugehörigkeit dieser Art: sie ist ein Schutzschild gegen das existentielle Alleinsein. In der Tradition der jüdischen Nation zum Beispiel – eine Tradition, die einige Beachtung verdient in Anbetracht des Überlebens dieser Nation über die letzten drei Jahrtausende hinweg – finden wir einen normativen Ausdruck dieser Art von Zugehörigkeit: »Obwohl er gesündigt hat, bleibt er doch Israel.«[68]

Die Macht dieser Zugehörigkeit mag verständlich werden, hält man sich deren dramatische und einschüchternde Gegensätze vor Augen: Isolation, Ausschluß, Exkommunikation.

Doch Nation transzendiert Familie und Stamm, und vielleicht verbirgt sich hier ein noch verlockenderer Wert: Nation bietet nicht nur einen Platz für die Familienlosen, Stammeslosen, sondern fordert, indem sie über Familie und Stamm hinausgeht, Loyalität – das Höchste im Reich der Nationalgefühle – gegenüber denjeni-

---

[68] Talmud Sanhedrin, S. 44:2

gen, die nicht unmittelbar durch ›natürliche‹ Blutsbande oder durch Eigennutz mit der eigenen sozialen Einheit verbunden sind.

Zugehörigkeit dieser Art ist in der Tat keine Einbahnstraße. Sie stellt nicht nur einen passiven Wert dar: akzeptiert werden. Sie ist auch aktivisch zu verstehen: akzeptieren. Solange sie nicht mißbraucht wird, ist Loyalität eine jener Tugenden, welche sowohl den Gebenden als auch den Nehmenden zu Gute kommt.

Der andere zentrale Wert von Nation, im übrigen in gewisser Weise auch ein Instrument nationaler Abgrenzung, ist die Behauptung der Originalität. In dieser Lesart war der Turm zu Babel keine Sünde gegen Gott, sondern eine Sünde gegenüber dem Potential der Menschen; und die darauffolgende Zerstreuung war nicht Strafe, sondern göttlicher Segen. So gesehen ist die Nation, wie sie mit ihrer unendlichen Vielzahl an Eigentümlichkeiten Seite an Seite mit anderen Nationen existiert, das Medium, um menschliches Potential auf ganz unterschiedlichen Wegen zu verwirklichen, und die Menschheit wäre insgesamt ärmer, würden wir die Unterschiedlichkeit der Wege nicht kultivieren.[69] Wie man entscheidet, welche Einheit sich als Nation qualifiziert, ist ein interessantes Problem, bedarf jedoch hier keiner Vertiefung, ohnehin sind die Attribute, entlang deren diese Differenzierung erfolgt, hinreichend bekannt: Kultur (wovon Sprache mehr als nur ein Transportmedium darstellt) und Geschichte.

Bislang habe ich Zugehörigkeit und Originalität in konzeptuellen Begriffen beschrieben – als ›Werte‹. Jedoch haben diese Konzepte auch eine sozialpsychologische Komponente, aus der die ungaubliche Macht rührt, mit der Nation das menschliche Bewußtsein ergreift. Kombiniert ergeben sie den organisierenden Mythos, um den sich die ›Identität‹ einer Nation rankt. Identität in einer minimalistischen Ausprägung verweist auf essentielle und/oder konstruierte Eigenschaften, die Ähnlichkeiten zwischen Individuen nahelegen – weswegen man ›identisch‹ zu jemandem ist. Allerdings ist Nation im sozialen Sinne weitaus mehr als dieser Minimalimus. Die Nation privilegiert diese Eigenschaften und versteht sie als Mittel, Angehörige zu identifizieren, um dann die so konstruierten Angehörigen dazu aufzurufen, sich miteinander und mit dem Kollektiv zu identifizieren. Wie das, und warum?

Zugehörigkeit und Originalität zusammengefaßt zu einem organisierenden Mythos der nationalen Identität werden dargestellt als die Verkörperung des Schicksals. Es ist das vorgegebene Schicksal des einzelnen, in eine nationale Identität hineingeboren zu werden, ebenso wie es dem einzelnen vorgegeben ist, diese Identität zu wahren und ihr Potential auszuschöpfen. Dieser Griff auf das Bewußtsein, wie er sich im erstaunlichen Erfolg des Nationalismus bei der Einforderung von Loyalität manifestiert, ist aus meiner Sicht einfach zu erklären: Nation erwidert ein tiefes menschliches Verlangen – das Verlangen nach ontologischem metaphysischen Sinn. Das Schicksal, in eine Nation hineingeboren zu werden, bietet eine verführerische Antwort auf die Frage ›Wer bin ich?‹. Das Schicksal, die Nation zu bewahren und ihr Potential zu verwirklichen, gibt eine gleichermaßen verführerische Antwort auf die Frage nach dem ›Weswegen bin ich hier?‹.

---

[69] Die ›Turm zu Babel‹ – Metapher wird ebenfalls benutzt und – in ihrem Doppelsinn – ausgeschöpft von *Hans-Martin Gauger*, Kommunikation und Identität: Zum Problem der Sprache, in: Bento Bremer (Hrsg.), Europe by Nature. Starting-Points for Sustainable Development, Assen/Maastricht 1992, S. 133 (138 f.).

Die Verkörperung der Werte Zugehörigkeit und Originalität in der Nation positiv
zu beschreiben, wie ich dies getan habe, bedeutet keinesfalls, daß ich diese als auch nur
entfernt adäquate ontologische und metaphysische Antworten akzeptiere. Gleichwohl kann man nicht umhin, die Macht von Nation in diesem Sinne wahrzunehmen.
Kritisch bleibt festzuhalten, daß eine solch große Macht über das menschliche Bewußtsein immense Gefahren birgt, sofern sie nicht ordentlich gehandhabt und einge-
dämmt wird.

An dieser Stelle kann man sich von der Nation dem modernen Staat zuwenden.
Man sollte sich zu Beginn in Erinnerung rufen, daß die Existenz und sogar die
lebendige Verwirklichung einer Nation nicht notwendig Staatlichkeit voraussetzen,
auch wenn Staatlichkeit für die Nation vorteilhaft sein kann, nach innen und nach
außen. Territorialität als grundlegendes Bindemittel stellt wohl das wichtigste der
nach innen wirkenden Elemente dar. Die Bedeutung der Autochtonie bei der Festigung des nationalen Mythos kann gar nicht genug betont werden. Sprache, Kultur
und Geschichte sind jeweils eingewoben in autochtonische Bilder. Man lebt aus dem
Land, man verteidigt das Land, man stirbt für das Land, man wird im Land begraben.
Auf der Gefühlsebene ist das jeweilige nationale Landschaftsbild mit seinen Farben,
Gerüchen und wechselnden Stimmungen Gegenstand von Erzählungen, Balladen
und Gedichten, von Träumen und Erinnerungen. Vom Anbeginn der Geschichte an
war der Vorteil eines gelobten Landes für eine zusammenwachsende Nation anerkannt.

Nach außen wirkende Vorteile des Staates für die Nation ergeben sich aus der
gegenwärtigen Organisation der internationalen Beziehungen, wo Staatlichkeit von
so überaus großem Nutzen ist.

Ich möchte behaupten, daß in der modernen Konzeption des europäischen, organischen Nationalstaates der Staat als instrumentalisiert erscheint, als organisatorischer
Rahmen, in dem die Nation ihr Potential verwirklichen soll.

Genau hier, innerhalb dieses staatlichen Rahmens, ist Herrschaftsstruktur – die vor
allem die Funktion erfüllt, Wohlfahrt und Sicherheit zu gewährleisten – angesiedelt.
Damit diese Funktion wahrgenommen werden kann, müssen das Wohl und die
Integrität des Staates gewähreistet sein. Hierbei handelt es sich nicht um einen
dürftigen Wert an sich. Geht etwa das vom Staat geforderte Maß an Loyalität über ein
pragmatisch Unerläßliches hinaus, so geschieht dies im Dienste der Nation und ihrer
Werte der Zugehörigkeit und Originalität. (Dieses Konzept betont, überbetont vielleicht, die Differenz zwischen dem amerikanischen, radikal alternativen liberalen
Projekt eines nicht ethno-national geprägten Gemeinwesens einerseits und dem Staat
als Republik andererseits, der Organisation und Normen über das Verhalten der
Staatsangehörigen in den Mittelpunkt seines Wertesystems rückt.)

Jedenfalls ist evident, daß im Rahmen des europäischen Projektes Grenzen zu
einem zentralen Merkmal des Nationalstaates werden.

Offenkundig gibt es zunächst einmal Grenzen im rechtlich-geographischen Sinne,
die einen Nationalstaat vom anderen abgrenzen. Ebenso existieren jedoch innere,
kognitive Grenzen, entlang derer die Gesellschaft (die Nation) und die Individuen
sich selbst in der Welt wahrnehmen.

Auf einer gesellschaftlichen Ebene beinhaltet, wie gesagt, Nation das Ziehen von
Grenzen, durch welche die Nation definiert und von anderen getrennt wird. Die

Kategorien des Grenzziehens sind Legion: sprachlich, ethnisch, geographisch, religiös, etc. Das *Ziehen* der Grenzen ist genau dies: ein konstitutiver Akt, eine Entscheidung, daß gewisse Grenzen Bedeutung haben, sowohl für das Gefühl der Zugehörigkeit als auch für die Originalität der Nation. Dieses konstitutive Element ist besonders sichtbar im Moment des ›Nation Building‹, wenn Geschichte neu geschrieben wird, Sprachen wiederbelebt werden, etc. Zweifellos graben sich im Laufe der Zeit die Grenzen, insbesondere die nicht-geographischen, in das kollektive und individuelle Bewußtsein mit solcher Intensität ein, daß sie als natürlich erscheinen. Man denke nur an die eigentliche Austauschbarkeit des Wortes international mit universal oder global: in der sozialen Sphäre jedoch fällt es schwer, die Welt als ganzes zu beschreiben, ohne die Kategorie der Nation hinzuzuziehen (wie im Begriff international).

Schließlich impliziert Zugehörigkeit auch auf der Ebene des einzelnen eine Grenze: Man gehört dazu, weil andere nicht dazugehören.

So offensichtlich die Vorstellung von Grenzen zum Konzept des Nationalstaates gehört, so groß ist das Potential für einen Mißbrauch der Grenzen.

Mißbrauch kann erfolgen im Hinblick auf die drei wichtigsten Grenzen: die äußere Staatsgrenze, die Grenze zwischen Nation und Staat, und die innere Bewußtseinsgrenze derer, welche die Nation bilden.

Die extremste Form des Mißbrauchs einer äußeren Staatsgrenze ist physische oder sonstige Aggression gegen andere Staaten.

Der Mißbrauch der Grenze zwischen Gesellschaft und Staat ist am eklatantesten, wenn der Staat nicht mehr als Instrument für die Individuen und die Gesellschaft gesehen wird, das ihnen hilft, ihre Potentiale zu verwirklichen, sondern als Zweck an sich. In einer weniger extremen Form des Mißbrauchs, die dafür umso gefährlicher erscheint, trägt der Staat eine Art der ›Faulheit‹ in die Nation hinein – banale Staatssymbole etwa werden zum Ersatz für den eigentlichen und ursprünglichen nationalen Ausdruck. Dies mag auch Konsequenzen für das Gefühl der nationalen Identität haben, wenn nämlich der Staat und sein Apparat als Substitut für ein sinnvolles Gefühl der Zugehörigkeit und Originalität dienen. Der Staat wird dabei zum Instrumentalismus und zur Metapher für Schicksal, Treue zum Staat kann dann menschliche Verbundenheit, Einfühlungsvermögen, Loyalität und das Gefühl eines gemeinsamen Schicksals mit den Menschen, die das Staatsvolk bilden, ersetzen.

Es kann ebenfalls zu Mißbrauch der inneren Grenze kommen, die Zugehörigkeit definiert. Typisch hierfür ist, wenn sich eine Grenze, die ein Gefühl der Zugehörigkeit definiert, in eine Grenze wandelt, die ein Gefühl der Überlegenheit und ein begleitendes Gefühl der Herablassung oder Geringschätzung für die anderen ausdrückt. Die Idee der nationalen Identität beinhaltet einen ›anderen‹. Es sollte jedoch nicht einen ›unterlegenen anderen‹ beinhalten.

Bekundungen dieser Mißbräuche sind lebendiger Teil der Geschichte des europäischen Nationalstaates, die so bekannt ist, daß sich eine Diskussion erübrigt.

Ein Großteil des Projektes der europäischen Integration kann als Versuch gesehen werden, die Exzesse des modernen Nationalstaates in Europa zu kontrollieren, und zwar insbesondere, aber nicht ausschließlich, die Tendenz zu gewaltsamen Konflikten sowie die Unfähigkeit der Beschränkung dieser Tendenz durch das internationale System. Die Europäische Gemeinschaft sollte das Gegenmittel zu den negativen Eigenschaften des Staates und des zwischenstaatlichen Verkehrs sein. Ihre Gründung im Jahre 1951 wurde als Beginn eines Prozesses gesehen, der ein Ende dieser Exzesse herbeiführen würde.

Aus historischer Sicht hat es, wie oben erwähnt, immer diese zwei konkurrierenden Visionen der europäischen Integration gegeben. Während niemand ernsthaft ein
zentralisiertes Europa jakobinischer Prägung vorhergesehen hat, so ist doch klar, daß
die eine Vision, die ich als Einheits-Vision oder Vision der Vereinigten Staaten von
Europa bezeichnet habe, als ihren Idealtyp und ihr Ziel ein staatliches Europa, wenn
auch föderaler Natur, postuliert. Das Europa von morgen würde in dieser Form in
der Tat den Untergang des mitgliedstaatlichen Nationalismus bedeuten und die sich
vormals zankenden Mitgliedstaaten ersetzen oder sie in eine politische Union in
Gestalt eines föderalen Systems eingliedern.

Es ist leicht, einige der Schwächen dieser Vision auszumachen: Es wäre schon mehr
als ironisch, wenn ein Gemeinwesen, das ins Leben gerufen wurde, um den Exzessen
der Staatlichkeit entgegenzuwirken, zum Ausgangspunkt zurückfinden würde, indem es sich selbst in einen (Super-) Staat verwandelte. Gleichermaßen ironisch wäre
es, wenn das Ethos, das den Mißbrauch der Grenzen des Nationalstaates zurückwies,
ein Gemeinwesen gebären würde, das genau das gleiche Mißbrauchspotential besitzt.
Das Problem dieser Einheits-Vision liegt darin, daß allein ihre Verwirklichung
bereits ihre Negierung nach sich zieht.

Die alternative Vision, die sich historisch als dominierend erwiesen hat, ist die
supranationale Vision, die Gemeinschaftsvision. Die Ziele sind hier gleichzeitig
sowohl gemäßigt im Vergleich zu denen des Unionsmodells als auch reaktionär: bei
Supranationalität, der Vorstellung der Gemeinschaft, nicht der Einheit, geht es um
die Versicherung der Werte des liberalen Nationalstaates durch die Sicherung der
Grenzen gegen Mißbrauch. Anders ausgedrückt könnte man sagen, daß Supranationalität zum Ziel hat, die Werte des Nationalstaates rein und frei von den oben
beschriebenen Mißbräuchen zu erhalten.

Auf einer anderen Ebene ist das Projekt einer supranationalen Gemeinschaft weitaus ehrgeiziger und radikaler als das der Einheit. Es ist ehrgeiziger, da es – anders als
das Projekt der Einheit, das die gegenwärtigen politischen Grenzen des Gemeinwesens innerhalb des existierenden nationalstaatlichen konzeptionellen Rahmens, wenn
auch föderal, neu ziehen will – versucht, die Idee der Grenzen des Staates, zwischen
Nation und Staat und innerhalb der Nation selbst neu zu definieren. Es ist radikaler,
da es – wie ich zu erklären versuchen werde –, komplexere Ansprüche an die Akteure
stellt und ihnen größere Beschränkungen auferlegt.

Wie aber berührt Supranationalität, in Gestalt des Gemeinschaftsprojektes der
europäischen Integration, die Exzesse des Nationalstaates und den oben diskutierten
Mißbrauch der Grenzen?

Auf der rein staatlichen Ebene ersetzt Supranationalität die ›liberale‹ Ausgangsvor-
stellung einer internationalen Gesellschaft durch die einer internationalen Gemeinschaft. Das klassische Modell des Völkerrechts ist eine Nachbildung der liberalen
Staatstheorie auf der internationalen Ebene. Implizit wird der Staat auf internationaler
Ebene so behandelt wie der einzelne auf staatlicher Ebene. Nach dieser Konzeption
finden Begriffe des Völkerrechts – wie etwa Selbstbestimmung, Souveränität, Unabhängigkeit und Konsensus – offensichtliche Analogien in Theorien über das Individuum im Staat. In der supranationalen Vision wird die Gemeinschaft als transnationales
Regime nicht nur eine neutrale Arena darstellen, in der Staaten ihre nationalen
Interessen verfolgen und ihre Vorteile zu maximieren bestrebt sind, sondern sie wird

auch eine Spannung zwischen dem einzelnen Staat und der Gemeinschaft der Staaten erzeugen. Entscheidend ist, daß die Gemeinschaft nicht dazu dienen soll, den Nationalstaat aufzuheben, sondern ein Regime zu schaffen, das es unternimmt, nationale Interessen durch eine neue Disziplin zu bändigen. Die Herausforderung besteht darin, auf gesellschaftlicher Ebene die unkontrollierten Reflexe nationaler Interessen in der internationalen Sphäre zu kontrollieren.

Auch im Hinblick auf die Grenze zwischen Nation und Staat soll Supranationalität Mißbrauch verhindern. Das supranationale Projekt anerkennt, daß auf einer Inter-Gruppenebene Nationalismus ein Ausdruck kultureller (politischer und/oder anderer) Besonderheiten ist, der die Verschiedenheit, die Einzigartigkeit einer Gruppe gegenüber einer anderen sowie Respekt für und Rechtfertigung der Aufrechterhaltung von Inter-Gruppen-Grenzen ausdrückt. Auf einer Intra-Gruppen-Ebene ist Nationalismus Ausdruck kultureller (politischer und/oder anderer) Besonderheiten, welche die Gemeinsamkeit und das Teilende/Geteilte der Gruppe gegenüber sich selbst unterstreicht, der zu Loyalität aufruft und er rechtfertigt, Intra-Gruppen-Grenzen zu eliminieren.

Entscheidend ist jedoch, daß Nationalität nicht die Sache selbst ist – sie ist ihr Ausdruck, ein Artefakt. Ein überaus stilisiertes Artefakt, mit einem ganzen Apparat von Normen und Gebräuchen; vor allem nicht ein spontaner Ausdruck dessen, was sie kundtut, sondern ein Kode dessen, was sie ausdrücken soll, häufig übersetzt in rechtliche Gebilde. Nationalität ist unauflösbar mit Staatsangehörigkeit verbunden, Staatsangehörigkeit nicht einfach als Kode für Gruppenidentität, sondern auch als Paket von Rechten und Pflichten sowie sozialen Anschauungen.

Supranationalität strebt nicht an, das Zusammenspiel von Absonderung und Gemeinsamkeit, von Einbeziehung und Ausschluß und ihren potentiellen Wert als solches zu leugnen. Jedoch ist Supranationalität eine Herausforderung des kodifizierten Ausdrucks von Nationalität. In einer supranationalen Konstruktion mit ihren Regeln über die Grundfreiheiten, die keine Ausgrenzung anderer nationaler kultureller Einflüsse durch staatliche Mittel erlaubt und die ein striktes Verbot der an Staatsangehörigkeit anknüpfenden Diskriminierung enthält, kann nationale Differenzierung nicht ohne weiteres auf den künstlichen Grenzen ruhen, die der Staat vorgibt. Auf der Inter-Gruppen-Ebene drängt Supranationalität kulturelle Unterschiede dazu, sich in ihrer authentischen, spontanen Form auszudrücken und nicht in den kodifizierten staatlich-rechtlichen Formen. Auf der Intra-Gruppen-Ebene versucht Supranationalität, das falsche Bewußtsein abzustreifen, das Nationalismus schaffen kann, um stattdessen Zugehörigkeit, abgeleitet aus einem nicht-formalen Verständnis von Gemeinsamkeit, Raum zu geben. Hier stoßen wir möglicherweise auf den ersten kantianischen Strang in dieser Konzeptionalisierung von Supranationalität. Die Kantische Moralphilosophie gründet moralische Verpflichtungen auf die Fähigkeit der Menschen, nicht nur ethischen Normen zu folgen, sondern als rationale Geschöpfe für sich selbst die Gesetze ihres eigenen Handelns festzulegen und aus der inneren Entscheidung heraus, entsprechend dieser Normen, zu handeln. Supranationalität fördert nationale Kultur, wenn sie authentisch, internalisiert und ein wirklicher Teil der Identität ist.

Es gibt eine weitere aufklärerische, kantianische Idee in diesem Diskurs. Supranationalität, angesiedelt auf der gesellschaftlichen und individuellen Ebene eher als auf der staatlichen, verkörpert demnach ein Ideal, das die Bedeutung staatlicher Aspekte von Nationalität – wahrscheinlich der mächtigste Ausdruck von Gruppengefühl in unserer Zeit – als Hauptbezugspunkt für transnationalen menschlichen Austausch verringert. Das ist die Wertseite der Nichtdiskriminierung aufgrund von Staatsangehörigkeit, der Vorschriften über die Grundfreiheiten und ähnlichem. Hermann Cohen, der große Neu-Kantianer, versucht in seiner *Religion der Vernunft aus den Quellen des Judentums*[70] die Bedeutung des mosaischen Gesetzes, das die Nichtunterdrückung von Fremden fordert, zu erklären. In seiner Vision muß der Fremde geschützt werden, nicht weil er Angehöriger der Familie, des Clans, der religiösen Gemeinschaft oder des Volkes ist, sondern weil er ein Mensch ist. Im Fremden entdeckte der Mensch also die Idee der Humanität.

Dank dieser ausgezeichneten Exegese erkennen wir, daß das Gemeinschaftsideal der Supranationalität dadurch, daß es den totalitären Anspruch des Nationalstaates beschneidet und Nationalität und Staatsangehörigkeit als Bezugsprinzip für menschlichen Austausch reduziert, an die Ideen der Aufklärung mit der Privilegierung des Individuums, mit einer anderen Art von Liberalismus, die heute Nachkommenschaft in liberalen Vorstellungen von Menschenrechten findet, anknüpft und diese fortführt. In dieser Beziehung ist das Ideal der Gemeinschaft ein Erbe des aufklärerischen Liberalismus. Ich kann es nicht oft genug wiederholen: Die Struktur der Supranationalität, die Europäische Gemeinschaft, soll nicht dazu dienen, den nationalen Kontext zu überholen und zu ersetzen oder gar eine Identität, eine (emotionale) Identifikation nach Art der Nation anzubieten. Sie soll indessen die Bedingungen zur Verfügung stellen, unter denen die Nation in einer Weise gedeihen kann, die die Menschenwürde respektiert und achtet. Supranationalität nimmt eine neue, zusätzliche Bedeutung an, die sich nicht auf die Beziehungen zwischen Nationen bezieht, sondern auf die Fähigkeit des Individuums, sich über ihre oder seine nationale Beschränkung zu erheben.

VI. Zwischen Staats-Bürgerschaft und Unions-Zugehörigkeit

Was, so lautet nun die Frage, ist die Natur der Angehörigkeit zu einem derartigen Konstrukt aus Gemeinschaft und Mitgliedstaaten? Hat dieses Konstrukt einen Demos? Kann es einen haben?

Diejenigen, für die das Volk dem Demos entspricht und dieser Demos die Basis für legitime Autorität in einer staatlichen Struktur darstellt, mögen fragen, wie es möglich ist, die Angehörigkeit zu einem Volk und die Staatsangehörigkeit anders als lediglich formal und semantisch zu trennen? Erzeugen nicht die Ideen von Volk und Nationalität mit ihrer organisch-kulturellen Fundierung im einzelnen ein Gefühl der Zusammengehörigkeit und in der nationalen Gemeinschaft ein Gefühl sozialer Kohäsion, die beide notwendig sind für das Bewußtsein von Pflicht und Loyalität, die wiederum Bedingungen für die Staatsangehörigkeit sind und sein sollen?

Ein gewisses Gewicht ist diesem Argument nicht abzusprechen. Die Kritik daran ist auch nicht, daß es zwingend falsch ist, sondern daß es ich um eine Weltsicht

---

[70] *Hermann Cohen*, Die Religion der Vernunft aus den Quellen des Judentums, Leipzig 1919.

handelt, die man mehr oder weniger attraktiv finden kann. Jedenfalls ist sie bei weitem nicht zwingend. Ich möchte sie zunächst auf nationalstaatlicher und dann auf europäischer Ebene betrachten.

Zunächst einige Gründe dafür, an dieser Sicht schon im Hinblick auf die staatliche Ebene zu zweifeln:

Als erstes fällt die kümmerliche Vision von Individuum und Menschenwürde auf, die aus der Gleichung Volk-Staat-Staatsangehörigkeit folgt: Ist es für ein Individuum wirklich nicht möglich, sehr starke und tiefe kulturelle, religiöse und ethnische Anbindungen zu besitzen, die von der dominanten ethno-kulturellen Gruppe in einem Land abweichen, und trotzdem aufrichtig alle Rechte und Pflichten der Staatsangehörigkeit anzunehmen, sich ordentlich zu verhalten? Und wenn man auf die andere, gesellschaftliche Seite der Münze blickt: hat es der Staat nötig, einen solch umfassenden Anspruch auf die Seele des Einzelnen zu erheben; einen Anspruch, der an die Tage erinnert, als Christsein eine Bedingung für volle Zugehörigkeit zur bürgerlichen Gesellschaft und für umfassende Staatsbürgerrechte war – einschließlich des Rechts, staatsbürgerliche Pflichten zu besitzen?

Hervorzuheben ist, daß der Gedanke, Volk und Demos sowie Demos und Staat vollständig oder teilweise trennen zu wollen, nicht notwendigerweise eine Verunglimpfung der Tugenden der Nation – Zugehörigkeit, sozialer Zusammenhalt, kultureller und menschlicher Reichtum, der in der Erforschung und Entwicklung des nationalen Ethos gefunden werden kann – erfordert.[71] Die Frage besteht lediglich darin, ob Nationalität in diesem organischen Sinne, als Garant für die Homogenität des Gemeinwesens, die ausschließliche Bedingung vollständiger politischer und bürgerlicher Zugehörigkeit zum Gemeinwesen sein muß. Um es etwas schärfer zu formulieren: diese Konstruktion als unmöglich und/oder nicht wünschenswert abzulehnen bedeutet, dieselbe Weltsicht einzunehmen, die letztlich auch dem Konzept der ethnischen Säuberungen zugrundeliegt; damit unterstelle ich natürlich keinesfalls, daß das Bundesverfassungsgericht und seine Richter etwas anderes als Abscheu speziell diesem Konzept gegenüber empfinden. Aber die autoritativen Ausssagen des Bundesverfassungsgerichts über das deutsche Grundgesetz verkörpern nun einmal eine wichtige Stimme bei der Definition des Diskurses und des zivilen Ethos der öffentlichen Debatte.

Daß ein derart verabscheuungswürdiges Konzept wie das der ethnischen Säuberung durchaus einen intellektuellen Nexus zu der Konstruktion aufweist, die Staatsangehörigkeit von Nationalität abhängig macht, um dann beides mit dem Staat zu verschmelzen, wird deutlich bei einem Blick auf einen herausragenden Vertreter dieser Ansicht, Carl Schmitt. Das Beharren auf ›Homogenität‹ als Voraussetzung zur Demokratie mag im eleganten Diskurs des Bundesverfassungsgerichts hinreichend harmlos klingen. Schmitt selbst jedoch, der Urheber des Freund/Feind-Konzepts des Politischen, konnte in dem Klima, in dem er schrieb, Euphemismen vermeiden und unverblümt die Implikationen der Konstruktion aussprechen. So findet sich in *Die geistesgeschichtliche Lage des heutigen Parlamentarismus* folgender Satz: »Zur Demokratie

---

[71] Daher sind Versuche, Staatsangehörigkeit auf eine Art zu definieren, die alle Verbindungen zwischen Demos und nationaler Zugehörigkeit zerschneidet – wie z. B. bei *Dellavalle*, FN 52, 258 erwähnt –, nicht unbedingt notwendig und gehen wohl zu weit.

gehört also notwendig erstens Homogenität und zweitens – nötigenfalls – die Ausscheidung oder Vernichtung des Heterogenen« (2. Auflage Berlin 1926, S. 14). Das und nicht weniger.

Der nächste Schritt ergibt sich geradezu natürlich. Unter anderem Bezug nehmend auf die Vertreibung der griechischen Bevölkerung aus der Türkei schreibt Schmitt: »Die Politische Kraft einer Demokratie zeigt sich darin, daß sie das Fremde und Ungleiche, die Homogenität Bedrohende zu beseitigen oder fernzuhalten weiß.« *(Id.)*

Der letzte Schritt schließlich, in dem Theorie und Praxis zusammengeführt werden, ist ebenfalls keine Überraschung. Reichgruppenwalter Staatsrat Schmitt beruft 1936 eine Konferenz führender Juristen ein, um *Das Judentum in der Rechtswissenschaft* zu diskutieren. In der Schlußansprache zu dieser Konferenz scheut Schmitt nicht vor den Konsequenzen seiner theoretischen Äußerungen zurück: Die Säuberungen beginnen bei den Büchern (»Säuberung der Bibliotheken«) und führen unweigerlich zur Dämonisierung der Autoren (»Der Jude hat zu unserer geistigen Arbeit eine parasitäre, eine taktische und eine händlerische Beziehung.«). So wird dieses besonders heterogene Element zum »Todfeind«. Die Logik von Schmitts Schlußsatz ist unwiderlegbar klar, die Worte sprechen für sich selbst: »Was wir suchen und worum wir kämpfen, ist unser unverfälschte eigene Art, die unversehrte Reinheit unseres deutschen Volkes. ›Indem ich mich des Juden erwehre‹ sagt unser Führer Adolf Hitler, ›kämpfe ich für das Werk des Herrn‹« (Schlusswort des Reichsgruppenwalters Staatsrat Prof. Dr. Carl Schmitt, in: Band 1. Die deutsche Rechtswissenschaft im Kampf gegen den jüdischen Geist, in: Das Judentum in der Rechtswissenschaft, Deutscher Rechts-Verlag, Berlin 1936).

Wie dem auch immer auf der Ebene von Staat und Nation letztlich sei, die Verschmelzung von Volk und Demos sowie von Demos und Staat ist als Modell für Europa offenkundig unnötig und nicht wünschenswert. Tatsächlich würde solch ein Modell Europa von seinem supranational zivilisierenden Telos und Ethos ablenken. Es gibt keinerlei Grund, einen europäischen Demos identisch zum Demos einer der Mitgliedstaaten zu definieren; dies gilt auch umgekehrt.[72]

Betrachten wir die Bestimmungen des Maastricht-Vertrages zur Unionsbürgerschaft:

Artikel 8

Es wird eine Unionsbürgerschaft eingeführt.
Unionsbürger ist, wer die Staatsangehörigkeit eines Mitgliedstaates besitzt.
[...][73]

Die Einführung einer an eine Staatsangehörigkeit/Staatsbürgerschaft angelehnte Unionsbürgerschaft in die konzeptionelle Welt der Union könnte als lediglich ein

---

[72] Siehe allgemein in diesem Zusammenhang die aufschlußreiche Arbeit von *Elisabeth Meehan*, Citizenship and the European Community, London 1993; siehe auch *V. Lippolis*, La Cittadinanza Europea, Bologna 1994; vgl. *Ray Koslowski*, Intra-EU Migration, Citizenship and Political Union, 32 Journal of Common Market Studies 369 (1994).
[73] In der englischsprachigen Fassung lautet der Text wie folgt:
Citizenship of the Union is hereby established. Every person holding the nationality of a Member State shall be a citizen of the Union.

weiterer Schritt hin auf eine staatliche Vision der Einheit Europas gedeutet werden, insbesondere, wenn, wie im Deutschen bereits von der Vokabel her, Staatsangehörigkeit als Staatlichkeit voraussetzend verstanden wird. Ich habe mich zu den Gefahren dieser Möglichkeit an anderer Stelle bereits geäußert.[74]

Es gibt jedoch auch einen verlockenderen, wenn auch radikaleren Weg, die Regelung zu verstehen, nämlich als die tatsächliche konzeptionelle Abkopplung der Begriffe Nationalität/Volk von Staatsangehörigkeit und als Konzeption eines Gemeinwesens, in welchem Demos und Zugehörigkeit zuallererst in bürgerlichen und politischen anstatt organisch-kulturellen Begriffen verstanden werden. Nach dieser Auffassung umfaßt die Union Bürger, die per definitionem keine gemeinsame Nationalität besitzen. Die Substanz der Zugehörigkeit (und damit des Demos) besteht in einer Verpflichtung auf die gemeinsamen Werte der Union, wie sie in ihren Gründungsdokumenten niedergelegt sind, einer Verpflichtung unter anderem auf die Pflichten und Rechte einer bürgerlichen Gesellschaft, die verschiedene Bereiche des öffentlichen Lebens umfaßt, einer Verpflichtung zur Angehörigkeit zu einem Gemeinwesen, das gerade den Gegensatz zum Nationalismus betont – diejenigen menschlichen Grundzüge, welche die Verschiedenheiten des organischen Ethno-Kulturalismus transzendieren. So betrachtet sollte eine Konzeptualisierung eines europäischen Demos weder auf tatsächlichen oder imaginären transeuropäischen kulturellen Affinitäten oder gemeinsamer Geschichte, noch auf der Konstruktion eines europäischen ›National‹-Mythos, wie er typischerweise zur Konstituierung der Identität der organischen Nation verwandt wird, fußen. Die Trennung von Nationalität und Staatsangehörigkeit eröffnet vielmehr die Möglichkeit, sich koexistierende, multiple Demoi vorzustellen.

Ein treffendes Bild der multiplen Demoi könnte als Modell ›konzentrischer Kreise‹ beschrieben werden. Demnach würde man sich gleichzeitig beispielsweise Deutschland und Europa zugehörig fühlen, oder gar Schottland, Großbritannien und Europa. Kennzeichnend für dieses Modell ist, daß das Gefühl der Identität und Identifikation der gleichen Quelle humaner Anbindung entspringt, wenn auch in unterschiedlicher Intensität. Vermutlich würde die intensivere Bindung (die Staat und Nation immer für sich in Anspruch nehmen) im normativen Konflikt stärker wiegen, und dies sollte auch so sein.

Die Vorstellung multipler Demoi, die ich vorschlage – eine wahrhaft variable Geometrie – lädt die einzelnen dazu ein, sich selbst als gleichzeitig zu zwei Demoi zugehörig zu verstehen, wenn auch basierend auf jeweils unterschiedlichen subjektiven Identifikationsfaktoren. Ich kann Deutscher im tiefgehenden, überaus mächtigen Sinne organisch-kultureller Identifikation und eines entsprechenden Zugehörigkeitsgefühls sein. Und gleichzeitig kann ich Unionsbürger/Unionsangehöriger (hier stoße ich wieder auf das bereits oben ausgeführte Problem, für *citizen* im Deutschen keine adäquate Entsprechung zu finden) im Sinne meiner transnationalen europäischen Affinität zu gemeinsamen Werten sein, Werte, welche die ethno-nationalen Unterschiede überwinden; dies in einem solchen Maße, daß ich in bestimmten Bereichen des öffentlichen Lebens gewillt bin, die Legitimität und Autorität von Entscheidun-

---

[74] *J. H. H. Weiler*, Europe After Maastricht – Do the New Clothes Have an Emperor? IUSEF – Oslo Senter for Europa-retts skriftserie nr 12, S. 113 (1994)

gen, die von meinen europäischen Mit-Bürgern getroffen wurden, zu akzeptieren, weil ich in diesen Bereichen Entscheidungen meines außenbezogenen Demos denen meines innenbezogenen Demos den Vorzug gegeben habe.

So betrachtet entfernt sich der europäische Demos von seinen Vorgängern und dem Verständnis von Demos im europäischen Nationalstaat. Gleichzeitig sollte jedoch klar sein, daß ich hier mehr vorschlage, als amerikanischen Republikanismus schlicht nach Europa zu übertragen. Zunächst mögen die Werte, die in diesem Zusammenhang diskutiert werden, als spezifisch europäisch erscheinen; ich habe dieses Spezifische an anderer Stelle dargelegt. Um nur ein Beispiel zu geben: eine Dimension dieser Eigenart ist sicherlich das Grundmuster der gegenseitigen sozialen Verantwortung, verbunden mit dem Ethos des Wohlfahrtsstaates, wie es von allen Gesellschaften und politischen Kräften in Europa angenommen wurde. Aber der Unterschied zum Republikanismus amerikanischer Prägung besteht nicht nur in einem unterschiedlichen Menü bürgerlicher Werte, und hier geht diese Konstruktion in einigen Punkten auch weiter als der Habermassche Verfassungspatriotismus. Ebenso geht sie über Böckenfördes Begriff der sich selbst bestimmenden Nation hinaus. Dieser anerkennt zwar die inhärente Instabilität dessen, was die »Nation« ausmacht, entwirft aber Identifikation als monolithisch anstatt im Sinne eines multiplen oder variablen Konzepts. Auch im Falle Amerikas handelte es sich um ›Nation Building‹, wenn auch unter anderen Voraussetzungen. Amerikas Endzustand, sein Mythos, wie er in dem Treuegelöbnis auf die amerikanische Flagge zum Ausdruck kommt – »One Nation, Indivisible, Under God« – ist aber nicht das, worum es sich bei Europa handelt: Bei Europa geht es eben genau nicht um »Eine Nation«, nicht um einen Schmelztiegel usw., denn – trotz der unglücklichen Einheitsrhetorik – bleibt Europa weiterhin dem Ziel einer immer engeren Union der Völker Europas verpflichtet (oder sollte dem verpflichtet bleiben). Ebensowenig geht es um Unteilbarkeit oder, Gott sei Dank, um Gott.

Aber wo, so fragt man sich, bleibt in diesem Konzept des europäischen Demos das Gefühl, »zu Hause« zu sein, das so zentral ist für das nationale, organische Verständnis von Demos und das viel von seiner Anziehungskraft und seiner Legitimationskraft ausmacht? Eine teilweise Antwort läge in der Behauptung, daß die Rationalität bürgerlichen und politischen Engagements mindestens genauso viel normative Legitimation und zumindest für einige einen hohen Grad psychologischer Anbindung mit sich bringt. Ich werde hierüber weiter unten mehr sagen. Die Methapher des »Sich zu Hause Fühlens« mag sich jedoch als zweckmäßig dafür erweisen, meine Präferenz für das »variable Geometrie«-Verständnis der multiplen Demoi zu erklären. Ich möchte auf zwei verschiedene Wege aufmerksam machen, wie man sich »zu Hause« fühlen kann.

Im Rahmen des organischen Konzeptes von Demos entspringt das Gefühl des »zu Hause«-Seins der Verbundenheit und Nähebeziehung zu Landschaft und klassischer Kultur und dem Gefühl sozialer Ähnlichkeit. Ich bin dann zu Hause, wenn mir die Berge oder Seen oder Strände, die ich sehe, vertraut sind, wenn man die gleiche Sprache und Literatur, Musik und Gedichte, Essen und Aromen teilt, wenn die Leute – als Individuen – natürlich nicht ganz genau gleich sind; aber als Gruppe, als Nation sind sie »die meinigen«. Ich bin »zu Hause« wegen Ähnlichkeit und Vertrautheit. Die Umgebung, im physischen und im sozialen Sinne, ist das Zuhause, einfach indem sie da ist. Ein bezauberndes Gefühl.

Es gibt aber sicher auch eine andere Art, sich »zu Hause« zu fühlen. Ich kann mich an einem fremden Ort zu Hause fühlen, wo die Berge und Seen und Strände anders sind, wo die Sprache und das Essen und die Mode merkwürdig erscheinen, wo die Gruppe der Menschen als solche zwar nicht »die meinige« ist, die Leute als Individuen aber so wie ich sind und mir das Gefühl des zu Hause-Seins geben. Ich bin »zu Hause« trotz der fehlenden organischen Ähnlichkeit und Vertrautheit aufgrund der bürgerlichen und politischen Kultur. Auch hierbei handelt es sich um ein bezauberndes Gefühl – für diejenigen, die geben, und diejenigen, die empfangen.

Die Ko-Existenz dieser beiden ist eine weitere Dimension multipler Demoi.

In dieser Lesart dürfen die Verträge nicht nur als Abkommen zwischen den Staaten (im Sinne einer Staatenunion) gesehen werden, sondern auch als ›Sozialvertrag‹ zwischen den Angehörigen dieser Staaten – ratifiziert in Übereinstimmung mit den verfassungsmäßigen Erfordernissen in allen Mitgliedstaaten –, die sich für die Bereiche, die vom Vertrag erfaßt werden, als Bürger zusammenschließen und sich als dieser bürgerlichen Gesellschaft zugehörig betrachten. Wir können sogar noch einen Schritt weiter gehen. In diesem Gemeinwesen und für diesen Demos ist ein Grundwert eben gerade, daß es keinen Sog hin zu einer umfassenden organisch-kulturellen nationalen Identität in Verdrängung derjenigen der Mitgliedstaaten geben wird, ebensowenig wie eine Akzeptanz einer solchen Identität. Angehörige der Mitgliedstaaten sind europäische Bürger, nicht umgekehrt. Europa ist ›noch nicht‹ ein Demos im organischen national-kulturellen Sinn und sollte es auch niemals werden.

Man sollte sich von dieser Konstruktion nicht davontragen lassen. Zunächst sei bemerkt, daß die Maastricht-Formel keine völlige Trennung umfaßt: Die Mitgliedstaaten sind frei, ihre eigenen Bedingungen der Angehörigkeit festzulegen, und diese können weiterhin in volksbezogenen Kategorien definiert werden. (Aber wir wissen, daß die Voraussetzungen für Nationalität und Staatsangehörigkeit von einem Mitgliedstaat zum anderen doch stark differieren). Darüber hinaus ist das Tor zur Unionsbürgerschaft die mitgliedstaatliche Staatsangehörigkeit.[75] Von größerer Bedeutung ist jedoch, daß auch diese Konstruktion des europäischen Demos, ebenso wie die volksbezogene, von einem Bewußtseinswandel abhängt. Einzelne müssen sich selbst auf diese Art begreifen, bevor ein solcher Demos volle legitime demokratische Autorität entfalten kann. Der Schlüssel zu einem Wandel der politischen Grenzen ist das Gefühl, daß die Grenzen das eigene Gemeinwesen umgeben. Weder behaupte ich, daß dieser Wandel bereits erfolgt ist, noch stelle ich irgendwelche Behauptungen hinsichtlich der Übertragung dieser Vision in institutionelle und konstitutionelle Ordnungen auf. Ich behaupte jedoch das folgende: A. Wir wissen nichts über das öffentliche Bewußtsein hinsichtlich eines auf einem bürgerlichen Gemeinwesen basierenden Demos, da die Frage nach dem emotionalen Bezug der

---

[75] Es ist bemerkenswert, daß es hierfür einen historischen Präzedenzfall im Deutschland des 19. Jahrhunderts gibt: 1867 und 1871 beruhte die deutsche Staatsangehörigkeit auf der Staatsangehörigkeit der Staaten, welche den Bund bildeten; es gab anfangs keine gewissermaßen unmittelbare und unvermittelte deutsche Staatsangehörigkeit; siehe *Paul Laband*, Das Staatsrecht des Deutschen Reiches, 5. Auflage, Tübingen 1911, Band 1, S. 134; *Siegfried Magiera*, Die neuen Entwicklungen der Freizügigkeit für Personen: Auf dem Weg zu einem europäischen Bürgerstatut, Europarecht 1992, 434 (446); *Stephan Hobe*, Die Unionsbürgerschaft nach dem Vertrag von Maastricht. Auf dem Weg zum Europäisches Bundesstaat?, Der Staat 1993, 245 (252 f.).

Individuen erst in diesen bürgerlichen Begriffen gestellt werden muß, um eine
sinnvolle Antwort zu erhalten. B. Dieser Wandel wird nicht stattfinden, wenn darauf
beharrt wird, daß Demos lediglich volksbezogen verstanden werden kann. C. Daß
dieses Verständnis von Demos die Notwendigkeit einer Demokratisierung Europas
noch dringender macht. Ein Demos, der um Werte herum entsteht, muß diese Werte
leben.

Es gibt einen letzten Punkt, der wohl die verborgenste Schicht der Kein-Demos-
These berührt. Es ist eine Sache, wie im Maastricht-Vertrag vorgesehen, die Angehörigen der Mitgliedstaaten zu Bürgern der Union zu machen. Aber sind sie nicht
gleichzeitig auch Angehörige der Mitgliedstaaten? Selbst wenn man akzeptiert, daß
man Staatsangehörigkeit und Nationalität trennen und sich einen Demos vorstellen
kann, der auf Angehörigkeit und nicht auf Nationalität beruht, kann man dann
Angehöriger beider Gemeinwesen sein? Kann man nicht nur zu einem, sondern auch
zu einem zweiten Demos gehören? Wir haben bereits die heftige Aversion eines Teils
der deutschen Staatsrechtslehre gegenüber einer mehrfachen Staatsangehörigkeit
erwähnt.

Ich möchte diese Frage auf zweierlei Art behandeln. Zum einen läßt sich einfach auf
die relativ weitverbreitete Praxis von Staaten hinweisen, die eine doppelte oder
mehrfache Staatsangehörigkeit gestatten. Ganz überwiegend schafft das in bezug auf
bürgerliche Rechte und Pflichten kaum Probleme. Das trifft auch auf die Gemeinschaft zu. Zwar stimmt es, daß etwa im Falle einer kriegerischen Auseinandersetzung
der Träger einer mehrfachen Staatsangehörigkeit sich in einer schwierigen Situation
befindet. Kann aber nicht die Europäische Union selbst eine Konstruktion schaffen,
die Krieg zwischen ihren Mitgliedstaaten nicht nur materiell unmöglich, sondern
auch undenkbar macht? Die negative Einstellung gegenüber der mehrfachen Staatsangehörigkeit wurzelt, wie ich glaube, nicht in praktischen Erwägungen.

Vielmehr evoziert die Frage der doppelten Staatsangehörigkeit auf einer tieferen
Ebene das Gespenst der gespaltenen Loyalität. Wer Europa den Status eines Demos
verweigert, läßt sich womöglich vom Widerstand gegen die Idee der doppelten
Loyalität leiten. Der Widerstand gegen eine doppelte Loyalität mag in der Angst
begründet sein, daß eine flache, unscharfe, unauthentische und künstliche ›Euro-
Kultur‹ die gewachsene, gut artikulierte, authentische und unverfälschte nationale
Version derselben ersetzen wird. Sie mag auch auf dem Glauben beruhen, daß eine
doppelte Loyalität zwangsläufig heißt, daß entweder eine oder beide Loyalitäten
geschwächt werden.[76]

Hinsichtlich des ersten Punktes glaube ich nicht, daß irgendeine der europäischen
organischen national-kulturellen Identitäten so schwach oder zerbrechlich ist, daß sie
durch das Erscheinen einer simultanen bürgerlichen Loyalität gegenüber Europa
gefährdet wäre. Ich habe bereits dargelegt, daß eher das Gegenteil wahrscheinlich ist.
Von der formalen Struktur des Staates einmal gelöst, müssen nationale Kultur und
Identität zu wahrhaft authentischen Ausdrucksmöglichkeiten finden, um Loyalität zu

---

[76] Die ›Gefahr‹ einer doppelten Loyalität stellte auch das zentrale Argument gegen ein kommunales
Wahlrecht für Ausländer in Deutschland dar, siehe *Isensee*, Abschied der Demokratie vom Demos, FN 19,
S. 733 (»Der Ausländer bleibt dagegen seinerseits seinem Heimatstaat personenrechtlich verbunden und
diesem nach Maßgabe seines Rechts zur Loyalität verpflichtet. Mit der Zuweisung des Wahlrechts im
Aufenthaltsstaat ist der rechtliche wie der politische Loyalitätskonflikt programmiert.«)

gewinnen, gewissermaßen eine wirklich innere Erzeugung. Darüber hinaus kann der existentielle Zustand des gespaltenen Selbst, des Lebens in zwei oder mehr Welten, nicht nur in einer Abschwächung von kulturellen Leistungen resultieren, sondern vielmehr zu deren Schärfung und Vertiefung. Wird irgendjemand, der Heine, Kafka oder Canetti gelesen hat, dies anzweifeln?

Was aber ist mit der politischen Aversion gegenüber doppelter Loyalität? Diese ist paradoxerweise am problematischsten, insbesondere in einem Gemeinwesen, das organische national-kulturelle Homogenität als Bedingung für Angehörigkeit hochhält. Es ist schwer zu sehen, warum – außer wegen irgendwelcher mystischen Vorstellungen oder wegen echten Blutsbande- und Stammesdenkens – etwa einem britischen Bürger, der sich selbst als britisch versteht (und der immer mit einem englischen Akzent sprechen wird), der jedoch beispielsweise in Deutschland lebt und bereit ist, alle Rechte und Pflichten eines deutschen Staatsangehörigen zu erfüllen, im heutigen Europa nicht zugetraut werden kann, daß er dies loyal tun wird? Darüber hinaus haben wir bereits gesehen, daß die europäische Unionsbürgerschaft eine von der deutschen Staatsangehörigkeit sehr verschiedene Bedeutung haben würde. Die zwei Identitäten würden nicht ›auf dem gleichen Spielfeld‹ konkurrieren. Mir scheint, wie bereits gesagt, daß die Aversion gegenüber doppelter Loyalität, ebenso wie die Aversion gegenüber mehrfacher Staatsangehörigkeit selbst, nicht zuvörderst in praktischen Erwägungen wurzelt. Sie beruht auf einem normativen Verständnis, das nationale Selbstidentität – identifiziert mit dem Staat und seinen Organen – sehr tief in der Seele verankert sehen will, an einem Platz, der vormals der Religion gehörte. Dies klingt in der diesbezüglichen Metaphorik – dem Rückgriff auf das Schicksal – gelegentlich an[77]. Der Grund dafür ergibt sich aus der Feststellung, was die größte Anziehungskraft von Nationalismus ausmacht. Durch die Anklänge an Schicksal und Vorsehung kann Nationalismus auf das tiefste existentielle Verlangen antworten, auf das Verlangen nach Sinn und Zweck der Existenz, die das schiere Existieren oder egoistische Selbstverwirklichung überschreiten. Genau hierin liegt ein Teil der Kraft emotionaler Identifikationsmöglichkeiten, die die Verankerung in der klassisch definierten nationalen Identität bietet. Religion nimmt sich mit größerer Legitimität dieser tieferliegenden Nischen der menschlichen Seele an und erhebt konsequenterweise einen Anspruch auf Ausschließlichkeit. Jedoch ist die emotionale Identifikationsmöglichkeit, die die Verankerung in der Nation bietet, keineswegs ausschließlich tugendhaft und gefahrlos. Die Vermischung von Religion und Loyalität dem Staat gegenüber birgt aus meiner Sicht die Gefahr des Götzendienstes aus einer religiösen Perspektive, und aus politischer Sicht kann sie in höchstem Maße gefährlich sein. Historisch gesehen scheint es, als ob Volk und Staat, Blut und Boden in der Tat diese tiefsten Bereiche der menschlichen Seele besetzen konnten, bis zu dem Punkt, an dem sie ›über alles‹ gestellt wurden – mit den furchtbarsten Konsequenzen. Damit meine ich nicht, daß die eigentliche Idee von Volk und Staat mörderisch oder auch nur verderblich war, obgleich, wie wohl klar aus diesem Beitrag hervorgeht, meine Präferenz mehrfachen Loyalitäten, ja sogar Demoi innerhalb des Staates gilt.

---

[77] Vgl. *Isensee*, Abschied der Demokratie vom Demos, FN 19, S. 709 (»Sie [= die Nation] schafft sich den Staat nach ihrem Bilde«) verbunden mit einer etwas mystischen Konnotation des Volkes als ›Schicksalsgemeinschaft‹ – ebd., S. 709f.

Es ist die Vorrangstellung, die die Mischung aus Volk und Staat okkupierte, die unkritische Loyalität erzeugte. Genau die führte dazu, daß schlimmste, ja sogar mörderische Konzepte ausgeführt wurden, indem kritische Stimmen und Persönlichkeiten unterdrückt, extreme Standpunkte legitimiert, transzendentale menschliche Werte unterjocht und eines der gemeinsamen Fundamente der drei monotheistischen Religionen, nämlich daß alle Menschen als Abbild Gottes geschaffen wurden, herabgewürdigt wurde.

Wie jedoch können wir ›kritische Loyalität‹ erreichen? Die Konstruktion Europas, die ich vorgeschlagen habe und die einen europäischen bürgerlichen, wertorientierten Demos Seite an Seite mit einem nationalen organisch-kulturellen (für die Nationalstaaten, die ein solches wollen) vorsieht, erscheint als eher bescheidener Beitrag zu diesem großen Ziel.

Vielleicht liegt in der Sphäre des Politischen die besondere Tugend einer gleichzeitigen Zugehörigkeit zu einem nationalen, organisch-kulturellen Demos und einem supranationalen, bürgerlichen und wert-gesteuerten Demos in der zähmenden Wirkung, die eine solche doppelte Angehörigkeit gegenüber der immensen Anziehungskraft, ja sogar Sehnsucht nach Zugehörigkeit und Bestimmung in dieser Welt entfaltet, einer Anziehungskraft, die der Nationalismus noch immer ausübt, die jedoch so leicht zu Intoleranz und Fremdenfeindlichkeit degenerieren kann. Diejenigen, die das nationale Bewußtsein einschließlich seiner emotionalen Identifikationsmöglichkeiten für eine notwendige Bedingung dafür halten, um Gesellschaften handlungsfähig und handlungsbereit zu erhalten und sie vor einem Rückfall in Tribalismus und Anarchie zu schützen, müssen ebenso seine Gefahren anerkennen und darum einer Struktur Rückhalt geben, die diese Gefahren eindämmt. Vielleicht bieten der nach innen gerichtete nationale kulturelle Demos und der nach außen gerichtete, supranationale bürgerliche Demos, indem sie sich kontinuierlich gegenseitig in Schach halten, ein strukturiertes Modell kritischer Angehörigkeit. Womöglich lassen wir uns dadurch bei der Suche nach Sinn und Bestimmung vom starren Blick auf staatliche Strukturen, auf europäischer wie auf staatlicher Ebene abhalten. Vielleicht sollten wir die das mit einer mehrfachen Angehörigkeit verbundene, nämlich das politisch gespaltene Selbst und die doppelte Identität, die uns davor schützen, unsere Loyalität zu einem Gemeinwesen ›über alles‹ zu stellen, zelebrieren anstatt sie aus Abneigung zurückzuweisen. Vielleicht macht dieses Verständnis von Europa es für einige so anziehend, und so bedrohlich für andere.

Human Rights in the Welfare State*

by

George S. Katrougalos, Ph. D.

Visiting Professor, Roskilde University (Denmark)

Contents

I. Social State and Welfare State

In the decades of the 1960's and 1970's the theoretical elaboration about the Welfare State and the social rights was so intense, that gave the impression that very few things had been left for further discussion. However, the recent emergence of a radically new ("post-modern?") situation in all developed countries seems to have jeopardized what used to be seen as an irreversible structure of the modern societies. Therefore the reconsideration of the overall concept of human rights in the Welfare State is not deprived of interest.

Usually the terms Welfare State (*Wohlfahrtstaat, Etat-Providence*) and Social State (*Sozialstaat, Etat social,* as it appears in many Constitutional Charters) are used interchangeably[1]. However, their nature is different. The latter is a leading normative concept, that constitutionalizes the obligations of the State in the fields of social and economic policy. More specifically:

a) It is the sedes materiae for the state's interventionism and dirigisme (and, more generally, any kind of affirmative action) in the economic domain;

b) It imposes *an obligation* on the state to actively interfere in the market's function and to

---

* This article is the report of the author for the IV Congress of the International Association of Constitutional Law (Tokyo, 25–28/9/1995).

[1] Cf. G. *Papadimitriou,* The principle of Social State in Greece, 1974–1991, in Dimensions of Social Policy, Foundation *S. Karagiorgas,* Athens, 1993. 195, pp. 200 ff. (in Greek).

guarantee the exercise of basic social rights, in order to maintain social security and to equalize extreme social differences.

c) It forbids the dismantlement of the basic structures of the welfare state.

The welfare state, on the other hand, ist just a descriptive notion of the social sciences, that, in its narrowest sense, implies the existence of a frame of basic social provisions and services, intended to secure a minimum of decent existence for the citizens. In other words, the Social State's principle is relative to the constitutional and legal structure, as well as to the juridical obligations of the State, while the Welfare State describes its institutional organization.

This distinction is important and not only for reasons of vocabulary: whereas the term "welfare state" describes *the universal type* of state which evolved in all developed countries during the twentieth century, the "Social State" is the constitutional form of organization of *one form* of them[2]. In the sociological typologies, this latter is called "integrated welfare model"[3], opposite to the liberal or "differentiated" welfare state[4]. In this regime, the principle of social justice[5] has been incorporated to the legal order as a fundamental value, in order to promote the substantial, material equality[6].

In the Social State, the economic and social policies are interrelated in order to serve the social objectives of the state[7]. Unlike the "differentiated" liberal welfare state, the regulation of the economy embraces both the demand and the supply side, from the wage levels and working conditions to the profits and investments[8]. Therefore this model is usually characterized as "the social market economy" *("soziale Marktwirtschaft")*[9]. On the contrary, in the other type of (liberal) Welfare

---

[2] For instance, USA is a welfare state, but, by no means, a social one. Cf., however, *P. Badura*, Auftrag und Grenzen der Verwaltung im sozialen Rechtsstaat, Die Öffentliche Verwaltung, 1968, pp. 446 ff., who considers the Social State as the universal type of all industrial societies.

[3] See *R. Mishra*, The welfare state in crisis: social thought and social change Wheatsheaf Books, Brighton, 1984, esp. pp. 101 ff.

[4] In the most influential classification of the last years, *G. Esping-Andersen's*, The three worlds of Welfare Capitalism (Polity, Cambridge, 1990, passim) the "differentiated welfare model" corresponds to the liberal or Anglo-Saxon model: a tax financed system with main features the universal but also residual character of the benefits and the means-tested public assistance. The "integrated" welfare state corresponds to both Continental and Scandinavian models: The Continental or "state-corporate" one, is "a distribution state", characterized more by social transfers in cash and less by the organization of social services. It is mainly financed according to the insurance principle, by contributions of employers and employees. Its social security is organized on work-based insurance schemes, related to the earnings and the work performance. The Scandinavian model is a "public service State", essentially financed by taxes. It is characterized by the principles of universality and equality, as well as by the public provision of very generous services and flat-rate benefits, regardless of need.

[5] See, for instance, *P. Häberle,* Grundrechte im Leistungsstaat, VVDStRL 30, 1972. 43.

[6] Cf. *H. F. Zacher* Soziale Gleichheit, Zur Rechtsprechung des Bundesverfassungsgerichts zu Gleichheitssatz und Sozialstaatsprinzip, AöR 93, 1968, p. 341, also, BVerfGE 5, 198.

[7] Cf., for instance, *J. P. Müller, Soziale Grundrechte in der Verfassung? Schweizerischer Juristenverein, Referate und Mitteilungen, Heft 4, Basel, 1973, pp. 690 ff.*

[8] Cf. the pioneer work of Freiburg's school of (*W. Eucken, Al. Rüstow, W. Röpke*), called usually "Neoliberalismus" or "Ordoliberalismus". See, among others, *K. Stern,* Das Staatsrecht der Bundesrepublik Deutschland, 1977, t. 1, p. 677, *H. C. Nipperdey,* Soziale Marktwirtschaft und Grundgesetz, 3. Aufl., 1965.

[9] However the BVerfG (for instance, BVerfGE 4, 7 (17)) considers that the Constitution is "economically neutral", that is, it does not protect any special kind of economical and social organization. See the

State the social policy is limited to corrective operations of the most flagrant inequalities of the market, without the existence of any *constitutional* social rights.

In the further analysis, any reference to the Social State implicitly implies the above remarks and, consequently, concerns uniquely the "integrated welfare state". Before trying to propose the outline of a new, "holistic" way of conceptualizing the human rights, we shall proceed to a brief examination of the historical evolution of their implementation, with reference to the national and international jurisprudence.

II. The traditional (liberal) concept of human rights

During the nineteenth century the cry of Nietzsche *"so wenig Staat wie möglich"*[10] was of general acceptance everywhere. The human rights were considered to be natural and inalienable, possessed by birth, not granted by the society or the state, with the only function of preserving the individual autonomy and the private sphere of freedom from any state intrusions. Humans were conceived as individual bearers of right, prior to any of their socio-political relationships and independently of their place in the social hierarchy.

It is almost a truism to remark that this concept of human rights corresponds to the essential difference between the feudal and the capitalist social relations; the constitution of civil society in the capitalist system is not political, i. e., it is not based primarily on the political contraint. The civil society is, thus, strictly separated from the political sphere. The social division and hierarchy do not result from a politically imposed separation in classes but they are, simply, the consequence of the impersonal and "neutral" (hence, self-legitimating)[11] laws of the economy. The equality itself is efficiently assured by the invisible hand of the Market. Therefore, any state intervention over a necessary minimum for its regulation, could only damage the equalizing process of free competition[12]. For the traditional liberalism, equality was nothing more than the formal concept of equal chances in the exchange of commodities in the market, even for commodities like labor or capital[13].

Consequently, since the societal harmony is due to the unhindered function of the market, the fundamental human rights were supposed to offer just protection by negatively limiting the competence of the public power. The role of the government is not to establish these rights, which preexist its formation, but simply to protect them and guarantee their free exercise[14].

---

extremely persuading refutation of this position in *Herzog-Maunz-Dürig*, Kommentar, 18 Lfg., Art. 20 I, Rdn. 60–62, pp. 323–324.

[10] F. *Nietzsche,* Menschliches, Allzumenschliches, par. 473, quot. by G. *Kassimatis,* The principle of subsidiarity, Athens, 1974, p. 28 (in Greek).

[11] Cf. *J. Habermas,* Legitimation crisis, Heinemann, London, 1980, pp. 22 ff.

[12] See *A. Smith,* The Wealth of Nations (1776), Methuen, London, 1961, II, pp. 232 ff., G. *Esping-Andersen,* op. cit., p. 9.

[13] Cf. the ironical remarks of Marx regarding the freedom of the workers to sell their labour power as a consequence of being "free" of any other means of supporting themselves (*K. Marx,* Capital, Harmondsworth, London, 1973, p. 270–271; *Ch. Pierson,* Beyond the Welfare State?, Polity Press, Cambridge, 1991, p. 9.

[14] See, among others, B. Binoche, Critiques des droits de l'homme, PUF, Paris, 1989, p. 4; *L. Straus,*

The social rights, which are essentially individual or collective claims towards the state, could not fit into this ideological framework. They can never be conceived as prior to the society, because their role is exactly to remedy the societal risks and inequalities. They also hurt to the second pillar of the liberal thought: the clear separation/opposition of state and society (as simple aggregation of the separate individuals) and the explicit recognition that the basic danger for the individual's autonomy is the State. As the American federalists put it, their main concern was not that the State would do too little for the people, but that it might do too much for them[15].

Besides all that, the primacy of the right of property[16] over the other two fundamental rights of liberalism (namely, freedom and equality) was prohibiting the introduction of any kind of claims that could limit its exercise. The remark of W. Hamilton regarding the American judges that "in the universes behind their hats liberty was the opportunity to acquire property" is valid universally for this century[17].

However, voices against this formal concept of human rights have been raised, especially in Europe, since the time of the French Revolution. The Constitution of the Convention (1793) is referring explicity[18] to the "debt" of the society to provide public assistance to the needy and Robespierre has formulated a new Bill of Rights that recognized subjective rights to work and to security[19]. Some years earlier, A. Babeuf was proclaiming a new concept of substantial equality instead of the prevailing, formal one: "Who can be satisfied with the nominal equality? (. . .) The equality must not be the baptism of a transaction; it must have positive results, immediately visible effects and not just chimeric abstractions."

These ideas gained momentum by the rise of the power of the workers' movement and of the influence of socialist parties. The "social question" of the nineteenth century could be summarized to the double task to socially integrate the working class and to consolidate the regime. This was the role of early social legislation, which offered a reformist alternative to the revolutionary socialist project of radical abolition of the capitalist system. The pioneering establishment of the social insurance in

---

Droit naturel et histoire, Flammarion, Paris, 1986, p. 155–156; *L. Henkin,* Economic-social rights as "rights", A US perspective, Human Rights Law Journal, 2, 1981. 223. Cf. *A. Hamilton, J. Madison, J. Jay,* The Federalists, The federalist Papers (1788), N. York, 1961, esp. p. 350 ff. The definition of the state functions of *M. Friedman* (Capitalism and Freedom, University of Chicago, Chicago, 1962, p. 2) is a contemporary ideological fossil of this traditional liberal concept: "the scope of government must be limited. His major function must be to protect our freedom both from the enemies outside our gates and from our fellow citizens."

[15] Judge Possner, in Jackson v. City of Joliet, 715 F2d 1200, 1203 (7Cir 1983), see *D. P. Currie,* Positive and negative Constitutional Rights, University of Chicago Law Review, 1986. 864, cf. *Tocqueville,* La Démocratie en Amerique, esp. t. II, IV, Ch. VI.

[16] However, only in the (early) liberal capitalism the right of property is considered a "natural right", and this not before Locke. According to *O. Gierke* (Natural law and the Theory of Society 1500–1800, Cambridge, 1950, p. 103), this innovation was "a landmark in the history of thought". See *G. Vlastos,* Justice and Equality, in J. Waldron (ed.), Theories of Rights, Oxford University Press, Oxford, 1984. 41, p. 44.

[17] Cited by *Ch. Reich,* The new property, Yale Law Journal 5, 1964. 733, p. 772.

[18] Art. 21 and 28. The law of 27/5/1791 that abolished the guilds included also a rule according to which "it is the Nation's responsibility to provide work to those in need and assistance to invalids".

[19] See its speech of 24/4/1793, in Robespierre, Textes Choisis, Editions Sociales, Paris, 1973, t. II, p. 138.

Germany, was part of Bismarck's effort to repel the socialist influence and reinforce the loyalty to the Monarchy, in pair with repressive measures as the laws against the trade unions (1854) and the socialist organizations (Sozialistengesetz, 1878–1890)[20].

Whatever were the political intentions of the establishment of the social rights, it is undeniable that the latter represent a qualitative change, a schism in the liberal tradition. Instead of the watertight separation of the political and economic spheres of the early liberalism, they instituted mechanisms of political intervention in the socio-economical process. By this way, they are implying the re-politicization and "de-differentiation" of the economy and the market, i.e. the exact opposite thrust as compared with the initial constitution of the civil society in non political terms[21].

However, the social rights are not socialist rights, as many writers from C. Schmitt[22] to R. Aron[23] continue to pretend. They do not consist of a breach with the capitalist system, but of a breach within it, that illustrates the transition from a previous political form (the liberal State) to a new one, the Welfare State. They simply introduce a legal, correctional mechanism of the market dysfunctions, without infringing on the primacy of capitalist relationships[24]. They are thus, the corollary of the evolution of the capitalist state and a complement, not a negation of the traditional liberties of liberalism[25].

The first and, by far, the most influential typology of rights was elaborated in the aftermath of the early social legislation. The classification of G. Jellinek[26] remains, even today, a locus classicus in the field. However, his trichotomy in civil rights (imposing the abstention of the state-status negativus-) political rights, (authorizing the participation in the exercise of the political power-status activus-) and positive rights[27] (that empower their bearer to demand a provision of services from the state-

---

[20] See *V. Hentschel,* Geschichte der deutschen Sozialpolitik (1880–1990): Soziale Sicherung und kollektives Arbeitsrecht, Suhrkamp, Frankfurt a. M., 1983, pp. 33 ff. Of course, the initial opposition of the socialists to this kind of social legislation was not limited in Germany. See, for instance, *G. Burdeau,* Libertés publiques, op. cit., p. 366 and his references to the "old guard" of French syndicalism, *Pelloutier, Pouget, Delesalle.*

[21] See *J. Habermas,* Theorie des kommunikativen Handels, Suhrkamp, Frankfurt, 1981. 522, the same, Law as medium and law as institution, in G. Teubner (ed.) Dilemmas of Law in the Welfare State, De Gruyter, Berlin, N. York 1985. 203. Cf. also *K. Tsoukalas,* Idols of civilization, Themelio, Athens, 1991 (in Greek), passim and pp. 322 ff., *Collin, F.,* Le droit capitaliste du travail, Maspero, Grenoble, 1980 and *S. Rokkan,* Cities, States and Nations, in *S. Rokkan, S. N. Eisenstadt,* Building States and Nations, Sage, Beverly Hills, 1974.

[22] See *C. Schmitt,* Verfassungslehre 5, Berlin 1970, p. 169, where he characterizes them as "essentially socialist rights".

[23] See *R. Aron,* Pensée sociologique et droits de l'homme, in Etudes Politiques, Gallimard, Paris, 1972, also *J. Robert,* Libertés publiques et droits de l'homme, Montchrestien, Paris, 1988, p. 53 and *L. Ferry–A. Renault,* Droits-libertés et droits-créances, in Droits 2, 1985. 75. Cf. the Colloquium "Droits socialistes de l'homme", Paris, 25–27/1/1985, Ed. Anthropos, Paris, 1985, passim.

[24] Cf., among others, *C. Offe,* Contradictions of the welfare society, Hutchinson, London, 1984, p. 61, 121.

[25] It looks, therefore, justified the argument of Hayek that the decline of socialism coincides with the rise of the welfare state. See "The decline of Socialism and the Rise of the welfare state" in The Constitution of Liberty, University of Chicago Press, Chicago, 1960, pp. 253 ff.

[26] *G. Jellinek,* System der subjektiven öffentlichen Rechte 2, Tübingen, 1905, (First edition 1892), p. 70 ff.

[27] Ibidem, pp. 114 ff.

status positivus-) is a product of its time. That is, a period when no Constitution included explicit social rights and, more important, a period when the transition to the integrated welfare state was just in its initial steps. One of the basic theses of this paper is that this classification is obsolete and that a more integrational theorization of the fundamental rights must be adopted.

Just one prliminary remark on a topic to which we shall return: One of the most common misunderstandings of Jellinek is to consider that the concept of social rights is identical to this of positive ones. However, the truth is that the German scholar had less in mind the social rights, as the modern legal theory conceives them today, and more the provision of administrative services, like, for instance, the delivery of a certificate, or even the access to the courts[28], i. e. a traditional civil right of the liberal rule of law. That is, even in the initial concept there was not a watertight differentiation between the different categories of rights.

III. Reconceptualizing the fundamental rights in the Social State

a) The international experience

In the aftermath of the first World War I (and of the Russian Revolution) the Constitutional Charters of many countries have explicitly proclaimed social rights[29]. Although the constitutional theory regarded them generally as normatively inferior norms, closer to political proclamations than to genuine rights, they prepared the ideological ground for the enlargement of the liberal concept of fundamental rights even in the international level. The article 427 of the Versailles' Treaty (which founded the League of Nations) declared solemnly that the labour is not a simple commodity but should be the object of national and international protection.

In 1942, in the most liberal country of the World, President Roosevelt declared in his message for the State of the Union the famous four freedoms: "freedom of speech, freedom of religion, freedom of fear and freedom of want." For the first time social and civil rights have been put on equal footing. Similar formulations have been included in the Atlantic Charter (1941), the declaration of Philadelphia (1944), the Universal Declaration of Human Rights of UN (1948), the two UN Covenants of Human Rights[30] (1996) or in the Final Act of Helsinki (1975).

However, prima facie, the international protection seems to perpetuate the dichotomy[31] of fundamental rights and to justify the conception of an essential

---

[28] Ibidem, p. 133. Cf. also *E. Grisel,* Les droits sociaux, Revue de droit Suisse, 1973, p. 24.

[29] See infra, III b.

[30] Covenants on Economic, Social and Cultural Rights (CESCR) and on Civil and Political Rights (CCPR).

[31] Some authors (e. g., *E. Vierdag,* The legal nature of the rights granted by the International Covenant on Economic, Social and Cultural Rights, Netherlands Yearbook of International Law IX, 1978. 103) still consider the implementation of the second Covenant merely a political, not legal matter. Others (*M. Ganji,* The realization of Economic, Social and Cultural Rights, UN Publications Sales, No F 75, XIV.2, 1975) emphasize the fact that the first proclaims individual rights, while the other just obligations of the States. The dominant opinion seems to believe that, although there is not a natural hierarchy between the two categories of rights, there is an inherent difference in the implementation measures. See, for instance,

difference in the implementation of traditional liberties and social rights, if not of the inferior validity of the latter: Not only are there two distinct Covenants for the protection of the two categories of rights, but there is also a different formulation of them as well as different measures for their implementation. Under the dispositions of the Covenant on Economic, Social and Cultural Rights (CESR) the States do not undertake strict obligations but are just bound to "ensure", "endeavor", or, in the best of the cases, recognize the proclaimed rights[32].

The international documents try to dissipate this impression, by emphasizing the complementarity and equality of the different categories of human rights. Both the two UN Covenants include similar provisions of non-discrimination or hierarchy between the rights they recognize. This is also the constant position of many Declarations of the General Assembly and of international Conferences on human rights[33].

Still and all, the most important contribution to the integration of human rights protection is due to the activism of the organs of supervision of the treaties, both the judiciary and the monitoring ones. In the UN level there is a parallel effort in finding remedies for the violation of social rights, by both the Committees of CESR, and of the Covenant on Civil and Political Rights (CCPR). The first, although it hadn't any competence conventionally to verify the content of the States' reports, has recently moved towards a semi-judicial system: It accepts communications regarding the respect of the social rights by non-government organizations (NGO) and addresses remarks to the States whose the activities do not seem to conform to the treaty[34].

The supervising Committee of the CCPR, on the other hand, has extended the field of protection of the Covenant, in order to include positive obligations of the states regarding their fulfillment. Characteristic is the interpretation of the article 6, relative to the right of life. According to the Committee, "the expression "inherent right to life" cannot properly be understood in a restrictive manner, and the protection of this

---

D. *Türk,* The UN and the realization of Economic, Social and Cultural Rights, in F. Matscher (Ed.), Die Durchsetzung wirtschaftlicher und sozialer Grundrechte: eine rechtsvergleichende Bestandsaufnahme, Engel Verlag, Kehl am Rhein, 1991, p. 95; *V. Kartashkin,* Economic, Social and Cultural Rights, in K. Vasek, Ph. Alston (Eds.), The international dimension of Human Rights, UNESCO, 1982. 112.

[32] See, for instance, the Art. 2 §1 of the Covenant: "Each State Party (...) undertakes to take steps, individually and through international assistance and cooperation especially economic and technical, with a view to achieving progressively the full realization of the rights recognized in the present Covenant, by all appropriate means, including particularly the adoption of legislative measures." Cf. the remarks of *H. Floretta,* Probleme mit zwei UNO-Pakten, Der Staatsbürger 4, 1978. 13.

[33] See, for instance, the article 5 of the Vienna Declaration and Programme of action (12 July 1993), as adopted by the World Conference on Human Rights: "All human rights are universal, indivisible, interdependent and interrelated."

[34] The most illustrative example offers the Dominican Republic's violation of the right to housing. During the fifth session of the Committee a NGO communicated detailed documentation regarding the eviction of 15000 families from their homes. Under the light of the evidence provided the Committee declared (UN doc. E/1991/23/para. 249) that it "considered that the guarantees in Article 11 of the Covenant had not been respected". See *M. Craven,* Towards an Unofficial Petition procedure: A review on the role of the UN Committee on Economic, Social and Cultural Rights, in Social Rights as Human Rights, Institute for Human Rights, Åbo Akademi University, Åbo, 1994, p. 91 and *S. Lecki,* An overview and appraisal of the fifth session of the UN Committee on Economic, Social and Cultural Rights, Human Right Quarterly, 13, 1991. Cf. *Simma, B.,* The implementation of the International Covenant of Economic, Social and Cultural Rights, in F. Matscher (Ed.) Die Durchsetzung wirtschaftlicher und sozialer Grundrechte, op. cit., p. 75 and his comments on the General Comment no 3 of the Committee.

right requires that States adopt positive measures. In this connection, the Committee considers that it would be desirable for States Parties to take all possible measures to reduce infant mortality and to increase life expectancy, especially in adopting measures to eliminate malnutrition and epidemics[35].

In another occasion, the Committee suggested that the right to privacy and family life (Art. 17 of the CCPR) obligates the State to take positive measures for its effective protection[36]. Even more interesting, because they focus on the core issue of social protection, are two other cases[37], that have used the principle of non-discrimination in the allocation of social benefits.

The same duality of protection also appears in the framework of the Council of Europe (CE), with the parallel existence of two documents, the European Social Charter[38] and the European Convention on Human Rights. However, the interpretation of the latter by the European Court of Human Rights (ECHR), is, by far, the most explicit recognition of the interdependence and the legal affinity of the two categories of rights. In many occasions, and despite the fact that the Convention protects only "traditional" civil rights and liberties, the Court not only declared the indivisibility of rights but also the fact that even from "negative" freedoms are derived positive obligations for the States, in order to achieve real and not just textual protection.

Consequently, the civil rights cease to determine only the status negativus of the citizen. On the contrary, they aggregate functions of the status positivus and the status activus: Firstly, they oblige the State to take the necessary institutional and legislative measures, but also factual and financial measures for their implementation. On the other hand, they empower the citizen to actively exercise his rights so as to shape and develop his personality in the framework of his relationship with the society[39].

One of the most illustrative cases in this sense is the Airey. In the interpretation of the article 6 § 1 of the Convention, relative to the guarantees of a fair trial, the ECHR concluded that the provision of free legal aid is precondition for a fair trial, if the applicant can not afford an attorney. "The Convention is intended to guarantee not

---

[35] General comment, 6 (16), Report of the Human Rights Committee, Official Records of the General Assembly, 37 Session, Supplement no 40 (A 39/40), 1982, commented by *V.-P. Viljanen,* Abstention or involvement? The nature of State obligations under different categories of rights, in Social Rights as Human Rights, Åbo, 1994, p. 53.

[36] Delgado case, Communication no 195/1985, decision of 12/7/1990, Human Rights Committee, 39th Session, CCPR/C/D/195/1985, ibidem, p. 56. It is related to the omissions of the Colombian authorities to take effective police measures for the protection of the life of *M. Delgado,* although they knew that his colleague had been murdered and the same was receiving threatening phone-calls.

[37] *Zwaan-de Vries v.,* The Netherlands Communication 182/1984 and *Broeks v.,* The Netherlands, Communication 172/1984, Selected Decisions, Vol. 2, 1990, pp. 209–214, see also *M. Scheinin,* Direct applicability of Economic, Social and Cultural Rights, in Social Rights as Human Rights, op. cit. pp. 80–81.

[38] See, among others, *N. Valticos,* La Charte sociale Européenne, son contenu, le contrôle de son application, Droit Social, 1963. 466; *P. Laroque,* La Charte sociale Européenne, Droit Social 1979. 100; *A. Berenstein,* Economic and Social Rights in the European Convention on Human Rights, Problems of formulation and interpretation, Human Rights Law Journal 2, 1981. 257.

[39] For this "active" function of the human rights see *G. Leventis,* The social rights, ToS 2, 1976. 134, pp. 142–143 (in Greek).

rights that are theoretical or illusory, but rights that are practical and effective (. . .) Whilst the Convention sets forth what are essentially civil and political rights, many of them have implications of a social and economic nature. The Court therefore considers, like the Commission, that the mere fact that an interpretation of the Convention may extend into the sphere of social and economic rights should not be a decisive factor against such an interpretation; there is no water-tight division separating that sphere from the field covered by the Convention."[40]

Other judgments[41] have expanded this jurisprudence in the field of the protection of benefits of social security and public assistance[42]. They suggest that the administrative or judicial decisions upon social security benefits must satisfy the guarantees for a fair trial. In other occasions, the Court has recognized the existence of positive obligations deriving from other fundamental rights, as from the right to private life[43], the right to education[44], or the right to assembly[45] (art. 11).

Generally, the ECHR suggests that the States have the obligation to actively protect the human righty and "this obligation involves the adoption of measures designed to secure respect (of them) even in the sphere of the relations of individuals between themselves[46]. "On the other hand, it has transformed the basic clause of non-discrimination (art. 14) from a negative obligation to a positive one, that is to actively ensure the equality of treatment of all citizens. Therefore, even in the absence of the violation of a protected right, the Court can consider a discriminating practice incompatible with the Convention[47].

Another sign of the realization of the inadequacy of the existing system of protection are the many proposals for the reform to the Social Charter. The most important of them are the Recommendation 839 (18/9/1978) of the CE's Parliamentary Assembly, regarding the adoption of a petition system and the esatablishment of a European

---

[40] Airey case of 9/10/1979, Series A, no 32, para. 24, 26; See *V.-P. Veljanen,* The nature of State Obligations, op. cit. pp. 53–55; *V. Berger,* Rechtsprechung des Europäischen Gerichtshofes für Menschenrechte, C. Heymanns Verlag, 1987, pp. 16–120, *J. M. Verdier,* Les droits économiques et sociaux: Relance au Conseil de l'Europe, Droit Social, 1992. 415. See also the cases Artico of 13/5/1980, Ser. A., no 37, para. 33 ff. (accepting the State obligation to offer free legal assistance) and Kamasinski of 19/12/1980, ser. A, no 168, para. 63 ff.; cf. *F. Matscher,* La mise en œuvre des droits économiques et sociaux, in F. Matscher (Ed.) Die Durchsetzung wirtschaftlicher und sozialer Grundrechte: eine rechtsvergleichende Bestandsaufnahme, Engel Verlag, Kehl am Rhein, 1991. 11.

[41] Cases Feldbrugge of 29/5/1986, Ser. A, 99 and Deumeland of 29/5/1986, Ser. A, 100.

[42] Case Salesi v. Italy of 26/2/1993, Ser. A, no. 257.E. See *M. Scheinin,* Direct applicability of Economic, Social and Cultural Rights, in Social Rights as Human Rights, op. cit., p. 82.

[43] See Case of X and Y v. The Netherlands, 26/3/1985, ECHR, Ser. A, no 91, cf. *Viljanen* op. cit. 57, Berger op. cit. p. 271. Cf., however, the case 6577/74 of 19/12/1994 DR 1, p. 91 for a different position. See also *Ch. Pettiti,* Pauvreté et Convention Européenne des droits de l'homme, Droit Social, 1991. 84.

[44] The Court accepted (Affaire linguistique Belge of 13/7/1968, Ser. A, 6) that the States have an obligation not only to ensure the access in the existing educational establishments, but also to recognize officially the studies and the deriving professional rights. See *F. Sudre,* Les libertés protegées par la Cour Européenne de Droits de l'homme, in D. Rousseau (Ed.), Conseil Constitutionnel et Cour Européenne de Droits de l'homme, Ed. StH, Paris, 1990. 16, p. 23.

[45] See Case Plattform Ärzte für das Leben of 21/6/1988, Ser. A, no 139, suggesting that the state must take positive measures in order to ensure the free exercise of the right of demonstration.

[46] Judgment X an Y v. The Netherlands, op. cit. para. 24.

[47] See, for instance, *Abdulaziz, Cabales* and *Balkandali* case of 28/5/1985, Ser. A, 94, para. 69 and 83, cf. Sudre, ibidem, p. 24.

Court of Social Rights, as well the proposition of the 7th Colloquium of CE for the incorporation of the Social Charter in the European Convention on Human Rights and the addition of a new Protocol guaranteeing the right to a minimum income and the protection from poverty and exclusion[48].

b) National variations

As already exposed, the notion of exclusively negative rights was never totally accepted in Europe, even in the first years of the liberal state. It was moderated by the concept of social solidarity[49] ("fraternité") and the approval of a positive role of the public power regarding the protection of human rights[50].

In the two leading countries of the Continental Welfare State[51], France and Germany, the constitutional acceptance of this role is dated, correspondingly, from 1848 and 1919. The French Constitution of 1848, despite the fact that it had been adopted by a conservative bourgeois majority, hostile to the social Revolution and the establishment of the right to work, is the first that solemnly affirmed the social finality of State's policy[52]. In its Preamble, it proclaimed an obligation of the Republic to secure "the fair redistribution of the advantages of the society" and the elevation of "the morality, enlightenement and welfare" of the citizens.

However, the first elaborate list of social rights[53], as well as social limitations to the property and the economic freedom[54], had been incorporated in the Constitution of Weimar's Republik (= WRV, 1919). The latter, product of an institutional compromise between the conservative and the reformist socialists in the aftermath of the Spartacist Revolution, also contained an absolutely unique, then and now, provision[55]: it declared the duty of the State to act in the international level in order to secure a minimum of social rights to the workers of the world.

The paradigm of WRV was followed by the majority of the European[56] countries and social rights were included in the Constitutions of Finland (1919, art. 6, 77–82), Estonia (1920), Poland (1021, art. 102–119), Greece (1927, art. 19–24), Ireland (1937,

---

[48] See the Report of N. *Valtikos* at the 7th Colloquium of the Council of Europe, Oslo, 1990. Cf. also the Avis de la Commission Nationale Française des Droits de l'homme (1990) and the Wrésinski's Report at the Economic and Social Council (JO of 22/2/1987) in *Ch. Pettiti,* Pauvreté et Convention Européenne des droits de l'homme, op. cit., p. 87, P. H. Imbert, Droits des pauvres et paurre(s) droit(s)? R.D.P. 1989, p. 739.

[49] *J. Robert* (Libertés publiques et Droits de l'homme, Montchrestien, Paris, 1988, p. 43) writes that the first constitutional appearance of the concept in France is in the Constitution of 1848. However, there are explicit references at it half century before, in the art. 21 and 28 of Constitution of 1793.

[50] For *W. Leisners* (Grundrechte und Privatrecht, p. 23, quoted by *J. Illiopoulou-Straga,* The "Drittwirkung" of the civil and social rights, *A. Sakkoulas,* Athens, 1990, p. 5) even the French Declaration of Rights of 1789 implies positive duties of the State, and especially of the legislator, in order to fulfill the rights and the principles of the Revolution.

[51] See note 4. The other type of Social (or "Integrated Welfare") State, the Scandinavian model, followed a less legalistic and more pragmatic and institutional way, based on a broad social and political consensus.

[52] See *J. Rivero,* Libertés publiques 3, PUF, Paris, 1981, p. 81.

[53] Art. 151–165. See among them the art. 119 § 1 on the protection of the family, the art. 120, 122 on the protection of the youth and especially the natural children, the art. 139 on the right to vacations, etc.

[54] Art. 151, 153 § 1 and § 3.

[55] Art. 162.

[56] Worldwide, too. See, e. g., the pioneer Mexican Constitution of 1917 and the Brazilian of 1934.

art. 41–43), Italy (1927), Portugal 1933 (12–21) and Spain (1931, 1938). In addition, the new "Keynesian" State in all the developped countries assumed an active role of interference and economic steering. Still, the mainstream of the constitutional theory was not yet ready to accept the transition to the new type of State and continued to consider the new provision as merely programmatic principles[57].

The scholars that have realized the qualitative shift are far from unanimous when they try to describe the differences between the traditional rights and those of the "second generation", the rights of the welfare state. In France part of the theory[58] regards them as "concrete liberties", as opposed to the traditional "abstract" ones, the means of realization of which are not mentioned in the Constitutional Charters. This dichotomy seems to reproduce the old ideological conflict between "real" and "formal" freedoms[59], as, for instance, in A. France's most overstated aphorism for the hypocrisy of law that "forbids the rich as well as the poor to sleep under bridges, to beg in the streets and to steal bread"[60].

In a more sophisticated distinction, R. Aron distinguishes between freedoms of liberty and freedoms of capacity[61], categories that he considers to he complementary and not contradictory[62], although the latter are of "socialist" inspiration. He remarks that by the introduction of this new category of rights, the concept of the law itself has changed. "The concept of the State and the law is not any more only negative, but also positive, in the sense that the law is considered to be (not only the juridical foundation) but also the source of the material conditions for its fulfillment."[63] This persuasive comment is obscured by the fact that the new positive role of the law is limited only to the social rights, considered to by rights to a state provision (droits-créances), opposed to the traditional freedoms (droit-libertés)[64].

This perpetuation of the dichotomy of rights has serious implications to their implementation and, principally, to the justiciability of social rights. Till recently, for the mainstream[65] of the French theory, there was a natural hierarchy between the

---

[57] See, for instance, the remarks of *C. Schmitt,* (Verfassungslehre 5, (1928) Berlin, 1970, pp. 160, 169) on the social provisions of WRV.

[58] See, for instance, *J. Cadart,* Institutions politiques et droit Constitutionnel, LGDJ, Paris, 1975, p. 676. *J. Rivero,* Libertés publiques, op. cit., t. 1, p. 83 is referring to the example of the art. 7 of the Constitution of 1848, which is not just proclaiming the freedom of religion, but provides also for the material support of the religious servants.

[59] One of the reasons of the relative negligence of social rights in constitutional theory, lies to the fact that during the cold war this false opposition of rights prevailed and often resulted to a distorted image of them as negation of personal liberty or the traditional freedoms.

[60] *A. France,* Le Lys rouge, Paris, 1894, p. 117.

[61] "Droits libertés" et "droits capacités". See *R. Aron,* Pensée sociologique et droits de l'homme, in Etudes Politiques, Gallimard, Paris, 1972.

[62] *R. Aron,* Essai sur les libertés, Calman Levy, Paris, 1977, p. 66.

[63] *R. Aron,* Etudes politiques, op. cit., p. 242.

[64] Cf. *L. Ferry, A. Renault,* Droits Libertés et droits-créances, Droits 2, 1985. 75.

[65] See, for instance, *F. Goguel,* Cours constitutionnels Européennes et droits fondamentaux 2, Paris, 1986, p. 236: "there are two categories of fundamental rights: immutable and absolute rights and other rights, known as economic and social rights, that "carry a certain coefficient of contingency and relativity" and whose recognition is function of the state of society and its evolution". See also *L. Favoreu,* La protection des droits economiques et sociaux dans les constitutions, in Conflict and Integration: Comparative law in the World today, CHUO, 1989. 691, p. 701.

classical freedoms and the social rights, in the sense that the latter were "poor rights"[66] of inferior legal validity. The Constitutional Council, has refuted this position by its decision on the Nationalizations (CC) 16 January 1982) accepting the formal equality of the Declaration of Rights of 1789 and the Preambles of the Constitutions of 1946 and 1958, since all the three have been ratified by the French people in the referendum of 28/9/1958[67]. However, although it has recognized the constitutional character practically all the rights included in the Preample[68] and uses them in the control of constitutionality of laws, it has never, till now[69], declared a law unconstitutional as contrary to one of them[70]. Furthermore, the supreme administrative court is still reluctant to recognize their full normative validity[71].

   The German jurisprudence seems more audacious and innovative. Whereas there is not a list of social rights in the Fundamental Law (GG), the German Constitutional Court (BVerfG) has affirmed from the very beginning the constitutionalization of the social policy by the Social State's clause (art. 20 and 28 GG), bindig not only the judiciary[72] and the executive[73], but also the legislative[74] power. The BVerfG, in an effort to define the vague conceptual meaning of the principle, relates it to the constitutionalized values of human dignity[75] (art. 1 § 1 GG) and of social justice[76], as well as the principle of equality[77] and the right to life (art. 2 I GG) in order to assure a constitutional right to a minimum social subsistence (Existenzminimum)[78]

   However, the major theoretical contribution of the BVerfG, lies in its re-interpre-

---

[66] See *P. H. Imbert*, op. cit., p. 739.

[67] See *L. Favoreu*, Les libertés publiques protégées par le Conseil Constitutionnel, in *D. Rousseau* (Dir), Conseil Constitutionnel et Droits de l'homme, Colloque de Montpellier, Editions StH, Paris 1990. 32, pp. 36–37.

[68] Cf. for instance the decisions CC of 15/1/1975 75-54 DC, 89-269 DC of 22/1/1990 relative to the right to material security, DC 90–274 of 29/5/1990, relative to the right to selter. See *Ph. Terneyre*, Droit Constitutionnel Social, Inventaire en guise d'ouverture, Revue Francaise de Droit Constitutionnel 2, 1990. 339.

[69] Except if one considers, as part of the French theory does, the right to strike as a social one. The decision of 25/7/1979 of the CC (No 79–105 DC) has indeed considered unconstitutional the law that limited the right to strike in the public corporations of radio-television (Loi relative a la continuité du service public de la radio et de la télévision en cas de cessation du travail).

[70] See *Ph. Terneyre*, Droit Constitutionnel Social, Revue Française de Droit Constitutionnel, 1990. 339, *J. F. Flauss,* Les droit sociaux dans la jurisprudence du CC, Droit Social, 1982. 645.

[71] See *Ph. Terneyre*, Droit Constitutionnel Social, Le Conseil d'Etat et la valeur jurid; que des droits sociaux proclamés dans le préambule de la Constitution de 1946, Revue Française de Droit Constitutionnel, 1990. 317.

[72] See, among others, BVerfGE 26, 44 and 36, 73. It is used mainly as an interpretative principle of the whole system of protection of human rights (see BVerfGE 1, 97, especially p. 105).

[73] See BVerfGE 3, 377, defining the Sozialstaat as one of the elements of the principle of legality.

[74] The legislator is obliged to organize the State functions according to this principle (see BVerfGE 1 97, 3 377, 27 253, 35 202 etc.). However, he is free to decide how and by which means he is going to fulfill this obligation.

[75] See BVerfGE 1, 104, cf. *O. Bachof,* Begriff und Wesen des sozialen Rechtsstaats, in VVDStRL 12, Berlin, 1954.

[76] BVerfGE 5, 85, 22, 180, also 22, 204. See *R. Pinker,* Soziale Politik und soziale Gerechtigkeit, Archiv für Wissenschaft und Praxis der Sozialen Arbeit, 1982.

[77] BVerfGE 27, 253, 41 126, 33 303, also 50, 57 (107), 44, 283 (90) etc. The French jurisprudence (see Conseil Constitutionnel, 87–237 DC of 30/12/1987) also relates the principle of solidarity to this of equality and especially to the equality of the public burden (égalité devant les charges publiques).

[78] BVerfGE 40, 121, 133, see *E. Benda,* Bundessozialgericht und Sozialstaatsklausel, NJW 1979. 104;

tation of the traditional civil rights and liberties. Although it considers their basic function as negative and defensive, it accepts also a compelling, positive State's obligation to protect and to promote them. The dogmatic foundation for this thesis is the recognition of the existence of an objective Constitutional system of values (Wertordnung)[79] (derived by the establishment of these subjective rights) that the public power must always respect.

Two major theoretical constructions are relative to this assumption: first, the acknowledgment of a general obligation of the fundamental right' protection (Schutzpflicht); second, the acceptance of positive claims relative to the creation of the material conditions of their fulfillment, that transform the traditional rights to "participatory" ones (Teilhaberechte).

The term "duty of protection" (Schutzpflicht)[80] defines the State's responsibility to take measures against eventual violation of fundamental rights by private persons, or even by other States. According to the BVerfG, "the State must establish rules in order to limit the danger of violation of civil rights. Whether and to which extent such an obligation exists, depends on the kind and the size of the possible danger, the kind of the protected interests and the existence of previous rules."[81] The bulk of this jurisprudence is relative to the right to life[82] (art. 2 § 2 GG) in cases as different as the danger from nuclear plants[83] or terrorist actions[84] to the airplanes' noises[85] and the protection of national citizens abroad[86].

The concept of the "participatory" rights is more ambiguous and complicated, if not a "nebulous"[87] one. The "Teilhaberechte" must not be assimilated to the social rights, as they often derive from traditional civil liberties. Their essence is to guarantee the actual participation of the citizens to the full exercise of the consecutive rights, by the creation of the necessary organizational, institutional or material infrastructure, thus recompensating the social inequalities[88]. In the most elucidate classification[89], these rights are divided in two major categories, relative to their juridical status: to the "status activus" belongs the traditional category of political rights[90], exactly as in the classification of G. Jellinek. To the "status positivus" belong not only

---

R. Breuer, Grundrechte als Anspruchsnorm, in Festschrift BVerwG, 1978, p. 89. See also the recent decision (25/9/1992) on fiscal matters BVerfGE 87, 153.

[79] See the decision *Lüth,* BVerfGE 7, 198 (204), NJW 1958. 257.

[80] See, among others, *E. Klein,* Grundrechtliche Schutzpflicht des Staates, NJW 1989. 1633.

[81] BVerfGE 49, 89 (142).

[82] See *G. Hermes,* Das Grundrecht auf Schutz auf Leben und Gesundheit, CF Müller, Jurist. Verlag, Heidelberg, 1987, passim.

[83] BVerfGE 19, 89, NJW 1979. 359.

[84] BVerfGE 46, 160 (164), NJW 1975. 573.

[85] BVerfGE 56, 54 (78) NJW 1975. 573.

[86] BVerfGE 55, 349, NJW 1981. 499.

[87] "Nebelbegriffe" are considered by *D. Murswick,* Grundrechte als Teilhaberechte, soziale Grundrechte, p. 246.

[88] See Ch. Starck, Staatliche Organisation und staatliche Finanzierung als Hilfen zu Grundrechtsverwirklichungen? in Ch. Starck (Ed.), Bundesverfassungsgericht und Grundgesetz, II, 1976, p. 483.

[89] *Murswick,* op. cit., pp. 248 ff.

[90] The BVerfG considers that from the political rights derive a basic positive obligation to guarantee the equal participation of the political parties to the formation of people's political will. See BVerfGE 69, 92 (107), 73, 40 (71) etc.

the social rights, as claims to social provisions by the State (Leistungsrechte), but also the rights that J. Isensee[91] defines as rights of "status positivus libertatis". The latter concern the State in its traditional, liberal role (i. e. not as Social State) and they are subdivided into obligations of protection (Schutzansprüche) and procedural rights.

Examples of such participatory rights can be found in the jurisprudence of BVerfG on the freedom of education[92], the freedom of press[93], of radio[94] and the academic freedom[95]. According to the basic decision "Numerus Clausus", these new obligations of the public power are the corollary of the State interventionism. "As the State undertakes the responsibility of the social security and the promotion of the cultural level of the citizens, its relations with them are not any more regulated exclusively by the principle of freedom, but also by the complementary principle of participation to the public provisions[96].

It is obvious that the concept of participatory rights is very close to the French one of "droit capacité"[97]. The essential difference lies in the fact of extension of its consequences practically to every category of human rights. Accordingly, the Greek theory of Constitutional Law accepts the complementarity of all of them and their intermingle[98], in two levels: first, the assurance by the social rights of a minimum level of independent subsistence a general precondition for the satisfaction of every right; secondly, the State must assume responsibilities for the promotion and protection of each one of the traditional "negative" rights, blurring thus the boundaries between status positivus and status negativus. This is a decisive step towards the overpass of the boundaries between the different divisions of rights and a more "holistic" understanding of them.

IV. Towards an integrational concept of the human rights

The evolution of the legal thought, both at an international and a national level, is oriented towards the relativity of the diversities between different categories of rights and the recognition of new, objective obligations of the state. However, the constitutional doctrine has not yet managed to assimilate this process in a new, coherent theory of rights. The basic problem seems to be whether the recognition of positive obligations deriving from negative freedoms must necessarily lead to the creation of

---

[91] *J. Isensee,* Das Grundrecht auf Sicherheit, Zu den Schutzpflichten des freiheitlichen Verfassungsstaates, 1983, p. 21 ff.

[92] See the decision Numerus Clausus; BVerfGE 33, 303 (330–336).

[93] BVerfGE 35, 79 (120).

[94] BVerfGE 12, 205 (260), 31, 314 (326), 35, 202 (222); cf. *Ch. Starck,* Rundfunkfreiheit als Organisationsproblem, 1973.

[95] BVerfGE 35, 79 (120).

[96] Op. cit. (note 92), p. 330–336. Of course, many authors are extremely skeptical about the expansion of this interpretation to the totality of the fundamental rights. See, for instance, *Herzog,* in Maunz-Dürig-Herzog, Kommentar, 18 Lfg., Art. 20, I, Rdn. 49–51, and his references to BVerfGE 18, 352 (355), 27, 58 (63), 27, 360 (363).

[97] *D. Murswick* is referring explicitly to *R. Aron* (op. cit. p. 279, pp. 254–255).

[98] *A. Manessis,* Fundamental rights, Sakkoulas, Thessaloniki, 1982, pp. 24–25; *D. Tsatsos,* Constitutional Law, vol. 3, Fundamental Rights pp. 216 ff.; *G. Kassimatis,* Constitutional Law II, The functions of the State; *A. Sakkoulas,* Athens, 1980, p. 155 (all in Greek).

new, autonomous subjective rights. This is, for instance, the thesis of the German scholars who deduce a new subjective "right to protection" from the jurisprudence regarding the state's "duty of protection" (Schutzpflicht)[99]. Even the participatory rights (Teilhaberechte) are sometimes considered to be new, different legal entities, autonomous from the traditional freedoms that they derive from[100].

The side-effect of this theorization is a meaningless multiplication of rights. Traditional freedoms of the liberal state of law, as the right to the juridical protection, they acquire suddenly a new duplicate of them, considered to be a social right[101]. New rights of the so-called third generation, like the right to environment, are also supposed to have both a negative and a positive "alter ego".

This interpretation can do nothing but create confusion and misunderstandings. The famous aphorism of William of Occam, that "entia non sunt multiplicata praeter necessitatem", is not only ontologically but also epistemologically true: one must not multiply the theoretical categories or the human rights without a good reason. In all these cases, there are not two distinct rights, a civil and a social one, but just different functions of the same, indivisible right. How could it be otherwise, since the protected interest is always the same, and just the scope and the modality of the state's obligations vary?

Every right integrates these complementary functions. That's why R. Alexy writes about the "right as a whole" (das Grundrecht als Ganzes), i. e., as a cluster of legal powers, imposing both negative and positive obligations on the State[102]. This is also the thesis of D. Tsatsos[103], who writes that in the modern state the fundamental rights acquire a new "status mixtus" that blurs the division between social and traditional rights and marks the transition from the "bourgeois" to "citoyen".

One could go a step further. There is not only a status mixtus of the fundamental rights, but also a status unus or a status solus of them: all human rights have the same juridical quality, in the sense that all impose negative and positive obligations to the State. The emphasis on the negative or positive action, is a matter of constitutional policy and of choice of values[104], not of difference in the juridical nature. Therefore, there is an anachronism to perpetuate their trichotomy in the three traditional categories of Jellinek's classification, which corresponds to a premature phase of the modern (Keynesian) Welfare State.

The differentiation between positive and negative obligations cannot be any more

---

[99] See *Klein, E.,* Grundrechtliche Schutzpflicht des Staates, op. cit., pp. 1636–1637; *Hermes,* op. cit. passim, cf. the different position of *P. Badura,* Staatsrecht, 1986, p. 79.

[100] See the remarks of *D. Murswick,* op. cit., p. 245.

[101] As *P. Häberle* (Grundrechte im Leistungsstaat, VVDStRL 30, 1972. 43, p. 92) remarks, for this point of view, "all rights are social rights".

[102] *R. Alexy,* Theorie der Grundrechte, Suhrkamp, Frankfurt a. M., 1986, pp. 171 ff. pp. 224 ff. His basic example concerns the protection of the academic freedom (GG art. 5 Abs. 3). Cf. also *A. Manessis,* Fundamental Rights, op. cit. p. (in Greek) and *V. Pekka Viljanen,* The nature of State Obligations, op. cit. pp. 45 ff.

[103] *D. Tsatsos,* Constitutional Law, vol. 3; *A. Sakkoulas,* Athens, 1980, pp. 216 ff., especially pp. 218–219. He is referring also to the position of *E. Grawitz,* Freiheit und Verfassungsrecht, Kritische Untersuchung zur Dogmatik und Theorie der Freiheitsrechte, Tübingen, 1976, p. 47 and his comments on the obsolete character of the traditional negative concept of freedom.

[104] Cf. *Alexy,* op. cit., p. 224.

interpreted as a division between civil and social rights, because, as already exposed, positive obligations are not the exclusive property of the latter, but of the "status positivus libertatis"[105] as well. Accordingly, negative obligations are derived also from the social righs, as, for example, illustrates the French jurisprudence on the right to family (sec. 10 of Preamble of 1946). According to the Conseil d'Etat, this right obligates the state to abstain from any action that could harm the normal family's life, as, for instance, from hindering the gathering of an immigrant's family by denying visa to his relativs[106]. Furthermore, the Greek Supreme Administrative Court suggests that the same right to family (art. 21 § 1 of the Greek Constitution of 1975) does not permit the legislator to impose heavier taxes on married persons than on unmarried ones[107]. Similar negative obligations can be deduced by other social right, e. g., those to work[108], to education, etc.

All fundamental rights, as we consider them, are constitutionally protected interests that bind immediately the state's organs to respect, to protect, and to ensure[109] their realization. The function of respect describes the traditional negative obligation of the State to abstain from any action that could harm the interest protected by this right (defensive function, Abwehrfunktion). The function of protection defines the obligation to prevent its violation from other individuals (protective function, Schutzgebotfunktion). The last function is relative to the state's duty to take the institutional, organizational and factual measures for the full realization of it. All three contribute to the new role of rights in the Social State, wich is to give to the citizens the juridical power and the actual ability to shape their relationships with each other and the public power[110].

These functions encompass all the rights of the democratic Social State of Law[111], even the more traditional of them, like, for instance, the archetypical liberal right to property: The State must not only respect it, that is, not deprive the citizens of their possessions, but also it must prevent others from violating it (protective function), for instance by the establishment of penal sanctions for theft or trespass, the general

---

[105] See supra, note 88.

[106] See CE 6/12/1978, Ass. GISTI et autres, Rec. p. 493, Concl. Dondoux. Cf. *J.-F. Flauss,* Les droits sociaux dans la jurisprudence du Conseil Constitutionnel, Droit Social, 1982. 645.

[107] Council of State (StE) 4912/1987, NoB 37. 506. For a summary presentation of the implementation of social rights in Greece, see *K. Mavrias,* The social rights in the Constitution of 1975, in A' Congress of the Association of Greek Constitutionalists; *A. Sakkoulas,* Athens, 1986, p. 183 ff.; *A. Manitakis,* The normative dimension of the relationship between the Social State and the State of Law, ToS 1993. 681 (all in Greek).

[108] Cf. *P. Dagtoglou,* Administrative Law, General Part, A; *A. Sakkoulas,* Athens, 1984, p. 157 (in Greek), who remarks that even from the social right to work derive negative obligations, e. g. the state can not forbid the citizens to work or to choose his place or kind of work.

[109] In a similar analysis regarding the international protection of social rights, *A. Eide* (Realization of Social and Economic Rights, The minimum threshold approach, The Review, International Commission of Jurists, no 43, 1989. 41) writes for the state's obligation "to respect, to protect and to fulfill".

[110] For this reason G. *Leventis* (The social rights, ToS 2, 1976. 134, pp. 142–143 – in Greek –) writes that the "fundamental rights overpass the status negativus and belongs mostly to the status activus of the citizen". In a parallel theorization, *E. Denninger* (Staatsrecht I, 1973, p. 28, cf. *Tsatsos,* op. cit. p. 200) proposes to substitute the term status negativus by the term status constituens, insinuating that their holder becomes a constituent factor of legal order.

[111] Cf. *E.-W. Böckenförde,* Grundrechtstheorie und Grundrechtsinterpretation, NJW 1974, pp. 1535 ff.; *Alexy,* op. cit., pp. 458–459.

police action, etc. Additionally, it must take the necessary institutional (e. g., regulation by the Civil Code) and organizational (e. g., mortgage and deeds register) measures, in order to ensure its exercise. Hence, unconstitutional encroachment to this right should not only be the privation of property without expropriation, but also the abrogation of the article of the penal code that punishes the theft or even the abolishment of the mortgage bureaus.

The same, mutatis mutandis, could be said for the political rights, e. g. the right to vote. Parallel to its traditional function it binds the public power to respect it by negative actions, as, for instance, by the abstention of the administration or the President of the State from the political game. It assumes, additionally, the responsibility to protect its free exercise from illegal interference of third persons, that could lead to poll's fraud. Moreover, it must take the proper institutional and factual measures in order to guarantee the equal participation of everyone in the formation of people's political will (by funding, for instance, the political parties or distributing equally the public television's time for electoral discourses). Consequently, the omission of the legislator to provide for its exercise by the prisoners who are not deprived of their political rights is unconstitutional[112].

For the Greek Constitution of 1975, the sedes materiae of these complementary functions is the art. 25 § 1, that stipulates that all the state organs must "guarantee and ensure the free exercise of human rights"[113]. Even without an explicit reference, however, the positive obligations could derive from the fundamental principle of Social State, in all the countries of the "integrated welfare state".

An important point we want to emphasize, is the fact that despite the objective character of the state's obligation to take the necessary impersonal measures of implemention, the right from which it derives does not cease to be a subjective right. Consequently, the individual has still the possibility of juridical protection, if a personal interest of his is infringed by an act or an omission of the public power, relative to these measures[114]. In other words, although the fundamental rights act also as objective norms[115], (for instance, in cases when no juridical "person" is involved, as, e. g. the right to life and the protection of the fetus), they still conserve their subjective element and are not turning into institutional guarantees[116].

Accordingly, they are not becoming "functional" (their exercise is not subject to other condition from the free will of their holders) neither do they generate any obligations for them. The right to the health, for instance, doesn't imply an obligation

---

[112] Cf. *E. V. Venizelos,* Constitutional Law, Paratiritis, Thessaloniki, 1991, p. 337–338 (in Greek).

[113] Cf. the art. 2 of the International Covenant on Civil and Political Rights, where the States undertake the obligation "to ensure and to respect" the proclaimed rights and the similar provisions of many contemporary Constitutions, as, for instance, the art. 9 § 2 of the Spanish one: "it is the responsibility of the public powers to promote conditions so that liberty and equality of the individual and the groups he joins will be real and effective; to remove those obstacles which impede or make difficult their full implementation, and to facilitate participation of all citizens in the political, economic, cultural and social lives."

[114] Cf. *Ch. Anthopoulos,* The protection of health as a fundamental social right, ToS 1993. 741, who is referring to *A. Manitakis,* State of Law and judicial control, Thessaloniki, 1993. 171.

[115] Cf. *R. Alexy,* Grundrechte als subjektive Rechte und als objektive Normen, Der Staat, 1990, 49.

[116] Of course, some constitutional provisions are the source both of a human right and an institutional guarantee, with more illustrative example the protection of the property. Simply, this is not true for every fundamental right.

for his holder "to be healthy" (provided, of course, that he is not threatening the health of other persons). And this, because the ratio of the establishment of human rights is the protection of the individual interests of their holders, not the satisfaction of other goals of state policy. (Unless if the Constitution has explicitly introduced such restriction, in the form of an institutional guarantee, as for instance, the famous clause of Weimar's Constitution regarding the obligations deriving from the right of property.) So, the individuals are free to use or not to use these rights, without being bound by any other finality but by their own free will[117].

There lies a crucial difference between the Social State's regimes and those of the liberal model: in the latter, the rights are supposed to be exclusively negative ones[118], based on the individual autonomy. Consequently, this kind of objective protection, when provided, is not based on a subjective right, but on a "compelling state interest" as indicates, for instance, the American jurisprudence about abortions or "the right to Death"[119]. Curiously, thus the liberal state is proven to be more "statist" and the protection of liberty more precarious[120] and more dependent on the public power than in the European model, where the Rule of Law has found its complement to the principle of Social State.

---

[117] Cf. *Ch. Anthopoulos,* The problem of the functional restraint of Human Rights, Sakkoulas, Thessaloniki, 1993 (in Greek).

[118] See, for instance, *D. P. Currie,* Positive and negative constitutional rights, University of Chicago Law Review, 1986.864.

[119] See, for instance, *Doe v. Bolton,* 410 US 179 (1973), Planned Parenthood *v. Casey,* 112 S.Ct. 2794 (1992). For further discussion see *G. Katrougalos,* The right to Life and the right to Death, *A. Sakkoulas,* Athens, 1994, pp. 65 ff., 73 ff. (in Greek).

[120] The American jurisprudence has never recognized any constitutional social rights, despite some few timid steps towards this direction in the 60's and the 70's (See, for instance, the Opinion of *Goldberg v. Kelly* 397 US 254 (1970), according to which "it is more realistic to regard welfare benefits as more like property than gratuity".) To the extend that the social rights are considered to be "public largess" or "gratuities", not only their implementation is insecure, but also the exercise of civil and political rights of their holders is on jeopardy. Regarding the civil rights, the basic danger is the intrusion in the private life of the welfare recipients by the Social Agents, e. g. the midnight raids in the houses of the women recipients in order to find "if there is a man in house". See *Ch. Reich,* Midnight welfare searches and the Social Security Act, 72 Yale Law Journal 1963. 1347. Regarding the political rights, maybe the most characteristic decision is the *Flemming v. Nestor* (363 US 603 (1960)). Nestor, a foreigner who was for six years a member of the Communist Party in the remote period of the '30s, was denied his pension and expelled, by a retrospective law of the Congress. The law was found constitutional, because the pension was not an "accrued property right", based on contractual interests. See *Ch. Reich,* The new property, Yale Law Journal 5, 1964. 733, p. 768–770.

Die Verfassungsgarantien über die parlamentarische Geschäftsordnungsautonomie und ihre rechtliche Bedeutung – in vergleichender Sicht

von

Gerassimos Theodossis

Rechtsanwalt – Heidelberg / Rhodos

Inhalt

I. Parlamentarische Geschäftsordnungsautonomie und Verfassung

1. *Parlamentarische Geschäftsordnungen*

Die Parlamente sind Kollegialorgane und haben eine Vielzahl von Mitgliedern: deshalb benötigen sie eine organisatorische Grundlage, um ihren Gesamtwillen formulieren und ihre Geschäfte akkurat abwickeln zu können. Für ein geordnetes Funktionieren des Parlamentsbetriebs sind vor allem schriftlich fixierte Normen nötig, die die innere Ordnung des Parlaments, die das Verfahren zur Durchführung der parlamentarischen Aufgaben sowie die Disziplin der Parlamentsmitglieder regeln.

Ein Parlament ohne Geschäftsordnung wäre ein anarchistisches Gebilde, denn ohne sie wären Störungen und Hemmungen im Parlamentsleben unüberwindbar.

Darüber hinaus werden durch sie die Entscheidungen des Parlaments, das das Volk vertritt, für das Volk selbst nachvollziehbar und transparent. Mit anderen Worten: Die parlamentarischen Körperschaften sind dazu berufen, den Gesamtwillen eines Volkes Ausdruck zu verleihen, und die Geschäftsordnungen dienen ihnen als Hilfsmittel dazu, diesen Willen zu ermitteln.

2. Parlamentarische Geschäftsordnungsautonomie

Die Parlamente früherer Zeiten haben auf das fortdauernde Eingreifen anderer Staatsorgane in ihre Rechtsetzung bzw. in ihre Angelegenheiten damit reagiert, daß sie Anspruch darauf erhoben, ihre Geschäftsordnung im Alleingang zu beschließen. Diesen Anspruch begründeten die parlamentarischen Gremien damit, daß sie spezifische, auf ihren Aufbau zugeschnittene Regelungen bzw. Geschäftsordnungen benötigten, um ihre Sacharbeit effektiv leisten zu können. Deshalb sollten sich derartige Normen – anders als die Gesetze – dem *Promulgationsverfahren* durch den Monarchen bzw. den Staatspräsidenten entziehen und in Staaten, in denen das Parlament aus zwei Kammern bestand, nicht von der Zustimmung der anderen Kammer abhängen. *Dadurch entstand die Geschäftsordnungsautonomie des Parlaments, welche auf die funktionelle Unabhängigkeit der parlamentarischen Kammern bei der Geschäftsordnungsgebung abzielt und einen Eckpfeiler der Parlamentsautonomie darstellt.*

3. Parlaments- bzw. Geschäftsordnungsautonomie und Verfassung

Eine rechtliche Absicherung der Parlamentsautonomie war unergiebig, solange die *Verfassungsurkunden* keine ausgeprägte (normative) Bestandskraft aufweisen konnten. Die Parlamente jener Zeit hatten also fortwährend auf ihre Selbständigkeit bzw. ihre Unabhängigkeit zu pochen und resolut auf jede drohende Beeinträchtigung ihres (empirischen) *Privilegs* zu reagieren, um es zu bewahren.

Erst im vergangenen Jahrhundert, als allmählich den nationalen Verfassungen *Vorrang* und *Normativität* zugeschrieben wurde, war die Aufnahme der parlamentarischen Geschäftsordnungsautonomie in das Verfassungsrecht von bezeichnender Bedeutung[1]. Es ist *charakteristisch für moderne Verfassungen, daß in ihnen Novitäten gegenüber der Tradition verankert werden und daß viele ihrer Bestimmungen Abwehr- und Antwortcharakter gegenüber überwundenen Gefährdungen haben.* Grundlegende Entscheidungen des staatlichen Lebens erhalten vor allem dann eine rechtliche Fixierung in den Verfassungsurkunden, wenn sie in der Vergangenheit angefochten bzw. in Frage gestellt wurden. In diesem Sinne wurde in vielen Ländern die Frage der *Selbständigkeit und Unabhängigkeit des Parlaments bei der Regelung seiner Geschäftsordnungsangelegenheiten* durch die Verfassung *konziliant* geregelt[2].

---

[1] Im folgenden ist unter *Verfassung* ausschließlich die » *Verfassung im formellen Sinn* « zu verstehen. Mit der Prädizierung *verfassungsrechtlich* werden ferner Institutionen bzw. Verfahren des Staatsrechts bezeichnet, die in die *Verfassung im formellen Sinn* aufgenommen wurden.

[2] Formulierung und Regelungsgehalt der Verfassungsgarantien über die parlamentarische Geschäftsordnungsautonomie divergieren in den jeweiligen nationalen Verfassungen; die einschlägigen Termini setzen sich meist aus disparaten Rechtsbegriffen zusammen, dennoch kongruieren in der Regel inhaltlich die Verfassungsregelungen darüber. Hierzu vgl. Art. I §5 Abs. 2 Verfassung der Vereinigten Staaten von

Von einem ausdrücklichen Niederschlag der *Geschäftsordnungsautonomie* in der Verfassung wird hingegen abgesehen, insofern als die Parlamentsautonomie als gesicherter bzw. unumstrittener Bestandteil der Staatsordnung erscheint. Die *autonome Setzung* parlamentarischer Geschäftsordnungen ist allerdings ohne eine *Verfassungsgarantie – d. h. ohne daß der souveräne Verfassungsgeber als pouvoir constituant dem Parlament diese Autonomie (explizit) gewährt* – nicht ewig garantiert. Eine *a priori* Funktionenordnung kann es im Rahmen eines gewaltenteilenden Verfassungssystems nicht geben, und der Status des Parlaments als *Verfassungsorgan* – diese Bezeichnung galt lediglich einen umschreibenden bzw. zusammenfassenden Charakter – reicht nicht aus, um der parlamentarischen Geschäftsordnungsautonomie gegenüber anderen (expliziten bzw. impliziten) Kompetenzzuweisungen vorrangige Geltung zu verschaffen. Ohne eine explizite Verfassungsgarantie könnten also parlamentarischen Kammern *fremdbestimmte* Regelungen über deren Organisation auferlegt werden, was eine *Bevormundung* des Parlaments herbeiführen könnte[3]. Ein (expliziter) Delegationszusammenhang der parlamentarischen Geschäftsordnungsautonomie mit der jeweiligen Verfassung ist ferner aus *rechtsdogmatischen* Gründen erforderlich, denn aus der parlamentarischen Geschäftsordnungsautonomie folgt eine (verfahrenserleichternde) Rechtsetzungsbefugnis, die eine Rückführbarkeit auf die Verfassung verlangt[4]. Umgekehrt bedürfen Einschränkungen der in der Verfassung verbürgten Geschäftsordnungsautonomie des Parlaments *verfassungsrechtlicher Ermächtigung*.

Amerika *»Jede Kammer kann ihre Geschäftsordnung bestimmen, ihre Mitglieder wegen störenden Verhaltens bestrafen und mit einer Zweidrittelmehrheit ein Mitglied ausschließen«* – obige Übersetzung stammt aus *D. Curie,* Die Verfassung der Vereinigten Staaten von Amerika, 1988, S. 103; folgende Verfassungstexte bzw. deutsche Übersetzungen *ohne weitere Angaben* stammen aus *A. Kimmel,* Die Verfassungen der EG-Mitgliedstaaten, 3. Auflage, 1993 – Art. 46 Verfassung des Königreiches Belgien *»Jede Kammer bestimmt in ihrer Geschäftsordnung die Art und Weise, in der sie ihre Befugnisse ausübt«*; § 48 Verfassung des Königreiches Dänemark *»Das Folketing gibt sich selbst seine Geschäftsordnung, die die näheren Bestimmungen über den Geschäftsgang und die Aufrechterhaltung der Ordnung enthält«*; Art. 40 Abs. 1 S. 2 Grundgesetz für die Bundesrepublik Deutschland *»Er (d. h. der Deutsche Bundestag) gibt sich eine Geschäftsordnung«* und Art. 52 Abs. 3 S. 2 Grundgesetz für die Bundesrepublik Deutschland *»Er (d. h. der Bundesrat) gibt sich eine Geschäftsordnung«*; Art. 15 Abs. 10 Halbsatz 1 Verfassung der Republik Irland *»Jedes der Häuser gibt sich seine eigenen Regeln und seine Geschäftsordnung; . . . «*; Art. 64 Abs. 1 Verfassung der Republik Italien: *»Jede Kammer beschließt ihre eigene Geschäftsordnung mit der absoluten Mehrheit ihrer Mitglieder«*; Art. 70 Verfassung des Großherzogtums Luxemburg *»Die Kammer bestimmt durch ihre Geschäftsordnung die Form, in der sie ihre Befugnisse ausübt«*; Art. 72 Abs. 1 S. 1 Verfassung des Königreiches Spanien *»Die Kammern geben sich ihre eigene Geschäftsordnung, verabschieden autonom ihren Haushalt und regeln im gemeinsamen Einvernehmen das Status des Personals der Cortes Generales«*.

[3] Dies hat sich z. B. in *Frankreich* in der Zeit des *Zweiten Kaisertums* (zwischen 1852 und 1869) zugetragen, als Organisation, Arbeitsweise und Disziplin im Parlament durch *Dekrete der Exekutive* geregelt wurden. Eingehend dazu *J. Beauté,* L'Antinomie de la Suprématie de la Constitution et de l'Autonomie Réglementaire des Assemblées, in: Politique 6, 1963, S. 98 f.; *R. Bonnard,* Les règlements des assemblées législatives de la France, depuis 1789, 1926, S. 9 ff.; *K. Haagen,* Die Rechtsnatur der parlamentarischen Geschäftsordnung mit besonderer Berücksichtigung der Geschäftsordnungen des preußischen Landtags und des Reichstags, 1929, S. 10 f.; *Laporte/Tulard,* Droit parlementaire, 1986, S. 32; *L. Parodi,* Les rapports entre le Legislatif et l'Executive sous la Cinquième Republique (1958–1962), 1972, S. 18; *M. Prélot,* Droit parlementaire français, 1954–56, S. 26 ff.; *H. Rösch,* Wesen und Rechtsnatur der parlamentarischen Geschäftsordnung, 1934, S. 17 f.; *D. Ruzié,* Le nouveau règlement de l'Assemblée Nationale, in: Revue du Droit public et de la science politique (RDP) 75, 1959, S. 866; *Ch.-L. Vier,* Le contrôle du Conseil Constitutionnel sur les réglements des assemblées in: RDP 88, 1972, S. 169 f.

[4] Dazu s. *N. Achterberg,* Parlamentsrecht, 1984, S. 325: *»Die Ermächtigung zur Geschäftsordnungsgebung ist in den Verfassungen enthalten. Sie ist deshalb erforderlich, weil im innerstaatlichen (Außen- oder Innen-) Bereich Rechtsetzung nur auf Grund verfassungsrechtlicher Ermächtigung gestattet ist.«* Dazu s. a. unten II.

Der französischen Verfassungsgeschichte ist folgendes Beispiel entnommen, das die andere Seite des Verhältnisses zwischen *Verfassung* und *parlamentarischen Geschäfts-ordnungen* zu beleuchten vermag. Die (mit insgesamt 377 Artikeln) artikelreiche (fran-zösische) *Direktorialverfassung* vom 5. Fruktidor des Jahres III (d. h. 1795) regelte detailliert die Arbeitsweise des Parlaments. Darüber hinaus wurden unter dem Regi-ment des Direktoriums *Parlamentsangelegenheiten* durch das Gesetz vom 28. Fruktidor desselben Jahres geregelt, und bis zum Jahre VIII waren alle weiteren *Geschäftsord-nungsangelegenheiten* im Wege der *formellen Gesetzgebung* zu normieren[5].

Demnach wird also klar, daß die geltenden Verfassungen einerseits der Absiche-rung der parlamentarischen Geschäftsordnungsautonomie dienen können, anderer-seits aber deren Regelungsumfang einschränken, indem sie selbst Rechtsnormen aufführen, die sich auf die Organisation und Arbeitsweise des Parlaments beziehen, oder solche Regelungsbereiche der *formellen Gesetzgebung* zuweisen. Vorausgesetzt, daß die geltende Verfassung die höchstrangige Stelle in der innerstaatlichen Normen-hierarchie einnimmt bzw. ihre Abänderbarkeit an besondere, erschwerte Vorausset-zungen gebunden ist, hat sich das Parlament als Geschäftsordnungsgeber den verfas-sungsrechtlichen Entscheidungen zu fügen. *Geschäftsordnungsrecht kann dann Verfas-sungsrecht nicht ändern.*

Jede *verfassungsrechtliche* Normierung bedeutet mithin eine Einschränkung der in der Verfassung selbst verbürgten Geschäftsordnungsautonomie, ohne daß sich da-durch ein Widerspruch im inneren Zusammenhang des Verfassungstextes bildet[6]. Dabei ist davon auszugehen, daß der Verfassungsgeber diese Autonomie eben unter Beachtung der verfassungsrechtlichen Geschäftsordnungsvorschriften gewähren wollte[7]. *»Demgemäß kann der Geschäftsgang durch die autonome Geschäftsordnung nur insoweit geregelt werden, wie dies nicht durch die Verfassung geschehen ist.«*[8]

Verfassungstexte enthalten jedoch in der Regel nur vereinzelt das Parlament betref-fende Organisations- und Verfahrensvorschriften, so daß sich dessen Geschäftsgang (zum größten Teil) nur anhand von Geschäftsordnungsvorschriften bewerkstelligen

---

[5] Dazu s. *Bonnard,* aaO. (Anm. 3), S. 15 f.; *Prélot,* aaO. (Anm. 3), S. 27. Hierzu vgl. Art. 30 Abs. 2 S. 1 der österreichischen Bundesverfassung i. d. F. vom 1. April 1987: *»Die Geschäfte des Nationalrates werden auf Grund eines besonderen Bundesgesetzes geführt«;* der Verfassungstext stammt aus *Klecatsky/Morscher* (Hrsg.), Die österreichische Bundesverfassung. 4. Auflage, 1987, S. 42.

[6] In Griechenland ergeben sich z. B. schon durch den Wortlaut des Artikels 65 Abs. 1 der Verfassung von 1975/1986 (*»Das Parlament bestimmt die Art seiner freien und demokratischen Arbeitsweise durch eine Geschäftsord-nung, die gemäß Artikel 76 vom Plenum zu beschließen und auf Anordnung seines Präsidenten im Gesetzesblatt zu veröffentlichen ist«*) – diese Bestimmung gilt in Griechenland als die Verfassungsgarantie der parlamentari-schen Geschäftsordnungsautonomie – *inhaltliche Bindungen* bzw. *Einschränkungen* für den autonomen Geschäftsordnungsgeber; demnach hat das griechische Parlament seine Arbeitsweise *»frei und demokratisch«* zu gestalten, und jede Geschäftsordnungsgebung bzw. -änderung, die diesen Geboten nicht gerecht wird, ist mithin verfassungswidrig. Hierzu vgl. Art. 95 Absätze 1. und 2. der türkischen Verfassung von 1982 *»(I) Die Türkische Große Nationalversammlung erledigt ihre Arbeiten nach Maßgabe der Bestimmungen der von ihr aufgestellten Geschäftsordnung. (II) Die Bestimmungen der Geschäftsordnung sind in der Weise aufzustellen, daß die Fraktionen an allen Angelegenheiten der Versammlung im Verhältnis ihrer Mitgliederzahl teilnehmen können. Die Fraktionen bestehen aus mindestens 20 Mitgliedern«;* die deutsche Übersetzung stammt aus JöR N. F. 32, 1983, S. 570.

[7] Hierzu vgl. Art. 178 Buchstabe a) Verfassung der Republik Portugal *»Die Versammlung der Republik ist befugt: ihre Geschäftsordnung unter Beachtung der Bestimmungen der Verfassung auszuarbeiten und zu verabschie-den;«.*

[8] *Achterberg,* aaO. (Anm. 4), S. 329.

läßt. Vorausgesetzt, daß dem Parlament kraft Verfassung oder stillschweigend (bzw. verfassungsgeschichtlich bedingt) ein Selbstorganisationsrecht zukommt, werden häufig offengelassene Bereiche des Parlamentslebens durch geschäftsordnungsrechtliche Regelungen ausgefüllt und unklare Fragen erst durch sie normiert. Darüber hinaus eignet sich die autonome Rechtsetzung des Parlaments aufgrund der Sachlichkeit und Flexibilität, die sie kennzeichnet, als Experimentierfeld des Staatsrechts, insoweit als in diesem Rahmen am besten neue Verfahren bzw. neue Strukturen gestaltet und erprobt werden können. Allerdings stehen auch solche *originellen* Geschäftsordnungsvorschriften rangmäßig unter der Verfassung. Mit anderen Worten: *Parlamentsgeschäftsordnungen dürfen zwar die Verfassung konkretisieren bzw. fortbilden, sie aber nicht widerlegen bzw. unterlaufen.*

Der autonome Geschäftsordnungsgeber ist also kraft *Geschäftsordnungsautonomie* zur *Rechtsfortbildung* bzw. zur *konstitutiven Rechtsetzung* berechtigt, nachdem er unter sukzessiver bzw. kursorischer Anwendung der einzelnen Interpretationsmethoden die Sinnermittlung der verfassungsrechtlichen Vorgaben erschöpft hat[9]. Auch *konstitutives* (autonomes) Geschäftsordnungsrecht ist als *konkretisiertes Verfassungsrecht* zu verstehen: es stellt Rechtsfindung dar und hat sich demnach an der Verfassung zu orientieren. *»Die Verfassung im formellen Sinn steht an der Spitze der Normenhierarchie, deshalb müssen alle Rechtsnormen an ihr gemessen werden. Sie bietet Konkretisierungsmaximen für jedes Rechtsgebiet, auch für ihre eigenen Normen. Eine Verfassungsbestimmung ist auch an Hand der leitenden Grundsätze und Prinzipien, die der Verfassung immanent sind, zu konkretisieren.«*[10] Auf gleiche Weise sollten auch die Verfassungsbestimmungen, die die Parlamentsautonomie bzw. das Parlamentsleben betreffen, ihre optimale Wirkungskraft erreichen.

Insbesondere das in der Verfassung verankerte *Demokratieprinzip* bzw. das ihm innewohnende *Gebot zum Minderheitenschutz* sollten dem Geschäftsordnungsgeber bei seiner autonomen Rechtsetzung als Orientierungsmaxime dienen[11]. Beide darf er durch seine Normierungen weder einengen noch *überspielen*. Positionen bzw. Rechte, die die Verfassung Parlamentsminderheiten (explizit oder implizit) gewährt, dürfen demnach durch *(konstitutives)* autonomes Geschäftsordnungsrecht nicht eingeschränkt bzw. relativiert werden. *Denn Verfassungsrecht bricht Geschäftsordnungsrecht.*

---

[9] Grundsätzlich handelt es sich bei den Verfassungsinterpretationsmethoden um die *wörtliche, historische bzw. genetische* und *systematische* Auslegung; keine Auslegungsmethode darf jedoch verabsolutiert werden; und jedes Anzeichen von Willkür oder Zufälligkeit ist dabei manifest zu vermeiden.

[10] *G. Theodossis*, Die griechische Verfassung von 1975/1986 und die Einsetzung von parlamentarischen Untersuchungsausschüssen. Grundsätzliches aus Anlaß eines Einzelfalles, in: JöR N. F. 38, 1989, S. 375.

[11] Nach Auffassung des Verfassers stellt das in der Verfassung (bzw. Staatsstrukturbestimmung) verankerte Demokratieprinzip *herauskristallisiertes* Recht dar, das deduktiv (unter Zuhilfenahme der allgemeinen Staatslehre) auf das parlamentarische Selbstorganisationsrecht Anwendung finden soll, dazu s. *Theodossis*, aaO. (Anm. 10) S. 363 ff. S. a. *G. Bollmann*, Verfassungsrechtliche Grundlagen und allgemeine verfassungsrechtliche Grenzen des Selbstorganisationsrechts des Bundestages, 1992, S. 134. Die Untersuchung Bollmanns hat ferner die enge Verbindung zwischen den Elementen des (grundgesetzlichen) Rechtsstaatsprinzips – wie dem Gebot der Rechtssicherheit und dem Verhältnismäßigkeitsgrundsatz – und dem parlamentarischen Verfahren eindrücklich skizziert.

4. Autonome Geschäftsordnungsgebung als probates Verfahren zur Umgehung der Verfassung durch die Parlamente

Im deutschen Schrifttum wird häufig hervorgehoben, daß sich hinter Geschäftsordnungsfragen Machtfragen verbergen, und daß beim Erlaß der verfahrenstechnischen Vorschriften einer Geschäftsordnung ein Kampf zwischen Parlamentsmehrheit und Opposition um die Verteilung von Einflußmöglichkeiten bzw. Machtpositionen ausgetragen wird[12]. *»Für die politische Dynamik eines Staates sind die Bestimmungen zur Regelung des inneren Parlamentsbetriebs oft wichtiger als die Verfassungs selbst.«*[13] In diesem Zusammenhang wären also die (im französischen Schrifttum recht häufig zitierten) Kommentare von Eugene Pierre: *»Die Geschäftsordnung ist dem Schein nach nur ein inneres Gesetz der Kammer . . . In Wirklichkeit aber ist sie ein furchtbares Instrument in den Händen der Parteien: sie hat oft mehr Einfluß auf den Gang der öffentlichen Angelegenheiten als die Verfassung selbst«* und von Raymond Poincaré: *»Ich verzichte auf eine Verfassungsänderung, wenn jemand mir eine gute Geschäftsordnung der Kammer gibt: eine solche genügt, die Verfassung in der Tat zu ändern«* nicht fehl am Platz[14].

Parlamentarischen Geschäftsordnungen stellen zweifelsohne wichtige Rechtsquellen des Staatsrechts dar, die das Zusammenspiel der im Parlament vertretenen politischen Kräften entscheidend prägen. Dieses geschmeidige Instrument zur parlamentarischen Willensbildung steht jedoch in der Regel zur Disposition der jeweiligen Parlamentsmehrheit und kann ihr zu einer unbefugten Willensdurchsetzung verhelfen. *Im Gegensatz zum Verfassungsgeber, der auf einen historischen Konsens zwischen den politischen Kräften seiner Zeit angewiesen ist, könnte sich eine beliebige Parlamentsmehrheit im Rahmen der Geschäftsordnungsautonomie über das anvisierte Ziel einer jeden demokratischen und rechtsstaatlichen Verfassung – d. h. eine funktionsfähige Symbiose zwischen Mehrheitsherrschaft und Minderheitenschutz zu schaffen und aufrechtzuerhalten – hinwegsetzen.*

Sind insofern keine Sanktionen vorgesehen, welche die Achtung der Verfassung seitens des autonomen Geschäftsordnungsgebers erzwingen können, können Parlamentsmehrheiten jederzeit durch Geschäftsordnungsvorschriften in vielen wichtigen Bereichen des Staatslebens von der Verfassung bzw. von deren Entscheidungen abweichen und dadurch mehr Einfluß auf den Gang der öffentlichen Angelegenheiten erzielen, als wenn sie gezwungen wären, sich im Rahmen einer *herrschaftsbegründenden und zugleich herrschaftsbeschränkenden Verfassung* zu bewegen.

---

[12] Hierzu vgl. *Bollmann,* aaO. (Anm. 11), S. 14 ff. (17); *V. Haug,* Bindungsprobleme und Rechtsnatur parlamentarischer Geschäftsordnungen, 1994, S. 22; *G. Kretschmer,* Geschäftsordnungen deutscher Volksvertretungen, in: *Schneider/Zeh* (Hrsg.) Parlamentsrecht und Parlamentspraxis, 1989, S. 292, Rn. 4; *H.-A. Roll,* Auslegung und Fortbildung der Geschäftsordnungen in: *H.-A. Roll* (Hrsg.) Plenarsitzungen des Deutschen Bundestages, Festgabe für W. Blischke, 1982, S. 93; *V. Szmula,* Stichwort: Geschäftsordnung (allgemeine Problematik), in: *Röhring/Sontheimer* (Hrsg.) Handbuch des deutschen Parlamentarismus, 1970, S. 160; *H. Schneider,* Die Bedeutung der Geschäftsordnungen oberster Staatsograne für das Verfassungsleben, in: Festschrift für R. Smend, 1952, S. 318.

[13] *K. Loewenstein,* Verfassungslehre, Übersetzt von *R. Boerner,* 1959, S. 99.

[14] Die deutsche Übersetzung stammt vom Verfasser. Zu den französischen Texten s. *J. Bourdon,* Les assemblées parlementaires sous la Ve République, 1978, S. 69; *L. Hamon,* Quand les assmeblées parlementaire ont des juges. Quelques réflexions sur l'équilibre constitutionnel, in: Recueil Dalloz, 1959, S. 255; *Lapporte/Tulard,* aaO. (Anm. 3), S. 33; *Fr. Luchaire,* Le Conseil Constitutionnel, 1980, S. 99 f.; *A. Pocher,* Le Sénat, 2. Auflage, 1983, S. 64. *D. Rousseau,* Chronique de jurisprudence constitutionnelle, in: RDP 108, 1992, S. 66; *D. Turpin,* Contentieux constitutionnel, 1986, S. 101.

5. *Verfassungsmäßigkeitskontrolle der parlamentarischen Geschäftsordnungen*

Verfassungsrechtliche Bindungen, die das Parlament als der Verfassung unterge-
ordnetes Staatsorgan betreffen, können den *Zugriffsbereich* anderer Staatsorgane auf
seinen verfassungsrechtlich garantierten *Vorbehaltsbereich* ausweiten, ohne daß die
Verfassung die Mitwirkung der anderen Staatsorgane an der Geschäftsordnungsgebung explizit vorsieht. Dies geschieht in der Regel um des Vorrangs bzw. der
Normativität der Verfassung willen. *Mit anderen Worten: Die Ausdehnung des Zugriffs-
bereichs anderer Staatsorgane auf den Vorbehaltsbereich des Parlaments trägt zur Einhaltung
der Grenzen bei, welche Vorrang bzw. Normativität der Verfassung der parlamentarischen
Geschäftsordnungsautonomie setzen.*

Um dem *Odium* der Verfassungsüberschreitungen bzw. -verletzungen effizient
entgegenzutreten, sehen die modernen Verfassungen meistens eine institutionalisier-
te Verfassungskontrolle durch deren Gerichte vor. Das den Gerichten eingeräumte
Recht, die Verfassungsmäßigkeit von Parlamentsakten zu kontrollieren, gilt allgemein als »*eine der mächtigsten Barrieren gegen die Tyrannei der politischen Versammlungen*«[15].

Sieht mithin eine Verfassung explizit oder implizit eine gerichtliche Kontrollmög-
lichkeit der parlamentarischen Geschäftsordnungsgebung vor, dann kann das (zuständige) Gericht *kraft seiner Zuständigkeit und anhand der Bindungen,* die die Verfassung
der parlamentarischen Geschäftsordnungsautonomie setzt, Geschäftsordnungsvorschriften verwerfen, die in Mißachtung der Verfassung zustande gekommen sind.

Stellt hingegen die Verfassung keine Kontrollinstanz zur Verfügung, dann unterliegen die im Weg der Geschäftsordnungsautonomie getroffenen Entscheidungen
lediglich der politischen Verantwortung des Parlaments. Dadurch wird aber *Vorrang*
und *Normativität* der Verfassung nicht Genüge getan.

II. Die rechtliche Bedeutung der Verfassungsgarantien über die parlamentarische Geschäftsordnungsautonomie

1. *Die formell-rechtliche Bedeutung der Verfassungsgarantien über die Geschäftsordnungsautonomie der Parlamente*

Parlamentarische Geschäftsordnungsautonomie wird *(traditionsgemäß)* um der Flexibilität und Effektivität der Parlamentsarbeit willen gewährleistet. Wenn sie *verfassungsrechtlich* garantiert ist, dann begründen die einschlägigen Verfassungsbestimmungen
eine Sachkompetenz des Parlaments, die die *autonome Setzung* des parlamentarischen
Geschäftsordnungsrechts sichern soll. Die *verfassungsrechtlich* garantierte Geschäftsordnungsautonomie stellt danach eine *verfassungsunmittelbare* Fachkompetenz und
zugleich einen *(förmlichen) Vorbehaltsbereich* dar, *in dem keine andere Staatsgewalt bzw.
keine andere Staatsorgane (ohne explizite bzw. implizite Verfassungsermächtigung) operieren dürfen.*

In den Staaten mit parlamentarischem Regierungssystem würde allerdings eine
Verfassungsgarantie über die Geschäftsordnungsautonomie des Parlaments eher zur

---

[15] Dazu s. *A. de Tocqueville, De la Démocratie en Amérique, 1864, Band 1, Kapitel VI, S. 172.*

Begründung einer Sachkompetenz beitragen als zur Absicherung seiner *funktionellen Unabhängigkeit* gegenüber den anderen Staatsorganen bzw. der von ihm abhängigen Regierung. Dort spielt sich in der Regel der politische Kampf um Einfluß- bzw. Machtfragen nicht mehr zwischen den Institutionen (bzw. zwischen Parlament und Regierung), sondern zwischen dem Machtkartell von Parlaments- bzw. Regierungs-mehrheit und der parlamentarischen Opposition ab[16].

Unter Geltung einer Verfassungsgarantie über die parlamentarische Geschäftsord-nungsautonomie kann allerdings keine *Rangordnung zwischen Parlamentsgeschäftsord-nung und Gesetzen* festgelegt werden. Parlamentsgeschäftsordnungen werden danach aufgrund einer *verfassungsunmittelbaren* Fachkompetenz erlassen. *Gesetzgebung* und *(autonome) Geschäftsordnungsgebung* stellen somit zwei verschiedene, dem Parlament zugewiesene Sachbereiche dar, und aus diesem Grund kann zwischen Gesetzesrecht und Geschäftsordnungsrecht keine Vorrangigkeit festgestellt werden.

Eine Verfassungsgarantie vermag also nicht nur die autonome Setzung der parla-mentarischen Geschäftsordnungen zu konsolidieren, sondern zusätzlich auch die Nachrangigkeit der Geschäftsordnungen gegenüber anderen Rechtsnormen zu ver-hindern. *Darüber hinaus kann es bei den Geschäftsordnungsvorschriften, insofern sie aufgrund einer verfassungsunmittelbaren Ermächtigung erlassen werden bzw. insofern sie aufgrund einer Verfassungsgarantie im Range unmittelbar unter der Verfassung stehen, keine andere als die Verfassungsmäßigkeitskontrolle geben; Parlamentsgeschäftsordnungen können danach keiner weiteren als der Verfassungsmäßigkeitskontrolle unterbreitet werden. Eine geltende Verfas-sungsgarantie unterbindet insofern die Durchführung einer Rechtmäßigkeitskontrolle durch die Gerichte.*

In diesem Zusammenhang vermag am besten das Beispiel Frankreichs die Folgen einer *fehlenden* Verfassungsgarantie über die parlamentarische Geschäftsordnungsau-tonomie zu manifestieren.

Obwohl Frankreich (zusammen mit England) als die Wiege der parlamentarischen Geschäftsordnungsautonomie gilt, haben die (modernen) französischen Verfassun-gen die Parlamentsgeschäftsordnungsautonomie weder proklamiert noch näher gere-gelt. Und in Anbetracht dessen, daß sich die parlamentarischen Kammern in Frank-reich in der Vergangenheit häufig ihrer *traditionellen* Geschäftsordnungsautonomie bedienten, um über die Verfassung hinaus das Gesetzgebungsverfahren bzw. die Beziehung zueinander und zur Exekutive *neu* zu regeln, wurden die Geschäftsord-nungen von Nationalversammlung und Senat gemäß Art. 61 Abs. 1 der (geltenden)

---

[16] Für den *föderativen Bundesrat* der Bundesrepublik Deutschland bleibt allerdings das verfassungsrecht-lich garantierte *Geschäftsordnungsautonomieprinzip* (dazu s. Art. 52 Abs. 3 S. 2 GG oben Anm. 2) weiterhin ein *funktionelles Abwehrrecht* gegenüber den unitaristischen Verfassungsorganen (Bundestag bzw. Bundes-regierung). Der *Bundesrat* wirkt zwar entscheidend bei der Gesetzgebung mit, setzt sich aber aus Mitglie-dern der Landesregierungen zusammen, welche in unregelmäßigen Zeitabständen wechseln und welche an Aufträge und Weisungen gebunden sind. Die *Bundesregierung* ist ihm gegenüber nicht verantwortlich, sondern nur dem (unmittelbar vom Volk gewählten) *Deutschen Bundestag,* der das (haupt)gesetzgebende Bundesorgan darstellt. Hierzu vgl. *Bollmann,* aaO. (Anm. 11), S. 33; *Th. Maunz,* Kommentierung des Art. 52 GG Rn. 1, in: *Maunz/Dürig* (Hrsg.) Kommentar zum Grundgesetz, 1961; *K. Reuter,* Praxishand-buch – Bundesrat, 1991, S. 275 f.; *M. Schröder,* Grundlagen und Anwendungsbereich des Parlamentsrechts, 1979, S. 202.

französischen Verfassung von 1958 (Verf. v. 1958) der *präventiv-obligatorischen* Kontrolle des französischen Verfassungsrates unterworfen[17].

Die französische Verfassung von 1958 sieht also die Verfassungskontrolle der parlamentarischen Geschäftsordnung ausdrücklich vor und beauftragt damit den Verfassungsrat[18]. Dieser aber beansprucht für sich das Recht, den *Kontrollmaßstab (bzw. den sog. »Verfassungsblock«)* selbst zu gestalten und erzielt dadurch eine beachtliche Restriktion der *(in Frankreich nicht verfassungsrechtlich verbürgten)* parlamentarischen Geschäftsordnungsautonomie, insoweit als aufgrund des (vom Verfassungsrat erweiterten) Kontrollmaßstabs nicht nur eine Kollision mit der Verfassung, sondern jeder Widerspruch zu den Organgesetzen, Ordonnanzen und Gesetzen die Kassation der autonomen Geschäftsordnungsgebung bewirken kann[19]. All die Rechtsnormen,

---

[17] Gemäß Art. 61 Abs. 1 Verf. v. 1958 *(»Die Organgesetze müssen vor ihrer Verkündung und die Geschäftsordnungen der parlamentarischen Kammern vor ihrer Anwendung dem Verfassungsrat vorgelegt werden, der über ihre Verfassungsmäßigkeit befindet«)* unterliegen die *Geschäftsordnungen* der parlamentarischen Kammern und die *Organgesetze obligatorisch* der präventiven Verfassungsmäßigkeitskontrolle des Verfassungsrates, während die *Gesetze* gemäß Art. 61 Abs. 2 Verf v. 1958 *(Zum gleichen Zweck können die Gesetze vor ihrer Verkündung vom Präsidenten der Republik, vom Premierminister, vom Präsidenten von einer der beiden Kammern oder von 60 Abgeordneten oder von 60 Senatoren zugeleitet werden«)* nur *fakultativ* auf ihre Verfassungsmäßigkeit hin überprüft werden. Darüber hinaus wurde 1958 die gesetzgeberische Funktion des Parlaments zugunsten der Verordnungsgewalt der Exekutive bzw. der Regierung eingegrenzt; und Regelungsgegenstände, welche *traditionell* der autonomen Geschäftsordnungsgebung vorbehalten waren, wurden nun in die Verfassung aufgenommen. Der Umfang der Angelegenheiten, die *traditionsgemäß* das Parlament autonom regeln konnte, wurde somit durch Verfassungsbestimmungen und ferner durch *Organgesetze* eingeschränkt – *Organgesetze* werden im Wege eines besonderen Verfahrens zustande kommen, regeln Organisation und Funktion der Staatsorgane und ergänzen somit die Verfassung. Hierzu ist aber anzumerken, daß aufgrund des Art. 91 Abs. 1 in Verbindung mit Art. 92 Abs. 1 Verf. v. 1958 die Arbeitsweise der parlamentarischen Kammern durch die *gesetzesvertretende Verordnung (Ordonnanz)* Nr. 58–1100 vom 17. 11. 1958 geregelt wurde; die jedoch (im Gegensatz zu *Organgesetzen)* nicht vom Parlament, sondern vom *Ministerrat* und ohne Kontrolle des Verfassungsrates erlassen wurde. Dazu s. u. a. *P.-E. Goose,* Die Normenkontrolle durch den französischen Conseil Constitutionnel, 1973, S. 44 f.; *L. Buerstedde,* Kontrolle der rechtsetzenden Gewalt durch Conseil Constitutionnel und Conseil d'Etat nach der französischen Verfassung vom 4. Oktober 1958, in: JöR N. F. 12, 1963, S. 156 f.; *V. Schlette,* Konzeption des Gesetzes im französischen Verfassungsrecht, in: JöR N. F. 33, 1984, S. 304.

[18] Dazu s. Art. 56 Verf, v. 1958 *»(I) Der Verfassungsrat besteht aus 9 Mitgliedern; ihr Amt ist ihnen für 9 Jahre übertragen und es kann nicht erneuert werden. Der Verfassungsrat wird alle drei Jahre zu je einem Drittel erneuert. Drei Mitglieder werden vom Präsidenten der Republik ernannt, drei vom Präsidenten der Nationalversammlung und drei vom Präsidenten des Senats. (II) Außer diesen Mitgliedern gehören dem Verfassungsrat von Rechts wegen und auf Lebenszeit die ehemaligen Präsidenten der Republik an. (III) Der Präsident des Verfassungsrats wird vom Präsidenten der Republik ernannt. Seine Stimme gibt bei Stimmengleichheit den Ausschlag«.*

[19] Der französische Verfassungsrat erklärt die ihm zur Prüfung vorgelegten Geschäftsordnungsbestimmungen nur dann für verfassungsmäßig, wenn sie der *Verfassung,* den *Organgesetzen* bzw. *den Ordonnanzen* gemäß Art. 92 Abs. 1 Verf. v. 1958 und den *Gesetzen* nicht widersprechen. All diese Rechtsnormen stellen demnach den Maßstab seiner Kontrolle dar. Hierzu vgl. *P. Avril,* Droit parlementaire et droit constitutionnel sous la Ve République, in: RDP 100, 1984, S. 576; *Debbasch/Pontier/Bourdon, Ricci,* Droit constitutionnel et institutions politiques, 3. Auflage, 1990, S. 524; *Favoreu/Philip,* Les grandes décisions du Conseil Constitutionnel, 6. Auflage, 1991, S. 42 ff.; *P. Gaia,* Contrôle du règlement des Assemblées parlementaire, in: Revue française de Droit constitutionnel (RFDC), 1993, S. 134; *Goose,* aaO. (Anm. 17), S. 152 f.; *Fr. Luchaire,* Les Règlements des Assemblées parlementaires, in: RDP 109, 1993, S. 303; *D. Maus,* Le Parlement sous la Ve République, 1988, S. 62; *Pocher,* aaO. (Anm. 14), S. 64; *Th. Renoux,* Contrôle du règlement des Assemblées parlementaires, in: RFDC 1992, S. 546 f.; *D. Rousseau,* Chronique de jurisprudence constitutionnelle, in: RDP 110, 1994, S. 132; *Turpin,* aaO. (Anm. 14), S. 103; *Vier,* aaO. (Anm. 3), S. 173 ff.

die nicht autonom beschlossen werden, regeln danach *vorrangig* Organisation, Arbeitsweise und Disziplin der Mitglieder des französischen Parlaments.

Diese *Rechtmäßigkeitskontrolle* der parlamentarischen Geschäftsordnungen durch den Verfassungsrat sehen jedoch die »*Buchstaben (la lettre de la Constitution)*« der französischen Verfassung von 1958 weder (ausdrücklich) vor, noch schließen sie sie aus[20]. Eine Verfassungsgarantie über die parlamentarische Geschäftsordnungsautonomie, welche sogleich einer *rangmäßigen Unterordnung* der parlamentarischen Geschäftsordnungen unter das Gesetzesrecht im Wege stehen würde, gibt es in Frankreich, wie bereits erwähnt, nicht. Die Einführung einer (expliziten) Verfassungsgarantie über die parlamentarische Geschäftsordnungsautonomie würde insofern in Frankreich nicht nur den Rang der parlamentarischen Geschäftsordnungen in der Normenhierarchie konsolidieren, sondern auch die Durchführung einer *Rechtmäßigkeitskontrolle* durch den französischen Verfassungsrat Einhalt gebieten.

2. Die materiell-rechtliche Bedeutung der Verfassungsgarantien über die Geschäftsordnungsautonomie der Parlamente

Eine Verfassungsgarantie dient heutzutage vor allem als *verfassungsunmittelbare Ermächtigung zur Rechtsetzung,* ferner stehen somit Geschäftsordnungen und Gesetzesrecht im Verhältnis zur Verfassung gleichrangig nebeneinander. *Aus diesem Grund sollte eine Kollision zwischen Geschäftsordnung und formellen Gesetzen immer als Kompetenzfrage behandelt werden.* In einem Kollisionsfall braucht man weder die Nachrangigkeit der parlamentarischen Geschäftsordnungen noch die Vorrangigkeit der formellen Gesetze nachzuweisen; man hat nur den Regelungsgehalt der Kompetenzvorschriften zu ermitteln und Übergriffe als Verfassungsverstöße zu rügen bzw. zu ahnden.

Allerdings ist hierzu anzumerken, daß die modernen Verfassungen meistens *Regelungsgehalt* und *sachliche* bzw. *personelle Grenzen* der von ihnen verbürgten Geschäftsordnungsautonomie des Parlaments nicht determinieren[21]. Wie bereits im *ersten Teil (I)* der vorliegenden Untersuchung dargestellt wurde, bedeutet *aufgrund des Vorrangs der Verfassung* jede verfassungsrechtliche Normierung, die sich auf die Organisation des Parlaments bezieht, eine Einschränkung der parlamentarischen Geschäftsordnungsautonomie. Daraus ist *e contrario* zu folgern, daß der Verfassungsgeber bereits diejenigen Geschäftsordnungsangelegenheiten festgelegt hat, die er seiner Regelung

---

[20] *Fr. Luchaire* (ehemaliges Mitglied des Verfassungsrates und Juraprofessor) rechtfertigt allerdings die *Gesetzmäßigkeitskontrolle* der parlamentarischen Geschäftsordnungen durch den Verfassungsrat mit dem Verfassungsprinzip der *Gleichheit vor dem Gesetz.* Das Eingreifen des Verfassungsrates gegen eine gesetzeswidrige Geschäftsordnungsbestimmung könne, so *Luchaire,* durch Art. 2 Abs. 1 S. 2 Verf. v. 1958: »*Es (d. h. Frankreich) gewährleistet die Gleichheit aller Bürger vor dem Gesetz ohne Unterschied der Herkunft, Rasse oder Religion*« i. V. mit Art. 6 S. 3 der Erklärung der Menschen- und Bürgerrechte: »*Es (d. h. das Gesetz) soll für alle gleich sein, mag es beschützen oder bestrafen*« begründet werden. Darüber hinaus würde, da die Resolutionen des Parlaments nicht der Kontrolle des Staatsrates (Conseil d'Etat) unterliegen, ein »*toter Winkel*« in der richterlichen Kontrolle entstehen, wenn der Verfassungsrat die Gesetzmäßigkeit der parlamentarischen Geschäftsordnungen nicht überprüfen würde. Dazu s. *Luchaire,* aaO. (Anm. 14), S. 104f.; *Luchaire,* aaO. (Anm. 19), S. 303; *Fr. Luchaire,* Kommentierung der Art. 61–63 Verf. v. 1958, in: *Luchaire/Conac* (Hrsg.) La Constitution de la République française, 2. Auflage, 1987, S. 1118.

[21] Hierzu vgl. oben Anm. 2.

unterziehen wollte. Bei den meist *wortkargen* Formulierungen der Verfassungsgarantien über die parlamentarische Geschäftsordnungsautonomie kann es sich mithin um *die stillschweigende bzw. verfassungsgeschichtlich bedingte Entscheidung des Verfassungsgebers handeln, dem Parlament die Regelung seiner Organisation und seines Geschäftsgangs zu überlassen bzw. zuzuweisen.* Demnach ist die Frage, was unter den zulässigen Regelungsgehalt der parlamentarischen Geschäftsordnungsautonomie falle, jedesmal im konkreten Fall zu beantworten. Mit anderen Worten: Man hat in jedem konkreten Fall (unter sukzessiver bzw. kursorischer Anwendung der einzelnen Interpretationsmethoden) die Verfassung diesbezüglich auszulegen. Besteht jedoch keine Verfassungsregelung, die die konkrete Materie betrifft, sind *systematische, teleologische* und sogar *»topische«* Auslegungskriterien von ausschlaggebender Bedeutung; denn dann ist eine *Verfassungskonkretisierung* erforderlich, *und die Rechtsverbindlichkeit bzw. die Bindungswirkung dieser Verfassungskonkretisierung hängt von der »Befugnis« des jeweiligen Verfassungsinterpreten ab.*

Unter Geltung einer Verfassungsgarantie über die parlamentarische Geschäftsordnungsautonomie ist aber das Parlament – wie bereits oben dargelegt – der *maßgebende Verfassungsinterpret,* wenn es um seine Organisation bzw. um seine *Geschäftsordnung* geht. Kraft der Verfassungsgarantie über seine Geschäftsordnungsautonomie ist das Parlament zur *Verfassungskonkretisierung* (mit rechtsschöpferischem Charakter) berechtigt; das Ergebnis seiner autonomen Rechtsetzung (bzw. das *konstitutive* Geschäftsordnungsrecht) darf allerdings weder gegen eine explizite noch eine implizite Verfassungsregelung (bzw. gegen die verfassungsrechtlichen *Organisationsprinzipien)* verstoßen.

Die Wahrung der verfassungsrechtlichen Vorgaben obliegt, wie bereits *oben I 5* dargelegt, den Gerichten bzw. einer institutionalisierten Verfassungsgerichtsbarkeit. Bei *fehlender* Verfassungsgarantie über die parlamentarische Geschäftsordnungsautonomie könnten aber die gerichtlichen Kontrollinstanzen dem Parlament bzw. seiner Regelungsmacht *nur das ausdrücklich Vorgesehene* (auf dem Gebiet seiner Organisation bzw. seines Geschäftsganges) erlauben und *das nicht ausdrücklich Vorgesehene* unterbinden. Gerichte könnten dann – wenn ihnen keine Verfassungsgarantie über die parlamentarische Geschäftsordnungsautonomie im Wege steht – (beliebig) Vorhaben der parlamentarischen Kammern – wie z. B. sachgemäße Institutionen bzw. Verfahren zu entwickeln, was eigentlich das Herzstück der parlamentarischen Geschäftsordnungsautonomie ausmacht – erheblich erschweren bzw. unmöglich machen. In diesem Zusammenhang erschließt sich die *materiell-rechtliche Bedeutung* einer (expliziten) Verfassungsgarantie über die parlamentarische Geschäftsordnungsautonomie, welche die parlamentarische Befugnis zur (verfassungsmäßigen) Fortbildung der Verfassung auf dem Gebiet des Geschäftsordnungsrechts verfestigt bzw. *dem Parlament bzw. seiner autonomen Regelungsmacht (prinzipiell) das nicht ausdrücklich Vorgesehene erlaubt. Ferner würden die statischen Elemente einer verfassungsrechtlichen Absicherung bzw. einer Verfassungsgarantie über die parlamentarische Geschäftsordnungsautonomie im System der Gewaltenbalancierung (theoretisch) die Dynamik einer (expliziten bzw. impliziten) Verfassungskontrolle durch die Gerichte kompensieren und der (machtusurpatorischen) Ersetzung des autonomen Geschäftsordnungsrechts durch den Richterspruch Einhalt gebieten.* Der Verzicht auf die parlamentarische Geschäftsordnungsautonomie bzw. auf eine Verfassungsgarantie darüber würde hingegen *(bei institutionalisierter Verfassungsgerichtsbarkeit)* zu

einer weiteren Abschwächung des Parlaments gegenüber einer (jede verfassungsrechtliche Funktionenordnung sprengenden) Superkompetenz des Verfassungsgerichts – das dem Gericht aufgrund siner *Letztentscheidungskompetenz* de facto zukommt – führen.

III. Fazit

Eine explizite Verfassungsgarantie über die parlamentarische Geschäftsordnungsautonomie sollte inhaltlich als die stillschweigende bzw. verfassungsgeschichtlich
bedingte Entscheidung der Verfassung verstanden werden, dem Parlament bzw.
seiner autonomen Geschäftsordnungsgebung die Regelung der inneren Organisation, der Arbeitsweise und der Disziplin seiner Mitglieder zu überlassen; formell-
rechtlich hingegen fixieren die einschlägigen Verfassungsbestimmungen die Rangordnung des dadurch erzeugten Rechts; es steht unmittelbar unter der Verfassung.

Die Verkehrsmobilität als Grund- und Menschenrecht

Betrachtungen zur »zirkulären« Mobilität in der Europäischen Union

von

Dr. Michael Ronellenfitsch

Professor für öffentliches Recht an der Universität Tübingen

Inhalt

A. Einleitung

Das seit einigen Jahren diskutierte Grundrecht auf Mobilität[1], das in Deutschland auch die Mobilität mit dem Auto umfaßt[2], stößt vor allem auf den Einwand, daß im Grundrechtekatalog des Grundgesetzes für die Bundesrepublik Deutschland die Mo-

---

[1] *Michael Ronellenfitsch*, Beschleunigung der Verkehrswegeplanung, in: Deutsche Akademie für Verkehrswissenschaft (Hrsg.), 30. Deutscher Verkehrsgerichtstag, 1992, S. 258 ff. (258); *ders.*, Mobilität: Vom Grundbedürfnis zum Grundrecht?, Deutsches Autorecht (DAR) 1992, 321 ff.; *ders.*, Mobilität: Grundbedürfnis und Grundrecht, in: Schriftenreihe der Polizei-Führungsakademie (PFA 4/94), 1995, S. 25 ff.; *ders.*, »Menschenrecht« auf Mobilität – kann, darf gegengesteuert werden? Juristische Perspektiven, Dokumentation 11 der Herbert Quandt Stiftung, 1995, S. 49 ff. Hiergegen die Polemik von *Uwe Wesel*, Über die Verfassungswidrigkeit unserer Autos, Die Zeit 20/14. 5. 1993, S. 36; Natur 1994, Heft 1, S. 22.; ferner, wenn auch sachlicher, *Hans-Joachim Koch*, in: ders./Tassilo Braune/Hans-Peter Stenge/Rainer Lechelt (Hrsg.), Verkehrspolitik in Hamburg: Die Zähmung des Automobils?, 1993, S. 3. *Horst Sendler*, Wundersame Vermehrung von Grundrechten – insbesondere zum Grundrecht auf Mobilität und Autofahren, NJW 1995, 1468 ff.; Vgl. auch die Statements zum Thema »Schluß mit der freien Fahrt?« in: Die Woche Nr. 37 vom 9. 9. 1993, S. 2.

[2] *Ronellenfitsch*, Verfassungs- und verwaltungsrechtliche Vorbemerkungen zur Mobilität mit dem Auto, DAR 1994, 7 ff.; *ders.*, Verfassungs- und verwaltungsrechtliche Betrachtungen zur Mobilität mit dem Auto, Tübinger Universitätsreden, Neue Folge, Band 13, 1994.

bilität – mit oder ohne Auto – nicht erwähnt wird³. Diesem Einwand kann man auf zweifache Weise begegnen:

Erstens ist der Einwand entkräftet, wenn der Nachweis gelingt, daß der Grundrechtekatalog des Grundgesetzes nicht abschließend ist, wenn sich aus den geschriebenen weitere ungeschriebene Grundrechte, darunter das Grundrecht auf Mobilität, ableiten lassen. Das ist eine Aufgabe der konkreten Verfassungsinterpretation, die sich im übrigen für jede Verfassung der EU-Mitgliedstaaten in gleicher Weise stellt.

Zweitens könnte es sich bei der Mobilität um ein Menschenrecht handeln. Grundrechte setzen zwar häufig Menschenrechte positivrechtlich um. Menschenrechte beanspruchen aber Geltung aus sich selbst heraus, so daß der jeweilige Verfassungstext letztlich nicht ausschlaggebend ist.

Beide Aspekte sollen anschließend behandelt werden, wobei, um die Thematik nicht völlig ausufern zu lassen, eine Beschränkung auf den EU-Bereich erfolgt.

B. Verfassungsrechtliche Würdigung

I. Die Unterscheidung von Grund- und Menschenrechten

1. Begriffsentwicklung

Mit Grundrechten und Menschenrechten ist Verschiedenes gemeint, obwohl beide Begriffe vielfach synonym im Sinne fundamentaler Rechte der Menschen verwendet werden[4].

Dies folgt bereits aus der historischen Entwicklung der Grund- und Menschenrechte. Während die amerikanischen Rechtserklärungen nur »rights« oder »inherent rights« bzw. »natural rights« garantierten[5], unterschied die französische Erklärung vom 26. August 1789[6] schon in der Überschrift Menschen- *und* Bürgerrechte. Die

---

[3] Vgl. *Hans-Joachim Koch*, Gibt es ein Grundrecht auf Mobilität?, ZfV 1994,545 ff.

[4] In diesem Sinne etwa *Carl Schmitt*, Verfassungslehre, 1928, S. 163: »Für einen wissenschaftlich brauchbaren Begriff muß daran festgehalten werden, daß Grundrechte im bürgerlichen Rechtsstaat nur solche Rechte sind, die als vor- und überstaatliche Rechte gelten können, die der Staat nicht nach Maßgabe seiner Gesetze verleiht, sondern als vor ihm gegeben anerkennt und schützt und in welche er nur in einem prinzipiell meßbaren Umfang und nur in einem geregelten Verfahren eingreifen darf. Diese Grundrechte sind also ihrer Substanz nach keine Rechtsgüter, sondern Sphären der Freiheit, aus der sich Rechte, und zwar Abwehrrechte, ergeben.« Art. 11 der japanischen Verfassung vom 3. November 1946 spricht in der authentischen englischen Übersetzung sogar von »fundamental human rights«, also von »Grundmenschenrechten«, die dem Volk durch die Verfassung garantiert, zugleich aber den gegenwärtigen und zukünftigen Generationen als unverletzliche Rechte übertragen werden. Zur Entstehung *Toyowo Ohgushi*, Die japanische Verfassung vom 3. November 1946, JöR n.F. 5 (1956), 301 ff. Das ändert freilich nichts daran, daß in Japan die Grundrechte (Art. 10 bis 40, 97 Verf.) im Prinzip nur für die Staatsbürger gewährleistet sind; vgl. *Teruya Abe*, Die Entwicklung des japanischen Verfassungsrechts seit 1952, JöR n.F. 15 (1966), 513 ff. (539).

[5] Declaration of Colonial Rights and Grievances vom 1. Oktober 1774; Virginia Bill of Rights vom 12. Juni 1776 (Text: *Adolf Rock*, Dokumente der Amerikanischen Demokratie, 1953, S. 96 ff.). Vgl. auch *J. Hashagen*, Zur Entstehungsgeschichte der nordamerikanischen Erklärungen der Menschenrechte, ZStW 1924, 461 ff.

[6] Déclaration des droits de l'homme et du citoyen i.d.F. der Verfassung von 1791. Vgl. auch *Vincent Marcaggi*, Les origines de la déclaration des droits de l'homme de 1789, Diss. iur. Paris 1904; *Stéphane Rials*,

restaurative »Charte constitutionnelle« von 1814[7] verwendete ganz bewußt nur noch den Ausdruck »Rechte« (droits publics des Français), wie dann auch die Belgische Verfassung 1831 von »des Belges et de leurs droits« sprach[8]. Der moderne Begriff der Grundrechte setzte sich erst nach dem Ersten Weltkrieg durch. In den Verfassungsurkunden der europäischen Staaten wurden die Grundrechte vor allem nach dem Zweiten Weltkrieg verankert.

2. Grundrechte

Grundrechte sind durch die Verfassungen gewährleistete (»*positivierte*«) Rechte. Diese Grundrechte können nach der Entscheidung des jeweiligen Verfassunggebers den betreffenden Staatsbürgern vorbehalten bleiben[9] oder allen Menschen zukommen. Die Jedermann-Grundrechte kann man im Gegensatz zu den Bürgerrechten auch als Menschenrechte bezeichnen[10]. Solche Menschenrechte im engeren Sinne bilden nur einen Unterfall der Grundrechte.

3. Menschenrechte

Wenn von Menschenrechten die Rede ist, ist jedoch regelmäßig nicht der enge Begriff gemeint. Vielmehr sollen Menschenrechte *vorstaatliche* Rechte sein, denen auch dann Geltungskraft zukommt, wenn sie nicht ausdrücklich in der jeweiligen Verfassung niedergelegt sind.

Um die Geltung solcher vor- und überstaatlicher Grundrechte wurde in den vergangenen Jahrhunderten erbittert gerungen. Zahlreiche philosophische, vernunftrechtliche[11], naturrechtliche[12] oder gar theologische Begründungsversuche wechsel-

La déclaration des droits de l'homme et du citoyen, Paris 1988; Claude-Albert Colliard/Gérard Conac u. a. (Hrsg.), La Déclaration des droits de l'homme et du citoyen de 1789, ses origines, sa pérennité, in: La Documentation française, Paris 1990; *Jacques Godechot*, Les Constitutions de la France depuis 1789, Paris 1994.

[7] *J. de Soto*, La Constitution sénatoriale du 6 avril 1814, Revue internationale d'histoire politique constitutionnelle, 1953 n série, n° 12, S. 268ff.

[8] Verfassung des Königreiches Belgien vom 7. Februar 1831, Titel II.

[9] Vgl. etwa *Jörg Hofmann*, Der Deutsche als Tatbestand von Grundrechten und Grundpflichten, Diss. iur. Heidelberg, 1993.

[10] Vgl. etwa *Konrad Hesse,* Grundzüge des Verfassungsrechts der Bundesrepublik Deutschland, 19. Aufl., 1993, Rdnr. 284.

[11] Aus jüngerer Zeit *Ralph Alexander Lorz*, Modernes Grund- und Menschenrechtsverständnis und die Philosophie der Freiheit Kants, 1993; *Claudius Müller*, Die Rechtsphilosophie des Marburger Neukantianismus. Naturrecht und Rechtspositivismus in der Auseinandersetzung zwischen Hermann Cohen, Rudolf Stammler und Paul Nastorp (= Diss. Tübingen 1992); *Manfred Pascher*, Hermann Cohens Ethik als Gegenentwurf zur Rechtsphilosophie Hegels, Innsbruck 1992; zur Rechtsphilosophie Kants *Wolfgang Hermann Müller*, Ethik als Wissenschaft und Rechtsphilosophie nach Immanuel Kant, 1992; ferner *Wolfgang Kersting*, Wohlgeordnete Freiheit, Immanuel Kants Rechts- und Staatsphilosophie, 1993.

[12] Zur historischen Entwicklung *Otto von Gierke*, Johannes Althusius, 4. Ausg. 1929, S. 112ff., 304ff. Exemplarisch *Paul Johann Anselm Feuerbach*, Naturrecht und positives Recht, hrsg. von Gerhard Haney, 1993. Zur Naturrechtsrenaissance im Nachkriegsdeutschland *Eleonore Linsmayer*, Das Naturrecht in der deutschen Rechtsprechung der Nachkriegszeit, 1963; *Albert Bleckmann*, Staatsrecht II – Die Grundrechte, 3. Aufl., 1989, S. 57ff.; ferner *Erik Wolf*, Das Problem der Naturrechtslehre, 1964; *Ernst von Hippel*, Elemente des Naturrechts, 1969.

ten sich ab[13]. Im Zeitalter des Positivismus wandte man sich nicht nur gegen eine philosophische Begründung des Rechts[14], sondern wies die Vorstellung einer überstaatlichen Begründung der Grundrechte weit von sich[15]. Deswegen gab es in Deutschland[16] auch kaum verfassungsrechtliche Bedenken, als 1933 die Grundrechte der Weimarer Verfassung suspendiert wurden[17]. Das Grundgesetz zog die Konsequenzen aus dieser historischen Erfahrung:[18] Nach Art. 1 Abs. 2 GG bekennt sich das Deutsche Volk zu unverletzlichen und unveräußerlichen *Menschenrechten* als Grundlage jeder menschlichen Gemeinschaft, des Friedens und der Gerechtigkeit in der Welt[19]. Demgegenüber binden nach Art. 1 Abs. 3 GG die einzeln aufgeführten nachfolgenden *Grundrechte* die deutsche Staatsgewalt. Damit ist das Problem, wie sich überpositive Rechtsgrundsätze logisch begründen lassen, noch nicht gelöst. Darauf wird zurückzukommen sein[20]. Für den Moment genügt die Feststellung, *daß* es überpositive Menschenrechte gibt. In der gegenwärtigen Staatengemeinschaft dürfte nämlich allgemein anerkannt sein, daß Menschenrechte solche Rechte sind, die jeder Mensch besitzen muß, um das Leben eines Menschen führen zu können. Die Menschenrechte hängen also unmittelbar mit der *Würde der menschlichen Person* zusammen. Die Stärke der Menschenrechte besteht darin, daß sie auch dann Geltung

---

[13] Hierzu ausführlich *Klaus Stern*, Das Staatsrecht der Bundesrepublik Deutschland, Bd. III/1, Allgemeine Lehren der Grundrechte, 1988, S. 51 ff. Aus jüngster Zeit Werner Goldschmidt/Lothar Zechlin, (Hrsg.), Naturrecht, Menschenrecht und politische Gerechtigkeit, 1994.

[14] Dafür erlebte die synthetische Begründung juristischer Grundbegriffe eine seither nie mehr erreichte Hochblüte; vgl. nur *Ernst Rudolf Bierling*, Juristische Prinzipienlehre, Bd. I bis V, 1894 bis 1917. Zur zeitlichen Einordnung dieser Denkrichtung *Karl Larenz*, Rechts- und Staatsphilosophie der Gegenwart, 1931, S. 5 ff. *Ernst Beling*, Vom Positivismus zum Naturrecht und zurück, 1931, in: Werner Maihofer (Hrsg.), Begriff und Wesen des Rechts, 1973, S. 132 ff. Allgemein *Walter Pauly*, Der Methodenwandel im deutschen Spätkonstitutionalismus, 1993. Zur Spätphase der Naturrechtskritik *Walter Preis*, Hans Kelsens Kritik am Naturrecht. Die Naturrechtslehre, eine vergebliche Suche nach absoluter Gerechtigkeit, 1993 (= Diss. Graz 1992).

[15] Den Schutz der Menschenrechte gewährleistete im übrigen das Verwaltungsrecht. Gerade der preußische Staat war traditionell bewußt fremdenfreundlich. So verlieh *Gerhard Anschütz* (Die Verfassungsurkunde für den preußischen Staat vom 31. Januar 1850, 1912, S. 101) den »Rechten der Preußen« einen der Lebenswirklichkeit entsprechenden, vom Gesetzeswortlaut aber völlig abweichenden Sinn: »Der Grundsatz der gesetzmäßigen Verwaltung wirkt auch zugunsten der Fremden: auch in deren Freiheitssphäre darf die Verwaltung nicht ohne gesetzliche Grundlage eingreifen, und, soweit daher die Grundrechte nichts anderes sind als Hervorhebungen einzelner Anwendungsfälle des allgemeinen Anspruchs auf Unterlassung ungesetzlicher Handhabung der Staatsgewalt, stellen sie in der Tat nicht ›Rechte der Preußen‹, nicht Bürger-, sondern Menschenrechte dar ... Oder will man im Ernst behaupten, daß der Staat nur für Inländer zum Rechtsstaat geworden, für die Ausländer aber Polizeistaat geblieben ... ist.« *Anschütz* betonte, die preußische Verfassung sei nicht nationalistisch, sondern rein individualistisch gedacht (ebd., S. 103).

[16] Der Positivismus war eine nicht nur auf Deutschland beschränkte Zeitströmung; zur positivistischen Staatsrechtslehre in Frankreich vgl. etwa *Carré de Malberg*, Contribution à la Théorie générale de l'Etat, 1920; *Anré Esmein*, Eléments de Droit constitutionnel, 8. Aufl. 1927/28.

[17] Verordnung des Reichspräsidenten zum Schutz von Volk und Staat vom 28. 2. 1933 (RGBl. I S. 83). Vgl. die Würdigung durch *Wilhelm Laforet*, Deutsches Verwaltungsrecht, 1937, S. 46 f.

[18] Vgl. *Hermann von Mangoldt/Friedrich Klein*, Das Bonner Grundgesetz, 2. Aufl., Bd. I, Die Grundrechte, Vorbemerkungen IV (S. 93 ff.). Vgl. auch *Jürgen Valentin*, Grundlagen und Prinzipien des Art. 1 Abs. 2 des Grundgesetzes. Das Bekenntnis des deutschen Volkes zu den Menschenrechten, 1991 (= Diss. Kiel 1991).

[19] Hierzu z. B. *Jürgen Valentin*, ebd.

[20] Unten IV. 2.

beanspruchen, wenn sie nicht in einer konkreten Verfassung niedergeschrieben wurden. Ihre Schwäche liegt in ihrer Unbestimmtheit. Auf internationaler Ebene gibt es daher Menschenrechtskataloge, die auf Umsetzung in die nationalen Verfassungen angelegt sind[21].

4. *Überschneidungen*

Namentlich die moderneren europäischen Verfassungen sind dazu übergegangen, Menschenrechte in Grundrechtskataloge aufzunehmen. Grundrechte und Menschenrechte überschneiden sich dann. Der Unterschied liegt gleichwohl nach wie vor im Geltungsgrund.

5. *Zwischenergebnis*

Sollte ein Menschenrecht auf Mobilität nachweisbar sein, so müssen alle Staaten dieses Menschenrecht auch dann beachten, gewährleisten und schützen, wenn sich ihre Verfassungen nicht ausdrücklich oder schlüssig zur Mobilität der Menschen bekennen. Mobilität kann aber nur dann ein Menschenrecht sein, wenn es sich um eine Voraussetzung menschenwürdiger Lebensgestaltung handelt.

II. Mobilität als Grundbedürfnis

1. *Allgemeine Mobilität*

Die Mobilität in einem *allgemeinen Wortsinn* ist zweifellos *Voraussetzung* für eine spezifisch menschliche und menschenwürdige Lebensgestaltung. Mobilität heißt mobil sein. Das Wort »mobil« wurde im Deutschen im 18. Jahrhundert aus dem Französischen entlehnt, das schon im 12. Jahrhundert das lateinische »mobilis« (= beweglich) übernommen hatte. Allgemein bedeutet Mobilität also lediglich Beweglichkeit. Beweglichkeit ist ein menschliches Grundbedürfnis[22] wie Essen[23], Trinken und Wohnen[24]. Ohne Mobilität läßt sich der Ursprung des Menschen überhaupt nicht erklären. Für die Paläontologie ist es heute nicht mehr zweifelhaft, daß der Mensch das Ergebnis einer Anpassung an ein recht trockenes Klima in Ostafrika ist[25]. In einem ersten Evolutionsschub zwang die Versteppung Ostafrikas die Hominiden dazu, sich

---

[21] Vgl. Evert A. Alkema/Theo L. Bellekom, u. a. (Hrsg.), The domestic implementations of European Convention on Human Rights in Eastern and Western Europe. Proceedings of the Seminar in Leiden 24–26 Oct. 1991, Kehl 1993.

[22] Vgl. allgemein *Seev Gasiet*, Menschliche Bedürfnisse, 1981.

[23] Zum »elementaren Menschenrecht auf Nahrung«, Bad. StGH, Urteil vom 27.11. 1948 – StGH 3/48 –, VerwRspr. 1 (1949), S. 249. Ferner *Christian J. Jäggi/Thomas Mächler*, Die Sicherung der Existenz ist ein Menschenrecht, Caritas Schweiz Dokumentation 4, Luzern 1992.

[24] Die Stellungnahme des Deutschen Sportfahrerkreises (DSK) vom Januar 1990 »Motorsport und Umwelt« stellt den menschlichen Grundbedürfnissen Sicherheit der Nahrung, Fortpflanzung und körperlichen Unversehrtheit das Bedürfnis nach Selbstverwirklichung zur Seite (S. 5).

[25] Vgl. etwa *Roger Lewin*, Spuren der Menschwerdung. Die Evolution des Homo sapiens, 1992; *Steven M. Stanley*, Historische Geologie, 1994.

aufzurichten und sich auf verschiedenartigere Kost umzustellen. In einem zweiten Evolutionsschub nahmen bei den Menschen Masse und Komplexität des Gehirns zu, was sie in die Lage versetzte, zu Nahrungsopportunisten zu werden: »Geschick und Mobilität ermöglichten das Beschaffen von Fleisch«[26].

In allen Lebensbereichen – von der persönlichen Lebensgestaltung, über den Wirtschaftsverkehr[27] bis hin zur Sozialpolitik[28] – ist die Mobilität unerläßlich. Für die antiken Römer war der »homo mobilis« demgegenüber allerdings ein sprunghafter, nicht seßhafter und daher wenig vertrauenswürdiger Mensch[29]. Heutzutage ist nur noch die Automobilität für manche ein *Unwort*. Damit ist die Verkehrsmobilität angesprochen.

2. Verkehrsmobilität

Das Fachschrifttum unterscheidet bei der räumlichen Mobilität die »Wanderungsmobilität«, d. h. die Bewegung von Haushalten zum dauerhaften Wechsel von Wohnort und Wohnung, und die »*zirkuläre*« Mobilität[30]. Letztere ist die *Verkehrsmobilität*. In der Möglichkeit, sich fortzubewegen, Entfernungen zurückzulegen sowie Personen und Güter zu transportieren, einschließlich der Freizeitbeschäftigungen (Wandern, Schwimmen, Radfahren, Boot fahren), eben in der Verkehrsmobilität liegt heutzutage die Hauptbedeutung der Mobilität. Auch die Verkehrsmobilität zählt zu den menschlichen Grundbedürfnissen. Die Bedeutung dieser Form der Mobilität wurde in den vergangenen Jahren zunehmend erkannt. So ist jedenfalls im deutschsprachigen Raum die Mobilität zum werbewirksamen Schlagwort geworden[31]. Die Bahn-AG nennt ihre etwa in den ICEs ausgehängte Hauszeitung »mobil«,

---

[26] *Yves Coppens*, Geotektonik, Klima und der Ursprung des Menschen, Spektrum der Wissenschaft 1994, 64 ff. (71).

[27] Vgl. auch *Ekkart Zimmermann*, Mobilitätswachstum zwischen ökologischen Zwängen und menschlichen Grundbedürfnissen. Eine verkehrssoziologische Analyse, Dokumentation 11 der Herbert Quandt Stiftung, 1995, S. 10 ff.

[28] Die Sozialwissenschaften unterscheiden »horizontale« (= räumliche) und »vertikale« (sozialer Auf- und Abstieg) Mobilität. Vgl. auch *Manfred Murck*, Das Bedürfnis des Menschen nach Mobilität in Freizeit und Beruf, Schriftenreihe der Polizei-Führungsakademie (PFA 4/94), 1995, S. 9 ff.

[29] Vgl. *Johann Heinrich Zedler*, Großes vollständiges Universallexikon aller Wissenschaften und Künste, welche bisher durch menschlichen Verstand und Witz erfunden und verbessert worden., Bd. 22, 1739, Sp. 679: »Mobilis homo, heißt in denen alten Römischen Gesetzen so viel als ein leichtsinniger, unbeständiger Mensch, und wird insgemein einem gesetzten und standhaften Manne entgegen gesetzt. Daher denn auch die Redens-Art *mobili animo esse* so viel heißt als eines leichtsinnigen und unbeständigen Gemüthes seyn, dergleichen man gemeiniglich bey dem gemeinen Pöbel wahrnimmt. Weswegen denn auch die von etwas bessern und ansehnlichern Eltern entsprossene insgemein mit dem Namen derer **Vesten** beehret werden, Leute, die gleichsam von dem leichtsinnigen und wanckelhafften Wesen des gemeinen Pöbels ganz entfernet sind.«

[30] Vgl. *Heinz Hautzinger/Manfred Pfeiffer/Brigitte Tassaux-Becker*, Mobilität, Ursachen, Meinungen, Gestaltbarkeit, Institut für angewandte Verkehrs- und Tourismusforschung e. V. Heilbronn 1994, S. 12. Zur Berechnung der Verkehrsmobilität *Dirk Vallée*, Das Verkehrsangebot zur Berechnung der Mobilität im Stadtverkehr, Zeitschrift für Verkehrswissenschaft 1994, 255 ff.

[31] Vgl. auch *Ulrich Kubisch*, Taxi – Das mobilste Gewerbe der Welt, Schriftenreihe des Museums für Verkehr und Technik Berlin, Bd. 12, 1993. Nicht zuletzt, um den Wehrdienst attraktiver zu machen, soll der »Mobilitätszuschlag« für Soldaten im Grundwehrdienst steigen; vgl. Woche im Bundestag (wib) 16/95, S. 25.

Autofirmen offerieren eine »Mobilitätsgarantie«. Sogar Greenpeace hat eine »Mobil-Card« herausgebracht. Sieht man von der irrationalen Autofeindschaft ab, dürfte Einigkeit über die Notwendigkeit der Verkehrsmobilität bestehen.

3. Zwischenergebnis

Sowohl die Mobilität im allgemeinen wie auch die Verkehrsmobilität sind menschliche Grundbedürfnisse und damit für eine menschenwürdige Lebensgestaltung unverzichtbar. Die Verkehrsmobilität hat damit grund- *und* menschenrechtliche Relevanz.

III. Das Grundrecht auf Mobilität in den Rechtsordnungen der EU

Die Grundrechtsrelevanz der Verkehrsmobilität gewinnt Konturen, wenn man das Grundgesetz und die Verfassungen der anderen EU-Mitgliedstaaten auf den Mobilitätsgehalt ihrer Grundrechte hinterfragt. Vorliegend kann nur ein erster Überblick geleistet werden[32], wobei beispielhaft von der Rechtslage in Deutschland ausgegangen wird. Ein gemeinsamer Gesichtspunkt kann allerdings vor die Klammer gezogen werden: In allen Verfassungsordnungen der EU-Staaten[33] ist es der Hauptzweck der Grundrechte, ein Gegengewicht gegen die Staatsmacht und damit einen Freiraum der Gewaltunterworfenen zu schaffen. Bei dieser Prämisse hängt die Existenz der Grundrechte nicht notwendig von ihrer Ausformulierung ab. Freiheitspositionen bestehen auch ohne ausdrückliche Benennung. Freiheitliche Verfassungsordnungen kennen daher neben den benannten auch unbenannte Grundrechte. Hierzu könnte auch das Grundrecht auf Mobilität zählen.

1. Deutschland

a) Systematik

aa) Abwehrrechte

Die Grundrechte des Grundgesetzes sind primär *Freiheitsrechte*, die sich auf eine allgemeine Freiheitsposition der Bürger, die allgemeine Handlungsfreiheit, zurückführen lassen[34]. Die spezielleren Grundrechte sind zumeist »auf« irgend etwas gerichtet. Was damit gemeint ist, erweist sich häufig als zweifelhaft, weil Grundrechte eine unterschiedliche Stoßrichtung haben können. Nach klassischem Verständnis erwachsen aus den Grundrechten *Abwehrrechte* gegen den Staat. Nur selten sind die Grundrechte indessen wie in Art. 12 Abs. 2 GG als Abwehrrechte formuliert. Gebräuchlicher ist eine inhaltliche Fixierung des Grundrechts. Aus der Formulierung des Schutzbereichs folgt dann, daß die staatliche Gewalt nicht oder nur beschränkt in dieses Grundrecht eingreifen darf. So ergeben sich aus der Formulierung des Schutzguts

---

[32] Umfassend Eberhard Grabitz (Hrsg.), Grundrechte in Europa und USA, 1986.
[33] Zu den Besonderheiten der griechischen Verfassung unten III. 2. c) aa).
[34] BVerfGE 7, 198 (204f.).

»Leben und körperliche Unversehrtheit« in Art. 2 Abs. 2 GG über die Brücke des »Rechts auf« automatisch Abwehransprüche. Jeder kann staatliche Eingriffe in Leben und körperliche Unversehrtheit abwehren. Das vom Grundgesetz *vorgegebene* Schutzgut wird sodann von den Trägern der öffentlichen Gewalt gewährleistet[35]. Ausfluß der Abwehrrechte bzw. Ausprägung des Gewährleistungsanspruchs kann auch ein *Schutzanspruch* des Einzelnen gegen Gefährdungen durch Dritte sein[36].

bb) Teilhabe- und Leistungsrechte

Die Formulierung »Recht auf« erweckt die Assoziation, daß die Träger öffentlicher Gewalt nicht nur Freiheitspositionen zu respektieren, sondern auch etwas zu *gewähren* haben. So steht allen Deutschen das Recht zu, die Ausbildungsstätte frei zu wählen. Beim Grundrecht auf Ausbildungsstätte ist der Abwehrgehalt nur von sekundärer Bedeutung. Es geht nicht darum, daß jemand seine Aussbildungsstätte behalten möchte; er will sie in aller Regel erst bekommen. Der Staat müßte hier die Voraussetzungen des Freiheitsrechts schaffen, wenn sich Grundrechte in Leistungsrechte umdeuten lassen. In diese Richtung tendiert das Verständnis der Grundrechte als derivative und originäre *Teilhaberechte*[37]. Derivative Teilhaberechte sind letztlich ebenfalls Abwehrrechte[38]. Sie besagen, daß der Staat, wenn er überhaupt Leistungen erbringt, niemanden willkürlich von den Leistungen ausschließen darf[39]. Unterhält der Staat Straßen, Wasserstraßen und Flughäfen, so kann er bestimmte Personenkreise nicht ohne Verstoß gegen den Gleichbehandlungsgrundsatz willkürlich fernhalten. Der Eingriff liegt dann aber nicht nur im Gleichheitsverstoß, sondern besteht bereits im Zwang, (nur) bestimmte Verkehrseinrichtungen benutzen zu dürfen. Beispielsweise ist der Flugplatzzwang nur legitimiert, wenn der Staat für eine ausreichende Anzahl von Flugplätzen Vorsorge trägt. Aber primär dienen derivative Teilhaberechte der Abwehr einer Ungleichbehandlung. In diesem Sinne bedeutet Grundrecht auf Mobilität ein Grundrecht »*auch* auf Mobilität«. Bei den originären Teilhaberechten geht es dagegen nicht um die Verteilung des Vorhandenen, sondern um Ansprüche auf neue staatliche Leistungen. Daher kann man gleich von Leistungsgrundrechten sprechen. Leistungsgrundrechte orientieren sich an der Konzeption der »realen Freiheit« und

---

[35] Das ignoriert *Sendler*, der kurzerhand vom Abwehrgehalt auf den Leistungsgehalt der Grundrechte schließt (NJW 1995,1468). Im übrigen hat selbst das von Sendler horrifizierte Grundrecht *auf* Eigentum eine Abwehrkomponente. Das Institut »Eigentum« liefe leer, wenn der Staat beliebig entscheiden könnte, wer überhaupt Eigentum erwerben darf. Die Verfügungsgewalt des bisherigen Eigentümers ist nur eine Seite der Medaille. Beispielsweise greift die Ausübung eines kommunalen Vorkaufsrechts auch in die Rechtsposition desjenigen ein, dessen Eigentumserwerb verhindert wird.

[36] Hierzu nur BVerfGE 39, 1(42); 46, 160(164); 49,89 (140ff.); 56,54 (78); 77,170 (214); 85,191 (212); 88,203 (251ff.); *Hans Hugo Klein*, Die grundrechtliche Schutzpflicht, DVBl. 1994, 489ff.

[37] Die Unterscheidung geht zurück auf *Wolfgang Martens*, Grundrechte im Leistungsstaat, VVDStRL 30 (1972), 7ff. (21). Mit dem »Problem der Teilhabe ... an staatlichen Leistungen« beschäftigte sich erstmals *Ernst Forsthoff* (Die Verwaltung als Leistungsträger, 1938, S. 15ff.), der auch den Begriff der Teilhaberechte in die Nachkriegsdiskussion einbrachte; vgl. *Forsthoff*, Begriff und Wesen des sozialen Rechtsstaates, VVDStRL 12 (1954), 8ff. (18ff.).

[38] Teilweise abweichend, aber im Ergebnis wohl übereinstimmend *Dietrich Murswiek*, Grundrechte als Teilhaberechte, soziale Grundrechte, in: HStR V, § 112 Rdnr. 66.

[39] Vgl. das vielfach zitierte obiter dictum im Urteil des BVerwG vom 7. 2. 1972 – IV C 49.68 –, BVerwGE 39,235 (239).

sind damit Ausprägung einer sozialstaatlichen Grundrechtekonzeption[40]. Ob das Abhängigkeitsargument auf der Ebene der Grundrechte angesiedelt werden sollte[41], ist streitig. Subjektivrechtlich ist bislang nur ein Recht auf Schaffung des Existenzminimums anerkannt, das aber nicht aus speziellen Grundrechten, sondern unmittelbar aus dem Sozialstaatsprinzip in Verbindung mit der Menschenwürde abgeleitet wurde[42]. Dagegen hat es das Bundesverfassungsgericht abgelehnt, etwa aus Art. 2 Abs. 2 Satz 1 GG ein »Grundrecht auf angemessene Versorgung« zu entwickeln[43]. Unmittelbar auf das Grundgesetz gestützte Leistungsansprüche gegen die Exekutive sind im Hinblick auf den Gewaltenteilungsgrundsatz, die Unbestimmtheit des Anspruchsobjekts und die haushaltsrechtlichen Vorgaben bedenklich. Ob, selbst unter dem Vorbehalt des jeweils Möglichen und Angemessenen, ein Anspruch gegen den Staat besteht, (zusätzliche) Mobilität zu schaffen, ist daher fraglich.

cc) Gewährleistungsgehalt

Grundrechte werden häufig nur als *subjektive* Rechte verstanden[44]. Das ist in der Tat ihre wichtigste Bedeutung. Ein »Recht auf« umfaßt aber nicht nur die sich aus einer Rechtsnorm ergebende subjektive Berechtigung, sondern auch die *objektive* Rechtsnorm selbst. Läßt sich der objektive und subjektive Gehalt einer Rechtsnorm trennen, dann können Grundrechte auch einen objektiven Gehalt haben, ohne daß immer sogleich ein Anspruch bejaht werden müßte[45]. Unabhängig von der Frage des Anspruchs ergibt sich aus den Grundrechten jedenfalls auch objektives Recht[46]. Beispielsweise besagt der objektive Gehalt der Freizügigkeit, daß das Grundgesetz Freizügigkeit prinzipiell will, mag sie individuell auch ausgeschlossen sein. Der objektive Gehalt der Grundrechte knüpft freilich immer noch an das subjektive Grundrecht an. Das ändert sich mit den *Einrichtungsgarantien*, bei denen bestimmte Einrichtungen mit Verfassungsrang ausgestattet sind und so vor einfachgesetzlichen Veränderungen geschützt werden[47]. Einrichtungsgarantien bestehen nur innerhalb des Staates. Ihr grundrechtliches Pendant ist das derivative Teilhaberecht. Regelmäßig wird der Gemeingebrauch an Straßen als Hauptbeispiel für ein nur derivatives Teilhaberecht angeführt. Ferner soll der Gemeingebrauch nur institutionell garantiert sein. Es genüge, wenn es Gemeingebrauch gebe. Die Beibehaltung eines bestimmten Gemeingebrauchs könne nicht verlangt werden. Das trifft jedoch mit Rücksicht auf das subjektive Grundrecht auf Mobilität nicht ausnahmslos zu[48].

---

[40] Hierzu *Ernst-Wolfgang Böckenförde*, Grundrechtstheorie und Grundrechtsinterpretation, NJW 1974, 1529 ff. (1535 f.); *Görg Haverkate*, Rechtsfragen des Leistungsstaates, 1983, S. 72 f.

[41] So vor allem *Peter Häberle*, Die Wesensgehaltgarantie des Artikel 19 Abs. 2 Grundgesetz, 3. Aufl., 1983, S. 15 f.; *ders.*, Grundrechte im Leistungsstaat, VVDStRL 30 (1972), 43 ff. (69 ff.).

[42] BVerfGE 40,121.

[43] BVerfGE 1, 97.

[44] Vgl. *Pieroth/Schlink*, Grundrechte, Rdnr. 81.

[45] *Stern*, Staatsrecht III/1, S. 335.

[46] BVerfGE 20,162 (175 f.); 39, 1(42); 53, 20 (57); 56, 54 (73); 57, 295 (319 f.); 59, 295 (320); 74, 297 (323); 84, 212(232) ; vgl. auch *Robert Alexy*, Grundrechte als subjektive Rechte und objektive Normen, DER STAAT 29 (1990), 49 ff.

[47] *Carl Schmitt*, Verfassungslehre, 1928, S. 170 ff.

[48] Hierzu *Ronellenfitsch*, Mobilität mit dem Auto, S. 50 ff.

dd) Schranken

Schrankenlos würden die Grundrechte sich selbst aufheben. Alle Grundrechte sind daher in unterschiedlicher Intensität einschränkbar[49]. Dies ist eine Aufgabe des Gesetzgebers, der seinerseits Schranken zu beachten und insbesondere kollidierende Grundrechte und sonstige Rechtsgüter abzuwägen hat. Bei der Abwägung ist es von ausschlaggebender Bedeutung, welches Gewicht dem einzuschränkenden Grundrecht im Rahmen der gesamten Verfassungsordnung zukommt.

b) Allgemeine Handlungsfreiheit

Die vom Bundesverfassungsgericht in Art. 2 Abs. 1 GG verortete[50] allgemeine Handlungsfreiheit wird durch speziellere Vorschriften konkretisiert, die bestimmte Freiheitsrechte ausdrücklich benennen. Das schließt nicht aus, unbenannte Freiheitspositionen auf die allgemeine Handlungsfreiheit zu stützen. Das Bundesverfassungsgericht hat nicht nur die Vertragsfreiheit[51] oder das Züchten von Tieren[52], sondern mobile Tätigkeiten wie das Veranstalten von Sammlungen[53], das Reiten im Walde[54] oder gar das Führen von Kraftfahrzeugen[55] unter Art. 2 Abs. 1 GG subsumiert. Ähnlich kann man etwa beim »Grundrecht auf Naturgenuß«[56] und eben beim (generellen) Grundrecht auf Mobilität vorgehen, was selbst *Koch* einräumt[57]. Dem weiten Verständnis der allgemeinen Handlungsfreiheit korrespondieren freilich weitreichende Beschränkungsmöglichkeiten. Nicht nur die Rechte anderer und das Sittengesetz können der allgemeinen Handlungsfreiheit entgegengehalten werden, sondern auch die »verfassungsmäßige Ordnung«, worunter praktisch die gesamte Rechtsordnung zu verstehen ist[58]. Das bedeutet aber keinen Rückfall zum Auffangtatbestand des

---

[49] Das selbst dann, wenn man die zum Teil berechtigte Kritik am übertriebenen Schrankendenken berücksichtigt. Der nivellierende Ansatz von *Marcel Bolz* (Das Verhältnis von Schutzobjekt und Schranken der Grundrechte, Zürich 1991) geht zu weit und beschwört obendrein die Gefahr herauf, daß der Schutzbereich der Grundrechte von vornherein allzu sehr zurückgenommen wird. Art. 12 Abs. 1 und Art. 14 Abs. 2 GG liefern warnende Beispiele für Manipulationen am Berufs- und Eigentumsbegriff, belegen aber zugleich, daß dem Grundgesetz eine eindeutige Zweiteilung zugrundeliegt. Die klare Trennung von Grundrechtsprägung und -beschränkung fordert auch Art. 18 GG; hierzu *Michael Brenner*, Grundrechtsschranken und Verwirkung von Grundrechten, DÖV 1995, 60 ff.

[50] Urt. vom 16. 1. 1957, BVerfGE 6, 32 = JZ 1957, 167 m. Anm. *Dürig*; grundlegend immer noch *Günter Dürig*, in: Theodor Maunz/Günter Dürig, Kommentar zum Grundgesetz, Art. 2 Abs. I, Rdnr. 6 ff.; *Helmut Hutzelmann*, Die prozessuale Bedeutung des Elfes-Urteils des Bundesverfassungsgerichts (BVerfGE 6, 32), Diss. Regensburg 1970; ferner *Rupert Scholz*, Das Grundrecht der freien Entfaltung der Persönlichkeit in der Rechtsprechung des Bundesverfassungsgerichts, AöR 100 (1975), 80 ff., 265 ff.

[51] BVerfGE 8, 274; 12, 341.

[52] BVerfGE 10, 55.

[53] BVerfGE 20, 150.

[54] BVerfGE 80, 137. Daß der Reitsport einen öffentlichen Belang darstellt, betont BayVGH Urt. vom 17. 12. 1982 – Nr. 100 IV 77 –, BayVBl. 1982, 337.

[55] BVerfGE 59, 275.

[56] Vgl. *Franz Dirnberger*, Recht auf Naturgenuß und Eingriffsregelung, 1991 (= Diss. Regensburg); *Martin Burgi*, Erholung in freier Natur, 1993 (= Diss. Konstanz).

[57] ZfV 1994, 551 f.

[58] BVerfGE 6, 32 (38). Bedenkliche Folgerungen durch VGH Bad.-Württ., Beschluß vom 18. 05. 1994 – 1 S 667/94 –, DÖV 1995, 205.

allgemeinen Gesetzesvorbehalts[59]. Die Weimarer Lehre, welche die Handlungsfreiheit der Persönlichkeit als Freiheit von ungesetzlichen Einschränkungen verstand[60], war bei der Formulierung von Art. 2 Abs. 1 GG längst überwunden. Art. 2 Abs. 1 GG ist nicht das subjektivrechtliche Gegenstück zu Art. 20 Abs. 3 GG, hat also einen *materiellen* Garantiegehalt. Die allgemeine Handlungsfreiheit stellt somit ein eigenständiges, abwägungsfähiges Schutzgut dar, welches den Schutzgütern entgegengehalten werden kann, zugunsten derer sie beschränkt werden soll. Das Abwägungsgebot ist Ausfluß des Grundsatzes der Verhältnismäßigkeit. Das bedeutet, daß nur überwiegende Gründe des Gemeinwohls den Eingriff in die allgemeine Handlungsfreiheit rechtfertigen[61]. Für die Abwägung wurde vom Bundesverfassungsgericht eine Wertungsskala entwickelt, die von der innersten Individualsphäre und Intimsphäre über einen weiteren Bereich der Privatsphäre und die Sozialsphäre reicht[62]. Dadurch ist auch bei der allgemeinen Handlungsfreiheit das lediglich ausgrenzende Freiheitsverständnis verlassen; der materielle Gehalt der Freiheitsgarantie trat deutlich zu Tage bei der »Entdeckung« des Grundrechts auf informationelle Selbstbestimmung. Auch wenn die informationelle Selbstbestimmung nicht als spezielle Freiheitsverbürgung betrachtet, sondern in Art. 2 Abs. 1, allerdings i.V.m. Art. 1 Abs. 1 GG[63], verankert wurde, ging es letztlich nicht um die subsidiäre allgemeine Handlungsfreiheit, sondern um den Kern des Persönlichkeitsrechts[64], d.h. um ein Grundrecht mit bestimmbarem Schutzbereich. Der Kernbereich privater Lebensgestaltung beschränkt sich indessen nicht auf den menschlichen Innenraum. Zur menschlichen Entfaltung gehört auch ein »Minimum an kommunikativem Bezug zur Außenwelt«[65]. Die Mobilität als solche, nicht alle ihre einzelnen Ausprägungen, wird man ebenfalls dem Kern des Persönlichkeitsrechts zuordnen können.

Der materielle Garantiegehalt der allgemeinen Handlungsfreiheit wäre somit durch die Abstinenz staatlicher Eingriffe unzulänglich und anachronistisch umschrieben. Die heutige allgemeine Handlungsfreiheit trägt ein Moment der Teilhabe an staatlichen Leistungen in sich[66]. Das bedeutet aber, daß auch die Beseitigung oder Verweigerung von Teilhabemöglichkeiten der Legitimation bedarf, die sich nur auf der Ebene des Verfassungsrechts erreichen läßt. Die von *Koch*[67] favorisierte Relativierung der allgemeinen Handlungsfreiheit durch die – einfachgesetzlich ermöglichten – faktischen Teilhabemöglichkeiten führt demgegenüber zu unzulässigen Verschiebungen in der Normenhierarchie. Die Vorenthaltung von bestehenden Teilhabe-

---

[59] Vgl. *Hans-Uwe Erichsen*, Allgemeine Handlungsfreiheit, in: Josef Isensee/Paul Kirchhof (Hrsg.), HStR VI, 1989, § 152, Rdnr. 15.

[60] Vgl. insbesondere *Richard Thoma*, Grundrechte und Polizeigewalt, in: Festgabe für das preußische OVG, 1925, S. 183 ff. Vgl. auch *Carl Schmitt*, Freiheitsrechte und institutionelle Garantien der Reichsverfassung (1931), = Verfassungsrechtliche Aufsätze aus den Jahren 1924–1954, 1958, S. 140 ff. (167).

[61] BVerfGE 18,315 (327).

[62] Vgl. *Erichsen*, HStR VI, § 152, Rdnr. 37.

[63] BVerfGE 65,1. Vgl. auch BVerwG, Urteil vom 20. 02. 1990–1 C 42.85 –, BVerwGE 84,375 (378); Beschluß vom 18. 03. 1994–11 B 76.93 –, DÖV 1994, 658.

[64] BVerfGE 80,373 f. Für Österreich vgl. Republik Österreich, Bundeskanzleramt, Verfassungsdienst (Hrsg.), Das Recht auf Achtung des privaten Lebensbereichs (Referat *Peter Kostelka*), 1993.

[65] *Erichsen*, HStR VI, § 152 Rdnr. 38.

[66] Vgl. *Ernst Hesse*, Die Bindung des Gesetzgebers an das Grundrecht des Art. 2 Abs. 1 GG bei der Verwirklichung der »verfassungsmäßigen Ordnung«, 1968, S. 86 f.

[67] ZfV 1994,551 f.

möglichkeiten ist nicht nur ein Gleichheitsverstoß, sondern greift in die allgemeine Handlungsfreiheit ein. Regelmäßig geht es nämlich nicht um die Frage, ob der Staat zusätzliche Mobilitätschancen eröffnen muß. Das läßt sich in der Tat mit Art. 2 Abs. 1 GG schwer begründen. Fraglich ist vielmehr, ob ohne weiteres bestehende Mobilitätsmöglichkeiten beseitigt werden dürfen (Rückbau von Straßen, Geschwindigkeitsbeschränkungen). Dem hält *Hans-Uwe Erichsen* in seinem Beitrag zur allgemeinen Handlungsfreiheit entgegen, daß der Gebrauch öffentlicher Sachen auf einer staatlichen Leistung beruhe (Bereitstellung und Widmung der Sache), so daß von einer vorgegebenen »natürlichen« Freiheit nicht gesprochen werden könne[68]. Aber das bedeutet eine Rückwendung zum Weimarer vorstaatlichen Freiheitsverständnis[69], gegen das *Erichsen* unter dem Stichwort »Freiheit als Staatsaufgabe« einige Seiten vorher im gleichen Beitrag nachdrücklich Stellung bezogen hatte[70]. Auch gegen die Vorenthaltung der Teilhabe an staatlichen Leistungen stellt Art. 2 Abs. 1 GG eine Schranke dar. Die Reduzierung von Mobilität wird nur durch andere wichtige Gemeinwohlgüter mit Verfassungsrang gerechtfertigt.

c) Benannte Freiheitsrechte

Das Verständnis von Art. 2 Abs. 1 GG als Auffanggrundrecht im System der Freiheitsrechte nötigt nicht dazu, die speziell thematisierten Freiheitsrechte in ihrem Schutzbereich abzuschotten und die Konkretisierung weiterer Freiheitspositionen ausschließlich der allgemeinen Handlungsfreiheit zuzuweisen. Im Hinblick auf das Persönlichkeitsrecht im engeren Sinne ist Art. 2 Abs. 1 GG ohnehin die speziellere Norm. Im übrigen wird der allgemeinen Handlungsfreiheit häufig eine *Ergänzungsfunktion* im Sachzusammenhang mit anderen benannten Freiheitsrechten zuerkannt[71]. Ist aber eine Kombination speziell benannter Freiheitsrechte mit der allgemeinen

---

[68] So *Erichsen*, HStR VI, § 152 Rdnr. 38.

[69] Vgl. *Carl Schmitt*, Grundrechte und Grundpflichten (1932), in: Verfassungsrechtliche Aufsätze, S. 181 ff. (207 f.): »Daher ist es mißverständlich, das Freiheitsrecht als Recht im Sinne eines Anspruchs auf Leistung aufzufassen: aus der Freiheit können nur negatorische, d.h. Abwehransprüche entstehen, wenn sie verletzt wird.« Erst recht überwunden ist die Lehre von den Eigenrechten, auf deren Grundlage *Wilhelm Hofacker* (Grundrechte und Grundpflichten der Deutschen, 1926) den Gemeingebrauch als »Pseudo-›Recht‹« abqualifizierte: »Sind Wege zum öffentlichen Gebrauch (Gemeingebrauch) bestimmt, so kann jeder einzelne kein solches Recht auf allgemeine Benützung des Weges haben, denn die Eigenrechte der anderen einzelnen würden entgegenstehen. Der Gemeingebrauch kann also nicht als die Summe vieler Eigenrechte gedacht werden, sondern als eine der unbestimmten Allgemeinheit dienende Einrichtung, aus der für den einzelnen bloß Wirkungen fließen. Diese Sachlage beruht auf einer derart inneren Notwendigkeit, daß wir zu ihr trotz aller Versuche, Eigenrechte zu begründen, immer wieder zurückgeführt werden, und es kann heute als Ergebnis betrachtet werden, daß wir den Gemeingebrauch an öffentlichen Wegen sowohl wie an öffentlichen Gewässern als Reflexwirkung des objektiven Rechts anerkennen.« (S. 13). *Hofacker* berief sich auf – verkürzt zitierte – römisch-rechtliche Vorstellungen, die einen anderen Sachzusammenhang (ne quid in loco publico vel itinere fiat) betrafen. Vollständig lautet die erwähnte Digestenstelle (D 43,8): »Hoc interdictum prohibitorium est et tam publicis utilitatibus quam privatorum per hoc prospicitur. loca enim publica utrique privatorum usibus deserviunt, iure scilicet civitatis, non quasi propria cuiusque, et tantum juris habemus ad optinendum, quantum quilibet ex populo ad prohibendum habet.« Gemeint waren somit Sondernutzungen. Mit dem Gemeingebrauch beschäftigt sich stattdessen D 43,7.

[70] Ebd. Rdnr. 6.

[71] BVerfGE 35,35 (39); 42,234(236).

Handlungsfreiheit möglich, so muß auch die Idealkonkurrenz spezieller Freiheits-rechte möglich sein[72], für die zur Kennzeichnung eines grundrechtsübergreifenden Lebenssachverhalts eine *neue Bezeichnung* gewählt werden kann[73]. Wie bei jeder Konkurrenz von Grundrechten, bereitet dies Schwierigkeiten im Hinblick auf Sub-sumtion und Schrankenziehung, die aber durch eine sorgfältige Auslegung und durch eine funktionelle Verknüpfung der Einzelgrundrechte überwunden werden können. Wie der eingerichtete und ausgeübte Gewerbebetrieb einheitlich durch die Verknüp-fung von Art. 12 und Art. 14 Abs. 1 GG geschützt wird, läßt sich das Grundrecht auf Mobilität als *Kombinationsgrundrecht* verstehen.

Für eine Gesamtanalogie spricht eine weitere Erwägung. Die Grundrechte bilden kein geschlossenes System[74], innerhalb dessen die Mobilität einem konkreten Grund-recht zugeordnet werden oder bei Fehlen einer ausdrücklichen Normierung im Umkehrschluß verneint werden müßte. Vielmehr weisen die meisten benannten Grundrechte bereits in ihrem Schutzbereich[75] einen eigenständigen Mobilitätsgehalt auf. So ist die Menschenwürde[76] berührt, wenn man Menschen, deren Mobilität ohnehin eingeschränkt ist, Mobilitätschancen vorenthält[77]. Das Grundrecht auf Le-

---

[72] Hierzu unter d).

[73] Vgl. BVerfGE 21,73 (86f.); 25,230 (234); 35,382 (309 ff.).

[74] *Ernst Forsthoff*, Die Umbildung des Verfassungsgesetzes, in: Rechtsstaat im Wandel, 2. Aufl., 1976, S. 130 ff. (135).

[75] Um es noch einmal zu betonen: Durch das Grundrecht auf Mobilität wird nicht zum Inhalt eines Grundrechts gemacht, was Voraussetzung für die Inanspruchnahme des Grundrechts ist; so aber z.B. *Sendler*, NJW 1995,1469. Der Schutz der Wohnung impliziert kein Grundrecht auf Überlassung einer Wohnung, und das Grundrecht auf Mobilität mit dem Auto bedeutet nicht, daß der Staat Autos zur Verfügung stellen müßte. Wer aber über ein Auto verfügt, muß dieses auch gebrauchen können und dementsprechend mobil sein. Für manche Grundrechte mag die Mobilität lediglich Voraussetzung ihres Gebrauchs sein. Zumeist betrifft die Mobilität jedoch den Schutzbereich der Grundrechte. So ist die Mobilität nicht Voraussetzung der Freizügigkeit, sondern macht deren Inhalt aus. Wer die Mobilität eines Ausreisewilligen beseitigt, beseitigt nicht nur die Voraussetzungen der Ausreisefreiheit, sondern vernich-tet die Ausreisefreiheit selbst.

[76] Nachw. zu Art. 1 Abs. 1 GG bei *Peter Häberle*, Die Menschenwürde als Grundlage der staatlichen Gemeinschaft, in: HdBStR I, 1987, § 20, Rdnr. 6; *Engelbert Niebler*, Die Rechtsprechung des Bundesverfas-sungsgerichts zum obersten Rechtswert der Menschenwürde, BayVBl. 1989, 737 ff.; ferner allgemein *Otto W. John*, Menschenwürde: Das uneingelöste Versprechen, 1987; *Werner Holzhüter*, Konkretisierung und Bedeutungswandel der Menschenwürdenorm des Artikels 1 Absatz 1 des Grundgesetzes, Diss. Bremen 1989; *Tatjana Geddert-Steinacher*, Menschenwürde als Verfassungsbegriff, 1990; *Schütz*, Menschenwürde und Recht, BayVBl. 1991, 615 ff.; *Hasso Hofmann*, Die versprochene Menschenwürde, AöR 1993 (118),353 ff.; *Wolfram Höfling*, JuS 1995,857 ff.; *Udo Loest*, Von der Würde des Menschen, Texte und Kommentare zur Entwicklung der Menschenrechte, 1989. Zur Menschenwürde Behinderter weiter im Text, sowie *Klaus Lachwitz*, Menschenwürde, Grundgesetz, geistige Behinderung. Eine Bilanz nach 40 Jahren Verfassungswirklichkeit, 1989.

[77] Beispielsweise halten Verbote, Behinderte im Luftverkehr zu befördern, den Anforderungen von Art. 1 Abs. 1 GG nicht stand; vgl. *R. I. R. Abeyratne*, Mobility Laws in the international transportation by air of the elderly and disabled – a legal dilemma for the airlines?, Air Law 16 (1991), 155 ff. S. auch *Karin Lindinger*, Mobil trotz mürber Knochen, ADAC motorwelt 11/93, S. 148 f. Aufwendungen der Eltern für den Erwerb der Fahrerlaubnis ihrer steh- und gehbehinderten Tochter sind außergewöhnliche Belastungen i. S. v. § 33 EStG; vgl. BFH, Urteil vom 26. 3. 1993 – III R 9/92 –, NJW 1994,1024 = BStBl. II 1993,749. Andererseits bilden Flugpassagiere und Besatzung während des jeweiligen (zivilen) Flugs eine Schicksals-gemeinschaft, die es gestattet, den Transport gefährdeter Passagiere im Interesse der anderen Passagiere zu verweigern; vgl. auch *Ronellenfitsch*, Die Luftsicherheitsgebühr, VerwArch 1995, 307 ff. (323).

ben und körperliche Unversehrtheit[78] hängt oftmals von Rettungshandlungen durch »mobile« Krankentransporte ab[79]. Mobilität ist Existenzbedingung der kommunikativen Grundrechte; zur Meinungsfreiheit gehört die Möglichkeit, Meinungen so zu verbreiten, daß sie rechtzeitig ankommen, der Zugang von Meinungen muß möglich sein. Daß die Presse und sonstigen Medien mobil sein müssen, ist offensichtlich. Die Demokratie funktioniert nur, wenn die Mobilität des Informationsflusses gewährleistet ist. Die Versammlungsfreiheit setzt die Möglichkeit voraus, überhaupt zusammenkommen zu können. Über den Mobilitätsgehalt der Freizügigkeit sind keine Worte zu verlieren[80]. Zur Freizügigkeit zählt sachlich auch die Ausreisefreiheit[81]. Das Recht auf Auswanderung setzt logisch eine Einreisemöglichkeit in einem anderen Land voraus. Die wirtschaftlichen Grundrechte laufen ohne Mobilität leer. Der Überblick über die Einzelgrundrechte könnte leicht weiter vertieft werden. Das erübrigt sich im vorliegenden Zusammenhang jedoch; denn immer ergibt sich das gleiche Bild: Existenzbedingung der Grundrechte ist die Mobilität, so daß man abstrahierend ein Grundrecht auf Mobilität vor die Klammer ziehen kann.

d) Grundrechtskollisionen und Grundrechtskonkurrenzen

aa) Grundrechtskollisionen

Grundrechte kollidieren in aller Regel mit anderen Grundrechten und sonstigen Rechtsgütern. Vor allem aus diesem Grund gibt es keine schrankenlosen Grundrechte. Die Auflösung der Kollision erfolgt also nicht durch eine Schutzbereichsbegrenzung[82], sondern im Wege der *Güterabwägung*[83]. Die Güterabwägung ist aber nur korrekt, wenn *alle* relevanten Belange in die Abwägung eingestellt werden.

bb) Grundrechtskonkurrenzen

Damit ist der Bogen zu den Grundrechtskonkurrenzen gespannt. Grundrechtskonkurrenzen lassen sich nicht in der Weise bewältigen, daß das schwerpunktmäßig betroffene Grundrecht kurzerhand alle anderen thematisch ebenfalls einschlägigen

---

[78] Art. 2 Abs. 2 GG. Gerade die Erreichbarkeit mit dem Auto ist ein wesentlicher Faktor bei der Gewährleistung des Lebens- und Gesundheitsschutzes.

[79] Zunehmend werden Feuerwehreinsätze verhindert, weil Straßen durch verkehrsdynamische Maßnahmen so gestaltet sind, daß es den Straßen benutzenden Verkehrsteilnehmern nicht möglich ist, auszuweichen.

[80] Hierzu etwa BerlVerfG, Beschluß vom 12. 7. 1994 – VerfGH 94/93 –; DVBl. 1994, 1189 = JuS 1995, 453 (*Michael Sachs*).

[81] Hierzu Fn. 203, 213.

[82] Insofern zutreffend *Bodo Pieroth/Bernhard Schlink*, Grundrechte, Staatsrecht II, 10. Aufl., 1994, Rdnr. 348 ff.; vgl. ferner *Wolfgang Rüfner*, Grundrechtskonflikte, in: Festgabe Bundesverfassungsgericht, 1976, S. 453 ff.; *Herbert Bethge*, Zur Problematik von Grundrechtskollisionen, 1977; *Jürgen Schwabe*, Grundrechtskonkurrenzen, JA 1979, 191 ff.; *Harald Schneider*, Die Güterabwägung des Bundesverfassungsgerichts bei Grundrechtskonflikten, 1979; *Peter Lerche*, Grundrechtsschranken, in: HStR V, § 122 Rdnr. 47 f.; *Klaus Stern*, Das Staatsrecht der Bundesrepublik Deutschland, Bd. III/2, 1994, S. 1365 ff.

[83] Allgemein *Bernhard Schlink*, Abwägung im Verfassungsrecht, 1976.

Grundrechte verdrängt[84]. Wenn schon das Strafrecht mit seinen filigran beschriebenen Tatbeständen es nicht bei der Realkonkurrenz bewenden lassen kann, ist die Annahme möglicher Idealkonkurrenzen auch von Grundrechten unabweisbar[85]. Verhalten, die in die Schutzbereiche mehrerer Grundrechte fallen und zwischen denen kein Spezialitätsverhältnis besteht, erfordern dann eine sachgerechte Gewichtung, und dies nicht nur im Hinblick auf die Beschränkungsmöglichkeiten, sondern auch als Voraussetzung für eine korrekte Güterabwägung im Kollisionsfall. Pauschallösungen sind hierbei nicht sachgerecht. Bei schrankendivergenten Grundrechten darf man nicht einfach die Schranken stets dem am stärksten einschränkbaren[86] oder dem jeweils »unbeschränkteren« Grundrecht entnehmen[87]. Vielmehr ist zu berücksichtigen, daß die Grundrechte in einem Verhältnis der funktionellen Ergänzung stehen (*Häberle*). Das bedeutet, daß der Sinnzusammenhang der verschiedenen Grundrechte für den konkreten Lebenssachverhalt ermittelt werden muß. Auch das Bundesverfassungsgericht stellt pragmatisch auf die Gegebenheiten des konkreten Falles ab[88]. Das kann zu einer Relativierung eines an sich stärker geschützten Grundrechts führen, wenn der Schwerpunkt des Verhaltens in den Schutzbereich des schwächeren Grundrechts fällt, wenn etwa bei einer künstlerischen Betätigung kommerzielle Erwägungen überwiegen, oder wenn ein übender Trompeter in seiner Mietwohnung die Nerven der übrigen Hausbewohner strapaziert[89]. Eher ist aber davon auszugehen, daß die Bedeutung eines Verhaltens erst durch eine *Wertkumulation* erfaßt wird[90]. Bei additiven Grundrechten verstärkt sich daher deren Schutzgehalt gegenüber den Einschränkungsmöglichkeiten; im Rahmen der Abwägung mit kollidierenden Rechtsgütern nimmt ihr Gewicht zu.

cc) Folgerung

Beim Grundrecht auf Mobilität wirkt sich das wie folgt aus: Da das Grundrecht induktiv und additiv gewonnen wurde, gibt es, je nachdem in welchem Sachzusammenhang die Mobilität steht, verschieden weitgreifende Beschränkungsmöglichkeiten. Die Großzügigkeit, mit der in der Praxis Mobilitätsbeschränkungen angeordnet werden, hängt ersichtlich mit der unzutreffenden Vorstellung zusammen, es werde nur in die allgemeine Handlungsfreiheit eingegriffen. Aber das Grundrecht auf Mobilität steht in der Mehrzahl der Fälle dem Schutzbereich stärkerer Einzelgrundrechte näher. Ferner hängen die Grundrechtsschranken davon ab, welche Grundrechtsart

---

[84] In diesem Sinne *Helmut Ridder*, Freiheit der Kunst nach dem Grundgesetz, 1963, S. 18 ff. *Harald Schneider*, Güterabwägung, S. 112 nennt dies die »Meist-Betroffenheits-Theorie«.

[85] *Bleckmann*, Staatsrecht II, S. 392.

[86] So *Friedrich Klein*, in: Hermann von Mangoldt/Friedrich Klein, Das Bonner Grundgesetz, Bd. 1, 2. Aufl., 1957, Vorbem. B XV 2 F.

[87] So die wohl h.L. Vgl. aber *Wilfried Berg*, Konkurrenzen schrankendivergenter Freiheitsrechte im Grundrechtsabschnitt des Grundgesetzes, 1968; *Pieroth/Schlink*, Grundrechte, Rdnr. 373.

[88] Würdigung durch *Stern*, Staatsrecht III/2, S. 1385 ff.

[89] Zutreffend BVerwG, Beschluß vom 27. 06. 1991 – 4 B 138/90 –, NVwZ 1991, 983; hierzu die wenig überzeugende Kritik von *Joachim Würkner*, Effektivierung des Grundrechtsschutzes durch Grundrechtskumulation?, DÖV 1992,150 ff.

[90] Vgl. *Albert Bleckmann/Claudia Wiethoff*, Zur Grundrechtskonkurrenz, DÖV 1991, 722 ff. (729 f. freilich mit einem unpassenden Beispiel).

beschränkt werden soll. Ein Eingriff in Abwehrrechte bedarf besonderer Rechtfertigung, da der Abbau von Mobilität in Besitzstände eingreift. Bei den Teilhaberechten sind Gleichheitsverstöße ohne sachlich gerechtfertigten Differenzierungsgrund zu ahnden[91]. Bei Leistungsrechten ist lediglich ein Mindeststandard institutionell garantiert.

Nun ließe sich fragen, ob angesichts dieser Differenzierungsnotwendigkeiten überhaupt ein *eigenständiges* Grundrecht auf Mobilität aus der Taufe gehoben werden mußte. Wenn der »mobile« Gehalt im Schutzbereich der Einzelgrundrechte jeweils gebührend berücksichtigt würde, könnte man sich in der Tat damit beruhigen, daß konkrete Kollisionsfälle sachgerecht gelöst werden. So verhält es sich aber nicht. Die punktuelle und isolierte Betrachtung der kollidierenden Rechtsgüter führt vielmehr dazu, daß der Mobilitätsaspekt der Grundrechte zu kurz kommt. Wer beispielsweise Geschwindigkeitsbeschränkungen allein als Eingriff in die allgemeine Handlungsfreiheit der »Raser« qualifiziert, wird sich, läßt man einmal den Grundsatz der Verhältnismäßigkeit außer Betracht, bei den Grundrechtsschranken (zu) leicht tun. Die geschwindigkeitsbezogene Mobilität hat indessen wesentlich mehr grundrechtsrelevante Facetten, als dies die allgemeine Handlungsfreiheit auch nur annähernd zum Ausdruck bringen könnte. Mobilität ist Lebenselement der Industriegesellschaft, deren Eigenheiten den Sinngehalt aller Grundrechte beeinflußt.

Das Grundrecht auf Mobilität ist mehr als nur die Summe der Mobilitätsgehalte im Schutzbereich der Einzelgrundrechte. Dies verleiht ihm ein stärkeres Gewicht bei der Abwägung mit kollidierenden Rechtsgütern als gemeinhin angenommen wird.

2. EU-Mitgliedstaaten

In den anderen EU-Mitgliedstaaten stellt sich die Rechtslage nicht wesentlich anders dar. Allerdings ist in Ländern mit älteren Verfassungstexten oder solchen, denen eigene diktatorische Erfahrungen erspart blieben, der Grundrechteschutz generell schwächer ausgeprägt. Dadurch kommt auch der Mobilitätsgehalt der Grundrechte weniger deutlich zum Vorschein. Ähnliches gilt für die Sonderfälle der Staaten ohne explizite Grundrechtekataloge. Mobilitätsfreundlicher ist die Situation in Staaten, die sich ihre Verfassungen nach Beendigung einer Diktatur gegeben haben.

a) Restriktive Verfassungstexte

aa) Belgien

Die belgische Verfassung[92] kennt zwar Grundrechte mit Mobilitätsgehalt – Religions- und Meinungsäußerungsfreiheit (Art. 14), Presse- (Art. 18) und Versammlungsfreiheit (Art. 19). Doch sind diese Grundrechte nicht sonderlich stark ausgestat-

---

[91] BVerfGE 17,122(130); 71, 39(53).

[92] Vgl. Fußnote 6, Die Verfassung wurde zuletzt am 16. Februar 1993 geändert; vgl. Francis Delperée (Hrsg.), La Constitution Fédérale du 5 mai 1993, 1993. Eine weitergehende Revision befindet sich im Gange. Soweit ersichtlich, ist ein explizites Grundrecht auf Mobilität nicht vorgesehen. Zur Fortentwicklung der Grundrechte bereits *M. Paul de Visscher*, L'évolution du Droit public belge de 1930 à 1950, JöR n.F. 2 (1953), 218ff. (219ff.).

tet. Die Freizügigkeit ist traditionell nur einfachgesetzlich geregelt[93], doch ist die
»*liberté de mouvement*« (liberté d'aller et de venir) in der allgemeinen Freiheitsgarantie
des Art. 7[94] enthalten[95], die freilich mehr mit dem habeas-corpus-Aspekt in Verbindung gebracht wird[96].

bb) Niederlande

Die nach langen Vorarbeiten 1983 novellierte[97] niederländische Verfassung
(Grondwet)[98] betont ausdrücklich das Recht, das Land zu verlassen (Art. 2 Abs. 4),
regelt auch die kommunikativen Grundrechte – Presse- und Meinungsäußerungsfreiheit (Art. 7), Versammlungsfreiheit (Art. 9) – und schützt die körperliche Unversehrtheit (Art. 11), ist aber ebenfalls nicht mobilitätsorientiert. Die »vrijheid van
bewegin« (vrijheid om te gaan en te staan), die in die Verfassung nicht aufgenommen
wurde, gilt als ungeschriebene Rechtsregel[99].

cc) Luxemburg

Die Verfassung Luxemburgs[100] gewährleistet in Art. 11 Satz 3 die Naturrechte der
menschlichen Person und der Familie, worunter sich auch die Mobilität fassen läßt.
Die Freizügigkeit (liberté de circulation) wird jedenfalls herkömmlich[101] als Ausfluß
der persönlichen Freiheit betrachtet[102].

dd) Frankreich

Nachdem der von der verfassungsgebenden Versammlung am 19. April 1946
angenommene Verfassungsentwurf, der eine »Déclaration des droits de l'homme«
enthielt[103], vom Volk im Referendum vom 5. Mai 1946 verworfen worden war[104],
begnügte sich die Verfassung der IV. Republik von 1946 mit einem Verweis in der
Präambel[105] auf die »Déclaration des droits de l'homme et du citoyen« von 1789 und
die »principes fondamentaux reconnus par les lois de la République«. Die Präambel

---

[93] Vgl. bereits *Paul Errera*, Das Staatsrecht des Königreichs Belgien, 1909, S. 266f.

[94] »La liberté est garantie.«

[95] *Pierre Wijug*, Droit Constitutionnel, Bd. 1, Brüssel 1952, Rdnr. 196, S. 312.

[96] *André Mast/Jean Dujardin*, Overzicht van het belgische Grondewetteligt Recht, 2. Aufl., Brüssel 1983, Rdnr. 458f., S. 520.

[97] *P.J. Boukeme/D.H.M. Meuwissen*, Grodwet en Grondweterziening, 1976.

[98] Verfassung des Königreiches der Niederlande vom 17. Februar 1983. Hierzu *C.A.J. Kortmann*, Das niederländische Grundgesetz vom 17. Februar 1983, JöR 33 (1984), 175 ff.

[99] *C.W. van der Pot/A.M. Donner*, Handboek van het Nederlandse Staatsrecht, 3. Aufl., 1977, S. 457.

[100] Verfassung des Großherzogtums Luxemburg vom 17. Oktober 1868, zuletzt geändert am 25. November 1983.

[101] Vgl. bereits *Eyscher*, Das Staatsrecht des Großherzogtums Luxemburg, 1910, S. 28.

[102] Hierzu *Pierre Majerus*, L'Etat luxembourgeois, 4. Aufl., 1977, S. 74f.

[103] Art. 5 lautete: »Tout homme a le droit de se fixer en tout lieu et se déplacer librement.«

[104] Hierzu *Jean Rivero/Georges Vedel*, Les principes économiques et sociaux de la Constitution: le Préambule, in: Collection Droit Social 1947, Fascicule Nr. XXXI, S. 13 ff. (17).

[105] *Odile Andant-Hébrard*, Le Préambule de la Constitution du 27 octobre 1946, Diss. Toulouse 1952; *Loïc Philip*, La valeur juridique du préambule de la Constitution du 27 octobre 1946 selon la jurisprudence du Conseil constitutionnel, Mélanges dédidiés à Robert Pelloux, Lyon 1980, S. 265 ff.

der Verfassung von 1946 diente als Vorbild für die Präambel der Verfassung von 1958[106], die ihrerseits auf die Menschenrechtserklärung von 1789 wie auch auf die Präambel von 1946 verweist und deren Rechtswert lange Zeit umstritten war[107]. Äußerungen in den Debatten des Beratenden Verfassungsausschusses deuten darauf hin, daß der Präambel kein Verfassungsrang zukommen sollte[108]. Gleichwohl setzte sich im Schrifttum die Ansicht durch, daß die Präambeln von 1946 und 1958 unmittelbar anwendbare Rechtsnormen enthalten, jedenfalls soweit sie sich auf die klassischen Abwehrrechte beziehen[109]. Geradezu als juristische Revolution[110] wurde dann die berühmte Entscheidung des Verfassungsrats (Conseil constitutionnel) vom 16. Juli 1971[111] verstanden, welche die Präambel der Verfassung von 1946 sowie die Menschenrechtserklärung von 1789 zum konstitutiven Bestandteil der Verfassung erklärte. Die früher verworfene »idée de la superlégalité constitutionnelle des libertés«[112] hat sich letztlich durchgesetzt. Die materiell verstandene französische Verfassung enthält daher heute einen Grundrechtekatalog, was dem traditionellen französischen Selbstverständnis als »patrie de liberté«[113] durchaus entspricht. Bestandteil der französischen Verfassung ist auch Art. 4 der Erklärung der Menschen- und Bürgerrechte von 1789[114], welcher zeitlos die allgemeine Handlungsfreiheit als Freiheit definiert, alles tun zu dürfen, was anderen nicht schadet[115]. Als Anwendungsfall

---

[106] Verfassung der Republik Frankreich vom 4. Oktober 1958, zuletzt geändert am 25. Juni 1992 (Loi constitutionnelle n° 92–554, Journal Officiel vom 26. 6. 1992, S. 8406); vgl. auch Entscheidung des Verfassungsrats n° 92–308 vom 9. 4. 1992, EuGRZ 1993,187. Zu den Grundrechten in Frankreich *Michael Bachmann*, Das System der Grundrechte im französischen Recht unter besonderer Berücksichtigung der Religionsfreiheit, Diss. Mainz 1956; *Louis Lachance*, Le droit et les droits de l'homme, Paris 1959; *Maurice Duverger/Lucien Sfez*, Die staatsbürgerlichen Freiheitsrechte in Frankreich und in der Union Française, in: Neumann/Nipperdey/Scheuner (Hrsg.), Die Grundrechte Bd. 1, 2. Halbband, 1967, S. 543 ff.; *Claude-Albert Colliard*, Les Libertés publiques, 3. Aufl., 1968; *Philippe Braud*, La notion de liberté publique en droit français, Diss. Paris 1968; *Klaus Stahl*, Die Sicherung der Grundfreiheiten im öffentlichen Recht der Fünften Französischen Republik, 1970; *Jacques Robert*, Libertés publiques, 1971; *Georges Burdeau*, Les libertés publiques, 1972; *Pierre Le Mire*, La protection constitutionnelle des libertés en droit public français, Diss. Paris II 1975; *Jean-Paul Costa*, Les libertés publiques en France et dans le monde, Paris 1986; *François Luchaire*, La protection constitutionnelle des droits et libertés, Paris 1987; *Jean Rivero*, Les libertés publiques, Bd. 1, 5. Aufl., Paris 1987; Bd. 2, 3. Aufl., Paris 1983; *Jacques Robert/Jean Duffar*, Libertés publiques et droits de l'homme, 4. Aufl., 1988; *Claude-Albert Colliard*, Libertés publiques, 7. Aufl., Paris 1989; *Jean Morange*, Droits de l'homme et libertés publiques, 2. Aufl., Paris 1989; *Marco Itin*, Grundrechte in Frankreich, Züricher Studien zum öffentlichen Recht Bd. 110 (= Diss. Zürich), 1992.

[107] Hierzu ausführlich *Stahl*, aaO., S. 22 ff., 26 ff.

[108] Vgl. Regierungskommissar *Janot*, in: Travaux préparatoires de la Constitution. Avis et débats du Comité Consultatif Constitutionnel, La Documentation française, Paris 1960, S. 101.

[109] Den Gegensatz bilden die nur programmatischen sozialen Grundrechte (Dispositions, programmes); vgl. *Georges Burdeau*, Droit Constitutionnel et Institutions Politiques, 11. Aufl., Paris 1965, S. 72.

[110] *Loïc Philip*, La déclaration des droits de l'homme et du citoyen du 26 août 1789 selon la jurisprudence du Conseil Constitutionnel, Etudes offertes à Pierre Kayser, Aix-Marseille 1979, S. 317 ff. (320).

[111] N° 71–44 Décisions concernant la conformité à la Constitution (DC), Recueil des décisions du Conseil constitutionnel, S. 29.

[112] *Maurice Hauriou*, Précis de Droit constitutionnel, 1. Aufl., Paris 1923, S. 296.

[113] *Maurice Hauriou*, Urteilsanmerkung, Recueil Sirey 1905, Teil 3, S. 129; *Colliard*, Libertés publiques, S. 2.

[114] *Louis Favoreu/Loïc* Philip, Les grandes décisions du Conseil Constitutionnel, 5. Aufl., Paris 1989, S. 234.

[115] Vgl. auch *François Lefort* (Pseud.), La France et son droit. La constitution de la liberté, Paris 1991.

dieser allgemeinen Handlungsfreiheit gilt die *liberté d'aller et venir*[116]. Anders als in der ersten Revolutionsverfassung[117] fand dieses Freiheitsrecht zwar in den Verfassungen von 1946 und 1958 keinen Niederschlag; es gehört aber von Anfang an zu den in der Rechtsprechung des Conseil d'Etat entwickelten ungeschriebenen Freiheitsprinzipien[118]. Auch wenn der »Katalog« der normierten einzelnen Grundfreiheiten solche mit Mobilitätsbezug enthält, wird die Mobilität üblicherweise im Zusammmenhang mit der liberté d'aller et venir diskutiert, die als Untergruppe die *liberté de la circulation* enthält[119], nämlich das Recht jedes Franzosen, »de résider et circuler librement sur le territoire français«[120]. Das Schutzobjekt umfaßt einerseits das Recht, sich frei auf dem nationalen Territorium zu bewegen und es gegebenenfalls zu verlassen und andererseits hierfür das gewünschte Transportmittel zu wählen[121]. Folgerichtig ist das Grundrecht auf Mobilität mit dem Auto in Frankreich durchaus ein Thema. Aber auch wenn die Grundrechteproblematik in Sachen Automobilverkehr sich einer breiten Aufmerksamkeit erfreut[122] und der Automobilverkehr vom Freiheitsprinzip beherrscht wird[123], sind dem Grundrecht auf Mobilität mit dem Auto durch den Gesetz- und Verordnunggeber[124] enge Schranken gesetzt worden[125].

---

[116] Hierzu *Marc Debene*, Liberté d'aller et venir, Juris- Classeur Bd. 3 (Loseblatt), Fascicule 204.

[117] Verfassung vom 3. 9. 1791, Titel 1.

[118] Wichtig ist vor allem die Entscheidung vom 12. Juli 1979 (»ponts à péage«), AJDA 1979 (9), S. 46; weitere Nachweise bei *Debene,* Juris-Classeur 1991, Fascicule 204 , S. 4 Ziff. 7; *Stahl*, aaO., S. 167.

[119] Vgl. Emmanuel *Vergé/Georges Ripert* (Hrsg.), Dalloz, Encyclopédie juridique, Bd. 1, 1958, Paris, S. 324ff.

[120] Conseil d'Etat, Entscheidung vom 19. 3. 1955, Sieur Hamou, Recueil des décisions du Conseil d'Etat statuant au Contentieux du Tribunal des Conflits et des Jugements des Tribunaux Administratifs, S. 168. Ein Verstoß gegen dieses Recht sah der Conseil d'Etat im Verbot des Verkehrs zwischen zwei Orten; Entscheidung vom 20. 5. 1955, Soc. Lucien, Joseph et Cie, Recueil des décisions, S. 276.

[121] *Rivero*, Les libertés publiques, Bd. 2, S. 108; *Itin*, aaO., S. 60.

[122] *Colliard*, Libertés publiques, S. 313ff.; *Robert*, Libertés publiques, S. 371ff.; *Morange*, Droits de l'homme et libertés publiques, S. 127ff.; Entscheidung des Conseil constitutionnel vom 12. 1. 1977–76–75 DC – Recueil des décisions du Conseil constitutionnel, S. 33; hierzu *Favoreu/Philip*, Grandes décisions, S. 341ff.; *Rivero*, L'Actualité Juridique: Droit administratif, 1978, 215ff.; *Léo Hamon/Jean Léauté*, Recueil Dalloz Sirey 1978, 173ff.

[123] *Debene*, Juris-Classeur, Fascicule 204, S. 11, Ziff. 39: »L'usage de l'automobile étant devenu général, on considère aujourd'hui que les individus ont un véritable ›droit de conduire‹. Celui-ci est certes réglementé et soumis à autorisation préalable, mais le retrait du permis de conduire, d'ailleurs utilisé comme peine de substitution, est perçu comme une atteinte tant à la liberté individuelle qu'à des libertés diverses comme la liberté du travail ou la liberté du commerce et de l'industrie.«

[124] Zur Kompetenz der Exekutive »de prendre les mesures de police applicables à l'ensemble du territoire, et notamment celles qui ont pour l'objet la sécurité des conducteurs des voitures automobiles« die Anmerkung zur Entscheidung des Conseil d'Etat vom 17.12. 1975 von *Jean Morange*, D. C. 1977, jur. S. 74.

[125] *Itin*, aaO., S. 63ff.; *Jean-Bernard Auby*, Les sanctions en matière de circulation routière, Petites Affiches 17. 1. 1990, S. 80ff.

ee) Österreich

Auch das österreichische Bundes-Verfassungsgesetz[126], das am 19. Dezember 1945 wieder wirksam wurde, enthält als konstitutiven Bestandteil den »Grundrechte«katalog, der im Jahr 1867 gegolten hatte[127] und die klassischen Mobilitätsrechte enthielt. Daneben ist die Europäische Menschenrechtskonvention mit dem Rang eines Bundesverfassungsgesetzes unmittelbar anwendbar[128]. Auf die hochfliegenden Projekte auf dem Gebiet der Grundrechtsreform[129] kommt es insofern nicht an. »Verfassungsrechtlich gewährleistete Rechte« in diesem Sinne sind etwa die Freiheit der Person (§ 8 StGG), die aber nur die physische Freiheit meint[130], nicht jedoch die allgemeine Handlungsfreiheit. Das ist indessen irrelevant, da Art. 4 Abs. 1 StGG die Freizügigkeit sehr weit faßt (»Die Freizügigkeit der Person und des Vermögens innerhalb des Staatsgebietes unterliegt keinen Beschränkungen«). Obwohl die Vorschrift keinen Gesetzesvorbehalt enthält, hat der österreichische Verfassungsgerichtshof in ständiger Rechtsprechung systematische Gewährleistungsschranken[131] anerkannt, die in Anwendung verfassungsmäßiger Gesetze oder im Rahmen einer verfassungsgesetzlichen Ermächtigung getroffen werden. Schranken sind faktisch nur der Gleichheitssatz und das Gemeinwohl (öffentliche Rücksichten). Beschränkungen des Straßenverkehrs wurden recht großzügig für zulässig erachtet[132].

ff) Dänemark

Die dänische Verfassung[133] erklärt – neben der Gewährleistung der Meinungs- (Art. 77) und Versammlungsfreiheit (Art. 79) – die persönliche Freiheit für unantastbar (Art. 71), was auf eine Garantie der allgemeinen Handlungsfreiheit hinausläuft. Umzüge werden als »mobile« Versammlungen von Art. 79 der dänischen Verfassung miterfaßt[134]. Freizügigkeit und Ausreisefreiheit werden nur auf der Ebene unterhalb des Verfassungsrechts garantiert[135].

---

[126] In der Fassung von 1929 (BGBl. Nr. 1/1930).

[127] Staatsgrundgesetz vom 21. Dezember 1867, RGBl. Nr. 142, über die allgemeinen Rechte der Staatsbürger.

[128] BVG vom 4. 3. 1964, BGBl. Nr. 59. Vgl. auch *Theo Öhlinger*, Verfassungsrecht, Wien 1993, S. 183.

[129] Vgl. *Ludwig Adamovich*, Grundrechte heute – eine Einführung, in: Rudolf Machachek (Hrsg.), Grund- und Menschenrechte in Österreich: 70 Jahre Republik, 1991, S. 7ff. (16); auch *Gerhard Holzinger*, Die Grundrechtsreform in Österreich, ebd., S. 459ff.

[130] Im Sinne des Gesetzes vom 27.10. 1862, RGBl. Nr. 87, zum Schutze der persönlichen Freiheit.

[131] Hierzu *Ludwig Adamovich/Bernd-Christian Funk*, Österreichisches Verfassungsrecht, 3. Aufl. 1982, S. 38.

[132] VfSlg. 3447/1958, 7379/1974, 7361/1974, 7686/1975.

[133] Verfassung des Königreiches Dänemark vom 5. Juni 1953. Zum Grundrechtsschutz in Dänemark *Mich. Gottl. Birckner*, Om Trykkefriheden og dens Love, Kopenhagen 1797; *Poul Andersen*, Skolefriheden efter den danske grundlov, Helsingfors 1939; *Holm Eilschou*, The protection of civil and political rights in Denmark, RDH 1975, 167ff.; *Jens Farke*, The protection of economic, social and cultural rights in Denmark, RDH 1975, 237ff.; *Peer Lorenzen*, Der Schutz der Grundrechte in Dänemark, EuGRZ 1976, 468ff.; *Frants Thygesen*, Bestand und Bedeutung der Grundrechte in Dänemark, EuGRZ 1978, 438ff.; *René Gralla*, Der Grundrechtsschutz in Dänemark, 1983.

[134] *Alf Ross*, Dansk Statsforfartningsret, Bd. 2 , 3. Aufl., Kopenhagen 1980, S. 769.

[135] *Gralla*, Grundrechtsschutz, S. 194ff.

gg) Irland

Die Verfassung der Republik Irland[136], die als einzige Verfassung das Recht des ungeborenen Lebens ausdrücklich anerkennt, betont in diesem speziellen Zusammenhang die Reisefreiheit zwischen Irland und anderen Staaten (Art. 40 Abs. 3). Auch dem früheren Verbot, Informationen über die Möglichkeit von Schwangerschaftsabbrüchen im Ausland zu verbreiten[137], wurde durch das Referendum von 1992 der Boden entzogen. Im übrigen wird die Freizügigkeit von der irischen Verfassung nicht thematisiert.

b) Sonderfälle

aa) Schweden

Die aus dem Jahr 1809 stammende schwedische Verfassung ist die älteste Verfassung Europas. Trotz zahlreicher Änderungen im Verlauf der Entwicklung[138] wurde in die schwedische Verfassung kein Katalog der Grundrechte aufgenommen[139]. Die Gesetzmäßigkeit der Verwaltung und die gerechte und gleichmäßige Behandlung werden aber aus Art. 16 Reichsverfassung (»Magna carta«) abgeleitet[140]. Effektive Schranken gegen Mobilitätsbeschränkungen sind das wohl kaum.

bb) Finnland

Finnland gehörte bis 1809 dem schwedischen Reich an. Die dortige Verfassunggebung beeinflußte die Rechtslage in Finnland, auch nachdem es unter russische Oberherrschaft geriet. Selbst 1917 und nach Erlangung der Selbständigkeit führten die Bemühungen um eine Verfassunggebung nicht zum Erlaß einer Verfassungsurkunde mit einem ausführlichen Grundrechtekatalog. Die Regierungsreform von 1919 bekennt sich aber immerhin zur persönlichen Freiheit und zum Eigentum (§ 6 Abs. 1) und zur Freizügigkeit (§ 7[141]). Im übrigen sind die Grundrechte einfachgesetzlich gewährleistet[142]. Was die Mobilität in der rechtlichen Praxis angeht, dürfte die Lage mit der in Schweden vergleichbar sein.

---

[136] Vom 1. Juli 1937, zuletzt geändert am 26. November 1992. Grundlage der Änderung war ein Referendum, welches die Ausreise- und Informationsfreiheit im Zusammenhang mit der Abtreibungsfrage verstärkte.

[137] Hierzu EuGH, Urteil vom 4. 10. 1991, Rs. C-159/90, Slg. 1991, S. I-4685 – Grogan –; vgl. auch *Eckart Klein/Andreas Haratsch*, Neuere Entwicklungen des Rechts der Europäischen Gemeinschaften, DÖV 1993, 785 ff.; 1994, 133 ff. (138 f.).

[138] Vgl. *Nils Stjernquist*, Die Entwicklung des öffentlichen Rechts Schwedens in den Jahren 1954 bis 1969, JöR n.F. 18 (1969), 255 ff. Allgemein *R. Malmgren*, Sveriges grundlagar och tillhörande förtfattningar, 10. Aufl., 1968.

[139] *C. H. Bergh*, Grundrechtsschutz im schwedischen Verfassungsrecht, EuGRZ 1980, 579 ff.

[140] JöR 4 (1955), 337.

[141] »Right to move everywhere without obstacles«; vgl. *Nils Herlitz*, Elements of Northern Public Law, Stockholm 1969, S. 211.

[142] Vgl. *Mikael Hidén*, Bestand und Bedeutung der Grundrechte in Finnland, JöR 32(1983), 201 ff. Zu den Menschenrechten in Finnland Allan Rosas (Hrsg.), International human rights norms in domestic laws. Finish and Polish perspectives, Helsinki 1990.

cc) Großbritannien

Großbritannien besitzt keine geschriebene Verfassungsurkunde; das verfassungs-rechtliche Verhältnis der Bürger zum Staat ist aber weitestgehend schriftlich fixiert[143], wobei die grundrechtsrelevanten historischen Texte[144] zeitgemäß umgedeutet wer-den. Interessant ist etwa chapter 41 der Magna Carta[145], die bestimmte, daß alle Kaufleute das Recht haben sollen, in England zu Lande und auf dem Wasser umherzu-ziehen[146]. Die ursprünglich anerkannte Ausreisefreiheit[147] wurde freilich schon 1216 wegen der Romreise der Kleriker zurückgenommen[148]. Ob Großbritannien im Hin-blick auf die Gewährleistungen von Grundfreiheiten hinter den EU-Staaten mit geschriebenen Verfassungen zurückblieb, ist gleichwohl eine offene Frage[149]. Die zahlreichen gescheiterten Versuche eine (moderne) Bill of rights einzuführen, dürften nicht nur mit einem Beharren auf dem britischen Sonderweg erklärbar sein, sondern auch damit, daß das Fehlen eines Grundrechtekatalogs in der Bevölkerung nicht als gravierender Mangel empfunden wird. Die individuellen Mobilitätsrechte sind zu-mindest als Ausfluß der individual liberty einfachgesetzlich geschützt, ohne daß man sich die Mühe macht, die »daily routines« grundrechtlich zu verfestigen. »A gamble with the Queen's peace« bedeuten sie erst, wenn sie wie bei Freedom of Assembly einen politischen Charakter annehmen[150].

---

[143] Vgl. *Reinhold Aris*, Die verfassungsrechtliche Entwicklung in Großbritannien seit 1933, JöR n.F. 2 (1953), 107ff. (107); *D. C. M. Yardley*, The British Constitution and the Rule of Law, JöR n.F. 13 (1964), 129ff. (129). Zur gegenwärtigen Situation der britischen Verfassung *Ferdinand Mount*, The British Consti-tution now. Recovery or decline?, London 1992.

[144] Vgl. auch *Lindsay Keir*, The Constitutional History of Modern Britain 1485–1937, London 1946; *Karl-Ulrich Meyn*, Die »Constitutional Conventions« in der britischen Verfassungsordnung, JöR n.F. 25 (1976), 133ff.

[145] Magna Carta Libertatum von 1215: »Omnes mercatores habeant salvum et securum exire de Anglia, et venire in Angliam, et morari et ire per Angliam, tam per terram quam per aquam, ad emendum et vendendum, sine omnibus malis toltis, per antiquas et rectas consuetudines, peterquam in tempore gwerre, et si sint de terra contra nos gwerrina.« Text nach *Alfred Voigt*, 750 Jahre Magna Carta Libertatum, JuS 1965, 218ff. Vgl. auch *W. S. McKechnie*, Magna Carta – a Commentary, 2. Aufl., Glasgow/New York 1914/1958; *James Holt*, Magna Carta, 2. Aufl., Cambridge 1992; s.a. *George Garnett*, Law and Government in Medieval England and Normandy, Cambridge 1994.

[146] Für die Mehrheit des Volkes gab es bis zum Beginn der Neuzeit auch innerhalb des Landes allerdings keine Freizügigkeit; vgl. *G. M. Trevelyan*, English Social History, London, 3. Aufl., 1946, S. 278.

[147] »Liceat unicuique decetero exire de Regno nostro et redire saluo et secure per terram et per aquam . . .«

[148] *W. Sh. McKechnie*, Magna Carta, S. 141.

[149] Vgl. auch *Wolfgang Trautwein*, Der Schutz der Bürgerlichen Freiheiten und der sogenannten sozialen Grundrechte in England, Diss. Saarbrücken 1977; *Michael H.-W. Koch*, Zur Einführung eines Grund-rechtskataloges im Vereinigten Königreich von Großbritannien und Nordirland, 1991.

[150] Vgl. *Conor Gearty*, Freedom of Assembly and Public Order, in: Christopher McCrudden/Gerald Chambers (Hrsg.), Individual Rights and the Law in Britain, 1994.

c) Extensive Verfassungstexte

aa) Griechenland

Die griechische Verfassung[151] weicht in Reaktion auf die Zeit der Militärregierung von den klassisch-liberalen Verfassungen ab. Ihrem Erlaß ging ein Streit um die Grundrechtskonzepte voraus[152], bei dem sich das sog. Entwicklungskonzept durchsetzte[153]. Danach haben die Grundrechte eher einen sozialen Einschlag. Aufgabe des Staates ist es, vor allem Grundrechtseingriffe Dritter abzuwehren. Mit diesem Grundverständnis bekennt sich die griechische Verfassung zu »grundlegenden und immerwährenden« Menschenrechten (Art. 25 Abs. 2), zur Menschenwürde (Art. 2 Abs. 1; Art. 7 Abs. 2) und zur freien Entfaltung der Persönlichkeit (Art. 5 Abs. 1), ferner gewährleistet sie zahlreiche spezielle mobilitätsbezogene Grundrechte, nämlich Bewegungs- und Niederlassungsfreiheit, Freiheit der Aus- und Einreise (Art. 5 Abs. 5), Versammlungsfreiheit (Art. 11), Religionsfreiheit (Art. 13) und Pressefreiheit (Art. 14). Die Freizügigkeit, angelehnt an die liberté d'aller et venir, wurde vor allem im Zusammenhang mit der Deportationsproblematik diskutiert[154].

bb) Portugal

Die portugiesische Verfassung[155] gründet sich auf die Grundsätze der Menschenwürde (Art. 1), die im Zusammenhang mit den Einzelgrundrechten, mit dem Gleichheitssatz (Art. 13 Abs. 1) und der informationellen Selbstbestimmung (Art. 26 Abs. 2) verknüpft ist. Leben (Art. 24 Abs. 1) sowie geistige und körperliche Unversehrtheit (Art. 25), Meinungs- (Art. 37), Presse- (Art. 38) und Informationsfreiheit (Art. 39), Gewissens- und Glaubensfreiheit (Art. 41), Freizügigkeit (Art. 44) und Versammlungsfreiheit (Art. 45) sind geschützt. Besonders ausgeprägt sind die wirtschaftlichen, sozialen und kulturellen Grundrechte, die alle Mobilität erfordern.

---

[151] Verfassung der Republik Griechenland vom 9. Juni 1975, zuletzt geändert am 12. März 1986. Hierzu *Prodromos Dagtoglou*, Die griechische Verfassung von 1975, JöR n.F. Bd. 32 (1983), S. 355 ff.

[152] Vgl. *Ioannis Kassaros*, Die griechische Verfassung von 1975, 1983, S. 23 ff.

[153] Vgl. *Apostolos Gerontas*, Das griechische Verwaltungsrecht, 1993, S. 8 ff.

[154] Vgl. *Nicolas-Michel Alivizatos*, Les institutions politiques de la Grèce à travers les crises, Diss. Paris II, 1977, S. 655; *Antoine M. Pantélis*, Les grands problèmes de la Nouvelle Constitution Hellénique, Paris 1979, S. 220.

[155] Verfassung der Republik Portugal vom 2. April 1976, zuletzt geändert am 25. November 1992 (Lei Constitucional 1/92, Diário da República I-A Série, Nr. 273 Suplemento); vgl. auch *J. Miranda*, La Constitution portugaise et le traité de Maastricht, Revue française de droit constitutionnel (RFDC) Nr. 121 (1992), 679 ff.

cc) Spanien

Die spanische Verfassung[156] nennt Menschenwürde und freie Entfaltung der Persönlichkeit in einem Atemzug. Jeder hat das Recht auf Leben, körperliche und moralische Unversehrtheit (Art. 15), Freiheit und Sicherheit (Art. 17). Glaubens- und Gewissensfreiheit (Art. 16), Meinungs- und Pressefreiheit (Art. 20), Freizügigkeit (Art. 19)[157] und Versammlungsfreiheit (Art. 21) werden gewährleistet. Auch die spanische Verfassung schützt, teilweise als Leitprinzip der Sozial- und Wirtschaftspolitik, die wirtschaftlichen Grundrechte. Wichtig im vorliegenden Zusammenhang ist, daß die Freizügigkeit (derecho a la libre circulación), ähnlich wie die zirkuläre Handlungsfreiheit in Frankreich[158], umfassender gesehen wird als die Freizügigkeit nach Art. 11 GG. In diesem Sinne hatte sich der spanische Verfassungsgerichtshof mit der Grundrechtekollision von Demonstranten und anderen Verkehrsteilnehmern auseinanderzusetzen. In der Entscheidung vom 29. März 1990[159] finden sich zunächst klärende Ausführungen zu den Grundrechtsschranken, wobei schon in diesem Zusammenhang ein Grundrecht auf Mobilität angedeutet und sogar auf die Benutzung von Fahrzeugen bezogen wird[160]. An anderer Stelle heißt es dann ausdrücklich:

---

[156] Verfassung des Königreiches Spanien vom 29. Dezember 1978, geändert durch verfassungsänderndes Gesetz (Reforma constitucional) vom 27. August 1992 (Boletín Oficial del Estado vom 28. 8. 1992) auf der Grundlage der Erklärung des Spanischen Verfassungsgerichts 108/1992 vom 1. 7. 1992, EuGRZ 1993,285; hierzu *Antonio López Castillo/Jörg Polakiewicz*, Verfassung und Gemeinschaftsrecht in Spanien, EuGRZ 1993, 277 ff. Allgemein zum Grundrechtsschutz Antonio López Piña (Hrsg.), Spanisches Verfassungsrecht, 1993; vgl. auch *Karl-Peter Sommermann*, Der Schutz der Grundrechte in Spanien nach der Verfassung von 1978, 1984 ; *Miguel S. Morón*, Le Système de Protection des Droits Fondamentaux et Libertés Publiques en Espagne, JöR 35 (1986), 143 ff.; *Dieter C. Umbach*, Die Grundrechte der neuen spanischen Verfassung, EuGRZ 1979,229 ff.

[157] Art. 19 CE lautet: »Los españoles tienen derecho a elegir libremente su residencia y a circular por el territorio nacional. Asimismo, tienen derecho a entrar y salir libremente de España en los términos que la Ley establezca. Este derecho no podrá ser limitado por motivos politicos o ideológicos.« Vgl. auch *Dúran López*, Libertad de circulación y establecimiento en la jurisprudencia del Tribunal de Justicia, CEE (1986), S. 54 ff.

[158] Vgl. oben mit Fußn. 120.

[159] 1639/1987, Boletín de Jurisprudencia Constitucional (BJC) 109 (1990), 170. Den Hinweis auf diese Entscheidung verdanke ich *K.-P. Sommermann*.

[160] »Bien es cierto que los derechos fundamentales no tienen un carácter absoluto; su ejercicio está sometido a determinados límites. Un primero lo establece la propria Constitución en el orden público; pero no toda noción del orden público puede justificar restricciones del derecho de manifestación, especialmente mediante sanciones penales, sino tan sólo aquellos que tengan tal entidad que atenten contra los principios básicos de convivencia en una sociedad democrática, como pueden serlo aquellas manifestaciones tendentes a alterar la seguridad del Estado o de los demás ciudadanos o que pongan en peligro sus vidas o sus bienes. Por tanto, no sería suficiente con que se altere el orden público (que siempre se altera), sino que además es necesario que dicha alteración suponga ›un peligro cierto para las personas o los bienes‹.

Un segundo límite al derecho de reunión se encuentra en los derechos constitucionales de los demás ciudadanos, como el de libre circulación por el territorio nacional, contenido en el artículo 19 de la Constitución. La confrontación dialéctica consiguiente no puede resolverse anulando uno de los dos derechos enfrentados; habrán de ser ponderadas todas las circunstancias concurrentes en cada caso concreto, de forma que en la medida de lo posible sea compatible el ejercicio de uno y otro, buscando la debida proporcionalidad de los sacrificios impuestos a los titulares de ambos derechos (STC 26/1981, fundamentos jurídicos 10 y 15). De este modo, el artículo 19 no consagra ›un derecho abstracto al desplazamiento sin concreción del medio, tiempo y lugar‹, puesto que debe buscarse la debida proporcionalidad entre los sacrificios impuestos a los demás ciudadanos y las exigencias del derecho de reunión y manifestación, y según los recurrentes, no se sacrificó en exceso la libertad de circulación porque el ferrocarril no se hallaba

»Por tanto, el único bien constitucional protegible, que podrían haber infringido los manifes-
tantes es el derecho a la libre circulación por el territorio nacional de los conductores que
hubieron de soportar el transcurso de la manifestación. Este derecho subjetivo tiene también
una dimensión constitucional al estar proclamado como derecho fundamental por el artículo
19.1.° y podría, por tanto, erigirse en un límite al derecho de manifestación, pues, de conformi-
dad con lo dispuesto en el artículo 11.2.° del Convenio Europeo de Derechos Humanos, el
ejercicio del derecho de reunión pacífica puede ser objeto de medidas restrictivas siempre que
sean ›necesarias, en una sociedad democrática, para la protección de los derechos y libertades
ajenos‹, de entre los que hay que estimar incluido el derecho ›a la libre circulación de los
ciudadanos por el territorio nacional‹ (art. 19 CE). «[161]

dd) Italien

Interessant für die Anerkennung eines speziellen Grundrechts auf Mobilität ist auch
die italienische Verfassung[162]. Art. 16 garantiert nämlich das Recht eines jeden Bürgers, sich vorbehaltlich gesetzlicher Beschränkungen in jedem Teil des Staatsgebiets
frei zu bewegen und aufzuhalten. Ich würde das zwar als Umschreibung der Freizügigkeit verstehen[163]. Aus der Formulierung: Ogni cittadino può circolare e soggior-
nare liberamente in qualsiasi parte del territorio nazionale« hat man aber offenbar die
»libertà di movimento« gemacht (Stichwort: zirkuläre Mobilität), die aber leider von
der italienischen Rechtsprechung juristisch wieder abgerüstet wurde[164].

3. EU-Grundrechte

Dem primären Gemeinschaftsrecht sind ungeschriebene allgemeine Rechtsgrundsätze zugeordnet, die der Europäische Gerichtshof in ständiger Rechtsprechung
entwickelt hat[165] und denen mittlerweile gewohnheitsrechtliche Bedeutung zu-

---

cortado; porque existían otras carreteras que enlazaban ambas ciudades (N-630 y N-541) y, por último,
porque la ocupación duró una hora escasa y se permitió el paso de los vehículos que tuvieran urgencia. «
(ebd. 172).

[161] BJC 109 (1990), S. 175.

[162] Verfassung der Republik Italien vom 27. Dezember 1947, geändert am 22. November 1967. Hierzu
Gaetano Sciascia, Die Verfassung der italienischen Republik vom 27. Dezember 1947 und ihre Entwicklung
bis 1958, JöR n.F. 8 (1959), 139 ff.; *Theo Ritterspach*, Die italienische Verfassung nach vierzig Jahren, JöR
n.F. 37 (1988), 65 ff.

[163] Vgl. auch *Gaetano Sciascia*, Die Rechtsprechung des Verfassungsgerichtshofs der italienischen Republik, JöR n.F. 6 (1967), 1 ff. (12 f.); *Paolo Biscaretti di Ruffio*, Diritto Costituzionale, 9. Aufl., 1972, S. 754 f.
(Rdnr. 236).

[164] Vgl. *Udo Steiner*, Möglichkeiten und Grenzen einer Verringerung der Kraftfahrzeugmenge im
Innenstadtbereich mit den Mitteln des Straßen-/Straßenverkehrsrechts, in: Willi Blümel (Hrsg.), Einschaltung Privater beim Verkehrswegebau – Innenstadtverkehr, Speyerer Forschungsberichte Bd. 115, Speyer
1993, S. 59 ff. (61); *Stefano Grassi*, Istituzioni di Diritto Pubblico, 5. Aufl., Padua 1987, Tz. 27. Methodisch
geschah dies schon frühzeitig in der Weise, daß kurzerhand der Begriff der Bewegungsfreiheit eingeschränkt wurde. So wurde eine Maut als Ablösung einer Leistung angesehen, vgl. VerfGH, Entscheidung
vom 23. 3. 1960, zit. nach *Walter Leisner*, Die klassischen Freiheitsrechte in der italienischen Verfassungsrechtsprechung, JöR 10 (1961), 243 ff. (263). Vgl. ferner *Rosalia d'Alessio*, in: Vizio Crisefulli/Livio Paladin,
Commentario Breve alle Costituzione, 1990, S. 97 ff.

[165] Hierzu *Helmut Lecheler*, Der Europäische Gerichtshof und die allgemeinen Rechtsgrundsätze, 1971;
Jürgen Schwarze (Hrsg.), Der Europäische Gerichtshof als Verfassungsgericht und Rechtsschutzinstanz,

kommt[166]. Hierzu zählen insbesondere die europäischen Grundrechte[167]. Andeutungen finden sich indessen bereits im EWGV bzw. EGV. Grundrechtsgehalte haben die als Grundfreiheiten bezeichneten Rechte[168] wie das Diskriminierungsverbot nach Art. 7 EWGV (Art. 6 EGV)[169] und vor allem die mobilitätsrelevanten Freizügigkeitsrechte der Art. 48 ff.[170], 52 ff.[171] und 59 ff.[172] EWGV/EGV. Daneben geht die Grund-

---

1983; *Klaus Stern*, Das Staatsrecht der Bundesrepublik Deutschland, Bd. III/1, 1988, S. 294 ff.; *Albert Bleckmann*, Die Rechtsquellen des Europäischen Gemeinschaftsrechts, NVwZ 1993, 824 ff. (825 f.).

[166] Vgl. auch *Peter Häberle*, Gemeineuropäisches Verfassungsrecht, EuGRZ 1991, 261 ff.

[167] Vgl. etwa EuGH, Urteil vom 5. 10. 1994 – Rs. C-404/92 P , NJW 1994, 3005 m. Anm. *Stotz;* Hermann Mosler/Rudolf Bernhardt/Meinhardt Hilf (Hrsg.), Grundrechtsschutz in Europa, 1976; *Jan Kroppholler,* Die Europäischen Gemeinschaften und der Grundrechtsschutz, EuR 1969, 128 ff.; *Heribert Golsong*, Grundrechtsschutz im Rahmen der europäischen Gemeinschaften, EuGRZ 1978, 346 ff.; *Pierre Pescatore*, Bestand und Bedeutung der Grundrechte im Recht der Europäischen Gemeinschaften, EuR 1979, 1 ff.; *Ernst Benda*, Europa als Grundrechtsgemeinschaft, in: Festschr. f. F. Schäfer, 1980, S. 12 ff.; *Albert Bleckmann*, Die Grundrechte im Europäischen Gemeinschaftsrecht, EuGRZ 1981, 257 ff.; *Manfred A. Dauses*, Der Schutz der Grundrechte in der Europäischen Gemeinschaft, JöR n.F. 31 (1982), S. 1 ff.; *Jochen Abr. Frowein*, Der europäische Grundrechtsschutz und die nationale Gerichtsbarkeit, 1983; *K. Bahlmann*, Europäische Grundrechtsperspektiven, in: Festschrift für Carstens, Bd. I, 1984, S. 12 ff.; *ders.*, Der Grundrechtsschutz in der Europäischen Gemeinschaft, EuR 1982, 1 ff.; *D. Feger*, Die Grundrechte im Recht der Europäischen Gemeinschaften – Bestand und Entwicklungen, 1984; *Jürgen Schwarze*, Schutz der Grundrechte in der Europäischen Gemeinschaft – Grundlagen und heutiger Entwicklungsstand, EuGRZ 1986, 293 ff.; *ders.* Grundzüge und neuere Entwicklung des Rechtsschutzes im Recht der Europäischen Gemeinschaft, NJW 1992, 1065 ff.; *ders.*, Europäischer Grundrechtsschutz – Grundfragen, aktuelle Rechtsentwicklung, künftige Perspektiven, ZfV 1993, 1 ff.; *ders.*, Probleme des europäischen Grundrechtsschutzes, in: Festschrift für Deringer, 1993, S. 160 ff.; *Ingolf Pernice*, Grundrechtsgehalte im Europäischen Gemeinschaftsrecht, 1979; *ders.*, Gemeinschaftsverfassung und Grundrechtsschutz – Grundlagen, Bestand und Perspektiven, NJW 1990, 2409 ff.; *Bengt Beutler*, Grundrechtsschutz, in: Hans von der Groeben/Jochen Thiesing/Claus Dieter Ehlermann (Hrsg.), Kommentar zum EWG-Vertrag, 43. Aufl., 1993; Bd. 4, Anhang CV, S. 619 ff. *Werner Rengeling*, Grundrechtsschutz in der Europäischen Gemeinschaft, 1993; *Manfred Zuleeg*, Deutsches und europäisches Verwaltungsrecht, VVDStRL 53 (1994), 154 ff. (169 ff.); *Schwermers*, The Protection of Human Right in the European Community, 1994; *Gersdorf*, Funktionen der Gemeinschaftsgrundrechte im Lichte des Solange II-Beschlusses des Bundesverfassungsgerichts, AöR 119 (1994), S. 400 ff.

[168] Vgl. *Reinhard Riegel*, Zum Problem der allgemeinen Rechtsgrundsätze und Grundrechte im Gemeinschaftsrecht, NJW 1974, 1585 ff.; weitergehend *Albert Bleckmann*, Die Freiheiten des Gemeinsamen Marktes als Grundrechte, in: Gedächtnisschrift für Sasse, Bd. II, 1981, S. 179 ff.; *ders.*, Die Grundrechte im Europäischen Gemeinschaftsrecht, EuGRZ 1981, 257 ff.;

[169] Hierzu EuGH, Urteil vom 10. 12. 1991, Rs. C-179/90 – Merci convenziali porto di Genova –, Slg. 1991, I-5889, Rdnr. 11 (20); Urt. vom 15. 3. 1994, Rs. C-45/93 – Spanische Museen –, NJW 1994, 1941; Urteil vom 16. 6. 1994, Rs. C-132/93 –, EuZW 1994, 480.

[170] Vgl. EuGH, Urteil vom 26. 2. 1991, Rs. C-292/89 – Antonissen –, Slg. 1991, I-745, Rdnr. 13; Urteil vom 20. 10. 1993, Rs. C-272/92, EuZW 1994, 61; Urteil vom 5. 10. 1994, Rs. C-355/93, DVBl. 1994, 1402. Vgl. auch BVerwG, Urteil vom 30. 04. 1992–2 C 6.90 –, DÖV 1994, 41 (Ls).

[171] EuGH, Urteil vom 25.7. 1991 , Rs. C-221/89, EuZW 91, 764; Urteil vom 7. 7. 1992, Rs. C-369/90, DVBl. 1995, 32; vom 12. 4. 1994, Rs. C-1/93, EuZW 1994, 347 = IStR 1994, 235.

[172] Vgl. EuGH, Urteil vom 10.7. 1991, Rs. C-294/89 –, EuZW 1991, 729 – Rechtsanwälte –; Urteil vom 25.7. 1991, Rs. C-288/89; C-353/89 –, EuZW 1991, 56, 699 – Niederländisches Mediengesetz –; Urteil vom 7. 11. 1991, Rs. C-17/90 –, EuZW 1992, 62 – Speditionen –; Urteil vom 17. 5. 1994, Rs. C-18/93 – Lotsendienst Hafen – Genua, DVBl. 1994, 855; Urteil vom 9. 8. 1994, Rs. C-43/93, IStR 1994, 448 = EuZW 1994, 600, 602 m. Anm. *Khan.*; vgl. auch *Martin Pagenkopf*, Zum Einfluß des Gemeinschaftsrechts auf nationales Wirtschaftsverwaltungsrecht – Versuch einer praktischen Einführung, NVwZ 1993, 216 ff. (221); *Thomas Luchsinger*, Die Niederlassungsfreiheit der Kapitalgesellschaften in der EG, den USA und der Schweiz, Freiburg/Schweiz, 1992.

rechtskonzeption des EuGH[173], die das Bundesverfassungsgericht veranlaßt hat, den Europäischen Gerichtshof zum gesetzlichen Richter i.S. des Art. 101 Abs. 1 GG zu erklären[174], dahin, daß auf europäischer Ebene die Grundrechte gelten, die allen Mitgliedstaaten gemeinsam sind bzw. die in von allen Mitgliedstaaten abgeschlossenen Verträgen festgelegt sind. Grundrechtsschranken haben das gemeinschaftliche Gemeinwohl zum Bezugspunkt; Schranken-Schranke ist auch hier der Wesensgehalt der Grundrechte[175]. An Einzelgrundrechten mit Mobilitätsgehalt hat der EuGH bislang die Religionsfreiheit[176], Vereinigungsfreiheit[177] und Berufsfreiheit[178], den Eigentumsschutz, den freien Zugang zur Berufsausbildung und Beschäftigung[179], die freie wirtschaftliche Betätigung sowie die Meinungs- und Veröffentlichungsfreiheit anerkannt. Explizit mit dem Grundrecht auf Mobilität setzte sich der EuGH noch nicht auseinander[180]. Die politischen Konsequenzen der zirkulären Grundrechte sind ebenfalls noch nicht ausgelotet[181].

4. Zwischenergebnis

Das Grundrecht auf Mobilität ist in allen Staaten der EU in der allgemeinen Handlungsfreiheit enthalten (und damit nur schwach geschützt). Ein spezifisches Grundrecht auf Mobilität läßt sich aus den Mobilitätsgehalten der Einzelgrundrechte abstrahieren, wie sie in Deutschland, Griechenland, Portugal und Spanien sowie in den gemeineuropäischen Grundrechten näher ausformuliert sind. Den stärksten sprachlichen Anknüpfungspunkt für die Mobilität findet man in den Verfassungen Spaniens und Italiens. Die Verfassungen der EU-Staaten und der EuGH bekennen

---

[173] *Michael Schweitzer*, Staatsrecht III, 4. Aufl., 1992, Rdnr. 299.

[174] BVerfGE 73,339 (366ff.), 75, 223 (233f.); 82,159 (192); 89,155 (174f.). Zu den prozessualen Konsequenzen *Hans Peter Ipsen*, Zehn Glossen zum Maastricht-Urteil, EuR 1994, 1 ff. (9ff.); *Manfred Zuleeg*, Die Rolle der rechtsprechenden Gewalt in der europäischen Integration, JZ 1994, 1 ff.; *J. P. Schneider*, Effektiver Rechtsschutz Privater gegen EG-Richtlinien nach dem Maastricht-Urteil des Bundesverfassungsgerichts, AöR 119 (1994), 294ff. (312ff.); *Christian Tietje*, Europäischer Grundrechtsschutz nach dem Maastricht-Urteil, »Solange III«? – BVerfG, NJW 1993,3047, JuS 1994, 197ff. (200ff.); *Hubertus Gersdorf*, Das Kooperationsverhältnis zwischen deutscher Gerichtsbarkeit und EuGH, DVBl. 1994,684 ff.; *Hans-Detlef Horn*, »Grundrechtsschutz in Deutschland« – Die Hoheitsgewalt der Europäischen Gemeinschaften und die Grundrechte des Grundgesetzes nach dem Maastricht-Urteil des Bundesverfassungsgerichts, DVBl. 1995, 89ff.; ferner *Thomas Oppermann*, Die Dritte Gewalt in der Europäischen Union, DVBl. 1994, 901ff.; *Paul Kirchhof*, Verfassungsrechtlicher Schutz und internationaler Schutz der Menschenrechte: Konkurrenz oder Ergänzung?, EuGRZ 1994,16 .

[175] EuGH, NJW 1994,3005 (3006 Tz. 18).

[176] EuGH, Slg. 1976, 1589 (1598f.) – Prais.

[177] EuGH, Slg. 1974,917 (925) – Gewerkschaftsbund u. a.; EuGH, Slg. I 1990, 95 Maurissen u. a.

[178] EuGH, Slg. 1979,3727 – Hauer –; EuGH, Slg. 1987,4087 – Unectef/Heylens –; Urteil vom 26. 2. 1992 – Rs. C-357/89, Slg. 1992.I-1027 (1065) – Raulin.

[179] Vgl. auch *Eckart Klein/Andreas Haratsch*, Das Aufenthaltsrecht der Studenten, die Unionsbürgerschaft und intertemporales Gemeinschaftsrecht, JuS 1995, 7ff.

[180] Zur Verkehrspolitik der EU vgl. Kommission der EG (Hrsg.), Die künftige Entwicklung der gemeinsamen Verkehrspolitik, Globalkonzept für eine Gemeinschaftsstrategie für eine auf Dauer tragbare Mobilität, Bulletin der Europäischen Gemeinschaften, Beilage 3/93.

[181] Vgl. auch Zig Layton-Henry (Hrsg.), The political rights of migrant workers in Western Europe, London 1990. Der EU-Commissioner für Transport und europäische Verkehrssysteme *Neil Kinnock* antwortete auf die Frage, ob er für das Grundrecht auf individuelle Mobilität eintrete, mit einem »uneingeschränkt ja«; vgl. ADAC motorwelt 10/95, S. 64.

sich zudem zu den Menschenrechten und Menschenrechtskonventionen, so daß es von Interesse ist, ob sich die Mobilitätsgehalte der Grundrechte durch ein Menschenrecht auf Mobilität verstärken und absichern lassen.

IV. Mobilität als Menschenrecht

1. Internationale Kodifikationen

Auch wenn Menschenrechte aus sich selbst heraus gelten, ist es sinnvoll und zur Klarstellung geboten, sie zu kodifizieren. Die Kodifizierung wurde noch vor wenigen Jahrzehnten als Angelegenheit der *innerstaatlichen Rechtsordnungen* angesehen. Unter dem Eindruck des Zweiten Weltkriegs begann sich aber die Erkenntnis durchzusetzen, daß ein *internationaler Menschenrechtsschutz* geboten sei. Zu diesem Zweck wurden Menschenrechtskonventionen verabschiedet[182], deren Durchsetzung zwar immer noch auf Schwierigkeiten stößt[183], deren Verbindlichkeit aber jedenfalls von den europäischen Staaten anerkannt wird.

a) Allgemeine Erklärung der Menschenrechte

Die Charta der Vereinten Nationen[184] setzte sich in Art. 1 Ziff. 3 zum Ziel, die Achtung vor den Menschenrechten und Grundfreiheiten für alle zu fördern und zu festigen. Mit Rücksicht auf diese Zielsetzung wurde eine Menschrechtskommission eingesetzt, welche die von der UN-Generalversammlung am 10. Dezember 1948 angenommene Allgemeine Erklärung der Menschenrechte[185] erarbeitete[186]. Die als Empfehlung im Sinne von Art. 13 UN-Charta abgegebene Erklärung bekennt sich zur Menschenwürde (Art. 1), zur Freizügigkeit[187] und Auswanderungsfreiheit (Art. 13)[188], zum Asylrecht (Art. 14), zu Glaubens-, Gewissens- (Art. 18) und Meinungsfreiheit (Art. 19), zu wirtschaftlichen Menschenrechten und zur Freiheit des Kulturlebens (Art. 26). Der Kernbereich der Menschenrechte wurde 1970 vom Internationalen Gerichtshof als zwingendes Völkergewohnheitsrecht qualifiziert[189]. Die Mobilität kann man durchaus als derartiges »basic right of the human person« charakterisieren.

---

[182] Überblick bei Richard Pierre Claude/Burns H. Weston (Hrsg.), Human rights in the world community. Issues and action, 1989.

[183] Vgl. auch *Michael Traßl*, Die Wiedergutmachung von Menschenrechtsverletzungen im Völkerrecht, 1994 = Diss. Bonn 1992/93. Ferner Lars Adam Rehof/Claus Gulmann (Hrsg.), Human rights in domestic law and development assistance policies of the Nordic countries, Dordrecht 1989.

[184] Vom 26. Juli 1945; Yearbook of the United Nations 1969, S. 953.

[185] Resolution 217 (III) der Generalversammlung der Vereinten Nationen.

[186] Vgl. Philip Alston (Hrsg.), The United Nations and human rights. A critical appraisal, Oxford 1992; *Otto Kimminich*, Die Menschenrechte in der Friedensregelung nach dem Zweiten Weltkrieg, 1990.

[187] Französisch: »droit de circuler librement«.

[188] Vgl. auch *Hurst Hannum*, The right to leave and return in international law and practice, Dordrecht, 1987; *Rainer Hofmann*, Die Ausreisefreiheit nach Völkerrecht und staatlichem Recht, 1988.

[189] Vgl. *Jochen Abr. Frowein*, Übernationale Menschenrechtsgewährleistungen und nationale Staatsgewalt, in: Isensee/Kirchhof, HStR VII, 1992, § 180 Rdnr. 1.

b) Internationale Pakte

Das Programm der Menschenrechtserklärung wurde in der Folgezeit in völkerrechtliche Verträge überführt, von denen der Internationale Pakt über bürgerliche und politische Rechte vom 12. Dezember 1966[190] am bedeutsamsten ist[191]. Der Internationale Pakt über bürgerliche und politische Rechte ist durchaus mobilitätsfreundlich. Ähnlich wie die italienische und spanische Verfassung formuliert er in Art. 12 Abs. 1, daß jeder, der sich rechtmäßig im Hoheitsgebiet eines Staates aufhält, das Recht hat, sich dort frei zu bewegen und seinen Wohnsitz frei zu wählen. Art. 12 Abs. 2 IPBR lautet: »Jedermann steht es frei, jedes Land, einschließlich sein eigenes zu verlassen.« Beim Internationalen Pakt über wirtschaftliche, soziale und kulturelle Rechte vom 19. Dezember 1966[192] steht dagegen die wirtschaftliche und soziale Mobilität im Vordergrund.

Der Durchsetzungsmechanismus beider Pakte (Berichtsverfahren) greift nicht weit[193]. Nicht zu unterschätzen ist aber ihre Appellfunktion. Im wiedervereinigten Deutschland gewann Art. 12 Abs. 2 IPBR besondere Bedeutung. In den Mauerschützenprozessen zog der Bundesgerichtshof nämlich diese Bestimmung zur Begründung heran, daß durch das Grenzregime der DDR das Menschenrecht auf Ausreisefreiheit verletzt worden war. Das Grenzgesetz der DDR scheidet damit als Rechtfertigungsgrund für die Tötungshandlungen aus[194].

c) Konvention zum Schutze der Menschenrechte und Grundfreiheiten

Auf europäischer Ebene gewährleistet die am 4. November 1950 im Rom unterzeichnete[195] Konvention zum Schutze der Menschenrechte und Grundfreiheiten[196] in

---

[190] (IPBR), United Nations Treaty Series (UNTS) Bd. 999, S. 171; BGBl. 1973 II S. 1534.

[191] Vgl. *Manfred Nowak*, UNO-Pakt über bürgerliche und politische Rechte und Fakultativprotokoll (CCPR-Kommentar), 1989; *ders.*, U.N. Convenant on civil and political rights. CCPR commentary, 1993; Louis Henkin (Hrsg.), The international Bill of Rights, 1981; *Gérard Cohen-Jonathan*, Human Rights Covenants, in: EPIL 8(1985), S. 297ff.

[192] UNTS Bd. 999, S. 3. Hierzu *E. W. Vierdag*, The legal nature of the rights granted by the International Covenant on Economic, Social and Cultural Rights, in: Netherlands Yearbook of International Law 9 (1978), S. 69ff.

[193] *Frowein*, HStR VII, § 180 Rdnr. 35, 37.

[194] BGH, Urteil vom 3.11. 1992–5 StR 370/92 –, BGHSt 39,1 = NJW 1993,141 (145ff.) = NStZ 1993, 129; Urteil vom 25.3. 1993–5 StR 418/92-, BGHSt 39,168 = NJW 1993,1932 = NStZ 1993,486; Urteil vom 26. 7. 1994 -5 StR 167/94 –; Beschluß vom 7.2. 1995–5 StR 650/94 –; Urteile vom 20. 03. 1995–5 StR 378/94 und 5 StR 111/94 –. Der BGH beruft sich auf die von *Gustav Radbruch* (SJZ 1946, 105,107) geprägte Formel, wonach positives Recht unbeachtlich sein soll, wenn ein offensichtlich grober Verstoß gegen Grundgedanken der Gerechtigkeit und Menschlichkeit zum Ausdruck kommt; hierzu auch *Robert Alexy*, Begriff und Geltung des Rechts, 1992, S. 52ff.; *Helmut Lecheler*, Unrecht in Gesetzesform? Gedanken zur Radbruch'schen Formel«, 1993. Der Ansatz des BGH wird geteilt von *Manfred Maiwald*, Rechtsbeugung im SED-Staat, NJW 1993, 1881ff. (1888); kritisch *Heiner Wilms/Burkhardt Ziemske*, Gesetzliches Unrecht und übergesetzliches Recht, ZRP 1994, 170ff (172); vgl. auch *Hans Faller*, »Mauerschützen« vor dem Bundesgerichtshof, FAZ 110/12. 5. 1995, S. 15.

[195] Vgl. *Karl Josef Partsch*,. Die Entstehung der Europäischen Menschenrechtskonvention, ZaöRV 15 (1954), S. 631ff.; allgemeiner auch *ders.*, Hoffen auf Menschenrechte. Rückbesinnung auf eine internationale Entwicklung, 1994; *Heribert Golsong*, Die europäische Konvention zum Schutze der Menschenrechte und Grundfreiheiten, JöR n.F. 10 (1961), 123ff.

[196] Vom 4. November 1950, UNTS Bd. 213, S. 221 (auch BGBl. II 1952 S. 685). Die Konvention gilt für

mobilitätsrelevanter Weise das Recht auf Leben (Art. 2), Freiheit und Sicherheit (Art. 5), die Gewissens- und Religionsfreiheit (Art. 9), die Meinungsäußerungsfreiheit (Art. 10) und die Versammlungsfreiheit (Art. 11). Die Freizügigkeit war ursprünglich nicht ausdrücklich erwähnt, fand dann aber in Art. 2 des 4. Zusatzprotokolls von 16. September 1963 ihren Niederschlag. Ein generelles Freiheitsrecht kennt die Europäische Menschenrechtskonvention nicht.

Die Besonderheit dieser Konvention ist, daß über die Einhaltung der Verpflichtungen die Europäische Kommission für Menschenrechte und der Europäische Gerichtshof für Menschenrechte[197] wachen, die von den Betroffenen unmittelbar angerufen werden können[198]. Innerstaatlich hat die Konvention in den einzelnen Unterzeichnerstaaten unterschiedlichen Rang[199]. In der Bundesrepublik Deutschland hat sie den Rang eines einfachen Bundesgesetzes[200], das im Kollisionsfall mit späteren Gesetzen zu deren völkerrechtsfreundlichen Auslegung zwingt[201].

2. Menschenrecht auf Mobilität

Die Durchsicht der internationalen Menschenrechtskonventionen ergibt im Hinblick auf das Menschenrecht auf Mobilität einen ähnlichen Befund wie die Würdigung der Verfassungsurkunden der EU-Mitgliedstaaten: Explizit erwähnen die Menschenrechtskonventionen das Menschenrecht auf Mobilität nicht. Die meisten in den

---

Belgien, Bulgarien, Dänemark, Deutschland, Finnland, Frankreich, Griechenland, Irland, Island, Italien, Liechtenstein, Luxemburg, Malta, Niederlande, Norwegen, Österreich, Polen, Portugal, San Marino, Schweden, Schweiz, Slowakische Republik, Spanien, Ungarn, Türkei, Tschechische Republik, Vereinigtes Königreich und Zypern. Aus dem Schrifttum *Hubert Schorn*, Die Europäische Konvention zum Schutze der Menschenrechte und Grundfreiheiten, 1965; *Karl Josef Partsch*, Die Rechte und Freiheiten der europäischen Menschenrechtskonvention, 1966; *Heinz Guradze*, Die Europäische Menschenrechtskonvention, 1968; *A. H. Robertson*, Human Rights in Europe, 2. Aufl., Manchester/New York 1977; *Jochen Abr. Frowein/Wolfgang Peukert*, Europäische Menschenrechtskonvention, EMRK-Kommentar, 1985; *Robert Uepmann*, Die Europäische Menschenrechtskonvention und die deutsche Rechtsprechung, 1993 (= Diss. FU Berlin 1991); *Mark E. Villiger*, Handbuch der Europäischen Menschenrechtskonvention (EMRK), Zürich 1993; *Ralph Beddard*, Human Rights and Europe, Cambridge 1993.

[197] *Jörg Polakiewitz*, Die Verpflichtungen der Staaten aus den Urteilen des Europäischen Gerichtshofs für Menschenrechte, 1993 (= Diss. iur. Heidelberg 1992).

[198] Vgl. Zdislav Kelzia/Anna Korula/Manfred Novak (Hrsg.), Perspectives of an All-European system of human rights protection. The role of the Council of Europe, the CSCE, and the European Communities, All-European human rights yearbook, Bd. 1, 1991. Eine Entscheidung zum Menschenrecht auf Mobilität ist bislang leider noch nicht ergangen.

[199] Vgl. Julia Iliopoulos-Strangas (Hrsg.), Grundrechtsschutz im europäischen Raum. Der Beitritt der Europäischen Gemeinschaften zur Europäischen Menschenrechtskonvention, 1993; *Arthur Haeflinger*, Die Europäische Menschenrechtskonvention und die Schweiz, 1993 ; *Jacques Velu/Ergec Rusen*, La Convention européenne des droits de l'homme. Extrait du Répertoire du droit belge, Brüssel 1990; *P. Goy*, La ratification par la France de la Convention européenne des Droits de l'Homme, Netherlands International Law Review 22 (1975), 31 ff.

[200] *Arwed von Ingersleben*, Rang und Geltung der EMRK in der Bundesrepublik Deutschland, 1967; *Meinhard Hilf*, Der Rang der Europäischen Menschenrechtskonvention im deutschen Recht, in: Ernst Gottfried Mahrenholz/Meinhard Hilf/Eckart Klein (Hrsg.), Entwicklung der Menschenrechte innerhalb der Staaten des Europarates, 1987 S. 19 ff. (39); *Wolfgang Kleeberger*, Die Stellung der Rechte der Europäischen Menschenrechtskonvention in der Rechtsordnung der Bundesrepublik Deutschland, 1992 (= Diss. München); *Albert Bleckmann*, Verfassungsrang der Europäischen Menschenrechtskonvention?, EuGRZ 1994, 149 ff.

[201] BVerfG vom 26.3. 1987: BVerfGE 74, 358 (370).

Menschenrechtskatalogen aufgeführten Menschenrechte würden jedoch ohne Mobilität leerlaufen. Schon dies legt es nahe, abstrahierend von einem Menschenrecht auf Mobilität zu sprechen.

Aber auch ohne Kodifikation ist die Verkehrsmobilität als Menschenrecht geschützt. An dieser Stelle muß noch einmal auf das Überpositivitätsproblem der Menschenrechte eingegangen werden. Wie *Roman Herzog* zutreffend ausgeführt hat, können überpositive Menschenrechte logisch nur so gedacht werden, daß es sich bei ihnen um Grundaxiome handelt, die bei den meisten Menschen eines bestimmten Kulturkreises völlig unbestritten sind und für die diese Menschen notfalls »auf die Barrikaden zu gehen« bereit sind[202]. Dies trifft auf die Mobilität zu. Die Deutschen haben hiermit die nachhaltigsten Erfahrungen. Eine Bevölkerung läßt sich auf Dauer nicht durch Mauern festhalten. Nicht in erster Linie für die Wiedervereinigung, sondern für die Ausreisefreiheit[203] gingen die Bürger der »DDR« auf die Barrikaden. Auch in anderen Ländern, beispielsweise in Frankreich, ist die »liberté de mouvement«[204] »sans doute un droit naturel«[205]. Von daher erscheint der Menschenrechtsgehalt der Mobilität evident.

3. Zwischenergebnis

Das Menschenrecht auf Mobilität liegt den internationalen Menschenrechtskonventionen implizit zugrunde und wird durch diese mitgeschützt. Davon unabhängig handelt es sich um ein überpositives Menschenrecht, weil ohne Mobilität eine menschenwürdige Lebensgestaltung ausgeschlossen ist.

V. Zeitlicher und geographischer Bezug des Menschenrechts auf Mobilität

1. Problemstellung

Es wurde bereits darauf hingewiesen, daß die Schwäche der Menschenrechte in ihrer Unbestimmtheit liegt. Je abstrakter man die Menschenrechte bestimmt, desto leichter wird es, einen Grundsatz der Universalität der Menschenrechte zu propagieren, wonach Menschenrechte zu allen Zeiten und weltweit gleiche Geltung beanspruchen[206]. Je mehr man dagegen in die Einzelheiten geht, desto stärker muß man den

---

[202] Allgemeine Staatslehre, 1971, S. 371.

[203] Zur Ausreisefreiheit *Dieter-Dirk Hartmann*, Freie Ausreise, Diss. Göttingen 1965; *ders.*, Ausreisefreiheit, JöR n.F. 17 (1968),437 ff. Für das Gegenstück der Ausreisefreiheit, nämlich die Rückreisefreiheit, wurde nur vor den Gerichten gekämpft. Der Erfolg blieb bescheiden, da man übersah, daß das in seinem Kernbereich ebenfalls menschenrechtlich geschützte Eigentum (vgl. *Günter Dürig*, Das Eigentum als Menschenrecht, ZStW 109 [1953], S. 326 ff.; *Walter Leisner*, Eigentum, Grundlage der Freiheit, Deutschland-Report 20,1994, S. 13 ff.) Substrat der Rückreisefreiheit (etwa der enteigneten Alteigentümer) ist.

[204] *Robert/Duffar*, Libertés publiques, S. 317.

[205] Ebd., 3. Aufl., S. 364.

[206] Methodisch ist es daher bereits bedenklich, Grundsätze der Verfassungsinterpretation (z.B. den der Einheit der Verfassung) auf die Auslegung von Menschenrechtskodifikationen zu übertragen. Erst recht bilden die ungeschriebenen Menschenrechte kein geschlossenes System; vgl. aber *Patrice Meyer-Bisch*, Le

zeitlichen und geographischen Bezug auch der Menschenrechte betonen. Auch das Menschenrecht auf Mobilität bedarf in diesem Sinne der Präzisierung.

2. Zeitlicher Bezug

Da auch Menschenrechte historisch bedingt sind[207], steht der Inhalt des Menschenrechts auf Mobilität nicht ein für allemal fest[208]. Das könnte an Hand der Entwicklungsgeschichte der Menschenrechte[209] leicht aufgezeigt werden, so daß wenige Andeutungen genügen.

Bereits die ersten (modernen) Menschenrechte der Reformationszeit[210] waren ohne Mobilität undenkbar[211]. In und nach den Religionskriegen erwies sich die eminente Bedeutung der Glaubensfreiheit[212], die faktisch von der Ausreisefreiheit abhing[213]. Als die Menschenrechtsentwicklung mit den Revolutionen am Ende des 18. Jahrhunderts in ihr entscheidendes Stadium trat, hatten sich die gesellschaftspolitischen Rahmenbedingungen grundlegend gewandelt. Die alteuropäische Gesellschaft war noch statisch. Für die bürgerliche Gesellschaft war dagegen der Handel charakteri-

corps des droits de l'homme. L'indivisibilité comme principe d'interprétation et de mise en oeuvre des droits de l'homme, Freiburg Schweiz, 1992.

[207] S. auch *Antonio Cassese*, Human rights in a changing world, Cambridge 1990; *Alfred Dufour*, Droits de l'Homme, Droit naturel et Histoire, Paris 1991.

[208] Dessen ungeachtet war die Geschichte der Menschheit schon immer von den Errungenschaften des Verkehrswesens geprägt; vgl. *R. van der Borght*, Das Verkehrswesen, 2. Aufl., 1912, S. 23: »Eine vollständig verkehrslose Zeit zu denken, liegt unserem Vorstellungskreise sehr fern.«.

[209] Vgl. nur *Hasso Hofmann*, Zur Herkunft der Menschenrechtserklärungen, Juristische Schulung (JuS) 1988, 841 ff.; *Hans Maier*, Überlegungen zu einer Geschichte der Menschenrechte, in: Festschrift für Lerche, 1993, S. 43 ff.; *Josef Punt*, Die Idee der Menschenrechte. Ihre geschichtliche Entwicklung und ihre Rezeption durch die moderne katholische Sozialverkündigung, Abhandlungen zur Sozialethik Bd. 26 = Diss. Kath.-Theolog. Augsburg, 1987; Irmela Reimers-Tovote/Hartmut Reichardt (Hrsg.), Zur Geschichte der Menschenrechtsdiskussion, Symposium, Loccumer Protokolle 77, 1990; Roman Schnur (Hrsg.), Zur Geschichte der Erklärung der Menschenrechte, 1964; *Klaus Stern*, Das Staatsrecht der Bundesrepublik Deutschland Bd. III/1, 1988, S. 51 ff.; *ders.*, Idee der Menschenrechte und Positivität der Grundrechte, in: HStR V, 1992, § 108; *Simone Goyard-Fabre*, Les droits de l'homme: origine et perspective, JöR n.F. 42 (1994), 1 ff.; ferner *Guenther Birtsch/M. Trauth/I. Meenken*, Grundfreiheiten, Menschenrechte 1500–1800, Bibliographie Bd. 1, 1990; Bd. 2, 1991, Bd. 3–5, 1992.

[210] Vgl. *Martin Heckel*, Die Menschenrechte im Spiegel der reformatorischen Theologie, 1987.

[211] Zu den technischen Voraussetzungen der Mobilität im 17. Jahrhundert *J. G. Scheffer*, De re vehiculari veterum libri duo, 1671.

[212] Die vom zeitgebundenen germanisch/romanischen Gegensatz beeinflußte Kontroverse zwischen *Georg Jellinek* (Die Erklärung der Menschen- und Bürgerrechte, Vorrede zur 2. Aufl., 1913; *ders.*, La déclaration des droits de l'homme et du citoyen. Réponse de M. Jellinek à M. Boutmy. Revue du droit public et de la science politique 13 (1902), 385 ff.) und *Emile Boutmy* (La déclaration des droits de l'homme et du citoyen et M. Jellinek, Annales des sciences politiques 17 (1902), 415 ff.) über den Ursprung der Grundrechte erweist sich als Mißverständnis, weil beide Autoren unterschiedliche Wurzeln der Grundrechte vor Augen hatten. *Jellinek* stellte auf die mittelalterliche Gesellschaft ab, *Boutmy* auf die bürgerliche Gesellschaft. Zum aktuellen Stand der Religionsfreiheit im internationalen Recht *Otto Kimminich*, Religionsfreiheit als Menschenrecht, 1990.

[213] Zur historischen Entwicklung des Menschenrechts auf freie Ausreise *Dieter-Dirk Hartmann*, JöR n.F. 17 (1968), 437 ff. (441 ff.); vgl. auch *Ulrich Scheuner*, Die Auswanderungsfreiheit in der Verfassungsgeschichte und im Verfassungsrecht Deutschlands, in: Festschrift für Richard Thoma, 1950, S. 199 ff. Zur Situation nach dem Zusammenbruch des Kommunismus *Sidney Heitman*, The right to leave. The new Sovietdraft law on emigration, 1990.

stisch. Die amerikanische Revolution wurde primär von Kaufleuten in Gang gesetzt[214], die französischen Generalstände von 1789 hat man als eine »Gläubigerversammlung« des französischen Königs bezeichnet[215]. Die Virginia Bill of Rights und die Französische Menschenrechtserklärung werden nur vor diesem Hintergrund verständlich. Der Handel war nicht nur am grund- und menschenrechtlichen Schutz des Eigentums interessiert, sondern verlangte nach Mobilität. Dies steigerte sich noch mit der im 19. Jahrhundert einsetzenden Ökonomisierung des Lebens. Die Umwälzungen in der Landwirtschaft, die Krisen und sozialen Revolutionen der 40er Jahre zogen Landflucht und Auswanderungswellen nach sich, die eine mobilitätsgerechte Infrastruktur erst ermöglichte. Die Eisenbahn erschloß den bisher lokal gebundenen Menschen unbekannte Räume[216]; Auswanderungen im größeren Umfang setzten Verkehrsverbesserungen und -verbilligungen bei der Schiffahrt voraus. Im Verlauf des 19. Jahrhunderts nahm dann der technische Fortschritt solche Formen an, daß sich das gegenwärtige Zeitalter der Industriegesellschaft anbahnte.

Der Staat der Industriegesellschaft ist gekennzeichnet durch die *technische Realisation*[217], die ihren Ausdruck vor allem in der Motorisierung findet. Damit rückt das *Element der Geschwindigkeit*, d.h. der schnellen Raumüberwindung und Raumüberbrückung, in den Vordergrund[218]. Personen können schneller transportiert, Güter und Informationen können rascher beschafft werden, sind für jedermann zugänglich, verlieren aber auch schneller an Wert und Nutzen.

Zur *heutigen* Mobilität gehört somit untrennbar der *Zeitbezug*. Unter zeitlichem Aspekt erzeugte die Industriegesellschaft Formen der Mobilität, von denen frühere Generationen nur träumen konnten. Die moderne Verkehrsmobilität begann mit dem Bau der Eisenbahnen. Erfüllt wurde der individuelle Mobilitätstraum jedoch erst durch das Automobil[219]. Seit Beginn der 60er Jahre wurde das Automobil zum Garanten der Mobilität der Masse der Bevölkerung in den westlichen Industriestaaten[220]. Die Trennung von Wohnung und Arbeitsstätte hängt seither nicht mehr von

---

[214] Vgl. aber auch *Hans-Christoph Schröder*, Die amerikanische Revolution, 1982, S. 99 ff. Ferner *Robert E. Brown*, Middle-Class Democracy and the Revolution in Massachusetts 1691–1780, Paperbackausg., New York 1969; *Benjamin Woods Labaree*, The Boston Tea Party, London 1969; *Bernard Bailyn*, The Central Themes of the American Revolution, An Interpretation, in: Stephen G. Kurtz/James H. Hutson (Hrsg.), Essays on the American Revolution, New York 1973, S. 3 ff.

[215] Vgl. *Leonhard Bauer/Herbert Matis,* Geburt der Neuzeit, 1988, S. 237. Grundlegend *François Furet/ Denis Richet*, Die Französische Revolution, Nachdruck 1991.

[216] Vgl. *Wilgart Schuchardt*, Technik und Stadtentwicklung, in: Jahrbuch Arbeit und Technik in Nordrhein-Westfalen, 1990, S. 81 ff. (82); *Ronellenfitsch*, VerwArch. 1993, 557 ff. (559 ff.). Aus dem älteren Schrifttum *Arthur von Mayer*, Geschichte und Geographie der Deutschen Eisenbahnen von 1835 bis 1890, 1891; *Edwin Kech*, Geschichte der deutschen Eisenbahnpolitik, 1911; *Hermann Klomfass*, Die Entwicklung des Staatsbahnsystems in Preußen (preußische Eisenbahnpolitik), 1901.

[217] *Ernst Forsthoff*, Der Staat der Industriegesellschaft, 1971, S. 30 ff. Zum mobilitätsrelevanten Verhältnis der Kategorien Zeit und Raum; *Hartwig Spitzer*, Raumnutzungslehre, 1991, S. 186 ff.; *Erhard Mossmayer*, Verkehrswege, Raumnutzung, Sozialprodukt und Staatshaushalt: Zum ökonomietheoretischen Horizont infrastruktureller Verbesserungen für Beförderungsprozesse, Zeitschrift für Verkehrswissenschaft 1994, 276 ff.; allgemein *Hans Reichenbach*, Philosophie der Raum-Zeit-Lehre, 1928; *Friedrich Kaulbach*, Die Metaphysik des Raumes bei Leibniz und Kant, 1960.

[218] *Virilio*, Fahren, fahren, fahren, 1978, spricht vom Zeitalter der »Dromokratie« (Herrschaft der Geschwindigkeit).

[219] *Maxwell G. Lay*, Die Geschichte der Straße, 1992, S. 185 ff., 239 ff.

[220] Exemplarisch für die Bundesrepublik (mit automobilfeindlicher Tendenz): *Dietmar Klenke*, Freier

der Zugänglichkeit der Eisenbahn oder des öffentlichen Straßenpersonenverkehrs ab, sondern von der Verkehrsinfrastruktur vor allem in den Verdichtungsräumen. Das Auto ist zum unverzichtbaren Gebrauchsgut geworden und spart, wenn es bestimmungsgemäß genutzt werden kann, Zeit, die sich nicht zuletzt in zusätzliche Mobilität umsetzen läßt. Nebenbei bemerkt ist es im grund- und menschenrechtlichen Zusammenhang erstaunlich, wie beim Individualverkehr das Merkmal des Individuellen plötzlich einen negativen Beigeschmack bekommen hat[221]. Dabei ist die Freiheitssymbolik eines »Auto«-mobils evident. Die Gestaltung der persönlichen Umgebung, die selbstverantwortliche Bestimmung von Fahrweise und Fahrziel, Lebensgefühl, die Wahrnehmen von Mobilitätschancen in Beruf, Sport[222] und Freizeit passen nun einmal besser zum mündigen Menschen als kollektivistische Massenverkehrsmittel. In Zeiten der Ost/West-Konfrontation wurde der PKW durchaus noch als westliches Freiheitssymbol verstanden. Folgerichtig unternahm man nach der Wiedervereinigung alle Anstrengungen zur Herstellung einer einigermaßen funktionsfähigen Verkehrsinfrastruktur im Beitrittsgebiet (»Verkehrspolitik Deutsche Einheit«[223]). Der Nachholbedarf im Motorisierungsgrad der Bevölkerung in den neuen Bundesländern war und ist evident. Dies gilt, wie die sprunghaft gewachsene Zahl der Diebstähle leider zeigt, für Osteuropa schlechthin.

3. Geographischer Bezug

Überpositive Menschenrechte beanspruchen Geltung überall auf der Welt. Das gilt auch für den Kernbereich der Verkehrsmobilität. Bei der näheren Ausgestaltung der Menschenrechte muß man aber auf jeweilige kulturelle und soziale Besonderheiten Rücksicht nehmen[224], auch wenn die Tendenz unverkennbar ist, die Menschenrechte in die Rolle einrücken zu lassen, welche in den vergangenen Jahrhunderten das Naturrecht einnahm[225]. Verständlicherweise wird dieser Ansatz aus der Sicht der Entwicklungsländer mit Argwohn betrachtet[226]. Die Menschenrechte haben jedoch ihre ausschließliche Stoßrichtung als Abwehrrechte gegen den Staat verloren. Für die Menschen der modernen Industriegesellschaften ist die Teilhabe an staatlichen Leistungen oftmals wichtiger als die Abwehr von Eingriffen. Soweit Menschenrechte

---

Stau für freie Bürger. Die Geschichte der bundesdeutschen Verkehrspolitik 1949–1994, 1995, S. 63 ff.; *Heidrun Edelmann,* Vom Luxusgut zum Gebrauchsgegenstand. Die Geschichte der Verbreitung von Personenwagen in Deutschland, 1989.

[221] Nachweise bei *Ronellenfitsch,* Mobilität mit dem Auto, S. 16 ff. Die Sicht der Automobillobby wird dargestellt von *Achim Diekmann,* Nutzen und Kosten des Automobils, Schriftenreihe der DVWG Reihe B Nr. 127, 1990.

[222] Hierzu die Beiträge von *Ronellenfitsch* und *Klaus Seidenstecher,* in: Motorsport auf öffentlichen Straßen, DAR-Sonderdruck 1995.

[223] Vgl. *Ronellenfitsch,* Deutsche Einheit und Verkehrsinfrastruktur, in: Martin Heckel (Hrsg), Die innere Einheit Deutschlands inmitten der europäischen Einigung – Deutschlands Weg 50 Jahre nach dem Kriege, 1995 (im Druck).

[224] Vgl. *Alan John Mitchell Milne,* Human rights and human diversity, Basingstroke, 1986; Schmale, Wolfgang (Hrsg.), Human rights and cultural diversity, Goldbach 1993. Vgl. auch Jan Berting/Peter R. Baehr u. a. (Hrsg.), Human rights in a pluralistic world, Westport 1990; Johannes Hoffmann (Hrsg.), Begründung von Menschenrechten aus der Sicht unterschiedlicher Kulturen, 1991.

[225] Vgl. *Bart Labuschagne,* The Concept of Human Rights, ARSP 81 (1995), 74 ff.

[226] Vgl. *Etienne Mbaya,* Die Menschenrechtskonvention von Wien 1993, ZRP 1994, 256 ff.

Teilhaberechte sind, ist der Menschenwürdegehalt vorrangig im Gleichbehandlungsgrundsatz verankert. Bedingung der Gleichheit unter Respektierung kultureller Unterschiede ist aber ein »möglichst hohes Maß an lebensnaher Ungleichheit«[227]. Die
Gleichbehandlung variiert geographisch nach den verschiedenen örtlichen Gegebenheiten. Wenn in Staaten mit ausgebautem Straßennetz ein Menschenrecht auf Mobilität mit dem Auto besteht[228], muß dies in Ländern ohne vergleichbare Infrastruktur
(noch) nicht gelten.

4. Zwischenergebnis

Das Menschenrecht auf Verkehrsmobilität ist in seinem Kernbestand (Möglichkeit
der Ortsveränderung) weltweit geschützt. Es muß in doppelter Hinsicht zeitgemäß
verstanden werden. Garantiert ist nicht nur die Ortsveränderung. Auch die Geschwindigkeit der Ortsveränderung ist von Belang. Die Geschwindigkeit der Ortsveränderung hängt vom technischen Entwicklungsstand ab. Das Menschenrecht auf
Mobilität umfaßt die Teilhabe an den *gegenwärtigen Verkehrsmitteln*. Der heutige
homo mobilis ist nicht mehr der Fußgänger des Mittelalters[229]. Da die Verkehrsinfrastruktur von Land zu Land noch variiert, hängt der Inhalt des Menschenrechts auf
Mobilität in begrenztem Umfang davon ab, wo man sich geographisch aufhält. Das
Menschenrecht auf Mobilität besteht in dem Recht, grundsätzlich *alle* jeweils verfüg-
baren Verkehrsmittel benutzen zu dürfen.

D. Folgerungen

I. Zusammenfassung:
Grund- und menschenrechtliche Relevanz der Verkehrsmobilität

Die Verkehrsmobilität hat als menschliches Grundbedürfnis grund- und menschenrechtliche Relevanz. Als *Grundrecht* ist die Verkehrsmobilität in der durch alle
Verfassungsordnungen der EU-Staaten geschützten allgemeinen Handlungsfreiheit
enthalten. Ein spezifisches Mobilitätsgrundrecht läßt sich häufig auch aus den Mobilitätsgehalten spezieller Grundrechte ableiten.

Ähnlich wird das *Menschenrecht* auf Mobilität implizit durch die internationalen
Menschenrechtskonventionen garantiert. Darüber hinaus handelt es sich um ein
überpositives Menschenrecht, das alle Staaten in seinem Kernbestand auch dann

---

[227] *Werner von Simson*, Über den Preis der Gleichheit, ZRP 1995, 44 ff. (47).

[228] Die Relevanz der lokalen Unterschiede zeigt sich auch daran, daß die Bundesrepublik Deutschland
keineswegs verpflichtet ist, nur deswegen ein generelles Tempolimit einzuführen, weil in den anderen
Staaten die Bewegungsfreiheit der Bevölkerung stärker beschränkt wird. Die Erklärung der Bundesregierung, sich nicht auf ein europaweit verordnetes Tempolimit einzulassen, ist daher begrüßenswert; vgl.
NJW-Wochenspiegel 15/1994, S. XXXV. Im übrigen bedeutet die Einführung von Tempolimits in
anderen Staaten nicht, daß sie dort auch durchgesetzt werden. Auch in zahlreichen Staaten der USA ist eine
Umorientierung spürbar; vgl. *Carolyn Pesce*, 55-mph law, often ignored, likely to die, USA TODAY
4–6. 8. 1995, S. 1 f. Zur Sinnlosigkeit von Tempolimits *Hans W. Martens*, Verwirrspiel, mot 1994, 106 ff.

[229] Auch die Pilgerväter hätten als Fußgänger wenig von ihrem Grundrecht auf Mobilität gehabt; der
Mayflower Vertrag vom 11. 11. 1620 (Text: *Rock*, S. 50 f.) wäre nie geschrieben worden.

beachten und gewährleisten müssen, wenn sich ihre Verfassungen nicht ausdrücklich zur Mobilität der Menschen bekennen. Inhaltlich umfaßt das Menschenrecht auf Mobilität die Teilhabe an *allen* gegenwärtigen Verkehrsmitteln[230]. Garantiert ist nicht nur die Ortsveränderung, sondern auch die möglichst rasche Ortsveränderung. Die Mobilität hängt damit von der Ausgestaltung der Verkehrsinfrastruktur in den einzelnen Staaten ab. In den EU-Staaten umfaßt das Menschenrecht auf Mobilität auch die Benutzung von Bahn, Flugzeug und Automobil.

II. Schranken

Die Mobilität besteht auch in ihrem menschenrechtlichen Schutzgehalt nicht schrankenlos. Selbstverständlich kann und darf ihr aus gegebenem Anlaß und aus sachgerechten Erwägungen heraus gegengesteuert werden. Das ist dann der Fall, wenn so bedeutende Rechtsgüter wie Leben und körperliche Unversehrtheit der Mitmenschen und Tiere, der Eigentums- und Vermögensschutz oder auch der Umweltschutz mit der Verkehrsmobilität kollidieren. Erforderlich wird dann eine *Güterabwägung*. Für diese Abwägung ist die Feststellung wichtig, daß die der Verkehrsmobilität gegenläufigen Rechtsgüter nicht von vornherein höherrangig sind, weil sie in den meisten Verfassungen ausdrücklich verankert sind. Um es noch einmal zu betonen: Auch die Verkehrsmobilität hat als menschliches Grundbedürfnis grund- und menschenrechtliche Relevanz und damit Verfassungsrang.

III. Konsequenzen

Grund- und Menschenrechte sind auf Umsetzung durch die nationalen Rechtsordnungen angelegt. Die Tragweite des Menschenrechts auf Mobilität erweist sich erst auf der *Ebene des einfachen Rechts, vor allem des Verwaltungsrechts*. Dies kann und soll hier nicht näher ausgeführt werden. Stattdessen soll es mit der Schlußbemerkung sein Bewenden haben, daß eine mobilitätsfeindliche Umgestaltung des Verwaltungsrechts (»Ökologischer Umbau des Rechtsstaats«) – mag sie ökologisch noch so gut gemeint sein – nicht nur Mobilitätsgrundrechte, sondern auch das Menschenrecht auf Mobilität beeinträchtigt. Der Umweltschutz genießt eben nicht von vornherein Vorrang vor Mobilitätsansprüchen. Im Kollisionsfall muß sorgfältig abgewogen werden. Versteht man den Umweltschutz ohnehin anthropozentrisch, dann neigt sich die Waage vielfach von vornherein zugunsten der Verkehrsmobilität. Die zirkuläre Mobilität gehört zur *Natur des Menschen*. Auch Straßen zu Lande, zu Wasser und in der Luft sind in diesem Sinne »natürliche« Lebensgrundlagen, die es für die jetzt lebenden Menschen und für künftige Generationen zu schaffen, zu erhalten und zu bewahren gilt. Der multikulturelle Umweltstaat mag erstrebenswert sein oder nicht; keinesfalls darf er zur polizeistaatlichen Provinz verkommen.

---

[230] In Frankreich wird »le droit qu'a tout usager de se déplacer et la liberté d'en choisir les moyens« vertreten. Dabei handelt es sich nicht nur um ein formales Freiheitsrecht, sondern um ein »droit nouveau, droit économique et social assimilable aux principes particulièrement nécessaires à notre temps qui doit permettre à tout individu de se déplacer effectivement en recourant aux services publics de transport et en lui donnant le choix entre la route, le rail et l'air. «; vgl. *J.-Y. Faberon*, Principes d'intervention publique dans les tranports, Mélanges Péquignot Bd. 1, Montpellier 1984, S. 253 ff.

Das Menschenrechtsverständnis in den islamischen Staaten
Allgemeine Betrachtungen im Lichte vergleichender Rechtsphilosophie

von

Dr. Emilio Mikunda Franco[*]

Inhalt

  * Dr. Emilio Mikunda Franco. Professor für Rechtsphilosophie an der Universität Sevilla (Spanien). Zu bemerken ist: vorliegender Aufsatz ist eine kurze Teilzusammenfassung eines umfangreicheren noch unveröffentlichten Werkes, dessen Urtitel lautet: »Derechos humanos y Mundo islámico«.

Einführung: Methodologie und Begründung

Schon der Titel des vorliegenden Aufsatzes kann einigermaßen verwirren, denn die Themen »Menschenrechte« einerseits und »islamische Staaten« andererseits, mittels »rechtsphilosophischer Betrachtungen«[1] zu vereinen, erscheint keineswegs als selbstverständlich. Darüber hinaus und bei der aktuellen Verwirrung um die jeweiligen »Staatsgrenzen« in zahlreichen Ländern liegt es nahe, ein solches Unternehmen bestenfalls als »utopisch« abzustempeln. Sind letzten Endes vielleicht Islamisten bzw. Arabisten, Politologen, Völkerrechtler, Soziologen, Historiker oder Juristen für ein solches Unterfangen nicht geeigneter (vielleicht auch ›zuständiger‹) als ein Rechtsphilosoph[2]?

Ganz allmählich stellte sich bei der Vorbereitung des Themas heraus, daß jeder der oben erwähnten Wissenschaftler sich auf die jeweilige »eigene« Methodologie beschränkt; ein kurzer Blick auf die entsprechenden Veröffentlichungen machte bald deutlich, daß jeder Autor die Themen »Islam und Menschenrechte« im Blickwinkel der ihm eigenen wissenschaftlichen Bildung darzustellen versucht, ja teilweise sogar unter mehreren Perspektiven[3].

Ungeachtet dessen scheint jedoch die eigene »Gesinnung« früher oder später durch. So z. B. der »Islamist«, der, je nach dem ob er Muslim ist oder nicht, sich prinzipiell der Islamologie (islamischer Prägung) oder der ›reinen philologischen Methodologie‹ (d. h. ohne jegliche religiöse Beziehung) bedient. Beide Arten von Wissenschaftlern versuchen jedoch, der den Juristen und Rechtsphilosophen eigenen Methodologie, so weit wie möglich, aus dem Weg zu gehen. Der Völkerrechtler[4] seinerseits wird auch darzustellen versuchen, daß die von der Politik betriebene, historische Rezeption des Begriffs der »Menschenrechte« schon beinahe überall innerhalb der bestehenden islamischen Staaten im Gange ist und zum Teil auch als ein Begriff »ausschließlich westlicher Prägung« eben dort mißverstanden wird. Somit werden westliche Definitionen »unseres« positiven, geltenden Rechts, wie z. B. der Menschen-, Grund- und Völkerrechte – bewußt oder unbewußt – in die heutige islamische Rechtsphilosophie und Rechtstheorie hineinprojiziert.

---

[1] Siehe in diesem Zusammenhang die Werke von *A. E. Perez-Luño*: Derechos humanos, Estado de Derecho y Constitución, Tecnos. Madrid. 4 Ed. 1991, S. 21–240, sowie: *Benito de Castro Cid*: Los Derechos económicos, sociales y culturales; Univ. de Leon. Sección de Publicaciones 1993. S. 59–130.

[2] N. B.: Bei den Juristischen Fakultäten in Spanien, – anders als in Deutschland – beschäftigt sich die »Rechtsphilosophie« mit Fragen bzgl. der Rechtstheorie, der Ethik, der Rechtssoziologie sowie mit der Rechtsvergleichung.

[3] Aufgrund des Platzmangels können wir hier kein Autoren- und Werkverzeichnis erstellen. Ersatzweise verweisen wir jedoch auf die in den Fußnoten angegebene entsprechende Literatur.

[4] Hier ist nur der westliche Jurist gemeint. Für die islamischen Juristen bzgl. des Völkerrechts siehe: *Adel-Theodor Koury*: Tendances et courants de l'Islam contemporain, Cap. VIII. L'Arabie Saoudite, Ed. Kaiser Grünewald.

Auf diese Weise werden die rein islamischen hermeneutischen Rechtsprämissen, – die allerdings unentbehrlich sind, um dieses Rechtsphänomen richtig zu verstehen – nicht beachtet und umgangen. Hierauf beruhen größtenteils die zahlreichen Mißverständnisse und Mißdeutungen, genauso wie die aktuelle Verwirrung um das Thema der »Menschenrechte im Islam«; nämlich, daß sowohl islamische wie auch westliche Wissenschaftler versuchen, den Diskurs um den Begriff der »Menschenrechte« zu führen, indem sie tatsächlich von ganz verschiedenen zueinander dicht abgeschlossenen Sprach-, Begriffs- und Methodologieebenen ausgehen, wobei das sokratische Prinzip als ›conditio sine qua non‹ für die allgemeine Verständigung (d. h. die Notwendigkeit, daß beide Gesprächspartner sich auf derselben Ebene bewegen) leicht in Vergessenheit gerät.

Rein wissenschaftlich ist heute also die Notwendigkeit interdisziplinärer Zusammenarbeit auf allen möglichen Ebenen wichtiger denn je zuvor. In der heutigen Welt ist die Bedeutung der islamischen Welt nicht zu übersehen und nimmt für beide Hauptströmungen, Schia und Sunna, ständig zu. Der seit eh und je islamische Einfluß in den ehemaligen asiatischen Republiken der Ex-UdSSR und die Erfolge in Afrika und in Asien (im allgemeinen) lassen es deutlich spüren. In Europa und Amerika erhöht sich ebenfalls langsam aber unaufhörlich die Zahl von Immigranten islamischer Herkunft.

Der Islam hat eine eigene Axiologie (d. h. eine eigene Wertvorstellung und Weltanschauung), die den Juristen und Studenten abendländischer Fakultäten leider meistens fremd bleibt. Und dennoch kann man das Phänomen um die »Menschenrechte islamischer Prägung« ganz und gar nicht begreifen, wenn diese Wertvorstellungen, – die allerdings »Hauptbestandteil« des islamischen geltenden Rechts sind – nicht innerhalb der Rechtsordnungen und der jeweiligen »islamischen Menschenrechtsanschauungen« miteinbezogen werden. Dies zu leisten ist damit ein Hauptbeweggrund dieser Betrachtungen.

Da in den westlichen Ländern die allgemeinen heutigen Rechtsanschauungen, -lehren und -theorien meistens auf einer rein »positivistischen« Grundlage beruhen, wird die gegenseitige Verständigung auf rechtsphilosophischer Ebene von Anfang an erschwert, weil die islamischen Rechtssysteme und -begriffe traditionell eher auf einer »naturrechtlichen« Grundlage »sui generis« zu begreifen sind[5].

Die den islamischen Staaten übliche eigene Terminologie der »islamischen Menschenrechte« ist eine besondere Rechtssprache, bei der jedes Wort und jeder Begriff andere als die im Westen üblichen Konnotationen besitzt, manchmal sogar im entgegengesetzten Sinne(!). Die islamischen Länder befinden sich zur Zeit in der Phase eines allmählichen ›Aggiornamento‹ der eigenen Rechtsinstitute – hauptsächlich im öffentlichen Recht[6]. Entscheidend ist daher, die dem Islam eigene Rechtsphilosophie

---

[5] *Allal Sinaceur* schreibt dazu: »*La Declaration islamique des droits de l'homme consacre le caractére écrit de la loi qu'elle promulgue sans lui procurer de caractére positif et juridique... sans fonder l'Etat sur les droits de l'homme, des droits qu'il (l'Etat) pourra approuver mais qui ne le fondent pas*« in: III. Rencontre islamo-Chrétienne. Droits de l'Homme, Cartage 24–29 mai 1982. Serie Etudes islamiques Nr. 9. Université de Tunis.

[6] Als klares Beispiel in diesem Zusammenhang siehe das Buch von *Fouad al-Farsy*: »Modernidad y tradición. La ecuación saudita«. Knight Communications Ltd. 1st. ed 1992 (auch in Englisch zu erhalten), in dem der Verfasser versucht, die Synthese beider Werte in Saudi Arabien darzustellen. Insbesondere Kap. VI. »Das Rechtssprechungssystem« und Kap. V. »Das politische System«.

(die als Hauptkonnotation in den islamischen Staaten »unsichtbar« – d. h. implizit – wirkt), zu begreifen. Dies bedeutet nämlich gleichfalls, das »anthropologisch-theologische Denkmodell« zu verstehen, worauf letzten Endes eine solche Philosophie beruht. Dies um so mehr, als jede islamische Rechtsnorm, früher oder später, darauf verweist bzw. zurückzuführen ist[7].

Ein letzter großer Vorteil einer rechtsvergleichenden Analyse der islamischen Menschenrechte mit Hilfe der rechtsphilosophischen Methode, besteht zudem darin, daß der Rechtsphilosoph keine zu enge Bindung an ein bestimmtes geltendes Rechtssystem eingeht, denn ihm ist es erlaubt Überlegungen sowohl über z. T. geltende Rechtsvorschriften, als auch über bloße ›Entwürfe‹ (sei es von Gesetzestexten oder Völkerrechtlichen Verträge) anzustellen. Bei all dem darf er außer acht lassen, ob solche »allgemeinen Normtexte« eines Tages tatsächlich Rechtsgültigkeit erlangen, oder ob sie stets auf einer bloßen revindikativen, rein politischen (jedoch nicht juristischen) Ebene bleiben.

Obwohl wir uns der spezifischen Schwierigkeiten der vorliegenden Studie bewußt sind – die ja sowohl ethische wie politische, juristische, philosophische und soziologische Aspekte, u. v. a. beinhaltet –, will diese die Aufmerksamkeit der Rechtswissenschaft und Recht*praxis* auf das sehr spezielle Gebiet der »Menschenrechte« – aus islamischer Sicht – lenken.

Heutzutage taucht die praktische Menschenrechtsproblematik gegenüber Staatsbürgern islamischer Staaten – insbesondere auf dem Gebiet des Asyl- und Ausländerrechts in der EG –[8] fast überall auf, so daß seitens der islamischen Rechtswissenschaftler viele solcher Probleme behandelt und, wie wir bald sehen werden, teilweise ganz anders als bei uns dargestellt werden.

Wir werden versuchen, die Nuancen des rechtsphilosophischen Gedankenganges und die Interferenzen mit der abendländischen Gedankenwelt herauszustellen. Als ehemaliger Dozent für Journalismus an der Madrider Universität ›Complutense‹[9] und heute als Professor für Rechtsphilosophie in Sevilla habe ich festgestellt, daß die »Überlagerung« und »Verschmelzung« der politischen und juristischen Ebenen in Sachen Menschenrechte in den islamischen Staaten, nicht nur auf die öffentliche Meinung, sondern auch auf westliche Wissenschaftler einen eher chaotischen Eindruck macht. Im Ergebnis läuft dies stets auf ein völliges Unverständnis dieser dem Abendland scheinbar so fernen Wirklichkeit hinaus, das allerdings um so größer sein wird, je unbekannter die islamische Weltanschauung für den jeweiligen »Westbetrachter« ist[10].

---

[7] Für den Juristen und als Überblick empfehlen wir das Buch: »Democracia y Derechos humanos en el mundo árabe«. M. A. E. Agencia Española de Cooperación Internacional. Instituto de Cooperación con el Mundo árabe« (I. C. M. A.). Madrid. 1983; mit Beiträgen auf spanisch, englisch und französisch, eine Sammlung bedeutender Aufsätze wichtiger Arabisten, Professoren und Forschern, in interdisziplinärer Zusammenarbeit.

[8] Siehe »L'Immigration des ressortissants de pays tiers dans les Etats méridiaunaux de la CEE«. Supplément 1/91 des Communautés Européennes. Direction Générale de l'Emploi. 1991./Vgl. Documento V/1733/93-ESP »Medios jurídicos para combatir el racismo y la xenofobia«. Comisión de las Comunidades Europeas. 1992.

[9] An der »Facultad de CC. de la Información Madrid«. 1989–1992.

[10] Wie wir schon am 15. 12. 1990 bei einem Vortrag über »Juristische und politische Aspekte in der heutigen islamischen Welt« (Spanische Handelskammer, Madrid. Unter der Leitung von dem Philosophen

Im allgemeinen ergibt sich nämlich, was vielleicht auf das »Prinzip wissenschaftlicher Arbeitsteilung« zurückführbar ist, daß sich ›ratione materiae‹ bei der Erforschung dieser Thematik jeder Wissenschaftler entweder auf eine »soziologische Bearbeitung der positiven völkerrechtlichen Verträge und ihrer Vertragsverletzungen« beschränkt – somit nur ausschließlich die Rechtstexte, aber selten die jeweiligen Kontexte behandelt werden, die so außer acht bleiben – oder nur auf die »Wirksamkeit« völkerrechtlicher Menschenrechtsverträge eingegangen wird, oft mit rechtsvergleichenden Methoden, dabei aber andere wissenschaftliche Aspekte aus dem Blickfeld geraten[11].

Heute wird einerseits die Gewährleistung der Menschenrechte meistens auf die »Schultern« der Vereinten Nationen übertragen, ohne daß andererseits auch klare Begriffe über den wesentlichen Inhalt der jeweils einzelnen Menschenrechte vorhanden sind. Unnötig zu sagen, daß deshalb ohne eine ausführliche und umfassende Auslegung »neben« den eigentlichen Rechtstexten, keinerlei Ergebnisse zu erzielen sind. Dies ist auch nicht mit der auf der völkerrechtlichen Ebene gebräuchlichen »Erga Ommnes-Klausel«[12] möglich, denn aus dieser unvermeidlichen Rechtslücke werden verschiedene Rechtsbegriffe unter hoher dialektischer Spannung entstehen, so daß in extremen Fällen bestimmte Handlungen als ›Rechtsansprüche‹ (für eine Seite) und als ›Rechtsverletzungen‹ (für die andere) gleichzeitig verstanden werden. Dieses Phänomen führt manchmal auf internationaler Ebene zu katastrophalen Mißverständnissen, die in letzter Konsequenz so schreckliche Folgen wie Kriege auslösen können.

Letzten Endes können wir aber feststellen, daß sowohl in den westlichen Medien als auch z. B. bei Veröffentlichungen über die Verbreitung des Islam[13] die Pro-

---

Julián Marías. Fundes Club de los Noventa) ankündigten. Bekanntmachung veröffentlicht in der spanischen Zeitung »ABC« am 17. 12. 1990.

[11] Dabei denken wir z. B. an die von Amnesty International veröffentlichten Weltberichte über Menschenrechte und ihre Verletzungen; ähnliche Studien und Aufsätze, wie die von Prof. Dr. *A. J. Rodriguez Carrion*: »La protección internacional de los Derechos humanos y el mundo árabe«, in: »Democracia y D. H. en el mundo árabe« op. c. insb. S. 97–99, wo gesagt wird: *»puede afirmarse, en consecuencia, que la confesión musulmana es una ›variable independiente‹ en términos de niveles de aceptación de tratados en materia de Derechos humanos, por no seguirse correlación alguna entre ambos extremos«* (– se refiere al indice de población musulmana y al nr. de tratados aceptados –). *Las explicaciones, en todo caso, habrán de buscarse en términos de »regímenes políticos o niveles de desarrollo economico«.* Dagegen versucht unsere Analyse zu beweisen, daß die implizite islamische Weltanschauung als »Eckstein« für die Annahme oder Ablehnung völkerrechtlicher Verträge ausschlaggebend ist, und nicht wirtschaftliche oder politische Gründe, weil sonst Ursache und Wirkung miteinander vertauscht würden, obwohl in bestimmten Zusammenhängen wechselwirkende historische Abweichungen und Nuancen nicht ausgeschlossen werden können.

[12] Vgl. *J. A. Carrillo Salcedo*: »El Derecho Internacional en perspectiva histórica«, Edit. Tecnos, 1991, insb. S. 173ff. Hier erscheint noch einmal deutlich die o. e. Dissoziation aufgrund eigener »Methodologien«./Vgl. die Methodologie der Völkerrechtler gegenüber der anderer Juristen (z. B. der Verwaltungs-, Privat- und Strafrechtler), welche je nach Rechtsfällen, -fragen und -gebieten dennoch nicht unbedingt übereinstimmen müssen.

[13] Z. B. das Buch: »Lights upon the Islam«, of *Hammudah Abdalati*, Ed. International Islamic Federation of Student Organizations, Kuwait, 1990. Darin die Begriffe Freiheit, Gleichheit, Brüderlichkeit, politisches, ökonomisches und internationales Leben S. 40–45 und 118–130./Eb. die Broschüre: »Comprender el Islam«, Ed. W. A. M. I. Riad (Arabia Saudita), 1992, 64 S. (ein Geschenk Saudi Arabiens den Pavillionsbesuchern während der Weltausstellung Sevillas 1992). NB: Obwohl rein rechtswissenschaftlich wertlos, die Merkwürdigkeit der Broschüre liegt darin, daß zum ersten Mal jene Rechte in einem vollen Kapitel (Kap. 10) über »die Menschenrechte im Islam« sowie über »die Menschenrechte im islamischen Staat«

blematik um die Menschenrechte um die und innerhalb der islamischen Staaten schon seit über zehn Jahren auf allen Ebenen – die dortige öffentliche Meinung eingeschlossen – besteht, und zwar als Legitimationsfaktor nicht nur bestimmter politischer Regimes, sondern auch der eigentlichen Idee der »islamischen Souveränität« (falls mir überhaupt dieses Wort erlaubt wird), was ebenfalls in den Federn westlicher Autoren zu widersprüchlichen Bewertungen geführt hat[14].

1. Die Vorgeschichte als erster Vorverständnisschlüssel

1.1. *Kurzer Rück- und Überblick über die allgemeine Diskussion um die aktuellen völkerrechtlichen Menschenrechtsurkunden sowie über den Ursprung islamischer Auffassungen von den Menschenrechten*

Wie wir schon erwähnt haben, sind wir der Meinung, daß in den westlichen Ländern ein wichtiger »Verständigungsschlüssel« zur *»Diskussion um die Menschenrechte in den islamischen Staaten«* (bewußt oder unbewußt aber leider viel zu oft) in Vergessenheit gerät, nämlich die eigenen islamischen rechtsphilosophischen Grundlagen über das Wesen, Gehalt, Zwecke, Konnotationen, Grenzen und Begriffe der Menschenrechte. Diese Tatsache tritt spürbar und in aller Deutlichkeit besonders bei der Verwirklichung und der »Internationalisierung« der Gewährleistung von Rechten für alle Menschen hervor; einer uralten Idee, die allerdings erst mit der Gründung der Vereinten Nationen nach dem Zweiten Weltkrieg historisch begann[15].

Hiernach werden wir versuchen, die eigentliche Relevanz dieser anscheinend »unbedeutenden« Tatsache zu zeigen. Eine Bedeutung, die sich allerdings erst zeigt, nachdem wir bei den veröffentlichten Menschenrechtslehren bzw. -texten aller Art eine merkwürdige Lücke festgestellt haben, nämlich die Abwesenheit jeglicher argumentativer Begründung zu der Ablehnung bestimmter islamischer Staaten bei der Paraphierung oder Ratifizierung bzw. dem Beitritt zu etlichen Menschenrechtsab-

---

behandelt werden. Hier einige Ideen (wörtlich übersetzt): »... *die Souveränität bzgl. der Gesetzgebung liegt also bei Gott, dem Allmächtigen. Die Menschenrechte sind ewig und unabdingbar. Die Denk- und Redefreiheit im Islam schliesst ein umfangreicheres Recht als im Westen ein* ...« Das alles beweist wohl, daß die Debatte um die Menschenrechte schon als Hauptbestandteil der aktuellen islamischen Gesellschaft, sowie des islamischen Staates, im Mittelpunkt steht. Andererseits weist dieses Faktum, zum ersten Male in ihrer Geschichte, auf die Wichtigkeit der Rezeption westlicher Terminologie in den islamischen Ländern hin.

[14] Siehe die Aufsätze in der Zeitschrift: »Foreign Affairs«, Spring 1993, die widersprüchliche Bewertungen auf die Frage: »Is Islam a Threat?«; Leon T. Hadar (Antwort = No) und Judith Miller (Antwort = Yes). S. auch die spanische Zeitschrift: »Cuenta y Raz on del Pensamiento actual«, Nr. 54, April 1991; vielseitige Monographie über das Thema »El Islam y Occidente, hierunter Aufsätze von: Julián Marias, N. Mahfuz, Miguel Cruz Hernández, J. Caro Baroja, A. Chouraqui, P. Martínez Montavez sowie vom damaligen israelischen Botschafter in Madrid, Schlomo Ben Ami. Vgl. mit dem Aufsatz »Il nuovo Medio Oriente/ The New Middle East« in der Zeitschrift: »Relazioni Internazionali«, Anno LVI, V (nuova serie), settembre 1992.

[15] Diese Idee erscheint *passim* bei Prof. *A. Truyol y Serra*: »Historia de la Filosofía del Derecho y del Estado«, Alianza Universidad, Madrid. 2 Vols. 3. Aufl. rev. u. erw. 1988. Eb. bei *Oestreich Gerhard/ Sommermann Karl-Peter*: »Pasado y Presente de los Derechos humanos«, Tecnos, Madrid 1991 (übersetzt vom Verfasser aus den Urschriften: »Die Idee der Menschenrechte in ihrer geschichtlichen Entwicklung«, Colloquium Verlag, 1963–1974 und »Rechtsphilosophie und Rechtstheorie in Spanien«, Der Staat, Band 28, N. 1, Duncker & Humblot, Berlin 1989).

kommen. (Die teilweise herangezogenen ›Vorbehalte‹, wie zum Beispiel der Verweis »auf die innere Landesgesetzgebung«, betrachten wir dabei als bloße diplomatische Ausweichmanöver.)[16]

Wie allgemein bekannt ist, bedeutete die Charta der Vereinten Nationen vom 26. Juni 1945 den Anfang einer neuen Weltordnung. Alle Völker der Erde wurden zum Frieden und zur Demokratie aufgerufen und zwar auf der Basis des Respekts vor den »Menschenrechten und Grundfreiheiten« aller, ohne Unterschied nach Rasse, Geschlecht, Sprache und Religion. Da die Charta den genauen Umfang der Begriffe »Menschenrechte und Grundfreiheiten« keineswegs erklärt und genau so wenig andeutet, welche unter allen hier möglichen Rechten eines besonderen Schutzes und der Gewährleistung bedürfen, wurde diese Ausdrucksformel als problematisch erkannt, so daß kurz darauf ein Sonderausschuß mit dem Auftrag entstand, einen entsprechenden Entwurf zuerst zu erstellen, und dann von der Generalversammlung abstimmen zu lassen[17]. Und hier beginnt eigentlich das zu oft umgangene Problem: ›Was‹ und ›Welche‹ sind die Menschenrechte, die in einer sogenannten »Universellen Erklärung der Menschenrechte« einen Platz haben sollten. Daß dies sehr problematisch ist, zeigten die Diskussionen des Sonderausschusses sowie die darauffolgende Auseinandersetzung in der Generalversammlung.

Trotz der oben aufgewiesenen Mängel, taten die Menschenrechtslehren der jeweiligen Länder, sowie (allerdings erst einige Zeit später) die entsprechende dazugehörige Jurisprudenz so, als ob alle (rechtsphilosophischen) Probleme wie von selbst gelöst wären, so daß es bei den nun entstehenden Menschenrechtsproblemen eher um die »Verletzungen« als um »Begriffsbildungen« ging. Dabei schienen sämtliche Diskussionen dazu, ausschließlich »politischer«, aber keineswegs rechtsphilosophischer oder juristischer Natur zu sein. Das genau war jedenfalls 1948 bei dem öffentlichen Vortrag vor der Generalversammlung der Fall. Die endlose Anhäufung von Abänderungen des Entwurfs spiegelte die längst bekannte politische Bipolarität: Die UdSSR auf der einen Seite, die Vereinigten Staaten von Amerika auf der anderen. Die Länder der sog. Dritten Welt sprachen sich, je nach dem, für die eine oder die andere Seite aus, oder blieben unentschieden – so jedenfalls die übliche Erklärung, was uns jedoch keineswegs befriedigt – ist doch die gemeinhin übersehene Tatsache, daß ein junger islamischer Staat, nämlich Saudi Arabien, sich am 10. Dezember 1948 bei der Endabstimmung enthielt[18], ein Hauptschlüssel zum Verständnis der späteren Entwicklung der islamischen Menschenrechte, indem eben dieser Staat eine führende Rolle einnahm.

Daß die ›Allgemeine Erklärung der Menschenrechte‹ keinerlei juristische Verbindlichkeit – als Folge der fehlenden Einstimmigkeit bei der Annahme 1948 – aber doch einen hohen ethischen Wert hat, ist hingegen wohlbekannt. Die zwar nicht gewollte, aber jedoch de facto daraus resultierende »Doppelzüngigkeit« dieser ›Declaration

---

[16] Beispielsweise haben wir folgende Werkauswahl getroffen, um unnötige Referenzenlast zu meiden: an folgende Bücher ist in Spanien z. Z. leicht zu gelangen: »Los Derechos humanos«, *A. Truyol*, Tecnos; »Los Derechos Económicos Sociales y Culturales«, de *B. de Castro Cid*. Universidad de Leon, 1993. »La Comunidad Europea y los Derechos humanos«, de *Christian Duparc*, Comisión de las CC. EE. Octubre, 1992.

[17] Siehe *A. Truyol*, op. cit. S. 27 u. ff. und *Ch. Duparc*, op. cit. S. 5 und ff.

[18] Z. B. *A. Truyol*, op cit. S. 56, Apéndice I.

Universelle des droits de l'homme‹, führte bald zu kafkaesken Ergebnissen: bestimmte Sachverhalte wurden, je nach eigener philosophischer Ausgangsposition als Straf-
oder als Heldentaten angesehen. Die Notwendigkeit juristisch verbindliche völkerrechtliche Verträge bzw. Abkommen zu schaffen, wurde am 19. Dezember 1966
mittels zweier Pakte gelöst: u. a. dem »Internationalen Pakt über bürgerliche und
politische Rechte« und dem »Internationalen Pakt über wirtschaftliche, soziale und
kulturelle Rechte«. Aber auch hier entstand wieder das Problem, daß sich widersprüchliche Standpunkte vertreten ließen, wobei sich zusätzlich die Frage stellte, ob
diese jeweils beide als »gleichrangig« oder als »untergeordnet« anzusehen waren[19].
Die 1948 entstandene endlose »Weltdiskussion der Bipolarität« um die Menschenrechte wurde somit auf die völkerrechtlichen Verträge von 1966 übertragen. Es war
damit fast selbstverständlich, daß das Zusatzprotokoll auf einen heftigen Widerstand
(vor allem bei der Ratifizierung) stieß, weil dieses eine Reihe von Kontrollmöglichkeiten bei Verletzungen von Menschenrechten auf internationaler Ebene – und zwar
innerhalb der Souveränitätsgebiete – vorsah. Hier finden wir erneut die Ablehnung
Saudi Arabiens – unter anderen islamischen Ländern – und erneut ohne jegliche
Begründung. Von da an stellte die Generalversammlung der Vereinten Nationen ein
endloses Verzeichnis von Menschenrechten aller Art (Erklärungen, Beschlüsse, einzelne multilaterale Verträge usw.) auf[20].

Später wurden die Menschenrechte auf »regionaler« Ebene (Europa, Afrika, die
Arabische Liga usw.) weiterentwickelt[21].

1.2. *Allgemeiner Überblick über die Entwicklung und den heutigen Stand der Frage*
zu den Menschenrechten islamischer Prägung

Bisher haben wir schon gesehen, welche erste und bahnbrechende Rolle Saudi
Arabien bei der Generalversammlung der Vereinten Nationen 1948 hatte, als dieser
Staat sich durch Stimmenthaltung gegen die Schaffung einer »Allgemeinen Erklärung der Menschenrechte« aussprach. Bald darauf folgten diesem Weg der Ablehnung ›allgemeiner Erklärungen von Menschenrechten‹ auch andere islamische Länder (aufgrund ähnlicher Überlegungen, die auch heutzutage nichts von ihrer Gültigkeit verloren haben), denn sie beruhen auf genuin islamisch-ethischen, rechtsphilosophischen Grundlagen und nicht – wie man zu oft hört – auf »politischen Kriterien«,
einer voreiligen a priori Behauptung. Beim Islam ist allerdings eine Trennung zwischen Rechtslehre bzw. Rechtstheorie und -praxis von Natur aus undenkbar[22].

---

[19] Für viele Länder, für die sog. »Wirtschaftsrechte«, reine »semantische« Rechte darstellen«, siehe *B. de
Castro Cid*, op. cit. S. 148 ff.

[20] Siehe *Jean-Bernard Marie*: »Documentation: Instruments internationaux relatifs aux droits de l'homme« (Classification et état de ratifications au 1er janvier 1993).

[21] Siehe dazu die kurz zusammenfassende Studie von: *J. M. Morenilla Rodriguez*: »Los sistemas para la
protección internacional de los Derechos humanos«, Ed. Ministerio de Justicia, Madrid 1986 obwohl sehr
unvollständig bzgl. der Arabischen Länder. (sic) Siehe auch *Isaac Nguema*: »Perspectives des droits de
l'homme en Afrique/Les racines d'un défi permanent R. U. D. H., Vol. 2, N. 2 (28. 02. 90), S. 49 ff.

[22] Siehe *Adel Theodor Khoury*: »Tendances et courants de l'Islam arabe contemporain«, Vol. 2. Ed.
Kaiser-Grünewald, Reihe: Entwicklung + Frieden, p. 71. »La position saoudite à la Conférence sur les
droits de l'homme/Vgl. Das Memorandum: »Colloques de Riyad, Paris, Vatican, Genéve et Strasbourg
sur le dogme musulman et les droits de l'homme en Islam«, Ed. Dar al-Kitab Allubnani, Beyrouth. Vgl.

Kristallklar ist daher die Ausgangsposition des Saudi-Arabien-Botschafters Al-Barudi, als er vor der Generalversammlung 1948 eindeutig sagte: »*Die Formulierung dieses Entwurfs über Menschenrechte beruht auf abendländischen Kulturgrundlagen, eine Kultur, die in manchen Punkten im Gegensatz zu anderen Weltkulturen steht ... Jedoch und trotz all dieser Verschiedenheiten kann – als Ganzes gesehen – den Werten abendländischer Kulturen nichts entgegengestellt werden*«[23]. Aber diese Ausgangsposition wurde von der westlichen Welt nicht wahrgenommen, vielleicht weil damals Saudi Arabien noch als Dritte-Welt-Land galt.

Wohlbemerkt, der Botschafter wollte auf diese Weise keine Andeutung auf »Gott« im religiösen (islamischen) Sinn machen; paradoxerweise kam die religiöse Andeutung aus einem christlichen Land, nämlich Brasilien, als Vorschlag für den Artikel 1 § 2 mit folgendem Wortlaut: »*(Die Menschen)... dem Ebenbild Gottes erschaffen, sollen sich im Geiste der Brüderlichkeit gegenüber allen Menschen benehmen...*«[24]. Dieser Vorschlag wurde später ganz fallengelassen, denn China erwiderte seinerseits, daß »*... Ideale und Traditionen Chinas ganz anders und verschieden, gegenüber dem christlichen Abendland, sind...*« ... »*Es wäre ganz gut, wenn die metaphysischen Fragen eben aus der Diskussion blieben*«. Als schicksalhaft könnte man sogar sehen, daß der endgültige Vorschlag »*um jegliche Andeutung von Gottheiten zu vermeiden*«, erneut aus zwei christlichen Ländern kam: Uruguay und Ecuador[25].

Ähnliche Überlegungen kamen bezüglich bestimmter Artikel, wie z. B. Artikel 11 – in der Endfassung als Art. 13 (Recht auf Freizügigkeit) festgelegt – wo der Botschafter Saudi Arabiens einen Vorbehalt bezüglich der Rücksichtnahme der spezifischen Gesetzgebung eines bestimmten Landes anmeldete[26]. In diesem Kontext wird die Unvermeidbarkeit von Normenkollisionen »menschenrechtlicher« und »kulturspezifischer« Natur am ehesten deutlich, eben das, was gleichzeitig den wahren Grund für den oben erwähnten Vorbehalt des Botschafters zeigt: daß die innere (religiöse) Gesetzgebung stets über der allgemeinen (nichtreligiösen) Gesetzgebung stehen soll und nicht umgekehrt; auch nicht, wenn diese Gesetzgebung völkerrechtlicher Natur ist. Dasselbe galt damals bezüglich Art. 16 (Rechtlicher Status der Ehepartner), wo der Botschafter auf den im Islam für jeden Ehepartner bestehenden besonderen Status hinwies, mit der Bemerkung, der Islam schütze besonders das Recht der Frau auf eigenes Eigentum, auf Erbe und auf die Erhaltung eines gesetzlich festgesetzten Ausgleichs im Scheidungsfall.

Auch diesmal wurde jeder Hinweis außer acht gelassen, so daß dementsprechend Saudi Arabien sich der Stimme enthielt, diesmal mit der ausdrücklichen Zusatzerklä-

---

S. A. Aldeeb Abu Sahlieh: »Droits de l'homme conflictuels entre l'Occident et l'Islam«, Univ. Catholique de Louvain, C. E. R. M. A. C., Cahier 88, 1991 und: »La définition Internationale des Droits de l'homme et l'Islam«. Vgl. *Kevin Dwyer*: »Arab Voices: The Human Rights Debate in the Middle East«, Ed. Routledge, London/N. York.

[23] Bei *A. Th. Khoury*: »Tendances et courants de l'Islam arabe contemporain«, S. 71 ff. (N. B.: Sinngemäße Übersetzung aus dem Französischen vom Verfasser). Vgl. *Heiner Bielerfeldt*: »Menschenrechte und Menschenrechtsverständnis im Islam«, in: EuGRZ 1990, S. 489 ff.

[24] Siehe: *S. A. Aldeeb Abu-Sahlieh*: »La définition internationale des droits de l'homme et l'Islam«, in *R. G. D. I. P.* 1985, nr. 3. (N. B.: Sinngemäße Übersetzung aus dem Französischen vom Verfasser).

[25] Ibid. für alle Zitate, *S. A. Aldeeb Abu-Sahlieh*, op. c. in der vorigen Fußnote.

[26] So z. B. die Gesetzgebung Saudi Arabiens, die den Nichtgläubigen den Zugang zu den heiligen Städten Mekka und Medina verbietet.

rung, daß *»Saudi Arabien niemals ein Gesetz gutheißen werde, wenn dieses der islamischen Gesetzgebung widerspricht«.* Ähnliche Ausführungen wurden auch zu Art. 18 (Gedanken- und Religionsfreiheit) gemacht[27].

Als Jahre später (1966) Saudi Arabien erneut der Beitritt zu den oben genannten völkerrechtlichen Menschenrechtsverträgen angeboten wurde, lehnte das Land wieder – wie angekündigt – ab, denn der »Heilige Koran« sei auch insoweit eben kein bloßes Religionsbuch, sondern gleichfalls das Gesetz und die Landesverfassung. Somit wird Art. 18 über Religionsfreiheit nicht nur als Verletzung saudischer Landesgesetze, sondern auch als »grobe Verletzung« der Charta der Vereinten Nationen betrachtet[28].

In den darauffolgenden fünf Jahren hat man versucht, beide Standpunkte so weit wie möglich einander anzunähern. 1922 und 1974 trafen »bedeutende Juristen« beider Rechtsströmungen, d. h. Vertreter Saudi Arabiens und des Westens zusammen, um eine gemeinsame Diskussions- und Rechtsgrundlage zu suchen[29]. Zu diesem Treffen war auch die Katholische Kirche eingeladen[30]. Bei den a) in Riyad behandelten Themen ging es kurz und bündig u. a. um den Rechtswert der saudischen Rechtsordnung, im einzelnen: um die islamische und nicht–islamische Begriffsbildung und um die »Religion« (eine erschöpfende Analyse von über hundert verschiedenen Religionsbegriffen, entnommen aus der »Grande Encyclopädie des Sciences, des Arts et des Lettres«[31].) Hierbei wurde festgestellt, daß kein Religionsbegriff mit dem islamischen übereinstimmt[32]; b) in Paris dagegen um die historischen Quellen Saudi Arabiens, die Rechtsquellen des islamischen Rechtssystems und um die Struktur des Königreichs Saudi Arabien; c) im Vatikan, um die Erziehungs- und Kulturrechte im Islam; d) in Genf um den Frieden; e) in Paris wieder um die Stellung der Frau, im historischen Rückblick; e) in Straßburg letztlich um die Menschenrechte und um die Familie. Zum Schluß wies Saudi Arabien auf den Fehler hin, in den westlichen »laizistischen Staaten« eine gottlose Erziehung zu praktizieren, weil für die Religion in den Erziehungsplänen kein Platz mehr vorgesehen sei[33]. Zudem wurden ab dieser Zeit fortan in zahlreichen islamischen Ländern viele Seminare über die Menschenrechte abgehalten. Unseres Erachtens war das wichtigste das Seminar der Universität

---

[27] Siehe *A. Th. Khoury*: »Tendances et courants...« op. c. S. 72.

[28] Art. 2, J7 der Charta spricht sich gegen die Einmischung der Vereinten Nationen in die inneren Angelegenheiten der jeweiligen Staaten aus. Siehe den »Anejo II«, S. 189, bei Prof. *J. A. Carrillo Salcedo*: »El Derecho Internacional en perspectiva histórica«, op. cit. Saudi Arabien versteht jede religiöse Angelegenheit als Bestandteil der Staatssouveränität; vgl. *A. Th. Khoury*: »Tendances et courants...« op. c. Fußnote 10, S. 73.

[29] Wir bestehen darauf, daß »Juristen und nicht Politiker« überhaupt nötig sind, um eine rechtsphilosophische gemeinsame Rechtsgrundlage auf diesem Gebiet der Menschenrechte zu erzielen. Die Politisierung dieser Rechtsthematik führt nur in eine dialektische Sackgasse. Siehe *A. E. Perez-Luno*: »Derechos humanos, Estado de Derecho y Constitución«, Tecnos, 4a. Aufl. Madrid 1991, S. 162 ff.

[30] Nach dem Kalender: Erstes Treffen am 23. 3. 1972 (Saudi Arabien); zweites am 23. 10. 1974 (Paris); drittes am 23. 10. 1974 im Vatikan (Rom) wobei Gastgeberin die katholische Kirche war; viertes am 30. 10. 1974 in Genf; fünftes am 4. 10. 1974 Straßburg. Cfr. Colloques de Riyad, Paris, Le Vatican, Genéve et Strassburg sur le Dogme Musulman et Les Droits de L'Homme en Islam. (Entre juristes de l'Arabie Saoudite et eminents juristes et intellectuels européens), Ed. Dar al-Kitab Allubnani, Beyrouth.

[31] Paris; Vol. XXVIII, S. 341–366.

[32] Siehe Colloques ... op. c. S. 16.

[33] Op. c. S. 251–260.

Kuwait Ende Dezember 1980. (Organisiert von dem Internationalen Juristenverein, der »Union of Arab Lawyers« und der Juristischen Fakultät Kuwait[34]). Aus allen diesen Vorgängen und Urkunden geht eindeutig hervor, daß die islamischen Staaten seit der o. e. damaligen Ablehnung der »Allgemeinen Erklärung von Menschenrechten« eine islamische »Menschenrechtserklärung« (um eine eigene, islamische, rechtsphilosophische Wertgrundlage strukturiert), stets vor Augen hatten. Dieser Schritt wurde in Paris am 19. September 1981 in vollem Umfang unternommen, als der Generalsekretär der UNESCO, Herr Salem AZZAM, die sog. »Allgemeine Islamische Menschenrechtserklärung« ausfertigte[35], welche auf Antrag des »Islamrates für Europa« – eines Privatvereins mit Hauptsitz in London – von einer Gruppe islamischer Rechtswissenschaftler als Zusammenfassung früherer Bemühungen entworfen wurde.

Diese Urkunde löste sofort eine Polemik von mehreren Seiten aus.

a) Zunächst, als Folge ihres speziellen Charakters, weil die Erkärung nicht im Einvernehmen ›aller‹ islamischer Rechtswissenschaftler, sondern nur einer »bestimmten Gruppe« – eher saudischer Rechtswissenschaftler – vorbereitet wurde. Dabei ist besonders anzumerken, daß die Hauptfrage der Debatte eher die »Auslegung des islamischen Rechts« im allgemeinen, als jegliche »allgemeine Erklärung islamischer Menschenrechte« war.

b) Ferner gab es Reaktionen mehrerer islamischer Intellektueller, mit allgemeiner oder mit Fachbildung an westlichen Universitäten (zur damaligen Zeit meistens unter Vertrag als Dozenten), mit einer offensichtlichen Neigung zum »Laizismus westlicher Prägung«.

c) Zudem meldeten sich »Islamisten« aller Schattierungen[36], die nicht nur die hier letztgenannten »laizistischen« oder »westfreundlichen« Muslime als Gefahr und »Zersetzungspotential« gegenüber genuin islamischem Gedankengut betrachteten, sondern die eigene Regierungen sogar (und zwar insofern diese mit dem Westen Völkerrechts- und Vertragsverbindungen eingingen) scharf kritisierten.

d) Schließlich gab es Kritik an der schwachen bzw. fehlenden Rechtsverbindlichkeit, die ja tatsächlich so widersprüchlicher Natur ist. Sie entzündete sich konkret darin, daß sie einerseits als völkerrechtliches Dokument aufgrund des Mangels an unbedingt nötigen Wirksamkeitsvoraussetzungen juristisch irrelevant ist und ande-

---

[34] Vorschlag Nr. 14 lautet wörtlich: »Islamic States are called upon to ratify international conventions on education and economic, social and cultural rights in as far as these conventions conform to islamic principles«; sowie Nr. 15: »The Seminar recommends that the study of human rights in Islam« be a compulsory part of school curricula; und Nr. 47 (of the General Recommendations): »An Islamic Charter of human rights should be established, in keeping with Islam's vanguard role in this respect, as contribution to the endeavours to preserve and develop human rights in the world and to guarantee a better future«, in: »Human Rights in Islam. Report of a seminar held in Kuwait«, December 1980, International Commission of Jurists/University of kuwait/Union of Arab Lawyers, Geneva, 1982.

[35] Die offizielle französische Fassung lautet: »Déclaration Islamique Universelle des Droits de l'homme«. Ferner, s.: *Ludger Kühnhardt*: »Die Universalität der Menschenrechte«, Günter Olzog Verlag, München 1987, S. 188 ff.

[36] Die hier erwähnten »Islamisten« sind nicht unbedingt als »Integristen« oder als »Radikale« im politischen Sinn (heute eher im publizistischen Massen-Medien Sinn), sondern im juristischen Sinn überhaupt zu verstehen. Als Juristen versuchen wir eine juristische Bezeichnungen zu entwickeln, die fern von Gewalt und Terror radikaler unkontrollierter Gruppen sind. Für politische Bezeichnungen sind eher die Politologen zuständig.

rerseits weil, wenn die Artikel im einzelnen betrachtet werden, festzustellen ist, daß sie in den verschiedenen Rechtsordnungen der islamischen Staaten der heutigen Welt, alle oder einzeln, teilweise schon gelten[37]. Man könnte beinahe sagen, daß die UNO-Problematik von 1948 um die Menschenrechte bei dieser ›islamischen Menschenrechtserklärung‹ von 1981 erneut auftrat. Beide Rechtsurkunden sind, damals wie heute, nicht juristisch, sondern nur rein ›ethisch‹ verbindlich. Die außergewöhnlich hohe Anzahl von verschiedenen – ja sogar widersprüchlichen – Meinungen unter den Politologen, Philologen, Soziologen, Juristen usw. ist vorherrschend auf diese Tatsache zurückzuführen, was zunächst keineswegs leicht zu ersehen ist.

Seitens der islamischen Staaten kann man feststellen, daß seit der UNO-Menschenrechtserklärung von 1948 bis heute eine Art »Kettenreaktion« aufgetreten ist. Nicht nur, daß die sogenannten »Regionalen Menschenrechtsorganisationen« als logische Folge der UNO-Charta von 1945 wie »Pilze aus dem Boden schossen« (in Asien, Afrika und Lateinamerika überhaupt), sondern auch innerhalb der islamischen Staaten ist ebenfalls eine ständig wachsende Anzahl von ähnlichen normativen Texten entstanden[38]. Trotz dieser vielen Texte deutet nichts auf ein Ende hin, das gilt sowohl für die UNO-Textsammlungen, als auch für die (fast könnte man sagen) parallel entstandenen »Islamischen Textsammlungen«[39]. Es ist ein und dasselbe Phänomen mit zwei Gesichtern: das Islamische einerseits und das der Vereinten Nationen andererseits. Um es deutlicher zu machen, sei darauf aufmerksam gemacht, daß nicht nur die öffentlichen, sondern auch private Rechtseinrichtungen – die sog. NGOs (Non Governmental Organisations) – verschiedene Entwürfe zu Menschenrechten vorgeschlagen und veröffentlicht haben, so daß eine (nicht gewollte, allerdings und trotzdem entstandene) weltweite Verwirrung über die eigentliche Rechtsbegriffsbildung

---

[37] Obwohl die ›echte‹ Urfassung der »Allg. Islamischen Menschenrechtserklärung« auf arabisch vorliegt, hat man auch offizielle Texte auf französisch und auf englisch veröffentlicht. Diese stehen allerdings zur Diskussion und sind juristisch nicht verbindlich. (sic!)

[38] Und zwar: 1. »Proyecto de Declaración de Derechos humanos y Obligaciones fundamentales del hombre en el Islam«, von dem Islamischen Weltbund 1979; 2. »Declaración Islámica Universal«, von dem Londoner Islamischen Rat (Consejo Islámico de Londres) vom 12. April 1980 – mit der »Declaratión Islámica Universal de Derechos humanos 1981« nicht zu verwechseln(!). 3. »Proyecto de Documento sobre los Derechos humanos en el Islam«, vorgeschlagen bei dem Islamischen Weltbund (Cumbre de la Organización de la Conferencia Islámica), Taif. 1981. 4. »Proyecto de Declaración de Derechos humanos«, vom fünften »Colloquium über Menschenrechte«, abgehalten in Teherán (Iran), Dezember 1989. 5. »Proyecto de Declaración de Derechos humanos en el Islam«, von den Ministern des Auswärtigen Amtes bei dem Islamischen Weltbund, El Cairo (Egipto), August 1990. 6. »Proyecto de la Carta Arabe de Derechos humanos«, aus der Arabischen Liga, 1982. 7. »Proyecto de Carta de Derechos humanos y del Pueblo en el Mundo Arabe«, von Syracusa, Dezember 1986; schließlich: 8. La »Gran Carta Verde de Derechos humanos de la era Yamahirí«, vorbereitet und vorgeschlagen von Lybien am 12. Juni 1988. N. B.: Teilzitat aus dem Spanischen sinngemäß übersetzt. Siehe Urfassung bei: G. Martin Muñoz (ed.): Democracia y derechos humanos en el Mundo árabe, Ed. ICMA, Madrid 1993, Fußnote Nr. 1, Einführung, S. 20.

[39] Siehe *J. M. Morenilla Rodriguez*, op. cit. S. 65: »... son ya mayoría voces que estiman que esta multiplicidad entraña no sólo confusión, sino un debilitamiento de las instituciones ya existentes...«. Ferner auf Fußnote 33, S. 44: »... La proliferación de órganos ha sido a veces casi inevitable, pero también es una fuente de confusión y casi peligrosa... si hay dispersión de esfuerzos la protección internacional se hará ineficaz...«. Ferner auf S. 65, hinzugefügt: »... Las NN. UU. han publicado una obra de más de 400 páginas para explicar la acción de las NN. UU. en el campo de derechos humanos y la bibliografiá va haciéndose igualmente enorme. «

bei den Menschenrechten weiter und weiter grassiert[40]. Dabei tritt eine Art »Bumerangeffekt« auf: Mit jeder neuen »Erklärung« oder Urkunde (über bzw. mit Menschenrechten) entsteht gleichzeitig, wegen neuer Begriffseinfügungen bzw. -erschaffungen oder -erweiterungen, ein neuer Schritt in die allgemeine juristische bzw. rechtsphilosophische ›Wertverwirrung‹, denn jede neue Urkunde stimmt bzgl. der Terminologie, der Rechtsbegriffe, der Rechtszwecke usw. höchstens nur zum Teil mit den früheren Rechtstexten überein, so daß gleichzeitig ein neuer, so nicht bezweckter Streit entsteht. Zur Illustration können wir hier nur vier NGO-Urkunden zitieren, ohne Anspruch auf Vollständigkeit[41].

2. Eine Typologie der Menschenrechte im Lichte vergleichender rechtsphilosophischer Betrachtungen

Versuchen wir nun, anhand unserer obigen Überlegungen und stets in diesem Zusammenhang, eine allgemeine pädagogische »Typologie« der Menschenrechte zu erstellen. Als »Ausgangspunkt« können wir den förmlichen Staatsbeitritt bzw. den Nicht-Beitritt zur UNO-Menschenrechtserklärung 1948 betrachten, so daß je nach dem, ob ein bestimmtes Land bzw. Staat der oben erwähnten UNO-Erklärung beigetreten ist, oder ob er den Beitritt in aller Form abgelehnt hat, anzunehmen ist, daß dementsprechend jegliche später hervorgebrachte Erklärung der Menschenrechte oder jeglicher entsprechender Entwurf konsequenterweise auch als »laizistisch« (d. h. als Erklärung bzw. Entwurf laizistischer Prägung) zu betrachten ist. Umgekehrt hat jeder Beitritt ebenfalls zur Folge, daß spätere Menschenrechtserklärungen oder -entwürfe (in diesem Sinne auch) als »islamisch« bzw. als islamisch geprägt – um der eigenen Kohärenz willen – zu verstehen sind. Wir sind dessen bewußt, daß wir durch diese allgemeine Feststellung rein theoretisch und konventionell vorgehen, denn einige Länder wie China z. B., das auch bei der UNO-Abstimmung anwesend war, kann eigentlich dennoch keineswegs als »laizistisch« bezeichnet werden (obwohl diese Bezeichnung unter den Rechtswissenschaftlern heute üblich ist).

Festzuhalten bleibt, daß, wenn der innere Sinn entsprechender Rechtsparagraphen und Präambeln jeder Art mit dem entsprechenden der Islamischen Menschenrechtserklärung von 1991[42] übereinstimmt, wir davon ausgehen können, daß auch die entsprechende Menschenrechtsurkunde[43] »islamisch« ist. So finden wir also, daß jede

---

[40] Hier geht es wohlgemerkt nur um die Menschenrechte als »Begriff« und nicht um die äußerst hervorragende humanitäre Leistung der NGOs.

[41] 1. La Carta Marroquí de Derechos humanos (CMDH); 2. La Carta de la Liga Tunecina de Derechos humanos (CLTDH); 3. La Declaratión de Argel para el ›Maghreb‹ de los Derechos humanos (DAMDH), y 4. Los estatutos de la Organizacióu Arabe de Derechos humanos (OADH). Siehe G. Martin Muñoz, o. c. Fußnote 28, S. 23.

[42] Die Menschenrechtserklärungen und die Menschenrechtsurkunden können viele äußere Darstellungsformen annehmen und sind hier nur »sensu lato« zu verstehen.

[43] Vgl. Prof. *A. A. An Naim* (El Cairo), hat jedoch eine Mischung von Menschenrechten teils als »laizistisch«, teils als »islamisch«, allerdings bis heute ohne wahrnehmbares Echo vorgeschlagen: siehe »Corán, Scharià y Derechos humanos, fundamentos, fallos, perspectivas«, bei: »Etica de las Grandes Religiones y Derechos humanos«, in: Rev. CONCILIUM (Rev. Internacional de Teología), Ediciones Cristiandad Nr. 228, März 1990, Madrid.

Menschenrechtserklärung entweder als »laizistisch« oder als »islamisch« zu betrachten ist, denn eine dritte Rechtskategorie, als Mischung von beiden, kann in diesem rechtsphilosophischen Zusammenhang ausgeschlossen werden[44].

2.1. *Menschenrechte sog. staatlicher bzw. laizistischer Prägung*

Unter dieser Kategorie können wir jegliche Rechtsvorschriften, welche in einer gültigen Rechtsordnung heutiger islamischen Staaten vorgesehen sind, verstehen, ebenso wie diejenigen anderen Rechtssätze, die in den entsprechenden »Menschenrechtserklärungen bzw. -urkunden« aller Art, wie z. B. die der sogenannten »Privatvereine zur Pflege der Menschenrechte« enthalten sind. Als Beispiel dieser letzten Kategorie können wir folgende angeben: 1) Die »Marokkanische Charta über Menschenrechte« (CMDH); 2) »die Tunesische Charta der Menschenrechte« (CLTDH); 3) die »Erklärung von Algier für die Menschenrechte im Maghreb« (DAMDH); 4) die bei der Satzung der »Organisation Arabe des Droits de L'homme« (OADH) vorgesehenen Menschenrechte und, mehr allgemein: 5) die Rechtsvorschriften jeglicher Staatsverfassungen, gültig oder nicht – denn die Rechtsgültigkeit ist für unsere Betrachtungen irrelevant – vorausgesetzt, daß in der Präambel oder in den darauffolgenden Paragraphen ein expliziter Beitritt zur UNO-Charta bzw. zur Allgemeinen Erklärung der Menschenrechte 1948 vorgesehen ist. Darüber hinaus und besonders dann, wenn als Zusatzerklärung ein Verweis auf die (französische) Menschenrechtserklärung von 1789 offen besteht[45].

»Typische« Merkmale dieser Kategorie sind: a) die explizite Erwähnung des Beitritts zur UNO-Charta von 1948, sowie die Achtung ihrer Grundsätze und weiterer ähnlicher völkerrechtlicher Übereinkünfte; b) die Benutzung eines dem Westen ähnlichen Rechtswortschatzes; c) die Behandlung der Religion in allen ihren Rechtsbereichen als staatsabhängiges Thema – und nicht umgekehrt – (sic!); d) die Benutzung westlicher prozeßrechtlicher Vorschriften zur Überwindung möglicher Normenkollisionen bzw. -konflikten, und zwar sowohl auf ›innerer‹ als auch auf ›völkerrechtlicher‹ Rechtsebene, ständig unter Ausschluß jeglicher Anwendung entsprechender islamischer Rechtsvorschriften (d. h. der Scharià); e) die Tatsache, daß die materiellen Textverfasser gute Kenner westlicher Rechtssysteme sind, sogar mit westlicher Juristenausbildung (z. B. im französischen »droit civil«, englischen »common Law« usw.).

2.2. *Menschenrechte islamischer Prägung: Sunna und Schia*

Als Gegenmodell können wir auch, mit derselben Methode die Menschenrechte islamischer Prägung zusammenfassen: als diejenigen, die in den Verfassungspräambeln islamischer Staaten auftauchen, sowie diejenigen, die in Privatvereinen zur Pflege der Menschenrechte vorgesehen sind, dies aber nur, wenn aus der Analyse der

---

[44] 1. CMDH; 2. CLTDH; 3. DAMDH; 4. OADH sind die offiziellen Bezeichnungen. Siehe: G. Martin Muñoz, Democracia y Derechos humanos. op. cit. S. 297 ff.

[45] So z. B. lautet die Präambel der Verfassung Senegals (u. a.): »... *The senegalese people hereby solemnly proclaims its independence and its attachment to the fundamental rights as defined by the Declaration of the Rights of Man and the Citizen of 1789 and by the Universal Declaration of December 10, 1947...*«.

entsprechenden Rechtsvorschriften klar hervorgeht, daß ihr innerer Sinn mit dem »islamischen Rechtssinn« übereinstimmt. Die allgemeinen Merkmale des »islamischen Rechtssinnes« (l'esprit de la Loi islamique) wären folgende: a) die explizite Behauptung, daß islamische Grundsätze, egal welcher Art, als Grundlage in den entsprechenden Texten benutzt wurden; b) der Gebrauch einer eigenen islamischen Terminologie, die aus Jahrhunderten islamischer Tradition hervorging; c) die Behandlung der Religion in allen ihren Erscheinungsformen als »absolut vorrangig«, so daß der Staat selbst stets den religiösen Rechtsvorschriften unterworfen ist; d) die Benutzung »islamischer Rechtsvorrangigkeit« bei Rechtskollisionen bzw. -konflikten mit anderen Rechtsquellen, sowohl innerer als auch völkerrechtlicher Art; e) die Tatsache, daß die entsprechenden Rechtstexte bzw. Entwürfe von Menschenrechtserklärungen, von islamischen Fachjuristen, aus Scharià-Universitäten (wie z. B. Al-Azhar) ausgearbeitet wurden.

Die Benutzung dieser Typologie kann uns vor Irrtümern bewahren, wie z. B. jenem schon klassischen, nämlich der Behauptung, jeder Rechtstext sei schon deshalb bloß als »islamisch« abzustempeln, wenn dieser allgemeine Andeutungen auf die islamische Kultur bzw. Religion enthalte (wobei der allgemeine »innere Sinn« einfach übersehen wird(!)). Als gutes Beispiel finden wir die oben erwähnte »Marokkanische Charta der Menschenrechte« (CMDH)[46], in Rabat am 10. Dezember 1990 von fünf verschiedenen Vereinen zur Pflege der Menschenrechte ausgerufen, in deren Wortlaut Menschenrechte reiner »laizistischer Prägung« (trotz islamischer Bewertung(!)) zu finden sind.

Aber der Islam der Menschenrechte ist keineswegs monolithisch. Genauso wie im Westen: Auch dort kann man mehrere Rechtsströmungen finden, ohne daß unbedingt widersprüchliche Meinungen vertreten werden. Die bestehenden sunnitischen und schiitischen Rechtsmeinungen über das Wesen islamischer Menschenrechte sind ein deutlicher Beweis dafür[47]. Es ist ja kein Zufall, daß 1982, d. h. ein Jahr nach der Verkündung der islamischen (sunnitischen) Menschenrechtserklärung, Herr Abol Hassan BANI SADR ein entsprechendes Buch über Menschenrechte im Islam (auf persisch mit arabischen Zitaten) selber verfaßte und veröffentlichte[48]. Dabei handelt es sich offensichtlich um die schiitische Fassung islamischer Menschenrechte[49], wo der Verfasser wörtlich klagt, daß: »... *Die Internationalen Menschenrechtsorganisationen so gut wie nichts über islamische Justiz wissen, genau so wenig wie über die Menschenrechte im*

---

[46] Dessen Präambel, à 2, u. a. lautet: »... *In Anbetracht aller Siegeszüge, die die Menschheit nach bitteren langen Kämpfen von den Grundwerten des ISLAM geführt schon gewonnen hat... usw....«* Siehe: G. Martin Muñoz: Democracia y Derechos humanos, op. cit. S. 351 ff.

[47] Die »Sunna«-Strömung erscheint z. B. bei: *M. Hamad Khoder:* »Human Rights in Islam«. Ed. (Traduct. Zaid A. Al-Husain), King Faisal Islamic Research Centre, 1988. Für die »Schià«-Strömung, se. z. B. *A. H. Bani Sadr:* »Le Coran et les Droits de l'Homme«, Ed. Maisonneuve & Larosse, 1982.

[48] *A. Bani Sadr* hat die Übersetzung für die französische Fassung höchstpersönlich vorgenommen(!).

[49] Verfaßt anhand des Heiligen Koran sowie der zehn Gebote islamisch-Schiitischer Justiz. Das Buch enthält 37 und ist um vier Hauptkapitel strukturiert. (Kap. I Allgem. Grundsätze islamischer Gerechtigkeit. Kap. II Allgem. Erfordernisse, um an das Kadiamt zu gelangen. Kap. III Die Verbrechen und deren Bestrafung. Kap. IV Koranische Verbrechen und deren Bestrafung). *(Als Zusatz wird ein Sonderkapitel:* »*Um die Menschenrechte im Islam).* NB: fügt ein weiteres Verzeichnis über islamische Begriffe und Rechtsinstitute, für den Nicht-Muslim Leser.

Islam«... [50]. Die Rechtsquellen werden vom Verfasser selbst zitiert: der Koran und die Belehrung Ali's [51]. Der Verfasser geht davon aus, daß die UNO-Erklärung von 1948 nur einen Teil der Menschenrechte islamischer Prägung repräsentiert [52]. Eine Besonderheit jenes Werkes besteht nämlich darin, daß es sich hierbei um den Entwurf eines einzelnen Menschen handelt, wohingegen die sunnitischen Fassungen stets als kollektives Juristenwerk zu erscheinen pflegen.

2.3. *Zu vergleichende Aspekte: Rechtstechnik und Rechtsphilosophie*

Aus allem Vorangegangenen kann man schließen, daß die Zuordnung jeder einzelnen Rechtsvorschrift bzw. der Menschenrechte zum »islamischen« [53] oder »laizistischen« Typus nur mit Hilfe der Rechtsvergleichung möglich ist. Festzustellen ist nämlich die benutzte äußere »Rechtstechnik«, sowie die »philosophischen Grundwerte«, auf die jedes Recht, bzw. jeder Paragraph aufgebaut ist. Das ist besonders wichtig in Anbetracht einer vielleicht doch möglichen Teilharmonisierung von beidem, sei es durch Feststellung möglicher »Topoi« oder durch Feststellung einer analogen Struktur. Für diese Aufgabe bedienen wir uns dreier philosophischer Betrachtungsebenen; wohl bemerkt allerdings, daß die dreifache »rechtsprachliche, methodologische und axiologische« Ebene in der juristischen Wirklichkeit gleichzeitig und untrennbar erscheint:

2.3.1. *auf rechtssprachlicher Ebene:*

Zuallererst wird bei einer rechtsvergleichenden Analyse zwischen laizistischen und islamischen Menschenrechten deutlich, daß der eigene Wortschatz verwirrend ist. So werden z. B. für einen saudi-arabischen Leser, dessen Erziehung rein traditionell islamisch ist, die Konnotationen zur UNO-Erklärung 1948 ganz andere sein, als die eines ägyptischen, christlichen Kopten. Und das gilt nicht nur für die arabischen Länder; die Lektüre einiger Sätze der UNO-Erklärung zu den Menschenrechten nährte in den USA bei einigen Lesern – anläßlich einer Umfrage – sogar den Verdacht, daß es sich... *»um das Manifest der kommunistischen Partei handelte«* [54]. Das bedeutet, daß es insofern keinen weltweiten Konsens über die allgemeine Terminologie [55] bei den Menschenrechten gibt, weil jeder Begriff je und nur nach dem kultu-

---

[50] A. H. *Bani Sadr*, op. c., S. 9.

[51] (»... je me suis referú, pour la documentation, exclusivement au Coran et, lorsquîil permettait de mieux expliquer un sujet, au »Nahj al Balaagha« de l'immam ALI...«), op. cit. S. 10.

[52] Op. cit.m S. 159 (Conclusion), Absatz 1.

[53] Und zwar unabhängig davon, ob die jew. Verfasser Sunniten oder Schiiten sind.

[54] Siehe *Karel Vasak*: »Discussion« bei: René Cassin, Amicorum discipulorumque liber, Vol IV, Méthodologie des droits de l'homme, Pedone, Paris, 1972, S. 168.

[55] Was allerdings sehr schwer zu machen ist. Siehe in diesem Zusammenhang die Sprachproblematik bei der UNO um die Auslegung des Art. 77 des I. Genfer Protokolls (über die Möglichkeit für die Kindereinsetzung in Kriegshandlungen) auf englisch und französisch. Hierzu erklärt Prof. *Paul Tavernier*: »En effet, la structure de la phrase n'est pas identique dans les deux langues: alors que la phrase du texte anglais comprend deux propositions coordonées par la conjonction« »and«, la phrase du texte francais se compose d'une proposition principale et une subordonée, marqué par le participe: »notamment en s'abstenant...« »toutes les mésure possibles dans la pratique« (»all feasible measure«) etc.... Bei: ‚Combattants et non

rellen Rechtsumfeld (d. h. mit eigenen, verschiedenen, nur für die jeweiligen Kenner sich erschließenden, rechtsphilosophischen Konnotationen) zu verstehen ist. Das heutige Phänomen der ständigen Vermehrung von Texten über Menschenrechte (und das sowohl in den islamischen als auch in den anderen UNO-Ländern) trägt nichts, aber auch gar nichts zur gegenseitigen Verständigung auf diesem besonders wichtigen Gebiet bei, denn alles bleibt bei einer mehrseitigen, endlosen Tautologie.

2.3.2. auf methodologischer Ebene:

Die »Politisierung« der Menschenrechte ist als ein Abfallprodukt des »kalten Krieges«, nach dem Zweiten Weltkrieg entstanden. Damit konnte man diese Art Rechte als »politische Wurfwaffe« willkürlich einsetzen, vorausgesetzt, daß die Gegenpartei, je nach dem, als Freund oder Feind des jeweiligen politischen Systems einzustufen war. Diese Manipulation der Menschenrechte wurde von beiden Supermächten wechselseitig betrieben. Leider geschieht etwas ähnliches nach wie vor bei großen aktuellen Weltereignissen, wie dem Iran-Irak-Krieg, dem Golf-Krieg, den Guerrilla-Gefechten in den islamischen Ländern der C. E. I., dem Bosnien-Serbien-Krieg, beschämenderweise ist diese Liste beliebig verlängerbar. Die scharfe Trennung zwischen den politischen und den juristischen Ebenen führte schon bei der UNO 1948 zu dem Ergebnis, daß die UNO-Erklärung über die Menschenrechte keine juristische, sondern lediglich eine rein »ethische« Natur aufweist. Als nichtgewollter aber jedoch wirksamer Effekt ist leider nur zu verzeichnen, daß damit die echte juristische, wesentliche Natur der Menschenrechte in Vergessenheit geriet, ersetzt von einem hohlen politischen Diskurs. Heute ist es jedem Bürger im Westen klar, daß kein Rechtstaat zu erreichen ist, wenn die Justiz von Politikern und nicht von Juristen, von schnell wechselnden konjunkturellen Kriterien und nicht von festen, lange bewährten juristischen bzw. rechtlichen (d. h. methodologischen) Kriterien abhängig gemacht wird. Daher wird unsere Methodologie nur auf juristischen Tatsachen und Ebenen beruhen; wie z. B. die des Zivil-, Straf- und Verwaltungs- und Völkerrechts[56]. Wir sind uns dessen bewußt, daß die Rechtsphilosophie auch keine weltweit einstimmig angenommene Rechtstheorie bzw. Rechtslehre darstellt, aber wir wollen damit weg von Dogmatismus und Vorurteilen. So ist es eine typische »Schein-Idee« vieler Juristen zu glauben, mittels juristischer »Fiktionen« sei jede rechtsphilosophische Grundfrage schon von selber gelöst und dies auch noch ohne juristische Argumentation, nur unter Zuhilfenahme politischer Schlagworte. Solche Vorgehensweise kann auf dem Gebiet der Menschenrechte lediglich kafkaeske Situationen hervorbringen. Diese Tatsache stellt sich besonders beim Rechtsvergleich zwischen laizistischen und islamischen Menschenrechten heraus, denn der Schlüssel zum Verständnis zwischen beiden Begriffen von Menschenrechten ist nicht – wie viel zu oft zu hören ist – die politische, sondern die jeweilige rechtsphilosophische Grundlage.

---

combattants: l'experience de la guerre entre l'Iran et l'Irak, S. 74–92, in: »Revue Belge du Droit International«, Vol. XXIII, 1990-I.

[56] Vgl. in diesem Zusammenhang Kap. VI: *Hamed Sultan*: »La concepsión islàmica del Derecho humanitario«, in: Las dimensiones internacionales del Dr. humanitario, Tecnos-UNESCO, 1990. Vgl. weiter *Antonio Blanc Altemir*: »La violación de los Derechos humanos fundamentales como crimen internacional« Ed. Bosch, 190, S. 32 – bzgl. der islamischen Erklärung zu den Menschenrechten von 1981 –.

2.3.3. auf axiologischer Ebene:

Wo die Problematik um die Menschenrechte islamischer oder laizistischer Art in aller Schärfe eigentlich auftaucht, ist die axiologische, das heißt die Wertebene. Diese spezifische Ebene zeigt den inneren Geist und die inneren unsichtbaren, ethischen Grundlagen jeglicher philosophischen Auffassung über Menschenrechte. Keineswegs jedoch kann man die Ausgangspositionen auf folgendes einfaches Schema zurückführen: »*Hier die der UNO beigetretenen Länder, also eine laizistische Auffassung, dort die islamischen Länder, also islamische Auffassung*«, denn einige Länder scheinen gleichzeitig eine doppelte Richtung zu verfolgen[57]. Deswegen ist es nötig, die Länder einzeln zu analysieren. Dabei finden wir einen äußerst interessanten Streit innerhalb der sogenannten »interkonfessionellen islamischen Gespräche«[58]. Einige ähnliche Überlegungen, aber in einem anderen Zusammenhang, wie die Rezeption islamischer Rechtsphilosophie bezüglich bestimmter Auffassungen über Menschenrechte in Afrika, können hier als weitere Beweise vorzüglich dienen[59]. So sehen wir, daß letzten Endes die Rückführung jeglicher Auffassung von Menschenrechten auf der eigenen Axiologie und diese ebenfalls auf der jeweiligs eigenen jeweiligen Ethik beruht. Auf diese Weise können wir aber die Ablehnung von Menschenrechten westlicher, laizistischer Prägung seitens mehrerer islamischer Rechtswissenschaftler – sowohl arabischer, als auch aus dritten Ländern – verstehen; denn was im Grunde abgelehnt wird, sind eigentlich nicht die Menschenrechte als solche, sondern die begleitende »westliche Axiologie« bzw. Ethik, eine Art Ethik, die nichts mit religiösem Gedankengut zu tun hat. Eine enttheologisierte Ethik, weit weg von der echten islamischen, religiösen Ethik. Es ist ja kein Zufall, daß eine der am meisten vorgetragenen, in Universitätshandbüchern zu findenden Definitionen über Menschenrechte im Westen lautet: »*Menschenrechte sind diejenigen Rechte, welche allen Menschen, eben weil sie Menschen sind, zustehen*«. Rechtsphilosophisch gesehen kann dies auf eine

---

[57] Z. B. Pakistan, in Richtung zur »islamischen Umma und zur UNO, auf beide Richtungen mit ähnlichen Argumenten; siehe: »Politique Internationale«, Nr. 55, printemps 1992.

[58] Siehe *Gilles Kepel/Yann Richard*: »Intellectuels et militants de l'Islam contemporain«, Ed. Seuil/ Sociologie, Paris, 1990, wo die Kritik seitens einiger intellektueller Muslime gegen die etablierten islamischen Systeme zusammengefaßt ist. Zu bemerken ist: Diese intellektuellen Muslime sind Diplomärzte, -techniker, -ingenieure usw. Sie sprechen sich sowohl gegen die traditionelle Ulama, als auch oftmals gegen Muslims ›à la occidentale‹ aus. Sie haben eigene vielseitige Auslegungen bzgl. des Islam für die heutige Zeit, so daß es unmöglich erscheint, eine dichotomische bzw. manichäische Einteilung (wie z. B. »Laizisten«/»Islamisten«) vorzunehmen. Siehe *Bassam Tibi*: »Islam and Individual Human Rights«, in: Universitas, Nr. 1, 1993; weiter ihr Buch: »Im Schatten Allahs. Der Islam und die Menschenrechte«. Pieper-Verlag, Munich, 1994. (Cfr. F. A. Z. 3. .9. 93, S. 12, Nr. 204: ›Von bösen Mächten allzeit bedroht‹). Vgl. die oben erw. Ausgangsposition *A. H. Bani Sadr*, wo er versucht: a) einerseits gegen die islamische Justiz des Imam Jomeinis aufzutreten; b) andererseits die eigenen Überlegungen bzgl. der Menschenrechte im Islam als die »echten« darzustellen. Hier wird deutlich die Schwierigkeit, eine dichotomische Teilung »Islamismus-vs-Laizismus« vorzunehmen, denn Bani Sadr gibt sich als Muslim aus und gleichzeitig versucht er, nur die eigenen Überlegungen und nicht die Überlegungen anderer ebenfalls islamischer Denker darzustellen (Siehe *Bani Sadr*, op. cit. S. 9–10).

[59] Siehe *Issac Nguema*: »Perspectives des droits de l'homme en Afrique/Les racines d'un défi permanent« en R. U. D. L. Vol 2, Nr. 2 (28. 2. 90). Vgl. die islamische »Rezeption« und ihre Gegenüberstellung mit den traditionellen afrikanischen Wertlehren, in: Mamadou DIA: »Islam et civilisations negro-africaines«, Tome III, Ed. Les Nouvelles Editions Africaines. Auf Seite 46 lesen wir: »... *L'Islam a enrichi les cultures traditionnelles africaines en préservant leur originalité, leur pouvoir de création. Il a meme ofert à son antagonisme irréductible – l'animisme – des possibilités d'évolutoin, d'humanisation, de personnalisation ...*«.

Tautologie, wie die folgende zurückgeführt werden: »*Menschenrechte sind eben die Menschenrechte*«[60]. Kein Wunder also, daß die islamischen Juristen solche rein agnostischen Definitionen ablehnen. Jedes islamische Recht bzw. jeder Rechtsanspruch beruht letzten Endes auf dem allgemeinen islamischen Recht (Scharià), dessen Legitimität auf der islamischen Axiologie beruht, und diese gleichzeitig auf dem Islam (als Religion), in welchem die jeweiligen Rechte und Pflichten wohl bekannt sind. Diese Vorgehensart erläutert sehr gut die ebenfalls bestehende allgemeine westliche Ablehnung jeglicher islamischer Gesetzgebung auf dem Rechtsgebiet der Menschenrechte. Was eigentlich abgelehnt wird, ist die islamische Axiologie, die islamische Ethik und die islamische Religion, drei Aspekte einer unlösbaren Systemeinheit, welche seit dem Spätmittelalter frontal gegen die christlich-europäische Auffassung ansteht. Während in Europa zum Beispiel die »Toleranz« gegenüber Andersdenkenden meistens im Kampf gegen die »anderen« religiösen Weltanschauungen (mittels Heiliger Inquisition, Zensur, Religionskriegen, Absolutismus und Despotismus usw.) stattgefunden hat[61], war in einem großen Teil der islamischen Länder der Islam der historische Hauptfaktor, welcher in den ersten Jahrhunderten die Intoleranz beseitigt hatte[62]. Daher die Notwendigkeit, die axiologische Ebene eines Textes überhaupt zu analysieren, damit jedes entworfene Menschenrecht »prime facie« als islamisch oder als laizistisch einzuordnen ist[63].

3. Praktisch-theoretische Probleme der islamischen Menschenrechte als Hauptschlüssel des heutigen Rechtspluralismus in islamischen Staaten

3.1. Intrasystematische Interferenzen

Der Mangel an klaren Definitionen auf diesem Gebiet der Menschenrechte hat schon, so haben wir gesehen, eine Vielfalt von Begriffen, sowohl im Westen als auch in den islamischen Ländern hervorgebracht. Die Hauptschwierigkeit haben wir auf der axiologischen Ebene gefunden, so daß eine Rückführung auf eine einzige Grundlage für beide Seiten gleichzeitig als unmöglich erscheint. Daß dies aber vielleicht mit Ausnahme bestimmter einzelner Rechtsfragen, wie z. B. der Frage nach dem »Lebensschutz« geht, beweisen sowohl die Vereinten Nationen, als auch die islamischen Staaten: So im Paragraph 3 der UNO-Erklärung zu den Menschenrechten, sowie im § 6.1 des UNO-Zivilabkommens von 1966. (Gegen die Folterung spricht sich eben-

---

[60] Definition bei *A. E. Perez Luño*: Derechos humanos, Estado de Derecho y Constitución. op. cit., S. 48 in fine.

[61] Siehe *Antonio Truyol y Serra*: Historia de la Filosofía del Derecho del Estado. op. cit. 2r. Vol. S. 163 ff. »El problema de la tolerancia«.

[62] Siehe *S. A. Aldeeb Abu-Sahlieh*: »L'Impact de la religion sur l'ordre juridique. Cas de l'Egypte. Non musulmans en pays d'Islam«, Ed. Universitaires Fribourg/Suisse, (Doktorarbeit). Vgl. Colloques de RIYAD, Paris, Le Vatican, Genéve et Strasbourg sur le Dogme Musulman et les Droits de L'Homme en Islam, op. cit.

[63] Siehe den allmählichen Trend, den »ethischen Hintergrund möglicher Menschenrechte jüdischer, hinduistischer, katholischer Ausprägung darzustellen; in: »Concilium«, Nr. 228, März 1990, Madrid: »Etica de las grandes religiones y Derechos humanos«.

falls § 7 aus.) Bezüglich der islamischen Staaten finden wir einen ähnlichen (theoretischen) Rechtsschutz auf § 1.1 der Islamischen Erklärung von 1981, weiter unterstützt von § 7[64].

3.2. *Funktionen und Fehlfunktionen bei Theorie und Praxis*

Anscheinend können also beide Ausgangspositionen (d. h. die islamische und die laizistische) auf ein und dasselbe »intersubjektive Rechtsmodell« zurückgeführt werden. Dies verdeutlichen folgende Thesen: a) die grundsätzliche Behauptung des Rechts auf Leben; b) die Anerkennung des Staates als einziger legitimer Instanz für die Todesstrafe (und zwar nur in Extremfällen); c) die Regelung der Todesstrafe – in all ihren möglichen Arten – ausschließlich »per Gesetz« (d. h. je nachdem durch das islamische oder durch das jeweilige Landesgesetz).

In den islamischen Staaten wird jedoch ›de facto‹, nachdem die entsprechenden Verweisungen auf das Strafrecht ›de iure‹ vorgenommen worden sind, der Rechtsrahmen äußerst komplex, denn hier gibt es – bezüglich des anzuwendenden Strafrechts – keine eindeutigen Folgekriterien, so daß wir zwei grundsätzliche Verfahrensweisen »ex post facto« finden: Erstens, die ausschließliche Anwendung eines Strafrechts laizistischer Prägung seitens einiger bestimmter islamischer Staaten[65]; zweitens die ausschließliche Anwendung des genuin islamischen Strafrechts (›Hudud‹) von einem anderen Teil ebenfalls islamischer Staaten[66]. Diese Tatsache hat innerhalb der islamischen Staaten als ein Störfaktor äußerst wichtige Auswirkungen, denn einige Denkströmungen sehen jene Verfahrensart als für unsere Zeit völlig korrekt an, andere hingegen betrachten dies als der islamischen Gesetzgebung zuwiderlaufend[67]. Diese dichotomische Vergabelung des Strafrechts erzeugt gleichzeitig systematische Inkohärenzen, denn es wäre logischer, rein systematisch gedacht, daß in jedem islamischen Staat die strafrechtlichen Normen auf die islamische Gesetzgebung verweisen und nicht auf fremde (d. h. auf nichtislamische, also auf westlich-laizistische) Gesetzgebung. Da der Hudud ein Teil des islamischen Rechts (Scharià) ist, bewirkte dies, daß der Vorrang islamischer Rechtsnormen (als Ganzes betrachtet) strengstens beibehalten würde, was – wie gesagt – den erwähnten Störfaktor ausschalten würde[68].

---

[64] Artículo 1.1: »... La vida humana es sagrada e inviolable y todo esfuerzo debe ir dirigido a protegerla. Particularmente nadie debe ser herido ni dado muerte, salvo lo autorizado por la Ley Islámica...«, completado con el art. 7 cuyo tenor literal dice: »... Ningún individuo deberó padecer tortura física o mental ni degradación ni amenaza de recibir perjuicios contra su persona, familiares o allegados, ni ser extorsionado, ni confesar un acto delictivo, ni coaccionado a aceptar cualquier acto que perjudique sus intereses...«.

[65] Normalerweise sind das diejenigen Länder und Staaten, welche von den europäischen Ländern seit dem XVIII. Jahrhundert besetzt und kolonisiert und zur Aufnahme europäischer Strafgesetzgebung gezwungen wurden, wie z. B. Marokko, Tunesien, Algerien und Ägypten.

[66] Für das islamische Strafrecht (d. h. den »Hudud«). Siehe Chérif Bassiouni (Ed.): »The Islamic Criminal Justice System«. Ed. Oceana Publications, Inc. London/Rome/N. York, 1981.

[67] *Olivier Carre:* »Mystique et politique: lecture révolutionnaire du Coran par Sayyid QUTHB, frére musulman radical«, ed. Patrimoines, passim, insb. S. 197–203. Vgl. *A. Th. Koury:* »Tendances et courants de l'Islam arabe contemporain«, Vol 2, op. cit. Kap. VI. Le systéme judiciaire en Arabie Saoudite, S. 96 ff.

[68] Im islamischen Recht gilt folgender Rechtsnormenvorrang: erstens, die Korannormen, zweitens die Sunnanormen, drittens, die mittels Rechtsanalogie und Billigkeit durch die Ulama gefundenen Rechtsnor-

3.3. Die Problematik der Rangordnung und Verweisung islamischer Rechtsnormen in islamischen Rechtsordnungen

Innerhalb des allgemeinen islamischen Rechts findet man im Laufe der Geschichte eine weitreichende Falljurisprudenz mit verschiedenen Auslegungsströmungen bzw. -schulen. Bezüglich der Menschenrechte wird die Lage immer komplexer, je nach dem, ob der zu normierende Rechsstoff dem einen oder dem anderen Rechtsgebiet zugesprochen wird. So sehen wir z. B. bezüglich des Eherechts, daß die einzelnen in den entsprechenden Menschenrechtserklärungen bestehenden Rechtsnormen – je nach islamischem Staat – entweder: a) auf das islamische Recht; oder b) nur teilweise auf das islamische und teilweise auf laizistische Rechtsnormen verweisen. Hier spielen allerdings die entsprechenden islamischen Rechts- bzw. Auslegungsschulen eine entscheidende Rolle, denn es gibt in jedem islamischen Staat normalerweise eine Hauptströmung, meistens sind sogar ›mehrere‹ gleichzeitig zu finden, was diese Thematik noch schwieriger zu verstehen macht[69]. Die entscheidenden Kriterien jeder dieser islamischen Rechtsschulen sind dabei wohl Fragen der angewandten Metho-den[70], so daß der Hauptunterschied ebenfalls auf der Rechtsanwendung der Sunna, die als solche im allgemeinen auch sehr unterschiedlich gehandhabt wird, liegt[71]. Kein Wunder also, daß die Westjuristen so gut wie kein Verständnis für ein solches Rechtssystem – so weit entfernt von westlichen Rechtsmustern[72] – haben. Die Sprachschwierigkeiten spielen dabei auch eine nicht zu unterschätzende Rolle, denn oft werden die politischen und die juristischen Ebenen verwechselt, so daß sogar der Rechtswortschatz manchmal in entgegengesetztem Sinne verstanden und angewandt wird[73]. Ein sehr gutes Beispiel ist bei der mehrdeutigen Definition der Scharià bzw. der allgemeinen Grundsätze der Scharià zu finden, besonders dann, wenn jeder allgemeine Rechtsverweis auf eine allgemeine Schariàklausel – wie es in Ägypten zu finden ist – hinweist[74]. Bei der Begründung islamischer Menschenrechte kann man

---

men. Die islamische Normeneinstufung bedeutet ebenfalls, daß jede Rechtsvorschrift der »Scharià« strengstens untergeordnet ist. Bei Normenkollision geht »stets« die Schariàordnung vor.

[69] Siehe den »Prólogo des Compendio de Derecho islámico« (Risala fil-l Fiqh): Ed. Trotta 1993, ins Spanische von Dr. Jesús Riosalido Gambotti übersetzt; ferner: Die allgemeine Behauptung: »*alle islamischen Auslegungsschulen hätten ein und denselben Wert*« (wie z. B. As-Sarani (Islamischer Jurist aus dem XV. Jahr-hundert)), ist heute gegenstandslos; Dr. Riosalido stellt ein zusammengefaßtes Bild über die verschiedenen islamischen Rechtsschulen auf. S. 166–168. Vgl. ehemals *P. José López Ortiz*, á 4. »La Ciencia Jurídica«; in: Derecho musulman. Col. Labor. 1932.

[70] *Cheikh Bouamrane/Louis Gardet:* Panorama de la pensée islamique. Ed. L./Sindbad. o/D., insb. »Les sciences du Hadith«, S. 33 ff. Vgl. »Forty Hadith Qudsi«, ed. Ibrahim Ezzedin & Denis Johnson-Davies – zweisprachig arabisch-englisch, Ed. The Holy Koran Publish. House, Beirut/Libanon, 1980. Bzgl. der Schiiten, s. *Etah Kohlberg*: »Belief and Law in Imami Shiïsm«, Ed. Variorum, o. D.

[71] Fachleute wie *Goldziher* und *Asin Palacios* behaupten z. B., daß – historisch gesehen – die spanische (islamische) Rechtsschule (IX. bis XII. Jh.) bald die »Hadizlehre« aufgab und statt dessen nur die malekiti-schen Jurisprudenzhandbücher benutzte. Vgl. *Lévy-Provençal*: »Le malikisme andalou et les apports doctri-naux de l'Orient«, in: Revista del Instituto Egipcio de Estudios Islámicos Nr. 1, Madrid, 1953, S. 157.

[72] Juristen, die ausschließlich nach Rechtsmodellen der kelsenschen »Reinen Rechtslehre« beispielsweise erzogen sind.

[73] *M. Said Al-Ashmawi:* »L'islamisme contre l'islam« Ed. La découverte, Ed. Al-Fikre 1989, S. 53–54. Eb. bei: Luc Barbulesco & Ph. Cardinal: »L'islam en questions. 24 Ecrivains arabes répondent«. Ed. Bernard Grasset, Paris, 1986.

[74] *S. A. Aldeeb Abu Sahlieh:* »L'Impact de la religion sur l'ordre juridique. Cas de l'Egypte; Non

ganz ähnlich vorgehen[75], wenn man statt von einem »persönlichen Status«, vom Grundsatz der religiösen Konfession ausgeht[76].

In jedem islamischen Staat gibt es eine andere Rechtsquelle: das sogenannte Qanun-Gesetz. Darunter versteht man jede Rechtsnorm, die nicht direkt aus der Scharià entsteht, wie z. B. alle Staatsverwaltungsnormen. Normalerweise sollte jede Qanun-norm der islamischen Rechtsordnung unterworfen sein. Tatsächlich, und zwar aus einzelnen historischen Gründen, wurde der Qanun immer selbständiger. In einigen islamischen Ländern wurde der Qanun sogar, auf bestimmten Rechtsgebieten, der Schariagesetzgebung übergeordnet. Hier liegt also noch ein anderer Schlüssel zum Verständnis bestimmter Systemverzerrungen, die in einigen islamischen Staaten konkret auftauchen, wie z. B. bei den islamischen Republiken der C. E. I. (ehemaliger Süden der UdSSR). Dort hatte man allmählich die islamische Gesetzgebung durch die bolschewistisch-laizistische ersetzt, aber heute, nach der Unabhängigkeit dieser Staaten von der UdSSR neigen alle diese Republiken dazu... *»die islamische Schariá... und... die islamische Kultur wieder aufzunehmen«*[77]. Vielleicht liegt der westliche Analysefehler darin, daß man die bekannte marxsche Behauptung: *»Alles hängt von der Wirtschaft ab«* überall hineinprojiziert hat und zwar unabhängig von den eigenen Kulturparametern. Bei den traditionellen islamischen Ländern hätte man lieber gesagt: *»Alles hängt von der Religion ab«*[78]. Wir stellen also fest, daß egal, ob es sich um die arabisch-islamische Welt oder um die restlichen islamischen Staaten handelt, der Grundeckstein jeglicher rechtsphilosophischer Systeme der islamischen Normenvorrang und die Normeneinstufung bzw. Normenhierarchie ist und zwar auf folgenden

---

musulmans en pays d'Islam« (Ed. Universitaires. Fribourg. Suisse, 1979 Doktorarbeit) op. c., Fußnote 20, insb. Annexe VI, á 3. »Application du droit islamique«. Vgl. das etwas ältere Studium von *Antoine Fattal*: »Le statut légal des non musulmans en pays d'Islam«, Institut des Lettres Orientales de Beyrouth, Tome X, Imprimérie Catholique, 1958.

[75] Vgl. zwei andere Standpunkte zur Begründung islamischer Menschenrechte, von Prof. M. Allal Sinaceur: »Tradición islámica y Derechos humanos«, und Fouad Zakaria: »Los Fundamentos filosóficos de los derechos humanos en el mundo árabe«; beide in: »Los fundamentos filosóficos de los Derechos humanos«, SERBAL/UNESCO, 1985. Dabei zu bemerken: Prof. F. Zacarias Beitrag ist von 1980, d. h. ein Jahr vor der offiziellen islamischen Erklärung zu den Menschenrechten bei der UNESCO. Vgl. die Eröffnungsrede von *A. M. Míbow*, Generaldirektor der UNESCO vor der Weltversammlung über Menschenrechte im Islam, Paris, 1981, Dokument DG/81/31, UNESCO.

[76] Um eine Idee der Komplexität dieses Themas zu vermitteln merken wir an, daß der Irak z. B. 17 verschiedene nicht-islamische relgiöse Konfessionen anerkannt hat. Siehe die genaue Aufzählung bei der Official Gazette, Nr. 38, vol. 25, 1982, S. 7, in: *S. A. Aldeeb Abu Sahlieh*: »Droits de l'homme conflictuels, usw.«. o. cit. S. 12, Fußnote 31.

[77] Robin Wright: »Islam, democracy and the West«; in: FOREING AFFAIRS, Summer 92, S. 139–145, eine Analyse des Islams in den neuen Republiken Zentralasiens (S. 141... *»While most favor adoption of SCHARIA as a source of Law... most center around ending communist domination, restoring Islamic culture and outlawing alcohol, drugs and prostitution...«*). Vgl. *Nugman Ashirov*: »El Islam y los musulmanes en la URSS«, in: La religión en la URSS: verdad e invenciones. Academia de CC. de la URSS, Serie: Estudios soviéticos sobre la religión. Redacción CC. Sociales contemporóneas. Moscá, 1986.

[78] Zur Polemik um das islamische »Parlament« bzw. Shura siehe: *Rashed Aba Namay* »The recent constitutional reforms in Saudi Arabia«; in: International and Comparative Law Quarterly, Vol. 42, Part. 2, April 1993, S. 295–331. Vgl. *Olivier Carre*: »Mystique et Politique«, S. 196–197. (»La Shura«) op. cit. Vgl. den Begriff »Churocracia« (Chourakratia) in: Monde Arabe Maghreb-Mashrek, Nr. 133, Jouillet-Septembre 1, dossiers et documents 115. Vgl. *Bernard Botiveau*: »Etat islamique, démocratie islamique, ›chourakratia‹«, in: »Démocratie et droits de l'homme. Mises en perspective islamistes«, S. 76 ff., in: Democracia y Derechos humanos en el mundo árabe, Edic. ICMA., op. cit.

Ebenen: a) auf Verfassungsebene (wobei die Qanunrechtsordnung eingeschlossen ist); (77) b) auf allgemeiner islamischer Gesetzgebungsebene (mit Rücksicht auf die Besonderheiten malekitischer, schafeitischer, xanafitischer, hanbalitischer und schiitischer Rechtsschulen), sowie c) auf der islamischen Grundethik, wobei das in jeder Region übliche Gewohnheitsrecht auch zu berücksichtigen ist. Uns scheint auf alle Fälle wichtig festzuhalten, daß in den islamischen Staaten ein einheitlicher Rechtswert sowohl der Scharià als auch dem Qanun beigemessen wird und auch seitens des Westens ebenfalls den Menschenrechten ein einheitlicher Wert zugesprochen wird, anstelle der heute üblichen zwei entgegengesetzten Kategorien: d. h. den ›civil rights‹ einerseits und den wirtschafts- und gesellschaftskulturellen Menschenrechten andererseits, haben beide für die tägliche Rechtspraxis (d. h. bei der Rechtsnormenhierarchie Vorrang und damit Wirksamkeit), mit je verschiedenen Bedeutungen[79].

3.4. Die islamischen Menschenrechte als heute gültiges ›Islamisches Recht‹: Rechtslehre und Rechtsprechung

Für das Verständnis der Menschenrechte innerhalb der islamischen Staaten ist es also unbedingt notwendig, die islamische Judikatur zu begreifen, denn die islamischen Menschenrechte stellen einfach die Anwendung des islamischen Rechts um der Kohärenz willen dar[80]. Dementsprechend ruhen die rechtstheoretischen Grundlagen bei der islamischen Jurisprudenz, welche von den ›Kadis‹ (islamischen Richtern) angewandt wird[81]. Um das zu erfassen, muß man klare Vorstellungen von den islamischen Rechtsquellen und ihrer Rangordnung bzw. Hierarchie besitzen. Zusammenfassend sind es etwa wie folgt: a) die Korannormen, d. h. etwa 200 Rechtszitate (ein kleiner Teil aus den 6600 Koranversen)[82]; b) die Sunnanormen, d. h. die als offiziell anerkannte Hadiz; c) die Ischmaá, d. h. der einstimmige Konsens der Doktoren des islamischen Rechts; d) die »Qiyas« d. h. die per ›analogia iuris‹ aufgefundenen Rechtsnormen[83] und e) die islamische Rechtsprechung, und zwar die der jeweiligen offiziellen islamischen Auslegungsschulen, welche die eigenen Rechtsentscheidungen meistens nach »Billigkeit« bzw. »Topik« aufbauen. Jetzt kann man sofort verstehen, daß der größte Teil islamischer Menschenrechtserklärungen als rechtskräftig nur insofern zu betrachten ist (mit einer uns bekannten einzigen Ausnahme[84], als ihre

---

[79] Siehe *Benito de Castro CID*: »Los Derechos económicos, sociales y culturales«, *passim*. Ed. Universidad de Leon, Sección de Publicaciones, 1993.

[80] *G. Caputo*: »Introduzioni al Diritto islamico« (I). Giapichelli edit. Torino, 1980, S 74ff.

[81] Eine der heute größten Probleme dazu ist die Abwesenheit einer einheitlichen islamischen Rechtsterminologie. Siehe in diesem Zusammenhang *Yaíakov Meron*: »L'Obligation alimentaire entre époux en Droit musulmane hanéfite«, Librairie Générale du Droit et Jurisprudence, Bibliothéque de Droit privé, Tome XCIV, Paris, 1971, Introduct, S. 2 y 3.

[82] Für eine ausführliche Darstellung islamischer Rechtsquellen siehe *Louis Milliot*: »Introduction à l'étude du Droit musulman«, Récueil Sirey, Paris, Chap. II, L'Ordre légal, S. 97ff.

[83] Für die »Komplexität islamischer Rechtsquellen *Jesús Riosalido*: Compendio de Derecho islámico. Cap. II. El Islam y su Derecho, S. 23–31, op. cit. ut supra.

[84] »Die Große Grüne Charta der Menschenrechte der islamischen lybischen Yamahiri Zeitepoche«, in deren Art. 26, 3 ein direkter Weg zur Justiz für jeden Bürger offensteht. Siehe *S. A. Aldeeb Abu Sahlieh*: »Droits de l'homme conflictuels entre l'Occident et l'Islam«, C. E. R. M. A. C., Université Catholique de Louvain, Cahier 88, 1991, S. 6; zu bemerken: Prof. *Sahlieh* bezweifelt dort die Rechtswirksamkeit der Charta.

›einzelnen‹ Paragraphen eben einen Teil der eigenen Rechtsordnung darstellen, aber nie die Erklärung als solche im Ganzen; damit besteht immer ein Zusammenhang mit der inneren Staatsgesetzgebung und so gut wie niemals (›de facto‹) mit den völkerrechtlichen Instanzen.

Die islamische Rechtswissenschaft (Fiq') besteht ihrerseits aus zwei untrennbaren Aspekten:

a) der ›Usul-al-Fiq‹ (d. h der allgem. Rechtslehre), die aus den islamischen Rechtsquellen die Grundsätze des islamischen Rechtes schöpft und b) der ›Furu-al-Fiq‹ (d. h. der angewandten Rechtslehre), einer Lehre nur praktischer Natur, die die islamischen Rechtsinstitute konkret regelt[85]. Jede islamische Rechtsentscheidung bzw. jedes Urteil soll beide Fiq'aspekte miteinbeziehen, das heißt, auf den richtigen islamischen Rechtsquellen (Furu-al-Fiq) und auf der richtigen islamischen Rechtsmethodologie (Usul-al-Fiq) beruhen. Die Fatwas sind dafür ein gutes Beispiel[86], so daß die islamischen Menschenrechte innerhalb der islamischen Staaten eine Schlüsselrolle innehaben. Ungeachtet dessen wird im Westen typischerweise angenommen, daß z. B. die Figur des islamischen Richters (sei es auch nur auf Literaturebene), stets als »nicht genuin juristisch« zu verstehen ist[87]. Wenn der islamische Richter nun nicht »juristisch« sein soll, was ist er dann? Die Tatsache, daß seit mehreren Jahren sogar die traditionellen islamischen Staaten, eine Harmonisierung beider Rechtsebenen (der islamischen und der laizistischen) anstreben, scheint von der Mehrheit westlicher Juristen vergessen worden zu sein[88]. Andererseits werfen die islamischen Immigranten in Europa die Frage nach den Menschenrechten täglich erneut auf[89]. Jede Frage

---

[85] Ib'd. o. c. nota naterior, S. 75 ›in extenso‹.

[86] Eine beispielhafte »Fatwa um die islamische« Ribáa (›Bankzinsenverbot‹) ist bei M. Al-Ahnaf (ed.): »L'Algérie par ses islamistes«, Ed. Karthala, Paris, 1991. S. 168–169 zu finden.

[87] So z. B. die Buchbesprechung *Birgit Krawietz* über Irene Schneider's Buch: »Das Bild des Richters in der adab-al qadi Literatur«, wo gesagt wird: »*Es handelt sich um eine islamwissenschaftliche, also nicht genuin juristische Untersuchung der Stellung des Richters (arab. Kadi) im islamischen Rechtsystem.*« In: »Rechtstheorie«, 23. Band, Heft 4, 1992. Vgl. *Lawrence Rosen:* »The anthropology of Justice. Law as culture in Islamic Society«, Cambridge Univ. Press., S. 58, bzgl. der »Supreme Court of the USA: »*We do not sit like a Kadi under a tree dispensing justice according to considerations of individual expediency*«. Für eine tiefere Weltanschauung historischer Islamquelle am besten: *Carlos Alfonso Nallino:* »Raccolta di scritti editi e inediti«, Vol. IV, Diritto musulmano, Diritto Orientali Cristiani, Istituto per l'Oriente, Roma, 1942. S. 85 ff.

[88] Saudi Arabien z. B. hatte 1975 durch Königlichen Erlaß 14/7/1395 H (5. 9. 1975) und 14/10/35 (24. 10. 1975), die Rechtssprechung vereinfacht. So vermied man den »doppelten« Instanzenweg Shariá-Qanun. Vgl. *Rashed Aba-Namay:* »The recent constitutional reforms in Saudi Arabia«, in: International and Comparative Law Quarterly, Vol. 42, Part 2, April 1993. *V. A. Th. Khoury:* »Tendances et courants, etc.« op. cit., S. 101, 103 ff.

[89] Für die *BRD* siehe »Medios jurídicos para combatir el racismo y la xenofobia«. Comisión de las Comunidades Europeas, Diciembre 1992, bes. Cap. II: Situación demográfica y socioeconómica de las minorías en Europa. Für Frankreich: Cfr. *Nicole Guimezanes:* »La situation en France des étrangers non communautaires à l'aube de l'année 1993« en Journal du Droit International, N ¼ 1, 1993, S. 5 ff. Vgl. *Joseph H. H. Weiler:* »Protection of the Human Rights of Non EC Nationals. – A Critique«, en: European Journal of International Law, Vol. 3, Nr. 1, 192, S. 65 ff. Für Italien: *F. Pastore:* »Famiglie immigrate e diritti occidentali: il diritto di famiglia musulmano in Francia e Italia«, en: Rivista di Diritto Internazionale, Nr. 1, 1993, S. 73 ff. Für Spanien: Cfr. la llamada de atención del Prof., *Jesús Riosalido* en su libro: »Compendio de Derecho islámico«, ed. Trotta. 1993, S. 165–233, 2a. Teil um das vergleichende Recht: »... (Con el presente libro)... *se trata de poner a disposición de los profesionales de nuestra disciplina un instrumento útil de consulta que les resultase de eficaz ayuda ante el incremento de casos de Derecho privado y, en algunas ocasiones, público musulmán, que se observa, por razones sociológicas obvias que no resulta insistir en ellas, en los bufetes*

nach den »islamischen Menschenrechten« ist jedoch für sich unverständlich und kann nur beantwortet werden, wenn sie die islamische Rechtssprechung miteinbezieht. Es sind nämlich sogar die islamischen Richter selbst, die jegliches anti-islamische Vorgehen und jede Verletzung der Menschenrechte innerhalb islamischer Staaten anprangern[90].

4. Vergleichende Analyse konfliktiver Rechtsstrukturen zwischen islamischen und abendländischen Rechtsnormen bzw. -sätzen über Menschenrechte

An diesem Punkt angekommen, können wir bestimmte konfliktreiche Rechtsstrukturen bezüglich der Menschenrechte gegenüberstellen, und zwar auf folgenden Ebenen (hiernach unter 4.1. bis 4.3.2.):

4.1. Auf rechtssprachlicher Ebene: Urfassungen und Übersetzungen

Auf dieser ersten rechtssprachlichen Ebene sind ebenfalls sofort Konflikte entstanden, denn die entsprechenden Menschenrechtsurkunden sind auf arabisch im Urtext verfaßt worden. Allerdings gibt es einige Fassungen auf englisch und französisch und zwar von den muslimischen Rechtswissenschaftlern selber vorbereitet und herausgegeben, was allerdings ein erhebliches Mißtrauen seitens der West- als auch einiger der Muslimjuristen hervorgerufen hat[91]. Die »Allgemeine Islamische Erklärung zu den Menschenrechten« z. B., hat am Ende einige wichtige Rechtsbemerkungen, um Mißverständnissen vorzubeugen[92]. Auch die offizielle französische Fassung endet mit einem Glossar islamischer Rechtsbegriffe und einer Zitatentabelle für Fachleute im islamischen Rechtswesen. Trotz alledem haben manche Fachleute gemeint, daß es sich dabei um »verschiedene« Fassungen – und nicht um ein und denselben Text in

---

españoles...«, mit dem Hinweis auf Art. 3 des spanischen CC. (S. 165). Für Ex-Jugoslawien *Ivo Banac:* »Los musulmanes bosnios. 1918–1992«, en »Historia y Fuente Oral«, Nr. 10, Religión y política. S. 123ff. Ferner Anexo 2, del Boletín de Derecho de las Comunidades Europeas, BCE 1992-42, III-Consejo: »Declaratión sobre el trato a las mujeres musulmanas en la antigua Yugoslavia«. Dort wortwörtlich: *»El Consejo Europeo deplora las sistemáticas detenciones y violaciones de mujeres musulmanas, condena enérgicamente esos actos de increible brutalidad que forman parte de una estrategia deliberada para aterrorizar a la comunidad musulmana de Bosnia-Herzegovina, con el fin de alcanzar la depuración étnica.«*

[90] So z.B. »Recommendation Nr. 34 des Kuwait-Menschenrechte-Seminars Dezember 1980: *»Those States whose judges are selected on the strength of their party affiliations are called upon to abandon this wrong practice which is contrary to the rules and conditions stipulated by Islam concerning the appointement of judges«*, in: »Human Rights in Islam« Report of a Seminar held in Kuwait, December 1980, International Commission of jurists/ Univ. of Kuwait/Union of Arab Lawyers, Geneva, 1982, S. 18.

[91] Auf der westlichen Seite beispielsweise *Emilio Galindo,* Comentarios a la »Declaración Islámica Universal de Derechos Humanos«, in: »Ante el resurgir del Islam« (ed. Col.) Rev. Misiones Extranjeras, Darek-Nyumba, CIDAF, 1983 S. 103–105. Auf islamischen Seite siehe *Abul Aíla Mawdudi:* »Human Rights in Islam«, The islamic Foundation, London, U. K. S. 15 (wörtlich): *»It is vociferously claimed that the World first derived the concept of human rights from the Magna Charta of Britain – which was drawn up six hundred years after the advent of Islam...«.*

[92] *Mikunda Franco Emilio:* »La concepción islámica de los Derechos humanos«, in: Revista de Estudios Africanos (Asociación Esp. de Africanistas), Vol. V. Nr. 8–9, 1990, S. 33–45.

zwei verschiedenen Sprachen handelt, wobei man sich des Eindrucks kaum erwehren kann, daß dies Auswüchse einer unbestimmten Angst vor einem islamischen »Komplott« sind, die sich teilweise in eine Art echten Verfolgungswahn steigert[93]. Solche frei aus der Luft gegriffenen Behauptungen sind um so peinlicher, als jedermann mit arabischen und anderen Sprachkenntnissen den direkten Zugang zu den Urquellen hat.

4.2. *Auf rechtsvergleichender Ebene: Laizismus gegenüber Islamismus*

Der größte Konflikt aber entsteht bei der Gegenüberstellung islamischer und laizistischer Menschenrechte. Eine große Verunsicherung resultiert unseres Erachtens dabei aus der Verwechslung der normativen, politischen und soziologischen Ebenen[94]. Auf dem angestrebten völkerrechtlichen Niveau der UNO-Menschenrechtserklärung von 1948 ist der Artikel 30 gegenüber jeglichen ähnlichen, islamischen Menschenrechtserklärungen der umstrittenste, denn er wurde als »Blankoscheck« formuliert. Kein Wunder also, daß die islamischen Staaten mit solchen oder ähnlichen Blankoklauseln nichts zu tun haben wollten. Das sieht man am besten bei der Ablehnung jeglicher laizistischer Menschenrechtserklärungungen, die auf solchen Klauseln aufgebaut sind. Die Annahme solcher laizistischer Erklärungen wäre ja auch sinnlos, da andererseits die eigene islamische Wertethik – wie wir schon wissen – der laizistischen jederzeit vorgeht. Was für einen Sinn könnte es wohl haben, daß die islamischen Staaten sich rein theoretisch an das Völkerrecht halten würden, obwohl letzen Endes »de facto et de iure« bei entsprechenden Rechtskonflikten bzw. -kollisionen der Vorrang islamischer Gesetzgebung stets gesichert wäre? Das islamische Verfahren läuft nämlich bei Gesetzeskollisionen bzw. bei völkerrechtlichen Normenkonflikten wie folgt ab: a) Erstens als Allgemeinprinzip geht Völkerrecht vor Landesrecht; b) zweitens, nur als Ausnahmefall (d.h. wenn das Völkerrecht gegen das islamische Recht verstößt oder mit ihm kollidiert) wird das Islam- bzw. Landesrecht zuerst angewandt. Das gilt als Folge »islamischer Rechtskriterien« und nicht, wie oft im Westen zu hören ist, aus »politischen Erwägungen«[95].

---

[93] So *Ali Merad* in: »Democracia y Derechos humanos en el Mundo árabe«, op. cit. S. 297; ferner *S. A. Aldeeb Abu-Sahlieh*: »Droits de l'homme conflictuels... etc«. op. c. S. 6.

[94] Wie bei *Ann Elizabeth Mayer*: »Islam and Human Rights«, Tradition and Politics, Westview Press, Boulder and S. Francisco, Printer Publishers, London. 1991. Vgl. dagegen die kritischen Bemerkungen des Prof. *Bassam Tibi* in: »Islam and Individual Human Rights«, in: Universitas, Apdo. Relaciones internacionales, Nr. 1, 1993.

[95] *Ann Elizabeth Mayer*, op. cit. Fußnote 10, S. 12–13. Vgl. Ibid. S. 197. Dagegen *A. S. M. Hossein Tabatabai* behauptet: »*Les colonisateurs ont eu, de meme, á coeur de dissimuler habilement ses aspects réligieux, juridiques et philosophiques*«, in: »Chiisme dans l'Islam«, Ed. Organisation pour la propagande islamique, Teheran. Avant Propos, S. VII. Für die Einstellungen islamischer Juristen zur Shariá – sehr schematisch dargestellt – siehe *Daniel Pipes*: »El Islam«, Edit. espasa Calpe, 2 ed. 1987 (Urtitel: In the Path of God, 1983). Kap. 6, S. 173–214.

4.3. Die ständig wachsende Anzahl von Erklärungen bzw. Entwürfen über Menschenrechte

In den islamischen Staaten wächst ständig die Zahl von Erklärungen bezüglich der Menschenrechte und zwar nicht nur seitens »offizieller« Instanzen, sondern überhaupt auch seitens sogenannter »Privater Vereine zur Pflege der Menschenrechte«. Diese Privatvereine ihrerseits versuchen, mittels eigener Erklärungen, Aufrufe bzw. Charten und ähnlichen Texten, die Regelung, Erklärung oder Aufstellung bestimmter Rechtsfragen über eigens erdachte Menschenrechte zu bewirken. So zum Beispiel lesen wir in der Tunesischen Charta zu den Menschenrechten: »*Diese Erklärung ruht auf der Sorge um das Verständnis der allgemeinen Grundsätze im Kampf um die Menschenrechte*«, was schon Kritik der Islamisten hervorgerufen hat[96], denn Tunesien wird eher der laizistischen als der traditionellen islamischen Welt zugerechnet[97]. Der innerislamische Streit liegt jedoch damit auf der Hand[98]. Eine diesbezügliche »Inkohärenz« ist schon seitens offizieller Staatsinstanzen festgestellt worden[99]. Eine ähnliche Situation ist bei der »Marokkanischen Charta der Menschenrechte« zu finden[100]. Einerseits hat Marokko das »Wiener Abkommen über das anzuwendende Recht bei völkerrechtlichen Verträgen« unterzeichnet, andererseits im Artikel 31 seiner Verfassung den König für das Unterzeichnen und die Ratifizierung völkerrechtlicher Verträge als einzig zuständig angesehen. Dabei erläutert die Verfassung die wichtige Frage, ob die völkerrechtlichen Verträge über oder unter dem Landesrecht stehen, denn es ist nicht zu übersehen, daß das Land ebenfalls sehr enge Rechtsbindungen mit den islamischen Staaten hat. Die marokkanische Jurisprudenz hingegen, anstatt in dieser Frage zu helfen, zeigt lediglich widersprüchliche Meinungen[101].

4.3.1. Auf Gesetzes- und Verfassungsebene:

Hier können wir diejenigen Konflikte verzeichnen, die in den islamischen Staaten entstehen, wenn die eigenen Gesetze bzw. die eigene Staatsverfassung grundsätzlich allgemein entweder auf die »islamischen Werte« oder konkret auf die »Scharià«

[96] *Alyaa Chérif Chamari:* »La femme et la loi en Tunisie«, Ed. LeFenec, 1992, Introd., S. 1–30.

[97] *Alya Chérif Chamari* (anscheinend wird hier angedeutet, der islamische Jurist Tahar El Haddad sei ein Vorläufer u. a. der Abschaffung der Mehrehe in Tunesien). Der heutige »Code civil tunesien« ist »sujet de fierté des tunisiens et qui est cité dans le monde musulman comme exemple tipique de la possibilité de modernisation du droit musulman dans la fidelité á la religion musulmane« (sic!) Op. cit., S. 28.

[98] In diesem Sinne *Fatima Mernissi:* »En çela, la Tunisie est en conformité avec les traités internationaux relatifs aux droits de l'homme et ceux spécifiques des femmes que l'Etat tunisien a ratifiés dans leur casi totalité depuis son accession á la souveraineté«, in: *Alya Chérif Chamari:* »La femme et la loi en Tunisie«, op. cit., S. 30–31.

[99] Siehe Rundschreiben des tunesischen »Ministére de la Justice« vom 5. 11. 1973, wo eindeutig gesagt wird: »le Code du Statut Personnel se basant sur les fondéments de l'Islam et sur les régles fondamentales juridiques en lui ajoutant les exégées issues de l'essence meme de ces régles et l'esprit de ces dispositions«, in: *Alya Chérif Chamari*, op. cit. S. 171.

[100] Siehe *F. Mernissi:* »La femme et la loi au Maroc«, Ed. le Fenec, 1991, S. 20–22. Vgl. *Omar Bendourou* et *Meryem Aouam:* »La réforme constitutionelle marocaine du 1992«, in: »Revue de Droit Public«, Nr. mars-avril 1993, S. 431 ff.

[101] U. M. A-Vertrag vom 17. Februar 1989 (L'Unification du Droit des Etats arabes et la réference a la Sharià ont été affirmés par le premier Congrés des Ministres arabes et de la Justice). Siehe: »La femme et la loi au Maroc«, S. 34, op. cit. (eine ähnliche Einstellung gegenüber der »Afrikanischen Charta«).

verweist. Dieses Phänomen des Verweises auf die Religionssitten findet man heutzu-tage allerdings auch in bestimmten abendländischen Staaten[102]. Gerade auch in den Vereinigten Staaten ist bei hohen und höchsten Gerichtsinstanzen die mehrfache Andeutung eines »christlichen Amerikas« ganz offen zu hören[103]. In den islamischen Staaten merkt man die Spannung zwischen politischen und juristischen Normen in bestimmten Situationen; so verbietet z. B. in Tunesien das »Gesetz zur Regelung politischer Parteien« u. a. jeglichen Hinweis auf die Religion[104]. Manchmal ist die eigene Verfassung einer breiteren Denkströmung sogar ein Dorn im Auge; so z. B. Art. 1 der tunesischen Verfassung, die den Islam zur Staatsreligion erklärt und im Art. 32 ebenda behauptet, daß völkerrechtliche ratifizierte Verträge höher stehen als die tunesische Gesetzgebung, womit die nächste Konfliktserie programmiert ist. Das gilt insbesondere bei Fragen zu den Menschenrechten. Etwa dieselbe Rechtslage finden wir aufgrund Art. 30 bei der Verfassung Algeriens[105]. Einige weitere Beispiele: In Ägypten stehen seit den Verfassungsreformen der siebziger Jahre die Konflikte reihenweise auf der Tagesordnung[106]. Im Irak finden wir die Behauptung, der Islam sei »Staatsreligion und Grundlage der irakischen Verfassung« (Art. 3)[107]. Syrien gesteht ganz offen: »die Religion des Präsidenten soll der Islam, die Gesetzes- und Rechtsprechungshauptquellen sollen ebenfalls islamische sein« (Art. 3 § 1 u. 2). In anderen islamischen aber nicht arabischen Staaten finden wir ähnliche Spannungen: Art. 3, 1 der Verfassung Malaysiens gibt dem Islam die Oberhand, obwohl eine gewisse Duldung der Ausübung anderer Religionen besteht. In Singapur dagegen sind die islamischen Angelegenheiten nur »per Gesetz« zu regeln, laut Verfassungsar-tikel 6, 2. Indonesien begnügt sich mit einem allgemeinen Hinweis auf den einzigen Gott (Art. 29 d. Verf.). Die Türkei, seit Ata Türk theoretisch laizistischer Prägung, ist in Wirklichkeit in zwei Hauptströmungen zerrissen[108]. Die Reihe läßt sich beliebig fortsetzen.

---

[102] Siehe *F. Rigaud*: »La conception occidentale des droits de l'homme face á l'Islam«, in: Rev. Trime-strielle des Droits de l'homme, Vol. 1, Nr. 2, S. 105–123, 1981.

[103] *F. Rigaud*, op. cit., S. 107, zitiert wörtlich: »This is a religious people«. »This is a Christian people«: Church of the Holy Trinity vs. U. S., 143, US 457, 465, 471 (1892); »We are a christian people«: US. vs Macintosh, 283 US, 605, 625 (1931); »We are a religious people«: Zorach vs. Clauson, 394 US. 306, 313 (1951); Lynch vs. Donnelly, 465, US. 668, 670 (1984).

[104] S. Michel Camau (ed.): »Changements politiques au Maghreb«; und »Les droits de l'homme en Algérie«; und »Trois questions á propos de la démocratisation dans le monde arabe«, alle drei in: Annuaire de l'Afrique du Nord. Ed. du Centre National de la Recherche Scientific, Paris, 1985/1989/1991.

[105] Siehe *Naady Nouredine*: »La femme et la loi en Algérie«, Ed. Le Fenec, 1990, S. 167.

[106] Siehe *Bernard Botiveau*: »Islamiser le droit? L'exemple égyptien«, in: Rev. Maghreb-Mashrek, Nr. 126, oct-nov-decembre 1989.

[107] »Human Rights in Iraq« (col.), Middle East Watch, Yale University Press, 1990.

[108] Siehe *Constance Grewe/Christian Rumpf*: »La Cour constitutionelle turque et sa décision relative au ›foulard islamique‹«, in: R. U. D. H., Vol. 3, Nr. 4 (17. 5. 1991), S. 113 ff. dort: »*effet, en Turquie, comme dans d'autres Etats laïcs où la religion predominante est l'Islam, cette lacité n'est pas toujours acceptée par toute la population, loin s'en faut*«.

4.3.2. Die einzelnen völkerrechtlichen Vereinbarungen

Hier ist eine nicht zu unterschätzende bilaterale Konfliktquelle bezüglich der Menschenrechte auf »islamischer« und »laizistischer« Seite gleicherweise zu vermerken. Manche westliche Autoren gehen von folgenden, sehr akademischen Kriterien aus: Die zu analysierenden und (potentiell) islamischen Staaten werden entweder als »islamisch« oder als »laizistisch« abgestempelt, je nach dem, ob sie die UNO-völkerrechtlichen Vereinbarungen bzw. -verträge zu den Menschenrechten – annehmen oder nicht[109]. Uns scheint eher richtiger, die allgemeinen Verweise ihrer staatlichen Rechtsordnungen »einzeln« zu überprüfen, um festzustellen, ob sie letzten Endes streng auf der islamischen Rechtsethik oder auf den allgemeinen UNO-Völkerrechtsvereinbarungen beruhen. Anderweitige Einteilungskriterien, wie zum Beispiel die wirtschaftliche, kulturell und soziologische Basis oder sogar die Höhe der Anzahl von ratifizierten Vereinbarungen zu Menschenrechten[110] dürfen für uns insoweit keine Bedeutung haben. Ähnliches gilt bezüglich völkerrechtlicher »Behelfsmittel« wie des »Vorbehalts«[111]. Auf islamischer Seite könnte nämlich der Hauptgrundsatz (im- oder explizit) so lauten: »Keine völkerrechtliche Vereinbarung darf der Scharià zuwiderlaufen«. Nun stellt sich natürlich die Frage nach der Auslegung der Scharià in den einzelnen islamischen Staaten[112]. Die Antwort ist nicht so einfach, was bei bestimmten juristischen Schlüsselbegriffen wie z. B. dem der »Folterung« rasch deutlich wird. Eben darauf beruhen die Hauptanklagen des Westens gegen das islamische Strafrecht (Hudud) bzw. auch und gerade gegen die Todesstrafe. Eben dieses Strafrecht mit der Todesstrafe ist aus der völkerrechtlichen Folterdefinition herausgenommen(!)[113]. Darüber hinaus wird übrigens kein Muslim jemals die Hududbestrafung als »unmenschlich« bezeichnen[114], denn der allgemeine Rechtsschutz des Lebens im Islam erlaubt ebenfalls die Todesstrafe – allerdings nur als Ausnahme und als ›ultima ratio‹[115]. Betrachten wir nun beispielsweise Tunesien und den Irak bezüglich der »UNO-Vereinbarung gegen jede Art von Diskriminierungen gegenüber der Frau.« Diese völkerrechtliche Urkunde kann wohl von jedem islamischen Staat (»islamischer« oder »laizistischer« Prägung, denn die Bezeichnung spielt hier keine wesentliche Rolle) unterzeichnet und sogar ratifiziert werden. Die Einwendung

---

[109] Wie z. B. *S. A. Aldeeb Abu Sahlieh*: »La définition internationale des droits de l'homme et l'Islam«, in: R. G. D. I. P. 1985, Nr. 3, S. 708–709; ferner etwas aktualisierter in: *Alejandro J. Rodriguez Carrion*: »La proteción internacional de los Derechos humanos en el mundo árabe«, en: ›Democracia y Derechos humanos en el mundo árabe‹, ICMA. Madrid, 1993, S. 98.

[110] Wie vom Prof. *J. Rodriguez Carrion* auf S. 99, op. cit., letzte Fußnote.

[111] Ib'd, o. cit. *passim* p. 100–114.

[112] »*In the development of the islamic states and islamic society, separation between religion and the state never existed*«, d. h. der Scharià ist keine theoretische Grenze gesetzt; Zitat aus *Abdul Malik A. Al-Sayed*: »Social Ethics of Islam. Classical islamic-Arabic Political Thory and Practice«, King Abdul Aziz University, Saudi Arabia, Ed. Vantage Press, 1982, S. 8.

[113] Die völkerrechtliche Definition über »Folterung« ist bei der Resolution of the G. A. 39/46 vom 17. 9. 84. Dabei wird jegliche rechtmäßige Staatsbestrafungsmaßnahme (im letzten Absatz erwähnt) ausgeschlossen. Siehe: *S. A. Aldeeb Abu Sahlieh*: »La définition internationale des droits de l'homme et l'Islam«, op. cit., S. 684; ferner: M. Cherif-Bassiouni (Ed): »The Islamic Criminal Justice System«, Oceana Public, Inc. London/Rome/N. Y. 1981.

[114] M. Cherif-Bassiouni (Ed): »The islamic Criminal Justice System«, Oceana Public. Inc. London/Rome/N. York. 1981, S. 689.

[115] *Mikunda Franco Emilio:* »La concepción islámica de los Derechos humanos«, o. c., S. 41.

bestimmter »laizistischer Vorbehalte« wirken sich in der Tat so aus, daß sie stets eine Art Schutzschild gegen ungewollte nicht-islamische Vorschriften erzeugen. Dabei wird keineswegs der Islam bzw. die Scharià namentlich genannt, wie z. B. bei der Einwendung der tunesischen Regierung: »Wir werden keinerlei Gesetzes- bzw. Verwaltungsmaßnahmen annehmen, wenn diese gegen den Art. 1 der tunesischen Verfassung verstoßen.«[116] Das ist eine sehr diplomatische Haltung, denn in dem entsprechenden Art. 1 der genannten Verfassung wird u. a. behauptet, daß der Islam die Religion Tunesiens ist, womit im Grunde die Aussage: »Gegen den Islam oder die Scharià wird nichts geduldet« in einer verschleierten Form erscheint. Der Irak seinerseits behauptet, daß die genannte Vereinbarung zum Schutze der Frau voll angewandt wird, mit Ausnahme von Art. 2, Buchstabe f) und g); Art. 9 § 1 und 2 sowie Art. 16. Danach wird gleich hinzugefügt: »Jeder Vorbehalt versteht sich in Übereinstimmung mit den Schariàvorschriften«[117]. Alle diese ausgenommenen Artikel, die direkt auf Schariàvorschriften hindeuten, machen die genannte Vereinbarung sozusagen wirkungslos.

Andere Staaten wie Mauretanien, Djibuti, Jordanien und Kuwait haben ähnliche Vorbehalte bezüglich der »UNO-Abkommen über die Rechte der Kinder« angegeben[118]. Aber nicht alle muslimischen Autoren sind hierzu ein und derselben Meinung. Manche ihrer Soziologen widersprechen dieser juristischen Handlungsweise und stellen sich gleichzeitig auf die Seite der Laizisten gegen die Islamisten, ein Standpunkt, der normalerweise als anti-islamische Provokation ausgelegt wird[119].

5. Zusammenfassung

Die mehrfachen Konfliktebenen bezüglich der islamischen Menschenrechte können, ohne Anspruch auf letzte Vollständigkeit, auf folgende rechtsphilosophische ›Grundbezeichnungen‹ zurückgeführt werden:

1. Die der (islamischen) »_Traditionsgebundenen_«, die die Ausgangsposition von denjenigen Muslimen ist, die ausschließlich eine rein islamische Auffassung der Menschenrechte vertreten. Die Angehörigen dieser Denkströmung möchten die UNO-Erklärung zu den Menschenrechten durch eine stärker polemische »islamische Menschenrechtserklärung« mit einer möglichst wörtlichen Auslegung ersetzen.

2. Die der sog. »_islamischen Radikalen_«, einer stark differenzierten Denkströmung, die die Auffassung der Scharià mit allen möglichen Mitteln (die Gewaltanwendung und den Coups-d'Etat eingeschlossen) in verschiedenen Ländern durchzusetzen versucht. Auf dem Rechtsgebiet der Menschenrechte jedoch in sich sehr zerstritten ist.

3. Die der sog. »_Kontextualisten_«, d. h. einer Denkströmung islamischer Juristen, die sich prinzipiell für eine Schariàanwendung in allen islamischen Staaten ausspre-

---

[116] Siehe _Alya Cherif Chamari_: »La femme et la loi en Tunisie«, Ed. Le Fenec. 1992, S. 170.

[117] Im spanischen B. O. E. vom 19. Mai 1987 ausführlicher.

[118] Bei _Alejandro J. Rodriguez Carrion_: »La protección internacional de los Derechos humanos en el mundo árabe«, in: ›Democracia y Derechos humanos en el mundo árabe‹, op. cit. S. 107–109.

[119] So z. B. die marokkanische Soziologin _Fatima Mernissi_ in ihrem Buch: »Miedo a la modernidad. Islam y democracia«, Ed. del Oriente y del Mediterráneo, 1992, S. 95–101, bezeichnet diese Handlung als »Maskerade«.

chen, vorausgesetzt, daß die rechtliche Textauslegung nicht wortwörtlich, sondern je nach den historisch verschiedenen Kontexten erfolgt. Auf dem Rechtsgebiet der Menschenrechte erscheinen sie als Zukunftsweisende.

4. Die »*laizistisch*« Denkströmung, eine rein »geistige« Auffassung, die sehr wenig vertreten wird. Hiernach soll die Scharià absolut keine rechtliche Auswirkung im Staat haben, ohne dabei jedoch die Rechtsgültigkeit völlig zu verlieren; auf dem Rechtsgebiet der Menschenrechte kaum tauglich.

5. Die »*radikal-laizistische*« Denkströmung ist noch weniger vertreten als die letztgenannte Auffassung. Die Scharià soll hierbei ganz und gar durch die staatliche Gesetzgebung bzw. durch Qanunnormen auf allen Rechtsgebieten ersetzt werden. Die Rechtsgültigkeit der Scharià wird also verneint. Auf dem Rechtsgebiet der Menschenrechte äußerst umstritten.

6. Die »*Konjunkturbezogene*«: diese Denkströmung wird nur von ganz wenigen Fachislamisten vertreten, unterscheidet im Korantext die »Mekkasuren« von den »Medinasuren«, wobei nur den letztgenannten Rechtsgültigkeit beigemessen wird. Die Mekkasuren werden im Kontext ohne Rechtskraft betrachtet und zwar nach dem Grundsatz »lex posterior derogat legem anteriorem«[120]. Auf dem Rechtsgebiet der Menschenrechte durch die inneren praktischen Schwierigkeiten, noch nicht praktisch wirksam geworden.

Mit diesem weitreichenden »Denkbogen«, samt aller seiner Nuancen, vermeiden wir die einfache dichotomische Reduzierung auf die politische schwarz-weiß Einteilung: »islamisch-laizistisch«, »Fundamentalist-Progressist«, »Integrist-Laizist« und so weiter. Die Menschenrechte sind heute ein Hauptdiskussionsthema innerhalb der islamischen Gesellschaften, der islamischen Staaten, der islamischen Welt. Die polemische Vereinfachung der Schwierigkeiten kann der Menschheit einen nur sehr schwachen Dienst leisten, daher weist nur eine juristisch nüchterne Analyse und ein ›intersubjektives‹ Gespräch Tür und Tor für die Zukunft der Menschenrechte in den islamischen und auch in den anderen Staaten der Welt.

Heute sind wir Zeugen eines Rechtsphänomens in den islamischen Staaten, das früher nur in Europa, um es mit Prof. *Peter Häberles* Worten zu sagen, zu finden war[121]. Wenn heute so etwas wie ein »Gemeineuropäisches Verfassungsrecht« zu entdecken ist, ist ebenfalls in den islamischen Staaten »parallel« eine Art »Gemeinislamisches Verfassungsrecht« um das islamische Recht (Scharià) und um die islamischen Menschenrechte überhaupt, entstanden. Dieses »Gemeinislamische Verfassungsrecht« beruht auf den allen islamischen Staaten gemeinsamen islamischen Grundwerten und -sätzen, jenseits der eigenen verschiedenen Auslegungsschulen und den Integrismen aller möglichen Schattierungen. Eben die bodenlose Vermehrung von Texten auf allen Ebenen und Erklärungen von Menschenrechten wird möglicherweise als »Bumerangeffekt« eine Vertiefung des »Gemeinislamischen Verfassungsrechts« nach sich ziehen. Jede schwere Wirtschaftsbedingung des Weltwährungsfonds hat ebenfalls auf diesem Wege ein gutes Stück dabei geholfen. Die fortschrei-

---

[120] Vgl. andere Einteilungen nach Rechtskategorien bei: 1. *S. A. Aldeeb Abu Sahlieh*: »La definition internationale des droits de l'homme dans l'Islam«, op. cit. S. 706–707; 2. *Daniel Pipes*: »El Islam«, op. cit. S. 173 ff.

[121] *P. Häberle*: »Gemeineuropäisches Verfassungsrecht«, EuGRZ 1991, S. 261–274 (ins Spanische übersetzt von Prof. Dr. *Emilio Mikunda*, in: Revista de Estudios Políticos, 1993, Nr. 79, S. 11 ff.).

tende Islamisierung in der Dritten Welt (Afrika, die C. E. I.-Staaten usw.) bringt auch eine Verstärkung des Problems der islamischen Menschenrechte mit sich. Für das Erlangen eines »Gemeinislamischen Verfassungsrechtes« – glauben wir – wird in den islamischen Staaten demnächst folgendes sehr nötig sein: a) Die Schaffung eines »juristischen Gemeinwortschatzes«; b) die Schaffung eines allgemein angenomme- nen Verzeichnisses über islamrechtliche Grundbegriffe; c) die Schaffung eines Fo- rums zur Diskussion islamischer Menschenrechte, in dem alle möglichen Denkströ- mungen vertreten sind; d) die Schaffung geeigneter und wirkungsvoller Verfahren, damit die Menschenrechte islamisch oder anders geprägt tatsächlich angewandt werden, und schießlich: e) die Schaffung eines islamischen Hohen Gerichts für islami- sche Menschenrechtsangelegenheiten – dem »Tribunal des droits de l'homme« (Straßburg) ähnlich – wo anerkannte islamische Juristen als Vertreter aller möglichen Denkrichtungen fungieren sollten[122].

---

[122] Die Idee ist bei *Adel-Theodor Khoury*: »Tendances et courants etc«, op. cit. S. 141 zu finden als: »*Création d'une Cour de Justice Islamique: Une commission d'experts aura á preparer les statuts de cette Cour de Justice Islamique*«. Vgl. »El Tribunal árabe de Derechos humanos«, Art. 55 und ff. des »Proyecto de Carta de Derechos humanos y del Pueblo en el Mundo árabe«, Siracusa-italia, diciembre 1986. (In: »Democracia y Derechos humanos en el mundo árabe«), S. 329 op. cit. Ferner *Olivier Roy*: »Les voies de la ré-islamisa- tion«, S. 89 ff., in: »L'Islam dans la Cité«, Rev.: POUVOIRS Nr. 62, 1992.

Zwischen Spontaneität und Professionalität
Zehn weitere Jahre Assistententagung Öffentliches Recht
(1986–1995)[*]

von

Dr. Dirk Heckmann

Privatdozent an der Universität Freiburg / Brsg.

Inhalt

I. Einleitung

Vor genau zehn Jahren resümierte *Helmuth Schulze-Fielitz* in seinem großen Bericht über »25 Jahre Assistententagung« in diesem Jahrbuch: »Im übrigen ist die Assistententagung als solche heute ein ›Selbstläufer‹, den selbst eine weniger perfekte Organisation nicht kleinkriegen dürfte«[1]. Nachdem nun im Jahre 1995 in Rostock in ununterbrochener Reihenfolge die 35. Assistententagung stattfand, kann diese Pro-

---

[*] Gewidmet sei dieser Bericht, auch zum Dank an die gemeinsame Zeit in Trier und Freiburg 1986–1995, meinem sehr verehrten akademischen Lehrer, Professor Dr. *Thomas Würtenberger*, der mein Engagement – besonders bei der Trierer Tagung 1988 – stets gefördert hat.

[1] *H. Schulze-Fielitz*, 25 Jahre Assistententagung. Über Geschichte und Funktion der Tagungen der

gnose in ihrem ersten Teil nur bestätigt werden. Die Assistententagung ist ein ›Selbstläufer‹, aber mehr als dies: die sog. »Kleine Staatsrechtsrechtslehrertagung« ist inzwischen fest etabliert und sieht sich verstärkter Aufmerksamkeit von Seiten der »Großen Staatsrechtslehrer« bedacht. So fand sie mit folgenden Worten Eingang in den jüngsten Zehnjahresbericht von *Hans Peter Ipsen* über die Staatsrechtslehrer-Tagungen: »... Die Aktualität und Originarität ihrer Verhandlungsgegenstände steht hinter denen der Vereinigung der Habilitierten und Ordinierten nicht zurück, die beachtliche Qualität ihrer Behandlung erweist sich seit Jahren in der Publikation der Referate und Diskussionen«[2].

Was allerdings den zweiten Teil der einleitend zitierten Prognose betrifft (er ist wohl selbst nicht als Prognose, nicht einmal als Befürchtung, eher als Unterstützung der Selbstläufer-These gemeint), kann als erste Beobachtung aus den letzten zehn Jahren nur entgegengehalten werden: Es ist nicht nur keine »weniger perfekte Organisation« zu verzeichnen, der Perfektionsgrad dieser Tagung hat in einem solchen Maße ständig zugenommen, daß diese Entwicklung nicht ohne Einfluß auf den Charakter dieses »institutionellen Unikats«[3] bleiben dürfte; darauf wird zurückzukommen sein.

Der Bericht über die letzten zehn Tagungen[4] versteht sich als Anschluß an den

---

wissenschaftlichen Mitarbeiter der Fachrichtung »Öffentliches Recht« 1961–1985, in: Jahrbuch des Öffentlichen Rechts, JöR NF 34 (1985), 35 (69).

[2] *H. P. Ipsen*, Staatsrechtslehrer-Tagungen 1982–1991. 70 Jahre Staatsrechtslehrervereinigung 1992, AöR 117 (1992), 595 (600); diesem Lob pflichtete *Friedrich Schoch* (selbst Herausgeber des Kieler Tagungsbandes 1986) in seiner Besprechung des Bremer Tagungsbandes (AöR 118 [1993], S. 684 f.) ausdrücklich bei. – Hinzuweisen ist allerdings darauf, daß die Diskussionen der Assistententagungen nach wie vor – im Gegensatz zu den VVDStRL – nicht publiziert werden (vgl. zu dieser »Tradition«, dem diesbezüglichen Beschluß auf der Würzburger Tagung 1985 und den Motiven hierfür *Schulze-Fielitz* (FN 1), S. 67 mit Fn. 133). – *Ipsen*, aaO., S. 601, verwies im übrigen auf den »kulturellen Generationenvertrag« (so *Häberle*, AöR 114 [1989], 663 f., in seiner Besprechung des Trierer Tagungsbandes [1988]), der sich in den Tagungen beider Vereinigungen darstelle. Er hält die Anregung von *Häberle*, »zu untersuchen, welche Begabungen sich auf den Assistententagungen angekündigt [hätten], welche Richtungen und ›Schulen‹ sich abzeichneten und ob der ›unverzichtbare Pluralismus der Vorverständnisse‹ gewahrt geblieben sei«, auch heute schon für fruchtbar. Leider kann diese Untersuchung in dem vorliegenden Bericht noch nicht geleistet werden. Die wissenschaftssoziologisch interessante Anregung kann aber nur unterstützt werden. – Vgl. i. ü. auch bereits *H. P. Ipsen*, Weitere zehn Staatsrechtslehrer-Tagungen 1972–1981, AöR 109 (1984), 555 (556 f.), mit einem Hinweis auf die kontinuitätsfördernde Wirkung der »kleinen Staatsrechtslehrertagung« für die Staatsrechtslehrervereinigung. Als weiterer Beleg für die freundliche Verbundenheit des Staatsrechtslehrers *Hans Peter Ipsen* mit der Assistententagung mag noch einmal (vgl. bereits *Schulze-Fielitz* [FN 1], S. 45) angeführt werden, daß sein damaliger Assistent *Helmut Quaritsch* »Gründungsvater« und Veranstalter der 1. Assistententagung 1961 in Hamburg war und diese Gründungstagung unter wohlwollender Unterstützung des damaligen Hamburger Dekans *Ipsen* stattfand.

[3] *Schulze-Fielitz* (FN 1), S. 65.

[4] Nur am Rande sei bemerkt, daß die Assistentenzeit des *Verf.* exakt im Berichtszeitraum (1986–1995) lag, so daß er selbst an 9 der 10 Tagungen beteiligt war, über die es zu berichten gilt; dabei 1988 (Trier) als (Mit-)Veranstalter und 1992 (Regensburg) als Referent. Dadurch läßt es sich erklären, daß diese beiden Tagungen, besonders die Trierer, im folgenden etwas neutraler in der Bewertung ausfallen (vgl. zum tagungssoziologischen Hintergrund mehrjähriger Teilnehmerschaft und Eigenschaft als Organisator und Referent *Schulze-Fielitz* [FN 1], S. 68 mit Fn. 137). Der Bericht könnte sich deshalb durch eine Mischung aus Authentizität, Loyalität und Subjektivität kennzeichnen (vgl. zur Systemloyalität des »selbstbeobachtenden Teilnehmers« etwa *N. Luhmann*, Das Recht der Gesellschaft, 1993, S. 501 ff.). Es mag auch als persönliches Anliegen des *Verf.* angesehen werden, durch den Bericht das Interesse und Engagement weiterer Kollegen zu wecken, an der Fortführung bzw. Erhaltung dieser informellen Institution mitzuwir-

Beitrag von *Schulze-Fielitz*. Auch er will über Inhalte und Entwicklungslinien der Veranstaltungen im Berichtszeitraum informieren, und zwar ebenfalls aus einer wissenschafts- bzw. tagungssoziologischen Perspektive. Dabei baut er im wesentlichen auf seinem Vorgänger auf. Was die (Vor-)Geschichte und Funktion der Assistententagung betrifft, kann vollständig auf *Schulze-Fielitz* verwiesen werden. Sein Beitrag sollte ohnehin Pflichtlektüre für jeden sein, der einmal Gast der Assistententagung war oder dies ins Auge faßt. Im übrigen wird versucht, Antworten auf Fragen zu geben, die damals mit Blick auf die zukünftige Entwicklung der Assistententagung gestellt wurden. Vorweggesagt hatte das auch aus Sicht der Staatsrechtslehre bedeutendste Ereignis der letzten 10 Jahre, die Deutsche Wiedervereinigung 1990, ebenfalls auf die Assistententagung vielfältige Auswirkungen[5]. So war im Jubiläumsbericht aus dem Jahre 1985 gar nicht abzusehen[6], daß der Folgebericht einen Bogen wird spannen dürfen, der von Kiel 1986 bis Rostock 1995 reicht: eine Distanz, die geographisch gesehen zwar nicht viel mehr als die Lübecker Bucht überwindet, geopolitisch gesehen jedoch einer halben Weltumseglung gleicht[7].

---

ken: ein Engagement, das eine persönliche Verbundenheit mit der Tagungsidee (die beim *Verf.* schon deshalb gegeben ist, weil er nur einen Tag, nachdem die Idee der Assistententagung geboren wurde [vgl. *Schulze-Fielitz* [FN 1], S. 43], selbst das Licht der Welt erblickte) zwar nicht unbedingt voraussetzt, jedoch nach einer einmal durchlebten mühevollen (aber schönen) Organisation hervorbringt.

[5] Vgl. die Hinweise unten in und bei FN 38 und 83. Die Staatsrechtslehrervereinigung widmete diesem Anlaß eine Sondersitzung (17. 4. 1990 in Berlin), vgl. VVDStRL 46 (1990) mit Beiträgen von *Frowein, Isensee, Tomuschat* und *Randelzhofer* zu »Deutschlands aktueller Verfassungslage«.

[6] Vgl. *Schulze-Fielitz* (FN 1), S. 47: »Demgegenüber hatte ein Bochumer Beschluß, zukünftig auch Assistenten aus der DDR einzuladen, naturgemäß bis heute keinen praktischen Erfolg«. Freilich konnte dies – angesichts der vollzogenen Wiedervereinigung innerhalb eines Jahres – nur anläßlich einer einzigen Tagung (nämlich der 30. in Marburg im März 1990) nachgeholt werden. Immerhin verzeichnet das Teilnehmerverzeichnis dieser Tagung zwei Teilnehmer von der Humboldt-Universität Berlin, drei von der Martin-Luther-Universität Halle, zwei von der Friedrich-Schiller-Universität Jena und drei von der Karl-Marx-Universität Leipzig. Bezeichnenderweise weist der Teilnehmerverzeichnis der Bremer Tagung 1991, der ersten nach der Wiedervereinigung, nur einen einzigen Teilnehmer aus den neuen Bundesländern (Jena) aus; ebenso in Regensburg 1992, obwohl dort immerhin das erste Referat mit Bezug zu den neuen Ländern gehalten wurde (*Hartmut Malinka*, Dresden/Tübingen, zur »Verfassungsentwicklung im Freistaat Sachsen«). Inzwischen tagten die Staatsrechtslehrer 1994 in Halle; 1996 folgt Dresden. Die Assistententagung zog 1995 mit Rostock als Austragungsort nach. Es ist Normalität eingekehrt. Vgl. zu den Übergangsproblemen beim (Wieder-)Aufbau der Rechtswissenschaftlichen Fakultäten in den neuen Bundesländern *Leptien*, DtZ 1994, 14 ff.; *Erichsen*, Perspektiven der Hochschulentwicklung, in: Rechtsfragen der vereinten Deutschland (1992), S. 97 ff.; *Löwisch/Wertheimer*, JZ 1991, 1125 ff. In einer Beilage zu Heft 7/1994 der JuS wurde das Studium der Rechtswissenschaften in den neuen Bundesländern mit ausführlichen Porträts der juristischen Fakultäten vorgestellt.

[7] Wie überraschend diese Entwicklung für manchen war, zeigt der Beitrag von *Joachim Rottmann*, Über das Obsolet-Werden von Verfassungsnormen, in: FS für Wolfgang Zeidler (1987), S. 1097 ff. In einer sog. Realanalyse (ebda., S. 1100–1106) versuchte *Rottmann* seine These vom Obsolet-Werden des Wiedervereinigungsgebots dadurch nachzuweisen, daß die Wiedervereinigung Deutschlands durch die politischen Verhältnisse (Einbindung der deutschen Staaten in die verschiedenen politischen, wirtschaftlichen und militärischen Blöcke; Haltung und Entscheidungen der Alliierten; Gefährdung des Weltfriedens bei einer Verschiebung der Hegemonialgrenzen; Ostpolitik; fehlende Wiedervereinigungspolitik usw.) bedingt, »in Zeiträumen, die für die lebende Generation erheblich sind, nicht möglich sein wird«; damit habe sich »das Staatsvolk der Bundesrepublik Deutschland im Laufe der Jahrzehnte resignierend abfinden müssen und nunmehr letztlich auch abgefunden« (ebda., S. 1106; dezidiert hiergegen – noch vor dem Mauerfall! – *H. H. Klein*, »... die Einheit und Freiheit Deutschlands zu vollenden« – Geltung und Bestand des Wiedervereinigungsgebots –, in: FS für Willi Geiger, 1989, S. 132 [132 ff.]). Nur zwei Jahre später, Umwälzungen in der damaligen Sowjetunion und anderen Staaten des Ostblocks waren schon im Gange, stand das Volk der

II. Die Idee der Assistententagung: Spontaneität – und ihr Weg in die Professionalisierung

1. Die »Konstituierung« der Tagung

Betrachtet man die Entstehungsgeschichte der Assistententagung und ihren weiteren Verlauf[8], vor allem aber das in 35 Jahren unveränderte Szenario ihrer alljährlichen »Konstituierung«, wird die Grundidee der Assistententagung sichtbar. Es ist die Spontaneität ihrer Zusammenkunft, fern jeder festen Organisationsstruktur oder juristischen Vereinigung, die sich mit »Zwang-Losigkeit«[9] zwar nicht übersetzen läßt, jedoch in vielerlei Hinsicht einer plötzlichen Eingebung folgt. Obwohl das Ritual im Prinzip jedes Jahr das gleiche ist: Schon am Eröffnungsabend laufen die »Sondierungsgespräche«, geführt von den »alten Hasen«, den langjährigen Teilnehmern: Sie kennen nicht nur die Problematik, Tagungsveranstalter zu gewinnen[10], sondern auch die Wege, junge Kolleginnen und Kollegen von der Notwendigkeit zu überzeugen, daß die Tagung im nächsten Jahr unbedingt an ihrer Fakultät stattfinden muß[11]. Die Gründe hierfür sind mannigfaltig: Das entscheidende Argument ist immer noch der Umstand, daß ein bestimmter Fakultätsstandort auf der Fehlliste

---

DDR auf und überwand in einer friedlichen Revolution die Teilung Deutschlands – welche Ironie der Geschichte!

[8] Vgl. hierzu bereits ausführlich *Schulze-Fielitz* (FN 1), S. 43 ff., 46 ff.

[9] Die »intensive Einsprache auf Kollegen«, von der *Schulze-Fielitz* (FN 1), S. 49, spricht, erfolgte zuweilen auf recht subtile Weise.

[10] Nachdem es in Rostock eine Schar von strikten Absagen gab und zuletzt nur noch Mainz und München »im Rennen waren«, wurden die Ausrichter für 1996 (Mainz) erst während des Stadtrundgangs am Freitag nachmittag gewonnen. Einen »Höhepunkt« in dieser Hinsicht erlebte die Trierer Tagung 1988: Noch während des traditionellen gemeinsamen Abschlußessens am Freitagabend stand nicht fest, ob die Tagung 1989 überhaupt werde stattfinden können. Entgegen dem üblichen Erfolg, den Ausrichter bereits mit dem Schlußwort des wissenschaftlichen Programms benennen (und feiern) zu können, liefen hier die Gespräche buchstäblich fast bis »kurz vor Zwölf«. Um so erstaunlicher war es dann, daß die Trierer Veranstalter dann nicht nur den Ausrichter für 1989 proklamieren konnten (Osnabrück), sondern gleich für 1990 (Erlangen-Nürnberg, tatsächlich später: Marburg) und für 1991 (Basel – tatsächlich: Bremen); vgl. den Tagungsbericht von *Kilian/Malinka*, DVBl. 1988, 527 (529). Daß die Glaubwürdigkeit von Zusagen für »das übernächste Jahr« (oder gar das überübernächste Jahr) inzwischen auf den Nullpunkt gesunken ist, liegt nicht zuletzt an Basel, das 4 solcher Zusagen gegeben und nicht eingehalten hat (vgl. die Fehlliste in FN 12). Dies ohnehin aus nachvollziehbaren psychosozialen Gründen: Die Bindungskraft von Zusagen einer Ausrichtung der Assistententagung kann immer nur in das nächste Jahr reichen, weil ein einfacher Widerruf durch Nichterscheinen auf der nächsten Tagung möglich ist (vgl. aber auch unten bei FN 48). Eine Ausnahme bildet insofern Wien. Die Wiener Kollegen hatten bereits in Regensburg ihre Bereitschaft erklärt, die Tagung 1993 auszurichten. Als Bonn nicht zuletzt wegen der Realisierung des Europäischen Binnenmarktes sein Interesse für die 93er Tagung (mit dem Europa-Thema) signalisierte, zogen die Wiener einstweilen zurück. Ihre Zusage für 1994 hielten sie (zur Freude aller Teilnehmer) ein.

[11] So fand die Tagung im Berichtszeitraum einmal in den neuen Bundesländern (Rostock 1995), einmal in Österreich (Wien 1994) und dreimal an deutschen Fakultäten statt, die bereits früher Ausrichter waren (Kiel 1966/1986; Marburg 1965/1990; Regensburg 1968/1992). Die übrigen 5 Tagungen »teilten« sich je zwei »jüngere« (Trier 1988, Osnabrück 1989) und zwei traditionelle Fakultäten (Heidelberg 1987, Bonn 1993). So bleibt noch 1991: »Was bei der ›großen‹ Staatsrechtslehrertagung noch undenkbar wäre, die ›kleine‹ Staatsrechtslehrertagung hat es gewagt: sich an den Universitätsstandort Bremen zu begeben. Man mag den Wandel in Bremen, aber auch die guten Beziehungen unter den Assistenten dafür verantwortlich machen. Allen Vorurteilen zum Trotz bot diese Tagung eine geschickt verflochtene, Abwechslung und roten Faden gleichermaßen berücksichtigende wissenschaftliche Begegnung« (*Kluth*, JZ 1991, 766). Die

steht[12]. Weitere taugliche Argumente sind: die günstige geographische Lage, die Attraktivität des Standortes und besonders die offensichtliche Eignung gerade der anwesenden Kolleginnen und Kollegen von dieser Fakultät, die verantwortungsvolle Aufgabe der Ausrichtung zu übernehmen[13].

Es sind aber noch weitere Elemente der Spontaneität, die die Assistententagung auszeichnen. So erfolgt etwa die Themenwahl nicht alleine durch die Ausrichter und wird – entgegen manchem Eindruck – auch nicht basisdemokratisch durch Rundschreiben abgestimmt[14]. Vielmehr kommen beispielsweise die Zufälle des Austragungsortes (Mainz 1996: Medienrecht) oder des Tagungszeitpunktes (Regensburg 1992: Verfassungsreform und Grundgesetz; Bonn 1993: Auf dem Wege zu einer Europäischen Staatlichkeit) oder Präferenzen von Wunschreferenten hinzu. Weiterhin ist der Teilnehmerkreis zu einem gewissen Prozentsatz zufällig zusammengesetzt.

Während auf der Staatsrechtslehrertagung nur die Mitglieder der Vereinigung teilnehmen (können), nimmt an der Assistententagung teil, wer sich anmeldet[15]. Dies wiederum wird zwar größtenteils durch die pauschalen Einladungen an alle Fakultäten, die öffentlich-rechtlichen Institute und nicht zuletzt die Vorjahresteilnehmer (nach Adressenverzeichnis) gesteuert. Bedingt durch die Fluktuationsrate, inneruniversitäre Informationsdefizite und die Unbestimmtheit der Teilnahmebedingungen bleibt es zum Teil doch dem Zufall überlassen, ob – neben dem informierten »harten Kern« der Tagung – diejenigen teilnehmen, an die die Einladung adressiert ist und diejenigen nicht teilnehmen, die von der (wandelbaren?) Idee der Assistententagung nicht erfaßt werden.

Von Spontaneität gekennzeichnet ist auch die Diskussion der Referate, was sie nicht zuletzt dem Umstand verdankt, daß die mündlichen Beiträge nicht im Ta-

---

Beteiligung von Bremen (und Hamburg II, mittlerweile ebenfalls gut vertreten) mahnte 1985 noch *Schulze-Fielitz* (FN 1), S. 66, an.

[12] Ergiebig ist insofern die Liste der bisherigen Austragungsorte, die sich für die ersten 25 Jahre aus dem Beitrag von *Schulze-Fielitz* erschließen (vgl. dort insbesondere auch die Fehlliste auf S. 68 mit Fn. 136) und die bis zur 36. Tagung (1996 wird Mainz Ausrichter sein) aus dem vorliegenden Beitrag ergänzt werden kann (vgl. inbesondere den Nachweis in der vorherigen FN). Als Argumentationshilfe für die Tagungen 1997 ff. seien noch einmal die Orte (mit juristischen Fakultäten) genannt, die ihre Feuertaufe noch vor sich haben (in neutraler alphabetischer Reihenfolge; Gießen wird als Mitausrichter von Marburg 1990 nicht mitgezählt): Augsburg, Bayreuth, Bielefeld, Dresden, Düsseldorf, Erlangen-Nürnberg, Frankfurt/M., Frankfurt/O., Greifswald, Hagen, Halle/S., Hannover, Jena, Leipzig, Münster, Passau, Potsdam und Saarbrücken. Hinzu kommen aus Österreich Innsbruck und Salzburg; aus der Schweiz: Basel, St. Gallen und Lausanne.

[13] Auf die »beliebtesten« Ausreden, weshalb gerade hier und heute eine Zusage nicht möglich ist (man glaubt gar nicht, welch hoher Prozentsatz der Assistenten im nächsten Jahr schon nicht mehr an seiner Fakultät weilt), soll hier nicht weiter eingegangen werden.

[14] Das obligatorische im Spätsommer des Vorjahres verschickte Rundschreiben dient mehr dazu, potentielle Referenten und »ihre« Themen ausfindig zu machen sowie überhaupt Anregungen auch in thematischer Hinsicht zu erhalten.

[15] Vgl. zur Teilnahme»regelung« *Schulze-Fielitz* (FN 1), S. 46 f. Sie wird nach wie vor großzügig gehandhabt: Jeder, der sich zur Tagung anmeldet, darf auch teilnehmen (in Bonn 1993 wurde allerdings erstmals die Kapazitätsgrenze erreicht, so daß Absagen entsprechend dem Prioritätsprinzip – und nicht nach Hochschulstatus – erfolgten). Daß zuweilen auch studentische Hilfskräfte teilnahmen, schadete dem wissenschaftlichen Erfolg der Tagung offenbar nicht; dies sollte freilich die Ausnahme bleiben, um eine äußere Homogenität der Assistententagung zu bewahren und einen »Messecharakter« dieser geschlossenen Veranstaltung zu verhindern (so auch schon *Schulze-Fielitz* [FN 1], S. 66).

gungsband abgedruckt werden[16]. Auch wenn es immer wieder (besonders: Wien 1994) regelrechte Korreferate gab, hatte man doch selten den Eindruck, die Diskussionsbeiträge seien bereits vorher ausgearbeitet gewesen[17]. Auch der Umstand, daß es zur Assistententagung – anders als bei der Staatsrechtslehrertagung – keine »Begleitaufsätze« gibt, mag die wissenschaftliche Unbefangenheit von Referaten und Diskussionsbeiträgen fördern.

Alles in allem lebt die gesamte Tagungstradition »von ungeschriebenen, informalen Regeln – und ist doch sehr lebendig«[18]. Das zeigt sich auch im Tagungsklima, das nach wie vor relativ locker ist[19], wenngleich der Stil der wissenschaftlichen Auseinandersetzung zuweilen etwas »schärfer« wurde[20].

2. Tradition und Innovation

Die Assistententagung hat sich als Forum des heterogenen akademischen Mittelbaus (im Fach Öffentliches Recht), als Übungsfeld der Habilitanden, als Beobachtungsfeld der Doktoranden und als Spielfeld aller am wissenschaftlichen und menschlichen Diskurs Beteiligten bewährt. Sie lebt aus der Überzeugungskraft ihrer Grundidee sowie der Beharrungskraft ihrer Tradition. Dabei profitiert sie aus der Mischung des fluktuierenden Teilnehmerkreises, in dem sich genügend tagungserfahrene Assistenten befinden, die die Tradition fortbilden, aber auch immer wieder neue Mitarbeiterinnen und Mitarbeiter, die zur Innovation beitragen. *Diese* Heterogenität verhindert auch das Entstehen formalisierter Zugangsregeln, die eine feste Vereinigung

---

[16] Vgl. zur Mündlichkeit als unverzichtbares Element der Wissenschaft den lesenswerten Beitrag von *Schmitt-Glaeser/Schulze-Fielitz*, Der öffentlich-rechtliche Habilitationsvortrag, Die Verwaltung 1992, 273 ff.

[17] Vgl. zur Unterscheidung von »spontanen« und »vorbereiteten« Spontanbeiträgen bei der VDStRL *H. P. Ipsen*, AöR 117 (1992), 595 (599) unter Bezugnahme auf *Kriele*, VVDStRL 46, 260.

[18] *Schulze-Fielitz* (FN 1), S. 50.

[19] Vgl. *Schulze-Fielitz* (FN 1), S. 53. – Bezeichnend ist auch, daß der größere Teil der Tagungsteilnehmer untereinander »per Du« ist (oder dies nach einer anfänglichen Scheu schnell wird), während das distanzierende »Sie« eher zwischen solchen Assistenten gebraucht wird, die in Alter und Status weiter auseinanderliegen (z. B. der 24jährige Referendarassistent zum 38jährigen Habilitanden). Auch wenn dies statistisch nicht belegt werden kann, zeichnet sich aus der Beobachtung des *Verf.* in den letzten Jahren doch ein Trend zu einem ungezwungeneren Umgang unter den Assistenten ab (womit im übrigen aber keineswegs eine Wertung über die Vorzugswürdigkeit der einen oder anderen Anrede getroffen sein soll).

[20] In Wien 1994 gab es eine Kontroverse zwischen den »(Diskurs-)Theoretikern« und den »(Verfassungs-)Dogmatikern« um Sinn und Ertrag bestimmter rechtstheoretischer Modelle. Dabei sorgte der hohe Abstraktionsgrad der Referate und Stellungnahmen dafür, daß nicht nur manches in der Diskussion aneinander vorbeilief (vgl. den Tagungsbericht von *Haltern*, NWVBl. 1994, V), sondern manche Vorwürfe etwas zu »persönlich« gerieten (*Heike Stintzing*, VBlBW 1994, 462 [464], beklagte in ihrem Tagungsbericht denn auch, daß der Diskussionsstil im Verlauf der Tagung »leider einige Male gelitten hatte«. Sie erinnerte deshalb an die gelungene kabarettistische Einlage des Kollegen *Meyer-Tscheppe* am Abschlußabend, an dem dieser in Anlehnung an die Vorträge »die Form des Insichdiskurses vor[stellte], bei der der als gleichberechtigt anerkannte Diskurspartner gleichzeitig die Rolle des Diskursleiters und Beobachters übernimmt. Der unübersehbare Vorteil dieser Form des Diskurses liege in einer Verringerung des Konfliktpotentials und damit einhergehend einer Verbesserung des Diskussionsstils«); vgl. hierzu bereits *H. Bauer*, in: Heckmann/Meßerschmidt (Hg.), Gegenwartsfragen des Öffentlichen Rechts, 1988, S. 117 (Fn. 20); *Peter/Rhein*, in: dies. (Hg.), Wirtschaft und Recht, 1989, S. 5 f. – Eine »gewisse Theorielastigkeit« konstatierte *Goerlich* in seiner Besprechung des Wiener Tagungsbandes, dem er im übrigen aber eine Qualität zusprach, »die zu Hoffnungen Anlaß gibt« (JZ 1995, 195).

oder einen eingetragenen Verein auszeichnen können. Die (relative) Offenheit des Teilnehmerkreises entspricht aber gerade dem Selbstverständnis der Assistenten, jedenfalls derer, die in den letzten Jahren die Tagungsidee getragen bzw. verwirklicht haben. Daß sich die Tagung im übrigen traditionell an relativ klaren Programmstrukturen orientiert[21], zeugt in der Tat eher von der Übernahme von Bewährtem als daß darin eine echte Bindung zu sehen wäre.

Ein weiteres Element zwischen Tradition und Innovation kennzeichnet sich durch den Tagungsnamen[22], der seit 1985 Änderungen erlebte. Bis einschließlich Osnabrück 1989 hieß es noch ›Tagung der wissenschaftlichen Mitarbeiter der Fachrichtung »Öffentliches Recht«‹, wobei in Osnabrück erstmals (zusätzlich) abkürzend von der ›Assistententagung Öffentliches Recht‹ die Rede war. Seit Marburg 1990 wird die Tagung mit dem Kurztitel (in dem die »distanzierenden Anführungszeichen« bei der Fachbezeichnung weggelassen werden) bezeichnet. Im Untertitel von Programm und Tagungsband erscheint dann die alte Langfassung, bei der es aber 1991 in Bremen zu einer bemerkenswerten Änderung kam: Den ›wissenschaftlichen Mitarbeitern‹ wurden die ›wissenschaftlichen Mitarbeiter*innen*‹ zur Seite, besser gesagt: vorangestellt. Dies entspricht dem (inzwischen) emanzipierten Sprachgebrauch (auch) im Hochschulbereich. Die Aufteilung von vereinfachendem Obertitel (Assistententagung statt AssistentInnentagung) und »dualem« Untertitel scheint als geglückter Kompromiß[23].

3. *Kennzeichen der Professionalisierung*

Neben der Spontaneität der Assistententagung, ihrer informalen Konstituierung, darf nicht übersehen werden, daß die – längst international ausgerichtete[24] – Tagung Kennzeichen einer Professionalisierung trägt, die gerade im Berichtszeitraum bemerkenswerte Neuerungen brachte.

---

[21] Hierzu zählen insbesondere: die terminlichen Vorgaben (erste oder zweite Woche im März, Beginn Dienstag abend mit dem Eröffnungsempfang, Ende am Freitag abend mit einem gemeinsamen Abschlußessen), halb- oder ganztägliche Abwechslung von wissenschaftlichem und Rahmenprogramm, Anzahl der Referate (8–10), Veröffentlichung der Referate in einem Tagungsband unter Ausschluß der (i. ü. nur in den Tagungsberichten pauschal wiedergegebenen) Diskussionen, Einbeziehung von Fakultät (Dekan, öffentl.-rechtl. Professoren), Stadt (Bürgermeister) oder Land (Regierungsvertreter) im Rahmenprogramm usw.

[22] Nach *Schulze-Fielitz* (FN 1), S. 48, Fn. 46, spiegelt der Tagungsname »die Institutionalisierung der Assistententagung im Wandel der Hochschulpolitik«.

[23] Vgl. zu den Vorbehalten gegenüber einer maskulin geprägten Rechtssprache exemplarisch die Kontroverse zwischen *Schulze-Fielitz* und *Marianne Grabrucker*, in: KritV 1989, 273 ff. und 292 ff., sowie die Kurzbeiträge in ZRP 1988 von *Krause* (S. 144), *Wöhrmann* (S. 360) und *Ebke* (S. 360 f.) als Reaktion auf das Eröffnungsreferat von *Grabrucker* zur 27. Arbeitstagung des Deutschen Juristinnenbundes 1987 in Hannover (Kurzfassung in ZRP 1988, 12 ff.). *Schulze-Fielitz* (FN 1), S. 48, Fn. 48, folgte in seiner Bezeichnung der Assistenten noch ausdrücklich der »nicht feministischen Begrifflichkeit des Hochschulrahmengesetzes«.

[24] Vgl. zu den Tagungen in Österreich (Wien 1970/1981, Linz 1977, Graz 1984) und der Schweiz (Zürich 1973, Bern 1976, Freiburg i. Ue. 1980) bereits *Schulze-Fielitz* (FN 1), S. 47. Die starke Präsenz von Österreich zeigte sich im Berichtszeitraum nicht zuletzt bei der »Rekord-Tagung« Wien 1994. Dort referierte auch erstmals ein Kollege aus Osteuropa (*Josef Skála* aus Prag über »Minderheitenschutz in der Tschechischen Republik«). Teilgenommen hatten erstmals Assistenten aus den Niederlanden, aus Polen, der Slowakischen und der Tschechischen Republik.

a) Der Boorberg-Verlag als Hauptsponsor

Die wesentliche Neuerung betrifft die Beteiligung des Richard Boorberg Verlages, der seit der Tagung Marburg 1990 zum Hauptsponsor der Assistententagung avancierte. Nachdem er sich wie viele andere juristische Verlage zunächst durch kleinere Geldspenden beteiligte und einen Bücherstand auf der Tagung unterhielt, kamen Veranstalter und Verlagsvertreter[25] auf der Trierer Tagung 1988 und dann noch intensiver in Osnabrück 1989 ins Gespräch, die Zusammenarbeit auszubauen. Bald erwies sich, daß die Rahmenbedingungen auf beiden Seiten ideal sind, eine Symbiose einzugehen: auf der einen Seite die Assistenten, die durchaus stärkeren Sponsorings für ihre Tagung bedürfen[26], auf der anderen Seite ein Verlag, der in den Assistenten zumindest künftige Vertragspartner, z. B. als (Lehrbuch-)Autoren sieht. Der Boorberg-Verlag sicherte zu, den Tagungsband kostenlos zu publizieren. Hinzu kommt die Übernahme des gesamten Postversandes (Rundschreiben, Einladungen), der Druck der Tagungsunterlagen (Programme, Thesenpapiere usw.) und die organisatorische Unterstützung z. B. durch die Führung der Teilnehmerverzeichnisse oder das »Timing« in der (Vor-)Planung der Tagung. Durch diese ständige Beteiligung des Verlages ist die Durchführung der Tagung in mehrfacher Hinsicht gesichert: In erster Linie wird die finanzielle Last genommen, die etwa ein Druckkostenzuschuß für die Herausgabe des Tagungsbandes bedeutet hätte; auch die Porto- und sonstige Druckkosten werden gespart. Nicht weniger wichtig ist aber das »Know How«, das der Verlag durch seine kontinuierliche Präsenz erwirbt und an den nächsten Veranstalter weitergibt. Auf diese Weise findet tatsächlich eine Professionalisierung der Tagung statt. Vieles was früher noch spontan entschieden (und teilweise auch falsch gemacht wurde), verläuft nun in vorgegebenen Bahnen, gesteuert durch professionelle Hände[27]. Daß die Beteiligung auch aus Sicht des Verlages wirklich professionell zu verstehen ist (und nicht als rein idealistische – oder altruistische – Liebhaberei), zeigen die erfolgreichen Bemühungen, aus dem Kreise der Assistenten Autoren zu gewinnen[28].

Bei dieser professionellen, berufsbezogenen Entwicklung darf nicht unerwähnt bleiben, wie sich die Assistententagung selbst in diesem Punkt ihre Spontaneität noch

---

[25] Auf Seiten des Boorberg-Verlages engagierte sich zunächst Frau *Birgit Mahler*, später übernahm Frau Dr. *Ursula Schweitzer* die Betreuung.

[26] »Höhepunkt« war insofern sicherlich die Trierer Tagung 1988, bei der sich die regionale Wirtschaft (trotz einer Brauerei mit Weltruf in der Nähe) außerordentlich mit Geld- und Sachspenden zurückhielt. Die Finanzierung konnte erst in letzter Minute gesichert und die Tagung so vor einem finanziellen Minus bewahrt werden. Die Haftungslage ist durchaus unklar, weil die Veranstalter zwar ein privates Ander-Konto führen, ihr Einstehen für mögliche Schulden jedoch unbillig wäre. Damals wurde diskutiert, ob ein etwaiger Fehlbetrag über den Tagungsbeitrag der nächsten Tagung ausgeglichen werden könnte. Diese Überlegungen sind durch die Beteiligung des Boorberg-Verlages zwar nicht obsolet geworden, in ihrer Bedeutung jedoch stark gemindert. – Die These von *Schulze-Fielitz* (FN 1), S. 49, Fn. 52, »in Österreich schein(e) das Verhältnis von Universität und privaten Wirtschaftsunternehmen in solchen Angelegenheiten unbefangener zu sein«, bestätigte sich ein weiteres Mal bei der Wiener Tagung 1994. Wie der Tagungsband ausweist, wurde die Tagung durch 27 öffentliche und private Institutionen bzw. Unternehmen unterstützt, (nicht nur alphabetisch) an der Spitze das österreichische Bundeskanzleramt.

[27] Daß nach wie vor Organisationstalent der Veranstalter einfließt und zum Gelingen der Tagung beiträgt, ist ohne Zweifel.

[28] Vgl. etwa jüngst *Butzer/Epping*, Arbeitstechnik im Öffentlichen Recht, 1994.

bewahrt hat: Es existiert kein (Rahmen-)Vertrag zwischen Tagung und Verlag. Mit wem sollte er auch geschlossen werden[29]? Die Symbiose lebt von dem geschilderten Gegenseitigkeitsverhältnis. Der Verlag braucht indessen nicht zu befürchten, daß die Veranstalter sich plötzlich einen neuen Paten suchten, der dann von dem gemehrten Image der Assistententagung profitierte. Umgekehrt scheint auch die finanzielle und organisatorische Hilfestellung durch den Verlag für die nächsten Jahre gesichert.

b) Die Publizität der Tagung

Das liegt nicht zuletzt an der inzwischen etablierten Reihe der Tagungsbände. Mit Rostock 1995 gibt der Boorberg-Verlag den sechsten Band der Reihe heraus; auf ihn wird im nächsten Jahr der Mainzer Tagungsband folgen. Die Überlegungen früherer Jahre, ob man die Referate überhaupt publizieren solle, sind damit wohl überholt. Zwar wird man sich nie mit dem Renomee der »VVDStRL« messen können[30]. Dennoch zeigen die Buchbesprechungen der Tagungsbände[31] die große Anerkennung der Beiträge durch die Fachwelt. Daß die »Reihe« der Tagungsbände keine Zählung kennt (jeder Band bleibt insoweit ein Unikat), darf als weitere kleine Reminiszenz an die Spontaneität der Institution erwähnt werden.

Nach *Schulze-Fielitz*[32] läßt sich die »Professionalisierung« auch an den seit 1978 regelmäßig erscheinenden, z. T. sehr ausführlichen Tagungsberichten[33] ablesen. Diese Berichte haben sich in den letzten Jahren schon deshalb stark vermehrt, weil der Hauptsponsor der Tagung bekanntermaßen viele hauseigene Fachzeitschriften unterhält, in denen regelmäßig Berichte erscheinen[34]. Inhalt und Stil dieser Berichte unterscheiden sich im übrigen nicht von denen, die sich auf andere, auch größere

---

[29] Vgl. allerdings kontrastierend hierzu die Gesellschaft der Jungen Zivilrechtswissenschaftler, unten II.3e).

[30] Das tun mitunter aber die Staatsrechtslehrer, vgl. *Winfried Brugger* in seiner Rezension des Heidelberger Tagungsbandes, AöR 114 (1989), S. 149 (158): »Daß sie (sc.: die Verfasser) die Probleme zum großen Teil auch von dieser interdisziplinären Ebene aus angehen, spricht für ihren juristischen und metajuristischen Scharfsinn. Alles in allem: eine gelungene Tagungsdokumentation, die den Vergleich mit den Veröffentlichungen der Staatsrechtslehrer nicht zu scheuen braucht«.

[31] Vgl. (ohne Anspruch auf Vollständigkeit): *Stober*, DÖV 1987, 745; BWVPr. 1986, 237 (Kiel); *Brugger*, AöR 114 (1989), 149; *Bickel*, DÖV 1989, 782; *Kilian*, DVBl. 1989, 218 (Heidelberg); *Häberle*, AöR 114 (1989), 663; *Seidl-Hohenveldern*, in: Modern Law and Society Nr. 1/1990; *Sodan*, in: DVBl. 1990, 70 (Trier); *Kilian*, DVBl. 1990, 172; *Klein*, Die Verwaltung 23 (1990), 264 (Osnabrück); *Gellermann*, DVBl. 1991, 1383; *Mecking*, BayVBl. 1991, 415 (Marburg); *Schoch*, AöR 118 (1993), 684 (Bremen); *Berger*, BayVBl. 1993, 127; *Hölscheidt*, ZParl 1994, 141; *Robbers*, DÖV 1995, 39 (Regensburg); *Mecking*, BayVBl. 1994, 95; *Pauly*, Der Staat 33 (1994), S. 612; *Gellermann*, DVBl. 1995, 115 (Bonn); *Goerlich*, JZ 1995, 195; *Mecking*, BayVBl. 1994, 575 (Wien).

[32] (FN 1), S. 48.

[33] Vgl. exemplarisch zu: Kiel 1986: *H. Dreier*, DÖV 1986, 561 ff.; *Streinz*, JZ 1986, 99 ff.; *J. Hofmann*, BayVBl. 1986, 683 ff. – Heidelberg 1987: *Streinz*, JZ 1987, 866 ff.; *Kilian/Malinka*, DVBl. 1987, 565 ff. – Trier 1988: *Kilian/Malinka*, DVBl. 1988, 527 ff.; *Schürmann*, DÖV 1988, 876 ff.; *Hermes*, JZ 1988, 501 f. – Osnabrück 1989: *Petersen*, DVBl. 1989, 709 ff. – Marburg 1990: *Pieper*, JZ 1990, 686 ff. – Bremen 1991: *Kluth*, JZ 1991, 766 f.; *Middeke/Gellermann*, DVBl. 1991, 526 ff. – Regensburg 1992: *Wiederin*, ZfVB 1992, 629 ff.; *Pieper*, DVBl. 1992, 820 ff. – Bonn 1993: *Spannowsky/Förster*, JZ 1993, 610 ff.; *Kluth*, DVBl. 1993, 482 ff. – Wien 1994: *Stintzing*, VBlBW 1994, 462 ff. – Rostock 1995: *Butzer/Epping*, DVBl. 1995, 553 ff.

[34] Hier sei pauschal auf die BayVBl., VBlBW, NWVBl., NdsVBl., SächsVBl. und ThürVBl. verwiesen, in denen regelmäßig Tagungsberichte erscheinen. Sie lassen sich über das Inhaltsverzeichnis leicht erschließen.

Tagungen und Kongresse beziehen. Die Assistententagung ist schon längst kein privates Treffen Gleichgesinnter mehr; die Fachöffentlichkeit hat von ihr Notiz genommen und will regelmäßig informiert werden.

c) Die Teilnehmer

Ein weiterer Gradmesser für die Professionalisierung der Assistententagung ist in der Teilnehmerschaft selbst zu sehen, in der – objektiv leicht feststellbaren – Teilnehmerzahl, aber auch – eher subjektiv – in der Haltung dieser Teilnehmer, in ihrem Selbstverständnis.

Schwankte die Regel-Teilnehmerzahl früher »um 60, von Höhepunkten abgesehen«[35], lag die durchschnittliche (!) Teilnehmerzahl seit Heidelberg 1987 längst über der 100-Personen-Marke[36] und überschritt in Bonn gar die 200. Daß der Teilnehmerrekord wiederum in Wien erreicht wurde (mit 250 Teilnehmern!), verwundert angesichts der besonderen Attraktivität des Tagungsortes nicht[37]. Selbst im geographisch (!) etwas abseitigen Rostock konnten wieder 160 Teilnehmer begrüßt werden. Solche Teilnehmerzahlen zwingen zu einer professionellen (um nicht zu sagen: generalstabsmäßigen) Organisation.

Was man aber auch feststellen kann: Das Interesse an der Staatsrechtslehre steigt und es ist mehr als ein bloß allgemein-wissenschaftliches Interesse an dem Fachgebiet. Es betrifft auch die berufliche, die professionelle Seite. In der veränderten (juristischen) Hochschullandschaft[38] ist der Anteil der Habilitanden wieder gestiegen[39]. Einen prägnanten Beleg für dieses gestiegene Interesse bietet aber auch die Podiumsdiskussion, die am Rande der Rostocker Tagung 1995 stattfand. Sie stand unter dem Titel »Die Verantwortung des Staatsrechtslehrers für seinen Staat« und wurde unter Mitwirkung der Professoren *Gerd Roellecke* und *Michael Stolleis* in Form eines Sympo-

---

[35] *Schulze-Fielitz* (FN 1), S. 50.

[36] Lediglich Osnabrück 1989 mit etwa 70 Teilnehmern fiel »aus dem Rahmen«.

[37] Dies war bereits 1970 und 1981 so, wie *Schulze-Fielitz* (FN 1), S. 50, berichtet.

[38] *Schulze-Fielitz* (FN 1), S. 36 ff. (37), schilderte noch die Tätigkeit des Assistenten in einer »Phase (lebens-)beruflicher Ungewißheit«. Auch die Prognosen, die *Ulrich Karpen*, Zur Lage des habilitierten wissenschaftlichen Nachwuchses, Bonn 1986, traf, zeichneten ein eher düsteres Bild; vgl. auch *Stephan Freiger* (Hg.), Wissenschaftlicher Nachwuchs ohne Zukunft?, Kassel 1986. Daran hat sich (für die Juristen) teilweise und zwischenzeitlich etwas geändert. Zwar ist es bei dem allgemeinen hochschulrechtlichen Status mit befristeten Arbeitsverträgen geblieben; an die Stelle des Hochschulassistenten ist durch das 3. ÄndG zum HRG 1986 wieder der wissenschaftliche Assistent getreten. Jedoch hat sich die berufliche Situation, jedenfalls für die Habilitanden durch die Wiedervereinigung und den dadurch hervorgerufenen Bedarf an Hochschullehrern (im Osten, und – durch die Fluktuation bedingt – auch im Westen) klar verbessert. Jedenfalls für die neunziger Jahre wurde und wird ihnen die Zukunftsplanung damit stark erleichtert.

[39] Im Berichtszeitraum sind 16 von 95 Referenten in die Staatsrechtslehrervereinigung aufgenommen worden. Nimmt man die weiteren 25 Referenten hinzu, die mehr oder weniger kurz vor Abschluß ihrer Habilitation stehen, ergibt sich eine Quote, die jene der Vorjahre deutlich übersteigt (vgl. die Zahlenangaben bei *Schulze-Fielitz* [FN 1], S. 50 f., z. B.: 1970–1983 21 von 73 Referenten).

sions durchgeführt[40]. Anlaß des Symposions war der »Fall Maunz«[41]. Das Thema reicht aber weiter: Es geht – wie der Titel auch ausweist – um die Frage der Verantwortung, die ein Staatsrechtslehrer für den Staat hat – und zwar in einem stärkeren Maße als sie jeder Bürger ohnehin trägt, weil er als Lehrer des Staatsrechts den Gegenstand seiner Betrachtung zumindest im Augenblick der Darstellung verkörpert, also Privatsein und Lehrersein nicht trennen kann[42]. Diese These wurde in Rostock kontrovers diskutiert, dies freilich mehr auf dem Podium als im Plenum. Sie kann hier nicht vertieft werden[43]. Ihre Behandlung auf einer Assistententagung ist aber ein deutlicher Beleg für die Verantwortung, die bereits die Assistenten des Öffentlichen Rechts sehen und zu tragen bereit sind. Tagungsgeschichtlich war diese Veranstaltung allemal ein einzigartiger Beleg für die Verbundenheit von »kleinen« und »großen« Staatsrechtslehrern.

d) Der äußere Tagungsrahmen

Eine Tagung, die zu Gast ist bei höchsten Gerichten (1987: Bundesverfassungsgericht; 1988: Europäischer Gerichtshof; 1994: Österreichischer Verfassungsgerichtshof) und dort von hohen Repräsentanten empfangen wird (Präsident des BVerfG *Zeidler*, Generalanwalt am EuGH *Lenz*; Präsident des VfGH *Adamovich*) kann sich auch vom sog. Rahmenprogramm her sehen lassen[44]. Dazu paßt, daß als Unterkunft nicht selten das »beste Haus am Platze« diente[45]. Selbst wer noch anfragte, ob man in Rostock Zelte mitbringen müsse, bekam im Jahr darauf (wiederum mit einem erstklassigen Hotel) die passende Antwort. Auch die Versorgung der Teilnehmer auf den Empfängen zeigte in den letzten Jahren, daß hier längst künftige Professoren und Direktoren verköstigt werden, die des Mensaessens schon entrückt zu sein scheinen. Die wohl unbestritten (kalorien-)stärkste Tagung der letzten 10 Jahre war (wen wundert's) die Wiener, auf der nicht zuletzt der Empfang im Bundeskanzleramt mit

---

[40] Dieser Programmteil war zugleich als öffentliche Veranstaltung angekündigt (eingeladen hatten die Juristische Fakultät und der Rektor der Universität Rostock), so daß keine Kollision mit dem ungeschriebenen Gesetz der Assistententagung eintrat, das wissenschaftliche Programm ohne Beteiligung der Habilitierten durchzuführen, also »unter sich« zu sein. Er kündigte sich durch eine Diskussion an, die bereits am Rande der Tagung in Wien 1994 zu diesem Thema durchgeführt wurde (vgl. *Bumke*, JZ 1994, 780 [782]).

[41] Vgl. *Roellecke*, Theodor Maunz und die Verantwortung des Öffentlichrechtlers, KJ 1994, 344 ff.; *Stolleis*, Theodor Maunz – Ein Staatsrechtslehrerleben, KJ 1993, 393 ff. Vgl. weiter die Angaben und Nachweise im Tagungsbericht von *Butzer/Epping*, DVBl. 1995, 553 (556 ff.).

[42] Die Standpunkte von *Roellecke* (»Trennungsthese«) und *Stolleis* (»Einheitsthese«) sind gut zusammengefaßt bei *Butzer/Epping*, DVBl. 1995, 553 (557).

[43] Vgl. im einzelnen die Berichte über die Rostocker Tagung: *Butzer/Epping*, DVBl. 1995, 553 (556 ff.).

[44] Als weitere »Highlights« aus den letzten 10 Jahren ist beispielhaft hinzuweisen auf die Weinprobe in Deutschlands ältestem Weinkeller (Trier 1988) oder auf das Orgelkonzert im Bonner Münster (1993), an der Orgel der damalige Kollege und heutige Ordinarius an der Universität Konstanz *Max-Emanuel Geis*. Hier zeigt sich nicht nur kulturelle Tradition der Assistententagung (*Schulze-Fielitz* [FN 1], S. 62, Fn. 115, verwies bereits auf das Orgelkonzert von *Luc Seydoux* in Freiburg i. Ue. 1980), sondern auch eine interessante Parallele zu der Staatsrechtslehrertagung, die *Otto Depenheuer* mit einem Orgelkonzert in Halle 1994 musikalisch umrahmte.

[45] *Schulze-Fielitz* (FN 1), S. 52, vermerkte freilich schon frühzeitig, daß Studentenwohnheime wohl nicht mehr en vogue sein würden.

seinem Meeresfrüchte-Buffet an die Geburtsstunde der Assistententagung erinner-te[46].

e) Die »Gesellschaft junger Zivilrechtswissenschaftler« als Vorbild?

Sprach *Schulze-Fielitz* 1985 noch vom »Fehlen gleichsinniger Bemühungen im Bereich des Zivil- oder Strafrechts«[47], kann nun über die Gründung der »Gesellschaft junger Zivilrechtswissenschaftler« berichtet werden. Ganz nach dem Vorbild der »Kleinen Staatsrechtslehrertagung«, aber doch mit einem eigenen Profil[48], wurde sie 1990 ins Leben gerufen[49]. Bemerkenswert ist die Person des Gründers. Der heutige Osnabrücker Staatsrechtler und damalige Assistent am Max-Planck-Institut in Hamburg *Christoph Engel*, der sich ausweislich seiner Publikationen schon immer fach-übergreifend engagierte[50], gründete das zivilrechtliche Pendant 1990[51] und holte die 1. Tagung auch an den Ort seines damaligen Wirkens: nach Hamburg[52]. Seitdem findet die Tagung alljährlich statt, wovon die seitdem erschienenen Jahrbücher und Tagungsberichte zeugen[53].

---

[46] »Einer vagen Spekulation zufolge könnte auslösendes Moment für die Idee zu einer ›eigenen‹ Tagung der (überlieferte) Umstand gewesen sein, daß den ›jungen Leuten‹ bedeutet wurde, der Hummer auf dem kalten Buffet sei nicht für sie, sondern für den Herrn Bischof und den Herrn Bundespräsidenten bestimmt« (*Schulze-Fielitz* [FN 1], S. 44, Fn. 30).

[47] AaO. (FN 1), S. 44. Dem Vernehmen nach sind die Bemühungen, eine strafrechtliche Assistententa-gung ins Leben zu rufen, vorerst wohl gescheitert. Immerhin besteht für die Habilitanden dort die Möglichkeit, ihre(n) Chef(in) zur Strafrechtslehrertagung zu begleiten.

[48] Als Unterschiede der beiden Tagungen ist festzuhalten: Die Zivilrechtler haben ihren Teilnehmer-kreis enger formuliert; die Tagung ist im wesentlichen an Habilitanden gerichtet. Teilnahmeberechtigt sind diese über ihre Habilitation hinaus aber bis zur Berufung (während Habilitierte bei den »kleinen Staatsrechtslehrern« nicht mehr zugelassen sind). Es wurde ein eingetragener Verein gegründet (was für das Zivilrecht naheliegend ist), der auch mit dem Boorberg-Verlag als Hauptsponsor und Verleger der Tagungsbände verbunden ist. Insoweit wurde (ebenfalls naheliegend) aber ein Rahmenvertrag geschlos-sen. Es existiert ein Vorstand, der aber – bedingt durch die Fluktuation auch im Personalbestand der zivilrechtlichen Lehrstühle – häufigem Wechsel unterliegt. In diesen Vorstand werden besonders auch je ein Ausrichter der nächsten und der übernächsten Tagung berufen, was nicht nur den »Übergang« erleichtert, sondern auch (jedenfalls für den übernächsten Ausrichter) eine subtile Bindungswirkung erzielt (vgl. zu den Problemen einer längerfristigen Bindung bei der öffentlich-rechtlichen Assistententagung oben FN 10). Der Vorstand bestimmt im wesentlichen auch die Themen und Referenten. Mit dem Vorstand in der Staatsrechtslehrervereinigung ist er von seiner Zielsetzung und Arbeitsweise her gesehen allerdings nicht vergleichbar.

[49] Ausweislich ihrer Satzung ist es »Zweck der Gesellschaft . . . , die Fortbildung und Angleichung des Zivilrechts dadurch zu fördern, daß ein Forum für die Präsentation zivilrechtlicher Forschungsergebnisse geschaffen sowie wissenschaftliche Kontakte zwischen jungen Wissenschaftlern im Zivilrecht einschließ-lich der zivilrechtlichen Nebengebiete hergestellt und unterstützt werden« (vgl. *Pfeiffer*, JZ 1991, 31).

[50] Vgl. jüngst *Engel*, Zivilrecht als Fortsetzung des Wirtschaftsrechts mit anderen Mitteln, JZ 1995, 213 ff. In Osnabrück 1989 referierte er über »Die Konkurrenz zwischen den deutschen öffentlich-rechtli-chen Rundfunkanstalten und privaten Anbietern«.

[51] Gemeinsam mit seinen Kollegen vom Max-Planck-Institut für ausländisches und internationales Privatrecht in Hamburg, *M. Wenckstern, H. Baum* und *O. Remien*.

[52] Vgl. den Bericht über die Gründungstagung von *Pfeiffer*, JZ 1991, 31 ff.

[53] Vgl. die »Jahrbücher Junger Zivilrechtswissenschaftler« mit den Themen: Kapitalmarktrecht-Scha-densrechts-Privatrecht und Deutsche Einheit *(Hamburg 1990)*; Europäisches Privatrecht-Unternehmens-recht-Informationspflichten im Zivilrecht *(Tübingen 1991)*; Rechtsfortbildung jenseits klassischer Metho-dik-Privatautonomie zwischen Status und Kontrakt-Privatrecht und Europa 1992 *(München 1992)*; Risiko-

Man mag die Gründung der Gesellschaft junger Zivilrechtswissenschaftler mit ihrer etwas strafferen Organisationsform als weiteres Zeichen dafür ansehen, wie das Selbstverständnis des akademischen Mittelbaus auch im Hinblick auf die eigene Tagung professionellere Züge annimmt. Freilich darf nicht übersehen werden, daß bei den Öffentlich-Rechtlern eine gewachsene Tradition die (informellen) Regeln bestimmt, die von Kollegen anderer Fächer nicht unbedingt kopiert werden können (sofern man dies überhaupt wollte)[54]. Ein Rückschluß dahingehend, daß sich die Assistententagung zukünftig an der (durchaus bereits bewährten) Organisationsform der Gesellschaft junger Zivilrechtswissenschaftler orientieren könnte, verbietet sich deshalb.

III. Die wissenschaftliche Entwicklung: Themen und Tendenzen

1. Vielfalt der Themen

Betrachtet man das wissenschaftliche Programm der letzten zehn Assistententagungen, über das wie gesehen nicht nur die Tagungsunterlagen und die regelmäßigen Tagungsberichte, sondern auch lückenlos zehn Tagungsbände[55] Auskunft geben,

---

regulierung und Privatrecht, Sicherheit, Umweltschutz, Versicherung im Wettbewerbsrecht, Risikomanagement im Unternehmen *(Bremen 1993)*. Vgl. auch exemplarisch die Tagungsberichte von *Pfeiffer*, JZ 1991, 31 ff.; *Dethloff*, JZ 1992, 517 ff.; *Stumpf*, JZ 1993, 350 ff.

[54] Die »Initiative junger Wissenschaftler in der IVR« (bestehend aus »Doktoranden, Assistenten und Interessierten aus den Bereichen Rechtsphilosophie, Rechtstheorie und Rechtssoziologie«) lehnte eine »selbständige Organisation, etwa nach dem Vorbild der Assistenten im Zivilrecht« ausdrücklich ab. Diese Initiative (zu ihren Protagonisten zählen *Delf Buchwald* [selbst noch Referent in Heidelberg 1987!], *Dietmar von der Pfordten* und *Lorenz Schulz*) bildete sich während der Jahrestagung der Deutschen Sektion der IVR in Hamburg 1992 – man beachte den genius loci: auch die Gründungstagungen der Assistenten im Zivilrecht und Öffentlichen Recht fanden in Hamburg statt –, auf der »angesichts des schwindenden Einflusses von Rechtstheorie und Rechtsphilosophie im wissenschaftlichen und wissenschaftspolitischen Diskurs eine stärkere Förderung junger Wissenschaftler« gefordert wurde, was die Mitgliederversammlung der Deutschen Sektion der IVR auch unterstützte (*Lorenz*, ARSP 80 [1994], S. 438, in seinem Bericht über die erste Tagung in Frankfurt/M., auf der u. a. *Jan Sieckmann* referierte, seinerseits bereits Referent in Heidelberg 1987). Ein weiteres Treffen der Initiative, die sich in ihrer informellen Ausrichtung an alle interessierten »Nicht-Habilitierten« richtet, fand am Rande der IVR-Jahrestagung 1994 in Mannheim statt.

[55] Kiel 1986: Aktuelle Fragen der Finanzordnung im internationalen und nationalen Recht. Vom Gewerbepolizeirecht zum Wirtschaftsverwaltungsrecht, hrsg. von *Jürgen Makswit* und *Friedrich Schoch*, 1986. – Heidelberg 1987: Die Leistungsfähigkeit des Rechts, hrsg. von *Rudolf Mellinghoff* und *Hans-Heinrich Trute*, 1988. – Trier 1988: Gegenwartsfragen des Öffentlichen Rechts, hrsg. von *Dirk Heckmann* und *Klaus Meßerschmidt*, 1988. – Osnabrück 1989: Wirtschaft und Recht, hrsg. von *Jörg Peter* und *Kay-Uwe Rhein*, 1989. – Marburg 1990: Umwelt und Recht, hrsg. von *Ralph Alexander Lorz, Ute Spies, Wolfgang Götz Deventer* und *Michaela Schmidt-Schlaeger*, 1991. – Bremen 1991: Wandel der Handlungsformen im Öffentlichen Recht, hrsg. von *Kathrin Becker-Schwarze, Wolfgang Köck, Thomas Kupka* und *Matthias von Schwanenflügel*, 1991. – Regensburg 1992: Verfassungsreform und Grundgesetz, hrsg. von *Klaus Borgmann, Max-Emanuel Geis, Martin Hermann, Gabriele Liegmann, Jörg Liegmann* und *Gerrit Manssen*, 1992. – Bonn 1993: Auf dem Wege zu einer Europäischen Staatlichkeit, hrsg. von *Thomas von Danwitz, Markus Heintzen, Matthias Jestaedt, Stefan Korioth* und *Michael Reinhardt*, 1993. – Wien 1994: Allgemeinheit der Grundrechte und Vielfalt der Gesellschaft, hrsg. von *Christoph Grabenwarter, Stefan Hammer, Alexander Pelzl, Eva Schulev-Steindl* und *Ewald Wiederin*, 1994. – Rostock 1995: Kommunale Selbstverwaltung im Spiegel von Verfassungsrecht und Verwaltungsrecht, hrsg. von *Markus Hoffmann, Christian Kromberg, Verena Roth* und *Bodo Wiegand*, 1995.

dann fällt die enorme Bandbreite der behandelten Themen auf. Dies betrifft die einzelnen Referate ohnehin; aber auch die Vielfalt der Tagungsleitthemen erschwert eine systematische Aufbereitung der wissenschaftlichen Entwicklung[56]. Die Themenstellung reicht allemal vom klassischen (und moderneren[57]) Verwaltungsrecht[58] über das Verfassungsrecht[59] zum Europa- und Völkerrecht[60] und ergreift philosophische[61], theoretische[62] und methodologische[63] Grundsatzfragen[64] ebenso wie Spezialgebiete des Öffentlichen Rechts[65]. Rechtshistorische (insbesondere verfassungsgeschichtliche) Themen sind nach wie vor eine klare Ausnahme auf der Assistententagung[66]. Das gilt auch für den Bereich der Rechtsvergleichung (i. e. S.)[67].

---

[56] Als Kriterien einer systematischen Betrachtung der Tagungs- und Referatsthemen könnten neben der Einteilung in Sachbereiche herangezogen werden: die Homogenität bzw. Heterogenität, Aktualität bzw. Tradionalität sowie Spezialität bzw. Generalität der Themen.

[57] *Marburg 1990:* Entsorgungsrecht; *Bremen 1991:* Kooperation und Verhandlung im Rahmen komplexer Verwaltungsentscheidungen.

[58] *Kiel 1986:* Vom Gewerbepolizeirecht zum Wirtschaftsverwaltungsrecht; *Osnabrück 1989:* Grenzen der Wirtschaftslenkung; *Bremen 1991:* Handlungsformen und Fehlerfolgenlehre.

[59] Während die Grundrechte im Mittelpunkt der Tagung in *Wien 1994* standen, war das übrige Verfassungsrecht Leitthema der Tagung über Verfassungsreform und Grundgesetz in *Regensburg 1992*. Aber im Prinzip kam fast keine Tagung ohne verfassungsrechtliche Perspektive aus, vgl. *Kiel 1986* (Finanzverfassungsrecht), *Heidelberg 1987* (Verfassungsfragen der Gentechnologie), *Trier 1988* (Verfassungsrechtliche Bezüge zwischen objektivem Recht und subjektiven Rechten), *Osnabrück 1989* (Verfassungsfragen einer kreditfinanzierten Konjunkturpolitik), *Marburg 1990* (Eigentumsgarantie und Umweltschutz), *Bremen 1991* (Abschied vom Prinzip demokratischer Legalität?), *Rostock 1995* (Bundesverfassungsrechtliche Zulässigkeit von Landeskommunalkammern).

[60] *Trier 1988:* Bundesstaatliche Ordnung und europäische Integration; *Osnabrück 1989:* Zu Bundespost bzw. Rundfunkanstalten und EG-Recht; *Marburg 1990:* Neue umweltpolitische Dimensionen im Europarecht; Umwelt und Völkerrecht; *Bonn 1993:* Auf dem Wege zu einer Europäischen Staatlichkeit. Die internationale Perspektive eröffneten auch *Kiel 1986:* Aktuelle Fragen der Finanzordnung im internationalen und nationalen Recht; *Heidelberg 1987:* Internationales Verwaltungsrecht.

[61] *Heidelberg 1987:* Zu sprachphilosophischen, kommunikationstheoretischen und ethischen Einzelthemen.

[62] *Bremen:* Demokratietheoretische, rechtstheoretische und rechtsdogmatische Grundlagen der Handlungsformendiskussion; *Bonn 1993:* Skizzen einer Theorie der Gemeinschaftsverfassung *(Armin von Bogdandy)*; Grundnorm und Supranationalität *(Wolf-Dietrich Grussmann); Wien 1994:* Grundrechtsbegründungen: Eine Zwischenbilanz *(Thomas Vesting, Matthias Hartwig, Helge Rossen)*.

[63] *Heidelberg 1987:* Zu Einzelfragen der Norminterpretation und juristischer Begründung; *Bonn 1993:* Grenzen der Rechtsfortbildung durch den EuGH – Hat Europarecht Methode?

[64] Nimmt man die drei Grundlagenbereiche (Rechtsphilosophie, -theorie und Methodenlehre) zusammen, dann ergibt sich durch diesen Teil mit insgesamt 12 Referaten ein bemerkenswerter Trend, auf den noch zurückzukommen ist (unten bei FN 76 ff.).

[65] *Kiel 1986: Josef Brink*, Rechtliche Probleme der Verschuldung von Staaten der »Dritten Welt« – Währungssouveränität und Umschuldung; *Heidelberg 1987: Adelheid Puttler*, Die Unterwerfung unter fremdes Exportkontrollrecht durch privatrechtliche Erklärung: Zur völkerrechtlichen Zulässigkeit des Unterwerfungsverlangens; *Bremen 1991: Michael Rodi*, Ökosteuern – Steuerrecht als Mittel der Umweltpolitik.

[66] Aus den letzten 10 Jahren sind nur zwei Beiträge zu verzeichnen: *Martin Polaschek* aus Graz referierte in Rostock 1995 über »Bürgernahe Selbstverwaltung oder Spielwiese für Funktionärseliten? Die Bezirksvertretungen in der Steiermark 1866 bis 1938«, sowie (nicht nur, aber auch historisch) *Bernhard Losch*, Gewerbefreiheit und Gewerbepolizeirecht als geschichtliche Grundlagen der Wirtschaftsüberwachung (Kiel 1986).

[67] Insoweit kann auf den Beitrag von *Rainer Nickel*, Direkte Demokratie in den Gemeinden: Ein Vergleich amerikanischer und bundesdeutscher Konzepte kommunaler Selbstverwaltung (Rostock 1995), verwiesen werden. In einem weiteren Sinne (aus deutscher Sicht) rechtsvergleichend sind die bereits in

In den letzten Jahren ist eine gewisse Konstanz zu verzeichnen, was eine eher homogene Schwerpunktbildung betrifft (Osnabrück 1989: Wirtschaftsrecht; Marburg 1990: Umweltrecht; Bonn 1993: Europarecht; Wien 1994: Grundrechte; Rostock 1995: Kommunalrecht)[68], doch darf dies nicht darüber hinwegtäuschen, daß sich auch hinter einem solchen prägnanten Generalthema eine Vielfalt von Referaten verbirgt, die nicht nur den Facettenreichtum wissenschaftlicher Fragestellungen belegt, sondern auch auf ein bereits erwähntes Charakteristikum der Assistententagung weist: die Spontaneität der Tagung, die sich hier im freien Diskurs von Veranstaltern und Referenten über die Themenstellung zeigt; anders ausgedrückt: das Fehlen eines Vorstandes, der – wie bei der Staatsrechtslehrervereinigung – die Themen festlegt und ggf. sogar die Referenten aussucht.

Eine besondere Aktualität infolge der politischen, rechtlichen oder gesellschaftlichen Situation, z. B. veranlaßt durch neuere Gerichtsentscheidungen oder Gesetzentwürfe, kann u. a. folgenden General- und Einzelthemen zugeschrieben werden: Gentechnologie (Heidelberg 1987), Bundesstaatliche Ordnung und europäische Integration, Information als Staatsfunktion (Trier 1988), Fortschritte auf dem Weg zu einer Europäischen Währungsunion (Osnabrück 1989), Verfassungsreform und Grundgesetz (Regensburg 1992), Die Entwicklung eines europäischen Staatshaftungsrechts (Bonn 1993).

2. *Referate und Referenten*

Zu den bis 1985 gehaltenen 121 Referaten kamen in den letzten zehn Jahren 95 Referate[69] hinzu, wobei sich die Zahl von zuletzt 9 oder 10 Referaten pro Tagung auch als das Maximum dessen erwies, was in einem Zeitraum von drei Tagen bewältigt werden kann. Weil immer noch in einer bemerkenswerten (und änderungswürdigen) Minderheit, sei auch an dieser Stelle auf den relativ geringen Anteil der österreichischen (8) und schweizer (6) und das Verhältnis der weiblichen zu den männlichen Referenten (17:78) hingewiesen[70].

FN 70 nachgewiesenen Beiträge zum österreichischen und schweizer Recht. *Bernd Holznagel*, Mittlerunterstützte Aushandlungsprozesse aus Anlaß abfallrechtlicher Planfeststellungsverfahren (Bremen 1991), konnte immerhin auf amerikanische Vorbilder (Negotiation/Mediation) zurückgreifen, dies allemal in profunder Kenntnis der dortigen Rechtslage (vgl. *dens.*, Die Verwaltung 1989, 421 ff.; DVBl. 1989, 1080 ff.).

[68] *Bremen 1991* (Handlungsformen der Verwaltung) und Regensburg 1992 (Verfassungsreform) hatten immerhin einen alle Einzelreferate übergreifenden Bezugspunkt.

[69] Die 95 Referate wurden von 95 Kolleginnen und Kollegen gehalten, obwohl sich in Bonn 1993 *Astrid Epiney* und *Alexander Gerber*, Lausanne, ein Referat zum Europäischen Wirtschaftsraum teilten. Ausgeglichen wird die Bilanz nämlich durch den Umstand, daß *Udo di Fabio* auf zwei Tagungen referierte, nämlich in Marburg 1990 (Komplexes Verwaltungshandeln und juristische Dogmatik) und in Bremen 1991 (System der Handlungsformen und Fehlerfolgenlehre). Die einzige Podiumsdiskussion im Berichtszeitraum in Rostock 1995 (mit den Professoren *Roellecke* und *Stolleis*, dazu bereits oben bei FN 40 ff.) wird hier den Regeln der Assistententagung entsprechend nicht mitgezählt.

[70] Im Verhältnis zu den Zahlen bei *Schulze-Fielitz* (FN 1), S. 53 (23 bzw. 9 von 121 Referenten aus Österreich bzw. der Schweiz) zeigt sich, daß die geringe Beteiligung aus der Schweiz bestätigt wird, während die bislang stärker engagierten österreichischen Assistenten zuletzt schwächer vertreten waren. Schon der integrierenden Wirkung des grenzüberschreitenden Fachdiskurses wegen sollte zukünftig wieder stärker versucht werden, die Nachbarländer auch bei der Vergabe der Referate einzubeziehen. Auch wenn sich dies nicht bei jedem Thema anbietet, sollte doch die Möglichkeit zu rechtsvergleichenden

Betrachtet man noch einmal die Akzentsetzung, fällt eine erhebliche Trendwende auf. Während das Verhältnis von verfassungs-, verwaltungs- und internationalrechtlichen Referaten bis 1985 noch mit 2,5:1:1 angegeben wurde[71], besteht zwischen diesen drei Hauptausrichtungen nunmehr ein absoluter Gleichklang[72]. Das bedeutet eine Zunahme besonders der europarechtlich und verwaltungsrechtlich orientierten Themen zu Lasten des (reinen) Verfassungsrechts. Das kann indes nicht verwundern. Zum einen gab es bewußte Schwerpunktsetzungen zugunsten des bislang eher vernachlässigten[73] Verwaltungsrechts[74]; zum anderen hat besonders das Europarecht inzwischen einen solchen Stellenwert in Forschung und Lehre, daß sich dies selbst bei den Tagungen niederschlug, die gerade kein europarechtliches Oberthema hatten[75].

Eine weitere Trendwende betrifft den sog. Grundlagenbereich. Während noch früher konstatiert wurde, »methodisch-wissenschaftstheoretische Grundfragen (seien) auch auf Assistententagungen eher die seltene Ausnahme«[76], haben Referate aus dem Bereich von Rechtsphilosophie, -theorie und Methodenlehre mittlerweile ihren festen Platz im wissenschaftlichen Programm der Assistententagungen[77]. Diesen Trend kann man nur begrüßen. Er entspricht dem Tenor, der erst jüngst während der Podiumsdiskussion zur »Verantwortung des Staatsrechtslehrers für seinen Staat« in Rostock zum Ausdruck kam: die (historischen, philosophischen und theoretischen)

Referaten genutzt werden; so geschehen in Trier 1988: zu Information als Staatsfunktion (dort konnte etwa *Christoph Schwaighofer* zum neuen österreichischen Auskunftspflichtsgesetz rechtsvergleichend interessante Hinweise geben, *Martin Schulte* und *Heinrich Ueberwasser* referierten über staatliche Informationen im Umweltrecht aus deutscher und schweizerischer Sicht); in Regensburg 1992 ergänzten Kurzberichte zur Verfassungsentwicklung in der Schweiz *(Philippe Gerber)*, Österreich *(Stefan Hammer)* und – aus aktuellem Anlaß – dem Freistaat Sachsen *(Hartmut Malinka)* die Referate zum deutschen Recht *(Dirk Heckmann* und *Manfred Melchior)*; in Bonn 1993 wurden Österreich und die Schweiz durch die Referate von *Wolf-Dietrich Grussmann* bzw. *Epiney/Gerber* zur »EG aus der Sicht von Nicht-Mitgliedstaaten« einbezogen. Vgl. zur Funktion des »Drei-Länder-Vergleichs« bereits *Schulze-Fielitz*, ebda., S. 58f.

[71] Vgl. *Schulze-Fielitz* (FN 1), S. 55.

[72] Das Zahlenverhältnis lautet (fast kurios): 26:26:26.

[73] Die Vernachlässigung ist durchaus nachvollziehbar (wenngleich nicht unbedingt hinzunehmen): Themen mit einer dezidiert verfassungsrechtlichen Ausrichtung scheinen für eine Diskussion mit Tagungsteilnehmern, die sich nicht gerade auf die Referate vorbereiten (können), im Zweifel besser geeignet als das (besondere) Verwaltungsrecht. Erinnert man sich an die äußerst lebhaften Diskussionen in Regensburg 1992 und Wien 1994, dann kann dieser Befund ohne weiteres bestätigt werden.

[74] Besonders Kiel (1986), Osnabrück (1989), Marburg (1990), Bremen (1991), Rostock (1995).

[75] Vgl. etwa *Walter Frenz*, Kommunale Selbstverwaltung und Europäische Integration (1995); *Thilo Marauhn*, Aufgabenangemessene Finanzausstattung kommunaler Gebietskörperschaften in Europa (1995).

[76] *Schulze-Fielitz* (FN 1), S. 55. Ebenfalls überholt ist der Hinweis, ebda., S. 59, »eine gezielte, thematisch gebundene interdisziplinäre Sachbehandlung mit ›Nachbarwissenschaftlern‹ (werde) man vergeblich finden«. 1987 in Heidelberg referierte der Sprachwissenschaftler *Dietrich Busse* über »Semantische Regeln und Rechtsnormen – Ein Grundproblem von Gesetzesbindung und Auslegungsmethodik in linguistischer Sicht«; auch *Ralph Christensen* (Dr. phil. et Dr. jur.!), obwohl (oder weil?!) Schüler von *Friedrich Müller*, wird man nicht nur den Rechtswissenschaften zuschlagen dürfen. Er referierte im selben Themenblock über »Gesetzesbindung oder Bindung an das Gesetzbuch der praktischen Vernunft – Eine skeptische Widerrede zur Vorstellung des sprechenden Textes«.

[77] Nimmt man das eine (dezidiert) historisch ausgerichtete Referat (von *Polaschek*) hinzu (o. FN 66), so ergibt sich eine Zahl von 16 Referaten, die man dem Grundlagenbereich zuordnen kann. Das an der Summe von 95 fehlende Referat *(Moni Lanz-Zumstein*, Zivilrechtliche Aspekte der Gentechnologie, Heidelberg 1987) unterstreicht nur den Trend, öffentlich-rechtliche Fragestellungen weiter ausholend zu behandeln: sei es in der Tiefe (durch rechtstheoretische Überlegungen), sei es in der Breite (rechtsvergleichend oder fachübergreifend).

Grundlagen des Fachs nicht zu vernachlässigen, weil nur auf diese Weise die Wachsamkeit gegenüber den spezifischen Gefährdungen positiven Rechts hergestellt bzw. bewahrt werden kann. Die bereits erwähnte »Initiative junger Wissenschaftler in der IVR« bestätigt diesen Befund.

Im übrigen hat sich der bereits 1985 verzeichnete Wandel von rechtsdogmatischen Ausgangsfragen zu sachbereichsorientierten Fragestellungen[78] bestätigt. Wenigen Referaten zu besonderen Rechtsfiguren, Rechtsinstituten oder Theorien[79] stehen eine Vielzahl von Referaten zu aktuellen Sachfragen[80] gegenüber, die zumeist aus verfassungsrechtlicher Perspektive beleuchtet wurden. Als besondere Kategorie mögen die Referate bezeichnet werden, die bestimmte Entwicklungslinien nachzeichnen oder einen Wandel in einem bestimmten Sachbereich aufspüren[81]. Schwer einzuordnen sind die Referate, die sich durch die querschnittartige Verknüpfung unterschiedlicher Sachbereiche und Grundsatzfragen auszeichnen[82]. Die Situation in den neuen Bundesländern ist bislang eher vernachlässigt worden[83].

Auffällig ist insgesamt, daß der Trend sowohl in die Breite wie in die Tiefe weist. Das wissenschaftliche Programm der Assistententagung belegt gleichermaßen – in der Bandbreite der angesprochenen Rechtsbereiche und Sachfragen – die Vielfalt des Rechts wie auch – in den philosophischen bzw. theoretischen Ansätzen – die Einheit der Rechtsordnung.

---

[78] Vgl. *Schulze-Fielitz* (FN 1), S. 56.

[79] *Matthias Herdegen*, Bemerkungen zu verfassungsrechtlichen Bezügen zwischen objektivem Recht und subjektiven Rechten (1988); *Walter Pauly*, Grundlagen einer Handlungsformenlehre im Verwaltungsrecht (1991); *Helge Rossen*, Grundrechte als Regeln und Prinzipien (1994).

[80] Vgl. beispielhaft (in chronologischer Reihenfolge): *Joachim Wieland*, Ungeschriebene Ausgabenkompetenzen des Bundes in der geschriebenen Finanzverfassung des Grundgesetzes? (1986); *Christoph Enders*, Probleme der Gentechnologie in grundrechtsdogmatischer Sicht (1987); *Wolfram Höfling*, Verfassungsfragen einer kreditfinanzierten Konjunkturpolitik (1989); *Helge Sodan*, Wirtschaftslenkung im Rechte der Arzneiversorgung (1989); *Jan Ziekow*, Befähigungsnachweise im Gewerberecht als Verfassungsproblem (1989); *Georg Hermes*, Die Wirkung behördlicher Genehmigungen: privates Risiko oder staatliche (Mit-)Verantwortung bei veränderter Sachlage? (1991); *Dirk Heckmann*, Das »unvollkommen-plebiszitäre« Element des Art. 146 GG (1992); *Stefan Oeter*, Stärkung des Föderalismus durch Neuverteilung der Gesetzgebungskompetenzen (1992); *Claus Dieter Classen*, Asylrecht: Muß der Rechtsstaat kapitulieren? (1992); *Matthias Pechstein*, Reform der Wehrverfassung? (1992); *Ute Sacksofsky*, Europarechtliche Antworten auf Defizite bei der Umsetzung von Richtlinien (1993); *Stefan Kadelbach*, Der Einfluß des EG-Rechts auf das nationale Allgemeine Verwaltungsrecht (1993); *Johannes Hellermann*, Multikulturalität und Grundrechte – am Beispiel der Religionsfreiheit (1994); *Christoph Gröpl*, Möglichkeiten und Grenzen der Privatisierung gemeindlicher Aufgaben am Beispiel der Veranstaltung von Märkten und Volksfesten (1995).

[81] Beispielhaft: *Rolf Gröschner*, Wirtschaftsüberwachung in gewerbepolizeirechtlicher Tradition und wirtschaftsverwaltungsrechtlichem Wandel (1986); *Hartmut Bauer*, Die Schutznormtheorie im Wandel (1988); *Ingo Hueck*, Versammlungsfreiheit und Demonstrationsrecht: Sind unsere Versammlungsgesetze noch zeitgemäß? (1994).

[82] Vgl. nur *Wolff Heintschel von Heinegg*, Die außervertraglichen (gewohnheitsrechtlichen) Rechtsbeziehungen im Umweltvölkerrecht (1990).

[83] Vgl. neben dem Beitrag noch *Malinka* 1992 noch *Hans Lühmann*, Die Wiederbelebung der kommunalen Selbstverwaltung in den neuen Ländern zwischen Kopie und Selbstbestimmung (1995).

IV. Ausblick

Die »Überlegungen zu einer Theorie der Assistententagung«, die *Schulze-Fielitz* 1985 anstellte[84], haben nichts an ihrer Aktualität eingebüßt. Die relative Homogenität des Lebensstatus der Teilnehmer, der relativ herrschaftsarme Diskurscharakter und die relativ wenig sekundär motivierte Teilnehmerschaft kennzeichneten die Assistententagung auch in den letzten zehn Jahren. Manches hat sich freilich geändert, wie in dem Folgebericht vielleicht nachgewiesen werden konnte. Die Professionalisierung der Assistententagung ist sichtbar, sollte allerdings nicht überbewertet werden. Die Gegenüberstellung von Spontaneität und Professionalisierung sollte dazu beitragen, die Entwicklung der Tagung im Berichtszeitraum zu charakterisieren, ein Gegensatz »zu früher« läßt sich damit (noch) nicht begründen[85]. Die Empfehlung von *Schulze-Fielitz*, »über die Tagungen und ihre Themen nicht zu detailliert oder bedeutungsschwanger« zu berichten, konnte aus der subjektiven Sicht des *Verfassers* wohl nicht ganz eingehalten werden. Lassen wir deshalb zum Schluß – ganz unverkrampft – einen Staatsrechtslehrer über seine Pläne als Assistent berichten, gleichermaßen als seine Reminiszens an die »Kleine Staatsrechtslehrertagung«, die er und der Angesprochene vor mehr als dreißig Jahren mit aus der Taufe gehoben hatten:

»Wir Assistenten der öffentlich-rechtlichen Lehrstühle haben uns 1961 zum ersten Mal in Hamburg getroffen, und 1962 dann in München. Dort ist im Rahmen eines geselligen Abends plötzlich *Wilhelm Henke* aufgestanden und hat einen Plan für unseren Umgang mit der echten Staatsrechtslehrertagung entwickelt. Ausgehend von der unbestreitbaren Tatsache, wie gut wir Assistenten uns vertrugen und wie gut wir auch fachlich waren, hat er uns damals ein Drei-Punkte-Programm vorgeschlagen. Erster Punkt: Wir habilitieren uns zwar alle, aber wir treten einige Jahre nicht in die Staatsrechtslehrer-Vereinigung ein. Zweiter Punkt: Nach Ablauf einiger Jahre treten wir dann alle auf einen Schlag ein. Schließlich dritter Punkt: Wir setzen sofort eine Satzungsänderung durch, nach welcher alle, die das sechzigste Lebensjahr vollendet haben, sofort das Rederecht und erst recht das Stimmrecht in der Vereinigung verlieren. Lieber Klaus, damit ist alles geregelt. Du schweigst in Zukunft. Ich aber darf noch ein, zwei Jahre reden«[86]. Möge die Staatsrechtslehre – ob jung oder alt – auch in Zukunft nicht sprachlos sein.

---

[84] AaO. (FN 1), S. 63 ff.

[85] Im übrigen bedingen Spontaneität (im Sinne einer plötzlichen Eingebung) und Professionalität gerade in der Wissenschaft einander, vgl. nur *Max Weber*, Wissenschaft als Beruf, 9. Aufl. 1992, S. 12 ff.

[86] *Roman Herzog*, Das Bundesverfassungsgericht im Prozeß der deutschen Einigung, in: Germania restituta, Wissenschaftliches Symposion anläßlich des 60. Geburtstags von Klaus Stern, 1992, S. 161 f.

Crisafulli – ein Staatsrechtslehrerleben in Italien[*]

von

Professor Damiano Nocilla[**]

Rom

I. Die Jahre der Bildung

Die dreißiger Jahre stellen eine für die Entwicklung des italienischen Konstitutionalismus besonders fruchtbare Periode dar, denn der Einbruch der Massen in das politische Leben – der am Ende des XIX. Jahrhunderts eingeleitet und im ersten Viertel des XX. vollendet wurde – zwang die Juristen dazu, sich mit einer Realität, die sich von der vorhergehenden stark unterschied, und mit einer ganzen Reihe von damit zusammenhängenden Problemstellungen (wie z. B. dem Problem der politischen Parteien) auseinanderzusetzen. Außerdem kamen infolge dieser neuen Erscheinungen allmählich Fragen des sogenannten Sozialrechts und des Gruppenrechts sowie Denkrichtungen auf, die darauf eine Antwort zu geben versuchten. Schließlich stellte die Lektüre der wissenschaftlichen Produktion der Weimarer Juristen, die gerade in jenen Jahren den Versuch unternahmen, der Rechtswissenschaft ein verfeinertes Begriffsinstrumentarium zu liefern, einen Bezugs- und Vergleichspunkt für neue Ideen und Weiterentwicklungen dar.

In denselben Jahren festigten *C. Mortati*[1] und *C. Esposito*[2] ihre akademische Posi-

---

[*] Der Herausgeber beginnt mit diesem Beitrag eine eigene Reihe über klassische europäische Staatsrechtslehrer.

[**] Deutsch von *Heribert Streicher*.

[1] 1891 in Corigliano Calabro (Cosenza) geboren, war er zuerst Richter am Rechnungshof, sodann Professor für öffentliches Recht und Verfassungsrecht an den Universitäten Messina, Macerata, Neapel und Rom. Er war Verfasser sehr bedeutender Werke wie: La volontà a la causa nell'atto amministrativo e nella legge, Rom 1935, L'ordinamento del Governo nel nuovo diritto pubblico, Rom 1931, La Costituzione in senso materiale, Mailand 1940, La costituente, Rom 1945, Atti con forza di legge e sindacato di costituzionalità, Mailand 1964, Le leggi provvedimento, Mailand 1968, sowie des erfolgreichen Handbuchs Istituzioni di diritto pubblico, Padua, CEDAM, das zahlreiche Auflagen erlebte, und des Bandes Lezioni di diritto costituzionale comparato. Le forme di governo, Padua 1973 (letzte Auflage). Seine Schriften sind 1972 bei Giuffrè in Mailand gesammelt erschienen, vier Bände. Außerdem war er 1946 Abgeordneter in der verfassunggebenden Versammlung und wurde 1960 zum Richter am nationalen Verfassungsgericht ernannt. Er starb 1985 in Rom.

[2] Er wurde 1902 in Neapel geboren. Er lehrte an den Universitäten Camerino, Macerata, Neapel, Padua und Rom Rechtsphilosophie und Verfassungsrecht. Zu seinen Hauptwerken zählen: Lineamenti di una

tion, und notwendigerweise befaßte sich eine Schar von jungen Verfassungsrechtlern mit ihrem Werk und gewann daraus Anstöße, Anregungen und neue Gesichtspunkte. So entsteht ein kulturelles Klima, das sich – wenn man auch an der Reinheit der von den großen *Maestri* der Vergangenheit (*V. E. Orlando, S. Romano, D. Donati*)[3] eingeführten juristischen Methode getreulich festhält – in bis dahin noch nicht erforschte Richtungen ausbreitet und den Anstoß zu neuen, fruchtbaren Forschungen gibt. In dieser Atmosphäre tritt die Persönlichkeit *V. Crisafullis* hervor, der das Glück hatte, zwischen zwei Juristengenerationen zu stehen und durch sein langes Lehramt an der Universität[4] und seine intensive publizistische Tätigkeit auf die gesamte heutige italienische Verfassungslehre einen entscheidenden Einfluß auszuüben.

Am 9. September 1910 in Genua geboren, verdankt er jedoch seine Bildung dem römischen Milieu, in dem er das Gymnasium absolviert und das *Studium Urbis* frequentiert, wodurch er mit berühmten Lehrmeistern wie *S. Romano, V. E. Orlando, G. Del Vecchio* und *S. Panunzio* in Berührung kommt. Und schon in seiner Studienzeit, noch vor seiner Dissertation über »Die Rechtsnorm«[5] hatte er Gelegenheit, sich durch die Brillanz seines Geistes und seine Vorliebe für Themen, die in der weiten Grauzone zwischen Politik und Recht angesiedelt sind, hervorzutun[6]. Es gibt so etwas wie einen roten Faden, der alle seine Schriften – von den Jugendschriften angefangen bis zu denjenigen aus dem reiferen Alter – durchzieht, nämlich die Problematik der Beziehungen zwischen Recht und sozialer Macht. Dies bedeutet auf der einen Seite, nach dem Recht zu fragen, das der Macht bedarf, um durchgesetzt werden zu können und daher den Handlungswillen in eine konkrete Handlung umzusetzen; und auf der anderen bedeutet dies auch, nach der Macht zu fragen, die des Rechtes bedarf, damit das bloße Faktum in der Rechtsnorm seine Legitimation findet.

---

dottrina del diritto, Fabriano 1930, La validità delle leggi, Camerino 1934 (Neuauflage Mailand 1964), La rappresentanza istituzionale, Tolentino 1938, La Costituzione italiana. Saggi, Padua 1954. In jüngster Zeit wurden einige Aufsätze in dem Band Diritto costituzionale vivente. Capo dello Stato ed altri saggi, Mailand 1992, zusammengefaßt, wo sich eine kurze biobibliographische Anmerkung über den Autor findet. Er starb 1964 in Rom.

[3] Über die Beziehungen zwischen der Lehre der dreißiger Jahre und derjenigen der vorhergehenden Zeit siehe besonders *Fioravanti*, Costituzione, amministrazione e trasformazioni dello Stato, in Stato e cultura giuridica in Italia dall'Unità alla Repubblica (hrsg. von *A. Schiavone*), Bari 1990, 3 ff. Siehe aber auch *Cassese*, Lo Stato »stupenda creazione del diritto« e »vero principio di vita«, nei primi anni della Rivista di diritto pubblico, in Quaderni fiorentini per la storia del pensiero giuridico moderno, 1987, 501 ff., *Giannini M. S.*, Scienza giuridica e teoria generale in *C. Mortati*, in Il pensiero giuridico di C. Mortati (hrsg. von *Galizia* und *Grassi*), Mailand 1990, 7 ff., sowie die Beiträge von *Zagrebelsky, Lanchester* und *Schefold* in Costantino Mortati giurista calabrese (hrsg. von *Lanchester*), Neapel 1989.

[4] Er lehrte nämlich von 1938 bis 1980 Verfassungsrecht und allgemeines öffentliches Recht an den Universitäten Urbino, Triest, Padua und Rom. Von 1968 bis 1979 unterbrach er seine akademische Tätigkeit, da er zum Richter am nationalen Verfassungsgericht ernannt worden war.

[5] Die Dissertation in Rechtsphilosophie wurde 1932 diskutiert, Berichterstatter war G. Del Vecchio; sie wurde dann unter dem Titel Sulla teoria della norma giuridica 1935 in Rom veröffentlicht.

[6] Zeugnis legen davon ab die aktive Teilnahme an den Übungen über »La filosofia della rivoluzione« und über »Il pensiero giuridico di G. Mazzini«, die im Studienjahr 1928/29 im Bereich des Lehrstuhls für Rechtsphilosophie abgehalten wurden (s. seine Beiträge, die in dem Band I problemi della filosofia del diritto nel pensiero dei giovani, hrsg. von G. Del Vecchio, Rom 1936, S. 115–158 wiedergegeben sind), sowie die Schrift Il »partito« nella recentissima letteratura, in: Lo Stato, 1931.

So zeichnen sich die beiden großen Themen seines Denkens ab: das erste betrifft das Problem, das jeder juristischen Betrachtung zugrunde liegt, d. h. die Beziehung zwischen Einheit und Vielheit, die Prozesse, durch welche die vielfältig gegliederte Gesellschaft dahin tendiert, sich in die Einheit des Regierungsapparats zu verwandeln, wobei sie Regeln schafft, die von allen beachtet werden. Das zweite hingegen betrifft das Problem der Rechtsnorm und ihrer Quellen[7]; dieses findet seine natürliche Entwicklung in der dem Verfassungsgericht gewidmeten umfangreichen Produktion, die nach der italienischen Verfassung von 1948 erfolgte[8].

Diese beiden weiten Themenkreise sind jedoch, sozusagen intellektualistisch, nicht voneinander getrennt, wie sogar mancher hat glauben wollen, der behauptete, das Thema der Regierungsformen sei den Interessen *Crisafullis* fremd gewesen[9]. Wohl aber ist es richtig, daß er den größeren Teil seiner Produktion der Theorie der Rechtsnorm und ihrer Quellen[10] sowie den Betrachtungen über die Gültigkeit normativer Akte[11] gewidmet hat, aber es stimmt auch, daß in einem sehr umfangreichen Teil seines Werkes der erste der oben beschriebenen Problemkreise behandelt wird. Anderseits würde es einem nicht gelingen, die tiefere Bedeutung der von ihm angewandten realistischen Methode, die alle seine Schriften durchzieht, zu verstehen, wenn man nicht den engen Zusammenhang aufzeigte zwischen dem juristischen Phänomen als solchem und den Vorgängen, die dessen Voraussetzung darstellen und die ihrerseits dahin tendieren, juristische Regeln, von denen sie selbst gelenkt werden, zu finden. Und gerade weil er sich unentwegt die Frage nach diesem Zusammenhang

---

[7] Zu diesem Aspekt seines Denkens verweisen wir auf die Ausführungen von Prof. *D'Atena* in einem der nächsten Bände des Jahrbuchs.

[8] Die Schaffung in der italienischen Rechtsordnung des Verfassungsgerichts stellt für Crisafulli den natürlichen Verlauf der Krise des Grundsatzes von der Allmacht des Gesetzgebers dar, der in Italien Mitte der dreißiger Jahre seinen bedeutendsten Theoretiker in Carlo Esposito gefunden hatte und der von Crisafulli selbst als ein unausweichlicher Fortgang der Geschichte aufgefaßt und bereits in den Anfängen seines Studiums der juristischen Wissenschaften in den Mittelpunkt seines Denkens gerückt wurde. Daher sind die Gründe zu verstehen, aus denen er in den Jahren zwischen 1948 und 1956 mit besonderer Nachdrücklichkeit auf der Notwendigkeit bestand, daß die Verfassung durch die Aufnahme der Tätigkeit des Verfassungsgerichts voll verwirklicht würde, und man begreift auch die Ursache seines beständigen Augenmerks auf die Entscheidungen dieses letzteren Organs, denen der zweite Teil des zweiten Bandes seiner Lezioni di diritto costituzionale gewidmet ist.

[9] Das Mißverständnis, das im Text erwähnt wird, findet sich z. B. bei *Paladin*, Vezio Crisafulli uomo e giurista, in Dir. Soc., 1986, 3 f., und bei *Modugno*, In memoria di Vezio Crisafulli, in Dir. e Soc., 1990, 146. In der Tat erweist sich Crisafullis Denken als höchst einheitlich und in sich folgerichtig, auch in seiner tiefsten Problematik und in seiner großen Aufgeschlossenheit gegenüber Beiträgen von außen. Hier braucht man nur an den Zusammenhang zwischen der Theorie der Rechtsquellen und derjenigen der Regierungsform, der sich bei Crisafulli – wie hier zu zeigen versucht wird – immer enger gestaltet, zu erinnern.

[10] Natürlich ist hier auf folgende drei Stichwörter in der Enciclopedia del diritto zu verweisen: Atto normativo, Disposizione (a norma) und Fonti del diritto. Außer dem bereits angeführten Band Sulla teoria della norma giuridica sind folgende Artikel zu erwähnen: Prime osservazioni sul sistema delle fonti normative nella nuova codificazione, in Stato e dir., 1942, Gerarchia e competenza nel sistema costituzionale delle fonti, in Riv. trim. dir. pubbl., 1960, Variazioni sul tema delle fonti (con particolare riguardo alla consuetudine), in Scritti in memoria di A. Giuffrè, Band III, Mailand 1967, sowie die beiden Bände der Lezioni di diritto costituzionale, Padua, CEDAM.

[11] Siehe die zahlreichen Schriften über das Verfassungsgericht, in denen jene besondere Aufmerksamkeit seiner jungen Jahre hinsichtlich der Gesetzestheorie, verstanden als Theorie eines speziellen Typs des Rechtsaktes, ihren natürlichen Ausdruck findet.

stellt, bietet seine Theorie des positiven Rechts schließlich einen eigenen entscheidenden Beitrag zur allgemeinen Rechtslehre[12].

II. Die Methode

Es zeichnet sich nun am Horizont die Frage nach *Crisafullis* Methode ab, nach jener
besonderen Art und Weise, die verschiedenen Probleme anzugehen, die alle seine
Werke auszeichnet und die noch immer einen Gegenstand der Auseinandersetzung
zwischen Interpreten und Schülern darstellt. Diese Methode weist mindestens zwei
absolut originelle Aspekte auf: einen sozusagen äußeren und einen inneren; der eine
hängt mit seiner Art zusammen, Fragen und Lösungen anzupacken und darzulegen,
der andere dagegen entspricht genau seiner Rechtsauffassung. Diese Aspekte sind
nicht voneinander unabhängig, da sie wechselseitig fast unentwirrbar miteinander
verflochten sind; denn die Tatsache, daß sich seine Schriften mehr auf die dem Leser
gebotenen intellektuellen Anregungen als auf organische Lösungen der Probleme
stützen, hängt in gewisser Weise mit der Notwendigkeit zusammen, all die verschiedenen Aspekte der juristischen Erfahrung in einzigartiger Gleichzeitigkeit zu bedenken.

Crisafullis sogenannter Problematizismus – der gerade darauf gerichtet war, »Fragen aufzuwerfen, ihre möglichen Lösungen durch Abwägen von *Für* und *Wider*
aufzuzeigen, die Jungen zu einer kritischen Haltung und zur logischen Strenge in der
Argumentation zu erziehen, ohne die reale Erfahrung aus den Augen zu verlieren,
aber auch ohne auf das Terrain einer allgemeinen Beschreibung soziopolitischer Art
abzugleiten«[13] – offenbart sich in der Tatsache, daß seine Werke niemals einen
vollständigen und klar umrissenen Rahmen von Begriffen und Lösungen bieten, die
sozusagen ein geschlossenes System darstellen würden: dagegen läßt sich ihnen stets
ein Offensein gegenüber juristischen Konstruktionen entnehmen, die zu ihrer Fundierung unterschiedliche Voraussetzungen übernehmen, die Aufzeigung von schwachen Stellen des Gedankengangs, der gerade entwickelt wird[14], eine Vertiefung, die
bis in die kleinsten Einzelheiten der damit zusammenhängenden Aspekte reicht, die
der Versuch, eine konsequente Konstruktion zu bieten, zuweilen vernachlässigen
läßt. Deshalb findet der Leser in diesen Schriften Anregungen und Anlässe zur
Reflexion, die unvermeidlich dazu führen, beim Herangehen an die verschiedenen
Fragenkreise den eigenen Horizont zu erweitern.

Die originelle Art, wie er die verschiedenen Probleme anschneidet, rührt aller
Wahrscheinlichkeit nach daher, daß es in seiner gesamten Produktion zu einem
intensiven Dialog zwischen den großen theoretischen Strömungen im Hinblick auf
die Natur des Rechtes kommt. Die tiefsten Gründe für die eine oder die andere These,
die vielleicht an einem bestimmten Punkt der Argumentation zum Schweigen ge-

---

[12] Vgl. in diesem Sinn *Modugno*, aaO., 141 ff., der aufzeigt, daß *Crisafullis* Untersuchungen über die
verschiedenen Recht und Staat betreffenden Themen im Lichte des Rahmens einer allgemeinen Rechtslehre, auf dessen Definition seine Interessen in jungen Jahren vorwiegend gerichtet waren, durchgeführt
wurden.

[13] So in den Lezioni di diritto costituzionale, Band I, Padua 1970, Vorwort, V–VI.

[14] Vgl. Profilo di S. Romano, in Nuova Antologia, 1976, 351.

bracht worden waren, tauchen plötzlich und im richtigen Augenblick auf, gleichsam um die Abhandlung wieder ins rechte Gleichgewicht zu bringen und um die äußersten Konsequenzen, zu denen eine zu unerbittliche Argumentation führen könnte, zu vermeiden.

Zum unverzichtbaren Ausgangspunkt wird ihm das Erfordernis, das Gebiet der Rechtsnormen, d. h. den Bereich der Wertungen und Qualifizierungen, zu trennen von dem der Fakten, d. h. dem Bereich des privaten oder öffentlichen Handelns, der als solcher gewertet und qualifiziert wird. Daher richtet sich seine Forschungsarbeit auf die Bestimmung des objektiven Rechts und seiner Quellen, wobei ersteres als Regelsystem für das Gemeinschaftsleben verstanden wird, in das ausschließlich diejenigen Vorschriften einbezogen werden, die sich durch Objektivierung von den bestimmten Tatsachen, die sie hervorgebracht haben, absetzen lassen[15]. Doch der normative Gesichtspunkt befriedigt ihn nicht völlig, da er von demselben Gesichtswinkel aus, der für seine eigene Betrachtung grundlegend ist (der Gesichtspunkt der Rechtsordnung insgesamt, des ganzen Systems der Regelung des Lebens der sozialen Gruppe), dazu neigt, mit den anderen beiden in seiner Ausbildungszeit herrschenden Denkrichtungen übereinzustimmen: mit der Institutionslehre von *S. Romano* und der sogenannten aktivistischen Auffassung des Rechtes.

Wenn er auch die Gleichung Recht = Institution in ihrer Absolutheit ablehnt[16], nimmt er von der ersten Richtung die fruchtbaren Anregungen bezüglich der Gesellschaftlichkeit des Rechts und der Pluralität der Rechtsordnungen auf, Anregungen, die, wie er selbst gesteht[17], am Anfang seiner Beschäftigung mit der wissenschaftlichen Forschung standen und die er jedoch nie in ihrer Absolutheit annahm, wobei er sich dessen bewußt war, daß Rechtsordnungen nicht an jeder Straßenecke zu finden sind. Wenn auch mit der größten Vorsicht gesagt, liegt die Pluralität der Rechtsordnungen dennoch der Relativität der juristischen Werte und daher auch der dogmatisch entwickelten Begriffe zugrunde[18].

Von der zweiten Richtung zieht ihn die Bedeutung an, die dem sozusagen autonomen Moment der juristischen Erfahrung beigelegt wird, so daß diese letztere nicht nur aus Normen besteht, sondern auch in einer »konkreten und selbständigen« Tätigkeit, die sich an die Norm hält und die zu normalem Handeln wird: »Die Verhaltensnorm... ist ein Sollen, das mit allen Mitteln zum Sein strebt... Daher kommt es, daß sich die echte Norm, eben als Wille zur Handlung... als dem Akt ihrer Erfüllung immanent, d. h. in der gewollten und realisierten Handlung als normal darstellt«[19].

Die entscheidende Bedeutung, die dem normativen Moment zugeschrieben wird, veranlaßt ihn dazu, stolz die Rolle der Dogmatik als einer Wissenschaft einzufordern, welche die Ordnung von Daten mit Vorschriftscharakter, die also ein Sollen ausdrük-

---

[15] Über diesen Aspekt von *Crisafullis* Denken herrscht unter den Interpreten eine gewisse allgemeine Übereinstimmung.

[16] Vgl. Lezioni, Band I, aaO., 6 und 36–38; doch bereits viel früher in dem zitierten Werk Sulla teoria della norma giuridica, 9–12.

[17] In Profilo di S. Romano, aaO., 347.

[18] Vgl. das Stichwort Fonti del diritto (diritto costituzionale), in Encicl. dir., XVII, Mailand 1968, 930ff.

[19] So in Sulla teoria, aaO., 28–29.

ken, zum Ziel hat[20]. Mit anderen Worten: Die Rechtswissenschaft hat Normen zum Gegenstand, und aus diesem Grund sind die von ihr erarbeiteten Begriffe stets vorschreibender Natur. Daraus ergibt sich die Unmöglichkeit, irgendeinen Versuch zu akzeptieren, die Rechtswissenschaft zu einer von jenen Wissenschaften zu reduzieren, die sich darauf beschränken, in der gesellschaftlichen Phänomenologie feststellbare mutmaßliche Regelmäßigkeiten zu beschreiben[21], oder auch auf eine bloß historiographische Beschreibung der tatsächlichen Funktionsweise der verschiedenen Institutionen und ihres historischen Wertes[22]. Recht und Politik sind deutlich voneinander getrennt; ein Problem besteht höchstens darin, den Übergang von der politischen Realität zur juristischen zu erfassen, ohne jedoch die inneren Zusammenhänge zwischen beiden zu übersehen[23].

Doch während man sich von der dogmatischen Sphäre entfernt und »in die dünnere Sphäre der allgemeinen Theorie« begibt, werden die Grenzen zwischen Tatsache und Recht verschwommener und unsicherer, »die Institution, begriffen im Moment ihrer Einsetzung als feste Ordnung (und das heißt, als *echte* Institution)« manifestiert sich »in gewisser Weise als *die erste Quelle ihres eigenen Rechtes*«; »die rechtserzeugende Tatsache... ist nicht eine solche, weil sie durch eine andere Norm so qualifiziert wäre, sondern weil sie *ihrem Wesen nach rechtserzeugend* ist... sie ist ein Faktum, das eine Norm ausdrückt oder, wenn man so will, *das sich selbst zur Norm setzt*«[24]. Von hier ist es nur ein kleiner Schritt zu der Auffassung von den institutionellen Prinzipien, sie seien »der Rechtsordnung selbst oder ihren Teilen immanent und bewirken eben, daß diese so ist wie sie ist, weil sie jene besondere charakteristische Einstellung derselben grundlegend bestimmten«[25], sowie von den Rechtsnormen in bezug auf die es nicht »möglich ist, eine spezifische und differenzierte Quelle zu finden«[26].

Und gerade die Berührung mit der Institutionslehre veranlaßt ihn – wie er selbst an einer zwar auf *S. Romano* bezüglichen, aber eigentlich autobiographischen Stelle schreibt[27] – zu einer realistischen Haltung gegenüber allen Problemen, die sich an der Grenzlinie zwischen Dogmatik und allgemeiner Lehre stellen. Es fasziniert ihn die Mahnung *Espositos*[28], nach dem »das objektive Recht, das außerhalb der Regeln oder gegen dieselben entstanden ist, wenn es lebensnah und lebenskräftig ist, in die Rechtsordnung eingeht, denn es hat Geltung und ist wirklich, sosehr es auch definitionsmäßig in substantiellem und formalem Gegensatz zu diesen Regeln steht«[29]; die

---

[20] Ancora a proposito del metodo negli studi di diritto costituzionale, in Stato e diritto, 1940, Anm. S. 123.

[21] Lezioni, aaO., 14.

[22] Ancora a proposito del metodo, aaO., 122 ff.

[23] »Regime di massa« e diritto pubblico del nostro tempo, Sonderdruck aus Stato e diritto, 1940, 2.

[24] Profilo, aaO., 352.

[25] So in Per la determinazione del concetto dei principii generali del diritto, Sonderdruck aus Riv. int. fil. dir., 1941, 13–14, in offensichtlicher Übereinstimmung mit Schmitts Interpretation des Instituionalismus (Über die drei Arten des rechtswissenschaftlichen Denkens, Hamburg 1934).

[26] Stichwort Fonti del diritto, aaO., 927 ff., sowie Profilo, aaO., 353.

[27] Profilo, s. oben Anm. 26.

[28] La Costituzione italiana. Saggi, aaO., 264.

[29] Hier würde sich ein interessantes Kapitel eröffnen, nämlich das der Beziehungen zwischen *Esposito* und *Crisafulli*, ihrer gegenseitigen Beeinflussungen und Divergenzen, ihrer langen, niemals getrübten Freundschaft, der tiefen Bewunderung, die der letztere dem ersteren gegenüber hegte. Es gibt kein Werk von *Esposito*, bei dem *Crisafulli* nicht erkennen ließe, daß er es gelesen und innerlich aufgenommen hat,

Tauglichkeit ursprünglicher normativer Fakten (d. h. solcher, die sich als dazu geeignet erweisen, zu Normen zu führen, auch wenn es ihnen an einer voraufgehenden Legitimation durch die Rechtsordnung gebricht), »objektives Recht zu schaffen, bestätigt sich ausschließlich in der Rückschau, nach dem Maß ihrer Effektivität«[30]. Dies ist eine ausdrückliche Bekundung seines Realismus, der in Zusammenhang steht mit dem, was er in einer frühen Arbeit geschrieben hat, daß nämlich »eine echte Norm nur die konkrete ist, philosophisch ausgedrückt, und zwar durch die Art und Weise, wie die Konkretheit und damit die Wirklichkeit des Rechts in der Anwendung der Gesetzesnorm zu finden ist und wiederum bestätigt wird«[31], wodurch diese letztere einen schöpferischen Charakter annimmt, weil sie in ihrer Hervorbringung und in ihrer Anwendung einen Willensakt darstellt. Das Echo aktivistischer Auffassungen hätte nicht deutlicher sein können.

Der soeben umrissene methodologische Rahmen zeigt *Crisafullis* Interesse für eine Reihe von Themen auf, denen gegenüber die Möglichkeiten der dogmatischen Lehre alles andere als befriedigend erscheinen: von der Frage der außerordentlichen Rechtsquellen bis zu derjenigen der ungeschriebenen Quellen und insbesondere der der Gewohnheit; vom Problem der Integration der Verfassungsnormen und der politischen Sitte bis zu dem der Regierungsformen; von der Kontinuität des Staates bis zur Krise des modernen Staates. Deshalb verhindert gerade *Crisafullis* Methodologie, daß die Thematik der Staats- und Regierungsformen – natürlich im weitesten Sinn verstanden – gewissermaßen vernachlässigt wird.

III. Allgemeine Prinzipien und Staatsform

Um jedoch unsere Untersuchung darauf zu beschränken, wie er in seinem Werk an diesen letzteren Gegenstand herangegangen ist, müssen wir von dem Erfordernis ausgehen, den Staat als politisch organisierte menschliche Gemeinschaft, in ihrer Totalität begriffen (Staat im weiteren Sinn), zu unterscheiden vom Staat als Regierungsapparat[32], der als Erbe der physischen Person des Souveräns verwaltet, Gesetze

---

wobei er Argumentationen, Anregungen und Rekonstruktionen dialektisch in Erwägung zieht, so wie *Esposito* in *Crisafulli* einen der wenigen Autoren gefunden hat, mit denen er sich gerne auseinandersetzte.

[30] Variazioni sul tema delle fonti, aaO., 275.

[31] I principi costituzionali dell'interpretazione ed applicazione delle leggi, in: Scritti giuridici in onore di S. Romano, Band I, Padua 1940, Anm. S. 668.

[32] Ein Erfordernis, das in unmittelbarem Gegensatz zur Formel von *V. E. Orlando* steht, nach der sich der Staat als abstrakt einheitliche Personifizierung der Nation darstellt. Diese letztere hypostasierte nämlich eine völlige Deckungsgleichheit zwischen dem Staat, der als Rechtssubjekt Träger der Souveränität ist (vgl. zu diesem Aspekt von *Orlandos* Theorie als Versuch, einen Berührungspunkt zwischen der Theorie von der Souveränität des Monarchen und derjenigen der Volkssouveränität zu finden, *Fioravanti*, aaO., 11 und öfters), und der gesamten staatlichen Gemeinschaft, wobei sie in ersterem die vielfältigen Äußerungen der letzteren auslöschte, und entsprach dem Bedürfnis, der seit kurzem erlangten nationalen Einheit auf der Ebene der Rechtswissenschaft eine rationale Grundlage zu geben (vgl. *Cassese*, Cultura e politica nel diritto amministrativo, Bologna 1971, 22 ff.; *Cianferotti*, Il pensiero di V. E. Orlando e la giuspubblicistica italiana tra ottocento a novecento, Mailand 1980, 99 ff.; und besonders *Crisafulli*, Significato dell'opera giuridica di V. E. Orlando, in: Rass. giuliana di dir. e giur., 1952, 25). Aber die Formel vom Staat als Personifizierung der Nation erschien Crisafulli nur wie ein verbaler Kunstgriff, der darauf abzielte, der Wirklichkeit der Gesellschaft auszuweichen, die als »eine komplexe, heterogene und in ihrem Inneren differenzierte Körper-

macht, Recht spricht und zu dem die einzelnen Bürger juristische Beziehungen haben (Staat als Gewaltenträger[33]).

Auch wenn es leicht zu verstehen ist, daß man sich diese Unterscheidung nicht sozusagen intellektualistisch vorstellen darf, weil der Staat im weiteren Sinn eine bestimmte Form des menschlichen Zusammenlebens bezeichnet, die vom XVI. Jahrhundert an verwirklicht wurde, da sie gewisse Merkmale aufweist (der Staat besteht aus einem Volk, das sich auf einem bestimmten Territorium unter einer souveränen Herrschaft dauerhaft organisiert): Deswegen setzt der im modernen Sinn verstandene Staat ein Machtelement sowie die effektive Fähigkeit der Organisation der Staatsgewalt, seine Befehle ausführen zu lassen, d. h. die Souveränität voraus[34].

Der von *Crisafulli* beschriebene Dualismus von Staat als Gewaltenträger und Staat als Gemeinschaft bedeutet daher keine Trennung, schließt er doch eine fortgesetzte dialektische Beziehung mit ein. Es sind zwei Seiten derselben Realität, wie gesagt worden ist[35]. Manche Schwankungen in *Crisafullis* Denken, aber auch die ständigen und notwendigen Zusammenhänge zwischen der Frage nach dem Wesen des Staates und derjenigen nach der Entstehung des Rechtes finden in dieser Dialektik ihre Voraussetzung und ihre vernünftige Erklärung[36].

Indessen ist zu beachten, daß die Unterscheidung selbst (nach manchen Rekonstruktionen auch vom rein zeitlichen Gesichtspunkt aus[37]) mit derjenigen zwischen Staatsformen und Regierungsformen zusammenhängt; die letztere Unterscheidung ist, wie man gesagt hat, ziemlich neu und setzt sich in der Lehre in den dreißiger Jahren durch, und zwar gerade bei den Autoren, die die Definition des Staates als

schaft« erschien (Realtà e concetto giuridico dello Stato, in: Società, 1949, 231 und öfters; Stato e società nel pensiero di Gramsci, ebendort, 1951, 606 f.); in der Perspektive mußte man das völlige Zusammenfallen von Regierenden und Regierten mit realistischen Augen für nichts anderes als einen bloßen Wunsch politischer Art halten, ein Problem, das die Verfassungen mehr oder weniger erfolgreich zu lösen versuchen.

Der deutliche Gegensatz zwischen *Crisafullis* Werk und der sogenannten nationalen Schule des öffentlichen Rechts (die eben in *V. E. Orlando* ihren Begründer und einen ihrer bedeutendsten Vertreter hatte) drückt sich im übrigen in der Tatsache aus, daß, während in der auf die Reinheit der juristischen Methode und auf die Persönlichkeit und Souveränität des Staates aufgebauten Konstruktion unter anderem kein Platz für eine Theorie der Verfassung, der politischen Führung oder der Parteien war (so *Fioravanti*, aaO., 12 ff.), sich *Crisafullis* Denken gerade diesen drei Themen zuwandte, und zwar in seinen Arbeiten über die allgemeinen Prinzipien und über die politische Führung und außerdem bei seiner wiederholten Beschäftigung mit den politischen Parteien.

[33] Es handelt sich um einen Angelpunkt in *Crisafullis* Denken (in einem zeitlichen Bogen, der von dem Aufsatz Il concetto di Stato nel codice penale, in: Riv. penale, 1935, 13, Sonderdruck, bis zu den Lezioni di diritto costituzionale, I, Padua 1970, 80 f., reicht), der nun schon in die italienische juristische Literatur eingegangen ist (wie er selbst mit Befriedigung vermerkte in: La sovranità popolare nella costituzione italiana (note preliminari), in Rass. giuliana di dir. e giur., 1954, Sonderdruck, 14–15); man braucht hier nur an die neuesten Lehrbücher zu erinnern: *Spagna-Musso*, Diritto costituzionale, Padua 1992, 62; *Martines*, Diritto costituzionale, Mailand 1984, 182 ff.; *Barile*, Istituzioni di diritto pubblico, Padua 1991, 11; *Pizzorusso*, Lezioni di diritto costituzionale, Rom 1978, 236. Kritisch steht der Unterscheidung gegenüber *Berti*, Diritto e Stato: riflessioni sul cambiamento, Padua 1986, 9 und öfters.

[34] Vgl. ein Zugeständnis in diesem Sinn in Lezioni, aaO., 50. Des weiteren sei es gestattet, auf unser Stichwort Popolo in der Encicl. dir., XXXIV, Mailand 1985, 343, Anm., zu verweisen.

[35] So *Rescigno* G. U., Corso di diritto pubblico, Bologna 1984, 63 ff. (bes. 120 ff.); außerdem unser Stichwort Popolo, aaO.

[36] Zu diesem Punkt wird außer auf die Stellen der Lezioni, aaO., 15 und öfters, auf einige Anmerkungen in Per una teoria giuridica dell'indirizzo politico, Sonderdruck aus den Studi Urbinati, 1939, verwiesen.

[37] *Rescigno*, Stichwort Forme di Stato e forme di governo, in: Encicl. giuridica Treccani, 5.

Personifizierung der Nation am lebhaftesten bestritten haben[38]. Doch impliziert schließlich jede korrekte Erörterung über die Staatsformen eine solche über die Regierungsformen und umgekehrt[39], so daß man, wenn man einen der beiden Begriffe von der juristischen Betrachtung ausschließen will (es kann, wie wir sehen werden, nicht der Begriff der Staatsform sein), am Ende die Analyse des anderen verstümmelt, indem man eine unnatürliche Grenze aufrichtet, weil man vielleicht zu rückständig ist, so als wollte man dem Interesse des Juristen die ausgedehnte Grauzone, die zwischen Recht und Politik liegt, entziehen[40].

Crisafulli bleibt bei seinem festen Willen, die innere Realität des Staates zu analysieren – wobei er sich in dieser Hinsicht deutlich von *Kelsen* abhebt, der doch einen der Autoren darstellt, mit denen er am häufigsten im Dialog steht[41] – und er stellt einerseits seine Natur als eine auf einem bestimmten Territorium dauerhaft organisierte Gemeinschaft und anderseits die besonderen Merkmale, die eine solche Organisation annehmen muß, heraus, wobei diese eben zur Herausbildung einer »souveränen« Autorität führt: einer Autorität, die gerade aufgrund dieser Eigenschaft die Funktion ausübt, jene Vielheit, in der letzten Endes diese Gemeinschaft besteht, zu einer Einheit zu machen.

Mit anderen Worten: Eine erste Annäherung an die Realität des Staates kann nur darin bestehen, daß man nach den von der Vielfalt (d. h. von der Gesellschaft in ihren mannigfaltigen und verschiedenartigen Gliederungen) beschrittenen Wegen, um eine Einheit (das bedeutet Organisation, Rechtsordnung und schließlich Staat im weiteren Sinn) zu werden, fragt.

Dies geschieht, ist hier hinzuzufügen, in demselben Augenblick, in dem die Staatsgewalt wirksam wird, wenn sie von einem Durchschnitt anerkannt und akzeptiert wird[42].

Auf diese Weise zeigt sich ein Umlaufprozeß zwischen Organisation und Norm[43], so daß die Existenz einer Staatsgemeinschaft die (wie man beiläufig und höchstens annäherungsweise definieren könnte: *spontane*) Entstehung von Rechtsnormen postuliert[44], die »sich ebenso wie die Rechtsordnung in ihre konkrete Realität einfügen« und eine wenngleich rudimentäre Organisation umreißen, und zwar in dem Sinn, »daß es in jeder Rechtsordnung bestimmte grundlegende oder ›institutionelle‹ Prinzipien gibt, die deren Struktur bilden und die wir als normativ und gültig ansehen müssen, weil die Ordnung ohne sie gerade in ihren Grundlagen und in ihren letzten

---

[38] Vgl. oben Anm. 32.

[39] *Paladin*, Lezioni di diritto costituzionale, Padua 1977, 10; *Caretti* und *De Siervo*, Istituzioni di diritto pubblico, Turin 1992, 27.

[40] In dem im Text kritisierten Sinn s. *Rescigno G. U.*, Forme, aaO., 11. Bezüglich der beständigen Aufmerksamkeit, die *Crisafulli* den Beziehungen zwischen Recht und Politik widmet, ist unbedingt zu verweisen auf Per una teoria giuridica dell'indirizzo politico, aaO.

[41] *Modugno*, aaO., 143 ff., unterstreicht, wie *Crisafullis* Denken häufig *Kelsen* als Bezugspunkt hat.

[42] Lezioni, aaO., 35 und öfters (aber s. auch S. 5).

[43] Ebendort, 37 und 38. Es ist jedoch zu bemerken, daß *Crisafulli* in der Anfangsphase seines Denkens (Sulla teoria della norma giuridica, aaO., 11), wenn er das Recht als normatives Phänomen von der Institution als sozialer Tatsache unterscheidet, den logischen Vorrang des Rechts deutlich geltend macht.

[44] Ebendort, 48, sowie Stichwort Fonti del diritto, aaO., Anm. S. 931 (mit einem wichtigen Zugeständnis in bezug auf die These vom spontanen Recht oder vom quellenlosen Recht, die dagegen an anderer Stelle abgelehnt wird: vgl. Lezioni di diritto pubblico generale, Rom o. J., 84; Lezioni di diritto costituzionale, II, Padua 1984, 3 und 154 f.).

Verästelungen anders wäre als sie ist[45]. Die eine bestimmte Staatsordnung tragenden Prinzipien zu skizzieren bedeutet, ihre Konstitution (im materiellen Sinn) zu identifizieren[46] und daher den Staat selbst je nach seiner Idee zu erkennen, denn dieser letztere existiert (er kann nicht nicht sein), da er auf eine bestimmte Art und Weise (als Aristokratie, Monarchie, Föderation usw.) beziehungsweise nach bestimmten Prinzipien konstituiert ist[47]. Die Grenze zwischen Tat und Recht wird fließend und vage, wobei es stets irgendwie unbestimmt bleibt, bis zu welchem Punkt eine Untersuchung über die Prinzipien einfach beschreibenden Charakter annimmt (und sich darauf beschränkt, deren Tragweite zu registrieren) oder im Gegenteil schließlich ins Präskriptive abschweift (mit stärkerer Betonung des normativen Charakters des Prinzips). Eines der Zeichen für diese Schwierigkeit stellt die Nachbarschaft zwischen den allgemeinen Rechtsgrundsätzen und den sogenannten theoretischen Prinzipien, die rein wissenschaftlich erarbeitet werden, dar[48]. Dies gilt, auch wenn das Prinzip – mag es auch nicht ausgedrückt und auf induktivem Weg gewonnen sein – stets in einer Norm besteht, die entwicklungsfähig ist durch besondere Normen eine integrierende und auslegende Wirkung hat[49].

Der Verfassungsgehalt (d. h. die Verfassung im materiellen Sinn) würde dadurch charakterisiert, daß sie aus allgemeineren Prinzipien besteht, die die Einsetzung der höchsten Staatsorgane betreffen, wobei sie »die Art und Weise ihrer Schaffung, ihre gegenseitigen Beziehungen, ihre Kompetenzen und außerdem die grundlegende Stellung des Individuums gegenüber der Staatsgewalt« bestimmen und überdies »das Gesamtphänomen Staat, auch in seiner Gestalt als ›menschliche Gemeinschaft‹« angehen[50]. Und gerade von diesen sind diejenigen, die sich auf die Staatsform und auf die Regierungsform beziehen, genau zu prüfen.

Nun scheint man – sei es auch mit den nötigen Vorbehalten und Vorsichtsmaßnahmen – nicht leugnen zu können, daß bei dem Problem der Staatsform die Erkenntnis von *S. Romanos* »Prinzip oder Grundrichtlinie, die alle Einrichtungen des Staates gestaltet« und die die gesamte Staatsordnung durchdringt, von entscheidendem Einfluß ist[51].

Wenn und sofern jedoch die Erkenntnis der Staatsform auch die Erkenntnis eines oder mehrerer Prinzipien, d. h. von Normen[52], und seien sie auch sehr allgemein und

---

[45] So in Lezioni, I, aaO., sowie in Variazioni sul tema delle fonti, aaO., 263–264, unter ausdrücklicher Bezugnahme auf *S. Romanos* Gedankengang; außerdem bereits früher in Per la determinazione del concetto dei principi generali, aaO., 64 f.

[46] I principi costituzionali dell'interpretazione, aaO., 22 ff. *Fioravanti* unterstreicht den engen Zusammenhang zwischen *Crisafullis* Lehre von den allgemeinen Prinzipien und der Verfassungslehre: aaO., 64 ff.

[47] Variazioni sul tema delle fonti, aaO., 264; Per la determinazione, aaO., 13 f.; I principi costituzionali deel'interpretazione, aaO., 14, Anm.

[48] Per la determinazione, aaO., 78 ff.

[49] Per la determinazione, aaO., 48 ff.; I principi costituzionali, aaO., 20; La Costituzione e le sue disposizioni di principio, Mailand 1952, 14 und öfters.

[50] Stichwort Costituzione, Sonderdruck aus der Encicl. del Novecento, Rom 1976, 16. S. auch I principi costituzionali, aaO., 24.

[51] Indirizzo politico, aaO., 45, Anm., und 64, Anm.; Stichwort Costituzione, aaO., 17.

[52] Der normative Charakter der Prinzipien ist in *Crisafullis* Denken ein Angelpunkt, durch den er sich deutlich von *S. Romano* abkehrt (s. oben Anm. 49). In jüngster Zeit hat dagegen *Modugno* geltend gemacht, daß die Prinzipien eher mit den Quellen als mit den Normen verglichen werden müßten: Stichwort Principi generali dell'ordinamento, in: Encicl. giuridica Treccani, XXIV, Rom 1991, 4 ff., Sonderdruck.

grundlegend, bedeutet, wird es eine Unmöglichkeit, den Ausdruck »Staatsform« auf die Typisierung der Seinsweisen des als Gesellschaft, d. h. als Gesamtheit seiner konstitutiven Elemente betrachteten Staates zu beschränken[53] und dagegen den Ausdruck »Regierungsform« den Staatsmodellen, die die Beziehungen der höchsten Organe untereinander und zu den Bürgern beschreiben, vorzubehalten[54]. Die Staatsform drückt in einer einzigen, synthetischen Formel die Daseinsform eines Volkes und seiner Organisation aus und setzt daher eben jene Staatsperson voraus, die der juristische Ausdruck der Einheit der Gesellschaft ist: der Hauptzweck der Gemeinschaft und das Strukturprinzip derselben[55]. Daraus ergibt sich die Konsequenz, daß die die Staatsform charakterisierenden Prinzipien bindende Rechtskraft annehmen müssen, auch wenn sie in Form von rein programmatischen Bestimmungen ausgedrückt[56], d. h. darauf gerichtet sind, die besonderen Zwecke und Zielsetzungen hinsichtlich der Tätigkeit des Apparats der Staatsgewalt festzulegen (es ist sodann diese Aktivität bezüglich der Bestimmung der politischen Richtlinien, der Gesetzgebung, der Verwaltungsakte und allenfalls der Ausübung der Jurisdiktion zu verdeutlichen)[57].

Es ist nicht zu verkennen, daß der Begriff Staatsform ein juristischer Begriff ist, der Vorschriftscharakter annehmen muß, wenn dies auch mehr in unbestimmter und indirekter Weise geschieht[58]. Wenn das einigende Band auf die Unterwerfung unter

[53] S. in diesem Sinn dagegen *Biscaretti di Ruffia*, Diritto costituzionale, Neapel 1974, 171; *Caretti* und *De Siervo*, aaO., 26; *Paladin*, Lezioni di diritto costituzionale, Padua 1989, 29–30. Zur Gleichwertigkeit der Begriffe Staatsform und Regime s. in jüngster Zeit *Lanchester*, Stichwort Stato (forma di), in: Encicl. dir., XLIII, Mailand 1990, 796 und öfters.

[54] Außer der in der vorigen Anm. zitierten Literatur s. *Mortati*, Le forme di governo, Padua 1978, 3ff.; *Crosa*, Sulla classificazione delle forme di governo, in Scritti giuridici in onore di S. Romano, I, Padua 1940, 443 f.

[55] S. Lezioni, I, aaO., 99–100, Anm. Aber in diesem Sinn orientiert sich die fundierteste Lehre, s. allgemein *Mortati*, aaO.; *Elia*, Stichwort Governo (forme di), in: Encicl. dir., XIX, Mailand 1985, 6, Sonderdruck; *Cuocolo*, Forme di Stato e di governo, Sonderdruck aus dem Digesto (IV. Aufl.), Turin 1989, 9.

[56] La Costituzione e le sue disposizioni di principio, aaO., 67–68.

[57] Ebendort, 65ff., aber s. schon zuvor Per la determinazione, aaO., 64.

[58] Vgl. Lezioni, aaO., aber s. bereits früher Indirizzo politico, aaO., 36, 45f., Anm., und öfters. In der Tat schließt die Staatsform ein oder mehrere Grundprinzipien in sich (s. in diesem Sinn *Biscaretti di Ruffia*, Le tre forme di Stato dell'età contemporanea, in: Il politico, 1953, Sonderdruck, Padua 1953, 5 und öfters) und übersetzt die politische Formel, d. h. die Voraussetzung für die Verfassung selbst, in Prinzipien, wobei sie sich am Schnittpunkt zwischen Politik und Recht ansiedelt (s. *Gueli*, Il regime politico, Rom 1949, 30ff.).
Im übrigen empfiehlt es sich hinzuzufügen, daß die in der Jugend betriebenen Forschungen über den normativen Charakter der allgemeinen Rechtsgrundsätze für *Crisafulli* die natürliche Grundlage für die Behauptung darstellten, die Bestimmungen der Verfassung von 1948 müßten magis ut valeant ausgelegt werden (La Costituzione e le sue disposizioni di principio, aaO., 11 und öfters), wobei er ihnen, welcher Natur sie auch sein mochten (gänzlich vorschreibender oder bloß programmatischer Art), eine normative Wirksamkeit, die höher als die der ordentlichen Gesetze ist, zuschrieb: Die Verfassungsnormen legen deshalb, außer daß sie der gesamten autoritativen Staatsorganisation Zielsetzungen und Zwecke auferlegen, Kriterien fest, an die sich der Interpret bei der Rekonstruktion der Bedeutung und (wo dies möglich ist) der Integration der Einzelbestimmungen halten muß, und sie setzen sogar der gesetzgebenden Funktion Grenzen, die bei den verschiedenen von der Verfassung vorgesehenen Staatsorganen (ordentliche Gerichtsbarkeit, Verfassungsgericht usw.) feststellbar sind.
Daher rührt in dem Zeitraum, der etwa vom Inkrafttreten der Verfassung (1948) bis zur Einrichtung des Verfassungsgerichts reicht, die Ablehnung jener Tendenzen in der Rechtsprechung (und auch in der

eine einzige souveräne Gewalt und daher auf das Grundprinzip (oder die Grundprinzipien) bezogen wird, besteht das Kriterium, das der Klassifizierung der Staatsformen
zugrunde liegt, in einem typisch juristischen Charakteristikum der Staatsordnung;
und der Begriff selbst wird zur Frucht einer fortschreitenden Abstrahierung juristischer Regeln, indem er selbst Vorschriftscharakter annimmt und sich dazu eignet,
den Interpreten bei der Wiederherstellung der Bedeutung der zweifelhaften Bestimmungen, bei der Eliminierung von Lücken in der positiven Ordnung und gegebenenfalls bei der Auflösung von Antinomien zu leiten.

Außerdem ist aber zu beachten, daß die Frage viel nuancenreicher und komplexer
ist, als sie auf den ersten Blick erscheinen mag, wenn man nur in Betracht zieht, daß
die Identifizierung jener ersten und vereinheitlichenden Prinzipien häufig eher das
Ergebnis einer *ex post* über die konkrete Seinsweise eines Staates angestellten Analyse
als die normative Umsetzung eines bestimmten politischen Programms ist[59]. In der
Tat können die Prinzipien im Lauf der Zeit eine stufenweise Entwicklung erfahren,
auch infolge von fast unmerklichen Veränderungen der Einzelnormen oder der
geschichtlichen Verhältnisse[60]. Daher rührt die Möglichkeit, auf die Staatsform dieselben zweifelhaften Bedeutungen, die dem Verfassungsbegriff eigen sind, zu übertragen: je klarer eine bestimmte Form eines Staates dessen Seinsweise zum Ausdruck
bringt *(forma dat esse rei)*, desto mehr nimmt sie einen beschreibenden Charakter an
und wird zu einem ontologischen Begriff, während sie, je deutlicher sie ein allgemeines Prinzip normativer Art ausdrückt, desto mehr auf eine Aussage deontologischer
Natur hinausläuft und Vorschriftscharakter annimmt[61].

Tritt dieser zweite Fall ein, muß man hinzufügen, so bindet sich die Staatsform
unauflöslich an die Regierungsform, und nicht nur in dem Sinn, daß die letztere die
erstere voraussetzt und sozusagen deren natürliche Weiterentwicklung darstellt[62].
Wenn es nämlich stimmt, daß es für jede Staatsform mehrere Regierungsformen
geben kann[63], so stimmt das Gegenteil wahrscheinlich nicht, daß die gleiche Regierungsform in verschiedenen Staatsformen vorkommen könnte, weil eben die möglichen Entwicklungen eines Prinzips streng genommen nicht die Entwicklung eines

---

Lehre), die darauf abzielen, einem Großteil des Verfassungstextes von 1948 programmatische Wirksamkeit
zuzuschreiben und den Vorschriftscharakter der programmatischen Bestimmungen abzuwerten. Solche
Tendenzen hätten schließlich die gesamte Verfassung zunichte gemacht, die jedoch ihrer Natur nach nicht
ausschließlich dazu bestimmt sind, den Staat als Person und seine Organe zu disziplinieren, sondern die
gesamte im Staat organisierte Gemeinschaft betrifft *(Fioravanti*, aaO., 75 ff.).

[59] In diesem Sinn genügt es, auf die ganze Diskussion innerhalb der Lehre hinzuweisen, die sich um die
wesentliche Rolle des Interpreten bei der Erkennung (nach der Meinung von manchen spricht man
richtiger von echter Intuition) der Prinzipien (besonders wenn es sich um unausgesprochene handelt)
bemüht. Siehe dazu außer Per la determinazione, aaO., 76 ff., *Alpa*, I principi generali, Mailand 1992, 44 ff.

[60] Vgl. das Stichwort Disposizione (a norma), in: Encicl. dir., XIII, Mailand 1964, 207. Siehe zu diesem
Punkt außerdem das reichhaltige, aber, um die Wahrheit zu sagen, etwas verworrene Buch von *Alpa*, I
principi generali, aaO., 72 und öfters.

[61] Stichwort Costituzione, aaO., 5 ff.; Lezioni, I, aaO., 95 und öfters.

[62] In diesem Sinn offenbart das ausdrücklich genannte Prinzip (bzw. offenbaren die ausdrücklich
genannten Prinzipien) der Staatsform jenes Übermaß an axiologischem Gehalt, auf das sich *Modugno*
(aaO., 3) bezieht.

[63] *Rescigno*, Forme di Stato, aaO., 5; *Elia*, aaO, 6; *Biscaretti di Ruffia*, Introduzione al diritto costituionale
italiano e comparato. Le forme di Stato e le forme di governo, Mailand 1969, 99.

anderen Prinzips darstellen können[64]. Hier taucht der Verdacht auf, daß die Verneinung des Rechtscharakters des Begriffs Staatsform dahin tendiert, das Interesse zu verbergen, den Beweis anzutreten, daß ein solcher Fall (d. h. daß es Regierungsformen gibt, die sich verschiedenen Staatsformen anpassen) doch möglich ist[65].

Dieser Zusammenhang bietet uns eine der möglichen Erklärungen für *Crisafullis* Mißtrauen gegenüber der Rolle einer Superkonstitution, die einige Lehrer der Verfassung im materiellen Sinne zuweisen, und zwar in dem Maß, in dem die letztere mit den auf die Staatsform bezüglichen Grundsätzen identifiziert wird (und das heißt in dem Maß, in dem sie zugleich den Staat als Gemeinschaft und den Staat als Gewaltenträger einer Ordnung unterwirft)[66]. Indem *Crisafulli* jeglichen Zusammenhang zwischen den Veränderungen in der Form eines bestimmten Staates (die sich schließlich in einer Änderung des Prinzips oder der Prinzipien der materiellen Verfassung ausdrücken würden) und der Unterbrechung der Kontinuität desselben ablehnt[67], ahnt er die Gefahr, daß aufgrund eines derartigen Begriffs von der materiellen Verfassung Thematiken auf den Staat als Gemeinschaft übertragen würden, die im Bereich des Staates als autoritärer Apparat bleiben sollen, denn eine schwere Krise des letzteren könnte dazu führen, die Krise sogar auf die staatliche Gemeinschaft zu übertragen und dabei deren inneren Zusammenhalt zu zerreißen.

IV. Die durch die republikanische Verfassung eingeführten Prinzipien zur Staatsform Italiens

Mit dem Zusammenbruch des Faschismus lebt das beständige Haschemann-Spielen zwischen der Einheit und der Vielheit zwischen Staat und Gesellschaft wieder auf, und die Aufmerksamkeit mußte sich eben auf die Gesellschaft richten, auf die staatliche Gemeinschaft, die bis dahin von der Staatsmystik vernachlässigt worden war, auf geeignete juristische Mittel, die ihre vertikale Einsetzung im autoritären Apparat erlaubten[68]. Es handelte sich darum, ein angemessenes Gleichgewicht zu finden zwischen der Vielzahl der Gruppeninteressen, die sich eben aus der unendlichen Vielfalt der Gesellschaft ergeben, und der Einzigartigkeit des allgemeinen Interesses, das jenen Privatinteressen entgegengesetzt ist und das aus der Tatsache erwächst, daß sich die Volksgemeinschaft als eine Einheit erkennt[69].

---

[64] Bezüglich dessen, was *Crisafulli* die konstruktive Funktion der Prinzipien nennt, s. Per la determinazione, aaO., 66 ff., und La Costituzione e le sue disposizioni di principio, aaO., 40 und öfters. Im Grunde verbindet sich mit dieser Funktion jenes Übermaß an deontologischem oder axiologischem Gehalt, auf das sich *Modugno*, aaO., 3 und öfters bezieht.

[65] Andrerseits müßte man, wenn die Theorie der Staatsform den Interessen der Rechtswissenschaft fernstünde, infolgedessen die Grundprinzipien (die institutionellen Prinzipien, wie *Romano* gesagt hätte) der staatlichen Rechtsordnung für nicht-juristisch halten und ihnen den normativen Charakter absprechen. Im entgegengesetzten Sinn s. Per la determinazione, 40 ff.

[66] S. Lezioni, I, aaO., 102 ff.; Stichwort Costituzione, aaO., 23 ff.

[67] Vgl. außer den in der vorhergehenden Anm. zitierten Werken den Aufsatz: La continuità dello Stato, in: Riv. dir. int., 1964, 371 ff.

[68] La Costituente repubblicana, in: Il lavoro vom 14. Juni 1946; Per una Costituzione democratica, in Rinascita, 1946, 143 ff.; Realtà e concetto giuridico dello Stato, aaO., 236 und öfters.

[69] Vgl. das zuletzt zitierte Werk (bes. S. 241) sowie Stato e società nel pensiero di Gramsci, in: Società, 1951, 591 ff.

Es wäre interessant, sich mit *Crisafullis* Produktion und Tätigkeit in den Jahren unmittelbar vor dem Inkrafttreten der republikanischen Verfassung nochmals eingehend zu beschäftigen[70], vor allem zu dem Zweck, zu erkennen, ob und bis zu welchem Grad sich darin die Wurzeln seines späteren Denkens aufspüren lassen[71]. Dieses geht von der Feststellung der Pluralität der Kräfte und der der *Resistenza* zugrunde liegenden idealen Motive sowie dem Klima der Zusammenarbeit zwischen diesen Kräften aus, das diese letzteren notwendigerweise unter sich entwickeln mußten, damit die neue Verfassung alle grundlegenden Bestrebungen des italienischen Volkes interpretieren und es auf den Weg der Realisierung künftiger demokratischer Errungenschaften führen konnte[72].

Es war darum natürlich, daß aus dieser Zusammenarbeit, aus dieser Pluralität von idealen Anregern nur eine Verfassung »konventioneller«[73] Art hervorgehen konnte, die »auf dem Kompromiß zwischen verschiedenen – und auch gegensätzlichen – und deshalb nur schwer auf ein einziges Einheitsprinzip zurückführbaren Ideologien und Prinzipien« beruhte[74]. Deswegen waren die Schwierigkeiten, auf die der Interpret stoßen würde, vorherzusehen[75].

Nun scheint es mir, daß *Crisafulli* im wesentlichen drei solcher Prinzipien identifiziert. Wie sich diese gegenseitig beeinflussen, so stehen sie häufig auch im Gegensatz zueinander und tragen zuweilen den Kern von Motiven in sich, die deren weitere Entwicklung bremsen sollten.

Diese Schwierigkeiten hinderten ihn jedoch nicht daran, sich an allen Fronten im Kampf um die Inkraftsetzung der neuen Verfassung des italienischen Volkes, die Einsetzung der darin vorgesehenen Institute und um die Behauptung des normativen Charakters der Verfassungsbestimmungen (auch jener programmatischen Inhalts) zu engagieren[76].

Das erste dieser Prinzipien würde ich in dem der Einheit erkennen, das in Artikel 5 der Verfassung in engem Zusammenhang mit Artikel 1 bestätigt wird, wo »es heißt... die feierliche Anerkennung, daß jene in der Geschichte fortlebende ›Entität‹, welche die italienische Nation ist, gegenwärtig in einer republikanischen, demokrati-

---

[70] Er nahm in der sozialistischen Partei nahestehenden Kreisen aktiv an der Resistenza teil und kümmerte sich u. a. um den im Untergrund erscheinenden »Avanti!«. Er wurde Mitglied der Studienkommission für die Reorganisation des Staates (der sog. Kommission Forti), und zwar als Mitglied der ersten Unterkommission, die mit der Untersuchung von Verfassungsfragen betraut war. Aufgrund dieser Funktion hatte er Gelegenheit, in der Studienbewegung, die die Diskussion in der verfassunggebenden Versammlung vorbereitete, aktiv mitzuwirken. In der unmittelbar auf die Befreiung Italiens folgenden Zeit übte er auch eine intensive publizistische Tätigkeit aus, bei der er gelegentliche politische, aber auch und vor allem juristische Themen behandelte.

[71] Wir verweisen bezüglich mancher Punkte auf unsere Charakterisierung *V. Crisafullis* in »Il Parlamento italiano (Storia parlamentare e politica dell'Italia, 1861–1988)«, Bd. XVII, 173 ff., Sonderdruck.

[72] Vgl. Oltre la Costituzione, in: Rinascita, 1948, 4 ff.; La democrazia italiana e la Costituzione, in Chiarezza vom 31. Januar 1955; Lo spirito della Costituzione, in Il Messaggero vom 2. Januar 1957; La Costituente repubblicana, aaO.

[73] Lo spirito della Costituzione, aaO.; La maggioranza parlamentare e i suoi limiti, in: Società, 1952, 4, Sonderdruck (hier stammt der Ausdruck erklärtermaßen von *Giannini M. S.*); Ombre e luci della Costituzione, in Prospettive nel mondo, 1978, 2–3, Sonderdruck.

[74] S. in diesem Sinn Oltre la Costituzione, aaO., 5.

[75] Lo spirito della Costituzione, aaO.

[76] Zu diesem Aspekt von Crisafullis Leben als Wissenschaftler und seinem politischen Engagement s. *G. Ferrari*, Presentazione degli Scritti in onore di V. Crisafulli, Bd. I, Padua 1985, XII f.

schen und auf die Arbeit gegründeten (sowie nach dem angeführten Artikel 5 einheitlichen) Staatsform organisiert ist«, so daß »in derselben Verfassung die stillschweigende Voraussetzung weiterbesteht..., daß die italienische Staatsgemeinschaft und das italienische Volks als ›national‹ anerkannt werden, weshalb das italienische Volk im Unterschied zu anderen eine Nation darstellt und der Staat, in dem es juristisch organisiert ist, seinerseits im Unterschied zu anderen als Nationalstaat charakterisiert wird«[77].

Das Prinzip der Einheit findet also in der Fortdauer des italienischen Staates seine natürliche Entwicklung. Daher scheint eine ideale Verbindungslinie das *Risorgimento* mit der Republik zu verknüpfen, eine Verbindungslinie, die durch Faschismus und Krieg zwar beeinträchtigt, aber nicht unterbrochen wurde[78].

Das System der örtlichen Selbstverwaltungen und insbesondere die Anerkennung der Regionen als verfassungsrechtliche Körperschaften stellt die Verbindung zwischen dem Staat als Rechtsperson und dem Staat als Gemeinschaft her, und zwar mit dem Ziel, das Aufgehen des einen im anderen zu verwirklichen, und erlaubt es zugleich, daß die politische Autonomie der Gebietskörperschaften für die politische Richtung der Mehrheit eine Schranke darstellt und garantiert, daß diese nicht die ganze Macht innehat und sie mißbraucht[79].

Unter diesem Gesichtspunkt werden die örtlichen Selbstverwaltungen daher zum

---

[77] Cgl. *Crisafulli* und *Nocilla*, Stichwort Nazione, in: Encicl. dir., XXVII, Mailand 1977, 805; Le funzioni costituzionali delle Regioni, in: Il corriere amministrativo, 1949, 11, Sonderdruck.

[78] Profili costituzionali di una revoluzione mancata, in: 1848 (Quaderni di Rinascita n. 1), 49 ff.; Indipendenza e libertà, in: Domenica vom 4. Dezember 1944; Dallo Statuto Albertino alla Costituente, in: Rinascita, 1946, 39 ff.; Le costituzioni nell'Italia del '48, in: L'Unità vom 18. März 1948.

[79] Le funzioni costituzionali, aaO., 8 ff.; La maggioranza parlamentare, aaO., 5.
Eine Analyse von *Crisafullis* Regionalismus muß von zwei Voraussetzungen ausgehen, die sich sozusagen gegenseitig einschließen. Die erste ist durch die Ablehnung jeglichen Ansatzes gegeben, der dahin tendiert, aus der Region eine bloße Untergliederung des Verwaltungsapparates des Staates als Rechtsperson zu machen, während er dagegen auf eine Wiederherstellung der Beziehungen zwischen Region und Staat im Sinne eines juristischen Pluralismus, d.h. von Beziehungen zwischen Rechtsordnungen hin orientiert sein soll.
Daher (und dies ist die zweite Voraussetzung!) rührt die wandelbare, proteische Natur des Problems der Regionen, das einerseits von den unendlichen Gestaltungsmöglichkeiten der Beziehungen zwischen den Rechtsordnungen und andrerseits von den Unsicherheiten hinsichtlich des Wesens und der Rolle der Regionen abhängt.
Es ist richtig, daß man sich über die Entwicklung, die die Institution der Regionen erfahren hat, klar sein muß. Diese ist nämlich von einer ersten Phase, in der man – weil man die Region als eine Einschränkung für die volle Machtausübung des Staates als Person betrachtete – zulassen mußte, daß sie ihren Anfang nahm und genügend Autonomie gewann, in eine zweite übergegangen, in der eine tatsächliche Übertragung von Befugnissen vom Staat auf die Regionen erfolgt war und diese letzteren zu einem Instrument zur Beteiligung des Volkes an der Ausübung der politischen Macht werden konnten; die Entwicklung ist sodann in eine dritte Phase eingetreten, in der sich die Tendenz zu einer Regelung bezüglich einer gemeinsamen Entscheidungsbefugnis von Staat und Regionen abzeichnete. Es ist aber beständig dafür Sorge zu tragen, daß durch eine adäquate Koordinierung von staatlichen und regionalen Funktionen die Einheit des Staates und zugleich eine angemessene Autonomie in der Bestimmung der eigenen politisch-legislativen Richtung seitens der Region sichergestellt werden.
Daher gibt es manche Stellungnahmen, die der Anerkennung des Vorrangs eines Staatsgesetzes gegenüber einem Regionalgesetz beipflichten oder die mißtrauisch sind gegenüber der Zuerkennung von blockierenden regionalen Mitbestimmungsbefugnissen sowie gegenüber der Bildung einer »Front der Regionen«, die als Lobby, als »unmittelbarer und einziger Gesprächspartner des Staates als Rechtsperson« auftreten würde.

Ausdruck jenes liberalen Garantiedenkens, das in einem gewissen Sinn das zweite Verfassungsprinzip darstellt, in dem die italienische Staatsform nach 1948 aufgeht[80]. Man muß vermeiden, daß sich die Freiheit in »eine Autorität, die ihrerseits die Freiheit unterdrückt« verwandelt, und geeignete Formen finden, um »die eine gegenüber der anderen zu garantieren«[81].

Ein System von Garantien entspricht dem gegenseitigen Mißtrauen der politischen Parteien und schützt die während des Kampfes gegen den Faschismus erzielten demokratischen Errungenschaften vor eventuellen Handstreichen, handelt es sich doch darum, eine der fortschrittlichsten Verfassungen zu garantieren[82].

Das liberale Prinzip und damit die Idee der Freiheit selbst als eine reine Garantie anzusehen, erscheint jedoch als eine Einschränkung der Funktion, die diese Idee in Crisafullis Denken beansprucht, einer Funktion, die in Wahrheit noch einer gründlichen Untersuchung harrt und besonderen Nachdenkens wert wäre, und zwar auch deswegen, weil die Opposition zwischen dem Liberalismus als bloße Garantie und der Demokratie ihre dialektische Synthese ausdrücklich in der – offensichtlich auf *Croce* zurückgehenden – Behauptung findet, die Wiederherstellung der Einheit des Systems führe ohne den geringsten Zweifel zu der Bekräftigung, »daß das höchste, alle anderen umfassende Prinzip das der Freiheit ist«[83].

Er ist sich der ganz und gar empirischen Natur der den Juristen teuren Unterscheidung zwischen bürgerlichen und politischen Freiheitsrechten[84] sowie der Notwendigkeit, daß sich die Garantie für die verschiedenen Freiheitsrechte auf den Inhalt der Ausübung derselben erstreckt, bewußt. Die Garantie, die die verschiedenen Staatsordnungen bieten, und die Auflistungen der Menschen- und Bürgerrechte sind nichts anderes als eine der Bekundungen jenes ethischen Prinzips, jenes Grundwertes, den die Freiheit darstellt[85].

Denn Freiheit bedeutet für *Crisafulli* auch und vor allem Erziehung zur Freiheit,

---

[80] Auf den Garantie-Aspekt der italienischen Verfassung kommt nahezu die gesamte wissenschaftliche und nichtwissenschaftliche Produktion *Crisafullis* immer wieder zurück. Vgl. La Corte costituzionale ha vent'anni, in: La Corte costituzionale tra norma giuridica e realtà sociale (hrsg. von *Occhiocupo*), Bologna 1978, 73.

[81] Un problema difficile, in Il Messaggero vom 3. September 1957.

[82] Lo spirito della Costituzione, aaO.; La maggioranza, aaO., 3; Vengono alla luce i limiti della democrazia borghese, in Rinascita, 1951, 335; La Democrazia italiana e la Costituzione, aaO.

[83] Individuo e società della Costituzione italiana, in: Il diritto del lavoro, 1954, 73 ff.; Lo spirito della Costituzione, aaO.; La democrazia italiana e la Costituzione, aaO. Der dem Freiheitsprinzip zugeschriebene Vorrang wirksam in der Zurückführung des Pluralismus auf die Freiheit (Pluralismo, nun in Stato, popolo, governo. Illusioni e delusioni costituzionali, Mailand 1985, 325), im Mißtrauen gegenüber heimlichen Versuchen, die von der Verfassung dem Einzelnen als solchem feierlich garantierten Freiheitsrechte zu funktionalisieren, und in der begrifflichen Unterscheidung zwischen Freiheit und Autonomie (Autonomia e libertà nella scuola, in: Riv. giur. della scuola, 1965, 23 ff.) gegen jeden Versuch, den einen Begriff mit dem anderen zu vermischen.

[84] Vgl. *B. Croce*, Constant e Jellinek: intorno alla differenza tra la libertà degli antichi e quella dei moderni, in: Etica e Politica, Bari 1931, 298.

[85] Daher rührt eine Interpretation der Verfassungsbestimmungen in deutlich zustimmendem Sinn, indem er den einzelnen Freiheitsrechten die größte Tragweite zuschreibt und jede Funktionalisierung derselben vermeidet (In tema di cronaca giudiziaria, in: Giur. Cost., 1965, 244 ff.; Problematica della »libertà d'informazione«, in: Il politico, 1964, 285 ff.; Autonomia e libertà nella scuola, aaO., 26 ff.) – wenn *Crisafulli* auch – was anzuerkennen ist – solche Themen scheut, die dahin tendieren, jene Freiheitsrechte, die nicht in irgendeiner, auch in einer impliziten Verfassungsnorm eine Grundlage finden, für garantiert

Erziehung dazu, »die positive Norm« zu betrachten als »Ausdruck des Staatswillens, ... nicht mehr als eine äußere, zwingende Schranke für die empirisch verstandene Freiheit des Subjekts, als eine Norm, die sich dagegen im normalen Handeln durchsetzt und verwirklicht, und zwar mittels der freien, spontanen, erquickenden und daher normsetzend sich vollziehenden Tätigkeit des Subjektes selbst«[86].

Hier verbinden sich also Liberalismus und Demokratie, wodurch die letztere zu einer notwendigen und logischen Fortentwicklung des ersteren wird[87], gerade weil das liberale Prinzip hinausläuft auf eine Beteiligung an der Regierung, auf die Tatsache, daß die einzelnen Bürger die Handlungen der Obrigkeit auch wie ihre eigenen Handlungen zu empfinden vermögen. Das letzte die Staatsform charakterisierende Prinzip hat seinen Ursprung in der Entstehung des modernen Staates, und zwar genau in dem Moment, in dem sich dieser als »repräsentativ« erklärt und dabei das demokratische Prinzip mit einschließt und voraussetzt[88].

Die Volksabstimmung vom 2. Juni 1946 war nicht nur eine Entscheidung über den formalen Aspekt des Staatsoberhauptes als Organ, sondern eine juristisch unwiderrufliche Entscheidung des Volkes über die Verfassungsstruktur des Staates, über zwei verschiedene politische Regierungsformen[89].

Das demokratische Prinzip ist also nicht darauf beschränkt, die Organisation der Staatsgewalt zu steuern, sondern es betrifft die gesamte Existenzform der Gesellschaft im Bereich dessen, was mit der Aussage von der Gleichheit aller Bürger verbunden ist. Diese Gleichheit besteht nicht nur in den himmlischen Höhen der politischen Welt, sondern sie soll auch »in der irdischen Existenz der menschlichen Gemeinschaft« verwirklicht werden[90].

Der demokratische Charakter des Staates und die dem Volk zuerkannte Souveränität schließen die Hineinnahme der Gesellschaft (in ihrer konkreten und mannigfaltigen Seinsweise) in die Organisation der Staatsgewalt ein, mit der Konsequenz, daß auch parteiische und private Willensbekundungen des Volkes zur Gestaltung und Verwirklichung der als einheitlich betrachteten Volkssouveränität beitragen[91]. Alle politischen und gesellschaftlichen Formierungen sollten mittelbar oder unmittelbar

---

anzusehen (Libertà costituzionale di accattonaggio? – Questione di costituzionalità etc., in: Giur. cost., 1964, 1183 ff.).

[86] Nuove pubblicazioni francesi sulla crisi della democrazia e il valore della libertà, in: Riv. int. fil. dir., 1935, 5, Sonderdruck, sowie natürlich In tema di limiti alla cronaca giudiziaria, aaO., und aus jüngerer Zeit der grundlegende Beitrag Di libertà si può anche morire, in: Il Tempo vom 20. Juli 1977.

[87] Liberalismo e democrazia, in: Rinascita, 1944, 7 ff. Aber s. zu den impliziten Folgen der Proklamationen der Menschenrechte vor allem I diritti dell'uomo e del cittadino, in: Rinascita, 1946, 183 ff. (zu den philosophischen Wurzeln allgemein vgl. *B. Croce*, Primi Orientamenti. Piccoli saggi di filosofia politica, Mailand 1935, 15 ff.). Es gibt also keinen Widerspruch zwischen der Anerkennung des individuellen Charakters mancher Freiheitsrechte und ihrer unter gewissen Aspekten erfolgenden Funktionalisierung hinsichtlich der Ausübung der politischen subjektiven Rechte seitens der Bürger (In tema di libertà di associazione, in: Giur. cost., 1962, 743 f.). Es ist hier schließlich zu bemerken, daß *Crisafulli* in das liberale und in das demokratische Prinzip als logische Entwicklung sowohl die Proklamation der sozialen und wirtschaftlichen subjektiven Rechte als auch die sog. soziale Demokratie wieder miteinbezog. Siehe allg. Individuo e società, aaO., und La democrazia italiana e la Costituzione, aaO.

[88] Lezioni, I, aaO., 84–85.

[89] Scegliere tra due Costituzioni, in: Milano sera vom 31. 1./1. 2. 1947; Da un regime all'altro (storia costituzionale d'Italia), in: Rinascita, 1951, 221.

[90] Individuo e società, aaO., 74–75; La sovranità popolare, aaO., 42 ff.

[91] La sovranità popolare, aaO., 35 ff.

an den Souveränitätshandlungen teilnehmen können, weswegen sich die Betonung von der Einheit, die ihren höchsten Ausdruck im regierenden Apparat (und besonders im Staat als Rechtsperson) findet, auf die Vielheit und auf die Mannigfaltigkeit der bürgerlichen Gemeinschaft verlagert.

Das demokratische Prinzip stellt deshalb – ebenso wie die beiden anderen Prinzipien, das der Einheit und das des Liberalismus – ein wesentliches Element des politischen Systems dar, indem es also die moderne Staatsform charakterisiert (moderner Staat = repräsentativer Staat = demokratischer Staat) und sich, da es das Grundprinzip der Organisation des autoritativen Apparates ist, damit gleichzeitig den Merkmalen, die der Regierungsform eigen sind, nähert[92].

V. Der Begriff Regierungsform

So kommen wir notwendigerweise zur Frage der Regierungsform, über die einige vorläufige Betrachtungen anzustellen sind.

Die Regierungsform wird in einem ersten Anlauf, und nur in diesem, als »die von der regierenden Organisation tatsächlich angenommene Struktur« definiert[93].

Eine Besorgnis *Crisafullis* – mehr als diejenige, festzustellen, wie die Macht nach den Bestimmungen unter den verschiedenen regierenden Subjekten abstrakt verteilt wird – spiegelt das Erfordernis einer Koordination zwischen den Staatsgewalten wider, die sich im Grundsatz der Einheitlichkeit des staatlichen Handelns ausdrückt, einem Grundsatz, den man mit der kritischen Überprüfung der Gewaltenteilung verbinden muß[94].

»Es ist richtig, daß sich das staatliche Handeln, auch wenn es in den Beziehungen zu anderen Subjekten sogar in seinen verschiedenen allgemeinen Äußerungen als einfach und einheitlich erscheint, dagegen bei genauerer Prüfung als außerordentlich vielfältig und komplex erweist, da es sich aus einer Reihe von weniger bedeutenden einzelnen Tätigkeiten zusammensetzt, die in verschiedener Form innerhalb der Staatsorganisation zu jenem einheitlichen Endergebnis beitragen. Übrigens entspricht dies genau dem juristischen Charakter des Staates, der bekanntlich durchaus keine einfache und elementare Einrichtung ist, sondern sich ganz im Gegenteil als ein Komplex von verschiedenartigen Komponenten und Einrichtungen, die unter sich wohlgeordnet und voneinander abhängig sind, herausstellt«[95].

Daher rührt die Notwendigkeit, bei der Klassifizierung der Regierungsformen der Einordnung der Funktion der politischen Richtung Rechnung zu tragen[96]. Dies ergibt sich mit äußerster Klarheit nicht nur aus den Stellen, an denen er die Ansicht vertrat, daß »eine auf einer echten Gewaltenteilung beruhende Organisation des Staates nicht

---

[92] La sovranità popolare, aaO., 19 ff.

Bezüglich des von *Crisafulli* hergestellten Zusammenhangs zwischen den richtungsgebenden Normen und dem geltend gemachten demokratischen Charakter des Staates wird auf eine im Druck befindliche Schrift von *L. Carlassare* verwiesen.

[93] Lezioni, I, aaO., 99–100.

[94] Per una teoria giuridica, aaO., 9 ff.

[95] Alcune considerazioni sulla teoria degli organi dello Stato, in: Arch. giur. , 1938, 102–103.

[96] Forme di governo, in La nuova Europa vom 9. Mai 1945; Repubblica parlamentare, in: Vie Nuove vom 20. Oktober 1946; Per una teoria giuridica, aaO., 45–47.

funktionieren könnte«[97], sondern auch aus denjenigen, an denen er den Unterschied zwischen parlamentarischem System und Präsidialsystem im andersartigen Organ politischer Gewalt bestehen läßt, das in ersterem aus dem Parlament (oder besser gesagt, nach der gegenwärtigen Sachlage aus der Zweiheit Regierung-Parlament) besteht, während es in letzterem – zumindest in manchen geschichtlichen Perioden – im Präsidenten der Republik zu identifizieren ist[98].

Der Bezug auf die politische Richtung erlaubt also eine dynamischere Klassifizierung der Regierungsformen gegenüber derjenigen, die allein auf dem Prinzip der Gewaltenteilung beruht.

Es handelt sich dabei offensichtlich um eine formale Vorstellung, die hauptsächlich und vorwiegend die Normen über die Organisation und über die Ausübung der politischen Gewalt zum Gegenstand hat, d. h. Regeln, die nicht nur für die Akteure des politischen Lebens, sondern auch für alle Mitglieder der Gemeinschaft zu erkennen sind[99].

So neigt man in der Theorie der Regierungsformen dazu, »abstrakte Modelle zu konstruieren und zu klassifizieren, die dazu geeignet sind, außer einer Beschreibungs- und daher Erkenntnisfunktion zugleich auch eine normative Funktion zu entwickeln, und zwar in dem Sinn, daß die in allen Zweifelsfällen für die Bestimmungen, die ein gegebenes positives System regeln, heranzuziehende Interpretation – solange es der Wortlaut der Verfassungs- und Gesetzestexte oder, falls es an solchen mangelt, die sicheren und eindeutigen, auf Gewohnheiten beruhenden Ergebnisse zulassen – diejenige sein soll, die mit den allgemeinen Grundsätzen des Modells übereinstimmt; sie ist anderen möglichen, aber mit diesen Prinzipien kontrastierenden Erklärungen vorzuziehen«[100].

Letzten Endes sind die verschiedenen Regierungsformen juristische Begriffe wie alle diejenigen, die der Rechtswissenschaft eigen sind, und als solche haben sie, wie bereits angedeutet, Vorschriftscharakter[101].

Die rechtlichen Elemente reichen jedoch allein nicht aus, um eine einwandfreie Typisierung der Regierungsformen vorzunehmen. Wenn man diejenigen Elemente, die mit der Rechtssphäre nichts zu tun haben, bei der Einstufung völlig ausklammert, könnte die Präsidialrepublik der USA sogar mit den konstitutionellen Monarchien in der einzigen Kategorie der reinen konstitutionellen Regierungsform zusammengefaßt werden[102]; aber einmal handelt es sich um ein System, das auf dem monarchischen Prinzip beruht, das andere Mal um eines, das seine Grundlage im demokratischen Prinzip findet und das einem gewählten Präsidenten, dem *Führer* einer großen

---

[97] So wörtlich in Lezioni, I, aaO., 89.

[98] Repubblica parlamentare, aaO., Parlamento: ma cosa vuol dire?, in: Milano sera vom 20./21. Februar 1947.

[99] Forme di governo, aaO. Im gleichen Sinn s. *Biscaretti di Ruffia*, Introduzione, aaO., 104 ff. Bezüglich einer umfassenden Überprüfung der verschiedenen Kriterien, die einer Klassifizierung der Regierungsformen zugrundegelegt werden, sowie bezüglich einer eingehenden Diskussion über dieselben s. *Rescigno G. U.*, Forma di Stato e forma di governo, aaO.

[100] Aspetti problematici del sistema parlamentare vigente in Italia, in: Studi in onore di E. Crosa, I, Mailand 1960, 538, und nun in Stato popolo governo, aaO., 150.

[101] Ancora a proposito del metodo negli studi di diritto costituzionale, aaO., 122 ff., und außerdem Stato popolo governo, aaO.

[102] Forme di governo, aaO.

Partei, die politische Staatsleitung zuerkennt. Aber man kann die Normen auch nicht in den Hintergrund rücken und sich ausschließlich auf das tatsächliche Gebaren der politischen Kräfte stützen, sonst würde man sich am Ende überhaupt nicht mehr dessen bewußt sein, was z. B. das englische System vom amerikanischen unterscheidet, und die beiden zu einem einzigen, unbestimmten Typus zusammenfassen[103].

Die Lehre von den Regierungsformen muß daher nicht nur »ihre Zweckmäßigkeit hinsichtlich eines bestimmten umfassenden Ordnungssystems der staatlichen Gemeinschaft, der Gesellschaft eines Staates« berücksichtigen – was bedeutet, daß die Klassifizierung der Regierungsformen innerhalb jeder einzelnen Staatsform vorzunehmen ist – sondern auch die Auswirkungen, welche die in der Gesellschaft eingetretenen Veränderungen und die verschiedenen Verhaltensweisen je nach den verschiedenen gesellschaftlichen Verhältnissen auf die konkrete Wirkungsweise der einzelnen Verfassungsnormen sowie auf das gesamte Räderwerk der Verfassungsstruktur in seiner effektiven Funktionsweise haben[104]. In der Theorie der Regierungsformen müssen die Methode des juristischen Formalismus und die historisch-politische Methode »harmonisiert werden, so daß sie beide zu einer exakteren und realistischeren Gesamtschau beitragen«[105].

Crisafulli sucht das Wesentliche aus der gesamten juristischen Erfahrung zu erfassen: »Eine vollständige systematische Rekonstruktion der gegebenen (Staats-)Ordnung, die der tatsächlichen Dynamik ihrer Entwicklungsformen entsprechen will, könnte sich mit einer bloß dogmatischen (im Sinn von ›legalistischen‹) Untersuchung nicht gänzlich zufriedengeben, ohne sich deswegen lediglich zu einer unfruchtbaren und abstrakten ablehnenden Haltung (Verurteilung) gegenüber all dem zu verdammen, was sich, so ungesetzlich es auch sein mag, dennoch als lebendiges Recht durchsetzt«[106].

VI. Die in Italien geltende Regierungsform

Wenn man sich, von diesen Voraussetzungen ausgehend, die Frage stellt, welches die in Italien gültige Rechtsform sei, so kann man darauf nur antworten, daß es sich um ein parlamentarisches Regierungssystem handelt[107].

Von diesem weist sie in der Tat alle charakteristischen formalen Merkmale auf: das notwendige Vertrauensverhältnis, das die Regierung an die Kammern bindet, die politische Verantwortung der ersteren gegenüber den letzteren, die Nichtverantwortlichkeit des Staatsoberhaupts, das Prinzip der Solidarität und Einheitlichkeit in den Handlungen der Regierung, die dem Staatsoberhaupt zustehende Befugnis, das Parlament aufzulösen. Es ist freilich darauf hinzuweisen, daß die obengenannten

---

[103] Ebendort. Vgl. aber aus jüngerer Zeit die Betonung der Analogie zwischen den beiden Systemen bei *Duverger*, La monarchie républicaine, Paris 1974.

[104] Esperienze costituzionali in USA, URSS e Inghilterra, in: La Costituzione italiana. Verifica di un trentennio (hrsg. von der ANPPIA), Mailand 1978 (die Schrift geht jedoch auf das Frühjahr 1950 zurück), 83 ff.

[105] Forme di governo, aaO.

[106] Variazioni sul tema delle fonti con particolare riguardo alla consuetudine, aaO., 276–277.

[107] So in Aspetti problematici, aaO., 597 und öfters; I poteri del Presidente, in: Trieste, Nr. 22, 1957, 5.

Charakteristika formaler Art noch nicht ausreichen, um die reale Existenz und die tatsächliche Funktionsweise der Institutionen zu beschreiben und vor allen Dingen festzustellen, welchem Typus von parlamentarischer Regierung – unter den zahlreichen hypothetischen und in der Geschichte realisierten – das italienische System zuzurechnen ist[108].

Die parlamentarische Regierungsform zeigt ursprünglich eine Art Dualität der Exekutive, von der sie entweder infolge der Übertragung des Modells auf die kontinentalen Verhältnisse oder aufgrund der historischen Entwicklung bald zu einem echten Dualismus zwischen Staatsoberhaupt und Parlament (bei dem der erstere die Befugnis zur Ernennung und Abberufung der Regierung und das Amt des Chefs der Exekutive bewahrt) übergeht, bald zu einem echten Monismus, bei dem das Übergewicht endgültig auf die parlamentarischen Versammlungen verlagert ist, während sich die vollziehende Gewalt in der Hand der Regierung, die den letzteren gegenüber Staatsoberhaupt zukommen, in Wirklichkeit Akte der Regierung sind, die dafür die politische Verantwortung übernimmt[109].

Die Verfassung der italienischen Republik ordnet sich in diese zweite Tendenz ein, wobei jedoch zu beachten ist, daß hier eine Reihe von Beschränkungen der politischen Macht, die dem Gespann Regierung – parlamentarische Mehrheit beigemessen wird, vorgesehen ist, so daß die Behauptung unmöglich erscheint, die dort skizzierte Regierungsform gehöre *sic et simpliciter* zum parlamentarischen System monistischer Prägung[110]. Die Ausübung mancher Rechte und einige für die Minderheiten vorgesehene Garantien sowie die politische Gewalt der autonomen Territorialkörperschaften kann man zu diesen Beschränkungen zählen[111].

Aber *Crisafulli* stellt diese Beschränkungen besonders in der Tätigkeit zweier Organe fest. Vor allem geht es um die Zuständigkeiten des Verfassungsgerichts, das unter diesem Gesichtspunkt einen integrierenden Bestandteil der Regierungsform darstellt[112]. Auch wenn man sich nicht verhehlen darf, daß *Crisafulli* von einem anderen Gesichtswinkel aus den Versuch unternimmt, das Gericht von der ausgesprochen politischen Ausrichtung fernzuhalten, indem er dessen Tätigkeit mit derjenigen der Justiz vergleicht. Seine ganze Produktion, die darauf abzielt, den schöpferischen Charakter der Entscheidungen des Verfassungsgerichts zu leugnen, kann nur in diesem Sinn interpretiert werden[113].

---

[108] Aspetti, aaO., 599ff.; hier findet sich die Behauptung, nach der es im parlamentarischen System nicht einen einzigen Typus gebe, weil sich diese Regierungsform in vielfältigen Varianten zu entwickeln vermöge.

[109] Ebendort, 614ff.

[110] Aspetti problematici, aaO., 625ff.; La maggioranza parlamentare e i suoi limiti, aaO., 6.

[111] La maggioranza parlamentare e i suoi limiti, aaO.

[112] S. in diesem Sinn: La maggioranza parlamentare, aaO., 4–5; La Corte costituzionale tra magistratura e parlamento, in: Il Ponte, 1957, 887; La Corte costituzionale ha vent'anni, aaO., 71; Aspetti problematici, aaO., 655.

[113] In diesem Sinn wird *Paladin*, aaO., 6, seinerseits auch in folgender Schrift *Modugno*s erwähnt: La teoria delle fonti del diritto nel pensiero di V. Crisafulli, in: Dir. soc., 1993, 567ff.

Sicherlich ist sich *Crisafulli* dessen bewußt, daß die Tätigkeit des Verfassungsgerichtshofs, wenn sie sich durch den Verweis auf die Motivation oder durch die Verwendung sogenannter teilweise aufhebender Urteile vollzieht, wobei schließlich eine Gesetzesnorm manipuliert oder sogar zusätzlich eine neue Norm geschaffen wird, unleugbar der Gesetzgebung ähnelt (Le système de contrôle de la constitutionalité des lois en Italie, in: Rev. dr. publ. et sc. pol., 1968, 125). Das Gericht ist jedoch stets verpflichtet, über Normen

An zweiter Stelle bezieht er sich auf die vom Staatsoberhaupt »in einer institutionellen Situation des Außenstehenden gegenüber allen beteiligten politischen Parteien«
ausgeübten Funktionen[114].

Daher rühren die dem Staatsoberhaupt beigemessene Schlüsselstellung und die mit
seiner Stellung und seinen Aufgaben zusammenhängende Problematik: Es handelt
sich um Garantie- und Kontrollfunktionen, aber auch um die Funktion, Anregungen
zu geben, die den Zweck haben, den regelmäßigen Ablauf des konstitutionellen
Mechanismus sicherzustellen; es sind Aufgaben, die er in völliger Unabhängigkeit
von den politischen Kräften der Mehrheit in der Sorge um die »grundsätzliche, auf
Einheit und Fortdauer abzielende Ausrichtung der staatlichen Gemeinschaft« ausüben muß[115].

Wir können es uns nicht verhehlen, daß diese These übrigens lebhafter und scharfer
Kritik unterzogen wurde. Sehr bekannt unter den kritischen Stimmen ist Esposito,
der in dem Versuch, eine neutrale Funktion des Staatsoberhaupts auszumachen, eine
ganz »mystische« Auffassung von der Rolle des letzteren sieht; und in Artikel 89 der
Verfassung – wo vorgeschrieben ist, daß alle Akte des Staatsoberhaupts vom jeweiligen Minister, der einen Antrag gestellt hat, gegenzuzeichnen sind – sieht er ein
unüberwindliches Hindernis, dem Präsidenten der Republik ausschließliche Befugnisse zuzuschreiben[116]. Eine andere kritische Stimme ist *G. U. Rescigno*, der die
natürliche Weiterentwicklung der Position *Espositos* darstellt. Für das parlamentarische System sind keine anderen Lösungen möglich außer dem Monismus, in dem sich
die vollziehende Gewalt in der Hand der Regierung, die den gewählten Kammern
gegenüber verantwortlich ist, konzentriert; außerhalb dieser Konstellation hätten wir
es mit einem anderen als dem parlamentarischen System zu tun[117].

Die erste scheint, auch wenn man von verschiedenen, auf dem positiven Recht und
auf der Logik des Systems basierenden Überlegungen absieht, durch die in Italien
übliche Praxis völlig überwunden zu sein[118]. Die zweite berücksichtigt – gerade aus

---

oder Teile von Normen, die aus den Verfassungsbestimmungen ableitbar sind, zu urteilen, und wenn es
eine Integration von Gesetzestexten vornimmt (weil es eine Gesetzeslücke für verfassungswidrig erklärt
hat), so leitet es die Norm, welche die Lücke ausfüllen soll, von den Prinzipien oder von anderen (meist
verfassungsmäßigen) Normen des Systems ab (La Corte costituzionale ha vent'anni, aaO., 84). Die
schöpferische Tätigkeit des Gerichts erfolgt deshalb »in gebundenen Reimen«.

Wenn das Verfassungsgericht Mahnungen an den Gesetzgeber richtet oder Tendenzen für ihn bestimmt,
so tut es dies analog in dem Bewußtsein, daß letzterer die Freiheit hat, seine Probleme anders zu lösen, denn
die Form der Mitwirkung des Gerichts ist von der Art, daß sie niemals auf eine eigentliche Ausübung
gesetzgeberischer Tätigkeit hinausläuft (ebendort, 76 ff.).

[114] Aspetti problematici, aaO., 652 und öfters; La maggioranza parlamentare, aaO., 6.

[115] Aspetti problematici, aaO., 621, Anm., 631 und bes. 642, Anm.

Indem *Crisafulli* die wesentliche Rolle, die das Staatsoberhaupt im parlamentarischen System spielt, und
folglich die zentrale Position dieses Organs und seiner Befugnisse zum Zweck der Rekonstruktion dieser
Regierungsform betont, hält er sich an einen in der Lehre nun schon klassischen Ansatz. Siehe allg. *Redslob*,
Le régime parlamentaire, Paris 1924, 5 und öfters; *Burdeau*, Il regime parlamentare, italienische Übersetzung nach der französischen Ausgabe von 1932, Mailand 1950, 118 ff.

[116] Die Kritik ist in zwei nun bereits klassischen Stichwörtern der Enciclopedia del diritto ausführlich
dargestellt: Capo dello Stato und Controfirma ministeriale. Diese sind nun in dem Band Diritto costituzionale vivente, aaO., 1 ff. bzw. 65 ff., wieder abgedruckt.

[117] In diesem Sinn s. zuletzt Forma di Stato e forma di governo, aaO., 19 f.

[118] S. unsere Introduzione zu dem zitierten Band mit *Espositos* Aufsätzen Diritto costituzionale vivente,
S. XXXIX f.

realistischer Perspektive – nicht, daß das Staatsoberhaupt in einem parlamentarischen System – volens nolens – schließlich zu einem der Machtzentren des Systems und in manchen Situationen zu einem der entscheidenden politischen Akteure wird[119].

Sicherlich ist sich *Crisafulli* dessen bewußt, daß seine Darstellung der Position des Staatsoberhaupts einen schwachen Punkt hat, nämlich die Verantwortlichkeit, die Artikel 90 auf die strafrechtliche Verantwortung für zwei schwere Straftatbestände beschränkt; er versucht die »scheinbare« Lücke zu schließen unter Bezug auf eine allgemeine politische Verantwortung und darauf, daß »die faktischen Ermessenshandlungen des Präsidenten aufgrund ihrer Natur niemals dazu geeignet sind, endgültige und unvermeidliche Wirkungen an und für sich zu erklären«[120]. Schließlich wird die Hypothese angedeutet, bezüglich der Verantwortung das Institut des Zuständigkeitskonflikts ins Spiel zu bringen, worüber zu urteilen das Verfassungsgericht berufen ist. Sicher ist es so, daß bis zum heutigen Tag das von *Crisafulli* gezeichnete Bild keine wesentlichen Veränderungen erfahren zu haben scheint, weil man nicht sagen kann, daß andere von der Lehre aufgestellte Hypothesen, in denen man versuchte, die Macht des Staatsoberhaupts durch eine adäquate Verantwortlichkeit aufwiegen zu lassen, Erfolg gehabt hätten[121].

VII. Rechtliche und außerrechtliche Elemente bei der Rekonstruktion der Regierungsform: die Parteien

Um die tatsächliche Funktionsweise eines parlamentarischen Regierungssystems zu umreißen, genügt es gleichwohl nicht, die Organe in Betracht zu ziehen, denen die Verfassung die Aufgabe zuweist, unter bestimmten Umständen die politische Tendenz der Mehrheit und der Regierung einzuschränken. Politische Handlungsträger sind nämlich nicht nur die Staatsorgane, sondern auch die Kräfte, die sich in der Gesellschaft entwickeln und die in verschiedener Weise im demokratischen Staat dazu beitragen, daß die Tätigkeit der Regierung den Tendenzen, Bestrebungen und Willensbekundungen des Volkes, und in erster Linie denen der politischen Parteien, entspricht[122].

Ebenso wichtig wie die parlamentarische Regierungsform ist stets die Existenz einer Vielheit von Parteien gewesen[123], so daß die tiefgreifenden Wandlungen, die diese mit dem Heraufkommen der Massendemokratie erfahren haben (als sie sich aus einfachen Meinungsströmungen einer homogenen Gesellschaft, die ja eine Einklassengesellschaft war, in »stabile und solide organisierte Strukturen« verwandelten),

---

[119] Es mag hier genügen, nicht nur auf Erfahrungen in Italien, sondern auch auf die Diskussion, die in Österreich um die Befugnisse des Staatsoberhaupts im Gange ist, hinzuweisen.

[120] Aspetti problematici, aaO., 647 ff.

[121] Hierzu kann man unsere Introduzione, aaO., XLI ff., vergleichen.

[122] S. zu diesem Punkt vor allem *Elia*, Stichwort Governo (forme di), aaO., 638 ff.; *Rescigno G. U.*, Forme di Stato e forme di governo, aaO., 14; *Dogliani*, Spunti metodologici per un'indagine sulle forme di governo, in Giur. cost., 1973, 227 und öfters.

[123] S. schon mitten in der faschistischen Zeit: Per una teoria giuridica, aaO., 54, Anm.

dazu führen müssen, daß man die parlamentarische Regierungsform in ihrer konkreten Seins- und Funktionsweise von neuem überdenkt[124].

Aber die »Parteiwirklichkeit« bringt auch tiefgehende Veränderungen »für den parlamentarischen Bereich, besonders hinsichtlich der Beziehung zwischen Regierung und Parlament«; sie sind nur allzu bekannt[125].

Es ist klar, daß man sich die Frage stellen muß, ob diese neue Realität mit dem geltenden positiven Recht übereinstimmt oder nicht; aber die Artikel 1 und 49 der italienischen Verfassung lassen keinen Raum für Zweifel und legitimieren Existenz und Tätigkeit der Parteien. Unter diesem Gesichtspunkt gab es keinen Grund, daß es zu einer Auseinandersetzung über die Parteienherrschaft kam[126].

Wenn es also der Verfassung entspricht, daß die Parteien eine Rolle spielen, die in folgendem besteht: in der »Abklärung der groben Unmittelbarkeit der Sonderinteressen, von denen sie doch durchdrungen sind, indem sie sie abwägen und im Lichte einer bestimmten Interpretation des allgemeinen Interesses bewerten; in der auf einer organischen und einheitlichen Perspektive beruhenden Zusammenstellung und Ordnung der situationsbedingten spezifischen Probleme und der ganz bestimmten einzelnen Erfordernisse, die der Entwicklung des Gemeinschaftslebens entspringen«; in der Suche nach Zustimmung in der Wählerschaft; in der Mitarbeit bei der Auswahl der führenden Klasse des Landes und in der Ausübung eines dauernden Einflusses auf die letztere – wenn genau diese Rolle durch die Verfassungsnormen anerkannt ist, dann ist es auch gerechtfertigt, daß die Parteien zu dem den Bürgern zur Verfügung stehenden Mittel werden, damit sie dauerhaft mitwirken können, die nationale Politik zu bestimmen[127].

Aber *Crisafulli* verschließt nicht die Augen vor dem Eindringen der Parteien in die verschiedenen Ebenen der Regierungssphäre und vor dem Übergewicht strenger Oligarchien in ihrem Inneren, die am Ende geradezu eine Trennung zwischen der Wirklichkeit des Landes und dessen formal-juristischen Aspekte der Gewalt herbeiführen könnten. Um all dies zu vermeiden, versäumt er es nicht, auf mögliche Mittel hinzuweisen[128].

Vorläufig mag daran erinnert werden, daß er an der absoluten Distanz der Rechtsprechung gegenüber politischen Richtungen festhält. Von diesem Gesichtspunkt aus

---

[124] Aspetti problematici, aaO., 155.

[125] Er faßt sie zusammen in: Partiti, parlamento, governo, nun in Stato popolo governo, aaO., 211.

[126] Es handelt sich um eine gegen Ende der fünfziger Jahre in Italien durch *Maranini* (s. von diesem Il tiranno senza volto, Mailand 1963) aufgekommene Polemik, der die Fessel der Disziplin, die die Abgeordneten an die eigene Partei bindet, und vor allem die Einmischung der Parteien bei der Bildung der Verfassungsorgane (und im besonderen der Regierung) und der anderen mit der Verwirklichung der politischen Richtung der Regierung unmittelbar in Zusammenhang stehenden Staatsorgane sowie bei den Entscheidungen, welche die letztere spezifischer betreffen, energisch anfocht. Zu *Crisafullis* Position s. Stato popolo governo, 212, ferner Partiti e rappresentanza politica nella Costituzione italiana, in Amm. civ., 1958, 25, und I partiti nella Costituzione, in: Jus, 1969, 22 ff.

[127] Partiti, parlamento, governo, aaO., 210. Bezüglich der Funktionen der Parteien und der jüngsten Diskussion über die Bestimmung ihrer Funktionen sei es gestattet, auf unseren Beitrag Crisi della rappresentanza e partiti politici, in: Giur. cost., 1989, 527 ff., hinzuweisen.

[128] Partiti, parlamento, governo, aaO., 212–215; Partiti e rappresentanza politica, aaO., 27 f.; Un problema difficile, aaO.; Uomini, partiti e istituzioni, in Il popolo di Roma, o. J.; Il sistema parlamentare è in crisi, in: I problemi di Ulisse. Come riformare le istituzioni, Dezember 1966, 37–39; I partiti nella Costituzione, aaO., 21 ff.

gibt es in seinem Denken eine Kontinuität, die von der Zeit seiner ersten Schriften bis zu seinem letzten Werk reicht[129]. »Alle Richter . . . sind nur dem Gesetz verpflichtet . . . sie repräsentieren also nicht das Volk, sie haben nicht ein mehr oder weniger verborgenes Rechtsbewußtsein des Volkes auszudrücken, sondern sie müssen einfach unparteiisch das Gesetz anwenden und sind gerade dadurch frei und unabhängig, weil sie ›nur‹ vom Gesetz abhängen«[130]. Diese Worte führen uns – abgesehen von ihrer unzweifelhaften Aktualität – zur Frage der Interpretation von *Crisafullis* Methode und zu der Tatsache zurück, daß er die Forderung zum Ausgangspunkt nimmt, die Welt der Tatsachen von der Welt der Normen zu unterscheiden, sowie zu der Behauptung, daß sich der schöpferische Charakter im Augenblick der Anwendung der Normen jedoch »in gebundenen Reimen« zeigt[131].

Es ist richtig, daß »sobald die Parteien einmal als Instrument der Volkssouveränität verfassungsmäßig akzeptiert und (nach ihrer Vorstellung) dazu bestimmt sind, das Volk in den Staat zu integrieren, sich das parlamentarische System notwendigerweise vom ›klassischen‹ (vor allen Dingen reichlich idealisierten) Modell entfernt, um deutlich als Parteiensystem Gestalt anzunehmen: und dies dialektisch, indem es einerseits dem ursprünglichen Schema zu widersprechen scheint und anderseits dennoch dessen logische Fortentwicklung und die letzte Ausprägung des Systems des allgemeinen Wahlrechts darstellt«[132].

So kommen wir auf den Kern der Frage zurück, die letzten Endes eine Methodenfrage ist. Die Korrektheit der Methode impliziert, daß die italienische Regierungsform – und allgemeiner gesagt, jede Regierungsform – nicht untersucht werden kann, wenn man nicht irgendwie die zugrunde liegende soziale Wirklichkeit und spezieller das tatsächliche Verhalten der politischen Kräfte in Betracht zieht[133]. Es ist, mit anderen Worten, die lebendige Verfassung, die man analysieren muß und die die Grundlage zur Rekonstruktion der typischen und wesentlichen Merkmale der verschiedenen Staatsordnungen darstellt[134].

Die Analyse der Normen und die Analyse des Parteiensystems vollziehen sich

---

[129] Angefangen von Per una teoria giuridica, aaO., 29, bis zu seinem Beitrag Diritto e trasformazioni sociali. Dibattito, in: Civiltà della macchina, 1969, Nr. 4, 23 f.

[130] So in Partiti, parlamento, governo, aaO., 216.

[131] Es handelt sich hier um einen nun schon berühmten Ausdruck aus *Crisafullis* Jargon, mit dem er geltend machen will, daß die Tätigkeit des Interpreten innerhalb einer Rechtsordnung, die auf der Trennung zwischen Erzeugung und Anwendung der Norm basiert, nur scheinbar schöpferisch ist, da sie sich eben aufgrund von vielleicht nicht ausdrücklichen, aber im System immer schon bestehenden Normen entfaltet (Per la determinazione del concetto di principi generali, aaO., 45 und öfters).

[132] I partiti nella Costituzione, aaO., 34.

[133] Eine ausschließlich formale Betrachtung kann nämlich zu völlig unbefriedigenden Ergebnissen führen, wie z. B. in letzter Zeit in *Georgopoulos*' Buch: Contribution à la classification des régimes politiques, Paris 1987, 35 und öfters.

Die im Text beschriebene Methode tendiert dahin, die von *Dogliani*, aaO., 221 f., besonders hervorgehobene Gefahr zu vermeiden, Begriffsmuster aufzubauen, die a priori nicht dazu in der Lage sind, einerseits die von den verschiedenen politischen Systemen in der Geschichte angenommenen Formen zu beschreiben oder sich andrerseits darauf beschränken, eine ausschließlich beschreibende Funktion zu übernehmen.

[134] Unter diesem Aspekt wird *Espositos* Einfluß auf *Crisafullis* Denken deutlich. Die enge Beziehung zwischen beiden geht aus den Schriften, in denen *Crisafulli* der menschlichen und wissenschaftlichen Persönlichkeit *Espositos* gedenkt, klar hervor (In memoria di Carlo Esposito, in: Giur. cost., 1971, 1, VII–XVII, und Presentazione der Studi in memoria di Carlo Esposito, Padua 1972, Q, vII–xI).

daher auf verschiedenen Ebenen, die sich jedoch oft überschneiden und einander beeinflussen, sich aber niemals gegenseitig abheben[135].

Das ganze Werk des *Maestro* durchzieht in der Tat die Vorstellung, daß die Parteien sich höchstens als Elemente ansehen dürfen, die die geltende Regierungsform bedingen[136]: eine Idee, die manche Stellungnahmen aus der jüngsten Zeit vorwegnimmt; letztere tendieren nämlich dahin, die Rolle der Parteien nicht überzubewerten und die Funktion wieder zu schätzen, die im vielgestaltigen und wandelbaren politischen Leben jene Ausprägungen, die durch die positiven Normen formell vorbereitet sind, annehmen[137].

Wenn außerrechtliche Faktoren, die auf die Regierungsform Einfluß haben können, wenn sie nur nicht vernachlässigt, sondern in ihrem bestimmten Verhältnis zu den rechtlichen Faktoren berücksichtigt werden, so hat dies auch den Vorteil, daß man sich nicht darauf beschränken muß, nur das Parteiensystem zu betrachten[138]. Die Parteien sind eines der vielen Elemente, die auf das parlamentarische System Einfluß haben, aber sie sind nicht das einzige, und es ist manchmal nützlich, auch interne Elemente einer Parteiorganisation (wie z. B. die Parteiströmungen) und externe Elemente (wie unter anderen die Pressure groups oder die Gewerkschaften) in Betracht zu ziehen[139]. Und tatsächlich ist die letzte Phase von *Crisafullis* Produktion – wie wir gleich sehen werden – ganz dem Thema des Einflusses einiger außerhalb der Parteien stehender Kräfte auf das parlamentarische System in Italien gewidmet[140].

Ein letzter Punkt soll noch herausgestellt werden. Die in eine Krise geratene Idee des XIX. Jahrhunderts von der Souveränität des Parlaments, auf die *Crisafulli* seine Betrachtung über Staats- und Regierungsformen aufbaut, schließt die Krise um die Allmacht des Gesetzes ein, aus der die Unzulänglichkeit des Stufenbaus eine genaue Vorstellung vom System der Rechtsquellen zu geben, folgt[141].

Dennoch ist deutlich gesagt worden, daß »das hierarchische System (und Kriterium), wenn es auch erschüttert ist und in einer Krise steckt, ein ›Schwellen‹-Schema bleibt, weil abgesehen von den Fällen mit ausschließlich ›vorbehaltenen‹ Rechtsquellen die übergeordnete Quelle, d. h. das formelle Gesetz, immer ›in der Lage ist, durch

---

[135] *Dogliani*, aaO., 225. Bezüglich der offenkundigen Analogie, die in diesem Punkt *Crisafullis* Methode mit der *Mortatis* verbindet, s. *Galizia*, Presentazione zu *Bonfiglios* Buch Forme di governo e partiti politici, Mailand 1993, XXII, wo sich eine eindeutige Verteidigung von *Mortatis* Problemansatz hinsichtlich der Beziehungen zwischen Parteiensystem und Regierungsform findet.

[136] Um *Amatos* Terminologie zu übernehmen aus Forme di Stato e forme di governo, in Manuale di diritto pubblico, Bologna 1984, 72; diese hat sich jüngst *Bonfiglio*, Forme di governo e partiti politici, aaO., 19 und öfters, zueigen gemacht.

[137] Vgl. zuletzt *Rescigno G. U.*, Forme di Stato e forme di governo, 14 und öfters; *Galizia*, aaO., XXII ff.

[138] *Dogliani*, aaO., 226 ff.

[139] Partiti, parlamento, governo, aaO., 223; I partiti nella Costituzione, aaO., 35. Zur Notwendigkeit, die Betrachtung der sozialen Wirklichkeit über das eigentliche Parteiensystem hinaus auszudehnen, s. *Dogliani*, aaO., und *Amato*, aaO., 42–43 und öfters.

[140] Diritto al lavoro, diritto di sciopero, libertà di organizzazione sindacale: diritti (fondamentali) concernenti, in: Justitia, 1977, und nun in: Stato, popolo, governo, aaO., 301 ff.; Pluralismo, ebendort, 325 ff. Stato democratico e società, oggi, in: Justitia, 1982, und nun in: Stato, popolo, governo, aaO., 331 ff.; Istituzioni: può un regime riformare se stesso?, in: Mondoperaio, 1983, Nr. 10, 19.

[141] Zu diesem Punkt ist auf die neueste Schrift von *Modugno*, La teoria delle fonti, aaO., hinzuweisen, in der einige in der vorhergehenden Schrift, In memoria, aaO., ausgedrückten Urteile revidiert wurden.

sein Vorhandensein die ihm nachgeordneten (Quellen) zu beschränken‹‹«[142]. Nun übt die parlamentarische Regierungsform im Denken des Meisters schließlich eine Funktion aus, die man – sei es auch mit den entsprechenden Vorsicht und den nötigen Abänderungen – als analog bezeichnen kann zu derjenigen, die vom hierarchischen Kriterium befreit ist, und zwar in dem Sinn, daß sie wie ein ›Schwellen‹-Schema wirkt und alle von der positiven staatlichen Rechtsordnung gebotenen Abweichungen und die Anpassungen an die Nöte der historisch-politischen Lage aufnimmt[143].

VIII. Die Krise der von der (italienischen) Verfassung von 1948 vorgezeichneten Regierungsform

Gelegentlich ist bereits auf die Tatsache hingewiesen worden, daß *Crisafulli* bei der Rekonstruktion der wesentlichen Prinzipien, die die Staats- und Regierungsform bestimmen, den Hauptakzent auf jene Elemente des Systems gelegt hat, die den mannigfaltigen Gruppierungen der menschlichen Gemeinschaft den Zugang zum Zwangsapparat erlauben und ihn fördern könnten.

Aber er bemerkt frühzeitig, daß die Verfassung nicht »in der Lage gewesen ist, die Entwicklung der sozialen und politischen Verhältnisse im Rahmen der republikanischen Legalität zu halten«, daß die darin umschriebene Regierungsform sich als »innerlich zerbrechlich und unfähig erwiesen habe, den wachsenden Zentrifugalschüben, der Übermacht der Interessenverbände, der Anmaßung obskurer Interessenverbindungen an der Grenze zwischen öffentlicher und privater Sphäre und sogar der täglichen Herausforderung durch die gemeine Kriminalität Widerstand entgegenzusetzen«[144].

Die Krise ist gleichzeitig eine weithin soziale Krise und eine Effizienzkrise der Institutionen, die die vielfältigen Aspekte der parlamentarischen Demokratie betrifft. Sie ist auch unauflöslich mit der Krise der politischen Parteien verbunden[145]. »Ganz am Anfang der Krankheit« der Regierungen und Parlamente »stehen die Parteien«, die »man sehr scharf kritisieren muß... nicht sosehr, weil sie sich Befugnisse angemaßt haben, die ihnen formal nicht zustehen würden... als vielmehr und in erster Linie, weil sie nicht fähig sind, eine konsequente Politik zum Ausdruck zu bringen und diese auch konsequent zu verfolgen, sobald sie einmal an die Regierung gekommen sind. Und weil sie die Aufgabe, zwischen den Interessen politisch zu vermitteln, versäumt haben... weil es ihnen zu oft... an echter repräsentativer Kraft mangelt; weil sie ferner ihre Tätigkeit in der als Selbstzweck gesehenen Span-

---

[142] In memoria, aaO., 154; eine solche Interpretation von des Meisters Denken scheint später in der Schrift: La teoria delle fonti, aaO., teilweise korrigiert worden zu sein.

[143] Die Tatsache, daß das System der Rechtsquellen der Tendenz nach mit den grundlegenden strukturellen Normen einer gegebenen staatlichen Rechtsordnung zusammenhängt, zeigt nicht nur, daß sich dieses System als »offen« erweist, sondern ebenso die Verbindung zwischen Rechtsquellen und Regierungsform; deshalb beeinflussen sich die Theorie der Quellen und die Theorie der Regierungsformen gegenseitig. Bezüglich mancher Anregungen s. Variazioni sul tema delle fonti, aaO., 263 f.

[144] Ombre e luci, aaO., 287; Come rafforzare la funzione di governo, in: Prospettive nel mondo, 1979, Nr. 39–40, 1, Sonderdruck; Partiti, parlamento, governo, aaO., 219 ff.

[145] Partiti, parlamento, governo, aaO., 219 ff.

nung erschöpfen, die darauf abzielt, ein Stück Macht zu erringen und sich zu erhalten, um an ihre Klientel Ämter und Vorteile zu vergeben«[146].

Die Parteienherrschaft, die sich in Italien entwickelt hat, »hat sich recht bald als innerlich schmächtig herausgestellt, weil bedroht von der Wucherung der Parteiströmungen« und der Unfähigkeit der Parteien, »dem Druck partikularistischer und korporativistischer Interessen zu widerstehen«; und »schließlich gezwungen, mit der Konkurrenz der großen Gewerkschaftsorganisationen zu rechnen«[147].

»Pluralismus bedeutet den stürmischen und keine Schranke kennenden Einbruch von individuellen und Gruppenpartikularismen, die Privatisierung der Souveränität, die dahin tendiert, sich in eine Vielzahl von Machtzentren zu zersplittern, die bald unter sich im Konflikt zu stehen und bald miteinander verbündet sind, während sich der Staat auf die melancholische Rolle eines machtlosen Vermittlers, und öfters noch auf die eines machtlosen Zuschauers, bei ihren Kontrasten und ihrer Arroganz zurückzieht, ist er doch selbst auf die Gnade der öffentlichen, halböffentlichen und privaten, jedesmal stärkeren Baronien angewiesen«[148].

Einer solchen Situation steht er nicht resigniert gegenüber; er will »angesichts der Perspektiven eines neuen Mittelalters« reagieren[149].

Es geht aber darum, zu erkennen, »daß das eigentliche Problem, das die Wirklichkeit von heute in dramatischer Weise darstellt, nicht mehr sosehr in der (sagen wir einmal ›vertikalen‹ Identifikation zwischen dem Staat als Person und dem Staat als Gesellschaft als vielmehr in erster Linie darin besteht, die Unterscheidung zwischen dem, was des Staates ist, und dem, was der menschlichen Gemeinschaft ist, zwischen Öffentlichkeit und Privatbereich wiederherzustellen und daran festzuhalten«[150].

Es gibt einen Augenblick, in dem *Crisafulli* gesteht, er sei seiner eigenen Zeit entfremdet (und das ist der Augenblick, in dem er in den Schoß der Familie flüchtet, von einer nahezu nostalgischen Melancholie ergriffen[151]). Es handelt sich hier um ein Gefühl, das vermutlich dem Bewußtsein der Grenzen und Schwierigkeiten entspringt, auf die gerade die fortschreitende Durchsetzung der Ideen, für die er sich in einer anderen Phase seines Lebens geschlagen hatte, gestoßen war[152]. Der Pluralismus artete in Polykratie aus und die Souveränität des realen Volkes unterhöhlte die

---

[146] Ebendort, 223.

[147] Ombre e luci, aaO., 287; Partiti, parlamento, governo, aaO., 224f.

[148] Pluralismo, aaO., 327.

[149] Partiti, parlamento, governo, aaO., 229; der Autor übernimmt hier eine intuitive Erkenntnis von *Miglio* aus: Il ruolo del partito nella trasformazione del tipo di ordinamento politico vigente. Il punto di vista della scienza politica (1966), nun in: La regolarità della politica, Bd. I, Mailand 1988, 531 ff.; ferner bereits früher von *Miglio*, Le transformazioni dell'attuale regime politico (1964), ebendort, 465 ff.

[150] Stato democratico e società, aaO., 337.

[151] Er tut es offen im Vorwort von 1970 zu den Lezioni di diritto costituzionale, I, aaO., VI.

Es ist übrigens fast paradox, daß ihn die Traurigkeit gerade zur selben Zeit überkommt, in der ihm von allen Seiten öffentliche Anerkennungen zuteil werden: 1968 wird er zum Richter am nationalen Verfassungsgericht ernannt (zu der von *Crisafulli* in dieser Eigenschaft ausgeübten Tätigkeit und zu seiner Bedeutung s. *Paladin*, Vezio Crisafulli uomo e giurista, aaO.); 1972 erhält er die Goldmedaille für Verdienste um Schule, Kultur und Kunst; 1978 erhält er den Nationalpreis »Präsident der Republik« der Accademia dei Lincei für die geisteswissenschaftliche Klasse, 1984 den »Premio Capograssi« für Rechtswissenschaft und 1985 den »Premio Fiuggi«.

[152] Zusammenfassend kann man hier auf die bereits angeführte Schrift: La sovranità popolare nella Costituzione italiana hinweisen.

Grundlagen der Einheit der staatlichen Gemeinschaft[153]. Daher rührt die Notwendigkeit, einen Weg zurückzuverfolgen, der sich als sehr unsicher erwies. Man muß deshalb den Untergang durch ein Übermaß an Freiheit (jener Freiheit, die zur Entfesselung tendiert) vermeiden, wie er es in einer berühmt gewordenen Schrift vorausgesagt hat, jenen Untergang nämlich, der unvermeidlich erscheint, wenn sich die Freiheit aus einem moralischen Prinzip in den Egoismus von einzelnen, von Schichten und sozialen Klassen verwandelt[154].

Er entzog sich jedoch nicht der Verpflichtung und legte den Akzent dieses Mal auf das Problem der Maßnahmen, die geeignet sind, eine adäquate Effizienz des Systems sicherzustellen, wobei er sich von der Vorstellung einer Wettbewerbsdemokratie leiten ließ. Mit echter staatsbürgerlicher Leidenschaft widmete er sich der Frage einer Reform der Institutionen[155].

Dabei versäumte er es nicht, auf diesem Gebiet die verschiedenen Möglichkeiten einer Modifizierung *des* Systems und *innerhalb des* Systems sowie die verschiedenen Mittel, mit denen man solche Modifizierungen hätte verwirklichen können oder sollen, zu analysieren, auch wenn sich seine Vorliebe einem französischen Vorbild zuzuwenden schien[156].

Aber in gleichen Augenblick, in dem er die Aufmerksamkeit der politischen Kräfte nachdrücklich auf die institutionellen Themen lenkte, warnte er sie auch vor der Gefahr, die Wirksamkeit der Mittel, die in der Erfindung neuer formaler Muster für das politische Handeln bestehen, zu überschätzen und die außergesetzlichen Faktoren, die auf das gesamte System einwirken, zu unterschätzen. Die Rechtsnormen sollen in eine bestimmte gesellschaftliche Realität eingebracht werden und dabei einerseits deren Entwicklung beeinflussen und anderseits auch einen entscheidenden Einfluß daraus aufnehmen[157].

Nur daß die Krise heute an einem »point of no return« angekommen ist und die Gefahr besteht, daß sie – genau wie es Crisafulli befürchtet hatte – mit dem Regierungsapparat zusammen sogar die nationale Gemeinschaft, das gesellschaftliche Ge-

---

[153] Bezüglich mancher Ansatzpunkte s. die Presentazione zu dem Buch Stato, popolo, governo, aaO., (S. Vff.), die einen seiner letzten Beiträge darstellt. Er ist nämlich »Sommer 1985« datiert, während der Meister am 21. Mai 1986 gestorben ist.

[154] Di libertà si può anche morire, in: Il Tempo vom 20. Juli 1977 (nun in: Stato, popolo, governo, aaO., 315 ff.). Siehe aber auch Stato democratico e società, oggi, aaO., 337, und Pluralismo, aaO.

[155] Der Beginn seines öffentlichen Engagements in diesem Sinn läßt sich durch seine Teilnahme an der von der Zeitschrift Gli Stati organisierten Debatte datieren, die in der Januar-Nummer 1973 unter dem Titel: La Costituzione e la crisi. Dibattito sul funzionamento delle istituzioni abgedruckt ist.

[156] Bezüglich *Crisafullis* Beitrag zu dieser Debatte sei es gestattet, auf die bereits zitierte, von uns verfaßte historische Charakterisierung der Persönlichkeit *V. Crisafullis* für die Storia del Parlamento italiano, Bd. XVII, hinzuweisen.

Hinsichtlich der wichtigsten Schriften Crisafullis zu diesem Thema braucht nur an seine Beteiligung an der zweiten von der Zeitschrift Gli Stati organisierten und in der Juni/Juli-Nummer 1974 unter dem Titel: Che fare nel sistema wiedergegebenen Debatte erinnert zu werden, außerdem an Come rafforzare la funzione di governo, in: Prospettive nel mondo, 1979; Tornare alla Costituzione, in: Critica d'oggi, Juli–Oktober 1974; Proporre riforme non è copiare, in: L'Europa vom 1. Dezember 1974; Costituzione che fare?, in: Il settimanale vom 10. Oktober 1979; Il problema centrale oggi è garantire la governabilità del paese, in: Avanti vom 4./5. Oktober 1981; Questa Repubblica è da buttare?, in: Il giornale d'Italia vom 6. Februar 1981; Istituzioni: può un regime riformare se stesso?, aaO.

[157] Ombre e luci, aaO., 288 f., und Stichwort Costituzione, aaO.

füge ergreift[158]. Es kann nur zu großer Verbitterung führen, wenn man erleben muß, daß sogar das Gefühl der Italiener, einer einzigen Gemeinschaft anzugehören, in Frage gestellt wird.

Und in Zeiten wie den unseren – in denen sich jeder von uns bemüht, trotz allem mit Gelassenheit zu leben – ist es unsere Pflicht, über die Zukunftsaussichten und über die geeignetsten Mittel, die staatsbürgerlichen Tugenden wiederzubeleben, nachzudenken, und es ist für uns nur natürlich, aus *Crisafullis* Werk Gewinn zu ziehen, und zwar durch den Dialog mit jemand, der nicht mehr unter uns weilt, einen Dialog, in dem eben die Nachzeichnung seines Denkens auf historiographischer Ebene besteht.

Anhang

Schriftenverzeichnis* von V. Crisafulli

Il »Partito« nella recentissima letteratura italiana (Die »Partei« in der neuesten italienischen Literatur) – In *Lo Stato* 1931

Recensione a *(Besprechung von)* Barilli »Principii di cultura fascista« – *ivi*.
Recensione a Cambo »Les dictatures« – *ivi*.
Recensione a Chiarelli »Il diritto corporativo e le sue fonti« – *ivi*.
Recensione a Crosa »Sulla teoria delle forme di Stato« – *ivi*.
Recensione a Devrient »L'organisation syndicale et corporative en Italie« – *ivi*.
Recensione a Leibholz »La structure de l'Etat fasciste« – *ivi*.
Recensione a Maggiore »Il diritto corporativo e la trasformazione della dogmatica giuridica« – *ivi*.
Recensione a Morini–Comby »Mercantilisme et protectionnisme« – *ivi*.
Recensione a Poggi »Filosofia e diritto« – *ivi*.
Recensione a Renard »La théorie de l'institution« – *ivi*.
Un nuovo libro sullo Stato della Città del Vaticano – *ivi*, 1932.
Una concezione volontaristicao del diritto – *ivi*.
Recensione a Carnelutti »Introduzione allo studio del diritto processuale tributario« – *ivi*.
Recensione a De Magistris »Divagazioni polemiche« – *ivi*.
Recensione a Gemelli »Il mio contributo alla filosofia neoscolastica« – *ivi*.
Recensione a Landolfi »Lo Stato nella sua essenza e nei suoi rapporti con l'individuo« – *ivi*.
Recensione a Petrone »Stato e diritto« – *ivi*.
Recensione del volume »In difesa della civiltà italiana a Malta«, con prefazione di Scicluna Sorge – *ivi*.
Recensione a Carnelutti »Teoria generale del reato« – *ivi*, 1933.
Recensione a Orlando »Immunità parlamentari ed organi sovrani« – *ivi*.
Recensione a Orlando »Stato«, »Statuto« e Statale – *ivi*.
Recensione a Purpura »Il Consiglio nazionale delle corporazioni« – *ivi*.
Recensione a Augenti »L'onere della prova« – *ivi*.

---

[158] S. die schon zitierte Einführung zu dem Band Stato, popolo, governo (S. VI).
* Dieses Verzeichnis wurde von Frau Dott. Nicoletta Lucci erstellt und ist Folge und Ergänzung der Bibliographie zum ersten Band der Schriften zu Ehren von V. Crisafulli, welche 1985 vom Verlag CEDAM, Padua, herausgegeben wurden.
Das Verzeichnis erhebt natürlich keinen Anspruch auf Ausschließlichkeit, denn die Bibliographie, auf der es beruht, konnte gerade aufgrund der Kriterien, welche zu ihrer Abfassung herangezogen wurden, nicht als vollständig betrachtet werden.
Es sei darauf hingewiesen, daß die mit einem Asteriskus (*) gekennzeichneten Schriften im Band »La Costituzione e le sue disposizioni di principio« (Die Verfassung und ihre Grundsatzbestimmungen) und jene mit zwei Asterisken (*/] im Band »Stato, popolo, Governo« (Staat, Volk, Regierung) enthalten sind. Die mit drei Asterisken (**/] gekennzeichneten Schriften sind in beiden Bänden erschienen.

Recensione a Crosa »Il principio della sovranità dello Stato nel diritto italiano« – *ivi.*
Recensione a De Valles »Teoria giuridica dell'organizzazione dello Stato« – *ivi.*
Recensione a Di Carlo »Il diritto naturale nell'attuale fase del pensiero italiano« – *ivi.*
Recensione a Messineo »Autonomia e autolimitazione nella filosofia dello Stato« – *ivi.*
Recensione a Michels »Studi sulla democrazia e sull'autorità« – *ivi.*

Sui limiti della competenza del Consiglio di Stato in materia di debito pubblico – *Riv. dir. pubbl.*, 1933.
Recensione a Panunzio »Rivoluzione e Costituzione (Problemi costituzionali della Rivoluzione)« – *Arch. giur.*, 1934.

Recensione a Panunzio »Popolo, Nazione e Stato« – *ivi.*
Recensione a Mirkine-Guetzévitch »Droit constitutionnel international« – *ivi*, 1935.

Norma, Legge, Regola (a proposito dei rapporti fra diritto ed economia) – *Arch. fil. del dir.*, 1935.
Il concetto di Stato nel codice penale (Der Staatsbegriff im Strafgesetzbuch) – *Riv. pen.*, 1935.
Sulla teoria della norma giuridica (Zur Rechtsnormenlehre) – Roma, 1935.
Il perdono giudiziale nell'evoluzione delle pene morali – *Riv. pen.*, 1935, e *Studi in onore di Silvio Longhi*, Roma 1935.
Nuove pubblicazione francesi sulla crisi della democrazia e il valore della libertà (Neue französische Veröffentlichungen zur Krise der Demokratie und zum Stellenwert der Freiheit) – *Riv. internaz. del dir.*, 1935.

Recensione a Alcalà-Zamora »Le pouvoir juridique sur ce qui est au delà de la vie« – *ivi.*
Recensione a Montalbano »Il fondamento dell'imputabilità« – *ivi.*
Recensione a Esposito »La validità delle leggi. Studi sui limiti della potestà legislativa, i vizi degli atti legislativi e il controllo giurisdizionale« – *ivi*, 1936.

Associazione (Vereinigung) – Nuovo Dig. It., 1937.

Avvisi al pubblico – *ivi.*
Azione popolare – *ivi.*

L'Impero e lo Stato – *Riv. dir. pubbl.*, 1937.

Sulla motivazione degli atti legislativi (Zur Motivierung der Akte mit Gesetzeskraft) – *ivi.*
Il Partito nazionale fascista nella vita dello Stato – *ivi.*

Alcune considerazioni sulla teoria degli organi dello Stato (Einige Betrachtungen zur Staatsorganlehre) *Arch. giur.*, 1938.

Recensione a Panunzio »Teoria generale dello Stato fascista« – *ivi.*
Recensione a Ferrara Santamaria »La giustizia privata« – *ivi.*

Recensione del volume »Il Consiglio di Stato nel quinquennio 1931–1935« – in *Riv. dir. pubbl.*, 1938.
I principi constituzionali dell'interpretazione ed applicazione delle leggi (Die verfassungrechtlichen Grundsätze zur Auslegung und Anwendung der Gesetze) – *Scritti giur. in onore di Santi Romano*, I, Padova, 1939.
Per una teoria giuridica dell'indirizzo politico (Zu einer Rechtstheorie der politischen Führung) – Urbino, 1939.
A proposito dei principi generali del diritto e di una loro enunciazione legislativa (Zu den allgemeinen Rechtsprinzipien und ihrer Formulierung durch den Gesetzgeber) – *Jus*, 1940.
»Regime di massa« e diritto pubblico del nostro tempo (»Massenregime« und öffentliches Recht in unserer Zeit) – *Stato e dir.*, 1940.

Ancora a proposito del metodo negli studi di diritto costituzionale (Weiteres zur Methodenlehre im Verfassungsrecht) – *ivi.*
Intorno ai provvedimenti emessi dal Capo del Governo sulle divergenze tra Ministri e alla loro impugnabilità innanzi al Consiglio di Stato (nota a decisione Consiglio di Stato, V Sez., 6 marzo 1940) – *ivi.*

Recensione a Origone »La riforma della rappresentanza politica in Italia« – in *Riv. dir. pubbl.*, 1940.
Recensione a Panunzio »Teoria generale dello Stato fascista« (II ed.) – in *Riv. internaz. fil. del dir.*, 1940.
Per la determinazione del concetto dei principi generali del diritto (Zur Bestimmung des Begriffes der allgemeinen Rechtsgrundsätze) – *Studi sui principi generali dell'ordinamento giuridico*, Pisa, 1941 e *Riv. internaz. fil. del dir.*, 1941.
A proposito del titolo delle leggi (Zu den Gesetzestiteln) – *Stato e dir.*, 1941.

In tema di carta del lavoro e di principi generali del diritto – *ivi*, 1941.
Profili costituzionali del diritto processuale – *ivi*.
Recensione a Pergolesi »Manuale di diritto costituzionale italiano« – *ivi*.

Sull'incompetenza del ministro proponente come vizio di legittimità dei decreti reali – *Foro it.*, 1941.
Prime osservazioni sul sistema delle fonti normative nella nuova codificazione (Erste Betrachtungen zum System der Rechtsquellen in der neuen Kodifikation) – *Stato e dir.*, 1942.
Sulla natura giuridica di un provvedimento di »proscioglimento dal confino« emesso dal Capo del Governo – *Foro it.*, 1942.

In tema di leggi di conversione (Zu den Konversionsgesetzen) – *ivi*.

Recensione a Gueli »Il ›diritto singolare‹ e il sistema giurico« – *Arch. giur.*, 1942.
Recensione a Vassalli »La potestà punitiva« – *Stato e dir.*, 1942.

Sulla natura giuridica del Ministero della Real Casa – *ivi*, 1943.

Profili costituzionali della crisi italiana – *Società*, 1944.
Un problema di diritto costituzionale – *Rinascita*, 1944.

Liberalismo e democrazia (Liberalismus und Demokratie) – *ivi*.

Indipendenza e libertà – *Domenica* 1944.
Problemi dell'autonomia regionale – *Cosmopolita* 1945.
Interrogativi sulla Regione – *La Nuova Europa*, 1945.
Dottrine e forze politiche – *Costume*, 1945.
Viaggio alla madre dei Parlamenti (Reise zur Mutter der Parlamente) – *Il Mondo* 1946.
Una o due Camere – *Vie Nuove* 1946.

Repubblica parlamentare – *ivi*.
La Costituzione non ostacolo ma guida per le conquiste democratiche (Die Verfassung kein Hemmschuh, sondern Wegweiser für die Errungenschaften der Demokratie) – *ivi*.

Dallo Statuto albertino alla Costituente (Vom Albertinischen Statut zur Verfassungsgebenden Versammlung) – *Rinascita*, 1946

Per una costituzione democratica (Zu einer demokratischen Verfassung) – *ivi*.
I diritti dell'uomo e del cittadino – *ivi*.
I rapporti fra lo Stato e la Chiesa – *ivi*, 1947.
Il Vaticano e i cattolici italiani dal 1870 alla prima guerra mondiale – *ivi*.
Oltre la Costituzione – *ivi*, 1948.
Ordine e legalità – *ivi*.
La politica del Vaticano nel momento presente – *ivi*.
Il sistema parlamentare »ideale« e l'attuale maggioranza (teoria costituzionale e realtá politica) (Das »ideale« parlamentarische System und die derzeitige Regierungsmehrheit [Verfassungstheorie und politische Praxis]) – *ivi*.

Profili costituzionali di una rivoluzione mancata – »Quaderni di Rinascita«. N. 1: »*Il 1848*«.
★ Sull'efficacia normativa delle disposizioni di principio della Costituzione (Über die normative Kraft der Grundsatzvorschriften der Verfassung) – *Scritti in memoria di Luigi Cosattini*, 1948.
★ Sulla interpretazione del par. VIII delle disposizioni transitorie e finali della Costituzione – *Foro amm.*, 1948, IV.
Elezioni regionali e provinciali – *L'Amm. dem.*, 1948.

Per l'anniversario della Comune – *ivi*, 1949.
Prefetture e Comuni – *ivi*.
Prime osservazioni in tema di ordinamento regionale – *ivi*.

Le funzioni »costituzionali« delle Regioni (Die »verfassungsmäßigen« Zuständigkeiten der Regionen) – *Il corr. amm. vo*, 1949.
La questione delle Regioni – *Il Commune dem.*, 1949.

In tema di ordinamento regionale – *ivi*.

Realtà e concetto giuridico dello Stato (Die Realität des Staates und der rechtliche Staatsbegriff) – *Società*, 1949.

Democrazia, costituzione e autonomie locali – *Rinascita*, 1949.

Due costituzioni per la Germania – *ivi*.

Rinasce la Germania nazionalsocialista e reazionaria – *ivi*.

Per un nuovo ordinamento provinciale – *L'Amm: dem.*, 1949.

Art. 7 della Costituzione e »vilipendio della Religione dello Stato« – *Arch. pen.*, 1950.

Manuale dei diritti del cittadino (Handbuch der staatsbürgerlichen Grundrechte), Roma 1950.

I presupposti del diritto sovietico – *Scienza e cultura nell'URSS* (Atti del Convegno di informazione su recenti studi e ricerche sovietiche, 1950).

Il Governo democristiano contro la Costituzione repubblicana – *Rinascita*, 1950.

Recensione a C. Marx, Opere filosofiche giovanili (nella traduzione di G. Della Volpe) – *ivi*.

Il Patto atlantico come patto di aggressione – *ivi*.

La tragedia dell'A. R. M. I. R. nelle arringhe di Sotgiu e Paone al processo D'Onofrio – *ivi*.

Come si vuol distruggere l'Organizzazione delle Nazioni Unite – *ivi*, 1950.

Democrazia americana e liberali nostrani – *ivi*.

Solo Potsdam risolve la questione tedesca – *ivi*.

Chi è contro la legge – *Il Comune dem.*, 1950.

Gli interessi regionali e la Costituzione – *ivi*.

★ Sui rapporti tra l'art. 21 della Costituzione e l'art. 13 della legge di p. s. (Zur Verbindung zwischen Art. 21 der Verfassung und Art. 13 des Gesetzes über die öffentliche Sicherheit) – *Sinossi giur.*, 1950 (art. 21–77a).

★ Costituzione e protezione sociale (Verfassung und soziale Sicherheit) – *Riv. infortuni e mal. prof.*, 1950.

★ Capacità giuridica attuale o virtuale degli enti regionali – *Il Foro amm.*, 1950, II.

Riforma previdenziale e Costituzione repubblicana – *L'Ass. za soc.*, 1951.

Stato e società nel pensiero di Gramsci (Staat und Gesellschaft in der Lehre Gramscis) – *Società*, 1951.

★★★ Efficacia delle norme costituzionali »programmatiche« (Wirksamkeit der »programmatischen« Verfassungsnormen) – *Riv. trim. di dir. pubbl.*, 1951.

★ Appunti preliminari sul diritto al lavoro nella Costituzione – *Riv. giur. del lav.*, 1951.

La Costituzione tradita – *Rinascita*, 1951.

Da un regime all'altro (storia costituzionale d'Italia) – *ivi*.

Vengono alla luce i limiti della democrazia borghese – *ivi*.

Sviluppo dell'offensiva contro la Costituzione republicana – *ivi*.

★ Autonomia regionale e ordinamento amministrativo in Sicilia – *Giur. compl. Corte Cass.* – *Sez. civ.*, 1951, I.

Prefetti contro l'Autorità giudiziaria – *Il Comune dem.*, 1951.

Autonomia regionale siciliana, prefetti e Costituzione della Repubblica – *ivi*.

La maggioranza parlamentare e i suoi limiti in Italia (Die Mehrheit im Parlament und ihre Grenzen in Italien) – *Società*, 1952.

Ritorno alla tortura – *Rinascita*, 1952.

La Democrazia Cristiana prepara nuove leggi eccezionali – *ivi*.

Attentato clericale alla libertà di stampa – *ivi*.

I diritti di libertà dei lavoratori nelle aziende – *ivi*.

★★★ Le norme »programmatiche« della Costituzione – *Studi di diritto costituzionale in memoria di Luigi Rossi*, Milano 1952.

★ L'art. 21 della Costituzione e l'equivoco delle norme »programmatiche« – *Sinossi giur.*, 1952 (art. 21/77-a).

★ Diritto al lavoro e libertà di opinione (postilla a un'inchiesta) – *Società*, 1952.

★ Principi costituzionali in tema di autonomie locali e art. 93 del t. u. sulla finanza locale – *Foro it.*, 1952, III.

La Costituzione e le sue disposizioni di principio (Die Verfassung und ihre Grundsatzbestimmungen) – Milano, 1952.

Significato dell'opera giuridica di V. E. Orlando (Bedeutung des juristischen Werkes V. E. Orlandos) – *Rass. giul. di dir. e giur.*, 1953, e *Annali Triestini*, 1953, vol. XXIII.

Diritti di libertà e poteri dell'imprenditore – *Riv. giur. lav. e prev. soc.*, 1954.

La fabbrica fuori legge – *Il Contemporaneo*, 1954.

Comunicazione al *Convegno »Condizioni del lavoratore nell'impresa industriale«*, promosso a Milano dalla Soc. Umanitaria – *Atti*, Milano 1954.

Forme di governo (Regierungsformen) – *La Nuova Europa*, 1954.

Comunicazione al *Convegno »La tutela delle libertà nei reapporti di lavoro«* (Torino) – *Atti*, Milano 1955.

Individuo e società nella Costituzione italiana (Individuum und Gesellschaft in der italienischen Verfassung) – *Il diritto del lav.*, 1954.

Diritto costituzionale del lavoro – *Boll. Scuola di perfez. in dir. del lav. Università Trieste* (successivamente abbreviato in *Boll. Triste*), 1954.

** La sovranità popolare nella Costituzione italiana – (Die Volkssouveränität in der italienischen Verfassung) – *Rass. giul. di dir. e giur.*, 1954, e *Scritti giur. in memoria di V. E. Orlando*, I, 1955.

Principi generali e ordinamento vigente a Trieste – *Riv. trim. di dir. pubbl.*, 1955, e *Rass. giul. di dir. e giur.*, 1955.

Ancora in tema di libertà costituzionali e rapporto di lavoro subordinato – *Riv. giur. lav. e prev. soc.*, 1955.

Libertà dei lavoratori e recesso dell'imprenditore – *Boll. Trieste*, 1955.

Libertà personale, Costituzione e passaporti – *Arch. pen.*, 1955.

Norme regionali e norme statali in materia di *referendum* – *Riv. amm. va*, 1955.

La democrazia italiana e la Costituzione – *Chiarezza*, 1955.

Il punto sulla situazione costituzionale – *Il Comune dem.*, 1955.

Parità di diritti della donna lavoratrice e tutela delle libertà nei rapporti di lavoro – *Boll. Trieste*, 1955.

Stato e popolo nella Costituzione italiana – *Riv. trim. dir. pubbl.*, 1956, e *Raccolta di scritti sulla Costituzione per il I Decennale della promulgazione*, II, 1958.

La scuola nella Costituzione (Die Schule in der Verfassung) – *Riv. trim. dir. pubbl.*, 1956, e *Studi in ornore di G. M. De Francesco*, II, Milano, 1957.

Controllo preventivo e controllo successivo sulle leggi regionali siciliane – *Riv. trim. dir. pubbl.*, 1956, e *Atti del II Convegno di studi regionali* (Palermo, 1956).

La Corte costituzionale e Trieste (estensione a Trieste della legge per la elezione della Camera) – *Giur. cost.*, 1956.

Costituzione e ordinanze sindacali dispositive della proprietà – *Foro it.*, 1956, I.

Questioni in tema di interpretazione della Corte costituzionale nei rapporti con l'interpretazione giudiziaria (Fragen der Interpretation durch das Verfassungsgericht im Verhältnis zur Interpretation der gewöhnlichen Gerichte) – *Giur. cost.*, 1956.

Ordinanze di necessità, interpretazione della Corte e sindacato di merito – *Giur. it.*, 1956, I.

Intervento al *Dibattito sulla competenza della Corte costituzionale in ordine alle norme anteriori alla Costituzione* – *Giur. cost.*, 1956.

Intervento al *Dibattito: Corte costituzionale e Alta Corte per le Regione siciliana* – *Rass. di dir. pubbl.*, 1956, e *Il dir. pubbl. d. Regione*, stessa data.

** La nostra Costituzione è potenzialmente socialista? – *Boll. Triste*, e *Rass. di cult. e vital scol.*, 1956.

La sospensione del Consiglio Provinciale di Roma: aspetti giuridici di una crisi – *Cronache Urbe*, 1956.

Aspetti problematici del rapporto di lavoro con la scuola privata – *Boll. Trieste*, 1956.

In tema di libertà di insegnamento – *Giur. cost.*, 1957.

La Corte costituzionale tra Magistratura e Parlamento (Das Verfassungsgericht zwischen Rechtsprechung und Parlament) – *Arch. pen.*, 1957; *Il Ponte*, stessa data, e *Studi giuridici in memoria di P. Calamandrei*, IV, Padova, 1958.

In tema di controllo preventivo sulle leggi regionali siciliane – *Giur. Cost.*, 1957.

Ancora sulla situazione giuridica triestina e sul controllo della rilevanza – *ivi*.

In tema di incolato dell'apolide – *Foro Amm.*, 1957, IV.

Una »manifesta infondatezza« che non sussiste (a proposito dell'ammissione delle donne alla carriera giudiziaria) – *Foro It.*, 1957, III.

Cronaca parlamentare – *Giur. cost.*, 1957.

Sulla sindacabilità da parte della Corte costituzionale della »rilevanza« della questione di l. c. – *ivi*.

Il Governo tra nomina e fiducia (Die Regierung in der Zeit zwischen Ernennung und Vertrauensvotum) – *Foro amm.*, 1957, IV.

Incostituzionalità o abrogazione? (Verfassungswidrigkeit oder Abschaffung?) – *Giur. cost.*, 1957.

I poteri del Presidente – *Trieste*, 1957.

Nota alla sent. Corte cost. 26 gennaio 1957, n. 34 – *Giur. cost.*, 1957.

Lo scioglimento del Senato – *Il Mondo*, 1958.

** Aspetti problematici del sistema parlamentare vigente in Italia (Problematische Aspekte im parlamentarischen System Italiens) – *Jus*, 1958; e *Studi in onore di E. Crosa*, I, Torino, 1960.

Legislazione siciliana concorrente: limite finalistico e limite dei principî (in tema di recesso *ad nutum*) – *Giur. cost.*, 1958.

Osservazioni sull'avanprogetto per la estensione di clausole dei contratti collettivi esistenti – *L'Inadel*, 1958; e *Boll. Trieste* (Quaderni).

Eguaglianza dei sessi, requisiti e sindacato della Corte – *Giur. cost.*, 1958.

Libertà di scuola e libertà di insegnamento – *ivi*.

Costituzione e imponibile in agricoltura – *ivi*.

Orientamenti della Corte costituzionale in tema di »diritto al lavoro« – *L'Inadel*, 1958.

Partiti e rappresentanza politica nella Costituzione italiana – *L'Amm. civ.* 1958.

Riforma e scioglimento del Senato – *Tempi moderni* e *Giur. cost.*, 1958.

Il Consiglio nazionale dell'economia e del lavoro – *Giur. cost.*, 1958.

Una sentenza in tema di recesso *ad nutum* – *Boll. Trieste*, 1958.

Costituzione e imponibile di mano d'opera – *ivi*.

Interrogativi di attualità sulla libertà sindacale e sulle partecipazioni statali – *ivi*.

La legge regionale nel sistema della fonti (Die Gesetze der Regionen im Rechtsquellensystem) – *Atti del III Convegno di studi regionali*, Cagliari – Sassari 1959; *L'Amm. civ.*, 1959; *Riv. trim. dir. pubbl.*, 1960; e *Rass. Giur. Sarda*, 1961.

Ancora in tema di eguaglianza – *Giur. cost.*, 1959.

Inefficacia nella Regione di leggi statali – *ivi*.

Atto normativo (Rechtserzeugender Rechtsakt) – *Enc. del dir.*, IV, Milano, 1959.

Sull'ammissibilità dei decreti-legge regionali (a proposito della questione del Casinò di Taormina) – *Rass. parl.*, 1959.

Interrogativi sui criteri di identificazione degli »atti con forza di legge« (Fragen zu den Identifikationskriterien der »Akte mit Gesetzeskraft«) – *Giur. cost.*, 1959.

Sconto obbligatorio sul prezzo dei medicinali e art. 23 della Costituzione – *I problemi della sic. soc.*, 1959; e *Sicilia al lavoro*, 1960.

Applicazione »erga omnes« dei contratti collettivi di lavoro – *Boll. Trieste* (Quaderni), 1959.

Intervento al *Dibattito sulle inchieste parlamentari* – *Giur. cost.*, 1959.

Diritto costituzionale: Appunti dalle Lezioni a cura degli allievi – Trieste 1960.

La Costituzione della Repubblica italiana e il controllo democratico sui partiti (Die Verfasssung der Republik Italien und die demokratische Parteienkontrolle) – *Studi politici*, 1960.

Eguaglianza dei sessi e requisiti attitudinari nell'ammissione ai pubblici uffici – *Giur. cost.*, 1960.

Abrogazione o illegittimità costituzionale dell'incriminazione penale della serrata? – *ivi*.

Le crisi di governo nel sistema costituzionale italiano (Die Regierungskrise im italienischen Verfassungssystem) – *Rass. Parl.*, 1960.

Sull'interpretazione data dalla Corte costituzionale all'art. 3, comma 3, della legge 2 dicembre 1956, n. 1589 – *Giur. cost.*, 1960.

In tema di rapporti tra competenza legislativa, competenza amministrativa e competenza regolamentare – *ivi*.

Costituzione e divieto penale della serrata – *Boll. Trieste*, 1960.

Gerarchia e competenza nel sistema costituzionale delle fonti (Hierarchie und Kompetenz im Rechtsquellensystem der Verfassung) – *Riv. trim. dir. pubbl.*, 1960, e *Studi in onore di G. Zanobini*, vol. III, Milano 1965.

Lezioni di diritto costituzionale (Vorlesungen zum Verfassungsrecht) Vol. I: Anno Acc. 1960–1961 – Padova, 1962.

Ancora in tema di controllo preventivo delle leggi regionali siciliane – *Giur. cost.*, 1961.

In tema di libertà professionale e legislazione regionale – *ivi*.

In tema di leggi di approvazione – *ivi*.

Osservazione a sent. Corte cost. 11 luglio 1961, n. 39 (postilla a nota De Luca) – *ivi*.

Osservazione a ord. Corte cost. 11 luglio 1961, n. 41 – *ivi*.

Poteri di ordinanza *ex* art. 7 legge sul contenzioso amministrativo, principî generali e conflitti di attribuzione – *ivi*.

Osservazione a sent. Corte cost. 11 luglio 1961, n. 55 – *ivi*.

Osservazione a sent. Corte cost. 11 marzo 1961, n. 9 – *ivi*.

Il »ritorno« dell'art. 2 della legge di pubblica sicurezza dinanzi alla Corte costituzionale – *ivi*.

In tema di libertà di associazione – *ivi*, 1962.

Principio di legalità e »giusto procedimento« (Legalitätsprinzip und »gerechtes Verfahren«) – *ivi*.

Le Regioni a statuo ordinario – *Rass. parl.*, 1962.

Tutela giurisdizionale e riduzione coattiva dei canoni di contratti agrari – *Giur. cost.*, 1962.

»Riserva« e trasferimenti nel disegno di legge per la nazionalizzazione delle imprese elettriche – *Riv. internaz. scienze econ. e comm.*, 1962.

Incostituzionalità parziale dell'art. 330 c. p. o esimente dell'esercizio di un diritto? – *Giur. cost.*, 1962.

Osservaz. a sent. Corte cost. 22 novembre 1962, n. 94 – *ivi*.

Su alcuni aspetti problematici della delega contenuta nella legge 14 luglio 1959, n. 741 e sui relativi decreti delegati – *ivi*.

Osservazione a sent. Corte cost. 14 febbraio 1962, n. 5 – *ivi*.

Incompatibilità dell'autorizzazione a procedere *ex* art. 16 c. p. p. con l'art. 28 Cost. – *ivi*, 1963.

In tema di trasferimento alle Regioni delle funzioni amministrative – *ivi*.

Osservazione a sent. Corte cost. 10 maggio 1963, n. 63 – *ivi*.

Le Regioni davanti alla corte costituzionale – *Riv. trim. dir. pubbl.*, 1963.

Atti con forza di legge e regolamenti atipici (Akte mit Gesetzeskraft und atypische Verordnungen) – *Giur. cost.*, 1963.

Lezioni di diritto pubblico generale (Vorlesungen zum allgemeinen Staatsrecht) lit. Anno Acc. 1963–1964 – Roma, 1964.

Disposizione (e norma) (Rechtsvorschrift [und Norm]) – *Enc. del dir.*, XIII, Milano 1964.

Problematica della »libertà di informazione« (Die Problematik der Informationsfreiheit) – *Il politico*, 1964.

Natura e accertamento degli impedimenti del Presidente della Repubblica – *Rass. parl.*, 1964.

★★ La continuità dello Stato (Die Kontinuität des Staates) – *Riv. di dir. internaz.*, 1964.

Legge di nazionalizzazione, decreti di trasferimento e ricorsi regionali – *Giur. cost.*, 1964.

Trieste e la »ragion di Stato« – *ivi*.

Sulla proponibilità di questioni di legittimità costituzionale in sede di esecuzione penale – *ivi*.

Libertà costituzionale di accattonaggio? Questione di costituzionalità o questione di interpretazione ed applicazione di norme – *ivi*.

Una revisione costituzionale: eleggibilità del Presidente della Repubblica e potere di scioglimento – *Rass. parl.*, 1964.

Autonomia e libertà nella scuola – *Riv. giur. d. scuola*, 1965.

In tema di limiti alla cronaca giudiziaria – *Giur. cost.*, 1965.

Ancora delle sentenze interpretative di regetto della Corte costituzionale (Weiteres zu den abweisenden Auslegungsentscheidungen des Verfassungsgerichts) – *ivi*.

L'art. 134, secondo comma e la IX disp. trans. della Costituzione in relazione all'art. 72 della legge n. 62 del 1953 – *ivi*.

Osservazione all'ord. Corte cost. 12 novembre 1965, n. 73 (postilla a nota di R. Chieppa) – *ivi*.

Questione di costituzionalità di disposizioni di legge o questione di legittimità di provvedimento applicativo? (in tema di libertà di circolazione) – *ivi*.

Diritto al lavoro e recesso *ad nutum* – *ivi*.

In tema di capacità contributiva – *ivi*.

Osservazione a ord. Corte cost. 22 dicembre 1965, n. 91 – *ivi*.

Osservazioni sul nuovo »Regolamento generale« della Corte costituzionale – *ivi*. 1966.

Le funzioni della Corte costituzionale nella dinamica del sistema: esperienze e prospettive (Die Funktionen des Verfassungsgerichts in der Dynamik des Systems: Erfahrungen und Perspektiven) – *Riv. di dir. process.*, 1966.

Dichiarazione di manifesta infondatezza e limiti al giudizio della Corte costituzionale: interrogativi in tema di leggi singolari di espropriazione – *Giur. cost.*, 1966.

Una sentenza »difficile« – *ivi*.

»Riproduzione« o »conferma« di norme dichiarate incostituzionali – *ivi*.

Conflitto di attribuzione per lo scioglimento del Consiglio Regionale della Valle d'Aosta definito con sent. n. 101 della Corte costituzionale – *ivi*.

Lezioni di diritto costituzionale: I – Introduzione al diritto costituzionale italiano (Gli ordinamenti giuridici – Stato e costituzione – Formazione della Repubblica italiana) (Vorlesungen zum Verfassungsrecht: I – Einführung in das italienische Verfassungsrecht [Die Rechtsordnungen – Staat und Verfassung – Entstehung der Republik Italien]) – Padova, 1 a ed., 1966, succ.: 1968, 1970.

Il sistema parlamentare è in crisi – *I problemi di Ulisse*, 1966.

Le sentenze »interpretative« della Corte costituzionale (Die Auslegungsentscheidungen des Verfassungsgerichts) – *Riv. trim. dir. e proc. civ.*, 1967; e *Studi in memoria di T. Ascarelli*, V, Milano 1969.

In tema di efficacia di leggi incostituzionali – *Giur. cost.*, 1967.

★★ Partiti, Parlamento, Governo (Parteien, Parlament, Regierung) – *Atti del I Congresso Naz. di Dottrina dello Stato »La funzionalità dei partiti nello Stato democratico«*, Milano, 1967.

Sulla costituzionalità del disegno di legge regionale siciliana »Costituzione di un Consorzio per la gestione delle Esattorie delle II. DD. « – *La riscossione delle II. DD. nella Regione siciliana*, 1967.

Variazioni sul tema delle fonti (con particolare riguardo alla consuetudine) (Variationen zum Thema der Rechtsquellen [unter besonderer Berücksichtigung der Gewohnheit]) – *Scritti in memoria di Antonino Giuffrè*, III, 1967.

Le système de contrôle de la constitutionnalité des lois en Italie – *Rév. du droit public et de la science politique*, 1968, e *Scritti in onore di G. Ambrosini*. I, Milano 1970.

Fonti del diritto (diritto costituzionale) (Rechtsquellen [Verfassungsrecht]) – *Enc. del dir.*, XVII, Milano 1968.

Appunti di diritto costituzionale – La Corte costituzionale (dalle Lezioni tenute alla Fac. di giur. dell'Università di Roma, raccolte da A. Baldassarre, A. Cerri, F. Modugno) – Roma, 1968.

I partiti nella Costituzione – *Studi per il Ventesimo Anniversario dell'Assemblea costituente*, II, Roma, 1968; *Jus*, 1969.

I partiti nella realtà socio-politica italiana – *Studi parlam. e di pol. costituz.*, 1968.

Intervento al *Dibattito »Diritto e trasformazioni sociali«* – *Civiltà delle Macchine*, 1969.

Controllo di costituzionalità e interpretazione delle leggi nell'esperienza italiana (Gesetzesprüfung und Auslegung der Gesetze im Lichte der italienischen Erfahrung) – *Festschrift Hundert Jahre Verfassungsgerichtsbarkeit – Fünfzig Jahre Verfassungsgerichtshof in Österreich*, 1969.

Il popolo nell'analisi del fenomeno statale – *Rass. di cult. e vita scolastica*, 1970.

In memoria di Carlo Esposito – *Giur. cost.*, 1971.

Lois étatiques et lois régionales devant la Cour constitutionnelle italienne – *Notiziario Ist. Italiano di cultura di Parigi*, 1971.

Proporre riforme non è cospirare (firmato★★★] – *L'Europa* 1974.

Presentazione degli *Studi in memoria di Carlo Esposito*, Padova 1972.

L'attuazione delle Regioni di diritto comune e la Corte costituzionale – *Politica del diritto*, 1972, e *Studi in onore di G. Chiarelli*, Milano 1973.

In tema di instaurazione dei giudizi incidentali di costituzionalità (Zur Einleitung von inzidenten Normenkontrollverfahren – *Studi in memoria di C. Esposito*, vol. IV, Padova 1974, e *Dir. e soc.*, 1973

In terma di »eccesso di potere legislativo« – *Boll. Trieste*, 1973.

Intervento alla *Tavola Rotonda »Una Costituzione da ripensare«* – *La Discussione*, 1973.

Invervento al *Dibattito »La Costituzione e la crisi«* – *Gli Stati*, 1973.

Intervento al *Dibattio »Che fare nel sistema«* – *ivi*, 1974.

Tornare alla Costituzione? – *Il Mondo*, 1974.

Ricordo di Santi Romano– *Giur. cost.*, 1975; e *Nuova Antologia*, 1976 (col titolo »Profilo di Santi Romano«).

Fare i conti con la Corte – *Il Settimanale*, 1976.

Caro Cotta, dici bene, però... – *ivi*.

Lezioni di diritto costituzionale: II – L'ordinamento costituzionale italiano – 1) Le fonti normative (1975); La Corte costituzionale (1974) (Vorlesungen zum Verfassungsrecht: II – Die Italienische Verfassungsordnung – 1) Die Rechtsquellen [1975]; Das Verfassungsgericht [1974]) – Padova, 1a ed., 1976; successive fino al 1984 (anche in due Tomi).

La Corte costituzionale ha vent'anni (Zwanzig Jahre Verfassungsgericht) – *Giur. cost.*, 1976; e *La corte costituzionale tra norma giuridica e realtà sociale*, 1978.

Costituzione (Verfassung) – *Enc. del Novecento*, I, 1976.

★★ Pluralismo (Pluralismus) – Ufficio Stampa della RAI, 1976.

Corte costituzionale, Corte dei conti e Parlamento – *Ammin. e soietà, 1977; e Parlamento*, 1977.

★★ Assemblearismo e Costituzione (»Gouvernement d'assemblée« und Verfassung) – *Prospettive nel Mondo*, 1977.

★★ Diritto al lavoro, diritto di sciopero, libertà di organizzazione sindacale: diritti (fondamentali) concorrenti (Recht auf Arbeit, Streikrecht, Freiheit der gewerkschaftlichen Organisierung: konkurrierende [Grund]-Rechte) – *Iustitia*, 1977.

Nazione (in collaborazione con Damiano Nocilla) (Nation [in Zusammenarbeit mit Damiano Nocilla]) – *Enc. del dir.*, XXVII, Milano 1977.

Signori della Corte... (intervista) – *L'Opinione*, 1977.

★★ Giustizia costituzionale e potere legislativo (Verfassungsgerichtsbarkeit und gesetzgebende Gewalt) – *Scritti in onore di C. Mortati*, Milano 1977; e *Dir. e soc.*, 1978.

Osservazione a sent. Corte cost. 17 maggio 1978, n. 68 – *Giur. cost.*, 1978.

In tema di limiti al *referendum* – *ivi*.

★★ Ombre e luci della Costituzione (Licht- und Schattenseiten der Verfassung) – *Prospettive nel mondo* 1978.

Come rafforzare la funzione di governo – *ivi*, 1979.

A. A. Cercasi ingegnere per cambiare il sistema – *Il Settimanale*, 1979.

Un rischio per i notri diritti – *ivi*.

Osservazione a ord. Corte cost. 10 maggio 1979, n. 21 – *Giur. cost.*, 1979.

Osservazione a sent. Corte cost. 24 maggio 1979, n. 28 – *ivi*.

Un saggio »non liquet« – *ivi*.

Come si fa a disfare una Costituzione – *L'Opinione*, 1979.

Questione di sfiducia (intervista) – *ivi*.

Regolamentazione o autoregolamentazione? – *Il Leviatano*, 1979.

Qualcosa da cambiare? – *ivi*.

Ostinato rifiuto ad attuare la Costituzione – *Prospettive nel mondo*, 1980.

Cattivo uso del potere e conflitto di attribuzione – *Giur. cost.*, 1980.

Osservazione a ord. Corte cost. 8 giugno 1981, n. 98 – *ivi*, 1981.

La legislazione del cinquantennio (Esperienza legislativa) (Fünfzig Jahre Gesetzgebung [gesetzgeberische Erfahrungen]) – *Atti del Convegno »Cinquant'anni di esperienza giuridica in Italia«*, Milano 1981; e *Dir. e soc.*, 1982 (col titolo »Cinquant'anni di legislazione in Italia«).

Intervento alla *Tavola Rotonda »La malattia delle istituzioni«* – Alleanza, 1981.

La questione regionale: vicende di una realtà (Die Regionalfrage: Wechselfälle einer Realität) – *Boll. di legisl. e doc. regionale*, 1982.

★★ Relazione introduttiva al *X Incontro Fondazione Volpe »Stato Democratico e società, oggi«* (Einführendes Referat zur 10. Tagung der Fondazione Volpe: Der Demokratische Staat und die Gesellschaft heute) – *Atti*, Roma 1982; *Justitia* e *Intervento*, stessa data.

In tema di emotrasfusìoni obbligatorie – *Dir. e soc.*, 1982.

I trattamenti sanitari tra obbligatorietà e consenso – *Economia farmaceutica*, 1982.

★★ Vicende della »Questione regionale« – *Le Regioni*, 1982; e *Studi in memoria di E. Tosato*, I, Milano 1984.

Elezione popolare e poteri del Presidente – *Mondoperaio* 1983.

Può un regime riformare sé stesso? (intervista di Pio Marconi) – *Mondoperaio*, 1983.

Introduzione al dibattito »La formazione del Governo e la riforma delle istituzioni« – *Verso la riforma delle istituzioni* (a cura di Cuccodoro), Firenze 1983.

Non convince l'Ufficio Centrale per il *referendum* – *Giur. cost.*, 1984.

Stato Popolo Governo – Illusioni e delusioni costituzionali (Staat, Volk, Regierung – Illusionen und Enttäuschungen der Verfassung) – Milano 1985.

In Tageszeitungen erschienene Veröffentlichungen

Un nuovo liberalismo? – *Il Popolo di Roma*, 23 agosto 1943.

Referendum e Costituente – *L'Unità*, 1 luglio 1944.

Per l'abolizione dei codici fascisti: L'abolizione dei codici in materia penale – *L'Unità*, 13 settembre 1944.

Segue: L'epurazione del codice penale – *ivi*, 20 settembre.

Segue: L'epurazione del codice di procedura penale – *ivi*, 3 ottobre.

Segue: Conclusione – *ivi*, 13 ottobre.

Riforma dell'Amministrazione e decentramento regionale – *La Nazione del popolo*, 12 gennaio 1945.

Seconda Camera – *L'Unità*, 28 settembre 1946.

Struttura della seconda Camera – *ivi*, 17 ottobre 1946.

Scegliere tra due Costituzioni – *Milano-Sera*, 31 gennaio–1 febbraio 1947.

Due Camere di cui una più vicina – *ivi*, 2–3 febbraio 1947.

Parlamento: ma che cosa vuol dire? – *ivi*, 20–21 febbraio 1947.

Per la difesa della libertà – *Il Paese*, 2 settembre 1948.

Petizione e Parlamento – *L'Unità*, 21 aprile 1949.

Inammissibile sopruso – *L'Unità*, 13 giugno 1952.

Lo spirito della Costituzione (Der Geist der Verfassung) – *Il Messaggero*, 2 gennaio 1957.

Le tappe per l'attuazione degli istituti costituzionali – *ivi*, 8 luglio 1957.

La riforma del Senato – *ivi*, 15 agosto 1957.

Partiti, ministri, Governo – *ivi*, 10 dicembre 1957.

La Costituzione è intoccabile? – *Il Tempo*, 17 aprile 1974.

Democrazia di cittadini o democrazia di massa? (Demokratie der Bürger oder Demokratie der Massen?) – *Il Tempo*, 12 luglio 1977.

★★ Di libertà si può anche morire (An Freiheit kann man auch sterben) – *ivi*, 28 luglio 1977.

Corte costituzionale e limiti al referendum – *ivi*, 10 febbraio 1978.

Astensioni giustificate dalla »ragion di partito« (intervista) – *Il Mattino*, 6 luglio 1978.

Il Senato non è un'assemblea inutile – *Corriere della sera*, 14 settembre 1979.

L'elezione diretta del sindaco (intervista) – *Vita*, 21 settembre 1979.

L'Ufo di Craxi – *Il Tempo*, 28 ottobre 1979.

La metamorfosi del decreto-legge – *ivi*, 13 novembre 1979.

Hanno forza di legge le risoluzioni del Parlamento? – *ivi*, 24 novembre 1979.

Le mie preferenze vanno al modello francese – *Corriere della sera*, 28 novembre 1980.

I messaggi del Presidente – *Il Tempo*, 30 novembre 1980.

Le »congetture« del Presidente – *ivi*, 1 febbraio 1981.

Intervento al *Dibattito »Consulto al capezzale della Costituzione«* – *Il Giornale*, 7 aprile 1981.

È fantapolitica pensare al presidenzialismo (intervista) – *Il Giorno*, 7 aprile 1981.

I 25 anni della Corte costituzionale – *Il Tempo*, 23 aprile 1981.

Il problema centrale oggi è garantire la governabilità del Paese – *Avanti*, 4 ottobre 1981.

Quale riforma per la Repubblica? – *L'Italiano*, 13 febbraio 1982.

Il decalogo Spadolini? Per ora sono soltanto intenzioni (intervista di Paolo Fantini) – Il Secolo XIX, 15 agosto 1982.

Perché l'immunità ha ancora un senso – *Corriere della sera*, 25 settembre 1983.

Invadenza sindacale e scioperomania: ecco gli ostacoli alla riforma dello Stato (intervista di Paolo Armaroli) – *Il Tempo*, 8 marzo 1984.

Pertini non ha violato la Costituzione, ma con i suoi due senatori extra ha creato un precendente assai pericoloso – *Il Giornale*, 12 luglio 1984.

Un contenzioso molto complesso – *Il Tempo*, 27 febbraio 1985.

Richterbilder

Manuel García Pelayo (1909–1991)

Ein streitbarer Staatsrechtslehrer und Verfassungsrichter

von

Dr. Antonio López Pina

Professor an der Universidad Complutense Madrid

Don Manuel *García Pelayo* nimmt in der spanischen Rechtsgeschichte eine außerge-wöhnliche Stellung ein: In seiner Biographie spiegelt sich das Bild der spanischen Gesellschaft unter dem Recht mit all den Spannungen, Tiefen und Höhepunkten, Wandlungen und Umbrüchen, die für dieses Jahrhundert charakteristisch sind: be-grenzte Monarchie mit doppelter Souveränität (1876–1923), Militärdiktatur unter dem Wohlwollen des Königs Alfons XIII. (1923–1930), II. Republik bis zum Aus-bruch des Bürgerkriegs (1936–1939), Diktatur von General Franco bis zu seinem Tod 1975, Übergangszeit und parlamentarische Monarchie seit Dezember 1978. In einer so bewegten Zeit seinen Platz als Rechtsgelehrter und Staatsrechtslehrer zu finden und ohne Kompromisse mit der jeweiligen Macht zu behaupten, war nicht leicht, erforderte Mut und die Bereitschaft, Opfer auf sich zu nehmen. In dieser Hinsicht verdient es *García Pelayo* durchaus, in die Reihe der »streitbaren Juristen« aufgenom-men zu werden.

Zu der Integrität seiner Persönlichkeit und Originalität seines tief in der abendlän-dischen Geistesgeschichte verwurzelten Denkens kommt noch die besondere Rolle, die er als Rezipient und Vermittler deutschen Rechtsdenkens erfüllt hat. In seiner Jugend wurde *García Pelayo* von dem Rechtsdenken der Weimarer Zeit geprägt, und im weiteren Verlauf seines Lebens sind nicht nur seine theoretischen Arbeiten, sondern auch seine Amtsauffassung und -erfüllung als Richter des Verfassungsge-richts vom hegelianischen Staatsverständnis durchdrungen. Damit hat er der in Spanien neu errichteten Demokratie geistige Orientierung und praktische Unterstüt-zung geben können, die des weiteren seinen Platz in dieser Veröffentlichungsreihe rechtfertigen mögen.

1. Biographische Daten

Don Manuel *García Pelayo* wurde 1909 in Corrales de Zamora geboren. Von 1927 bis 1933 studierte er an der Universidad Central von Madrid Rechtswissenschaft. In der Residencia de Estudiantes traf er u. a. mit *Federico García Lorca* und *Salvador Dalí* zusammen. 1933 nahm er an der juristischen Fakultät an einem Seminar von *Hermann Heller* teil, der in Deutschland zum Vaterlandsverräter erklärt und seines Lehrstuhls in Frankfurt am Main enthoben worden war (1). Im Herbst 1934 ging er mit einem Stipendium der Junta de Ampliación de Estudios nach Wien. 1936 kehrte er als Lehrbeauftragter für Rechtsphilosophie an die Universidad Central Madrid zurück. Am Ende des Semesters reiste er nach Berlin, wo er am 18. Juli vom Ausbruch des spanischen Bürgerkrieges erfuhr. Im August kehrte er nach Spanien zurück und wurde Soldat und später Stabsoffizier im republikanischen Heer. Als der Bürgerkrieg 1939 zu Ende ging, wurde er etwa ein Jahr lang in Konzentrationslagern und Militärgefängnissen interniert.

Nach seiner Entlassung war für ihn unter Francos Regime der Weg zurück zur Universität verbaut. Jahrelang schlug er sich als Repetitor mit Privatunterricht durch, bis er sich schliesslich 1951 dazu entschloss, nach Lateinamerika zu emigrieren, wo er zunächst in Buenos Aires (Argentinien) und San Juan de Puerto Rico einen Lehrstuhl innehatte, um schliesslich im Jahre 1958 in Caracas (Venezuela) die Leitung des Instituto de Estudios Políticos (2) zu übernehmen. Als nach Francos Tod in Spanien die Demokratie wiederhergestellt wurde, kehrte er 1979 nach Madrid zurück, wo er 1980 zum Richter des neugegründeten Verfassungsgerichts ernannt und zu dessen erstem Präsidenten gewählt wurde. 1983 wurde er für eine zweite Amtszeit wiedergewählt. 1986 legte er das Präsidentenamt des Verfassungsgerichts nieder und kehrte 1987, verbittert durch eine verleumderische Pressekampagne, nach Caracas zurück, wo er 1991 starb.

2. Werk

Die intellektuelle Neugier von *García Pelayo* war weit gespannt: sie reichte von der Beschäftigung mit dem Verfassungsrecht über die Untersuchung von Mythos und Vernunft im politischen Denken bis zum Entwurf einer politischen Theorie unserer Zeit. *García Pelayo* gesteht ein, »daß ich mich von der sukzessiven oder simultanen Neugier auf verschiedene Themen leiten ließ, die ich wieder verlassen habe, wenn ich mein intellektuelles Interesse zufriedengestellt sah oder meinte, daß ich nicht tiefer in die Materie eindringen konnte«. Dieses Geständnis ist allerdings ein understatement: Die Vielfalt der Themen und das bewegte Leben eines Spaniers zwischen Kontinenten und geistigen Epochen hindern ihn nicht, in seinem Werk nicht nur historisch konkrete Darstellung mit allgemeiner Theorie zu verbinden, sondern auch sein originelles Denken und seine persönliche performance als Lehrer und Verfassungsrichter in einer *normativen und empirischen Staatslehre* zusammenzufassen.

Es ist biographisch besonders interessant, daß er, der die Reihe seiner Veröffentlichungen mit Arbeiten über das Verfassungsrecht begonnen hatte, diese mit Reflexionen über das Verfassungsgericht und den Parteienstaat beschließt. Weiter ist hervorzuheben,¯ daß sein *Derecho Constitucional Comparado* (Vergleichendes Verfassungs-recht) (1950) unter der Diktatur geschrieben und publiziert wurde und daß er darin eine Reihe von Themen vorwegnahm, auf die er im Laufe seines Lebens in ausgereif-terer Form zurückkommen sollte. In diesem Werk setzt er der Untersuchung von Großbritanien, den Vereinigten Staaten, Frankreich und der Schweiz eine Theorie der Verfassung voran. »Jede politische Gewalt ist rechtlich organisierte Macht ... die Macht gewinnt erst staatlichen Sinn durch die Rechtsbindung ... das Verfassungs-recht ist die rechtlich gestaltete Staatsgewalt und Voraussetzung der politischen Existenz«. »Die Verfassung ist Teil der Rechtsordnung, der staatlichen Ordnung und der politischen Struktur. Aber das heißt weder, daß es sich um drei voneinander unabhängige Objekte handelt, noch daß die Verfassung deshalb den gemeinsamen Nenner für die drei verschiedenen Typen der Wirklichkeit bedeuten würde. Es handelt sich vielmehr um drei Komponenten ein und derselben Wirklichkeit, die als solche einander nicht nur voraussetzen, sondern sich auch gegenseitig bedingen«.

Die Verfassung wird also von *García Pelayo* als rechts–politische Struktur eines konkreten Staates gesehen, die sich ihrerseits als Komponente in die Struktur von Staat und Gesellschaft einfügt. Nationale Integration, Begründung der Legitimität, Stabilisierung des politischen Systems und Ordnung des Rechtssystems sind nach *García Pelayo* die Funktionen der Verfassung. Die historisch-traditionelle Konzeption der Verfassung (*Burke; de Maistre; Stahl*) und die soziologische (*von Stein; Lassalle*) müssen durch ein rational-normatives Verständnis (*Kant; Sieyès; Tocqueville; Constant; W. Burckhardt; Cassirer*) (3) ergänzt werden, da sich andernfalls die Perspektive als nicht umfassend genug erwiese.

Dreißig Jahre später – im Jahr 1980 – sollte *García Pelayo* dem neugegründeten Verfassungsgericht vorstehen und sich berufen fühlen, den öffentlichen Akteuren eine Vorlesung über den Status des Verfassungsgerichts zu halten: über die Bedeu-tung des Verfassungsgerichts für Rechtsstaat und Gewaltenteilung, über seine Mit-wirkung beim politischen Indirizzo und schliesslich über die Eigenschaften des Ge-richts als rechtsprechendes Organ. Diese Ausführungen stellten den Ausgangspunkt für die spanische Rezeption der deutschen Dogmatik dar und wiesen der sich neu entwickelnden Rechtsprechung den Weg.

In seinem Buch *El Estado de partidos* (Der Parteienstaat), das im Jahre seines Ausscheidens aus dem Verfassungsgericht (1986) veröffentlicht wurde, untersuchte *García Pelayo* die Parteiendemokratie, den Parteienstaat und seine Grenzen. »Die Besetzung von staatlichen Organen durch an Parteiweisungen gebundene Parteimit-glieder kann zu einer tatsächlichen Struktur- und Funktionswandlung führen, die zu der rechtlich-formalen Struktur der Organe im Widerspruch steht; dazu kommt noch, daß sich die Autonomie von zwei Organen zumindest relativiert, wenn sie durch dieselbe Partei besetzt sind, und daß sich die Trennungslinien zwischen ihren Befugnissen oder Zuständigkeiten verwischen«. Schließlich fragt er sich, ob im Parteienstaat von der Gewaltenteilung zwischen Exekutive und Legislative etwas übrig bleibe, was über eine Kompetenz-Ordnung der entsprechenden Organe hin-ausreichen würde.

In territorialer Hinsicht würden sich folgende Extreme eines möglichen Parteien-Spektrums ergeben: Entweder die Herrschaft der nationalen über die regionalen Parteien oder – im entgegengesetzten Fall – die Herrschaft der regionalen Parteien über das nationale Parlament. Letztere würde aus dem Parlament eine Kammer der Ländervertretung machen. Die Parallele zum Parlament des Österreich-Ungarischen Kaiserreichs am Vorabend seiner Auflösung ist in den Augen *García Pelayos* so offensichtlich, daß er kein Wort mehr darüber verlieren möchte.

Die voraussehbare Spannung zwischen Parteiinteressen und allgemeinen Staatsinteressen veranlaßte *García Pelayo*, den Einzelparteiregierungen eindeutig den Vorzug zu geben. Aber auch im anderen Fall erweist sich das Recht für *García Pelayo* als Maß für die Legitimität der Parteihandlung und als Rahmen, Schranke und Garantie für das Gleichgewicht zwischen den Staatsgewalten und im Staat selbst.

Immer wenn sich *García Pelayo* mit den Parteien auseinandersetzte, war sein Hauptinteresse auf dieses facettenreiche – für ihn grandiose – Phänomen gerichtet, den Staat, von dessen Schicksal die Freiheit des Menschen abhängt.

Ein anderer Themenkreis ergab sich aus den Problemen, die im Zusammenhang mit der Ausarbeitung einer politischen Theorie auftauchten. Ergebnis seiner Bemühungen in dieser Richtung waren seine Arbeiten *Sobre la significación de la Historia para la teoría política* (Über die Bedeutung der Geschichte für die politische Theorie) und *Contribución a la Teoría de los Ordenes* (Beitrag zu einer Theorie der Ordnungen).

Mythos und Vernunft im politischen Denken war ein weiteres Thema, mit dem sich *García Pelayo* eingehend beschäftigte. Der Autor stellt das politische Denken in einen Zusammenhang mit Machtausübung und Organisation von Macht in der Gesellschaft, und zwar in einem konkreten historischen Augenblick. Seine Konzeption von *politischer Form* umfaßt immer alle diese Komponenten. In seinen Überlegungen über Mythos und Vernunft in der Geschichte des politischen Denkens greift er verschiedene, untereinander verwandte Strukturen auf, wie z. B. den Übergang von mythischen zu rationalen politischen Denkformen, den Prozeß der Säkularisierung von Ideen, die Repräsentation oder die Übertragung ursprünglich kirchlicher Begriffe auf das politische Umfeld. Ebenso interessiert ihn die Entwicklung von ideologischen Strömungen und Institutionen, die zur Gestaltung des modernen Staates beitragen sollten.

Dazu führte er aus: Wenn auch Rationalität und Irrationalität, Vernunft und Mythos immer in den sozio-politischen Strukturen, Denkweisen und Verhaltensformen präsent seien und von daher eine geschichtsüberschreitende Dimension hätten, so sei andererseits auch richtig, daß sie durch ihre Kombinationsfähigkeit und unterschiedliche Gewichtung eine historische Variable darstellten. So könne man zwischen Epochen oder Konjunkturen unter der Hegemonie der Irrationalität und Epochen oder Konjunkturen unter der Vorherrschaft der Rationalität unterscheiden – eine Einteilung, die in groben Zügen mit der von sakralen und säkularisierten Gesellschaften zusammenfalle. Dieser Gedanke führte *García Pelayo* dazu, sich innerhalb der europäischen politischen Geschichte mit dem Übergang von der einen zur anderen Zeitperspektive, d.h. von der sakralen zur säkularen zu befassen:

El Reino de Dios, arquetipo político (Das Gottesreich, politischer Archetyp)
Federico II de Suabia y el nacimiento del Estado moderno
(Friedrich II von Schwaben und die Geburt des modernen Staates)
La idea medieval del Derecho (Die mittelalterliche Rechtsvorstellung)
Las razones históricas de la Razón de Estado
(Die historischen Gründe der Staatsraison)

García Pelayos Bemühungen, eine *politische Theorie unserer Zeit* zu formulieren, gingen von der Beziehung zwischen Staat und Gesellschaft aus – ein Thema, auf das er seit seiner frühen Arbeit über *von Stein* immer wieder zurückkam. Der heutige Sozialstaat erschien ihm wie ein Versuch, den Klassenkampf auszugleichen. In sozio-ökonomischer Hinsicht werde das möglich, indem man die Wirtschaft unter Anwendung von *Keynes* These weiterentwickle, und in ideologischer Hinsicht, in dem man den von *von Stein* begonnenen und durch *Heller* aktualisierten Prozeß zu Ende führe.

Angesichts der Verwischung von Grenzen und der quantitativen und qualitativen Zunahme von Interaktionen sei der moderne Staat kaum zu verstehen, ohne die Struktur der Gesellschaft zu berücksichtigen, die sich in Organisationen artikuliert, die auf rational definierte Ziele ausgerichtet sind. Dies sei für die Partizipation der sozialen Kräfte an staatlichen Entscheidungen wie auch für den Rückgriff des Staates auf die sozialen Kräfte bestimmend und zwar soweit, daß ein grosser Teil der politischen Entscheidungen, die rechtlich dem Staat zugeschrieben würden, in Wirklichkeit aus der Interaktion von öffentlichen Gewalten, Parteien, Unternehmerverbänden, Gewerkschaften und Bürgerbewegungen hervorgingen. *García Pelayo* wurde sich der Existenz einer transnationalen Gesellschaft bewußt, die eine transnationale Politik hervorgebracht habe. Das Buch *Las transformaciones del Estado contemporáneo* (Die Transformationen des zeitgenössischen Staates) steht am Ende dieser Überlegungen.

Ein weiteres Thema *García Pelayos* war die Technologie in ihrer doppelten Funktion als Substrat der Macht wie auch als Unterscheidungsmerkmal für das Leistungspotential der einzelnen Staaten. *García Pelayo* hob die Bedeutung der Technologie für das Entstehen einer neuen Art von funktionaler Legitimität und einer entsprechenden neuen Begriffsbestimmung von Souveränität und ihren Erscheinungsformen hervor, und wies darauf hin, dass durch die Technologie neue Formen der staatlichen Handlung wie z.B. die technokratische Amtsführung, ausgebildet werden. Auch untersuchte er die Interaktion zwischen Staat und technologischer Entwicklung und versuchte schließlich, auf Grund der verschiedenen möglichen Kombinationen zwischen der technologischen Komponente und anderen gestaltenden Komponenten der politischen Ordnung den zeitgenössischen Staat zu beschreiben. Seine Überlegungen zu diesem Thema finden sich in dem Buch *Burocracia y Tecnocracia* (Bürokratie und Technokratie), das die Auswirkung der technologischen Zivilisation auf Struktur, Funktion und Position des Staates zu bestimmen sucht.

3. Intellektueller Werdegang und Methodologie

In seinen Arbeiten stützt sich *García Pelayo* auf Methodenschatz und wissenschaftliche Techniken von Verfassungsrecht, Rechtsphilosophie, Soziologie und Geschichte. Dem Recht weist er einen zentralen Platz in seiner Staatstheorie zu: »Das Recht ist nicht nur Mittel und Endprodukt der Politik, sondern es stellt auch eine objektivierte Rationalität dar, ein normatives Ordnungsprinzip oder System, das der politischen Handlung als Rahmen und zur Legitimierung dient«. Die Besonderheit *García Pelayos* besteht darin, daß er das Recht als Ordnung betrachtet, dessen Ratio von den Werten abhängt, die es durchzusetzen versucht sowie von den in einer bestimmten Gesell-

schaft vorherrschenden Interessen. In dieser Hinsicht ist *García Pelayo* weniger ein
Jurist stricto sensu als ein Staatsrechtler, der daran interessiert ist, die Beziehung
zwischen Recht und anderen partiellen Wirklichkeitsbereichen aus historischer, philosophischer, soziologischer oder gesellschafts-politischer Perspektive zu erhellen; als
Gelehrter kann er sich kaum für das positive Recht unserer Tage oder für rein
rechtswissenschaftliche Techniken begeistern. Was ihn thematisch interessiert, ist die
Verbindung zwischen Juristischem und Politischem, die soziale Funktion des Verfassungsrechts, oder Fragen wie etwa die folgenden: Wann, wie und warum entsteht der
Begriff des öffentlichen Rechts in Abgrenzung zum Privatrecht? Warum ändert sich
die Rechtsidee des hohen Mittelalters (die mit einer bestimmten Theologie verbunden
und charakteristisch für eine nicht mobile Gesellschaft war) gegen Ausgang des
Mittelalters, als der Berufsstand der Juristen aufkommt? Wie entwickelt sich der
Gesetzesstaat zum Verfassungs-Rechtsstaat? Des weiteren beschäftigt *García Pelayo*
beispielsweise das Problem, welche Werte durch die Grundrechte geschützt werden.
Sein Interesse richtet sich auf das Recht als eine Ordnung, die der Geschichte, dem
Politischen, den sozialen Interessen und den Werten gegenüber offen ist.

Die intellektuellen Wurzeln von *García Pelayo* finden sich in der Rechtsphilosophie,
aber schon früh erwachte seine Neigung zur Staatslehre. Als er 1934 nach Wien reiste,
bedauerte er die Abwesenheit von *Kelsen* keineswegs. Denn obwohl er ihn als »einen
der grössten Juristen aller Zeiten« respektierte, stellte ihn seine »Reine Rechtslehre«
nicht zufrieden. Obwohl er die logische Rigorosität dieser Theorie bewunderte,
äußerte er doch kritisch, »daß sich das Recht nicht voll begreifen läßt, wenn man seine
Ursprünge und seine Ziele, sowie die das Recht inspirierenden Werte außer acht
läßt«. Dazu kommt noch, »dass die Identifikation zwischen dem Staat und dem Recht
– einem Recht unter Ausschluß axiologischer Kriterien – auch zum Ausschluß von
Kriterien metajuristischer Legitimität führen und damit zur rechtlichen Legitimation
eines jeglichen Typus von politischer Herrschaft«. Später sollte er sich überrascht
über »das Prestige, die Dogmatisierung bis hin zur Beatifikation« äußern, die *Kelsens*
Rechtslehre nach dem zweiten Weltkrieg für sich verbuchen konnte; und die er sich
nur als Reaktion auf die (faschistischen) Unrechts-Regime erklären kann. »Dazu
kommt einerseits, daß die Theorie *Kelsens* die rigorose wissenschaftliche Grundlage
bereitzustellen scheint, die eine konkrete juristische Technik braucht, und in diesem
Sinne entspricht *Kelsen* zweifellos der Linie des Zeitgeistes, wonach es keine zuverläs-
sige Technik ohne eine sichere wissenschaftliche Grundlage gibt, während sich
gleichzeitig die Wissenschaft damit rechtfertigt, daß sie der technischen Arbeit eine
sichere Grundlage liefert. Und andererseits, daß eine so begründete Technisierung
dazu beiträgt, dem – in vielen Fällen dramatischen – Beruf des Juristen, den Anstrich
von Neutralität, Sicherheit, ja sogar Asepsis zu vermitteln«. *Kelsens* Theorie stellt also
ein »in sich geschlossenes Rechtssystem dar, das – wenn es auch an der Wirklichkeit
vorbeigeht – heuristisch vertretbar ist; mit seiner Hilfe läßt sich die Technisierung des
Rechts vorantreiben, wenn es auch – wie jedes in sich geschlossene System – das
Risiko der Entropie aufweist und beim gezielten Angriff einer aus seinem Umkreis
hervorgehenden Kraft zusammenbrechen kann – wie uns die Erfahrung bereits
gelehrt hat«.

Sein Interesse an der Beziehung zwischen dem Recht und dem Politischen führt
García Pelayo zu dem Zugeständnis, daß die Begegnung mit den Schriften von *Carl*

Schmitt bei ihm »nicht mehr Respekt (als *Kelsen*), aber doch mehr Anziehungskraft hervorgerufen habe«. Ganz besonders wurde seine Aufmerksamkeit durch die *Schmitt*sche Repräsentationslehre angezogen, durch seinen Begriff der institutionellen Garantie, seine Theorie des Dezisionismus und der Souveränität, seine Freund – Feind Dialektik und insbesondere durch seine Auffassung von Autonomie der Politik als ein Logos, der unabhängig von seinem Inhalt mit seiner eigenen Dialektik begabt ist. *García Pelayo* lobte besonders die *Schmittsche Verfassungslehre*, da er in ihr die erste Verfassungstheorie sieht, die in autonomer Form sowohl aus dem Politischen Recht wie aus der Staatslehre erwächst und die Interaktion beider berücksichtigt. Bei *Schmitt* beeindruckten ihn dazu die solide soziologische Ausbildung, in der sich die Spuren von *Marx* und *Weber* abzeichnen, seine umfassenden Kenntnisse in der Geistesgeschichte und vor allem auch sein Sinn für die Wirklichkeit, der bei seinen Zeitgenossen nicht immer zu finden war. Aber obwohl er »viele seiner Begriffe aufgenommen hat«, wahrt *García Pelayo* doch immer eine deutliche Distanz zu den Positionen von *Carl Schmitt*. An der *Hellerschen* Staatslehre schätzte er, daß sie von der Kategorie der Organisation ausgeht, in der sich rechtliche und soziologische Begriffe ebenso miteinander verbinden lassen wie die Dynamik der Ereignisse mit der Permanenz der Formen und in der sich die Dialektik von Normativität und Normalität entwickeln kann. Was die neueste deutsche Staatsrechtslehre anbetrifft, so interessierten ihn vor allem die Beiträge von *Hesse* und *Grimm*.

Nach dem Urteil von *García Pelayo* kann die Rechtsphilosophie keine Antwort auf die wirklichen Probleme unserer Zeit (darunter die Überwindung des Positivismus) geben, sondern diese können nur mit Hilfe der Soziologie als Wirklichkeitswissenschaft behandelt werden. *García Pelayo* wurde früh von der deutschen Soziologie als Wirklichkeitswissenschaft geprägt, die interpretiert, was die sozialen Formationen in Geschichte und Gegenwart bedeutet haben und bedeuten, und deren Struktur und Destrukturierung sowie ihre Organisationsformen untersucht. Was *García Pelayo* 1986 als seine »soziologische Neigung« bezeichnen sollte, begann als intellektuelle Reise von der Rechtsphilosophie hin zur Soziologie. Um den Rechtspositivismus zu überwinden, richtete *García Pelayo* – wie auch andere zeitgenössische spanische Gelehrte – seine Aufmerksamkeit auf *Lorenz von Stein,* den jungen *Karl Marx* und vor allem auf *Max Weber* – den Autor, der ihn am stärksten beeindruckte und der seit den Wiener und Berliner Jahren einen dauerhaften Einfluß auf sein Denken ausübte.

Aber der Rückgriff auf Soziologie, Rechtsphilosophie und Verfassungsrecht allein genügte den Ansprüchen *García Pelayos* nicht, um seine Theorie des Staates und der Politik zu verfassen: Er nahm sich vor, eine allgemeine Theorie zu entwerfen, die sich auf eine so breite historische Grundlage stützen sollte, daß sich seine Aussagen nicht nur auf die westliche Welt und die gegenwärtige Epoche begrenzt sähen: »Die Wirklichkeit offenbart sich nur in ihrer historischen Existenz. Die politischen Gebilde sind wesentlich historische Schöpfungen, und nur eine historische Betrachtungsweise kann uns ihre grundlegende Bedeutung zeigen«. Daher müsse sich jede intellektuelle Reflexion die Geschichte zur Grundlage nehmen: »Die Geschichte ist dem politischen Wissen gegenüber, was die Natur für die Physik darstellt, d. h. das Material, die Empirie, auf der sich ihr Begriffssystem aufbaut. Erfahrung, Lernen, tiefere Wurzeln der Gegenwart in der Vergangenheit, wesenhafte Geschichtlichkeit alles Menschlichen; der Mensch ist ein historisches Wesen, dessen volles Verständnis nur die Geschichte vermitteln kann«.

Je nach dem behandelten Thema und nach der Phase seiner intellektuellen Entwicklung beruft sich *García Pelayo* auf verschiedene Autoren als seine Mentoren: Wenn es ihm darum geht, die Beziehung zwischen Verfassung, Staat und Gesellschaft zu definieren, weist er auf *Hintze, Schindler* und *Bryce* als Quellen hin. Die Dialektik der Beziehungen zwischen Staat und Gesellschaft findet er in der englischen Philosophie des 17. und 18. Jahrhunderts, bei *Hegel, Lorenz von Stein* und *Robert von Mohl*. Die sein ganzes Werk beherrschende historische Perspektive verdankt er dem Einfluss von *Kantorowicz, Hintze, W. Burckhardt* und *Gierke*. Was Mythos und Vernunft als Elemente einer politischen Theorie betrifft, so wurde er von *Sorel, Jung, M. Eliade* und vor allem *Cassirer* inspiriert. Allerdings bekannte sich *García Pelayo* in den dreißiger Jahren zu keiner der zeitgenössischen Schulen oder definierten Forschungsrichtungen. Er war ein eifriger Rezipient der intellektuellen Strömungen seiner Zeit, aber er suchte sich seine Themen und Modelle stets gezielt aus. Nie verweilte er bei der einfachen Beschreibung; aber er entfernte sich auch nicht vom empirischen Material, um rein abstrakte Gedankengebäude zu errichten: Er folgte der Tradition von *Windelband, Rickert* und *Dilthey*, d. h. der Methodologie der Geisteswissenschaften, um die soziale Wirklichkeit zu verstehen.

Bei der Annäherung an seinen jeweiligen Forschungsgegenstand zeigte *García Pelayo* mehr Interesse für das Ganze als für Teilaspekte. Sein Denken ist weniger analytisch und deskriptiv als interpretativ und begrifflich einordnend (*Tomás y Valiente*). Stets bewahrte er sich bei seiner Arbeit die Distanz des Intellektuellen gegenüber der ihn umgebenden Welt. Die Einheit von Leben und Werk, die Kohärenz von Weltanschauung und Arbeit, von Überzeugung und Selbst-Verpflichtung, von ideologischer Grundlage und wissenschaftlicher Produktion sind die hervorragenden Merkmale der Persönlichkeit *García Pelayos*. Er engagierte sich politisch als Bürger, wann immer und soweit es ihm nötig schien. Aber er bewahrte sich stets seine intellektuelle Unabhängigkeit: »Mir hat nie das Idealbild des engagierten Intellektuellen vorgeschwebt, der sich in der Praxis als entfremdeter, häufig reumütiger Intellektueller erweist und der am Ende die zuvor genossene Autorität verliert«. Es gibt seiner Ansicht nach keine Neutralität, sondern nur die strenge Trennung zwischen dem Bürger und dem Gelehrten. *García Pelayo* schätzt sich selbst »als ein Exemplar einer historischen Gattung, einer intellektuellen Lebensform ein, die heute im Aussterben begriffen ist«, und ist der Auffassung »ein Professor muß dafür kämpfen, seine eigene und die Unabhängigkeit der von ihm geleiteten Institutionen gegenüber der Versuchung der Macht, sein Werk zu instrumentalisieren, zu erhalten«. An anderem Ort stellt er fest: »Der einzige Kompromiß, der für den Intellektuellen in Frage kommt, ist der zwischen seiner eigenen Suche nach der Wirklichkeit der Dinge und dem Bewußtsein des Relativen, das solchen Bemühungen anhaftet«. Immerhin hindert ihn eine solche Nüchternheit nicht daran, im Jahre 1986 eines jungen Sozialisten, José García García zu gedenken, »der im Jahr 1936 in Madrids Casa de Campo ›vor dem Feind‹ gefallen ist«.

4. Wirkung

Die außerordentliche Wirkungskraft von *García Pelayo* in Spanien ist durch zwei singuläre Phänomene bedingt: Erstens durch die Außergewöhnlichkeit seines unter der Diktatur erschienenes *Derecho Constitucional Comparado* (vergleichendes Verfassungsrecht). Es ist heute kaum vorstellbar, was es 1950 in Spanien bedeutete, daß ein Jurist dem Liberalismus eine transzendentale Bedeutung zuerkannte: »Das Bekenntnis zu Wert und Würde des Menschen und die ihnen gebührende Achtung sind nur auf der Grundlage der Partizipation der Individuen an gewissen Wahrheiten und Werten möglich, die sie alle transzendieren und die unmittelbar durch die Vernunft erkannt werden können. Diese Art von säkularisiertem Logos führt zur Idee der Humanität und zu der These, daß kein Mensch in seinen verschiedenen Lebenssphären auf Hindernisse für die Entwicklung und die Entfaltung seiner Persönlichkeit stoßen darf. Dieser Logos führt zum Freiheitsgedanken und zur Bestimmung des Staates als Instrument, um diese Freiheit effektiv zu machen«. Die Brisanz dieser Äußerung wird deutlich, wenn man sich vergleichsweise vorstellt, daß deutsche Staatsrechtslehrer wie *Hesse, Maihofer, Benda, Häberle, Grimm* ihre Vorstellungen von Recht und Freiheit im Jahre 1938 in Deutschland veröffentlicht hätten.

An zweiter Stelle erklärt sich die außergewöhnliche Wirkungskraft *García Pelayos* dadurch, daß er sich auf der historisch–ideologischen Welle der sozial–liberalen Theorie des sozialen Rechtsstaates bewegte, die mit dem Werk von *Heller, Demokratie oder Diktatur?*, 1929 begann und bis zum Art. 1. Absatz 1 der spanischen Verfassung (4) und zu unserer neuesten Rechtsprechung reicht. Die Grundlagen der aktuellen spanischen Verfassungsinterpretation sind in der in Weimar eröffneten Debatte zwischen *Schmitt, Kelsen, Heller, Smend, Kaufmann u. a.* zu suchen. Sogar unter der Diktatur wurde der liberale, auf den Staat zentrierte Diskurs von *García Pelayo , Ollero, Murillo, Galan, Tierno* (in der inneren ›España cautiva‹) bis zu *Ayala* und *de los Rios* (in der exilierten ›España peregrina‹) zum aufgeklärten Diskurs der Mittelschicht. Den Kontrapunkt dazu bildete die Konzeption der francotreuen vermögenden Bourgoisie, die das Eigentum in den Mittelpunkt stellte (*Corts Grau, Gomez Arboleya*). Die aufgeklärte Mittelschicht setzte sich für die Entwicklung eines sozialen rechtsstaatlichen Liberalismus ein, bei dem der Staat als der grosse Vermittler zwischen den sozialen Schichten und ihren Konflikten auftreten sollte. Wenn nach den Vorstellungen der vermögenden Bourgeoisie wie auch im franquistischen Diskurs der Staat beschlagnahmt und dem Diktat von Eigentum und Kirche unterworfen werden sollte, waren es nach der Ansicht von *García Pelayo* und anderen liberalen Denkern die Gesellschaft und das Eigentum, die sich dem Staat als rationalisierender und in sozialen Konflikten vermittelnder Instanz unterordnen sollten (5).

Der Beitrag, den *García Pelayo* zwischen 1980 und 1986 als Vorsitzender des Verfassungsgerichts für die spanische Rechtskultur leistete – ohne Zweifel von noch grösserer Wirkung als sein Einfluss auf die Lehre – ist in der Kontinuität der sozial-liberalen Staatstheorie zu verstehen. Die von Richtern wie *Arozamena, Begué, Diez de Velasco, Diez-Picazo, Fernandez Viagas, Gomez Ferrer, Latorre, Rubio,*

Tomas y Valiente, Truyol y Serra ausgearbeitete und mehrheitlich angenommene Dogmatik trägt sein Siegel und hat viel dazu beigetragen, eine neue öffentlich-rechtliche Lehre in Spanien auszugestalten. In großen Zügen läßt sich diese so charakterisieren:

1. Ihr hervorragendes Merkmal ist die normative Kraft der Verfasssung. Nachdem unsere Verfassung nunmehr 16 Jahre in Kraft ist, mußte sogar der renitenteste Politiker, Financier, Unternehmer, Polizeibeamte, Richter, Beamte oder Nationalist (baskischer oder katalanischer Herkunft) nolens volens zugestehen, daß die Verfassung nicht nur alle Bürger bindet, sondern in nicht geringerem Maße auch alle öffentlichen Gewalten. Dies war 1980 noch alles andere als selbstverständlich. So wurde die spanische Gesellschaft politisch dazu erzogen, sich an den Gedanken zu gewöhnen, daß in der parlamentarischen Monarchie – im Gegensatz zu früheren Zeiten, wo die Verfassung nur die ihr von den Gesetzen verliehene Geltungskraft besaß – die Geltung der Gesetze von ihrer Vereinbarkeit mit der Verfassung abhängt (SSTC 1/1981; 4/1981; 16/1982; 80/1982). Ohne Zweifel ist dieser Bewußtseinswandel dem Verfassungsgericht als Verdienst anzurechnen. (6)

2. Das Verfassungsgericht machte sich das Projekt des Verfassungsgebers zu eigen, mittels eines Katalogs detaillierter und mit allen Garantien ausgestatteter Grundrechte und -freiheiten eine handlungsstarke Zivilgesellschaft zu ermöglichen. Insofern die Ausübung dieser Rechte die öffentliche Gewissens-, Meinungs- und Willensbildung konstituiert, besitzen diese allerdings auch eine institutionelle Funktion und somit Dimension (STC 25/1981). Daher hat sich ihre Ausübung an der Verwirklichung der garantierten Institute zu orientieren. Auf diese Weise wirken sich die subjektiven Rechte auf Eigentum (STC 111/1983), Unternehmerfreiheit (83/1984), Arbeit, Berufsfreiheit (SSTC 11/1981; 22/1981; 19/1982; 3/1983; 6/1984; 18/1984), Vereinigungsfreiheit und Meinungsfreiheit ebenso auf die Vielfalt der marktwirtschaftlichen Institute wie auf das Arbeitsverhältnis und auf die öffentliche Meinung aus. In einem solchen Wirkungszusammenhang haben sie eine öffentliche Funktion inne, nehmen einen öffentlichen Charakter an und sind einem öffentlichen Statut unterworfen.

3. Das Verfassungsgericht hat ebenfalls das Allgemeininteresse oder das öffentliche Interesse als Staatsaufgabe definiert. Während der 6 Amtsjahre von *García Pelayo* konkretisierte sich dieses Postulat in folgenden Aufgaben:
– in der Kompensierung sozialer Ungleichheiten, so daß die Effektivität von Freiheit und Gleichheit gewährleistet wird (STC 83/1984);
– in der öffentlichen Subventionierung von Schulen (SSTC 77/1985; 86/1985);
– in der Kompensierung der »originären und strukturellen Ungleichheit« im Arbeitsverhältnis zwischen Arbeitgeber und Arbeitnehmer unter Rückgriff auf das Arbeitsrecht (SSTC 3/1983; 14/1983);
– in der Garantie der Meinungsvielfalt in den Medien (STC 6/1981);
– und schließlich in der Herstellung von formellen Gleichheitsbedingungen für die Ausübung von Rechten im gesamten Nationalgebiet (SSTC 37/1981; 1/1982; 71/1982; 32/1983).

4. Das Verfassungsgericht hat die Entfaltung und den institutionellen Ausbau der Autonomen Gebietskörperschaften mutig unterstützt und die Gebietsautonomie institutionell gewährleistet (SSTC 4/1981; 1/1982; 76/1983) (7).

5. In Bezug auf die institutionelle Garantie der Parlamentarischen Monarchie als Regierungsform hat das Verfassungsgericht die Parteien in der Sphäre der Zivilgesellschaft angesiedelt und das erlangte Wahlmandat als repräsentativ und nicht an Parteirichtlinien gebunden bestimmt (SSTC 3/1981; 5/1983; 10/1983; 75/1985) (8).

Es ist weder zu verwundern, noch *García Pelayo* vorzuwerfen, daß die starke Komponente an negativem Denken (im Sinne *Hegels*) sowie die Folgerichtigkeit und Unbestechlichkeit seines richterlichen Handelns im Spanien der achtziger Jahre auch Widerspruch (9) hervorgerufen haben. Aber selbst Richter und Rechtsgelehrte, die einzelnen unter seiner Präsidentschaft getroffenen Entscheidungen des Verfassungsgerichts kritisch gegenüberstehen, würden gewiß folgendem Versuch einer Gesamteinschätzung seiner Persönlichkeit zustimmen: Mit *García Pelayo* erreicht die für die spanische Schule von Politischem Recht und Rechtsphilosophie bezeichnende Tradition, das Recht in den Zusammenhang universellen Wissens einzubinden und in den Dienst eines emanzipatorischen Projektes zu stellen, ihren Höhepunkt. Und sein Beitrag zur nationalen Versöhnung (10), der sich in der Bereitschaft eines im Bürgerkrieg ›Besiegten‹ und unter der *Franco*-Diktatur Emigrierten manifestierte, ein hohes Amt in der neugegründeten Demokratie zu übernehmen und exemplarisch auszuüben, kann nicht hoch genug eingeschätzt werden. So bleibt der Name *Garcia Pelayos* als Maßstab und Vorbild für sachliche Kompetenz und moralische Integrität im Gedächtnis der spanischen Institutionen, der Rechtsprechung und der Intelligenz lebendig.

Bibliographie

1. La teoría de la Sociedad en Lorenz von Stein, 1949
2. Derecho Constitucional Comparado, Madrid: Revista de Occidente, 1950
3. El Reino de Dios arquetipo político, Madrid: Revista de Occidente, 1959
4. Federico II de Suabia y el nacimiento del Estado moderno, Caracas: Studii Juridica, 1959
5. Del mito y la razón en la historia del pensamiento político
   Madrid: Revista de Occidente, 1968
6. El tema de las nacionalidades. La teoría de la nación en Otto Bauer,
   Madrid: Ed. Pablo Iglesias, 1975
7. Las transformaciones del Estado contemporáneo,
   Madrid: Alianza, 1977
8. El Status del Tribunal Constitucional
   Revista Española de Derecho Constitucional, Madrid: 1980
   auf Deutsch in: *Spanisches Verfassungsrecht*, López Pina (Hrsg.),
   Heidelberg: C. F. Müller Juristischer Verlag, 1993
9. El Estado de Partidos, Madrid: Alianza, 1986
10. *Obras Completas*, Madrid: Centro de Estudios Constitucionales, 1991

---

(1) Vid. *A. López Pina*, Wiederbegegnung mit Hermann Heller. Ideologische Basis und materiellökonomische Bedingungen der Rezeption in Spanien und Lateinamerika, in: *Der soziale Rechtsstaat*. Gedächtnisschrift Hermann Heller 1891–1933, Christoph Müller/Ilse Staff (Hrsg.), Baden – Baden: Nomos Verlagsgesellschaft, 1984.

(2) Vid. *Humberto Njaim,* La experiencia venezolana en el pensamiento político de *García Pelayo*, in: Tema monográfico *García Pelayo*, Anthropos Revista de Documentación Científica de la Cultura, n° 59, Barcelona: Anthropos Editorial del Hombre, 1986.

(3) Vgl. *A. López Pina,* Die Entstehung der Verfassung, in: Spanisches Verfassungsrecht, herausgegeben von A. Lopez Pina, Heidelberg: C. F. Müller Juristischer Verlag, 1993; *P. Cruz Villalon,* Verhältnis des

Einflusses des deutschen Verfassungsrechts zu den Einflüssen aus anderem ausländischen Verfassungs-recht: Landesbericht Spanien, in: Grundgesetz und deutsche Verfassungsrechtsprechung im Spiegel ausländischer Verfassungsentwicklung, Ch. Starck (Hrsg.), Baden – Baden: Nomos Verlagsgesellschaft, 1990.

(4) Vid. Die spanische Verfassung vom 31. Oktober 1978, in: Spanisches Verfassungsrecht, op. cit.

(5) Vid. *A. López Pina,* Die spanische Staatsrechtslehre. Prolegomena für den deutschen Leser, in: *Spanisches Verfassungsrecht,* op. cit.

(6) Vgl. *L. Lavilla Alsina,* Verrechtlichung der Macht und Gewaltenbalance, in: Spanisches Verfas-sungsrecht, op. cit.; *J. Rodríguez Zapata,* Métodos y criterios de interpretación de la Constitución en los seis primeros años de actividad del Tribunal Constitucional, in División de Poderes e Interpretación. Hacia una Teoría de la Praxis constitucional, A. López Pina (Hrsg.), Madrid: Editorial Tecnos, 1987; *P. Cruz Villalón,* Zehn Jahre spanische Verfassung, in Jahrbuch des öffentlichen Rechts der Gegenwart, Neue Folge/Bd. 37, hrsg. von Peter Häberle, Tübingen: J. C. B. Mohr (Paul Siebeck), 1988, S. 87 ff.

(7) Vgl. *P. Cruz Villalón,* Die Rechtsprechung des Verfassungsgerichts zu den Autonomen Gebietskör-perschaften (1981–1986), in: Spanisches Verfassungsrecht, op. cit.

(8) Vgl. Democracia representativa y Parlamentarismo. Alemania, España, Gran Bretaña e Italia, A. López Pina (Hrsg.), Madrid: Publicaciones del Senado, 1994.

(9) Vid. *F. Tomas y Valiente, Manuel García Pelayo. Del exilio a la presidencia del Tribunal Constitucional,* Madrid: Cuadernos de la Fundación Españoles en el Mundo, 1993.

(10) Vgl. *A. López Pina,* Die Aufarbeitung der Geschichte in Spanien. Straf- und prozeßrechtliche Reformen zur Zeit der Verfassungsgebung, in Jahrbuch des öffentlichen Rechts der Gegenwart Neue Folge/Band 41, hrsg. von Peter Häberle, Tübingen: J. C. B. Mohr (Paul Siebeck), 1993, S. 485 ff.

Berichte
Entwicklungen des Verfassungsrechts im europäischen Raum
Der Aufbruch in Mittel- und Osteuropa

Polens Verfassung nach den Änderungen von 1989 und 1992[*]

von

Prof. Dr. Andrzej Bałaban

Leiter des Lehrstuhls Verfassungsrecht an der Universität Szczecin (Stettin)

In Polen haben verbündete Kräfte der Arbeiterschaft und der Intelligenz eine Erosion und schließlich den Zerfall des kommunistischen Systems herbeigeführt. Dies löste ähnliche Entwicklungen in fast allen einst kommunistischen Ländern aus. Der polnische Erfolg ist auf die Eigentümlichkeiten der Geschichte des Landes zurückzuführen, das im Laufe der zurückliegenden 200 Jahre den Bemühungen der mächtigen Nachbarn, unabhängiges Polen von der Weltkarte zu tilgen, Widerstand leisten mußte. In der neuesten Geschichte war es zunächst der Kampf gegen die NS-Besatzung, dann die über 40 Jahre dauernde Auseinandersetzung mit dem pseudo-kommunistischen Sowjetsystem. Als Land, das entscheidend zum Fall des Kommunismus beigetragen hat, ist Polen bestrebt, beim zivilisatorischen, wirtschaftlichen, politischen und rechtlichen Wiederaufbau der postkommunistischen Staaten weiterhin die Spitzenrolle zu spielen.

Wichtiges Element dieses Prozesses und objektiver Prüfstein dessen Fortschrittsgrads sind die seit 1989 kontinuierlich, und zwar auf mehreren Ebenen durchgeführten Verfassungsreformen in Polen. Einmal handelt es sich hierbei um Änderungen im politischen und ökonomischen System, die meist spontan und außerhalb des Gesetzgebungsweges verlaufen. Zum anderen gibt es Gesetzgebungsakte unterhalb der Verfassungsebene, die aber neuen Verfassungsideen den Weg ebnen. Schließlich wird die Verfassung selbst umfassend novelliert, wenn auch nicht im gleichen Schritt mit dem schnellen Wandel im politischen und ökonomischen Leben.

Nach dem Abkommen am »Runden Tisch« (Frühjahr 1989), das der Bewegung »Solidarität« den Weg zur politischen Machtausübung eröffnete, wurden zwei grundsätzliche Novellen der Verfassung, deren ursprünglicher Text am 22. Juli 1952 verabschiedet worden war, vollzogen: die vom 29. Dezember 1989 und die vom 17. Oktober 1992.

Mit der Novelle vom 29. Dezember 1989 wurden u. a. die Präambel und die alten Bestimmungen der ersten zwei Kapitel über die Grundlagen der politischen und der

---

[*] Aus dem Polnischen ins Deutsche übersetzt von Bolesław Banaszkiewicz.

sozial–ökonomischen Ordnung gestrichen. Somit wurde der bisherige Katalog der
führenden Verfassungsgrundsätze aufgehoben, der folgende Prinzipien enthielt:
1. sozialistischer (sprich: kommunistischer) Staat,
2. Macht der Werktätigen in Stadt und Land,
3. Gesetzlichkeit,
4. vorherrschende Stellung der zentralen Volksvertretungsorgane (Sejm und Staatsrat),
5. Zulassung von lediglich drei Parteien bei führender Rolle der KP,
6. privilegierte Stellung des Staatseigentums und Beschränkung der Sphäre des
   Privateigentums.

An dieser Stelle ist noch ein Grundsatz der kommunistischen Verfassung zu erwähnen, der zwar nicht in deren Buchstaben zum Ausdruck kam, doch als wichtiger
Bestandteil deren »Geistes« angesehen war: Einheit der staatlichen Gewalt.

All die oben genannten Grundsätze wurden mit der Novelle von 1989 negiert,
indem an deren Stelle neue Verfassungsbestimmungen traten, die folgende Prinzipien
zum Ausdruck bringen:
1. Rechtsstaat,
2. Souveränität des Volkes,
3. Gesetzlichkeit (die nunmehr als durch ein ausgebautes System des Rechtsschutzes
   abgesicherte Verpflichtung aller Staatsorgane verstanden wird),
4. demokratische Wahlen zum Sejm und Senat sowie des Staatspräsidenten (Besetzung des Amtes des Staatspräsidenten nunmehr auch in einer Direktwahl),
5. Freiheit von Gründung politischer Parteien,
6. Gleichstellung aller Eigentumsformen.

Von dem Grundsatz des Rechtsstaates wird der Grundsatz der Gewaltentrennung
abgeleitet.

Der novellierte Verfassungstext enthält Bestimmungen, von denen sich weitere
führende Grundsätze ableiten lassen, etwa das Prinzip der umfassenden Befugnisse
der Kommunalselbstverwaltung. Aber nicht das bestimmt den Schwerpunkt der
Wende im Verfassungsrecht. Das Wichtigste scheint die Belebung der Verfassung zu
sein, deren Bestimmungen nunmehr echte rechtliche Qualität und reale praktische
Bedeutung gewinnen. Dies gilt etwa für die Bestimmungen über den Verfassungsgerichtshof, den Staatsgerichtshof und den Sprecher der Bürgerrechte – Subjekte, die
zuständig sind entsprechend für: Kohärenz des Systems der Rechtsnormen, Delikte
der Träger höchster Staatsämter, Schutz der Bürgerrechte. Diese Ämter, die in der
Zeit des Kriegsrechts als eine verfassungspolitische Fassade etabliert wurden, erlangen nunmehr die Möglichkeit, ihre Aufgaben unbeschränkt zu erfüllen.

Allerdings blieb die 1989 novellierte Verfassung ein eklektischer und nicht gerade
leicht anwendbarer Akt. In der Öffentlichkeit war die Erwartung verbreitet, daß
dieser Akt durch eine neue, den politischen und ökonomischen Ideen der Wende
durchweg Rechnung tragende Verfassung ersetzt würde. Entsprechend dieser Erwartung hat bereits der Sejm der 10. Legislaturperiode die Arbeit an einem neuen
Grundgesetz aufgenommen, und mehrere politische Gruppierungen haben eigene
Verfassungsentwürfe vorgelegt. Andererseits war man sich in Kreisen der Fachleute
und der nüchtern denkenden Politiker darüber im klaren, daß die Zeit noch nicht reif
war für eine völlig neue Verfassung (sollte sie ein Akt von Dauer sein) angesichts

dessen, daß der Wandelprozeß in der Gesellschaft noch nicht abgeschlossen war und die Verfassungsdiskussion noch von vielen Diskrepanzen und Dilemmas gekennzeichnet war. Nicht entschieden war etwa die Frage nach der Rolle von Staat und Recht bei der Steuerung des Lebens der Gesellschaft (Liberalismus *versus* Interventionismus). Dies erklärt, weshalb eine neue Verfassung noch nicht verabschiedet worden ist. Gleichwohl ist die parlamentarische Arbeit an einem neuen Grundgesetz im Gange und sie soll binnen der nächsten 2 Jahre abgeschlossen werden.

Hingegen gab es Übereinstimmung darüber, daß es dringend geboten war, innerhalb des bestehenden Systems der höchsten Staatsorgane deren Kompetenzen zu ordnen mit dem Gedanken, den neuen Grundsätzen des Staatslebens Rechnung zu tragen und das hohe Potential von Kompetenzkonflikten zu beseitigen. Diese Aufgabe hatte die neueste Verfassungsreform vom 17. Oktober 1992, in Form von Verfassungsgesetz *über das Verhältnis von gesetzgebender und vollziehender Gewalt der Republik Polens zueinander und die örtliche Selbstverwaltung* (das am 8. Dezember 1992 in Kraft trat), zu erfüllen. Das genannte Verfassungsgesetz, ohne »Verfassung« oder »Grundgesetz« benannt zu sein, bestimmt in Art. 77, daß die Verfassung vom 22. Juli 1992 außer Kraft tritt, zugleich aber die Geltung der Bestimmungen in deren Kapitel 1, 4 und 7–11 aufrechterhalten wird. Demnach bleiben unverändert (seit der Novelle von 1989) die Kapitel der alten Verfassung über: Grundlagen der politischen und der ökonomischen Ordnung (Kapitel 1), Verfassungsgerichtshof, Staatsgerichtshof, Sprecher der Bürgerrechte und Oberste Kontrollkammer (Kapitel 4), Gericht und Staatsanwaltschaft (Kapitel 7), Grundrechte und Grundpflichten der Bürger (Kapitel 8), Grundsätze des Wahlrechts (Kapitel 9), Wappen, Farben, Hymne und Hauptstadt (Kapitel 10), Verfassungsänderung (Kapitel 11).

Mit der neuesten Verfassungsreform, die die alte Verfassung grundsätzlich außer Kraft setzt, in wesentlichen Teilen aber aufrechterhält, sind noch bei weitem keine dauerhaften Grundlagen der Rechtsordnung geschaffen. Defizite in der Verfassungsregelung lassen sich insbesondere bezüglich der Rechtsstellung der Bürger sowie des Wirtschafts- und Finanzsystems des Staates feststellen. Andererseits stellt diese Verfassungsreform eine neue Etappe in der Evolution des Verfassungswesens und – was hier Gegenstand besonderen Interesses sei – die Quelle neuer Leitprinzipien der Verfassung dar.

Zu den letzteren gehört die nunmehr *explizit* zum Ausdruck gebrachte (dreifache) Gewaltentrennung. Dieser alten Idee wurden in der Zeitgeschichte des Verfassungswesens bekanntlich bereits so viele Bedeutungen verliehen, daß man durchaus darüber streiten kann, ob sie, so allgemein formuliert (ohne Hinweise, um welche Realisierungsform es sich jeweils handelt), überhaupt einen greifbaren Inhalt hat und wenn, ob dieser realisierbar ist. Diese Zweifel können am Beispiel der einschlägigen Bestimmungen in der hier besprochenen polnischen Verfassungsregelung veranschaulicht werden. Bei Betonung des gesetzgeberischen Charakters der beiden Parlamentskammern – Sejm und Senat – sieht das neue Verfassungsgesetz die Möglichkeit vor, daß das Parlament der Regierung per Gesetz das Recht zum Erlassen von Verordnungen mit Gesetzeskraft einräumt; einerseits müssen zwar in dem entsprechenden Gesetz der Bereich und der Zeitraum der jeweiligen Regelungsvollmacht bestimmt werden, andererseits sind während der Geltungsdauer einer solchen Vollmacht »konkurrierende« Gesetzesvorlagen der Träger des Initiativrechts – bis auf die

Regierung – ausgeschlossen (Art. 23). Viel mehr tragen dem Gedanken der Gewaltentrennung diejenigen Bestimmungen des neuen Verfassungsgesetzes Rechnung, die die Stellung der Regierung stabilisieren (insb. durch klare Regelung von Ein- und Abberufung des Kabinetts) und deren Zuständigkeitsbereich und Kompetenzen gegenüber denen des Staatspräsidenten genauer als zuvor präzisieren.

Den Rang eines Verfassungsprinzips kann nunmehr dem Rechtsinstitut Volksabstimmung beigemessen werden (Art. 19). Eine Volksabstimmung kann in Angelegenheiten von besonderer Bedeutung für den Staat abgehalten werden; ihre Durchführung kann vom Sejm oder vom Staatspräsidenten bei Zustimmung des Senats angeordnet werden. Das Abstimmungsergebnis ist dann verbindlich, wenn mehr als die Hälfte der Stimmberechtigten beteiligt war. Nicht näher bestimmt ist jedoch der rechtliche Charakter der Volksabstimmung (konsultativ oder rechtsbildend?), es fehlen auch spezielle, von unten spontan getragene Formen der direkten Demokratie wie »Bürgerveto« oder »Volksbegehren«.

Die bisherigen Verfassungsänderungen können zwar als Korrekturen, die aus aktuellen Anlässen vorgenommen wurden, angesehen werden, dennoch kommt ihnen auch eine universellere Bedeutung zu, da sie den Verfassungsideen den Weg ebnen, welche die Chance haben, nach einer Bewährungszeit in das zu verabschiedende dauerhafte Grundgesetz aufgenommen zu werden. Natürlich werden diejenigen aktuellen Lösungen, welche die Bewährungsprobe nicht bestanden haben, in den Arbeiten an der neuen Verfassung weggelassen.

Während der letzten 4 Jahre der polnischen »Zwischenepoche« ist verhältnismäßig wenig im Bereich der Verfassungsregelung der Rechtsstellung der Bürger gemacht worden. Auf den ersten Blick mag diese Problematik relativ einfach für den Verfassungsgeber erscheinen. Aus den Fortschritten des Völkerrechts bei der Bestimmung der *Menschen*rechte ergibt sich ja weitgehend die Bestimmung der Stellung des *Bürgers* eines demokratischen Staates. Allerdings bleibt innerhalb der vorhandenen Modelle ein Spielraum für die Wahl zwischen universalistischem und individualistischem Verhältnis von Staat und Bürger.

Das kommunistische System hat auf seine eigenartige Weise falsche Vorstellungen im Rechtsbewußtsein der Bürger bzw. in deren Erwartungen bezüglich des Rechts geweckt. Einerseits hat es den Bürgern universalistische Ideen beigebracht, welche die Unterwerfung des einzelnen nicht nur dem Staat, sondern auch verschiedenen »Kollektiven« postulierten. Andererseits hat es Anspruchseinstellungen der Bürger gefördert, was es sich insofern leisten konnte, als die Verfassungsbestimmungen über die Rechte der Bürger praktisch als nicht verbindlich funktionierten. Zum heutigen Standpunkt, da die einzig akzeptable Auffassung von Grundgesetz auf die bindende Wirkung aller Verfassungsbestimmungen abstellt, wird etwa das kommunistische *Recht auf Arbeit, Recht auf Wohnung, Recht auf kostenlose ärztliche Hilfe* oder *Recht auf kostenlose Bildung* (einschl. der Hochschulausbildung) als eine für die jungen, wirtschaftlich schwachen Demokratien untragbare Last empfunden. Vielleicht liegt gerade darin die Erklärung, weshalb die Arbeiten in diesem Bereich des Verfassungsrechts am wenigsten fortgeschritten sind, und zwar nicht nur in Polen, sondern auch in den anderen postkommunistischen Ländern.

An der Frage der verfassungsrechtlichen Stellung des Bürgers führt aber kein Weg einer echten Verfassungsreform vorbei. Sie ist gleichsam die »Kehrseite« der politischen Ordnung, ein Spiegelbild deren Charakters. Zur Zeit wird in Polen ein spezifischer Test zur Lösung dieser Frage unternommen. Ausgehend davon, daß gerade der diesbezügliche Teil der Verfassung in besonderer Weise veraltet ist, hat der Staatspräsident den Entwurf eines neuen Katalogs von Bürgerrechten vorgelegt, welche direkt beanspruchbar wären. Mit dem Beschluß vom 6. Februar 1993 hat der Sejm seinen außerordentlichen Ausschuß zur Erörterung dieser Gesetzesvorlage des Präsidenten bestellt. Dieser Ausschuß arbeitet unabhängig von dem Verfassungsausschuß der Nationalversammlung, der auf der Grundlage des Verfassungsgesetzes vom 23. April 1992 *über das Verfahren beim Vorbereiten und Beschließen einer Verfassung der Republik Polen* arbeitet und sich aus Abgeordneten und Senatoren zusammensetzt.

Das bislang Geleistete auf Polens Wege der Gestaltung neuer Grundlagen der staatlichen Ordnung stellt einen interessanten Prozeß des generellen Umbaus des Verfassungsrechts dar. Die Reform wird gleichsam auf zwei Ebenen vollzogen. Einmal werden den alten Bestimmungen der Verfassung von 1952 juristisch ein neuer Sinn und eine neue Qualität verliehen. Zum anderen werden die Bestandteile des Verfassungsrechts legislatorisch schrittweise umgebaut in einer Reihenfolge, die den Erfordernissen des staatlichen Lebens Rechnung trägt.

Es stellt sich nun die Frage, ob das Endergebnis dieses Prozesses, ein neues polnisches Grundgesetz, etwas Neues zum Weltgedankengut des Verfassungsrechts beitragen wird. Die Geschichte zeigt, daß Staaten und Völker, die sich nach einem Fall erheben, den Willen haben und in der Lage sind, bahnbrechende demokratische Verfassungsordnungen aufzubauen. Zum Beispiel sei hier auf die Errungenschaften des Verfassungswesens Spaniens und Portugals hingewiesen, deren Grundgesetz als modernste Verfassungsmodelle in der Welt gelten können. Abgesehen von dem mächtigen Willen, heute ein neues demokratisches Verfassungssystem zu schaffen, kann Polen auf seine reiche Verfassungstradition zurückblicken, die beachtenswerte Verfassungswerke von 1791, 1921 und 1935 umfaßt. Das dem Volk aufgezwungene kommunistische System hat die Bürger empfindlich gemacht gegen Demokratieverletzungen und hat bei ihnen, paradoxerweise, ein viel höheres Niveau des politischen und des Rechtsbewußtseins entwickelt, als man hätte erwarten können. Dies trägt dazu bei, daß die Erwartungen und Anforderungen an den Verfassungsgeber recht hoch sind.

Verfassungspolitische Maximen für die Ausgestaltung der »Europafähigkeit« Polens

Eine Denkschrift zur aktuellen Verfassunggebung in Polen[*]

von

Dr. Dr. h. c. Peter Häberle

Professor für Öffentliches Recht, Rechtsphilosophie und Kirchenrecht an der Universität Bayreuth, ständiger Gastprofessor für Rechtsphilosophie an der Universität St. Gallen

Übersicht

Textanhänge

Fortsetzung von JöR 43 (1995), S. 184 ff.

2. Folge (II. Baltenrepubliken – Litauen, Lettland, Baltic Assembly)

---

[*] Erwachsen aus den Diskussionsbeiträgen des Verfassers auf dem Symposium »Wirtschaft und Verfassung« in Warschau vom 17.–20. November 1994, das für Sejm-Abgeordnete, polnische Verfassungsrichter und Professoren veranstaltet wurde (Leitung: H. Juros). Die Denkschrift ist Anfang Dezember 1994 für mehrere Sejm-Abgeordnete, insbesondere Frau Ministerpräsidentin a. D. H. Suchocka sowie Frau Dr. I. Lipowicz, und Frau Verfassungsrichterin J. Zakrzewska verfaßt worden.

A. Allgemeiner Teil:

Verfassunggebung in europäischen Verfassungsstaaten Mitte der 90er Jahre

I. Die »europäsche Werkstatt« der Verfassunggebung

Das heutige Ringen Polens um eine neue Verfassung darf und sollte sich im Zentrum der »europäischen Werkstatt« in Sachen Verfassungsstaat sehen. Konkret: Alle nationalen Verfassunggeber im Europa von heute können wechselseitig vonein- ander lernen – und sie tun dies bereits – und sie sollten bei der Erarbeitung ihrer Verfassungstexte bewußt *vergleichend* vorgehen, d.h. sowohl die Texte und Text- entwürfe benachbarter Nationen berücksichtigen als auch neuere wissenschaftliche Erkenntnisse und jüngste Rechtsprechung nationaler Verfassungsgerichte und der beiden europäischen Gerichtshöfe in Straßburg und Luxemburg aufgreifen. In sol- cher »wertender Rechtsvergleichung« sind klassische Themen wie die Grundrechts- kataloge und Staatszielbestimmungen buchstäblich »fortzuschreiben«, aber auch Strukturfragen wie die nach einer Verankerung der »sozialen Marktwirtschaft« in einer neuen Verfassung Polens zu behandeln. Polen sollte indes auch für *neuere* Themen offen und sensibel sein bzw. werden. Zu ihnen gehört die Frage, ob und wie »*Europa*« allgemein oder in speziellen Artikeln einer neuen polnischen Verfassung seinen Niederschlag finden soll. Denn Europa ist heute für Polen so »wichtig« und für seine Bürger mit so vielen Hoffnungen verbunden, daß sich die »Sache Europa« in der neuen Verfassung als rechtlicher Grundordnung von Staat und Gesellschaft in Polen widerspiegeln muß. Es genügt nicht, daß sich Polen auf *Gesetzes*stufe mit seiner Einbindung in Europa und seinem Aufbruch nach Europa beschäftigt. Bereits auf *Verfassungs*stufe sollten die Bürger Polens »lesen« können, daß und wie sich Polen »europäisiert«, oder anders gesagt: Polen muß sich auch verfassungspolitisch »europafähig«, »europareif« machen.

Das Wort von der »Europareife« oder »Europafähigkeit« Polens als politische und rechtspolitische Aufgabe will keine Kritik andeuten, etwa in dem Sinne, daß sich Polen für Europa besonders »qualifizieren« müsse: Polen war und ist kulturell, rechtskulturell und politisch ein zentrales Element im europäischen Kraftfeld: Man erinnere sich nur an die Mai-Verfassung Polens von 1791, die erste geschriebene in Europa, oder an die weltpolitischen Leistungen der »Solidarnosc«-Bewegung (seit 1980) und ihre Schaffung des »Runden Tisches« (1989), eines »kulturellen Gens der Menschheit«. Doch ebenso wie in der *Schweiz* heute trotz der Ablehnung des EWR diskutiert wird, ob und wie sich dieses alteuropäische Land in die europäischen Institutionen politisch und rechtstechnisch integriert bzw. »europafähig« machen kann, muß sich auch der polnische Verfassunggeber von 1994/95 fragen, wie er sich – bereits im Verfassungstext erkennbar – nach Europa einbringt und die späteren rechtlichen Anpassungsvorgänge (z. B. im Blick auf die Europäische Union) auf einfacher Gesetzesstufe vorbereitet.

In einer Zeit, in der in der Wissenschaft vom »europäischen Verfassungsstaat«, von der Entstehung »gemeineuropäischen Verfassungsrechts« die Rede ist, in der der EuGH in »wertender Rechtsvergleichung« die Grundrechte als »allgemeine Rechtsgrundsätze« qualifiziert und der Europäische Gerichtshof für Menschenrechte von einem »ordre public européen« spricht, ist eine neue *Textstufenentwicklung des Verfassungsstaates* greifbar: die *Europäisierung* der nationalen Verfassungsrechte und der nationalen Verfassungsgerichtshöfe. Das bedeutet, daß sich der jeweilige nationale Verfassunggeber nicht mehr herkömmlich »introvertiert« verhalten kann, sondern sich »nach außen«, d. h. hier zu Europa hin auch verfassungs*textlich* öffnet und öffnen muß und an Entwicklungen in anderen Verfassungsstaaten Europas orientiert. Dabei sind freilich auch die »europäischen Erwartungen« zu berücksichtigen, die vom Westen aus an das Rechtssystem Polens im Zuge von dessen »Westintegration« gestellt werden, nicht im Sinne von »Forderungen«, aber doch im Sinne von Erleichterungen für den Brückenschlag und Brückenbau im *einen* »europäischen Haus«.

II. *»Nationales Europaverfassungsrecht«*

Die Europäisierung des Verfassungsstaates unserer Tage verlangt von der Wissenschaft die Bildung einer eigenen Kategorie von Verfassungssätzen. Sie wird hier und im folgenden als nationales »Europaverfassungsrecht« bezeichnet. Damit ist nicht der Vertrag von »Maastricht I« (künftig II), oder das Recht der EG und des Europarates gemeint. Vielmehr geht es um jene wachsende Zahl von allgemeinen und speziellen Europa-Artikeln, die sich in neueren Verfassungen und Verfassungsrevisionen auf nationaler Ebene beobachten lassen. Diese Klauseln »antworten« zwar auf Entwicklungen der europäischen Integration auf der überstaatlichen Ebene, aber sie bleiben doch *nationales* Verfassungsrecht. Sie wollen der jeweils nationalen Europapolitik Richtlinien und Impulse geben und den Europäisierungsprozeß steuern. Zum Teil setzen sie aber auch den europäischen Integrationsstandard in nationales Verfassungsrecht um, der bereits erreicht ist oder für die Zukunft angestrebt wird. Den Maximen »guter« Verfassungspolitik gemäß sollte dabei nicht zu konkret, nicht zu detailliert gearbeitet werden, damit den offenen Entwicklungen innerstaatlich wie auf europäischer Ebene Raum bleibt. Doch schafft sich die Europaidee neue Legitimationskräfte von den Nationen her, vom »Europa der Bürger, der Kommunen und Regionen« aus, wenn in dieser Weise das sich einigende Europa schon in den nationalen Verfassungswerken ausdrückt. Dem in Westeuropa gelegentlich zu beobachtenden »Europaverdruß«, ja einer gewissen »Europamüdigkeit« könnte entgegengewirkt werden, wenn sich schon der *nationale* Verfassunggeber selbst auf Europa beruft. Zugleich könnte manchen Fehlentwicklungen der etablierten Europainstitutionen – oft nicht immer zu Unrecht als »Europazentralismus Brüssels« oder »Eurokratismus« gescholten – gesteuert werden.

III. Das Europa der kulturellen Vielfalt und des »gemeinsamen kulturellen Erbes«

Bei *allen* Überlegungen sollte bedacht werden, daß die *wirtschaftliche* Einigung Europas bzw. ihre Instrumente und Verfahren nur *Mittel* zum Zweck sind, so sehr sich Polen auf sie, auf die wirtschaftlichen Marktfreiheiten der EG und die Sozialcharta einstellen muß. So weit die »Ökonomisierung« des politischen Denkens und Handelns gerade auch auf der europäischen Ebene heute fortschreitet, so dringend ist daran zu erinnern, daß Europa von seiner *Kultur* lebt. Es geht um das »gemeinsame Erbe an geistigen Gütern, politischen Überlieferungen, Achtung der Freiheit und Vorherrschaft des Gesetzes« (vgl. Präambel EMRK von 1950); es geht um »Abkommen und gemeinschaftliches Vorgehen auf wirtschaftlichem, sozialem, kulturellem und wissenschaftlichem Gebiet« (vgl. Art. 1 der Satzung des Europarates von 1949), es geht – über das deutsch-polnische Verhältnis hinaus – um die jeweils nationalen Beiträge »zum gemeinsamen kulturellen Erbe Europas« und die »gegenseitige Bereicherung der Kulturen« der europäischen Völker sowie die Bedeutung des Kulturaustausches für das gegenseitige Verständnis und für die Aussöhnung der Völker« (vgl. Präambel des deutsch-polnischen Nachbarschaftsvertrages von 1991); es geht um die »Solidarität zwischen den (europäischen) Völkern unter Achtung ihrer Geschichte, ihrer Struktur und ihrer Tradition« (vgl. Präambel des Maastrichter Vertrags von 1992). M. a. W. die wirtschaftliche Integration ist *instrumentell* zu begreifen, sie steht im Dienste des »*homo europaeus*«. Im Blick auf ihn hat der polnische Schriftsteller *Andrzej Szczypiorski* am Tag der deutschen Einheit am 3. Oktober 1994 in Bremen gesagt (zit. nach FAZ vom 4. Oktober 1994, S. 6): »Welche Erleichterung, Europa wird sein! . . . Es gibt kein Europa ohne die Gotik von Krakau und Prag, ohne den Dresdner Zwinger, ohne die Brücken von Budapest und ohne Leipzig, das früher die Hauptstadt des europäischen Buches war.«

Diese tiefere *kulturelle* Dimension ist bei allen verfassungspolitischen Erwägungen zu bedenken.

B. Besonderer Teil:

Allgemeine und spezielle Europa-Artikel im Lichte
der neueren Textstufenentwicklung europäischer Verfassungsstaaten –
Textelemente für Polen

Im folgenden seien *systematisch* Textalternativen, -varianten und -elemente präsentiert, die für den *polnischen* Verfassunggeber von heute in Frage kommen. Dabei wird das zum Teil vorbildliche Textmaterial anderer Verfassunggeber oder Klauseln aus Partial- oder Totalrevisionen in europäischen Ländern ausgewertet.

I. Allgemeine Europa-Artikel

Ein allgemein gehaltenes Europa-Bekenntnis empfiehlt sich dem Verfassunggeber Polens, das ja ein »*europäisches Polen*« werden will, so wie *Thomas Mann* schon in der Weimarer Zeit ein »europäisches Deutschland« gefordert hat. Als systematischer Ort kommt sowohl die Präambel in Frage, sie dient ja der prologhaften »Einstimmung« der Bürger auf die Verfassung und der an Grundwerten orientierten Grundlegung der Verfassung in Verarbeitung von nationaler Geschichte und Formulierung von Zukunftsaufgaben. So hat das deutsche Grundgesetz schon 1949 den Präambel-Passus gewagt: »als gleichberechtigtes Glied in einem vereinten Europa«; so spricht die neue Verfassung Tschechiens von 1992 von sich als »Bestandteil der Familie der Demokratien Europas und der Welt«. So formuliert Art. 7 Abs. 5 Verf. Portugal von 1976/89 das Ziel der »Verstärkung der europäischen Identität«. Art. 23 Abs. 1 n. F. GG spricht sehr viel konkreter von der »Entwicklung der Europäischen Union«, die »demokratischen, rechtsstaatlichen, sozialen und föderalen Grundsätzen und dem Grundsatz der Subsidiarität verpflichtet ist«. Dieses Europa-Programm ist m. E. für Polen zu konkret.

Vorschlag: (in Gestalt eines Präambelelementes oder in der Form eines Grundlagenartikels): »Polen bekennt sich zur europäischen Einigung; es arbeitet an einer Verstärkung der europäischen Identität mit« oder: *»Polen, gleichberechtigtes Glied der europäischen Völkerfamilie ...«*

In einem allgemeinen Europa-Artikel wäre auch die Möglichkeit der *Übertragung von Hoheitsrechten* auf europäische Einrichtungen zu legalisieren, wie dies alle 12 EG-Mitgliedsländerverfassungen in unterschiedlichen Textformen tun (vgl. Art. 24 a. F. GG, Art. 28 Abs. 2 Griechenland, Art. 93 Verf. Spanien, Art. 34, 168 Verf. Belgien von 1993).

II. Spezielle Europa-Artikel

Denkbar ist, daß neben einem allgemeinen Europa-Artikel der hier vorgeschlagenen Art *zusätzlich* in bestimmten Schwerpunktbereichen künftiger »Europäisierung« Polens einzelne *spezielle* Europa-Bezüge in der neuen Verfassung hergestellt werden. In Frage kommen:

1. *Bezugnahme auf und Rezeptionen von europäischen Grundrechtskatalogen*

Obwohl oder gerade weil Polen bereits Mitglied des Europarates ist und die Grundrechte der EMRK mindestens auf einfachgesetzlicher Ebene gelten, ist zu erwägen, ob ausdrücklich und generell auf die »europäischen Grundrechte« verwiesen werden soll. Ihre Verfassungskräftigkeit wäre damit klar gestellt. Die Rechtsprechung hätte sich dann um eine Harmonisierung des »eigenen«, polnischen *und* des europäischen Grundrechtskatalogs zu bemühen. Vorbilder gibt es bereits. So bezieht sich die Präambel der Verfassung des Kantons Jura von 1977 auf die EMRK. So heißt es in Art. 3 Verf. der Tschechischen Republik von 1992: »Die Konvention zum Schutz der Menschenrechte und Grundfreiheiten bildet einen Bestandteil der Verfassungsordnung der Tschechischen Republik«. M. E. könnte eine ähnliche globale Rezeption der EMRK in Polen dem »Europa der Bürger« konstitutionell dienlich sein.

Vorschlag: »Polen bekennt sich zu den in der EMRK normierten Grundrechten. Sie sind Bestandteil dieser Verfassung«.

2. *Europäische Nachbarschafts-Klausel*

Zu diskutieren bleibt die Kategorie der europäischen Nachbarschaftsklausel. Hier ist dem deutsch-polnischen Nachbarschaftsvertrag von 1991 ein Pioniertext geglückt, der den polnischen Verfassunggeber ganz allgemein oder bei der konkreten Arbeit an der Europa-Regio-Klausel und dem Minderheitsschutz-Artikel inspirieren könnte. In der Präambel dieses Vertrages heißt es u. a.:

»Im Bewußtsein ihrer gemeinsamen Verantwortung als Nachbarn in der Mitte Europas für den Aufbau dieses neuen, durch ein gemeinsames Erbe und gemeinsame Werte vereinten Europa«.

Vorschlag: »Polen ist sich seiner gemeinsamen Verantwortung mit allen Nachbarn in Europa bewußt . . .«.

3. *Grenzüberschreitende Europa-Regionen-Klauseln und interne Regionalisierung*

Ein Merkposten für europäische Verfassungspolitik ist m. E. die *Region*. Das »Europa der Regionen« hat sich auf europäischer Ebene in vielen Texten manifestiert (z. B. »Gemeinschaftscharta der Regionalisierung«), mag es auch in Maastricht (1992) bislang nur zu einem *beratenden* »Ausschuß der Regionen« gekommen sein (Art. 198a). Mancher innerstaatlicher Verfassungstext ist hier bereits weiter. So lautet Art. 12 Verf. Sachsen von 1992:

»Das Land strebt grenzüberschreitende regionale Zusammenarbeit an, die auf den Ausbau nachbarschaftlicher Beziehungen, auf das Zusammenwachsen Europas und auf eine friedliche Entwicklung in der Welt gerichtet ist«.

Auch Art. 11 Verf. Mecklenburg-Vorpommern (1994) verspricht, »die grenzüberschreitende Zusammenarbeit, insbesondere im Ostseeraum, zu fördern«. Besonders geglückt ist Art. 54 Abs. 1 Kantonsverfassung Bern von 1993: »Der Kanton beteiligt sich an der Zusammenarbeit der Regionen Europas.« Die weitgehende Formulierung von Art. 24 Abs. 1 a n. F. GG (Übertragung von Hoheitsrechten auf grenznachbarliche Einrichtungen) ist wohl noch verfrüht.

Vorschlag daher: »Polen setzt sich für die grenzüberschreitende Zusammenarbeit der Regionen Europas ein«.

Eine solche Klausel könnte auch die interne Regionalisierung Polens effektiver befördern.

4. Minderheitenschutz

Nachdem Ungarn schon 1989 die große Formel von den Minderheiten »als staatsbildenden Faktoren« geglückt ist, hat Art. 2 Abs. 9 des deutsch-polnischen Nachbarschaftsvertrages von 1991 den nahezu »vollkommenen« Text geschaffen. Er sollte (modifiziert) wie folgt rezipiert werden:

Vorschlag: »Polen betrachtet Minderheiten und gleichgestellte Gruppen als natürliche Brücken zwischen den Völkern Europas und der Welt.«

Seit der Gemeinsamen Erklärung von Bundeskanzler *H. Kohl* und Polens Ministerpräsident *T. Mazowiecki* vom 14. November 1989 in Kreisau sind sich speziell Polen und Deutsche näher gekommen. Ihre europäische Nachbarschaft hat schon Modell-Elemente geschaffen. Wenn heute auf Europaratebene an einer »Charta für Volksgruppenschutz« gearbeitet wird und in manchen der sieben polnischen Verfassungsentwürfen im Warschau von heute (vgl. *M. Ludwig*, Ansätze zu »positiver Diskriminierung«. Die neue polnische Verfassung und die deutsche Minderheit, FAZ vom 18. November 1994, S. 16), die Minderheiten dem besonderen Schutz des Staates anempfohlen werden bzw. den Volksgruppen das Recht zur Wahrung ihrer kulturellen, sprachlichen und religiösen Identität zugestanden wird, so wäre ein solcher Artikel nur konsequent. Dabei darf man sich nicht davon irritieren lassen, daß der geplante neue Art. 20 b GG mit seinem Minderheitsschutz in Deutschland soeben *gescheitert* ist.

5. Europakonforme kommunale Selbstverwaltung

Rechtlich hat sich die EU zu einem kommunalen Wahlrecht für alle EU-Bürger entschlossen. Polen sollte sich schon heute darauf einstellen. Das revidierte deutsche GG hat in Art. 28 Abs. 1 S. 3 jüngst folgendes normiert:

»Bei Wahlen in Kreisen und Gemeinden sind auch Personen, die die Staatsangehörigkeit eines Mitgliedstaates ... der Europäischen Gemeinschaft besitzen, nach Maßgabe von Recht der Europäischen Gemeinschaft wahlberechtigt und wählbar. «

Dies ist eine Folge von Art. 8 b des von Maastricht auch insoweit geänderten EG-Vertrags. Polen sollte sich hier wie sonst »europafähig« machen. So hätte es eine Garantie seiner innerstaatlichen Kommunalverfassung insbesondere die Maximen zugrundezulegen, die die 1985 in Straßburg unterzeichnete »Europäische Charta der kommunalen Selbstverwaltung« vorgibt. Stichworte sind: »kommunale Gebietskörperschaften als wesentliche Grundlage der Demokratie«, »wirkungsvolle und bürgernahe Verwaltung«, »Selbstgestaltung im Rahmen der Gesetze nach Maßgabe der Subsidiarität«.

Vorschlag: (im Kontext der Garantie der kommunalen Selbstverwaltung): »Bei Wah-

len in Kreisen und Gemeinden sind auch Staatsangehörige der Europäischen Union aktiv und passiv wahlberechtigt.«

Diese Vorschläge eines verfassungspolitischen »Europaprogramms« für Polen sollten *nicht kumulativ* eingebaut werden. Der Verfassunggeber kann sich *einzelne* Textensembles herausgreifen, zumal Verfassungen quantitativ nicht überlastet werden dürfen. Auf ein allgemeines »Staatsziel Europa« sollte aber nicht verzichtet werden (vielleicht ergänzt um ein »Erziehungsziel Europa« in den Schulen), zu wichtig ist Europa für die Bürgergemeinschaft im Polen von heute. Solche Akzente in der konstitutionellen Programmatik Polens in Sachen Europa könnten die politischen Organe und Gremien, könnten Verwaltung und Rechtsprechung in den kommenden Jahren verstärkt auf den Weg nach Europa drängen. Denn das »europäische Polen« muß sich vor allem im Alltag, vor Ort, in den kleinen Bereichen und Problemen »finden« und bewähren. Die Idealhöhe einer Verfassungsnorm ist nur ein Anfang.

C. Schluß und Ausblick

Dem Charakter einer kleinen Denkschrift gemäß konnte hier vieles nur skizziert werden. Oft mußte es bei knappen Andeutungen bleiben. Auch wurde auf Literatur und Rechtsprechungsnachweise verzichtet. Nur Verfassungstexte wurden als »Materialien« präsentiert. Entscheidend ist, daß dieser Diskussionsbeitrag den weiteren Verfassungsberatungen in Polen auch so vielleicht einen neuen Impuls geben kann. Die Staatsrechtslehre kann für die Textfassungen nur »Alternativen« angeben; sie kann und darf nicht selbst entscheiden, allenfalls einen Beitrag zur »wissenschaftlichen Vorratspolitik« leisten.

Ob heute für Polen die »Stunde der Verfassunggebung« geschlagen hat und warum Polen sich sputen muß, um diese Stunde nicht zu versäumen, sei von Deutschland aus nur als Frage formuliert. Entscheidend wird, daß sich Polen der Form und der Sache nach auf Europa innerlich »einstellt«. Das Europa-Thema ist heute ein nationales *Verfassungs*-Thema geworden. Möge es dem polnischen Verfassunggeber gelingen, aus der reichen Palette von textlichen Formulierungs- bzw. Normierungsmöglichkeiten, die von ihm selbst als »beste« erachtete aufzugreifen und in seine neue Verfassung einzubauen. Damit hätte er aber m. E. nicht nur sich selbst, sondern Europa insgesamt einen guten Dienst geleistet.

Textanhänge

2. Folge (II. Baltenrepubliken (6) Litauen, Lettland, Baltic Assembly)

Textanhang II/6

The Provisional Basic Law of the Republic of Lithuania (1990)*

Chapter I
General Provisions

Article 1

The Republic of Lithuania shall be a sovereign democratic state expressing the general will and interests of the people of Lithuania.

Article 2

The sovereign state power shall belong to the people of Lithuania. The people shall express their sovereign power through the exercise of legislative initiative, the election of deputies, votes on constitutional matters, and democratic referenda. No one shall have the right to restrict this power or to appropriate it.

The citizens of the Republic of Lithuania have the right ot oppose all attempts to forcefully undennine the sovereignty and integrity of the state of Lithuania. (Amended 28 February 1991)

The Supreme Council of the Republic of Lithuania, the Government of the Republic of Lithuania and the Judiciary shall exercise state power in Lithuania.

Article 3

Basic questions of the state and public life of Lithuania shall be presented for public discussion and shall be decided by means of referenda. (Amended 23 October 1990)

A referendum shall be called by the Supreme of the Republic of Lithuania on its own initiative or whenever it is called for by three hundred thousand (300,000) citizens of Lithuania eligible to vote.

The procedure for presenting the most important questions of state life for *public* discussion and for conducting referenda shall be established by law. (Amended 23 October 1990)

Article 4

The territory of the Republic of Lithuania shall be integral and indivisible; its borders may be changed only on the basis of international agreement upon ratification by four-fifths vote of all deputies of the Supreme Council of Lithuania.

Article 5

Parties, public organisations and public movements shall be created according to the procedure established by law and shall function within the limits of the Provisional Basic Law and other laws of the Republic of Lithuania.

Article 6

Political, professional, cooperative, public organisations and movements, associations for the creative arts and scientific associations, in accordance with the objectives and by-laws of their own programs, shall participate in the management of state and public affairs and in the solving of political, economic and social issues.

Article 7

The Lithuanian language shall be the state language of the Republic of Lithuania.

The Republic of Lithuania shall ensure the use of the Lithuanian language in the activities of state and public bodies, educational, cultural, scientific, industrial and other institutions, enterprises and organisations, as well as ensure the state's commitment to the comprehensive development and teaching of the Lithuanian language. Conditions shall be created for the use and development of the languages of ethnic minorities.

Article 8

The defence of the country shall be regulated by law. War propaganda shall be prohibited in the Republic of Lithuania.

Article 9

The state emblem of the Republic of Lithuania shall be the white "Vytis" (Knight) on a red background.

Article 10

The state flag of the Republic of Lithuania shall be its national flag, which consists of three horizontal stripes: the upper stripe being yellow, the middle – green, the bottom – red. The ratio of the width and length of the flag is 1 to 2.

Article 11

The national anthem of the Republic of Lithuania shall be "The National Song" by Vincas Kudirka.

---

* 11 March 1990.

Article 12

The capital of the Republic of Lithuania shall be Vilnius, the ancient historical capital of Lithuania.

Chapter 2
Lithuanian Citizenship

Article 13

The attributes of Lithuanian citizenship, conditions and procedures for receiving and losing it shall be defined by the Law on Lithuanian Citizenship.

As a rule, a citizen of Lithuania may not be concurrently a citizen of another state. Lithuanian citizens abroad shall be defended and protected by the state of Lithuania.

Immigration to the Republic of Lithuania shall be regulated by law.

Article 14

Citizens of Lithuania shall be equal before the law irrespective of race, sex, social origin, economic or material status, social views, religion or nationality.

The equality of Lithuanian citizens shall be protected in all spheres of economic, political, social and cultural life.

Article 15

Women and men shall enjoy equal rights in Lithuania.

The realisation of these rights shall be ensured by the granting of equal rights to women, opportunities in obtaining education, professional training, employment, remuneration and promotion in work, participation in public, political and cultural activities, as well as by special safety and health measures in the workplace.

Motherhood and family shall be given special protection by the state. Laws shall provide for the protection of the rights of mothers and children, material and moral support, including paid holidays, privileges to pregnant women and to families and mothers with many children, benefits at the baby's birth, shorter working hours for working mothers with young children.

The work of mothers raising two or more children at home shall be recognised to be a socially significant activity and shall be remunerated according to law.

Article 16

Citizens of Lithuania of different races and nationalities shall have equal rights. Any direct or indirect restriction of the rights of Lithuanian citizens, any direct or indirect establishment of privileges on the basis of social origin, public views, beliefs or nationality, the humiliation of a citizen on the basis of these characteristics, as well as all kinds of propaganda of racial or national exclusiveness, discord, or disdain shall be prosecuted by law.

Article 17

In the Republic of Lithuania foreign citizens and individuals without citizenship shall be guaranteed rights and freedoms provided by law, including the right of access to courts or other state bodies to defend their personal, property, family and other rights.

On the territory of Lithuania foreign citizens and persons without citizenship must observe the Provisional Basic Law of Lithuania and other laws of the Republic of Lithuania.

Chapter 3
Fundamental Rights, Freedoms and Duties of Lithuanian Citizens

Article 18

Citizens of Lithuania shall have the right to work paid on the basis of its amount and quality; remuneration shall not be less than the minimum set by the state; citizens shall also have the right to choose one's profession, vocation or work according to one's own inclination, abilities, professional training, education and in accordance with the requirements of society.

Article 19

Citizens of Lithuania shall have the right to rest and recreation. This right shall be ensured by a work week of no more than 40 hours, yearly paid holidays, paid free days every week, as well as the expansion of the network of educational and health institutions, development of mass sports, physical culture and tourism, creation of favourable conditions for rest and recreation where one resides and other conditions for the rational use of one's free time. (Amended 11 September 1990)

The working hours and the number of free days for collective farmers shall be regulated by the collective farm.

Article 20

Citizens of Lithuania shall have the right to health care. This right shall be ensured by free qualified medical care administered by state health institutions, the expansion of the network of health care institutions, development and improvement of technology for ensuring safety and sanitary conditions in industry, wide implementation of preventive measures, special commitment to the health of the growing generation including prohibition of child labour not connected to one's education, promotion of research aimed at the prevention of disease, decreasing mortality, guaranteeing long and active life expectancy of citizens.

Every citizen of Lithuania shall have the right to a healthy and habitable environment.

Article 21

Citizens of Lithuania shall have the right to material maintenance in old age, in case of illness, partial or total loss of ability to work, as well as the loss of the family's main source of income. This right shall be ensured by social security for workers, state employees and collective farmers; temporary disabblity benefits; by old age, disability and pensions to cover loss of a family's main source of income, paid from the state and collective farm funds; by employment of partially disabled citizens; care of the elderly and invalids; and other forms of social security.

Article 22

Citizens of Lithuania shall have the right to housing.

This right shall be ensured by the development and preservation of the state and public housing, support for the cooperative and individual construction of residential housing, the fair and publicly-regulated distribution of housing granted through the construction programmes of well-appointed dwellings as well as through reasonable rents and housing rates. Citizens of Lithuania must keep the housing provided them in good repair.

Article 23

Citizens of Lithuania shall have the right to education.

This right shall be ensured by free education of all kinds, implementation of universal secondary education, widely developed technical-vocational, specialised secondary and higher education; state grants and privileges for students; free secondary school textbooks; the possibility to receive instruction at school in one's native language; creation of conditions for self-education.

Laws of the Republic shall provide for cases when institutions of higher education work on the basis of academic autonomy.

Article 24

Citizens of Lithuania shall have the right to avail themselves of cultural achievements.

This right shall be ensured by the fact that the assets of Lithuanian and world culture contained in the state and public funds are available to all; development of institutions of cultural education and their equal distribution on the territory of Lithuania; development of television and radio communications; development of printed and periodical press publications; free libraries; and the

expansion of cultural exchanges with foreign countries.

Cultural depositories, institutions and funds, supported through state donations, fulfilling the interests and independent activities of the public, groups, and subgroups, shall be the nation's treasure. (Amended 23 October 1990)

Article 25

Citzens of Lithuania shall be guaranteed the freedom of scientific, technological and artistic creativity. This shall be ensured by the development of research, invention, innovation, literature and art. The state shall create material conditions necessary for this and shall support creative unions.

The rights of authors, inventors and innovators shall be protected by the state.

Article 26

Citizens of Lithuania shall have the right to participate in managing state and public affairs, in the discussion and adoption of state laws and local decisions.

This right shall be ensured by the opportunity to elect and to be elected to Councils of People's Deputies and other elected state bodies, to take part in *public* discussions and voting, in the work of supervisory and state bodies, social organisations and independent public bodies, in the meetings of work collectives and meetings in the one's place of residence. (Amended 23 October 1990)

Article 27

Every citizen of Lithuania shall have the right to make proposals to state bodies and social organisations to improve their work, or to criticize their shortcomings.

Citizens of Lithuania shall also have the right to petition, i. e. to demand that state executive bodies resolve their socially significant issues by legislative or other means.

Officials shall be required to consider the proposals, applications and petitions of citizens, to answer them and to take appropriate measures in the period of time established for such matters.

Persecution for criticism shall be prohibited. Persons undertaking such acts of persecution shall be subject to legal accountability.

Article 28

Citizens of Lithuania shall be guaranteed the right to collect and disseminate information on all issues, with the exception of issues related to state secrets, as well as issues impairing the dignity and honour of the individual.

Article 29

Citizens of Lithuania shall be guaranteed freedom of speech, press, assembly, mass meetings and demonstrations.

The realisation of these political freedoms shall be guaranteed by providing the citizen and their organizations acess to public buildings, streets and squares, by providing for the broad dissemination of information, and by providing access to the press, television and radio. (Amended 23 October 1990)

These political freedoms may not be used to promote racial and national enmity and anti-humanitarian views.

Article 30

Citizens of Lithuania shall have the right to organise and join political parties and social organisations to realise their political, economic, ecological, scientific, cultural, religious and other interests if they do not conflict with existing laws.

Organisations shall be guaranteed conditions for the realisation of their stated objectives.

The procedure for creation, registration and dissolution of political parties and other organisations shall be defined by law.

Article 31

In the Republic of Lithuania the freedom of thought, conscience, and religious faith or lack of religious faith, equal rights to profess convictions and views, singly or in common express or disseminate them by peaceful means shall be guaranteed by law.

No one shall compel another person or himself be compelled to speak out, conduct or act against one's own conscience or convictions.

State institutions, educational and preparatory establishments shall be secular in nature. According to the procedure established by law these institutions and establishments shall maintain contact with the Church and other religious organisations in promoting morality.

The Church and other religious organisations shall have independent legal status and they shall be guaranteed the right to independently conduct their internal affairs.

Article 32

The family shall be protected by the state.

Marriage shall be based on mutual consent of women and men: the spouses shall be absolutely equal in family relations.

Article 33

Citizens of Lithuania shall be guaranteed inviolability and privacy.

Proceeding on the basis of the presumption of innocence, no one shall be prosecuted as a criminal unless a basis for such prosecution is provided by law and such prosecution is conducted according to established procedure. No one shall be subject to arrest except where there is a legal basis for such

arrest and such basis is supported by the court or a procurator.

Every citizen shall be guaranteed access to legal counsel from the moment of his arrest.

Article 34

Citizens of Lithuania shall be guaranteed the inviolability of their place of residence. No one shall have the right, without legal basis, to enter a place of residence against the will of the people residing there.

Article 35

The privacy of citizens' private life, correspondence, telephone conservations and telegraph messages shall be protected by law.

Article 36

It shall be the duty of all state bodies, social organisations and officials to respect the individual and to protect citizens' rights and freedoms.

A citizen of Lithuania shall have the right to redress in court infringements upon his honour and dignity, life and health, personal freedom and property.

Article 37

Citizens of Lithuania shall have the right to lodge complaints concerning the actions of officials and state and social organisations. Complaints must be processed according to precedures established by law and within the period of time established for such matters.

Complaints may be made, according to procedure established by law, concerning actions of officials that violate the law or exceed their powers and restrict the rights citizens.

Citizens of Lithuania shall have the right to receive compensation for damages inflicted upon them by state and social organisations, as well as for damage inflicted by officials in discharging their official duties.

Article 38

The fulfillment of a citizen's rights and freedoms shall be inseparable from the fulfillment of his duties.

A citizen of Lithuania must observe the Provisional Basic Law of Lithuania and other laws of the Republic of Lithuania.

Article 39

A citizen of Lithuania must protect the interests of the state of Lithuania and defend it.

Military service in the army of the Republic of Lithuania shall be an honourable duty of all citizens of Lithuania.

Article 40

It shall be the duty of every citizen of Lithuania to respect the dignity and honour of other persons.

Article 41

Citizens of Lithuania shall be responsible for the education of their children and their preparations for socially beneficial employment. Children must care for their parents and support them.

Article 42

Citizens of Lithuania shall protect, preserve and contribute to a habitable environment.

Article 43

It shall be the duty and obligation of citizens of Lithuania to seek to preserve historical monuments and other cultural assets.

Chapter 4
The Economy

Article 44

The Economy of Lithuania shall be based on the property of the Republic of Lithuania, which shall consist of the private property of its citizens, the property of groups of citizens and state property.

Ownership relations shall be regulated by laws of Lithuania and shall be based on agreements between appropriate parties.

Conditions for the existence of relations of property belonging to international organisations, to citizens and group (collectives) of citizens of other countries, on the territory of the Republic of Lithuania, shall be defined by laws of Lithuania and inter-state agreements.

The Republic of Lithuania shall guarantee to all holders of property the possibility of independent management of objects which belong to them according to the law on property, as well as the use and disposal of such property according to the laws of Lithuania. To realise their rights, property owners shall have the legal right to hire other individuals.

Uniform rights for the defence of one's property rights shall be established for all owners of property.

The Republic of Lithuania shall defend the rights of property owners in other countries.

Article 45

The land, its mineral resources, inland and territorial waters, forests, flora and fauna, and other natural resources shall be the national wealth of Lithuania and the exclusive property of the Republic of Lithuania. Mineral resources shall be the exclusive property of the state of Lithuania. Other property belonging exclusively to the Republic of Lithuania may be owned by citizens of Lithuania and their groups (collectives).

The Republic of Lithuania shall have the exclusive right to the air space over its territory, its continental shelf and the economic zone in the Baltic Sea.

Article 46

Property of the Republic of Lithuania that is state property may, with or without compensation, become private property of citizens or their groups according to precedures established by law.

In exceptional cases, when it is necessary to safeguard the interests of Lithuania, the property of citizens, groups of citizens, as well as other states, their citizens or groups of citizens may be nationalized, with compensation, through the passage of a special law.

Chapter 5
The Budget

Article 47

The budgetary system of the Republic of Lithuania shall be composed of separate independent state and local budgets.

The state budget of Lithuania shall consist of that part of the national revenue which is allocated for education, science, health care and social benefits, economic development and its infrastructure, the support of state power and executive bodies, and national expenditures connected with defence. Financial resources to meet the needs of local administrative bodies shall also be allocated through the state budget.

Article 48

The draft budget of the Republic of Lithuania shall be prepared by *the Executive Branch of the Republic of Lithuania* on the basis of current and planned state projects and existing laws of the Republic of Lithuania, and shall be presented to the Supreme Council for approval. (Amended 23 October 1990)

Article 49

The budget of the Republic of Lithuania shall be debated, approved and amended by the Supreme Council of the Republic of Lithuania on the basis of a report of the Executive Branch of the Republic of Lithuania and the conclusions of standing commissions.

During debate, the deputies of the Supreme Council of the Republic of Lithuania may propose increases in the draft budget, provided they are able to point to sources through which such expenditure will be reimbursed. (Amended 23 October 1990)

The general figures of the approved budget shall be made public.

Article 50

The implementation of the State Budget of the Republic of Lithuania shall be organised by *the Executive Branch of the Republic of Lithuania.* (Amended 23 October 1990)

Article 51

Accounting of the expenditures of the Lithuanian State Budget shall be prepared by *the Executive Branch* to be later considered and approved by the Supreme Council. The general figures pertaining to the expenditures in the Budget shall be made public. (Amended 23 October 1990)

Article 52

Every local government shall have its own separate budget. It shall have funds to finance social, economic and other local programmes and to support local government offices.

Article 53

The revenues and expenditures of the Budget of the Republic of Lithuania shall be allocated among the constituent parts of the budget system according to the Law on Budgeting and other legal acts of the Republic of Lithuania.

Chapter 6
Social Development and Culture

Article 54

The state shall give financial aid to all students, the disabled and citizens who are temporary unemployed.

Article 55

Ethnic minorities comprising a significant proportion of the citizenry have the right to independently manage the affairs of their ethnic culture, *education,* charity and their subsistance. The state shall provide them with financial support. (Amended 23 October 1990)

Article 56

The Republic of Lithuania shall provide for the health of its citizens and develop systems of social security.

Article 57

The national educational system of the Republic of Lithuania shall be obliged to the historical and cultural traditions of the country and its economic trends. The educationsystem shall provide the population with professional training and general education that is needed for the education of conscientious and socially committed citizens.

Possibilities shall be created for citizens of other nationalities residing in Lithuania to have preschool educational institutions, in which their children shall be taught in their native language, as well as training their teachers in their native language, to develop their national culture, to learn the Lithuanian language, and to study Lithuanian culture and history.

The organisation of the *educational system* shall be defined in the Law on *Education* of the Republic of Lithuania. (Amended 23 October 1990)

Article 58

The state shall be committed to the development of science and national culture, the enhancement of spiritual values, the preservation of the country's cultural heritage – historical, architectural, artistic and other cultural monuments – and to use them widely to elevate morality and the aesthetic education of people and to develop culture.

Professional and folk art of all types shall be encouraged in Lithuania.

Article 59

The Republic of Lithuania shall care for the national, cultural and educational needs of Lithuanians residing abroad.

Chapter 7
The System of the Councils of People's Deputies and the Principles guiding their Activity

Article 60

Councils of People's Deputies shall be comprised of the Supreme Council of the Republic of Lithuania, regional, municipal, township and rural district councils of people's deputies, and form a unified system of the representative state power bodies of Lithuania.

Within their own territory, councils of people's deputies shall be lawfully empowered to execute the will of the people, acting on the basis of democracy and in accordance with the law.

Article 61

The term of office for the councils shall be five years.

The date of the elections of the deputies to the Supreme Council of the Republic of Lithuania and to the local councils shall be announced no later than three months prior to the expiration of their term of office. (Amended 11 September 1990)

The Supreme Council of the Republic of Lithuania may surrender its powers before the expiration of its term of office. This decision must be adopted by a majority vote of two-thirds of the total number of the deputies. In this case, pre-term elections shall be announced, and the Supreme Council shall discharge its functions of state government until the new Supreme Council is elected. (Amended 11 September 1990)

Article 62

Questions of supreme state and local importance shall be considered and resolved at the sessions of the Supreme Council of the Republic of Lithuania and local councils of people's deputies.

Councils of people's deputies may from standing commissions, they shall also form executive and other bodies accountable the them. (Amended 23 October 1990)

Officials elected or appointed by councils of people's deputies may not remain in office for more than two consecutive terms. (Amended 23 October 1990)

Any official may be dismissed from his post before his term of office expires if he does not property fulfill his duties.

Article 63

On their respective territories councils of people's deputies, directly and through their institutions, shall concern themselves with state, economic, social, and cultural affairs, as well as make decisions and exercise control over their implementation.

Article 64

The activity of councils of people's deputies shall be based on collective, free, and businesslike discussion and resolution of all questions, on openness, on regular accounts of the executive bodies to the councils and the people, and on the broad involvement of the citizenry in their work.

In their activity councils of people's deputies and their institutions shall take public opinion into consideration, bring before the citizens the most important state and local matters for their consideration, and inform the public regularly about their work and decisions.

Chapter 8
The Electoral System

Article 65

Lithuanian citizens shall be elected deputies to all Councils of Deputies on the basis of universal, equal and direct suffrage by secret ballot.

Article 66

Elections of deputies shall be unviversal: upon reaching the age of 18 all citizens of Lithuania shall be eligible to take part in these elections.

A citizen of Lithuania shall be eligible to be elected a deputy of a Council of people's deputies upon reaching the age of 18, and may be elected deputy of the Supreme Council upon reaching the age of 21.

A deputy of the Supreme Council of the Republic of Lithuania may not be concurrently a deputy of any other Council.

Members of the Executive Branch and the executive bodies formed by Local Councils of People's Deputies as well as the heads of ministries, state committees and agencies, judges, procurators, state arbiters and other officials may not, at the same time, be deputies of the council that elects, appoints or confirms them.

Article 67

Elections of deputies in electoral districts shall be equal: every voter shall have one vote and voters shall participate in elections on an equal basis.

Article 68

Elections of deputies shall be direct: deputies shall be elected directly by citizens.

Article 69

Voting in elections shall be individual and secret; control over the decision how to exercise one's vote shall be prohibited.

All voters shall be guaranteed the same voting conditions.

Article 70

Political parties, social organisations, social movements and groups of voters shall have the right to nominate candidates for the post of deputy at their place of employment or residence.

The number of nominees for the post of deputy shall not be restricted. Every participant in a pre-electoral meeting shall have the right to nominate and consider the candidacy of any citizen of Lithuania, including his own.

Any number of the candidates may be entered on the ballot.

Expenditures for the preparation and organisation of the elections of deputies shall be paid for by the state.

Article 71

Preparation for the election of deputies shall be open and public.

Elections shall be organised by electoral committees formed from the representatives of political parties, social organisations, social movements, work collectives and meetings at places of residence.

Citizens of Lithuania, work collectives, political parties, social organisations and social movements shall be guaranteed the opportunity to freely and fully consider the political, professional and personal characteristics of the candidates nominated to the post of deputy, as well as the right to lobby for or against a candidate in meetings, in the press, on television and radio.

The procedure for organising the election of deputies shall be defined by the laws of Lithuania.

Complaints concerning violations of the election

law shall be reviewed by electoral committees and the courts of Lithuania according to the procedure established by law.

Article 72

Electoral councils of peoples deputies shall review the mandates given them by their electorate, taking them account when drawing up the budget and preparing decisions on other issues; they shall organize the implementation of these mandates and shall inform the citizenry concerning their implementation.

Chapter 9
Deputies

Article 73

Deputies shall be the authorised representatives of the people in the Councils of People's Deputies.

By participating in the activity of the Councils, deputies shall solve questions pertaining to the state, economic, social and cultural work, shall organize the implementation of the decisions of the Council, shall exercise control over the functioning of state organs, enterprises, institutions and organizations.

In his or her activities, a deputy shall be guided by the interests of the state, shall take into consideration the needs of the people of his or her constituency, shall seek to effect the implementation of his or her constituents' mandate.

Article 74

With the consent of the Supreme Council, a deputy of the Supreme Council of the Republic of Lithuania may exercise powers and retain primary employment. For work at the Supreme Council a deputy shall receive a remuneration established by law.

As a rule, a deputy of a Local Council of People's Deputies shall exercise his or her duties without interrupting his or her work at an enterprise or office.

During periods when the Local Councils of People's Deputies are in session, as well as at the times when a deputy must exercise his or her duties as provided by law, the deputy shall be relieved from work at an enterprise or an office; the expenses connected with activites as a deputy, as well as a compensation for wages shall be covered from the revenues of the local budget.

Article 75

A deputy shall have the right to submit an inquiry to the appropriate state organs and officials who shall make a reply to the inquiry at a session of the Supreme Council of Local Council of People's Deputies.

A deputy shall have the right to approach all state and public bodies, enterprises, offices and organisations on issues pertaining to his or her activities as a deputy, to obtain the necessary information from them and to attend discussions on the issues which have been raised. Heads of the appropriate state and public bodies, enterprises, institutions and organizations shall without delay receive the deputy and consider proposals within the time frame established by law.

Article 76

A deputy shall be guaranteed conditions necessary for discharging his or her rights and duties effectively and without interference.

The deputy's right of immunity, as well as other guarantees relating to the deputy's activities, shall be established by law.

Article 77

A deputy shall give an account of his or her activities as well as those of the Council to constituents, collectives, political parties, public organisations and movements which nominated the candidate to the post of deputy.

A deputy who has not justified the trust of his or constituents may be recalled at any time by a decision of the majority of voters according to the procedure established by law.

When a deputy of the Supreme Council of the Republic of Lithuania is appointed or elected to state bodies formed by the Supreme Council, the powers of the deputy shall be limited as provided for the period the deputy holds the said office. (Amended 17 March 1990)

A deputy of the local council of people's deputies who gives consent and is appointed or elected to the state bodies formed by the same council, forfeits the powers of a deputy, and new elections are held in the vacant electoral district. (Amended 17 March 1990)

Chapter 10
The Supreme Council of the Republic of Lithuania

Article 78

The Supreme Council of the Republic of Lithuania shall be the highest body of state power in the Republic of Lithuania. The Supreme Council of the Republic of Lithuania shall have the following powers:

1. to adopt the Constitution of the Republic of Lithuania and amend it;

2. *to call for elections for deputies throughout the Republic of Lithuania and to confirm the compositions of the Commission of the Republic;* (Amended 23 October 1990)

3. to approve drafts of the basic programmes of

economic and social development of the Republic of Lithuania; to approve the state budget of Lithuania; to exercise control over the implementation of the programmers and of the budget; to approve the reports on their implementation; and, when necessary, to introduce changes in the budget;

4. *to regulate property relations of in the Republic by legislative means; to organise the management of the economy, the social and cultural sphere, questions relating to the budgetary-financial system, remuneration for work, pricing and taxes, employ resources so as to preserve nature and environment, as well as to organize the citizenry's Constitutional rights, freedoms and duties, and other relations;* (Amended 23 October 1990)

5. to interpret the laws of the Republic of Lithuania;

6. *to form state bodies accountable to the Supreme Council of the Republic of Lithuania; to establish the procedure for creating supreme and local bodies of state power of the Republic of Lithuania and the conduct of their activities;* (Amended 29 March 1990)

7. to establish the systems of the procuracy, the Courts and other judicial bodies of the Republic of Lithuania, and to establish their powers and the procedure for conduct of their activities through legislative means;

8. to elect the President of the Supreme Council of the Republic of Lithuania;

9. to elect Vice Presidents and the Secretary of the Supreme Council of the Republic of Lithuania;

10. *to appoint the Prime Minister of the Republic of Lithuania and other membres of the Executive Branch, to make changes within the Executive Branch, and, on the recommendation of the Executive Branch, to establish and dissolve the Ministries of the Republic of Lithuania;* (Amended 11 September 1990)

11. to elect the Supreme Court of Lithuania and judges of regional and city courts, to appoint *the Procurator-General of the Republic of Lithuania and his Deputies,* to appoint chief officers of state bodies accountable to the Supreme Council; to approve the councils of the Procuracy of the Republic of Lithuania as well as councils of other state bodies accountable to the Supreme Council of the Republic of Lithuania; (Amended 27 Juli 1990)

12. *to hold regular hearings, to receive reports by institutions established and elected by the Supreme Council, with the exception of the Supreme Court of Lithuania, as well as reports by officials appointed by the Supreme Council; when necessary, to issue no-confidence votes by secret ballot regarding the Executive Branch of the Republic of Lithuania and other institutions formed by the Supreme Council or regarding any of their members, with the exception of the Supreme Court of Lithuania;* (Amended 23 October 1990)

13. to establish appropriate measures to guarantee state security and public order; to consider, when necessary, issues concerning ethnic and interethnic relations;

14. *to reapportion the administrative territorial structure of the Republic of Lithuania and to establish the procedure for resolving these matters;* (Amended 23 October 1990)

15. *to change the names of administrative-territorial units and to change their status; to resolve other matters relating to the administrative-territorial structure;* (Amended 23 October 1990)

16. *to consider matters relating to the foreign policy of the Republic of Lithuania; to establish the basic principles of foreign policy of the Republic of Lithuania;* (Amended 23 October 1990)

17. to ratify and renounce international treaties of the Republic of Lithuania;

18. to establish state awards of the Republic of Lithuania;

19. *to adopt a decision to hold referenda on its own initiative or on the demand of at least three hundred thousand (300,000) citizens of the Republic of Lithuania;* (Amendment 23 October 1990)

20. to issue acts of amnesty;

21. to repeal directives and decrees of *the Executive Branch,* as well as decisions of regional councils and municipal councils of the Republic if they conflict with existing legislation; (Amended 23 October 1990)

22. to resolve other significant issues of state.

The Supreme Council of the Republic of Lithuania shall adopt the laws and resolutions of the Republic of Lithuania.

Laws of the Republic of Lithuania may also be adopted by referendum. (Amended 23 October 1990)

Article 79

The Supreme Council of the Republic of Lithuania shall be composed of 141 deputies elected in voting districts having an equal number of voters.

The Supreme council, on receiving the report of its Mandates Committee, shall affirm the powers of the deputies. In the event of a violation of the election law in any of the voting districts which has a decisive effect upon the returns of the election, the election of a deputy in this voting district shall be considered invalid.

Article 80

The Supreme Council of the Republic of Lithuania shall meet on an annual basis for its regular spring and autumn sessions. The spring session shall open on March 10 and close on June 30; the autumn session shall open on September 10 and end on December 23. The

Supreme Council may on its own decision extend the period of the session. (Amended 11 September 1990)

Special sessions shall be called by the Presidium of the Supreme Council either on its initiative or at the request of no less than one-third of the Supreme Council deputies.

A session of the Supreme Council of the Republic of Lithuania shall consist of the sittings of the Supreme Council, as well as of the sittings of the standing committees which shall be held in the period between them. The session shall open and close at the sittings of the Supreme Council.

The sittings of the Supreme Council shall be presided over by the President of the Supreme Council or his Deputy. *On the instruction of the President of the Supreme Council, the sittings of the Supreme Council may be presided over by the Assistant to the Presiding Chairman of Plenary Sittings or his deputies elected by the Supreme Council.* (Amended 29 March 1990)

The first session of the newly-elected Supreme Council shall be convened upon the expiration of the term of office of the previous Supreme Council, providing no less than two-thirds of the total number of the deputies have been elected. (Amended 11 September 1990)

The first sitting of the Supreme Council following Council following the election shall be opened by the Chairman of the Electoral Commissions, and thereafter, presided over by the President of the Supreme Council or his Deputy.

A session of the Supreme Council shall be valid if it is attended by no less than two-thirds of all the deputies of the Supreme Council.

Article 81

The right of legislative initiative at the Supreme Council shall reside with the deputies of the Supreme Council of the Republic of Lithuania, the Supreme Council Presidium, the President of the Supreme Council, the standing committees of the Supreme Council, *the Executive Branch*, the Supreme Court, and *the Procurator-General* of the Republic of Lithuania (Amended 23 October 1990; 27 July 1990)

The right of legislative initiative shall also reside with national institutions of political parties and social public organisations.

Article 82

Draft laws and other issues submitted to the Supreme Council for consideration shall be given a preliminary review at its sittings; thereafter they shall be reviewed in more depth by one or more of the several committees of the Supreme Council.

Discussion of these draft laws and other matters shall continue at the sittings of the Supreme Coun-

cil after hearing the conclusions and recommendations of the corresponding committees.

Laws, decisions or any other acts of the Republic of Lithuania shall be adopted by a majority of the deputies present and voting at the session of the Supreme Council.

Draft laws and other major issues of state and public life in the Republic may be, upon the decision of the Supreme council, submitted for public discussion. (Amended 11 September 1990)

Article 83

Laws of the Republic of Lithuania, resolutions and other acts of the Supreme Council shall be published after they are signed by the President of the Supreme Council.

Article 84

The Presidium of the Supreme Council of the Republic of Lithuania shall be a body accountable to the Supreme Council, guaranteeing the organisation of work for the Supreme Council and performing other powers within the limits of the Provisional Basic Law of Lithuania and other laws.

The Presidium of the Supreme Council shall consist of the following: the President of the Supreme Council, Vice Presidents of the Supreme Council, the Secretary of the Supreme Council, and chairmen of the standing committees of the Supreme Council.

The Supreme Council may decide to include other members to the Presidium who shall be chosen from among the other deputies of the Supreme Council.

The Presidium of the Supreme Council of the Republic of Lithuania shall be chaired by the President of the Supreme Council, or in his absence, by his Deputy. (Amended 29 March 1990)

Article 85

The Presidium of the Supreme Council of the Republic of Lithuania shall:

1. *call the first session of the new Supreme Council;* (Amended 11 September 1990)

2. organize preparations for Supreme Council sessions;

3. coordinate the activities of the standing committees of the Supreme Council;

4. help, as necessary, the deputies of the Supreme Council to carry out their powers;

5. solve problems of rendering procedural assistance to Local Councils of People's Deputies;

6. assist in organising and conducting referenda and *public* discussions of draft laws of the Republic of Lithuania and other major concerns of state and public life of the Republic; (Amended 23 October 1990)

7. grant citizenship of the Republic of Lithuania; decide on the issues of loss of citizenship of Lithuania and the granting of asylum;

8. grant awards and confer honorary titles of the Republic of Lithuania;

9. grant pardon to persons who have been sentenced by courts of Lithuania;

9.a) *submit candidates for the Supreme Court and its court assessors to the Supreme Council;* (Amended 23 October 1990)

10. *appoint and recall Lithuanian diplomatic representatives in foreign countries and at international organisations;*

11. accept the letters of credence and recall of the diplomatic representatives of foreign countries;

11.a) *confer and remove the highest diplomatic ranks of the Republic of Lithuania;* (Amended 23 October 1990)

12. carry out other instructions of the Supreme Council.

The Presidium of the Supreme Council shall issue non-binding decrees and adopt resolutions.

Upon the expiration of the term of the Supreme Council, the Presidium of the Supreme Council shall retain its powers until the newly elected Supreme Council convenes for its first session and forms a new Presidium.

Article 86

The President of the Supreme Council of the Republic of Lithuania shall be the highest official representative of the Republic of Lithuania and shall represent the Republic in international relations.

The President of the Presidum of the Supreme Council shall be elected by the Supreme Council from among the deputies of the Supreme Council by secret ballot for a term of five years and for no longer than two terms in succession. The President may be recalled by secret ballot of the Supreme Council.

The President of the Supreme Council shall be accountable to the Supreme council.

Article 87

The President of the Supreme Council shall:

1. preside over the preparation of questions which are to be discussed by the Supreme Council; sign the laws of the Republic of Lithuania and other acts passed by the Supreme Council and the Presidium of the Supreme Council;

2. present to the Supreme Council reports on the situation of the Republic and on important questions of domestic and foreign policy of Lithuania;

3. recommend, for the consideration of the Supreme Council, candidates to the posts of Vice President and Secretary of the Supreme Council;

4. recommend, for the consideration of the Supreme Council, candidates for the appointment or election to the posts of the Prime Minister of Lithuania, the Chairman of the Supreme Court of Lithuania, *the Procurator-General* of the Republic of Lithuania, heads of other state institutions accountable to the Supreme Council; (Amended 27 July 1990)

5. hold talks and sign international treaties of Lithuania, submitting them for ratification to the Supreme Council.

The President of the Supreme Council shall issue directives.

The Vice Presidents (or Deputies to the President) of the Supreme Council shall exercise, as assigned by the President, a portion of the President's functions and act for him in his absence or when he is unable to perform his duties.

Article 88

The Supreme Council of the Republic of Lithuania shall elect from the deputies of the Supreme council standing committees for drafting laws, for preliminary consideration and preparation of issues within the Supreme Council's competence, for facilitating the implementation of laws of the Republic of Lithuania and resolutions of the Supreme Council, and for supervising the activities of state organisations. (Amended 23 October 1990)

The Supreme Council shall establish, when necessary, investigative, auditing and other committees on any questions.

Article 89

Officials who are members of the Executive Branch of the Republic of Lithuania, leaders of other state institutions established by the Supreme Council, judges of the Supreme Court of Lithuania and members of the council of the Procuracy of the Republic of Lithuania and State Arbitration Board of Lithuania shall be elected and appointed based on the recommendations of the appropriate standing committees of the Supreme Council. (Amended 23 October 1990)

The newly elected Supreme Council of the Republic of Lithuania may appoint the Prime Minister and Deputy Prime Ministers before the standing committees of the Supreme Council are stablished. (Amended 23 October 1990)

All state and public bodies organisations and officials shall carry out the instructions of the Supreme Council Committees, submitting all necessary information and documents to them.

Recommendations of the Committees shall be discussed by state and public institutions and organisations. The latter shall inform the Committees within the time period specified by them of the results of discussions and measures that have been adopted.

Article 90

A deputy of the Supreme Council shall have the right during sessions to submit an inquiry to the Executive Branch of the Republic of Lithuania, its members, to heads of other institutions established or elected by the Supreme Council. The institution or official, upon receipt of an inquiry, shall make an oral or written reply at the same session of the Supreme Council, no later than within three days or according to other procedures established by the Supreme Council. (Amended 11 September 1990)

A deputy of the Supreme Council of the Republic of Lithuania shall not be found criminally responsible, arrested, fined in an administrative order without the consent of the Supreme Council, and during the period between sessions – without the consent of the Presidium of the Supreme Council.

Article 91

The procedure for the activities of the Supreme Council and its institutions shall be established by the rules of procedure of the Supreme Council and by other laws of the Republic of Lithuania on the basis of the Proisional Basic Law of the Republic of Lithuania.

Article 92

The Supreme Council of the Republic of Lithuania shall exercise control over the activities of all state institutions accountable to it.

For exercising the functions of state control the Supreme Council shall establish control institutions. The procedure for their organisation and activities shall be defined by law.

Chapter 11
The Executive Branch of the Republic of Lithuania

Article 93

Executive power of the Republic of Lithuania shall be vested in *the Executive Branch. The Executive Branch of the Republic of Lithuania* shall consist of the Prime Minister, Deputy Prime Ministers, and ministers. (Amended 23 October 1990)

Article 94

The Prime Minister shall head and represent the Executive Branch.

The Prime Minister shall be approved by the Supreme Council on the recommendation of the President of the Supreme Council. Deputy Prime Ministers and Ministers shall be approved on the recommendation of the Prime Minister. The order of the Executive Branch formation shall be established by the Law on the Government and the Rules of Procedure of the Supreme Council. (Amended 11 September 1990)

Article 95

The Executive Branch of the Republic of Lithuania shall be responsible to the Supreme Council of the Republic of Lithuania and shall be accountable to it; and during the period between the sessions of the Supreme Council – to the Presidium of the Supreme Council. (Amended 23 October 1990)

The Executive Branch shall make regular reports on its work to the Supreme Council and must have its confidence. If the Supreme Council by *a majority* of the total number of the deputies by a secret ballot expresses non-confidence in the *Executive Branch* or an individual minister, the entire *Executive Branch* or that minister must resign. (Amended 23 October 1990; 8 January 1991)

Article 96

When the Prime Minister is unable to exercise his duties or when the Prime Minister designates a Deputy Prime Minister to act for him, the latter shall act in his stead.

Article 97

The Executive Branch of the Republic of Lithuania, on the basis of the legal acts of Lithuania and through the execution of this statutes, shall adopt decisions and issue directives and shall organise and supervise their enforcement. (Amended 23 October 1990)

Decisions and directives of *the Executive Branch* shall be enforceable throughout the Republic. (Amended 23 October 1990)

Article 98

Within the limits of its competence *the Executive Branch* of the Republic of Lithuania shall have the right to repeal the acts of ministries and other institutions subordinate to it. *The Executive Branch* shall have the right to appeal at the Supreme Council against the decisions of a higher level local council of these decisions contradict the laws of Lithuania. (Amended 23 October 1990)

In cases provided for by the laws of Lithuania, *the Executive Branch* may suspend and protest the decisions of the local governing institutions in this council. In the event of a dispute, the Supreme Council adopts a final decision. (Amended 23 October 1990)

Article 99

The Executive Branch shall hand over its mandate to the newly elected Supreme Council at its first session. (Amended 23 October 1990)

Article 100

The composition of *the Executive Branch*, its powers and principles of its activity shall be described in the Law on the Government.

Chapter 12
Local Councils of People's Deputies

Article 101

The Republic of Lithuania shall establish its administrative-territorial division.

The Republic of Lithuania shall be divided into the following territorial units:

The Regions of: Akmene, Alytus, Anyksciai, Birzai, Ignalina, Jonava, Joniskis, Jurbarkas, Kaisiadorys, Kaunas, Kedainiai, Kelme, Klaipeda, Kretinga, Kupiskis, Lazdijai, Marijampole, Mazeikiai, Moletai, Pakruojis, Pasvalys, Panevezys, Plunge, Prienai, Radviliskis, Rasciniai, Rokiskis, Skuodas, Sakiai, Salcininkai, Siauliai, Silale, Silute, Sirvintos, Svencionys, Taurage, Telsiai, Trakai, Ukmerge, Utena, Varena, Vilkaviskis, Vilnius, Zarasai;

Towns under the Republic's jurisdiction: Vilnius, Alytus, Birstonas, Druskininkai, Marijampole, Kaunas, Klaipeda, Neringa, Palanga, Panevezys, Siauliai. (Amended 23 October 1990)

Article 102

The Councils of People's Deputies shall be the institution of state power in the regions, municipalities, townships and rural territorial units.

Article 103

The Local Councils of People's Deputies, guided by the state interests, the interests of the citizen's residing on the territory of the Council, and by the principles of local government, shall resolve all local issues, implement the decisions of the higher state institutions, consider issues of state importance and offer their proposals on these issues.

The Local Councils of People's Deputies shall preside over the state, economic, social and cultural activities on their territory, approve the local budget and the report on its implementation; shall direct their subordinate institutions, enterprises and organizations, exercise control over the institutions, enterprises and organizations on their territory, ensure that the Provisional Basic Law and other Laws, are observed, and ensure state and public order as well as the protection of citizens' rights.

Article 104

Within the limits of their powers the Local Councils of People's Deputies shall ensure coordinated economic and cultural development on their territory, assume responsibility over observance of the laws by the enterprises, institutions and organisations under the jurisdiction of higher institutions on their territory. They shall coordinate and control their work in the spheres of the use of land and its natural wealth, the protection of the environment, construction, the use of labour resources, protection of historical and cultural monuments, production of consumer goods, of social, cultural, domestic and other services.

Article 105

The Local Councils of People's Deputies shall adopt resolutions within the limits of their powers granted to them by the laws of Lithuania. The resolutions of the Local Councils shall be observed by all the enterprises, institutions and organisations on their territory, as well as by officials and citizens.

Article 106

The Local Councils of People's Deputies shall have the right to consider and resolve at their sessions any issues assigned to them by law. Those questions which must be submitted for discussion and decided exclusively at the sessions of these Councils shall be defined by law.

Article 107

The Local Councils of the People's Deputies shall elect, from among the deputies, standing committees for preliminary consideration and preparation of issues which are within the competence of the Local Councils, as well as for coordination of the implementation of the decisions of the Councils, and the control of the activity of state institutions, enterprises, institutions and organisations.

The recommendations of the standing committees of the Local Councils must be reviewed by the appropriate state and social institutions, enterprises, and organisations. The results of such a review or adopted measures taken must be communicated to the committees within the specified time frame.

Article 108

Lower level Councils of People's Deputies of local government shall have the right to protest to the Supreme Council the decisions adopted by higher level local governments regarding issues within the exclusive competence of the lower level local government.

The higher level Council of People's Deputies shall have the right to suspend the decisions of the lower level local government institutions of they contradict the laws of Lithuania. In the event of a dispute, the Supreme Council shall resolve the issue.

Article 109

The Local Councils of People's Deputies shall work in close co-operation with public organisations and work collectives, shall submit significant issues for general public discussion, include them in the activities of the standing committees, of other institutions accountable to the councils, direct the work of the local voluntary associations and promote social initiatives of the people.

Chapter 13
Executive Institutions of Local Government

Article 110
To fulfill the Laws of Lithuania, as well as the decisions of the Local Councils of People's Deputies, the Local Councils shall form institutions of management subordinate to them.

Article 111
After the expiration of the term of the Local Councils, the institutions of management shall retain their powers until the formation of institutions of elected management by newly elected Local Councils.

Article 112
The procedure for establishing local institutions of management shall be provided for by the laws on local government of Lithuania.

Chapter 14
Court and Arbitration

Article 113
Justice in the Republic of Lithuania shall be exercised solely by the courts. Courts with extraordinary powers may not be established in Lithuania.

The courts of the Republic of Lithuania shall be the Supreme Court of Lithuania and the (town) courts.

The procedures for the organisation and functioning of the courts of Lithuania shall be established by law.

Article 114
The courts of Lithuania shall be composed of elected judges and court assessors.

The Judges of the district (town) courts and of the Supreme Court of Lithuania shall be appointed by the Supreme Council of the Republic of Lithuania.

The assessors of the district (town) courts shall be elected by the Local Councils of People's Deputies, and assessors of the Supreme Court of Lithuania – by the Supreme Council.

The Judges of the courts shall be elected for a term of ten years, assessors of the courts – for a term of five years.

The Judges and assessors of the court shall be accountable to the institutions of power which elected them and may be recalled according to the procedure established by law.

Article 115
The Supreme Court of Lithuania shall be the highest judicial power in the Republic of Lithuania, exercising justice and supervising the activities of the courts in Lithuania in the procedure established by the laws of Lithuania.

The Supreme Court of Lithuania shall be composed of a Chairman, deputy chairmen, judges and court assessors.

Article 116
Civilian and criminal cases shall be tried in courts together, excluding such cases as are established by law.

In exercising justice, the court assessors shall have all the rights of a judge.

Article 117
The judges and court assessors shall be independent and obey only the law.

The judges and court assessors shall be guaranteed conditions for the unobstructed and effective exercise of their rights and duties.

Interference by state and management institutions, by political parties, public organisations, public movements, persons in official positions, and other citizens, into the activities of the judges and court assessors when they are exercising justice, shall be prohibited and shall be subject to criminal liability in the manner established by law.

Inviolability of the judges and court assessors as well as other guarantees of their immunity shall be established by the law on the Lithuanian Court System and the Status of Judges and by other statutes of Lithuania.

Article 118
All citizens of Lithuania shall be equal before the law and the court.

Article 119
All courts shall hold public hearings of cases. A closed hearing of a case in a court shall be permitted for instances provided for by law if all the rules of procedures are observed.

Article 120
A person against whom a legal action has been taken shall be guaranteed the right to legal defense from the moment of arrest. (Amended 23 October 1990)

Article 121
A court hearing in the Republic of Lithuania shall be conducted in the Lithuanian language. Persons participating in the case, unfamiliar with the Lithuanian language, shall be given the right to obtain full information on the materials of the case, to participate in the court proceedings via an in-

terpreter and the right to use his native language in court.

Article 122

A person shall be presumed innocent unless his guilt is proven through procedure established by law and recognised as established by a court sentence. Court sentences shall be passed in the name of the Republic of Lithuania.

Article 123

Legal aid to citizens and organisations shall be provided by the Council of Lawyers of the Republic of Lithuania. In cases specified by law, legal aid to the citizenry shall be provided free of charge. (Amended 23 October 1990)

The rules for the organisation and activity of the Council of Lawyers shall be governed by the Law on Legal Defence of the Republic of Lithuania. (Amended 23 October 1990)

Article 124

Economic disputes between enterprises, institutions and organisations shall be resolved by state arbitration institutions in accordance with the laws of the Republic of Lithuania. (Amended 23 October 1990)

Chapter 15
The Procuracy

Article 125

The highest supervisory institution over the precise and uniform observance of the law by all ministries, departments, enterprises, institutions and organisations, the executive institutions of the Local Councils of People's Deputies, collective farms, cooperative and other public organisations, officials, and citizens on the territory of Lithuania, shall be exercised by the Procurator-General of the Republic of Lithuania and lower procurators subordinate to him. (Amended 27 July 1990)

Article 126

On the recommendation of the President of the Supreme Council of the Republic of Lithuania, the Procurator-General of the Republic of Lithuania shall be appointed by the Supreme Council to which he shall be responsible and accountable. (Amended 27 July 1990)

Article 127

The Deputies to the Procurator-General of the Republic of Lithuania shall be appointed by the Supreme Coun-

cil on the recommendation of the Procurator-General. (Amended 27 July 1990)

The procurators of the districts and towns shall be appointed by the Procurator-General of the Republic of Lithuania. (Amended 27 July 1990)

Article 128

The term of office of the Procurator-General of the Republic of Lithuania, his deputies and of all lower procurators shall be five years. (Amended 27 July 1990)

Article 129

The institutions of the procuracy of Lithuania shall exercise their powers independently of the institutions of state executive power and local institutions of power; they shall be aacountable only to the Procurator-General of the Republic of Lithuania. (Amended 27 July 1990)

The mechanism of organisation and functioning of the Procurary shall be established by the Law on the Procuracy of the Republic of Lithuania. (Amended 27 July 1990)

Chapter 16
Concluding Provisions

Article 130

All laws of Lithuania and other acts of state institutions shall be issued on the basis of this Provisional Basis Law and in accordance with it.

Article 131

The Provisional Basic Law of the Republic of Lithuania shall be altered on the decision of the Supreme Council of the Republic of Lithuania, adopted by no less than a two-thirds majority of the entire number of the deputies of the Supreme Council or by a referendum.

Article 132

The proposal to alter or amend the Provisional Basic Law shall be considered by the Supreme Council of the Republic of Lithuania when it is presented by a standing committee or by no less than one-fifteenth of the deputies of the Supreme Council, or by the Executive Branch. (Amended 11 September 1990)

Vytautas Landsbergis
President
Supreme Council
Republic of Lithuania

Textanhang II/7

Basic Principles of the Constitution of the Republic of Lithuania (1991)★

The Republic of Lithuania

The State of Lithuania is an independent democratic republic.

The sovereignty in Lithuania shall be vested in the people of Lithuania who shall exercise it directly through a referendum, or through its democratically elected representatives to the Seimas.

The People of Lithuania consists of persons of Lithuanian descent, persons of other nationalities from of old residing on the territory of ethnographic Lithuania who consider themselves permanet residents of Lithuania, as well as other persons who have acquired the Lithuanian citizenship according to the procedure established by law.

No one shall have the right to impair or limit the sovereignty of the People; no part of the People nor any individual shall have the right to make claims to the sovereign powers which belong to the People of Lithuania.

The citizens of the Republic of Lithuania shall have the right to resist anyone who by force encroaches upon the sovereignty and integrity of the State of Lithuania.

The powers of the Republic of Lithuania come from the sovereignty of the People.

The Republic of Lithuania shall independently determine all questions of its internal and foreign policy on the basis of this Constitution and laws of the Republic of Lithuania.

The form of government of the Republic of Lithuania shall be that of a democratic Republic, in which state power shall be exercised by a democratically elected Seimas, a President of the Republic and the Government, and by the Judiciary.

Each organ of state power shall carry out independently the functions delegated to it: the Seimas shall have the sole power of legislation, the President and the Government shall exercise the executive power, and the Court shall exercise the judicial power. At the same time all the organs of power shall be inter-related, and the Constitution and laws shall determine the legal inter-relations between them, as well as the ways and forms of controlling their functioning. This separation of powers and the checks and balances among the three coordinate branches signify that full and absolute power may not be concentrated on one organ of power, and that each of them shall be controlled by the other organs of power.

The Republic of Lithuania is a law-governed state. Its activities and relations with the citizens and legal persons shall be based on the Constitution and laws adopted according to the democratic procedure. The scope of powers granted to each organ shall be determined by the Constitution and laws. No statutes or actions may contravene the Constitution. All organs of state power, officials and citizens shall be equal before the law.

The Constitution shall compose an organic whole and be a directly applicable statute – each person may defend his or her rights and interests on the basis of definite constitutional norms.

The State shall guarantee Constitutional review so as to ensure that all state power function of the basis of the Constitution.

The President, members of the Seimas, the Cabinet of Ministers, and the Supreme Court shall have the right of legislative initiative.

The territory of the Republic of Lithuania is integral and indivisible, its state borders are established by treaties concluded by the State of Lithuania and may be altered only on the basis of international treaties concluded by Lithuania.

The Republic of Lithuania recognizes the principles of the inviolability of the existing state borders. The Republic obligates itself not to violate its existing borders with the neighbouring states, although some of the actual borders do not coincide with the borders fixed by international treaties.

The Republic of Lithuania is a unitary state and therefore its territory may not be divided into any other state formations. The Republic of Lithuania shall administer its territory by establishing administrative-territorial division thereof for the functioning of local state administration and local government. The administrative-territorial division shall be determined by the Seimas. The system and principles of the administrative-territorial division shall be established by the Constitution.

The economy of Lithuania shall be based on the right of ownership and on private initiative. The Constitution prohibits against the monopolisation of the market and safeguards freedom of competition, fixes the limits for regulation of economy by the State, determines the order of the functioning of the financial system, as well as of budget-making and budget performance. The laws must ensure

★ 07 March 1991.

that economic initiative should not affect general welfare, and citizens' rights and freedoms.

The right of citizens to strike is recognized. In State institutions this right may be restricted by law.

The citizenship of the Republic of Lithuania shall be acquired by birth and in other ways of acquiring citizenship as prescribed by law. A citizen of the Republic of Lithuania may lose his or her citizenship by renouncing it, as well as by acquiring the citizenship of an alien state. The Republic of Lithuania shall recognize dual citizenship only in exceptional cases. The procedure for acquiring the citizenship of the Republic of Lithuania and for depriving of same shall be established by the Law on Citizenship.

All citizens shall be equal. The State shall defend all its citizens, regardless of nationality and place of residence, and protect freedom, dignity, health, life and property of the individual.

All citizens shall freely exercise their rights and freedoms. Restrictions of these rights and freedoms may be applied if prescribed by law, and only to the extent they are necessary to preserve public order, the universally accepted norms of morality, health and security of rights and freedoms of other citizens.

The Republic of Lithuania shall recognize the basic human rights not only of its citizens but also of other persons permanently residing or sojourning on its territory. The legal status of foreign nationals or persons without citizenship shall be regulated by a separate law.

Every male citizen of the Republic of Lithuania shall be obligated to perform national defence service or alternative service.

The State and the Church (of all denominations) shall function independently in their respective spheres of activity and cooperate for the benefit of individual and society.

Death penalty shall not be applied in the Republic of Lithuania.

Persons belonging to ethnic, religious and linguistic minorities may not be deprived of the right to have together with other members of said minority their own culture, to profess and practise their religion, to have schooling in their native language and to use it, and to have cultural and educational institutions.

The Lithuanian language shall be the state language of the Republic of Lithuania. It shall be used in all institutions and organisations of the Republic of Lithuania.

In local institutions and organisations located in administrative-territorial units in which a significant proportion of the population belongs to an ethnic minority, the language spoken by that minority shall be used in addition to the official Lithuanian language.

The capital, the state emblem, the flag, and the state anthem of the Republic of Lithuania shall be determined in the Articles of the Constitution.

Human and Civil Rights and Freedoms*

Rights and freedoms are inborn, i. e. they cannot be granted either for or by any party, or by any official person. The individual does have the possibility to claim for his rights and freedoms.

Protections shall be applied to an individual exercising his or her freedoms, with the exception of restrictions prescribed by law, and with the purpose of protecting the rights and freedoms of other individuals. In case every individual has civil duties.

Equality of people

All persons shall be equal regardles of sex, social status, race and nationality, language, religion, and religious and political restrictions of privileges may be applied with respect thereto.

Inviolability of the person

The human person shall be inviolable. The use of cruel physical force, and psychic influence shall be prohibited. No person shall be subjected to degrading treatment.

Freedom of the individual

Every individual shall be free. He may be not imprisoned or subjected to any other restriction of freedom grounds and in comformity with the procedure prescribed by law.

Guarantee of property

Every person may own property personally or jointly together with others of inheritance shall be guaranteed.

The right of property may be abridged if any property is taken except public purpose pursuant to statutory authorisation, and upon an adequate compensation.

The right of property shall be used without inflicting thereby any harm to the public as well as freedom, honour and dignity of other people.

Freedom of thought, conscience, and religion

Every person may freely profess any religion either alone or in community with any form of religious observances. No one may be compelled to act against his conscience or convictions.

---

* Die folgenden Zeilen konnten vom Hrsg. P. H. aus der Originalvorlage nur z. T. rekonstruiert werden.

Freedom of convictions

Convictions may be freely expressed in any way by writing, by visual means, in the press, in the broadcast media. Everyone shall have the right to freely collect and disseminate information. Restrictions of the right to freely express one's convictions, or collected information may be imposed by law if the restrictions are to serve State security, dignity, honour and privacy of others or cover offences.

The right of education

Every person under 16 shall be guaranteed general schooling or vocational and technical education. Higher education must be freely accessible to all according to individual abilities of every person. Side by side with State scientific and educational institutions, scientific and educational institutions belonging to natural or legal person may be established.

The right to the assets of culture

Every individual shall have the right to freely participate in the cultural life of the society, create works of art and develop science, and freely avail himself of the results thereof. The spiritual and material interests of the author related to his creative activities in the spheres of science, literature and art shall be protected.

The right to peaceful assembly

The people shall have the right to freely assemble into unarmed meetings and demonstrations. The order of holding meetings and demonstrations shall be established by law.

The right to form associations

The people shall have the right to form associations; their associations shall be registered in accordance with the procedure established by law.

Associations pursuing criminal aims, and secret associations of militarised type shall be prohibited. Associations which contravene the law shall be dissolved, or their activity shall be suspended only by a motivated decision of the court.

No person may be compelled or compel another person to belong to any association.

The right to work

Every person shall have the right to a freely chosen employment or occupation, to safe working conditions, and protection against unemployment.

Forced labour shall be prohibited, with the exception of labour required by a sentence of court and performed in the places of imprisonment, as well as compulsory work performed by citizens in cases of emergency (war or attack, natural calamities, epidemics etc.), and alternative labour service.

Every work must be adequately paid.

For the protection of their interests the employees shall form trade unions and organisations.

The right to rest

Every person shall have the right to rest and leisure. Hours of work shall be limited by law. Every person shall have the right to periodic paid holidays.

The right to adequate living standard

This entails: adequately guaranteed welfare of the working person and his family, provision of housing, medical aid, and social services; the right to material maintenance in case of unemployment, illness, disability, old age, and the loss of the breadwinner.

Family, motherhood, and childhood shall be respected, protected and taken care of by the State.

Every person shall have the right to a harmless environment and healthy living conditions.

Inviolability of private life

The abode of citizens shall be inviolable. An abode may be entered or searched only with the consent of its owner or following the procedure established by law.

Individual privacy in correspondence (post, telegraph, etc.) as well as telephone conversations shall be guaranteed. Exceptions shall be deemed reasonable in cases provided by law.

Every individual shall be guaranteed protection of his honour, name, reputation, and private life.

Right to citizenship

All children of the citizens of the Republic of Lithuania shall have the citizenship of the Republic of Lithuania.

Other procedure for acquiring or losing the citizenship of the Republic of Lithuania shall be established by law.

Each citizen shall have the right to renounce his or her citizenship, however no person may be deprived thereof by an arbitrary decision.

The right to choose one's place of residence

The citizens of the Republic of Lithuania may freely choose their place of residence.

The citizens of the Republic of Lithuania shall have the right to go abroad and to return back to their native country.

The citizens of the Republic of Lithuania may not be extradited to foreign states.

Legal protection of human and civil rights and freedoms

Human and civil rights and freedoms shall be protected by court adhering to the principle of universal equality before the law. Based on the said equality, every person shall be entitled to have his case publicly and lawfully examined by an independent and impartial court.

Every person against whom legal proceedings have been instituted shall have the right to the presence of a lawyer.

No person shall be compelled to give testimony against himself or any member of his family.

Every person charged with a criminal offence shall be presumed innocent until proven guilty by court.

Every person whose rights and freedoms have been infringed upon shall have the right to the compensation of material and moral damages.

System of State Governance
The Seimas of the Republic of Lithuania

The Seimas
– the meeting of the representatives of the people of Lithuania having exclusive right to enact legislation and exercising supreme control over state activities.

The Seimas shall have the power to:

impose taxes, approve the State budget and the account of budget performance;

construe laws of the Republic of Lithuania;

establish state institutions subordinate to the Seimas and appoint their chief officers;

establish by legislative enactments the powers of other state institutions and the manner of their functioning;

elect the Chairman of the Seimas and his deputies, determine the internal structure of the Seimas;

establish the administrative-territorial division of Lithuania and introduce amendments thereto;

ratify and denounce international agreements of the Republic of Lithuania, announce referendum;

repeal acts of the Cabinet of Ministers and resolutions of local government Councils contradicting the laws;

exercise control over the activities of the Cabinet of Ministers and of other institutions subordinate to the Seimas;

elect the President of the Republic (vide: election of the President);

confirm the appointments of the Prime Minister to the composition of the Cabinet of Ministers as well as make changes in the composition of the Cabinet;

accept the resignation of the Cabinet of Ministers in corpore, as well as the resignation of individual members of the Government (Executive Branch) tendered to the Prime Minister;

adopt a decision to approve or turn down candidates chosen by the President for important posts in State institutions; and subject to impeachment and removal from office all chief officers of the State who have compromised themselves.

The Seimas shall consist of 99 (141) members elected by universal, equal, direct, and secret ballot, according to the system of proportionate (or mixed) representation.

The term of office of a Seimas member shall be 4 or 5 years.

Any citizen of the Republic of Lithuania aged 25 (alternative – 30) or older may be elected to the Seimas.

All members of the Seimas shall serve in the Seimas on the permanent basis. The duties of the member of the Seimas shall be incompatible with holding any second office and taking remuneration belonging thereto.

The members of the Seimas must honestly represent the people of Lithuania. Upon entering their office they shall solemnly swear allegiance to the Republic of Lithuania. In exercising their duties the members shall guide themselves by their conscience and may not be restricted by any mandates.

The Seimas, being the lawful and only representative of the people of Lithuania, shall not be responsible and accountable to anybody, and therefore its work may not be terminated or suspended under any pretext. The decision on the dissolution of the Seimas or on pre-term election shall be adopted by the Seimas.

The Seimas shall conduct its business taking guidance from the Constitution and laws, respecting other branches of power and not interfering with matters within their jurisdiction, and not seeking absolute power.

President of the Republic of Lithuania

The President of the Republic of Lithuania is the chief executive officer of the State representing the Republic of Lithuania in its international relations.

No person may be a candidate for President unless he or she was born a citizen of Lithuania, has resided therein during at least ten previous years, and is at least 35 years old. The President shall be elected for a term of four (five) years. No person may serve as President of the Republic of Lithuania for more than two consecutive terms.

The President of the Republic of Lithuania shall not be concurrently a deputy of the Seimas or hold any other office, and receive a remuneration other than a salary fixed for the President.

A person elected President shall not participate in the activities of any political party.

Election of the President:

Variant 1: The President shall be elected by the

Seimas by secret ballot. A candidate who has obtained more than half of the votes of the whole number of the deputies of the Seimas shall be the President.

Variant 2: The President shall be elected by the citizens of Lithuania on the basis of universal, equal and direct suffrage by secret ballot. The election shall be held valid if at least 50 percent of electors participated therein.

The main powers of the President shall be as follows:

1. upon the approval of the Seimas he shall nominate the Prime Minister;

2. whenever the Seimas can not assemble in a session, shall obtain the resignation of the Cabinet of Ministers as well as the resignation of individual members of the Government tendered through the Prime Minister;

3. upon the approval of the Seimas shall appoint or dismiss high state officers;

4. shall appoint or dismiss highest military officers, confer highest military ranks;

5. shall appoint judges according to the procedure established by law;

6. shall sign and proclaim laws adopted by the Seimas;

7. within the limit of the law, shall decide on the issues regarding the granting or deprivation of citizenship of the Republic of Lithuania;

8. on the recommendation of the Cabinet of Ministers, shall appoint or recall Lithuanian diplomatic representatives in foreign countries and in international organisations; shall accept the letters of credence and recall diplomatic representatives of foreign countries; shall confere highest diplomatic ranks and other special titles;

9. together with the Cabinet of Ministers shall solve the main problems of foreign policy, conduct negotiations, and upon the consent of the Cabinet of Ministers, shall sign international treaties and thereafter shall submit them to the Seimas for ratification;

10. when necessary, may convoke an extraordinary session of the Seimas.

The President of the Republic shall have the right to:

1. present to the Seimas surveys of the situation in the Republic and of its foreign policy;

2. confer state awards;

3. grant pardon;

4. recommend to the Seimas to consider acts adopted by the Cabinet of Ministers;

5. return within 10 days to the Seimas the law with his observations relative to the whole law or to its part for reconsideration and voting, except cases specially discussed in the Constitution;

6. in urgent cases declare throughout Lithuania or in certain parts thereof the state of emergency, submitting his decision to the Seimas for approval not later than within three days.

While exersising the powers vested in him, the President shall issue directives. In cases determined by the Constitution these acts shall be valid when they bear the signature of the Prime Minister or appropriate minister. Responsibility for such act pertains also to the Minister signing it.

Before taking the office, the President shall swear in the Seimas to be faithful to the Republic and its Constitution.

During the term of office the person of the President shall be immune: he can not be arrested, criminal or administrative proceedings can not be instituted against him.

The President may be removed from office before the regular expiration of the term only for commiting a crime, for gross violation of the Constitution, or for breaking the oath.

The President's removal from office shall be considered by the Seimas according to the impeachment proceedings.

Impeachment proceedings also can be instituted against members of the Seimas, judges of the Supreme Court, and the State Controller for high treason or commitment of crime.

Impeachment proceedings shall be established by a law.

In the event of the President's death or disability, his powers shall pass over to the Chairman of the Seimas, until a new President is elected but not longer than for six month.

The Government of the Republic of Lithuania

The Government of the Republic of Lithiania is the Cabinet of Ministers that consists of the Prime Minister, Ministers and from among them – Vice Prime Minister (ministers).

The Cabinet of Ministers shall ensure the carrying out of laws and the budget, shall directly implement State governance throughout its territory through separate ministries and other government institutions, shall organize national defense and maintain internal order, shall effect measures to ensure the rights and freedoms of citizens, shall ensure the fulfilment of civil duties, establish and maintain contacts with foreign states and international organisations.

The Prime Minister shall be appointed by the President upon the approval of the Seimas.

The Cabinet of Ministers (in corpore) shall be

confirmed by the Seimas upon the recommendation of the Prime Minister.

The Prime Minister shall obtain resignation of separate members of the Government and shall submit it to the Seimas, and if the Seimas can not assemble into session, he shall submit this resignation to the President.

Before taking the office, the members of the Cabinet of Ministers shall solemnly take the oath in the Seimas.

The Cabinet of Ministers is collectively answerable to the Seimas.

At the beginning of each regular session the Cabinet of Ministers shall account for its work to the Seimas and must enjoy its confidence.

If the Seimas by a majority vote of the total number of its members by secret ballot expresses non-confidence in the Cabinet of Ministers or in the Prime Minister, the entire Cabinet of Ministers must resign.

A Minister must resign when more than half of the members of the Seimas expresses non-confidence in him. A member of the Cabinet of Ministers must also resign if the Prime Minister expresses non-confidence in him.

If the Seimas expresses non-confidence in an individual Minister, said Minister shall resign, however the Prime Minister may intercede on his behalf. However, if the Seimas repeatedly expresses non-confidence in said Minister, the confidence in the Cabinet of Ministers must be put to vote.

The Cabinet of Ministers shall hand over its mandate to the Seimas after the regular election of the members of the Seimas.

Upon the election of a new President the Cabinet of Ministers shall resign.

The Ministers shall be in charge of the spheres of adiminstration entrusted to them and shall be personally responsible to the Prime Minister and the Seimas for the management of affairs assigned to them.

General issues concerning the state governance shall be discussed and resolved by the Cabinet of Ministers jointly at their sittings, and they shall pass the directives.

The directives of the Cabinet of Ministers must be observed on the whole territory of the Republic of Lithuania.

The Courts

The courts in the Republic of Lithuania are independent and only they exercise justice.

Courts with special powers can not be established in Lithuania.

The system of courts consists of the Supreme Court of the Republic of Lithuania, District Courts and other courts of lower level.

The organisation of courts shall be determined by the law on the structure of Courts.

Judges are independent and shall only obey the law and his conscience.

The Chairman of the Supreme Court and judges of the Supreme Court shall be appointed by the President after he has received in advance the approval of the Seimas. They may be removed from office according to the impeachment proceedings.

Other judges shall be appointed or removed on the recommendation of the Council of Judges. The procedure for the establishment of the Council of Judges and its competence shall be determined by the Law on the Organisation of Courts.

All judges may serve in office until age 65. (Alternative: all judges shall be appointed for the term of 12 years.)

A judge may be removed from office before the term expires when court sentence for the crime committed by him comes into force, if he has grossly violated a law, or if he cannot fulfil his duties because of illness.

The immunity of judges shall be guaranteed by law. Judges can not belong to any political party and shall not hold any other payed job.

Citizens' participation in exercising justice shall be determined by the Law on the Organisation of Courts.

Constitutional Supervision

In the Republic of Lithuania there is a state institution of constitutional supervision. It is construed to control the conformity of certain laws and other legislative acts with the Constitution.

Constitutional supervision shall be exercised by the Supreme Court (its Palace of Constitutional Supervision). A law shall establish a special procedure for this supervision.

The Procuracy of the Republic of Lithuania

The Procuracy of the Republic of Lithuania, as part of judicial power, shall execute criminal persecution, preliminary interrogation, shall support the state accusation in criminal cases, by means and ways established by law shall protect and defend the rights and legitimate interests of the state and the citizens.

In its activities the Procuracy shall be guided only by the Constitution and laws.

The Procurator – General of the Republic of Lithuania shall be nominated by the President upon the approval of the Seimas.

The System of State Control

The system of state control shall consist of the following: the State Controller, Environmental Protection, and Cultural Heritage Protection institutions.

State Controller shall monitor the protection of state property, the execution of the State Budget, shall provide an account on the execution of the Budget to the Seimas.

Heads of the state control agencies shall be responsible and accountable to the President of the Republic.

State Controller shall be nominated and removed from office by the President upon approval of the Seimas.

Local Government

The right of local government is guaranteed to rural districts and towns within the limits of the law.

The Cabinet of Ministers shall see that local governments fulfil their duties and that their decisions do not contradict the laws and the legitimate interests of the State.

Disputes between local governments and the Cabinet of Ministers shall be resolved in court.

Amendments to the Constitution of the Republic of Lithuania

The Constitutional provision "the Lithuanian State is an independent democratic Republic" may be amended only through the plebiscite of the whole Lithuanian nation if not less than three-fourths of Lithuania's electorate vote in favour of it.

The Constitutional provisions regarding the powers of the Seimas, President, the Cabinet of Ministers as well as to the rights and freedoms of the citizens may be amended only through the referendum.

The Seimas may adopt other amendments by a majority of not less than three-fifths of all deputies' vote.

Final and Transitional Provisions

The basic principles of the conception of the Constitution of the Republic of Lithuania by the decree of the Supreme Council shall be submitted for public consideration for not shorter than three months period.

The Supreme Council shall form preparation commission of the Constitution for the analysation of the results of the referendum and the preparation of the draft of the Constitution.

If during public consideration alternative views on the provisions of the basic principles of the conception of the Constitution develop, the Commission shall submit proposals for the analysation of public opinion.

The methods of the consideration and adoption of this Draft Constitution shall be determined by the Supreme Council. The Constitution shall be adopted by a majority of no less than two-thirds of all deputies' of the Supreme Council vote and shall be submitted for public voting (referendum).

The basic principles of the conception of the Constitution of the Republic of Lithuania have been drafted by the following group formed by the 7 November, 1990 Decree of the Supreme Council of the Republic of Lithuania:

V. Landsbergis (head of the group), J. Bulavas, A. Dziegoraitis, J. Galginaitis, V. Katkus, P. Küris, K. Lapinskas, Z. Namavičius, V. Pakalniškis, A. Paulauskas, J. Prapiestis, S. Stačiokas, Č. V. Stankevičius, G. Šerkšnys, A. Taurantas, J. Žilys.

Textanhang II/8

Draft Constitution of the Republic of Lithuania (1992)*

The Lithuanian Nation

– having established its State many centuries ago,
– having preserved its native language, writing, and customs,
– having defended its freedom and independence,
– having based legal foundations on the Lithuanian

Statutes and the Constitutions of the Republic of Lithuania,
– consolidating the principles of open civil society on the basis of justice and harmony,
– fostering peace and cooperation with the nations of world community,
– striving to ensure the inborm right of man and nation to live and create in the land of their fathers and forefathers – in the newly reborn independent democratic State of Lithuania, –
– enacts and declares this
CONSTITUTION

---

* 27 April 1992. Presented for Public Consideration by the 21 April 1992. Supreme Council Resolution No. I-2505.

Chapter 1
The State of Lithuania

Article 1

The State of Lithuania shall be an independent and democratic republic.

The independence of the Republic of Lithuania cannot be limited or otherwise violated.

Citizens of the Republic of Lithuania shall have the right to resist anyone who encroaches upon the sovereignty of the State of Lithuania or its territorial integrity by force.

Article 2

Sovereignty in Lithuania shall be vested in the People of Lithuania.

No one may, by any pretext, limit or restrict the sovereignty of the People. No fraction of the People, organisation, or person may make claims to the sovereign powers of the People.

Article 3

The Lithuanian People shall consist of citizens of Lithuania, i. e. Lithuanians, persons of other nationalities who have permanently been residing on the territory of Lithuania, as well as persons who have acquired citizenship of the Republic of Lithuania in accordance with law.

Article 4

The People shall exercise the sovereignty vested in them through the deputies of the Seimas, who are their elected representatives.

The People shall directly exercise their sovereign power through referenda (plebiscites) and elections.

Article 5

The powers of the State shall be obtained from the sovereignty of the People.

In Lithuania, the powers of the State shall be exercised by the Seimas, the President and the Government, and the Judiciary.

Full and absolute power may not be concentrated in any one State institution.

Article 6

The scope of powers granted to each institution of power shall be determined by the Constitution.

The functioning of State institution, their relations with citizens and legal persons shall be based on the Constitution of the Republic of Lithuania and the laws enacted in pursuance thereof.

Article 7

The Constitution of the Republic of Lithuania shall be the basic law of the State, therefore, no legal statutes or actions may contradict the Constitution.

Constitutional review shall be exercised by the Constitutional Court.

Article 8

The Constitution shall be an indivisible and directly applicable statute.

Article 9

Only officially promulgated laws shall be implemented in the Republic of Lithuania. Therefore no person may plead ignorance of the enacted laws.

Article 10

The territory of the Republic of Lithuania shall be unified and shall not be divided into any other State derivatives.

The State borders of Lithuania may be realigned only by an international treaty which has been ratified by three-fourths majority vote of all the deputies of the Seimas, or by a referendum.

Article 11

For the organisation of local administration and local government, the territory of the Republic of Lithuania shall be divided into the following administrative divisions: towns, districts (apskritis), and rural districts (valscius).

The procedure for settling issues of administrative divisions shall be established by law.

Article 12

Citizenship of the Republic of Lithuania shall be acquired by birth, by having the citizenship restored, or on other bases established by law.

Foreign nationals and stateless persons may acquire citizenship of the Republic of Lithuania if they have resided in Lithuania for at least ten years, and if they meet other naturalisation requirements.

Persons of Lithuanian descent who are residing outside of the Republic of Lithuania shall retain priority rights of citizenship of the Republic of Lithuania for an unlimited period of time, and naturalisation terms shall not apply.

The procedures for acquisition and loss of citizenship of the Republic of Lithuania shall be established by law.

Article 13

The State language shall be Lithuanian.

The use of other languages in State and public institutions shall be established by the Law on State Language.

Article 14

The Lithuanian State emblem shall be the white Vytis on a red background.

Article 15

The Lithuanian State flag shall be the national flag, consisting of three equal horizontal stripes: the uppermost stripe being yellow, the middle stripe being green, and the bottom stripe being red.

Article 16
The Lithuanian State anthem shall be Vincas Kudirka's "Tautiska Giesme".

Article 17
The capital of the Republic of Lithuania shall be Vilnius, the long-standing historical capital of Lithuania.

Chapter 2
Human and Civil Rights and Freedoms

Article 18
Personal freedom shall be inviolable. A person may be persecuted, arrested, imprisoned, or subjected to other restrictions of freedom only upon the order of the court, and provided that there are reasonable grounds therefor.

A person may be detained *in flagranti* without a requisite order, but an order from the court concerning this detention must be presented to the detainee within 48 hours. In the event that a court order is not presented, the detained person shall be released immediately.

Article 19
The person shall be inviolable. The use of torture, cruel physical force, and psychological means of influence shall be prohibited.

No laws may be adopted which provide for cruel or degrading punishment.

No person may be subjected to medical testing or scientific influence without his or her consent thereto.

Article 20
The State shall guarantee the inviolability of every individual's private life.

Personal correspondence, telephone conversations, telegraph messages, and other information concerning a person's private life shall be inviolable.

This freedom may only be restricted by a justified court order and in accordance with law.

Article 21
A person's dwelling place shall be inviolable.

Without the consent of the resident(s), the entrance and search of a dwelling place, and the seizure or apprehension of property shall only be permitted when there is a corresponding court order, or according to the procedure established by law when the objective of such an action is to protect a person's life, health, or property.

Article 22
Each person shall have the right to develop and hold his or her opinion and convictions, and to express his or her own ideas in a peaceful way.

Each person shall have the right to freely seek, receive, and impart any information or ideas, regardless of frontiers, by means of speech, writing, press, and other mass media, through artistic expression, and in other ways at his or her own discretion.

Citizens shall have the right to obtain any available information which concerns them from State agencies, in the manner established by law.

Freedom of expression may only be restricted by law in order to protect a person's honour, dignity, or privacy, or for the benefit of the morality of the people, or for reasons of State security.

Article 23
Every person shall freely exercise the freedom of conscience and religion.

Every person shall have the right to freely choose his or her religion or belief, and, either individually or in community with others and in public or private, to manifest his or her religion or belief in worship, observance, practice and teaching.

No person may coerce another person or be subject to coercion to adopt or profess any religion or belief.

A person's freedom to manifest his or her religion or belief may be subject only to such limitations as are prescribed by the laws of the Republic of Lithuania and are necessary to protect public safety, order, health, or morals or the fundamental rights and freedoms of others.

Parents and legal guardians shall have the liberty to ensure the religious and moral education of their children in conformity with their own convictions.

Article 24
All people shall be equal before the law and the court.

An individual shall in no way be restricted or privileged on the basis of sex, race, nationality, language, origin, social status, religion, convictions, or opinions.

Article 25
Every indicted person shall have the right to a fair and public hearing by an independent and impartial court.

Punishment may only be administered or applied on the basis of law. No person may be punished for the same offence twice.

Persons cannot be compelled to give evidence against themselves or against their family members.

Article 26
Liabilities may only be imposed upon a person in accordance with the law.

Article 27

Citizen of the Republic of Lithuania may not be extradited to foreign states, except in cases provided for by international agreements whereto the Republic of Lithuania is a party.

Article 28

The right of each citizen of the Republic of Lithuania to reside anywhere in the Republic of Lithuania shall not be subject to any resrictions except those which are provided by law, are necessary to protect a person's life or health, or State security.

Citizens of the Republic of Lithuania shall have the right to leave and return to their country.

Article 29

Citizens of the Republic of Lithuania shall have the right to participate in the government of their State both directly and through their freely elected representatives, and shall have the equal opportunity to serve in a State office of the Republic of Lithuania.

Each citizen shall also have the right to criticize the shortcomings of State institutions, and to submit proposals concerning the improvement of their work.

Citizens of the Republic of Lithuania shall be guaranteed the right to petition, i. e. the right to appeal to State institutions to settle the proposed issue of public significance, in the manner established by law. Every petition must be ackowledged in accordance with the law.

Article 30

Citizens of the Republic of Lithuania shall have the right to vote.

Citizens who, on the election day, are 18 years of age or over, shall have the right to vote in the election.

The right to be elected shall be established by the Constitution of the Republic of Lithuania or by the election laws.

Citizens who are declared legally incapable by court, as well as persons who are being confined in connection with the investigation of a criminal case or in accordance with a court sentence (order), shall not participate in elections.

Article 31

Every citizen of the Republic of Lithuania shall have the right to form associations (societies). In cases established by law, associations shall be registered.

Secret associations, and associations which are pursuing unlawful objectives and which are directed against the Constitutional system shall be prohibited. Associations of militarised type shall be established in accordance with law. Associations whose activities contravene the law may be dissolved or suspended by court order.

No person may be forced to belong to any association.

Article 32

Citizens of the Republic of Lithuania shall have the right to assemble in peaceful, unarmed meetings.

This right may be restricted only by law if meetings in public places are liable to pose a threat to the security of the State or the community.

Article 33

While exercising their rights and freedoms, persons must observe the Constitution and the laws of the Republic of Lithuania, and must not impair the legitimate interests of other people.

Article 34

Every person whose constitutional rights or freedoms are violated shall have the right to appeal to court.

The law shall establish the procedure for compensating material and moral damage inflicted on a person.

Article 35

Basic rights and freedoms set forth in Articles 20, 21, 22, 23, and 32 of this Constitution may be restricted by law in the event that a state of emergency or martial law is introduced.

Chapter 3
Society and the State

Article 36

A person's natural and inalienable right of ownership shall be the main guaranty that personal interests and freedoms shall be implemented, and shall also be the premise that property shall be utilized morally and rationally.

The State shall guarantee the right of every person to own property, either alone or together with other persons, and shall also guarantee the right of inheritance.

Land, internal waters, forests, and parks may belong only to citizens of the Republic of Lithuania by the right of ownership.

Plots of land may belong to foreign diplomatic and consular missions by the right of ownership, according to the procedure and conditions established by the laws of the Republic of Lithuania.

In utilizing property, an owner may not harm the common welfare, or the rights and freedoms of citizens.

The right of ownership is inviolable. It may only

be restricted in the event that the property is appropriated for public needs in the manner established by law, and is adequately compensated for.

Article 37

The right of ownerships of entrails of the earth, territorial waters, as well as nationally significant internal waters, forests, parks, roads, and archaeological and cultural facilities shall exclusively belong to the Republic of Lithuania.

The Republic of Lithuania shall have the sole right to air-space over the territory of the Republic of Lithuania, its continental shelf, and the economic zone in the Baltic Sea.

Article 38

Every person shall have the right to freely an occupation, to work in safe and healthy conditions, to be adequately compensated for work, and to be protected from unemployment.

The employment of foreigners in the Republic of Lithiania shall be legislated by law.

Forced labour is prohibited.

Military service or alternative service, as well as labour which is executed during war, natural calamity, epidemic, or other urgent circumstances, shall not be deemed as forced labour. Labour which is executed by convicts in places of confinement and which is regulated by law shall not be deemed as forced labour either.

Article 39

Every person shall have the right to rest, leisure, and annual paid vacations.

Working hours shall be established by law.

Article 40

Trade unions shall be freely established and shall function independently. All trade unions shall have equal rights.

Article 41

Employees shall have the right to strike in order to protect their collective economic and social interests.

The restrictions of this right, and the conditions and procedures for the implementation thereof shall be established by law.

Article 42

Freedom of private initiative shall be guaranteed.

Private initiative and commercial activities which are designed to restrict freedom of competition shall be prohibited.

The procedures and conditions for the implementation of the private initiative rights of foreign legal and natural persons in the Republic of Lithuania shall be established by law.

Consumer interests shall be protected by society and the State.

Article 43

The State shall be responsible for securing an adequate standard of living for its citizens by way of economic and social means.

The citizens shall have the right to old age and disability pension, social assistance in cases of unemployment, sickness, widowhood, loss of breadwinner, and other cases provided by law.

Article 44

The State shall consider health a national wealth, and shall therefor guarantee health care, limit activities which are harmful to health by law, and encourage people to strive to be in good health.

Citizens of the Republic of Lithuania shall have the right to free medical aid at state medical institutions and to healthy working and living conditions regulated by law.

All citizens must protect the environment from harmful influences.

Article 45

The State shall recognise family as the basis of society.

Marriage shall be entered into with free consent of man and woman.

Motherhood, fatherhood, family, and childhood shall be in the special care of society and the State.

All children, born both in or out of wedlock, shall enjoy equal social security.

The duty of parents is to support and bring up their children who are under age, and to inspire them with a love for their homeland and the readiness to sacrifice themselves for the sake thereof.

The duty of children is to respect their parents, to care for them in old age, and to preserve their heritage.

Article 46

In Lithuania men and women shall have equal rights – equal opportunities to acquire education or professional training, to work, to be paid and promoted, as well as to participate in public, political, or cultural activities.

Special labour protection and health care measures for women shall be established by law.

Mothers who raise two or more children at home shall be paid according to law, as their work shall be deemed socially significant.

Article 47

Culture, science, research and teaching shall be unrestricted.

The State and society shall be concerned with the fostering of science and national culture, with the enrichment and cherishing of spiritual values, and with the protection of historical and cultural monuments and their extensive use in fostering the moral and aesthetic development of the people.

The law shall defend and protect the spiritual and material interests of authors related to scientific, cultural, and artistic work.

Article 48

The national educational system in the Republic of Lithuania shall work in accordance with the historical and cultural traditions of the country and its economic needs.

Institutions of higher learning shall enjoy academic autonomy.

State and local government teaching and educational establishments are secular. Religion may be taught at them in the manner established by law.

Private educational institutions may be established in addition to State educational institutions according to the procedures established by law.

The State shall supervise the activities of educational institutions.

Article 49

Education shall be compulsory for persons until they reach the age of 16. Education at state (local government) secondary and vocational schools shall be free of charge.

Every person shall have an equal opportunity to attain higher education, and admission shall be based on each person's individual abilities. For citizens of the Republic of Lithuania education at state institutions of higher learning shall be free of charge with the exception of cases established by law.

Article 50

Institutions and persons involved in educational work must foster tolerance, mutual understanding and communication between individuals and ethnic, religious, and social groups.

The State and society shall foster international cooperation in the spheres of science, culture, and education.

Article 51

Mass media shall be unrestricted and shall be only liable if it violates the Constitution or the laws of the Republic of Lithuania.

Censorship is prohibited.

Mass media may not be mnonopolized by the State, political parties, public organizations, or legal and natural persons.

Article 52

The State shall recognise traditional in Lithuania churches and religious organisations and other churches and religious organisations if their teach-

ing and rites do not contradict the law, morality, and public order.

The churches and religious organisations recognized by the State shall have the rights of legal persons and shall freely function according to their canons and statutes. The performance of religious rites, other religious activities, and prayer houses may not be used for the purposes that cotradict the Constitution and the law.

No religion may be State religion.

The State shall quarantee the Church the possibility to perform religious rites in the army, hospitals, homes for the elderly, and orphanages.

Article 53

Diversity of political organisations in Lithuania is the premise and guaranty of democracy.

Political parties shall form and express the political will of the citizens.

In the Republic of Lithuania, political parties which propagate racial, national, social, or religious hostility and hatred, and which strive to change the democratic constitutional system, may not be established.

The procedure of the establishment of political parties and of their activities shall be legislated by laws.

Article 54

Ethnic communities shall independently manage their affairs of ethnic culture, education, charity, and mutual assistance. The State shall provide support for ethnic communities.

Article 55

The State and society, recognising that the person is an inseparable part of nature, shall take measures, in the interest of present and future generations, to protect natural environment, its fauna and flora, landescape, as well as other units of nature and localities which are important to the country from the scientific, cultural, or aesthetic point of view, and shall concern themselves with reasonable and moderate utilization of natural resources, their restoration, and augmentation.

The exhaustion of land and entrails of the earth, the pollution of waters and air, radio-active impact, as well as the impoverishment of fauna and flora, shall be prohibited by law.

Chapter 4
The Seimas

Article 56

The Seimas is the supreme and sole organ of State power representing the Lithuanian People, and has the exclusive power of legislation.

The Seimas shall be accountable only to the People, and therefore its activities cannot be restricted, terminated, or suspended by anyone under any pretext.

Article 57

The Seimas shall consist of 140 deputies; these deputies shall be chosen for a four-year term by universal, equal, and direct secret-ballot elections. General elections shall be held every two years, on the second Sunday of February. At each general election, half of the Seimas deputies shall be subject to re-election.

Article 58

Any citizen of Lithuania who is 27 years of age or over, has the right to vote, and has resided in Lithuania for at least five years, shall be eligible for nomination as a candidate for Seimas deputy.

The procedure for organizing and executing the nomination of deputy candidates as well as their election shall be established by the Law on Election to the Seimas.

Minimum expenses related to the preparation and organisation of Seimas deputy elections, shall be borne by the State. The procedure for additional financing of election campaign shall be established by law.

Article 59

The term of office of a newly-elected Seimas deputy shall commence on the day that the previously elected deputy's term expires.

A newly-elected deputy shall acquire all of the rights of a Seimas deputy only after taking on oath or solemnly pledging allegiance to the Republic of Lithuania in the Seimas.

A newly-elected Seimas deputy who either does not take an oath or give a pledge in the manner prescribed by law, takes a conditional oath or gives a conditional pledge, or refuses to take an oath or give a pledge, shall lose the mandate of a deputy. The Seimas shall adopt a corresponding resolution thereon.

Article 60

The principal duty of a Seimas deputy is to competently represent the People of Lithuania. All of the Seimas deputies must permanently work in the Seimas, except in the cases specified in Article 61 of the Constitution.

In the work of the Seimas, a deputy must strive for the realisation of the common interests and general welfare of Lithuania, without placing his or her personal, professional, trade, local territorial, or other partial interests above them.

In office, the deputies shall act in accordance with the Constitution of the Republic of Lithuania, the interests of the State, and their own consciences. A

deputy may not be restricted by any imperative mandates.

Article 61

The duties of a Seimas deputy shall be incompatible with any other duties in State institutions or organisations outside the Seimas, as well as with work in trade, commercial and other private institutions or enterprises, with the exception of the implementation of property owner's rights.

A Seimas deputy may be appointed only as head of the Government or Minister.

Article 62

During sessions, a deputy of the Seimas shall have the right to submit an inquiry to the Government and its members, and to the heads of other State bodies formed or elected by the Seimas. Said persons or bodies must respond orally or in writing at the session of the Seimas, in the manner established by the Seimas.

At the session of the Seimas, a group of deputies may submit an interpellation to the Prime Minister or a Minister.

A deputy of the Seimas shall have the right to address all State bodies, as well as State enterprises, institutions, and organisations, on issues concerning the activities of the deputies, and shall have the right to obtain the requisite information from them, and to participate in the discussion of the issue(s) in question. The heads of these bodies, enterprises, institutions and organisations must receive the deputy without delay, and consider his or her proposals within a fixed period.

Article 63

A deputy of the Seimas shall not be responsible for the voting in the Seimas, or for the speeches which are directly related to his or her parliamentary activities.

Article 64

The person of a Seimas deputy shall be inviolable. A deputy may not be found criminally responsible, may not be arrested, and may not be denied personal freedom without the consent of the Seimas.

Article 65

Conditions shall be ensured for Seimas deputies to freely and efficiently carry out their duties and exercise their rights.

Deputied shall be remunerated for their service in the Seimas, and all expenses incurred from related activities shall be reimbursed with funds from the State budget. A deputy may not receive any other salary, except in cases provided for in part 2 of Article 61 of the Constitution.

The duties, rights, and guaranty of activities of a

Seimas deputy shall be established by the Law on the Status of a Seimas Deputy.

Article 66

Every year, the Seimas shall convene for two regular sessions – one in spring and one in fall. The spring session shall commence on March 10th and shall end on June 30th. The fall session shall commence on September 10th and shall end on December 23rd. The Seimas may resolve to prolong a session.

Extraordinary sessions shall be convened at the initiative of the leadership (bureau) of the Seimas, or upon the proposal of at least one-third of all the Seimas deputies.

Seimas sessions shall consist of sittings of the Seimas, as well as sittings of the Seimas standing committees and other committees which shall be held in the period between the Seimas sittings. Sessions shall begin and end with a sitting of the Seimas.

Article 67

Sittings of the Seimas shall be open to the public.

The Seimas may decide to hold closed sittings as well.

Regular sittings of the Seimas shall be held according to procedures prescribed by the Rules of the Seimas.

Article 68

The Chairman or Assistent Chairman of the Seimas shall preside over sittings of the Seimas.

The sitting directly following elections of the Seimas shall be opened by one of the eldest deputies of the Seimas. The Seimas Chairman shall then be elected and shall preside over the remainder of the sitting.

Article 69

The Seimas shall, by secret ballot, elect the Seimas leadership (the Chairman of the Seimas, two Assistant Chairmen, and the Secretary of the Seimas) for a two-year term.

The aforesaid officials shall represent the Seimas, shall ensure efficient work of the Seimas, shall, as necessary, assist the deputies in exercising their powers, and shall direct the Seimas staff.

The leadership of the Seimas shall remain in office until the newly-elected Seimas body convenes for its first sitting.

The Seimas leadership shall be accountable to the Seimas for its activities. At the request of one-third of the all the deputies, the Seimas may, at any time, by secret ballot remove from office the Seimas leadership, or individual members thereof.

Article 70

Standing committees shall be formed from the deputies in the Seimas.

The standing committees shall draft laws and other legislative acts, shall prepare and give preliminary consideration to questions within the powers of the Seimas, and shall supervise the activities of State organisations (with the exception of the court).

The Seimas may form special committees for the drafting of laws and for additional examination thereof.

As necessary, the Seimas shall form investigation, auditing, and other ad hoc committees.

Article 71

Within its powers, the Seimas shall:

1. consider and enact amendments to the Constitution in accordance with the procedure established in Chapter 12;

2. enact laws;

3. adopt resolutions for the organisation of a referendum or plebiscite in the Republic of Lithuania;

4. form State bodies accountable to the Seimas, and shall appoint their chief officers;

5. consider and approve the composition of the Government submitted by the Prime Minister, and the programme of activities thereof; shall receive the resignation of the Government or individual Ministers;

6. upon the recommendation of the Government, abolish or establish new ministries of the Republic of Lithuania;

7. supervise the activities of the Government, and of other bodies accountable to the Seimas; shall resolve the issue of confidence in their chief officers or Ministers;

8. appoint judges to the Constitutional Court, as from among them shall elect by secret ballot the Chairman of the Constitutional Court;

9. appoint judges to the Supreme Court, as from among them shall appoint the Chairman of the Supreme Court;

10. announce the elections of the President of the Republic of Lithuania, of the Seimas deputies, and of deputies of local government Councils, and shall approve and change the members of the Republic Electoral Committee;

11. approve the State budget and supervise the implementation thereof;

12. establish State taxes and other obligatory payments;

13. approve long-term investment programmes;

14. ratify or denounce international treaties whereto the Republic of Lithuania is a party, and shall consider other issues of foreign policy;

15. establish administrative territorial division of the Republic;

16. establish State awards of the Republic of Lithuania;

17. issue acts of amnesty;

18. imose martial law, announce mobilisation, as well as shall adopt a decision to use Armed Forces; and

19. establish direct administration or announce a state of emergency.

Unless the Constitution provides otherwise, the Seimas may also consider and resolve all other issues concerning State affairs, except those issues which are under the exclusive control of the People of Lithuania or those that are assigned to the province of the court.

Article 72

The Seimas shall adopt laws, resolutions, declarations, decisions, statements, and appeals.

The right of legislative initiative in the Seimas shall belong to the Seimas deputies and the President of the Republic, together with the Government.

Citizens of Lithuania shall also have the right of legislative initiative. A draft law may be submitted to the Seimas by 50,000 citizens of the Republic of Lithuania who have the right to vote. The Seimas must consider this draft law.

Article 73

Laws shall be enacted in the Seimas in accordance with the procedure requiring three discussions. Upon the decision of the Seimas, a more urgent procedure for enacting laws may be adopted.

Draft laws and other urgent issues concerning the State and public affairs of the Republic may be submitted to the public for consideration prior to the third discussion thereof in the Seimas.

Article 74

Constitutional laws of the Republic of Lithuania shall be deemed adopted if at least two-thirds of all the Seimas deputies vote in the affirmative. Laws directly specified in this Constitution shall be considered constitutional laws.

Common laws, resolutions of the Seimas, and declarations shall be deemed adopted if the majority of all the Seimas deputies participating in the sitting vote in favour of the issue in question, provided that at least two-thirds of all the Seimas deputies are participating in the sitting.

Other acts of the Seimas shall be deemed adopted if the majority of deputies participating in the sitting vote in favour of the act, provided that at least one half of all the deputies of the Seimas are present at the sitting.

Laws of the Republic of Lithuania may also be adopted by a referendum. Drafts of laws to be submitted for a referendum must first be considered and adopted by the Seimas.

Article 75

The laws enacted by the Seimas shall be enforced beginning the day after the signing and official promulgation thereof by the President of the Republic of Lithuania.

The Rules of the Seimas and other acts adopted by the Seimas shall be signed by the Chairman of the Seimas. Said acts shall become effective the day after the promulgation thereof, unless the acts themselves provide another procedure for their enforcement.

Article 76

Within ten days of receiving a law passed by the Seimas, the President of the Republic shall either sign and officially promulgate said law, or shall refer it back to the Seimas together with relevant reasons for reconsideration.

In the event that the law enacted by the Seimas is not vetoed or signed by the President of the Republic within the established period, the law shall become effective upon the signing and official promulgation thereof by the Chairman of the Seimas.

Article 77

A law vetoed by the President of the Republic may be reconsidered and enacted by the Seimas, provided this is done at the same session of the Seimas.

After reconsideration by the Seimas, a constitutional law shall be deemed enacted if at least two-thirds, and a common law – if at least three-fifths of all the Seimas deputies vote in the affirmative.

The President of the Republic must within three days sign and immediately threafter promulgate the law re-enacted by the Seimas.

Article 78

The State Controller shall supervise the utilization legitimacy of State property, the use of the State financial resources, and the fulfillment of the budget. The State Controller and Assistant Controllers shall be appointed and removed from office by the Seimas. The system of State Control and the procedures of its activities shall be established by law.

As necessary, the Seimas shall establish other institutions of control, the system and procedures of functioning whereof shall be established by law.

Article 79

For gross violation of the Constitution, or break of the oath or pledge of office, or upon the disclosure of the fact of felony, the Seimas may, by three-fifths majority vote of all the Seimas deputies, remove from office the President, Constitutional Court judges, Supreme Court judges, Court of Appeal judges, and Seimas deputies, or revoke their mandate of a deputy. Such actions shall be done according to the impeachment proceedings which shall be established by the Rules of the Seimas.

Article 80

Other officers appointed or chosen by the Seimas (with the exception of judges, and persons specified in Article 79) may be removed from office when the Seimas by majority vote of all the deputes expresses non-confidence in the officer in question.

Article 81

The organisation of the structure of the Seimas, and the procedure of activities of the Seimas shall be established by the Rules of the Seimas which shall be approved or altered by two-thirds majority vote of all the Seimas deputies.

Chapter 5
The President of the Republic

Article 82

The President of the Republic is the highest state officer representing the Republic of Lithuania in national affairs and in international relations. Together with the Government, the President shall implement executive power.

Article 83

The President of the Republic shall be elected for a term of four years. The same person may not serve as President of the Republic of Lithuania for more than two consecutive terms.

In order to be elected President of the Republic of Lithuania, a person must be between the ages of 35 and 65, must be a citizen of the Republic of Lithuania by birth, must have lived in Lithuania for no less than the past ten years, and must have the right to vote.

Article 84

Any citizen who meets the requirements set forth in Article 83 and has collected the signatures of at least 20,000 coters shall be registered as a presidential candidate.

The number of presidential candidates shall not be limited.

Article 85

The President of the Republic shall be elected by the citizens of the Republic of Lithuania on the basis of universal, equal, and direct suffrage by secret ballot. Regular presidential elections shall be held simultaneously with elections to the Seimas.

The election of the President of the Republic shall be deemed valid of more than half of the registered voters perticipated therein.

The candidate for whom more than a half of the electors vote shall be deemed the elected President.

If during the first election round, not a single candidate gets the requisite number of votes, a repeat election shall be organized after two weeks between the two candidates who received the greatest number of votes. The candidate who receives more votes thereafter shall be deemed President.

Article 86

Before taking office, the President of the Republic shall, in the Seimas, swear to be loyal to the Republic of Lithuania and its Constitution, to conscientiously fulfill his duties, and to be equally just to all.

Article 87

The President of the Republic may not be a deputy of the Seimas or hold any other office, and may not receive any remuneration other than the salary established for the President.

Article 88

The powers of the President of the Republic shall be as follows:

1. to represent the Republic of Lithuania in national affairs and in international relations;

2. to sign international treaties of the Republic of Lithuania and to submit them to the Seimas of the Republic of Lithuania for ratification;

3. upon the recommendation of the Government, to appoint or recall dipolomatic representatives of Lithuania in foreign countries and in international organizations; to receive letters of credence and recall;

4. upon the recommendation of the Government, to confer or divest of highest diplomatic ranks and other special titles;

5. upon the approval of the Seimas, to appoint the Prime Minister, and to charge him to form the Government;

6. between sessions of the Seimas, to receive resignations from the Government or its individual Ministers, and if necessary, to commission them to continue exercising their functions until a new Government is formed or a new member of the Government is approved;

7. upon the approval of the Seimas, to appoint, or dismiss, as necessary, high state officers provided by law;

8. to propose Supreme Court judge candidates, and from among them – the Chairman of the Supreme Court to the Seimas; to appoint, with appro-

val of the Seimas, judges of the Court of Appeal, and from among them – Chairman of the Court of Appeal; to appoint judges and chairmen of district and local district courts, and as necessary, to change their places of office; in cases provided by law, to propose the dismissal of judges of district or local district courts to the Seimas;

9. upon the approval of the Seimas, to appoint or dismiss military officers of the highest ranks and to confer highest military ranks;

10. in the case of an armed attack which threatens state sovereignty or territorial integrity, to adopt decisions on defence against such armed aggression, imposition of martial law, as well as mobilisation, and to submit these decisions to the next sitting of the Seimas for approval;

11. according to the procedures and situations established by law, to declare a state of emergency, and to submit this decision to the next sitting of the Seimas' for approval;

12. to make annual reports in the Seimas about the situation in Lithuania and its domestic and foreign policies;

13. in cases set forth in items 10 and 11 of this Article, to call an extraordinary session or sitting of the Seimas;

14. to settle questions concerning the granting or deprivation of citizenship of the Republic of Lithuania;

15. to confer state awards;

16. to grant pardon; and

17. to sign and promulgate laws adopted by the Seimas or to refer them back to the Seimas according to the procedure provided for in Article 76 of the Constitution.

Article 89
The President of the Republic shall, with the powers vested in him, issue decrees. The President's decrees, with the exception of cases set forth in items 5, 6, 7, 12, 13, and 17 of Article 88 of the Constitution, shall be valid only if they bear the signature of the Prime Minister or appropriate Minister. Responsibility for such act pertains to the Prime Minister or to the Minister signing it.

The President of the Republic shall implement decisions concerning the activities of agencies subordinate to him by issuing directives.

Article 90
The person of the President shall be inviolable: while in office, he cannot be arrested, neither can criminal or administrative proceedings be instituted against him.

The President may be prematurely removed from office only for gross violation of the Constitution, or for braeking his oath of office, as well as if he is found guilty of an offence. The Seimas shall resolve the issue concerning the dismissal of the President from office according to the impeachment proceedings.

Article 91
The powers of the President of the Republic shall be terminated:

1. upon the expiration of the term;

2. upon resignation from office;

3. upon the death of the President;

4. upon dismissal by the Seimas according to impeachment proceedings; and

5. when the Seimas resolves by two-thirds majority vote of all its deputies, that the President is unable to fulfill the duties of office because of health reasons.

Article 92
In the event that the President dies, resigns, or is unable to fulfill the duties of office, his or her duties shall temporarily be passed over to the Chairman of the Seimas. In such a case, the Chairman of the Seimas shall lose power in the Seimas, and the duties of Chairman shall temporarily be carried out by one of the Assistant Chairmen.

In the said cases, except temporary replacement of the President, the Seimas shall immediately announce the election of a new President for the remainder of the former President's term. An election of a new President shall not be held if the remaining term of office is less than one year.

Chapter 6
The Government of the Republic of Lithuania

Article 93
The Government of the Republic of Lithuania is an institution of executive power. The Government, together with the President, shall shape and implement domestic policy and together foreign policy within the limits of their powers.

The Government of the Republic of Lithuania consists of the Ministers and the Prime Minister.

Article 94
The Government of the Republic of Lithuania shall:

1. protect the inviolability of the borders of the Republic of Lithuania, ensure State security and public order;

2. organize the implementation of laws and resolutions of the Seimas;

3. direct and coordinate the activities of the ministries and other governmental institutions;

4. prepare the draft budget and submit it to the

Seimas; organize the execution of the State Budget and report on the fulfillment of the budget to the Seimas;

5. draft bills and submit them to the Seimas for consideration;

6. establish and maintain relations with foreign countries and international organisations; and

7. discharge other duties prescribed to the Government by the Constitution and other laws.

Article 95

The Government of the Republic of Lithuania shall resolve general state affairs by issuing directives which must be passed by a majority vote of all members of the Government.

The Government of the Republic of Lithuania shall issue directives pursuant the Constitution and the laws of the Republic of Lithuania and they shall be enforced throughout the territory of the Republic of Lithuania.

Government directives shall be signed by the Prime Minister and the appropriate Minister.

Article 96

The Government of the Republic of Lithuania shall be solidarily responsible to the Seimas for the general activities of the Government. The Ministers shall be individually responsible to the Prime Minister and the Seimas for the management of affairs assigned to them.

Article 97

The Prime Minister shall, with the approval of the Seimas, be nominated by the President of the Republic of Lithuania.

The Prime Minister, not later than within 15 days of his appointment, shall submit the composition of the Government and the programme of its activities to the Seimas for consideration, and shall request to resolve the issue of confidence in the Government.

Article 98

Before entering into office, the Prime Minister and the Ministers shall, in the Seimas, solemnly swear to be loyal to the Republic of Lithuania, to carry out the Constitution and the laws, and to conscientiously fulfill their duties. The text of the oath shall be provided for in the Law on the Government.

Article 99

The Prime Minister shall represent the Government of the Republic of Lithuania and shall direct its activities.

In the absence of the Prime Minister, or when the Prime Minister is unable to fulfill his or her duties, the President of the Republic of Lithuania, upon the recommendation of the Prime Minister, shall charge one of the Ministers to substitute for the Prime Minister during that period.

Article 100

A Minister shall head his respective ministry, shall resolve issues assigned to the competence of his ministry, and shall also discharge other duties prescribed by laws.

A Minister may be temporarily substituted only by another Minister charged by the Prime Minister.

Article 101

The Government and individual Ministers must have the confidence of the Seimas.

The Government must resign if:

1. the majority of all the Seimas deputies express a lack of confidence in the Government or in the Prime Minister in a secret ballot vote;

2. a new President is elected;

3. the Prime Minister resigns or dies; or

4. more than a half of the Ministers simultaneously resign.

The Government shall resign after the regular election of the Seimas or shall request the Seimas to resolve the issue of confidence in the Government.

A Minister must resign if more than a half of the Seimas deputies or the Prime Minister expresses a lack of confidence in him or her.

If the Seimas expresses non-confidence in an individual Minister, the Prime Minister may intercede on behalf of the Minister. If the Seimas repeatedly expresses non-confidence in the said Minister, the Prime Minister must resign.

Article 102

If the Seimas two times disapproves of the programme of the Government's activities within 45 days of the nomination of the Prime Minister, or if the Seimas expresses non-confidence in the Government within six months of its formation, the President of the Republic shall form a Provisional Government for a period of six months. In such an event, the President shall nominate the Prime Minister, and on the recommendation of the Prime Minister, shall nominate other Ministers. While a Provisional Government is in effect, the President of the Republic of Lithuania shall appoint or dismiss the Prime Minister and the Ministers.

The Seimas cannot express non-confidence in the Provisional Government, but if a Minister violates the Constitution or the laws, or abuses his or her power, the President shall, on the recommendation of the Seimas, dismiss said Minister.

Article 103

Upon the expiration of the six-month period, the Provisional Government shall either resign or submit a programme to the Seimas requesting that the Seimas consider and resolve the question of confidence in this Government.

Upon the resignation of the Provisional Government, the formation of a new Government shall be carried out according to the procedure established by the Constitution.

Article 104

The Ministers and Prime Minister may not hold any other office subject to nomination or election, may not be employed in business, commercial or other private institutions or companies, with the exception of the implementation of the rights of property owner, and may not receive a regular remuneration other than the salary established for his or her respective Government office.

Article 105

The Ministers and Prime Minister may not be prosecuted, arrested or have their freedoms restricted for committing an offence without the preliminary consent of the Seimas, or, if the Seimas is not in session, of the President.

Chapter 7
The Court

Article 106

In the Republic of Lithuania, the courts shall have the exclusive right to administer justice.

While administering justice, the judges and the courts shall be independent of any other state institutions, persons, or organisations.

While investigating cases, judges shall obey only the laws.

Article 107

Judges may not apply laws which contradict the Constitution.

In cases where there are grounds to believe that the law or any other legal act applicable in a certain case contradicts the Constitution, the judge shall suspend the investigation and shall appeal to the Constitutional Court to decide whether the law or any other legal act in question complies with the Constitution.

Article 108

The court system of the Republic of Lithuania shall consist of the Supreme Court, the Court of Appeal, district courts, and local courts.

For the investigation of certain litigations, other courts may be established pursuant to law.

Courts with special powers may not be established in the Republic of Lithuania.

The organisation and competence of courts shall be determined by the Law on Courts in the Republic of Lithuania.

Article 109

Supreme Court judges and from among them, the Chairman of the Supreme Court shall be appointed by the President of the Republic of Lithuania upon the recommendation of the Seimas.

Judges of the Court of Appeal, and from among them, the Chairman, shall be appointed by the President of the Republic of Lithuania upon the approval of the Seimas.

Judges and chairmen of district courts, local courts, and other special courts shall be appointed, and if necessary, transferred to other places of office, by the President of the Republic of Lithuania.

The Lithuanian Senate of Judges shall consider and select candidatures for judges, and submit recommendations concerning their appointment, promotion, transference, or dismissal from office to the President.

Article 110

A judge may not hold any other elected or appointed posts, may not be employed in business, commercial, or any other private institution or company, with the exception of the implementation of property rights of an owner. He may neither receive any remuneration other than the salary established for a judge, and payments for educational, scientific, or creative activities.

A judge may not be involved in any political organisations (parties).

Article 111

State authorities and governmental bodies, political parties, public organizations, officers, and other citizens shall be prohibited from interfering with the activities of a judge or the court, and upon violation of this shall be held responsible by law.

Legal actions may not be instituted against a judge, neither he may be arrested, or restricted of personal freedom without the consent of the Seimas, or, in the period between sessions of the Seimas, of the President of the Republic of Lithuania.

Article 112

A court judge of the Republic of Lithuania may be dismissed from office according to the procedure established by law in the following cases:

1. at his or her own will;

2. upon reaching pensionable age determined by law;

3. for reasons of health; and

4. upon appointment to another office or upon voluntary transference to another place of office.

If a judge's position is discredited by his or her behaviour, or if a judge is found guilty of a criminal offence, he or she may be removed from office. The procedure for removing a judge from office shall be established by the Law on Courts of the Republic of Lithuania.

Article 113

If a judge of the Supreme Court of the Court of Appeal grossly violates the Constitution, breaks the oath of office, or is found guilty of an offence, the Seimas may remove the judge from office according to the impeachment proceedings.

Article 114

A person shall be considered innocent unless proven guilty according to the procedures established by law and by the executive sentence of the court.

A person suspected of committing an offence or the defendant shall be eligible for the right of defence, including defence counseling, from the moment of their first examination.

In all courts, the investigation of cases shall be open to the public. Closed court sittings may be held in order to protect the secrecy of a citizen's or the citizen's family's private life, or to prevent the disclosure of state, professional, or commercial secrets.

In the Republic of Lithuania, court trials shall be conducted in the Lithuanian language.

Persons participating in a case who do not speak Lithuanian shall be entitled to an interpreter to help get acquainted with the case material, and shall be permitted to use his or her native language in court.

Article 115

The courts of the Republic of Lithuania shall have public prosecutors who shall prosecute criminal cases on behalf of the State, and shall carry out criminal prosecution, supervise the activities of interogation bodies and shall carry out pre-trial interrogations.

The procedure for appointing public prosecutors and the status of public prosecutors shall be established by law.

Chapter 8
Constitutional Court

Article 116

The Constitutional Court shall review laws and other legal statutes adopted by the Seimas, the President, or the Government to ensure that they comply with the Constitution.

The status of the Constitutional Court and the procedure of the execution of powers thereof shall be established by the Law on the Constitutional Court of the Republic of Lithuania.

Article 117

The Constitutional Court shall consist of 9 judges appointed for the term of 9 years. One-third of the Constitutional Court membership shall be renewed every three years. The judges of the Constitutional Court shall be chosen by the Seimas, upon the proposal of the Chairman of the Seimas, from the candidates nominated by state legal institutions and institutions of legal science.

The Seimas shall elect by secret ballot from among the members of the Court the Chairman of the Constitutional Court for the term of three years.

Citizens of the Republic of Lithuania who have an impeccable reputation, who are trained in law, and who have, for at least 15 years, served in the legal profession or in an area of education related to his or her qualifications as a lawyer, shall be eligible for appointment as judges of the Constitutional Court.

Article 118

In fulfilling their duties, judges of the Constitutional Court shall act independently of any other State institution, person, or organisation, and shall exercise Constitutional review pursuant only to the Constitution of the Republic of Lithuania.

Restrictions of the right to work or engage in political activities which are imposed on court judges shall also be applicable to judges of the Constitutional Court.

Judges of the Constitutional Court shall have the same right to the immunity of person as the Seimas deputies.

Article 119

The Constitutional Court of the Republic of Lithuania shall consider whether the following laws, legal acts, and directives are in conformity with the Constitution of the Republic of Lithuania:

1. the laws of the Republic of Lithuania, and other acts adopted by the Seimas;

2. decrees of the President of the Republic of Lithiania; and

3. directives of the Government of the Republic of Lithuania.

The Constitutional Court of the Republic of Lithuania shall present conclusions concerning:

1. the violation of election laws during elections of the President or of certain deputies of the Seimas;

2. the health condition of the President of the Republic of Lithuania, and his capacity to continue in office; and

3. the constitutionality of international agreements of the Republic of Lithuania.

Article 120

The Government, a group of at least one-fifth of all the Seimas deputies, and the courts shall have the right of initiative to address the Constitutional Court in cases provided for in part 1 of Article 119 hereof. The President of the Republic may also address the Constitutional Court on issues concerning the constitutionality of the acts adopted by the Government.

The Seimas shall have the right to apply for a conclusion of the Constitutional Court in cases specified in part 2 of Article 119 hereof.

Article 121

A law (or a part thereof) of the Republic of Lithuania, or any other act (or a part thereof) of the Seimas, a decree of the President of the Republic of Lithuania, a directive (or a part thereof) of the Government may not be applied from day of the official promulgation of the decision of the Constitutional Court that the act in question (or a part thereof) is inconsistent with the Constitution of the Republic of Lithuania.

The decisions of the Constitutional Court on issues assigned to its jurisdiction by either the Constitution or the Law on the Constitutional Court shall be final, and may not be appealed.

Laws and any other legal acts (or parts thereof) which are declared inconsistent with the Constitution of the Republic of Lithuania by the Constitutional Court, may not be applied by the court, or any other State body or official.

Article 122

The powers of a judge of the Constitutional Court shall be terminated:

1. on the expiration of the term of office;
2. upon the death of the judge;
3. upon voluntary resignation;
4. when the judge is incapable to fulfill his or her duties for health reasons; and
5. upon being removed from office by the Seimas according to the impeachment proceedings.

Chapter 9
Local Governments

Article 123

Citizens shall have the right of self-government: in the locality of their permanent residence, they shall, directly and through the bodies of local government formed by them, resolve and settle, within the limits of their competence established by law, matters of local significance, and shall be responsible for the adopted decisions.

Local governments shall be based on the following principles: that local residents participate in the preparation, adoption, and implementation of decisions significant to them; that the activities of the local government are made public and of controlled by the residents; and that social justice and lawfulness is upheld.

The procedures for the organisation and activities of local government institutions shall be established by law.

Article 124

The representation body of an administrative unit of State territory shall be the local government Council, which, within their region, shall combine and coordinate the activities of executive local government institutions, and shall ensure the observance of laws and the execution of governmental decisions, public order, and the protection of the rights and legitimate interests of the citizens.

Local government Council deputies shall be elected for a two-year term by the residents of their administrative unit. The voters must be citizens of the Republic of Lithuania, and they shall vote by secret ballot on the basis of universal, equal, and direct suffrage.

Article 125

Within the provincial limits established by the Constitution and laws, local governments shall have total freedom of activity and initiative.

The Government and other central bodies of executive power may neither violate the rights of local governments, nor affix duties which are not provided for by law.

Article 126

Each local government shall independently draft and approve its budget.

State institutions shall take measures to balance potential inequalities of financial resources in the local governments, and shall allocate subsidies if necessary.

In the event that they are appropriated financial aid, local governments shall not be deprived of their freedom of action within their provincial limits.

Local government Councils shall have the right to establish local dues, to provide for the leverage of duties and taxes at the expense of their own budget, and to approve the basic direction of local government economic and social development.

The property of local governments shall be owned by local government Councils.

Article 127

Local government Councils shall establish executive bodies accountable to them for the direct implementation of laws of the Republic of

Lithuania, as well as the decisions of the Government and local government Councils.

Article 128

Local governments, seeking to realise common goals, may form unions of local governments, as well as join corresponding international associations.

Article 129

Local government Councils shall have the right to appeal to district courts regarding the violation of their rights.

Article 130

Inspectors shall be appointed by the Government to supervise the adherence to the laws and the Constitution, and the implementation of the decisions of the Government.

Government inspectors shall appeal to the respective district courts concerning deeds and actions of local government Councils or of their executive institutions or officials, which contradict the law or legitimate decisions of the Government.

The powers of Government inspectors and the procedures of their actions shall be established by law.

Article 131

Legal and natural persons may appeal to court against the deeds and actions of local government Councils, their executive bodies and officials if said deeds or actions violate the rights of citizens or organizations.

Chapter 10
Finances, and the State Budget

Article 132

In the Republic of Lithuania, the central bank shall be the Bank of Lithuania, which is owned by the State of Lithuania and is accountable to the Seimas.

The Bank of Lithuania has the exclusive right to issue bank notes.

The Bank of Lithuania shall:

1. prepare and implement the strategy of money turnover, credit, financial settlements, and hard currency relations of the Republic of Lithuania;

2. regulate money and credit turnover in Lithuania;

3. regulate the exchange value of the monetary unit of the Republic of Lithuania; and

4. supervise the activities of other banks operating on the territory of Lithuania.

The jurisdiction of the Bank of Lithuania, as well as the procedures of its organisation and activities, shall be established by law.

Article 133

The Bank of Lithuania shall be directed by the Board of the Bank, which shall consist of the President of the Board, the deputies to the President, and the Board members.

The Board President of the Bank of Lithuania shall be appointed for a fice-year term by the Seimas, on the nomination of the President of the Republic of Lithuania.

Deputies to the President of the Bank of Lithuania and members of the Board shall be appointed by the Seimas on the nomination of the President of the Board.

Article 134

The budgetary system of the Republic of Lithuania shall consist of the independent State budget of the Republic of Lithuania and the independent local governments budgets.

State budget revenues shall be accrued from taxes, compulsory payments, dues, receipts from the utilization or sale of State property, and other income.

The budgets shall include the amount of national revenue appropriated for programmes of health care, social welfare and relief, education, culture, science, and environmental protection, for developing the economy, maintaining institutions of State authority, State government, and courts, and for organizing national defense, as well as for financing other measures provided for by laws.

Article 135

Taxes and other budgetary payments shall be established by the laws of the Republic of Lithuania.

All legal and natural persons located or residing on the territory of Lithuania shall pay established taxes and other dues to the appropriate budgets of the Republic.

Article 136

Decisions concerning State loans and other basic property liabilities of the State shall be adopted by the Seimas on the recommendation of the Government.

Procedures concerning the management, utilization, and disposal of State property shall be established by law.

Article 137

The budget year shall begin on the first of January and shall end on the thirty-first of December (inclusive).

Article 138

The Government of the Republic of Lithuania shall organise the preparation of the draft budget of the Republic of Lithuania, and shall submit it to the

Seimas no later than 75 days before the end of the budget year.

Article 139

The draft budget of the State shall be reviewed by the Seimas, taking into consideration the report of the Government, the proposals and conclusions of standing committees of the Seimas, and additional reports.

Upon reviewing the draft budget, the Seimas may increase the expenditures only by establishing the sources of revenues for financing said expenditures. Until the laws are not amended, the expenditures established thereby may not be reduced.

Article 140

If the State Budget is not approved by the prescribed date, the monthly budget expenditures at the beginning of the budget year may not exceed one-twelfth of the State Budget expenditures of the previous budget year.

During the budget year, the Seimas may approve an additional budget.

Article 141

The Government of the Republic of Lithuania, with the State Controller participating, shall review the report on the execution of the State Budget, and shall submit it to the Seimas for approval no later than three months after the end of the budget year.

Chapter 11
Foreign Policy and National Defence

Article 142

In conducting foreign policy, the Republic of Lithuania shall pursue the universally recognized principles and norms of international law, shall strive to safeguard national security and independence, as well as the basic rights and freedoms and welfare of its citizens, and shall take part in the creation of sound international order based on law and justice.

Article 143

The Republic of Lithuania shall participate in international organizations and in structures of collective security, provided that they are not in contradiction with the interests and independence of the State.

Article 144

The Republic of Lithuania shall neither participate in nor sign bilateral or multilateral international treaties which are in contradiction with the Constitution of the Republic of Lithuania.

Article 145

The Seimas shall either ratify or denounce international treaties of the Republic of Lithuania which concern:

1. the realignment of the state borders of the Republic of Lithuania;

2. political cooperation with foreign countries, mutual assistance, or treaties related to national defence;

3. the renunciation of utilization of force or threatening by force as well as peace treaties;

4. the stationing of the armed forces of the Republic of Lithuania on the territory of a foreign state and its status, as well as the stationing of foreign armed forces on the territory of the Republic of Lithuania and its status;

5. the participation of Lithuania in universal or regional international organisations; and

6. multilateral or long term economic agreements.

Laws and international treaties may provide for other cases in which the Seimas shall ratify international treaties of the Republic of Lithuania.

International agreements and pacts which are ratified by the Seimas of the Republic of Lithuania shall be the constituent part of the legal system of the Republic of Lithuania.

Article 146

Citizens of the Republic of Lithuania must concern themselves with the national defence of Lithuania.

Citizens of the Republic of Lithuania are obliged to serve in the national defence service or to perform alternative service in the manner established by law.

Article 147

The main goal of the Armed Forces of the Republic of Lithuania is the defence of the homeland.

The organisation of national defence, the status of the Armed Forces, and the procedure for military service shall be established by laws.

Article 148

The Armed Forces shall be headed by Chief Commander of the Army, who shall be appointed by the Seimas upon the recommendation of the President and shall be dismissed, by the Seimas.

The Minister of National Defence shall direct the organisation of military service and the provision of armed forces. The Minister of National Defence may not be in active military service.

Article 149

Soldiers in active military service may not be deputies of the Seimas or of local governments, may not hold elected or appointed posts in State civil service, and may not take part in the activities of political parties or other political social organisations (or movements).

Article 150

The Seimas shall imose martial law, shall announce mobilisation or demobilisation, and shall adopt decisions to use armed force in defence of the homeland or for the fulfillment of the international obligations of Lithuania.

In the event of an armed attack which threatens the territorial integrity or the sovereignty of the State, the President of the Republic of Lithuania shall immediately pass a decision concerning defence against such armed aggression, shall impose martial law throughout the country or in separate parts thereof, shall declare mobilisation, and shall submit these decision to the next sitting of the Seimas and in the period between the sessions, shall immediately convoke an extraordinary session of the Seimas.

Article 151

In the event that martial law is being imposed during the time of a regular election, the Seimas or the President shall adopt a decision to extend the term of the Seimas, the President, and local Government Councils. In such cases, the elections must be held not later than within three months after martial law is lifted.

Article 152

In the event that the constitutional system or public order of the State is threatened, the Seimas may declare a state of emergency throughout the country or in separate parts thereof for a period not exceeding six months.

In the event of emergency, and if the Seimas is not in session, the President of the Republic shall have the right to pass such a decision, and shall, at the same time, convoke extraordinary session of the Seimas for the consideration of this issue.

The state of emergency shall be regulated by law.

Article 153

The State shall provide and care for soldiers whose health is damaged during military service, as well as for the families of soldiers who lose their lives during military service.

The State shall also provide for citizens whose health is damaged while defending the homeland, and for the families of citizens who lose their lives in defence of the homeland.

Chapter 12
Amending the Constitution
Article 154

In order to amend or append the Constitution of the Republic of Lithuania, a proposal must bei submitted to the Seimas by either at least one-fourth of the Seimas deputies, or by at least 500,000 electors.

The Seimas shall begin to debate bills to amend the Constitution no earlier than one month and no later than three months from the day of submission thereof.

During a state of emergency or martial law, amendments to the Constitution may not be made.

Article 155

Bills to amend the Constitution must be considered and voted upon in the Seimas three times. There must be a lapse of at least one month between each vote.

With the exception of cases provided for in Article 156, bills for the amendment of the Constitution shall be deemed adopted by the Seimas if, in each of the votes, at least three-fourths of all the Seimas deputies vote in favour of the enactment.

An amendment to the Constitution which is rejected by the Seimas may not be submitted to the Seimas for re-consideration for the period of one year.

Article 156

After the first discussion and voting in the Seimas, a bill to amend the Constitution may be submitted for approval by a referendum.

The provision of Article 1 of the Constitution that the State of Lithuania is an independent and democratic republic may only be amended by a plebiscite of the People of Lithuania, provided that at least three-fourths of the electorate of Lithuania vote in favour thereof.

The provisions of Chapter 1 ("The State of Lithuania") and Chapter 12 ("Amending the Constitution") may be amended only by a referendum. Prior to the referendum, an appropriate bill to amend the Constitution mst be discussed in the Seimas and must be adopted by at least three-fourths majority vote of all the Seimas deputies.

Article 157

The adopted law on the amendment to the Constitution shall be signed by the Chairman of the Seimas, and officially promulgated in the press within 7 days.

The law on the amendment to the Constitution shall become effective no earlier than one month after the adoption thereof.

Textanhang II/9

Constitution of the Republic of Lithuania (1992)★

The Lithuanian Nation
– having established the State of Lithuania many centuries ago,
– having based its legal foundations on the Lithuanian Statutes and the Constitutions of the Republic of Lithuania,
– having for centuries defended its freedom and independence,
– having preserved its spirit, native language, writing, and customs,
– embodying the inborn right of each person and the People to live and create freely in the land of their fathers and forefathers – in the independent State of Lithuania,
– fostering national concord in the land of Lithuania,
– striving for an open, just, and harmonious civil society and law-governed State,
by the will of the citizens of the reborn State of Lithuania, approves and declares this
CONSTITUTION

Chapter 1
The State of Lithuania

Article 1
The State of Lithuania shall be an independent and democratic republic.

Article 2
The State of Lithuania shall be created by the People. Sovereignty shall be vested in the People.

Article 3
No one may limit or restrict the sovereignty of the People or make claims to the sovereign powers of the People.

The People and each citizen shall have the right to oppose anyone who encroaches on the independence, territorial integrity, or constitutional order of the State of Lithuania by force.

Article 4
The People shall exercise the supreme sovereign power vested in them either directly or through their democratically elected representatives.

Article 5
In Lithuania, the powers of the State shall be exercised by the Seimas, the President of the Republic and Government, and the Judiciary.

★ 13 October 1992 as presented for referendum; adopted 25 October 1992.

The scope of powers shall be defined by the Constitution.

Institutions of power shall serve the people.

Article 6
The Constitution shall be an integral and directly applicable statute.

Every person may defend his or her rights on the basis of the Constitution.

Article 7
Any law or other statute which contradicts the Constitution shall be invalid.

Only laws which are promulgated shall be valid.

Ignorance of the law shall not exempt a person from responsibility.

Article 8
The forced seizure of State power or any of its institutions shall be considered an anti-constitutional action, which is illegal and invalid.

Article 9
The most significant issues concerning the life of the State and the People shall be decided by referendum.

In the cases established by law, referendums shall be announced by the Seimas.

Referendums shall also be announced if no less than 300,000 of the electorate so request.

The procedure for the announcement and execution of a referendum shall be established by law.

Article 10
The territory of the State of Lithuania shall be integral and shall not be divided into any state derivatives.

The State borders may only be realigned by an international treaty of the Republic of Lithuania which has been ratified by four-fifths of all the Seimas members.

Article 11
The administrative divisions of the territory of the State of Lithuania and their boundaries shall be determined by law.

Article 12
Citizenship of the Republic of Lithuania shall be acquired by birth or on other bases established by law.

With the exception of cases established by law, no person may be a citizen of the Republic of Lithuania and another state at the same time.

The procedure for the acquisition and loss of

citizenship of the Republic of Lithuania shall be established by law.

Article 13

The State of Lithuania shall protect its citizens abroad.

It shall be prohibited to extradite a citizen of the Republic of Lithuania to another state unless an international agreement whereto the Republic of Lithuania is a party established otherwise.

Article 14

Lithuanian shall be the State language.

Article 15

The colours of the State flag shall be yellow, green, and red.

The State emblem shall be a white Vytis on a red background.

The State flag and emblem and their use shall be established by law.

Article 16

The national anthem shall be Vincas Kudirka's "Tautiška Giesmé".

Article 17

The capital of the Republic of Lithuania shall be the city of Vilnius, the long-standing historical capital of Lithuania.

Chapter 2
The Individual and the State

Article 18

The rights and freedoms of individuals shall be inborn.

Article 19

The right to life of individuals shall be protected by law.

Article 20

Personal freedom shall be inviolable.

No person may be arbitrarily arrested or detained. No person may be deprived of freedom except on the basis, and according to the procedures, which have been established in laws.

A person detained *in flagrante delicto* must, within 48 hours, be brought to court for the purpose of determining, in the presence of the detainee, the validity of the detention. In the event that the court does not pass a decision to arrest the person, the detained individual shall be released immediately.

Article 21

The person shall be inviolable.

Human dignity shall be protected by law.

It shall be prohibited to torture, injure, degrade, or maltreat a person, as well as to establish such punishments.

No person may be subjected to scientific or medical testing without his or her knowledge thereof and consent thereto.

Article 22

The private life of an individual shall be inviolable.

Personal correspondence, telephone conversations, telegraph messages, and other intercommunications shall be inviolable.

Information concerning the private life of an individual may be collected only upon a justified court order and in accordance with the law.

The law and the court shall protect individuals from arbitrary or unlawful interference in their private or family life, and from encroachment upon their honour and dignity.

Article 23

Property shall be inviolable.

The rights of ownership shall be protected by law.

Property may only be seized for the needs of society according to the procedure established by law and must be adequately compensated for.

Article 24

A person's dwelling place shall be inviolable.

Without the consent of the resident(s), entrance into a dwelling place shall only be permitted upon a corresponding court order, or according to the procedure established by law when the objective of such an action is to protect public order, apprehend a criminal, or save a person's life, health, or property.

Article 25

Individuals shall have the right to have their own convictions and freely express them.

Individuals must not be hindered from seeking, obtaining, or disseminating information or ideas.

Freedom to express convictions, as well as to obtain and disseminate information, may not be restricted in any way other than as established by law, when it is necessary for the safeguard of the health, honour and dignity, private life, or morals of a person, or for the protection of constitutional order.

Freedom to express convictions or impart information shall be incompatible with criminal actions – the instigation of national, racial, religious, or social hatred, violence, or discrimination, the dissemination of slander, or misinformation.

Citizens shall have the right to obtain any available information which concerns them from State agencies in the manner established by law.

Article 26

Freedom of thought, conscience, and religion shall not be restricted.

Every person shall have the right to freely choose any religion or faith and, either individually or with others, in public or in private, to manifest his or her religion or faith in worship, observance, practice or teaching.

No person may coerce another person or be subject to coercion to adopt or profess any religion or faith.

A person's freedom to profess and propagate his or her religion or faith may be subject only to those limitations prescribed by law and only when such restrictions are necessary to protect the safety of society, public order, a person's health or morals, or the fundamental rights and freedoms of others.

Parents and legal guardians shall have the liberty to ensure the religious and moral education of their children in conformity with their own convictions.

Article 27

A person's convictions, professed religion or faith may justify neither the commissions of a crime nor the violation of law.

Article 28

While exercising their rights and freedoms, persons must observe the Constitution and the laws of the Republic of Lithuania, and must not impair the rights and interests of other people.

Article 29

All people shall be equal before the law, the court, and other State institutions and officers.

A person may not have his rights restricted in any way, or be granted any privileges, on the basis of his or her sex, race, nationality, language, origin, social status, religion, convictions, or opinions.

Article 30

Any person whose constitutional rights or freedoms are violated shall have the right to appeal to court.

The law shall establish the procedure for compensating material and moral damage inflicted on a person.

Article 31

Every person shall be presumed innocent until proven guilty according to the procedure established by law and until declared guilty by an effective court sentence.

Every indicted person shall have the right to a fair and public hearing by an independent and impartial court. Persons cannot be compelled to give evidence against themselves or against their family members or close relatives.

Punishments may only be administered or applied on the basis of law.

No person may be punished for the same offence twice.

From the moment of arrest or fist interrogation, persons suspected or accused of a crime shall be guaranteed the right to defence and legal counsel.

Article 32

Citizens may move and choose their place of residence in Lithuania freely, and may leave Lithuania at their own will.

This right may not be restricted except as provided by law and if it is necessary for the protection of State security or the health of the people, or to administer justice.

A citizen may not be prohibited from returning to Lithuania.

Every Lithuanian person may settle in Lithuania.

Article 33

Citizens shall have the right to participate in the government of their State both directly and through their freely elected representatives, and shall have the equal opportunity to serve in a State office of the Republic of Lithuania.

Each citizen shall be guaranteed the right to criticize the work of State institutions and their officers, and to appeal against their decisions. It shall be prohibited to persecute people for criticism.

Citizens shall be guaranteed the right to petition; the procedure for implementing this right shall be established by law.

Article 34

Citizens who, on the day of election, are 18 years of age or over, shall have the right to vote in the election.

The right to be elected shall be established by the Constitution of the Republic of Lithuania and by the election laws.

Citizens who are declared legally incapable by court shall not participate in elections.

Article 35

Citizens shall be guaranteed the right to freely form societies, political parties, and associations, provided that the aims and activities thereof do not contradict the Constitution and laws.

No person may be forced to belong to any society, political party, or association.

The founding and functioning of political parties and other political and public organisation shall be regulated by law.

Article 36

Citizens may not be prohibited or hindered from assembling in unarmed peaceful meetings.

This right may not be subjected to any restrictions except those which are provided by law and are necessary to protect the security of the State or the community, public order, people's health or morals, or the rights and freedoms of other persons.

Article 37

Citizens who belong to ethnic communities shall have the right to foster their language, culture, and customs.

Chapter 3
Society and the State

Article 38

The family shall be the basis of society and the State.

Family, motherhood, fatherhood, and childhood shall be under the care and protection of the State.

Marriage shall be entered into upon the free consent of man and woman.

The State shall register marriages, births, and deaths. The State shall also recognise marriages registered in church.

In the family, spouses shall have equal rights.

The right and duty of parents is to bring up their children to be honest individuals and loyal citizens, as well as to support them until they come of age.

The duty of children is to respect their parents, to care for them in old age, and to preserve their heritage.

Article 39

The State shall take care of families bringing up children at home, and shall render them support them in the manner established by law.

The law shall provide for paid maternity leave before and after childbirth, as well as for favourable working conditions and other privileges.

Children who are under age shall be protected by law.

Article 40

State and local government establishment of teaching and education shall be secular. At the request of parents, they shall offer classes in religious instruction.

Non-governmental teaching and educational institutions may be established according to the procedure established by law.

Institutions of higher learning shall be granted autonomy.

The State shall supervise the activities of establishments of teaching and education.

Article 41

Education shall be compulsory for persons under the age of 16.

Educations at State and local government secondary, vocational, and higher schools shall be free of charge.

Everyone shall have an equal opportunity to attain higher education according to their individual abilities. Citizens who demonstrate suitable academic progress shall be guaranteed education at establishments of higher education free of charge.

Article 42

Culture, science, research and teaching shall be unrestricted.

The State shall support culture and science, and shall be concerned with the protection of Lithuanian history, art, and other cultural monuments and valuables.

The law shall protect and defend the spiritual and material interests of authors which are related to scientific, technical, cultural, and artistic work.

Article 43

The State shall recognize traditional Lithuanian churches and religious organisations, as well as other churches and religious organisations provided that they have a basis in society and their teaching and rituals do not contradict morality or the law.

Churches and religious organisations recognised by the State shall have the rights of legal persons.

Churches and religious organisations shall freely proclaim the teaching of their faith, perform the rituals of their belief, and have houses of prayer, charity institutions, and educational institutions for the training of priests of their faith.

Churches and religious organisations shall function freely according to their canons and statutes.

The status of churches and other religious organisations in the State shall be established by agreement or by law.

The teachings proclaimed by churches and other religious organisations, other religious activities, and houses of prayer may not be used for purposes which contradict the Constitution and the law.

There shall not be a State religion in Lithuania.

Article 44

Censorship of mass media shall be prohibited.

The State, political parties, political and public organisations, and other institutions or persons may not monopolise means of mass media.

Article 45

Ethnic communities of citizens shall independently administer the affairs of their ethnic culture, education, organisations, charity, and mutual assistance. The State shall support ethnic communities.

Chapter 4
National Economy and Labour

Article 46

Lithuania's economy shall be based on the right to private ownership, freedom of individual economic activity, and initiative.

The State shall support economic efforts and initiative which are useful to the community.

The State shall regulate economic activity so that it serves the general welfare of the people.

The law shall prohibit monopolisation of production and the market, and shall protect freedom of fair competition.

The State shall defend the interests of the consumers.

Article 47

Land, internal waters, forests, and parks may only belong to the citizens and the State of the Republic of Lithuania by the right of ownership.

Plots of land may belong to a foreign state by the right of ownership for the establishment of its diplomatic and consular missions in accordance with the procedure and conditions established by law.

The right of ownership of entrails of the earth, as well as nationally significant internal waters, forests, parks, roads, and historical, archaeological and cultural facilities shall exclusively belong to the Republic of Lithuania.

The Republic of Lithuania shall have the exclusive ownership right to the air-space over its territory, its continental shelf, and the economic zone in the Baltic Sea.

Article 48

Every person may freely choose an oocupation or business, and shall have the right to adequate, safe and healthy working conditions, adequate compensation for work, and social security in the event of unemployment.

The employment of foreigners in the Republic of Lithuania shall be regulated by law.

Forced labour shall be prohibited.

Military service or alternative service, as well as labour which is executed during war, natural calamity, epidemic, or other urgent circumstances, shall not be deemed as forced labour.

Labour which is performed by convicts in places of confinement and which is regulated by law shall not be deemed as forced labour either.

Article 49

Every person shall have the right to rest and leisure, as well as to annual paid holidays.

Working hours shall be established by law.

Article 50

Trade unions shall be freely established and shall function independently. They shall defend the professional, economic, and social rights and interests of employees.

All trade unions shall have equal rights.

Article 51

Employees shall have the right to strike in order to protect their economic and social interests.

The restrictions of this right, and the conditions and procedures for the implementation thereof shall be established by law.

Article 52

The State shall guarantee the right of citizens to old age and disability pension, as well as to social assistance in the event of unemployment, sickness, widowhood, loss of breadwinner, and other cases provided by law.

Article 53

The State shall take care of people's health and shall guarantee medical aid and services in the event of sickness. The procedure for providing medical aid to citizens free of charge at State medical facilities shall be established by law.

The State shall promote physical culture of the society and shall support sports.

The State and each individual must protect the environment from harmful influences.

Article 54

The State shall concern itself with the protection of the natural environment, its fauna and flora, separate objects of nature and particularly valuable districts, and shall supervise the moderate utilization of natural resources as well as their restoration and augmentation.

The exhaustion of land and entrails of the earth, the pollution of waters and air, the production of radioactive impact, as well as the impoverishment of fauna and flora, shall be prohibited by law.

Chapter 5
The Seimas

Article 55

The Seimas shall consist of representatives of the People – 141 Seimas members who shall be elected for a four-year term on the basis of universal, equal, and direct suffrage by secret ballot.

The Seimas shall be deemed elected when at least three-fifths of the Seimas members have been elected.

The electoral procedure shall be established by law.

Article 56

Any citizen of the Republic of Lithuania who is not bound by an oath or pledge to a foreign state, and who, on the election day, is 25 years of age or over and has permanently been residing in Lithuania, may be elected Seimas member.

Persons who have not served their court-imposed sentence, as well as persons declared legally incapable by court, may not be elected members of the Seimas.

Article 57

Regular elections to the Seimas shall be held no earlier than 2 months, and no later than 1 month, prior to the expiration of the powers of the Seimas members.

Article 58

Pre-term elections to the Seimas may be held on the decisions of the Seimas adopted by three-fifths majority vote of all the Seimas members.

The President of the Republic of Lithuania may also announce pre-term elections to the Seimas:

1. if the Seimas fails to adopt a decision on the new programme of the Government within 30 days of its presentation, or if the Seimas twice in succession disapproves of the Government programme within 60 days of its initial presentation; or

2. on the proposal of the Government, if the Seimas expresses direct non-confidence in the Government.

The President of the Republic may not announce pre-term elections to the Seimas if the term of office of the President of the Republic expires within less than six months, or if six months have not passed since the pre-term elections to the Seimas.

The day of elections to the new Seimas shall be specified in the resolution of the Seimas or in the decree of the President of the Republic concerning the pre-term elections to the Seimas. The election to the new Seimas must be organised within three months from the adoption of the decision on the pre-term elections.

Article 59

The term of office of Seimas members shall commence from the day that the newly-elected Seimas convenes for the first sitting. The powers of the previously elected Seimas members shall expire as from the opening of the sitting.

Newly-elected Seimas members shall acquire all the rights of a People's representative only after swearing in the Seimas to be loyal to the Republic of Lithuania.

Seimas members who either do not take an oath in the manner prescribed by law, or who take a conditional oath, shall lose the mandate of a Seimas member. The Seimas shall adopt a corresponding resolution thereon.

In office, Seimas members shall act in accordance with the Constitution of the Republic of Lithuania, the interests of the State, as well as their own consciences, and may not be restricted by any mandates.

Article 60

The duties of Seimas members, with the exception of their duties in the Seimas, shall be incompatible with any other duties in State institutions or organisations, as well as with work in trade, commercial and other private institutions or enterprises. For term of office, Seimas members shall be exempt from the duty to perform national defence service.

A Seimas member may be appointed only as Prime Minister or Minister.

The service of a Seimas member shall be remunerated, and all expenses incurred from parliamentary activities shall be reimbursed with funds from the State budget. A Seimas member may not receive any other salary, with the exception of payment for creative activities.

The duties, rights and guarantees of the activities of Seimas members shall be established by law.

Article 61

Seimas members shall have the right to submit inquiries to the Prime Minister, the individual Ministers, and the heads of other State institutions formed or elected by the Seimas. Said persons or bodies must respond orally or in writing at the Seimas session on the manner established by the Seimas.

At sessions of the Seimas, a group of no less than one-fifth of the Seimas members may interpellate the Prime Minister or a Minister.

Upon considering the response of the Prime Minister or Minister to the interpellation, the Seimas may decide that the response is not satisfactory, and by a majority vote of half of all the Seimas members, express non-confidence in the Prime Minister or Minister.

The voting procedure shall be established by law.

Article 62

The person of a Seimas member shall be inviolable.

Seimas members may not be found criminally responsible, may not be arrested, and may not be subjected to any other restriction of personal freedom without the consent of the Seimas.

Seimas members may not be persecuted for voting or speeches in the Seimas. However, legal actions may be instituted against Seimas members according to the general procedure if they are guilty of personal insult or slander.

Article 63

The powers of a Seimas member shall be terminated:

1. on the expiration of the term of his or her powers, or when the Seimas, elected in pre-term elections, convenes for the first sitting;

2. upon his or her death;

3. upon his or her resignation;

4. when he or she is declared legally incapable by the court;

5. when the Seimas revokes his or her mandate in accordance with impeachment proceedings;

6. when the election is recognised as invalid, or if the law on election is grossly violated;

7. if he or she takes up, or does not resign from, employment which is incompatible with the duties of a Seimas member; and

8. if he or she loses citizenship of the Republic of Lithuania.

Article 64

Every year, the Seimas shall convene for two regular sessions – one in spring and one in fall. The spring session shall commence on March 10th and shall end on June 30th. The fall session shall commence on September 10th and shall end on December 23rd. The Seimas may resolve to prolong a session.

Extraordinary sessions shall be convened by the Seimas' Chairperson upon the proposal of at least one-third of all the Seimas members, and, in cases provided for in the Constitution, by the President of the Republic.

Article 65

The President of the Republic shall convene the first sitting of the newly-elected Seimas which must be held within 15 days of the Seimas election. If the President of the Republic fails to convene the sitting of the Seimas, the members of the Seimas shall assemble the day following the expiration of the 15-day-period.

Article 66

The Chairperson or Assistant Chairperson of the Seimas shall preside over sittings of the Seimas.

The sitting directly following elections of the Seimas shall be opened by the eldest member of the Seimas.

Article 67

The Seimas shall:

1. consider and enact amendments to the Constitution;

2. enact laws;

3. adopt resolutions for the organisation of referendums;

4. announce presidential elections of the Republic of Lithuania;

5. form State institutions provided by law, and shall appoint and dismiss their chief officers;

6. approve or reject the candidature of the Prime Minister proposed by the President of the Republic;

7. consider the programme of the Government submitted by the Prime Minister, and decide whether to approve it or not;

8. upon the recommendation of the Government, establish or abolish ministries of the Republic of Lithuania;

9. supervise the activities of the Government, and may express non-confidence in the Prime Minister or individual Ministers;

10. appoint judges to, and Chairpersons of, the Constitutional Court and the Supreme Court;

11. appoint to, and dismiss from, office the State Controller as well as the Chairperson of the Board of the Bank of Lithuania;

12. announce local government Council election;

13. form the Central Electoral Committee and change its compositon;

14. approve the State budget and supervise the implementation thereof;

15. establish State taxes and other obligatory payments;

16. ratify or denounce international treaties whereto the Republic of Lithuania is a party, and consider other issues of foreign policy;

17. establish administrative divisions of the Republic;

18. establish State awards of the Republic of Lithuania;

19. issue acts of amnesty; and

20. impose direct administration and martial law, declare states of emergency, announce mobilisation, and adopt decisions to use the armed forces.

Article 68

The right of legislative initiative in the Seimas shall belong to the members of the Seimas, the President of the Republic, and the Government.

Citizens of the Republic of Lithuania shall also have the right of legislative initiative. A draft law may be submitted to the Seimas by 50,000 citizens of the Republic of Lithuania who have the right to vote. The Seimas must consider this draft law.

Article 69

Laws shall be enacted in the Seimas in accordance with the procedure established by law.

Laws shall be deemed adopted if the majority of

the Seimas members participating in the sitting vote in favour thereof.

Constitutional laws of the Republic of Lithuania shall be deemed adopted if more than half of all the members of the Seimas vote in the affirmative. Constitutional laws shall be amended by at least a three-fifths majority vote of all the Seimas members. The Seimas shall establish a list of constitutional laws by a three-fifths majority vote of the Seimas members.

Provisions of the laws of the Republic of Lithuania may also be adopted by referendum.

Article 70

The laws enacted by the Seimas shall be enforced after the signing and official promulgation thereof by the President of the Republic, unless the laws themselves establish a later enforcement date.

Other acts adopted by the Seimas and the Statute of the Seimas shall be signed by the Chairperson of the Seimas. Said acts shall become effective the day following the promulgation thereof, unless the acts themselves provide for another procedure of enforcement.

Article 71

Within ten days of receiving a law passed by the Seimas, the President of the Republic shall either sign and officially promulgate said law, or shall refer it back to the Seimas together with relevant reasons for reconsideration.

In the event that the law enacted by the Seimas is not referred back or signed by the President of the Republic within the established period, the law shall become effective upon the signing and official promulgation thereof by the Chairperson of the Seimas.

The President of the Republic must, within five days, sign and officially promulgate laws and other acts adopted by referendum.

In the event that the President of the Republic does not sign and promulgate such laws within the established period, said laws shall become effective upon being signed and officially promulgated by the Chairperson of the Seimas.

Article 72

The Seimas may reconsider and enact laws which have been referred back by the President of the Republic.

After reconsideration by the Seimas, a law shall be deemed enacted if the amendments and supplements submitted by the President of the Republic were adopted, or if more than half of all the Seimas members vote in the affirmative, and if it is a constitutional law – if at least three-fifths of all the Seimas members vote in the affirmative.

The President of the Republic must, within three days, sign and forthwith officially promulgate laws re-enacted by the Seimas.

Article 73

Seimas controllers shall examine complaints of citizens concerning the abuse of powers by, and bureaucracy of, State and local government officers (with the exception of judges). Controllers shall have the right to submit proposals to the court to dismiss guilty officers from their posts.

The powers of the Seimas controllers shall be established by law.

As necessary, the Seimas shall also establish other institutions of control. The system and powers of said institutions shall be established by law.

Article 74

For gross violation of the Constitution, breach of oath, or upon the disclosure of the commitment of felony, the Seimas may, by three-fifths majority vote of all the Seimas members, remove from office the President of the Republic, the Chairperson and judges of the Constitutional Court, the Chairperson and judges of the Supreme Court, the Chairperson and judges of the Court of Appeals, as well as Seimas members, or may revoke their mandate of Seimas member. Such actions shall be carried out in accordance with impeachment proceedings which shall be established by the Statute of the Seimas.

Article 75

Officers appointed or chosen by the Seimas (with the exception of persons specified in Article 74) shall be removed from office when the Seimas, by majority vote of all the members, expresses non-confidence in the officer in question.

Article 76

The structure and procedure of activities of the Seimas shall be determined by the Statute of the Seimas. The Statute of the Seimas shall have the power of law.

Chapter 6
The President of the Republic

Article 77

The President of the Republic is the head of State.

The President shall represent the State of Lithuania and shall perform all the duties which he or she is charged with by the Constitution and laws.

Article 78

Any person who is a citizen of the Republic of Lithuania by birth, who has lived in Lithuania for at least the past three years, who has reached the age of 40 prior to the election day, and who is eligible for election to Seimas member may be elected President of the Republic.

The President of the Republic shall be elected by the citizens of the Republic of Lithuania on the basis of universal, equal, and direct suffrage by secret ballot for a term of five years.

The same person may not be elected President of the Republic of Lithuania for more than two consecutive terms.

Article 79

Any citizen who meets the requirements set forth in Part 1 of Article 78 and has collected the signatures of at least 20,000 voters shall be registered as a presidential candidate.

The number of presidential candidates shall not be limited.

Article 80

Regular presidential elections shall be held on the last Sunday two months before the expiration of the term of office of the President of the Republic.

Article 81

The candidate for the post of President of the Republic who, during the first election round in which at least a half of the voters participate, receives the votes of more than half of all the voters who voted in the election, shall be deemed the elected candidate. If less than a half of the registered voters participate in the election, the candidate who receives the greatest number of votes, but no less than one-third of votes of all the voters, shall be deemed the elected candidate.

If, during the first election round, no single candidate gets the requisite number of votes, a repeat election shall be organised after two weeks between the two candidates who received the greatest number of votes. The candidate who receives more votes thereafter shall be deemed elected.

If no more than two candidates take part in the first election round, and not one of them receives the requisite number of votes, a repeat election shall be held.

Article 82

The elected President of the Republic shall begin his duties on the day following the expiration of the term of office of the President of the Republic, after, in Vilnius and in the presence of the representatives of the People – members of the Seimas, taking an oath to the People, swearing to be loyal to the Republic of Lithuania and the Constitution, to conscientiously fulfill the duties of President, and to be equally just to all. The President of the Republic, upon being re-elected, shall take the oath as well.

The act of oath of the President of the Republic shall be signed by the President and by the Chairperson of the Constitutional Court, or, in the absence of the Chairperson, by a judge of the Constitutional Court.

Article 83

The President of the Republic may not be a member of the Seimas or hold any other office, and may not receive any remuneration other than the salary established for the President as well as compensation for creative activities.

A person elected President of the Republic must suspend his or her activities in political parties and political organisations until a new presidential election campaign begins.

Article 84

The President of the Republic shall:

1. settle basic foreign policy issues and, together with the Government, implement foreign policy;

2. sign international treaties of the Republic of Lithuania and submit them to the Seimas for ratification;

3. appoint or recall, upon the recommendation of the Government, diplomatic representatives of the Republic of Lithuania in foreign states and international organisations; receive letters of credence and recall of diplomatic representatives of foreign states; confer highest diplomatic ranks and special titles;

4. appoint, upon approval of the Seimas, the Prime Minister, charge him or her to form the Government, and approve its composition;

5. remove, upon approval of the Seimas, the Prime Minister from office;

6. accept the powers returned by the Government upon the election of a new Seimas, and charge it to continue exercising its functions until a new Government is formed;

7. accept resignations of the Government and, as necessary, charge it to continue exercising its functions or charge one of the Ministers to exercise the functions of the Prime Minister until a new Government is formed; accept resignations of individual Ministers and commission them to continue in office until a new Minister is appointed.

8. submit to the Seimas, upon the resignation of the Government or after it returns its powers and no later than within 15 days, the candidature of a new Prime Minister for consideration;

9. appoint or dismiss individual Ministers upon the recommendation of the Prime Minister;

10. appoint or dismiss, according to the established procedure, state officers provided by law;

11. propose Supreme Court judge candidates to the Seimas, and, upon the appointment of all the Supreme Court judges, recommend from among

them a Supreme Court Chairperson to the Seimas; appoint, with the approval of the Seimas, Court of Appeal judges, and from among them – the Court of Appeal Chairperson; appoint judges and chairpersons of district and local district courts, and change their places of office; in cases provided by law, propose the dismissal of judges to the Seimas;

12. propose to the Seimas the candidatures of three Constitutional Court judges, and, upon appointing all the judges of the Constitutional Court propose, from among them, a candidate for Constitutional Court Chairperson to the Seimas;

13. propose to the Seimas candidates for State Controller and Chairperson of the Board of the Bank of Lithuania; if necessary, propose to the Seimas to express non-confidence in said officials;

14. appoint or dismiss, upon the approval of the Seimas, the Chief Commander of the Army and the head of the Security Service;

15. confer highest military ranks;

16. adopt, in the event of an armed attack which threatens State sovereignty or territorial integrity, decisions concerning defence against such armed aggression, the imposition of martial law, and mobilisation, and submit these decisions to the next sitting of the Seimas for approval;

17. declare states of emergency according to the procedures and situations established by law, and submit these decisions to the next sitting of the Seimas for approval;

18. make annual reports in the Seimas about the situation in Lithuania and the domestic and foreign policies of the Republic of Lithuania;

19. call, in cases provided in the Constitution, extraordinary sessions of the Seimas;

20. announce regular elections to the Seimas, and, in cases set forth in part 2 of Article 58 of the Constitution, announce pre-term elections to the Seimas;

21. grant citizenship of the Republic of Lithuania according to the procedure established by law;

22. confer State awards;

23. grant pardons to sentenced persons; and

24. sign and promulgate laws enacted by the Seimas or refer them back to the Seimas according to the procedure provided for in Article 71 of the Constitution.

Article 85

The President of the Republic, implementing the powers vested in him or her, shall issue acts-decrees. Decrees of the President, specified in items 3, 15, 17, and 21 of Article 84 of the Constitution, shall be valid only if they bear the signature of the Prime Minister or an appropriate Minister. Re-

sponsibility for such decrees shall lie with the Prime Minister or Minister who signed it.

Article 86

The person of the President of the Republic shall be inviolable: while in office, the President may neither be arrested nor charged with criminal or administrative proceedings.

The President of the Republic may be prematurely removed from office only for gross violation of the Constitution, breach of the oath of office, or conviction of an offence. The Seimas shall resolve issues concerning the dismissal of the President of the Republic from office according to impeachment proceedings.

Article 87

When, in cases specified in part 2 of Article 58 of the Constitution, the President of the Republic announces pre-term elections to the Seimas, the newly-elected Seimas may, by three-fifths majority vote of all the Seimas members and within 30 days of the first sitting, announce a pre-term election of the President of the Republic.

If the President of the Republic wishes to compete in the election, he or she shall immediately be registered as a candidate.

If the President of the Republic is re-elected in such an election, he or she shall be deemed elected for a second term, provided that more than three years of the first term had expired prior to the election. If the expired period of the first term is less than three years, the President of the Republic shall only be elected for the remainder of the first term, which shall not be considered a second term.

If a pre-term election for the President of the Republic is announced during the President's second term, the current President of the Republic may only be elected for the remainder of the second term.

Article 88

The powers of the President of the Republic shall be terminated:

1. upon the expiration of the term of office;

2. upon holding a pre-term presidential election;

3. upon resignation from office;

4. upon the death of the President of the Republic;

5. when the Seimas removes the President from office according to impeachment proceedings; and

6. when the Seimas, taking into consideration the conclusion of the Constitutional Court and by three-fifths majority vote of all the Seimas members, adopts a resolution stating that the President of the Republic is unable to fulfill the duties of office for reasons of health.

Article 89

In the event that the President dies or is removed from office according to impeachment proceedings, or if the Seimas resolves that the President of the Republic is unable to fulfill the duties of office for reasons of health, the duties of President shall temporarily be passed over to the Seimas Chairperson. In such a case, the Chairperson of the Seimas shall lose his or her powers in the Seimas, and at the behest of the Seimas, the duties of Chairperson shall temporarily be carried out by the Assistant Chairperson. In said cases, the Seimas shall announce, within 10 days, an election for the President of the Republic which must be held within two months. If the Seimas cannot convene and announce the election for the President of the Republic, the election shall be announced by the Government.

The Chairperson of the Seimas shall act fo the President of the Republic when the President is temporarily absent beyond the boundaries of the country or has fallen ill and by reason thereof is temporarily unable to fulfill the duties of office.

While temporarily acting for the President of the Republic, the Chairperson of the Seimas may neither announce pre-term elections of the Seimas nor dismiss or appoint Ministers without the agreement of the Seimas. During the said period, the Seimas may not consider the issue of lack of confidence in the Chairperson of the Seimas.

The powers of the President of the Republic may not be executed in any other cases, or by any other persons of institutions.

Article 90

The President of the Republic shall have residence. The financing of the President of the Republic and of the President's residence shall be established by law.

Chapter 7
The Government of the Republic of Lithuania

Article 91

The Government of the Republic of Lithuania shall consist of the Prime Minister and Ministers.

Article 92

The Prime Minister shall, with the approval of the Seimas, be appointed or dismissed by the President of the Republic.

The Ministers shall be appointed by the President of the Republic on the nomination of the Prime Minister.

The Prime Minister, within 15 days of being appointed, shall present the Government which he or she has formed and which has been approved by the President of the Republic to the Seimas and shall submit the programme of its activities to the Seimas for consideration.

The Government shall return its powers to the President of the Republic after the Seimas elections or upon electing the President of the Republic.

A new Government shall be empowered to act after the Seimas approves its programme by majority vote of the Seimas members participating in the sitting.

Article 93

On entering upon their duties, the Prime Minister and the individual Ministers shall, in the Seimas, take an oath to be loyal to the Republic of Lithuania and to observe the Constitution and laws. The text of the oath shall be established by the Law on the Government.

Article 94

The Government of the Republic of Lithuania shall:

1. administer the affairs of the country, protect the inviolability of the territory of the Republic of Lithuania, and ensure State security and public order;

2. implement laws and resolutions of the Seimas concerning the implementation of laws, as well as the decrees of the President;

3. coordinate the activities of the ministries and other governmental institutions;

4. prepare the draft budget of the State and submit it to the Seimas; execute the State Budget and report on the fulfillment of the budget to the Seimas;

5. draft bills and submit them to the Seimas for consideration;

6. establish diplomatic relations and maintain relations with foreign countries and international organisations; and

7. discharge other duties prescribed to the Government by the Constitution and other laws.

Article 95

The Government of the Republic of Lithuania shall resolve the affairs of State administration at its sittings by issuing directives which must be passed by a majority vote of all members of the Government. The State Controller may also participate in the sittings of the Government.

Government directives shall be signed by the Prime Minister and the appropriate Minister.

Article 96

The Government of the Republic of Lithuania shall be jointly responsible to the Seimas for the general activities of the Government.

The Ministers, in directing the spheres of administration entrusted to them, shall be responsible to the Seimas, the President of the Republic, and directly subordinate to the Prime Minister.

Article 97
The Prime Minister shall represent the Government of the Republic of Lithuania and shall direct its activities.

In the absence of the Prime Minister, or when the Prime Minister is unable to fulfill his or her duties, the President of the Republic of Lithuania, upon the recommendation of the Prime Minister, shall charge one of the Ministers to substitute for the Prime Minister during a period not exceeding 60 days; when there is no recommendation, the President of the Republic shall charge one of the Ministers to substitute for the Prime Minister.

Article 98
Ministers shall head their respective ministries, shall resolve issues assigned to the competence of their ministries, and shall also discharge other functions prescribed by laws.

A Minister may be temporarily substituted only by another member of the Government appointed by the Prime Minister.

Article 99
The Prime Minister and Ministers may not hold any other office subject to nomination or election, may not be employed in business, commercial or other private institutions or companies, and may not receive any remuneration other than the salary established for their respective Government offices and compensation for creative activities.

Article 100
The Prime Minister and Ministers may not be prosecuted, arrested or have their freedoms restricted in any other way without the preliminary consent of the Seimas, or, if the Seimas is not in session, of the President of the Republic.

Article 101
Upon the request of the Seimas, the Government or individual Ministers must give an account of their activities to the Seimas.

When more than half of the Ministers are changed, the Government must be re-invested with authority by the Seimas. Otherwise, the Government must resign.

The Government must also resign if:
1. the Seimas disapproves two times in succession of the programme of the newly-formed Government;
2. the majority of all the Seimas deputies express a lack of confidence in the Government or in the Prime Minister in a secret ballot vote;

3. the Prime Minister resigns or dies; or
4. after Seimas elections, when a new Government is formed.

A Minister must resign if more than a half of all the Seimas members express, in a secret ballot vote, a lack of confidence in him or her.

The President of the Republic shall accept resignations of the Government or individual Ministers.

Chapter 8
The Constitutional Court
Article 102
The Constitutional Court shall decide whether the laws and other legal acts adopted by the Seimas are in conformity with the Constitution and legal acts adopted by the President and the Government, do not violate the Constitution or laws.

The status of the Constitutional Court and the procedure for the execution of powers thereof shall be established by the Law on the Constitutional Court of the Republic of Lithuania.

Article 103
The Constitutional Court shall consist of 9 judges appointed for an unrenewable term of 9 years. Every three years, one-third of the Constitutional Court shall be reconstituted. The Seimas shall choose 3 candidates for Constitutional Court judges from the candidates nominated by the President of the Republic of Lithuania, 3 candidates from those nominated by the Chairperson of the Seimas, and 3 candidate from those nominated by the Chairperson of the Supreme Court; the Seimas shall appoint the candidates that they choose as judges.

The Seimas shall appoint the Chairperson of the Constitutional Court from among the judges thereof and on the nomination of the President of the Republic of Lithuania.

Citizens of the Republic of Lithuania who have an impeccable reputation, who are trained in law, and who have served, for at least 10 years, in the legal profession or in an area of education related to his or her qualifications as a lawyer, shall be eligible for appointment as judges of the Constitutional Court.

Article 104
In fulfilling their duties, judges of the Constitutional Court shall act independently of any other State institution, person or organisation, and shall observe only the Constitution of the Republic of Lithuania.

Before entering office, judges of the Constitutional Court shall, in the Seimas, swear to be faithful to the Republic of Lithuania and the Constitution.

The restrictions on work and political activities which are imposed on court judges shall also apply to judges of the Constitutional Court.

Judges of the Constitutional Court shall have the same rights concerning the inviolability of their person as shall members of the Seimas.

Article 105

The Constitutional Court shall consider and adopt decisions concerning the conformity of laws of the Republic of Lithuania and legal acts adopted by the Seimas with the Constitution of the Republic of Lithuania.

The Constitutional Court shall also consider the conformity with the Constitution of:

1. legal acts of the President; and
2. legal acts of the Government.

The Constitutional Court shall present conclusions concerning:

1. the violation of election laws during presidential elections or elections to the Seimas;
2. whether the President of the Republic of Lithuania's health is not limiting his or her capacity to continue in office;
3. the conformity of international agreements of the Republic of Lithuania with the Constitution; and
4. the compliance with the Constitution of concrete actions of Seimas members or other State officers against whom impeachment proceedings have been instituted.

Article 106

The Government, no less than ⅕ of the members of the Seimas, and the courts shall have the right to address the Constitutional Court concerning legal acts specified in part 1 of Article 105.

No less than ⅕ of the members of the Seimas and the courts shall have the right to address the Constitutional Court concerning the conformity of acts of the President with the Constitution and the laws.

No less than ⅕ of the members of the Seimas, the courts, and the President of the Republic of Lithuania shall have the right to address the Constitutional Court concerning the conformity of an act of the Government with the Constitution and the laws.

Upon the proposal of the President or the decision of the Seimas to investigate the conformity of an act with the Constitution, the applicability of the act shall be suspended.

The Seimas may request a conclusion from the Constitutional Court, and in cases concerning Seimas elections and international agreements, the President of the Republic of Lithuania may also request a conclusion.

The Constitutional Court shall have the right to refuse to accept cases for investigation or to prepare conclusions if the appeal is not based on legal motives.

Article 107

Laws (or parts thereof) of the Republic of Lithuania or any other acts (or parts thereof) of the Seimas, acts of the President of the Republic of Lithuania, and acts (or parts thereof) of the Government may not be applied from the day of official promulgation of the decision of the Constitutional Court that the act in question (or part thereof) is inconsistent with the Constitution of the Republic of Lithuania.

The decisions of the Constitutional Court on issues assigned to its jurisdiction by the Constitution shall be final and may not be appealed.

On the basis of the conclusions of the Constitutional Court, the Seimas shall have a final decision on the issues set forth in part 3 of Article 105 of the Constitution.

Article 108

The powers of a judge of the Constitutional Court shall be terminated:

1. on the expiration of the term of office;
2. upon the death of the judge;
3. upon voluntary resignation;
4. when the judge is incapable to fulfill his or her duties for health reasons; and
5. upon being removed from office by the Seimas according to the impeachment proceedings.

Chapter 9
The Court

Article 109

In the Republic of Lithuania, the courts shall have the exclusive right to administer justice.

While adminstering justice, judges and courts shall be independent.

While investigating cases, judges shall obey only the law.

The court shall adopt decisions on behalf of the Republic of Lithuania.

Article 110

Judges may not apply laws which contradict the Constitution.

In cases when there are grounds to believe that the law or other legal act applicable in a certain case contradicts the Constitutions, the judge shall suspend the investigation and shall appeal to the Constitutional Court to decide whether the law or other legal act in question complies with the Constitution.

Article 111

The court system of the Republic of Lithuania shall consist of the Supreme Court, the Court of Appeal, district courts, and local courts.

For the investigation of administrative, labour, family and other litigations, specialised courts may be established pursuant to law.

Courts with special powers may not be established in the Republic of Lithuania in times of peace.

The formation and competence of courts shall be determined by the Law on Courts of the Republic of Lithuania.

Article 112

In Lithuania, only citizens of the Republic of Lithuania may be judges.

Supreme Court judges, as well as the Chairperson of the Supreme Court, who shall be chosen from among them, shall be appointed and dismissed by the Seimas upon the recommendation of the President of the Republic of Lithuania.

Judges of the Court of Appeals, as well as the Chairperson, who shall be chosen from among them, shall be appointed by the President of the Republic of Lithuania upon the approval of the Seimas.

Judges and chairpersons of district courts, local courts, and other specialised courts shall be appointed, and if necessary, transferred to other places of office, by the President of the Republic of Lithuania.

A special institution of judges provided by law shall submit recommendations to the President concerning the appointment of judges, as well as their promotion, transference, or dismissal from office.

A person appointed as judge shall swear, according to the procedure established by law, to be faithful to the Republic of Lithuania and to administer justice only pursuant to law.

Article 113

Judges may not hold any other elected or appointed posts, and may not be employed in any business, commercial, or other private institution or company. They are also not permitted to receive any remuneration other than the salary established for judges as well as payments for educational, scientific, or creative activities.

Judges may not participate in the activities of political parties and other political organisations.

Article 114

Institutions of State power and administration, members of the Seimas and other officers, political parties, public organizations, and citizens shall be prohibited from interfering with the activities of a judge or the court, and violation of this shall incur liability.

Judges may have legal actions instituted against them, nor may they be arrested or restricted of personal freedom without the consent of the Seimas, or in the period between sessions of the Seimas, of the President of the Republic of Lithuania.

Article 115

Court judges of the Republic of Lithuania shall be dismissed from office according to the procedure established by law in the following cases:

1. at their own will;

2. upon expiration of their powers or upon reaching pensionable age as determined by law;

3. for reasons of health;

4. upon appointment to another office or upon voluntary transference to another place of office;

5. if their behaviour discredits their position as judge; and

6. when judgment imposed on them by court comes into force.

Article 116

If the Chairperson or judges of the Supreme Court or of the Court of Appeals grossly violate the Constitution, break their oath, or are found guilty of an offence, the Seimas may remove them from office according to impeachment proceedings.

Article 117

In all courts, the investigation of cases shall be open to the public. Closed court sittings may be held in order to protect the secrecy of a citizen's or the citizen's family's life, or to prevent the disclosure of State, professional, or commercial secrets.

In the Republic of Lithuania, court trials shall be conducted in the State language.

Persons who do not speak Lithuanian shall be guaranteed the right to participate in investigation and court proceedings through an interpreter.

Article 118

Public prosecutors shall prosecute criminal cases on behalf of the State, shall carry out criminal prosecutions, and shall supervise the activities of the interrogative bodies.

Pretrial interrogation shall be carried out by investigators.

The procedure for the appointment of public prosecutors and their status shall be established by law.

Chapter 10
Local Governments and Administration

Article 119

Administrative unites provided by law on State territory shall be entitled to the right of self-government. This right shall be implemented through local government Councils.

Members of local government Councils shall be elected for a two-year term on the basis of universal, equal and direct suffrage by secret ballot by the residents of their administrative unit who are citizens of the Republic of Lithuania.

The procedure for the organisation and activities of self-government institutions shall be established by law.

Local government Councils shall form executive bodies which are accountable to them for the direct implementation of the laws of the Republic of Lithuania and the decisions of the Government and the local government Council.

Article 120

The State shall support local governments.

Local governments shall act freely and independently within the limits of their competence which shall be established by the Constitution and laws.

Article 121

Local governments shall draft and approve their own budget.

Local government Councils shall have the right within the established limits and according to the procedure provided by law to establish local dues, and to provide for the leverage of taxes and duties at the expense of their own budget.

Article 122

Local government Councils shall have the right to appeal to court regarding the violation of their rights.

Article 123

In higher level administrative units, the administration shall be organised by the Government according to the procedure established by law.

Representatives shall be appointed by the Government to supervise that the Constitution and the laws are observed, and that the decisions of the Government are implemented.

The powers of Government representatives and the procedures of their implementation shall be established by law.

In cases and according to procedures provided by law, the Seimas may introduce direct administration on local government territory.

Article 124

Deeds and actions of local government Councils as well as of their executive bodies and officers which violate the rights of citizens and organisations may be appealed against in court.

Chapter 11
Finances, the State Budget

Article 125

In the Republic of Lithuania, the central bank shall be the Bank of Lithuania, which is owned by the State.

The Bank of Lithuania shall have the exclusive right to issue bank notes.

The procedures for the organisation and activities of the Bank of Lithuania as well as its powers shall be established by law.

Article 126

The Bank of Lithuania shall be directed by the Bank Board, which shall consist of the Board Chairperson, the deputies to the Chairperson, and the Board members.

The Board Chairperson of the Bank of Lithuania shall be appointed for a five-year term by the Seimas on the nomination of the President of the Republic of Lithuania.

Article 127

The budgetary system of the Republic of Lithuania shall consist of the independent State budget of the Republic of Lithuania and the independent local governments budgets.

State budget revenues shall be accrued from taxes, compulsory payments, dues, receipts from State property, and other income.

Taxes, other budgetary payments, and dues shall be established by the laws of the Republic of Lithuania.

Article 128

Decisions concerning State loans and other basic property liabilities of the State shall be adopted by the Seimas on the recommendation of the Government.

Procedures concerning the management, utilization, and disposal of State property shall be established by law.

Article 129

The budget year shall begin on the first of January and shall end on the thirty-first of December.

Article 130

The Government of the Republic of Lithuania shall prepare a draft budget of the State, and shall submit it to the Seimas no later than 75 days before the end of the budget year.

Article 131

The draft budget of the State shall be considered by the Seimas, and shall be approved by law by the beginning of the new budget year.

Upon considering the draft budget, the Seimas may only increase expenditures upon specifiying financial sources for said expenditures. Expenditures established by law may not be reduced as long as said laws are not amended.

Article 132

If the State Budget is not approved by the prescribed date, monthly budget expenditures of the beginning of the budget year may not exceed one-twelfth of the State Budget expenditures of the previous budget year.

During the budget year the Seimas may change the budget. It shall be changed according to the same procedure by which it was drafted, adopted and approved. As necessary, the Seimas may approve an additional budget.

Chapter 12
Control of the State

Article 133

The system and powers of State Control shall be established by law.

State control shall be directed by the State Controller who shall be appointed for a five-year term by the Seimas upon the nomination of the President of the Republic of Lithuania.

Before taking office, the State Controller shall take an oath. The oath shall be established by law.

Article 134

State control shall supervise the legality of the management and utilization of State property and the realization of the State budget.

The State Controller shall give an account to the Seimas on the annual execution of the State budget.

Chapter 13
Foreign Policy and National Defence

Article 135

In conducting foreign policy, the Republic of Lithuania shall pursue the universally recognized principles and norms of international law, shall strive to safeguard national security and independence as well as the basic rights, freedoms and welfare of its citizens, and shall take part in the creation of sound international order based on law and justice.

In the Republic of Lithuania, war propaganda shall be prohibited.

Article 136

The Republic of Lithuania shall participate in international organizations provided that they do not contradict the interests and independence of the State.

Article 137

Weapons of mass destruction and foreign military bases may not be stationed on the territory of the Republic of Lithuania.

Article 138

The Seimas shall either ratify or denounce international treaties of the Republic of Lithuania which concern:

1. the realignment of the State borders of the Republic of Lithuania;

2. political cooperation with foreign countries, mutual assistance, or treaties related to national defence;

3. the renunciation of the utilization of, or threatening by, force, as well as peace treaties;

4. the stationing and status of the armed forces of the Republic of Lithuania on the territory of a foreign state;

5. the participation of Lithuania in universal or regional international organisations; and

6. multilateral or long term economic agreements.

Laws and international treaties may provide for other cases in which the Seimas shall ratify international treaties of the Republic of Lithuania.

International agreements which are ratified by the Seimas of the Republic of Lithuania shall be the constituent part of the legal system of the Republic of Lithuania.

Article 139

The defence of the state of Lithania from foreign armed attack shall be the right and duty of every citizen of the Republic of Lithuania.

Citizens of the Republic of Lithuania are obliged to serve in the national defence service or to perform alternative service in the manner established by law.

The organisation of national defence shall be established by laws.

Article 140

The main issues of national defence shall be considered and coordinated by the State Defence Council which consists of the President of the Republic of Lithuania, the Prime Minister, the Seimas Chairperson, the Minister of National Defence, and the Chief Commander of the Army. The State Defence Council shall be headed by the President of the Republic of Lithuania. Procedures for its formation, activities and powers shall be established by law.

The Chief Commander of the armed forces shall be the President of the Republic of Lithuania.

The Government, the Minister of National Defence, and the Chief Commander of the Army shall be responsible to the Seimas for the provision and command of State armed forces. The Minister of National Defence may not be a serviceman who has not yet retired from active service.

Article 141

Soldiers in active military service or alternative service, officers of the national defence, the police and the internal service, non-commissioned officers, re-enlistees who have not retired from service, and other paid officers of military and security services may not be members of the Seimas or of local government Councils. They may not hold elected or appointed posts in State civil service, and may not take part in the activities of political parties and political organisations.

Article 142

The Seimas shall impose martial law, shall announce mobilisation or demobilisation, and shall adopt decisions to use the armed forces in defence of the homeland or for the fulfillment of the international obligations of Lithuania.

In the event of an armed attack which threatens the sovereignty of the State or territorial integrity, the President of the Republic of Lithuania shall immediately pass a decision concerning defence against such armed aggression, shall impose martial law throughout the country or in separate parts thereof, shall declare mobilisation, and shall submit these decision to the next sitting of the Seimas; in the period between sessions, the President shall immediately convene an unscheduled session of the Seimas. The Seimas shall approve or abolish the decision of the President of the Republic of Lithuania.

Article 143

In the event that a regular election must be held in time of military actions, either the Seimas or the President shall adopt a decision to extend the terms of the Seimas, the President, and local government Councils. In such cases, elections must be held within three months of the end of the war.

Article 144

In the event that the constitutional system or public order of the State is threatened, the Seimas may declare a state of emergency throughout the country, or in separate parts thereof, for a period not exceeding six months.

In the event of emergency, and if the Seimas is not in session, the President of the Republic shall have the right to pass such a decision, and shall, at the same time, convene an unscheduled session of the Seimas for the consideration of this issue. The Seimas shall approve or abolish the decision of the President of the Republic of Lithuania.

States of emergency shall be regulated by law.

Article 145

During martial law or a state of emergency, the rights and freedoms specified in Articles 22, 24, 25, 32, 35, and 36 of the Constitution may be temporarily restricted.

Article 146

The State shall provide and care for soldiers whose health is damaged during military service, as well as for the families of soldiers who lose their lives during military service.

The State shall also provide for citizens whose health is damaged while defending the homeland, and for the families of citizens who lose their lives in defence of the State.

Chapter 14
Amending the Constitution

Article 147

In order to amend or appened the Constitution of the Republic of Lithuania, a proposal must be submitted to the Seimas by either no less than one-fourth of the members of the Seimas, or by at least 300,000 voters.

During the state of emergency or martial law, amendments to the Constitution may not be made.

Article 148

The provision of Article 1 of the Constitution that the State of Lithuania is an independent democratic republic may only be amended by a referendum in which at least three-fourths of the electorate of Lithuania vote in favour thereof.

The provisions of Chapter 1 ("The State of Lithuania") and Chapter 14 ("Amending the Constitution") may be amended only by referendum.

Amendments of other chapters of the Constitutions must be considered and voted upon in the Seimas twice. There must be a lapse of at least three months between each vote. Bills for constitutional amendments shall be deemed adopted by the Seimas if, in each of the votes, at least two-thirds of all the members of the Seimas vote in favour of the enactment.

An amendment to the Constitution which is rejected by the Seimas may not be submitted to the Seimas for reconsideration for the period of one year.

Article 149

The adopted law on an amendment to the Constitution shall be signed by the President of the Republic of Lithuania and officially promulgated within 5 days.

If the President of the Republic of Lithuania does not sign and promulgate such a law in due time, this law shall become effective when the Chairperson of the Seimas signs and promulgates it.

The law on an amendment to the Constitution shall become effective no earlier than one month after the adoption thereof.

Final Provisions

Article 150

The constituent parts of the Constitution of the Republic of Lithuanian shall be:

The 11 February 1991 Constitutional Law "On the State of Lithuania";

The 8 Juni 1992 Constitutional Act "On the Non-Alignment of the Republic of Lithuania with Post-Soviet Eastern Alliances".

Article 151

This Constitution of the Republic of Lithuania shall become effective the day following the official promulgation of the results of the Referendum, provided that in the Referendum more than half of the electorate of Lithuania voted in favour thereof.

Article 152

The procedure for the enforcement of this Constitution and separate provisions thereof shall be regulated by Law of the Republic of Lithuania "On the Procedure for the Enforcement of the Constitution of the Republic of Lithuania", which, together with this Constitution of the Republic of Lithuania, shall be adopted by referendum.

Article 153

Upon the adoption of this Constitution in the Referendum, the Seimas of the Republic of Lithuania may, by 25 October 1993, amend by three-fifths majority vote of all the Seimas members the provisions of the Constitution of the Republic of Lithuania set forth in Articles 47, 55, 56, in item 2 of the second part of Article 58, 65, 68, 69, in items 11 and 12 of Article 84, in the first part of Article 87, 96, 103, 118, and in the fourth part of Article 119.

Article 154

Upon their adoption by referendum, the Constitution of the Republic of Lithuania and the Law of the Republic of Lithuania "On the Procedure for the Enforcement of the Constitution of the Republic of Lithuania" shall be signed and promulgated within 15 days by the President of the Supreme Council of the Republic of Lithuania.

Textanhang II/10

Republic of Lithuania – Law on the Constitutional Court (1993)*

Chapter 1
The Status of the Constitutional Court

Article 1
The Constitutional Court – a Court Institution

The Constitutional Court of the Republic of Lithuania shall ensure the supremacy of the Constitution of the Republic of Lithuania in the legal system as well as constitutional legality by deciding, according to the established procedure, whether the laws and other legal acts adopted by the Seimas are in conformity with the Constitution, and whether the acts adopted by the President or the Government of the Republic correspond with the Constitution and laws.

In cases provided in the Constitution and this Law, the Constitutional Court shall present conclusions to the Seimas and the President of the Republic.

The Constitutional Court shall be an independent court which executes judicial power according to the procedure established by the Constitution of the Republic of Lithuania and this Law.

Article 2
Laws on the Constitutional Court

The Constitution of the Republic of Lithuania and this Law shall establish the objectives, powers, and work procedure of the Constitutional Court.

Article 3
Rules of the Constitutional Court

Internal questions of the Constitutional Court, the rules of professional conduct of judges, the structure of the Court apparatus, clerical work, and other issues shall be regulated by the Rules of the Constitutional Court, as approved by the Constitutional Court.

---

* 3 February 1993.

Article 4
Composition and Procedure of Formation of the Constitutional Court

The Constitutional Court shall consist of 9 judges appointed for an unrenewable term of nine years.

Every three years, one third of the Constitutional Court shall be reconstituted. The Seimas shall appoint an equal number of judges to the Constitutional Court from the candidates nominated by the President of the Republic of Lithuania, the Chairperson of the Seimas, and the Chairperson of the Supreme Court; the procedure shall also be used upon the renewal of the composition of the Court. Upon the expiration of the term of office, judges shall continue their duties until new judges are appointed.

The Seimas shall appoint the Chairperson of the Constitutional Court from among the judges thereof who are nominated by the President of the Republic of Lithuania.

Article 5
Constitutional Court Judge Candidates

Citizens of the Republic of Lithuania who have an impeccable reputation, who are trained in law, and who have served, for at least 10 years, in the legal profession or in an area of education related to his or her qualifications as a lawyer, shall be eligible for appointment to Constitutional Court judge.

Names of candidates to Constitutional Court judge shall be announced through the press prior to the consideration thereof in the Seimas.

The State and Law Committee of the Seimas shall, at a closed sitting, consider the candidates nominated to the Seimas to the post of Constitutional Court judge, and shall then present their conclusions to the Seimas.

Chapter 2
The Status of Constitutional Court Judges

Article 6
Requirements for Constitutional Court Judges

Judges of the Constitutional Court may not hold any other elected or appointed office, and may not be employed in any business, commercial or other private institution or company, with the exception of educational or creative work. They shall also be prohibited from receiving any remuneration other than the salary established for judges and payment for educational or creative activities.

Constitutional Court judges may not participate in the activities of political parties or other political organisations.

Constitutional Court judges may not be defense counsels or representatives of any company, institution, organisation or person.

Article 7
The Oath of the Constitutional Court Judge

Before beginning office, persons appointed to Constitutional Court judge shall take an oath in a sitting of the Seimas.

The established text of the oath shall be:
"I, (name, surname),
Swear to be faithful to the Republic of Lithuania;
Swear to honestly and conscientiously discharge the duties of the office of Constitutional Court Judge;
Swear to defend the Constitutional order of the independent State of Lithuania and to protect the supremacy of the Constitution, obeying only the Constitution of the Republic of Lithuania.
So help me God!"

The last sentence may be omitted from the oath.

The oath shall be administered by the Chairperson of the Seimas in a sitting of the Seimas.

The oath shall be administered in keeping with the regluations established for the procedure of administering the oath of Seimas members.

Constitutional Court judges who either do not take the oath in the manner prescribed by law, or who take a conditional oath, shall lose the powers of judge. The Seimas shall adopt a corresponding resolution thereon.

Article 8
Immunity of Constitutional Court Judges
The person of a Constitutional Court judge shall be inviolable

Constitutional Court judges may not be found criminally responsible, may not be arrested, and may not be subjected to any other restriction of personal freedom without the consent of the Constitutional Court. Questions of consent to institute criminal proceedings against a Constitutional Court judge shall be considered only upon the motion of the Prosecutor-General.

Constitutional Court judges who are detained or delivered to a law enforcement institution without personal documents must immediately be released upon establishing their identy.

Entry into the residential or office premises of Constitutional Court judges, the inspection or search of, or making a seizure in such premises or the inspection or search of, or making a seizure in personal or service automobiles or other personal means of communication, the bodily inspection or search of judges, and the inspection or seizure of their property or documents shall be prohibited unless criminal proceedings have been instituted against the Constitutional Court judge according to the established procedure.

Criminal cases in which the accused is a Constitutional Court judge shall be tried by the Supreme Court.

Constitutional Court judges may not be persecuted for their speeches or voting in the Constitutional Court.

The powers and rights of the Constitutional Court and its judges may not be abridged upon the declaration of war or state of emergency.

Article 9
Powers of Constitutional Court Judges

Constitutional Court judges shall have the right to participate in Constitutional Court sessions with the right of decisive vote, to be granted free access to all material and documents submitted to Court sessions, and to exercise other rights provided for by this Law.

Constitutional Court judges shall propose issues for consideration at Constitutional Court sessions and shall prepare questions assigned to them.

Constitutional Court judges shall have the right to request that all state institutions and their officers, local government institutions and their officers, state and other companies, institutions, organisations, and citizens' associations submit any documents and information concerning the issue which is being prepared for Court hearing, as well as to receive the officers' explanations on all issues under examination. Judges shall also have the right to summon and question witnesses and experts, to apply for consultations of specialists, to commission persons to carry out check ups, and to send inquiries.

Constitutional Court judges shall not have the right to publicly express their opinion concerning the main point of issues which are either under examination or have been adopted for examination in the Constitutional Court.

Article 10
Suspension of the Powers of Constitutional Court Judges

The powers of a Constitutional Court judge may be suspended on the decision of the Constitutional Court upon:

1. consent granted according to the procedure established by this Law to institute criminal proceedings against the Constitutional Court judge;

2. a resolution of the Seimas to initiate impeachment proceedings in the Seimas against the Constitutional Court judge after the findings of the special interrogatory against the Constitutional Court judge after the findings of the special interrogatory commmission; and

3. the declaration of the judge as missing by an effective court order.

Upon suspension of their powers, judges shall lose the rights established by Articles 9 and 15 of this Law.

When the grounds for suspension of the powers of a Constitutional Court judge cease to exist, the Constitutional Court shall, within three days, adopt a decision concerning the restoration of the judge's powers. If a decision is not adopted within the stated period, the powers of the Constitutional Court judge shall be considered restored from the day that the judge actually resumes his or her duties upon notifying the Chairperson of the Constitutional Court thereof by application.

Article 11
Termination of the Powers of a Constitutional Court Judge

The powers of a Constitutional Court Judge shall be terminated:

1. on the expiration of the term of office;

2. upon the death of the judge;

3. upon voluntary resignation;

4. if the judge is incapable of fulfilling his or her duties for reasons of health, i. e. if in the course of one year the judge is ill for more than four months, or if he or she falls ill with a fatal or other lingering disease which precludes him or her from discharging the duties of judge; and

5. upon being removed from office by the Seimas according to impeachment proceedings.

In the case prescribed by Par. 3 hereof, the decision concerning the termination of the powers of Constitutional Court judges shall be adopted by the Seimas on the recommendation of the Seimas Chairperson.

In the case prescribed by Par. 4 hereof, the Seimas shall resolve issues concerning the termination of the powers of judges only when there is a corresponding decision of the Constitutional Court and the findings of the medical commission formed by the Minister of Health.

Article 12
Pecuniary Penalties

Disciplinary actions may not be brought against Constitutional Court judges. For failure to carry out the duties established in this Law or for nonattendance of Court sittings without good reason, a pecuniary penalty entailing the reduction of the judge's previous month salary by as much as 50 percent may be imposed on the judge upon the decision of the Constitutional Court.

Article 13
The Chairperson of the Constitutional Court

In addition to the duties of judge, the Chairperson of the Constitutional Court shall:

1. direct the work of the Constitutional Court;
2. direct the preparation of issues submitted to the Constitutional Court for examination;
3. convene and preside over sittings of the Constitutional Court;
4. propose issues to be examined by the Constitutional Court;
5. assign work to Constitutional Court judges;
6. submit the composition of the Constitutional Court apparatus and personnel to the Constitutional Court for approval, direct the work of the apparatus, and hire and dismiss the apparatus staff;
7. issue orders and directives; and
8. exercise other powers prescribed by this Law.

In resolving issues related to the work of the apparatus as well as other internal questions, the Chairperson shall issue orders; the Chairperson shall realise the procedural rights granted to him or her by issuing directives.

The Chairperson of the Constitutional Court shall manage the funds appropriated for the operation of the Constitutional Court.

Article 14
Acting for the Chairperson of the Constitutional Court

In the absence of the Chairperson of the Constitutional Court or when he or she is not in the position to fulfill the duties of Chairperson, said duties shall be temporarily performed by a judge appointed by the Chairperson of the Constitutional Court.

In the absence of the Chairperson of the Constitutional Court or the judge appointed by him or her to carry out these duties, the office of Chairperson of the Constitutional Court shall be temporarily executed by the Constitutional Court judge with the longest term of service as lawyer.

Article 15
The Right of Constitutional Court Judges to Participate in Sittings of State Institutions

The Chairperson and judges of the Constitutional Court shall be entitled to participate in sittings of the Seimas of the Republic of Lithuania and of its committees and commissions, as well as in sittings of the Government, the Senate of Lithuanian Judges, the prosecutor's office, and other legal institutions.

Article 16
Social and Living Provision for Constitutional Court Judges

Constitutional Court judges shall be paid a salary which is 30 per cent more than the maximum salary of a Superior Court judge. The Chairperson or temporary Chairperson of the Constitutional Court shall be paid a salary which is 10 per cent more than the salary of a Constitutional Court judge.

Upon leaving office because of expiration of the term or resignation due to pensionary age or health, judges of the Constitutional Court shall be paid gratuity on discharge equaling 6 monthly salaries. Upon the death of a Constitutional Court judge, the benefit of the said amount shall be paid to his or her family. When the powers of a Constitutional Court judge are terminated on other grounds, he or she shall be paid a gratuity equaling 2 monthly salaries. Judges who are dismissed from office according to impeachment proceedings shall not be paid any gratuity upon discharge.

Pensionary provision for Constitutional Court judges shall be regulated by the Law on State Pensions and other laws of the Republic of Lithuania.

The Government shall assign living quarters in Vilnius for the term of office to Constitutional Court judges who either do not have living quarters in Vilnius or who live in Vilnius and are entitled to State aid in acquiring living quarters.

Upon the expiration of their term, with the exception of the cases when Constitutional Court judges are dismissed from office according to impeachment proceedings, judges must be assigned a job or office in a state institution, or, when this is not possible, another analogous job or office.

Chapter 3
Basic Rules of Legal Proceedings in the Constitutional Court

Section 1

Article 17
Legality and Independence of Constitutional Court Activities

In carrying out their duties, the Constitutional Court and its judges shall be independent of any state institution, person or organisation, and shall act only in accordance with the Constitution of the Republic of Lithuania.

The Constitutional Court shall obey only the Constitution of the Republic of Lithuania and laws which are in conformity with the Constitution.

Interference with the activities of a judge or the Constitutional Court by institutions of State authority and administration, the Seimas and its officers, political parties, political and public organisations, or citizens shall be prohibited and shall incur liability under law.

The Chairperson and judges of the Constitutional Court must immediately inform the Seimas of attempts to influence the Constitutional Court or any of its judges, and must publicize this through mass media.

Meetings, pickets, and other actions staged within 100 metres of the Constitutional Court building or in the Court itself and which are aimed at influencing a judge or the Court, shall be considered interference with the activities of the judges or the Court.

Article 18
Publicity of Constitutional Court Activities

Information concerning sittings of the Constitutional Court shall be declared on the premises of the Constitutional Court and announced in mass media through the Lithuanian News Agency (ELTA).

Constitutional Court sittings shall be open, and may be attended by citizens who are of age as well as by representatives of the press and other mass media. Persons who attend sittings in the Court room may make tape recordings, short-hand records or records of the hearing from their seats.

Taking photographs, filming, and making video recordings or television or radio broadcasts of hearings shall be permitted only upon the consent of the Constitutional Court.

The Constitutional Court may announce closed sittings provided that this is necessary for the safeguarding of a State, professional, commercial or other secret which is protected by law, or the security of a citizen or public morality.

If there are grounds to believe that during a sitting a threat may arise to the Court or the parties thereof, the Chairperson of the Constitutional Court may issue an order to the police to inspect the documents and belongings of persons entering the court room or to carry out bodily searches.

The Constitutional Court may remove persons interfering with the normal work of the Court from the court room.

The deliberation and voting of the judges of the Constitutional Court shall not be public, with the exception of cases provided for by this Law.

The ruling of the Constitutional Court shall always be announced publicly in the court room.

Article 19
Joint Activities of the Constitutional Court

The Constititional Court shall jointly investigate cases and arrive at conclusions, provided that no less than two-thirds of all the jugdes of the Constitutional Court are participating.

In approving or amending the Rules of the Constitutional Court, or in resolving other internal issues, Constitutional Court sittings shall be legitimate provided than at least half of all the judges participate therein.

Rulings shall be passed by majority vote of at least half of the judges participating in the sitting. In the case of a tie, the vote of the Chairperson shall be decisive.

Article 20
The Language of the Court

In the Constitutional Court, legal proceedings shall be held and rulings shall be passed and announced in the Lithuanian language. Documents written in other languages shall be submitted and announced in their Lithuanian translation and after having been approved by a notary.

People participating in sittings who do not know Lithuanian shall be guaranteed the right to use a translator.

Article 21
Types of Constitutional Court Sittings

The Constitutional Court shall hold organizational and procedural sittings as well as court hearings. Sittings shall either be convened by the Chairperson of the Constitutional Court or held at the time set by the Constitutional Court.

The form of organizational and procedural sittings shall be free.

Concrete cases shall be tried in court hearings. These hearings shall be held according to the procedures established by this Law.

Article 22
Rulings and Decisions of the Constitutional Court

The Constitutional Court shall settle cases in essence by passing rulings. The Constitutional Court shall announce rulings in the name of the Republic of Lithuania.

In cases provided by this Law, the final act of the Constitutional Court shall be called the conclusions.

The Constitutional Court shall adopt decisions on individual questions which prevent a case from being settled.

The Constitutional Court shall adopt rulings, conclusions, and decisions in the deliberation room. Upon consultation and without leaving to the deliberation room, the Constitutional Court may adopt a decision concerning simple issues as well as the imposition of penalties during a sitting. When such a decision is adopted, the Chairperson of the sitting shall immediately read it aloud and it shall be recorded in the sitting records.

Article 23
Organizational Sittings of the Constitutional Court

Internal questions, issues of material investigation, and other issues shall be considered and settled in organizational sessions. The Chairperson and judges of the Constitutional Court shall propose issues for consideration. The Constitutional Court shall approve the agenda and schedule of sittings by its decision.

If necessary, scientists, specialists, and other persons shall be invited to organizational sittings.

Article 24
Preliminary Investigation of Material

Issues presented to the Constitutional Court for consideration must be preliminary investigated. The Chairperson of the Constitutional Court shall charge one or several judges with conducting the investigation upon setting the term for this work.

The Chairperson of the Constitutional Court shall evenly distribute the preparatory work to jugdes.

A judge, upon beginning the investigation of the material which is given, shall:

1. ascertain that the grounds established in Articles 69 and 80 of this Law for refusal to examine a petition or inquiry are not present;

2. ascertain that the grounds established in Articles 70 and 81 of this Law for the return of a petition or inquiry of the petitioner are not present; and

3. establish which issues must be clarified before the case is prepared for the sitting.

Article 25
Report of the Results of the Preliminary Investigation

Upon the carrying out of the preliminary investigations and necessary preparatory acts, a judge shall draw up a certificate with proposals and shall report it to:

1. the Chairperson of the Constitutional Court, in proposing to accept a petition or inquiry and begin the preparation of the case for a sitting of the Constitutional Court in the procedure established by Article 27 of this Law if the petition or inquiry is within the jurisdiction of the Constitutional Court and is in conformity with other requirements of this Law;

2. the Chairperson of the Constitutional Court, in proposing to return the petition or inquiry to the petitioner if the material conforms to the conditions provided in Articles 70 and 81 of this Law; and

3. the procedural sitting of the Constitutional Court, in proposing to adopt a decision to refuse to examine the petition or inquiry of the material conforms to the conditions provided in Articles 69 and 80 of this Law.

In settling the issues provided in paragraphs 1 and 2 of the first part of this Article, the Chairperson of the Constitutional Court shall adopt decrees. If, due to the aforementioned issues, disagreements arise between a judge and the Chairperson of the Constitutional Court, such issues shall be referred to the procedural sitting of the Constitutional Court for the consideration and decision.

Article 26
Suspension of Validity of Acts of the President or Government of the Republic

In cases when the Constitutional Court receives a motion of the President of the Republic to investigate the conformity of an act of the Government with the Constitution, or when it receives a resolution of the Seimas to investigate the conformity of an act of the President of the Republic or an act of the Government with the Constitution, the preliminary investigation of that material must be carried out within 3 days, and the issue of whether to accept the petition for a hearing in the Constitutional Court must be settled.

If the Constitutional Court adopts a decision to accept a petition for hearing, the Chairperson of the Constitutional Court shall immediately give an official announcement about it either in "The News of the Seimas and the Government of the Republic of Lithuania" or in a special publication of the Seimas, or in newspapers through the Lithuanian News Agency (ELTA). In this announcement, the Chairperson must state the exact title of the act in question, the date of its adoption, and that, in accordance with Article 106 of the Constitution of the Republic of Lithuania, the validity of the aforementioned act is suspended from the day of its official announcement until the ruling of the Constitution Court concerning this case is announced.

In cases when the Constitutional Court, having tried a case, adopts a ruling that the act in question is in conformity with the Constitution, the Chairperson of the Constitutional Court shall immediately make an official announcement about it in the publications mentioned in the second part of this Article. In this announcement, the Chairperson of the Constitutional Court shall state the exact title of the act in question, the date of its adoption, the main point of the ruling of the Constitutional Court concerning this issue, and that the validity of the suspended act shall be restored from the day that this ruling is announced.

Article 27
Preparation of Cases for Sittings of the Constitutional Court

A case shall be prepared for a sitting of the Constitutional Court by the chairperson-appointed judge of the Constitutional Court. Normally, this judge shall be the one who has carried out the preliminary investigation of the appropriate material.

The judge shall conduct the following activities:

1. in necessary cases, interrogate the petitioner or the petitioner's representative about the main points of the demands, hear the petitioner's argu-

ments, and propose, if necessary, that additional evidence be presented;

2. in necessary cases, interrogate the person concerned or the person's representative about the circumstances of the case, ascertain the person's counterarguments and available evidence, and, if necessary, propose that explanations concerning the case be presented in writing;

3. interrogate witnesses and decide whether or not to summon them to the Court;

4. request and obtain documentary and material evidence and other necessary material from persons, state institutions, and other organizations;

5. commission an examination, and summon and interrogate specialists who are impartial to the results of the case; and

6. carry out other actions which are necessary for the preparation of the case for the court hearing.

The case material – copies of the petition to verify the conformity of a legal act with the Constitution or laws, copies of legal acts under examination, copies of other received documents – must be sent to the parties to the case within 3 days of the beginning of the preparation of the case for the court hearing.

The judge, having carried out preparatory acts and considering the case to be adequately prepared, shall propose to pass a decision to assign the case for the hearing in the Court sitting during a procedural sitting of the Constitutional Court.

Article 28
Procedural Sittings of the Constitutional Court

The following issues shall be considered in procedural sittings of the Constitutional Court: issues concerning the acceptance of petitions provided in Article 26 of this Law; all cases of the refusal to examine a petition or inquiry; issues concerning the preparation of cases for hearing; and other issues of preparation for court hearings.

Having heard the report of the judge and having discussed the issue of the preparation of the case for the court hearing, the Constitutional Court shall pass one of the following decisions:

1. to assign the case for hearing in the Court sitting and appoint a court speaker;

2. to return the case for additional investigation; and

3. to refuse to hear the case in the procedure established in Articles 69 and 80 of this Law.

Minutes shall be taken during procedural sittings of the Constitutional Court.

Upon the invitation of the Chairperson of the Constitutional Court, scientists, specialists, and other necessary persons may participate in porcedural sittings. With permission of the chairperson of the sitting, said prsons may speak on the issue.

Article 29
Terms of the Hearing of Appeals in the Constitutional Court

Upon receiving an appeal – a petition or inquiry – which is within the jurisdiction of the Constitutional Court and which is presented in the procedure established by this Law, the Constitutional Court must begin investigation within 7 days, i.e. commission a judge of the Constitutional Court to start the preliminary investigation.

The hearing of the case must be finished and the final ruling or conclusions passed within 4 months of the day the petition or inquiry is received by the Constitutional Court unless otherwise provided by the Constitutional Court.

Article 30
Limits of Court Hearings of the Constitutional Court

The Constitutional Court shall investigate and decide only legal issues.

Article 31
Persons Participating in Cases

The following persons shall be considered parties to the case:

the petitioner – the state institution, the group of Seimas members who are granted by law the right to apply to the Constitutional Court with a petition to investigate the conformity of a legal act with the Constitution or laws or to pass a finding, or their representatives;

the person concerned – the state institution which has adopted the legal act whose conformity with the Constitution and laws is under investigation or its representatives; Seimas members or other state officers, the constitutionality of whose actions must be investigated due to impeachment proceedings which have been initiated against them in the Seimas or their representative; the President of the Republic, when conclusions are presented concerning his or her state of health or the President's representative.

The parties to the case shall have equal procedural rights. They shall have the right to get familiar with the material of the case, make extractions, duplicates, and copies from it, declare suspensions, provide evidence, participate in the investigation of evidence, question other persons, witnesses and experts participating in the case, make requests, give explanations, provide their own arguments and reasonings, and object to requests, arguments and reasonings of other persons participating in the case.

Article 32
Representation in the Constitutional Court

Parties to the case may conduct their cases in the Constitutional Court either personally or through their representatives. According to the law, state institutions shall be represented by their heads, who shall present documents to the Constitutional Court which confirm their post. Groups of Seimas members shall choose their own representative (representatives) and indicate this representative in the petition which is signed by all appealing Seimas members; their signatures shall be confirmed by the Seimas Chairperson or deputy Chairperson.

At behest, representatives of the parties to the case in the Constitutional Court may be only advocates or persons possessing law degrees, or persons having legal experience in higher state institutions. An advoate's powers of attorney shall be approved by the warrant. Other persons shall be issued the powers of attorney by the heads of the institutions that they represent.

The head of the institution may also commission another employee of that institution for the representation of his or her institute by issuing that person the powers of attorney.

Article 33
Parties to the Action

In this Law, parties to the action shall be considered parties to the case, their representatives, witnesses, experts, invited specialists and interpreters.

Article 34
Evidence

Any facts shall be admitted as evidence on the basis of which the Constitutional Court states that there are circumstances which justify the requests or rebukes of the parties to the case or that there are no such circumstances.

These facts shall be established on the basis of explanations of the parties to the case, testimony of witnesses, documentary evidence, and findings of experts.

Each party to the case must prove the circumstances on the basis of which they make their requests and retorts.

Parties to the case shall present evidence. If there is not enough evidence, the Court shall propose that additional evidence be presented.

The Court shall accept only that evidence which prove circumstances which are of importance to the case for investigation.

It shall be not required to prove the circumstances which are recognized by the Constitutional Court to be publicly known.

Facts which are established by ruling of the Constitutional Court which have become legal in one case shall not be proved again in hearings of other cases.

Article 35
Assessment of Evidence

Evidence presented to the Constitutional Court shall have no obligatory force in advance.

The Court shall assess evidence in accordance with the inner conviction of judges which shall be based on the detailed, comprehensive and objective examination of the whole complex of the circumstances of the case in the Court sitting and in oberservance of the laws.

Article 36
The Witness

Any person who may know some circumstances related to a case may be a witness.

A person summoned to be a witness must appear before the Court or the judge and must testify truthfully.

For failure to appear before the judge or the Court due to reasons which are recognized as unimportant by the Court, a penalty may be imposed on the witness; if the witness fails to appear at a sitting without a valid reason for a second time, he or she may be brought by force by the police.

For the refusal or avoidance of testimony, or for knowingly false testimony, a witness shall be liable in accordance with laws. Witnesses shall be warned about their liability in the sitting of the Constitutional Court and shall sign on. Expenses related to the appearance of witnesses before the judge and their participation in sittings of the Constitutional Court shall be covered from the funds assigned to the Constitutional Court for those purposes.

Article 37
The Expert

A person having the required knowledge to provide findings may be appointed as an expert. If necessary, several experts may be appointed.

The judge who prepares the case for hearing shall have the right to ask questions to which the expert's findings must be provided, while each party to the case shall have such a right during the sitting. These questions shall be finally determined by the Court.

Upon the summons of the Court or a judge, a person appointed as expert must be in attendance and provide the objective findings on the questions posed.

Experts shall have the right to get familiar with the case material, to participate in the case hearing, to address witnesses and persons participating in the case with questions, and to ask for additional material.

Penalties may be imposed on experts for failure to attend upon the summons of the Court or a judge or for an unjustified refusal to provide the findings.

Experts shall be liable in accordance with criminal laws for providing the findings which are knowingly false. Experts shall be warned of this and shall sign on.

Experts shall be compensated for their work if the work is not obligatory to them by virtue of their office, as well as for other expenses incurred for participation in the sitting of the Constitutional Court from the funds assigned to the Constitutional Court for these purposes.

Article 38
Expert Findings

Expert findings shall be presented in writing and shall be set forth in the examination act which state the executed investigations, the findings made on their basis, and the reasoned answers to the questions posed by the Court.

If there are several experts, they shall deliberate among themselves before providing the findings. If the experts reach the common findings, that findings shall be signed by all of the experts. Experts who do not agree with other experts shall sign their own findings.

Expert findings shall have no obligatory force in advance.

Article 39
Compensation of Expenses Incurred by Parties to the Case

Expenses of the parties to the case related to attendance and participation in legal proceedings of the Constitutional Court shall be compensated by the institutions which they represent.

Article 40
The Right of the Constitutional Court to Impose Penalties

The Constitutional Court shall have the right to impose penalties when:

1. officials and persons, at the set time and without valid reasons, fail to fulfill the requirements of the Constitutional Court or its judge to present documents or material, to approve documents or texts of acts, or to carry out investigations;

2. without valid reasons, a witness or expert fails to attend, refuses to attend, or does not inform of their failure to appear before the Constitutional Court or the judge;

3. an expert, without valid reasons, refuses to provide the findings;

4. a party to the case, after being reprimanded once, speaks out of turn or insults participants of the sitting or the Court a second time; and

5. a person who is in the court room violates order or does not listen to the demands of the Chairperson of the sitting to maintain order.

The Constitutional Court shall have the right to impose a penalty on citizens and representatives of the parties to the case equalling up to one average monthly salary, and on officials – up to four average monthly salaries for each case of violation.

When violations stated in the first part of this Article are committed during a sitting, the decision of the Constitutional Court concerning the imposition of a penalty shall be passed immediately during the sitting. In other cases, the decision concerning the imposition of a penalty shall be passed after the investigation. In all cases, the decision of the Constitutional Court concerning the imposition of a penalty shall be entered into the record of the sitting where the name, surname, working place and address of the violator shall be stated.

The decision of the Constitutional Court concerning the imposition of a penalty (extract from the record of the sitting) shall be sent to the bailiff to conduct.

Article 41
Joining of Petitions

Upon establishing that there are two or more petitions concerning the conformity of the same legal act with the Constitution or laws, the Constitutional Court may join them into one case before the beginning of the court hearing.

Article 42
Summonses of the Constitutional Court

Parties to the case and their representatives shall be informed by summonses of the Court of the time of the sitting of the Constitutional Court and the time and place of performance of separate procedural actions. Witnesses, experts and interpreters shall be summoned to the Court by summonses as well. Consequences for failure to appear before the Court shall be stated in the summons.

Summonses shall be delivered through messengers or by mail. The time when the addressee is presented with the summons shall be stated in the delivered summons and in the part of the summons returned to the court which shall contain the signature confirming the delivery of the summons.

Summons to appear in court for parties to the case must be delivered no later than 7 days before the beginning of the sitting.

Article 43
Sitting Notices

Sitting notices must be presented to judges of the Constitutional Court no later than 7 days before the beginning of the sitting. Duplicates of the material of the case under examination shall be delivered to the judges upon the commencement of the preliminary investigation of the material.

Section 2
Court Proceedings

Article 44
Court Hearings

A case shall be investigated by the Constitutional Court only once the parties to the case have been notified of this. Absence of the parties in a court hearing shall not be an obstacle in conducting the investigation of the case, passing a ruling or conclusion, or adopting other decisions.

While investigating a case, the Constitutional Court must directly examine evidence: the must listen to the statements of the persons participating in the case, the testimony of witnesses, and the findings of experts, and must examine written and other evidence.

The Court shall not have the right to investigate other cases until the investigation of the case at hand is settled or its investigation is suspended.

Only parties to the case, their representatives, witnesses, experts, and invited specialists and officers may speak in the Court.

Article 45
The Chairperson of Court Hearings

Court hearings shall be presided over by the Chairperson of the Constitutional Court; in the absence or on the instruction of the Chairperson, hearings shall be presided over by the deputy Chairperson of the Constitutional Court, and if they are also absent – by a judge selected by the Constitutional Court other than the judge who is acting as speaker.

The presiding Chairperson: shall conduct the hearing and take measures to fully and impartially investigate the circumstances of the case; shall exclude all things which are irrelevant to the case from the trial; shall interrupt the parties if they speak about matters which are irrelevant to the case or which are not within the jurisdiction of the Constitutional Court; and shall deprive speakers of speech when they start speaking at their own will, when they do not fullfill the requirements of the Chairperson of the court hearing, when they speak in a rude or insulting manner, or when they show disrespect for the Constitution or constitutional order of the State.

The Chairperson of the court hearing shall have the right to require anyone who breaches procedure or disobeys his orders to leave the court room. A party to the case who ignores a reprimand of the Chairperson of the court hearing may be removed from the court room by Court decision.

The Chairperson of the court hearing shall warn the persons present in the court room that if their conduct interferes with the court hearing and that upon repeated violation of order, they may be removed from the court room.

The Chairperson of the Court shall announce a recess when it is necessary to take a rest, when parties to the case must get ready for the final speech, at the end of working hours, when normal work is obstructed, and in other cases.

Article 46
Procedure for Court Hearings

The persons present in the court room must keep order and respect the Court, and must, without objection, obey the Chairperson's demands to maintain order.

Minors, if they are not witnesses, shall not be admitted into the court room.

When the judges enter or leave the court room, and when the decision or ruling of the Constitutional Court is being declared, the court shall rise. All parties to the action shall stand while addressing the Court, speaking, and giving their testimony and explanations.

The Court shall be addressed with the words "High Court" or "Honourable Court".

During hearings of the Constitutional Court, order shall be kept by the Court clerk.

Demands of the clerk to keep order or to fulfill the instructions of the Chairperson shall be obligatory to all parties to the case.

If, during the court hearing, parties to the case breach order, disobey demands of the Chairperson of the court hearing to keep order, or violate other rules adopted by the Constitutional Court, they may be removed from the court room or be held iable under law.

Article 47
The Preparatory Stage of the Court Hearing

At the set time, the Chairperson of the court hearing shall announce the commencement of the hearing of the Constitutional Court as well as which case shall be tried.

The secretary of the Constitutional Court hearing shall announce which of the summoned persons are present as well as the reasons for which the other persons have failed to appear before court.

The Court shall identify the persons who are present, and shall verify the powers of the officials and representatives. If anyone from the parties fails to appear or if a representative does not have due power, the Constitutional Court shall decide whether or not it is possible to begin the hearing. Experts and parties to the case shall be informed by the Chairperson of the hearing of their rights and duties, and other summoned persons shall be informed by the Chairperson of their duties and responsibility.

Requests of the parties to the case shall be heard and settled by the Court.

Article 48
Self-suspension or Suspension of Constitutional Court Judges

A Constitutional Court judge may suspend himself or be suspended from the investigation of a case if he:

1. is a relative of one of the parties to the case and if the matter in dispute is of a personal nature; or

2. has publicly declared how the case under investigation should be settled.

If circumstances indicated in part 1 of this Article are present, the judge must announce them in writing prior to the commencement of the hearing, and must ask the Constitutional Court to settle the issue of the judge's suspension. On the same grounds and according of the same procedure, the parties to the case may also declare justified suspension.

If a suspension has been declared, the Constitutional Court must hear the arguments of the parties to the case. The Court shall settle issues of self-suspension or suspension in the room designated for deliberation.

Article 49
Suspension of the Investigation of a Case

The investigation of a case may be suspended upon the decision of the Constitutional Court if:

1. the issue has not been adequately prepared and additional examination is necessary;

2. it is necessary to obtain new evidence; or

3. other vital reasons turn up.

In suspending a case hearing, the Constitutional Court may set another date for the hearing and announce that persons present sign for this.

In suspending a case hearing, the Court may question witnesses who are present and who will normally no longer be summoned.

Having renewed a case hearing, the Court shall decide whether to start the hearing DE nova or to resume the hearing from place in the legal process where the case hearing was suspended.

Article 50
Examination of Evidence

The hearing of a case shall begin in essence with a speech by the court speaker, in which the main points of the case, the cause and grounds of its investigation, and the contents and other necessary data related to the available material shall be established. The Constitutional Court judges may ask the speaker questions.

After this, the statements of the parties to the case shall be heard, beginning with that of the petitioner. These persons shall have the right to ask each other questions and to voice their opinion on each other's statement or request. The Constitutional Court judges may also ask them questions. The Chairperson of the hearing shall read aloud the written pleadings of the parties to the case.

Prior to the questioning of witnesses, the Chairperson shall establish their identity and shall warn them of their responsibility upon signing for refusal or avoidance of giving evidence as well as for evidence which they know is false.

A witness may be asked questions after giving testimony. The written evidence of witnesses shall be read aloud at the Court hearing.

Written evidence or the records of their examination shall be read aloud at the Court hearing and shall be given to the parties to the case so that they can familiarize themselves with the material, and who thereafter shall be able to give their explanations.

Material evidence shall be examined by the Court; evidence shall also be shown to the parties to the case, and, as necessary, to experts and witnesses. Parties to the case may give explanations relative to material evidence.

Expert statements shall be read aloud at the Court hearing. An expert may be asked questions. As necessary, the Court may set additional or repeated expert examinations.

Upon examining all of the evidence, the Chairperson of the court hearing shall ask the parties to the case if they want to supplement the case material. The Court shall settle requests by adopting decisions concerning them. When the requests have been settled or when there are no requests, the Chairperson of the court hearing shall announce the completion of the examination of evidence.

Article 51
Court Arguments

Court arguments shall consist of the statements of the parties to the action.

During court arguments, the plaintiff and his representative shall present their statements first, followed by the interested person and his representative.

After that, the parties to the case may speak for a second time concerning the previous pleadings. The right to the final statement shall always belong to the interested person and his representative.

If the Constitutional Court acknowledges, in the course of the court arguments, that new circumstances pertaining to the case must be disclosed or new evidence must be investigated, it shall adopt a decision for the renewal of the examination of evidence. Upon completing the investigation of the evidence, the Court shall hear the arguments again according to the general procedure.

Article 52
Taking of Minutes

Minutes shall be taken for each Court hearing, as well as for each separate procedural action which is performed outside of the court hearing. Minutes shall be taken by the court hearing secretary.

Record of hearings of the Constitutional Court shall indicate:

the place and the date of the hearing and as well as the time of its commencement and conclusion;

the full name and office of the Chairperson of the hearing;

the full names of the judges participating in the case and the secretary of the hearing;

the issue under investigation;

data relative to the parties to the case;

the witnesses and experts participating in the case;

other officials present at the hearing;

the consecutive order and the results of the actions of the Constitutional Court;

the decisions of the Constitutional Court;

the explanations and statements of the parties to the case;

records of warnings issued to witnesses and experts concerning their responsibility;

the evidence of witnesses and experts;

the questions put to parties to the case, witnesses and experts as well as their responses;

data concerning the examination of documents and other evidence;

the contents of pleadings;

facts which parties to the action request to be entered in the record;

violations of procedure as well as other facts concerning contempt for the Constitutional Court, reprimands, penalties and other procedural measures; and

that the decision or other ruling has been read aloud.

The course and speeches of Constitutional Court hearings must be recorded in the minutes as accurately and comprehensibly as possible. The evidence of witnesses and the findings of experts shall be recorded on a separate sheet and shall be signed by them; these evidence and findings shall be attached to the record as a constituent part. Hearings may be recorded in shorthand, although the stenographic record of a hearing shall not be added to the record.

Audio and video recordings made during a hearing shall be added to the record and the existence thereof shall be indicated in the record.

The record must be completed within 2 days of the conclusion or suspension of the hearing. A printed version of the record shall be signed by the Chairperson of the Constitutional Court and by the secretary of the hearing.

Article 53
Confidentiality of Deliberations of the Constitutional Court

Constitutional Court judges who have participated in court arguments shall retire to the deliberation room to make a ruling. The Chairperson of the hearing shall announce this to the persons present in the court room.

During the deliberation and adoption of decisions or conclusions, only constitutional Court judges may be present in the deliberation room. The Chairperson of the hearing shall lead the deliberation of the judges, guaranteeing them the opportunity to express their opinion freely and without hindrance. In seeking a thorough and exhaustive deliberation, the Chairperson shall organize voting as well as the recording and drawing up of the resolution. Upon the conclusion of deliberation, the Constitutional Court may invite the Court officer to the deliberation room to be dictated and record the ruling or conclusion of the Constitutional Court.

Neither the Constitutional Court judges nor the officer who participated in the hearing shall have the right to announce the opinions voiced in the deliberation room or how the judges voted.

Article 54
Issues Settled upon the Adoption of a Ruling

In adopting a ruling, the Court shall weigh the evidence and state which preponderant circumstances have been established and which have not been established, which Constitutional or lawful norm must be applied in the case at hand, and whether the petition is awardable.

The Court shall base its ruling only on the evidence which was investigated during the court hearing.

The Court shall, upon deciding in deliberation that new circumstances must be disclosed or new evidence must be investigated, pass a decision to renew the investigation of the case and shall determine which additional procedural actions must be performed.

Article 55
Procedure for Adopting a Constitutional Court Ruling

The ruling of the Constitutional Court concerning the case shall be made in the deliberation room. The ruling must be presented within 1 month of the completion of the investigation of the case.

Rulings shall be made by majority vote. In the event of a tie vote, the vote of the Chairperson of the hearing shall be decisive. Judges shall not have the right to refuse to vote or to abstain from voting.

Adopted rulings shall be set forth in writing and signed by all the participating judges.

The discussion of amendments to rulings must be put in writing prior to the signing by judges.

Article 56
The Contents of Constitutional Court Rulings

The ruling of the Constitutional Court on a case shall be drawn up as a separate document.

It shall state:

the title, date and place of the ruling;

the composition of the Constitutional Court;

the secretary of the hearing;

the parties to the case and their representatives;

the issue under investigation and its grounds;

the articles of the Constitution and this Law which establish the right of the Constitutional Court to investigate the issue;

the request set forth in the appeal;

the full title of the legal act whose constitutionality was examined as well as the source wherein it was declared and wherefrom it was received;

the action or decision of a Seimas member or state officer whose constitutionality was examined;

the circumstances established by the Constitutional Court;

the arguments and proof upon which the ruling of the Constitutional Court is based, and, if necessary, the arguments refuting other opinions;

The Constitutional norm on the basis of which the Constitutional Court establishes the compliance of an act or action with the Constitution;

the resolution of the ruling; and

an indication that the ruling is final and not subject to appeal.

Article 57
Announcement in Court of Rulings of the Constitutional Court

Having adopted a ruling, the Constitutional Court shall return to the court room and the Chairperson of the hearing shall announce the Court ruling.

All present in the court room, with the exception of the Constitutional Court judges, shall stand to hear the ruling.

Upon the adoption of the ruling, neither the parties to the case nor other institutions and persons may raise the issue concerning the conformity of the investigated legal act with the Constitution or laws in Court again, nor may they appeal against the conclusion of the Court or the Court established facts and legal relations.

Article 58
Correction of Rulings

Upon announcing the ruling, the Constitutional Court may, on its own initiative or at the request of the parties to the case, correct inaccuracies or editor's mistakes which are in the ruling. A corresponding decision shall be passed at the Court hearing concerning this. Parties to the case must be notified about the date and place of such a hearing.

Article 59
Appeals against Constitutional Court Rulings

Rulings of the Constitutional Court shall be final and shall not be subject to appeal.

Article 60
Sending of Constitutional Court Rulings

Constitutional Court rulings, within 2 days of their adoption, shall be sent to:

the judges of the Constitutional Court;

the parties to the case;

the Seimas, the President of the Republic, the Government; and

the Chairperson of the Supreme Court, the Prosecutor General, and the Minister of Justice.

The Chairperson of the Constitutional Court may order that a Constitutional Court ruling be sent to other institutions, officers, or persons.

Article 61
Interpretation of Constitutional Court Rulings

Rulings of the Constitutional Court may only be officially interpreted by the Constitutional Court at the request of the parties to the case, of other institutions or persons to whom it was sent, or on its own initiative.

A decision concerning an interpretation of a Constitutional Court ruling shall be passed at a Constitutional Court hearing as a separate document. Parties to the case must be notified about the date and place of such a hearing.

The Constitutional Court must interpret their rulings without changing their contents.

Article 62
Review of Constitutional Court Rulings

Constitutional Court rulings may be reviewed on their own initiative if:

1. new, vital circumstances turn up which were unknown to the Constitutional Court when the ruling was passed; or

2. the constitutional norm on which the ruling was based has changed.

In such a case, the Constitutional Court shall adopt a decision and start the investigation of the case de novo.

A decision of the Constitutional Court concerning its ruling may also be reviewed if the ruling was not interpreted according to its actual contents.

Chapter 4
Legal Proceedings for Investigation Requests
The Compliance of Legal Acts with the Constitution

Article 63
The Constitutional Court's Jurisdiction over Cases Concerning the Compliance of Legal Acts with the Constitution

The Constitutional Court shall examine cases concerning:

1. the compliance of laws and other acts of the Seimas with the Constitution of the Republic of Lithuania;

2. the compliance of the acts of the President of the Republic with the Constitution and laws; and

3. the compliance of the acts of the Government with the Constitution and laws.

While investigating the cases specified in part 1 of this Article, the Constitutional Court shall examine the compliance of the entire act as well as a part thereof with the Constitution and the laws.

Article 64
Grounds and Cause for the Examination of Cases Concerning the Compliance of Legal Acts with the Constitution

The grounds of the examination of a case concerning the compliance of a legal act with the Constitution in the Constitutional Court shall be a legally justified doubt that the entire legal act or part thereof contradicts the Constitution according to

1. the contents of norms;

2. the extent of regulation;

3. form; and

4. the procedure of adoption, signing and promulgation which has been specified in the Constitution.

The cause for examining a case concerning the compliance of a legal act with the Constitution shall be the procedure prescribed by this Law and the filing of a petition of the established form with the Constitutional Court.

Article 65
Filing a Petition with the Constitutional Court for the Investigation of the Compliance of a Legal Act with the Constitution

The right to file a petition with the Constitutional Court concerning the compliance of a legal act with the Constitution shall be vested in:

1. the Government, groups consisting of at least ⅕ of all Seimas members, and the courts for cases concerning a law or other act adopted by the Seimas;

2. groups consisting of at least ⅕ of all Seimas members and the courts for cases concerning an act of the President of the Republic; and

3. groups consisting of at least ⅕ of all Seimas members, the courts, and the President of the Republic for cases concerning Gouvernmental acts.

Article 66
The Contents of Petitions for the Examination of the Compliance of Legal Acts with the Constitution

Petitions for the examination of the compliance of legal acts with the Constitution must contain:

1. the adressee – the Constitutional Court;

2. the name and address of the petitioner;

3. information about the representative of the petitioner and his powers, with the exception of ex officio representation;

4. the name and address of the state institution which has adopted a disputable legal act;

5. the norms of the Constitution and this Law which provide the right to appeal with a petition to the Constitutional Court;

6. the precise name of the disputable legal act, its number, the date of its adoption, and other information which is necessary for identification thereof, as well as the source of its publication (if it was publicized);

7. concrete grounds for the investigation of the case with references to the norms provided for in this Law;

8. the position of the petitioner concerning the conformity of an appropriate act with the constitution and legal support of such position containing references to laws;

9. a formulated petition to the Constitutional Court; and

10. the list of appended documents.

The petition shall be signed by the head of the institution which has been granted the right to appeal to the Constitutional Court. The petition of the Government must be supported by a directive of the Government which shall be appended to the submitted documents. Petitions of Seimas member groups shall be signed by all Seimas members who file the petition and their representative (representatives) shall be indicated; the signatures of said Seimas members shall be confirmed by the signature of the Chairperson or Deputy Chairperson of the Seimas.

The following shall be appended to the petition:

1. a duplicate of the whole text of the disputable legal act;

2. power of attorney or other document which

confirms the powers of the representative, with the exception of cases of ex officio representation; and

3. notary-approved translations into the Lithuanian language of all documents and other material which has been written in a language other than Lithuanian.

The list of witnesses and experts who are proposed to be summoned to the hearing of the Constitutional Court, findings of specialists, as well as other documents and material may be appended to the petition. The circumstances which each witness may confirm shall be indicated next to their name.

The petition and appendices thereto specified in part 3 of this Article shall be submitted to the Constitutional Court along with 30 copies of the duplicate. When necessary, the Chairperson of the Constitutional Court may charge the petitioner to submit up to 30 duplicates each of other appendices.

Article 67
The Contents of Petitions Filed with the Constitutional Court by the Supreme Court of Lithuania, the Court of Appeals of Lithuania, and District and Area Courts

Provided that there are grounds to consider that a law or other legal act, which shall be applicable in a concrete case, fails to conform with the Constitution, the court (judge) shall suspend the examination of said case and, with regard to the competence of the Constitutional Court, shall appeal to it with a petition to decide whether the said law or other legal act is in conformity with the Constitution.

The Supreme Court of Lithuania, the Court of Appeals of Lithuania, and district and area courts shall appeal to the Constitutional Court pursuant to a decision. The following must be indicated in the decision:

1. the time and place of the adoption of the decision;

2. the name and address of the court which has adopted the decision;

3. the composition of the court which has adopted the decision and the parties to the case;

4. brief contents of the case and the laws by which the parties to the case support their demands or rebuttals;

5. arguments presenting the opinion of the court on the nonconformity of a law or other legal document with the Constitution; and

6. a formulated petition of the court to the Constitutional Court.

The court decision shall be supplemented by:

1. the suspended case; and

2. the duplicate of the whole text of the disputable act.

30 copies of the Court decision and 30 duplicate copies of the disputable legal act shall be submitted to the Constitutional Court.

After the investigation of a case, the Constitutional Court shall return the presented suspended case to the appropriate court.

Article 68
Withdrawal of Petitions to Examine the Conformity of a Legal Act with the Constitution

Upon the consent of the Chairperson of the Constitutional Court, the institution which has filed a petition to examine the conformity of a legal act with the Constitution may withdraw it prior to the setting of the investigation of said case at a court hearing.

Article 69
Refusal of the Constitutional Court to Consider Petitions for the Examination of the Constitutionality of a Legal Act

By a decision, the Constitutional Court shall refuse to consider petitions for the examination of the constitutionality of a legal act if:

1. the petition was filed by an institution or individual who does not have the right to appeal to the Constitutional Court;

2. the examination of the petition does not fall under the jurisdiction of the Constitutional Court;

3. the constitutionality of the act indicated in the petition has already been investigated by the Constitutional Court and the resolution on this issue adopted by the Constitutional Court ist still in force;

4. the Constitutional Court has already initiated the examination of a case concerning the same issue; and

5. the petition is grounded by non-legal motives.

In refusing to consider a petition to investigate the conformity of a legal act with the Constitution, the Constitutional Court shall adopt a justified decision, the duplicate of which shall be sent or handed to the petitioner.

In the event that the grounds for refusal to consider a petition have been established after the initiation of the examination of the case during the session of the Constitutional Court, a decision to dismiss the case shall be adopted.

The annulment of a disputable legal act shall be grounds to adopt a decision to dismiss the initiated legal proceedings.

Article 70
The Return of a Petition to Examine the Constitutionality of a Legal Act to the Petitioner

In the case that a petition or appendices thereof fail to comply with the provisions set forth in Articles 66 and 67, the Chairperson of the Constitutional Court shall return the petition to the petitioner on his own initiative or on the initiative of a judge.

The return of a petition shall not take away the right to appeal to the Constitutional Court according to the general procedure after abolishing reasons thereof.

Article 71
Types of Constitutional Court Decisions in Cases Concerning the Conformity of Legal Acts with the Constitution

Upon examining a case concerning the conformity of a legal act with the Constitution, the Constitutional Court shall adopt one of the following rulings:

1. to recognize that a legal act is in conformity with the Constitution and laws; and

2. to recognize that a legal act contradicts the Constitution and laws.

In the case provided for in item 2 of part 1 of this Article, it shall be indicated what concrete Articles of the Constitution or provisions thereof or what concrete laws with which the legal act fails to conform.

In cases when one part of a legal act has been determined to be in conformity with the Constitution or laws, while the other part thereof has been determined to be in contradiction with the Constitution or laws, it shall be precisely indicated in the ruling of the Constitutional Court.

Article 72
Consequences of the Recognition of a Legal Act as Being Contradictory to the Constitution

Laws of the Republic of Lithuania (or a part thereof) or other Seimas acts (or a part thereof), acts of the President of the Republic, or acts of the Government (or a part thereof) shall not be applicable from the day that a Constitutional Court Ruling that the appropriate act (or a part thereof) contradicts the Constitution of the Republic of Lithunia is publicized. The same consequences shall arise when the Constitutional Court adopts a ruling that an act of the President of the Republic or act of the Government (or a part thereof) is in contradiction with laws.

Rulings adopted by the Constitutional Court shall have the power of law and shall be binding to all governmental institutions, companies, firms, and organisations as well as to officials and citizens.

All governmental institutions as well as their officials must revoke executive acts or provisions thereof which they have adopted and which are based on an act which has been recognized as unconstitutional.

Decisions based on legal acts which have been recognized as being contradictory to the Constitution or laws must not be executed if they have not been executed prior to the appropriate Constitutional Court ruling became effective. The power of the Constitutional Court to recognize a legal act or part thereof as unconstitutional may not be overruled by a repeated of a like legal act or part thereof.

Chapter 5
Consideration of Inquiries Concerning Rulings

Article 73
Conclusions Presented by the Constitutional Court

The Constitutional Court shall present the following rulings:

1. whether violations of the laws on elections occurred during the elections of the President of the Republic or the Seimas;

2. whether the President of the Republic's capacity to continue in office is limited by reasons of health;

3. whether international agreements of the Republic of Lithuania are in conformity with the Constitution. The conclusion concerning an international agreement may be requested prior to the ratification thereof by the Seimas; and

4. whether the concrete actions of the Seimas members or state officials to whom impeachment proceedings have been initiated contradict the Constitution.

Article 74
Filing an Inquiry with the Constitutional Court

Only the Seimas may request the Constitutional Court conclusion on all issues specified in Article 73 of this Law.

The President of the Republic may appeal to the Constitutional Court with an inquiry concerning the election of the Seimas members and international agreements.

Article 75
Cause for the Preparation of a Constitutional Court Conclusion

The cause for the preparation of a conclusion of the Constitutional Court shall be the procedure established by this Law and the filing of an inquiry of an established form with the Constitutional Court.

Article 76
The Contents of the Inquiry

The following must be indicated in the inquiry:

1. the addressee – the Constitutional Court;

2. the name and address of the inquirer;

3. the norms of the Constitution and this Law which establish the right to file an inquiry with the Constitutional Court;

4. the actions whose constitutionality are proposed to be verified and the circumstances of their execution; when the inquiry concerns an international agreement – its exact name, number, date of signing, and other necessary information as well as the source of publication (if it was publicized);

5. a justified petition to the Constitutional Court; and

6. the list of appended documents.

Inquiries of the Seimas may be set forth in a resolution. In other cases, a Seimas resolution on the approval of the inquiry must be included.

The inquiry shall be signed by the Seimas Chairperson or acting deputy; the President of the Republic.

An inquiry must be supplemented by:

1. a duplicate of the whole text of the agreement;

2. appropriate evidence and duplicates of the officials' decisions; and

3. notary approved translations into the Lithuanian language of documents and other material which was written in a language other than Lithuanian.

The list of witnesses and experts who are proposed to be invited to the session of the Constitutional Court, findings of specialists, a document concerning the powers of representatives and the right thereof to speak in the Constitutional Court on behalf of the applicant, as well as other documents and material may be appended to the inquiry. The circumstances which each witness may confirm shall be indicated next to his or her surname.

Inquiries and necessary supplements thereof shall be submitted to the Constitutional Court with 30 duplicate copies. When necessary, the Chairperson of the Constitutional Court may also demand the up to 30 duplicate copies each of other documents.

Article 77
Inquiries Concerning the Violation of the Law on the Elections to the Seimas

Institutions indicated in Article 74 of this Law shall appeal to the Constitutional Court with inquiries concerning possible violations of the laws on elections during the elections of the President of the Republic or the Seimas elections within 3 days after the publication of the official election results.

The Constitutional Court shall examine and evaluate only the decisions made by the Central Electoral Committee or the Electoral Committee for Elections of the President of the Republic or the refusal thereof to examine complaints concerning the violation of laws on elections in cases when such decisions were adopted or other actions were carried out after the termination of voting in the elections of the President of the Republic or the Seimas.

Inquiries shall be examined within 72 hours of their filing with the Constitutional Court. The terms specified in this Article shall also include non-working days.

Article 78
Inquiries Concerning the President of the Republic's State of Health

Only the Seimas shall have the right to submit an inquiry to the Constitutional Court concerning the President of the Republic's capacity to continue in office due to health reasons. The inquiry must be confirmed by a resolution adopted by majority vote of more than half of all the Seimas members.

The inquiry or appropriate resolution of the Seimas must be accompanied by a Seimas approved conclusion of the medical commission. When necessary, other evidence describing the health condition shall be appended thereto.

Article 79
Withdrawal of an Inquiry

An inquiry concerning the presentation of a conclusion may be withdrawn prior to the commencement of a Constitutional Court hearing by the institution which has filed it.

Article 80
Refusal to Examine an Inquiry in the Constitutional Court

The Constitutional Court shall refuse to examine an inquiry concerning the presentation of a conclusion in the following cases:

1. when the inquiry has been filed by an institution or individual who does not have the right to appeal to the Constitutional Court;

2. when the inquiry is not grounded on legal motivates;

3. when the examination of a concrete issue does not fall under the jurisdiction of the Constitutional Court;

4. in the absence of an action or decision whose constitutionality must be verified; and

5. when the issue raised in the inquiry, with the exception of cases provided for in paragraph 2 of Article 73 of this Law, has already been investigated in the Constitutional Court and the conclusion adopted by the Constitutional Court concerning this issue is still in force.

If in the course of the examination of the inquiry the matter under investigation ceases to exist, the

Constitutional Court shall dismiss the initiated legal proceedings on the grounds therof.

Article 81
Returning Inquiries to Applicants

The Chairperson of the Constitutional Court, on personal initiative or on the proposal of one of the judges, shall return inquiries to the applicants if the inquiry or appendices thereto fail to comply with the requirements set forth in Article 76 of this Law.

Returning of an inquiry shall not take away the right to appeal to the Constitutional Court according to the general procedure once the reasons for the return have been eliminated.

Article 82
Procedure for the Examination of Inquiries in the Constitutional Court

Inquiries pertaining to the constitutionality of international treaties of the Republic of Lithuania shall be examined according to the general rules for the examination of the constitutionality of legal acts.

Other issues shall be examined at the discretion of the Constitutional Court in adhering to a simpler procedure. Disputes which arise shall be settled in accordance with the regulations prescribed by this Law.

Article 83
Conclusions of the Constitutional Court

Upon the examination of an inquiry, the Constitutional Court shall adopt a conclusion.

The conclusion presented by the Constitutional Court shall be final and shall not be subject to appeal.

Chapter 6
Final Provisions

Article 84
Publicizing Decisions of the Constitutional Court

The rulings and conclusions of the Constitutional Court, as well as, if necessary, other decisions thereof, shall be officially publicized in: a separate chapter of "The News of the Seimas and the Government of the Republic of Lithuania"; a special publication of the Seimas; and newspapers through the Lithuanian News Agency (ELTA).

Rulings of the Constitutional Court shall become effective on the day that they are publicized in one of the above mentioned publications.

Article 85
Provision of Funding to and Material Supply of the Constitutional Court

The Constitutional Court shall be financed from the State Budget. On the proposal of the Chairperson of the Constitutional Court, the Seimas shall approve the amount of funding in a special line.

The functioning of the Constitutional Court as well as the material and technical supply thereof shall be guaranteed by the Government of the Republic of Lithuania, which shall adhere to the principles of independence of the judges and the activities of the Court as established in this Law.

Article 86
The Staff of the Constitutional Court

The Constitutional Court shall have an assisting staff, the structure and by laws of which shall be approved by the Constitutional Court.

Article 87
Protection of the Constitutional Court

The protection of the buildings and premises of the Constitutional Court, and, upon the instruction of the Chairperson of the Constitutional Court, of the judges of the Constitutional Court, shall be vested in the Ministry of Internal Affairs.

Article 88
Symbols of the Constitutional Court's Power

In the court room of the Constitutional Court there shall be a picture of the State Emblem of the Republic of Lithuania, a flag of the State, and a special edition of the Constitution of the Republic of Lithuania.

During hearing, judges of the Constitutional Court shall wear judge's gowns, the description and sample of which shall be approved by the Constitutional Court. Until such a sample is approved, approved Supreme Court judge gowns may be used.

Article 89
The Seal of the Constitutional Court

The Constitutional Court shall be a legal person and have a seal with a picture of the State Emblem of the Republic of Lithuania and the title "the Constitutional Court of the Republic of Lithuania".

Article 90
The Office of the Constitutional Court

The permanent office of the Constitutional Court shall be the city of Vilnius. Hearings of the Constitutional Court shall be held in its permanent office.

Algirdas Brazauskas
Acting President
of the Republic
of Lithuania

Vilnius
3 February 1993
No. I-67

Textanhang II/11

The Constitutional Law of the Republic of Latvia (1991)★

On the Republic of Latvia Status as a State

Being aware of its responsibility to the people, and taking into consideration the Declaration "On the Renewal of the Independence of the Republic of Latvia" adopted on May 4, 1990, and the results of the All-Latvia Advisory Vote held on March 3, 1991, and the fact that on August 19, 1991, as a consequence of the USSR coup, the constitutional structures of USSR state power and USSR government have ceased to exist, and Article 9 of the Declaration "On the Renewal of the Independence of the Republic of Latvia" adopted on May 4, 1990, on the restoration of the Republic of Latvia independent statehood by way of negotiations cannot be implemented.

The Supreme Council of the Republic of Latvia *resolves*:

1. To declare Latvia as an independent, democratic republic, in which the sovereign power of the Latvian state belongs to the people of Latvia and its sovereign state status is determined by the Republic of Latvia's Constitution of February 15, 1922.

2. To repeal Article 5 of the Declaration "On the Renewal of the Independence of the Republic of Latvia" defining the transition period for the *de facto* restoration of the Republic of Latvia's state power.

3. Until the time when the occupation and annexation of Latvia is liquidated and the Saeima of the Republic of Latvia is convened, supreme power is to be executed exlusively by the Supreme Council of the Republic of Latvia. Only the laws and resolutions of this supreme state power are legally in effect in the territory of the Republic of Latvia.

4. This constitutional law is in effect upon its adoption.

Chairman, Supreme Council
Republic of Latvia   A. Gorbunovs
Secretary, Supreme Council
Republic of Latvia   I. Daudišs
Riga August 21, 1991.

Supreme Council
of the Republic of Latvia
Constitutional Law

The Rights and Responsibilities of Citizens and People

Section 1
Overall principles

Article 1
A person, his freedom, respect and rights are the highest fundamental values of the State of Latvia.

Article 2
Each person has the right to all actions which are not prohibited by law.

Article 3
The State's responsibility is to protect each person, his life, freedom, security, respect, rights and property.

Section 2
Citizenship; The rights and responsibilities of citizens

Article 4
Republic of Latvia citizenship is a person's stable political and legal link with the Republic of Latvia.

The content of citizenship is snaped by the totality of the mutually binding rights and responsibilities of the citizen and the State.

Article 5
The rights and responsibilities of all citizens are equal, regardless of the manner in which citizenship is obtained.

Republic of Latvia citizenship may be obtained, maintained and lost only in the manner prescribed by law.

Upon becoming a Republic of Latvia citizen, double citizenship should not be created.

Article 6
The Republic of Latvia does not extradite its citizens.

Article 7
Republic of Latvia citizens abroad are under the proctetion of the State of Latvia.

Article 8
Citzens participate in the determination of state and social issues directly or through the mediation of freely elected representatives.

★ 10 December 1991.

Citizens have equal rights to hold state office.

Citizens have the right to establish political parties.

Article 9

Only citizens may give ownership or sell land and other natural resouces, except for those cases for which international treaties signed by the Republic of Latvia determine a different procedure.

Article 10

A citizen may free elect his residence in any part of Latvia's territory.

Citizens have the right to freely leave Latvia and to freely return to Latvia.

Article 11

A citizen must be loyal to the Republic of Latvia and has the right and responsibilitiy to defend its freedom, independence and democratic parliamentary state system.

A citizen must fulfill his mandatory state service and other obligations to the state as determined by law.

A citizen has the right to possess registered weapons.

Section 3
Rights and responsibilities of people
Article 12

All people in Latvia are equal under the law regardless of race, nationality, sex, language, party affiliation, political and religious persuasion, social, material and occupational standing, and origin.

Article 13

The death penalty can be determined by a court only in exceptional cases for particularly serious crimes.

Article 14

Each person has the right to resist unlawful violence with all existing legal means at his disposal.

Article 15

Detainment, imprisonment, searches or other restrictions of a person's freedom are permissible only in accordance with the procedures prescribed by law.

Each person is guaranteed the right to an attorney upon the moment of his detention.

The law determines the maximum terms of detainment, imprisonment and preliminary investigation.

Within seventy-two hours from a person's detention, a judge must issue a court order to sanction the person's arrest and further detention or to order the immediate release of such person.

Torture or other cruel, inhumane or degrading treatment of people is prohibited.

Unlawful forced medical treatment, as well as the forced use of medicine for the purpose of obtaining from a person his testimony, his refusal to testify or his statement of a particular viewpoint, or for the purpose to restrict the person's freedom of expression, is prohibited.

Article 16

A person's residence is private.

No person has the right to enter a residence without the permission of its residents or to conduct a search without the order of a judge, except for those instances when a person is being detained at the scene of a crime or the life of another person is endangered.

Article 17

The State gurantees the privacy of correspondence, telephone conversations, telegraph and other communications.

These rights may be restricted by a judge's order for the investigation of serious crimes.

Article 18

Each person has the right to defend his legal rights and interests in court.

Each person is considered to be innocent as long as his guilt is not proven in court in accordance with law.

Only the court may find a person guilty of a crime in accordance with the laws in effect at the time of the offense.

Each person has the right to a just, public review of his matter by a competent, independent and objective court, which is formed in accordance with law.

Each person has the right to the assistance of an attorney, as well as the right not to testify against himself and his family members.

Criminal responsibility may only be individual.

Each unlawfully arrested or convicted person has the right to compensation for his material and moral injuries.

Article 19

Convicted persons have all of the human rights described in this law, except for those which are restricted by law or by the court's judgment.

Each convicted person must work according to his physical and mental abilities.

Convicted people may not be deprived of their rights to salaried employment, as well as to rest, health care, the exercise of established cultural values, education and personal development.

Article 20

Forced labor is prohibited.

Mandatory state service, involvement in the liquidation of the consequences of catastrophes, and corrective work prescribed in accordance with a court judgment, are not considered to be forced labour.

Article 21

The State recognizes and protects property and its rights of inheritance.

A person may own any property, except for property affected by the restrictions stated in Article 9.

The forced expropriation of property shall occur solely by a court decision in accordance with the procedures prescribed by law. If the property is expropriated for the realization of a public project, then appropriate compensation is due to the owner.

Article 22

Each person has the right to engage in entrepreneurial activity which is not contrary to law.

Article 23

Each person has the right to freely choose his profession, occupation and employer.

Article 24

Each person has the right, in accordance with an employment contract, to such a salary which is not less than the state–determined minimum wage.

Article 25

The maximum length of the work week is determined by law.

Employees have the right to weekly days off and to annual paid vacations.

Article 26

Employees have the right to strike in order to protect their economic or prfoessional interests.

These rights are restricted by law, in order to guarantee the operation of necessary services to the puplic.

Article 27

Each person has the right to material security in old age, illness or in the event of total or partial disapility, as well as in the case of the loss of the breadwinner.

Article 28

Each person has the right to freely depart or emigrate to foreign countries.

These rights may not be restricted for the reasons of political or ideological motives.

Article 29

Each person has the right to freely move within the territory of Latvia.

Article 30

Each person has the right to freely acquire and disseminate information, to express his view and ideas in oral, written or any other form. The realization of these rights must not be restricted by censorship.

No one may be forced to express his political, religious, ethical or other views, as well as to express his party affiliation.

Article 31

All people have the right to form public organizations and to participate in their activities, if the goals and practical actions of such organizations are not contrary to law.

It is prohibited to form secret organizations and armed units which are not subject to the jurisdiction of the Republic of Latvia State government and administrative institutions.

Article 32

The State guarantees freedom of assembly for previously-announced peaceful gatherings, meetings, street processions and demonstrations.

The local government may change the time or place of such events, if such is required in the interests of public safety and order.

Article 33

The State guarantees freedom for creative work and protects copyrights.

Article 34

Each person has the right to turn to the institutions of State government and administration with individual or collective submissions or proposals and to receive an answer in accordance with the procedures prescribed by law.

Article 35

The State is separate from the church.

The State guarantees the freedom of religious persuasion.

People or their associations have the right to practice religious rituals and ceremonies.

No one may be forced to participate in religious rituals and ceremonies, or to learn religious doctrine.

Religious or ideological motives do not free anyone from their responsibilities to the State and the necessity of observing the law.

Article 36

Family, marital, as well as the rights of mothers and children are protected by the State.

The basis of marriage is the voluntary union of woman and man, as well as their legal equality.

The care and upbringing of children is in the first instance the right and responsibility of the parents or the guardians.

Society and the State provide that the parents or the guardians are able to fulfill their responsibilities to their children.

Children born within wedlock and those born without wedlock have equal rights.

The State guarantees special assistance and protection to children who are left without the care of their parents.

Article 37

Everyone has the right to medical care.

Everyone has the responsibility to care for their own health and that of their family and society.

The State protects the health of the public and guarantees each person with the minimum level of medical assistance determined by law.

Article 38

Each person has the right to education.

The State guarantees the opportunity to acquire education free of charge, as well as to secure further education appropriate to each person's capabilities.

Article 39

The parents' responsibility is to secure their children's education appropriate to their capabilities and the requirements of mandatory education.

Article 40

People and their societies have the right to establish educational institutions of various levels with any language of instruction. The acquisition of education in such schools is under the State's supervision.

Article 41

Each person has the responsibility to observe the laws of the Republic of Latvia, to respect the customs and traditions of the Latvian people and of the national and ethnic groups living in Latvia, as well as to respect the national pride of other persons.

Article 42

Everyone participate in the payment (discharge) of State and local government expenses, by paying taxes and levies in accordance with the procedures set by law.

Article 43

The protection of nature, cultural centers, historical and architectural monuments and environment is the responsibility of each person, the entire society and the State.

Article 44

Necessary restrictions on people's rights and freedom may be determined by law, in order to:

1. protect the rights, respect, health and morals of other people,

2. guarantee State security, public order and peace.

Chairman, Supreme Council Republic of Latvia	A. Gorbunovs
Secretary, Supreme Council Republic of Latvia	I. Daudišs

Textanhang II/12

Republic of Latvia
Supreme Council

Resolution

"On the renewal of Republic of Latvia citizens' rights and fundamental principles of naturalisation" (1991)[*]

Although the Republic of Latvia was occupied on June 17, 1940 and the state lost its souvereign power, the aggregate body of Republic of Latvia citizens, in accordance with the Republic of Latvia "Law about citizenship" of August 23, 1919, continues to exist.

As a result of the long-standing internationally illegal annexation of Latvia's territory, a large number of USSR citizens, whose entry and residency have not been accepted by any treaty between the Republic of Latvia and the USSR, have settled in Latvia.

To eliminate the consequences of the USSR's occupation and annexation of Latvia and to renew the legal rights of the aggregate body of Republic of citizens.

The Republic of Latvia Supreme Council resolves:

1. To recognize as invalid with regard to Republic of Latvia citizens, from the moment of its adoption, the USSR Supreme Soviet Presidium decree of September 7, 1940 "On the order in which the

[*] 15 October 1991.

Lithuania, Latvia and Estonia Soviet Socialist Republic citizens are granted USSR citizenship".

2. To institute the following order to determine the existing aggregate body of Republic of Latvia citizens:

2.1. Persons, who belong to the aggregate body of Republic of Latvia citizens and who had Republic of Latvia citizenship on June 17, 1940 and their descendants, who at the moment of this resolution's adoption live in the Republic of Latvia, who register by July 1, 1992, and who receive Republic of Latvia passports according to the procedures set forth by the Republic of Latvia Council of Ministers.

2.2. Persons, who belong to the aggregate body of Republic of Latvia citizens and who had Republic of Latvia citizenship on June 17, 1940 and their descendants, who at the moment of this resolution's adoption do not live in the Republic of Latvia or are citizens of another country, can at any time register and, if they show their permission of expatriation, can receive Republic of Latvia passports according to the procedures set forth by the Republic of Latvia Council of Ministers.

2.3. A Republic of Latvia citizen cannot simultaneously be a citizen of another country.

3. To establish the following fundamental principles for naturalization:

3.1. The Republic of Latvia Supreme Council Presidium, on the basis of regulations adopted by the Republic of Latvia Supreme Council, can grant Republic of Lativa citizenship to persons with outstanding accomplishments which benefit the Republic of Latvia.

3.2. At the moment this resolution takes effect, those persons living and permanently registered in Latvia who, not having Republic of Latvia citizenship, had legally entered into Republic of Latvia territory and had resided permanently in Latvia on June 17, 1940 and their descendants, who at the moment this resolution takes effect, live and are permanently registered in Latvia, who register by July 1, 1992 and, if they have lost their former citizenship, will upon their request be granted Republic of Latvia citizenship.

This subsection does not apply to persons who arrived in Latvia in accordance with the October 5, 1939 Mutual Assistance Pact between Latvia and the Union of Soviet Socialist Republics.

3.3. Persons, who, in accordance with section 1 of the August 23, 1919 "Law about citizenship", could have claimed Latvian state citizenship, and their descendents, who, at the moment this resolution takes effect, live in the Republic of Latvia, who register by July 1, 1992 and upon their request, can be granted Republic of Latvia citizenship, if they forfeit their former citizenship and have learned the Latvian language at a conversational level.

3.4. Persons who are not included in the categories described in subsections 2.1., 2.2., 3.1., 3.2., 3.3. of this resolution and who, at the moment this resolution takes effect, live and are permanently registered in Latvia, and who register by July 1, 1992, can be granted Republic of Latvia citizenship in the order determined by the Republic of Latvia law, "About citizenship," if they:

1. have learned the Latvian language at a conversational level, which examination shall be determined by specific regulatins adopted by the Republic of Latvia Supreme Council;

2. submit an application renouncing their previous citizenship and have received permission of expatriation from that country, if such is required by that country's law;

3. at the moment this resolution takes effect, have lived and have been permanently-registered residents of Latvia for no less than 16 years;

4. know the fundamental principles of the Republic of Latvia Constitution; and

5. have sworn a citizen's oath to the Republic of Latvia.

To be granted citizenship, all the above requirements and those of subsection 3.5 must be met.

3.5. Republic of Latvia citizenship is not granted to persons who:

1. using anti-constitutional methods have turned against the Republic of Latvia's independence, its democratic, parliamentary state system of the existing state power in Latvia, if such has been established by a court decree;

2. have been convicted with imprisonment for intentional criminal acts or have been called to criminal responsibility at the time that the granting of citizenship is being decided;

3. are serving in the USSR Armed Forces, USSR Interior Armed Forces or state security services, as well as persons who after June 17, 1940 have chosen the Republic of Latvia as their place of residence after demobilization from the USSR Armed Forces. USSR Interior Armed Forces or state security services and who, upon induction into such service, did not permanently reside in Latvia's territory;

4. have committed crimes against humanity, international or war crimes or have also participated in mass repressions, if such has been established in a court decree;

5. spread chauvinism, fascism, communism or other totalitarian, as well as social class dictatorial ideas, inflame national and radical discord or hatred, if such has been established in a court decree;

6. have been sent into Latvia after June 17, 1940 as USSR Communist Party and Komsomol personnel;

7. are registered in medical institutions for drug addicts and/or chronic alcoholics;

8. live without a legal source of income.

3.6. Naturalization, excluding the matters described in subsections 3.1. and 3.2. of this resolution, will begin no sooner than July 1, 1992 and will be accomplished in accordance with the Republic of Latvia law "About citizenship".

4. This resolution takes effect upon its adoption.

Deputy Chairman of the Supreme Council of the Republic of Latvia   Andrejs Krastins

Acting Secretary of the Supreme Council of the Republic of Latvia   Aivars Endzins

Textanhang II/13

Republic of Latvia
Supreme Council

Draft

Constitutional Law Human and Citizens' Rights and Obligations (1991)*

1. People, their freedom, honour and rights are the highest principal value of the State of Latvia.

2. Everyone has a right to actions not forbidden by law.

3. The duty of the State is to guard people, their freedom, safety, honour, rights and property.

Part I
Citizenship, Citizens' Rights and Obligations

4. Republic of Latvia citizenship is a person's long-standing politically rightfuly link with the Republic of Latvia.

The content of citizenship is formed by the citizens' and state's common body of rights and obligations.

5. All citizens, regardless of the method of obtaining citizenship, have equal rights and obligations.

Republic of Latvia citizenship can be obtained, kept or lost only according to the procedure set by law.

A grant of Republic of Latvia citizenship cannot create dual citizenship.

6. The Republic of Latvia does not extradite its citizens to foreign countries.

7. Republic of Latvia citizens abroad are under the protection of the State of Latvia.

8. Citizens choose to participate in State and societal matters directly or through a freely-elected representative.

Citizens have equal rights to hold State positions.

9. Only citizens can obtain private property or sell land and other natural resources, excluding instances, where a different procedure is prescribed by Republic of Latvia international treaties.

10. A citizen has the right to freely choose one's residence within the borders of Latvia's territory.

11. Citizens must be loyal to the Republic of Latvia and have the rights and obligations to defend its freedom, independence and democratic parliamentary state system.

Citizens must fulfill the mandatory state service and other obligations with the State as required by law.

Part II
Rights and Obligations of People

12. All people in Latvia are equal before the law regardless of race, nationality, sex, language, party membership, political and religious convictions, social, property and economic status and origin.

13. The State protects a person's right to life.

14. Everyone has the right to oppose unlawful violence with all existing lawful means available.

15. Detainment, imprisonment, search of person or other restrictions of a person's freedom is allowed only according to the procedures set by law.

---

* First reading approved on October 22, 1991.

Everyone is guaranteed right to an attorney at the moment of detainment.

The law sets the maximum terms of arrest, detention and prior investigation.

Any person must appear before the court within 3 days time after the moment of arrest. The judge must approve the detained person's arrest and confinement or order for the immediate release of this person.

Torture, or other cruel, inhuman or degradation of a person's honour forbidden.

Anti-constitutional forced arrest, as well as the forced use of medical treatments with the intention to force a person's confession, to refuse a confession, or express one's viewpoint, or to intentionally restrict a person's freedom of expression is forbidden.

16. A person's apartment is inviolable.

No one has the right to enter an apartment without the consent of its inhabitans or to conduct a search without a judge's order, excluding instances when the person is being detained at the scene of the crime or another person's life is threatened.

17. The State guarantees the privacy of correspondence, telephone communications, telegraph and other telecommunications.

These rights can be restricted by a judge's decision in the investigation of serious crimes.

18. Each person can defend one's rights and interests in court.

Only the court, in accordance with the law in force at the time of the commission of the crime, can find a person guilty of a crime.

Everyone has the right to an open court process and an attorney's assistance as well as the right not to testify against oneself or one's relatives.

Criminal responsibility is only on an individual basis.

Every unlawfully arrested or convicted person has the right to compensation of material and moral damages.

19. A convicted person has all the human rights stated in this law, excluding those which are restricted by law or a court decision.

A convicted person must not be refused the rights to a paying job, rest, health care, certain valuable cultural experiences, educational and personal development.

20. Forced labour is forbidden.

Forced labour does not include mandatory state service or participation in the work of eliminating and repairing catastrophic circumstances or reformatory labour which is determined by a court decision.

21. The State recognizes and protects property and its rights of inheritance.

A person can own any property excluding the specific restrictions of the paragraph 9.

Property can be forcibly seized only in accordance with the procedures set by law and a court decision. If the property is seized for the realization of a social project, the owner is owed corresponding compensation.

22. Everyone has the right to undertake entrepreneurial activity that does not contradict the law.

23. Everyone has the right to freely choose a profession, work activity and place of employment.

24. Everyone has the right, according to the employment agreement of such work, to a wage that is no less than the State set minimum wage.

25. The maximum length of the work week is determined by law.

Employees have the right to weekly holidays and an annual paid vacation.

26. Employees have the right to strike, to defend their economic or professional interests.

The law restricts this right in order to guarantee the public's necessary services.

27. Everyone has the right to financial insurance for old age, sickness, full or partial work disabilities as well for loss of the breadwinner.

A person has the right to unemployment support, if one has no other means of support and unemployment is the result of an independent circumstance.

28. Everyone has the right to freely travel or emigrate to foreign countries.

These rights cannot be restricted on the basis of political or ideological motives.

29. Everyone has the right to freely move and change residence within Latvia's territory.

30. Everyone has the right to freely receive and impart information, the right to freely express one's opinion and ideas orally, in writing or any other way. Realization of this right cannot be restricted by censorship.

No one can be forced to express one's political, religious, ethnic or other views or to reveal one's party membership.

31. Everyone has the right to freely establish social or other types of non-profit organizations and participate in their work, if this organization's goals and practical work does not contradict law.

It is forbidden to form secret societies and armed troops which are not subordinate to Republic of Latvia State power and government institutions.

32. The State guarantees the freedom of peaceful assembly, meeting, procession and demonstration, on prior notice. Permission of State institutions is not required to organize such activities.

Municipal administration can change the place or

time of the activity in the interests of public safety and order.

33. The State guarantees the freedom of creative work and protects copyrights.

34. Everyone has the right to turn to state power and government institutions with individal or collective requests or proposals.

35. The State is separate from the church.

The State guarantees the freedom of religious persuasion.

Persons or their associations have the right to fulfill religious rituals and ceremonies.

No one can be forced to participate in religious rituals and ceremonies or to acquire religious teachings.

Religious or ideological motives do not free anyone from obligations to the State and the necessity to follow the law.

36. Family, marriage as well as the rights of motherhood and childhood are protected by the State.

The foundations of marriage are on the basis of free and full consent by women and men as well are their legal equality.

The care of children and their upbringing is the right and obligation of the parents.

Society and the State ensure that parents fulfill their obligations to their children.

Children born in or out of wedlock have equal rights.

37. Each person has the right to medical care.

The State protects the health of the population and guarantees free medical care to those people whose income is less than the State's set minimum subsistence.

38. Everyone has the right to an education.

The State guarantees the opportunity to obtain free compulsory education as well as ensures continuing education according to one's abilities.

39. The parents' obligation is to ensure their children's education according to their abilities and mandatory educational requirements.

40. People and their associations have the right to establish various levels of instructional institutions with any instructional language. Education in these schools is overseen by the State.

41. It is everyone's obligation to observe Republic of Latvia laws, honour the Latvian nation and the traditions and customs of nationalities and ethnic groups residing in Latvia as well as to respect other people's national self-respect.

42. Everyone participates in payment of State and municipal expenses, paying taxes and duties as required by law.

43. The preservation of nature, cultural environment, landscape, historic and architectural sites and statues is the obligation of every person, society and the State.

44. Human rights and freedoms can be restricted by law upon necessity to:

1. protect other people's rights, honour, health and virtue;

2. guarantee state safety, social order and peace.

Textanhang II/14

Republic of Latvia – Draft Law on Citizenship (1992)

Chapter I
GENERAL REGULATIONS

Terms used in the Law

Apatrides, stateless persons – persons without citizenship, or persons who are not subjects of any State.

Foreigners – foreign citizens or subjects.

Bipatrides – persons with more than one citizenship, or persons who are subjects of more than one State.

Dual citizenship – a case when a person is a citizen or a subject of more than one State.

Naturalization – to admit to citizenship.

Expatriation – to lose citizenship.

Repatriation – the return of citizens, for permanent residence, to the State of their citizenship in accordance with the law or an international agreement.

Reintegration – to renew citizenship.

Option – the voluntary decision of a bipatride, in accordance with the law or an international agreement, to retain one of his/her citizenships and to relinquish the other citizenships.

Domicile – depending on the context – the place of one's permanent residence, or the time-period during which one has resided there.

Ipso facto – the legal consequences automatically resulting from the juridical fact.

Second World War emigrants – in the comprehension of this Law – Republic of Latvia citizens, who in the period from June 17, 1940 until August 21,

1991 in fleeing from the terror of the USSR and German occupational regimes left Latvia as refugees, were deported or left Latvia before June 17, 1940 and have not been able to return for the aforementioned reasons, and their descendants.

Article 1
Republic of Latvia citizenship

Republic of Latvia citizenship is a person's stable political and legal link with the Republic of Latvia.

The essence of Republic of Latvia citizenship is constituted by the total of the mutually interrelated rights and obligations of both a citizen and the State.

Article 2
Possession of Republic of Latvia citizenship

Republic of Latvia citizens are:

1. persons who were Republic of Latvia citizens on June 17, 1940 in accordance with Latvia's August 23, 1919 Law "On Citizenship" in that wording which was effective on June 17, 1940, and their descendants. These persons testify their belonging to the Republic of Latvia body of citizens by registering in the procedure stipulated by the Republic of Latvia Council of Ministers, and by receiving Republic of Latvia passports: in Latvia – by July 1, 1992, and abroad – at Republic of Latvia dipiomatic and consular offices without any time-limit upon showing permission for expatriation if this is required by the legislative acts of their country of residence;

2. persons who have received Republic of Latvia citizenship in accordance with Republic of Latvia legislative acts;

3. persons who have received Republic of Latvia citizenship in accordance with regulations of international agreements ratified by the Republic of Latvia Saeima.

Article 3
Equality of citizenship

Republic of Latvia citizens are equal in their rights and obligations, irrespective of the way in which they receive citizenship.

Article 4
Republic of Latvia citizenship legal standards

Legal standards on Republic of Latvia citizenship are determined by the Republic of Latvia Satversme (Constitution), this Law and other normative acts and international agreements ratified by the Republic of Latvia Saeima.

Article 5
Effect of marriage upon citizenship

The Republic of Latvia citizen's marriage to a foreigner or apatride, as well as the divorce of such a marriage does not entail a change of the spouse's citizenship.

If one spouse acquires or loses Republic of Latvia citizenship, the citizenships of the other spouse and the children born by this marriage do not change *ipso facto*, except under the circumstances stipulated by Articles 27 and 28 of this Law.

Article 6
Retainment of Republic of Latvia citizenship in foreign countries

While residing in a foreign country, the Republic of Latvia citizen retains Republic of Latvia citizenship, irrespective of the time period spent there.

Article 7
Protection of the Republic of Latvia citizen in a foreign country

The Republic of Latvia citizen in a foreign country is under Republic of Latvia protection.

Article 8
Impermissibility of Republic of Latvia citizen extradition

The Republic of Latvia does not extradite its citizen to a foreign country.

Article 9
Dual citizenship

The Republic of Latvia citizen cannot simultaneously be a citizen or a subject of another country and he/she cannot fulfill the obligations of another country's citizen or subject.

If the Republic of Latvia citizen is also simultaneously considered a citizen or subject of another country in accordance with its laws, then in legal relations with the Republic of Latvia, he/she is solely considered a Republic of Latvia citizen.

An adult Republic of Latvia citizen loses his/her Republic of Latvia citizenship if he/she voluntarily obtains naturalization in another country.

Article 10
Latvian emigrant citizenship

The Republic of Latvia citizens, who emigrated from Latvia during World War II, and who attained naturalization in the countries of their residence until August 21, 1991 may register at any time in accordance with the procedures stipulated by Article 34 of this Law, upon showing permission of expatriation if the corresponding country's laws allow expatriation. Then they may receive the passport of a Republic of Latvia citizen pursuant to the procedure stipulated by the Republic of Latvia Council of Ministers (in conformity with the Republic of Latvia Supreme Council October 5, 1991 Resolution).

R. Rikards' version: Republic of Latvia citizens who during the period from June 17, 1940 until August 21, 1991 in fleeing from the terror of the USSR and German occupational regimes left Latvia as refugees, were deported and have not been able to return to Latvia for the aforementioned reasons and who within this period have attained naturalization in the countries of their residence, and their descendants, retain Republic of Latvia citizen's rights.

Chapter II
ACQUISITION OF REPUBLIC OF LATVIA CITIZENSHIP

Article 11
Methods of acquiring Republic of Latvia citizenship

Republic of Latvia citizenship is acquired:
1. at birth;
2. through naturalization;
3. in other ways stipulated by Republic of Latvia legislative acts; or
4. in accordance with the requirements of international agreements ratified by the Republic of Latvia Saeima.

Article 12
Citizenship of a child whose parents are Republic of Latvia citizens

A child, who is born to parents who are both Republic of Latvia citizens is a Republic of Latvia citizen irrespective of his/her place of birth.

Article 13
Citizenship of a child who has one parent who is a Republic of Latvia citizen

If a child is born to parents, one of whom is a Republic of Latvia citizen and the other one – a foreigner, the child is a Republic of Latvia citizen, provided he/she:
1. is born in Latvia; or
2. is born outside Latvia, but presently both parents or the one with which the child lives are permanent residents of Latvia.

In the aforementioned cases, upon mutual consent of the parents, they may choose the other (not Latvia's) state citizenship for the child.

If one parent, at the moment of the child's birth, is a Republic of Latvia citizen and the other a foreigner and the permanent residence of both parents is located outside of Latvia, the cild's citizenship is determined upon the parents' agreement.

If one parent, at the moment of the child's birth, is a Republic of Latvia citizen and the other parent is an apatride or the other parent is unknown, the child is a Republic of Latvia citizen irrespective of his/her place of birth.

Article 14
Citizenship of apatride children

The child of an apatride when born in Latvia, obtains Republic of Latvia citizenship.

Article 15
Citizenship of orphans

Foundlings in Latvia, whose parents are unknown, as well as orphans residing in Latvia's orphanages and boarding schools, are Republic of Latvia citizens.

Article 16
Citizenship of a child born aboard a plane or ship

Children born aboard a ship or plane, which is registered in Latvia, are considered born in the territory of Latvia.

Chapter III
NATURALIZATION

Article 17
Basic principles for naturalization of apatrides and foreigners

Foreigners and apatrides may be naturalized upon their request in accordance with this Law, irrespective of their race, national identity or sex.

Yearly quotas for the naturalization of Republic of Latvia permanent residents are determined by the Republic of Latvia Supreme Council (Saeima).

Article 18
Prerequisites for naturalization

Only those persons can be granted Republic of Latvia citizenship, who:
1. have a command of the Latvian lagnuage at a conversational level (the examination procedure is stipulated by a specific regulation confirmed by the Republic of Latvia Supreme Council);
2. have continuously resided in Latvia for no less than 16 years prior to the submission of the naturalization request.

The length of the domicile is not affected by a lengthened stay outside of Latvia if this is associated with acquiring an education or a business trip outside of Latvia;
3. have aquired permission of expatriation from the country of his/her previous citizenship, if so required by that country's law;
4. know the findamental principles of the Republic of Latvia Satversme (Constitution); and
5. have sworn the Republic of Latvia citizen's oath.

In order to receive Republic of Latvia citizenship, one must observe all the stipulations of this Article and Article 20.

Article 19
Groups of persons to whom certain stipulations of Article 18 are not applied

The stipulations of Article 18 are not applied to:
a) minors and other incapacitated family members, who receive Republic of Latvia citizenship

together with their parents (adopters), guardians or trustees;

b) persons, who in accordance with Article 1 of the August 23, 1919 Law "On Citizenship" were entitled to Republic of Latvia citizenship, and their descendants, if they reside permanently in Latvia and if they have learned the Latvian language at a conversational level;

c) repatriates among deported Latvians, Latvian colonists, refugees, and their descendants;

d) persons, who were not Republic of Latvia citizens but legally entered Latvia and were permanently residing there on June 17, 1940, and their descendants, except those persons, who entered Latvia in accordance with the stipulations of the October 5, 1939 Pact on Mutual Assistance signed between Latvia and the USSR;

e) persons, who have been individually granted Latvian SSR citizenship by the Latvian SSR Supreme Soviet Presidium decrees during the time period until May 4, 1990;

f) a Republic of Latvia citizen's spouse if he/she has lived in marital union at least five years, except in the regulations of this Law's Article 18, Paragraphs 1, 3, 4 and 5;

g) persons with outstanding accomplishments which benefit the Republic of Latvia;

h) exceptional artists, academicians, economists and cultural figures, as well as outstanding athletes;

i) persons who, proceeding from the fulfillment of their official duties or the obligations of their job position, have sworn an oath of loyalty to the Republic of Latvia, except in the regulations of this Law's Article 18, Paragraphs 1 and 4; and

j) former Estonian and Lithuanian citizens, who are permanently residing in Latvia, and their descendants, except in the regulation of Article 18, Paragraphs 1, 4 and 5.

Article 20
Reasons for naturalization refusal

Republic of Latvia citizenship is not granted to persons who:

1. through illegal methods turn against Republic of Latvia's independence, its democratic, parliamentary state system, or the existing state power in Latvia if this fact is proved by documents;

J. Lagzdiņš' version:

... if it has been established by a court decree;

2. have been convicted with imprisonment for intentional criminal acts and who have not been pardoned or have not had their punishments annulled or have been called to criminal responsibility at the time when the issue on their naturalization is being decided;

3. are representatives of foreign state authorities, administrative bodies or institutions of law enforcement;

4. are serving in the armed forces, internal troops, security service or police of a foreign country;

5. after June 17, 1940 have chosen the Republic of Latvia as their place of residence after demobilization from the USSR Armed Forces, USSR Interior Armed Forces or State security services and who, when called into this service, did not permanently reside in Latvia;

6. have participated in or supported the attempted *coup d'état* in January, 1991 or the August *coup d'état* of the same year, if this fact is proven by documents;

7. have committed international crimes, crimes against humanity or war crimes, if it has been established by a court decree;

8. have been terrorists or have participated in mass repressions, if this fact has been proved by documents;

9. after May 4, 1990 have spread chauvinism, fascism, nationalism, communism or other totalitarian ideas, as well as have inflamed national or racial discord or hatred, if this fact is proven by documents;

10. have been sent into Latvia after June 17, 1940 as USSR Communist Party and Komsomol personnel;

12. are registered in medical institutions for drug addicts and/or chronic alcoholics;

13. have been secret informants or secret collaborators with the former USSR (LaSSR) KGB or with special services of another foreign country if this fact is proven by documents; or

14. live without a legal source of income.

Chapter IV
LOSS OF REPUBLIC OF LATVIA CITIZENSHIP AND ITS RENEWAL

Article 21
Ways of losing citizenship

Republic of Latvia citizenship is lost, if:

1. the corresponding person voluntarily renounces his/her citizenship;

2. a person is deprived of citizenship with a Republic of Latvia Supreme Court decision; or

3. in other cases provided for both in this Law and in the international agreements ratified by the Republic of Latvia Saeima.

Article 22
Relinquishment of Republic of Latvia citizenship upon one's own initiative

Permission of expatriation is granted by the Government.

Expatriation may be prohibited if the person who has submitted an expatriation application:

1. has come of age, but has not performed the duty of mandatory State service; or

2. has been accused and called to responsibility, or a Court sentence corresponding to this person has come into effect and must be executed.

Article 23
Deprival of citizenship

A person may be deprived of Republic of Latvia citizenship with a Republic of Latvia Supreme Court decision, if the person:

1. has acted against Republic of Latvia independence, or is guilty of State treason;

2. without the permission of competent Republic of Latvia state institutions, has entered into the service of foreign state authorities, administrative bodies, armed forces, interior troops, state security, police (militia), or other law enforcement institutions; or

3. upon undergoing naturalization, has deliberately given false information on him/herself, or has broken the Republic of Latvia citizens' oath taken upon naturalization.

A person's forced expatriation does not affect the citizenship of his/her family members.

A person's expatriation does not necessarily involve his/her banishment from Latvia.

Article 24
Procedure of citizenship renewal

A person, who has lost Republic of Latvia citizenship by the parents' choice, or in case of adoption, or who has been deprived of citizenship as the result of a legal error or an unlawful action, may, upon his/her own request and the Government's decision, reintegrate him/herself into Latvia irrespective of the time-period he/she has lived there.

A person, who has been lawfully deprived of Republic of Latvia citizenship, or who has voluntarily expatriated him/herself, may reintegrate him/herself in Latvia only through the process of naturalization. If this person permanently resides in Latvia, his/her domicile is considered from the moment of expatriation.

Chapter V
CITIZENSHIP OF CHILDREN IN CASE THE PARENTS CHANGE THEIR CITIZENSHIP, OR IN CASE OF ADOPTION

Article 25
Change of children's citizenship in case the citizenship of both parents is changed

If both parents become Republic of Latvia citizens, or both or them voluntarily renounce Republic of Latvia citizenship, the citizenship of their children who have not yet reached 14 years of age and live together with the parents who support them, changes, respectively.

Article 26
Procedure in which Republic of Latvia citizenship is acquired by children foreigners, of one of the parents is being naturalized in the Republic of Latvia

In cases when one of the parents is being naturalized in Latvia, but the other remains a foreigner, their child, foreigner, acquires Republic of Latvia citizenship, if:

1. the parents mutually agree;

2. the parents have not reached a mutual agreement, but the child's permanent place of residence is in Latvia; or

3. the parents live abroad separated, and the child lives with the parent who has been naturalized in Latvia.

If one of the parents has been naturalized in Latvia, but the other remains an apatride, then their child becomes a Republic of Latvia citizen irrespective of the child's place of permanent residence.

Article 27
Retaining Republic of Latvia citizenship for children, if one of the parents expatriates him/herself

In cases when one of the parents expatriates him/herself, but the other retains Republic of Latvia citizenship, the child retains Republic of Latvia citizenship, if he/she permanently resides in Latvia or if he/she resides with the parent who retains Republic of Latvia citizenship.

If the parent with whom the child lives, expatriates him/herself and leaves Latvia to permanently reside outside of Latvia, the child loses Republic of Latvia citizenship.

Article 28
Naturalization resulting from adoption

If Republic of Latvia citizens adopt an underaged foreigner, the child is naturalized.

If an underaged foreigner is adopted by spouses, one of whom is a Republic of Latvia citizen, but the other is a foreigner, the child receives Republic of Latvia citizenship in the following cases:

1. following the adopters' mutual agreement; and

2. if the domicile of both parents, or of the parent with whom the child lives, is in Latvia.

Article 29
Retaining or losing Republic of Latvia citizenship in cases when minors are adopted by foreigners

In cases when an underaged Republic of Latvia citizen is adopted by foreigners or by spouses one of whom is a Republic of Latvia citizen, but the other, a foreigner, the child retains Republic of Latvia citizenship, if the place of permanent residence for the adopters, or for the one with whom the child lives, is in Latvia.

An underaged Republic of Latvia citizen who is adopted by foreigners, may be expatriated upon the request of the adopters, if the permanent place of residence of both the spouses is outside Latvia.

An underaged Republic of Latvia citizen who is adopted by apatrides, or by spouses one of whom is a Republic of Latvia citizen, but the other, an apatride, retains Republic of Latvia citizenship irrespective of the parents' place of residence.

In case of adoption annulment, the change of the child's citizenship may be reconsidered.

Article 30
Necessity of receiving the minor's consent to change his/her citizenship

For a minor aged 14 to 18 years, citizenship may be changed in conformity with the parents' (adopters') citizenship only upon the minor's written consent.

If the minor's citizenship has been changed to adhere to the parents' or adopters' citizenship without the written consent of the minor, then, upon coming of age, he/she is entitled to renew his/her Republic of Latvia citizenship irrespective of the time-period he/she has resided in Latvia.

If a marriage has occured between a Republic of Latvia citizen and a foreigner and if the child has acquired a foreign state's citizenship, then, upon coming of age, he/she has the right to naturalize him/herself in Latvia without a domicile qualification.

Chapter VI
INTERNATIONAL AGREEMENTS

Article 31
Application of international agreements

If an international agreement which has been ratified by the Republic of Latvia Supreme Council (Saeima), provides for regulations other than those in this Law, the regulations of the international agreement should be applied.

Chapter VII
STATE INSTITUTIONS' AUTHORITY ON CITIZENSHIP ISSUES, THE SETTLING OF CITIZENSHIP ISSUES AND DOCUMENTATION

Article 32
Institutions authorized in naturalization and expatriations issues

Decisions on issues of naturalization and voluntary expatriation are adopted by the Government. These decisions may be appealed in Court.

Upon the request of the Citizenship and Immigration Department or a law enforcement institution, forced expatriation is executed by the Republic of Latvia Supreme Court.

In accordance with Article 19, Paragraphs e), g) and h) of this Law, naturalization is carried out by the Government, following a recommendation confirmed at a Republic of Latvia Supreme Council (Saeima) plenary session.

Version of the Supreme Council Resolution:

In accordance with Article 19, Paragraphs e), g) and h) of this Law, naturalization is carried out by the Republic of Latvia Supreme Council Presidium on the basis of a statute confirmed by the Republic of Latvia Supreme Council.

Article 33
Submission and review of applications

Applications on issues of Republic of Latvia citizenship are addressed to the Government, bur are submitted to a branch of the Citizenship and Immigration Department depending on the applicant's permanent place of residence provided that it is in Latvia.

Persons residing abroad may submit applications to the Republic of Latvia diplomatic and consular representative offices. The Citizenship and Immigration Department and its local branches, as well as the Republic of Latvia diplomatic and consular representative offices must accept all applications and complaints on the issues of citizenship.

Persons mentioned in Article 19, subsection d) of this Law, submit applications to the institutions indicated in the first and second subsection of this Article, and are naturalized provided that they have lost the previous citizenship.

If the application has been submitted in Latvia, response must be given no later than within a period of three months, and if abroad – within a period of six months.

Applications for citizenship concerning those persons who have not reached 18 years of age, who are incapacitated, or are unable to submit the application unaided due to their health condition or other circumstances, are submitted by the legal representatives of those persons.

Foreign citizens must enclose a document which proves the respective State's attitude on the issue of this person's intention to naturalize himself/herself in Latvia with their applications for naturalization in Latvia.

Article 34
Investigation of the validity of Republic of Latvia citizenship and the settlement of disputes

The validity of a person's affiliation to Republic of Latvia citizenship residing in Latvia, is investigated by the Citizenship and Immigration Department and its sections, but the validity of a person's affiliation to Republic of Latvia citizenship if the person is living abroad is investigated by the Republic of Latvia diplomatic or consular offices.

Submittal of evidence on issues of citizenship is the responsibility of the person concerned.

Disputes concerning issues of citizenship are settled by the court.

Article 35
Republic of Latvia Registry of Citizens

The Republic of Latvia Registry of Citizens is formed by the Citizenship and Immigration Department.

Article 36
Submittal of repeated applications

Persons whose applications concerning citizenship issues have been rejected, may only repeatedly submit them one year after the adoption of the previous decision.

Article 37
Documents certifying citizenship

Republic of Latvia citizenship is certified by the Republic of Latvia citizen's passport and birth certificate.

Article 38
Citizen's oath

Version 1

Upon receiving a Republic of Latvia citizen's passport, all persons who naturalize themselves in Latvia, as well as persons mentioned in this Law's Article 10, must sign the following Republic of Latvia citizen's oath:

Version 2

Upon receiving a Republic of Latvia citizen's passport, all persons must sign the following Republic of Latvia citizen's oath:

Version 3

Upon receiving a Republic of Latvia citizen's passport, all naturalized persons must sign the following Republic of Latvia citizen's oath:

"I, (name, surname), born (birthplace, date), vow loyalty solely to the Republic of Latvia. I completely and forever renounce the citizenship of any other state, as well as the loyalty and subjection to any other state.

I undertake to be loyal to the Republic of Latvia Constitution, to honestly observe the Republic of Latvia Constitution and laws, to protect them within all my powers, and to comply to Latvia's legally established institutions of State power.

I undertake to defend, in the procedure stipulated by law – and, be it necessary, without sparing my life – the sovereignty and independence of the Republic of Latvia."

Chapter VIII
PROCEDURAL REGULATIONS
Article 39
The procedure by which the standards of the Law take effect

The standards of this Law for determining the body of Republic of Latvia citizens take effect as of the moment of this Law's adoption, but the naturalization process begins no sooner than on July 1, 1992 in accordance with the stipulations of this Law's Chapter III.

If no less than ten per cent of Republic of Latvia citizens who have the right to participate in a referendum, will have submitted, by July 1, 1992 to the Republic of Latvia Supreme Council a request to confirm in a Republic of Latvia citizen's referendum the regulations for naturalization stipulated in this Law's Chapter III, then the regulations for naturalization stipulated in Chapter III will take effect if the majority of Republic of Latvia citizens who have the right to vote will have voted for them.

Chairman, Supreme Council
Republic of Latvia   A. Gorbunovs

Secretary, Supreme Council
Republic of Latvia   I. Daudišs

Riga, 1992

The authenticity of the translation is confirmed by Secretary of the Supreme Council of the Republic of Latvia. For purposes of interpretation the original Latvian text is to be regarded as official.

I. Daudišs

Textanhang II/15

Republic of Latvia

Draft Law on the Constitutional Court (1994)*

Ministry of Justice

Chapter I
General Provisions

Article 1
The Constitutional Court of the Republic of Latvia

The Constitutional Court of the Republic of Latvia shall be an independent institution of the State justice system that shall try cases in accordance with this Law.

Article 2
Independence of the Constitutional Court

(1) Any direct or indirect intervenience with activities of the Constitutional Court shall be impermissible.

(2) No one shall be entitled to give any instructions to the Constitutional Court.

Article 3
Tribunal of the Constitutional Court

The Constitutional Court shall consist of five justices.

Article 4
Approval of Justices and the Oath

(1) Justices of the Constitutional Court shall be approved by the Saeima (Parliament) on the suggestion by the Cabinet. Citizens of the Republic of Latvia that having reached thirty years of age prior the date of approval and having the highest education in law, may be approved as Justices.

(2) When approved, each justice of the Constitutional Court shall give the following oath to the President of the State: "I solemnly swear to the best of my conscience, to perform my responsibilities of the Constitutional Court justice and to abide only to the Satversme (Constitution) of the Republic of Latvia and other laws."

(3) The justice shall commence his responsibilities after the oath.

Article 5
Term of Justice's Mandate and the Maximum Age of the Tenure

(1) The Mandate of the Constitutional Court Justice shall be for 10 years. During their tenure, except cases provided in Art. 7, they shall be irrevocable.

(2) Justices shall not hold their tenure for two terms.

(3) The maximum age for justice's tenure shall be 65 years. When suggested by the Cabinet, the Saeima (Parliament) may decide that the justice may continue his tenure also after the age of 65 years, for a certain period of time or until his mandate expires.

Article 6
Resignation Prior to the Expiry of Mandate

(1) Any justice of the Constitutional Court may resign on his own initiative, having given a written notice to the Cabinet.

(2) The justice must resign when he undertakes activities incompatible with the status of the Constitutional Court justice (Part 1 and 2, Art. 37) or when the maximum age permitted for the named tenure, has been reached (Part 3, Art. 5).

Article 7
Revocation from Tenure

When suggested by the Saeima (Parliament) any justice of the Constitutional Court shall be revoked when:

1. he is unable to continue his work due to his health condition;

2. he has been sentenced for a felony;

3. his behaviour is incompatible with the status of the Constitutional Court justice (Part 1 and 2, Art. 37);

4. he has given a written notice to the Cabinet on his resignation (Part 1, Art. 6);

5. he has reached the age of 65 years (Part 3, Art. 5).

Article 8
Approval of a New Justice

When there is an inter-tenure vacancy for a position of the Constitutional Court justice, the Saeima

---

* 14 February 1994.

(Parliament) shall approve a new justice for the term provided in Art. 5 of this Law.

Article 9
The Chairman of the Constitutional Court and His Deputy

The Justices of the Constitutional Court shall elect the Chairman and his deputy for a 3 years period from among the justices by a secret ballot with majority of votes.

Article 10
Responsibilities and Rights of the Chairman and His Deputy

(1) The Chairman of the Constitutional Court shall preside over plenary sessions of the Court, shall organize the work of the Court and shall represent the Constitutional Court.

(2) The deputy Chairman of the Constitutional Court shall assist the Chairman of the Constitutional Court in his responsibilities regulated in Part 1 of this Article, and shall substitute the Chairman of the Constitutional Court during his absence.

(3) The Chairman of the Constitutional Court and his deputy shall be entitled to give only such instructions to the Justices of the Constitutional Court that concern organizational issues of their performance.

Chapter II
Competency of the Constitutional Court

Article 11
Cases Tried by the Constitutional Court

The Constitutional Court shall try the following cases:

1. compliance of laws with the Satversme (Constitution);

2. compliance of regulations by the Cabinet with the Satversme (Constitution) and other laws;

3. compliance of enactments enacted by the President of the State with the Satversme (Constitution) and other laws;

4. compliance of ordinances enacted by the local governments with the Satversme (Constitution), other laws and regulations by the Cabinet;

5. competency disputes among the Saeima (Parliament), the ...;

6. compliance of administrative enactments (Art. 47) with human rights and rights of citizens granted by the Satversme (Constitution);

7. compliance of the national legal norms with the International Treaties entered into by or ratified by Latvia.

Article 12
Right to Initiate Proceedings

(1) The following authorities shall be entitled to initiate proceedings (Part 1, Art. 11):

1. the President of the State;

2. ⅓ of the deputies of the Saeima (Parliament);

3. the Cabinet;

4. courts that are trying specific cases.

(2) The following authorities shall be entitled to initiate proceedings on compliance of regulations by the Cabinet with the Satversme (Constitution) and other laws (Paragraph 2, Art. 11):

1. the President of the State;

2. the Saeima (Parliament);

3. ⅓ of the deputies of the Saeima (Parliament);

4. courts that are trying specific cases.

(3) The following authorities shall be entitled to initiate proceedings on compliance of enactments by the President of the State with the Satversme (Constitution) and other laws (Paragraph 3, Art. 11):

1. the Saeima (Parliament);

2. ⅓ of the deputies of the Saeima (Parliament);

3. the Cabinet.

(4) The following authorities shall be entitled to initiate proceedings on compliance of ordinances by the local governments with the Satversme (Constitution), other laws and regulations by the Cabinet (Paragraph 4, Art. 11):

1. the respective local government;

2. courts trying specific cases.

(5) Parties of specific disputes shall be entitled to initiate proceedings on competency disputes among the Saeima (Parliament), the President of the State and the Cabinet.

(6) Any person shall be entitled to initiate proceedings on compliance of any administrative enactment with human rights and rights of citizens granted by the Satversme (Constitution) in the event such person is the addressee of such administrative enactment and such person's rights are violated by such enactment, or such person wishes such enactment to be enacted.

(7) The following authorities shall be entitled to initiate proceedings on compliance of Latvian national legal norms and norms with International Treaties entered into by or ratified by Latvia (Paragraph 7, Art. 11):

1. the President of the State;

2. ⅓ of the deputies of the Saeima (Parliament);

3. the Cabinet;

4. courts that are trying specific cases.

Chapter III
Proceedings

Article 13
General Form and Content of Petition

(1) The person initiating proceedings shall submit his petition to the Constitutional Court in writing. The petition shall contain the following:

1. the name or the title of the petitioner;

2. the authority or the public official having enacted the legal enactment that is contested; in the event of a competency dispute – the defendant (Part 5, Art. 12);

3. the description of the actual circumstances of the case;

4. legal evaluation of the case;

5. claim to the Constitutional Court.

(2) The petition shall be signed by the petitioner or any person authorized by him.

(3) Any explanations or documents required for the clarification of the actual circumstances of the case, shall be attached to the petition.

Article 14
Special Provisions when Accepting Petitions from Courts Trying Specific Cases

(1) Petitions from courts that are entitled to initiate proceedings in accordance with Paragraph 4, Part 1 or Paragraph 4, Part 2 or Paragraph 2, Part 4 or Paragraph 4, Part 17 of Art. 12, shall be accepted only when

1. trying the specific case, the result of the proceedings depends either on the decision on compliance of the respective law, regulations by the Cabinet or ordinance by the local government with the higher legal norm, or on the decision in compliance of Latvian national legal norms with the International Treaties entered into by or ratified by Latvia; and

2. the court has substantial grounds for concern whether the respective law, regulation by the Cabinet or ordinance by the local government is compatible with the higher legal norm.

In its petition, the court shall provide grounds for the above mentioned specific circumstances.

(2) General court procedure shall be suspended with the moment the petition is accepted and shall be resumed with the moment the Constitutional Court decision becomes effective.

Article 15
Special Provisions when Accepting Petitions in Cases on Compliance of Ordinances by Local Governments with the Satversme (Constitution), Other Laws and Regulations by the Cabinet

(1) The respective local government shall be entitled to initiate proceedings on compliance of or-

dinances enacted by such local government with the Satversme (Constitution), other laws and regulations by the Cabinet (Part 4, Art. 12) only in the event the Cabinet has revoked them in accordance with the supervision procedure and the local government has completed the general court instances itinerary and the court has not satisfied in full the claim by the local government. In such event the respective local government may submit its petition to the Constitutional Court within one month after the date the decision of the last court instance becomes effective.

(2) When approved by the Cabinet the respective local government may apply directly to the Constitutional Court without completing the general court instances itinerary.

(3) In the event the general court has satisfied the claim by the local government either in full or partially, the Cabinet may appeal to a higher court instance in accordance with the general procedure or it may initiate proceedings in the Constitutional Court within one month after such decision becomes effective.

Article 16
Special Provisions when Accepting Petitions in Cases on Compliance of Administrative Enactments with Human Rights and Rights of Citizens

(1) Any person being entitled to initiate proceedings on compliance of any administrative enactment with human rights or rights of citizens in accordance with Part 6, Art. 12, may do the above only after having completed the general court instances itinerary and when the court has not satisfied his claim in full. In such event such person may initiate proceedings in the Constitutional Court within one month after the decision by the last court instance becomes effective.

(2) In the event any person beeing entitled to initiate proceedings on compliance of any administrative enactment with human rights or rights of citizens in accordance with Part 6, Art. 12, declares that his human or citizen rights have been violated because any legal norm the disputed administrative enactment is based on directly or indirectly, is not effective due to its conflict with any higher legal norm as an exception, such person may apply to the Constitutional Court directly without completing the general court instances itinerary. In such event the Constitutional Court justice accepting such petition (Part 1, Art. 14) shall state in his decision the following:

1. the State considers the un-delayed decision of such issue to be of vital significance; or

2. completion of the general court instances itinerary would cause extremely significant mate-

rial or other damage to the petitioner or he would not be able to enforce his rights either due to expiry of the specificied time limit or due to other circumstances.

(3) In the case referred to in Part 2 of this Article, the petitioner may apply to the Constitutional Court within the same time limit as to the general court. In the event the general court has started proceedings, it shall be possible to apply to the Constitutional Court at either stage of the procedure. In the event the Constitutional Court accepts the petition, the procedure in the general court shall be suspended and it may be resumed after the decision by the Constitutional Court becomes effective.

Article 17
Special Terms for the Petition Acceptance in Cases on Competency Disputes

(1) Any petitions from any authority referred to in Part 5, Art. 12 shall be accepted only in the event such authority declares that another authority referred to therein, has violated petitioner's rights granted by the Satversme (Constitution) due to its performance or non-performance, or has hampered performance of its responsibilities assigned by the Satversme (Constitution).

(2) Any petition shall be accepted only within four months after the petitioner has learned about the respective performance or non-performance. The expiry of the time limit when the respective authority was supposed to have the respective performance completed, shall be considered as the beginning of the non-performance.

Article 18
Petition Acceptance

(1) When receiving any petition, the justice nominated by the Chairman of the Constitutional Court shall make it certain whether the petitioner is entitled to initiate the proceedings and whether the documents submitted (Art. 13) are filed correctly. A copy of the petition shall be forwarded to the authority or the official having enacted the disputed enactment.

(2) In the event the petitioner is entitled to initiate the proceedings and the petition is filed correctly, the justice shall draft the decision on petition acceptance. The decision shall be announced to the parties. Simultaneously, the authority or the official having enacted the disputed enactment, but in the case of competency dispute – the defendant (Part 5, Art. 12), shall be invited to present his reply in writing with the description of the actual circumstances of the case and the legal grounds.

(3) The justice shall make the decision on the acceptance or the rejection of the petition within one month after the date the petition is submitted. The Chairman of the Constitutional Court may extend the time limit for two months.

Article 19
Rejection of Petition

(1) The justice shall make the decision on rejection of a petition when it does not comply with the general (Art. 13) or special (Art. 14–17) requirements for petitions and when deficiencies have not been eliminated within the time limit set by the justice.

(2) The decision on the rejection of the petition shall be forwarded to the petitioner.

(3) The petitioner may appeal such decision within two weeks from the date such decision is received. The petition shall be tried by the Constitutional Court tribunal of three justices within one month after the petition is submitted. The Constitutional Court shall make the decision in such case.

Article 20
Preparation of the Case for Trial

(1) When the decision is made, the Chairman of the Constitutional Court shall instruct one or several justices to prepare the case for trial.

(2) When preparing the case, the justice or the justices in the case of necessity may:

1. require additional explanations and documents from the petitioner, authority or official having enacted the disputed enactment, or in the case of competency dispute – from the defendant (Part 5, Art. 12), and from any public authority, office or official;

2. bring in specialists (experts) for unqualified opinion;

3. consult documents by public authorities, offices or officials;

4. collect and provide evidence in accordance with the law of Administrative Procedure.

(3) The case shall be prepared within three months. In complicated cases, the Chairman of the Constitutional Court may prolong the time limit twice – each time by two months.

(4) The preparation of the case shall be completed with the decision by the respective justice or justices on the fact that the case is prepared for trial.

(5) The Chairman of the Constitutional Court shall set the trial date within one month after such decision is made. The trial date shall be announced to the parties at least three weeks prior the trial.

Article 21
Right of the Parties to be Introduced to the Case Materials Prior the Trial

The parties – the petitioner, the authority or the official having enacted the disputed enactment, but in cases of competency disputes – the defendant – shall be entitled to be introduced to the case materials prior the trial.

Article 22
The Tribunal

(1) Cases referred to in Paragraphs 1–5 and 7, Article 11 of this Law shall be tried by complete tribunal, cases referred to in Paragraph 6, Article 11 – by a three justices tribunal. The trial shall be presided by the Chairman of the Constitutional Court or by a chairperson nominated by him.

(2) When trying the case, the Chairman of the Constitutional Court and his deputy shall have equal rights with other justices unless provided different by this Law.

(3) When trying cases by a three justices tribunal during the absence of one of the justices, such justice shall be substituted. When trying cases by complete tribunal, the trial may be held when at least four justices are present including the chairperson.

Article 23
The Trial

(1) Each case shall be tried and decided in the Constitutional Court trial.

(2) The trial shall be opened by the chairperson. He shall announce who the parties and other involved persons are, and shall conclude on the data and authorization of such persons.

(3) The trial as to the essence of the case shall be started with the report by the justice or the justices having prepared the case.

(4) The description of the actual circumstances and legal grounds presented by the petitioner shall follow; in the event of bilateral proceedings (Part 4–6, Art. 12) it shall be followed by the description of the actual circumstances and legal grounds presented by the authority or the official having enacted the disputed enactment.

(5) In the event of disagreement, the discussion on the actual circumstances of the case shall follow. When necessary the chairperson shall collect evidence.

(6) If disagreement continues, the court supported by the evidence shall announce decision on the actual circumstances of the case.

(7) Supported by the undisputed actual essence of the case or the court decision on the above, the discussion on the legal essence of the case shall follow.

(8) Then the petitioner shall formally present his claim, followed by the claim presented by the authority of the official having enacted the disputed enactment.

(9) The trial shall be concluded with the announcement of the chairperson on the date the court decision shall be announced.

(10) The trial shall be recorded. The tribunal, the parties and their representatives, the most essential moments of the court elaboration and the special claims of the parties shall be indicated in the record.

Article 24
Openness of the Trial

(1) The trial shall be open unless required different due to the state secret considerations. The decision on the fact that state secret considerations require a closed trial, shall be made by the Chairman of the Constitutional Court on the suggestion by the President of the State or the President of the Ministers.

(2) With a court decision, any case may be tried in closed trial also when it would either cause public disorders, or it is necessary for the protection of the parties or other persons involved in the case, or it is required by any party on substantial grounds. Such decision shall be made by the Chairman of the Constitutional Court.

Article 25
Implementation of the Norms
of the Administrative Procedure Law

Unless provided different by this Law in procedural issues, the Constitutional Court shall implement the norms of the administrative procedure law.

Article 26
Person Authorized for the Procedure

(1) Any Party may be represented by a person authorized for the procedure.

(2) In the event the proceedings are initiated by several natural persons, they shall be considered as a single procedural person. They may perform procedural activities only by the help of a single person authorized for the procedure.

Article 27
Discontinuation of Proceedings

When suggested by the initiator or when the disputed legal enactment is invalidated prior the court decision is announced, the proceedings in such case shall be discontinued.

Article 28
Court Decision

(1) The trial shall be followed by the meeting of justices where the decision shall be made. The decision shall be made with the majority of votes. The justices may vote either "for" or "against". In the event of equal votes, the Constitutional Court Chairman's vote shall be decisive. The descending justices may express their opinion in a separate document that shall be attached to the file.

(2) The decision shall be announced after the meeting. It shall be made in the name of the Republic of Latvia. The decision shall be announced not later than within 10 days after the trial. The decision shall be made in writing and forwarded to the parties not later than within 10 days after it is announced.

(3) The decision shall be signed by all the justices participating in the trial.

Article 29
Effectiveness and Content of the Decision

(1) The decision of the Constitutional Court shall be final. It shall become effective at the moment it is announced.

(2) The decision of the Constitutional Court shall have the effect of the law. In cases referred to in Paragraphs 1–4 and 7, Art. 11, it shall be binding to all public authorities, offices and officials including courts, and to natural persons and legal entities, but in the case referred to in Paragraphs 5 and 6, Art. 11, – to the parties.

(3) When the Constitutional Court has declared any law being in conflict with the Satversme (Constitution), any regulation by the Cabinet being in conflict with the Satversme (Constitution) or any other law, or any ordinance by the local government being in conflict with the Satversme (Constitution), any law or any regulation by the Cabinet, such legal enactment shall become ineffective from the moment such decision is made, unless the court has provided a different term for such legal enactment becoming ineffective.

(4) In the event the initiator is a general court, in its decision the Constitutional Court shall instruct such court to complete the suspended proceedings taking the decision of the Constitutional Court as basis.

(5) In the event the Constitutional Court makes the decision in accordance with Paragraph 6, Art. 11 that the disputed administrative enactment has violated human rights or rights of citizens of the petitioner, with the moment the decision is declared, such administrative enactment shall be considered to be ineffective from the date it is enacted. In the event of necessity when requested by the petitioner, the Constitutional Court may instruct the authority or the official having enacted such administrative enactment, to take measures in order to discontinue the violation and to cover damages incurred to the petitioner. In the event of any dispute on the amount of damages, the Constitutional Court may transfer the case to the competent general court. Such decision of the Constitutional Court shall be binding to such general court.

Article 30
Enforcement of the Decision

In the event of necessity in its decision, the Constitutional Court may rule – how and by whom such decision shall be executed.

Article 31
Publication of the Decision

(1) In the event the Constitutional Court declares any legal enactment to be ineffective, suspended or effective the decisive part of the decision shall be published in "Latvijas Vestnesis" and "Latvijas Republikas Saeimas un Ministru Kabineta Zinotajs". Copies of the decision shall be forwarded to the Saeima (Parliament), the President of the State, the Cabinet and the Supreme Court.

(2) The Constitutional Court shall publish "Code of the Constitutional Court Decisions" once a year that shall contain all decisions in full and also the moot significant procedural decisions. In cases where either of the parties is an individual, his name shall be abridged. Immaterial circumstances may be excluded from the factual part of the decision.

Chapter IV
Jurisdiction in Summary Proceedings

Article 32
Urgent Cases

(1) The Constitutional Court may try urgent cases in summary proceedings.

(2) Cases where in the course of regular proceedings any serious material or other damage may incur to the petitioner, the State, the community or any third person, and cases where the dispute may lose its essence due to expiry of any deadline or any other circumstances, shall be considered as urgent cases.

Article 33
Summary Proceedings

(1) When accepting the respective petition on the request by the initiator, the Chairman of the Constitutional Court or any justice appointed by him (Part 1, Art. 18) may qualify such case as an urgent case. Any negative decision may be appealed immediately. The appeal shall be tried immediately by the Constitutional Court with a three justice tribunal.

(2) When required so either by the circumstances or by the urgency of the case, some of the regulations on the case acceptance (Art. 18) and preparation (Art. 20) may be ignored in summary proceedings.

Article 34
Temporary Decision

(1) Any decision in summary proceedings shall be a temporary decision. It shall be effective for six

months. When requested by the initiator, the Constitutional Court may prolong such term twice, up to six months in total.

(2) The decision shall provide the grounds why such case is qualified as an urgent case, shall list all provisions of Art. 18 and 20 ignored due to urgency and the grounds of same.

(3) In the event the Constitutional Court has declared in its temporary decision that there are reasonable grounds for concern on compliance of the respective law, regulations by the Cabinet or ordinance by the local government with the higher legal enactment or on compliance of any Latvian national legal norms with the International Treaties entered into by or ratified by Latvia, then such disputed legal norm shall be suspended by the temporary decision till the moment the Constitutional Court decision is made.

Article 35
Continuation of the Regular Proceedings

Independent from the summary proceedings the regular proceedings in the Constitutional Court shall be continued in accordance with the procedure set by the law. The temporary decision of the summary proceedings shall be revoked automatically by the decision in the regular proceedings.

Chapter V
The Status of the Constitutional Court Justice

Article 36
Independence of Justices

When performing their official responsibilities the Constitutional Court justices shall be independent. No one shall be entitled to give instructions concerning performance of their responsibilities or require any survey of their activities. It shall not refer to Part 3, Art. 10.

Article 37
Behaviour Incompatible with the Status of the Constitutional Court Justice

(1) No one justice of the Constitutional Court shall simultaneously hold any other public position or be employed in any position other than lecturer's, scientific or other creative job. He shall not hold any elected position either in the State or local government's authority; he shall not be a deputy.

(2) No one justice of the Constitutional Court shall be a member in any political party. He shall not hold any leading position in any non-governmental organization other than scientific or other creative association.

(3) When elected for the position of the Constitutional Court justice such person shall immediately resign from any position referred to in Part 1 and 2 of this Article, and shall withdraw or suspend his membership in any organization referred to above.

Article 38
Immunity of Justices

(1) No one justice of the Constitutional Court may be arrested, charged with a crime, subjected to search or administrative penalty imposed by the court, without consent by the Constitutional Court. Such decision, shall be made by secret ballot, majority of justices voting "for".

(2) Criminal investigation against any Constitutional Court justice may be initiated only with consent by the Constitutional Court, simultaneously suspending his authorization.

(3) In the event the Constitutional Court objects the arrest of subjection to search of, or any administrative penalty imposed by the court to, or initiation of criminal investigation against, any Constitutional Court justice, consent by the Saeima (Parliament) shall be required for the above mentioned activities.

(4) It shall not be permitted to detain, search, make appear by force or impose any administrative penalty to any Constitutional Court justice while performing his official responsibilities.

Chapter VI
Symbols of the Constitutional Court

Article 39
Justice's Gown, Position Symbol and Card

(1) The justice shall perform his responsibilities dressed in the justice's gown and carrying the justice's position symbol.

(2) The justice's position symbol shall be awarded to the justice when accessing the position.

(3) The Constitutional Court Justice Card shall be issued to such justice.

(4) The procedure for awarding and using the justice's gown, position symbol and the card shall be regulated by the instruction enacted by the Ministry of Justice.

Article 40
The Seal of the Court

The Constitutional Court shall have the seal with the large State symbol of the Republic of Latvia and with the name of the Court.

Chapter VII
Funding of the Constitutional Court, remuneration to Justices and Social Guaranties

Article 41
Funding of the Constitutional Court

The Constitutional Court shall be funded by the national budget.

Article 42
Remuneration to Justices

Remuneration to the Constitutional Court justices shall be equal to the remuneration to the Supreme Court justices, remuneration to the Chairman of the Constitutional Court shall be equal to the remuneration to the Chairman of the Supreme Court, remuneration to the deputy Chairman of the Constitutional Court shall be equal to the remuneration to the deputy Chairman of the Supreme Court.

Article 43
Vacation of Justices

Provisions of the law on vacation of justices shall also apply to the Constitutional Court justices.

Article 44
Provision of Justices with Dwelling Space

Provisions of the law on provision of justices with dwelling space shall also apply to the Constitutional Court justices.

Article 45
Other Social Guaranties to Justices

(1) All social guaranties granted to the public civil servants by the law on civil service shall also apply to the Constitutional Court justices as well as exceptions and restrictions set by this law.

(2) The Constitutional Court justices shall be free from the compulsory military service.

Chapter VIII
Closing Provisions

Article 46
Review of Non-standard Legal Enactments

Legal enactments enacted by the Saeima (Parliament), the Cabinet, the President of the State, public executive bodies and local governments, and effective legal norms and administrative enactments enacted during the period between June 17, 1940 and July 6, 1993 that are not referred to in Art. 11 (non-standard legal enactments), shall be reviewed in accordance with general procedure set by this law, adjusting such enactments to the respective standard enactments enacted by authorities referred to in this Article. Such enactments or their excerpts enacted by the Saeima (Parliament), the Cabinet, the President of the State and qualified as administrative enactments in accordance to Part 1, Art. 47, shall be reviewed in accordance with the procedure set by Paragraph 6 Art. 11, Part 6, Art. 12 and Art. 16.

Article 47
Definition of Administrative Enactment and of Regulations by the Local Government

(1) Within the interpretation of this law, "administrative enactment" (Paragraph 6, Art. 11) shall be any externally directed legal enactment enacted by the State, local government or other public law legal entity in the sphere of public law others than the court decision by which in any particular case any single addressee (natural person or legal entity) identified individually or according to certain characteristics, is required to perform a certain responsibility, is permitted or prohibited to perform a certain activity, is allotted or deprived of any material benefit or legal status, or any claim of the addressee for such benefit or status is rejected.

(2) Within the interpretation of this law, "regulations of local governments" (Paragraph 4, Art. 11) shall be any legal norm enacted by any local government.

Article 48
Internal Regulations of the Constitutional Court

The structure and organization of the Constitutional Court shall be governed by internal regulations of the Constitutional Court enacted by the Cabinet.

Article 49
Application of Regulations of the Civil Procedures Code

Till the law on administrative procedure becomes effective (Paragraph 4, Part 2, Art. 20, Art. 25) the respective norms of the Civil Procedures Code shall be applied.

Article 50
The Constitutional Law on Human and Citizens Rights and Responsibilities

Within the interpretation of this law (Part 6, Art. 11) till Part 2 of the Satversme (Constitution) becomes effective, the Republic of Latvia Constitutional Law of December 10, 1991 "On Human and Citizens Rights and Responsibilities" shall have the effect of Satversme (Constitution).

Article 51
Effectiveness of the Law

This Law shall become effective on June 1, 1994.

Textanhang II/16

Republic of Latvia

Draft Law on the Status of Former USSR Citizens who are not Citizens of Latvia or any other State (1994)*

Chapter 1
General Provisions

Article 1
Subjects of the Law

The subjects of this Law are those former USSR citizens (and their descendants) living in the Republic of Latvia who lived and were permanently registered without a time limitation in the territory of Latvia before July 1, 1992 and who are not citizens of the Republic of Latvia or of any other State.

The legal status of those persons who have entered the Republic of Latvia after July 1, 1992 shall be determined by the Republic of Latvia Law "On the Entry and Residence of Foreign Citizens and Stateless Persons in the Republic of Latvia".

This Law shall not apply to:

1. military personnel in active service in the Russian Federation (USSR) Armed Forces or other military formations and persons who, after May 4, 1990, retired from active military service if on the date of their conscription they were not permanently residing in the territory of Latvia and are not family members of Republic of Latvia citizens;

2. spouses of the persons mentioned in paragraph 1 of this Article, and the family members of these persons – children, dependents and other relatives residing with them, if they have arrived in Latvia in connection with the service of military persons in the Russian Federation (USSR) Armed Forces irrespective of their arrival date in Latvia and if they are not Republic of Latvia citizens;

3. civilians who are in Latvia due to a business trip associated with the presence or withdrawal of the Russian Federation (USSR) Armed Forces from Latvia, if these persons are not Republic of Latvia citizens.

Article 2
Documents certifying legal status

The legal status of the subjects of this Law is certified by a former USSR passport containing a personal code of a resident of the Republic of Latvia or a personal identification document issued in the

---

* August 23, 1994, Unofficial Translation.

Republic of Latvia containing a personal code of a resident of the Republic of Latvia.

It is prohibited to require any additional documents or certificates to confirm the legal status of the subjects of this Law.

Chapter 2
Rights and Obligations

Article 3
Principles of the rights and obligations

The rights and obligations of the subjects of this Law shall be determined by the Constitutional Law of the Republic of Latvia "On the Rights and Obligations of a Citizen and a Person", this Law and the international and interstate agreements of the Republic of Latvia.

The subjects of this Law shall be obligated to abide by the Satversme (Constitution) and laws of the Republic of Latvia.

Article 4
Inadmissibility of all forms of discrimination

It is inadmissible to have any discrimination of the subjects of this Law, that is – no differentiation, exceptions, restrictions or privileges based on race, skin colour, sex or differences in national or ethnic heritage. Any form of discrimination or any invitation to such discrimination shall be punished in accordance with the laws of the Republic of Latvia.

Article 5
Protection of personal life

No one is permitted to arbitrarily and illegally interfere in the personal and family lives of the subjects of this Law, to break the inviolability of the home and the secrecy of written correspondence and telephone conversations.

Article 6
Rights in judicial, and state government and administrative institutions

When attending judicial, state government and administrative institutions, the subjects of this Law shall have a right, in accordance with Articles 8 and 9 of the Language Law, to be assisted by an interpreter, free of charge, when necessary.

Article 7
Right to a family and family unity
The subjects of this Law shall be entitled to freely choose a spouse, contract a marriage and form a family and, by observing the procedure set in the laws of the Republic of Latvia, to have residing with them, their spouse, minors, other children under their guardianship and their incapacitated parents from a foreign country.

Article 8
Right to freedom of thought, opinion, conscience and religious conviction
The subjects of this Law shall have a right to freedom of thought, opinion, conscience and religious conviction. These rights can only be restricted by law if restrictions are necessary to ensure the safety of society, public order, the health and morality of the population or for guaranteeing the rights and freedoms of other persons.

The subjects of this Law, by observing the laws of the Republic of Latvia, shall have a right to freely express their opinion, to organize and participate in peaceful meetings, gatherings, street marches and demonstrations.

Article 9
Right to retain one's national identity
The subjects of this Law shall be entitled to retain their native language, culture and traditions.

Article 10
Right to handle one's property
The subjects of this Law shall be entitled, in the procedure set in the laws of the Republic of Latvia, to acquire, manage, utilize and handle property either personally or through the assistance of a representative or together with other persons and, by observing the legislation of the Republic of Latvia, to receive and transfer personal cash resources and property from (to) foreign countries.

Article 11
Right to choose a place of residence
The subjects of this Law shall be entitled to freely choose a place of residence in any part of the territory of Latvia and to freely leave and return to Latvia if they, in accordance with the procedure set by law, maintain their permanent place of residence in Latvia.

Article 12
Protection against arbitrary expulsion
The subjects of this Law may only be expelled from the Republic of Latvia with a decision adopted in accordance with the procedure set by law and only if another state has agreed to admit this person.

The decision to expel an individual may be appealed to the courts.

Article 13
Right to employment and to receive pay
The subjects of this Law shall have a right to protect themselves from unemployment and to receive fair pay for work in accordance with the laws of the Republic of Latvia and to join and form trade unions or other trade organizations.

Article 14
Right to social security
In accordance with the legislation of the Republic of Latvia, the subjects of this Law shall be entitled to protection of health, medical care, social security, a place to live, an education and professional training.

Article 15
Right to appeal a violation of one's rights or freedoms to the courts
In accordance with the legislation of the Republic of Latvia, the subjects of this Law shall be entitled to appeal any violation of their rights or freedoms to the courts.

Chapter 3
Required documents

Article 16
Personal documents
All subjects of this Law who reside in the Republic of Latvia must have valid personal documents which indicate their status in the Republic of Latvia.

Article 17
Personal identification certificate
The personal identification document of the subjects of this Law in Latvia is a personal identification certificate issued by the Republic of Latvia.

Persons receive personal identification certificates upon reaching the age of 16.

The standard of the personal identification certificate and the issuing procedure shall be determined by the Republic of Latvia Cabinet of Ministers. The individual personal code of a Republic of Latvia resident shall be indicated on the personal identification certificate.

If a person acquires the citizenship of any state, he/she must submit his/her personal identification certificate to a competent Republic of Latvia state establishment within one month.

The particulars of minors who have not reached 16 years of age shall be fixed in the personal identification certificates of their parents or their legal guardians.

Article 18
Exchange of a former USSR citizen's passport for a personal identification certificate

A personal identification certificate shall be issued in exchange for a former USSR citizen's passport in accordance with the procedure and within the time period set by the Republic of Latvia Cabinet of Ministers.

If the subject of this Law does not exchange the former USSR citizen's passport for a personal identification certificate without a substantiated reason within the time period set by the Republic of Latvia Cabinet of Ministers, the legal status of this person shall be determined by the Republic of Latvia Law "On the Entry and Residence of Foreign Citizens and Stateless Persons in the Republic of Latvia".

Article 19
Application of international and interstate agreements

If an international agreement which the Republic of Latvia Saeima has acceded to or an interstate agreement which the Republic of Latvia has signed provides for regulations other than those contained in this Law, the regulations of the international or interstate agreement shall be applied.

Textanhang II/17

Rekurs: Republic of Latvia Constitution (1922)*

The Latvian people have adopted, through their freely elected Constituent Assembly, the following Constitution:

Section 1
General Regulations

1. Latvia shall be an independent democratic Republic.

2. The sovereign power of the Latvian State shall belong to the People of Latvia.

3. The territory of the Latvian State shall consist of Livonia, Latgale, Courland and Zemgale, within the boundaries stipulated by International treaties.

4. The national flag of the Latvian State shall be red with a white stripe.

Section 2
The Saeima (Parliament)

5. The Saeima shall consist of one hundred representatives of the people.

6. The Saeima shall be elected by universal, equal, direct and secret vote, on the basis of proportional representation.

7. Latvia being divided into separate electoral districts, the number of parliamentary representatives to be elected from each district shall be proportionate to the number of electors in that district.

8. Latvian citizens of both sexes, who are in possession of all rights and who are over twenty-one years of age on the first day of polling, shall have the right to vote.

9. Any Latvian citizen who is over twenty-one years of age on the first day of voting, may be elected to the Saeima.

10. The Saeima shall be elected for a period of three years.

11. The parliamentary elections shall take place on the first Sunday in October and on the preceding Saturday.

12. The newly-elected Saeima shall hold its first sitting on the first Tuesday in November, on which day the powers of the previous Saeima shall have expired.

13. Should the parliamentary elections, by reason of the dissolution of the previous Saeima, take place at another season of the year, the Saeima thus elected shall assemble not later than one month after its election, and its powers shall expire after two years, on the first Tuesday in November, on which day a new Saeima shall assemble.

14. The electors may not recall any Members of the Saeima.

15. The Saeima shall assemble in Riga. It may assemble elsewhere only in extraordinary circumstances.

16. The Saeima shall elect its Board, which shall consist of the President, his two Deputies and Secretaries. The Board of the Saeima shall carry on its work uninterrupted throughout the duration of the legislative period.

17. The first sitting of the newly-elected Saeima shall be opened by the President of the preceding Saeima or by any other member of the Board charged by the Board.

18. The Saeima itself shall examine the mandates of its members.

---

* 7. November 1922 vom Hrsg. P. H. aus verfassungsgeschichtlichen Gründen hier abgedruckt.

19. The Board shall convene sessions and decree ordinary and extraordinary sittings.

20. The Board shall convoke a sitting of the Saeima at the request of either the President of the State, the Prime Minister, or not less than one-third of the Members of the Saeima.

21. The Saeima shall draw up the Standing Orders for the regulation of its activities and its internal procedure.

22. The sittings of the Saeima shall be public. At the request of ten Members of the Saeima, the President of the State, the Prime Minister or any one Minister, the Saeima may decide, by a majority of not less than two-thirds of the members present, to sit in camera.

23. The sittings of the Saeima may take place if at least one-half of the members are present.

24. Except in cases otherwise provided for by the Constitution, the Saeima shall pass its resolutions by the absolute majority vote of the members present.

25. The Saeima shall elect Committees, determine the number of their members and their duties. The Committees shall be entitled to request the respective Ministers and Local Authorities to supply any information necessary for their work, and also to invite responsible representatives of the respective Ministries and Local Authorities to their meetings, for the purpose of obtaining explanations. The Committees may carry on their work between the Sessions.

26. At the request of not less than one-third of its members, the Saeima shall appoint parliamentary Enquiry Committees to deal with special cases.

27. The Saeima shall have the right to address to the Prime Minister, or to any other Minister, interpellations or questions to which they, or responsible officials empowered by them, shall reply. At the request of either the Saeima or its Committees, the Prime Minister, or any other Minister, shall place at their disposal relevant papers and documents.

28. The Members of the Saeima shall be exempt from judicial, administrative and disciplinary prosecution, in connection with their voting and with ideas expressed in the execution of their duties. Members of the Saeima, even in their public capacity, are liable to prosecution, if – 1) they wilfully spread defamatory information, or – 2) they spread defamatory information about private or family life.

29. Members of the Saeima may not be arrested or searched, nor may their personal liberty be restricted in any way, without the sanction of the Saeima. Members of the Saeima shall be liable to arrest, if apprehended in the act of committing a crime. The arrest of a Member of the Saeima shall be brought to the notice of the Board of the Saeima within twenty-four hours. A report shall be presented by the Board at the next sitting of the Saeima, whereupon the Saeima shall decide as to whether the member shall be retained under arrest or liberated. During the period between the sessions, the Board of the Saeima shall decide the question of the retention under arrest of a Member of the Saeima.

30. A Member of the Saeima shall not be liable to judicial or administrative prosecution for criminal actions, without the consent of the Saeima.

31. The Member of the Saeima shall have the right to withhold evidence: 1) concerning persons who have entrusted him, as a Representative of the People, certain facts or data; 2) concerning persons to whom he, as a Representative of the People, has entrusted certain facts or data; 3) concerning such facts and data.

32. Members of the Saeima may not undertake Government Contracts or receive Government concessions in their name or in that of any other person. The stipulations of this Article shall refer to Ministers, even if they are not members of the Saeima.

33. Members of the Saeima shall receive remuneration from State funds.

34. No person shall be prosecuted for circulating reports about sittings of the Saeima or its Committees, if such reports correspond to facts. Accounts of sittings in camera, of either the Saeima or its Committees, may only be published with the sanction of the Board of either the Saeima or the respective Committees.

Section 3
The President of the State

35. The President of the State shall be elected by the Saeima for a period of three years.

36. The President of the State shall be elected by secret ballot with a majority of not less than fifty-one votes.

37. No person who is under fourty years of age may be elected President of the State.

38. The Office of President of the State shall not be compatible with any other office. If the elected President be a member of the Saeima, he shall resign his membership.

39. The same person cannot hold office as President of the State for more than six consecutive years.

40. On assuming office at the first meeting of the Saeima after his election, the President of the State shall make the following solemn declaration: "I swear that all my work shall be devoted to the good of the Latvian people. I will do everything in my

power to promote the welfare of the State of Latvia and its inhabitants. I will heed and keep sacred the Constitution of Latvia and its laws. I will be just to everyone and will fulfill my duties to the best of my ability".

41. The President of the State shall represent the State in an international capacity; he shall accredit Latvian representatives abroad, and receive accredited representatives of foreign States. He shall carry out the decisions of the Saeima concerning the ratification of international treaties.

42. The President of the State shall be the chief of the armed forces of the State. In the time of war, he shall appoint a Commander-in-Chief.

43. The President of the State shall declare war on the strength of the decision of the Saeima.

44. The President of the State shall have the right to take steps indispensable to the military defence of the country, if another State shall have declared war on Latvia, or if the enemy shall be attacking Latvian frontiers. At the same time, the President of the State shall immediately convoke the Saeima, which shall decide upon the declaration of war and opening of hostilities.

45. The President of the State shall have the right to pardon criminals undergoing penal sentences. This right of pardon shall not refer to cases for which the Law provides a different mode of pardon. Amnesty shall be granted by the Saeima.

46. The President of the State shall have the right to convoke extraordinary meetings of the Cabinet for the discussion of an agenda prepared by him, and to preside over such meetings.

47. The President of the State shall have the right of legislative initiative.

48. The President of the State shall have the right to propose the dissolution of the Saeima. This shall be followed by a referendum. If in the referendum more than one-half of the votes are cast in favour of dissolution, the Saeima shall be considered as dissolved and new elections shall be proclaimed. These elections shall take place within two months of the dissolution of the Saeima.

49. On the dissolution of the Saeima, its members shall retain their powers until the newly-elected Saeima shall have assembled. The former Saeima may only assemble on being convoked by the President of the State, who shall draw up agenda for its sittings.

50. If the dissolution of the Saeima is opposed by more than one-half of the votes cast when the referendum is taken, the President of the State shall be considered as having resigned, and the Saeima shall elect a new President of the State for the duration of the unexpired period of office of the President who has resigned.

51. On the motion of not less than one-half of the Members of the Saeima, the Saeima, at the sitting to which the public is not admitted, may decide by a majority of not less than two-thirds of their number, to dismiss the President of the State. After this decision, the Saeima shall immediately elect a new President of the State.

52. Should the President of the State resign his office, die or be dismissed before the expiry of his term of office, the duties shall be carried out by the President of the Saeima, pending the election of a new President of the State. Likewise the President of the Saeima shall take the place of the President of the State, should the latter be absent from Latvian territory, or in any other way prevented from exercising his functions.

53. The President of the State shall not be held responsible for his activities. All decrees of the President of the State shall be countersigned by the Prime Minister, or by the Minister concerned, who shall thereby assume full responsibility for the decrees, except in cases foreseen by Articles forty-eight and fifty-six.

54. The President of the State may be prosecuted for criminal offences with the sanction of the Saeima, by a majority of not less than two-thirds of its members.

Section 4
The Cabinet

55. The Cabinet shall consist of the Prime Minister and Ministers invited by him.

56. The Cabinet shall be formed by a person entrusted with that task by the President of the State.

57. The number of Ministers and the scope of their activities, as well as the mutual relations of Government Departments shall be fixed by Law.

58. The administrative institutions shall be subordinated to the Cabinet.

59. In the execution of their functions, the Prime Minister and Ministers shall by necessity enjoy the confidence of the Saeima and shall be responsible to the Saeima for their activities. Should the Saeima defeat the vote of confidence in the Prime Minister, the whole Cabinet shall resign. Should the Saeima defeat the vote of confidence in any particular Minister, that Minister shall resign and the Prime Minister shall invite another person to take his place.

60. The meetings of the Cabinet shall be presided over by the Prime Minister, or, in his absence, by another Minister so empowered by the Prime Minister.

61. The Cabinet shall discuss all Bills drawn up by the separate Ministries and all questions concerning the activities of various ministries; likewise

all questions of State policy, put forward by individual members of the Cabinet.

62. If the State be threatened by foreign invasion, or, if in the State or part thereof, disorders endangering the existing order of the State arise, the Cabinet shall have the right to proclaim a state of enforced defence. The Cabinet shall notify such a proclamation of the Board of the Saeima within twenty-four hours, and the Board shall put it before the Saeima without delay.

63. Ministers, even if they are not Members of the Saeima, and responsible State Officials empowered by Ministers, shall have the right to be present at the sittings of the Saeima or its Committees, and to introduce additions and amendments to Bills.

Section 5
Legislation

64. The right of legislation shall belong to both the Saeima and to the people, within the limits laid down in this Constitution.

65. Bills may be presented to the Saeima by the President of the State, the Cabinet, the Committees of the Saeima, not less than five Members of the Saeima or, in cases and in a manner provided for in this Constitution, by one-tenth of the electors.

66. Before the commencement of each financial year, the Saeima shall pronounce on the State Revenue and Expenditure Budget, the draft of which shall be submitted by the Cabinet.

If the Saeima pass a resolution involving expenditure not foreseen in the Budget, it shall likewise specify in this resolution the sources of revenue with which to meet such expenditure. After the expiry of the financial year, the Cabinet shall submit, for the confirmation of the Saeima, a statement showing the actual realization of the Budget.

67. The Saeima shall decide on the strength of the armed forces of the State in time of peace.

68. The ratification of the Saeima shall be indispensable to all international agreements dealing with questions to be settled by legislation.

69. The President of the State shall promulgate laws passed by the Saeima not before the seventh and not later than twenty-first day after their adoption. If no other term be fixed, the laws shall come into force fourteen days after their promulgation.

70. The President of the State shall promulgate laws by means of the following formula: "The Saeima (or the People) have adopted and the President of the State promulgates the following law:" (text of the law).

71. Within seven days of the adoption of a law by the Saeima, the President of the State shall be entitled to ask, by means of explanatory letter addressed to the President of the Saeima, for the revision of that law. If the Saeima leave the law unaltered, the President of the State shall not have the right to raise any further objections.

72. The President of the State shall have the right to withhold the promulgation of a law for a period of two months. He shall postpone the promulgation at the request of not less than one-third of Members of the Saeima. This right shall be exercised by the President of the State or by one-third of the Members of the Saeima within seven days of the adoption of the law by the Saeima. The law, the promulgation of which has been thus postponed, shall be submitted to a referendum, if not less than one-tenth of the electors so desire. Should such request not be formulated within the period of two months as mentioned above, the law shall be promulgated at the expiry of that period. The referendum shall not be taken, however, if the Saeima put this law to the vote once more and if then not less than three-fourths of all the members be in favour of its adoption.

73. The following matters shall not be submitted to a referendum: the budget, laws concerning loans, taxes, custom's duties, railway tariffs, military service, the declaration and commencement of war, the conclusion of peace, the promulgation of a state of enforced defence and its termination, mobilisation, demobilisation, foreign treaties.

74. A law adopted by the Saeima and postponed in the manner set forth in Article 72, may be annulled by a referendum, if at least one-half of those who have the right to vote shall take part in the suffrage.

75. Should the Saeima adopt the urgency of a law with a majority of not less than two-thirds, the President of the State may not demand a second examination of the law; it may not be submitted to a referendum and shall be promulgated within three days of its transmission to the President.

76. The Saeima may modify the Constitution at sittings at which at least two-thirds of its members shall be present. The modifications shall be passed in the course of three readings, by a majority of not less than two-thirds of the members present.

77. If the Saeima has modified the first, second, third or sixth Articles of the Constitution, such amendments, in order to acquire the force of Law, shall be submitted to a referendum.

78. Not less than one-tenth of the electors shall have the right to submit to the President of the State a fully elaborated scheme for the revision of the Constitution, or a Bill, which shall be submitted to the Saeima by the President. Should it not be accepted by the Saeima without substantial amendments, it shall be submitted to a referendum.

79. Such amendments to the Constitution as

shall have been submitted to a referendum, shall be adopted, if at least one-half of those who have the right to vote shall have declared themselves in their favour.

80. All Latvian citizens who have the right to vote in the election of the Saeima are entitled to take part in the referendum.

81. In cases of urgent necessity between sessions, the Cabinet shall have the right to issue regulations which shall have the force of Law. These regulations shall not modify: the law of election to the Saeima, laws bearing on judicial constitution and procedure, the budget and budget rights, and laws passed by the Saeima then in power; they shall not refer to amnesty, the issue of Treasury notes, State taxes, custom's duties, railway tariffs, loans and they shall be annulled if not presented to the Saeima within three days of the opening of the following session.

Section 6
Courts of Justice

82. All citizens shall be equal before the Law and the Courts of Justice.

83. The judges shall be independent and bound only by Law.

84. The appointment of judges shall be con-firmed by the Saeima and they may not be dismissed. Judges may not be dismissed from their office against their will, unless it be by the decision of the Courts of Justice. The retiring age limit for judges may be fixed by Law.

85. Trial by jury shall exist in Latvia in accordance with a special law.

86. Justice shall be administered solely by such institutions as shall have been so entitled by Law and in such a manner as shall have been specified by Law. The Courts-Martial shall function in accordance with a special law.

Section 7
State Control

87. The State Control shall be an independent collegiate institution.

88. The State Controllers shall be appointed and confirmed in the same manner as the judges, but only for a definite period. During the period their appointment shall not be revoked, except by the decision of the Courts of Justice. The organization of the State Control and the competency thereof shall be fixed by a special law.

J. Tschakste
President of the Consitutent Assembly.
R. Ivanovs
Secretary of the Constituent Assembly.

Textanhang II/18

The Baltic Assembly

1st Session
Basic Texts (1992)*

THE BALTIC ASSEMBLY APPEAL

to the President and the Supreme Soviet of the Russian Federation concerning the issue of the complete withdrawal of the military forces, currently under the jurisdiction of Russia, from Estonia, Latvia and Lithuania

In connection with the Russian Federation President's statement about the transfer of the former USSR military troops located in the territories of independent states – the Republic of Estonia, the Republic of Latvia and the Republic of Lithuania – to the jurisdiction of Russia; and also in connection with the envisaged January 28–30, 1992 negotiations between the Russian Federation and the Baltic States, the Baltic Assembly expresses its hope that:

– the negotiations on the withdrawal of these troops will be conducted constructively and in the spirit of goodwill;

– the negotiations' main goal will be to establish short timetables and the schedule for the complete withdrawal of these troops; and

– the withdrawal of the troops from the Baltic States' capitals will be commenced immediately.

We hope that the parties involved will refrain from any actions which would complicate the withdrawal of these troops, and in particular, that Russia will not renew or increase the present contingent.

---

* January 26, 1992.

Māris Budovskis Chairman of the Presidium, Baltic Assembly (Latvia)
Aurimas Taurantas Vice Chairman of the Presidium, Baltic Assembly (Lithuania)
Ülo Nugis Vice Chairman of the Presidium, Baltic Assembly (Estonia)

Final Document
OF THE FIRST PLENARY MEETING OF THE BALTIC ASSEMBLY

The Baltic Assembly:
having gathered at its first plenary meeting on January 24–26, 1992 in Riga,
– *based upon* the legislative acts on the authority of the parliamentary delegations of the Republic of Estonia, the Republic of Latvia and the Republic of Lithuania,
– *proceeding from* the Regulations of the Republic of Estonia, the Republic of Latvia and the Republic of Lithuania Interparliamentary Assembly (Baltic Assembly),
– *being convinced of* the necessity for close cooperation in the areas of common interest, and
– *based upon* the proposals of the Presidium and the standing committees of the Baltic Assembly, *comes forward with the following recommendations* to the Parliaments and Governments of the Baltic States:
– to discuss the usefulness of preparing a draft interstate agreement with the aim of creating a legal basis for mutual cooperation;
– for the purpose of the development of the national economies of the Baltic States, to develop the general principles for creating a Common Baltic Market with a subsequent gradual integration into the European economic structures, acknowledging the highly significant role of cooperation with the Nordic Council as well as the usefulness of participation by relevant international organizations in the drafting and review of social-economic programmes and laws;
– to coordinate the legislation in economic, social and financial spheres, based upon the cooperation of Governments, the economic, budget and other standing commissions of the Supreme Councils, and the National Banks of the Baltic States;
– to coordinate the principles of cooperation with different educational, cultural and scientific structures of the European and world communities, as well as the legislation in the sphere of intellectual property protection, to create a legal basis for unifying the higher educational systems and the conferring of academic degrees;
– to engage in joint efforts so that the cultural heritage of the nations, their professional arts and academic potential should not suffer irreversible destruction during the transition to market economy;
– to sign, in accordance with the established procedures, a treaty between the Republics of Estonia, Latvia and Lithuania on cooperation in the sphere of environmental protection; and
– to consider as useful the re-establishment of the Legal Bureau of the Baltic States, which existed from 1931 to 1940, and to prepare the legal, organizational and financial fundamentals for its functioning.
The Baltic Assembly also supports the documents, prepared by the committees:
– the recommendations on joint activities in developing education, culture and science;
– the recommendations on re-establishing the Legal Bureau of the Baltic States;
– the recommendations on joint activities in developing communications, and
– the draft treaty between the Republic of Estonia, the Republic of Latvia and the Republic of Lithuania on cooperation in the sphere of environmental protection.
The Baltic Assembly proposes to conduct the next plenary meetings during the first ten days of June 1992 in the Republic of Lithuania.
Māris Budovskis Chairman of the Presidium, Baltic Assembly (Latvia)
Aurimas Taurantas Vice Chairman of the Presidium, Baltic Assembly (Lithuania)
Ülo Nugis Vice Chairman of the Presidium, Baltic Assembly (Estonia)

THE BALTIC ASSEMBLY★
Recommendations

On Joint Activities in Developing of Education, Culture and Sciense

The Committee notes that in Estonia, Latvia and Lithuania the Soviet regime has created complicated, yet similar problems in the spheres of education, culture and science and that these states' real possibilities for rejoining the European community depend on a joint solution to these problems.
Many cultural and architectural monuments are threatened by irreversible destruction. The cultural environment in the countryside has been damaged to a great extent. The professional arts are endangered by the economy's decline.
The isolation of research from society in general and from higher education in particular has broken the link in the formation of society's intellectual

---

★ Prepared by the Education, Culture and Technology Committee of the Baltic Assembly.

structures and this, in turn, impedes the functioning of intellectual values and knowledge in society, as well as reduces their real significance in practical life and economy.

The fact that society lacks developed structures for the circulation and distribution of financial resources, and that a tested taxation policy has not been developed, places education, culture and science in a dangerous dependence on the state budget.

The isolation and difference of the higher educational system and the system of conferring academic degrees from analogous systems in the European countries do not facilitate the exchange of students, professors and scholars, but that in its turn also hinders the rapid expansion of current knowledge. The fact, that we have no legislative acts in the sphere of intellectual property protection (copyright, patents, trademarks, production samples) which correspond to those in European countries, creates threats that the Baltic States will be forced out from the circulation of the world's intellectual values and creates an insecure situation for economic cooperation.

The mutually-uncoordinated cooperation of the Baltic States with different European and international educational, cultural and scientific structures often leads to complications, losses of time and subsequent difficulties.

The Committee considers that parliamentary cooperation should be first oriented towards:

– coordinated cooperation with different educational, cultural and scientific structures of the European and world communities;

– the development of coordinated legislative acts in the sphere of intellectual property protection between the Baltic States and the European countries;

– the creation of legal bases for unifying the higher educational systems and the conferring of academic degrees; and

– the exchange of information and analysis results about the real effects of legislation and tax policy upon education, culture and science.

Adopted at the first plenary meeting by the Baltic Assembly

THE BALTIC ASSEMBLY★★
Recommendations

On the Re-establishment of the Legal Bureau of the Baltic States

Having discussed the question about the coordination of the Baltic States' legislative work, the

---

★★ Prepared by the Legal Committee of the Baltic Assembly.

Baltic Assembly's Legal Committee concluded that it would be useful to re-establish the Legal Bureau of the Baltic States, which functioned from 1931 to 1940.

In this connection the Baltic Assembly turns to the Baltic States' Governments with a proposal to prepare the legal, organizational and financial fundamentals for the functioning of the Legal Bureau by the next Baltic Assembly's session.

The Baltic Assembly regards it necessary to emphasize, that the basic directions of the activities of the Baltic States' Legal Bureau could be:

– a systematic information exchange on legal issues;

– a comparative analysis of Baltic States' legislation; and

– preparation of proposals for the coordination of Baltic States' legislation, taking into consideration the experience of the Nordic Council, the Council of Europe and the European Community.

The Baltic Assembly recommends that the Legal Committee should organize a discussion on this issue, inviting all interested parties.

This discussion could also review the question about an agreement on rendering legal assistance on civil matters, family law matters, arbitration and criminal matters.

Adopted at the first plenary meeting of the Baltic Assembly

THE BALTIC ASSEMBLY★★★
Recommendations

On Joint Activities in Developing Communications

Being aware of:

the common trends in the development of the Republics of Estonia, Latvia and Lithuania;

the necessity of their integration into the economic structures of the Nordic Council and the Common Market member states;

the importance of preserving and developing the existing scientific and industrial potential in the communications field; and

the ever-increasing need to coordinate legislation and practical steps,

the Communications Committee comes forward with the following recommendations:

1. That the Parliaments and the Governments, in order to jointly develop the communications of Estonia, Latvia and Lithuania:

– determine mutual and separate interests in the communications field, proceeding from a geographical position;

★★★ Prepared by the Communications Committee of the Baltic Assembly.

– start the coordination of legislation processes with exchanges of draft laws and taking into account the experience of the Nordic Council member states;

– coordinate the actions concerning the development and implementation of large-scale projects; and

– develop a joint policy in using foreign aid.

2. That the Republics of Estonia, Latvia and Lithuania Parliaments entrust their Governments by March 1, with the task of considering the basic concepts and principles for the coordination of actions in the following areas:

– the actual flows of freight cargoes and the analysis of the tendencies and prospects for their development;

– the use of the existing railway network and proposals on the conformity of the existing railway transportation to European standards;

– the formation of a new communications and telecommunications network;

– the realization of a policy which goal is to change the current subordination of the seaports under the Russian Federation Navy;

– the reconsideration of fishing quotas and fishing zones to protect the interests of all three member states; and

– the devision of functions for a more complete use of the existing scientific and industrial potential in the manufacture of the means of communications and transportation.

The Parliaments of the Baltic Assembly member states would be informed about the adopted decisions.

3. That by the next session the Republics of Estonia, Latvia and Lithuania organize consultations and prepare proposals on:

– a plan regarding the supplies of gas and oil products;

– the main directions for the development of sea-, railway-, motor- and air-transport;

– the creation of a joint, integrated computer network (joint data base);

– a joint policy in the spheres of transit transportation and conformity of customs regulations; and

– cooperation in the development of radio and television.

4. That a joint commission be formed for the coordination of activities with the Nordic Council, taking into account the experience of the Nordic Council States in reviewing their legislation, with the aim of integration into the economic structures of the Common Market countries.

Adopted at the first plenary meeting of the Baltic Assembly

Draft Treaty
between the Republic of Estonia, the Republic of Latvia and the Republic of Lithuania
about
COOPERATION ON ENVIRONMENTAL PROTECTION

The Republic of Latvia, the Republic of Estonia and the Republic of Lithuania, being aware of their responsibility for the improvement of the condition of their surrounding environment,

recognize that each state which has sovereign rights to manage and use natural resources must undertake efforts so that the activities within its territory not harm the surrounding environment in another state,

affirm that many environmental protection problems can effectively be resolved only within the framework of international cooperation and

attest belief in the goals of the statutes and principles of the United Nations and international treaties which regulate protection of the environment in the Baltic Sea region,

hereby attest our agreement with the following goals of cooperation:

– to research environmental protection problems of a two-party, multiple-party or regional nature;

– to promote a progressive, comprehensive approach to environmental protection problems, and

– to increase the effectiveness of national and international efforts regarding environmental protection;

and agree about the following:

Paragraph 1

The basic directions of the Republic of Latvia, the Republic of Estonia and the Republic of Lithuania cooperation regarding environmental protection are the following:

– cooperation in the use of natural resources and minerals;

– the development of ecologically-clean technology and the use of recycled waste;

– the coordination of activities with the goal to avoid the pollution of the environment across state borders;

– protection of the sea;

– the development of ecological criteria and norms and the coordination of economic norms;

– the determination for the basis to observe, forecast and evaluate the condition of the environment, and

– the coordination of activities to protect and preserve genetic resources and rare animals and plants.

Paragraph 2

The Republic of Latvia, the Republic of Estonia and the Republic of Lithuania cooperation in environmental protection processes is based upon signed agreements and technical protocols.

The main forms and methods of cooperation are the following:

– exchange of research and technical information;

– organization of conferences, symposia and expert discussions;

– exchange of researchers, specialists and interns;

– joint development and realization of programs and projects; and

– coordination of environmental protection standards and norms, the formation of progressive development of environmental protection legislation, its modification and application.

Paragraph 3

The Republic of Latvia, the Republic of Estonia and the Republic of Lithuania ensure the regular exchange of information about the ecological situation and security.

In case of an accident, the parties will undertake immediate coordinated efforts to eliminate the harmful consequences and guarantee an operative exchange of information.

Paragraph 4

If a situation arises in which, in one party's opinion, threats of ecological disaster or dangerous ecological consequences are created, then the Republic of Latvia, the Republic of Estonia and the Republic of Lithuania mutually exchange information and also provide opportunities for inspections for questionable matters.

Paragraph 5

The Republic of Latvia, the Republic of Estonia and the Republic of Lithuania environmental protection activities are coordinated by the Baltic Assembly's Ecology and Energy Committee.

Paragraph 6

The Republic of Latvia, the Republic of Estonia and the Republic of Lithuania attest that:

– each party may, at any time, offer changes and additions to this treaty which are accepted on a consensus basis;

– if a disagreement arises between the parties, then the parties find a resolution through negotiations;

– each party may withdraw from this treaty by sending a written notice to the other parties; and

– this treaty is supplemented by special agreements and technical protocols.

Paragraph 7

This treaty is prepared in Latvian, Estonian, Lithuanian, English and Russian and each corresponding text is authentic. This treaty is signed by the heads of state and is ratified by the state's highest legislative institution.

Paragraph 8

This treaty takes effect when all parties have ratified it.

The undersigned do so attest and have signed this treaty.

In the name of the Republic of Latvia
..., 1992

In the name of the Republic of Estonia
..., 1992

In the name of the Republic of Lithuania
..., 1992

3. Folge (III. CSFR und Nachfolgestaaten, IV. Bulgarien, V. Rumänien, VI. Albanien)

Textanhang III/1

Civic Forum

First Draft of the New Constitution (1990)*

DECLARATION

Conscious of our responsibility to the Czech and Slovak nations and to the nationalities that live in a common republic, determined to fulfill the irrevoc-

able will expressed by the spontaneous revolutionary democratic movement of the public and determined to guarantee the inalienable rights and freedoms of man, with the purpose of creating a socially just and peaceful state under the rule of law, all people of the Czechoslovak Republic accept this

* Proposed to the Czechoslovak Public and Constitutional Organs of the Republic.

CONSTITUTION

Article I
Fundamental Provisions
Sec. 1

(1) The Czechoslovak Republic shall be a democratic Federation of two equal sovereign nations, which on the basis of the right or self-determination have voluntarily expressed their desire to live together in a federal state.

(2) The Czechoslovak Republic shall be a democratic and socially just state.

(3) The Czechoslovak Republic is hereby formed by the Czech Republic and the Slovak Republic. Each Republic shall have an equal position within the Federation and shall respect the sovereignty of the other.

Sec. 2

The source of all State power shall be the People. They shall exert it through the popular vote, through elections, and by means of the legislative, executive, and judicial organs. The representative bodies, through which the sovereign People exercise the power of the State, shall be elected by, checked by, and accountable to the People.

Sec. 3

(1) The basic rights, freedoms, and duties of the citizens in the entire Czechoslovak Republic shall be equal and shall be set forth in this Constitution. All citizens, regardless of nationality, race, religious affiliation, and political or other beliefs or social status shall be equal before the law.

(2) No one may be prevented from doing that which is not forbidden by law and in no way be forced to act other than as required by law. The Constitution, and the laws promulgated pursuant to it, shall establish the manner in which the freedoms and rights of citizens shall be protected, and shall prescribe the manner in which the duties of individuals are discharged.

(3) No group of citizens or individual shall have a favored position or privilege in the state. Each individual may invoke the rights and freedoms guaranteed by this Constitution.

Sec. 4

(1) The Czechoslovak Republic shall be the common home of all nations and nationalities living in it. It shall extend equal rights to the Czech and Slovak nations on the entire territory of the State and ensure the satisfaction of the particular interests and needs of each nationality. It shall create free conditions for the free and full development of their national cultures, traditions, and languages.

(2) This Constitution shall guarantee, to the extent of their respective interests, the national development of citizens of Hungarian, German, Polish, Ukrainian (Ruthenian), and Romany nationalities in:
a) the right to education in their respective language;
b) the right to full cultural development;
c) the right to use their respective language in official relations in the regions inhabited by members of this respective nationality;
d) the right to associate in national citizen's organizations;
e) the right to publications and information in their respective language.

(3) Each citizen may freely choose his nationality in accordance with his own convictions. No citizen shall be discriminated against in his political, economic or community life on the basis of his affiliation with any nationality whatsoever.

Sec. 5

(1) The Czech Republic and the Slovak Republic shall have full sovereignty over their respective territories, with the exception of those matters committed to the Federation by this Constitution.

(2) Both Republics voluntarily create this Federation and each shall have the right to secede from it. Each Republic may secede from the Federation only in accordance with the constitutionally-designated procedure of the supreme legislative body of the Republic or by a popular vote within the Republic. This procedure shall be determined by each Republic in its own Constitution.

(3) The borders of the Czechoslovak Republic, the Czech Republic, and the Slovak Republic may be changed only by simultaneous enactment of a constitutional act of the Federal Assembly and constitutional acts of the National Councils of the Republics.

(4) The organs of the Federation shall not have the right to intervene in the internal affairs of the Republics, except for cases permitted by the Constitution or a constitutional act.

Sec. 6

(1) Every national of each Republic shall also be a national of the Czechoslovak Republic. No citizen may be stripped of his state citizenship involuntarily. The Czechoslovak Republic shall protect the interests of its citizens abroad and aid them.

(2) A citizen of each Republic when on the territory of the other Republic shall be entitled to the same rights and duties as a citizen of that Republic.

(3) The laws of naturalization shall be determined by an act of the Federal Assembly.

Sec. 7

(1) The participation of citizens in political life, the expression of the common will, and the crea-

tion of representative bodies and the executive organs of the State, shall be achieved by popular vote, election to representative bodies, and the free association of citizens in political parties, as well as in citizen's organizations and clubs.

(2) The right to vote shall be universal, equal and direct and shall be exercised by secret ballot. The secrecy of voting during elections to representative bodies and during a popular vote shall be guaranteed.

(3) Each citizen shall have the right to vote and to be eligible to be candidate for election upon reaching eighteen years of age.

(4) The right to vote may be limited only on account of a citizen's adjudicated incompetence, or because of a final and legitimate criminal conviction. An act of the Federal Assembly shall determine the conditions under which the right to vote shall be temporarily denied and the conditions for the registration of candidates and the number of voters whose support is needed for presenting such suggestions by citizens and their groups.

(5) The acts of the Federal Assembly concerning the rights of assembly and of association shall govern the creation and activities of political parties, and citizen's organizations and clubs. To create them, it shall be sufficient only to announce that the legal conditions for their establishment set forth in law were fulfilled.

(6) A political party or citizen's organization calling for the violent seizure of power, for the removal of democratic institutions, for terrorism, or for the promotion and advocacy of fascism, Nazism, or national or racial intolerance, which are in contradiction with the democratic and humanistic principles of the State may be dissolved.

Sec. 8

(1) The Czechoslovak Republic, through its acts and its guidance of the economy and politics, shall strive to create a democratic, socially just society founded on work, respect for the Constitution, other acts, and the rights and freedoms of every citizen in a free state.

(2) The laws shall conform with the Constitution and with valid international obligations approved by the Federal Assembly or popular vote; otherwise, the provisions of an international convention shall be valid.

Sec. 9

(1) Citizens, juridical persons, and the State may own property. The right to ownership shall be protected by law. The limitation or withdrawal of the right to ownership can only be on the basis of law, in the public interest, and for compensation with the exception of punishment set forth by law.

(2) All ores and other raw materials in the earth; the waters; the sources of natural power; the means of rail and air transportation; the postal system; and telecommunications shall be the property of the State.

(3) The laws of the Federal Assembly shall determine which other property essential for securing the continuing development of the needs or the whole society, the development of the economy and the general welfare shall belong exclusively to the State or to juridical persons designated by the State.

(4) All manner of ownership shall be equal and shall enjoy the same protection. The State shall support all manner of ownership promoting the general welfare and the development of entrepreneurism.

(5) Ownership shall be inviolable. No one shall abuse the right to ownership by using it to the detriment of society. The claim of the right to ownership shall not override anyone's responsibility for damage to nature, the environment, and human health.

Sec. 10

(1) Each of the Republics shall administer their affairs on the basis of an autonomous budget. The financial activity of the organs of the Federation shall be conducted in compliance with the approved Federal budget.

(2) The sources of income of the Federation shall be from Federal resources and from contributions, which by corresponding parts shall be contributed by both Republics.

Sec. 11

(1) The family shall be the foundation of the shared community life and the raising of children, and it shall enjoy the full protection of the State. The care of children and their upbringing in the spirit of the Constitution shall be the most important natural right as well as the first duty of both of the parents.

(2) Parents shall be responsible for the moral education of their children in the spirit of Love and respect for the Truth and for basic ethical values.

(3) Children shall have equal rights whether born in or out of wedlock. The State shall ensure that children who grow up without parents or who are in want of parental care shall live in surroundings ensuring their health, as well as their moral and emotional development.

Sec. 12

(1) The school system shall be run by the State. The State shall guarantee equal conditions for education. Elementary school education shall be un-

ified, obligatory, and free of charge. Access to higher levels of education shall be open to everyone regardless of origin, nationality, and religion. The law shall also ensure the possibility of establishing non-State elementary schools.

(2) The schools shall be responsible for the education and upbringing of children and young people in the spirit of Democracy, Humanity, respect for Truth, the Constitution, the laws, and the rights and freedoms of their fellow citizens. They shall be obliged to guide them to love their homeland, to protect the environment, and to think independently.

(3) Institutions of higher learning shall be organized and provided by the State, and shall respect the principles of the independence of academic thought and education, as well as the autonomous principle of the institutions of higher learning in the spirit or academic rights and freedoms.

Sec. 13

(1) All religious denominations, churches, and religious communities shall be guaranteed by the Constitution and be equally free before the law. The State shall not interfere in the internal affairs of the churches and religious communities, which may freely form their own organs and appoint clergymen.

(2) The churches and religious communities may educate clergymen at their schools and establish monastic communities. They shall have the right to form international links, as well as to maintain contacts with similar organizations and institutions in other countries.

(3) The State shall share in the protection and maintenance of cultural monuments owned by churches and religious communities as a cultural inheritance from our forefathers. The State shall support the generally beneficial activities of the churches and religious communities that are in the public interest, especially in the humanitarian care of the old, the sick, and otherwise needy citizens.

(4) The external relations of the churches and religious communities with the State shall be governed by an act of the Federal Assembly.

Sec. 14

(1) Only the State may establish armed units in accordance with an act of the Federal Assembly.

(2) Armed units shall be under the control of the representative bodies and are intended for the protection of the citizens, public order, and the external security of the State. They may not be used for the limitation or the suppression of the rights and freedoms of citizens guaranteed by the Constitution, or for the limitation or suppression of other diverse civil, political, and religious positions, un-less such positions are forbidden by the Constitution.

Sec. 15

(1) The Czechoslovak Republic shall renounce war as an instrument to endanger the freedom of other nations or as a means for solving international disputes. It shall strive to create an order that shall ensure peace and justice among the nations of the world and, therefore, shall support international organizations and communities that are dedicated to such goals. It shall respect the principles of equality and sovereignty as fundamental principles of the relations between states and nations.

(2) The Czechoslovak Republic shall fulfill its obligations within the framework of both individual and collective security on the basis of its membership in the United Nations Organization and on the basis of bilateral and multilateral agreements.

(3) The Czechoslovak Republic shall be a part of the European community of nations that is striving for the reduction of international tensions, peaceful coexistence, the upholding of civil and human rights and freedoms, and economic cooperation.

(4) No armies of the Czechoslovak Republic shall be stationed on the territory of another state, nor shall armies of another state be stationed on the territory of the Czechoslovak Republic without the approval of the Federal Assembly or a popular vote. The obligations of the Czechoslovak Republic to send corps and unites for ensuring peace, tranquility, and security within the framework of the Czechoslovak Republic's membership in the United Nations Organization shall not be limited.

Article II
Rights, Freedoms and Duties
Sec. 16

(1) The rights and freedoms guaranteed by this Constitution and by international obligations that the Czechoslovak Republic has adopted shall be irrevocable and inalienable. They shall be a condition for the proper functioning of the State and society.

(2) The following fundamental rights and freedoms shall bind the legislature, the executive power and the judiciary, as directly valid laws. Their limitation may be permitted only pursuant to law and solely to ensure the recognition and maintenance of the rights and freedoms of others and to satisfy the just requirements of morality, public order, and the general welfare in a democratic society.

Sec. 17

(1) Each citizen shall have the irrevocable and inalienable right to life, health and personal honor, to a sound and worthy environment, and to participation in the cultural and political life of the country.

(2) The right to privacy, the sanctity of one's home, the privacy of correspondence and communications are guaranteed. They may be limited only temporarily on the basis of Sec. 16, para. 2.

Sec. 18

(1) Everyone shall have the right to work, to the free choice of employment without any restrictions of discrimination, to just and satisfactory working conditions, and to protection against unemployment.

(2) Everyone who works shall be entitled to a just and satisfactory remuneration ensuring him and his family a livelihood corresponding with human dignity, and which shall be augmented, if necessary, from the State's funds for social security.

(3) To protect his interests, everyone shall have the right to form and join trade-union organizations. The right to rest and recreation, to a maximum number of working hours, and to regular paid vacations shall be guaranteed by the State.

(4) The right to strike shall be guaranteed under the circumstances determined by a special act.

Sec. 19

(1) Everyone shall have the right to a standard of living commensurate to both to his and the entire society's potential, including the right to shelter, medical care, and necessary social services. The State shall guarantee the right to aid in cases of sickness, disability, the loss of one's spouse, unemployment, old age, or other cases of the loss of one's earning capacity coming about by circumstances independent of the will of the citizen in need.

(2) Mothers and children shall enjoy a claim against the State to special care and help.

Sec. 20

(1) Everyone shall have the right to free movement and to choose his residency within the borders of the Czechoslovak Republic.

(2) Everyone shall have the right to leave his country and to return to it freely. No citizen, however, shall be extradited to a foreign state power.

(3) Citizens of a foreign state shall not be extradited or expelled if they are persecuted abroad for their struggle for the principles embodied in this Constitution.

Sec. 21

(1) Everyone shall have the right to freedom of thought, conscience and religion. This right shall also include the freedom to change one's religion or faith, and the freedom to epxress one's religion or faith alone or together with others, be it in public or in private, through teaching, the exercise of religious practices, services, and observing ceremonies.

(2) No one may be prosecuted or persecuted for his personal world-view, political or religious convictions, or for demanding the recognition of, or the modification of, the rights of national minorities or ethnic groups.

(3) Anyone may refuse to perform military service with weapons for reasons of conscience, belief, or religious convictions.

Sec. 22

Everyone, alone or in association with others, shall have the right to appeal to State organs with complaints, suggestions and demands.

Sec. 23

(1) Everyone shall have the right to his convictions and freedom of expression, including the right to seek, receive, and disseminate information and ideas through any means and regardless of territorial borders.

(2) The right to information shall be ensured by the freedom of the mass media and information services, including both the duty to inform fully and truthfully, and the duty of all State organs and organizations to provide, within the bounds of the law, information and data concerning their activities.

(3) The press shall not be subject to any licensing requirement. Censorship is prohibited.

Sec. 24

(1) All citizens shall have the right to assemble peacefully and without weapons without first obtaining permission, so long as they announce it.

(2) Peaceful marches and rallies on public spaces outdoors shall not be prohibited. They can be restricted only upon demonstrable evidence that the life, health and security of other citizens are endangered, or for the protection of public and private property.

Sec. 25

(1) All citizens shall have the right to associate in political parties, citizen's organizations and clubs without first obtaining permission, so long as they announce it.

(2) An association of citizens directed against the principles of this Constitution or for the propagation of fascism war, violence, religious and racial intolerance shall be prohibited.

Sec. 26

(1) Every citizen shall have the right to participate in the administration of public affairs directly

or through his freely elected representatives. No one shall be forced to exercise his right to participate in elections.

(2) The elections to representative bodies at all levels shall be conducted at regular, publicly announced intervals.

Sec. 27*

Citizens, juridical persons, and all State organs ... other acts, to respect the rights and freedoms of citizens, and to protect and develop them.

Sec. 28

Citizens, juridical persons, and all State bodies shall be obliged to protect the environment for their generation and for generations to come.

Sec. 29

(1) Every citizen shall have a duty to resist, according to his own potential and capabilities, an invasion of our common homeland by a foreign power.

(2) Male citizens older than 18 years of age shall be obliged to perform military service in the Armed Forces or an alternative service whose duration shall not exceed the duration of the prescribed military service. The alternative service shall be performed outside the armed forces, especially in the field of the care of old and sick citizens or in activities provided by the State in the public interest.

Article III
The Federation and the Republics
Sec. 30

(1) The Czechoslovak Republic shall have exclusive jurisdiction over:

a) changes and amendments to the Constitution of the Czechoslovak Republic;

b) foreign policy, the concluding of international agreements, and the representation of the Czechoslovak Republic in international relations;

c) decisions in matters of war and peace;

d) the defense of the Czechoslovak Republic;

e) Federal material stockpiles;

f) State currency;

g) standardization, matters relating to measures and weights, patents and copyrights;

h) duties and tariffs;

ch) protection of Federal constitutional rule;

i) Federal legislation and administration within the scope of the Federal jurisdiction, and control over the Federal organs.

(2) The legislative and executive organs of State power, the organs of State administration and the judicial organs of the Czechoslovak Republic shall

---

* Der Hrsg. P. H.: Im Original fehlerhaft.

have exclusive jurisdiction over the matters set forth in para. 1 above.

Sec. 31

(1) The Czechoslovak Republic and the two Republics shall have joint jurisdiction over:

a) legal regulations governing economic activity and enterprise;

b) foreign economic relations;

c) matters concerning pricing;

d) transportation, the postal system, and telecommunications;

e) planning;

f) finance;

g) labor, wages and social policy;

h) socioeconomic information;

ch) taxes and fees;

i) the preservation and creation of the environment;

j) internal order and State security;

k) the development of science and technology.

(2) With respect to the matters set forth in para. 1 above, the organs of the Czechoslovak Republic shall have jurisdiction over all enumerated powers exercised; the organs of the Czech and Slovak Republics shall have jurisdiction over all other matters.

Sec. 32

Matters not expressly entrusted to the jurisdiction of the Czechoslovak Republic shall be within the exclusive jurisdiction of the Czech Republic and the Slovak Republic, which shall govern them in accordance with their Constitutions and other acts.

Sec. 33

Neither the Federation nor the Republics shall interfere with economic activity more than is necessary for the following:

a) the protection of the rights and freedoms of citizens, especially for ensuring the rights stemming from their employment, service, and any other occupational status;

b) the regulation of the prices of products, labor, and services intended for sale to the population;

c) ensuring the nourishment and supply of the population;

d) ensuring the creation and protection of a sound environment;

e) ensuring the production, and operation of the activities, necessary for defense of the country;

f) ensuring the construction and operation of generally beneficial facilities;

g) ensuring the protection of cultural monuments and their preservation for future generations;

h) ensuring the security, life, and health of working people.

Sec. 34

In the area of the legal regulation of economic activity and enterprise, the Czechoslovak Republic shall have jurisdiction over the following:

a) the form of economic relations between the participants of economic activity;

b) the form of the establishment and the form of the legal relations of participants in economic activity;

c) the form of the protection of production and commerce, as well as the interests of the consumers, especially the form of patents, standardization, State testing and inspection;

d) the coordination of tasks necessary for the defense capability of the country;

e) the creation of the conditions for the integration of the [Czech and Slovak] national economies, as well as the participants in economic activity, into international industrial cooperation specialization, and research.

Sec. 35

In the area of international econmic relations, the Czechoslovak Republic shall have jurisdiction over the following:

a) legislation regarding the form of relations arising from foreign trade activity;

b) determining the principles of foreign trade policy;

c) coordination of economic cooperation with foreign countries.

Sec. 36

In the area of pricing politcy, the Czechoslovak Republic shall have jurisdiction over the following:

a) determining the categorization of tariffs and prices for transportation and determining postal and telecommunications tariffs;

b) determining principles for the regulation of prices;

c) specifying the ceiling of prices of raw materials, goods, and services, which have basic significance for the regulation of a market economy.

Sec. 37

In the area of transportation, the postal system, and telecommunications, the Czechoslovak Republic shall have jurisdiction in the following areas:

a) leglislation regarding rail, air, sea, inland waterways, road transport, and passenger and freight routes;

b) determining uniform regulations of transportation and transport contracting, and the State standards for technical qualification of the means and facilities of transport, and passenger and freight routes;

c) legislation regarding the postal system and telecommunications;

d)determining uniform regulations for postal and telecommunications operations.

Sec. 38

In the area of planning, the Czechoslovak Republic shall have jurisdiction over the adoption of acts about the Federal plan and the principles of the creation of the plans of the Republics.

Sec. 39

(1) The financial management of the Czechoslovak Republic shall be controlled by the Federal budget. The financial management of each Republic shall be controlled by their respective national budgets. The Federal budget shall be approved by the Federal Assembly, and the national budgets of the Republics shall be approved by their respective National Councils according to their laws, always for a one-year period.

(2) The laws of the Federal Assembly shall govern revenues for the Federal budget, relations between the Federal budget and national budgets of the Republics, as well as the principles of budget management.

(3) The Chechoslovak Republic and the Czech and Slovak Republics may create their own special-purpose funds connected to their respective budgets; these funds shall be established by law.

(4) The Czechoslovak Republic shall determine the general principles of the policy of subsidization.

Sec. 40

In the area of labor, wages, and social policy, the Czechoslovak Republic shall have jurisdiction to determine uniform principles for the following:

a) labor-law relations;

b) wage policy and regulation of wage development;

c) retirement benefits and health insurance;

d) social policy.

Sec. 41

In the area of socioeconomic information, the Czechoslovak Republic shall have jurisdiction over the following:

a) determining the methodology of a uniform system of socioeconomic information necessary to assess the development of the Federation and to fulfill the duties stemming from international obligations;

b) specifying the amount of information necessary for following the development of the economy, the standard of living, and society;

c) providing socioeconomic information to international organizations.

Sec. 42

(1) Taxes and administrative, court and arbitration fees shall be levied only on the basis of law.

(2) Taxes and fees shall serve the community, the national Republic, and Federation in that specific order, and shall be in a proportion to ensure the following:

a) meeting the needs of the community and its all-round development, especially the protection of the environment on its territory;

b) meeting the needs of the revenue section of the budget of the Republics;

c) meeting the needs of the revenue section of the Federal budget.

(3) A Constitutional act shall determine the level and proportion of the contributions of both Republics into the Federal budget.

(4) The tax laws of the Federal Assembly shall determine the principles for the tax laws of the National Councils in accordance with these principles and to the following extent:

a) with respect to taxes decisively influencing the market conditions and stimulating free enterprise in the public interest, an act of the Federal Assembly shall determine the tax system, the tax basis, and the minimum rates, as well as the extent to which the organs of both Republics may provide exemptions and discounts;

b) with respect to agricultural tax and use tax on automobiles (as the case may be, other taxes of this kind), the tax laws of the Federal Assembly shall determine who shall be liable for such taxes, the tax basis, and the main principles of taxation.

(5) In enacting their respective tax laws the National Councils shall be controlled by the principles determined by an act of the Federal Assembly. With respect to taxes for which the acts of the Federal Assembly establish only minimum rates, the acts of the National Councils may add any surcharges to such taxes.

(6) Administration, operation and supervision of all kinds of taxes and fees (fines) shall be within the jurisdiction of the central organs of the Republics and may be delegated by them to National Committees or other organs, with the exception of such cases within the exclusive jurisdiction of the Czechoslovak Republic, where fees (fines) have been imposed by the Federal organs. The Federal organs may audit payments to the Federal budget.

Sec. 43

The Czechoslovak Republic shall have the jurisdiction to regulate uniform principles and the means of creation and protection of the environment, which shall be governed by an act of the Federal Assembly.

Sec. 44

(1) The Czechoslovak Republic shall have the jurisdiction to regulate the status, authority, and other conditions of the armed security units.

(2) The division of jurisdiction between the Czechoslovak Republic and both National Republics regarding matters of internal order and security shall be governed by an act of the Federal Assembly.

Sec. 45

(1) Scientific research shall be free, and its results shall serve the development of society and the public interest.

(2) The Czechoslovak Republic, while respecting the principle of the independence of scientific and scholarly knowledge, shall have jurisdiction in the following areas:

a) regulating the legal conditions of the Czechoslovak Academy of Sciences;

b) determining the conditions for the development of science, technology, and capital investments, significant in the framework of the whole Federation;

c) development and coordination of international cooperation, including policy regarding the right to conclude contracts abroad, copyrights, patents, royalties, etc.

Article IV
The Federal Assembly
Sec. 46

(1) The Federal Assembly shall be the supreme organ of State power and the sole legislative body of the Czechoslovak Republic.

(2) The Federal Assembly shall consist of two chambers: The Chamber of the People and the Chamber of Nations. Both Chambers shall be equal.

(3) A valid enactment of the Federal Assembly shall require the concurrent decision of both chambers unless this Constitution provides otherwise or an internal matter of only one of the two chambers is involved.

Sec. 47

(1) The Chamber of the People shall consist of 200 deputies who shall be elected by direct vote from among the entire Czechoslovak Republic.

(2) A deputy of the Chamber of the People may not at the same time be a deputy of the Chamber of Nations.

(3) The Chamber of the People shall be elected for a term of four years.

(4) The laws of the Federal Assembly shall determine the conditions under which the right to vote

and to be a candidate for election to the Chamber of the People and the manner in which the election and recall of its deputies shall be conducted.

Sec. 48

(1) The Chamber of Nations shall represent the equal constitutional position of the two Republics.

(2) The Chamber of Nations shall consist of 150 deputies, 75 of whom shall be elected by direct vote in the Czech Republic and 75 of whom shall be elected by direct vote in the Slovak Republic.

(3) The electoral term of the Chamber of Nations shall end with the electoral term of the Chamber of the People.

Sec. 49

(1) The Federal Assembly shall convene at least once annually on the second Monday in January, unless it is called into special session.

(2) The time between sessions of the Federal Assembly shall not exceed four months. A session shall be deemed adjourned when the Assembly is interrupted for more than twenty days.

(3) If the session of the Federal Assembly is interrupted, its deliberations may be convened by the Presidium of the Federal Assembly, even before the designated term. Deliberations may be convened at the request of the President of the Czechoslovak Republic, the Government of the Czechoslovak Republic, or at least one-third of the deputies.

(4) The annual session of the Federal Assembly shall adjourn by the last day of the year.

Sec. 50

(1) The meetings of each Chamber shall be public and separate.

(2) A joint meeting of the two Chambers shall be held only to elect the President of the Czechoslovak Republic, to elect the Chairman and Vice Chairmen of the Federal Assembly, to elect members of the Constitutional Court, to consider the statements of policy of the Government of the Czechoslovak Republic, and, upon a resolution of the two Chambers, in other cases.

(3) Closed meetings may be held only in cases specified by the rules of procedure of the Federal Assembly.

Sec. 51

(1) The Federal Assembly shall have the jurisdiction in the following areas:

a) to enact the Constitution of the Czechoslovak Republic, as well as the constitutional and other acts of the Federal Assembly and oversee their implementation;

b) to consider fundamental questions of the state of the Czechoslovak Republic and its foreign policy;

c) to approve the plan and the Federal budget, oversee their implementation, and approve the final budgetary account of the Federation;

d) to elect the President of the Czechoslovak Republic and discuss his reports;

e) to consider statements of policy of the Government, control its activities and those of its members, and consider matters of confidence in the Government;

f) to elect and recall members of the Constitutional Court of the Czechoslovak Republic;

g) to establish by a Constitutional act Federal Ministries and Federal committees and establish by an act other Federal organs of State administration;

h) to establish by an act an auditing organ of the Federal Assembly;

ch) ratify international agreements, the nature of which requires it.

(2) The Federal Assembly shall decide on a declaration of war, if the Czechoslovak Republic is attacked, or if it is necessary to fulfill international treaty obligations concerning joint defense against aggression.

Sec. 52

(1) The Federal Assembly shall have the legislative authority in the following:

a) matters placed by this Constitutional Act unter the exclusive jurisdiction of the Czechoslovak Republic (Secs. 6, 7, 13, 14, 30, 54, 98, 99, 115, 121, 131, 146, 154, and 155);

b) matters under joint jurisdiction [of the Czech Republic, the Slovak Republic, and the Czechoslovak Republic] (Sec. 31 and Sec. 34–45), i. e. concerning the part committed to the Czechoslovak Republic.

(2) The Federal Assembly shall also adopt acts whose implementation – with exceptions specified by constitutional acts – is within the full competence of organs of the Republics, namely, a Family Act, a Civil Code, a Code of Civil Procedure, an act concerning private international law, and rules of procedure related thereto, a criminal code, a code of criminal procedure, an act concerning the execution of penal sentences and custody, an act governing general procedure before administrative organs, a University Act, a Weapons and Munitions Act, and a Geodesy and Cartography Act, and an act about passports.

(3) The Federal Assembly shall adopt basic legislation in matters of public health, the system of elementary and secondary schools, nationalities, copyright, as well as in matters of forestry and water conservation to the extent necessary to maintain the uniformity of the laws.

Sec. 53

(1) An act of the Federal Assembly may entrust the legislative regulation of the matters listed in Sec. 51, para. 1 (b) and in Sec. 51, para. 2 to legislation by the Republics.

(2) Legislation adopted by the National Councils may govern the matters listed in Sec. 51, para. 1 (b) and in Sec. 51, para. 2, to the extent that such matters are not fully regulated by Federal legislation.

(3) To the extent that the Federal Assembly fails to enact basic legislation governing the matters listed in Sec. 52, para. 3, they may be fully regulated by legislation of the National Councils.

Sec. 54

(1) All Constitutional acts and laws within the jurisdiction of the entire territory of the Czechoslovak Republic may be accepted or recalled by a popular vote (or a referendum). The popular vote shall be exercised upon the request of at least 100,000 registered voters from each Republic or the majority of deputies of one of the Chambers of the Federal Assembly.

(2) Majority rule shall be prohibited for votes concerning the holding of a referendum in each of the Chambers.

(3) No popular vote may be held on budgetary matters, tax laws, and laws determining wages.

(4) The manner in which a popular vote shall be held, shall be determined by a constitutional act of the Federal Assembly, while observing the prohibition on majority rule.

Sec. 55

(1) The Chamber of the People may only enact legislation when a majority of the deputies are present.

(2) The Chamber of the Nations may only enact legislation when a majority of the deputies elected in each of the Czech and the Slovak Republic are present.

(3) A valid enactment shall require the approval of a majority of deputies present in each Chamber unless this Constitutional Act provides otherwise (Secs. 56–58).

Sec. 56

The enactment of the Federal Constitution, of constitutional acts of the Federal Assembly and their amendment, the election of the President of the Czechoslovak Republic and a decision for a declaration of war shall require the approval of three-fifths of all the deputies of the Chamber of the People, three-fifths of all the debuties of the Chamber of the Nations elected in the Czech Republic, and three-fifths of all the deputies of the Chamber of the Nations elected in the Slovak Republic.

Sec. 57

(1) In cases where majority rule is prohibited under this Constitutional Act, deputies elected in the Czech Republic and deputies elected in the Slovak Republic shall vote separately in the Chamber of the Nations unless this Constitutional Act requires a super-majority (Sec. 56).

(2) Majority rule shall be prohibited with respect to the approval of the following:

a) bills concerning the acquisition and loss of State citizenship;

b) Federal plans and bills concerning the system of economic plans, their structure, as well as the principles upon which the Federal plans are based;

c) bills determining the method of securing the revenues of the Federal budget, the relationship between the Federal budget and the National budgets, as well as the principles of administering the budgets;

d) National budgets and final budgetary accounts of the Federation;

e) bills establishing special-purpose funds connected with the Federal budget;

f) bills governing the matters listed in Sec. 39, para. 4;

g) bills determining the principles of tax laws of the National Councils;

h) bills governing the Czechoslovak currency, status of the Federal Reserve Bank and the national reserve banks of the Republics, their relations, and activities;

ch) bills seeking to amend the matters set forth in Sec. 36;

i) bills concerning foreign economic relations;

k) bills concerning the matters set forth in Sec. 40;

l) bills governing the establishment and legal conditions of economic participants and the relations between them;

m) bills concerning the matters set forth in Sec. 43–45, Sec. 154, and Sec. 155;

n) bills establishing the Federal organs of the State administration except for Ministries and Federal committees.

(3) Majority rule shall also be prohibited with respect to the approval of statements of policy of the Government of the Czechoslovak Republic, to votes of confidence in the Government, and to elections to the Constitutional Court of the Czechoslovak Republic.

Sec. 58

(1) The Government of the Czechoslovak Republic may ask any Chamber for a vote of confi-

dence. A motion of no confidence in the Government of the Czechoslovak Republic may be introduced by at least one-fifth of the deputies of either chamber.

(2) A vote of no confidence in the Government of the Czechoslovak Republic shall require the approval of the majority of the present deputies of the Chamber of the People, or the approval of the majority of all the deputies of the Chamber of the Nations elected in the Czech Republic, or the approval of the majority of all the deputies of the Chamber of the Nations elected in the Slovak Republic. The voting in the Chamber of the Nations shall be done by roll call.

(3) The provisions of paras. 2 and 3 shall also apply to a vote of no confidence in an individual member of the Government of the Czechoslovak Republic.

Sec. 59

(1) Each Chamber shall decide on a bill passed by the other Chamber within not more than three months. If it fails to do so within this term, the bill shall be deemed adopted.

(2) If the two Chambers fail to pass the same bill, they may agree to initiate a conference proceeding. Each Chamber shall then elect ten presentatives from among its deputies to a joint committee for a conference unless another number of representatives is agreed upon.

(3) If the two Chambers, even after the recommendation of this committee, or otherwise, fail to adopt the same bill within five months after the first vote, the same bill may not be introduced earlier than one year after its rejection.

(4) If the two Chambers fail to pass the same bill concerning the Federal budget, the conference proceedings set forth in para. 2 shall be mandatory. If no agreement is reached on the Federal budget by the beginning of the fiscal year, the legal provisions concerning provisional budgeting shall be applicable.

(5) If the conference proceeding fails to produce a concurrent decision of both Chambers, the Federal Assembly may be dissolved. The Presidium of the Federal Assembly shall then call for elections within sixty days.

(6) The Federal Assembly may also be dissolved in the case of a constitutional and legislative crisis when the Chambers, during a term exceeding six months, fail to pass any of the bills introduced by the Government of the Czechoslovak Republic.

Sec. 60

(1) Bills of the Federal Assembly may be introduced by members of the Federal Assembly, committees of both Chambers, the President of the Czechoslovak Republic, the Government of the Czechoslovak Republic, the Czech National Council and the Slovak National Council.

(2) The laws of the Federal Assembly shall be signed by the President of the Czechoslovak Republic, the Chairman of the Federal Assembly, and the Prime Minister of the Czechoslovak Republic.

(3) An act of the Federal Assembly shall become valid only when promulgated in the manner prescribed by an act of the Federal Assembly. The acts of the Federal Assembly shall be promulgated by the Presidium of the Federal Assembly within fourteen days of their adoption.

Sec. 61

The rules of procedure of the Federal Assembly, the relations between both Chambers, as well as relations with the Government and with other institutions shall be governed by an act concerning the rules or procedures of the Federal Assembly. Each Chamber shall regulate its internal relations by its own resolution.

Sec. 62

(1) Each Chamber shall judge the validity of the election of its own deputies. It shall do so upon the recommendation of the mandate and immunity committees.

(2) When there is a dispute concerning the validity of the election of the deputy, or at the suggestion of a group of deputies comprising at least ten percent of each Chamber, the validity of the election shall then be decided by the Supreme Court of the Czechoslovak Republic (Sec. 127). The question for decision shall be presented to the Supreme Court of the Czechoslovak Republic by the Presidium of the Federal Assembly.

Sec. 63

(1) A member of the Federal Assembly shall swear the following oath at the first meeting of his Chamber that he attends:

"On my honor and conscience, I swear that I shall be loyal to the Czechoslovak Republic and the principles of democracy and humanity. I shall respect the will and interests of the people, and uphold the Constitution and the other laws, and work for their implementation."

(2) Refusal to take the oath, or taking the oath with a qualification, shall result in the loss of the mandate.

Sec. 64

(1) The Chamber of the People or the Chamber of Nations, as well as individual deputies shall have the right to interpellate the Government of the Czechoslovak Republic and its members and to question them concerning the matters within their

jurisdiction. The Government and its members shall answer the interpellation and questions.

(2) The Prime Minister, as well as the other members of the Government, shall have the right to attend the meetings of both Chambers of the Federal Assembly, their committees, as well as meetings of the Presidium of the Federal Assembly. They shall be given the floor whenever they so request.

(3) If either Chamber, its committee, or the Presidium of the Federal Assembly shall so request, a member of the Government shall be obliged to attend a meeting of the respective Chamber, its committee, or the Presidium of the Federal Assembly.

Sec. 65

No deputy of the Federal Assembly may be subjected to criminal or disciplinary prosecution or be taken into custody without the consent of the Chamber of which he is a member. If the Chamber refuses to give such consent, the prosecution shall be excluded once and for all.

Sec. 66

No deputy of the Federal Assembly may be prosecuted for his votes in any Chamber, its organs, or in the Presidium of the Federal Assembly. A deputy shall be subject only to the disciplinary jurisdiction of his Chamber for statements he may have made in the exercise of his office in either Chamber, its organ or in the Presidium of the Federal Assembly.

Sec. 67

If a deputy of the Federal Assembly is apprehended and arrested while committing an offense against the law, the appropriate organ shall immediately notify the Presidium of the Federal Assembly. If the Presidium does not approve the arrest, the deputy shall be immediately released.

Sec. 68

A deputy of the Federal Assembly may, even after he has ceased to be a deputy, refuse to give evidence on matters of which he has learned in the exercise of his office.

Sec. 69

Each Chamber shall elect its Presidium, which shall consist of three to six deputies.

Sec. 70

Each Chamber shall establish committees as its originating and auditing organs and shall elect their chairmen and other members.

Sec. 71

(1) Each Chamber of the Federal Assembly shall elect a Presidium of the Federal Assembly from among its deputies.

(2) The Presidium of the Federal Assembly shall have 20 members, 10 of whom shall be elected from the Chamber of the People and 10 of whom shall be elected from the Chamber of the Nations. The Chamber of the Nations shall elect 5 members from the deputies elected in each of the Czech and Slovak Republics.

(3) The Presidium of the Federal Assembly shall remain in office even after the expiration of the electoral term, until the newly elected Federal Assembly has elected its own Presidium.

(4) Members of the Presidium of the Federal Assembly shall be accountable to the Chamber of the Federall Assembly that elected them. The Chamber may recall them at any time.

(5) The Chairman and the Vice Chairman of the Federal Assembly shall be elected by the Chamber of the People and by the Chamber of the Nations from among the Presidium of the Federal Assembly. If a deputy who is a citizen of the Czech Republic is elected Chairman, a deputy who is a citizen of the Slovak Republic shall be elected first Vice Chairman or vice versa.

Sec. 72

The Presidium of the Federal Assembly shall decide by a majority vote of all of its members.

Sec. 73

The Presidium of the Federal Assembly shall call for elections to the Federal Assembly.

Article V
The President of the Czechoslovak Republic
Sec. 74

(1) The President shall be the leader of the Czechoslovak Republic. He shall be elected by the Federal Assembly.

(2) Any citizen eligible for election to the Federal Assembly and who has attained the age of forty years is eligible for election to the office of the President of the Czechoslovak Republic.

Sec. 75

(1) The President of the Czechoslovak Republic shall be elected for a term of five years. His term shall begin on the day he takes the oath of office.

(2) No person shall be elected to the office of the President more than twice consecutively.

Sec. 76

(1) The election of the President of the Czechoslovak Republic shall be held within thirty days and no sooner than fifteen days before the end of the term of the then-serving President.

(2) If the office of the President of the Czecho-

slovak Republic becomes vacant, or if he resigns from his office during his term, or if he loses his mandate according to Sec. 81, the election of a new President of the Czecholsovak Republic for a entire term shall be held within thirty days.

(3) The election for President of the Czechoslovak Republic shall be called by the Presidium of the Federal Assembly.

Sec. 77

(1) The President of the Czechoslovak Republic may not at the same time be a deputy of any representative body, a member of the Government, a member of the Constitutional Court, or a judge.

(2) If a deputy of a representative body, a member of the Government, a member of the Constitutional Court, or a judge is elected President of the Czechoslovak Republic, he shall from the day of his election, cease to hold his previous office. His mandate of membership in the Government or the Constitutional Court, or his judicial office, shall cease upon the day he takes his oath of office.

Sec. 78

The President of the Czechoslovak Republic shall take the following oath before the Federal Assembly: "I swear on my honor and conscience to be loyal to the Czechoslovak Republic. I shall discharge my duties according to the will of the people and in the interests of the people, and I shall respect the welfare of the Czechoslovak Republic and uphold the Constitution and other laws.

Sec. 79

(1) The President of the Czechoslovak Republic:

a) shall represent the Czechoslovak Republic in foreign relations, negotiate and ratify international treaties, the President shall ratify international treaties that so require it, on the basis of the approval of the Federal Assembly. He may delegate the negotiation of international treaties and agreements that do not require the approval of the Federal Assembly to the Government of the Czechoslovak Republic or, with the Governments consent, to its individual members.

b) shall receive and accredit envoys;

c) may dissolve the Federal Assembly in the case set forth in Sec. 59, paras. 5 and 6;

d) shall sign the acts of the Federal Assembly; together with him the Chairman of the Federal Assembly and the Chairman, or a responsible member, of the Czechoslovak Government shall sign them;

e) shall have the right to introduce bills of [to?] the Federal Assembly;

f) shall have the right to submit to the Federal Assembly reports on the state of the Czechoslovak Republic and recommend measures for consideration that he believes to be necessary and expedient.

g) shall have the right to attend meetings of the Chambers of the Federal Assembly;

h) shall appoint and recall the Prime Minister and other Members of the Government of the Czechoslovak Republic and entrust them with the control of Federal Ministries and other Federal central organs;

ch) shall have the right to attend and to preside over meetings of the Government of the Czechoslovak Republic, summon the Government or its individual members for consultation, as well as to request reports from the Government and its individual members concerning all matters within their jurisdiction. He may present the report with comments to the Prime Minister of the Government of the Czechoslovak Republic, for the Government to consider whether appropriate measures shall be taken;

i) shall appoint the Chairman and other professional judges of the Supreme Court of the Czechoslovak Republic; shall appoint and promote generals and high officials of the Czechoslovak Republic in cases specified by an act;

j) shall appoint on the recommendation of the respective organs of the Czech Republic and the Slovak Republic professors of the institutions of higher learning;

k) shall award State orders and decorations, unless he authorizes another organ to do so;

l) shall have the right to grant an amnesty, to pardon, to mitigate penalties imposed by penal courts, and to order the discontinuation or suspension of penal proceedings and expunging of previous sentences. He shall cease to have these rights if he has been criminally prosecuted pursuant to Sec. 81, or if he is the President of the Czechoslovak Republic charged or convicted pursuant to Sec. 81;

m) shall be the Commander-in-Chief of the Armed Forces;

n) shall proclaim a state of war on the recommendation of the Government of the Czechoslovak Republic and shall declare war in pursuance of a decision taken by the Federal Assembly, if the Czechoslovak Republic is attacked, or in fulfillment of international treaty obligations concerning joint defence against aggression.

(2) All sovereign authority and executive power, unless explicitly reserved for the President of the Czechoslovak Republic, shall be exercised by the Governments of the Czechoslovak Republic and by the Governments of the Czech Republic and the Slovak Republic.

Sec. 80

(1) The President of the Czechoslovak Republic shall be accountable to the Federal Assembly in the discharge of his office.

(2) Any sovereign or executive act of the President of the Czechoslovak Republic shall require for its validity the approval of the responsible member of the Government of the Czechoslovak Republic.

Sec. 81

(1) The President of the Czechoslovak Republic may be criminally prosecuted only for high treason. A charge against the President of the Czechoslovak Republic may be filed by the Federal Assembly, and he shall be judged by the Constitutional Court.

(2) The only penalty that may be imposed pursuant to para. 1 is a lifetime bar upon serving as President of the Republic.

Sec. 82

If the office of President of the Czechoslovak Republic shall become vacant, or if he is removed from office pursuant to Sec. 81, and a new President has not yet been elected and has not taken the oath of office, or if the President is unable to exercise his office for serious reasons, the Government of the Czechoslovak Republic shall perform the duties of President. In such an event the Government may delegate some of the powers of the President of the Czechoslovak Republic to the Prime Minister; the supreme command of the Armed Forces shall pass to the Prime Minister during this time.

Article VI
The Government of the Czechoslovak Republic
Sec. 83

The Government of the Czechoslovak Republic is the supreme executive organ of State power in the Czechoslovak Republic.

Sec. 84

(1) The Government of the Czechoslovak Republic shall consist of the Prime Minister, Deputy Prime Ministers, Ministers, and State Secrataries.

(2) State Secretaries shall function in all Federal Ministries. If a citizen of the Czech Republic is a Minister, then a citizen of the Slovak Republic shall be a State Secretary, and vice versa.

(3) No member of the Government of the Czechoslovak Republic shall be a member of the Presidium of the Federal Assembly, a member of the Constitutional Court, or a judge.

Sec. 85

Members of the Government of the Czechoslovak Republic shall take the following oath administered by the President of the Czechoslovak Republic: "I swear on my honor and conscience to be loyal to the Czechoslovak Republic. I shall discharge my duties according to the will of the people and the interests of the people. I shall uphold the Constitution of the Czechoslovak Republic and other laws, and work for their implementation."

Sec. 86

The Government of the Czechoslovak Republic shall be obliged to appear before the Federal Assembly, to present its program to the Assembly, and demand a vote of confidence within fifty days of its appointment.

Sec. 87

(1) The Government of the Czechoslovak Republic shall be accountable to the Federal Assembly for its entire term; either of the two Chambers of the Assembly may express its lack of confidence in the Government.

(2) The Government of the Czechoslovak Republic may ask the Federal Assembly at any time for a vote of confidence.

Sec. 88

(1) The Government of the Czechoslovak Republic may submit its resignation to the President of the Czechoslovak Republic.

(2) If a Chamber of the Federal Assembly expresses its lack of confidence in the Government of the Czechoslovak Republic or if it denies it a vote confidence, the President of the Czechoslovak Republic shall recall the Government.

(3) The Government of the Czechoslovak Republic shall submit its resignation always after the first full meeting of a newly elected Federal Assembly.

(4) In the event of the resignation of the Government of the Czechoslovak Republic when the Government is executing the duties of the office of the President of the Czechoslovak Republic pursuant to Sec. 82, its resignation shall be accepted by the Presidium of the Federal Assembly.

Sec. 89

(1) If the President of the Czechoslovak Republic accepts the resignation of the Government of the Czechoslovak Republic, he shall entrust it with the exercise of its duties until a new Government is appointed.

(2) Should the events set forth in Sec. 88 para. 4 occur, the Presidium of the Federal Assembly shall entrust the Government with the exercise of its duties until a new Government is appointed.

Sec. 90

(1) A member of the Government of the Czechoslovak Republic may submit his resignation to the President of the Czechoslovak Republic.

(2) The Chamber of the People or the Chamber of the Nations of the Federal Assembly may express its lack of confidence in an individual member of the Government of the Czechoslovak Republic. In such an event, the President of the Czechoslovak Republic shall recall the respective member of the Government.

Sec. 91

If the President of the Czechoslovak Republic accepts the resignation of a member of the Government of the Czechoslovak Republic, he may determine which member of the Government may temporarily take charge of matters previously administered by the member of the Government whose resignation he has accepted.

Sec. 92

A decision of the Government of the Czechoslovak Republic shall be valid if approved by a majority of all the members of the Government.

Sec. 93

The Government of the Czechoslovak Republic shall ensure the fulfillment of the tasks of the Federation in the matters of national defense, the security of the country, promotion of a peaceful foreign policy and other matters within the jurisdiction of the Federation. For this purpose it shall ensure the implementation of legislation enacted by the Federal Assembly, coordinate, direct and control the work of the Federal ministries, Federal committees, and other central organs of executive and administrative power of the Federation.

Sec. 94

The Government of the Czechoslovak Republic shall as a body decide the following:

a) bills of the Federal Assembly;

b) Government Decrees;

c) the implementation of the policy statement of the Government;

d) basic questions of domestic and foreign policy;

e) the drafts of plans, the Federal budget, and the final budgetary accounts of the Federation;

f) fundamental measures for securing the implementation of economic policy;

g) the appointment of Government officials in cases specified by an act of the Federal Assembly;

h) motions asking the Federal Assembly for a vote of confidence;

ch) other questions, if an act of the Federal Assembly so provides.

Sec. 95

The Government of the Czechoslovak Republics shall cooperate with the Governments of the two Republics when negotiating international treaties whose implementation is within the jurisdiction of the two Republics; it shall also cooperate with them with regard to the representation of the Czechoslovak Republic in international organizations active in matters within the jurisdiction of the two Republics.

Sec. 96

The Government of the Czechoslovak Republic may issue decrees for the purpose of implementing an act of the Federal Assembly and within the scope of such an act, if that act governs questions within the jurisdiction of the Federation.

Sec. 97

Federal Ministries, Federal Committees and other central organs of the Federations may issue generally binding legal regulations on the basis of legislation enacted by the Federal Assembly and within its jurisdiction, if they are so authorized by law.

Sec. 98

(1) Federal Ministries shall act in those areas exclusively within Federal jurisdiction and within joint jurisdiction.

(2) Federal Ministries shall be established by Constitutional acts of the Federal Assembly.

Sec. 99

(1) Federal Committees shall act on those sectors of State activity within the joint jurisdiction [of the Czechoslovak Republic and the Czech and Slovak Republics]. Federal Committees shall consist of a Minister who shall be its leader and of other members. Federal Committees shall be formed from an equal number of citizens of the Czech Republic and of the Slovak Republic.

(2) Any Minister disagreeing with any of the Committees measures shall have the right to delay the exercise of such measures and to present the matter for the consideration of the Government of the Czechoslovak Republic.

(3) If some of the national part of a Committee disagrees with any of a Committee's decisions, it may ask the Government to review the decision of the Committee. The composition and rules of procedure shall be regulated by an act of the Federal Assembly.

(4) Federal Committees shall be established by Constitutional act of the Federal Assembly.

Sec. 100

Aside from the Federal Ministries and Federal Committees, other Federal organs of the State administration shall act within the jurisdiction of the Federation. These organs shall be established by acts of the Federal Assembly.

Sec. 101

The State organs of the Republics shall implement legislation of the Federal Assembly on the territory of the respective Republics unless its implementation has been entrusted to the appropriate Federal organs.

Sec. 102

(1) Insofar as the administrative organs of the Republics exercise competence in matters within the jurisdiction of the Federation, they shall observe directives issued by organs of Federal administration.

(2) The Government of the Czechoslovak Republic shall have the authority to suspend the implementation of any measure adopted by the Government of a Republic or may abolish it, as the case may be, if it contradicts the measures adopted by the Government of the Czechoslovak Republic issued within the jurisdiction of the Federation.

Article VII
The Constitutional Court
Sec. 103

(1) The Constitutional Court of the Czechoslovak Republic shall be an independent organ for the protection of Constitutional rule.

(2) The Constitutional Court of the Czechoslovak Republic shall decide on the following:

a) whether acts of the Federal Assembly are in accord with the Constitution of the Czechoslovak Republic;

b) whether Constitutional acts of the Czech National Council and the Slovak National Council accord with the Constitution of the Czechoslovak Republic, and whether legilsation enacted by the National Councils accords with the Constitution of the Czechoslovak Republic;

c) the dissolution of political parties, citizen's organizations and clubs (Sec. 25);

d) a charge filed against the President of the Republic (Sec. 81).

(3) The Constitutional Court of the Czechoslovak Republic shall decide in cases of conflict of jurisdiction between:

a) organs of the Czechoslovak Republic, and organs of one or both Republics;

b) organs of the two Republics.

Sec. 104

In the event that the law fails to provide any other avenue of judicial enforcement, the Constitutional Court of the Czechoslovak Republic shall decide on the protection of the constitutionally guaranteed rights and freedoms, if such rights and freedoms have been violated by a decision or other intervention of the State organs.

Sec. 105

The Constitutional Court of the Czechoslovak Republic may recommend improvements to legislation of the Federation, as well as to the legislation of the two Republics.

Sec. 106

(1) The Constitutional Court of the Czechoslovak Republic shall initiate proceedings upon a motion of:

a) a Chamber of the Federal Assembly, the Presidium of the Federal Assembly, the Government of the Czechoslovak Republic, or another Federal organ;

b) the Czech National Council, its Presidium, the Slovak National Council, its Presidium, or the Government of the Republic;

c) a court;

d) an individual citizen in the cases specified in Sec. 104.

(2) The Constitutional Court of the Czechoslovak Republic may also initiate proceedings on its own motion.

(3) The Constitutional Court of the Czechoslovak Republic may further initiate proceedings on the motion of individual citizens and organizations.

(4) A motion to initiate proceedings concerning the dissolution of a political party may be presented exclusively by the Government of the Czechoslovak Republic.

Sec. 107

(1) If the Constitutional Court of the Czechoslovak Republic declares that an act or a regulation promulgated pursuant to law is unconstitutional, that law shall become null and void on the day following the announcement of that decision.

(2) The decision of the Constitutional Court of the Czechoslovak Republic shall be announced to the respective legislative organ whose regulations are implicated and shall be published in the official bulletin used for the promulgation of legislation enacted by the Federal Assembly.

(3) There shall be no appeal of a decision of the Constitutional Court of the Czechoslovak Republic.

Sec. 108

(1) The Constitutional Court of the Czechoslovak Republic shall consist of thirty members of whom 20 shall be judges and 10 shall be substitutes.

(2) Any citizen who has attained the age of 40 years, has graduated from a university law school, and who has been active in the legal profession for at least fifteen years may be elected a member of the Constutional Court of the Czechoslovak Republic.

(3) A member of the Constitutional Court of the Czechoslovak Republic may not at the same time be a deputy of the Federal Assembly, the Czech National Council, the Slovak National Council, a member of the Government of the Czechoslovak Republic, or of the Governments of either Republic, or hold an office in the administrative or economic organs of the State.

(4) An act of the Federal Assembly may provide for the incompatibility of the office of a member of the Constitutional Court with other offices.

Sec. 109

(1) Members of the Constitutional Court of the Czechoslovak Republic shall be elected by the Federal Assembly for a term of 7 years. A judge of the Constitutional Court may not be elected for more than two consecutive terms.

[...]

Sec. 115

The details of the jurisdiction and organization of the Constitutional Court of the Czechoslovak Republic and its rules of procedure shall be provided by an act of the Federal Assembly.

Sec. 116

There shall be Constitutional Courts in the Czech Republic and the Slovak Republic. Their jurisdictions, principles of organization, and rules of procedure shall be determined by Constitutional acts of the respective National Councils.

Article VIII
The Protection of Rights
Sec. 117

(1) Every individual shall have the right to demand the protection of an independent court, if his rights and freedoms have been violated.

(2) The courts, notaries, public prosecutors, and attorneys shall ensure the protection of the rights of citizens and juridical persons guaranteed by the Constitution and laws.

Sec. 118

(1) Judges, notaries, representatives of public prosecutors and defense counsel shall act independently from other organs and shall be subject only to the Constitution and laws.

(2) No judge may be a member of, or active in, any organs and organization that could prejudice the objectivity of his decisions.

Sec. 119

(1) Every individual charged with a criminal offense shall be considered innocent until proven guilty in a public trial in which all the guarantees necessary for his defense have been provided to him.

(2) Organs responsible for securing public order and safety may detain a citizen only on the basis of law for no more than twenty-four hours. Such a citizen and his designee shall be informed of the reason for his detention.

(3) The limitation of personal freedom by being taken into custody, or the infringement of the sanctity of one's home and of the privacy of correspondence may be performed only on the basis of a decision by a court and in accordance with law. Any citizen taken into custody must be tried within ten months or be released.

(4) All natural persons may be punished only in accordance with penal law and by the decision of a court. The death penalty is prohibited. The type and manner of punishment imposed and the service of such punishment shall be in accordance with law.

(5) Only such punishments may be imposed as were valid and mandated by law at the time the offence was committed. Measures and regulations issued for prosecution of war criminals and crimes against humanity in accordance with international conventions shall be excepted from this rule.

(6) The conditions under which individuals are imprisoned or held in custody shall not offend human dignity. The representative bodies and their organs shall oversee the prisons and other places where people are held in custody.

Sec. 120

Every citizen shall be entitled to be tried by his legitimate judge. Special courts are prohibited. Members of armed units and the Armed Forces shall be within the criminal jursidiction of military courts. Exceptions for the case of a state of war shall be determined by an act of the Federal Assembly.

Sec. 121

(1) Every verdict shall be in the name of the Republic. The courts shall discover the truth; decide disputes between natural and juridical persons; assess the legality of the acts of executive organs of the State administration; and judge guilt and assess penalties. The courts shall also judge the legality of

elections to the representative bodies and may in a specific case declare an election null and void.

(2) The organization and competence of the courts shall be governed by an act of the Federal Assembly.

Sec. 122

(1) In judicial proceedings decisions shall, as a rule, be made collectively. Exceptions may be made pursuant to a law, which shall also determine when lay judges or juries shall participate in a court's decisions. Professional and lay judges shall be equal.

(2) Court proceedings shall generally be oral and public. The public may be excluded only in cases prescribed by law. Such an act, however, shall guarantee that the proceedings are under public supervision of society and that a verdict is publicly announced.

(3) Judicial proceedings shall be conducted in an official language. Citizens who do not speak the language in which the trial is being held shall have the right to testify in their own language. Such citizens shall be guaranteed the right to have all background information and to participate in the court proceedings through an interpreter.

Sec. 123

Every participant in a court proceeding shall be guaranteed the right to counsel. The law shall determine when such counsel must be an attorney and when such counsel shall be obligatory.

Sec. 124

(1) When making decisions the courts shall follow the principle that the acts of the Federation are superior to the acts of the Nations and that later-enacted laws supersede earlier laws of the same legal force.

(2) If the Constitutional validity of a law is called into question during a court proceeding, the court must interrupt those proceedings and refer this question of validity to the Constitutional Court.

(3) If there is some doubt about whether a rule of international law is a part of the Czechoslovak rule of law and directly imposes rights and duties upon individuals, the court must refer the question of law to the Constitutional Court.

(4) The decisions of the Constitutional Court in accordance with paras. 2 and 3 are necessary prerequisites to further court proceedings.

Sec. 125

A court's decision may be reversed exclusively by the appropriate higher court. A determination that the courts decision is its matter shall be, on the basis of a legal remedy, possible to submit to the review of the higher court.

Sec. 126

(1) The courts shall be:

The Supreme Court of the Czechoslovak Republic; the Supreme Court of the Czech Republic; the Supreme Court of the Slovak Republic; the regional and district courts; and the military courts.

(2) Courts of special jurisdiction may be established by means of a Constitutional act, only if they be used for disputable matters determined prior and in general.

Sec. 127

(1) The supreme judicial body in the Czechoslovak Republic shall be the Supreme Court of the Czechoslovak Republic, which shall supervise the decision-making of the Supreme Courts of the Republics, oversee the legality of the decision-making of courts of all levels, and ensure their uniformity.

(2) The Supreme Court of the Czechoslovak Republic:

a) shall judge the validity of elections to the Federal Assembly;

b) shall review the judgments of the Supreme Court of the Czech Republic and the Supreme Court of the Slovak Republic on appeal, and determinations of the military court in cases specified by law;

c) shall review the legality of decisions of the Federal organs of the State administration;

d) shall ensure a uniform interpretation of the law.

(3) The Supreme Court of the Czechoslovak Republic shall also deside on the force that decisions of foreign courts are to be given in the territory of the Czechoslovak Republic in cases specified by acts concerning judical and notarial proceedings, the Supreme Court shall determine the competence of the courts and State notarial offices and decide disputes regarding the competence of their jurisdiction.

Sec. 128

The Supreme Court of the Czechoslovak Republic may make suggestions concerning the improvement of legislation of the Czechoslovak Republic, as well as the legislation of the National Republics.

Sec. 129

(1) The highest judicial organs of the Republics shall be the Supreme Court of the Czech Republic and the Supreme Court of the Slovak Republic, which shall oversee the legality of the decision-making of all other courts of the respective Republic.

(2) The Supreme Courts of the Czech and Slovak Republics shall decide appeals of [lit. – legal remedies against] decisions of the regional courts

and on the extraordinary appeals [lit. – legal remedies] of decisions of all the regional and district courts of the respective Republics.

Sec. 130

The Supreme Court of the Czech Republic and the Supreme Court of the Slovak Republic may make suggestions concerning the legislation of the national Republics.

Sec. 131

The organization of the courts and notarial offices shall be determined by an act of the Federal Assembly.

Sec. 132

(1) The professional judges and the State notaries shall be appointed. Lay judges and members of the juries shall be elected. The manner of their election and the duration of their term shall be determined by law.

(2) The President of the Czechoslovak Republic shall appoint the Chairman and other professional judges of the Supreme Court of the Czechoslovak Republic from among persons who have attained the age of forty years, are graduates of a university law school, and who have been active in the legal profession for at least ten years.

(3) The Presidium of the Czech National Council shall appoint the Chairman and other professional judges of the Supreme Court of the Czech Republic. The Presidium of the Slovak National Council shall appoint the Chairman and other professional judges of the Supreme Court of the Slovak Republic.

(4) The Chairmen of the Supreme Courts of the Czech and Slovak Republics shall appoint the Chairmen and the professional judges of the regional and district courts.

(5) The Chairman of the Supreme Court of the Czechoslovak Republic shall appoint the professional judges of the military courts at all levels to their offices upon the recommendation of the Minister of Defence of the Czechoslovak Republic.

(6) The Chairmen of the regional courts shall appoint State notaries to their offices.

Sec. 133

(1) The Chairmen of the courts at all levels and the professional judges may resign from their offices or be recalled on the basis of old age or illness which inhibits them from the proper performance of their duties.

(2) The Chairmen of the courts and the professional judges of the courts at all levels may be recalled from their offices if they commit an offence against the Constitution and the laws, or if they grossly violate their duties as judges.

(3) The Presidium of the Federal Assembly may recall the Chairman and the professional judges of the Supreme Court upon a joint suggestion of the constitutional law committees of each Chamber.

(4) The Presidiums of the Czech National Council and the Slovak National Council may recall the Chairmen and the professional judges of the Supreme Court of the Czech Republic and of the Supreme Court of the Slovak Republic upon a suggestion of the constitutional law committee of the respective National Council.

(5) The extraordinary benches of the Supreme Courts of the National Republics may recall the professional judges of the regional and district courts, and the State notaries.

(6) The extraordinary bench of the Supreme Court of the Czechoslovak Republic may recall professional judges of the military courts at all levels and on the basis of a suggestion of the Minister of Defence of the Czechoslovak Republic.

Sec. 134

(1) The organs of the Office of the Public Prosecutor shall be:

The Prosecutor General's Office of the Czechoslovak Republic, the Prosecutor General's Office of the Czech Republic, the Prosecutor General's Office of the Slovak Republic, and the regional and the district prosecutors' offices.

(2) The organs of the Prosecutor's Office shall file charges in the name of the Czechoslovak Republic and shall oversee the legality of the procedure during investigation of the criminal offenses and felonies.

Sec. 135

(1) The Prosecutor General's Office shall be headed by the Prosecutor General of the Czechoslovak Republic and his Deputy. Each shall be appointed and may be recalled by the Government of the Czechoslovak Republic. If the Prosecutor General of the Czechoslovak Republic shall be a citizen of the Czech Republic, then his First Deputy shall be a citizen of the Slovak Republic, and vice versa.

(2) The Prosecutor General's Office of the Czech Republic and of the Prosecutor General's Office of the Slovak Republic shall be led by the Prosecutor General of the Czech Republic and the Prosecutor General of the Slovak Republic. The Prosecutors General of the Republics shall be appointed to their offices and may be recalled from their offices by the Government of the respective Republic.

(3) The other prosecutors, including the military prosecutors, shall be appointed to their offices and may be recalled from their offices by the respective Prosecutor General.

Sec. 136

The organization of the institutions for public prosecution shall be determined by an act of the Federal Assembly.

Sec. 137

Private prosecution is permissible under conditions determined by an act.

Sec. 138

(1) Defense in criminal cases and legal assistance in matters determined by law shall be provided by the Bar.

(2) The Bar shall be independent of the State organs and shall be organized in an exclusively autonomous manner.

(3) An act may determine the qualifications and age limit for admittance to the Bar.

Article IX
The State Organs of the Republics

Sec. 139

(1) The Czech National Council is the representative of the national sovereignty and independence of the Czech nation and is the supreme organ of the power of the State in the Czech Republic.

(2) The Slovak National Council is the representative of the national sovereignty and independence of the Slovak nation and is the supreme organ of the power of the State in the Slovak Republic.

(3) The National Council is the supreme representative body of the Republic and its sole legislative organ.

Sec. 140

The Government is the supreme executive organ of State power in each of the Republics.

Sec. 141

The Government of each Republic may issue decrees implementing an act of the National Council, and the Government of each Republic may issue decrees in accordance therewith. It may, at the same time, issue decrees implementing an act of the Federal Assembly, if it has been so empowered.

Sec. 142

The Ministries and the other central organs of the State administration may issue generally binding regulations, if so empowered by law, in accordance with an act of the Federal Assembly, as well as acts of the National Councils.

Sec. 143

(1) The Czech and Slovak Nations may, in accordance with their national and State sovereignty – which is voluntarily limited only by the Constitution of the Czechoslovak Republic – promulgate their own constitutions and other acts.

(2) The constitutions and the other acts of the Republics shall regulate, above all, the creation, structure, jurisdiction, acvtivity, and mutual relations of the legislative bodies, the executive organs of State power, and the Constitutional Courts.

Article X
Territorial and Local Self-Administration

Sec. 144

(1) The National Committees shall be the organs of the power of the State and the self-administration of people in areas as determined by acts of the National Councils.

(2) The territorial areas of the National Committees shall be created in accordance with the laws of the Republic.

(3) The National Committees and their organs shall, to the extent determined by law, also exercise State administration.

Sec. 145

(1) The National Committees shall be composed of deputies elected by the people, accountable to the people, and who may be recalled by the people.

(2) The National Committees shall be elected for a term of four years, unless an act of the Republic sets a shorter term.

(3) The provisions regarding the exercise of the right to vote and to be a candidate to the National Committees, and the manner in which the election, the loss of mandate, and the recalling of deputies shall be conducted, shall be determined by an act of the Republic.

Sec. 146

(1) The deputies of the National Committees may not be elected in the same National Committee for more than two consecutive electoral terms.

(2) A deputy of a National Committee may not at the same time be a deputy of more than one representative body of State power.

(3) A deputy of a National Committee may not at the same time hold an office determined to be incompatible with such office by an act of the Republic.

Sec. 147

The rights and duties of the deputies of the National Committees shall be determined by an act of the Republic.

Sec. 148

(1) The self-administration of the respective community or territory in which the National

Committee shall be formed shall be guaranteed by the Constitution of the Czechoslovak Republic, the constitutions of the two Republics, and the other acts.

(2) The communities, towns, and respective territories may own property. The sources of this property shall consist mainly of the local tax and fees, the share of the taxes of the Republic, the revenues from their activities, and the subsidies provided by the Republic or Federation.

(3) The administration of the National Committees shall be based on the principle of an autonomous budget.

Sec. 149

(1) The National Committees shall secure for their respective territories a complex economic and social development in accordance with the interests of citizens with the purpose of protecting and creating a sound environment, as well as meeting the social and cultural needs of the citizens.

(2) In accordance with law and to the extent permitted by law, the National Committees may establish entities for the conduct of economic relations and shall support all forms of entrepreneurism whose purpose is to promote the general benefit and welfare of the community.

Sec. 150

(1) The National Committees shall fulfill their taks in cooperation with political parties, citizen's organizations and clubs active in their respective territories. They shall cooperate with them especially in the creation, realization, and supervision of the fulfillment of the National Committee's electoral programs and in solving problems of economic and social development in the territorial area.

(2) The National Committees shall inquire into the interests and needs of the citizens and shall, in their activities, respect public opinion. In their activities they shall follow the principle of openness; the fundamental questions of which shall, before the making of a decision, be presented for public debate.

(3) The National Committees shall present questions for popular vote (a local referendum) as determined by law.

Sec. 151

(1) The supreme organ of the National Committee shall be a plenary session.

(2) The National Committee shall elect a council as the executive organ and shall establish auditing, advisory, and other originating organs.

(3) The details about the organization of the National Committees shall be determined by law.

Sec. 152

The National Committees may issue generally binding decrees for its territorial areas in accordance with law.

Sec. 153

(1) In administering to their respective territories, the National Committees shall adhere to the Constitution of the Czechoslovak Republic, the constitutions of the two Republics, and the other acts.

(2) In matters entrusted to National Committees for the performance of the State administration, the National Committees shall also adhere to the decrees of the Government of the Republic and of a National Committee at a higher level. [nb. There are regional, district, city, and local National Committees]

Article XI
General, Transitional, and Final Provisions
Sec. 154

(1) The State emblem of the Czechoslovak Republic shall consist of a red escutcheon, upon which is the white, double-tailed lion bearing on its breast a red coat of arms with the blue silhouette of the Tatra Mountains, Fatra Mountains, and the Mount Krivan. In the upper part of the emblem there shall be a symbol of the Royal Crown.

(2) The flag of the Czechoslovak Republic shall consist of a red lower field and a white upper field with a blue wedge between them and extending from the hoist to the center of the flag.

(3) The National anthem of the Czechoslovak Republic shall consist of the Czech song Kde domov muj [Where is My Home] and the Slovak song Nad Tatrou sa blyska [There is Lightning above the Tatras].

(4) The details about the State emblem, the State flag, and the National anthem of the Czechoslovak Republic shall be determined by an act of the Federal Assembly.

Sec. 155

The capital city of the Czechoslovak Republic shall be Prague. The status of Prague as the capital city of the Czechoslovak Republic shall be determined by an act of the Federal Assembly.

Sec. 156

(1) The Czech and Slovak languages shall be used equally for the declaration of laws and other generally binding legal regulations.

(2) Both languages shall be used equally during the deliberations of the State organs of the Czecho-

slovak Republic and both Republics, during the proceedings before them, and in their other dealings with citizens.

Sec. 157

Nothing in this Constitution shall be interpreted so as to give any group or individual the right to promote activities or to commit acts with the purpose of suppressing any of the rights, or any of the freedoms herein granted.

Sec. 158

A Constitutional Act may determine the form and manner of the exercise of the power of the state, legilsative power, judicial power, and executive power in cases of a state of ware or state of emergency that would result in the temporary loss of the possibility of regular deliberations of orderly elected or established Constitutional organs. In such a case, the fundamental human rights set forth in this Constitution must be preserved.

Sec. 159

On the day when this Constitution shall become valid, all laws inconsistent with the Constitution shall become null and void.

(Sec. 160 and the following) [Post-Script to Draft]

The temporary provisions concerning the jurisdiction and competence of the State organs, which, according to the draft of this Constitution, require autonomous Federal or Republican amendment (e. g., the relations between the organs of the Republics, the competence of the organs of economic arbitration, and the organs of the Prosecutor's Office, etc.) shall be conducted in accordance with the results of a nation-wide debate and according to the rule of law valid at the time this Constitution is accepted.

Textanhang III/2

Constitutional Act
Charter of Fundamental Rights and Freedoms
as a Constitutional Act of the Federal Assembly of the Czech and Slovak Federal Republic (1991)★

The Federal Assembly has passed the following Constitutional Act:

Section 1

(1) Constitutional Acts, other laws, and other legal regulations, their interpretation and application must be in accord with the Charter of Fundamental Rights and Freedoms.

(2) The fundamental rights and freedoms listed in the Charter of Fundamental Rights and Freedoms are protected by the Constitutional Court.

Section 2

International treaties on human rights and fundamental freedoms, ratified and promulgated by the Czech and Slovak Federal Republic are universally binding on its territory and supersede its own laws.

Section 3

(1) In the Constitution of the Czech Republic and in the Constitution of the Slovak Republic

★ January 9, 1991.

fundamental rights and freedoms may be extended beyond the scope set by the Charter of Fundamental Rights and Freedoms.

(2) The provisions of Constitutional Acts dividing legislative jurisdiction between the Federation and the Republics are not affected by this Constitutional Act.

Section 4

Article 5 of the Constitutional Act No. 143/1968, concerning the Czechoslovak Federation, as subsequently amended, shall read:

"(1) A citizen of either of the two Republics shall be at the same time a citizen of the Czech and Slovak Federal Republic.

(2) A citizen of either Republic shall have on the territory of the other Republic the same rights and the same duties as the citizens of such other Republic.

(3) Nobody may be deprived of his or her citizenship against his or her will.

(4) The principles governing the acquisition and

loss of citizenship of the Republics shall be set by an Act of the Federal Assembly."

Section 5

The following provisions are hereby repealed:

1. Articles 7 to 9, Chapter Two (Articles 19 to 38), and Article 98, par. 4, of the Constitutional Act No. 100/1960, the Constitution of the Czech and Slovak Federal Republic, as subsequently amended.

2. Constitutional Act No. 144/1968, concerning the status of nationalities in the Czech and Slovak Federal Republic.

Section 6

(1) Laws and other legal regulations shall be placed in accord with the Charter of Fundamental Rights and Freedoms not later than by December 31, 1991. Provisions which are not in accord with the Charter of Fundamental Rights and Freedoms shall cease to be in effect as of that day.

(2) The jurisdiction which is entrusted to a court or to a judge under Article 8, pars. 3, 4 and 5, and Article 12, par. 2, of the Charter of Fundamental Rights and Freedoms shall appertain to prosecutors not later than by December 31, 1991, if the law so provides.

Section 7

This Constitutional Act and the Charter of Fundamental Rights and Freedoms shall enter into effect on the day of their promulgation.

Charter of Fundamental Rights and Freedoms

The Federal Assembly,

acting on the basis of proposals raised by the Czech National Council and by the Slovak National Council,

recognizing the inviolability of the natural rights of man, of the rights of citizens, and of the sovereign character of law,

proceeding from the universally shared values of humanity and from the democratic and self-governing traditions of our nations,

remembering the bitter experience gained at times when human rights and fundamental freedoms had been suppressed in our country,

hoping that these rights will be safeguarded through the common effort of all free nations,

ensuing from the right of the Czech and Slovak nations to self-determination,

recalling its share of responsibility towards future generations for the fate of life on this Earth, and

expressing the resolve that the Czech and Slovak Federal Republic should join in dignity the ranks of countries cherishing these values,

has enacted this Charter of Fundamental Rights and Freedoms:

Chapter One
General Provisions

Article 1

All people are free and equal in their dignity and in their rights. Their fundamental rights and freedoms are inherent, inalienable, unlimitable, and irrepealable.

Article 2

(1) The State is founded on democratic values and must not be bound either by an exclusive ideology or by a particular religion.

(2) The power of the State may be asserted only in cases and within the limits set by law and in a manner determined by law.

(3) Everybody may do what is not prohibited by law and nobody may be forced to do what the law does not command.

Article 3

(1) Fundamental human rights and freedoms are guaranteed to everybody irrespective of sex, race, colour of skin, language, faith, religion, political or other conviction, ethnic or social origin, membership in a national or ethnic minority, property, birth, or other status.

(2) Everybody has the right to a free choice of his or her nationality. Any form of influencing this choice is prohibited, just as any form of pressure aimed at suppressing one's national identity.

(3) Nobody may be caused detriment to his or her rights because he or she asserts his or her fundamental rights and freedoms.

Article 4

(1) Duties may be imposed only by law and within its limits and only if the fundamental rights and freedoms of the individual are respected.

(2) Any limits placed on fundamental rights and freedoms may be governed only by law under conditions set by this Charter of Fundamental Rights and Freedoms (hereinafter referred to only as "the Charter").

(3) Any statutory limitation of the fundamental rights and freedoms must apply equally to all cases meeting the set conditions.

(4) When the provisions on the limits of the fundamental rights and freedoms are applied, the substance and meaning of these rights and freedoms shall be respected. Such limits may not be used for other purposes than those for which they were instituted.

Chapter Two
Human Rights and Fundamental Freedoms

Division One
Fundamental human rights and freedoms

Article 5

Everybody has the capacity to possess rights.

Article 6

(1) Everybody has the right to live. Human life deserves to be protected already before birth.

(2) Nobody may be deprived of his or her life.

(3) There shall be no capital punishment.

(4) Cases where somebody has been deprived of his or her life in connection with an act which is not punishable under the law shall not constitute a violation of rights under the provisions of this Article.

Article 7

(1) Inviolability of the person and of privacy is guaranteed. It may be limited only in cases specified by law.

(2) Nobody may be subjected to torture or to inhuman or degrading treatment or punishment.

Article 8

(1) Personal freedom is guaranteed.

(2) Nobody may be prosecuted or deprived of his or her freedom except on grounds and in a manner specified by law. Nobody may be deprived of his or her freedom merely because of his or her inability to meet a contractual obligation.

(3) Any person accused or suspected of having committed a criminal offence may be detained only in cases specified by law. Such detained person shall be informed without delay of the reasons for the detention, questioned, and not later than within twenty-four hours released or turned over to a court. Within twenty-four hours of having taken over the detained person, a judge shall question such person and decide whether to place in custody or to release the person.

(4) A person accused of a criminal act may be arrested only on the basis of a written warrant issued by a judge, which includes the grounds for its issue. The arrested person shall be turned over to a court within twenty-four hours. A judge shall question the arrested person within twenty-four hours and decide whether to place in custody or to release the person.

(5) Nobody may be placed in custody except for reasons specified by law and on the basis of a judicial decision.

(6) The law shall determine the cases when a person may be admitted to or kept in a medical institution without his or her consent. Such move shall be reported within twenty-four hours to a court which shall then decide on such placement within seven days.

Article 9

(1) Nobody may be subjected to forced labour or service.

(2) The provision of paragraph 1 shall not apply to

(a) work ordered in accordance with the law to persons serving a prison term or to persons serving other penalties replacing the penalty of imprisonment,

(b) military service or to other service prescribed by law in place of military duty.

(c) service required on the basis of law in cases of natural disasters, accidents, or other danger threatening human life, health, or considerable material values,

(d) action ordered by law to protect the life, health, or rights of others.

Article 10

(1) Everybody is entitled to protection of his or her human dignity, personal integrity, good reputation, and his or her name.

(2) Everybody is entitled to protection against unauthorized interference in his or her personal and family life.

(3) Everybody is entitled to protection against unauthorized gathering, publication or other misuse of his or her personal data.

Article 11

(1) Everybody has the right to own property. The ownership right of all owners has the same statutory content and enjoys the same protection. Inheritance is guranteed.

(2) The law shall specify which property essential for securing the needs of the whole society, development of the national economy, and public welfare may be owned exclusively by the State, the community, or by specified legal persons; the law may also specify that some things may be owned exclusively by citizens or by legal persons having their seat in the Czech and Slovak Federal Republic.

(3) Ownership is binding. It may not be misused to the detriment of the rights of others or against legally protected public interests. Its exercise may not cause damage to human health, nature and the environment beyond statutory limits.

(4) Expropriation or other forcible limitation of the ownership right is possible only in public interest and on the basis of law, and for compensation.

(5) Taxes and fees may be levied only on the basis of law.

Article 12

(1) Sanctity of the home is inviolable. A home may not be entered without permission of the person living there.

(2) House search is permissible only for purposes of criminal proceedings on the basis of a written warrant issued by a judge. The manner in which a house search may be conducted is specified by law.

(3) Other interference in the inviolability of the home may be permitted by law only if it is essential in a democratic society for protecting the life or health of individuals, for protecting the rights and freedoms of others, or for averting a serious threat to public security and order. If a home is also used for a business enterprise or for pursuit of other economic activity, the law may also permit the afore said interference if it is essential for realization of the duties of public administration.

Article 13

Nobody may violate secrecy of letters and other papers and records whether privately kept or sent by post or in another manner, except in cases and in a manner specified by law. Similar protection is extended to messages communicated by telephone, telegraph or other such facilities.

Article 14

(1) Freedom of movement and residence is guaranteed.

(2) Everybody who is legitimately staying on the territory of the Czech and Slovak Federal Republic has the freedom to leave ist.

(3) These freedoms may be limited by law if it is essential for the security of the State, for maintenance of public order, for protection of the rights and freedoms of others, and in demarcated areas also for the purpose of protecting nature.

(4) Every citizen is free to enter the territory of the Czech and Slovak Federal Republic. No citizen may be forced to leave his or her country.

(5) A foreign citizen may be expelled only in cases specified by law.

Article 15

(1) Freedom of thought, conscience and religious conviction is guaranteed. Everybody has the right to change his or her religion or faith, or to have no religious conviction.

(2) Freedom of scientific research and of the arts is guaranteed.

(3) Nobody may be forced to perform military service against his or her conscience or religious conviction. Detailed provisions are set by law.

Article 16

(1) Everybody has the right to profess freely his or her religion or faith either alone or jointly with others, privately or in public, through religious service, instruction, religious acts, or religious ritual.

(2) Churches and religious societies administer their own affairs, in particular appoint their organs and their priests, and establish religious orders and other church institutions, independently of organs of the State.

(3) The conditions of religious instruction at state schools shall be set by law.

(4) Exercise of the aforesaid rights may be limited by law in the case of measures which are essential in a democratic society for protection of public security and order, health and morality, or the rights and freedoms of others.

Division Two
Political rights

Article 17

(1) Freedom of expression and the right to information are guaranteed.

(2) Everybode has the right to express freely his or her opinion by word, in writing, in the press, in pictures or in any other form, as well as freely to seek, receive and disseminate ideas and information irrespective of the frontiers of the State.

(3) Censorship is not permitted.

(4) The freedom of expression and the right to seek and disseminate information may be limited by law in the case of measures essential in a democratic society for protecting the rights and freedoms of others, the security of the State, public security, public health, and morality.

(5) Organs of the State and of local self-government shall provide in an appropriate manner information on their activity. The conditions and the form of implementation of this duty shall be set by law.

Article 18

(1) The right of petition is guaranteed; everybody has the right to address himself or herself, or jointly with other individuals, organs of the State or of local self-government with requests, proposals and complaints in matters of public or other common interest.

(2) A petition may not be used to interfere with the independence of the courts.

(3) Petitions may not be used for the purpose of appeals to violate the fundamental rights and freedoms guaranteed by the Charter.

Article 19

(1) The right to assemble peacefully is guaranteed.

(2) This right may be limited by law in the case of assemblies held in public places, if measures are involved, which are essential in a democratic society for protecting the rights and freedoms of others, public order, health, morality, prosperity, or the security of the State. However, assembly shall not be made dependent on permission by an organ of public administration.

Article 20

(1) The right to associate freely is guaranteed. Everybody has the right to associate with others in clubs, societies and other associations.

(2) Citizens also have the right to form political parties and political movements and to associate therein.

(3) The exercise of these rights may be limited only in cases specified by law, if measures are involved, which are essential in a democratic society for the security of the State, protection of public security and public order, prevention of crime, or for protection of the rights and freedoms of others.

(4) Political parties and political movements, as well as other associations, are separated from the State.

Article 21

(1) Citizens have the right to participate in the administration of public affairs either directly or through free election of their representatives.

(2) Elections shall be held within terms not exceeding statutory electoral terms.

(3) The right to vote is universal and equal, and shall be exercised by secret ballot. The conditions under which the right to vote are exercised are set by law.

(4) Citizens shall have access to any elective and other public office under equal conditions.

Article 22

The legal provisions governing all political rights and freedoms, their interpretation, and their application shall make possible and shall protect free competition between political forces in a democratic society.

Article 23

Citizens have the right to resist anybody who would do away with the democratic order of human rights and fundamental freedoms, established by the Charter, if the work of the constitutional organs and an effective use of legal means are frustrated.

Chapter Three
Rights of National and Ethnic Minorities

Article 24

The national or ethnic identity of any individual shall not be used to his or her detriment.

Article 25

(1) Citizens who constitute national or ethnic minorities are guaranteed all-round development, in particular the right to develop with other members of the minority their own culture, the right to disseminate and receive information in their language, and the right to associate in ethnic associations. Detailed provisions in this respect shall be set by law.

(2) Citizens constituting national and ethnic minorities are also guaranteed under conditions set by law

(a) the right to education in their language,

(b) the right to use their language in official contact,

(c) the right to participate in the settlement of matters concerning the national and ethnic minorities.

Chapter Four
Economic, Social and Cultural Rights

Article 26

(1) Everybody has the right to choose freely his or her profession and the training for such profession, as well as the right to engage in enterprise and other economic activity.

(2) The conditions and limitations for the exercise of certain professions or activities may be set by law.

(3) Everybody has the right to acquire the means of his or her livelihood by work. The State shall provide appropriate material security to those citizens who are unable without their fault to exercise this right; the respective conditions shall be set by law.

(4) Different rules may be set by law for foreign citizens.

Article 27

(1) Everybody has the right to associate freely with others for the protection of his or her economic and social interests.

(2) Trade unions are established independently of the State. There shall be no limit placed on the number of trade unions and similar organizations, nor shall any of them be given preferential treatment in an enterprise or economic branch.

(3) Activities of trade unions and the formation and activity of similar organizations for the protec-

tion of economic and social interests may be limited by law in the case of measures essential in a democratic society for protection of security of the State or public order, or of the rights and freedoms of others.

(4) The right to strike is guaranteed under conditions set by law; this right does not appertain to judges, prosecutors, and members of the armed forces and of security corps.

Article 28

Employees are entitled to fair remuneration for work and to satisfactory working conditions. Detailed provisions are set by law.

Article 29

(1) Women, adolescents, and handicapped persons are entitled to increased protection of their health at work and to special working conditions.

(2) Adolescents and handicapped persons are entitled to special protection in labour relations and to assistance in vocational training.

(3) Detailed provisions in this respect shall be set by law.

Article 30

(1) Citizens are entitled to material security in old age and during incapacitation for work, as well as in the case of loss of their provider.

(2) Everybody who suffers from material need is entitled to such assistance as is essential for securing his or her basic living conditions.

(3) Detailed provisions in this respect shall be set by law.

Article 31

Everybody has the right to protection of his or her health. Citizens are entitled under public insurance to free medical care and to medical aids under conditions set by law.

Article 32

(1) Parenthood and the family are under protection of the law. Special protection of children and adolescents is guaranteed.

(2) During pregnancy women are guaranteed special care, protection in labour relations, and appropriate working conditions.

(3) Children born in as well as out of wedlock have equal rights.

(4) Care of children and their upbringing are the right their parents; children are entitled to parental upbringing and care. Parental rights may be limited and minor children may be taken away from their parents against the latter's will only by judicial decision on the basis of law.

(5) Parents who are raising children are entitled to assistance from the State.

(6) Detailed provisions in this respect shall be set by law.

Article 33

(1) Everybody has the right to education. School attendance is obligatory for a period specified by law.

(2) Citizens have the right to free education at elementary and secondary schools, and, depending on the citizen's ability and the potential of society, also at university-level schools.

(3) Other than state schools may be established and instruction provided there only under conditions set by law; education at such school may be provided for tuition.

(4) The conditions under which citizens are entitled to assistance from the State during their studies are set by law.

Article 34

(1) The rights to the results of creative intellectual activity are protected by law.

(2) The right of access to the cultural wealth is guaranteed under conditions set by law.

Article 35

(1) Everybody has the right to live in a favourable living environment.

(2) Everybody is entitled to timely and complete information about the state of the living environment and natural resources.

(3) In exercising his or her rights nobody may endanger or cause damage to the living environment, natural resources, the wealth of natural species, and cultural monuments beyond limits set by law.

Chapter Five
Right to Judicial and Other Legal Protection

Article 36

(1) Everybody may assert in the set procedure his or her right in an independent and unbiased court of justice and in specified cases with another organ.

(2) Anybody who claims that his or her rights have been violated by a decision of a public administration organ may turn to a court for a review of the legality of such decision, unless the law provides differently. However, review of decisions affecting the fundamental rights and freedoms listed in the Charter may not be excluded from the jurisdiction of courts.

(3) Everybody is entitled to compensation for damage caused to him or her by an unlawful decision of a court, another organs of the State or public

administration, or through wrong official procedure.

(4) The conditions and detailed provisions in this respect shall be set by law.

Article 37

(1) Everybody has the right to refuse making a statement if he or she would thereby incriminate himself or herself or a close person.

(2) Everybody has the right to legal assistance in proceedings held before courts, other organs of the State, or public administration organs from the beginning of such proceedings.

(3) All parties are equal in the proceedings.

(4) Whoever states that he or she does not speak the language in which the proceedings are conducted is entitled to the services of an interpreter.

Article 38

(1) Nobody shall be denied his or her statutory judge. The jurisdiction of the court and the competence of the judge are set by law.

(2) Everybody is entitled to having his or her case be considered in public without unnecessary delay and in his or her presence, and to expressing his or her opinion on all the submitted evidence. The public may be excluded only in cases specified by law.

Article 39

Only the law shall determine which acts constitute a crime and what penalties or other detriments to rights or property may be imposed for them.

Article 40

(1) Only a court shall decide on guilt and on the penalty for criminal offences.

(2) Anybody who is accused of a crime in penal proceedings shall be considered innocent until proven guilty in a final verdict issued by a court.

(3) The accused has the right to be given the time and the possibility to prepare his or her defence and to defend himself or herself or through counsel. If he or she does not choose a counsel although he or she must one under the law, counsel shall be appointed for him or her by the court. The law shall determine in what cases the accused is entitled to free counsel.

(4) The accused has the right to refuse making a statement; he or she may not be denied this right in any manner whatsoever.

(5) Nobody may be prosecuted under penal law for an act of which he or she was already convicted under a final verdict or of which he or she has been acquitted. This rule does not preclude the application of special means of legal redress in accordance with the law.

(6) The question whether an act is punishable or not shall be considered and penalties shall be imposed in accordance with the law in force at the time when the act was committed. A subsequent law shall be applied if it is more favourable for the offender.

Chapter Six
Joint Provisions

Article 41

(1) The rights listed in Article 26, Article 27, par. 4, Articles 28 to 31, Article 32, pars. 1 and 3, and Articles 33 and 35 of the Charter may be claimed only within the scope of the laws implementing these provisions.

(2) Wherever the Quarter speaks of a law, this is to be understood as a law enacted by the Federal Assembly, unless it ensues from the constitutional division of legislative jurisdiction that the respective regulation appertains to laws enacted by the National Councils.

Article 42

(1) Wherever the Charter uses the term "citizen", it is to be understood as a citizen of the Czech and Slovak Federal Republic.

(2) Citizens of other countries shall enjoy in the Czech and Slovak Federal Republic the human rights and fundamental freedoms guaranteed by the Charter, unless such rights and freedoms are expressly extended to citizens alone.

(3) Wherever the existing regulations use the term "citizen", it shall be understood as meaning every individual with respect to the fundamental rights and freedoms the Charter extends to everybody irrespective of his or her citizenship.

Article 43

The Czech and Slovak Federal Republic shall grant asylum to citizens of other countries, persecuted for asserting political rights and freedoms. Asylum may be denied to a person who acted contrary to fundamental human rights and freedoms.

Article 44

A law may limit the exercise by judges and prosecutors of the right to business enterprise and other economic activity and of the right listed in Article 20, par. 2; it may also limit the exercise by employees of state administration and of local self-government, holding official positions it specifies, of the right listed in Article 27, par. 4; it may furthermore limit the exercise by members of security corps and members of the armed forces of the rights listed in Articles 18, 19, and 27, pars. 1 to 3, in so far as they are related to the performance of the duties of such members. The law may limit the right to strike of persons engaged in professions which are directly essential for the protection of human life and health.

Textanhang III/3

Constitutional Act
Constitutional Court of the Czech and Slovak Federal Republic (1991)*

The Federal Assembly of the Czech and Slovak Federal Republic has passed the following Constitutional Act:

Article 1

(1) The Constitutional Court of the Czech and Slovak Federal Republic (hereinafter referred to only as "the Constitutional Court") is a judicial body charged with the protection of constitutionality.

(2) In making their decisions, Justices of the Constitutional Court are independent and are bound only by the Constitution of the Czech and Slovak Federal Assembly and by other Constitutional Acts of the Federal Assembly.

(3) The seat of the Constitutional Court shall be the city of Brno.

Article 2

The Constitutional Court shall rule on whether

(a) Acts of the Federal Assembly and Legal Measures of the Presidium of the Federal Assembly conform to the Constitutional Acts of the Federal Assembly;

(b) Acts of the Federal Assembly, Constitutional Acts and other laws enacted by the Czech National Council, and Constitutional Acts and other laws enacted by the Slovak National Council conform to international treaties on human rights and fundamental freedoms, ratified and promulgated by the Czech and Slovak Federal Republic;

(c) Constitutional Acts and other laws enacted by the Czech National Council and by the Slovak National Council, and legal measures of the presidium of the Czech National Council and the presidium of the Slovak National Council conform to the Constitutional Acts of the Federal Assembly;

(d) decrees of the Government of the Czech and Slovak Federal Republic and legal regulations issued by Federal ministries and other Federal organs of state administration conform to Constitutional Acts and other laws enacted by the Federal Assembly;

(e) decrees of the governments of the Czech Republic and of the Slovak Republic and legal regulations issued by ministries and other organs of state administration of the Czech Republic and of the Slovak Republic conform to Constitutional Acts and other laws enacted by the Federal Assembly.

Article 3

(1) If the Constitutional Court rules in its opinion that there is a conflict between the legal regulations specified in Article 2, the regulations concerned, their parts, or some of their provisions shall cease to be effective; the organs that issued such regulations shall amend them so as to make them conform to Constitutional Acts, international treaties or Acts of the Federal Assembly, as the case may be, and shall do so within six months of the day the pertinent opinion of the Constitutional Court was promulgated. If they fail to do so, such regulations, their parts or provisions shall become null and void six months after the promulgation of the opinion; this shall not apply to Constitutional Acts of the Czech National Council and of the Slovak National Council.

(2) In cases involving conformity between Constitutional Acts of the Czech National Council and of the Slovak National Council and Constitutional Acts of the Federal Assembly the Constitutional Court shall request the opinion of the Constitutional Court of the respective Republic before it issues its own opinion.

(3) The opinions and rulings of the Constitutional Court shall be promulgated in the official collection wherein Acts of the Federal Assembly are being promulgated.

Article 4

The Constitutional Court shall rule on conflicts of jurisdiction between

(a) organs of the Czech and Slovak Federal Republic;

(b) organs of the Czech and Slovak Federal Republic and organs of one or both Republics;

(c) organs of the Czech Republic and organs of the Slovak Republic.

---

* February 27, 1991. Translation by J. Dvořák.

Article 5

(1) The Constitutional Court shall interpret the Constitutional Acts of the Federal Assembly in cases of conflicting opinion. The conditions therefor shall be set by an Act of the Federal Assembly.

(2) The Constitutional Court shall not express its opinion on whether Bills and other proposed legal regulations conform to Constitutional Acts of the Federal Assembly.

Article 6

The Constitutional Court shall rule on complaints raising the question of constitutionality, directed against measures, final decisions or other interventions of organs of public authority, if the plaintiff claims that such measures, decisions of interventions have violated his or her fundamental rights and freedoms guaranteed by a Constitutional Act of the Federal Assembly or by the international treaties specified in Article 2, letter (b), hereinabove. The conditions governing such complaints shall be set by an Act of the Federal Assembly.

Article 7

The Constitutional Court shall rule on whether decisions to disband a political party or political movement the activity whereof is not limited to the territory of one Republic only, or other decisions concerning the activity thereof, conform to Constitutional Acts and other laws enacted by the Federal Assembly. The conditions therefor shall be set by an Act of the Federal Assembly.

Article 8

(1) The Constitutional Court shall initiate proceedings pursuant to Article 2, 4 and 5, if the respective motion is filed by

(a) the President of the Czech and Slovak Federal Republic,

(b) the Federal Assembly,

(c) the Government of the Czech and Slovak Federal Assembly or by a different organ of the Czech and Slovak Federal Republic,

(d) the Czech National Council,

(e) the Slovak National Council,

(f) the Government of the Czech Republic or by a different central organ of the Czech Republic,

(g) the Government of the Slovak Republic or by a different central organ of the Slovak Republic,

(h) a court of justice in connection with its decision-making activity,

(i) the Prosecutor General of the Czech and Slovak Federal Republic, the Prosecutor General of the Czech Republic, or the Prosecutor General of the Slovak Republic.

(2) In the cases specified in Article 2 hereinabove the Constitutional Court shall also initiate proceedings on the motion filed by one fifth of the Members of the Federal Assembly or by one fifth of the Members of the Czech National Council, or by one fifth of the Members of the Slovak National Council.

(3) In the cases specified in Article 6 hereinabove the Constitutional Court shall initiate proceedings on the basis of a constitutional complaint filed by a natural or a legal person under conditions set by an Act of the Federal Assembly.

(4) In the cases specified in Article 7 hereinabove the Constitutional Court shall initiate proceedings on the motion of whoever is authorized to act for the political party or the political movement affected by the pertinent decision.

Article 9

There shall be no appeal against rulings of the Constitutional Court.

Article 10

(1) The Constitutional Court shall consist of twelve Justices.

(2) Justices of the Constitutional Court shall be appointed by the President of the Czech and Slovak Federal Republic from candidates nominated by the Federal Assembly, the Czech National Council and the Slovak National Council. Each of these legislative bodies shall submit a list of eight candidates, the list submitted by the Federal Assembly including four candidates who are citizens of the Czech Republic and four candidates who are citizens of the Slovak Republic. Justices of the Constitutional Court shall be appointed for a term of seven years.

(3) Any citizen of full integrity, who is eligible for election to the Federal Assembly, is at least thirty-five years old, is the graduate of a university law school and has been active in the legal profession for at least ten years may be nominated for and appointed to the office of Justice of the Constitutional Court.

(4) Six of the Justices appointed to the Constitutional Court shall be citizens of the Czech Republic and six shall be citizens of the Slovak Republic.

Article 11

(1) The Chief Justice and the Assistant Chief Justice of the Constitutional Court shall be appointed by the President of the Czech and Slovak Federal Republic from among the Justices of the Constitutional Court.

(2) If a citizen of the Czech Republic is appointed Chief Justice of the Constitutional Court, a citizen of the Slovak Republic shall be appointed Assistant Chief Justice and vice versa.

Article 12

If an office of Justice of the Constitutional Court becomes vacant, the President of the Czech and Slovak Federal Republic shall appoint a new Justice to fill it with a citizen of the respective Republic; the provisions of Articles 10 and 11 shall apply mutatis mutandis.

Article 13

(1) The President of the Czech and Slovak Federal Republic shall administer the following oath to Justices of the Constitutional Court:

"I hereby pledge on my honour and conscience to uphold the inviolability of the natural rights of man and of civil rights, to respect the Constitution of the Czech and Slovak Federal Republic and the Constitutional Acts of the Federal Assembly, and to decide independently and without prejudice according to my best conscience."

(2) A Justice of the Constitutional Court shall assume his or her office upon having taken the above oath.

Article 14

(1) The Constitutional Court shall decide in full session or in panels made up of four Justices.

(2) The Constitutional Court shall rule in full session on cases under Articles 2, 4 and 7, as well as on:

(a) regulation of its internal matters;

(b) constitution of its panels and on the rules governing the division of the agenda among them;

(c) cases on wich a panel did not rule due to a split vote;

(d) consent pursuant to Article 15, pars. 1 and 2;

(e) proposals pursuant to Article 17.

(3) In other cases the Constitutional Court shall adopt its rulings in panels.

Article 15

(1) No Justice of the Constitutional Court may be criminally prosecuted or placed under detention without the consent of the Constitutional Court. If the Constitutional Court denies granting such consent, any future prosecution is precluded.

(2) If a Justice of the Constitutional Court is apprehended and detained in the process of committing a criminal offence, the competent organ shall immediately so notify the Constitutional Court. If the Constitutional Court does not grant consent with the detention, the Justice shall be immediately released.

(3) A Justice of the Constitutional Court may not be prosecuted for a transgression or any similar unlawful act.

(4) The disciplinary liability of Justices of the Constitutional Court shall be governed by an Act of the Federal Assembly.

(5) A Justice of the Constitutional Court may refuse giving evidence on matters of which he has learned in the exercise of his office, and do so even after he has ceased being a Justice.

Article 16

(1) The office of Justice of the Constitutional Court is incompatible with that of Member of the Federal Assembly, of the Czech National Council or of the Slovak National Council, with membership in the Government of the Czech and Slovak Federal Republic, in the Government of the Czech Republic or in the Government of the Slovak Republic, as well as with holding an office in a political party or movement.

(2) Justices of the Constitutional Court shall exercise their office as their profession. The exercise of this office is incompatible with any other gainful or economic activity with the exception of scientific, academic, literary and artistic activity.

(3) On the day a Justice of the Constitutional Court assumes his or her office his or her mandate as member of a legislative body, membership in a government, and office in a political party or political movement shall cease.

(4) The salaries and other benefits of Justices of the Constitutional Court shall be determined by an Act of the Federal Assembly.

Article 17

A Justice of the Constitutional Court may resign from his or her office. The President of the Czech and Slovak Federal Republic may recall a Justice on the basis of a final conviction for a premeditated criminal offence. The President of the Czech and Slovak Federal Republic may also recall a Justice with the consent of the Federal Assembly in the case where such recall is proposed by the Constitutional Court in view of the outcome of disciplinary proceedings instituted against such Justice or because the Justice has not been attending sessions of the Constitutional Court for more than one year.

Article 18

(1) The organization of the Constitutional Court and the procedure before it shall be governed by an Act of the Federal Assembly.

(2) The Bill on the organization of the Constitutional Court and on the procedure before it may also be tabled by the Constitutional Court.

Article 19

The costs of the Constitutional Court, including its Office, shall be covered from the Federal Budget.

Article 20

Constitutional Acts of the Czech National Council and of the Slovak National Council may govern the constitutional judiciary of the Czech Republic and of the Slovak Republic respectively.

Article 21

Article 36, par. 1, subpar. (g) and Chapter Six (Articles 86 to 101) of the Constitutional Act No. 143/1968, Concerning the Czechoslovak Federation, are hereby repealed.

Article 22

(1) The present Act shall enter into effect on the 1st of April, 1991.

(2) The provision of Article 2, letter (c), of the present Act, regarding rulings on conformity between new Constitutions of the Czech Republic and of the Slovak Republic and Constitutional Acts of the Federal Assembly, shall enter into effect on the day the new Constitution of the Czech and Slovak Federal Republic enters into effect.

Textanhang III/4

Verfassung der Tschechischen Republik (1992)*

Der Tschechische Nationalrat hat dieses Verfassungsgesetz beschlossen:

Präambel

In der Zeit der Erneuerung des selbständigen tschechischen Staates

nehmen wir, die Bürger der Tschechischen Republik in Böhmen, Mähren und Schlesien,

getreu allen guten Traditionen der historischen Staatlichkeit der Länder der Böhmischen Krone wie auch der tschechoslowakischen Staatlichkeit,

entschlossen, die Tschechische Republik im Geiste der unantastbaren Werte der Menschenwürde und der Freiheit

als Heimat gleichberechtigter, freier Bürger,

die sich ihrer Pflichten anderen gegenüber und ihrer Verantwortung gegenüber der Gesamtheit bewußt sind,

als freien und demokratischen, auf der Achtung der Menschenrechte und den Prinzipien der Bürgergemeinschaft begründeten Staat und Bestandteil der Familie der Demokratien Europas und der Welt aufzubauen, zu schützen und weiter zu entwickeln,

entschlossen, den geerbten natürlichen und kulturellen, materiellen und geistigen Reichtum gemeinsam zu hüten und zu entfalten,

entschlossen, uns nach allen bewährten Grundsätzen des Rechtsstaates zu richten,

mittels unserer frei gewählten Vertreter

die folgende Verfassung der Tschechischen Republik an

Erster Teil
Grundbestimmungen

Art. 1

Die Tschechische Republik ist ein auf der Achtung der Rechte und Freiheiten des Menschen und Bürgers begründeter souveräner, einheitlicher und demokratischer Rechtsstaat.

Art. 2

(1) Das Volk ist die Quelle der gesamten Staatsgewalt; es übt sie mittels der Organe der gesetzgebenden, vollziehenden und richterlichen Gewalt aus.

(2) Durch ein Verfassungsgesetz kann festgelegt werden, wann das Volk die Staatsgewalt unmittelbar ausübt.

(3) Die Staatsgewalt dient allen Bürgern; sie kann nur in den durch das Gesetz festgelegten Fällen, in seinen Grenzen und auf die durch das Gesetz festgelegte Weise ausgeübt werden.

(4) Jeder Bürger kann tun, was nicht mittels eines Gesetzes untersagt ist, und niemand darf gezwungen werden, etwas zu tun, was das Gesetz nicht auferlegt.

Art. 3

Die Konvention zum Schutz der Menschenrechte und Grundfreiheiten bildet einen Bestandteil der Verfassungsordnung der Tschechischen Republik.

Art. 4

Die Grundrechte und Grundfreiheiten stehen unter dem Schutz der richterlichen Gewalt.

Art. 5

Das politische System ist auf einer freien und freiwilligen Entstehung und dem freien Wettbe-

---

* Vom 16. Dezember 1992.

werb politischer Parteien begründet, die die grundlegenden demokratischen Prinzipien achten und die Gewalt als Mittel zur Durchsetzung ihrer Interessen ablehnen.

Art. 6

Politische Entscheidungen gehen vom Willen der Mehrheit, der durch freie Abstimmung zum Ausdruck kommt, aus. Die Entscheidungen einer Mehrheit haben auf den Schutz der Minderheiten zu achten.

Art. 7

Der Staat achtet auf schonende Nutzung der natürlichen Ressourcen und auf den Schutz des Naturreichtums.

Art. 8

Die Selbstverwaltung der territorialen Selbstverwaltungseinheiten ist gewährleistet.

Art. 9

(1) Die Verfassung kann nur durch Verfassungsgesetze ergänzt oder geändert werden.

(2) Eine Änderung wesentlicher Befindlichkeiten des demokratischen Rechtsstaates ist unzulässig.

(3) Keine Auslegung von Rechtsnormen kann als Ermächtigung zur Abschaffung oder Gefährdung der Grundlagen des demokratischen Staates dienen.

Art. 10

Ratifizierte und verkündete internationale Abkommen zum Schutz der Menschenrechte und Grundfreiheiten, durch die die Tschechische Republik gebunden ist, sind unmittelbar verbindlich und haben Vorrang vor dem Gesetz.

Art. 11

Das Territorium der Tschechischen Republik bildet ein unteilbares Ganzes, dessen Grenzen allein durch ein Verfassungsgesetz geändert werden können.

Art. 12

(1) Die Erlangung und der Verlust der Staatsangehörigkeit sind gesetzlich festgeschrieben.

(2) Niemand kann wider seinen Willen der Staatsangehörigkeit verlustig werden.

Art. 13

Die Hauptstadt der Tschechischen Republik ist Praha.

Art. 14

(1) Die Hoheitszeichen der Tschechischen Republik sind das Große und das Kleine Staatswappen, die Staatsfarben, die Staatsflagge, die Standarte des Präsidenten der Republik, das Staatssiegel und die Nationalhymne.

(2) Die Hoheitszeichen und ihre Verwendung regelt das Gesetz.

Zweiter Teil
Gesetzgebende Gewalt

Art. 15

(1) Die gesetzgebende Gewalt in der Tschechischen Republik obliegt dem Parlament.

(2) Das Parlament setzt sich aus zwei Kammern, und zwar der Abgeordnetenkammer und dem Senat, zusammen.

Art. 16

(1) Die Abgeordnetenkammer besteht aus 200 auf die Dauer von vier Jahren gewählten Abgeordneten.

(2) Der Senat besteht aus 81 auf die Dauer von sechs Jahren gewählten Senatoren. Alle zwei Jahre wird ein Drittel der Senatoren gewählt.

Art. 17

(1) Die Wahlen zu beiden Kammern finden in einer Frist statt, die mit dem dreißigsten Tag vor Ablauf der Wahlperiode beginnt und mit dem Tag ihres Ablaufes endet.

(2) Wenn die Abgeordnetenkammer aufgelöst wurde, haben die Wahlen binnen sechzig Tagen nach ihrer Auflösung stattzufinden.

Art. 18

(1) Die Wahlen zur Abgeordnetenkammer finden durch geheime Stimmabgabe auf der Grundlage des allgemeinen, gleichen und direkten Wahlrechts nach dem Grundsatz der verhältnismäßigen Vertretung statt.

(2) Die Wahlen zum Senat finden durch geheime Stimmabgabe auf der Grundlage des allgemeinen, gleichen und direkten Wahlrechts nach dem Grundsatz des Mehrheitssystems statt.

(3) Das Wahlrecht besitzt jeder Bürger der Tschechischen Republik, der das 18. Lebensjahr vollendet hat.

Art. 19

(1) In die Abgeordnetenkammer kann jeder Bürger der Tschechischen Republik gewählt werden, der das Wahlrecht besitzt und das 21. Lebensjahr vollendet hat.

(2) In den Senat kann jeder Bürger der Tschechischen Republik gewählt werden, der das Wahlrecht besitzt und das 40. Lebensjahr vollendet hat.

(3) Das Mandat eines Abgeordneten oder Senators kommt durch die Wahl zustande.

Art. 20

Weitere Bedingungen der Ausübung des Wahlrechts, die Organisation der Wahlen und den Umfang der gerichtlichen Überprüfung legt das Gesetz fest.

Art. 21

Niemand darf gleichzeitig Mitglied beider Kammern des Parlaments sein.

Art. 22

(1) Mit dem Amt eines Abgeordneten oder Senators ist die Wahrnehmung des Amtes des Präsidenten der Republik, des Richteramtes oder eines weiteren durch das Gesetz festgelegten Amtes unvereinbar.

(2) Mit dem Tag der Übernahme des Amtes des Präsidenten der Republik oder dem Tag der Übernahme des Richteramtes oder eines anderen, mit dem Amt eines Abgeordneten oder Senators unvereinbaren Amtes erlischt das Mandat eines solchen Abgeordneten oder Senators.

Art. 23

(1) Der Abgeordnete legt bei der ersten Sitzung der Abgeordnetenkammer, an der er teilnimmt, das Gelöbnis ab.

(2) Der Senator legt bei der ersten Sitzung des Senats, an der er teilnimmt, das Gelöbnis ab.

(3) Das Gelöbnis des Abgeordneten und des Senators hat folgenden Wortlaut: »Ich gelobe Treue der Tschechischen Republik. Ich gelobe, daß ich ihre Verfassung und ihre Gesetze wahren werde. Ich gelobe bei meiner Ehre, daß ich mein Mandat im Interesse des Volkes und nach bestem Wissen und Gewissen ausüben werde«.

Art. 24

Der Abgeordnete oder Senator kann mittels einer auf der Sitzung derjenigen Parlamentskammer, deren Mitglied er ist, persönlich verkündeten Erklärung auf sein Mandat verzichten. Wenn ihn daran schwerwiegende Umstände hindern, tut er dies auf die durch das Gesetz festgelegte Weise.

Art. 25

Das Mandat eines Abgeordneten oder Senators erlischt

a) durch Verweigerung des Gelöbnisses oder durch Ablegung des Gelöbnisses mit Vorbehalt

b) durch Ablauf der Wahlperiode

c) durch Verzicht auf das Mandat

d) durch Verlust der Wählbarkeit

e) bei Abgeordneten durch Auflösung der Abgeordnetenkammer

f) durch Entstehung der Unvereinbarkeit nach Art. 22.

Art. 26

Abgeordnete und Senatoren üben ihr Mandat persönlich im Einklang mit ihrem Gelöbnis aus und sind dabei durch keinerlei Weisungen gebunden.

Art. 27

(1) Weder ein Abgeordneter noch ein Senator kann wegen seiner Abstimmung in der Abgeordnetenkammer oder im Senat oder ihren Organen belangt werden.

(2) Wegen seiner in der Abgeordnetenkammer, im Senat oder in ihren Organen geleisteten Äußerungen kann ein Abgeordneter oder Senator nicht strafrechtlich verfolgt werden. Ein Abgeordneter oder Senator unterliegt nur den disziplinarischen Befugnissen der Kammer, deren Mitglied er ist.

(3) Für Übertretungen ist ein Abgeordneter oder Senator nur den disziplinarischen Organen der Kammer, deren Mitglied er ist, verantwortlich, sofern das Gesetz nichts anderes festlegt.

(4) Kein Abgeordneter oder Senator kann strafrechtlich verfolgt werden, ohne daß diejenige Kammer, der er angehört, dazu ihr Einverständnis gegeben hat. Wenn die Kammer ihr Einverständnis verweigert, ist die strafrechtliche Verfolgung für immer ausgeschlossen.

(5) Ein Abgeordneter oder Senator darf nur, wenn er bei der Verübung einer Straftat oder unmittelbar danach ertappt wurde, vorübergehend festgenommen werden. Das zuständige Organ ist verpflichtet, den Vorsitzenden jener Kammer, der der Festgenommene angehört, über die Festnahme unverzüglich in Kenntnis zu setzen. Erteilt der Vorsitzende der Kammer nicht binnen 24 Stunden nach der Festnahme sein Einverständnis, daß der Festgenommene einem Gericht überstellt wird, ist das zuständige Organ zur Freilassung des Festgenommenen verpflichtet. Bei der ersten nachfolgenden Sitzung entscheidet die Kammer endgültig über die Zulässigkeit der Strafverfolgung.

Art. 28

Der Abgeordnete oder Senator hat das Recht, die Zeugenaussage über Tatsachen, die er im Zusammenhang mit der Ausübung seines Mandats in Erfahrung gebracht hat, auch nach dem Erlöschen seines Mandats als Abgeordneter oder Senator zu verweigern.

Art. 29

(1) Die Abgeordnetenkammer wählt den Vorsitzenden und die Stellvertretenden Vorsitzenden der Abgeordnetenkammer und beruft sie ab.

(2) Der Senat wählt den Vorsitzenden und die Stellvertretenden Vorsitzenden des Senats und beruft sie ab.

Art. 30

(1) Zur Untersuchung von Angelegenheiten öffentlichen Interesses kann die Abgeordnetenkammer eine Untersuchungskommission errichten, wenn dies mindestens ein Fünftel der Abgeordneten beantragt.

(2) Das Verfahren vor der Kommission regelt das Gesetz.

Art. 31

(1) Die Kammern errichten Ausschüsse und Kommissionen als ihre Organe.

(2) Die Tätigkeit der Ausschüsse und Kommissionen regelt das Gesetz.

Art. 32

Ein Abgeordneter oder Senator, der der Regierung angehört, kann weder Vorsitzender oder Stellvertretender Vorsitzender der Abgeordnetenkammer oder des Senats, noch Mitglied eines Parlamentsausschusses, einer Untersuchungskommission oder einer Kommission sein.

Art. 33

(1) Im Falle der Auflösung der Abgeordnetenkammer obliegt dem Senat das Recht der Verabschiedung von gesetzlichen Maßnahmen in Angelegenheiten, die keinen Verzug dulden und andernfalls die Verabschiedung eines Gesetzes erforderlich machen würden.

(2) Dem Senat obliegt jedoch nicht das Recht der Verabschiedung von gesetzlichen Maßnahmen in Angelegenheiten der Verfassung, des Staatshaushalts, des staatlichen Haushaltsabschlusses, des Wahlgesetzes und internationaler Abkommen gemäß Art. 10.

(3) Allein die Regierung ist berechtigt, dem Senat gesetzliche Maßnahmen vorzuschlagen.

(4) Gesetzliche Maßnahmen des Senats werden vom Vorsitzenden des Senats, vom Präsidenten der Republik und vom Vorsitzenden der Regierung unterzeichnet. Sie werden ebenso wie Gesetze verkündet.

(5) Gesetzliche Maßnahmen des Senats müssen von der Abgeordnetenkammer auf ihrer ersten Sitzung gebilligt werden. Werden gesetzliche Maßnahmen des Senats von der Abgeordnetenkammer nicht gebilligt, verlieren sie ihre Gültigkeit.

Art. 34

(1) Die Tagungen der Parlamentskammern sind permanent. Die Tagung der Abgeordnetenkammer beruft der Präsident der Republik so ein, daß sie spätestens am dreißigsten Tag nach dem Tag der Wahlen beginnt. Unterläßt er dies, tritt die Abgeordnetenkammer am dreißigsten Tag nach dem Tag der Wahlen zusammen.

(2) Die Tagung einer Kammer kann durch Beschluß unterbrochen werden. Die Gesamtheit der Unterbrechung einer Tagung darf im Jahr nicht länger als hundertzwanzig Tage dauern.

(3) Während der Zeit, in der die Tagung unterbrochen ist, kann der Vorsitzende der Abgeordnetenkammer oder der Vorsitzende des Senats die Kammer vor dem festgelegten Termin einberufen. Er hat dies immer zu tun, wenn es der Präsident der Republik, die Regierung oder mindestens ein Fünftel der Kammermitglieder verlangen.

(4) Die Tagung der Abgeordnetenkammer endet mit dem Ablauf ihrer Wahlperiode oder mit ihrer Auflösung.

Art. 35

(1) Die Abgeordnetenkammer kann der Präsident der Republik auflösen, wenn

a) die Abgeordnetenkammer der neu ernannten Regierung, deren Vorsitzender vom Präsidenten der Republik auf Vorschlag des Vorsitzenden der Abgeordnetenkammer ernannt worden war, ihr Vertrauen verweigert,

b) die Abgeordnetenkammer binnen drei Monaten keinen Beschluß über die Regierungsvorlage eines Gesetzes faßt, mit dessen Behandlung die Regierung die Vertrauensfrage verknüpft hat,

c) die Tagung der Abgeordnetenkammer für eine längere als die zugelassene Dauer unterbrochen wurde,

d) die Abgeordnetenkammer in einem drei Monate übersteigenden Zeitraum beschlußunfähig war, ohne daß ihre Tagung unterbrochen wurde und obwohl sie in dieser Frist wiederholt zum Zusammentreten aufgefordert wurde.

(2) Die Abgeordnetenkammer kann drei Monate vor Ablauf ihrer Wahlperiode nicht aufgelöst werden.

Art. 36

Sitzungen der Kammern sind öffentlich. Die Öffentlichkeit kann nur unter den im Gesetz festgelegten Bedingungen ausgeschlossen werden.

Art. 37

(1) Gemeinsame Sitzungen beider Kammern werden vom Vorsitzenden der Abgeordnetenkammer einberufen.

(2) Verhandlungen der gemeinsamen Sitzung beider Kammern richten sich nach der Geschäftsordnung der Abgeordnetenkammer.

Art. 38

(1) Jedes Regierungsmitglied hat das Recht, an Sitzungen beider Kammern, ihrer Ausschüsse und Kommissionen teilzunehmen. Dem Regierungsmitglied ist das Wort zu erteilen, wann immer er es verlangt.

(2) Das Regierungsmitglied ist verpflichtet, der Sitzung der Abgeordnetenkammer auf der Grundlage ihres Beschlusses beizuwohnen. Das gilt auch für Sitzungen von Ausschüssen, Kommissionen oder Untersuchungskommissionen, bei denen sich das Regierungsmitglied jedoch durch seinen Stellvertreter oder ein anderes Regierungsmitglied vertreten lassen kann, falls seine persönliche Teilnahme nicht ausdrücklich beantragt wurde.

Art. 39

(1) Die Kammern sind bei Anwesenheit mindestens eines Drittels ihrer Mitglieder beschlußfähig.

(2) Zur Beschlußfassung einer Kammer ist die einfache Mehrheit der anwesenden Abgeordneten oder Senatoren erforderlich, falls die Verfassung nichts anderes festlegt.

(3) Zur Beschlußfassung über die Erklärung des Kriegszustands und zur Beschlußfassung über das Einverständnis mit dem Aufenthalt fremder Streitkräfte auf dem Territorium der Tschechischen Republik ist die Zustimmung einer einfachen Mehrheit aller Abgeordneten und einer einfachen Mehrheit aller Senatoren erforderlich.

(4) Zur Beschlußfassung über ein Verfassungsgesetz oder zur Billigung eines internationalen Abkommens gemäß Art. 10 sind die Dreifünftelmehrheit aller Abgeordneten und die Dreifünftelmehrheit der anwesenden Senatoren erforderlich.

Art. 40

Die Verabschiedung eines Wahlgesetzes und des Gesetzes über die Grundsätze der Verhandlungen und der Kontakte beider Kammern untereinander sowie nach außen und des Gesetzes über die Geschäftsordnung des Senats bedarf der Billigung durch die Abgeordnetenkammer und den Senat.

Art. 41

(1) Gesetzentwürfe werden bei der Abgeordnetenkammer eingebracht.

(2) Gesetzentwürfe können von einem einzelnen Abgeordneten, einer Abgeordnetengruppe, dem Senat, der Regierung oder der Vertretungskörperschaft einer höheren territorialen Selbstverwaltungseinheit eingebracht werden.

Art. 42

(1) Den Entwurf des Gesetzes über den Staatshaushalt und den Entwurf des staatlichen Haushaltsabschlusses legt die Regierung vor.

(2) Diese Entwürfe werden in einer öffentlichen Sitzung behandelt und nur von der Abgeordnetenkammer beschlossen.

Art. 43

(1) Das Parlament kann die Erklärung des Kriegszustands entscheiden, wenn die Tschechi-sche Republik überfallen wurde oder wenn internationale Vertragsverpflichtungen über die gemeinsame Abwehr eines Überfalls zu erfüllen sind.

(2) Die Entsendung der Streitkräfte außerhalb des Territoriums der Tschechischen Republik kann nur mit Zustimmung beider Kammern erfolgen.

Art. 44

(1) Die Regierung hat das Recht, sich zu allen Gesetzentwürfen zu äußern.

(2) Hat sich die Regierung nicht binnen dreißig Tagen nach Zustellung des Gesetzentwurfs nicht geäußert, gilt dies als zustimmende Äußerung.

(3) Hat die Regierung mit einer Regierungsvorlage die Vertrauensfrage verknüpft, hat sie das Recht zu fordern, daß die Abgeordnetenkammer die Behandlung dieser Regierungsvorlage binnen drei Monaten nach ihrer Einbringung beendet.

Art. 45

Ein von der Abgeordnetenkammer gebilligter Gesetzentwurf ist von der Abgeordnetenkammer ohne unnötigen Verzug an den Senat weiterzuleiten.

Art. 46

(1) Der Senat hat den Gesetzentwurf zu behandeln und binnen dreißig Tagen nach seiner Zustellung darüber zu befinden.

(2) Der Senat kann den Gesetzentwurf durch Beschluß billigen, verwerfen, der Abgeordnetenkammer mit Änderungsvorschlägen zurückleiten oder den Willen äußern, den Gesetzentwurf nicht zu erörtern.

(3) Falls sich der Senat in der im Abs. 1 genannten Frist nicht äußert, gilt der Gesetzentwurf als verabschiedet.

Art. 47

(1) Falls der Senat den Gesetzentwurf verwirft, wird darüber in der Abgeordnetenkammer erneut abgestimmt. Der Gesetzentwurf gilt als beschlossen, wenn ihm die einfache Mehrheit aller Abgeordneten zustimmt.

(2) Leitet der Senat den Gesetzentwurf der Abgeordnetenkammer mit Änderungsvorschlägen zurück, stimmt die Abgeordnetenkammer darüber in dem vom Senat gebilligten Wortlaut ab. Durch ihren Beschluß gilt der Gesetzentwurf als verabschiedet.

(3) Billigt die Abgeordnetenkammer den Gesetzentwurf in dem vom Senat gebilligten Wortlaut nicht, stimmt sie über den Gesetzentwurf erneut ab, und zwar in dem Wortlaut, in dem er an den Senat weitergeleitet wurde. Der Gesetzentwurf gilt als verabschiedet, wenn er von der einfachen Mehrheit aller Abgeordneten gebilligt wurde.

(4) Änderungsvorschläge sind bei der Behandlung eines verworfenen oder zurückgeleiteten Gesetzentwurfes in der Abgeordnetenkammer nicht zulässig.

Art. 48

Hat der Senat den Willen ausgedrückt, sich mit dem Gesetzentwurf nicht zu befassen, ist der Gesetzentwurf durch diesen Beschluß verabschiedet.

Art. 49

(1) Über internationale Abkommen, für die die Zustimmung des Parlaments erforderlich ist, beschließt das Parlament ebenso wie über Gesetzentwürfe.

(2) Der Zustimmung des Parlaments bedürfen Abkommen über die Menschenrechte und Grundfreiheiten, politische Verträge und Wirtschaftsverträge allgemeiner Natur sowie Verträge, zu deren Durchführung ein Gesetz erforderlich ist.

Art. 50

(1) Der Präsident der Republik hat das Recht, ein verabschiedetes Gesetz mit Ausnahme eines Verfassungsgesetzes binnen fünfzehn Tagen, nachdem es ihm zugestellt wurde, mit einer Begründung zurückzuleiten.

(2) Über ein zurückgeleitetes Gesetz stimmt die Abgeordnetenkammer erneut ab. Änderungsvorschläge sind unzulässig. Wenn die Abgeordnetenkammer mit einfacher Stimmenmehrheit aller Abgeordneten auf dem zurückgeleiteten Gesetz beharrt, wird das Gesetz verkündet. Andernfalls gilt das Gesetz als nicht verabschiedet.

Art. 51

Verabschiedete Gesetze unterzeichnet der Vorsitzende der Abgeordnetenkammer, der Präsident der Republik und der Vorsitzende der Regierung.

Art. 52

Zur Gültigkeit eines Gesetzes ist seine Verkündung erforderlich. Die Art der Verkündung legt das Gesetz fest. Dasselbe gilt für internationale Abkommen, die vom Parlament gebilligt wurden.

Art. 53

(1) Jeder Abgeordnete hat das Recht, sich mit einer Interpellation an die Regierung oder deren Mitglieder in Angelegenheiten ihrer Wirkungsbereiche zu wenden.

(2) Die Regierungsmitglieder, an die eine Interpellation gerichtet wurde, haben binnen dreißig Tagen nach Einreichung der Interpellation zu antworten.

Dritter Teil
Vollziehende Gewalt
Der Präsident der Republik

Art. 54

(1) Der Präsident der Republik ist das Oberhaupt des Staates.

(2) Der Präsident der Republik wird vom Parlament auf einer gemeinsamen Sitzung beider Kammern gewählt.

(3) Der Präsident der Republik ist für die Ausübung seines Amtes niemandem verantwortlich.

Art. 55

Der Präsident der Republik übernimmt sein Amt durch das Ablegen des Gelöbnisses. Die Wahlperiode des Präsidenten der Republik dauert fünf Jahre und beginnt mit dem Tag der Ablegung des Gelöbnisses.

Art. 56

Die Wahl hat innerhalb der letzten dreißig Tage der Wahlperiode des amtierenden Präsidenten der Republik stattzufinden. Wird das Amt des Präsidenten der Republik frei, findet die Wahl binnen dreißig Tagen statt.

Art. 57

(1) Zum Präsidenten der Republik kann jeder Bürger gewählt werden, der in den Senat wählbar ist.

(2) Niemand kann anschließend mehr als zweimal gewählt werden.

Art. 58

(1) Einen Kandidaten können mindestens zehn Abgeordnete oder zehn Senatoren vorschlagen.

(2) Zum Präsidenten der Republik ist derjenige Kandidat gewählt, der die einfache Stimmenmehrheit aller Abgeordneten und die einfache Stimmenmehrheit aller Senatoren erlangt hat.

(3) Konnte keiner von den Kandidaten die einfache Stimmenmehrheit aller Abgeordneten und aller Senatoren erreichen, findet binnen vierzehn Tagen ein zweiter Wahlgang statt.

(4) In den zweiten Wahlgang steigt derjenige Kandidat auf, der die höchste Stimmenzahl in der Abgeordnetenkammer erreicht hat, und der Kandidat, der die höchste Stimmenzahl im Senat erreicht hat.

(5) Wenn es mehrere Kandidaten gibt, die dieselbe höchste Stimmenzahl in der Abgeordnetenkammer erreicht haben, oder mehrere Kandidaten, die dieselbe höchste Stimmenzahl im Senat erreicht haben, werden die für sie in beiden Kammern abgegebenen Stimmen addiert. In den zweiten Wahl-

gang steigt der Kandidat auf, der auf diese Weise die höchste Stimmenzahl erreicht hat.

(6) Als gewählt gilt derjenige Kandidat, der die einfache Stimmenmehrheit der anwesenden Abgeordneten und die einfache Stimmenmehrheit der anwesenden Senatoren erreicht hat.

(7) Wurde der Präsident der Republik auch im zweiten Wahlgang nicht gewählt, findet binnen vierzehn Tagen der dritte Wahlgang statt, in dem derjenige von den am zweiten Wahlgang beteiligten Kandidaten als gewählt gilt, der die einfache Stimmenmehrheit der anwesenden Abgeordneten und Senatoren erreicht hat.

(8) Wurde der Präsident der Republik selbst im dritten Wahlgang nicht gewählt, findet eine neue Wahl statt.

Art. 59

(1) Der Präsident der Republik legt bei einer gemeinsamen Sitzung beider Kammern vor dem Vorsitzenden der Abgeordnetenkammer sein Gelöbnis ab.

(2) Das Gelöbnis des Präsidenten der Republik lautet: »Ich gelobe der Tschechischen Republik Treue. Ich gelobe, daß ich ihre Verfassung und ihre Gesetze wahren werde. Ich gelobe bei meiner Ehre, daß ich mein Amt im Interesse des Volkes und nach meinem besten Wissen und Gewissen wahrnehmen werde«.

Art. 60

Lehnt der Präsident der Republik ab, sich vereidigen zu lassen, oder legt er das Gelöbnis mit Vorbehalt ab, gilt er als nicht gewählt.

Art. 61

Der Präsident der Republik kann sich vom Vorsitzenden der Abgeordnetenkammer seines Amtes entheben lassen.

Art. 62

Der Präsident der Republik

a) ernennt den Vorsitzenden und die Mitglieder der Regierung und beruft sie ab, nimmt ihren Rücktritt entgegen, beruft die Regierung ab und nimmt ihren Rücktritt entgegen,

b) beruft die Tagungen der Abgeordnetenkammer ein,

c) löst die Abgeordnetenkammer auf,

d) beauftragt die Regierung, deren Rücktritt er angenommen oder die er abberufen hat, mit der provisorischen Ausübung der Amtsgeschäfte bis zur Ernennung einer neuen Regierung,

e) beruft die Richter des Verfassungsgerichtshofes, seinen Vorsitzenden und die Stellvertreter des Vorsitzenden,

f) beruft aus den Reihen der Richter den Vorsit-

zenden des Obersten Gerichts und seine Stellvertreter,

g) erläßt gerichtlich verhängte Strafen und lindert sie, ordnet die Nichtaufnahme von Strafverfahren oder die Einstellung von Strafverfahren an und hebt Verurteilungen auf,

h) hat das Recht, ein bereits verabschiedetes Gesetz mit der Ausnahme eines Verfassungsgesetzes an das Parlament zurückzuleiten,

i) unterzeichnet die Gesetze,

j) ernennt den Präsidenten und Vizepräsidenten der Obersten Kontrollbehörde,

k) ernennt die Mitglieder des Bankrates der Tschechischen Nationalbank.

Art. 63

(1) Der Präsident der Republik

a) vertritt den Staat nach außen,

b) vereinbart und ratifiziert internationale Abkommen; die Vereinbarung von internationalen Abkommen kann er an die Regierung oder mit ihrer Zustimmung an ihre einzelnen Mitglieder delegieren,

c) ist Oberbefehlshaber der Streitkräfte,

d) empfängt die Leiter diplomatischer Vertretungen,

e) beauftragt die Leiter diplomatischer Vertretungen und beruft sie ab,

f) schreibt Wahlen zur Abgeordnetenkammer und zum Senat aus,

g) ernennt und befördert Generäle,

h) verleiht und erteilt staatliche Auszeichnungen, sofern er nicht ein anderes Organ dazu ermächtigt hat,

i) ernennt die Richter,

j) hat das Recht, Amnestien zu erteilen.

(2) Dem Präsidenten der Republik obliegt auch die Ausübung von im Verfassungsgesetz nicht ausdrücklich angeführten Befugnissen, sofern es das Gesetz festlegt.

(3) Die gemäß Absatz 1 und 2 getroffenen Entscheidungen des Präsidenten der Republik bedürfen zu ihrer Gültigkeit der Gegenzeichnung des Vorsitzenden der Regierung oder eines von ihm beauftragten Mitglieds der Regierung.

(4) Für Entscheidungen des Präsidenten der Republik, die der Gegenzeichnung des Vorsitzenden der Regierung oder eines von ihm beauftragten Mitglieds der Regierung bedürfen, ist die Regierung verantwortlich.

Art. 64

(1) Der Präsident der Republik hat das Recht, den Sitzungen beider Parlamentskammern, ihrer Ausschüsse und Kommissionen beizuwohnen. Es ist ihm das Wort zu erteilen, wann immer er es verlangt.

(2) Der Präsident der Republik hat das Recht, an den Sitzungen der Regierung teilzunehmen, von der Regierung und ihren Mitgliedern Berichte zu verlangen und mit der Regierung oder ihren Mitgliedern Fragen zu erörtern, die in ihren Befugnisbereich fallen.

Art. 65

(1) Der Präsident der Republik kann weder in Haft genommen, noch strafrechtlich verfolgt, noch wegen Vergehen oder anderer Verwaltungsdelikte belangt werden.

(2) Der Präsident der Republik kann wegen Hochverrats, und zwar vor dem Verfassungsgericht aufgrund einer Klage des Senats, verfolgt werden. Als Strafe kann auf Verlust des Präsidentschaftsamtes und auf Verbot seiner Wiedererlangung erkannt werden.

(3) Eine Strafverfolgung wegen während der Ausübung des Amtes des Präsidenten der Republik verübter Straftaten ist für immer ausgeschlossen.

Art. 66

Wenn das Amt des Präsidenten der Republik frei wird und ein neuer Präsident der Republik noch nicht gewählt ist oder noch nicht das Gelöbnis abgelegt hat oder wenn der Präsident der Republik aus schwerwiegenden Gründen außerstande ist, sein Amt auszuüben, obliegt die Ausübung der Funktionen gemäß Art. 63 Abs. 1 Buchst. a/, b/, c/, d/, e/, h/, i/, j/, Art. 63 Abs. 2 dem Vorsitzenden der Regierung, sofern dies von der Abgeordnetenkammer und vom Senat beschlossen wurde. Dem Vorsitzenden der Abgeordnetenkammer obliegt in der Zeit, in der der Vorsitzende der Regierung die festgelegten Funktionen des Präsidenten der Republik ausübt, die Ausübung der Funktionen des Präsidenten der Republik gemäß Art. 62 Buchst. a/, b/, c/, d/, e/, k/; wenn das Amt des Präsidenten der Republik in der Zeit frei wird, in der die Abgeordnetenkammer aufgelöst ist, obliegt die Ausübung dieser Funktionen dem Vorsitzenden des Senats.

Regierung

Art. 67

(1) Die Regierung ist das oberste Organ der vollziehenden Gewalt.

(2) Die Regierung setzt sich aus dem Vorsitzenden der Regierung, seinen Stellvertretern und den Ministern zusammen.

Art. 68

(1) Die Regierung ist der Abgeordnetenkammer verantwortlich.

(2) Der Vorsitzende der Regierung wird vom Präsidenten der Republik ernannt. Auf seinen Vorschlag ernennt der Präsident der Republik die anderen Mitglieder der Regierung und beauftragt sie mit der Leitung der Ministerien oder anderen Behörden.

(3) Die Regierung tritt binnen dreißig Tagen nach ihrer Ernennung vor die Abgeordnetenkammer und ersucht sie um die Vertrauensäußerung.

(4) Verweigert die Abgeordnetenkammer der neu ernannten Regierung das Vertrauen, wird nach den Absätzen 2 und 3 verfahren. Wenn auch die auf diese Weise ernannte Regierung das Vertrauen der Abgeordnetenkammer nicht erlangt, ernennt der Präsident der Republik den Vorsitzenden der Regierung auf Vorschlag des Vorsitzenden der Abgeordnetenkammer.

(5) In den anderen Fällen ernennt der Präsident der Republik auf Vorschlag des Vorsitzenden der Regierung die anderen Mitglieder der Regierung und beauftragt sie mit der Leitung der Ministerien oder anderen Behörden. Der Präsident der Republik beruft auf Vorschlag des Vorsitzenden der Regierung die Mitglieder der Regierung ab.

Art. 69

(1) Die Mitglieder der Regierung legen vor dem Präsidenten der Republik das Gelöbnis ab.

(2) Das Gelöbnis des Mitglieds der Regierung lautet: »Ich gelobe der Tschechischen Republik Treue. Ich gelobe, daß ich ihre Verfassung und ihre Gesetze wahren und sie verwirklichen werde. Ich gelobe bei meiner Ehre, daß ich mein Amt gewissenhaft ausüben und meine Stellung nicht mißbrauchen werde«.

Art. 70

Das Mitglied der Regierung darf keine Tätigkeit ausüben, deren Wesensart im Widerspruch zur Wahrnehmung seines Amtes steht. Einzelheiten bestimmt das Gesetz.

Art. 71

Die Regierung kann der Abgeordnetenkammer die Vertrauensfrage stellen.

Art. 72

(1) Die Abgeordnetenkammer kann der Regierung ihr Mißtrauen aussprechen.

(2) Einen Mißtrauensantrag erörtert die Regierung nur, wenn er in schriftlicher Form von mindestens fünfzig Abgeordneten eingebracht wird. Zur Billigung des Antrags ist die Zustimmung der einfachen Mehrheit aller Abgeordneten erforderlich.

Art. 73

(1) Der Vorsitzende der Regierung überreicht sein Rücktrittsgesuch dem Präsidenten der Repu-

blik. Die anderen Mitglieder der Regierung überreichen ihre Rücktrittsgesuche dem Präsidenten der Republik durch den Vorsitzenden der Regierung.

(2) Die Regierung reicht ihren Rücktritt ein, wenn die Abgeordnetenkammer ihre Vertrauensfrage ablehnt oder ihr das Mißtrauen ausgesprochen wird. Die Regierung reicht ihren Rücktritt stets nach der konstituierenden Sitzung der neu gewählten Abgeordnetenkammer ein.

(3) Reicht die Regierung ihr Rücktrittsgesuch gemäß Absatz 2 ein, hat der Präsident es anzunehmen.

Art. 74

Der Präsident der Republik beruft ein Mitglied der Regierung ab, wenn das der Vorsitzende der Regierung beantragt.

Art. 75

Der Präsident der Republik beruft die Regierung ab, die ihren Rücktritt nicht eingereicht hat, obwohl sie dazu verpflichtet war.

Art. 76

(1) Die Regierung entscheidet in corpore.

(2) Zur Annahme eines Regierungsbeschlusses ist die Zustimmung der einfachen Mehrheit aller ihrer Mitglieder erforderlich.

Art. 77

(1) Der Vorsitzende der Regierung organisiert die Tätigkeit der Regierung, leitet ihre Sitzungen, handelt in ihrem Namen und übt weitere Tätigkeiten aus, die ihm aufgrund der Verfassung oder anderer Gesetze obliegen.

(2) Den Vorsitzenden der Regierung vertritt der Stellvertretende Vorsitzende der Regierung oder ein anderes beauftragtes Mitglied der Regierung.

Art. 78

Die Regierung ist berechtigt, zur Durchführung eines Gesetzes und in seinem Rahmen Verordnungen zu erlassen. Die Regierungsverordnungen unterzeichnet der Vorsitzende der Regierungen und das zuständige Mitglied der Regierung.

Art. 79

(1) Ministerien und andere Verwaltungsbehörden können nur durch das Gesetz errichtet werden. Ihre Zuständigkeit kann nur durch das Gesetz festgelegt werden.

(2) Die Rechtsverhältnisse der Staatsangestellten in Ministerien und anderen Verwaltungsbehörden regelt das Gesetz.

(3) Ministerien, andere Verwaltungsbehörden und Organe der territorialen Selbstverwaltung können auf der Grundlage und im Rahmen des Gesetzes Rechtsvorschriften erlassen, sofern sie dazu durch das Gesetz ermächtigt sind.

Art. 80

(1) Die Staatsanwaltschaft vertritt im Strafverfahren die öffentliche Anklage; sofern es das Gesetz festlegt, übt sie auch andere Befugnisse aus.

(2) Die Stellung und Befugnisse der Staatsanwaltschaft legt das Gesetz fest.

Vierter Teil
Richterliche Gewalt

Art. 81

Die richterliche Gewalt üben im Namen der Republik unabhängige Gerichte aus.

Art. 82

(1) Die Richter sind in der Ausübung ihres Amtes unabhängig. Ihre Unparteilichkeit darf durch niemanden bedroht werden.

(2) Kein Richter kann wider seinen Willen abberufen oder zu einem anderen Gericht versetzt werden; Ausnahmen, die sich insbesondere aus der Disziplinarverantwortung ergeben, legt das Gesetz fest.

(3) Das Amt des Richters ist unvereinbar mit dem Amt des Präsidenten der Republik, dem eines Mitglieds des Parlaments noch mit irgendeinem Amt in der öffentlichen Verwaltung; mit welchen weiteren Tätigkeiten die Ausübung des Amtes des Richters unvereinbar ist, bestimmt das Gesetz.

Das Verfassungsgericht

Art. 83

Das Verfassungsgericht ist Organ der Rechtssprechung zum Schutze der Verfassungsordnung.

Art. 84

(1) Der Verfassungsgerichtshof setzt sich aus 15 für zehn Jahre ernannten Richtern zusammen.

(2) Die Richter des Verfassungsgerichtshofes werden vom Präsidenten der Republik mit Zustimmung des Senats ernannt.

(3) Richter des Verfassungsgerichtshofes kann ein unbescholtener Bürger sein, der in den Senat wählbar ist, eine juristische Hochschulbildung besitzt und mindestens zehn Jahre lang in einem juristischen Beruf tätig war.

Art. 85

(1) Der Richter des Verfassungsgerichtshofes tritt sein Amt durch das Ablegen des Gelöbnisses vor dem Präsidenten der Republik an.

(2) Das Gelöbnis des Richters des Verfassungsgerichtshofes lautet: »Ich gelobe bei meiner Ehre und meinem Gewissen, daß ich die Unantastbar-

keit der natürlichen Menschenrechte und der Bürgerrechte schützen, mich nach Verfassungsgesetzen richten und nach meiner besten Überzeugung, unabhängig und unparteiisch entscheiden werde«.

(3) Lehnt der Richter die Gelöbnisleistung ab, oder legt er das Gelöbnis mit Verbehalt ab, gilt er als nicht ernannt.

Art. 86

(1) Ein Richter des Verfassungsgerichtshofes kann ohne Zustimmung des Senats nicht strafrechtlich verfolgt werden. Wenn der Senat seine Zustimmung verweigert, ist die strafrechtliche Verfolgung für immer ausgeschlossen.

(2) Ein Richter des Verfassungsgerichtshofes kann nur in Haft genommen werden, wenn er bei der Verübung einer Straftat oder unmittelbar danach ertappt worden ist. Das zuständige Organ ist verpflichtet, den Vorsitzenden des Senats über die Verhaftung unverzüglich in Kenntnis zu setzen. Gibt der Vorsitzende des Senats binnen 24 Stunden nach der Verhaftung keine Zustimmung zur Überstellung des Verhafteten an ein Gericht, ist das zuständige Organ verpflichtet, den Verhafteten auf freien Fuß zu setzen. Der Senat entscheidet auf seiner ersten nachfolgenden Sitzung endgültig über die Zulässigkeit der strafrechtlichen Verfolgung.

(3) Der Richter des Verfassungsgerichtshofes hat das Recht, seine Zeugenaussage über Tatsachen, die er im Zusammenhang mit der Wahrnehmung seines Amtes erfahren hat, zu verweigern, und dies auch nach Ende seines Amtes als Richter des Verfassungsgerichtshofes.

Art. 87

(1) Das Verfassungsgericht befindet

a) über die Aufhebung von Gesetzen oder ihrer einzelnen Bestimmungen, wenn sie im Widerspruch zum Verfassungsgesetz oder zu einem internationalen Abkommen gemäß Art. 10 stehen,

b) über die Aufhebung anderer Rechtsvorschriften oder ihrer einzelnen Bestimmungen, wenn sie im Widerspruch zum Verfassungsgesetz oder zu einem internationalen Abkommen gemäß Art. 10 stehen,

c) über Verfassungsbeschwerden der Organe der territorialen Selbstverwaltung gegen ungesetzliche Eingriffe des Staates,

d) über Verfassungsbeschwerden gegen eine rechtskräftige Entscheidung und andere Eingriffe der Organe der öffentlichen Gewalt gegen die verfassungsmäßig gewährleisteten Grundrechte und Freiheiten,

e) über Rechtsmittel gegen Entscheidungen in Sachen der Überprüfung der Wahl eines Abgeordneten oder eines Senators,

f) in Zweifelsfällen hinsichtlich eines Wählbar-

keitsverlustes and über die Unvereinbarkeit mit der Ausübung des Amtes eines Abgeordneten oder eines Senators gemäß Art. 25,

g) über Verfassungsklagen des Senats gegen den Präsidenten der Republik gemäß Art. 65 Abs. 2,

h) über Aufträge des Präsidenten der Republik auf Aufhebung eines Beschlusses der Abgeordnetenkammer und des Senats gemäß Art. 66,

i) über unerläßliche Maßnahmen zur Durchführung von für die Tschechische Republik verbindlichen Entscheidungen des internationalen Gerichtshofes, sofern sie nicht anders durchgeführt werden können,

j) darüber, ob eine Entscheidung bezüglich der Auflösung einer politischen Partei oder eine andere, die Tätigkeit einer politischen Partei betreffende Entscheidung im Einklang mit den Verfassungsgesetzen oder anderen Gesetzen steht,

k) über Streitfälle betreffend den Umfang der Befugnisse staatlicher Organe und der Organe der territorialen Selbstverwaltung, sofern sie nach dem Gesetz nicht einem anderen Organ zustehen.

(2) Das Gesetz kann bestimmen, daß anstelle des Verfassungsgerichtshofes das Oberste Verwaltungsgericht zu befinden hat

a) über die Aufhebung von Rechtsvorschriften oder ihrer einzelnen Bestimmungen, sofern sie im Widerspruch zum Gesetz stehen,

b) in Streitfällen über den Umfang der Befugnisse staatlicher Organe und der Organe der territorialen Selbstverwaltung, sofern sie nach dem Gesetz nicht einem anderen Organ zustehen.

Art. 88

(1) Das Gesetz legt fest, wer und unter welchen Bedingungen berechtigt ist, einen Antrag auf Verfahrensaufnahme zu stellen, und bestimmt die Regeln für das Verfahren vor dem Verfassungsgerichthof.

(2) Die Richter des Verfassungsgerichtshofes sind in ihren Entscheidungen nur durch die Verfassungsgesetze und die internationalen Abkommen gemäß Art. 10 und durch das Gesetz gemäß Abs. 1 gebunden.

Art. 89

(1) Die vom Verfassungsgericht getroffene Entscheidung ist vollziehbar, sobald sie auf die im Gesetz festgelegte Weise verkündet wurde, sofern über die Vollziehbarkeit vom Verfassungsgericht nicht anderweitig entschieden wurde.

(2) Vollziehbare Entscheidungen des Verfassungsgerichtshofes sind für alle Organe und Personen verbindlich.

Die Gerichte

Art. 90

Die Gerichte sind vor allem berufen, auf die vom Gesetz festgelegte Weise die Rechte zu schützen. Nur ein Gericht kann bei Straftaten über die Schuld und Strafe befinden.

Art. 91

(1) Das System der Gerichtsbarkeit besteht aus dem Obersten Gericht, dem Obersten Verwaltungsgericht, den Ober-, Bezirks- und Kreisgerichten. Ihre Bezeichnung kann das Gesetz anders festlegen.

(2) Wirkungsbereich und Organisation der Gerichte legt das Gesetz fest.

Art. 92

Das Oberste Gericht ist das höchste Organ der Gerichtsbarkeit in allen Befugnissen, die in die Zuständigkeit der Gerichte fallen, mit Ausnahme von Angelegenheiten, die dem Verfassungsgericht oder dem Obersten Verwaltungsgericht obliegen.

Art. 93

(1) Richter werden vom Präsidenten der Republik ohne zeitliche Beschränkung berufen. Der Richter tritt sein Amt mit der Ablegung des Gelöbnisses an.

(2) Zum Richter kann ein unbescholtener Bürger, der die juristische Hochschulbildung besitzt, berufen werden. Weitere Voraussetzungen sowie die Vorgehensweise legt das Gesetz fest.

Art. 94

(1) Das Gesetz bestimmt, in welchen Fällen die Richter als Senat entscheiden, und wie sich der Senat zusammenzusetzen hat. In den übrigen Fällen befinden sie als Einzelrichter.

(2) Das Gesetz kann festlegen, in welchen Angelegenheiten und auf welche Weise an der Entscheidungsfindung der Richter außer Richtern auch andere Bürger Anteil haben.

Art. 95

(1) Bei seinen Entscheidungsfindungen ist jeder Richter durch das Gesetz gebunden; er ist berechtigt, die Übereinstimmung einer anderen Rechtsvorschrift mit dem Gesetz zu beurteilen.

(2) Befindet ein Gericht, daß das Gesetz, das bei der Entscheidung des Falles angewendet werden soll, im Widerspruch zum Verfassungsgesetz steht, legt es die Sache dem Verfassungsgerichtshof vor.

Art. 96

(1) Alle Beteiligten am Verfahren haben vor Gericht die gleichen Rechte.

(2) Die Gerichtsverhandlung erfolgt mündlich und öffentlich; Ausnahmen bestimmt das Gesetz. Das Urteil wird stets öffentlich verkündet.

Fünfter Teil
Die Oberste Kontrollbehörde

Art. 97

(1) Die oberste Kontrollbehörde ist ein unabhängiges Organ. Ihr obliegen die Kontrolle des Wirtschaftsgeschehens im staatlichen Eigentum und die Erfüllung des staatlichen Haushaltsplanes.

(2) Den Präsidenten und den Vizepräsidenten der Obersten Kontrollbehörde ernennt der Präsident der Republik auf Vorschlag der Abgeordnetenkammer.

(3) Stellung, Befugnisse, Organisationsstruktur der Obersten Kontrollbehörde und weitere Einzelheiten legt das Gesetz fest.

Sechster Teil
Die Tschechische Nationalbank

Art. 98

(1) Die Tschechische Nationalbank ist die zentrale Bank des Staates. Hauptziel ihrer Tätigkeit ist die Sorge um die Stabilität der Währung; jeder Eingriff in ihre Tätigkeit ist nur auf der Grundlage des Gesetzes möglich.

(2) Stellung, Befugnisse, Organisationsstruktur der Tschechischen Nationalbank und weitere Einzelheiten legt das Gesetz fest.

Siebenter Teil
Territoriale Selbstverwaltung

Art. 99

Die Tschechische Republik ist in Gemeinden gegliedert, die die grundlegenden territorialen Selbstverwaltungseinheiten darstellen. Höhere territoriale Selbstverwaltungseinheiten sind Länder oder Bezirke.

Art. 100

(1) Territoriale Selbstverwaltungseinheiten sind Gebietsgemeinschaften der Bürger, die ihr Recht auf Selbstverwaltung wahrnehmen. Das Gesetz legt fest, in welchen Fällen sie Verwaltungsdistrikte sind.

(2) Die Gemeinde ist stets Bestandteil einer höheren territorialen Selbstverwaltungseinheit.

(3) Die Bildung oder Auflösung einer höheren territorialen Selbstverwaltungseinheit ist nur durch ein Verfassungsgesetz möglich.

Art. 101

(1) Die Gemeinde wird selbständig durch die Gemeindevertretung verwaltet.

(2) Die höhere territoriale Selbstverwaltungs-

einheit wird selbständig durch eine Vertretungskörperschaft verwaltet.

(3) Die territorialen Selbstverwaltungseinheiten
sind öffentlichrechtliche Körperschaften, die eigenes Vermögen besitzen können und nach einem
eigenen Haushaltsplan wirtschaften.

(4) Der Staat kann in die Tätigkeit der territorialen Selbstverwaltungseinheiten nur eingreifen,
wenn das der Schutz des Gesetzes erfordert und nur
auf die im Gesetz festgelegte Weise.

Art. 102

(1) Die Mitglieder der Vertretungskörperschaf-
ten werden in geheimer Abstimmung auf der
Grundlage des allgemeinen, gleichen und direkten
Wahlrechts gewählt.

(2) Die Amtsperiode der Vertretungskörperschaft dauert vier Jahre. Das Gesetz legt fest, unter
welchen Bedingungen vor Ablauf der Amtsperiode
neue Wahlen zur Vertretungskörperschaft auszu-
schreiben sind.

Art. 103

Über die Bezeichnung der höheren territorialen
Selbstverwaltungseinheit entscheidet ihre Vertretungskörperschaft.

Art. 104

(1) Die Befugnisse der Vertretungskörperschaften kann nur das Gesetz festlegen.

(2) Die Gemeindevertretung entscheidet in Angelegenheiten der Selbstverwaltung, sofern diese
nicht durch das Gesetz der Vertretungskörperschaft einer höheren territorialen Selbstverwaltungseinheit vorbehalten wurden.

(3) Die Vertretungskörperschaften können im
Rahmen ihrer Befugnisse allgemein verbindliche
Verordnungen erlassen.

Art. 105

Die Ausübung der staatlichen Verwaltung kann
den Organen der Selbstverwaltung nur überlassen
werden, wenn das das Gesetz festlegt.

Achter Teil
Übergangs- und Schlußbestimmungen

Art. 106

(1) Mit dem Tag des Inkrafttretens dieser Verfassung wird der Tschechische Nationalrat zur Abgeordnetenkammer, deren Wahlperiode am 6. Juni
1996 endet.

(2) Bis zur verfassungsgerechten Wahl des Senats nimmt die Funktionen des Senats der Provisorische Senat wahr. Der Provisorische Senat ist auf
die im Verfassungsgesetz festgelegte Weise zu konstituieren. Bis zum Inkrafttreten dieses Gesetzes

übt die Funktionen des Senats die Abgeordnetenkammer aus.

(3) Die Abgeordnetenkammer kann nicht aufgelöst werden, solange sie die Funktion des Senats
gemäß Abs. 2 ausübt.

(4) Bis zur Verabschiedung der Gesetze über die
Geschäftsordnung der Kammern wird in den ein-
zelnen Kammern nach der Geschäftsordnung des
Tschechischen Nationalrates verfahren.

Art. 107

(1) Das Gesetz über die Wahlen zum Senat legt
fest, auf welche Weise bei den ersten Wahlen zum
Senat das Drittel von Senatoren mit zweijähriger
Amtszeit und das Drittel der Senatoren mit vierjäh-
riger Amtszeit bestimmt werden.

(2) Die Tagung des Senats beruft der Präsident
der Republik so ein, daß sie spätestens am dreißigsten Tag nach dem Tag der Wahl beginnt. Unterläßt er das, tritt der Senat am dreißigsten Tag nach
dem Tag der Wahl zusammen.

Art. 108

Die Regierung der Tschechischen Republik, die
nach den Wahlen im Jahre 1992 ernannt wurde und
die zum Tag des Inkrafttretens der Verfassung ihr
Amt ausübt, wird als Regierung betrachtet, die
nach dieser Verfassung ernannt worden ist.

Art. 109

Bis zur Konstituierung der Staatsanwaltschaft
der Tschechischen Republik wird ihre Funktion
von der Prokuratur der Tschechischen Republik
wahrgenommen.

Art. 110

Bis zum 31. Dezember 1993 gehören auch die
Militärgerichte zum System der Gerichtsbarkeit.

Art. 111

Die Richter der Gerichte der Tschechischen Republik, die zum Tage des Inkrafttretens dieser Verfassung das Amt eines Richters ausüben, werden als
nach der Verfassung der Tschechischen Republik
ernannte Richter angesehen.

Art. 112

(1) Die Verfassungsordnung der Tschechischen
Republik bilden diese Verfassung, die Konvention
zum Schutz der Menschenrechte und Grundfrei-
ten, die nach dieser Verfassung verabschiedeten
Verfassungsgesetze und die Verfassungsgesetze der
Nationalversammlung der Tschechoslowakischen
Republik, der Föderativen Versammlung der
Tschechoslowakischen Sozialistischen Republik
und des Tschechischen Nationalrats, die die Staats-
grenze der Tschechischen Republik festlegen, und

die nach dem 6. Juni 1992 verabschiedeten Verfassungsgesetze des Tschechischen Nationalrats.

(2) Die bisherige Verfassung, das Verfassungsgesetz über die tschechoslowakische Föderation, die Verfassungsgesetze zu ihrer Änderung und Ergänzung und das Verfassungsgesetz des Tschechischen Nationalrates Nr. 67/1990 Ges.-Slg. über die Hoheitszeichen der Tschechischen Republik werden aufgehoben.

(3) Die übrigen am Tage des Inkrafttretens dieser Verfassung auf dem Territorium der Tschechischen Republik geltenden Verfassungsgesetze haben Gesetzeskraft.

Art. 113

Diese Verfassung tritt mit dem Tag des 1. Januar 1993 in Kraft.

Uhde m. p.
Klaus m. p.

Textanhang III/5

Rekurs: Verfassungsgesetz vom 21. Juli 1939 über die Verfassung der Slowakischen Republik*

Das Slowakische Parlament hat diese Verfassung beschlossen:

Das slowakische Volk unter der Schirmherrschaft Gottes des Allmächtigen blieb jahrhundertelang auf dem ihm bestimmten Lebensraum erhalten, wo es sich mit Seiner Hilfe, von dem alle Macht und Recht herkommen, seinen freien Slowakischen Staat errichtet hat.

Der Slowakische Staat vereinigt nach natürlichem Recht alle moralischen und wirtschaftlichen Kräfte des Volkes in einer christlichen und nationalen Gemeinschaft, um in ihr soziale Gegensätze und gemeinsam sich kreuzende Interessen aller Standes- und Interessensgemeinschaften in die richtige Bahn zu steuern und um als Vollzieher einer sozialen Gerechtigkeit und als Hüter des Allgemeinwohls in harmonischer Einheit mittels moralischer und politischer Fortentwicklung den Höhepunkt der Gesellschaft und der Einzelnen zu erreichen.

Erstes Hauptstück
Allgemeine Bestimmungen

§ 1

1. Der Slowakische Staat ist eine Republik.
2. Das Haupt des Staates ist ein gewählter Präsident.

§ 2

Die Staatsmacht üben in der Verfassung bestimmte Organe aus.

§ 3

1. Die Staatsangehörigkeit ist einzig und einheitlich.
2. Die Bedingungen ihres Erwerbens und Verfalls bestimmt ein separates Verfassungsgesetz.

3. Die Hauptstadt der Republik ist Bratislava.

§ 5*

1. Die Farben der Republik sind: weiß, blau und rot.
2. Das Staatswappen, das Staatssiegel, die Staatsflagge und die Staatsfahne bestimmt ein separates Gesetz.

Zweites Hauptstück
Das Parlament

§ 6

Die Gesetzgebende Macht für das ganze Gebiet der Slowakischen Republik obliegt dem Parlament.

§ 7

1. Das Parlament hat 80 Abgeordnete.
2. Die Abgeordneten werden in allgemeiner, unmittelbarer, gleicher und geheimer Abstimmung gewählt.

§ 8

Das Parlament wird für 5 Jahre gewählt.

§ 9

Der Bürger ist wahlberechtigt nach Überschreiten seines 21. Lebensjahres und wenn er auch den übrigen Bedingungen der Wahlordnung entspricht.

§ 10

Wählbar ist ein Bürger nach Erreichen seines dreißigsten Lebensjahres und wenn er auch den übrigen Bedingungen der Wahlordnung ins Parlament entspricht.

---

* Vom Hrsg. P. H. aus verfassungsgeschichtlichen Gründen hier abgedruckt.

* Anm. der Hrsg. P. H.: § 4 fehlt im Original.

§ 11

Einzelheiten über das Wahlrecht und über die Wahlen reguliert die Wahlordnung ins Parlament, worüber ein separates Gesetz herausgegeben wird.

§ 12

1. Über die Gültigkeit der Wahlen ins Parlament entscheidet der Wahlsenat.
2. Einzelheiten bestimmt ein separates Gesetz.

§ 13

Die Abgeordneten sind Vertreter der Bürger des gesamten Staates und bestreiten ihr Mandat persönlich.

§ 14

Nach der Wahl leistet der Abgeordnete diesen Schwur:
»Ich schwöre bei Gott dem Allmächtigen und Allwissenden, daß ich der Slowakischen Republik treu bleibe, die Gesetze einhalten und mein Mandat nach bestem Wissen und Gewissen erfüllen werde. So mir Gott helfe!«

§ 15

1. Ein Abgeordneter, der sein Amt nicht gewissenhaft erfüllt oder sich seines Amtes nicht wert erweist, kann seines Mandates entledigt werden.
2. Über den Mandatsverlust entscheidet der Staatsrat auf Antrag des Parlamentspräsidiums.

§ 16

1. Der Abgeordnete kann wegen seiner Abstimmung im Parlament oder in den Ausschüssen in keinem Fall verfolgt werden. Wegen ihrer Aussagen im Parlament müssen sie sich der Disziplinarmacht des Parlaments fügen.
2. Zur Straf- oder Disziplinarverfolgung oder zu jeder Freiheitsbeschränkung eines Parlamentsmitglieds wegen anderer Taten oder Vernachlässigungen ist die Einwilligung des Parlaments notwendig. Falls das Parlament mit der Verfolgung nicht einverstanden ist, ist sie für immer ausgeschlossen.
3. Die Bestimmungen des vorherigen Absatzes beziehen sich nicht auf die Strafverantwortung, die der Parlamentsabgeordnete als verantwortlicher Redakteur hat.
4. Falls ein Abgeordneter bei einer Straftat erfaßt und eingesperrt wurde, ist das Gericht oder ein anderes zuständiges Amt verpflichtet, es dem Parlamentsvorsitzenden sofort zu melden. Falls das Parlament binnen 14 Tagen von der Festnahme an mit einer weiteren Gefängnisstrafe nicht einverstanden ist, hört die Haftstrafe auf.

§ 17

1. Die Staatlichen und öffentlichen Angestellten, die als Abgeordnete gewählt wurden, werden nach ihrer Vereidigung für die Zeit ihres Mandats beurlaubt.
2. Näheres bestimmt ein besonderes Gesetz.

§ 18

Die Abgeordneten können über Tatsachen, die sie durch ihre Funktion erfahren haben, nur mit der Erlaubnis des Parlamentspräsidiums zeugen, und zwar auch dann, wenn sie nicht mehr Mitglieder des Parlaments sind.

§ 19

1. Der Präsident der Republik ruft zweimal im Jahr eine ordentliche Parlamentssitzung ein: eine Frühjahrsitzung im März, eine Herbstsitzung im Oktober.
2. Auf Verlangen der Mehrheit der Abgeordneten ist der Präsident verpflichtet, eine außerordentliche Sitzung einzuberufen. Falls er es binnen 14 Tagen nicht tut, beruft die außerordentliche Sitzung der Parlamentsvorsitzende.

§ 20

Nach Ablauf der Wahlperiode des Parlaments oder falls der Präsident der Republik das Parlament auflöst, werden die Parlamentswahlen binnen 60 Tagen vollzogen.

§ 21

1. Das Parlament ist beschlußfähig bei Anwesenheit mindestens ⅓ aller Abgeordneten und für die Gültigkeit eines Beschlusses ist die Mehrheit der Anwesenden nötig.
2. Für einen Beschluß über die Verfassung, die Verfassungsgesetze und ihre Änderungen, über »Änderungen der Staatsgrenzen, über die Kriegserklärung, über den Friedensschluß und über die Anklage des Präsidenten ist die Anwesenheit von ⅔ aller Abgeordneten und eine ⅗ Mehrheit aller Anwesenden notwendig.

§ 22

1. Das Parlament wählt seine Organe.
2. Für die Parlamentssitzung gelten Bestimmungen der Geschäftsordnung.

§ 23

1. Regierungsmitglieder haben das Recht an allen Parlamentssitzungen teilzunehmen, an allen Sitzungen seiner Ausschüsse und Kommissionen und immer wenn sie es wünschen, hat man ihnen das Wort zu erteilen.
2. Auf Wunsch des Parlaments oder des Ausschusses muß ein Regierungsmitglied an der Sitzung teilnehmen.

§ 24

In die ausschließliche Gerichtsbarkeit des Parlaments gehört:

a) die Wahl des Präsidenten der Republik,

b) Beschlußfassungen über die Verfassung, über Verfassungsgesetze und ihre Änderungen,

c) die Festsetzung des Staatsbudgets,

d) die Beschlußfassung über die Staatshaushaltsbilanz,

e) die Herausgabe der Wehrpflichtgesetze,

f) Beschlüsse über Gesetze, die neue ständige finanzielle Lasten den Bürgern auferlegen,

g) die Herausgabe von Gesetzen über die Organisation der Gerichte, über ihre Wirkung und Zuständigkeit und über das Gerichtsverfahren,

h) die Zustimmung zu internationalen Handelsverträgen oder zu solchen, die dem Staat oder dem Bürger Lasten auferlegen und die Zustimmung zu Friedensverträgen.

§ 25

1. Gesetzentwürfe können von der Regierung, dem Staatsrat oder von Parlamentsmitgliedern eingebracht werden.

2. Jedem Gesetzentwurf muß eine Begründung beigelegt werden und ein Vorschlag für seine Dekkung.

§ 26

1. Der Präsident der Republik ist verpflichtet, ein abgestimmtes Gesetz binnen 15 Tagen zu unterschreiben oder es mit seinen Anmerkungen an das Parlament zur neuen Beratung zurückzusenden.

2. Falls in Anwesenheit von ⅔ aller Abgeordneten mit einer ⅗ Mehrheit aller Anwesenden das selbe Gesetz ohne Änderung beschlossen wurde, muß es verkündet werden.

§ 27

In jedem Gesetz und in jeder Anordnung mit der Macht eines Gesetzes ist zu bestimmen, von welchem Regierungsmitglied es zu vollziehen ist.

§ 28

Das Gesetz wird außer vom Präsidenten der Republik auch vom Vorsitzenden des Parlaments unterschrieben, weiteres vom Vorsitzenden der Regierung und noch wenigstens vom Minister, der das Gesetz zu vollziehen hat.

§ 29

1. Für die Wirksamkeit des Gesetzes und der Anordnungen mit Gesetzmacht ist es nötig, sie auf solche Weise zu verkünden, die ein besonderes Gesetz bestimmt.

2. Das Gesetz ist binnen acht Tagen nach dem Unterschreiben durch den Präsidenten zu verkünden.

§ 30

1. In der Zeit der Auflösung des Parlaments vom Ablauf der Wahlperiode bis zur Konstitu-

ierung eines neuen Parlaments, trifft dringliche Maßnahmen, die dem Parlament vorenthalten sind, ein besonderer Parlamentausschuß.

2. Ausnahmen und Einzelheiten bestimmt das Verfassungsgesetz.

Drittes Hauptstück
Der Präsident der Republik

§ 31

1. Den Präsidenten der Republik wählt das Parlament.

2. Zum Präsidenten kann ein Staatsbürger gewählt werden, der ins Parlament wählbar ist und am Tage der Wahl wenigstens 40 Jahre alt ist.

2. Dieselbe Person kann nur zweimal zum Präsidenten gewählt werden.

§ 32

1. Zur Gültigkeit der Wahl ist die Anwesenheit von ⅔ aller Abgeordneten zur Zeit der Wahl und eine ⅗ Mehrheit aller Anwesenden notwendig. Gewählt wird mit Stimmzettel ohne Abhandlung in einer öffentlichen Sitzung.

2. Falls keiner der Kandidaten eine ⅗ Mehrheit der anwesenden Abgeordneten erreicht, wird von neuem zwischen zwei Kandidaten gewählt, die die größte Stimmenanzahl erreicht haben. In diesem Fall genügt zur Wahl eine einfache Mehrheit. Falls bei der zweiten Wahl eine Stimmeinheit erreicht wird, entscheidet das Los.

§ 33

1. Die Funktionsperiode des Präsidenten der Republik dauert sieben Jahre und beginnt mit dem Tage seiner Anlobung.

2. Die Funktionsperiode des Präsidenten der Republik dauert sieben Jahre und beginnt mit dem Tage seiner Anlobung.

3. Das Parlament vollzieht die Wahl spätestens 14 Tage vor Ablauf der Funktionsperiode des vorherigen Präsidenten.

§ 34

Der Präsident der Republik tritt sein Amt mit diesem Eid vor dem Parlament an:

»Ich schwöre bei Gott dem Allmächtigen und Allwissenden, daß ich als Präsident der Slowakischen Republik ein treuer Hüter der Verfassung und der Gesetze sein werde, daß ich die moralische und materielle Emporhebung des Volkes immer vor Augen haben werde und den Staat so regieren werde, daß in ihm der Geist der christlichen Liebe und Gerechtigkeit zur Geltung kommt. So wahr mir Gott helfe!«

§ 35

Der Präsident der Republik kann kein Mitglied des Parlaments sein.

§ 36

Falls der Präsident stirbt, sein Amt zurücklegt oder seine Funktion auf Dauer nicht erfüllen kann, wählt das Parlament binnen 30 Tagen einen neuen Präsidenten.

§ 37

1. Solange es keinen Präsidenten gibt, oder falls der Präsident sein Amt zeitweilig nicht versehen kann, übt die Funktion des Staatsoberhauptes der Vorsitzende der Regierung aus.

2. Wenn es zur Demission der Regierung kommt, während es keinen Präsidenten gibt, entscheidet über die Demission und trifft Anstalten über die zeitweilige Führung der Regierungsgeschäfte der Parlamentsvorsitz.

§ 38

1. Dem Präsidenten der Republik obliegt:

a) den Staat nach außen hin zu repräsentieren, diplomatische Vertreter zu empfangen und zu beglaubigen und internationale Kontakte zu schließen,

b) die Wehrbereitschaft (Mobilisation?) des Staates auszurufen und mit Erlaubnis des Parlaments den Krieg zu erklären und Frieden zu schließen,

c) das Parlament einzuberufen und aufzulösen und die Parlamentssitzung für beendet zu erklären,

d) dem Parlament abgestimmte Gesetze mit Anmerkungen zurückzusenden,

e) Gesetze und Anordnungen mit Gesetzmacht zu unterzeichnen,

f) Botschaften ans Parlament zu adressieren,

g) Minister zu nennen und zu entlassen,

h) alle Universitätsprofessoren und Richter zu ernennen, weiters Staatsbeamte und Offiziere der drei höchsten Ränge zu ernennen,

i) die Funktion des höchsten Befehlshabers der Armee,

j) das Recht laut § 72 und die Dispensation, welches Recht ausschließlich dem Staatsoberhaupt zusteht,

k) Orden und Auszeichnungen zu erteilen,

l) Geschenke und Gnadenpensionen zu erteilen,

m) an den Sitzungen der Regierung und des Staatsrates teilzunehmen, ihre Einberufung zu verlangen und ihnen vorzusitzen.

2. Alle Regierungs- und Vollziehungsgewalt, soweit sie laut Verfassung oder laut später herausgegebener Gesetze nicht ausdrücklich ausschließlich dem Präsidenten der Republik oder dem Staatsrat zusteht, obliegt der Regierung.

§ 39

1. Der Präsident ist für die Vollziehung seiner Funktion nicht verantwortlich.

2. Laut Anklage des Parlaments kann der Präsident nur wegen Hochverrats vom Staatsrat strafrechtlich verfolgt werden. Die Strafe besteht aus dem Verlust des Präsidentenamtes und aus dem Verlust der Möglichkeit, dieses Amt von neuem zu bekleiden.

3. Einzelheiten bestimmt ein besonderes Gesetz.

§ 40

Zur Gültigkeit eines jeden Regierungsaktes des Präsidenten ist eine Unterschrift des zuständigen Ministers notwendig.

Viertes Hauptstück
Die Regierung

§ 41

1. Die Regierung besteht aus dem Vorsitzenden und den Ministern.

2. Der Präsident ernennt den Vorsitzenden der Regierung und die Minister und bestimmt, welche Ministerien von den einzelnen Ministern zu verwalten sind.

3. Die Zahl und den Tätigkeitsbereich der einzelnen Ministerien bestimmt ein separates Gesetz.

§ 42

Die Regierungsmitglieder legen vor der Übernahme ihres Amtes diesen Eid in die Hände des Präsidenten ab:

»Ich schwöre bei Gott dem Allmächtigen und Allwissenden, daß ich gewissenhaft und unparteiisch meine Pflichten erfüllen und die Gesetze einhalten werde. So mir Gott helfe!«

§ 43

Die Regierung kann zur Vollziehung bestimmter Gesetze und in deren Grenzen Anordnungen herausgeben.

§ 44

1. Falls zur Verhütung eines nichtwiedergutzumachenden Schadens wirtschaftliche, finanzielle oder politische Interessen des Staates dringliche Maßnahmen erfordern, kann die Regierung Anordnungen mit Gesetzmacht erlassen mit Ausnahme von Sachen, die in die ausschließliche Rechtskraft des Parlaments gehören oder die laut Verfassung durch ein Gesetz geregelt werden.

2. Eine solche Anordnung ist nur dann gültig, wenn sie von der Mehrzahl der Regierungsmitglieder und dem Präsidenten unterschrieben wird.

3. Eine Anordnung mit Gesetzvollmacht wird gleichzeitig mit ihrer Kundmachung vom Vorsit-

zenden der Regierung dem Parlament vorgelegt. Das Parlament kann binnen drei Monaten seine Nichtübereinstimmung aussprechen, die laut § 29 mit der Angabe des Tages, an dem die Anordnung ihre Gültigkeit verliert, verkündet wird oder die Anordnung kann geändert oder als Gesetz erlassen werden.

§ 45

Die Regierung wählt aus ihren Mitgliedern den Stellvertreter des Vorsitzenden. Falls er den Vorsitzenden nicht vertreten könnte, vertritt ihn das älteste Regierungsmitglied.

§ 46

1. Die Regierung entscheidet im gesetzgebenden Körper, der beschlußfähig ist, wenn außer dem Vorsitzenden oder seinem Vertreter die Mehrheit ihrer Mitglieder anwesend ist.
2. Genauere Verordnungen über Regierungsberatungen erläßt die Regierung durch einen vom Präsidenten genehmigten Beschluß.

§ 47

1. Eine Regierungsanordnung unterschreibt der Regierungsvorsitzende und der zuständige Minister.
2. Eine Regierungsanordnung soll auf eine Weise, die ein besonderes Gesetz (§ 29) bestimmt, verkündet werden.

§ 48

Die Regierung oder ihre einzelnen Mitglieder können vom Parlament zur politischen Verantwortung gerufen werden und ihr oder irgendeinem ihrer Mitglieder das Mißtrauen aussprechen.

§ 49

1. Wenn der Vorsitzende oder ein Regierungsmitglied zufleiß oder aus grober Fahrlässigkeit in seinem Amtsbereich ein Verfassungsgesetz oder ein anderes Gesetz verletzt, ist er strafrechtlich verantwortlich.
2. Das Anklagerecht obliegt dem Parlament und das Strafverfahren vollzieht der Staatsrat.
3. Einzelheiten bestimmt ein besonderes Gesetz.

§ 50

Ein Regierungsmitglied darf keine Funktion im Organ von Erwerbsgesellschaften bekleiden.

Fünftes Hauptstück
Der Staatsrat

§ 51

Der Staatsrat besteht aus: sechs Mitglieder werden vom Präsidenten der Republik gewählt, zehn Mitglieder entsendet Hlinkas Slowakische Volks-

partei, je ein Mitglied entsendet registrierte Parteien der Volksgruppen und die Stände; weitere Mitglieder sind: Der Regierungsvorsitzende und der Parlamentsvorsitzende.

§ 52

Dem Staatsrat obliegt:
a) festzustellen, ob eine Tatsache eingetreten ist, die dem Präsidenten der Republik die Erfüllung seiner Funktion auf Dauer nicht ermöglicht (§ 36),
b) den Präsidenten der Republik strafrechtlich zu verfolgen (§ 39),
c) den Regierungsvorsitzenden und die Regierungsmitglieder rechtlich zu verfolgen (§ 49),
d) die Kandidatenliste für die Parlamentswahlen zusammenzustellen,
e) auf Antrag des Parlamentsvorsitzes über den Verlust eines Abgeordneten-Mandates zu entscheiden,
f) dem Parlament Gesetzentwürfe einzureichen,
g) dem Präsidenten der Republik und der Regierung Gutachten in politischen, kulturellen und wirtschaftlichen Sphären zu erstatten.

§ 53

Vor Beginn seiner Tätigkeit legt das Mitglied des Staatsrates in die Hände des Präsidenten der Republik diesen Eid ab:
»Ich schwöre bei Gott dem Allmächtigen und Allwissenden, daß ich meine Pflichten gewissenhaft und unparteiisch erfüllen und die Gesetze befolgen werde. So mir Gott helfe!«

§ 54

1. Die Funktionsperiode des Staatsrates beträgt drei Jahre.
2. Der Präsident der Republik beruft die konstituierende Versammlung des Staatsrates ein, in der der Vorsitzende und die übrigen Funktionäre gewählt werden.

§ 55

1. Die Mitglieder des Staatsrates genießen die Immunität als Abgeordnete (§ 16).
2. Wenn ein Abgeordneter dem Staatsrat angehört, entscheidet über seine Herausgabe das Parlament.

§ 56

Die Mitglieder des Staatsrates können über Sachen, die sie durch ihre Funktion erfahren haben, nur mit der Zustimmung des Staatsrates aussagen, und zwar auch dann, wenn sie keine Mitglieder mehr sind.

§ 57

1. Der Staatsrat entscheidet in der Versammlung, die beschlußfähig ist, wenn außer dem Vor-

sitzenden oder seinem Vertreter die Mehrheit seiner Mitglieder anwesend ist. Zur Beschlußfassung kommt es bei Stimmenmehrheit.

2. Einzelheiten über den Staatsrat bestimmt ein separates Gesetz.

Sechstes Hauptstück
Politische Parteien

§ 58

1. Das slowakische Volk nimmt Anteil an der Staatsmacht mittels Hlinkas Slowakischer Volkspartei (Partei der slowakischen nationalen Einheit).

2. Einzelheiten über die Entstehung, die Zusammensetzung und Rechtskraft der Parteiorgane bestimmt ein besonderes Gesetz.

§ 59

1. Die Volksgruppe nimmt Anteil an der Staatsmacht mittels ihrer registrierten politischen Partei, falls diese als Repräsentantin des politischen Willens der ganzen Volksgruppe betrachtet werden kann.

2. Einzelheiten bestimmt das Gesetz.

Siebentes Hauptstück
Errichtung der Stände

§ 60

1. Die Bürger gruppieren sich ihrem Beruf nach in diese Stände:
   a) Landwirtschaft,
   b) Industrie,
   c) Handel und Gewerbe,
   d) Geld- und Versicherungswesen,
   e) freie Berufe,
   f) öffentliche Angestellte und Angestellte des Kulturwesens.

2. Ein jeder Stand besteht aus einer separaten Gruppe von Arbeitgebern und Arbeitnehmern.

§ 61

1. Ein jeder Bürger muß in irgendeinem Stand organisiert sein, aber eine Funktion kann nur von einem organisierten Mitglied einer politischen Partei bekleidet werden.

2. Einzelheiten sind gesetzlich bestimmt.

§ 62

Die Stände kümmern sich um wirtschaftliche, soziale und kulturelle Interessen ihrer Einrichtungen, besonders um die Steigerung ihrer Leistungsfähigkeit und des Lebensstandardes, um die Regelung der Arbeitsbedingungen, um den Ausgleich und die Zielsetzung der Interessen innerhalb der Stände, zwischen Produzenten und Verbrauchern und um die Lösung eventueller Probleme zwischen Arbeitgebern und Arbeitnehmern.

§ 63

1. Die Stände sind auf dem Prinzip der Selbstverwaltung organisiert.

2. Organisationsfragen, Fragen der Tätigkeit und der Rechtskraft der Stände und der staatlichen Aufsicht über sie regelt ein separates Gesetz.

Achtes Hauptstück
Territoriale Selbstverwaltung

§ 64

1. Die Bürger beteiligen sich an der Verwaltung des Staates mittels ihrer Organe der territorialen und ständischen Selbstverwaltung. Dabei ist auf die Interessen andersnationaler Gruppen gebührende Rücksicht zu nehmen.

2. Einzelheiten werden durch ein separates Gesetz bestimmt.

Neuntes Hauptstück
Die Justiz

§ 65

1. Die Justizmacht obliegt den Staatsgerichten und den separaten (außerordentlichen?) Gerichten. Ihre Organisation, ihren Tätigkeitsbereich, ihre Zuständigkeit und das Gerichtsverfahren vor ihnen regeln separate Gesetze.

2. Niemand darf seines Richters, der ihm gesetzlich zusteht, entledigt werden.

3. Außerordentliche Gerichte können nur für Gerichtsverfahren in Strafsachen, in Fällen vom Gericht im voraus bestimmten und nur auf beschränkte Zeit errichtet werden.

§ 66

1. Die Justiz ist in allen Instanzen von der Verwaltung getrennt.

2. Separate Gesetze bestimmen, welche Verwaltungsämter eine Gerichtsgewalt in Sachen, die auf ein strafrechtliches Polizei- oder Finanzverfahren hinweisen, haben.

3. Die Rechtsmacht der Militärgerichte kann laut Gesetzbestimmungen auf die Zivilbevölkerung nur während des Kriegszustandes erweitert werden und bezieht sich nur auf Taten, die in dieser Zeit verübt wurden. In Ausnahmefällen können nichtmilitärische staatliche Rüstungsorgane auf bestimmten Gebieten der Rechtsmacht der Militärgerichte untergeordnet werden.

4. In allen Fällen, in denen das Verwaltungsamt laut Gesetz über privatrechtliche Ansprüche entscheidet, kann jene Partei, die durch diese Entscheidung betroffen ist, nach Erschöpfung aller Reparationsmöglichkeiten eine Korrektur vor den Staatsgerichten verlangen, wenn es das Gesetz nicht ausschließt.

5. Die Beilegung von Streitigkeiten in Sachen des Tätigkeitsbereiches zwischen den Gerichten und Verwaltungsämtern wird durch das Gesetz geregelt.

§ 67

1. Die Richter sind in ihrer Funktion unabhängig und sind nur dem Gesetz verpflichtet.
2. Einzelheiten über Dienstverhältnisse der Richter, besonders über ihre Disziplinarverantwortung und über Bedingungen, die zur Erlangung eines Postens als Berufsrichter nötig sind, bestimmen separate Gesetze.

§ 68

Die Berufsrichter werden in ihre Stellungen immer auf Dauer bestellt; gegen ihren Willen können sie versetzt oder in den Ruhestand geschickt werden nur im Falle einer Neuorganisation der Gerichte in einer gerichtlich bestimmten Zeit oder aufgrund einer rechtskräftigen Disziplinarentscheidung, wodurch der Verlust des Richteramtes ausgesprochen werden kann; in den Ruhestand können sie aufgrund einer rechtskräftigen Entscheidung auch dann geschickt werden, wenn sie das gesetzlich bestimmte Alter erreicht haben. Einzelheiten bestimmt ein separates Gesetz. Dieses Gesetz bestimmt auch Bedingungen, die den Berufsrichter von seinem Amt suspendieren können.

§ 69

Die Berufsrichter dürfen keine anderen ständig bezahlten oder zeitweiligen Funktionen bekleiden, da das Gesetz keine Ausnahmen erlaubt.

§ 70

Urteile werden im Namen der Republik ausgesprochen.

§ 71

Bei der Schlußfassung müssen die Richter die Gültigkeit der Regierungsanordnungen kontrollieren; bei Gesetzen und Anordnungen können sie nur die Tatsache, ob man sie ordentlich kundgegeben hat, kontrollieren.

§ 72

Dem Präsidenten der Republik obliegt das Recht Gnade zu erteilen, Strafen, die von Strafgerichten und Disziplinärobrigkeiten gefällt wurden zu vergeben oder zu lindern und rechtliche Folgen solcher Urteile, die Tilgung von Urteilen miteingeschlossen, und – mit Ausnahme von Straftaten, die nur durch eine Privatanklage geahndet werden – zu verordnen, daß das gerichtliche Strafverfahren nicht eingeleitet oder stillgelegt werden soll.

§ 73

Die Verantwortung des Staates und der Richter für den Schadenersatz, den Richter in ihrer Funktion durch Rechtsverletzung verursacht haben, bestimmt ein separates Gesetz.

§ 74

1. Schutz gegen Enscheidungen der Verwaltungsorgane bietet das Verwaltungsgerichtswesen.
2. Der Staat und das schuldige Staatsorgan (Arbeitnehmer) bürgt für den Schaden, der durch gesetzwidrige Ausübung der öffentlichen Macht verursacht wurde.
3. Einzelheiten bestimmen separate Gesetze.

Zehntes Hauptstück
Pflichten und Rechte der Bürger

§ 75

1. Jeder Bürger männlichen Geschlechts wird dem Militärdienst oder einer mit ihr zusammenhängenden Arbeitspflicht untergeordnet und ist verpflichtet an der Verteidigung des Staates teilzunehmen.
2. Jeder Bürger männlichen Geschlechts ist der Vor- und Nachmilitärischen Abrichtung untergeordnet.
3. Zur Verteidigung des Staates ist jeder Bürger ohne Unterschied des Geschlechts dem Hilfsdienst untergeordnet, und kann zur Abrichtung für diesen Dienst einberufen werden.
4. Die Form, die Art und Dauer der militärischen Arbeits- und Abrichtungspflicht und Ausnahmen bestimmt ein separates Gesetz.

§ 76

Geistige und körperliche Arbeit ist Bürgerpflicht.

§ 77

Jeder Bürger ist verpflichtet, Steuern, Abgaben und Gebühren laut Gesetz zu zahlen.

§ 78

Die Bürger sind verpflichtet, die Aufgaben ihres Berufes zu erfüllen, den öffentlichen Organen bei ihrer Tätigkeit behilflich zu sein, Funktionen, die sie aufgrund des Gesetzes oder auf Anordnung von Ämtern bekleiden, auszuüben.

§ 79

1. Das Eigentum hat eine soziale Funktion und verpflichtet den Besitzer, mit ihm im Interesse des Allgemeinwohls umzugehen.
2. Der Privatbesitz kann nur durch das Gesetz beschränkt werden.

§ 80

Die Bürger sind verpflichtet, sich um die Erziehung und Bildung ihrer Kinder zu kümmern, um aus ihnen gute Staatsbürger zu machen.

§ 81

1. Alle Bürger ohne Unterschied der Abstammung, der Nationalität, der Religion und des Berufes genießen den Schutz des Lebens, der Freiheit und des Eigentums.
2. Die Beschränkung dieser Rechte ist nur aufgrund von Gesetzbestimmungen erlaubt.

§ 82

1. Die persönliche Freiheit und der Hausfrieden wird in Schranken von Gesetzbestimmungen gesichert.
2. Niemand darf wegen seines Benehmens, sofern es die rechtmäßige Strafnorm nicht verletzt und dessen Strafbarkeit schon vorher durch das Gesetz oder eine Gesetznorm bestimmt war, bestraft werden.

§ 83

Das Briefgeheimnis kann nur gesetzlich beschränkt werden.

§ 84

Das Versammlungsrecht, Presserecht und Vereinsrecht wird in Schranken von Gesetzbestimmungen gesichert.

§ 85

Die Freiheit des Glaubensbekenntnisses, der Meinungsäußerung, wissenschaftlicher Forschung und Kunst wird gesichert, sofern die Gesetzbestimmungen, die Bestimmungen der öffentlichen Ordnung und der christlichen Moral nicht verletzt werden.

§ 86

Die Ehe, die Familie und Mutterschaft stehen unter erhöhtem Schutz der Rechtsordnung.

§ 87

1. Die Arbeit ist geschützt.
2. Die Ausbeutung sozial schwacher Bürger ist verboten.
3. Die Höhe des Gehalts soll der Arbeitsleistung mit Berücksichtigung der Familienverhältnisse entsprechen.
4. Die Störung und das Organisieren der Arbeitsstörung ist verboten.
5. Einzelheiten werden durch ein separates Gesetz bestimmt.

Elftes Hauptstück
Die Kirchen

§ 88

Jedem ist das Recht gesichert, frei seine religiösen Pflichten zu erfüllen, sofern es nicht gegen die Gesetzbestimmungen, die öffentliche Ordnung und christliche Sitten verstößt.

§ 89

Alle vom Staat anerkannten Kirchen und Religionsgemeinschaften sind juridische Korporationen mit eigener Verwaltung und eigenem Besitz.

§ 90

Der Religionsunterricht an Volks- und Mittelschulen ist obligatorisch und wird von qualifizierten Kirchenangehörigen unter staatlicher Aufsicht unterrichtet.

Zwölftes Hauptstück
Volksgruppen

§ 91

1. Die Bürger können sich frei zu ihrer Nationalität bekennen.
2. Über die Zugehörigkeit der Bürger zur Nationalität wird ein Kataster geführt.
3. Änderungen im Nationalitätenkataster kann man nur in Grenzen des Gesetzes realisieren.
4. Details bestimmt das Gesetz.

§ 92

1. Jede zur Entnationalisierung führende Tätigkeit ist strafbar.
2. Einzelheiten bestimmt das Gesetz.

§ 93

1. Volksgruppen, die sich auf dem Gebiet der Slowakei akklimatisiert haben, haben ein Recht, sich kulturell und politisch unter eigener Führung zu organisieren.
2. Volksgruppen und ihre Mitglieder (§ 91) können mit ihrer mütterlichen Nationalität kulturelle Beziehungen anknüpfen und pflegen.

§ 94

Volksgruppen haben das Recht, im öffentlichen Leben und in der Schule ihre Sprache zu benützen, worüber ein separates Gesetz herausgegeben wird.

§ 95

Die in der Verfassung zitierten Rechte der Volksgruppen haben soweit ihre Gültigkeit, wieweit dieselben Rechte in Wirklichkeit auch die slowakische Minderheit auf dem Gebiet des mütterlichen Staates der betroffenen Volksgruppe genießt.

Dreizehntes Hauptstück
Verschiedene Bestimmungen

§ 96

Ein Verfassungsgesetz ist ein jedes Gesetz, das als solches bezeichnet ist und von einer qualifizierten Mehrheit abgestimmt wurde (§ 21).

§ 97

1. Gesetze und Anordnungen mit Gesetzmacht, die der Verfassung oder anderen Gesetzen widersprechen, sind ungültig.

2. Die Verfassung und andere Verfassungsgesetze können nur durch Gesetze, die als Verfassungsgesetze bezeichnet sind, geändert oder ergänzt werden.

§ 98

Darüber, ob Gesetze oder Anordnungen mit Gesetzmacht den Bestimmungen des § 97, Abs. 1 entsprechen, entscheidet der Verfassungssenat.

2. Der Verfassungssenat besteht aus den Senatsvorsitzenden des Höchsten Gerichts und des Höchsten Verwaltungsgerichts. Der erste Vorsitzende des Höchsten Gerichts ist Senatsvorsitzender.

3. Einzelheiten bestimmt ein separates Gesetz.

§ 99

1. Gesetze und Anordnungen verlieren ihre Gültigkeit spätestens Ende Januar, der nach dem 25. Jahrestag ihrer Kundmachung folgt, aber falls sie aus der Zeit vor dem 14. März 1939 stammen, spätestens Ende Januar 1950. Die Regierung kann ihre Gültigkeit um 25 Jahre verlängern, indem sie sie von neuem kundtut in der für die Kundgebung bestimmten Sammlung und in der Staatssprache. Dasselbe obliegt anderen Staatsorganen, wenn es sich um Rechtsvorschriften, deren Kundmachung in ihre Tätigkeit gehört, handelt.

2. Die Gültigkeit eines Gesetzes kann auf diese Weise nur dann, wenn das Gesetz selbst seine Dauer nicht ausdrücklich beschränkt, verlängert werden.

3. Eine frühere Norm kann vom J. 1950 an nur so gültig geändert werden, daß gleichzeitig der neue Wortlaut der ganzen Norm, die von der Änderung direkt betroffen ist, kundgetan werden.

§ 100

1. Der jetzige Senat bleibt aktiv, solange kein neuer bestellt wird. Solange keine durch die Verfassung bestimmte Zahl der Abgeordneten nicht gewählt ist, ist für ein gültiges Übereinkommen die Zahl der Abgeordneten des konstituierenden Parlaments entscheidend.

2. Die Funktionsperiode des konstitutionierenden Parlaments endet spätestens am 31. Dezember 1943.

§ 101

Der erste Präsident der Republik wird vom Parlament binnen 90 Tagen nach Inkrafttreten dieses Gesetzes gewählt.

§ 102

Alle Bestimmungen von Rechtsnormen, die dieser Verfassung, oder der Existenz der selbständigen Slowakischen Republik widersprechen, verlieren ihre Gültigkeit.

§ 103

Dieses Gesetz tritt in Kraft mit dem Tage seiner Kundmachung und wird von der Regierung vollzogen.

Dr. Sokol, m. e. H.
Dr. Tiso, m. e. H.
Dr. Tuka, m. e. H.
Dr. Fritz, m. e. H.
Dr. Ďurčanský, m. e. H.
Medrický, m. e. H.
Dr. Pružinský, m. e. H.
Stano, m. e. H.
Sivák, m. e. H.
Čatloš, m. e. H.

Textanhang III/6

Constitution of the Slovak Republik (1992)*

We, the Slovak people, remembering the politcal and cultural heritage of our forefathers and the long experience gained in the struggles for national existence and statedhood, guided by spiritual inheritance of Cyril and Methodius, from the historical legacy of Greater Moravia,

stemming from the natural right of every nation to self-determination,

together with the members of national minorities and ethnic groups living in the territory of the Slovak Republic,

in the interest of permanent peaceful cooperation with other democratic countries,

endeavouring to exercise a democratic form of government,

---

* Approved 1 September 1992 by the Slovak National Council and signed 3 September 1992.

guarantees of free existence, development of spiritual culture and economic prosperity,

so we, the citizens of the Slovak Republic agree

through our representatives

to accept the following Constitution:

Clause One

Section One
General Provisions

Article 1

The Slovak Republic is a sovereign, democratic and legal State. It is not tied to any ideology or religion.

Article 2

(1) The State power stems from the citizens who exercise it directly or through their elected representatives.

(2) State bodies may act only on the basis of the Constitution, within its limits and to the extent and methods specified by the Law.

(3) Everyone may act in any way not forbidden by Law and no one may be forced to act in a way not specified by Law.

Article 3

(1) The territory of the Slovak Republic is united and indivisible.

(2) The boundaries of the Slovak Republic may be altered only by constitutional Acts.

Article 4

The mineral wealth, underground water, natural medicinal resources and surface water is owned by the Slovak Republic.

Article 5

(1) Acquisition and loss of state citizenship of the Slovak Republic is determined by Law.

(2) No one may lose their state citizenship of the Slovak Republic against their will.

Article 6

(1) Within the territory of the Slovak Republic, Slovak is the state language.

(2) The use of languages other than the state language in official contact with authorities is specified by Law.

Article 7

The Slovak Republic may, on the basis of a free decision, enter into a State relationship with other States. The right to terminate such a relationship may not be limited. A commencement or a termination of a State relationship with other States is determined by constitutional Acts followed by a referendum.

Article 8

The State symbol, State flag, State seal and the State anthem constitute the State insignia of the Slovak Republic.

Article 9

(1) The State symbol of the Slovak Republic is represented by a silver double cross erected above the middle of a triple blue hill in a red early gothic field.

(2) The State flag of the Slovak Republic is composed of three longitudinal stripes: white, blue and red. The first part of the State flag contains the State symbol of the Slovak Republic.

(3) The State seal of the Slovak Republic consists of the State symbol of the Slovak Republic, placed in a circle formed by the letters "Slovenska Republika".

(4) The State anthem of the Slovak Republic are the first two verses of the song "Nad Tatrou sa blýska".

(5) Details concerning the State symbols of the Slovak Republic and their use are specified by Law.

Article 10

(1) The capital of the Slovak Republic is Bratislava.

(2) The status of Bratislava as the State capital is specified by Law.

Clause Two
Basic rights and freedom

Section One
General Provisions

Article 11

International agreements concerning human rights and basic freedom, ratified by the Slovak Republic and proclaimed in accordance with approved Law, take precedence over her constitutional Acts, if they guarantee greater constitutional rights and freedom.

Article 12

(1) People are free and equal in their dignity and rights. Basic rights and freedom cannot be taken away, cannot be withdrawn, cannot be prescribed and cannot be abolished.

(2) Basic rights and freedom are guaranteed on the territory of the Slovak Republic to all regardless of sex, race, colour, language, beliefs and religion, political or other views, national or state origin, nationality or ethnic group, property, family or

other status. No one may be harmed, advantaged or disadvantaged for these reasons.

(3) Everyone has the right to decide freely on their nationality. Any influence exercised over this decision and all forms of pressure directed towards a loss of nationality are forbidden.

(4) No person must suffer a loss of rights because they exercise their basic rights and freedom.

Article 13

(1) Obligations may be imposed only on the basis of the Law, with the limits, guaranteeing basic rights and freedom.

(2) Limitations of basic rights and freedom may be specified such conditions given by this Constitution only by Law.

(3) Lawful limitations of constitutional rights and freedom must be equally in all cases which fulfil specified conditions.

(4) Limitations of constitutional rights and freedom must take into consideration their spirit and meaning. Such limitations are to be imposed only for a specified reason.

Section Two
Basic Human Rights and Freedom

Article 14

Everone is entitled to rights.

Article 15

(1) Everyone has the right to live. Human life is worth protection prior to birth.

(2) No person may be deprived of life.

(3) A death sentence is not admissible.

(4) In accordance with this Article it is not a breach of the right, if the life of a person is lost when engaged in an activity was not against Law.

Article 16

(1) The inviolability of a person and their privacy is guaranteed and can be limited only in cases specified by Law.

(2) No person may be subjected to torture or cruel, inhuman or degrading treatment or punishment.

Article 17

(1) Personal freedom is guaranteed.

(2) No person may be prosecuted or deprived of freedom other than for reasons and by methods specified by Law. No person may be deprived of freedom solely through inability to keep a binding obligation.

(3) A person accused or suspected of a criminal act may be detained only in cases specified by Law. A detained person must be informed immediately of the reasons for detention, must be heard, and not later than within 24 hours must be freed or handed over to the Court. A judge must hear the detained

person within 24 hours from the time of transfer to Court and decide upon custody or freedom.

(4) The accused may be arrested only on the basis of a reasoned written court order. The arrested person must be handed over to Court within 24 hours. A judge must hear the arrested person within 24 hours from the transfer to Court and decide upon custody or freedom.

(5) Custody may be imposed only for reasons and period specified by Law and on the basis of a court decision.

(6) Circumstances under which a person may be taken into compulsory State health care or be detained under such care without their agreement, are specified by Law. Such measures must be announced to a court within 24 hours; the Court will decide upon such compulsory care within 5 days.

(7) An assessment of the mental status of a person accused from committing a criminal act may be made only upon a written court order.

Article 18

(1) No person may be sent to perform forced labour or forced services.

(2) Provisions of item (1) do not apply

a) to work imposed, in accordance with the Law, on persons under punishment of the loss of freedom or under punishment in lieu of the loss of freedom;

b) to military service or other service specified by the Law as in lieu of the military service;

c) service required in accordance with the Law in cases of natural disasters, accidents or other danger with threatens life, health or considerable property;

d) activity imposed by the Law to protect life, health or rights of others.

Article 19

(1) Everyone has the right to have their human dignity, personal honour, good reputation and name protected.

(2) Everyone has the right to be protected against unjustified interference with their private and family life.

(3) Everyone has the right to be protected against illegal collection, publicising and other misuse of personal data.

Article 20

(1) Everyone has the right to own property. Ownership rights of all owners are equal in the face of Law and are protected. Inheritance is guaranteed.

(2) The Law specifies which other property in addition to property specified by Article 4 of this Constitution, necessary to protect the needs of the society, development of the national economy and

public interest, may be held only in the ownership of the state, society of legal bodies. The law may also specify that certain possessions may be in the ownership only of citizens or legal bodies residing in the Slovak Republic.

(3) Ownership is binding. It may not be used to impair rights of others, or to antagonise general interests protected by Law. The enforcement of ownership rights may not impair human health, nature, cultural inheritance or the environment more than the Law permits.

(4) Dispossession or an enforced limitation of ownership rights is permitted only if absolutely unavoidable and in the public interest, and this in accordance with the Law and for a reasonable compensation.

Article 21

(1) A home is inviolable. No entry may be gained without the consent of the inhabitant.

(2) A house may be searched only when criminal activity is suspected, and then only upon a written reasoned court order. The method of house search is specified by Law.

(3) Other infringement of the inviolability of a home may be permitted by law only if this is necessary, in a democratic society, to protect life, health or personal property, to protect rights and freedom of others or to prevent a serious threat to public order. If a home is used for a business activity or to perform other economic activities, such infringement may be permitted by Law also when this is necessary for the fulfilment of the role of public administration.

Article 22

(1) Confidentiality of mail, transferred reports and other written material, as well as the protection of personal data, is guaranteed.

(2) Nobody must break the confidentiality of mail or other written messages and documents, whether kept privately or sent by post or by any other means except in cases specified by Law. Equally guaranteed is the confidentiality of messages sent by telephone, telegraph or any other means.

Article 23

(1) The freedom of movement and residence is guaranteed.

(2) Any person who is legally present on the territory of the Slovak Republic, has the right to leave this territory freely.

(3) The freedom specified by items 1 and 2 may be restricted by Law, if this is necessary, for State security, maintenance of public order, health protection or for the protection of rights and freedom of others and, in specified areas, also in the interest of nature protection.

(4) Every citizen has the right to freely enter the territory of the Slovak Republic. No citizen my be forced to leave his country, to be expelled or handed over to another State.

(5) Foreigners may be expelled only in cases specified by Law.

Article 24

(1) The freedom of opinion, conscience, religion and belief is guaranteed. This right includes the right to change religion or beliefs. Everyone has the right not to have religious beliefs. Everyone has the right to publicly express their views.

(2) Everyone has the right to freely express their religion or beliefs either individually, or with others, privately or publicly, through the mass, religious services or by rites, and participate in religious teaching.

(3) Churches and religious societies manage their own affairs, namely they create their own bodies, appoint their representatives, ensure religious teaching and found religious orders and other church institutions independently of State authorities.

(4) Assertion of rights specified by items 1–3 may be limited only by Law if it is necessary, in a democratic society, for the protection of public order, health and morals or rights and freedom of others.

Article 25

(1) Protection of the Slovak Republic is a matter of honour to every citizen.

(2) No person may be forced to perform military service if this is against their conscience or religious beliefs. Details are specified by Law.

Section Three
Political Rights

Article 26

(1) Freedom of opinion and the right to information are guaranteed.

(2) Everyone has the right to express their opinion by word, writing, press, picture or by other means, as well as freely seek, receive and disseminate ideas and information regardless of the State boundaries. Publication is not subject to permission. Business activity in the area of radio and television may be subject to State approval. Conditions are specified by Law.

(2) Censorship is forbidden.

(3) The freedom of expression and the right to seek and disseminate information may be limited by Law if it is necessary, in a democratic society, for the protection of rights and freedom of others, for State security, public order, or for the protection of public health and morality.

(5) State authorities and regional administration are obliged to provide reasonable information about their activities in the official language. Conditions and methods of access to information are specified by Law.

Article 27

(1) The right of appeal is guaranteed. Everyone has the right either individually, or with others, to appeal to State authorities or regional administration regarding public or other common interest matters, and present to them applications, proposals or complaints.

(2) A petition may not call for breach of basic rights and freedom.

(3) A petition may not interfere with Court independence.

Article 28

(1) The right to a peaceful assembly is guaranteed.

(2) The conditions for asserting this right are specified by Law in the case of assembly in a public place, if it is necessary, in a democratic society, to do so for the protection of rights and freedom of others, for the protection of public order, health and morality, property, or for State security. The right to assemble must not be subject to permission of a public administration authority.

Article 29

(1) The rights to form associations freely is guaranteed. Everyone has the right to form, with others, associations, societies or other groups.

(2) Citizens have the right to form political parties and political movements and join them.

(3) Assertion of rights specified in items 1 and 2 may be limited only in cases specified by Law, if it is necessary in a democratic society, for State security, for the protection of public order, the prevention of criminal acts or for the protection of rights and freedom of others.

(4) Political parties and political movements, as well as associations, societies or other groups, are independent of the State.

Article 30

(1) Citizens have the right to participate in matters of public administration directly or through free elections of their representatives.

(2) Elections must be held within periods not exceeding regular election period specified by Law.

(3) The right to vote is general, equal and direct and is exercised by a secret ballot. Conditions concerning the assertion of the right to vote are specified by Law.

(4) Citizens are equally eligible for elected and other public offices.

Article 31

Legal regulation of all political rights and freedom, its interpretation and use must facilitate and protect free competition of political forces in a democratic society.

Article 32

Citizens have the right to oppose anyone who would try to take away the democratic order of human rights and basic freedom specified in this Constitution, if the activity of constitutional authorities and effective use of legal means is impossible.

Section Four
Rights of National Minorities and Ethnic Groups

Article 33

Membership of a national minority or ethnic group must not harm anyone.

Article 34

(1) Citizens forming national minorities or ethnic groups in the Slovak Republic are guaranteed general development, namely the right, together with other members of minorities or ethnic groups, to develop their own culture, to disseminate and obtain information in their mother tongue, to associate in national societies, and to create and maintain educational and cultural institutions. Details are specified by Law.

(2) Citizens belonging to national minorities or ethnic groups are, in accordance with the conditions specified by Law, guaranteed in addition to the right of learning the official language, also the right of the following:

a) the right to education in their own language;

b) the right to use their own language in official communications;

c) the right to participate in the making of decisions concerning national minorities and ethnic groups.

(3) Assertion of rights of citizens belonging to national minorities and ethnic groups, guaranteed by this Constitution, must not lead to a threat to the sovereignty and territorial integrity of the Slovak Republic and to discrimination of her other citizens.

Section Five
Economic, Social and Cultural Rights

Article 35

(1) Everyone has the right to choose their profession freely and prepare for it, as well as the right

to undertake business enterprises or any other business activity.

(2) The Law may specify conditions and limit certain professions or activities.

(3) Citizens have the right to work. The State grants a reasonable material existence to citizens who for no fault of their own cannot exercise this right. Conditions are specified by Law.

(4) The Law may specify different conditions for the assertion of rights given in items 1–3 regarding foreigners.

Article 36

Employees have the right to just and satisfactory working conditions. The Law guarantees particularly

a) the right to remuneration for work accomplished, sufficient to maintain a reasonable standard of living;

b) the protection against wilful dismissal and discrimination in employment;

c) work safety and health protection;

d) maximum permissible number of working hours;

e) adequate rest after work;

f) minimum permissible period of a paid annual leave;

g) the right to collective bargaining.

Article 37

(1) Everyone has the right to associate freely with others in order to protect their economic and social interests.

(2) Trade unions are created independent of the State. To limit the number of trade unions as well as to grant advantages to some within a company or industry is not permitted.

(3) Activities of trade unions and the creation and activities of other associations designed to protect economic and social interests may be limited by Law, if these measures are necessary in a democratic society, to protect State security, public order or rights and freedom of others.

(4) The right to strike is guaranteed. Conditions are specified by Law. This right may not be exercised by the judges, prosecutors, members of the armed forces and the militia and members of the Fire Brigade.

Article 38

(1) Women, juveniles and persons of impaired health have the right to increased health protection at work and to special working conditions.

(2) Juveniles and persons of impaired health have the right to special protection in work relationships and to assistance with the preparation for employment.

(3) Details concerning the rights specified by items 1 and 2 are defined by Law.

Article 39

(1) Citizens have the right to a reasonable material existence in old age and when incapable of work, as well as after the loss of a provider.

(2) Everyone who is in material need is entitled to such assistance as is necessary to provide basic living conditions.

(3) Details concerning the rights specified by items 1 and 2 are defined by Law.

Article 40

Everyone has the right to health protection. On the basis of health insurance, citizens are entitled to free health care and health aids specified by Law.

Article 41

(1) Marriage, parenthood and family are protected by Law. The protection of children and juveniles is particularly guaranteed.

(2) Pregnant women are guaranteed special care, protection of work relationships and corresponding work conditions.

(3) Children born within a marriage and outside marriage have equal rights.

(4) Child care and education is the right of the parents; children are entitled to parental education and care. Parental rights may be limited and under-age children may be separated from their parents against the parents' will only by a court decision in accordance with the Law.

(5) Parents caring for children are entitled to State assistance.

(6) Details concerning rights specified by items 1–5 are defined by Law.

Article 42

(1) Everyone has the right to education. School attendance is compulsory. Its duration up to the age limit is specified by Law.

(2) Citizens have the right to a free education in primary and secondary schools, and, according to their capabilities and society's ability, also to university education.

(3) Schools other than state schools may be instituted and run only under the conditions specified by Law; such schools may charge for the provision of education.

(4) The Law specifies under what conditions are students entitled to state assistance.

Article 43

(1) The freedom of scientific research and the freedom of art are guaranteed. The right to the results of mental activities is protected by Law.

(2) The right of access to cultural heritage is guranteed under the conditions specified by Law.

Section Six
The Right to Environmental Protection and Cultural Heritage
Article 44

(1) Everyone has the right to favourable environment.

(2) Everyone must protect and enhance the environment and cultural heritage.

(3) No one must harm or damage the environment, natural resources and cultural heritage more than is permitted by Law.

(4) The State ensures careful utilisation of natural resources, ecological equilibrium and efficient care of the environment.

Article 45

Everyone has the right to timely and complete information concerning the environment and its status and the causes and effects of this status.

Section Seven
The Right to Court and other Legal Protection
Article 46

(1) Everyone may demand their rights by a legally specified procedure in an independent and unbiased court, and in cases specified by Law, in another authority of the Slovak Republic.

(2) Should anyone be convinced of an unjust decision made by a public authority, he may appeal to the court to re-examine the legality of a given decision, unless specified otherwise by Law. A re-examination of decisions concerning basic rights and freedom must not be excluded from the court's jurisdiction.

(3) Everyone has the right to compensation for damage caused by an unlawful court decision, by another State authority or by a public authority, or caused by an incorrect official procedure.

(4) Conditions and details concerning court and other legal protection are specified by Law.

Article 47

(1) Everyone has the right to refuse testimony if this could precipitate criminal prosecution of himself or of a person close to himself.

(2) From the commencement of the proceedings of the court, other State organisations or public authorities, everyone has the right to legal assistance under the conditions specified by Law.

(3) All participants are equal in the proceedings specified by item 2.

(4) Should anyone claim no knowledge of the language in which the proceedings specified by item 2 are conducted, he is entitled to an interpreter.

Article 48

(1) No one may be denied their rightful judge. Attendance at a particular court is specified by Law.

(2) Everyone has the right to have their case discussed in public without undue delay and in their presence; everyone has the right to comment upon all evidence presented. The public may be excluded only in cases specified by Law.

Article 49

Only the Law can specify which actions are criminal and what punishment, or which restrictions of freedom or loss of property, may be imposed.

Article 50

(1) Only a court may decide upon guilt and punishment for criminal acts.

(2) Everyone who is subject to criminal proceedings is considered innocent until the court decides, by a legal verdict, upon their guilt.

(3) The accused has the right to be granted time and opportunity to prepare his defence; he has the right to conduct his defence personally or through a defence counsel.

(4) The accused has the right to refuse testimony; this right cannot be removed by any means.

(5) No one may be prosecuted for an act for which he has been already legally tried and freed or punished or for which accusation has been withdrawn. This principle does not exclude an imposition of special corrective measures imposed in accordance with Law.

(6) A criminal act is judged and punishment is imposed in accordance with Law valid at the time at which the act was committed. Wording of a later Act is used if it is advantageous for the accused.

Section Eight
Provisions Common to the First and Second Clause
Article 51

The rights specified in Articles 35, 36, 37 paragraph 4, Articles 38 to 42 und Articles 44 to 46 of this Constitution may be asserted only within the provisions of the respective Acts.

Article 52

(1) For the purpose of the first and second Clause of this Constitution, a "citizen" means a citizen of the Slovak Republic.

(2) Foreigners in the Slovak Republic have the same basic human rights and freedom guaranteed by this Constitution unless these are specifically granted only to citizens.

(3) Where the term "citizen" is used in the existing legal regulations, every human being is meant where rights and freedom are concerned, which this Constitution guarantees regardless of state citizenship.

Article 53

The Slovak Republic grants asylum to foreigners persecuted for assertion of their political rights and freedom. Asylum may be refused to anyone acting in variance with basic human rights and freedom. Details are specified by Law.

Article 54

The Law may, in the person of a judge or a prosecutor, limit the right to engage in business or other economic activity, as well as the right specified by Article 29 paragraph 2, and the right specified by Article 37 paragraph 4 of an officer of the State or regional administration employed in certain functions; members of the armed forces and militia may have the rights specified by Articles 27 and 28 limited if these rights interfere with the performance of duty. Persons in occupations directly connected with the protection of life and health may have their right to strike curtailed.

Clause Three

Section One
Economy of the Slovak Republik

Article 55

(1) The economy of the Slovak Republic is based on the principles of a market economy oriented towards the protection of society and the environment.

(2) The Slovak Republic protects and supports economic competition. Details are specified by Law.

Article 56

The Slovak Republic has its own Bank of issue. Details are specified by Law.

Article 57

The Slovak Republic is an excise territory.

Article 58

(1) Financial management of the Slovak Republic is regulated by a State budget. The State budget is approved by Law.

(2) The income of the State budget, principles of budget economy, and the relationship between the State budget and regional budgets are specified by Law.

(3) Special State funds which form part of the State budget of the Slovak Republic are constituted by Law.

Article 59

(1) There may exist State and local taxes and charges.

(2) Taxes and charges may be imposed by Law or in accordance with Law.

Section Two
The Supreme Control Office of the Slovak Republic

Article 60

The Supreme Control office of the Slovak Republic is an independent organisation controlling the economy by budget means, with State assets, property rights and State claims.

Article 61

(1) The Supreme Control Office is governed by its Chairman. The Chairman und Vice-Chairman of the Supreme Control Office are elected and removed by the National Council of the Slovak Republic.

(2) Any citizen of the Slovak Republic eligible for the National Council of the Slovak Republic may be elected the Chairman of the Supreme Control Office.

(3) The same person may be elected a Chairman of the Supreme Control Office no more than twice in two consecutive five-year periods.

(4) The offices of a Chairman and Vice-Chairman of the Supreme Control Office may not be held simultaneously with any other office in the State administration, regional administration or in legal bodies engaged in business activities.

Article 62

The Supreme Control Office presents to the National Council of the Slovak Republic not less than once every year, and whenever the National Council of the Slovak Republic so requests, reports concerning the results of their control activities.

Article 63

The field of activity, jurisdiction and internal organisation of the Supreme Control Office are specified by Law.

Clause Four
Regional administration

Article 64

(1) The basic unit of a regional administration is a settlement.

(2) A settlement is an independent territorial and

administrative unit of the Slovak Republic, containing persons who have permanent residence within its territory.

(3) Administration of larger territorial units and its organisation are specified by Law.

Article 65

(1) A settlement is a legal body which, in accordance with the provisions of Law, independently manages its own property and its financial assets.

(2) A settlement finances its needs primarily from its own income, as well as from the State grants. The Law specifies which taxes and charges constitute a settlement's income. State grants may be requested only in accordance with provisions of the Law.

Article 66

A settlement has the right to associate with other settlements to secure matters of common interest.

Article 67

In matters of regional administration a settlement makes independent decisions; obligations and limitations may be imposed only by Law. Regional administration is enacted at meetings of local inhabitants, by means of a local referendum or through a settlement's organisational bodies.

Article 68

In matters of regional administration a settlement may issue generally binding regulations.

Article 69

(1) Organisational bodies of a settlement are
a) a General Council;
b) a Mayor.

(2) A General Council is formed by General Council representatives. General Council representatives are elected on the principle of general, equal and direct vote by a secret ballot.

(3) A Mayor is elected by inhabitants of a settlement on the basis of general, equal and direct vote by a secret ballot. A Mayor is an executive officer of a settlement. A Mayor manages general administration and represents his settlement.

Article 70

The Law specifies the conditions and method of proclaiming a settlement as a town; it regulates also the names of town organisational bodies.

Article 71

(1) The Law may transfer upon a settlement the execution of specific local State administration. The costs of such administrative tasks are born by the State.

(2) In execution of State administration tasks a settlement may issue generally binding regulations in accordance with the Law and with its own territorial responsibility, if so authorised by Law Execution of State administration transferred to a settlement regulated and controlled through Law by the Government. Details are specified by Law.

Clause Five
Legislative power

Section One
The National Council of the Slovak Republic

Article 72

The National Council of the Slovak Republic is the sole constitutive and legislative authority of the Slovak Republic.

Article 73

(1) The National Council of the Slovak Republic has 150 members who are elected for a four year period.

(2) National Council members are representatives of the citizens. They perform their office according to their conscience and convictions and are not bound by orders.

Article 74

(1) Representatives are elected in general, equal and direct elections by a secret ballot.

(2) Any citizen who has the right to vote, is not younger than 21 years of age and who has a permanent residence in the Slovak Republic may be elected a representative.

(3) Details concerning elections of representatives are specified by Law.

Article 75

(1) At his first meeting of the National Council of the Slovak Republic, a new representative makes the following formal declaration:

"I promise on my honour and conscience allegiance to the Slovak republic. I shall fulfil my duties in the interest of her citizens. I shall act in accordance with the Constitution and other Acts and I shall endeavour to apply them in practice."

(2) A refusal to make this declaration or a pronouncement of the declaration with reservations results in a loss of mandate.

Article 76

The validity of elections of representatives is verified by the National Council of the Slovak Republic.

Article 77

(1) The office of a representative may not be held simultaneously with the office of the President, a judge, a prosecutor, a member of the Police, a

member of the prison and judicial guard and a professional soldier.

(2) Should a representative be appointed a member of the Government of the Slovak Republic, his representative mandate does not cease during his period in the Government, but is suspended.

Article 78

(1) A representative may not be prosecuted for his voting in the National Council of the Slovak Republic or its committees, not even after the termination of his mandate. For his statements made whilst in office in the National Council of the Slovak Republic or its bodies the representative is responsible to the disciplinary authority of the National Council of the Slovak Republic.

(2) A representative may not be subjected to criminal prosecution or to disciplinary proceedings, and he may not be taken into custody without an agreement of the National Council of the Slovak Republic. Should the national Council of the Slovak Republic refuse to agree, prosecution is disallowed forever.

(3) Should a representative be caught and detained whilst acting criminally, the relevant authority must inform the Chairman of the National Council of the Slovak Republic immediately. If the Mandate and Immunity Committee of the National Council of the Slovak Republic does not agree to a detention, the representative must be freed immediately.

Article 79

A representative may refuse to testify in matters which came to his notice during the execution of his office, and this even after the termination of his office.

Article 80

(1) A representative may interpellate the Government of the Slovak Republic, a member of the Government of the Slovak Republic or any other leading member of the central authority of the State administration in matters of their responsibility. The representative must receive an answer within 30 days.

(2) An answer to the interpellation is discussed by the National Council of the Slovak Republic; a vote of confidence can be taken after the discussion.

Article 81

(1) A representative may resign his office.

(2) A representative's mandate terminates if the representative was legally convicted of a particularly serious intended crime.

Article 82

(1) The National Council of the Slovak Republic is in permanent session.

(2) The constituting meeting of the National Council of the Slovak Republic is convened by the President of the Slovak Repubilc within 30 days after election results have been announced. Should he not do so, The National Council of the Slovak Republic will meet on the 30th day after the announcement of election results.

(3) The National Council of the Slovak Republic may, by an approved resolution, call a recess. The period of recess must be no longer than four months in a year. During the recess the Chairman, Vice-Chairmen and committees of the National Council of the Slovak Republic continue in office.

(4) During the recess the Chairman of the National Council of the Slovak Republic may recall the National Council of the Slovak Republic even before the scheduled re-opening. He will do so whenever the Government of the Slovak Republic, or not fewer than one fifth of the representatives, request him to do so.

(5) The session of the National Council of the Slovak Republic is terminated by the end of an election period or by the dissolution of the Council.

Article 83

(1) Meetings of the National Council of the Slovak Republic are convened by its Chairman.

(2) The Chairman of the National Council of the Slovak Republic also convenes a meeting of the National Council of the Slovak Republic if not fewer than one fifth of the representatives request him to do so. In this case he will convene a meeting within 7 days.

(3) Meetings of the National Council of the Slovak Republic are public.

(4) Meetings closed to the public may take place only in cases specified by Law or if the National Council of the Slovak Republic decides to do so by a three-fifth majority of all representatives.

Article 84

(1) The National Council of the Slovak Republic may approve resolutions if a majority of all representatives are present.

(2) To approve a resolution proposed to the National Council of the Slovak Republic, an agreement of a majority of the representatives present is required, unless this Constitution specifies otherwise.

(3) To approve the Constitution, to amend the Constitution or a statutory Act, to elect or dismiss the President or to proclaim a war on another State, an agreement of not fewer than three fifth of all representatives is required.

Article 85

Members of the Government of the Slovak Republic and leading members of other organisations of the State administration must be present at a meeting of the National Council of the Slovak Republic or at a meeting of its body if requested to do so by the National Council of the Slovak Republic or its body.

Article 86

Responsibilities of the National Council of the Slovak Republic include the following:

a) to approve the Constitution, constitutional and other Acts and to supervise their implementation;

b) to elect and remove the President of the Slovak Republic by a secret ballot;

c) by a constitutional Act to approve agreements concerning a State alliance of the Slovak Republic with other States and to terminate such agreements;

d) to decide upon proposals concerning the announcement of a referendum;

e) prior to ratification to approve international political agreements, international economic agreements of a general nature, as well as international agreements whose ratification requires Law;

f) to constitute by approved Acts Ministries and other organisations of the State administration;

g) to discuss programmes of the Government of the Slovak Republic, control activities of the Government and discuss questions of confidence given to the Government or to its members;

h) to approve a State budget, to control its implementation, and to audit the State annual accounts;

i) to discuss principal questions of the domestic, international, economic, social and other policies;

j) to elect judges, a chairman and Vice-Chairman of the Supreme Court of the Slovak Republic, a Chairman and Vice-Chairman of the Constitutional Court of the Slovak Republic, and a Chairman and Vice-Chairman of the Supreme Control Office of the Slovak Republic;

k) to decide upon the proclamation of war should the Slovak Republic be attacked, or if this arises from international agreements of mutual help against an aggressor;

l) to approve sending of armed troops outside the territory of the Slovak Republic.

Article 87

(1) Committees of the National Council of the Slovak Republic, the representatives and the Government of the Slovak Republic may propose Acts.

(2) An Act issued by the National Council of the Slovak Republic is signed by the Chairman of the National Council of the Slovak Republic, by the President of the Slovak Republic and by the Chairman of the Government of the Slovak Republic.

(3) Should the President of the Slovak Republic return a constitutional Act or another Act with reservations, the National Council of the Slovak Republic must discuss the Act in question again; if the Act is approved, it must be issued.

(4) The President of the Slovak Republic must return an Act with reservations in accordance with paragraph 3 whenever requested to do so by the Government of the Slovak Republic.

(5) An Act comes into effect on the day of its issue. Details are specified by Law.

Article 88

(1) A proposal of no confidence in the Government of the Slovak Republic or its member will be discussed by the National Council of the Slovak Republic if no fewer than one fifth of the representatives request to do so.

(2) An announcement of no confidence in the Government of the Slovak Republic or its member must be approved by a majority of all representatives.

Article 89

(1) The Chairman of the National Council of the Slovak Republic is elected and removed by a majority of votes of all representatives voting in a secret ballot. The Chairman is responsible only to the National Council of the Slovak Republic.

(2) The Chairman of the National Council of the Slovak Republic

a) convenes and directs meetings of the National Council of the Slovak Republic;

b) signs the Constitution, constitutional Acts and other Acts;

c) accepts the pledge given by the representatives of the National Council of the Slovak Republic;

d) accepts the pledge given by the President of the Slovak Republic;

e) accepts the pledge given by judges, the Chairman of the Supreme Court of the Slovak Republic and the Chairman of the Constitutional Court of the Slovak Republic;

f) announces elections for the National Council of the Slovak Republic.

(3) The Chairman of the National Council of the Slovak Republic remains in office even after the end of the election period, until a new Chairman is elected by the National Council of the Slovak Republic.

Article 90

(1) The Chairman of the National Council of the Slovak Republic is deputised by his Vice-Chair-

men. These are elected and removed in a secret ballot by a majority of all representatives to the National Council of the Slovak Republic. A Vice-Chairman of the National Council of the Slovak Republic is responsible to the National Council of the Slovak Republic.

(2) The provision of Article 89 paragraph 3 applies also to the Vice-Chairman of the National Council of the Slovak Republic.

Article 91

Activities of the National Council of the Slovak Republic are directed and organised by the Chairman and Vice-Chairmen.

Article 92

(1) The National Council of the Slovak Republic selects representatives into committees which form its research and control bodies; committee chairmen are elected by a secret ballot.

(2) The sessions of the National Council of the Slovak Republic and the sessions of its committees are specified by Law.

Section Two
Referendum
Article 93

(1) A referendum approves the constitutional Act concerning a State alliance with other States or a termination of such an alliance.

(2) A referendum may be announced to decide upon other important matters of public interest.

(3) Basic rights and freedom, taxes, returns and the State budget may not be subject to referenda.

Article 94

Every citizen of the Slovak Republic with the right to elect representatives for the National Council of the Slovak Republic has the right to vote in a referendum.

Article 95

A referendum is announced by the President of the Slovak Republic if requested to do so in a petition signed by not fewer than 350 000 citizens, or if it is approved by the National Council of the Slovak Republic, and this within 30 days from the receipt of the petition or from the date of approval by the National Council of the Slovak Republic.

Article 96

(1) A resolution of the National Council of the Slovak Republic to announce a referendum may be proposed by the representatives of the National Council of the Slovak Republic or by the Government of the Slovak Republic.

(2) A referendum will take place within 90 days from its announcement by the President of the Slovak Republic.

Article 97

(1) A referendum may not take place during a period of 90 days prior to the elections to the National Council of the Slovak Republic.

(2) A referendum may take place on the day of the elections to the National Council of the Slovak Republic.

Article 98

(1) Referendum results are valid if a majority of citizens with the right to vote took part in the voting and if the decision was approved by a majority of voters.

(2) Resolutions approved by a referendum are issued by the National Council of the Slovak Republic as an Act.

Article 99

(1) Referendum results may be amended or repealed by the National Council of the Slovak Republic by a constitutional Act after three years of its issue.

(2) A referendum on the same subject may be repeated not less than after a three year period has passed from the original referendum.

Article 100

A procedure of conducting a referendum is specified by Law.

Clause Six
Executive power

Section One
The President of the Slovak Republic

Article 101

(1) The President is the head of the Slovak Republic.

(2) The President is elected by the National Council of the Slovak Republic in a secret ballot for the period of five years.

(3) The President requires a three-fifth majority of votes of all representatives to be elected.

Article 102

The President
a) represents the Slovak Republic, negotiates and ratifies international agreements. Negotiations of such international agreements as do not require an approval of the National Council of the Slovak Republic, may be transferred by the President to the Government of the Slovak Republic or with the Government's agreement, to its individual members;

b) accepts credentials of foreign ambassdors and appoints his ambassadors;

c) convenes the constituting meeting of the National Council of the Slovak Republic;

d) may dissolve the National Council of the Slovak Republic if three times within 6 months of the elections a programme of the Government of the Slovak Republic is not approved. The President must hear the views of the Chairman of the National Council of the Slovak Republic. New elections are announced by the Chairman of the National Council of the Slovak Republic within 30 days;

e) signs Acts;

f) appoints and removes the Chairman and other members of the Government of the Slovak Republic, appoints them to Ministries and accepts their resignations; the Chairman and other members of the Government are removed by him in accordance with provisions specified by Articles 115 and 116;

g) appoints and removes the leading members of the central administration and high State officials in cases specified by Law; appoints university professors and rectors, appoints and promotes generals;

h) grants awards or authorises other bodies to do so;

i) grants amnesties and pardons, reduces sentences imposed by criminal courts and orders the non-commencement or a discontinuation of criminal procedures and nullifies sentences;

j) is the Chief of Staff of the armed forces;

k) upon the proposal of the Government of the Slovak Republic declares general mobilisation and upon the decision of the National Council of the Slovak Republic declares war, if the Slovak Republic is attacked or if this results from obligations given by international agreements concerning mutual assistance against an aggressor;

l) in accordance with constitutional Acts declares a state of emergency;

m) announces a referendum;

n) may return to the National Council of the Slovak Republic constitutional Acts and other Acts with reservations, and this within fifteen days of their approval;

o) presents to the National Council of the Slovak Republic reports concerning the status of the Slovak Republic and important political issues, presents proposals of Acts and other provisions;

p) has the right to be present at meetings of the National Council of the Slovak Republic;

r) has the right to be present at meetings of the Government of the Slovak Republic, to chair them and request reports from the Government or its members.

Article 103

(1) Any citizen of the Slovak Republic with the right to vote who has reached 35 years of age may be elected President of the Slovak Republic.

(2) The same person may not be elected President more than twice in consecutive terms of office.

(3) The election of a President takes place in the last 60 days of the term in office of the existing President. Should the office of the President become vacant before the end of the term of office, the election of a new President takes place within 30 days.

(4) Should a representative to the National Council of the Slovak Republic, a member of the Government of the Slovak Republic, a judge, a prosecutor, a member of the military or the militia, or a member of the Supreme Control Office of the Slovak Republic be elected President, he will end his initial office on the day of election.

(5) The President may not perform another paid function, profession or a business activity; he may not be a member of a legal body engaged in a business activity.

Article 104

(1) The President gives the National Council of the Slovak Republic the following pledge:

"I pledge upon my honour and conscience allegiance to the Slovak Republic. I shall take care of the wellbeing of the Slovak nation, of national minorities and ethnic groups living in the Slovak Republic. I shall perform my duties in the interest of the citizens and I shall preserve and defend the Constitution and Law."

(2) A refusal to make this pledge or a pledge with reservations will result in rendering the election of the President invalid.

Article 105

(1) Should the President not be elected or should his office become vacant before a new President is elected, or if a new President has been elected but his pledge has not yet been given, or should the President not be able to perform his duties for serious reasons, the office of the President is transferred to the Government of the Slovak Republic, except for the President's authorisation in accordance with Article 102 items d) to g). In this case the Government may authorise its Chairman to perform certain functions of the President. During such period the Chairman takes over also the office of the Army's Chief of Staff.

(2) Should the President not be able to perform his function for a period longer than one year, the National Council of the Slovak Republic will remove him from office and will elect a new President for a full term.

Article 106

The National Council of the Slovak Republic may remove a President from his office should the President act against the sovereignty and territorial integrity of the Slovak Republic or act for the removal of the democratic constitutional system of the Slovak Republic. A proposal to remove the President must be presented in these cases by a majority of all representatives. To remove the President from office, agreement of a three-fifth's majority of all representatives is required.

Article 107

The President may be prosecuted only for treason. Accusation of the President is presented by the National Council of the Slovak Republic; the accusation is subject to the decision by the Constitutional Court of the Slovak Republic.

Section Two
The Government of the Slovak Republic

Article 108

The Government of the Slovak Republic represents the highest executive power.

Article 109

(1) The Government consists of the Chairman, Vice-Chairmen and Ministers.

(2) A member of the Government may not have a representative's mandate and he may not be a judge.

(3) A member of the Government may not perform any other paid function, profession or business activity and he may not be a member of a legal body engaged in a business activity.

Article 110

(1) The Chairman of the Government is appointed and removed by the President of the Slovak Republic.

(2) Any citizen of the Slovak Republic eligible for the National Council of the Slovak Republic may be elected the Chairman of the Government.

Article 111

Upon the proposal of the Chairman of the Government, the President appoints and removes other members of the Government and appoints them as Ministers. Any citizen of the Slovak Republic eligible for the National Council of the Slovak Republic, may be appointed as a Vice-Chairman or a Minister.

Article 112

Members of the Government make the following pledge to the President of the Slovak Republic:

"I pledge upon my honour and conscience an allegiance to the Slovak Republic. I shall perform my duties in the interest of the citizens. I shall act in accordance with the Constitution and other Acts and I shall work to implement them in practice."

Article 113

The Government must, within 30 days of its appointment, come to the National Council of the Slovak Republic, present the Council its programme and request from the Council its expression of confidence.

Article 114

(1) The Government is responsible for the performance of its office to the National Council of the Slovak Republic. The National Council of the Slovak Republic can, at any time, express no confidence in the Government.

(2) The Government may request at any time from the National council of the Slovak Republic an expression of confidence.

(3) The Government may vote upon an approval of an Act or upon any other matter at the same time as it votes upon the matter of confidence.

Article 115

(1) If the National Council of the Slovak Republic expresses no confidence in the Government or if it refuses to give the expression of confidence, the President of the Slovak Republic will dismiss the Government.

(2) Upon the acceptance of the Government's resignation the President of the Slovak Republic will authorise the Government to perform its office until a new Government is appointed.

Article 116

(1) A member of the Government is responsible for the execution of his office to the National Council of the Slovak Republic.

(2) A member of the Government can offer his resignation to the President.

(3) The National Council of the Slovak Republic can express no confidence also to individual members of the Government; in this case the President of the Slovak Republic will remove the relevant member of the Government from office.

(4) A proposal to remove a member of the Government may be presented to the President of the Slovak Republic also by the Chairman of the Government.

(5) If the Chairman of the Government offers his resignation, the entire Government will offer their resignation.

(6) If the National Council of the Slovac Republic expresses no confidence in the Chairman of the

Government, the President of the Slovak Republic will remove him. Removal of the Chairman of the Government results in resignation of the entire Government.

(7) If the President of the Slovak Republic accepts the resignation or removes a member of the Government, he must appoint another member of the Government to manage the office of the resigned member temporarily.

Article 117

The Government will always hand in their resignation after the constitutional meeting of the newly elected National Council of the Slovak Republic; the Government will, however, continue in office until a new Government is formed.

Article 118

(1) The Government can approve resolutions if a majority of its members is present.

(2) An approval of a resolution requires the agreement of a majority of all members of the Government.

Article 119

The Government makes collective decisions upon the following:

a) proposals of Acts;

b) governmental regulations;

c) programme of the Government and its implementation;

d) principal measures concerning the implementation of the economic and social policies of the Slovak Republic;

e) proposals of the State budget and the State annual accounts;

f) international agreements signed by the Slovak Republic;

g) principal issues of the domestic and international policies;

h) proposals of Acts to the National Council of the Slovak Republic or any other important measure intended for public discussion;

i) requests for the expression of confidence;

j) granting amnesty for criminal acts;

k) appointment and removal of State dignitaries in cases specified by Law;

l) other matters as specified by Law.

Article 120

(1) To implement Law and within the framework of the Law the Government may issue decrees.

(2) Decrees of the Government are signed by the Chairman of the Government.

(3) Decrees of the Government must be issued in a way specified by Law.

Article 121

The Government has the right to grant amnesty for criminal offences. Details are specified by Law.

Article 122

Central authorities of the State administration and local authorities of the State administration are created by Law.

Article 123

Ministries and other authorities of the State administration may issue, in accordance with Law and within its framework, generally binding legal regulations, if authorized to do so by Law. Such generally binding legal regulations are issued in a way specified by Law.

Clause Seven
Power of the courts

Section One
Constitutional Court of the Slovac Republic

Article 124

The Constitutional Court of the Slovak Republic is an independent court with jurisdiction over constitutional issues.

Article 125

The Constitutional Court decides upon issues of harmony

a) between Law and the Constitution and constitutional Acts;

b) between Government Decrees, generally binding legal regulations issued by Ministries and other central authorities of the State administration and the Constitution, constitutional Acts and other Decrees;

c) between generally binding regulations issued by authorities of regional administration and the Constitution and Law;

d) between generally binding legal regulations issued by local authorities of the State administration and the Constitution, Law and other generally binding legal regulations;

e) between generally binding legal regulations and international agreements issued in the same way as is specified for issuing the Acts.

Article 126

The Constitutional Court decides upon disputes between various central authorities of the State administration concerning responsibility, unless the Law authorises another State authority to do so.

Article 127

The Constitutional Court decides upon complaints against the legality of decisions made by the central authorities of the State administration, by local authorities of the State administration and by authorities of local administration, which may have breached basic rights and freedom of citizens, unless the protection of these rights and freedom is within jurisdiction of another court.

Article 128

(1) The Constitutional Court interprets constitutional Acts in cases of dispute. Conditions are specified by Law.

(2) The Constitutional Court is impartial in matters of harmony between proposed Acts and other generally binding legal regulations and the Constitution and constitutional Acts.

Article 129

(1) The Constitutional Court decides upon complaints against a decision concerning the validity of the mandate of a representative of the National Council of the Slovak Republic.

(2) The Constitutional Court decides upon matters of constitutional propriety and legality of elections to the National Council of the Slovak Republic and to authorities of local administration.

(3) The Constitutional Court decides upon complaints against referenda results.

(4) The Constitutional Court decides whether a decision to dissolve or to suspend the activities of a political party or a political movement is in accordance with constitutional Acts and other Decrees.

(5) The Constitutional Court decides upon a charge of treason made by the National Council of the Slovak Republic against the President of the Slovak Republic.

Article 130

(1) The Constitutional Court commences proceedings if a request to do so is made

a) by not fewer than one fifth of the representatives of the National Council of the Slovak Republic;

b) by the President of the Slovak Republic;

c) by the Government of the Slovak Republic;

d) by the court;

e) by the prosecuter general;

f) by anyone whose rights are to be under discussion in cases specified by provisions of Article 127.

(2) The Law specifies who has the right to present proposals for the commencement of proceedings specified in Article 129.

(3) The Constitutional Court may commence proceedings also upon the request of legal or physical bodies if their rights are impinged.

Article 131

The Constitutional Court decides through its General Assembly upon matters specified by Articles 107, 125 item a) and b), Article 129 paragraphs 2 and 4, Article 130 paragraph 2, Article 138, paragraphs 2 and 3 and upon its internal organisational matters.

Article 132

(1) If the Constitutional Court decides that there is disharmony between legal regulations specified by Article 125, such regulations, their parts, or some of their provisions become ineffective. Authorities responsible for the issue of such regulations must, within 6 months from the announcement of the decision of the Constitutional Court, amend these regulations to bring them into accord with the Constitution and constitutional Acts, and, if regulations specified by Article 125 item b) are in question, also with other Acts. If regulations specified by Article 125 item c) are concerned, such regulations must be amended to bring them into accord also with other Acts, with international agreements, with Decrees issued by the Government of the Slovak Republic and with generally binding legal regulations issued by Ministries and by other central authorities of the State administration. If this is not done, such regulations, their parts or provisions become ineffective six months after the announcement of the relevant decision.

(2) Decisions of the Constitutional Court made in accordance with paragraph 1 are announced in the same way as is specified for Acts.

Article 133

No appeal may be made against the decisions of the Constitutional Court.

Article 134

(1) The Constitutional Court has 10 judges.

(2) Judges of the Constitutional Court are appointed for the period of seven years by the President of the Slovak Republic from twenty individuals proposed by the National Council of the Slovak Republic.

(3) Any citizen of the Slovak Republic who is eligible for the National Council of the Slovak Republic, who is at least 40 years old, who has a university degree in law and who has the minimum of 15 years experience in legal practice, may be appointed a judge of the Constitutional Court.

(4) A judge of the Constitutional Court must make the following pledge to the President of the Slovak Republic:

"I pledge upon my honour and conscience to protect the inviolability of the natural human rights and citizen rights, to protect the principles of a legal

State, to act in accordance with the Constitution and other constitutional Acts, and to decide in accordance with my best convictions, independently and impartially."

(5) A judge of the Constitutional Court is installed in his office upon making this pledge.

Article 135

A Chairman heads the Constitutional Court, deputised by a Vice-Chairman. The Chairman and Vice-Chairman are appointed from the judges of the Constitutional Court by the President of the Slovak Republic.

Article 136

(1) Judges of the Constitutional Court enjoy the same immunity as is afforded to the representatives of the National Council of the Slovak Republic.

(2) An agreement of the Constitutional Court is required for a criminal prosecution or taking into custody of a judge of the Constitutional Court.

(3) An agreement of the Constitutional Court is required for a criminal prosecution or taking into custody of the Chairman and Vice-Chairmen of the Supreme Court of the Slovak Republic.

Article 137

(1) If a judge appointed to the Constitutional Court is a member of a political party or a political movement, he must resign his membership prior to making his pledge.

(2) Judges of the Constitutional Court must execute their office as their profession. Their office is incompatible

a) with a business activity or other economic or manufacturing activity, except management of their own property or a scientific, pedagogical, literary or artistic activity;

b) with a position or employment in another State organisation.

(3) On the day of coming into office, a judge's mandate as a representative or a member of the Government of the Slovak Republic becomes ineffective.

Article 138

(1) A judge of the Constitutional Court may resign his office.

(2) The President of the Slovak Republic may remove a judge of the Constitutional Court on the basis of a legal verdict passed for an intentional criminal act or on the basis of a disciplinary decision made by the Constitutional Court for an act incompatible with the performance of duties as a judge of the Constitutional Court.

(3) The President of the Slovak Republic removes a judge of the Constitutional Court from his office upon the Constitutional Court's advice concerning the judge's absence, lasting more than a year, from the Constitutional Court's proceedings, or if the judge of the Constitutional Court is proclaimed incapable of proper legal judgments by a court decision.

Article 139

If a judge of the Constitutional Court resigns his office or if he is removed from his office, the President of the Slovak Republic will appoint another judge for a new period of office from two persons proposed by the National Council of the Slovak Republic.

Article 140

Details concerning the organisation of the Constitutional Court, its proceedings and the status of its judges are specified by Law.

Section Two
Courts of the Slovak Republic

Article 141

(1) Legal proceedings in the Slovak Republic are conducted by independent and impartial courts.

(2) Legal proceedings are conducted at all levels independently of other State organisations.

Article 142

(1) The courts decide upon civil and criminal legal matters; the courts also examine the legality of decisions made by administrative organisations.

(2) The courts decide in a senate unless specified by Law that the judgment of a single judge is required. The Law specifies when members of the public participate in senate decisions.

(3) Sentences are passed in the name of the Slovak Republic, and always in public.

Article 143

(1) The courts consist of the Supreme Court of the Slovak Republic and other courts.

(2) Detailed regulations concerning the court structure, their responsibility, organisation and proceedings are specified by Law.

Article 144

(1) The judges are independent in their decisions and are bound only by Law.

(2) In cases specified by the Constitution or by Law, the judges are bound also by international agreements.

(3) Should a judge believe that a generally binding legal regulation contravenes the Law, he will suspend the proceedings and propose to commence proceedings in the Constitutional Court. Findings

of the Constitutional Court are binding for the judge and for other courts.

Article 145

(1) Judges are first elected for four years by the National Council of the Slovak Republic upon the proposal of the Government of the Slovak Republic. After this period the National Council of the Slovak Republic upon the proposal of the Government of the Slovak Republic will re-elect judges without a time limit.

(2) The Chairman and Vice-Chairmen of the Supreme Court are elected from judges of the Supreme Court by the National Council of the Slovak Republic for five years and for no more than two consecutive periods.

Article 146

A judge may resign his office.

Article 147

(1) The National Council of the Slovak Republic will remove a judge from office
a) on the basis of a legal sentence passed for an intentional criminal act;
b) on the basis of a result of disciplinary proceedings concerning an act incompatible with his office.

(2) The National of the Slovak Republic may remove a judge from his office
a) if he is prevented for reasons of health to perform his duties for more than a year;
b) if he has reached 65 years of age.

(3) Prior to the decision to remove a judge from his office the National Council of the Slovak Republic must request the views of the relevant disciplinary court.

Article 148

(1) The status, rights and obligations of judges are specified by Law.

(2) The selection of associate judges is specified by Law.

Clause Eight
Prosecution in the Slovak Republic

Article 149

Prosecution in the Slovak Republic protects the rights and lawful interests of physical and legal bodies and of the State.

Article 150

The Chief Public Prosecutor heads the prosecution; he is appointed and removed by the President of the Slovak Republic upon the recommendation of the National Council of the Slovak Republic.

Article 151

Details concerning the appointment and removal, the rights and obligations of preosecutors and the organisation of prosecution are specified by Law.

Clause Nine
Temporary and final provisions

Article 152

(1) Constitutional Acts, Decrees and other generally binding legal regulations remain valid in the Slovak Republic if they do not contravene this Constitution. They may be amended and repealed by the relevant authorities of the Slovak Republic.

(2) The Acts and other generally binding legal regulations issued in the Czech and Slovak Federal Republic become invalid on the ninetieth day after the decision of the Constitutional Court of the Slovak Republic concerning their invalidity has been announced in a way specified for the issue of Acts.

(3) Invalidity of legal regulations is decided upon by the Constitutional Court of the Slovak Republic in accordance with proposals of persons specified by Article 130.

(4) The interpretation and implementation of constitutional Acts, Decrees and other generally binding legal regulations must be in accordance with this Constitution.

Article 153

The rights and obligations specified by international agreements binding for the Czech and Slovak Federal Republic are transferred to the Slovak Republic, and this in the extent specified by constitutional Law of the Czech and Slovak Federal Republic, or in the extent agreed between the Slovak Republic and the Czech Republic.

Article 154

(1) The Slovak National Council elected in accordance with Article 103 of the constitutional Act no. 143/1968, concerning the Czechoslovak federation, in the wording of later regulations, performs its duties as the National Council of the Slovak Republic in accordance with this Constitution. Term of office of the National Council of the Slovak Republic commences on the day of elections to the Slovak National Council.

(2) The Government of the Slovak Republic appointed in accordance with Article 122 paragraph 1 item a) of the constitutional Act no. 143/1968, concerning the Czechoslovak federation in the wording of later regulations, is considered the Government appointed in accordance with this Constitution.

(3) The Chairmen of the Supreme Court of the Slovak Republic and the Chief Prosecutor of the Slovak Republic, appointed to their office in accordance with the existing legal regulations remain in their office until appointments are made in accordance with this Constitution.

(4) Judges in the courts of the Slovak Republic appointed to their office in accordance with existing legal regulations are considered appointed to their office without a time limit in accordance with this Constitution.

Article 155

The following are repealed:

1. The constitutional Act issued by the Slovak National Council no. 50/1990 concerning the title, the State symbol, the State flag, the State seal and the State anthem of the Slovak Republic.

2. The constitutional Act issued by the Slovak National Council no. 79/1990 concerning the number of representatives of the Slovak National Council, the wording of the pledge made by the representatives of the Slovak National Council, members of the Government of the Slovak Republic and the representatives of National Committees as well as the term of office of the Slovak National Council.

4. The constitutional Act issued by the Slovak National Council no. 7/1992 concerning the Constitutional Court of the Slovak Republic.

Article 156

This Constitution of the Slovak Republic comes into effect on the day of its issue, excepting Article 3 paragraph 2; Article 23 paragraph 4 concerning expulsion or handing over of a citizen to another State; Article 53; Article 84 paragraph 3 concerning declaration of war on another State; Article 86 items k) and l); Article 102 item g) concerning the appointment of university professors and rectors, and the appointment and promotion of generals, item j) and k); Article 152 paragraph 1 second sentence, concerning constitutional Acts, Decrees and other generally binding legal regulations issued by the authorities of the Czech and Slovak Federal Republic, which will come into effect at the same time as the relevant amendments of the constitutional status of the Czech and Slovak Federal Republic in accordance with this Constitution.

The Chairman of the Slovak National Council.

The Chairman of the Government of the Slovak Republic.

The Constitution of the Slovak Republic will

come into effect as a whole on the day of its issue, i. e on Thursday 3 September 1992, excepting the following provision:

Article 4 paragraph 2: (boundaries of the Slovak Republic may be altered only by a constitutional Act);

Article 23 paragraph 4: (concerning expulsion or handing over of a citizen to another State);

Article 54: (the Law may limit the right of judges and prosecutors to participate in a business or other economic activity and the right specified in Article 29 paragraph 2, concerning the creation and joining of political parties; and of employees of the State and regional administration, who hold offices specified also by Article 37 paragraph 4, concerning the right to strike; and of the members of the armed forces and militia also the rights specified by Article 27, concerning petitions, and Article 28, concerning the right of assembly if this is connected with the performance of their duties; and of persons holding offices directly connected with the protection of life and health, who may have their right to strike curtailed);

Article 84 paragraph 3: (concerning declaration of war on another State);

Article 56 item k: (decide upon the declaration of war should the Slovak Republic be attacked, or as arises from obligations specified by international agreements concerning mutual defence against an aggressor);

item l: (agree with sending of armed troops outside the territory of the Slovak Republic);

Article 102 item g: (concerning the appointment of university professors and rectors, and the appointment and promotion of generals);

item j: (the President is the Chief of Staff of the armed forces);

item k: (upon the proposal of the Government of the Slovak Republic declares general mobilisation and on the basis of the decision made by the National Council of the Slovak Republic declares war should the Slovak Republic be attacked or if this arises from obligations specified by international agreements concerning mutual defence against an aggressor);

Article 152 paragraph 1 second sentence: (concerning constitutional Acts, Decrees and other generally binding legal regulations issued by authorities of the ČSFR, which will come into effect at the same time as the respective amendments of the constitutional status of the ČSFR in accordance with this Constitution).

Textanhang IV

Constitution de la République de Bulgarie (1991)[*]

Nous, députés à la Septième Grande Assemblée nationale, animés du désir de traduire la volonté du peuple bulgare,

déclarant notre fidélité aux valeurs universelles: liberté, paix, humanisme, égalité, équité et tolérance;

érigeant en principe suprême les droits de l'individu, sa dignité et sa sécurité;

conscients de notre devoir irrévocable de protéger l'unité de la nation et de l'Etat bulgare,

proclamons notre détermination à créer un Etat démocratique, de droit et social,

en adoptant la présente CONSTITUTION.

Chapitre I
Principes Fondamentaux

Art. 1

(1) La Bulgarie est une république à régime parlementaire.

(2) Tout le pouvoir public émane du peuple. Le peuple exerce ce pouvoir directement et par les organes prévus dans la présente Constitution.

(3) Nulle partie du peuple, nul parti politique ou autre organisation, institution publique ou individu ne peut s'attribuer la réalisation de la souveraineté du peuple.

Art. 2

(1) La République de Bulgarie est un Etat unitaire à autogestion locale. Des formations territoriales autonomes ne sont pas admises.

(2) L'intégrité territoriale de la République de Bulgarie est inviolable.

Art. 3

La langue officielle en République de Bulgarie est le bulgare.

Art. 4

(1) La République de Bulgarie est un Etat de droit. Elle est gouvernée conformément à la Constitution et aux lois du pays.

(2) la République de Bulgarie garantit la vie, la dignité et les droits de l'individu et crée des conditions pour le libre développement de l'homme et de la société civile.

Art. 5

(1) La Constitution est la loi suprême et les autres lois ne peuvent la contredire.

---

[*] Adoptée par la Grande Assemblée nationale le 12 juillet 1991.

(2) Les dispositions de la Constitution ont une action directe.

(3) Nul ne peut être condamné pour des actions ou ommissions qui, au moment où elles ont été commises, ne constituaient pas un acte délictueux aux termes de la loi.

(4) Les accords internationaux, ratifiés par ordre constitutionnel, publiés et entrés en vigueur à l'égard de la République de Bulgarie, font partie du droit interne de l'Etat. Ils ont la priorité sur les normes de la législation interne qui sont en contradiction avec eux.

(5) Tous les actes normatifs sont publiés. Ils entrent en vigueur trois jours après leur publication, à moins qu'eux-mêmes ne prévoient un autre délai.

Art. 6

(1) Tous les individus naissent libres et égaux en dignité et en droits.

(2) Tous les citoyens sont égaux devant la loi. Sont inadmissibles toute limitation des droits et toute attribution de privilèges, fondés sur la distinction de race, de nationalité, d'appartenance ethnique, de sexe, d'origine, de religion, d'éducation, de convictions, d'appartenance politique, de condition personnelle et sociale ou de situation de fortune.

Art. 7

L'Etat est tenu responsable des dommages causés par des actes ou actions illicites commis par ses organes ou ses fonctionnaires.

Art. 8

Le pouvoir public est divisé en pouvoir législatif, pouvoir exécutif et pouvoir judiciaire.

Art. 9

Les forces armées garantissent la souveraineté, le sécurité et l'indépendance de pays et défendent son intégrité territoriale.

Art. 10

Les élections, les référendums à l'échelle nationale et régionale, sonst organisés au suffrage universel égal et direct et au vote secret.

Art. 11

(1) La vie politique en République de Bulgarie est fondée sur les pincipes du pluralisme politique.

(2) Nul parti politique ou idéologie ne peut être proclamé ou affirmé comme parti ou idéologie d'Etat.

(3) Les partis contribuent à la formation et à la manifestation de la volonté politique des citoyens. Les règles de constitution et de suspension des partis politiques, ainsi que les conditions dans lesquelles ils peuvent exercer leur activité sont réglementées par une loi.

(4) Ne peuvent être constitués des partis sur des principes ethniques, raciaux ou religieux, ainsi que des partis qui s'assignent pour but de s'emparer par la force du pouvoir de l'Etat.

Art. 12

(1) Les associations des citoyens sont destinées à satisfaire et à défendre leurs intérêts.

(2) Les associations des citoyens, y compris les syndicats, ne peuvent avoir des objectifs politiques et exercer des activités politiques, propres exclusivement aux partis politiques.

Art. 13

(1) Les cultes sont libres.

(2) Les institutions religieuses sont séparées de l'Etat.

(3) La religion traditionelle en République de Bulgarie est le culte orthodoxe.

(4) Les communautés et institutions religieuses, ainsi que les convictions religieuses ne peuvent être utilisées à des fins politiques.

Art. 14

La famille, la maternité et les enfants sont sous la protection de l'Etat et de la société.

Art. 15

La République de Bulgarie garantit la protection et la reproduction de l'environnement, le maintien et la diversité de la nature vivante, ainsi que l'utilisation rainsonnable des richesses naturelles et des ressources du pays.

Art. 16

Le travail est garanti et protégé par la loi.

Art. 17

(1) Le droit à la propriété et à la succession est garanti et protégé par la loi.

(2) La propriété est privée et publique.

(3) La propriété privée est inviolable.

(4) Le régime des biens propriété de l'Etat et des communes est réglementé par la loi.

(5) L'expropriation forcée de la propriété d'un bien pour cause d'utilité publique et communale n'est admissible qu'aux termes d'une loi, à condition que les besoins de l'Etat ou de la commune ne peuvent être satisfaits d'une autre manière et après dédommagement préalable et équivalent.

Art. 18

(1) Les richesses du sol, la bande côtière des plages, les routes nationales, ainsi que les eaux, les forêts et les parcs d'importance nationale, les réserves naturelles et archéologiques classées par la loi, sont propriété exclusive de l'Etat.

(2) L'Etat exerce des droits souverains sur les plateaux continentaux et dans la zone exclusivement économique de prospection, d'exploitation, d'utilisation, de sauvegarde et de gérance des ressources énergétiques de ces espaces marins.

(3) L'Etat exerce des droits souverains sur le spectre des radiofréquences et les positions de l'orbite géostationnaire, fixés pour la République de Bulgarie en vertu d'accords internationaux.

(4) Une loi spéciale peut établir le monopole de l'Etat sur le transport ferroviaire, les réseaux nationaux des postes et des télécommunications, l'utilisation de l'énergie nucléaire, la production de produits radioactifs, d'armes, d'explosifs et de substances biologiquement fortes.

(5) Les conditions et les modalités de concession par l'Etat des biens et des activités cités aux alinéas précédents, sont réglementées par une loi.

(6) Les biens d'Etat sont gérés et administrés dans l'interêt des citoyens et de la société.

Art. 19

(1) L'économie de la République de Bulgarie est fondée sur la libre initiative économique.

(2) La loi crée et garantit à tous les citoyens et personnes morales des droits juridiques égaux pour l'exercice d'une activité économique, en prévenant l'abus de monopole, la concurrence déloyale et en protégeant les producteurs.

(3) Les investissements et les activités économiques de citoyens bulgares et étrangers et de personnes morales sont protégés par la loi.

(4) La loi crée des conditions de coopération et autres formes d'association des citoyens et des personnes morales pour la réalisation d'un progrès économique et social.

Art. 20

L'Etat crée des conditions pour le développement équilibré des différentes régions du pays et assiste les organes et les activités territoriaux par sa politique de financement, de crédits et d'investissement.

Art. 21

(1) La terre est la principale richesse nationale, elle jouit d'une protection spéciale de la part de l'Etat et de la société.

(2) La terre labourable est utilisée uniquement à des fins agricoles. Des exceptions sont admises uniquement en cas de besoins justifiés, dans des conditions et suivant des modalités prévues par une loi.

Art. 22

(1) Les étrangers et les personnes morales étrangères ne peuvent acquérir le droit de propriété sur la terre, sauf par voie de succession légale. Dans ce cas, ils doivent transférer leur propriété.

(2) Dans certains cas, déterminés par la loi, les étrangers et les personnes morales étrangères peuvent acquérir le droit d'usage, le droit de construction et d'autres droits réels.

Art. 23

L'Etat crée des conditions pour le libre développement de la science, de l'enseignement et des arts et leur prête son assistance. Il veille à la sauvegarde de patrimoine culturel et historique national.

Art. 24

(1) La politique extérieure de la République de Bulgarie est réalisée conformément aux principes et aux normes du droit international.

(2) Les objectifs fondamentaux de la politique extérieure de la République de Bulgarie sont la sécurité nationale et l'indépendance du pays, le bien-être et les droits fondamentaux et les libertés des citoyens bulgares, ainsi que sa contribution à l'établissement d'un ordre international équitable.

Chapitre II
Droits et Devoirs Fondamentaux des Citoyens

Art. 25

(1) Est citoyen bulgare toute personne dont l'un des parents au moins est citoyen bulgare ou toute personne née sur le territoire de la République de Bulgarie, à moins qu'elle n'acquiert une autre nationalité d'origine. La nationalité bulgare peut être acquise également par naturalisation.

(2) Les personnes d'origine bulgare acquièrent la nationalité bulgare suivant une procédure simplifiée.

(3) Ne peut être déchu de la nationalité bulgare un citoyen bulgare de naissance.

(4) Nul citoyen de la République de Bulgarie ne peut être expulsé de son territoire ou livré à un autre Etat.

(5) Les citoyens bulgares résidant à l'étranger sont sous la protection de la République de Bulgarie.

(6) Les conditions et les modalités d'acquisition, de conservation et de perte de la nationalité bulgare sont établies par une loi.

Art. 26

(1) Les citoyens de la République de Bulgarie, où qu'ils se trouvent, ont tous les droits et devoirs énoncés dans la présente Constitution.

(2) Les étrangers, résidant en République de Bulgarie, ont tous les droits et devoirs énoncés dans le présente Constitution, sauf les droits et devoirs pour lesquels la nationalité bulgare est exigée aux termes de la Constitution et des lois.

Art. 27

(1) Les étrangers résidant légalement dans le pays ne peuvent être expulsés de son territoire ou livrés contre leur volonté à un autre Etat, sauf dans les conditions et suivant les modalités déterminées par la loi.

(2) La République de Bulgarie donne asile aux étrangers poursuivis pour leurs convictions ou pour leur activité en défense des droits et des libertés internatinalement reconnus.

(3) Les conditions et les modalités suivant lesquelles est accordé l'asile sont réglementées par une loi.

Art. 28

Chacun a droit à la vie. Toute atteinte à la vie humaine est punie comme le crime le plus grave.

Art. 29

(1) Nul ne peut être soumis à la torture, ni à des traitements cruels, inhumains ou dégradants, ni à une assimilation forcée.

(2) Nul ne peut être soumis à des expériences médicales, scientifiques ou autres, sans son libre consentement donné par écrit.

Art. 30

(1) Chacun a droit à la liberté et à l'inviolabilité de sa personne.

(2) Nul ne peut être arrêté, ni faire l'objet d'une inspection, d'une perquisition, ou d'une autre atteinte à inviolabilité de sa personne, sauf dans les conditions et suivant les modalités établies par la loi.

(3) Dans les cas d'urgence, expressément fixés par la loi, les organes publics compétents peuvent garder à vue un citoyen, en informant immédiatement les organes du pouvoir judiciaire. Dans les 24 heures qui suivent l'arrestation, l'organe respectif du pouvoir judiciaire doit se prononcer sur sa légalité.

(4) Chacun a le droit d'être défendu par un avocat à partir du moment de son arrestation ou de sa mise en accusation.

(5) Chacun a le droit à une entrevue en tête à tête avec son défenseur. Le secret de leurs communications est inviolable.

Art. 31

(1) Toute personne accusée d'un crime doit être livrée aux autorités judiciaires dans le délai légal.

(2) Nul ne peut être obligé à se reconnaître coupable, ni être condamné en se fondant uniquement sur ses propres aveux.

(3) L'accusé est présumé innocent jusqu'à établissement du contraire par un jugement entré en vigueur.

(4) Ne sont pas admises des restrictions aux droits de l'accusé excédant celles nécesaires à l'administration de la justice.

(5) Aux personnes privées de liberté sont assurées des conditions pour la réalisation de leurs droits fondamentaux, que l'application de la sentence ne restreint pas.

(6) La peine privative de liberté est exécutée uniquement dans les lieux établis par la loi.

(7) Il ne peut y avoir de prescription extinctive des poursuites et de l'exécution de la peine pour les crimes contre la paix et l'humanité.

Art. 32

(1) La vie privée des citoyens est inviolable. Toute personne a droit à la protection de la loi contre l'immixtion illégitime dans sa vie personnelle ou familiale, contre les atteintes à son honneur, à sa dignité et à sa réputation.

(2) Nul ne peut être suivi, photographié, filmé, enregistré ou soumis à des actions similaires à son insu, ou en dépit de son refus catégorique, sauf dans les cas prévus par la loi.

Art. 33

(1) Le logement est inviolable. Nul ne peut s'y introduire ou y rester contre le gré de celui qui l'habite, sauf dans les cas expressément désignés par la loi.

(2) Il n'est admis de s'introduire ou de rester dans le logement contre le gré celui qui l'habite ou sans l'autorisation des organes judiciaires que pour prévenir un crime sur le point d'être perpétré ou qui est en train d'être perpetré, pour arrêter son auteur, ainsi qu'en cas de nécessité absolue.

Art. 34

(1) La liberté et le secret de la correspondance et des autres communications sont inviolables.

(2) Des exceptions à cette régle sont admissibles uniquement par autorisation des autorités judiciaires, lorsque cela s'impose pour dévoiler ou prévenir des crimes graves.

Art. 35

(1) Chacun a le droit de choisir librement son domicile, de circuler sur le territoire de pays et de le quitter. Ce droit peut être limité uniquement par une loi, pour la défense de la sécurité nationale, de la santé publique, des droits et libertés des autres citoyens.

(2) Chaque citoyen bulgare a le droit de retourner dans le pays.

Art. 36

(1) L'étude et l'emploi de la langue bulgare est un droit et un devoir des citoyens bulgares.

(2) Les citoyens pour lesquels le bulgare n'est pas leur langue maternelle ont le droit, parallèlement à l'étude obligatoire du bulgare, d'étudier et de parler leur langue d'origine.

(3) Les cas où seule la langue officielle peut être employée, sont désignés par la loi.

Art. 37

(1) La liberté de conscience, la liberté de pensée et le choix de culte ou de convictions religieuses ou athées sont inviolables. L'Etat contribue au maintien de la tolérance et du respect mutuel entre les personnes confessant différentes religions, entre les croyants et les athées.

(2) La liberté de conscience et des cultes ne peut êtres dirigée contre la sécurité nationale, l'ordre public, la santé publique et la morale ou contre les droits et les libertés des autres citoyens.

Art. 38

Nul ne peut être persécuté ou limité dans ses droits pour ses convictions, ni être contraint à donner des renseignements concernant ses propres convictions ou celles d'autrui.

Art. 39

(1) Chacun a le droit d'exprimer librement ses opinions et de les répandre par le langage – parlé ou écrit –, par le son, par l'image ou par d'autres moyens.

(2) Ce droit ne peut être invoqué pour porter atteinte aux droits et à la réputation d'autrui, pour exhorter à modifier de force l'ordre constitutionnel établi, pour commettre des crimes, pour inciter à la haine ou à la violence sur la personne humaine.

Art. 40

(1) La presse et les autres médias sont libres et ne peuvent être soumis à la censure.

(2) La suspension et la confiscation d'une édition imprimée ou d'un autre vecteur d'information sont admises uniquement par décision des autorités judiciaires, lorsqu'ils portent atteinte aux bonnes moeurs ou exhortent à la modification de force de l'ordre constitutionnel établi, à l'accomplissement d'un crime ou à la violence ce sur l'individu. Au cas où, dans les 24 heures qui suivent, il n'y a pas eu de confiscation, la suspension cesse de produire son effect.

Art. 41

(1) Chacun a le droit de chercher, de recevoir et de répandre des informations. La réalisation de ce droit ne peut être dirigée contre les droits et la bonne réputation des autres citoyens, contre la sé-

curité nationale, l'ordre public, la santé publique et la morale.

(2) Les citoyens ont le droit d'obtenir des informations auprès d'un organe ou établissement public sur des questions représentant pour eux un intérêt légitime, au cas où ces informations ne constituent pas un secret d'Etat ou un autre secret défendu par la loi, ou ne portent atteinte aux droits d'autrui.

Art. 42

(1) Les citoyens ayant l'âge de 18 ans révolus, à l'exception de ceux qui sont mis sous tutelle et ceux qui purgent une peine privative de liberté, ont le droit d'élire des organes publics et locaux et de prendre part à des référendums.

(2) L'organisation et les modalités suivant lesquelles il est procédé à des élections et à des référendums sont réglementées par une loi.

Art. 43

(1) Les citoyens ont le droit de se réunir pacifiquement et sans armes à des réunions et manifestations.

(2) Les modalités l'organisation et de déroulement des réunions et des manifestations sont établies par une loi.

(3) L'autorisation pour des réunions en salle n'est pas obligatoire.

Art. 44

(1) Les citoyens peuvent s'associer librement.

(2) Sont prohibées les organisations dont l'activité est dirigée contre la souveraneté, l'intégrité territoriale de pays et l'unité de la nation, vers l'incitation à la haine raciale, nationale ou religieuse, vers la violation des droits et des libertés des citoyens, ainsi que les organisations qui constituent des structures clandestines ou militarisées ou qui visent à atteindre leurs objectifs par la violence.

(3) La loi établit les organisations qui sont tenues d'être immatriculées, les modalités de leurs suspension, ainsi que leurs rapports avec l'Etat.

Art. 45

Les citoyens ont le droit de porter plainte, de faire des propositions et présenter des pétitions devant les organes d'Etat.

Art. 46

(1) Le mariage est une union librement conclue entre un homme et une femme. Seul le mariage civil est légal.

(2) Les époux ont des droits et des devoirs égaux au regard du mariage et de la famille.

(3) La forme du mariage, les conditions et les modalités de sa conclusion et de sa dissolution, les rapports individuels et patrimoniaux entre les époux sont réglementés par une loi.

Art. 47

(1) Les soins des enfants et leur éducation jusqu'à leur majorité est un droit et un devoir de leurs parents, assistés par l'Etat.

(2) La mère jouit d'une protection spéciale de l'Etat, qui lui assure un congé payé pré- et postnatal, un accouchement gratuit un travail allégé et d'autres aides sociales.

(3) Les enfants nés hors mariage ont des droits égaux avec ceux qui sont nés du mariage.

(4) Les enfants privés des sollicitudes de leurs proches jouissent de la protection spéciale de l'Etat et de la société.

(5) Les conditions et les modalités de restriction ou de privation des droits parentaux sont établies par la loi.

Art. 48

(1) Les citoyens ont le droit au travail. L'Etat garantit des conditions pour l'exercice de ce droit.

(2) L'Etat assure des conditions pour l'exercice du droit au travail aux handicapés physiques et mentaux.

(3) Chaque citoyen est libre de choisir sa profession et son lieu de travail.

(4) Nul ne peut être obligé à exercer un travail forcé.

(5) Les ouvriers et les employés ont droit à l'hygiène et à la sécurité du travail, à un salaire minimum et à une rémunération conforme à leur travail, ainsi qu'au repos et au congé dans des conditions et suivant des modalités établies par une loi.

Art. 49

(1) Les ouvriers et les employés ont le droit de s'associer dans des organisations et unions syndicales pour la défense de leur intérêts dans le domaine du travail et de la sécurité sociale.

(2) Les employeurs ont le droit de s'associer pour la défense de leurs intérêts économiques.

Art. 50

Les ouvriers et les employés ont droit à le grève pour la défense de leurs intérêts collectifs dans le sphère économique et sociale. Ce droit est réalisé dans des conditions et suivant des modalités établies par la loi.

Art. 51

(1) Les citoyens ont droit à la sécurité sociale et à l'aide sociale.

(2) Les personnes privées provisoirement d'emploi bénéficient de la sécurité sociale dans les conditions et suivant des modalités établies par la loi.

(3) Les personnes âgées qui n'ont pas de proches

et qui ne peuvent vivre de leurs revenus, ainsi que les personnes frappées d'un handicap physique ou mental, bénéficient d'une protection particulière de l'Etat et de la société.

Art. 52

(1) Les citoyens ont droit à l'assurance-maladie qui leur garantit une aide médicale accessible, ainsi que des services médicaux gratuits dans des conditions et suivant des modalités établies par la loi.

(2) La santé publique est financée par le budget l'Etat, par les employeurs, par des cotisations individuelles et collectives ainsi que par d'autres sources dans des conditions et suivant des modalités déterminées par la loi.

(3) L'Etat veille à la protection de la santé des citoyens et encourage le développement des sports et du tourisme.

(4) Nul ne peut subir contre son gré un traitement ou des mesures sanitaires, sauf dans les cas prévus par la loi.

(5) L'Etat exerce un contrôle sur tous les établissements sanitaires, ainsi que sur la production de médicaments, de bioproduits et de technique médicale et sur le commerce avec ceux-ci.

Art. 53

(1) Chacun a droit à l'enseignement.

(2) L'enseignement scolaire est obligatoire jusqu'à l'âge de 16 ans.

(3) L'enseignement primaire et secondaire dans les écoles publiques et communales est gratuit. Dans certaines conditions réglementées par la loi, l'enseignement dans les écoles publiques supérieures est gratuit.

(4) Les écoles supérieures jouissent de l'autonomie académique.

(5) Des citoyens et des organisations peuvent fonder des écoles dans des conditions et suivant des modalités établies par la loi. L'enseignement dans ces écoles doit être conforme aux exigences fixées par l'Etat.

(6) L'Etat encourage l'enseignement par la fondation et le financement d'écoles; aide des élèves et des étudiants doués; crée des conditions pour l'enseignement professionnel et le recyclage. Il exerce un contrôle sur tous les types d'écoles et tous les degrés d'enseignement,

Art. 54

(1) Chacun a le droit de jouir des valeurs culturelles nationales et universelles, de développer sa propre culture conformément à sont appartenance ethnique, ce qui lui est reconnu et garanti par la loi.

(2) La liberté de la création artistique, scientifique et technique est reconnue et garantie par la loi.

(3) Les droits de l'interventeur, les droits d'auteur et les autres droits voisins sont protégés par la loi.

Art. 55

Les citoyens ont droit à un environnement sain et favorable conformément aux normes et aux standards établis. Ils sont tenus de protéger l'environnement.

Art. 56

Chaque citoyen a droit à être défendu lorsque ses droits ou ses intérêts légitimes sont violés ou menacés. Dans les établissements publics il peut se présenter accompagné d'un défenseur.

Art. 57

(1) Les droits fondamentaux des citoyens sont irrévocables.

(2) N'est pas admis un abus de droits, ni l'exercice de droits au cas où cela porte atteinte aux droits ou aux intérêts légitimes d'autrui.

(3) En cas de déclaration de guerre, d'état de siège ou d'un autre état d'urgence, en vertu d'une loi, l'exercice de certains droits des citoyens peut être provisoirement limité, à l'exception des droits prévus aux articles 28, 29, 31, al. al. 1, 2, et 3, art. 32, al. 1 et art. 37.

Art. 58

(1) Les citoyens sont tenus d'observer la Constitution et les lois et d'y obéir. Ils sont tenus de repecter les droits e les intérêts légitimes des autres.

(2) Les convictions religieuses et autres ne peuvent constituer un motif de refus d'accomplir des devoirs consacrés par la Constitution et les lois.

Art. 59

(1) La défense de la patrie est un devoir et un honneur pour chaque citoyen bulgare. La haute trahison et la trahison de la patrie sont les crimes les plus graves que la loi punit dans toute sa rigueur.

(2) L'accomplissement des obligations du service militaire et leur substitution par un service alternativ sont réglementés par une loi.

Art. 60

(1) Les citoyens sont tenus de payer des impôts et des taxes, fixés par la loi, conformément à leurs revenus et leurs biens.

(2) Seule une loi spéciale peut établir des allègements ou des alourdissements fiscaux.

Art. 61

Les citoyens sont tenus de prêter assistance à l'Etat et à la société en cas de sinistres et autres calamités, dans des conditions et suivant des modalités établies par la loi.

Chapitre III
Assemblée Nationale

Art. 62

L'Assemblée nationale exerce le pouvoir législatif et un contrôle parlementaire.

Art. 63

L'Assemblée nationale est composée de 240 députés.

Art. 64

(1) L'Assemblée est élue pour un délai de quatre ans.

(2) En cas de guerre, d'état de guerre ou en présence d'autres circonstances extraordinaires survenues au cours ou après l'expiration du mandat de l'Assemblée nationale, son mandat est prorogé jusqu'à la disparition de ces circonstances.

(3) Les élections pour une nouvelle Assemblée nationale sont organisées au plus tard deux mois après l'expiration du mandat de l'Assemblée nationale précédente.

Art. 65

(1) Peut être élu député tout citoyen bulgare qui n'a pas d'autre nationalité, a 21 ans révolus, n'est pas mis sous tutelle et ne purge pas une peine de privation de liberté.

(2) Les candidats pour députés qui occupent des postes publics suspendent leur activité après leur enregistrement.

Art. 66

La légalité des élections peut être contestée devant le Tribunal constitutionnel selon les modalités prévues par la loi.

Art. 67

(1) Les députés représentent non seulement leurs électeurs, mais le peuple entier. Le mandat impératif est nul.

(2) Les députés agissent aux termes de la Constitution et des lois, en accord avec leur conscience et leurs convictions.

Art. 68

(1) Les députés ne peuvent pas occuper un autre poste public ou exercer une activité qui, aux termes de la loi, est imcompatible avec leur statut de députés.

(2) Le député élu ministre suspend son mandat pour la période pendant laquelle il est ministre. Dans ce cas il est remplacé selon les modalités prévues par la loi.

Art. 69

Les députés ne sont pas pénalement responsables de leurs opinions énoncées et de leurs votes à l'Assemblée nationale.

Art. 70

Les députés ne peuvent être arrêtés ni traduits pénalement en justice, sauf en cas de crime grave et avec l'autorisation de l'Assemblée nationale et, lorsqu'elle ne siège pas, avec l'autorisation du président de l'Assemblée nationale. L'autorisation d'arrestation n'est pas exigée en cas de flagrant délit de crime grave, mais il faut en informer immédiatement l'Assemblée nationale et, si elle ne siège pas, le président de l'Assemblée nationale.

Art. 71

Les députés reçoivent une rémunération dont le montant est fixé par l'Assemblée nationale.

Art. 72

(1) Le mandat de député est suspendu avant terme dans les cas suivants:

1. dépositon d'une demande de démission à l'Assemblée nationale;

2. entrée en vigueur d'une peine privative de liberté pour crime prémédité ou lorsque l'exécution de la peine privative de liberté n'est pas ajourné;

3. constatation de non éligibilité ou d'incompatibilité;

4. décès.

(2) Dans les cas prévus aux p. 1 et 2 la décision est prise par l'Assemblée nationale, et dans les cas prévus au p. 3 – par le Tribunal constitutionnel.

Art. 73

L'organisation et l'activité de l'Assemblée nationale s'effectuent sur la base de la Constitution et du Règlement adopté par l'Assemblée nationale.

Art. 74

L'Assemblée nationale est un organe agissant de manière permanente. L'Assemblée nationale détermine elle-même la période pendant laquelle elle ne siège pas.

Art. 75

La séance d'ouverture de la nouvelle Assemblée nationale est convoquée par le Président de la République au plus tard un mois après l'élection de l'Assemblée nationale. Si, dans le délai prévu, l'Assemblée nationale n'est pas convoquée par le Président, elle peut être convoquées sur la demande d'un cinquième des députés.

Art. 76

(1) La séance d'ouverture de l'Assemblée nationale a lieu sous la présidence du doyen d'âge.

(2) Au cours de la première séance les députés prêvent le serment suivant: »Je jure, au nom de la République de Bulgarie, de respecter la Constitution et les lois du pays et de tenir compte, dans toutes mes activités, des intérêts du peuples. J'ai juré«.

(3) Au cours de la même séance de l'Assemblée nationale sont élu le président et les vice-présidents.

Art. 77

(1) Le président de l'Assemblée nationale:

1. représente l'Assemblée nationale;

2. propose le projet de l'ordre du jour des séances;

3. ouvre, dirige et clôture les séances de l'Assemblée nationale et garantit leur déroulement normal;

4. atteste par sa signature l'authenticité du texte des actes adoptés par l'Assemblée nationale;

5. publie des décisions, les déclarations et les appels, adoptés par l'Assemblée nationale;

6. organise les relations internationales de l'Assemblée nationale.

(2) Les vice-présidents de l'Assemblée nationale aident le président et exercent les activités dont il les a chargées.

Art. 78

L'Assemblée nationale est convoquée en session par le président de l'Assemblée nationale:

1. à son initiative;

2. sur la demande d'un cinquième des députés;

3. sur la demande du Président de la République;

4. sur la demande du Conseil des ministre.

Art. 79

(1) L'Assemblée nationale élit en son sein des commissions permanentes et temporaires.

(2) Les commission permanentes prêtent leur assistance à l'Assemblée nationale et exercent, en son nom, un contrôle parlementaire.

(3) Les commissions temporaires sont élues en vue d'études et d'enquêtes.

Art. 80

Tous les fonctionnaires et citoyens sont tenus, s'ils sont invités, à se présenter devant les commissions parlementaires et à leur soumettre les informations et les documents requis.

Art. 81

(1) L'Assemblée nationale peut siéger et adopter ses actes lorsque plus de la moitié des députés élus assistent à la séance.

(2) L'Assemblée nationale adopte des lois et d'autres actes à la majorité absolue des députés présents, sauf dans les cas où la Constitution exige une autre majorité.

(3) Le vote est personnel et public, sauf dans le cas où la Constitution prévoit ou l'Assemblée nationale décide qu'il soit secret.

Art. 82

Les séances de l'Assemblée nationale sont publiques sauf dans le cas où Assemblée nationale décide que certaines séances doivent se dérouler à huis clos.

Art. 83

(1) Les membres du Conseil des ministres peuvent prendre part aux séances de l'Assemblée nationale et aux réunions des commissions parlementaires. A leur demande ils sont entendus en priorité.

(2) L'Assemblée nationale et les commissions parlementaires peuvent obliger les ministres à assister à leurs séances et à répondre à leurs questions.

Art. 84

L'Assemblée nationale:

1. adopte, modifie, amende et abroge les lois;

2. adopte le budget de l'Etat et le rapport relatif à son exercice;

3. établit les impôts et détermine leur montant;

4. fixe la date des élections pour le Président de la République;

5. prend la décision d'organiser un référendum national;

6. élit et relève de ses fonctions le premier ministre et, sur sa proposition, le Conseil des ministres; procède à des changements dans la composition du gouvernement sur proposition du premier ministre;

7. crée, transforme et supprime des ministères sur proposition du premier ministre;

8. élit et relève de leurs fonctions les dirigeants de la Banque nationale de Bulgarie et d'autres institutions prévues par la loi;

9. donne son consentement pour la signature de contrats d'emprunts d'Etat;

10. décide des questions relatives à la déclaration de la guerre et à la conclusion de la paix;

11. autorise l'envoi et l'utilisation de forces armées bulgares en dehors du pays, ainsi que l'installation de troupes étrangères sur le territoire du pays ou leur passage à travers le pays;

12. déclare, sur proposition du Président de la République ou du Conseil des ministres, l'état de guerre ou tout autre état d'exception sur tout le territoire du pays ou sur une partie de celui-ci;

13. accorde l'amnistie;

14. constitue des ordres et des médailles;

15. établit les fêtes nationales.

Art. 85

(1) L'Assemblée nationale ratifie et dénonce avec une loi les accords internationaux qui:

1. revêtent un caractère politique ou militaire;

2. concernent la participation de la République de Bulgarie à des organisations internationales;

3. prévoient la modification des frontières de la République de Bulgarie;

4. impliquent des obligations financières pour l'Etat;

5. prévoient la participation de l'Etat au règlement par arbitrage ou juridique des litiges internationaux;

6. concernent les droits fondamentaux de l'homme;

7. concernent l'action de la loi ou exigent des mesures législatives pour leur mise en oeuvre;

8. prévoient expressément la ratification.

(2) Les accords ratifiés par l'Assemblée nationale peuvent être modifiés ou dénoncés uniquement selon les modalités prévues dans ces accords ou conformément aux normes universelles du droit international.

(3) La signature d'accords internationaux qui exigent des amendements à la Constitution doit être précédée de l'adoption de ces amendements.

Art. 86

(1) L'Assemblée nationale adopte des lois, des décisions, des déclarations et des appels.

(2) Les lois et les décisions de l'Assemblée sont obligatoires pour tous les organes d'Etats, les organisations et les citoyens.

Art. 87

(1) Le droit d'initiative législative appartient à chaque député et au Conseil des ministres.

(2) Le projet de loi sur le budget de l'Etat est élaboré et soumis par le Conseil des ministres.

Art. 88

(1) Les lois sont examinées et adoptées en deux lectures qui ont lieu au cours de séances différentes. L'Assemblée nationale peut décider, à titre d'exception, que les deux mises aux voix aient lieu au cours d'une même séance.

(2) Les autres actes de l'Assemblée nationale sont adoptés en une seule lecture.

(3) Les actes adoptés sont publiés au Journal Officiel au plus tard 15 jours après leur adoption.

Art. 89

(1) Un cinquième des députés peut proposer à l'Assemblée nationale de voter la censure au Conseil des ministres. La proposition est adoptée si plus de la moitié de tous les députés l'ont votée.

(2) Lorsque l'Assemblée nationale vote la censure au premier ministre ou au Conseil des ministres, le premier ministre donne le démission du gouvernement.

(3) Lorsque l'Assemblée nationale rejette la proposition de voter la censure au Conseil des ministres, une nouvelle proposition de vote de censure pour les mêmes motifs ne peut être faite au cours des six mois à venir.

Art. 90

(1) Les députés ont le droit de formuler des questions au Conseil des ministres ou à certains ministres qui sont tenus d'y répondre.

(2) A la demande d'un cinquième des députés, la question donne lieu à des débats et à la prise de décision.

Art. 91

(1) L'Assemblée nationale élit une Cour des comptes qui contrôle l'exécution du budget.

(2) L'organisation, les pouvoirs et le régime de fonctionnement de la Cour des comptes sont réglés par la loi.

Chapitre IV
President de la Republique

Art. 92

(1) Le Président de la République est le chef d'Etat. Il incarne l'unité du peuple et représente la République de Bulgarie dans les relations internationales.

(2) Le Président est aidé dans l'accomplissement de ses activités par le vice-président.

Art. 93

(1) Le Président est élu au suffrage direct par les électeurs pour un délai de cinq ans et selon des modalités prévues par la loi.

(2) Peut être élu Président chaque citoyen bulgare de naissance qui a 40 ans révolus, qui répond aux conditions d'éligibilité des députés et qui a vécu dans le pays au cours des cinq dernières années.

(3) Est élu celui qui a reçu plus de la moitié des voix exprimées si aux élections ont pris part plus de la moitié des électeurs.

(4) Si aucun des candidats n'est élu, dans un délai de sept jours, au deuxième tour, se présentent les deux candidats qui ont obtenus le plus grand nombre de voix. Est élu celui qui a obtenu le plus de voix.

(5) Les élections pour le nouveau Président sont organisées au plus tôt mois et au plus tard deux mois avant l'expiration du mandat du Président en exercice.

(6) Les litiges relatifs à la légalité des élections pour Président sont réglés par le Tribunal constitutionnel dans un délai d'un mois après les élections.

Art. 94

Le vice-président de la République est élu en même temps et avec la même liste que le Président, selon les modalités prévues pour l'élection du Président de la République.

Art. 95

(1) Le Président et le vice-président peuvent être élus à ces mêmes postes au maximum pour deux mandats.

(2) Le Président et le vice-président ne peuvent être députés, occuper d'autres postes publics, sociaux et économiques ou être membres de la direction d'un parti politique.

Art. 96

Le Président et le vice-président prêtent serment devant l'Assemblée nationale aux termes de l'art. 76, al. 2.

Art. 97

(1) Le mandat du Président et du vice-président est suspendu avant Herme en cas de:
1. démission devant le Tribunal constitutionnel;
2. incapacité durable d'accomplir leurs pouvoirs à cause de maladie grave;
3. aux termes de l'art. 103;
4. décès.

(2) Dans les cas visés aux p. 1 et 2, le mandat du Président et du vice-président est suspendu après constatation, par le Tribunal constitutionnel, des conditions qui y sont mentionnées.

(3) Dans les cas visés à l'al. 1 le vice-président occupe le poste de Président de la République jusqu'à l'expiration du mandat.

(4) En cas d'incapacité du vice-président d'occuper ce poste, les pouvoirs de Président sont accomplis par le président de l'Assemblée nationale jusqu'à l'élection du Président et du vice-président. Dans ce cas, des élections pour Président et vice-président de la République ont lieu dans un délai de deux mois.

Art. 98

Le Président de la République:
1. fixe la date des élections pour l'Assemblée nationale et les organes de gestion locaux, ainsi que la date du référendum national en vertu d'une décision de l'Assemblée nationale;
2. adresse des appels au peuple et à l'Assemblée nationale;
3. signe des accords internationaux dans les cas prévus par la loi;
4. publie les lois;
5. conffirme, sur proposition du Conseil des ministres, les modifications dans les limites et les chefs-lieux des unités administratives et territoriales;
6. nomme et révoque, sur proposition du Conseil des ministres, les dirigeants des représentations diplomatiques et les représentants permanents de la République de Bulgarie auprès d'organisations internationales et reçoit les lettres de créance et de rappel des représentants diplomatiques étrangers dans le pays;
7. nomme et relève de leurs fonctions d'autres fonctionnaires d'Etat, prévus par la loi;
8. décerne des ordres et des médailles;
9. ordonne l'acquisition, le rétablissement, la perte et la déchéance de la nationalité bulgare;
10. accorde le droit d'asile;
11. exerce le droit de grâce;
12. procède à l'annulation des créances irrécouvrables de l'Etat;
13. dénomme des sites nationaux et des localité;
14. informe l'Assemblée nationale des principaux problèmes relevant de ses pouvoirs.

Art. 99

(1) Après consultations avec les groupes parlementaires, le Président de la République charage le candidat pour premier ministre, désigné par le groupe parlementaire le plus nombreux, de former le gouvernment.

(2) Lorsque, dans un délai de 7 jours, le candidat pour premier ministre n'arrive pas à proposer les membres du Conseil des ministres, le Président de la République charge de cette mission le candidat pour premier ministre désigné par le deuxième groupe parlementaire.

(3) Si, dans ce cas non plus, les membres du Conseil des ministres ne sont pas proposés, le Président de la République charge, dans le délai prévu à l'alinéa précédent, le candidat pour premier ministre désigné par un autre groupe parlementaire.

(4) En cas de succès du mandat exploratoire, le Président de la République propose à l'Assemblée nationale d'élire le candidat pour premier ministre.

(5) S'il n'y a pas d'accord sur la formation du gouvernement, le Président de la République nomme un gouvernement d'office, dissout l'Assemblée nationale et fixe la date de nouvelles élections dans le délai prévu à l'art. 64, al. 3. L'acte par lequel le Président de la République dissout l'Assemblée nationale fixe aussi la date des élections pour une nouvelle Assemblée nationale.

(6) Le modalités de formation du gouvernement, prévues aux alinéas précédents, sont appliquées aussi aux cas, visés à l'art. 111, al. 1.

(7) Dans les cas visés aux al. 5 et 6, le Président de la République ne peut pas dissoudre l'Assemblée nationale pendant les trois derniers mois de son mandat. Si, dans ce délai, le Parlement ne peut pas former de gouvernement, le Président de la République nomme un gouvernement d'office.

Art. 100

(1) Le Président de la République est le commandant en chef des forces armées de la République de Bulgarie.

(2) Le Président de la République nomme et révoque les officiers supérieurs des forces armées et leur décerne de hauts grades militaires sur proposition du Conseil des ministres.

(3) Le Président de la République préside le Conseil consultatif de sécurité nationale dont le statut est prévu par la loi.

(4) Le Président de la République proclame la mobilisation générale ou partielle sur proposition du Conseil des ministres et aux termes de la loi.

(5) Le Président de la République déclare la guerre en cas d'attaque armée contre le pays ou en cas de nécessité de remplir d'urgence des engagements internationaux, l'état de guerre ou un autre état d'exeption lorsque l'Assemblée nationale ne siège pas. Dans ces cas, l'Assemblée nationale est immédiatement convoquée en session pour se prononcer sur cette décision.

Art. 101

(1) Dans le délai prévu à l'art. 88, al. 3, le Président de la République peut renvoyer, arguments à l'appui, le texte de la loi à l'Assemblée nationale afin d'une nouvelle discussion qui ne peut lui être refusée.

(2) L'Assemblée nationale adopte pour la deuxième fois la loi avec la majorité absolue de tous les députés.

(3) La loi adoptée pour la deuxième fois par l'Assemblée nationale est publiée par le Président de la République dans un délai de 7 jours après sa réception.

Art. 102

(1) Dans l'exercice de ses pouvoirs le Président de la République émet des décrets et adresse des appels et des messages.

(2) Les décrets sojnt contresignés par le premier ministre ou le ministre concerné.

(3) Ne sont pas contresignés les décrets par lesquels le Président de la République:

1. nomme un gouvernement d'office;

2. accorde un mandat exploratoire pour la formation d'un gouvernement;

3. dissout l'Assemblée nationale;

4. renvoie pour une nouvelle discussion le texte d'une loi votée par l'Assemblée nationale;

5. détermine l'organisation et le fonctionnement des services relevant de la Présidence et nomme le personnel;

6. fixe la date d'élections et de référendums;

7. publie les lois.

Art. 103

(1) Le Président et le vice-président de la République ne sont pas tenus responsables d'actions effectuées au cours de l'exercice de leurs fonctions, sauf s'il s'agit de haute trahison et d'infraction à la Constitution.

(2) L'accusation est soulevée sur proposition d'au moins un quart des députés; elle est maintenue par l'Assemblée nationale si plus de deux tiers des députés l'ont votée.

(3) Le Tribunal constitutionnel examine l'accusation contre le Président ou le vice-président de la République dans un délai d'un mois après le dépôt de l'accusation. S'il est constaté que le Président ou le vice-président de la République ont commis une haute trahison ou ont violé la Constitution, leurs mandats sont suspendus.

(4) Le Président et le vice-président de la République ne peuvent être arrêtés ou traduits en justice.

Art. 104

Le Président de la République peut déléguer ses pouvoirs au vice-président aux termes de l'art. 98, p. 7, 8, 10 et 11.

Chapitre V
Conseil des Ministres

Art. 105

(1) Le Conseil des ministre dirige et met en oeuvre la politique intérieure et extérieure du pays aux termes de la Constitution et des lois.

(2) Le Conseil des ministres garantit l'ordre public et la sécurité nationale et réalise la direction générale de l'administration de l'Etat et des forces armées.

Art. 106

Le Conseil des ministres dirige l'exercice du budget de l'Etat; organise la gestion des biens publics; signe, ratifie et dénonce des accords internationaux dans les cas prévus par la loi.

Art. 107

Le Conseil des ministres procède à l'annulation des actes illégaux ou irréguliers des ministres.

Art. 108

(1) Le Conseil des ministres est composé du Président du conseil, des vice-premiers ministres et des ministres.

(2) Le Président du conseil dirige et coordonne la politique globale du gouvernement et en porte la responsabilité. Il nomme et relève de leurs fonctions les vice-premiers ministres.

(3) Les ministres dirigent les différents ministères sauf si l'Assemblée nationale en décide autrement. Ils sont tenus responsables de leurs actions.

Art. 109

Les membres du Conseil des ministres prêtent serment devant l'Assemblée nationale aux termes de l'art. 76, al. 2.

Art. 110

Sont élus membres du Conseil des ministres seuls des citoyens bulgares qui répondent aux conditions prévues pour l'élection des députés.

Art. 111

(1) Les pouvoirs du Conseil des ministres sont suspendus:
1. en cas de votre de censure du Conseil des ministres ou du Président du conseil;
2. avec l'adoption de la démission du Conseil des ministres ou du Président du conseil;
3. en cas de décès du Président du conseil.
(2) Le Conseil des ministres donne sa démission devant la nouvelle Assemblée nationale.
(3) Dans les cas prévus aux alinéas précédents, le Conseil des ministres remplit ses fonctions jusqu'à élection d'un nouveau Conseil des ministres.

Art. 112

(1) Le Conseil des ministres peut demander à l'Assemblée nationale un vote de confiance au sujet de la politique globale, du programme ou d'un cas concret. La décision est prise à la majorité absolue des députés présents.
(2) Lorsque le Conseil des ministres n'obtient pas le vote de confiance, le Président du conseil donne la démission du gouvernment.

Art. 113

(1) Les membres du Conseil des ministres ne peuvent occuper de postes ni exercer des activités incompatibles avec le statut de député.
(2) L'Assemblée nationale peut déterminer d'autres postes et activités que les membres du Conseil des ministres ne peuvent occuper ou exercer.

Art. 114

Aux termes et dans l'exécution des lois le Conseil des ministres prend des arrêtés, des ordonnances et des décisions. Le Conseil des ministres adopte, à l'aide d'arrêtés, des réglements et des ordonnances.

Art. 115

Les ministres adoptent des réglements et des ordonnances, donnent des instructions et des ordres.

Art. 116

(1) Les fonctionnaires de l'Etat exécutent la volonté et défendent les intérêts de la nation. Dans l'exercice de leurs fonctions ils doivent se guider uniquement sur la loi et être politiquement neutres.
(2) Les conditions dans lesquelles les fonctionnaires publics sont nommés relevés de leurs fonctions, peuvent adhérer à des partis politiques et organisations syndicales et exercer leur droit à la grève, sont prévues par la loi.

Chapitre VI
Pouvoir Judiciaire

Art. 117

(1) Les autorités judiciaires défendent les droits et les intérêts légitimes des citoyens, des personnes morales et de l'Etat.
(2) Les autorités judiciaires sont indépendantes. Dans l'accomplissement de leurs fonctions, les juges, les jurés, les procureurs et les juges d'instruction n'obéissent qu'à la loi.
(3) Les autorités judiciaires ont un budget indépendant.

Art. 118

La justice est rendue au nom du peuple.

Art. 119

(1) La juridiction est exercée par la Cour suprême de cassation, la Cour suprême administrative, les cours d'appel, les tribunaux départementaux, militaires et d'arrondissement.
(2) Des tribunaux spéciaux peuvent être créés par loi.
(3) Il ne peut y avoir de tribunaux d'exception.

Art. 120

(1) Les tribunaux contrôlent la légalité des actes et des agissements des organes administratifs.
(2) Les citoyens et les personnes morales peuvent interjeter appel contre tous les actes administratifs qui les concernent, sauf ceux expressément visés par la loi.

Art. 121

(1) Les tribunaux garantissent aux parties de conditions d'égalité et de débats contradictoires au cours du procès.
(2) La procédure assure l'établissement de la vérité.
(3) Les affaires sont examinées dans tous les tribunaux en audience publique, sauf autre disposition légale.
(4) Les actes judiciaires sont motivés.

Art. 122

(1) Les citoyens et les personnes morales ont droit à la défense à toutes les phases du procès.
(2) Le mode d'exercice du droit à la défense est déterminé par la loi.

Art. 123

Dans les cas fixés par la loi, des jurés prennent également part à la juridiction.

Art. 124

La Cour suprême de cassation exerce un contrôle judiciare suprême sur l'application stricte et uniforme des lois par tous les tribunaux.

Art. 125

(1) La Cour suprême administrative exerce le contrôle judiciaire suprême de l'application stricte et uniforme des lois dans la juridiction administrative.

(2) La Cour suprême administrative se prononce sur les litiges concernant la légalité des actes émanant du Conseil des ministres et des ministres eux-mêmes, ainsi que sur d'autres actes indiqués par la loi.

Art. 126

(1) La structure du Parquet correspond à celles des tribunaux.

(2) Le procureur général exerce le contrôle de la légalité et de la direction méthodique sur l'activité de tous les procureurs.

Art. 127

Le Parquet veille au respect des lois, comme suit:

1. engage la responsabilité des personnes qui ont commis des crimes et requiert l'accusation dans les affaires pénales de droit commun;

2. surveille l'application des mesures pénales et des autres mesures coercitives;

3. entreprend des actions visant l'annulation d'actes irréguliers;

4. participe, dans les cas prévus par la loi, aux procès civils et administratifs.

Art. 128

Les organes de l'instruction font partie du système judiciaire. Ils sont chargés de l'instruction préliminaire au pénal.

Art. 129

(1) Les juges, les procureurs et les juges d'instruction sont nommés, promus, rétrogradés, mutés et démis de leurs fonctions par le Conseil judiciaire supérieur.

(2) Le président de la Cour suprême de cassation, le président de la Cour suprême administrative et le procureur général sont nommés et révoqués par le Président de la République sur proposition du Conseil judiciaire supérieur pour un délai de 7 ans, sans pouvoir être réelus. Le Président ne peut pas rejeter une deuxième proposition de nomination ou de révocation.

(3) Les juges, les procureurs et les juges d'instruction deviennent inamovibles trois ans après leur nomination. Ils sont démis de leurs fonctions dans les cas suivants: mise à la retraite; demande de démission; entrée en vigueur d'une condamnation stipulant une peine privative de liberté pour crime prémédité, ainsi que lors d'incapacité effective durable d'accomplir leurs fonctions pendant plus d'un an.

Art. 130

(1) Le conseil supérieur judiciaire est composé de 25 membres. Le président de la Cour suprême de cassation, le président de la Cour suprême administrative et le procureur général en sont membres de droit.

(2) Les autres membres du Conseil supérieur judiciaire sont élus parmi les juristes ayant fait preuve de hautes qualités professionnelles et morales et ayant au moins 15 ans de stage dans la profession juridique.

(3) Onze des membres du Conseil supérieur judiciaire sont élus par l'Assemblée nationale et onze autres par les organes du pouvoir judiciaire.

(4) Le mandat des membres électifs du Conseil supérieur judiciaire est de cinq ans. Il ne peuvent être réelus immédiatement après l'expiration de ce délai.,

(5) Les séances du Conseil supérieur judiciaire sont présidées par le ministre de la Justice. Celui-ci ne participe pas au vote.

Art. 131

Les décisions du Conseil supérieur judiciaire concernant la nomination, la promotion, la rétrogradation, la mutation et la démission de leurs fonctions de juges, de procureurs et de juges d'instruction, ainsi que les propositions qu'il peut faire aux termes de l'art. 129, al. 2, sont votées au scrutin secret.

Art. 132

(1) Les juges, les procureurs et les juges d'instruction bénéficient de la même immunité que les députés.

(2) Dans les cas prévus par la loi, les décisions concernant la levée de l'immunité d'un juge, d'un procureur ou d'un juge d'instruction, sont prises par le Conseil supérieur judiciaire.

Art. 133

L'organisation et l'activité du Conseil supérieur judiciaire, des tribunaux, des organes du Parquet et de l'instruction, le statut des juges, des procureurs et des juges d'instruction, les conditions et la procédure de nomination et de révocation des juges, des jurés, des pocureurs et des juges d'instruction, ainsi que de l'exercice de leurs responsabilités sont déterminées par la loi.

Art. 134

(1) Le barreau est libre, indépendant et autogéré. Les avocats assistent les citoyens et les personnes morales dans la défense de leurs droits et intérêts légitimes.

(2) L'organisation et le mode de fonctionnement du barreau sont réglés par la loi.

Chapitre VII
Autogestion Locale et Administration Locale

Art. 135

(1) Le territoire de la République de Bulgarie est divisé en communes et régions. La division territoriale et les pouvoirs de la municipalité de la capitale et des autres grandes villes sont déterminés par la loi.

(2) D'autres unités administratives et territoriales, ainsi que leurs organes d'autogestion peuvent être créés par la loi.

Art. 136

(1) La commune est l'unité administrative et territoriale de base, où se réalise l'autogestion locale. Les citoyens participent à la gestion de la commune tant par l'intermédiaire des organes d'autogestion locale qui'ils élisent, que directement, par référendum et assemblée générale de la population.

(2) Les limites des communes sont fixées à l'issue d'un référendum local.

(3) La commune est une personne morale.

Art. 137

(1) Les communautés territoriales autogérées peuvent s'associer pour résoudre des problèmes communs.

(2) La loi crée des conditions à l'association des communes.

Art. 138

L'organe d'autogestion locale de la commune est le conseil municipal qui est élu par la population de la commune respective pour un délai de quatre ans, suivant une procédure déterminée par la loi.

Art. 139

(1) Le maire est l'organe du pouvoir exécutif de la commune. Il est élu par la population ou par le conseil municipal pour un délai de quatre ans, suivant une procédure fixée par la loi.

(2) Dans son activité, le maire est guidé par la loi, les actes du conseil municipal et les décisions prises par la population.

Art. 140

La commune a droit à une propriété propre qu'elle utilise dans l'intérêt de la communauté territoriale.

Art. 141

(1) La commune dispose de son propre budget.

(2) Les sources financières permanentes de la commune sont fixées par la loi.

(3) L'Etat contribue au fonctionnement normal des communes en leurs allouant des moyens du budget et d'autres manières.

Art. 142

La région est une unité administrative et territoriale qui met en oeuvre la politique régionale, afin de réaliser sur place la gestion de l'Etat et d'assurer l'harmonie des intérêts nationaux et locaux.

Art. 143

(1) L'administration dans les régions est effectuée par le gouverneur régional, assisté de l'administration régionale.

(2) Le gouverneur régional est nommé par le Conseil des ministres.

(3) Le gouverneur régional assure la mise en oeuvre de la politique de l'Etat, il est responsable de la défense des intérêts nationaux, de la légalité et de l'ordre public et exerce un contrôle administratif.

Art. 144

Les organes publics centraux et leurs représentants locaux exercent un contrôle sur la légalité des actes émanant des organes d'autogestion locaux uniquement lorsque cela est prévu par la loi.

Art. 145

Les conseils municipaux peuvent contester en justice les actes et les agissements qui portent atteinte à leurs droits.

Art. 146

L'organisation et le mode de fonctionnement des organes d'autogestion locaux et de l'administration locale sont déterminées par la loi.

Chapitre VIII
La Cour Constitutionnelle

Art. 147

(1) La cour constitutionnelle est composée de 12 juges dont un tiers sont élus par l'Assemblée nationale, un tiers sont désignés par le Président de la République et un tiers sont élus par l'assemblée générale des juges de la Cour suprême de cassation et de la Cour suprême administrative.

(2) Le mandat des juges à la Cour constitutionnelle est de 9 ans. Ils ne peuvent être réélus à ce poste. La composition de la Cour constitutionnelle est renouvelée tous les trois ans pour chaque quota, suivant une modalité fixée par la loi.

(3) Sont élus juges à la Cour constitutionnelle des juristes ayant fait preuve de hautes qualités professionneles et morales, ayant au moins 15 ans de stage dans la profession juridique.

(4) Les juges à la Cour constitutionnelle élisent au scrutin secret le président de la Cour, pour un mandat de trois ans.

(5) Le statut de membre de la Cour constitutionnelle est incompatible avec le mandat représentatif,

l'exercice d'une fonction publique ou sociale, l'adhésion à un parti politique ou syndicat et avec l'exercice d'une profession libre, commerciale ou autre activité professionnelle rémunérée.

(6) Les membres de la Cour constitutionnelle bénéficient de la même immunité que les députés.

Art. 148

(1) Le mandat de juge à la Cour constitutionnelle prend fin lors de:

1. l'expiration du délai fixé;

2. du dépôt d'une demande de démission à la Cour constitutionnelle;

3. l'entrée en vigueur d'un jugement stipulant une peine privative de liberté pour crime prémédité;

4. d'incapacité effective de remplir ses fonctions pendant plus d'un an;

5. d'incompattibilité de fonctions et d'activités aux termes de l'art. 147, al. 5;

6. du décès.

(2) La cour constitutionnelle lève l'immunité des juges et établit leur incapacité effective de remplir leurs obligations au scrutin secret et à la majorité d'au moins des deux tiers des juges.

(3) Lors de la suspension du mandat d'un juge à la Cour constitutionnelle, le quota auquel il appartient est tenu d'élire un autre juge à sa place, dans un délai d'un mois.

Art. 149

(1) La Cour constitutionnelle:

1. donne des interprétations impératives de la Constitution;

2. se prononce, lorsqu'elle est saisie, sur demande visant l'établissement de l'anticonstitutionnalité des lois et des autres actes de l'Assemblée nationale, ainsi que des actes du Président;

3. règle les litiges concernant la compétence, entre l'Assemblée nationale, le Président et le Conseil des ministres, comme entre les organes d'autogestion locale et les organes exécutifs centraux;

4. statue sur la conformité des accords internationaux conclus par la République de Bulgarie, avec la Constitution, avant leur ratification, ainsi que sur la conformité des lois avec les normes universelles reconnues du droit international et les accords internationaux dont la Bulgarie est partie;

5. se prononce sur des litiges relatifs au caractère constitutionnel des partis et associations politiques;

6. se prononce sur des litiges concernant la légalité de l'élection du Président et du vice-président;

7. se prononce sur des litiges concernant la légalité de l'élection des députés;

8. se prononce sur des accusations formulées par l'Assemblée nationale à l'endroit du Président et du vice-président.

(2) La Cour constitutionnelle ne peut se voir attribuer ou retirer des pouvoirs par une loi.

Art. 150

(1) La Cour constitutionnelle peut être réunie à l'initiative d'au moins un cinquième des députés, du Président, du Conseil des ministres, de la Cour suprême de cassation, de la Cour suprême administrative et du procureur général. Des conflits de compétence aux termes du pt. 3 de l'article précédent peuvent être également soumis par les conseils municipaux.

(2) Lorsqu'est établie la non conformité entre une loi et la Constitution, la Cour suprême de cassation ou la Cour suprême administrative suspend la procédure et saisit la Cour constitutionnelle.

Art. 151

(1) La Cour constitutionnelle statue à la majorité simple des voix de tous les juges.

(2) Les décisions de la Cour constitutionnelle sont publiées au Journal Officiel dans un délai de 15 jours à compter de la date de leur prononciation. La décision prend effet trois jour après sa publication. L'acte déclaré anticonstitutionnel est abrogé du jour de l'entrée en vigueur de la décision.

(3) Cette partie de la loi qui n'est pas déclarée anticonstitutionnelle maintient son effet.

Art. 152

L'organisation et la modalité du fonctionnement de la Cour constitutionnelle sont fixées par la loi.

Chapitre IX
Modicification et Amendement de la Constitution.
Adoption de la Nouvelle Constitution

Art. 153

L'Assemblée nationale peut modifier et amender toutes dispositions de la Constitution à l'exeption de celles relevant des pouvoirs de la Grande Assemblée nationale.

Art. 154

(1) Le droit d'initiative de modification et d'amendement de la Constitution appartient à un quart des députés et au Président de la République.

(2) La proposition est examinée par l'Assemblée nationale un mois au moins et trois mois au plus après sa soumission.

Art. 155

(1) L'Assemblée nationale adopte une loi de modification et d'amendement de la Constitution à la majorité des trois quarts des voix de tous les députés, à trois votes à différents jours.

(2) Si cette proposition obtient moins des trois

quarts mais pas moins des deux tiers des députés, la proposition est soumise à un nouvel examen, mais pas avant deux mois ni pas plus tard que cinq mois. Lors de son réexamen, elle est adoptée si elle réunit au moins les deux tiers des voix de tous les députés.

Art. 156

La Loi portant modification et amendement de la Constitution est signée et publiée par le président de l'Assemblée nationale au Journal Officiel, sept jours après la date de son adoption.

Art. 157

La Grande Assemblée nationale est composée de 400 députés, élus suivant la procédure générale.

Art. 158

La Grande Assemblée nationale:

1. adopte la nouvelle Constitution;
2. statue sur la question concernant la modification de territoire de la République de Bulgarie et ratifie les traités internationaux prévoyant de telles modifications;
3. règle les questions concernant des changements dans la forme d'organisation de l'Etat et de la gestion de lEtat;
4. règle les questions concernant la modification de l'art. 5, al. 2 et 4, et de l'art. 57, al. al. 1 et 3 de la Constitution;
5. règle les questions concernant la modification et l'amendement du chapitre IX de la Constitution.

Art. 159

(1) Le droit d'initiative aux termes de l'article précédent appartient à la moitié des députés au moins et au Président.

(2) Le projet de nouvelle Constitution ou de modification de la Constitution en vigueur, ainsi que des remaniements du territoire du pays aux termes de l'art. 158, est examiné par l'Assemblée nationale deux mois au plus tôt et cinq mois au plus tard, à dater de sa déposition.

Art. 160

(1) L'Assemblée nationale décide de procéder à des élections pour la Grande Assemblée nationale à la majorité des deux tiers de la totalité des députés.

(2) Le président fixe des élections pour la Grande Assemblée nationale dans les trois mois qui suivent la décision de l'Assemblée nationale.

(3) A la suite des élections pour la Grande Assemblée nationale les pouvoirs de l'Assemblée nationale prennent fin.

Art. 161

La Grande Assemblée nationale statue sur les projets soumis à la majorité des deux tiers de tous les députés, par trois votes à différents jours.

Art. 162

(1) La Grande Assemblée nationale ne statue que sur les questions concernant la constitution pour lesquelles elle a été élue.

(2) Dans des cas d'urgence, la Grande Assemblée nationale remplit également les fonctions d'Assemblée nationale.

(3) Les pouvoirs de la Grande Assemblé nationale prennent fin après qu'elle s'est prononcée définitivement sur les questions pour lesquelles elle a été élue. Dans ce cas, le Président fixe des élections suivant la procédure déterminée par la loi.

Art. 163

Les actes de la Grande Assemblée nationale sont signés et publiés par son président, dans un délai de 7 jours après leur adoption.

Chapitre X
Armoiries, Sceau, Drapeau, Hymne, Capitale

Art. 164

Les armoiries de la République de Bulgarie représentent un lion redressé en or, sur un écu rouge foncé.

Art. 165

Les armoiries de la République de Bulgarie sont gravées sur le sceau d'Etat.

Art. 166

Le drapeau de la République de Bulgarie est tricolore: blanc, vert et rouge, en bandes horizontales, du haut vers le bas.

Art. 167

L'ordre pour apposer le sceau d'Etat et pour hisser le drapeau national est déterminé par la loi.

Art. 168

La chanson »Mila Rodino« (Patrie chérie) est l'hymne national.

Art. 169

La ville de Sofia est la capitale de la République de Bulgarie.

Dispositions Transitoires et Finales

§1

(1) Après l'adoption de la Constitution, la Grande Assemblée nationale se dissout d'elle même.

(2) La Grande Assemblée nationale continue d'exercer les fonctions d'Assemblée nationale jusqu'à élection de la nouvelle Assemblée nationale. Au cours de ce délai elle adopte des lois sur l'élection de l'Assemblée nationale, du Président, des

organes d'autogestion locale, ainsi que d'autres lois. Dans le même délai sont constitués la Cour constitutionnelle et le Conseil supérieur judiciaire.

(3) A la première séance de l'Assemblée nationale, après l'entrée en vigueur de la Constitution, les députés, le Président, le vice-président et les membres du Conseil des ministres prêtent le serment prévu dans la présente Constitution.

§ 2

Jusqu'à l'élection de la Cour suprême de cassation et de la Cour suprême administrative, leurs pouvoirs, visés à l'art. 130, al. 3 et à l'art. 147, al. 1 de la Constitution, sont exercés par la Cour suprême de la République de Bulgarie.

§ 3

(1) Les dispositions des lois existantes sont applicables si elles ne contredisent pas la Constitution.

(2) Dans un délai d'un an à compter de l'entrée en vigueur de la Constitution, l'Assemblée nationale abroge les dispositions des lois existantes qui n'ont pas été annulées en vertu de l'effet immédiat visé aux termes de l'art. 5, al. 2 de la Constitution.

(3) L'Assemblée nationale, adopte, dans un délai de trois ans, les lois expressément indiquées dans la Constitution.

§ 4

L'organisation des autorités judiciaires déterminée par la Constitution, entre en vigueur après l'adoption des nouvelles lois sur l'organisation judiciaire et de procédure qui doivent être adoptées dans le délai fixé § 3, al. 2.

§ 5

Les juges, les procureurs et les juges d'instruction deviennent inamovibles si, dans un délai de trois mois, à dater de la constitution de Conseil supérieur judiciaire, celui-ci n'a pas établi le défaut des qualités professionnelles requises.

§ 6

Jusqu'à la création d'une nouvelle réglementation législative de la Télévision natinale bulgare, de la Radio nationale bulgare et de l'Agence télégraphique bulgare, l'Assemblée nationale exerce, à l'égard de ces institutions nationales, les pouvoirs dont est investie la Grande Assemblée nationale.

§ 7

Les élections législatives et locales ont lieu dans un délai de trois mois, à compter de la dissolution de la Grande Assemblée nationale. La date des élections est fixée par le Président, en conformité avec ses pouvoirs, visés à l'art. 98, pt. 1 de la Constitution.

(2) Les élections du président et du vice-président ont lieu jusqu'à trois mois suivant des élections législatives.

(3) Jusqu'à l'élection des nouveaux Président et du vice-président, le Président et le vice-président en place exercent leus fonctions aux terme de la présente Constitution.

§ 8

Le gouvernement continue d'exercer ses fonctions aux termes de la présente Constitution jusqu'à la formation du nouveau gouvernement.

§ 9

La présente Constitution entre en vigueur à partir du jour de sa publication au Journal Officiel par le président de la Grande Assemblée nationale et abroge la Constitution de la République de Bulgarie, adoptée le 18 mai 1971 (publ. au J. O. No 39 de 1971; amendements No 6 de 1990; amendements et modifications No 29 de 1990; amendements No No 87, 94 et 98 de 1990; rectification No 98 de 1990)★.

★ La Constitution de la République de Bulgarie est publiée au Journal Officiel No 56 du 13 juillet 1991, par disposition du président de la Grande Assemblée nationale constituante, Nikolaï Todorov en date du 12 juillet 1991.

Textanhang V

Constitution de la Roumanie (1991)⋆

Titre Ier
Principes Généraux

Article 1er
L'État roumain

(1) La Roumanie est un État national, souverain et indépendant, unitaire et indivisible.

(2) La forme de gouvernement de l'État roumain est la république.

(3) La Roumanie est un état de droit, démocratique et social, dans lequel la dignité de l'être humain, les droits et les libertés des citoyens, le libre développement de la personnalité humaine, la justice et le pluralisme politique représenent des valeurs suprêmes et sont garanties.

Article 2
La souveraineté

(1) La souverainete nationale appartient au peuple roumain, lequel l'exerce par ses organes représentatifs et par le référendum.

(2) Aucun groupe et aucune personne ne peuvent exercer la souveraineté en leur propre nom.

Article 3
Le territoire

(1) Le territoire de la Roumanie est inaliénable.

(2) Les frontières du pays sont établies par une loi organique, avec le respect des principes et des autres normes du droit international généralement admises.

(3) Sous aspect administratif, le territoire est organisé en communes, villes et départements. Dans les conditions de la loi, certaines villes sont déclarées municipes.

(4) Sur le territoire de l'État roumain on ne peut pas transférrer ou coloniser des populations étrangères.

Article 4
L'unité peuple et l'égalité des citoyens

(1) L'État a pour fondement l'unité du peuple roumain.

(2) La Roumanie est la patrie commune et indivisible de tous ses citoyens, sans distinction de race, de nationalité, d'origine ethnique, de langue, de religion, de sexe, d'opinion, d'appartenance politique, de fortune ou d'origine sociale.

⋆ Le Parlement de la Roumanie, Commission de Redaction, approuvée 21 novembre 1991, referendum dec. 1991.

Article 5
La citoyeneté

(1) La citoyeneté roumaine s'acquiert, se conserve ou se perd dans les conditions determinées par la loi organique.

(2) On ne peut pas retirer la citoyeneté roumaine à la personne l'ayant acquise de par sa naissance.

Article 6
Le droit à l'identité

(1) L'État reconnaît et garantit aux personnes appartenant aux minorités nationales le droit de conserver, de développer et d'exprimer leur identité ethnique, culturelle, linguistique et religieuse.

(2) Les mesures de protection de l'État, visant la conservation, le développement et l'expression de l'identité des personnes appartenant aux minorités nationales, doivent être conformes aux principes d'égalité et de non-discrimination entre ces personnes et les autres citoyens.

Article 7
Les roumains établis à l'étranger

L'État soutient le resserement des liaisons avec les roumains vivant au–delà des frontières du pays et agit dans le but de préserver, de développer et d'exprimer leur identité éthnique, culturelle, linguistique et religieuse, avec le respect de la législation de l'État dont ils sont les citoyens.

Article 8
Le pluralisme et les partis politiques

(1) Dans la société roumaine, le pluralisme est une condition et une garantie de la démocratie constitutionelle.

(2) Les partis politiques se constituent et exercent leur activité dans les conditions de la loi. Ils contribuent à la définition et à l'expression de la volonté politique des citoyens, tout en respectant la souveraineté nationale, l'intégrité territoriale, l'ordre de droit et les principes de la démocratie.

Article 9
Les syndicats

Les syndicats se constituent et exercent leur activité en conformité avec leurs propres statuts, dans les conditions de la loi. Ils contribuent à la défense des droits et à la promotion des intérêts professionnels, économiques et sociaux des salariés.

Article 10
Relations internatinales

La Roumanie entretient et développe des relations pacifiques avec tous les États et, dans ce cadre, des relations de bon voisinage, basées sur les principes et sur les autres normes généralement admis du droit internationnal.

Article 11
Le droit international et le droit interne

(1) L'État roumain s'oblige à accomplir exactement et de bonne foi les obligations qui lui incombent des traités auxquels il est partie.

(2) Les traités ratfiés ou ceux auxquels la Roumanie a adhéré, conformément à la loi, font partie du droit interne.

Article 12
Symboles nationaux

(1) Le drapeau de la Roumanie est tricolore; les couleurs sont disposées verticalement, dans l'ordre suivant commençant par la hampe: bleu, jaune, rouge.

(2) La Fête Nationale de la Roumanie est le 1er Décembre.

(3) L'hymne national du la Roumanie est »Réveille-toi roumain«.

(4) L'emblème du pays et le sceau de l'État sont établis par des lois organiques.

Article 13
La langue officielle

En Roumanie, la langue officielle est la langue roumaine.

Article 14
La capitale

La capitale de la Roumanie est la ville de Bucureşti.

Titre II
Les Droits, les Libertés et les Devoirs Fondamentaux

Chapitre I
Dispositions communes

Article 15
L'universalité des droits

(1) Les citoyens jouissent des droits et des libertés consacrés par la Constitution et par d'autres lois et ils ont les obligations qui y sont prévues.

(2) La loi dispose seulement pour l'avenir, à l'exception de la loi pénale plus favorable.

Article 16
L'égalité en droits

(1) Les citoyens sont égaux devant la loi et les autorités publiques, sans privilèges et sans discriminations.

(2) Nul n'est au-dessus de la loi.

(3) Les fonctions et les dignités publicques, civiles ou militaires, peuvent être remplies par les personnes ayant uniquement la citoyeneté roumaine et leur domicile dans le pays.

Article 17
Les citoyens roumains à l'étranger

Les citoyens roumains jouissent à l'étranger de la protection de l'État roumain et ils sont tenus à remplir leurs obligations, exception faite de celles qui ne sont pas compatibles avec leur absence du pays.

Article 18
Les citoyens étrangers et les apatrides

(1) Les citoyens étrangers et les apatrides vivant en Roumanie jouissent de la protection générale des personnes et des fortunes, garantie par la Constitution et par d'autres lois.

(2) Le droit d'asile est accordé et retiré dans les conditions de la loi, avec le respect des traités et des conventions internationales auxquels la Roumanie est partie.

Article 19
L'extradition et l'expulsion

(1) Le citoyen roumain ne peut être extradé ni expulsé de la Roumanie.

(2) Les citoyens étrangers et les apatrides ne peuvent être extradés qu'en vertu d'une convention internationale ou dans des conditions de réciprocité.

(3) C'est à la justice de décider de l'expulsion ou de l'extradition.

Article 20
Les traités internationaux portant sur les droits de l'homme

(1) Les dispositions constitutionnelles portant sur les droits et les libertés des citoyens seront interpretées et appliquées en concordance avec la Déclaration Universelle des Droits de l'Homme, avec les pactes et les autres traités auxquels la Roumanie est partie.

(2) S'il y a des non-concordance entre les pactes et les traites portant sur les droits fondamentaux de l'homme, auxquels la Roumanie est partie, et les lois internes, les réglémentations internationales ont la primauté.

Article 21
Le libre accès à la justice

(1) Toute personne peut s'adresser à la justice pour la défense de ses droits, de ses libertés et de ses intérêts légitimes.

(2) Aucune loi ne peut limiter l'exercice de ce droit.

Chapitre II
Les Droits et les Libertés Fondamentales

Article 22
Le droit à la vie et à l'intégrité physique et psychique

(1) Le droit à la vie et le droit à l'integrité physique de la personne sont garantis.

(2) Nul ne peut être soumis à la torture ni à aucun type de punition ou de traitement inhumain ou dégradant.

(3) Le peine de mort est interdite.

Article 23
La liberté individuelle

(1) La liberté individuelle et la sécurité de la personne sont inviolables.

(2) La perquisition, la détention ou l'arrestation d'une personne sont permises seulement dans les cas et avex le respect de la procédure prévus par la loi.

(3) Le détention ne peut pas dépasser 24 heures.

(4) L'arrestation est possible en vertu d'un mandat émis par un magistrat pour une période de maximum 30 jours. La personne arrêtée peut porter plainte au sujet de la légalité du mandat devant le juge, qui est obligé de se prononcer par une ordonnance motivée. C'est au tribunal de décider sur la prolongation de l'arrestation.

(5) La personne détenue ou arrêtée est informée immédiatement, dans la langue qu'elle comprend, des raisons de sa détention ou de son arrestation, et de l'accusation portée contre elle, dans le plus bref délai; c'est uniquement en présence d'un avocat, de son choix ou d'office, que l'accusation est portée à sa connaissance.

(6) La mise en liberté de la personne détenue ou arrêtée est obligatoire, si les raisons ayant déterminé sa privation de liberté ont cessé.

(7) La personne en état d'arrestation préventive a le droit de demander sa mise en liberté provisoire, sous contrôle judiciaire ou sur caution.

(8) Jusqu'à la prononciation de l'arrêt jurisdictionnel définitif, toute personne est presumée innocente.

(9) Aucune peine ne peut être décidée ou appliquée qu'en vertu et dans les conditions de la loi.

Article 24
Le droit à la défense

(1) Le droit à la défense est garanti.

(2) Pendant la durée du procès, les parties ont droit à avoir l'assistance d'un avocat, de leur choix ou d'office.

Article 25
La libre circulation

(1) Le droit à la libre circulation, dans le pays et à l'étranger, est garanti. La loi détermine les conditions de l'exercice de ce droit.

(2) On assure à tout citoyen le droit d'établir, son domicile ou sa résidence dans n'importe quelle localité du pays, d'émigrer, ainsi que de revenir dans son pays.

Article 26
La vie intime, familiale et privée

(1) Les autorités publiques respectent et défendent la vie intime, familiale et privée.

(2) Toute personne physique a le droit de disposer de soi-même, si par cela elle ne viole pas les droits et les libertés d'autrui l'ordre publique ou les bonnes moeurs.

Article 27
L'inviolabilité du domicile

(1) Le domicile et la résidence sont inviolables. Nul ne peut pénétrer ni rester dans le domicile ou dans la résidence d'autrui sans avoir le consentement de celui qui y habite.

(2) Des prévisions reconnues à l'alinéa no. (1) on peut déroger par la loi dans les situations suivantes:

a) pour exécuter un mandat d'arrestation ou un arrêt judiciaire;

b) pour éliminer un danger visant la vie, l'integrité physique ou les biens d'autrui;

c) pour défendre la securité nationale ou l'ordre de droit;

d) pour prévenir l'extension d'une épidemie.

(3) Les perquisitions peuvent être ordonnées exclusivement par un magistrat et peuvent être opérées seulement dans les formes déterminées par la loi.

(4) Il est interdit de procéder à des perquisitions pendant la nuit, hormis le cas de flagrant délit.

Article 28
Le secret de la correspondence

Le secret des lettres, des télégrammes, d'autres envois postaux, des conversations téléphoniques et des autres moyens légaux de communication est inviolable.

Article 29
La liberté de conscience

(1) La liberté de pensée et d'opinion, ainsi que la liberté de religion ne peuvent être limitées aucunément. Nul ne peut être contraint à adopter une opinion ou à adhérer à une religion, contraires à ses convictions.

(2) La liberté de conscience est garantie; elle doit se manifester dans un esprit de tolérance et de respect réciproque.

(3) Les cultes religieux sont libres et ils s'organisent conformément à leurs propres statuts, dans les conditions de la loi.

(4) Dans les relations entre les cultes sont interdites toutes les formes, les moyens, les actes ou les actions d'inimitié religieuse.

(5) Les cultes religieux sont autonomes par rapport à l'État et jouissent de son soutien, y inclus par les facilités créés pour donner assistance religieuse dans l'armée, dans les hopitaux, dans les établissements pénitenciaires, dans les asiles et dans les orphelinats.

(6) Les parents ou les tuteurs ont le droit d'assurer, en accord avec leurs propres convictions, l'éducation des enfants mineurs dont la responsabilité leur incombe.

Article 30
La liberté d'expression

(1) La liberté d'expression des pensées des opinions ou des croyances et la liberté des créations de tout type, par voie orale, par écrit, par des images, par des sons, ou par d'autres moyens de communication en public, sont inviolables.

(2) La censure de tout type est interdite.

(3) La liberté de la presse implique aussi la liberté de créer des publications.

(4) Aucune publication ne peut être supprimée.

(5) La loi peut imposer aux mass – média l'obligation de rendre publique leur source de financement.

(6) La liberté d'expression ne peut pas porter préjudice à la dignité, à l'honneur, à la vie particulière de la personne ni au droit à la propre image.

(7) Sont interdites par la loi la diffamation du pays et de la nation, l'exhortation à la guerre d'agression, à la haine nationale, raciale de classe ou religieuse, l'incitation à la discrimination, au séparatisme territorial ou à la violence publique, ainsi que les manifestations obscènes, contraires aux bonnes moeurs.

(8) La responsabilité civile pour l'information ou pour la création rendues publiques revient à l'éditeur ou au réalisateur, à l'auteur, à l'organisateur de la manifestation artistique, au propriétaire du moyen de multiplication, du poste de radio ou de télévision, dans les condition de la loi. Les délits de presse sont établis par la loi.

Article 31
Le droit à l'information

(1) Le droit de la personne à avoir accès à toute information d'intérêt public ne peut pas être limté.

(2) Les autorités publiques, conformément aux compétences qui leurs incombent, sont tenues à assurer l'information correcte des citoyens au sujet des affaires publiques et des affaires d'intérêt personnel.

(3) Le droit à l'information ne peut pas porter préjudice aux mesures de protection des jeunes gens ou à la sécurité nationale.

(4) Les mass média, publiques et privées, sont tenues à assurer l'information correcte de l'opinion publique.

(5) Les services publics de radio et de télévision sont autonomes. Ils doivent garantir aux groups sociaux et politiques importants l'exercice du droit à l'antenne. L'organisation desdits services et le contrôle parlementaire sur leur activité sont réglementés par une loi organique.

Article 32
Le droit à l'éducation

(1) Le droit à l'instruction est assuré par l'enseignement général obligatoire, par l'enseignement secondaire et par l'enseignement professionel, par l'enseignement supérieur, ainsi que par d'autres formes d'instruction et de perfectionnement.

(2) L'enseignement de tous les degrés est dispense en roumain. Dans les conditions déterminées par la loi, l'enseignement peut être aussi dispensé dans une langue de circulation internationale.

(3) Le droit des personnes appartenant aux minorités nationales d'apprendre leur langue maternelle et le droit de pouvoir être instruites dans cette langue sont garantis; les modalités de l'exercice de ces droits sont déterminées par la loi.

(4) L'enseignement public est gratuit, conformément a la loi.

(5) Les institutions d'enseignement, y compris les institutions privées, se forment et exercent leur activité dans les conditions déterminées par la loi.

(6) L'autonomie universitaire est garantie.

(7) L'état assure la liberté de l'enseignement religieux, d'accord avec les requêtes spécifiques de chaque culte. Dans les écoles publiques, l'enseignement religieux est organisé et garanti par la loi.

Article 33
Le droit à la protection de la santé

(1) Le droit à la protection de la santé est garanti.

(2) L'État est tenu à prendre des mesures afin d'assurer l'hygiène et la santé publique.

(3) L'organisation de l'assistance médicale et du système des assurances sociales en cas de maladie, accidents, enfantement et récupération, pour le contrôle de l'exercice des professions médicales et des activités paramédicales, ainsi que d'autres mesures de protection de la santé physique et mentale, de la personne sont établis, conformément à la loi.

Article 34
Le droit de vote

(1) Les citoyens ont le droit de vote à partir de l'âge de 18 ans, accomplis jusqu'à la date des élections y comprise.

(2) N'ont pas le droit de vote les débiles ou les aliénés mentaux placés sous interdiction, ni les personnes condamnées, par arrêt jurisdictionnel définitif, à la perte des droits électoraux.

Article 35
Le droit d'être élu

(1) Ont le droit d'être élus les citoyens ayant le droit de vote qui accomplissent les conditions prévues à l'art. 16, alinéa (3), s'il ne leur est pas interdit de s'associer en des partis politiques conformément à l'art. 37, alinéa (3).

(2) Les candidats doivent être agés d'au moins 23 ans, accomplis jusqu'à la date des élections y comprise, pour être élus à la Chambre des Députés ou aux organes locaux et d'au moins 35 ans, pour être élus au Sénat ou à la fonction de Président de la Roumanie.

Article 36
La liberté de réunion

Les meetings, les démonstrations, les processions ou toute autre réunion sont libres et peuvent s'organiser et se dérouler uniquement d'une manière pacifique et sans aucun type d'armes.

Article 37
Le droit d'association

(1) Les citoyens peuvent s'associer librement en partis politiques, syndicats et en d'autres formes d'association.

(2) Les partis ou les organisations qui, par leurs objectifs ou par leurs activités, militent contre le pluralisme politique, les principes de l'État de droit ou la souveraineté, l'intégrité ou l'indépendance de la Roumanie sont non-constitutionnels.

(3) Ne peuvent pas faire partie des partis politiques les membres de la Cour Constitutionelle, les Avocats du Peuple, les magistrats, les membres actifs de l'armée, les policiers et d'autres catégories de fonctionnaires publics, déterminées par une loi organique.

(4) Les associations à caractere secret sont interdites.

Article 38
Le travail et la protection sociale du travail

(1) Le droit au travail ne peut pas être limité. Le choix de la profession et de son poste de travail sont libres.

(2) Les salariés ont droit à la protection sociale du travail. Les mesures de protection portent sur la sécurité et l'hygiène du travail, le régime de travail des femmes et des jeunes gens, l'institution d'un salaire minimum au niveau de l'économie, le repos hebdomadaire, les vacances annuelles payées, le travail dans des conditions difficiles, ainsi que d'autres situations spécifiques.

(3) La durde normale de la journée de travail est, en moyenne, de maximum 8 heures.

(4) Pour un travail de valeur égale, il y a égalité de rémunération entre femmes et hommes.

(5) Le droit aux négociations collectives en matière de travail et le caractère obligatoire des conventions collectives sont garantis.

Article 39
L'interdiction du travail forcé

(1) Le travail forcé est interdit.

(2) N'est pas travail forcé:

a) tout service à caractère militaire ou les activités déployées à la place de celui-ci par les objecteurs de conscience, conformément à la loi;

b) tout travail dans des conditions normales, requis d'une personne condamnée pendant sa détention ou durant sa mise en liberté provisoire.

c) toute prestation imposée dans la situation crée par des calamités ou par tout autre danger, ainsi que celles faisant partie des obligations civiles normales établies par la loi.

Article 40
Le droit à la grève

(1) Les salariés ont droit à la grève pour défendre leurs interêts professionnels, économiques et sociaux.

(2) La loi détermine les conditions et les limites de l'exercice de ce droit, ainsi que les garanties nécessaires pour assurer les services essentiels à la société.

Article 41
La protection de la propriété privée

(1) Le droit à la propriété, ainsi que les créances sur l'État, sont garantis. Le contenu et les limites de ces droits sont déterminés par la loi.

(2) La propriété privée est protegée de manière égale par la loi, indifféremment du titulaire. les citoyens étrangers et les apatrides ne peuvent pas acquérir le titre de proprieté sur les terrains.

(3) Nul ne peut être exproprié hormis pour une cause d'utlitié publique, déterminée conformément

à la loi, moyennant une juste et préalable indemnité de dédommagement.

(4) Pour des travaux d'intérêt général, l'autorité publique peut faire usage du sous-sol de toute propriété immobilière, avec l'obligation de dédommager le propriètaire pour la dégradation du terrain, des plantations ou des constructions, ainsi que pour d'autres dégâts imputables à l'autorité.

(5) La valeur des dédommagements prévus aux alinéas (3) et (4) est éatablie d'un commun accord avec le propriètaire ou, en cas de divergence, par la voie de la justice.

(6) Le droit de propriété oblige au respect des tâches concernant la protection du milieu environnant et le bon voisinage, ainsi que des autres tâches qui, selon la loi ou la coutume, incombent au propriétaire.

(7) La fortune acquise de façon licite ne peut pas être confisquée. Le caractère licite de l'acquisition est présumé.

(8) Les biens destinés à, utilisés pour ou résultés des infractions ou des contraventions peuvent être confisqués seulement dans les conditions de la loi.

Article 42
Le droit à l'héritage

Le droit à l'héritage est garanti.

Article 43
Le niveau de vie

(1) L'État est tenu à prendre des mesures de développement économique et de protection sociale, de nature à assurer aux citoyens un niveau de vie décent.

(2) Les citoyens ont droit à la pension de retraite, au congé de maternité payé, à l'assistance médicale dans les établissements sanitaires de l'État, à l'aide de chômage et à d'autres formes d'assistance sociale déterminées par la loi.

Article 44
La famille

(1) La famille est fondée sur le mariage librement consenti entre les conjoints, sur leur égalité et sur le droit et le devoir des parents d'assurer le developpement, l'éducation et l'instruction des enfants.

(2) Un mariage est conclu, dissolu et annulé dans les conditions determinées par la loi. Le mariage religieux peut être célébré seulement après le mariage civil.

(3) Les enfants sont égaux devant la loi, qu'ils soient nés d'un mariage ou hors du mariage.

Article 45
La protection des enfants et des jeunes gens

(1) Les enfants et les jeunes gens jouissent d'un régime spécial de protection et d'assistance dans l'exercice de leur droits.

(2) L'État accorde des allocations de l'État pour les enfants et des aides pour soigner l'enfant malade ou handicapé. La loi établit d'autres formes de protection sociale des enfants et des jeunes gens.

(3) Il est interdit d'expoiter les mineurs, de les employer pour des travaux susceptibles de nuire à leur santé, à leur moralité ou de mettre en danger leur vie et leur développement normal.

(4) On ne peut pas employer les mineurs n'ayant pas accompli l'âge de 15 ans dans une activité salariée.

(5) Incombe aux autorités publiques l'obligation de contribuer à assurer les conditions pour la participation libre des jeunes gens à la vie politique, sociale, économique, culturelle et sportive du pays.

Article 46
La protection des personnes handicapées

Les personnes handicapées jouissent de protection spéciale. L'État assure la mise en oeuvre d'une politique nationale de prévention, de traitement, de réadaptation, d'enseignement, d'instruction et d'intégration sociale des personnes handicapées, avec le respect des droits et des devoirs qui incombent aux parents et aux tuteurs.

Article 47
Le droit de pétition

(1) Les citoyens ont le droit de s'adresser aux autorités publiques pa des pétitions formulées uniquement au nom des signataires.

(2) Les organisations légalement constitúes ont le droit d'adresser des petitions exclusivement au nom des colectifs qu'elles représentent.

(3) L'exercice du droit de pétition est exempt de toute taxe.

(4) Les autorités publiques sont tenues à répondre aux pétitions dans les délais et los conditions établies conformément à la loi.

Article 48
Le droit de la personne atteinte par une autorité publique

(1) Toute personne atteinte dans un de ses droits par une autorité publique, par un acte administratif ou par le fait qu'on n'a pas répondu à sa requête dans un délai prévu par la loi, est censée d'obtenir la reconnaissance du droit réclamé, l'annulation de l'acte et la réparation du dommage subi.

(2) Les conditions et les limites de l'exercice de ce droit sont établies par une loi organique.

(3) L'État a le responsabilité patrimoniale, conformément à la loi, pour les préjudices causés par les erreurs judiciaires commises dans les causes pénales.

Article 49
La restriction de l'exercice de certains droits ou de certaines libertés

(1) L'exercice de certains droits ou de certaines libertés peut être retreint uniquement par la loi et seulement si ceci s'imose, selon le cas, pour: défendre la sécurité nationale, l'ordre, la santé ou la morale publique, les droits et les libertés des citoyens, le déroulement de l'instruction pénale, prevenir les conséquences d'une calamité naturelle ou d'un sinistre extrêmement grave.

(2) La restriction doit étre proportionnelle à la situation l'ayant déterminée et ne peut pas porter atteinte à l'existence du droit ou de la liberté.

Chapitre III
Les Devoirs Fondamentaux

Article 50
La fidélité envers le pays

(1) La fidélité envers le pays est sacrée.

(2) Les citoyens auxquels on assigne des fonctions publiques, ainsi que les militaires, répondent de l'accomplissement loyal des obligations qui leur incombent et, à cette fin, ils prêteront le serment exigé par la loi.

Article 51
Le respect de la Constitution et des lois

Le respect de la Constitution, de sa suprématie et des lois est obligatoire.

Article 52
Le défense du pays

(1) Les citoyens ont le droit et l'obligation de défendre la Roumanie.

(2) Le service militaire est obligatoire pour les hommes, citoyens roumains, ayant l'âge de 20 ans accomplis, à l'exception des cas prévus par la loi.

(3) Pour l'instruction en vue de satisfaire leur service militaire actif, les citoyens peuvent être incorporés jusqu'à l'âge de 35 ans.

Article 53
Contributions financières

(1) Les citoyens sont tenus à contribuer, par des impôts et des taxes, aux dépenses publiques.

(2) Le système légal d'impôts doit assurer une juste répartition des charges fiscales.

(3) Toute autre prestation est interdite, exception faite de celles établies par la loi, dans des situations exceptionnelles.

Article 54
L'exercice des droits et des libertés

Les citoyens roumains, les citoyens étrangers et les apatrides doivent exercer leurs droits et leurs libertés constitutionnelles de bonne foi, sans violer les droits et les libertés d'autrui.

Chapitre IV
L'Avocat du Peuple

Article 55
La nomination et le rôle

(1) L'Avocat du peuple est nommé par le Sénat pour une durée de 4 ans, afin de défendre les droits et les libertés des citoyens. L'organisation et le fonctionnement de l'institution de l'Avocat du peuple sont déterminés par une loi organique.

(2) L'Avocat du Peuple ne peut remplir aucune autre fonction publique ou privéee.

Article 56
L'exercice de ses attributions

(1) L'Avocat du Peuple exerce ses attributions d'office ou sur requête des personnes lésées dans leurs droits et leurs libertés, dans les limites déterminées par la loi.

(2) Les autorités publiques sont tenues à assurer à l'Avocat du Peuple le soutien nécessaire dans l'exercice de ses attributions.

Article 57
Le rapport devant le Parlement

L'Avocat du Peuple présente devant les deux Chambres du Parlement des rapports, une fois par an ou sur la demande de celles-ci. Les rapports peuvent contenir des récommandations relatives à la législation ou des mesures d'une autre nature, ayant pour but la défense des droits et des livertés des citoyens.

Titre III
Les Autorites Publiques

Chapitre Ier
Le Parlement

Section 1
Organisation et fonctionnement

Article 58
Le rôle et la structure

(1) Le Parlement est l'organe représentatif suprême du peuple roumain et l'unique autorité législative du pays.

(2) Le Parlement est formé de la Chambre des Députés et du Sénat.

Article 59
L'élection des Chambres

(1) La Chambre des Députés et le Sénat sont élus au suffrage universel, égal, direct, secret et librement exprimé, conformément à la loi éléctorale.

(2) Les organisations des citoyens appartenant aux minorités nationales, lesquelles ne réunissent pas aux élections le nombre de votes nécessaires pour être représentées au Parlement, ont droit à un siège de député chacune, dans les conditions de la loi éléctorale. Les citoyens d'une minorité nationale peuvent être représentés uniquement par une seule organisation.

(3) Le nombre des députés et des sénateurs est établi par la loi électorale, en rapport avec la population du pays.

Article 60
La durée du mandat

(1) La Chambre des Députés et le Sénat sont élus pour un mandat de 4 ans, lequel peut être prolongé, par une loi organique, en cas de guerre ou de catastrophe.

(2) Les élections à la Chambre des Députés et au Sénat ont lieu dans tout au plus les trois mois après l'expiration de leur mandat ou après la dissolution du Parlement.

(3) Le Parlement nouvel élu se réunit, sur convocation du Président de la Roumanie, dans maximum 20 jours après les élections.

(4) Le mandat des Chambres se prolonge jusqu'à la réunion légale du nouveau Parlement. Durant cette période on ne peut pas réviser la Constitution et on ne peut pas adopter, modifier ou abroger des lois organiques.

(5) Les projets de lois ou les propositions législatives inscrits à l'ordre du jour du Parlement précédent suivent leur procédure dans le nouveau Parlement.

Article 61
L'organisation intérieure

(1) L'organisation et le fonctionnement de chaque Chambre sont établis par leurs propres réglements. Les ressources financières des Chambres sont prévues dans les budgets approuvés par elles mêmes.

(2) Chaque Chambre élit son bureau permanent. Le président de la Chambre des Députés et le président du Sénat sont élus pour la durée des mandats respectifs des Chambres. Les autres membres des bureau permanent sont élus au début de chaque session. Les membres des bureaux permanents peuvent être révoqués avant l'expiration des mandats respectifs.

(3) Les députés et les senateurs peuvent s'organiser dans des groupes parlementaires, conformément au réglement de chaque Chambre.

(4) Chaque Chambre constitue ses commissions permanentes et peut créer des commissions d'enquête ou d'autres commissions spéciales. Les deux Chambres peuvent constituer des commissions communes.

(5) Les bureaux permanents et les commissions parlementaires se forment d'accord à la configuration politique de chaque Chambre.

Article 62
Séances communes

(1) La Chambre des Députés et le Sénat travaillent en séances séparées et en séances communes. En séance commune, les travaux, se déroulent conformément au réglement adopté au vote de la majorité du nombre des députés et des sénateurs.

(2) La Chambre des Députés et le Sénat se réunissent en séance commune pour:

a) recevoir le message du Président de la Roumanie;

b) approuver le budget de l'État et le budget des assurances sociales de l'État;

c) déclarer la mobilisation générale ou partiale;

d) déclarer l'état de guerre;

e) suspendre ou cesser les hostilités militaires;

f) examiner les rapports du Conseil Supérieur de Défense du Pays et ceux de la Cour des Comptes;

g) nommer, sur proposition du Président de la Roumanie, le directeur du Service Roumain de Renseignements et exercer le contrôle sur l'activite dudit service;

h) accomplir d'autres attributions qui, conformément à la Constitution, ou au réglement s'exercent en séance commune.

Article 63
Les sessions

(1) La Chambre des Députés et le Sénat se réunissent en deux sessions ordinaires par an. La première s'ouvre au mois de février et ne peut pas dépasser la fin du mois de juin. La seconde session s'ouvre au mois de septembre et ne peut pas dépasser la fin du mois de décembre.

(2) La Chambre des Députés et le Sénat se réunissent en sessions extraordinaires, sur la demande du Président de la Roumanie, du bureau permanent de chaque Chambre ou d'un tiers au moins du nombre des députés et des sénateurs.

(3) C'est aux présidents des deux Chambres de les convoquer.

Article 64
Les actes juridiques et le quorum légal

La Chambre des Députés et le Sénat adoptent des lois, des decisions et des motions, en présence de la majorité de leurs membres.

Article 65
Le caractère public des séances

(1) Les séances des deux Chambres sont publiques.

(2) Les Chambres peuvent decider du caractère secret de certaines séances.

Section 2
Le statut des députés et des sénateurs

Article 66
Le mandat réprésentatif

(1) Dans l'exercice de leurs mandats, les députés et les sénateurs sont au service du peuple.

(2) Tout mandat impératif est nul.

Article 67
Le mandat des députés et des sénateurs

(1) Les député et les sénateurs commencent l'exercice de leurs mandats à la date de la réunion légale de la Chambre dont ils font partie, sous condition de la validation.

(2) La qualité de député ou de sénateur cesse à la date de la réunion légale des Chambres nouvellement élues ou, en cas de démission, de perte des droits éléctoraux, d'incompatibilité ou décès.

Article 68
Les incompatibilités

(1) Nul ne peut être, en même temps, député et sénateur.

(2) La qualité de député ou de sénateur est incompatible avec l'exercice de toute fonction publique d'autorité, exception faite de celle de membre du Gouvernement.

(3) D'autres incompatibilités sont déterminées par une loi organique.

Article 69
L'immunité parlementaire

(1) Aucun député ou sénateur ne peut être détenu, arrêté, perquisitionné ou poursuivi devant les tribunaux en matière pénale ou contreventionelle sans l'autorisation de la Chambre dont il fait partie, après avoir été entendu. La compétence de jugement est à la Cour Suprême de Justice.

(2) En cas d'infraction flagrante, le député ou le sénateur peut être détenu et soummis à la perquisition. Le Ministre de la Justice informera aussitôt le président de la Chambre sur la détention et sur la perquisition. Au cas où la Chambre saisie constate que la détention n'est pas forndée, il disposera immédiatement la révocation de ladite mesure.

Article 70
L'indépendance des opinions

Les députés et les sérateurs ne peuvent pas être rendus responsables juridiquement des votes ni des opinions politiques exprimées dans l'exercice de leurs mandats.

Article 71
L'indémnité et les autres droits

Les députés et les sénateurs reçoivent une indémnité mensuelle. Le quantum de l'indemnité et les autres droits sont établis par la loi.

Section 3
La légifération

Article 72
Catégories de lois

(1) Le Parlement adopte des lois constitutionnelles, des lois organiques et des lois ordinaires.

(2) Les lois constitutionnelles sont celles de révision de la Constitution.

(3) Par une loi organique on réglemente:

a) le système électoral;

b) l'organisation et le fonctionnement des partis politiques;

c) l'organisation et le déroulement du référendum;

d) l'organisation du Gouvernement, du Conseil Suprême de Défense du Pays;

e) le régime de l'état de siège et de l'état d'urgence;

f) les infractions, les peines et leur régime d'exécution;

g) l'octroi de l'amnistie ou de la grâce collective;

h) l'organisation et le fonctionnement du Conseil Superieur de la Magistratur des instances judiciaires, du Ministère Public et de la Cour des Comptes;

i) le statut des fonctionnaires publics;

j) le contentieux administratif;

k) le régime juridique général de la propriété et de l'héritage;

l) le régime générale relatif aux rapports de travail, aux syndicats et à la protection sociale;

m) l'organisation générale de l'enseignement;

n) le régime général des cultes;

o) l'organisation de l'administration locale, du territoire, ainsi que le régime général rélatif à l'autonomie locale;

p) la manière d'établir la zone économique exclusive;

r) les autres domaines pour lesquels, dans la Constitution, on prévoit l'adoption de lois organiques.

Article 73
L'initiative législative

(1) L'initiative législative appartient au Gouvernement, aux députés, aux sénateurs, ainsi qu'a un nombre d'au moins 250000 citoyens ayant le droit de vote. Les citoyens ayant l'initiative législative doivent provenir d'un quart au moins des départements du pays, et dans chacun de cas départements ou dans le municipe de Bucarest aux moins 10000 signature doivent être enrigistrées à l'appui de cette initiative.

(2) Ne peuvent pas faire l'objet de l'initiative législative des citoyens les questions fiscales, celles à caractere international, l'amnistie et la grâce.

(3) Le Gouvernement exerce son initiative législative par le fait de transmettre le projet de loi à l'une des Chambres.

(4) Les députés, les sénateurs et les citoyens qui exercent le droit d'initiative législative peuvent présenter des propositions législatives uniquement dans la forme requise pour les projets de lois.

(5) Les propositions législatives sont soumises en premièr lieu à l'adoption de la Chambre devant laquelle elles ont été présentées.

Article 74
Adoption des lois et des décisions

(1) Les lois organiques et les décisions portant sur les réglements des Chambres sont adoptées au vote de la majorité des membres de chaque Chambre.

(2) Les lois ordinaires et les décisions sont adoptées au vote de la majorité des membres de chaque Chambre.

(3) À la demande du Gouvernement, le Parlement peut adopter des projets de lois avec procédure d'urgence, établie conformément au règlement du chaque Chambre.

Article 75
Le renvoi des projets de lois et des propositions de lois d'une Chambre à l'autre

Les projets des lois ou les propositions législatives adoptées par une Chambre sont envoyées à l'autre Chambre. Si celle-ci rejette le projet de loi ou la proposition législative, ils sont envoyés, pour un nouvel débat à la Chambre les ayant adoptés. Un nouvel rejet est définitif.

Article 76
La médiation

(1) Si l'une des Chambres adopte un projet de loi ou une proposition législative dans une forme de rédaction différente par rapport à celle approuvée par l'autre Chambre, les présidents des Chambres auront l'initiative de la procédure de médiation, par l'intermédiaire d'une Commission de médiation.

(2) Au cas où la Commission n'aboutit pas à un accord ou que l'une des Chambres n'approuve pas le rapport de la Commission paritaire, les textes en divergence sont soumis au débat de la Chambre des Députés et du Sénat, en séance commune, lesquels adopteront le texte définitif au vote de la majorité prévue à l'art. 74, alinéas (1) ou (2).

Article 77
La promulgation de la loi

(1) La loi est transmise, pour promulgation, au Président de la Roumanie. Une loi est promulguée dans un délai de maximum 20 jours à partir de sa réception.

(2) Avant la promulgation, le Président peut demander au Parlement, une seule fois, un nouvel examen de la loi.

(3) Si le Président a demandé un nouvel examen de la loi ou que l'on a demandé la verification de sa constitutionalité, la loi ser promulguée dans un délai de maximum 10 jours à partir de la date de reception de la loi adoptée apres son réexamen ou de la date de réception de la décision de la Cour Constitutionnelle, par laquelle on a confirmé sa constitutionnalité.

Article 78
L'entrée en vigueur de la loi

La loi est publiée dans le Moniteur Officiel et elle entre en vigueur à la date de sa publication où à date prévue dans son texte.

Article 79
Le Conseil Législatif

(1) Le Conseil Législatif est organe consultatif de spécialité du Parlement, qui avise les projets d'actes normatifs dans le but de systématiser, d'unifier et de coordonner toute la législation. Il tient le régistre de l'évidence officielle de la législation de la Roumanie.

(2) La création, l'organisation et le fonctionnement du Conseil Législatif sont déterminées par une loi organique.

Chapitre II
Le Président de la Roumanie

Article 80
Le rôle du Président

(1) Le Président de la Roumanie représente l'État roumain et il est le garant de l'indépendance, nationale, de l'unité et de l'integrité territoriale du pays.

(2) Le Président de la Roumanie veille au respect de la Constitution et au bon fonctionnement des autorités publiques. Dans ce but, le Président exerce la fonction de médiation entre les pouvoirs de l'État, ainsi qu'entre l'État et la société.

Article 81
L'election du Président

(1) Le Président de la Roumanie est élu par suffrage universel, égal, direct, secret et librement exprimé.

(2) Est déclaré élu le candidat ayant récueilli au premier tour de scrutin, la majorité des suffrages des électeurs inscrits sur les listes électorales.

(3) Au cas ou aucun des candidats n'a obtenu cette majorité, il est procédé à un second tour de scrutin entre les deux premiers candidats établis dans l'ordre du nombre de suffrages obtenus au

premier tour. Est déclaré élu le candidat qui a obtenu le plus grand nombre de suffrages.

(4) Nul ne peut accomplir à la fonction de Président de la Roumanie que pour maximum 2 mandats. Ceux-ci peuvent être aussi successifs.

Article 82
La validation du mandat et le serment

(1) Le résultat des élections a la fonction de Président de la Roumanie est validé par la Cour Constitutionnelle.

(2) Le candidat don't l'élection a été validée prête devant la Chambre des Députés et le Sénat, en séance commune, le suivant serment:

»JE JURE DE CONSACRER TOUTE MA FORCE ET TOUTE MON HABILITE A LA PROSPERITÉ SPIRITUELLE ET MATERIELLE DU PEUPLE ROUMAIN, DE RESPECTER LA CONSTITUTION ET LES LOIS DU PAYS, DE DEFENDRE LA DEMOCRATIE, LES DROITS ET LES LIBERTES FONDAMENTALES DES CITOYENS, LA SOUVERAINEIE, L'INDÉPENDENCE, L'UNITÉ ET L'INTEGRITE TERRITORIALE DE LA ROUMANIE. QUE DIEU M'Y AIDE!«

Article 83
La durée du mandat

(1) La durée du mandat du Président de la Roumanie est de 4 ans et son exercice commence à la date où le serment est prêté.

(2) Le Président de la Roumanie exerce son mandat jusqu'à la date où le nouveau Président prête le serment.

(3) Le mandat du Président de la Roumanie peut être prolongé, par une loi organique, en cas de guerre ou de catastrophe.

Article 84
Incompatibilités et immunités

(1) Pour la durée du mandat, le Président de la Roumanie ne peut pas être membre d'aucun parti et ne peut pas remplir aucune autre fonction publique ou privée.

(2) Le Président de la Roumanie jouit d'immunité. Les prévisions de l'art. 70 sont appliquées de manière correspondante.

(3) La Chambre des Députés et le Sénat, en séance commune, peuvent décider la mise sous accusation du Président de la Roumanie pour haute trahison, au vote de deus tiers au moins du nombre des sénateurs et des députés. La compétence de jugement appartient à la Cour Suprême de Justice, dans les conditions déterminées par la loi. Le Président est démis de droit à la date où l'arrêt de condamnation reste définitif.

Article 85
La nomination de Gouvernement

(1) Le Président de la Roumanie désigne un candidat à la fonction de Premier Ministre et nomme le Gouvernement sur le vote de confiance du Parlement,

(2) En cvas de remainiement gouvernemental ou de vacance, il révoque et homme, sur la proposition du Premier Ministre, quelques'une des membres du Gouvernement.

Article 86
La consultation du Gouvernement

Le Président de la Roumanie peut consulter le Gouvernement au sujet des problemes urgents et de haut importance.

Article 87
La participation aux séances du Gouvernement

(1) Le Président de la Roumanie peut participer aux séances du Gouvernement dans lesquelles on débat des problèmes d'interêt national portant sur la politique extérieure, la défense du pays, l'assurance de l'ordre public et, sur la demande du Premier Ministre, en d'autres situations.

(2) Le Président de la Roumanie préside les séances du Gouvernement auxquelles il participe.

Article 88
Messages

Le Président de la Roumanie adresse au Parlement des messages relatifs aux principaux problèmes politiques de la nation.

Article 89
La dissolution du Parlement

(1) Aprés consultation des présidents des deux Chambres et des leaders des groupes parlementaires, le Président de la Roumanie peut dissoudre le Parlement, si celui-ci n'a pas accordé la confiance au sujet de la formation du Gouvernement dans un délai de 60 jours à compter de la première sollicitation de l'investiture et seulement après le rejet de minimum deux sollicitations d'investiture.

(2) Au cours d'une même année le Parlement peut être dissous une seule fois.

(3) Le Parlement ne peut pas être dissous pendant les derniers six mois du mandat du Président de la Roumanie, ni pendant l'état de siège ou l'état d'urgence.

Article 90
Le référendum

Le Président de la Roumanie, aprés consultation du Parlement, peut demander au peuple, d'exprimer, par le référendum, sa volonté sur des problèmes d'intérêt national.

Article 91
Attributions dans la domaine de la politique extérieure

(1) Le Président conclut au nom de la Roumanie des traités internationaux, négociés par le Gouvernement et les soumet au Parlement, en vue de leur ratification, dans un délai de 60 jours.

(2) Le Président, sur proposition du Gouvernement, accrédite et rappelle les réprésentants diplomatiques de la Roumanie et approuve la création, la suppression ou le changement du rang des missions diplomatiques.

(3) Les réprésentants diplomatiques des autres États sont accrédités auprès du Président de la Roumanie.

Article 92
Attributions dans le domaine de la défense

(1) Le Président de la Roumanie est le commandant des forces armées et remplit la fonction de président du Conseil Suprême de Défense du Pays.

(2) Il peut déclarer, sur l'autorisation préalable du Parlement, la molibisation partielle ou générale des forces armées. Ce n'est que dans des cas exceptionnels que la décision du Président est soumise ultérieurement a l'approbation du Parlement, dans un délai de maximum 5 jours à partir de son adoption.

(3) En cas d'agression armée dirigée contre le pays, le Président de la Roumanie prend des mesures pour repousser l'agression et en informe immédiatement le Parlement, par un message. Si le Parlement n'est pas en session, il est convoque' de droit dans les 24 heures qui suivent le déclenchement de l'agression.

Article 93
Mesures exceptionnelles

(1) Le Président de la Roumanie institue, conformément à la loi, l'état de siege ou l'état d'urgence dans tout le pays ou dans certaines localités, et demande au Parlement d'approuver la mesure adoptée, dans un délai de maximum 5 jours de la date de celle-ci.

(2) Si le Parlement n'est pas en session, il est convoqué de droit dans un délai de maximum 48 heures à compter de l'institution de l'état de siège ou de l'état d'urgence et siège pour toute la durée de ceux-ci.

Article 94
Autres attributions

Le Président de la Roumanie a également les attributions suivantes:

a) déférer des décorations et des titres d'honneur;

b) conférer les grades de maréchal, de général et d'amiral;

c) nommer aux fonctions publiques, dans les conditions déterminées par la loi;

d) accorder la grâce individuelle.

Article 95
La suspension

(1) Au cas où il aura commis des faits graves par lesquels il viole des prévisions de la Constitution, le Président de la Roumanie peut être suspendu de sa fonction, par la Chambre des Députés et par le Sénat, en séance commune, au vote de la majorité du nombre des députés et des sénateurs, aprés consultation de la Cour Constitutionelle.

(2) La proposition de suspension peut être initié par un tiers au moins du nombre des députés et des sénateurs et on en informe, aussitôt, le Président.

(3) Si la proposition de suspension est approuvée, dans un délai de maximum 30 jours il est organisé un référendum pour démettre le Président.

Article 96
La vacance de la fonction

(1) La vacance de la fonction de Président de la Roumanie intervient en cas de démission, au cas où il a été demis, d'empêchement définitif ou de décès.

(2) Dans un délai de trois mois de la date de la vacance de la Présidence de la Roumanie, le Gouvernement organisera dls élections pour un nouveau Président.

Article 97
L'intérim de la fonction

(1) En cas de vacance de la Présidence, ou de suspension du Président de sa fonction ou d'empêchement temporaire, l'intérim est assuré, en ordre, par le président du Sénat, ou par le président de la Chambre des Députés.

(2) Les attributions prévues aux art. 88–90 ne peuvent pas être exercées pour la durée de l'intérim de la Présidence.

Article 98
La responsabilité du Président par intérim

Si la personne assurant l'exercice provisoire de la fonction de Président de la Roumanie commet des faits graves, par lesquels il viole les prévisions de la Constitution, on applique les art. 94 et 96.

Article 99
Les actes du Président

(1) Dans l'exercice de ses attributions, le Président de la Roumanie émmet des décrets qui sont publiés dans le Moniteur Officiel. L'absence de publicité entraîne l'inexistence de l'acte.

(2) Les décrets émmis par le Président de la Roumanie dans l'exercice de ses attributions prévues aux art. 91 alinéas (1) et (2), art. 92 alinéas (2) et (3),

art. 93 alinéa (1) et art. 94 lettres a, b et d sont contresignés par le Premier Ministre.

Article 100
L'indemnité et les autres droits

Le montant de l'indemnité et les autres droits du Président sont établis par la loi.

Chapitre III
Le Gouvernement

Article 101
Le rôle et la structure

(1) Le Gouvernement, conformément à son programme de gouvernement accepté par le Parlement, assure la mise en oeuvre de la politique intérieure et extérieure du pays et il exerce la direction génénrale de l'administration publique.

(2) Pour accomplir ses attributions, le Gouvernement coopère avec les organismes sociaux intéressés.

(3) Le Gouvernement est formé du Premier Ministre, des ministres, et d'autres membres établis par une loi organique.

Article 102
L'investiture

(1) Le Président de la Roumanie désigne un candidat à la fonction de Premier Ministre, après consultation du parti ayant la majorité absolue dans le Parlement ou, si cette majorité n'existe pas, des partis réprésentés au Parlement.

(2) Le candidat à la fonction de Premier Ministre demandera dans un délai de 10 jours de sa désignation, le vot de confiance du Parlement pour le programme et la liste complète du Gouvernement.

(3) Le programme et la liste du Gouvernement sont débattus par la Chambre des Députés et par le Sénat en séance commune. Le Parlement accorde la confiance au Gouvernement au vote de la majorité du nombre des députés et des sénateurs.

Article 103
Le serment de fidélité

(1) Le Premier Ministre, les ministres et les autres membres do Gouvernement prêteront individuellement, devant le Président de la Roumanie, le serment de l'article 81.

(3) Le Gouvernement dans sa totalité et chaque membre séparément exercent leurs mandats respectifs à partir de la date où ils ont prête le serment.

Article 104
Incompatibilités

(1) La fonction de membre du Gouvernement est incompatible avec l'exercice de toute autre fonction publique d'autorité, exception faite de celle de

député ou de sénateur. Elle est aussi incompatible avec l'exercice d'une fonction de réprésentation professionnelle salariée dans le cadre des organisations à but commercial.

(2) D'autres incompatabilités sont établies par une loi organique.

Article 105
La cessation de la fonction de membre du Gouvernement

La fonction de membre du Gouvernement cesse à la suite de la démission, de la révocation, de la perte des droits électoraux, de l'incompatibilité, de décès, ainsi qu'en d'autres cas déterminés par la loi.

Article 106
Le Premier Ministre

(1) Le Premier Ministre dirige le Gouvernement et coordonne l'activité de ses membres, en respectant les attributions qui leur incombent. Aussi, il présente à la Chambre des Députés ou au Sénat des rapports et des déclaration au sujet de la politique du Gouvernement, lesquels sont débattus en priorité.

(2) Si le Premier Ministre se trouve dans l'une des situations prévues à l'art. 105 ou qu'il se trouve en impossibilité d'exercer ses attributions, le Président de la Roumanie désignerea un autre membre du Gouvernement, en tant que Premier Ministre par interim, pour exercer les atributions de Premier Ministre, jusqu'à la formation du nouveau Gouvernement. Le interim, pour la durée de l'impossibilité d'exercer ses attributions, cesse si le Premier Ministre reprend son activité au Gouvernement.

(3) Les prévisions de l'alinéa (2) s'appliquent aussi d'une manière correspondante aux autres membres du Gouvernement, sur la proposition du Premier Ministre, pour une période de maximum 15 jours.

Article 107
Les actes du Gouvernement

(1) Le Gouvernement adopte des décisions et des ordonnances.

(2) Les décisions sont émises afin d'organiser l'exécution des lois.

(3) Les ordonnances sont émises en vertu d'une loi spéciale d'habilitation, dans les limites et les conditions déterminées par celle-ci.

(4) Les décisions et les ordonnances adoptées par le Gouvernement sont signées parle Premier Ministre, sont contresignées par les ministres ayant la responsabilité de leur mise en exécution et publiées dans le Moniteur Officiel de la Roumanie. L'absence de publicité entraîne l'inexistence de la décision ou de l'ordonnance. les décisions à caractère militaire sont communiqués exclusivement aux institutions intéressées.

Article 108
La responsabilité des membres du Gouvernement

(1) Le Gouvernement est politiquement responsable uniquement devant le Parlement pour toute son activité. Chaque membre du Gouvernement est solidairement responsable politiquement avec les autres membres pour l'activité du Gouvernement et pour les actes de celui-ci.

(2) Seuls la Chambre des Députés, le Sénat et le Président de la Roumanie ont le droit de demander la poursuite pénale des membres du Gouvernement pour les fait qu'ils ont commis dans l'exercice de leurs fonctions respectives. Si l'on a demandé la poursuite pénale, le Président de la Roumanie peut disposer la suspension de ceux-ci de leurs fonctions. La traduction en justice d'un membre du Gouvernement entraîne la suspension de celui-ci de sa fonction. La compétance judiciaire appartient à la Cour Suprême de Justice.

(3) Les cas de responsabilité et les peines appliquables aux membres du Gouvernement sont réglémentées par une loi relative à la responsabilité ministérielle.

Article 109
La fin du mandat

(1) Le Gouvernement exerce sont mandat jusqu'à la date de la validation des élections parlementaires générales.

(2) Le Gouvernement est demis à la date où le Parlement lui retire la confiance ou si le Premier Ministre se trouve dans l'une des situations prévues à l'art. 105, ou qu'il est en impossibilité d'exercer ses attributions plus de 45 jours.

(3) Dans les situations prévues a l'alinéa (2) sont aplicables les prévisions de l'art. 102.

(4) Le Gouvernement dont le mandat a pris fin conformément aux alinéas (1) et (2), accomplit seulement les actes nécessaires à l'administration des affaires publiques, jusqu'à la date où les membres du nouveau Gouvernement prêtent le serment.

Chapitre IV
Les rapports du Parlement avec le Gouvernement

Article 110
L'informatoin du Parlement

(1) Le Gouvernement et les autres organes de l'administration publique sont tenus, dans le cadre du contrôle parlementaire sur leur l'activité à présenter les informations et les documents requis par la Chambre des Députés, le Sénat ou les commissions parlementaires, par l'intermédiaire des présidents respectifs. Au cas où une initiative legislative implique la modification des prévisions du budget de l'État, ou du budget des assurances sociales de l'État, la demande de l'information est obligatoire.

(2) Les membres du Gouvernement ont accès aux séances du Parlement. Si on requiert leur présence, la participation est obligatoire.

Article 111
Questions et interpellations

(1) Le Gouvernement et chacun de ses membres sont tenus à repondre aux questions ou aux interpellations formulées par les députés ou par les sénateurs.

(2) La Chambre des Députés ou le Sénat peuvent adopter une motion par laquelle ils expriment leur position au sujet du problème ayant fait l'objet de l'interpellation.

Article 112
La motion de censure

(1) La Chambre des Députés et le Sénat, en séance commune, peuvent retirer la confiance accordée au Gouvernement par l'adoption d'une motion de censure, au vote de la majorité du nombre des députés et des sénateurs.

(2) La motion de censure peut être initiée par un quart au moins du nombre total des députés et des sénateurs et elle est communiquée au Gouvernement à la date de son dépôt.

(3) La motion de censure est débattue après un délai de 3 jours à partir de la date où elle a été présentée dans la séance commune des deux Chambres.

(4) Si la motion de censure a été rejetée, les députés et les sénateurs signataires ne peuvent plus initier une nouvelle motion de censure, au cours de la même session, hormis le cas où le Gouvernement engage sa responsabilité conformément à l'art. 113.

Article 113
L'engagement de la responsabilité du Gouvernement

(1) Le Gouvernement peut engager sa responsabilité devant la Chambre des Députés et le Sénat, en séance commune, pour une déclaration de politique générale ou un projet de loi.

(2) Le Gouvernement est démis si une motion de censure, déposée dans les 3 jours qui suivent la présentation du programme, de la déclaration de politique générale ou du projet de loi, a été votée dans les conditions déterminées à l'art. 112.

(3) Si le Gouvernement n'a pas été démis conformément à l'alinéa (2), le projet de loi presente est considéré adopté, et le programme ou la déclaration de politique générale deviennent obligatoires pour le Gouvernement.

(4) Au cas où le Président de la Roumanie de-

mande un nouvel examen de la loi adoptée conformément à l'alinéa (3), c'est en séance commune des deux Chambres que le débat aura lieu.

Article 114
Le délégation législative

(1) Le Parlement peut adopter une loi spéciale d'habilitation du Gouvernement à émettre des ordonnances dans des domaines ne faisant pas l'objet des lois organiques.

(2) La loi d'habilitation déterminera, nécessairement, le domaine et la date jusqu'à laquelle on peut emettre des ordonnances.

(3) Si la loi d'habilitation le requiert, les ordonnances sont soumises au Parlement en vue de leur approbation, conformément a la procédure législative, jusqu'à la date fixée pour terme d'habilitation. L'inobservance de ce terme conduit à la cessation des effets de l'ordonnance.

(4) Dans des cas exceptionnels, le Gouvernement peut adopter des ordonnances d'urgence. Celles-ci entrent en vigueur seulement après leur depôt en vue de leur approbation par le Parlement. Si le Parlement n'est pas en session, il est convoqué obligatoirement.

(5) L'approbation ou le rejet des ordonnances se fait par une loi qui inclura aussi les ordonnances dont les effets ont cessé conformément à l'alinéa (3).

Article 117
Les forces armées

(1) L'armée est subordinnée exclusivement à la volonté du peuple pour garantir la souveraineté, l'indépendance et l'unité de l'État, l'intégrité territoriale du pays et la démocratie constitutionnele.

(2) La structure du système national de défense, l'organisation de l'armée, la préparation de la population, de l'économie et du territoire pour la défense, ainsi que le statut des cadres militaires sont établis par une loi organique.

(3) Les prévisions des alinéas (1) et (2) s'appliquent, d'une manière correspondante, à la police et aux service de renseignement de l'État, ainsi qu'aux autres componentes des forces armées.

(4) L'organisation d'activités militaires ou paramilitaires en dehors d'une autorité statale est interdite.

(5) Dans le territoire de la Roumanie ne peuvent entrer ou passer des troupes étrangères que dans les conditions déterminées par la loi.

Article 118
Le Conseil Suprême de Défense du Pays

Le Conseil Suprême de Défense du Pays organise et coordonne de manière unitaire les activités qui portent sur la défense du pays et la sécurité nationale.

Chapitre V
L'administration publique

Section 1
L'administration publique centrale de spécialité

Article 115
La structure

(1) Les ministères s'organisent uniquement en sous-ordre du Gouvernement.

(2) D'autres organes de spécialité peuvent s'organiser en sous-ordre du Gouvernement ou des ministères ou en tant autorités administratives autonomes.

Article 116
La création

(1) Les ministères se constituent, s'organisent et fonctionnent conformément à la loi.

(2) Le Gouvernement et les ministères, de l'avis de la Cour des Comptes, peuvent créer des organes de spécialité, en leur sous-ordre, uniquement si la loi leur reconnaît cette compétence.

(3) Des autorités administratives autonomes peuvent être crées par une loi organique.

Section 2
L'administration publique locale

Article 119
Principes de base

L'administration publique dans les unités administratives-territoriales est fondée sur le principe de l'autonomie locale et sur celui de la décentralisation des services publics.

Article 120
Autorités communales et urbaines

(1) Les autorités de l'administration publique, par lesquelles se réalise l'autonomie locale dans les communes et dans les villes, sont les conseils locaux élus et les maires élus, dans les conditions déterminées par la loi.

(2) Les conseils locaux et les maires fonctionnent, dans les conditions déterminées par la loi, comme qu'autorités administratives autonomes et ils résoudent les affaires publiques des communes et des villes.

(3) Les autorités prévues à l'alinéa (1) peuvent se constituer aussi dans les sous-divisions territoriales administratives des municipes.

Article 121
Le conseil départemental

(1) Le conseil départemental est l'autorité de l'administration publique chargé de la coordination de l'activité des conseils locaux et des villes afin de réaliser les services publics d'interêt départemental.

(2) Le conseil départemental est élu et fonctionne dans les conditions déterminées par la loi.

Article 122
Le préfet

(1) Le Gouvernement nomme un préfet dans chaque département et dans le municipe de Bucarest.

(2) Le préfet est le réprésentant du Gouvernement sur le plan local et il dirige les services publics descentralisés des ministères et des autres organes centraux des unités administratives territoriales.

(3) Les attributions de préfet sont établies conformément à la loi.

(4) Le préfet peut porter recours, devant l'instance de contentieux administratif, contre un acte du conseil départemental, de celui, local ou du maire, au cas où il considère ledit acte ilègal. L'acte contre lequel on porte recours est suspendu de droit.

Chapitre VI
L'autorité judiciaire

Section 1
Les instances judiciaires

Article 123
L'administration de la justice

(1) En Roumanie la justice est administrée au nom de la loi.

(2) Les juges sont indépendents et ils ne se soumettent qu'à la loi.

Article 124
Le statut des juges

(1) Les juges nommés par le Président de la Roumanie sont inamovibles, conformément à la loi. Le Président et les autres juges de la cour Suprême de Justice sont nommés pour une période de 6 ans. Ils peuvent être réinvestis dans leurs fonctions. C'est seulement au Conseil Supérieur de la Magistrature de promouvoir, transférrer et sanctionner les juges, dans les conditions déterminées par la loi.

(2) La fonction de juge est incompatible avec toute autre fonction publique ou privée, exception faite des fonctions didactiques de l'enseignement supérieur.

Article 125
Les instances judiciaires

(1) La justice est administrée par la Cour Suprême de Justice et par les autres instances judiciaires déterminées par la loi.

(2) Il est interdit de créer des instances extraordinaires.

(3) La compétence et la procédure judiciaires sont établies par la loi.

Article 126
Publicié des débats

Les séances des tribunaux sont publiques, à l'exception des cas prévus par la loi.

Article 127
Le droit à l'interprète

(1) La procédure judiciaire se déroule en langue roumaine.

(2) Les citoyens appartenant aux minorités nationales ainsi que les personnes ne comprenant pas ou ne parlant pas la langue roumaine ont le droit de prendre connaissance de tous les actes et de tous les documents du dossier, de parler en instance et de tirer des conclusions, par un interprète, dans les causes pénales ce droit est assuré gratuitement.

Article 128
L'utilisation des voies d'attaque

Les parties concernées et le Ministère Public peuvent exercer les voies d'attaque contre les arrêts judiciaires, dans les conditions déterminées par la loi.

Article 129
La police des instances

Les instances judiciaires disposent de la police mise à leur service.

Section 2
Le Ministère Public

Article 130
Le rôle du Ministère Public

(1) Dans l'activité judiciaire, le Ministère Public réprésente les interêts généraux de la societé et défend l'ordre de droit, ainsi que les droits et les libertés des citoyens.

(2) Le Ministère Public exerce ses attributions par des procureurs constitués en parquets, dans les conditions déterminées par la loi.

Article 131
Le statut des procureurs

(1) Les procureurs exercent leur activité conformément au principe de la légalité, de l'impartialité et du contrôle hiérarchique, sous l'autorité du Ministre de la Justice.

(2) La fonction de procureur est incompatible avec toute autre fonction publique et privée, exception faite des fonctions didactiques de l'enseignement supérieur.

Section 3
Le Conseil Supérieur de la Magistrature
Article 132
Componence

Le Conseil Supérieur de la Magistrature est formé de magistrats élus, pour une durée de 4 ans, par la Chambre des Députés et le Sénat, en séance commune.

Article 133
Attributions

(1) Le Conseil Supérieur de la Magistrature propose au Président de la Roumanie la nomination dans leurs fonctions respectives des juges et des procureurs, exception faite des stagiaires, dans les conditions déterminées par la loi. Dans ce cas, les travaux sont présidées, sans droit de vote, par le Ministre de la Justice.

(2) Le Conseil Supérieur de la Magistrature accomplit le rôle de conseil de discipline des juges. Dans ce cas, les séances sont présidées par le Président de la Cour Suprême de Justice.

Titre IV
L'Economie et les Finances Publiques
Article 134
L'économie

(1) L'économie de la Roumanie est économie de marché.

(2) L'État doit assurer:

a) la liberté du commerce, la protection de la concurrence loyale, la création du cadre favorable pour valorifier tous les facteurs de production;

b) la protection des intérês nationaux dans l'activité économique, finnancière et valutaire;

c) la stimulation de l'investigation scientifique nationale;

d) l'exploitation des ressources nationales, en concordance avec l'intérêt national;

e) la réfection et le défense du milieu environnant, ainsi que le maintien de l'équilibre écologique;

f) la création des conditions nécessaires pour augmenter la qualité de la vie.

Article 135
La propriété

(1) L'État défend la propriété.

(2) La propriété est publique ou privée.

(3) La propriété appartient à l'État ou aux unités administratives-territoriales.

(4) Les richesses de toute nature du sous-sol, les voies de communication, l'espace aérien, les eaux à potentiel énergétique susceptible d'être valorisé et celles qui peuvent être utilisées dans l'interêt public, les plages, la mer territoriale, les resources naturelles de la zone économique et celles du plateau continental, ainsi que d'autres biens établis, par la loi, font l'objet exclusiv de la propriété publique.

(5) Les biens propriété publique sont inaliénables. Dans les conditions de la loi, ils peuvent être donnés en administration aux régies autonomes ou aux institutions publiques ou peuvent être concessionnés ou loués.

(6) La propriété privée est dans les conditions de la loi, inviolable.

Article 136
Le système financier

(1) La création, l'administration, l'utilisation et le contrôle des ressources financieères de l'État, des unités administratives-territoriales et des institutions publiques sont réglémentées par la loi.

(2) La monaie nationale est »leu leu«; et la division de celui-ci est »le ban«.

Article 137
Le budget public national

(1) Le budget public national comprend le budget de l'État, le budget des assurance sociales de l'État et les budgets locaux des communes, des villes et des départements.

(2) Le Gouvernement élabore annuellement le projet du budget de l'État et celui des assurances sociales de l'État, qu'il soummet, séparément, à l'approbation du Parlament.

(3) Si la loi d'adoption du budget de l'État et la loi du budget des assurances sociales de l'État n'ont pas été adoptées trois jours au moins avant l'expiration de l'exercice budgétaire, le budget de l'État et le budget des assurances sociales de l'État de l'année précédente s'appliquent toujours jusqu'à l'adoptoin des nouveaux budgets.

(4) Les budgets locaux sont élaborés, approuvés et éxecutés dans les conditions de la loi.

(5) Aucune dépense budgetaire ne peut être approuvée sans établir sa source de financement.

Article 138
Impôts taxes

(1) Les impôts, les taxes et toutes autres recettes du budget de l'État et du budget des assurances sociales de l'État sont établis uniquement par la loi.

(2) Les impôts et les taxes locaux sont établis par les conseils locaux ou départementaux, dans les limites et les conditions de la loi.

Article 139
La Cour des Comptes

(1) La Cour des Comptes exerce le contrôle sur le mod de formation, d'administration et d'utilisation des ressources financières de l'État et du secteur public. Dans les conditions de la loi, la Cour exerce aussi des attributions jurisdictionnelles.

(2) La Cour des Comptes présente annuellement au Parlement un rapport sur les comptes de gestion du budget public national de l'exercice budgétaire expiré, irrégularités constatées y comprises.

(3) Sur demande de la Chambre des Députés et du Sénat, la Cour des Comptes controle le mode de gestion des ressources publiques et informe sur la situation constateé.

(4) Les membres de la Cour des Comptes, nommées par le Parlement, sont indépendents et inamovibles conformément à la loi. Ils sont soumis aux incompatibilités prévues par la loi concernant les juges.

Titre V
La Cour Constitutionnelle

Article 140
La structure

(1) La Cour Constitutionnelle se compose de 9 juges, nommés pour un mandat de 9 ans, lequel ne peut pas être prolongé ou renouvellé.

(2) Trois juges sont hommés par la Chambre des Députés, trois par le Sénat et trois par le Président de la Roumanie.

(3) Les juges de la Cour Constitutionnelle élisent, au vote secret, le président de celle-ci, pour une durée de 3 ans.

(4) La Cour Constitutionnelle se renouvelle par tiers, tous les 3 ans, dans les conditions déterminées par la loi organique de la Cour.

Article 141
Conditions de nommination

Les juges de la Cour Constitutionnelle doivent avoir une formation juridique supérieure, une haute compétance professionnelle et une anciéneté de 18 ans au moins dans l'activité juridique ou dans l'enseignement juridique supérieur.

Article 142
Incompatibilités

La fonction de juge de la Cour Constitutionnelle est incompatible avec toute autre fonction publique ou privée, à l'exception des fonctions didactiques de l'enseignement juridique supérieur.

Article 143
Indépendance et l'inamovabilité

Les juges de la Cour Constitutionnelle sont indé-pendants dans l'exercice de leurs mandats et inamovibles pour leur durée.

Article 144
Les attribution de la cour Constitutionnelle

La Cour Constitutionnelle a les suivantes attributions:

a) se prononce sur la constitutionnalité des lois, avant leur promulgation, sur saisie de Président de la Roumanie, des présidents de l'une des Chambres du Parlement, du Gouvernement, de la Cour Suprême de Justice, d'un nombre de 50 députés au moins ou de 25 sénateurs au moins, ainsi que d'office, sur les initiatives de révision de la Constitution;

b) se prononce sur la constitutionnalité des réglements du Parlement, sur saisie de l'un des présidents des deux Chambres, d'un groupe parlementaire ou d'un nombre de 50 députés au moins ou 25 sénateurs au moins;

c) décide des exceptions soulevées devant les instances judiciaires portant sur l'inconstitutionnalité des lois et des ordonnances;

d) veille au respect de la procédure d'élection du Président de la Roumanie et confirme les résultats du suffrage;

e) constate l'existence des circonstances qui justifient l'intérim de l'exercice de la fonction de Président de la Roumanie et communique ses constatations au Parlement et au Gouvernement;

f) donne avis consultatif sur la proposition de suspension du Président de la Roumanie de ses fonctions;

g) veille au respect de la procédure pour l'organisation et le déroulement du référendum et en confirme les résultats;

h) vérifie si les conditions sont réunies pour l'exercice de l'initiative législative par les citoyens;

i) décide des contestations ayant pour objet la constitutionnalité d'un parti politique.

Article 145
Les décision de la Cour Constitutionnelle

(1) Dans les cas de non-constitutionnalité constatés conformément aux articles 144, a) et b), la loi ou le réglement sont envoyés pour être réexaminés. Si la loi est adoptée dans la même forme, à une majorité de ⅔ au moins du nombre des membres de chaque Chambre, l'objection de non-constitutionnalité est rejetée, et la promulgation devient obligatoire.

(2) Les décisions de la Cour Constitutionnelle sont obligatoires et ont force uniquement pour l'avenir. Elles sont publiées dans le Moniteur Officiel de la Roumanie.

Titre VI
La Revision de la Constitution

Article 146
L'initiative de la révision

(1) La révision de la Constitution peut être initiée par le Président de la Roumanie, sur la proposition du Gouvernement, d'un quart au moins du nombre des députés ou des sénateurs ainsi que par d'au moins 500 000 citoyens ayant le droit de vote.

(2) Les citoyens qui ont l'initiative de la révision de la Constitution doivent provenir d'au moitié au moins du nombre des départements du pays, et dans chacun de ces départements ou dans le municipe du Bucarest 20 000 signatures au moins doivent être enregistrées à l'appui de cette initiative.

Article 147
La procédure de révision

(1) Le projet ou la proposition de révision doivent être adoptées par la Chambre des Députés et par le Sénat, à une majorité de deux tiers au moins du nombre des membres de chaque Chambre.

(2) Si par la procédure de médiation on n'aboutit pas à un accord, c'est à la Chambre des Députés et au Sénat, en séance commune, de décider au vote de trois quarts au moins du nombre des députés et des sénateurs.

(3) La révision est définitive après son approbation par référendum, organisé dans un délai de maximum 30 jours à compter de l'adoption du projet ou de la proposition de révision.

Article 148
Les limites de la révision

(1) Les dispositions de la présente Constitution portant sur le caractère national, indépendant, unitaire et indivisible de l'État roumain, la forme républicaine de gouvernement, l'intégrité du territoire, l'indépendance de la justice, le pluralisme politique et la langue officielle ne peuvent pas faire l'objet d'aucune révision.

(2) De même, on ne peut faire aucune révision si elle a pour résultat la restriction des droits et des libertés fondamentales des citoyens ou de leurs garanties.

(3) La Constitution ne peut pas être révisée durant l'état de siège ou l'état d'urgence, ni en temps de guerre.

Titre VII
Dispositions Finales et Transitoires

Article 149
Entrée en vigueur

La présente Constitution entre en vigueur à la date de son approbation par réferendum. À la même date, la Constitution du 21 Août 1965 est et reste entiérement abrogée.

Article 150
Conflit temporal des lois

(1) Les lois et tous les autres actes normatifs restent en vigueur, dans la mesure où ils ne sont pas contraires à la présente Constitution.

(2) Le Conseil Législatif, dans un délai de 12 mois à compter de la date de l'entrée en vigueur de sa loi d'organisation, examinera la conformité de la législation avec la présente Constitution et avancera au Parlement, ou selon le cas, au Gouvernement, les proposition correspondantes.

Articles 151
Les institutions existentes

(1) Les institutions de la République, existentes à la date de l'entrée en vigueur de la présente Constitution, restent en fonction jusqu'à la constitution des nouvelles.

(2) Les membres de la nouvelle Cour Suprême de Justice seront nommés, dans les conditions de la loi, par la Chambre des Députés et par le Sénat, en séance commune, sur la proposition du Président de la Roumanie, dans un délai de 6 mois à compter de la date d'entrée en vigueur de la présente Constitution.

Article 152
Les institutions futures

(1) Dans un délai de 6 mois, à compter de la date de l'entrée en vigueur de la nouvelle Constitution on crée la Cour Constitutionnelle et la Cour des Comptes.

(2) Les juges de la première Cour Constitutionnelle sont nommés pour une période de 3, 6 et respectivement 9 ans. Le Président de la Roumanie, la Chambre des Députés et le Sénat y désigne chacun un membre pour chaque période.

Textanhang VI/1

Draft Constitution of the Republic of Albania (1991)

Teilabdruck

Second Part
Basic Rights and Freedoms of the Citizens

Article 1
Freedom and equality with regard to dignity and rights

Basic human rights and freedoms are innate and inalienable rights of every individual ensured by law. Practical enjoyment and observance of these rights lies at the foundation of freedom, justice and peace.

Rights and freedoms entail duties and responsibilities to the society and the other individuals which makes these rights subject to restrictions and regulations by law.

Definition and interpretation of basic human rights and freedoms unter this constitution comply with the Universal Declaration on Human Rights, the European Convention for the protection of human rights and basic freedoms, and the protocols and international agreements reflecting them, as well as with the Helsinki Final Act and other documents of the CSCE which the Republic of Albania has recognised and accepted.

Article 2
The right to life

Every individual has the natural right to his life. This right is protected by law. The right to life cannot be denied arbitrarily to anybody.

Death penalty in the Republic of Albania can only be imposed for serious crimes specifically defined by law. Capital punishment does not apply to young people aged under 18 and to pregnant women.

Abortions are allowed prior to 12 weeks only when medical opinion confirms that the continuation of the pregnancy endangers the health or the very life of the mother. Beyond 12 weeks, abortion is allowed when the life of the mother is threatened, or when there is scientific proof that the fetus is carrying abnormal malformations, incompatible with life.

Article 3
Prohibition of torture

The law prohibits the use of torture and cruel, inhuman and any degrading treatments.

Article 4
Prohibition of forced labour

Forced labour is prohibited in the Republic of Albania.

Article 5
The right to a fair trail

Freedom, property, privileges, immunity, and other rights granted by law, cannot be taken away from individuals unless the case has been settled in a court of law.

Every individual is entitled to a quick judgement by a competent, and impartial courts that function in conformity with the law.

Nobody should be sentenced without appearing in person before a court of law.

Individuals should not be forced to testify against themselves or plead guilty.

Article 6
Prohibition of imprisonment for failure to meet contractual obligations.

Individuals shall not be sent to prison for the single reason of being unable to fulfill the conditions contained in contracts.

Article 7
The right to appeal

Individuals found guilty of certain offences, are entitled to apeal to superior bodies for a re-trial of their case and a re-considerations of the punishment in conformity with the rules sanctioned by law.

Article 8
Presumption of innocence

No one should be accused and punished for an offence which at the time of commission was not considered as such by the law. No one shall be given a more severe penalty than the one provided by law at the time of the commission of the crime.

Everyone charged with a criminal offence shall be presumed innocent until proved guilty according to law.

Article 9
The right to rehabilitation

Citizens declared not guilty, or have suffered unjust deprivation of their freedom, are entitled to rehabilitation, to re-instatement of their violated rights and to indemnities fo the damages inflicted.

Article 10
The right to immunity against repeated judgement for the same offence

No one shall be put on trial and punished for a second time, in another court of law under another jurisdiction for a crime on account of which one has received punishment by final decision of the courts as provided by the Penal Code or has otherwise been declared innocent.

Article 11
The right to equal defence before the law

Everyone is entitled to effective defence in a court of law against acts that infringe upon the rights guaranteed by the law and the Constitution.

Everyone is entitled to defend himself or be defended by a lawyer in all the stages of the legal proceedings. If the person is short of the means to pay for defence in a court of law and the interest of justice ask for the presence of a defence lawyer, the state is under the obligation to provide one.

Article 12
Rights during detention and arrest

No one shall be detained and arrested unless to be put on trial on the grounds of a legal accusation.

The detained or arrested enjoys this minimum of rights:

1. He should be informed immediately of the charges against him.

2. Legal proceedings should commence to legitimize his indictment and arrest.

3. Within 72 hours he should be brought before court authorities to decide on the validity of the actions taken against him.

4. He should be released immediately upon confirmation of the invalidity of his detention or arrest.

Article 13
Treatment of the prisoners

Prisoners, as human beings, can not be deprived of more freedoms and rights than specified by court decision.

The state is under the obligation to ensure the necessary conditions for adequate human treatment and the moral rehabilitation of the prisoners.

Juveniles from 14–18 years of age are grouped separately from adults during detention and imprisonment. They should be treated as required by the characteristics of their age-group.

Article 14
The right to inviolability of the privacy

Everyone is entitled to privacy.

The home is inviolable.

Home can only be entered into with the consent of the individual who owns it, or with special authorisation by court authorities under circumstances determined by law.

Inviolability of home should not stop or obstruct efforts to avoid threats to the community, dangers to human lives, or stipulated by the law to prevent an instantaneous danger to public peace and security, as well as to fight the threat of epidemics or protect the lives of children and youth.

Freedom and secrecy of correspondence and all other ways of communication are inviolable. Restrictions upon such rights can only be placed under special circumstances, by justifiable decision of court authorities in support of the law.

The honour, dignity and the reputation of the individual are inviolable and protected by law.

The law prohibits to collect, furnish and use information on the private lives of the individuals. This right is only restricted upon decision of the court authorities, based on the law, by special permission for the surveillance of an extremely dangerous activity.

Article 15
Freedom of thought, conscience and belief

Freedom of thought, conscience and the freedom of religious and political beliefs is inviolable. No one should be forced to confess his convictions and beliefs. Every individual is entitled to the right to change his convictions and beliefs freely. No restrictions apply to the practise of convictions and beliefs provided that this right does not involve violence and does not conflict with the public order which is protected by the law.

Article 16
The right to expression and information

Everyone is entitled to the right to express and disseminate freely their thoughts and opinions through speech, writing and other means of communication; they are entitled to free information on various ideas by the public media.

Freedom or press and freedom of broadcast by the information media is guaranteed by law.

Literature and arts, science and research as well as teaching are also free.

No censorship at all can be imposed on the practical enjoyment of these rights.

Organisation of the state-owned media and other public institutions in the field, as well as parlamentarian control on the media are regulated by law.

The above freedoms and rights are subject to restriction when it is a matter of protecting the honour, dignity and the privacy of the individuals, of protecting children and young people as well as public order and social morals.

(Social Banning and sequestration of publications and recordings comes under the authority of a court of law.)

Article 17
The right to peaceful assembly

Citizens are entitled to peaceful and unarmed assemblies.

Assemblies in locations for free use by the public can be held without applying in advance for permission.

Assemblies and manifestations in squares and places that function as passage routes for the public can only be held upon prior permission from the relevant authority who can refuse permission only on wellgrounded reasons seriously endangering public order and security.

Article 18
The right to free unions

Citizens enjoy the right to join freely in unions. No one should be forced to join a union as well as no one should be stopped to drop out.

The law bans clandestine and pre-military unions, the ones that conflict with the penal legislation or unions whose aims and activity are spearheaded against the constitutional order.

The law restricts the right of employees in special sectors of public service to join unions which pursue political ends.

Article 19
The right to matrimony

Every individual that has come of marriage age is entitled to choose freely his spouse and create his family as provided by law.

Article 20
The right to own property

Every citizen is entitled to the right to possess property individually or jointly with others.

The law determines the ways in which profits should be made, provides for alienation and enjoyment of property and also imposes restrictions to ensure the normal social functioning of this right and provide everybody equally with the opportunity to own property.

The right to property carries in itself obligations. Public interests should also be observed while making use of this right.

Individuals shall not be deprived arbitrarily, of their property except when so required by public interests and welfare in which case the law provides for remuneration.

Private economic initiative is free.

Free initiative should comply with the interest of the society and must not infringe upon security, freedom and human dignity.

Article 21
The right to free movement and choice of residence

Citizens enjoy the right to circulate freely on the territory of the Republic of Albania.

Citizens also enjoy the right to leave and return freely in the Republic of Albania.

No restriction applies to the above rights, except for the ones defined by law for reasons of protecting national security, public order, public health and social morals and the rights and freedoms of other individuals under this Constitution.

Citizens are entitled to free choice of their residence.

Article 22
Prohibition of deportation and extradition

Albanian citizens shall not be deported and extradited.

Article 23
Prohibition of foreigners' deportation

The law prohibits the massive deportation of foreigners.

Individual deportation of foreigners is allowed under circumstances defined by law.

Article 24
The right to political asylum

Foreign citizens persecuted for political reasons in other countries are entitled to political asylum in the Republic of Albania.

Article 25
The right to citizenship

Citizens of the Republic of Albania cannot be stripped of their Albanian citizenship.

Everyone is entitled to leave his citizenship under explicit request as prescribed by law.

Deprivation of citizenship against the will of the individual is allowed under special circumstances defined by the law provided that the individual has a second citizenship.

Article 26
The right to full and equal participation in the running of the country

Every citizen aged 18 and over has the right to participate in the running of the country in a direct manner or through the representatives elected in a free and democratic way.

Every vote is personal, equal, free and secret.

The right to vote is not enjoyed by citizens who are suffering an imprisonment punishment and the mentally handicapped certified as such by decision of the courts.

Article 27
Equality in law and before the law

Individuals are equal in law and before the law.

No one shall be discriminated or privileged on account of sex, race, skin colour, language, nationality, political opinions, religious beliefs, education, social position, financial situation, birth within or without marriage, parental heritage, or all other personal or social conditions.

Article 28
Equality of women with men

Women enjoy equal rights with men.

Article 29
Rights of ethnic minorities

The state guarantees to ethnic minorities the rights they are entitled to: free preservation and development of their ethnical, cultural, religious and language identity.

Individuals that belong to certain ethnical minorities are free not to be assimilated against their will. They are free to establish and maintain contacts with people of the same ethnic origin inside the country and with foreign nationals of the same ethnical origin, cultural heritage and religious belief outside the country.

Article 30
Protection of citizens abroad

The state cares for and protects every citizen outside the territory of the Republic of Albania.

Article 31
Protection and care for marriage, family and children born outside marriage

Marriage and family enjoy special protection and care by the society and the state.

Civil marriages are joined on the basis of legal equality of the future husband and wife by the relevant state organ and can only be dissolved by this organ in conformity with the legal procedures.

Parents are under the obligations and the right to upbring and educate their children, including the ones born outside marriage. The obligation is transferred to the state as stipulated by law in case the parents are unable to perform this function or have passed away.

Society and state provide special protection and care for the mother, child and youths and they also sponsor the institutions set up for this purpose.

Children born outside marriage are provided with the same opportunities as children born of marriage as regards growth, education and social position.

Article 32
The right to education

Every individual is entitled to education.

Education should aim at the full development of the human personality and dignity, at ensuring respect for basic human rights and freedoms and enabling individuals to participate effectively in the life of the society.

Compulsory education is given free of charge.

General secondary education and middle vocational and professional schools, are open to all.

Higher education is open to all on the basis of individual abilities and merits.

Those who lack sufficient means to avail themselves of the above rights are aided by the state with scholarships and other assistance on the basis of merit and ability.

The university is autonomous within the limits defined by the law.

The entire school system is under supervision by the state.

Education in schools of the state system is atheistic.

Religious education is free and shall be conducted in the Albanian language.

The law allows the opening of private schools. Permission to open a private school is granted by the relevant public authorities. The law stipulates that the level of education in these schools, educational means and teaching personnel should be above the standard of the state schools and should basically realise the general targets of the teaching programme in state schools. Elementary private schools are permitted to open only if they undertake to serve special pedagogical principles.

The right to decide on the kind of education for their children belongs primarily to parents.

Article 33
The right to acquire culture and the copyright

Every citizen enjoys the right to acquire culture, to play a part in, to enjoy, avail himself and make use of the achievements in arts, science and technique. The state promotes and facilitates the practical realisation of this right.

Everyone is entitled to full moral and material rights on his scientific, literary and artistic production. Copyrights is protected by law.

Article 34
The right to health care
Society and state guarantee the citizens the best health status attainable. They shall take care to make health education, disease prevention and accidents, and qualitative health care accesible to all.

Forced medical treatment applies to cases defined by law.

Article 35
The right to a healthy and ecologically balanced environment
Environment, including the earth, waters and the air are common property of the people of the Republic of Albania.

Citizens individually and collectively are entitled to a healthy and ecologically balanced environment.

Care for and protection of the environment is a responsibility for every individual, the society and the state.

Article 36
The right to employment
Individuals enjoy the right to earn their living by their own work and are free to choose their profession and the work place.

Every citizen is entitled to proper working conditions with regard to health hazards and safety precautions.

The employed are entitled to remuneration in amounts responding to the equality and the volume of the work performed. In any case they should be paid enough for a dignified living for themselves and their families.

Individuals born with disabilities, the physically and psychically disabled and the temporarily incapacitated are provided with opportunities to train and recuperate and find suitable employment.

The employed faced with loss of their jobs or have actually lost it should be given a choice to train for another profession as dictated by their physical and health conditions.

Article 37
Special care for employed children, youths and women during pregnancy and after birth
Children and youths are entitled to special care and protection against physical and moral risks at work. The law prohibits the employment of individuals under 16 years of age.

The employed women are entitled to special protection and care during the pregnancy and after the delivery.

Article 38
The right to organize in syndicates
Employees have the right to join freely in syndicates to defend their social and economic interests.

Employees have the right to conclude contracts on individual or collective basis with the employer.

Employees are entitled to strikes to defend their social and economic rights.

Restrictions on these rights with regard to the armed forces, personnel working in the military sector or in the state administration are defined by law.

Article 39
The right to social securities
Society and the state is under the obligation to set up an adequate social security system to ensure the employees the necessary means for living in old age or in case of temporary or permanent work incapacity.

The citizens who are short of sufficient means, especially the unemployed, are entitled to social assistance by the state and the society.

Article 40
Reinstatement of violated rights
Individuals claiming that the rights granted to them by this Constitution have been violated or are threatened with violation have the right to apply to the relevant courts for a reinstatement of their rights or an abolition of any act that obstructs or threatens the free exertion of these rights.

All laws and other acts that infringe upon the rights under this constitution shall not be observed in the instances they do so.

The courts are empowered to force the organ, organism of the officer responsible for the violation of these rights to pay for the damages caused and they also determine the amounts due to the inflicted.

Article 41
The right to petition
Citizens have the right to address on individual or collective basis with written demands and complaints the responsible state organs and organisms of every level in the manner defined by law.

Article 42
Duties of the citizens
Albanians have the right and the duty to defend their country.

Service in the army is compulsory for every citizen, in compliance with the law on the duration and manner of service. Citizens that for reasons of conscience refuse to carry and use weapons shall have to serve in the army in another function.

Duties of the citizens in times of war, natural disasters and other calamities are defined by law.

Every citizen is under the obligation to pay for public expenses in proportion to their income, on the basis of equality and progressivity.

Article 43
Restrictions of rights in case of martial law
Basic human rights and freedoms of the citizens in the Republic of Albania in case of martial law shall be restricted to the extent permitted by the international law on this matter which has been endorsed and adopted by the Republic of Albania.

Article 44
Prohibition of abolishing of or extension of restrictions on rights
Law forbids to anybody the right to engage in activities or undertake actions that aim at abolition any of the rights and freedoms unter this constitution or at changing the content of restrictions with a view to extending them beyond the scope defined by law.

The restriction allowed by this Constitution of the rights and freedoms which it ensures are implemented for no purposes at all other than those which it has explicitly defined.

Part Three
State Organization

Chapter I
The National Assembly

Article 45
The National Assembly is the sole legislative organ of the Republic of Albania.

The National Assembly exercises sovereignty in the name of the people and the state, in the forms and within the limits set by the Constitution.

Article 46
The National Assembly has the following competences:

1. Approves and amends the Constitutions and laws.
2. Approves draft economic and social programmes of development, their synthetic indices and the state budget.
3. Proclaims partial and general military mobilization, the state of emergency, and the state of war in case of an armed aggression against the Republic of Albania, or when this is considered necessary to meet obligations deriving from international treaties.

4. Ratifies and denounces:
Treaties of a political character;
Treaties or agreements of a military character;
Treaties or agreements which have to do with the borders of the Republic of Albania;
Treaties or agreements which have to do with the fundamental rights and duties of citizens;
Treaties implying financial obligations on the part of the state;
Treaties or agreements implying changes in the legislation;
Other treaties or agreements envisaged to be ratified or abrogated by the National Assembly.
5. Grants amnesty.
6. Decides on popular referendums.
7. Elects and dismisses, as envisaged in the Constitution, the President of the Republic of Albania.
8. Controls the activity of the Council of Ministers, giving or denying it its vote of confidence.
9. Defines by law the status of the radio and television service, the Albanian Telegraphic Agency and other official means of mass information, which are dependent on it, and controls their activity.
10. Defines the administrative-territorial structur of the country.
11. Decides on the creation or dissolution of ministries or other organs equivalent to them.

Article 47
The National Assembly is made up of 120–140 deputies.

The National Assembly is elected for a term of four years.

The National Assembly is convened in its first session not later than one month from election day.

Elections to the National Assembly are held not later than two months from the date of the end of its mandate.

In case of war or a state of emergency the National Assembly may decide to prolong its term of activity beyond the set date, as long as the war or the state of emergency goes on.

Article 48
The National Assembly elects its Presidency, which is made up of the chairman und two deputy chairmen.

The National Assembly and its Presidency carry out their activity on the basis of an organic law approved by it.

Article 49
The National Assembly is convened in two ordinary sessions, starting in the first day of February and September, when they are not official holidays.

The ordinary sesssions of the National Assembly are convened on desicion of its Presidency.

The National Assembly is called in extraordinary sessions on decision of its Presidency. The Presidency convenes the National Assembly in an extraordinary session also when this is demanded by the President of the Republic, the Council of Ministers or one fourth of the deputies.

The meetings of the National Assembly are opened when the majority of deputies is present.

The meetings of the National Assembly are held with open doors, with the exception of special cases when the National Assembly decides otherwise.

Article 50

The National Assembly elects its own permanent and temporary commissions. In its first session, the National Assembly elects a commission for the examination of the mandates of deputies. On proposal of this commission, the National Assembly certifies or annuls the mandates of deputies.

The permanent commissions have the duty to examine the draft laws and the decreelaws of the Council of Ministers, to follow and control the activity of ministries and other executive organs according to respective sectors, and to raise their problems in the National Assembly of the Council of Ministers. The special commissions are set up to deal with special questions.

Article 51

Legislative initiative is the right of the Council of Ministers, each deputy, and a group of 20 000 citizens with the right of vote.

The laws and other acts of the National Assembly, with the exeption of those of a constitutional and organic character, are considered approved when the majority, and not less than one third of the deputies present in the session, vote for them.

Organic laws are considered approved when not less than three fives of the deputies vote for them.

Laws are proclaimed no later than 15 days after approval and come into force 15 days after publication in the Official Gazette, with the exception of cases when envisaged otherwise by law.

Article 52

The deputy of the National Assembly has the duty to conscientiously serve the people and the homeland. The rights and duties of deputies are defined by law.

Article 53

The Deputy of the National Assembly enjoys immunity.

The deputy cannot be hindered in the exercise of his duties and the collection of information which is not considered a state secret.

The deputy cannot be controlled, held, arrested or penally persecuted without the approval of the National Assembly. A deputy can be arrested without the approval of the National Assembly only when he commits an obviously grave crime.

The deputy has no legal responsibility for his actions and stands or for the vote cast during the exercise of his duty as a deputy.

Chapter II
The President of the Republic

Article 54

The President of the Republic is the head of state and represents the unity of the people.

Article 55

The President of the Republic is elected by the National Assembly for a term of five years, without debate, with secret ballot and with a two thirds majority of the votes of deputies. If the two thirds majority is not realized in the first and second round of voting, the President of the Republic is elected by an absolute majority of the votes of all deputies in a third round.

If there are more than two candidates for the post of President of the Republic, only the two candidates who have won the majority of votes in the first round have the right to run in the second round. The candidate who wins the absolute majority of the votes of all deputies is considered elected.

The candidate for President is proposed to the National Assembly by a group of no less than 30 deputies.

Article 56

Any Albanian citizen above 40 years of age and who fulfils the conditions to be eleted a deputy, can be elected President of the Republic.

Upon election by the National Assembly, the President of the Republic swears in before the assembly.

The President is elected no later than 30 days before the end of the mandate of the former president.

No person can be elected President of the Republic for more than two terms in succession.

If the President of the Republic is elected from among the deputies, he hands in the mandate of deputy, which is taken over by the candidate of the respective party who has won more votes than the other candidates not elected deputies.

The function of the President is incompatible

with any other function, except those envisaged in the Constitution.

Article 57

The President of the Republic is discharged or removed before the end of his mandate only when:

a) he has committed the crime of betrayal of the homeland or intentionally violated the Constitution.

b) his state of health does not allow him to accomplish his duties.

c) he resigns on his own free will.

Article 58

The President of the Republic has the following main competences:

1. Ensures observance of the Constitution, laws, rights and freedoms of citizens.

2. Calls the first session of the new legislature of the National Assembly.

3. Sets the date of elections to the National Assembly and the local organs of power.

4. Proclaims the laws drafted and referendums decided upon by the National Assembly.

5. Has the right to return a law to the National Assembly for re-examination within 15 days from its approval.

6. Appoints the Chairman of the Council of Ministers and accepts his resignation.

7. Between two sessions of the National Assembly, on propasal of the Chairman of the Council of Ministers, he appoints or discharges given government members. The President of the Republic presents this decree for approval to the National Assembly in its nearest session.

8. Has the right to attend the meetings of the Council of Ministers.

9. Appoints and discharges the heads of other central institutions on proposal of the Chairman of the Council of Ministers.

10. Having considered the opinion of the Chairman of the Council of Ministers and the Chairman of the Presidency of the National Assembly, he can dissolve the National Assembly before the end of the legislative term, when its composition does not allow the Assembly to carry out its functions and makes the governing of the country impossible. In such a case, elections to the National Assembly are reheld no later than 45 days from the day of its dissolution.

The President is not entitled to this right in the last six months of his mandate.

11. Signs international treaties, ratifies and abrogates treaties which are not examined by the National Assembly.

12. Appoints and discharges dipolomatic representatives.

13. Accepts the letters of credentials and letters of call of the diplomatic representatives of foreign states.

14. Grants requests to acquire or cancel Albanian citizenship.

15. Exercises the right of pardon.

16. Awards decorations and honorary titles.

17. Gives the right of political asylum.

18. Proclaims partial or general mobilization, as well as the state of emergency, when it is impossible to convene the National Assembly. In such a case, the proclamation is presented for approval to the National Assembly within five days. If this does not take place witin the set term or is not approved by the Assembly, the proclamation is abrogated.

19. Proclaims the state of war when it is impossible to convene the National Assembly because of a sudden armed aggression against the Republic of Albania.

20. Issues decrees of an individual character and decisions.

21. Proclaims the decree-laws approved by the Council of Ministers. The President of the Republic has the right to refuse to proclaim the decree, arguing its incompatibility with the Constitution or the law. The President of the Republic can seeek the opinion of the Constitutional Court before the decree- law has been proclaimed.

Article 59

The acts issued by the President of the Republic on the exercise of competences envisaged in points 3, 11, 12, 17, 18 and 19 of Article 58 of the Constitution, assume juridical power after having been countersigned, according to the occasion, by the Chairmen of the Council of Ministers, the respective minister of other persons in an equivalent position.

Article 60

When the position of President of the Republic remains vacant for any reason, the Chairman of the Presidency of the National Assembly temporarily assumes his competences, with the exception of those envisaged in points 5, 6, 7, 10 and 20 of Article 58 of the Constitution.

Elections for the President of the Republic are held no later than 15 days from the day when the post became vacant.

Article 61

The President of the Republic is not responsible for the acts performed during the exertion of his function, with the exception of the cases of treachery to the Homeland or of the conscious violation of the Constitution.

In these cases, the issue of responsibility can be forwarded in the National Assembly on the demand of not less than one fourth of the deputies. The National Assembly, by secret ballot, with a majority of two thirds of the deputies, can decide to transfer the case to the Constitutional Court.

The Constitutional Court examines a case of culpability of the President of the Republic within 30 days after it has been forwarded by the National Assembly.

If the Constitutional Court proves the culpability of the President of the Republic, it presents this proof to the National Assembly, which decides to discharge the President with an absolute majority of the votes of all deputies.

Chapter III
The Council of Ministers

Article 62
The Council of Ministers is appointed in the first session of each legislature of the National Assembly.

The President of the Republic appoints the Chairman of the Council of Ministers and the ministers on proposal of the latter.

Article 63
The Council of Ministers consists of: a chairman, deputy chairman, the ministers and other persons defined by law.

Any Albanian citizen with a permanent residence in the Republic of Albania and who enjoys the right of vote can be a member of the Council of Ministers.

Article 64
The membership of the Council of Ministers and its programme are approved by the National Assembly with a majority of votes, within 5 days from the date of presentation.

If it does not receive a vote of confidence, the Chairman of the Council of Ministers immediately presents his resignation to the President of the Republic who appoints a new Chairman of the Council of Ministers.

Article 65
Before assuming their functions, the Chairman of the Council of Ministers and the ministers swear in before the President of the Republic.

Article 66
The deputies have the right to express a motion of lack of confidence for the Council of Ministers or any of its members at any time. The motion of the lack of confidence must be signed at least by one tenth of the deputies and cannot be examined by the National Assembly earlier than three days after its presentation.

Non-approval of a government proposal by the National Assembly does not necessarily result in the resignation of the Government.

Article 67
A member of the Council of Ministers, can have no other state function beside the mandate of the deputy.

Article 68
The Council of Ministers is a collective organ. Decisions are taken upon approval by the absolute majority of members.

The structure, attributes and organization of the Council of Ministers are defined by law.

Article 69
The Council of Ministers has the following main competences:

1. It organizes the activity for the implementation of the home and foreign policy of the state.

2. Acts as the general manager of the state administration.

3. Manages the activity for the fulfilment of duties in the sector of defence in conformity with the decisions of the Council of Defence.

4. Drafts economic and social programmes of development, their synthetic indices and the state budget, and controls their implementation.

5. Concludes international agreements, approves and abrogates those not subject to ratification.

6. Carries out the devision or unification of administrative territorial unites in conformity with the regulations defined by law.

7. Takes measures to guarantee, preserve and strengthen the rule of law and the rights of citizens.

8. Issues decree-laws, decisions, ordinances and instructions in conformity with the Constitution and the law. When they are of a normative character, these acts are published in the Official Gazette, with the exception of special cases envisaged by law.

Article 70
The Chairman of the Council of Ministers represents the Council of Ministers, chairs its meetings, leads its general activity and is responsible for it, ensures the unity of political and administrative leadership of the government, combining the work of ministries and the other central institutions.

Article 71

The Council of Ministers interrupts its activity:

a) when it does not receive the vote of confidence by the National Assembly.

b) when the resignation of the Council of Ministers or its Chairman is accepted.

c) when the Chairman of the Council of Ministers is deceased.

Article 72

When the Council of Ministers interrupts its activity ahead of the set term, it continues to carry out its functions until the election of a new Council of Ministers.

Article 73

The ministers and other persons of equal rank direct the ministries and other central institutions of special sectors.

The ministers issue ordinances, regulations and instructions on questions which are within their competences, in conformity with the Constitution, the law and acts of the Council of Ministers.

Ministers are collectively responsible for the acts of the Council of Ministers and individually responsible for their own acts.

Article 74

The members of the Council of Ministers are penally persecuted for violation of the Constitution and the laws which have to do with their function. Penal prosecution starts on approval by the National Assembly.

Chapter IV
Organization and Management of Local State Power

Article 75

The territory of the Republic of Albania is divided into communes, districts and regions.

The criteria for the administrative-territorial division and the structure of the local state power are defined by law.

Article 76

The organization and functioning of local power is based on the principles of self-government and decentralization, combining local interests with national interests.

The participation of the people in local organs of power is realized through the respresentative organs of local power elected directly by the people in free, general, and equal elections, by secret ballot, as well as in popular referendums.

Article 77

The basic organizational unit of local power is the commune which includes two or more villages.

A village can join a commune only opon approval of its inhabitants who enjoy the right to vote.

Article 78

The commune bases its activity on the Constitution, the law, its own statute and regulation and those of the higher organs of local state power.

Article 79

The representative organ of the commune is the communal council, which is elected by the population of the commune for a term of 4 years, according to the manner and form defined by law.

In its first meeting, the communal council elects its presidency and chairman who constitute the executive organs of the commune.

The number, competences and functions of the presidency of the council and its chairman are defined by law.

Article 80

The commune carries out its activity on the basis of a broad autonomy within its territory and in the interests of the population, effectively exploiting the economic and financial resources.

The types of activities falling within the competences of the commune are defined by law.

Article 81

The commune can carry out its activity, when this is in its interests, outside its territory, too, but always in conformity with the conditions and forms defined by law.

Article 82

The commune is a juridical entity. It enjoys the rights of ownership over the assets of the commune, which it exercies in its own interest.

Article 83

The commune has its own budget.

The financial resourses of the commune and its obligations to the state are defined by law.

The state envisages special allocations for communes in a difficult financial situation.

Article 84

A district is made up of several united communes.

The district organs of local power have the duty to combine the activity of communes within their territories and to organize the economic and social activity within the jurisdiction defined by law.

Article 85

The legislative organ of the dristrict is the district council elected directly by the people for a term of four years.

The district council elects the committee and its chairman, who represent the organs of executive power.

The number of the members of the committee, its competences and those of its chairman, are defined by law.

Persons who are not members of the district council can also be accepted as members of the executive committee, but only upon the motivated decision of the relative majority of the council members.

Article 86

The region is based on the administrative unification of several districts.

The region is governed by an administrator, who heads the respective apparatus.

The region administrator is appointed by the Council of Ministers.

Article 87

The region administrator ensures the implementation of the policy of the state, is responsible for the protection of national interests, the enforcement of law, the preservation of public order and the normal functioning of the administrative order.

Article 88

The big cities, defined as such by special dispositions, set up their municipal councils, elected by the people for a term of 4 years.

Article 89

The municipal council elects its chairman, deputy chairman and secretary who lead the activity of the respective administration.

The organization and competences of the municipal council are defined by law.

Article 90

The elected organs of local power can be revoked by a popular referendum or dissolved by higher organs.

They are dissolved:

1. When the council acts in contravention of the Constitution or gravely violates the law;

2. When the council does not fulfil the demand of the government to discharge the executive organ, its chairman or individual members who have acted as stipulated in point 1 of this Article;

3. When the council is unable to carry out its functions because decisions cannot be taken with a majority of votes;

4. When the interests of national security demand this;

5. When changes are made in the division of administrative territorial units.

Article 91

District councils are dissolved on the basis of a motivated decree of the President of the Republic, on proposal of the Council of Ministers, after the prior opinion of the respective commission of the National Assembly has been taken.

Commune councils are dissolved by decision of the Council of Ministers based on a proposal by the region administrator, after the opinion of the district council has been taken.

Article 92

The decisions on the dissolution of local organ of power define the composition of the commission, which is to prepare the new elections within three months from the day of dissolution, and which will temporarily carry out the functions of the dissolved organs.

Article 93

The council members enjoy immunity within their respective administrative territorial unit. They cannot be held, arrested or penally persecuted without the approval of the council, with the exception of cases when they commit an obviously grave crime.

The council members are not responsible for the opinions expressed or the vote cast during the exercise of their functions.

Article 94

During the period of his mandate, a council member cannot be a member of another organ elected by the people.

Article 95

In order to exercise their competences, the organs of local state power have the right to issue normative acts, in force within the territory of the respective administrative territorial unit.

The conformity with the law of the acts of the organs of local power is subject to decentralized control by organs defined by law.

Chapter V
The Building of the Justice System

Article 96

The power of courts is separate and independent from the rest of power. It can be exercised only by the organs recognised under this Constitution.

No laws shall be adopted or shall be interpreted in ways that restrain the court authority in the handling of the responsibilities assigned to it by this constitution.

Article 97

The courts represent the authority which is in a position to solve in a final manner the problems and disputes that arouse in connection with the practice of this Constitution and other laws of the state. The courts realise their function by giving penalties, civil indemnities by determining the rights and responsibilities of the conflicting parties as well as by enforcing measures for the remedy and protection of these rights. This is done at the end of legal proceedings before a court of law which be just, equal and law in accordance with international standards.

Article 98

Justice is delivered in the name of the people.

Ways and the manner of participation of the people in the administration of justice are fixed by law.

Article 99

Justice should comply with the principles of law and equality of individuals before the law on the basis of respect for constitutional rights.

Article 100

The court system comprises the Court of Cassation, the Courts of Appeal and the first instance courts set up locally.

The law prohibits the creation of courts and other lower organs out of the legitimate ones within the court system.

Courts that specialise in the treatment of specific categories of matters can be set up within the system of courts once it has been decreed so by law.

Organisation and the scope of authority assigned to the courts are regulated by law.

Article 101

The Court of Cassation is the highest authority in the court system. Membership of this institution is comprised solely by Albanian citizens with a diploma in jurisprudence who have been distinguished in their professional career and are aged 35 and over.

The president of the Court of Cassation is appointed by the National Assembly upon proposal from the President of the Republic. Other judges of this court are appointed by the National Assembly upon proposal by the Supreme Council of Justice.

The president and the members of the Court of Cassation are assigned to their post for a period not less than 5 years. They cannot be appointed for a second term. They shall not be detained, arrested or sentenced for the acts they carry while serving in office.

Judges of the Court of Cassation can be discharged from office only upon justified decision of the National Assembly certifying that one of the serious penal offences listed in the penal code has been committed or that the individual has been found mentally unfit for the job.

The question of dismissing any of the judges shall be taken up for consideration upon a motion presented by no less than one thirds of the deputies. To dismiss any of the judges, takes no less than the positive votes of the two thirds of the deputies.

Article 102

The Court of Cassation shall not handle questions in the first instance. The law empowers the Court of Cassation to handle only specifically defined questions in the second instance. It only examines the legal grounds for the decisions taken by other courts when complaints have been filed or during inspection launched by it in its capacity as a higher body.

The Court of Cassation is comprised of colleges (sections) which operate on the basis of the category of problems they handle. The general conference of the colleges (sections), if necessary, is in a position to impose rules binding to all the court levels, or rules that orient and generalise the practice of law in accordance with the standards contained in the law.

Article 103

While exercising the power assigned to them under this constitution, the judges act independently and conform to the constitution and the laws of this country.

If in the process of considering a certain matter, the court finds that the law does not comply with the constitution, it has the right to cancel judgement and hands the matter over to the Court of Cassation which is empowered to raise the question of constitutional legitimacy of the law before the Constitutional Court.

In the deliberation of the matters, the Courts should not bei influenced by acts passed by the executive power organs and other public authorities if it finds that such acts conflict with the constitution and the laws.

Decision of the court should come with a motivation. They can only be annulled, disregarded or changed upon decision of a higher court in accordance with the terms and the procedures defined by law.

All state organs and public authorities are responsible for the enforcement of the acts passed by the court power.

Article 104

Judges of the first instance courts and judges of the appealing courts as well as the prosecutors enjoy immunity and cannot be discharged from office in the middle of a case.

The Supreme Council of Justice can lift immunity and discharge judges under circumstances and in the manner provided by law. No law at all can restrict the rights of the judges and prosecutors recognised by this constitution in accordance with international standards.

Article 105

Judges and prosecutors shall not be allowed to take part in the deliberation of questions that could compromise their impartiality. They also are under the obligation to avoid actions and behaviours that put justice in real doubt and reduce it's prestige.

Article 106

Cases are judged in the presence of public. The law might prohibit the presence of public or media unter special circumstances: when this is absolutely necessitated by the interests of national security, public order or if its a case of protecting the interests of children, privacy of the parties and the interests of justice.

Court proceedings shall be conducted in the Albanian language. The defendant or the witness in a court case who do not understand or speak Albanian are entitled to the use of translators. The defendents are also entitled to a free choice of translators, provided they pay for the expenses.

Article 107

Prosecution is the authority that conducts penal procedures while in the process of investigation and in the court.

In a lawsuit, the prosecution protects the general interests of the society, public order, as well as the rights and freedoms of the citizens.

Prosecution is organised and functions within the court power as a unique and centralised organ.

In the practise of their powers, prosecutors submit to the law, to orders from superiors and the decisions of the relevant court authorities.

Article 108

The General Prosecutor and his deputies are appointed by the People's Assembly upon proposal from the President of the Republic. They are entitled to the same immunity and the privileges under article 101 of this Constitution as the judges of the Court of Cassation.

The building of and the powers to be attributed to the prosecution are defined by law.

Article 109

The Supreme Council of Justice is the only authority empowered to decide on appointments, transferences and disciplinary responsibility of judges in the first instance courts, the appealing courts and of the prosecutors.

The Supreme Council of Justice is headed by the President of the Republic. Its membership comprises the President of the Cassation Court, the Minister of Justice, the General Prosecutor and 10 magistrates elected in joint elections of the Cassation Court with the Office of the General Prosecutor.

Members of the Supreme Council of Justice are elected for a 5 years term. Re-election for two consecutive terms is not allowed.

Operational and functional procedures of the Supreme Council of Justice are defined in the statute adopted by this body.

Article 110

Disiplinary proceedings against judges of the first instance courts, of the appealing courts and against prosecutors are initiated by the Minister of Justice, who in such cases shall not attend the meeting of the Council. When the Supreme Council of Justice is acting in its capacity as a disciplinary council, seances are chaired by the President of the Cassation Court.

Article 111

The Supreme Council of Justice makes recommendations on questions relating to amnesties, the organisation of justice and the status of judges and prosecutors.

Article 112

Payment for prosecutors and judges, like other premiums, are determined by law and shall not be reduced during the time they serve in office.

Article 113

Legal defence is a free profession. Activity of the lawyers is governed by law which sets certain standards to ensure the integrity of lawyers and their professional ability.

Lawyers should provide their clients the necessary legal assistance in accordance with the law and professional ethics.

Article 114

The state shall bear material responsibility for damages inflicted by court procedures in the manner sanctioned by law.

Article 115

Supervision of the functioning of the organs of justice is the jurisdiction of the Minister of Justice.

Article 116

The court power is entitled to its own budged which should ensure the normal functioning of the system.

Article 117

The court power is aided by the court police.

Chapter VI
Constitutional Guarantees
A. The Constitutional Court

Article 118

The Constitutional Court is the supreme authority which protects and guarantees observance of the Constitution.

Independent in the exercise of its functions, it is subject only to the Constitution.

The competences of the Constitutional Court cannot be defined or changed by law.

Article 119

The Constitutional Court is made up of seven members, three of whom are elected by the National Assembly, two by the President of the Republic and two by the general meeting of the supreme organs of Justice.

The members of the Constitutional Court elect its chairman by secret vote and in conformity with the norms defined by law. He keeps this post for a term of three years and is entitled to re-election.

The constitutional judge is elected for a term of nine years and is not entitled to re-election. The Constitutional Court is renewed every three years according to the term envisaged in Article 135 of the Constitution.

Article 120

The constitutional judges swear in the presence of the President of the Republic before beginning their duty.

(The text of the oath is: "I solemnly swear that I will remain always loyal to the Constitution of the Republic of Albania in the exercise of my duties).

Article 121

Jurists well-kown for their abilities and who have worked for a period of no less than 15 years in their profession or in high juridical education, and who have an exemplary moral reputation, are elected members of the Constitutional Court.

Article 122

The constitutional judge cannot be a deputy, a member of the Council of Ministers, a judge, investigator or prosecutor, a member of any party or other political or syndical organization. He cannot carry out other public or private activities which might affect his independence or impartiality.

Cases of incompatability of such activities with the function of the constitutional judge are settled by law.

Article 123

The constitutional judge is not responsible for the decisions taken and opinions expressed during the exercise of his functions. He cannot be prosecuted, held, arrested or sentenced without the authorization of the Constitutional Court.

Article 124

The function of the constitutional judge is over:

a) when he does not perform it for a period longer than 6 months;

b) when he resigns;

c) when he carries out other duties not compatible with his function;

d) when his term is over. In this case, the judge can keep his post beyond the set term only when an open case be concluded within his term.

If the function of the constitutional judge is over before the end of his mandate on account of one of the above-mentioned reasons, the National Assembly, the President of the Republic or the supreme organs of Justice elect a new judge, who will perform this duty until the date of the end of the mandate of the removed judge.

Article 125

The Constitutional Court has the following competences:

1. Deals with cases of incompatability of laws and acts which have the force of law with the Constitution;

2. Gives its opinion on the constitutionality of laws before their proclamation;

3. Interprets the Constitution;

4. Gives its opinion on the compatibility of international agreements the Republic of Albania enters into, with the Constitution, before their ratification, as well as on the compatibility of laws with

the widely accepted norms of international justice and with agreements the Republic of Albania has signed;

5. Solves disagreements between the various organs of state power and between local and central organs of power;

6. Decides on questions which have to do with the constitutionality of parties and other political organizations;

7. Solves disagreements on the legalitimacy of the election of the President of the Republic, of deputies, and of a popular referendum, proclaiming the final results;

8. Examines a penal accusation against the President of the Republic.

9. Examines the complaints of individuals raised through the constitutional control organs on the violation of their fundamental rights by unlawful acts.

Article 126

When the court observes a case of violation of a right protected by the Constitution, it acknowledges and guarantees the right, and decides compensation for the consequences and the damage if there are any.

In urgent cases when it is necessary to avoid an anticonstitutional law or an irreparable damage which may be caused to an individual, the court decides the suspension of the law and takes the measures it considers suitable for the case in question.

The Constitutional Court can also decide that an ordinary court or any other authority, any social entity or juridical person, can annul, revoke or change any individual decision which violates individual constitutional rights.

Article 127

The Constitutional Court is brought into operation on demand:

In the cases envisaged in points 1, 2, 3 and 4 Article 125. The Court may also act on its own initiative.

The President of the Republic, a group of parliamentarians, one fifth of the deputies, the Council of Ministers, the courts, the district communal councils, as well as any individuals, have the right to start a process when their rights acknowledged by the Constitution are violated.

Article 128

The Constitutional Court takes decisions with a majority of votes. The judge who is in the minority has the right to attach to the final decision his own opinion in writing.

The decisions of the court are final and unappealable. They must be motivated. In case of doubt or disagreement on the meaning of the decision, the court has the right to interpret it on the demand of the interested parties within 30 days from the day of the presentation of the demand.

The law, the act which has the force of law, the sublegal act or special dispositions which are proclaimed noncompatible with the Constitution, the widely accepted norms of international justice or agreements which the Republic of Albania has signed, are abrogated on the morrow of publication of the decision in the "Official Gazette".

In other cases the decision of the Constitutional Court comes into force within the term envisaged in it.

When a decision is taken to annul, abrogate or amend the laws and other acts, the new relation resulting therefrom calls from legal arrangements, and the decision of the Constitutional Court is presented to the National Assembly or the other competent organs, so that they take the measures envisaged by the Constitution.

Article 129

The acts of the Constitutional Court express only the constitutional legitimacy of the cases it deals with. Its trials exclude the political assessment of legal solutions.

Article 130

The organization and functioning of the Constitutional Court and the procedure of the solution of questions are regulated by law.

The laws on the Constitutional Court are approved with the majority of votes of two thirds of the deputies present.

B. Revision of the Constitution

Article 131

The initiative for the revision of the Constitution can be taken only by the President of the Republic, by no less than one third of the deputies, by the Council of Ministers, or at least by 20000 voters, and cannot be expressed other than in the form of a draft law.

Article 132

The law on the revision of the Constitution undergoes two readings within a period no shorter than 30 days, and must be approved by no less than two thirds of the deputies after the second reading.

The National Assembly may decide that the law of the revision must be approved by a popular referendum, which has to be held no later than 30 days from the approval of the law.

Article 133

The law on the revision of the Constitution which is subject to a popular referendum must be approved by a majority of the valid votes of electors. The law is proclaimed by the President of the Republic.

When it is not approved by the people, it cannot come into force and be subject to another referendum within the same legislature.

Article 134

The norms of the Constitution which envisage the republical form of government, acknowledgement of political pluralism and the principle of the

division of state power, cannot be subject to any form of revision.

No revision of the Constitution can be undertaken during a state of emergency or war.

C. Transitory Dispositions

Article 135

The term of the three constitutional judges appointed in the first election ends after five years. The names of the three judges are selected by lot for each group of judges elected by the National Assembly, the President of the Republic and the general meeting of the supreme organs of Justice. Two of the judges are replaced every two years by lot. The judges who replace them keep their post for a term of nine years.

Textanhang VI/2

Draft Constitution of the Republic of Albania (as presented for referendum on 6 November 1994)★

Unofficial Version

Draft Constitution of the Republic of Albania (As printed in Rilindjia Demokratike October 6, 1994)

First Part
Basic Principles

Article 1
Form of the State

1. The Republic of Albania is a sovereign state, democratic and unitary. Its territory is indivisible and inalienable.

Article 2
Sovereignty

1. Sovereignty belongs to the pecole, who exercise it by way of their representative organs and by referendum.

2. No one other than the organs specifically set out in this Constitution may exercise sovereignty in the name of the Republic of Albania.

3. The representative organs are elected by free, general and direct vote.

★ Translation by K. Imholz – vom Volk abgelehnt.

Article 3
Principle of Legality

1. All state activity is performed on the basis of the Constitution and laws in force.

2. The exact and uniform implementation of juridical norms is obligatory for all state organs, political parties, societies and organizations, and also for every other natural or juridical person.

Article 4
Separation of State Power

State organization is based on the principle of the separation of power into the legislative, the executive and the judicial.

Article 5
Political Pluralism

Social life in the Republic of Albania is based on the principle of political pluralism.

Article 6
Political Parties

1. Parties take part and assist in the formation and expression of the will of the people. They may be created freely in compliance with law. Their organization and activity must be in compliance with democratic principles.

2. The activity of parties that put the existence of

the Republic of Albania or its democratic institutions at risk is prohibited.

3. Political parties on religious or ethnic bases are not allowed in Albania.

Article 7
Laicity of the Albanian State

1. Religion is separate from the state in the Republic of Albania.

2. The state guarantees freedom of religious beliefs.

3. Religious activity which puts the existence of the Republic of Albania or its democratic institutions at risk, as well as the use of religion for political purposes, is prohibited.

4. The Chairmen of large religious communities must be Albanian citizens, born in Albania and with a permanent residence in it for the last 20 years.

Article 8
Care for Albanians Living Outside the State

1. The Republic of Albania protects the rights of its citizens who have a temporary or permanent residence outside its borders.

2. It supports the recognition and protection of human and national rights of the Albanian population who live outside the state borders of the Republic, in compliance with international acts and agreements.

Article 9
International Relations

The Republic of Albania in its external relations protects independence and national interests, implements a policy of cooperation, peace and international security.

Article 10
International Law and Internal Legislation

The Republic of Albania recognizes and respects the generally accepted principles and norms of international law, as well as the treaties and international agreements to which it is a party.

Article 11
Duties of the Armed Forces

The Armed Forces secure the sovereignty and independence of the Republic of Albania, protect its territorial integrity and its Constitutional order.

Article 12
Economy of the Country and Types of Property

1. The economy of the Republic of Albania is based on the principles of the market economy.

2. Property is private and public.

3. The exercise of private free initiative shall be secured by law.

Article 13
Official Language

In the Republic of Albania the official language is Albanian.

Article 14
Emblem

The emblem of the Republic of Albania shows a black twoheaded eagle, set in a red background. At the top of the emblem is the helmet of Skanderbeg.

Article 15
Flag

The state flag of the Republic of Albania shows a red field with a black two-headed eagle in the middle.

Article 16
National Hymn

The national hymn of the Republic of Albania is "United Around Our Flag".

Article 17
National Holiday

The national holiday of the Republic of Albania is Flag Day, November 26.

Article 18
Capitol

The capitol of the Republic of Albania is Tirana.

Second Part

The Fundamental Human Rights and Freedoms

Article 19
The Right to Life

1. The right of every person to live is protected by law.

2. No one may be deprived of life except in the execution of a judicial decision for an extremely serious crime performed wilfully and for which the death penalty is provided by law.

3. The death penalty may not be given to young people who at the time of commission of the crime were under 18 years of age or to women.

Article 20
Freedom of Expression of Thought

1. Freedom of expression of thought is inviolable.

2. No law may be issued that limits beforehand freedom of speech, the press, or other means of

communication, except in cases of the protection of the interests of children or of human life.

3. Everyone has the right to express his thoughts through speech, writing or any other means of dissemination, but he is responsible before the law for the abuse of this right.

4. No one may be deprived of the right to be informed.

5. The exercise of these rights and freedoms may not be limited, except in cases provided by law which are considered necessary for the interests of national security, the protection of public order and security, the prevention of crime, the protection of health and morals, the honor and the rights of others, the prevention of the release of information received in confidence, and also to guarantee the authority and impartiality of the judicial power.

Article 21
Prohibition of Torture

No one may be subjected to torture or inhuman or degrading punishment or treatment.

Article 22
Prohibition of Forced Labor

No one may be required to perform forced labor, except in cases of execution of a judicial decision, the performance of military service, a service which results from an emergency situation or natural disaster, which threatens human life or health.

Article 23
Personal Freedom and Security

1. Human freedom and security is inviolable.

2. No one may be detained or arrested without sufficient data.

3. No one may be detained for more than 48 hours.

4. A detained or arrested person must be informed immediately of the reason for his detention or arrest and within 48 hours be presented before a judge, who must decide within 48 hours.

5. Every detained or arrested person must be informed, in the case of detention or arrest, that he has no duty to make any statement and that he has the right to communicate immediately with a lawyer.

6. An arrested person has the right to appeal his arrest in court.

7. The maximum time of pre-imprisonment confinement shall be set by law.

Article 24
Prohibition of Punishment without Law

1. No one may be accused or found guilty of a criminal act that was not considered such by law at the time of its performance.

2. A more severe punishment than that contemplated by law at the time of performance of a criminal act may not be given.

3. A favorable penal law shall have retroactive effect.

Article 25
Presumption of Innocence

No one may be found guilty until his guilt is proven by a final judicial decision.

Article 26
Procedural Penal Guarantees

During the penal process, no one may be deprived of the right:

a) to be made immediately and fully aware of the accusation that has been made;

b) to have sufficient time and facilities to prepare his defense;

c) to have the assistance, without payment, of a translator, when he does not speak or understand Albanian;

d) to defend himself personally or with the assistance of a legal defender selected by him, to communicate freely and privately with him, and also to be provided with free legal defense when he does not have sufficient means.

e) to question witnesses present and to require the presentation of witnesses, experts, other persons, or documentary evidence, which may clarify the facts.

Article 27
No Obligation to Confess Guilt

No one may be compelled to testify against himself or to confess his guilt.

Article 28
Invalidity of Illegal Data

No one may be declared quilty on the basis of unlawfully collected evidence.

Article 29
The Right to be Heard in Court

No one may be deprived of the right to be heard in court before being sentenced.

Article 30
Prohibition of Adjudication Twice for the Same Act

No one may be judged or punished more than once for the same criminal act, except when the re-adjudication of the question is ordered by a higher court.

Article 31
The Right to Appeal

Everyone has the right to appeal a judicial decision to a higher court.

Article 32
The Right to Rehabilitation and Indemnification

1. No one may be deprived of the right to be rehabilitated and indemnified in accordance with law if he is injured by a failure of proper exercise of justice or is hurt by an unlawful administrative act.

2. Everyone has the right of indemnification in accordance with law for damage he has suffered from the acts of others.

3. No arrested or imprisoned person may be deprived of human treatment and moral rehabilitation.

Article 33
Non-Infringement of Private Life and Personal Dignity

1. The private life and dignity of a person may not be infringed.

2. Data about the private life of a person may be collected only with his permission or when necessary to perform investigation for a criminal offense or with the approval of the competent state organ specified by law when this is necessary for national security.
The collection, handling and final use of personal data, as well as supervision and maintenance of secrecy of these data, shall be regulated by law.

3. No one may be deprived of the right to become aware of the data collected about him, except when there is a judicial decision to protect the interests of the penal process or national security.

4. The use of personal data contrary to the purpose for which it was collected is forbidden.

Article 34
Invulnerability of the Residence and the Person

1. The residence is inviolable. Entry into the residence may be done without the permission of the person who lives in it only by judicial decision in cases contemplated by law or even without this decision in order to avoid an immediate risk to life, human health, for property or when a crime is being committed or immediately after its commission.

2. No one may be subjected to a personal search except when entering the state or leaving it or to avoid an immediate risk that threatens public security. A personal search may be done only by the state organs specified by law.

Article 35
Secrecy of Correspondence

The secrecy of correspondence or every other means of private communication may not be infringed except with a judicial decision to protect the interests of the penal process or with the approval of the competent state organ specified by law when this is necessary for national security.

Article 36
Freedom of Thought, Conscience and Religion

1. Freedom of thought, conscience and religion are inviolable.

2. Everyone is free to change his religion or beliefs and to practice them individually or collectively, in public or in private life, by means of cult, education, practices or the performance of rituals.

3. The right to practice one's religion or beliefs may not be the object of limitations other than those prescribed by law which constitute necessary measures in the interest of public security, protection of public order, health, morals, the rights and freedoms of people.

Article 37
The Right to Vote and be Elected

1. Every citizen who has reached the age of eighteen has the right to vote and to be elected. Citizens from whom the capacity to act has been taken away are excluded from this right.

2. Arrested persons as well as those who are serving a sentence of imprisonment have only the right to vote.

3. The vote is personal, equal and secret.

Article 38
The Right to Organize

1. No one may be deprived of the right to be organized collectively for any lawful purpose.

2. Limitations on the exercise of this right may be set by law for public employees.

Article 39
The Right of Assembly

1. Peaceful assemblies without arms may not be restricted.

2. Assemblies in squares and places of public passage are done with prior approval of the competent organ, which may deny a license only for well-grounded reasons that put public order and security at risk.

Article 40
The Right to Move

1. Everyone has the right to choose his place of residence and also to move freely in every part of

the territory of the state, except when by law limitations are set for reasons of health or public security.

2. Each person may leave the state and return freely.

Article 41
Prohibition of Exile and Extradition

1. No Albanian citizen may be exiled.

2. Extradition is permitted only when it is expressly provided in the international agreements to which the Republic of Albania is a party.

3. Collective expulsion of foreigners is prohibited. The expulsion of foreign individuals is permitted under conditions specified by law.

Article 42
Citizenship

1. No one may have his Albanian citizenship taken away without his permission or the right to give up his citizenship.

2. The conditions of obtaining and giving up citizenship shall be regulated by law.

Article 43
Equality before the Law

All are equal before the law, without distinction of sex, race, ethnicity, language, religion, economic, financial, educational and social condition, political belief, and parentage.

Article 44
The Rights of National Minorities

1. Persons who belong to national minorities have the right to exercise, in full equality before the law, the fundamental human rights and freedoms. They have the right freely to express, preserve and develop their ethnic, cultural, religious and linguistic identity, to teach and to learn in their mother language, and also to join together in organizations and societies for the protection of their interests and their identity.

2. Nationality shall be set on the basis of accepted international norms.

Article 45
The Right to Private Property and Inheritance

1. No one may be deprived of the right to have private property alone or together with others, as well as the right to inherit. The obtaining, enjoying and alienating of property, as well as the right of inheritance, shall be regulated by law.

2. No one may be expropriated, except for a public interest and against full compensation.

Article 46
The Right to Work

Everyone has the right to earn his living with lawful work, which he has himself chosen or accepted. He is free to choose his profession, place of work and also his system of professional qualification.

Article 47
Labor Union Freedom

Employees have the right to join freely in labor organizations for the protection of their interests in work and social security.

Article 48
The Right to Strike

1. The right of employees to a strike that seeks the improvement of their working conditions, pay or any other work benefit may not be limited.

2. Conditions and rules for the exercise of this right shall be set by law, as well as guarantees to secure necessary services for society.

Article 49
The Right to Social Assistance and Security

1. Everyone has the right of social security in old age or when he is unable to work, in accordance with a system set by law.

2. Employes who remain without work for reasons independent of their volition have the right of compensation under conditions provided by law.

Article 50
Marriage and the Family

1. Everyone who has reached marriageable age has the right freely to choose a spouse and to create a family. Marriage and the family enjoy the special protection of the state.

2. Entering into and dissolving marriage shall be regulated by law.

Article 51
Protection of Children and Women

1. Children, the young, pregnant women and new mothers have the right to special protection by law.

2. Children born outside of marriage enjoy the same rights as children born from marriage.

Article 52
Health Care

1. All enjoy in an equal manner the right to health care from the state.

2. Compulsory medical treatment shall be done only for the good of the patient in cases specified by law.

3. No one may be subjected to scientific or medical experimentation without his consent.

Article 53
The Right to Education

1. Everyone has the right to free education lasting not less than eight years.

2. General secondary education is open to all.

3. The pursuit of professional secondary education and higher education may be conditioned only on professional criteria.

4. Pupils and students have the right also to be educated in private schools.

5. University autonomy is guaranteed.

Article 54
Freedom of Creativity and the Right of Intellectual Property

1. Each person enjoys freedom of creativity in the fields of science, technical subjects, literature and the arts.

2. Copyright shall be regulated by law.

Article 55
The Right of Petition

Everyone has the right, alone or together with others, to direct requests, complaints or observations to the competent state organs.

Article 56
Due Process

Freedom, property or the rights accepted by law may not be infringed without a proper legal process.

Article 57
Judicial Restitution of a Right

No one who has a right recognized by this Constitution infringed may be deprived of the restitution of the right in court.

Article 58
Guarantee to a Fair Trial

1. No one may have the right to a fair, public and speedy trial by a competent, independent and impartial court taken away.

2. Receiving the public and the media may be limited during a trial when the interests of order or public morals, national security, private life of the parties or justice requires it.

Article 59
Temporary Limitation of Rights

The exercise of particular rights may be restricted temporarily by law in the case of a declaration of war or a state of emergency, except for the rights provided by this Constitution in articles 19 (the right to life), 20 (freedom of expression of thought), 21 (prohibition of torture), 24 (no punishment without law), 26 (procedural penal guarantees), 27 (no obligation to confess guilt), 36 (freedom of thought, conscience and religion), 43 (equality before the law), 57 (judicial restitution of a right), 58 (guarantees to a fair trial).

Third Part
High State Organs

1. Parliament

Article 60
Role and Structure

1. The legislative power is exercised by a Parliament consisting of one chamber with 140 deputies.

2. The system of elections shall be sat by law.

Article 61
Extent of Time of Its Mandate

1. Parliament is elected for four years.

2. This mandate may be lengthened, with the approval of the President of the Republic, only in case of war or an emergency condition and so long as those circumstances continue.

3. The elections of the new Parliament shall take place no later than sixty days from the date the mandate ends, or the earlier dissolution of Parliament.

4. The mandate of Parliament continues until the first meeting of the new Parliament.

Article 62
Sessions

1. Parliament is called to its first meeting by the President of the Republic not later than twenty days after the elections are concluded.

2. Parliament carries on its annual work in two sessions. The first session opens on the third Monday of January, while the second session opens on the first Monday of September.

3. Parliament meets in special session when called by the President of the Republic, or one-third of the deputies, or the Prime Minister.

Article 63
Conditions for Being Elected a Deputy

Any Albanian citizen with a permanent residence in Albania for at least the past two years and who enjoys the electoral right may be elected a deputy.

Article 64
Incompatibility of Being a Deputy with Other Functions

1. Being a deputy is not compatible with any other state function except being a member of government.

2. The rights and duties of the deputy shall be set by law.

Article 65
Representative Limits of a Deputy

A deputy represents all the people and is not connected with any obligatory mandate.

Article 66
Immunity of a Deputy

1. A deputy enjoys immunity. He may not be penally pursued except with the approval of Parliament on the basis of a complaint of the General Prosecutor. A deputy may be pursued penally without this approval only when he is apprehended during the commission of a serious crime.

2. A deputy does not have responsibility for opinions expressed in the performance of his functions or for a vote that he has given.

Article 67
Internal Organization of Parliament

1. Parliament shall elect from its ranks a chairman and his deputies, temporary and permanent commissions as well as the Bureau of the interparliamentary group.

2. Parliament functions according to rules established by it.

Article 68
Public Character of Meetings and Presence of Majority

1. Meetings of Parliament shall be open. On the request of the President of the Republic, the Prime Minister or one fifth of the deputies, meetings of Parliament may be closed when a majority of all deputies have voted for this.

2. Parliament may carry on its meetings when more than half of the deputies are present.

Article 69
Approval of Laws

1. Laws and other acts of Parliament are considered approved when more than half of the deputies present, but not less than one third of the deputies, have voted for them.

2. The vote is personal.

Article 70
Interpelance and Questions

The deputies have the right to make an interpelance and questioning to the Prime Minister according to the time periods and regulations set in regulations.

Article 71
Presence of Members of the Government

Members of the government have the right to take place in every meeting of Parliament and its commissions. According to the request presented, they must be heard on a priority basis.

Article 72
Powers of Parliament

Parliament:

1. Approves, amends and repeals laws.

2. Examines and approves the draft budget of the state and the report on the implementation of the previous budget. Every other law that entails new expenses must specify their source.

3. Decides on the conduct of referenda. A referendum is not permitted for the repeal of laws that set out taxes and tariffs, laws on the state budget, on the declaration of amnesty, as well as normative acts by which the ratification of international treaties is authorized.

The manner of conducting referenda shall be set by law.

4. Elects the President of the Republic and discharges him.

5. Approves the Prime Minister, the program of the Government and controls its activity.

6. Elects the Constitutional Court, the Supreme Court, the General Prosecutor and his deputies.

7. Grants amnesty.

8. Decides on partial or general mobilization, on an emergency situation, and also on a state of war in the case of armed aggression against the Republic of Albania, or when this is necessary to fulfill the obligations that result from international treaties.

9. Ratifies and rejects by law:

a) treaties that have a political or military character;

b) treaties or agreements that have to do with the borders of the Republic of Albania;

c) treaties or agreements that have to do with fundamental human rights and freedoms;

c) treaties that have as a consequence financial obligations for the state, or changes in legislation;

d) other treaties or agreements that provide specifically that they must be ratified or rejected by Parliament.

Article 73
Legislative Initiative

1. The legislative initiative belongs to the President of the Republic, the Government, every deputy and also 20,000 voters.

2. Draft laws that would have financial effects may be presented to Parliament only by the Government.

Article 74
Procedure of Examining and Voting on Laws

1. Every draft law that is presented to Parliament shall first be examined by the appropriate commissions, which shall set out amendments and their evaluations of them. After it is discussed by Parliament, the draft law shall be subject to not less than two votes.

2. Parliament may specify in its regulations a different procedure for examining particular draft laws.

Article 75
Promulgation of Laws

1. A law is considered promulgated when within 15 days from its presentation to the President of the Republic he has not exercised a veto.

2. The President of the Republic may return a law for re-examination only once. In this case, a majority of the whole number of deputies must vote for approval of the law.

Article 76

A law enters into force fifteen days after its publication in the Official Journal, except when the law specifies a different date.

Article 77

In cases when a state of war or emergency has been declared, Parliament may decide that a law shall enter into force immediately after notification by the mass media.

2. President of the Republic

Article 78
State Position of the President and Personal Conditions

1. The President of the Republic is Head of State and represents the unity of the people.

2. Only an Albanian citizen with a residence in Albania for at least the last ten years, and who is at least 40 years old, may be elected President of the Republic.

Article 79
Election of the President

1. The President of the Republic is elected by Parliament by secret vote and by a majority of two thirds of the votes of all deputies. When this majority is not reached in the first vote, there shall be a second vote, in which the President is elected with an absolute majority of the votes of all deputies.

2. Each candidate for President shall be proposed to Parliament by a group of not less than thirty deputies. A deputy is not permitted to take part in more than one of the groups that propose a candidate for President.

3. When there is more than one candidate for President of the Republic, the second vote is done only for the two candidates who have won the largest number of votes in the first round. The candidate who has won an absolute majority of votes shall be considered elected.

4. If the election of the President is not achieved even in the second round, a third round shall be held. When no candidate receives an absolute majority even after the third round, the President shall dissolve Parliament. New elections shall be held within 30 days. The new Parliament shall elect as President of the Republic the candidate who received the most votes.

Article 80
Mandate of the President

1. The President of the Republic is elected for five years with the right of re-election only one time. The new election of the President of the Republic shall take place not later than 30 days before the end of the mandate.

2. The mandate of the President of the Republic may be extended only when Parliament cannot meet because of war or a state of emergency.

3. After being elected by Parliament, the President of the Republic shall take the appropriate oath before it and begin his duties, but not before the mandate of the President who is discharged has concluded.

Article 81
Incompatibility with Other Duties

The function of President of the Republic is incompatible with any other state or private duty as well as with that of chairman of the party.

Article 82
Discharge before Conclusion of the Mandate

1. The President of the Republic is not responsible for acts carried on in the exercise of his duty except for treason against the Fatherland or for serious and wilfull violations of the Constitution.

2. The discharge of the President for these cases may be sought by not less than one quarter of the number of deputies and decided by not less than two thirds of them.

Article 83
Substitution for the President

1. In the case of discharge, death, serious illness which makes him unable to perform his duties or resignation of the President, the Chairman of Parliament shall take his place and carry out his competencies, except when Parliament is dissolved.

2. The election of the new President in these cases shall take place within 20 days.

Article 84
Competencies of the President

The President of the Republic:

1. Guarantees respect for the Constitution and laws.

2. Sets the date for Parliamentary elections, elections for the organs of local power and of the carrying out of referenda.

3. Promulgates laws and acts for the carrying out of referenda decided on by Parliament.

4. Proposes to Parliament to decide on popular referenda.

5. With a well-reasoned message, within 15 days from the date when a law is presented to him, may return it to Parliament only one time for re-examination.

6. Names the Prime Minister and receives his resignation.

7. On the proposal of the Prime Minister, names or discharges ministers, other particular members of the government and directors of national central institutions.

8. In specific cases, chairs a meeting of the Government, setting in the agenda questions he considers should be examined and resolved. In these cases he signs the respective decisions.

9. On the proposal or with the countersignature of the Prime Minister, and after receiving the opinion of the Chairman of Parliament, may dissolve parliament before the end of the term of the legislature, when its constitution does not permit the exercise of the functions of Parliament itself and makes the governing of the country impossible. In this case, Parliamentary elections shall be held again no later than 45 days from the date of dissolution.

The President may not exercise this competency in the last six months of his term.

10. On the proposal or with the countersignature of the Prime Minister, enters into treaties and international agreements and ratifies and rejects those that Parliament itself does not examine.

11. Names and discharges diplomatic representatives, on the proposal or with the countersignature of the Prime Minister.

12. Reveices credentials and letters of designation of diplomatic representatives of foreign states.

13. Approves requests for granting or giving up Albanian citizenship.

14. Exercises the right of pardon.

15. Gives decorations and titles of honor.

16. On the proposal or with the countersignature of the Prime Minister, awards higher military grades.

17. Declares partial or general mobilization, as well as a state of emergency, when it is impossible to convene Parliament. In theses cases, the appropriate decree shall be presented to Parliament for approval within five days.

18. Declares a state of war in the case of armed aggression against the Republic of Albania, when it is impossible to convene Parliament.

19. Communicates with Parliament through messages which are read in plenary session.

20. Issues decisions and decrees of an individual character.

In urgent cases, on the proposal of the Prime Minister, or the respective minister, or with their countersignature, he issues decrees of a normative character, which shall be presented to Parliament for approval within 15 days.

21. Creates advisory organizations within his office for assistance.

22. Seeks the opinion of and written data from directors of state institutions for questions that have to do with their duties.

23. Also carries out other competences provided in this Constitution.

Article 85
Attributes in the Field of Defense

The President of the Republic of Albania is the Commander in Chief of the Armed Forces and Chairman of the National Security Council.

Article 86
National Security Council

1. The National Security Council is created to direct, organize and mobilize all the forces and resources of the country for the defense of the Fatherland.

2. The make-up of the National Security Council shall be approved by the People's Assembly on the proposal of the Chairman of the National Security council.

3. The Government

Article 87
Role and Method of Formation

1. The government defines and directs the policy of the state and carries on the general leadership of the state administration.

2. The Prime Minister is named by the President of the Republic and approved by Parliament. Ministers are proposed by the Prime Minister and approved by the President of the Republic.

3. If the Prime Minister named by the party that has won the most votes is not approved, the President of the Republic shall name the Prime Minister from the second party by the number of seats in Parliament. If after this the Prime Minister does not succeed in being approved, he shall be named by the third party in number of seats. If even after this the approval of the Prime Minister is impossible, the President of the Republic shall dissolve Parliament. New elections shall be held within 30 days. To prepare the new elections, the President of the Republic shall create a working government of all parties represented in Parliament.

Article 88
Respective Oath and Beginning of the Mandate

1. The Prime Minister and the ministers individually shall take their respective oaths before the President of the Republic.

2. The mandate of the Government begins from the day when this oath is taken and continues until the taking of the oath by the new Government.

Article 89
Vote of Confidence

The Government must receive a vote of confidence from Parliament within 10 days from the taking of the oath.

Article 90
Make-Up

1. The Government consists of the Prime Minister, his Deputies, ministers and persons equivalent with them.

2. The Prime Minister and each member of Government may not exercise any other state function or private activity, except that of deputy.

Article 91
Principal Competencies

The Government:

1. Issues decisions, orders and directives on the basis of the laws and for their implementation. They shall be signed by the Prime Minister and, when they have a normative character, published in the Official Journal.

2. Directs and controls the activity of ministries and other central institutions of the state administration.

3. Directs activity for the fulfillment of duties in the field of defense of the country, on the basis and

in implementation of decisions of the National Security Council.

4. Cooperates with and supervises the activity of local organs of state administration.

5. Draws up the draft economic and social programs for the development of the country and the draft budget of the state, and also cooperates with, disciplines and controls the finances of the state and the monetary and credit system.

6. Secures the preservation and defense of the environment, appropriate working conditions and defense of the health of the people.

7. Enters into international agreements and approves and rejects those which are not subject to ratification.

8. Orders the repeal of unlawful acts of ministers and directors of central institutions of state administration.

Article 92
Presentation of Draft Budgetary Laws

The Prime Minister in the name of the Government must present a draft law for the budget during the autumn session, which may not close without approving it. If the draft law does not succeed in being approved by the beginning of the next year, the Government shall implement the budget of the prior year until the new budget is approved.

Article 93
Approval of Expenses

During the first session of the following year, the Government must present to Parliament for its examination and approval the expenses of the prior year.

No expense may be authorized except by law.

Taxes and tariffs shall be set by law and only for public purposes.

Article 94
Functions of the Prime Minister and members of the government

1. The Prime Minister represents the Government, chairs its meetings and directs its general activity and is responsible for it.

2. The ministers and the directors of central institutions direct the respective ministry or central institution of state administration. Each of them is responsible for the activity of the ministry or other central institution that he is entrusted to direct.

3. Ministers and directors of central institutions shall issue orders, regulations and directives for questions that are in their competency, on the basis of laws as well as the decisions and guidelines of the Government and for their implementation. Their acts, which have a normative character, shall be published in the Official Journal.

4. The ministers and directors of central institution shall repeal unlawful orders and directives of institutions of their subordinate organs.

Article 95
Motions

1. A motion of no confidence in the Prime Minister for specific questions and which is reasoned shall be signed by not less than one-sixth of the deputies.

2. Another motion of no confidence may be presented only after six months. When it is presented by more than half of the number of deputies this time limit is inapplicable.

3. A motion of no confidence shall be investigated by Parliament not earlier than three days from the date when it is presented.

Article 96
Request for Vote of Confidence

The Prime Minister may ask Parliament to give it a vote of confidence for specific questions of the activity of the Government.

Article 97
Resignation

When Parliament approves a motion of no confidence or does not give a vote of confidence, the Prime Minister and ministers shall immediately resign.

Article 98
Their Immunity and Penal Responsibility

Members of the Government enjoy immunity. The may not be penally prosecuted without the authorization of the President of the Republic.

The Supreme Court has the competency for the adjudication of these penal questions.

Article 99
Cessation of the Mandate

The mandate of the Government ends:

a) when Parliament has decided on a vote of no confidence against the Prime Minister;

b) when the President has accepted the resignation of the Prime Minister;

c) when the Prime Minister has died or, for serious health reasons, cannot carry on with this function.

Fourth Part
Organization of Justice and the Constitutional Court

The Judicial System

Article 100

1. The judicial power is independent. It is exercised by the Supreme Court and by other Courts specified by law.

2. In the exercise of their functions judges are subject only to the Constitution and laws.

3. The organizations and competencies of the courts shall be regulated by law.

4. The pay and benefits of judges may not be lowered.

Article 101
Prohibition of Special Courts

1. Parliament may create courts for particular fields, but in no case for specific questions.

Article 102
The Supreme Court

1. The Supreme Court is the highest judicial authority. It consists of 9 judges. The chairman and members of the Supreme Court are elected by Parliament on the proposal of the President of the Republic.

2. The conditions for being elected a member of the Supreme Court shall be set by law.

3. The Chairman of the Supreme Court holds this position for four years with the right to be re-elected once. He may be replaced with the above procedure by one of the members.

4. Judges of the Supreme Court may be removed from office band prosecuted penally under the conditions provided by law on the basis of a reasoned decision of Parliament on the proposal of the President of the Republic and when a majority of all members of Parliament have voted for this.

Article 103

In questions connected with fundamental human rights and freedoms, judges may apply the Constitutional provisions directly. These questions shall be examined obligatorily by the Supreme Court, which decides with a majority of all its members.

Article 104
Reasoning of Judicial Decisions

1. Judicial decisions must be reasoned.

2. The Supreme Court must publish its decisions.

Article 105
Immunity of Judges
1. Judges may be pursued penally or removed from office only by decision of the High Council of Justice, in the conditions provided by law.
2. They have the right of appeal to the Supreme Court.

Office of the Prosecutor

Article 106
Role and Juridical Position of the Office of the Prosecutor
1. The office of the prosecutor is the authority that exercises penal prosecution in investigation and in court.
2. The office of the prosecutor is organized and functions as a unique and centralized organ.
3. In the exercise of their competencies prosecutors are subject to the law.

Article 107
The General Prosecutor and his Deputies
1. The General Prosecutor and his deputies are elected and discharged by Parliament on the proposal of the President of the Republic.
2. The organization and other competencies of the office of the prosecutor shall be regulated by law.
3. The directors of the prosecutors in each judicial link enjoy the immunity provided by article 105.

Article 108
Incompatibility with Other Duties
The duty of judge and prosecutor is not compatible with any state or private function.

Article 109
High Council of Justice
1. The High Council of Justice is chaired by the President of the Republic and consists of the minister of Justice, the chairman of the Supreme Court, the General Prosecutor and also nine jurists recognized for their high professional competancy, who are elected by a joint meeting of the members of the Supreme Court and the directors of the General Prosecutor's Office, for a five year period and without the right of immediate re-election.
2. The High Council of Justice is the sole organ that decides on the naming, promotion and demotion in responsibility, disciplinary responsibility and transfer of judges and directors of prosecutors in every link of the judicial chain.
3. The manner of exercise of the activity of the High Council of Justice shall be specified by law.

Constitutional Court

Article 110
Its Role and Independence
The Constitutional Court is an independent organ and has the duty of guaranteeing respect for the Constitution.

Article 111
Make-Up and Manner of Formation
The Constitutional Court consists of nine members. The chairman and members of the Constitutional Court are elected by Parliament on the proposal of the President of the Republic.

Article 112
Incompatibility with Other Duties or Activity
The function of a member of the Constitutional Court is not compatible with any other state, party or private duty.

Article 113
The Mandate
1. The mandate of a member of the Constitutional Court is eight years.
2. The make-up of the Constitutional Court is renewed at the end of every four years. In the first round for four members and the second round for five others.

Article 114
Immunity
1. A member of the Constitutional Court does not have legal responsibility for opinions and decisions given in the exercise of his functions.
2. A member of the Constitutional Court enjoys immunity. He may not be penally prosecuted without the permission of the Constitutional Court, given by a majority of votes and with a reasoned decision by its general meeting.

Article 115
Powers
The Constitutional Court has these competancies:
1. It makes interpretations of the Constitutions, decides on the compatibility of laws, decrees and also regulations (sub-legal acts) with the Constitution. It decides on the suspension of these acts when it finds that serious consequences could be caused by their implementation.
2. It decides whether an international agreement entered into in the name of the Republic of Albania, but not yet ratified, is compatible with the Constitution. Also, it decides on the incompatibility of legal provisions in force with generally accepted norms of international law as well as with the con-

tent of agreements to which the Republic of Albania is a party.

3. It resolves disagreements on competencies between state powers.

4. It decides on questions that have to do with the constitutionality of the activity of parties and other political or social organizations.

5. It resolves complaints about the legality of the election of the President of the Republic and the deputies. It also examines the legality of popular referenda, promulgating the final results.

6. It examines the constitutionality of a penal accusation that Parliament has presented against the President of the Republic.

Article 116
Subjects Entitled to Present Complaints
These subjects have the right to present a complaint for the adjudication of a question by the Constitutional Court: the President of the Republic, every parliamentary group, one fifth of the deputies, the Council of Ministers and the organs of local power.

Article 117
Decisions
1. The Constitutional Court decides by majority vote of all its members.

2. Decisions of the Constitutional Court are final. They must be reasoned. In a case of doubt or disagreement about the meaning of a decision, the Court has the right to interpret it, on its own initiative or the request of an interested party, within 30 days from the date of notification of the request.

3. A law, decree, regulation and their specific provisions declared incompatible with the provisions of this Constitution, or with law, with generally accepted norms of international law or agreements to which the Republic of Albania is a party, lose force the day after promulgation of the decision in the "Official Journal".

4. In other cases, a decision of the Constitutional Court enters into force at the time provided by it.

5. When it is decided the repeal of laws or other acts and agreements entered into require juridical regulation, the decision of the Constitutional Court shall notify the People's Assembly or other competent organs to take the measures provided by the Constitution.

Article 118
Organization and Functioning
The organization and functioning of the Constitutional Court, the procedure of resolving questions, and also other basic questions for the performance of its duties shall be regulated by law.

Fifth Part
Local Power

Article 119
Organization of Local Power
1. The territory of the Republic of Albania is divided into communes, municipalities and districts.

2. In each commune, municipality and district, the local power is organized and functions.

3. The organization and functioning of local power is done by law on the basis of the principles of decentralization, self-government and autonomy.

Article 120
Election of Organs of Local Power
1. The organs of local power are elected directly by the people.

2. The manner of their election and their competencies shall be set by law.

Article 121
Representative Organs
1. The representative organs of local power are, respectively, the council of the commune, the council of the municipality and the council of the district.

2. The chairman of the commune and the chairman of the municipality are elected by the vote of the local population.

3. The Council of the district elects its own leadership and chairman.

Article 122
Economic Activity
The organs of local power are juridical persons. They have property which is recognized to them by law and carry on economic activity within and outside of their territory.

Article 123
Financial Sources
1. The organs of local power have their own budget.

2. The financial sources and the manner of their use, as well as their duties to the state, shall be set by law.

3. For particular communes, municipalities and districts, the state shall provide for financial contributions.

Article 124
Dissolution
The elected organs of local power may be dissolved by decree of the President of the Republic

according to a proposal made by the Prime Minister, only in cases provided by law.

Sixth Part
Transitional and Final Provisions

Article 125

Constitutional institutions that exist on the date of entry into force of this Constitution shall function in compliance with the provisions of this Constitution.

Article 126

The republican form of the state may not be the object of Constitutional changes.

Article 127

This Constitution enters into force the day after its approval.

Article 128

Law Nr. 7491 dated April 29, 1991 "On the major Constitutional provisions" as well as all other Constitutional laws for changes, supplements or additions to it are repealed with the entry into force of this Constitution.

Article 129

Other legal provisions remain in force so long as they do not conflict with this Constitution.

Article 130

Amendments for a change to this Constitution shall be approved by referendum after two thirds of the number of deputies have voted for this.

Textanhang VI/3

Republic of Albania
Law on Political Parties

Republic of Albania
The President

Law on Political Parties

Upon to Articles 6 and 16 of the Law Nr. 7491, dated 29 April, 1991 "On the Basic Constitutional Provisions".

THE PEOPLE'S ASSEMBLY OF THE
REPUBLIC OF ALBANIA
DECIDED:

Chapter I
General Provisions

Article 1

Political parties are voluntary unions of the citizens on the basis of common ideas, convictions and political opinions. They influence the life of the country through participation in the elections and the representation of the people in the law-making organs of the state power.

Article 2

Political parties play a part in the shaping of the political will of the people in all fields of public life mainly:

a) through influencing the formation of public opinion and establishment of political ethics;

b) through urging people to take part actively in the country's political life and through evidencing and increasing the ability of individuals to take on responsibility in the public field;

c) through participation in the national and local elections.

Article 3

Political parties are an integral constitutional part of a free and democratic system of government. Their activity is free and protected by the law "On the basic constitutional provisions".

Article 4

To attain their goals political parties resort only to democratic means and methods.

Article 5

Political parties cover with their activity the entire territory of the Republic of Albania, or certain areas alone.

Article 6

The law prohibits the creation of a party or bans its activity when:

a) the party publicises and attempts to materialise its goals through the use of violence, the force of arms and other antidemocratic and warmongering methods;

b) the program and the activity of the party has a racist, totalitarian, chauvinistic and anti-national character, and incite national hatred,

c) the goals and the activity of a party disregard the constitutional principles on which rest the legal, democratic and social state, the sovereignty of the people's pluralism and equality of the parties, the principles of the delegation of powers and the independence of the court system;

d) the inner organisation of a party fails to conform to democratic principles such as the building of a party from the bottom to the top, inner democratic elections for leading positions in the party, the right to free expression, the right to join and abandon the party at will, publication of monetary and financial sources and openness for control of these sources;

e) the party affiliates clandestine organisations or organisations of a military character.

The law bans the creation of parties on religious, ethnical and regional basis.

Political parties created outside the territory of the Republic of Albania will not be recognised.

Article 7

The name of every party should be distinctively clear from the names of other existant parties. Their initials and emblem should likewise be different.

Only registered names and official initials of the parties are legal for use during election campaigns and in the elections.

Chapter II

Creation of Political Parties

Article 8

The citizens who create a political party should present an application to the Ministry of Justice together with the relevant documents (the program and the statutes of the party).

Article 9

Documents for the recognition of a political party should contain:

a) the name and the seat of the party;

b) its goals and responsibilities;

c) the leading organs and the building of the party;

d) financial sources.

Article 10

Petition for the recognition of a political party should be signed by a minimum of 300 people.

Article 11

The Ministry of Justice should decree the approval or refusal for the creation of a political party within 45 days from the date of the presentation of the petition to the said Ministry.

In case the Ministry of Justice determines that the documents do not satisfy any of the requirements of this law, it returns the documents for the necessary improvement within 20 days.

This provision has retro-active effects.

Article 12

When political parties recognised by law make substantial changes in their programs, their constitutions or their names, they should notify the Ministry of Justice to make the necessary amendments.

If the Ministry of Justice determines that the intended changes do not comply with this law, and does not ratify them, it should notify the interested party within 20 days from the day of application.

Article 13

The decisions of the Ministry of Justice to refuse the creation of a political party, to ban its activity or disapprove of changes in the program, the constitution or the name of the party can be appealed within 15 days from the day of notification with the High Court of Justice which should make its decision within 15 days. Decisions by the High Court of Justice are irrevocable.

Article 14

Foreign citizens with no permanent residence in the Republic of Albania are banned from participation and membership in political parties.

Article 15

Political parties cannot create organisations of children and youngsters to affiliate with them.

Article 16

Organisations that have not been registered as political parties cannot conduct their activity as such.

Political parties cannot start their activity prior to registration.

Chapter III

Financial and Material Means of the Political Parties

Article 17

Political parties are juridical persons. They are entitled to ownership for the purpose of carrying out their activity.

Political parties have their own press and other media as well as other relevant institutions to assist their activity.

Article 18

Financial and material means of political parties include:

1. membership dues;
2. property gained through legal ways;
3. revenues from the economic and social and cultural activities;
4. financial subsidies from the state budget in the measure determined by the laws approved by the People's Assembly.

Article 19

The state also provides material aid to the political parties at the time of their creation.

Article 20

The amount of the initial financial and material aid supplied by the state to the newly created political parties is determined by the Council of Ministers by taking into account the number of members and the territorial spread of the parties.

Initial aid should not exceed 2 per cent of the entire amount in the state budget alloted to the financement of political parties.

Article 21

The annual state budget allows also for financial aid to the political parties to carry out their activity on annual basis.

Ten per cent of the share is divided equally among political parties with a minimum of 5000 members.

The rest is divided among the other political parties in accordance with the number of votes gained in the last elections. Parties with less than 2 per cent of the votes are not entitled to financial aid.

Article 22

During national or local election campaigns, in accordance with the rules of the election law, the state budget provides for extra financial aids.

Article 23

Political parties are not allowed to accept financial and material aid from foreign countries and foreign public or private institutions.

Donations and aids can be accepted when they come from parties or international unions of parties in a measure that does not exceed the financial aid given by the state.

Article 24

Financial and material aids are also banned when they are supplied by domestic public enterprises and by enterprises which comprise state capital.

Article 25

The state facilitates the activity of political parties in the following ways:

1. by entitling the parties to free use of the mass media.
2. by exempting from taxes economic activities that assist the realisation of party goals such as publications for inner use in the party, etc.

These facilities do not apply to economic activities set up for the purpose of making profits.

Article 26

At the end of the calendrical year the political parties submit reports on their financial and economic activities to a Committee of experts set up for this purpose by the People's Assembly. This committee is empowered to inspect the entire economic and financial activity of the parties.

The final report of this Committee is presented to the People's Assembly.

Chapter IV

Expiration of Political Parties

Article 27

Political parties expire in the following cases:

1. When it joins or merges with other parties.
2. When it splits into two or more parties.
3. When it dissolves in accordance with its statuory rules.
4. When its activity is banned by decision of the relevant organ.

The Act on the expiration of a party is recorded in the book of the Ministry of Justice.

Chapter V

Organisations and Associations

Article 28

Articles 4, 5, 6 (paragraphes I and III), 7 (paragraph I). 8 to 15, 16 (paragraph II), 17, 18 (points 1, 2 and 3), 23 to 25 and 27 of this law apply to organisations and associations which partake in the shaping of the political will of the people in certain fields of public life and define themselves as such in their statutes.

Chapter VI
Closing Provisions

Article 29

Employees in the apparatuses of political parties are entitled to all rights under the law "On State and Social Securities" and to wage increases instituted by the economic reform.

Article 30

Decree number 7442, dated 17 December, 1990 "On the creation of political organisations and associations" is repelled.

Article 31

This law comes into force immediately.
Tirana, 25 July, 1990
Number of the law: 7502

President of the
republic
Ramiz Alia

Direkte Demokratie in den USA

von

Dr. Silvano Möckli
Privatdozent an der Universität St. Gallen

1. Einführung

Als sich am 8. November 1994 etwa neun von 21 Millionen stimmberechtigten Kalifornierinnen und Kalifornier zu den Urnen begaben, hatten sie nicht nur Personenentscheide über ihre Vertretung in Parlamenten zu fällen, sondern auch über zehn Sachvorlagen zu befinden. Darunter befand sich Proposition 187, die sog. »Save Our State«-Initiative. Sie hatte zum Ziel, die ungefähr 1,6 Millionen illegalen Immigranten in Kalifornien von der Gesundheitsversorgung, den Schulen sowie den meisten Sozialleistungen auszuschliessen. Kein Wunder, dass der radikale Inhalt dieser Initiative ein weltweites Medienecho auslöste. Über Proposition 187 stand im »Brief Summary of the Measure« im »Voter's pamphlet« (amtliche Abstimmungserläuterungen, die den Stimmberechtigten zugestellt werden) folgendes:

»Proposition 187[1]
ILLEGAL ALIENS. INELIGIBILITY FOR PUBLIC SERVICES. VERIFICATION AND REPORTING.
Initiative Statute. Put on the Ballot by Petition Signatures.
SUMMARY: Makes illegal aliens ineligible for public social services, public health care services (unless emergency under federal law), and attendance at public schools. Requires state/local agencies report suspected illegal aliens. Fiscal Impact: Annual state/local program savings of roughly $200 million, offset by administrative costs of tens of millions (potentially more than $100 million in first year). Places at possible risk billions of dollars in federal funding for California.
WHAT YOUR VOTE MEANS
YES: A Yes vote on this measure means: Only persons who could show they are citizens or in this country legally could receive certain education, health, or welfare services.
NO: A No vote on this measure means: There would be no new requirements for persons to show they are citizens or in this country legally in order to receive education, health, or welfare services.

---

[1] In Kalifornien werden die Abstimmungsgegenstände – Propositions oder kurz Props genannt – durchnumeriert, vor 1982 alle vier Jahre neu mit 1 beginnend, seit 1982 nur noch alle 20 Jahre, um Verwechslungen zu vermeiden.

ARGUMENTS

PRO: It excludes ILLEGAL ALIENS from receiving public social services, publicly funded health care (except for emergency care required by federal law), educational benefits from elementary, secondary schools, and higher education. Makes it a felony to manufacture, distribute, sell or use false documents to obtain benefits reserved for legal residents.

CON: Proposition 187 makes a bad situation WORSE. It WON'T SOLVE our illegal immigration problem. 187 does ABSOLUTELY NOTHING to beef up enforcement at the border. But because it's POORLY DRAFTED, 187 could END UP COSTING TAXPAY-ERS $10 BILLION. LAW ENFORCEMENT, EDUCATION and MEDICAL officials OPPOSE 187. VOTE NO on 187!

WHOM TO CONTACT FOR MORE INFORMATION

FOR: Ronald Prince, Save Our State Headquarters (714) 544–1514.

AGAINST: Taxpayers Against 187–It Makes a Bad Situation Worse! 111 Anza Blvd., 406, Burlingame, CA 94010 (415) 340–0470.«

Nach einem heftigen Abstimmungskampf wurde die Gesetzesinitiative mit 5 039 344 Jastimmen (59 Prozent) gegen 3 527 014 Neinstimmen angenommen.

Meldungen über Sachabstimmungen in den USA, welche die Gemüter erhitzen[2], führen der Öffentlichkeit in Westeuropa vor Augen, dass es intensiv gelebte direkte Demokratie nicht nur in der Schweiz und in Liechtenstein gibt, sondern auch in etwa der Hälfte der 50 Gliedstaaten der USA. In einigen Gliedstaaten – dazu zählt Kalifornien – hat die Stimmbürgerschaft sogar mehr Urnenentscheide zu fällen hat als jene der Schweiz.

Ich möchte im folgenden einen Überblick geben über Institutionen und Praxis der direkten Demokratie in den US-Gliedstaaten.[3] Nach einem kurzen Abriss der Ideen- und Realgeschichte skizziere ich Einrichtungen und Verfahren der direkten Demokratie. Es folgen einige Angaben zur Praxis. Anhand einer politikwissenschaftlichen Analyse des Politikprozesses zeige ich dann Stärken und Schwächen der direkten Demokratie auf. Am Schluss stehen eine allgemeine Beurteilung der direkten Demokratie sowie Reformvorschläge zum Initiativprozess.

Noch ein paar Anmerkungen zu den Begriffen. Was verstehen wir überhaupt unter »direkter Demokratie«? Direkte Demokratie heisst, dass die Stimmbürgerschaft nicht nur über Personen-, sondern auch über Sachfragen abstimmen kann. Nicht das

---

[2] Die Abstimmung über Proposition 187 reiht sich ein in die Liste jener Volksentscheide in Kalifornien, über welche seit den 70er Jahren auch in Europa berichtet wurde. Am 6. Juni 1978 wurde in Kalifornien mit 65 Prozent Jastimmen Proposition 13 angenommen, welche die Grundeigentumssteuer um die Hälfte auf ein Prozent des geschätzten Wertes senkte, was der Staatskasse Kaliforniens Steuerausfälle in Milliardenhöhe verursachte. Die »tax revolt« griff sogleich auf 19 andere US-Staaten über. Nicht allein der Gegenstand war wichtig, es wurde auch das Mittel der Initiative neu entdeckt und der Öffentlichkeit vor Augen geführt, welche gewaltigen Auswirkungen Bürgerinitiativen haben können (vgl. *John Naisbitt*, Mega-trends. 10 Perspektiven, die unser Leben verändern werden, Bayreuth 1984, S. 238). Am 8. November 1988 hiessen die Stimmenden Kaliforniens Proposition 103 gut, welche zum Ziel hatte, die Prämien für die Motorfahrzeugversicherung zu kürzen und einzufrieren. Klar abgelehnt wurde hingegen am 2. November 1993 eine umstrittene Volksinitiative (Proposition 174), welche staatliche Gutscheine für den Besuch von Privatschulen forderte.

[3] Eine sehr gute rechtliche und ideengeschichtliche Darstellung und Analyse bietet *Andreas Auer*, Le référendum et l'initiative populaires aux Etats-Unis, Basel 1989. Weitere Literatur: *Rudolf Billerbeck*, Plebiszitäre Demokratie in der Praxis. Zum Beispiel Kalifornien, Berlin 1989; *Constanze Stelzenmüller*, Direkte Demokratie in den Vereinigten Staaten von Amerika, Baden-Baden 1994 (konnte hier nicht mehr berücksichtigt werden).

Parlament oder die Regierung, die Stimmbürgerinnen und Stimmbürger entscheiden in letzter Instanz über politische Fragen von grosser Tragweite. Die wichtigsten direktdemokratischen Institutionen sind das Plebiszit, das Referendum und die Initiative. In den USA wird – wie auch in der Schweiz – strikt zwischen Plebiszit und Referendum unterschieden. Das Plebiszit wird nach Belieben und ad hoc durch ein Staatsorgan (von oben) ausgelöst, zu einem Zeitpunkt, der gerade zweckmässig erscheint. Das Referendum ist eine dauerhafte, verfassungsmässig verankerte Institution und wird von unten – von einem Teil des Elektorats – oder von oben nach genau festgelegten Regeln ausgelöst. Die Initiative wird von unten ausgelöst. Mit ihr kann, auch gegen den Willen der Staatsorgane, ein Volksentscheid herbeigeführt werden. Direkte Demokratie wird in den USA ausdrücklich als Recht der Stimmbürgerschaft betrachtet, die Staatsorgane zu umgehen. Dies wiederum ist nur dann praktikabel, wenn keine hohen Beteiligungs- bzw. Zustimmungsquoren bestehen. Solche Quoren gibt es in den USA nur in Ausnahmefällen; für die Annahme einer Vorlage genügt in der Regel die Mehrheit der Stimmenden.[4]

2. Zur Geschichte der direkten Demokratie in den USA

Das moderne Verfassungsreferendum hat seinen Ursprung in den Neuenglandstaaten der USA. Es wurde erstmals 1778 in Massachusetts praktiziert. Abgestimmt wurde in den Town meetings. Eine Zweidrittelmehrheit der Abstimmenden war zur Annahme der Verfassung nötig. Und dieses erste Ergebnis eines Verfassungsreferendums in einem Flächenstaat war fast wie eine Offenbarung für den schwierigen Umgang mit den Stimmberechtigten in der direkten Demokratie: der Verfassungsentwurf wurde nämlich hoch, im Verhältnis von fünf zu eins, abgelehnt[5]. Es bedurfte eines zweiten Anlaufes, der 1780 erfolgreich war. Die Verfassung wurde nunmehr, bei einer Stimmbeteiligung von etwa 23 Prozent, von zwei Dritteln der Stimmenden angenommen. In den Neuenglandstaaten leben heute noch Reste der Versammlungsdemokratie fort, die sog. Town meetings.

Betrachtet man staatenübergreifend die Ideengeschichte der direkten Demokratie, so stellt man einen interessanten Kreislauf über den Atlantik fest. Die direktdemokratischen Ideen amerikanischen Ursprungs beeinflussten in Frankreich die Autoren der Deklaration der Menschen- und Bürgerrechte und der Verfassung der Montagnards vom 24. Juni 1793, welche die Verfassungsinitiative und das Gesetzesveto statuierte. Über Frankreich sind moderne direktdemokratische Ideen 1798 in die Schweiz gelangt, wo sie mit bereits seit dem Spätmittelalter bestehenden versammlungsdemokratischen Grundvorstellungen vermischt wurden. Die zweite Helvetische Verfas-

---

[4] In der Schweiz ist eine Verfassungsänderung in der Volksabstimmung nur dann angenommen, wenn sich sowohl eine Mehrheit der Stimmenden wie auch eine Mehrheit der Kantone dafür ausspricht. In Italien, der Slowakei, Litauen und Polen muss sich mindestens die Hälfte des Elektorats an einer Abstimmung beteiligen, damit das Ergebnis gültig ist. In der Slowakei und Litauen muss überdies die Mehrheit der Stimmberechtigten zustimmen. In Dänemark ist eine Gesetzesvorlage nur dann abgelehnt, wenn eine Mehrheit der Stimmenden, die jedoch mindestens 30 Prozent des Elektorats ausmachen muss, mit Nein gestimmt hat.

[5] *Harlan Hahn/Sheldon Kamieniecki,* Referendum Voting. Social Status and Policy Preferences, Westport, Connecticut 1987, S. 9.

sung von 1802 wurde dem Referendum unterstellt, und das war die erste gesamt-schweizerische Volksabstimmung. In der Regenerationszeit ab 1830 und zur Zeit der demokratischen Bewegung ab 1860 bildeten sich in der Schweiz in Bund, Kantonen und Gemeinden vielfältige direktdemokratische Institutionen heraus.[6]

Die Initiative und das fakultative Gesetzesreferendum wurden in den US-Glied-staaten ab der Jahrhundertwende nach Schweizer Vorbild eingeführt[7], zuerst in Süddakota 1898, gefolgt von Utah 1900 und Oregon 1902. Ein zweiter Schub der Einführung der Initiative folgte in den 60er und 70er Jahren: in Wyoming und Florida 1968, in Illinois 1970 (siehe Tabelle 1).

Zur Legitimation der Forderung nach Einführung der direkten Demokratie haben die Promotoren die Verhältnisse in der Schweiz ziemlich beschaulich dargestellt. James Sullivan[8], dessen Buch »Direkte Gesetzgebung durch das Volk« nach 1892 mindestens 18000 mal verkauft wurde, behauptete, die Schweizer seien vor der Einführung des Referendums »gnadenlose Räuber und despotische Sklavenhalter« gewesen, gezwungen, »sich gegen Plutokratie und korrupte Politiker zur Wehr zu setzen, die das Land mittels des repräsentativen Systems ausbeuteten«.[9]

Von der Einführung der direkten Demokratie erhoffte man sich in den USA die Lösung der drängendsten politischen Probleme jener Zeit, z.B. der Agrarkrise, der Korruption und der Parteibuchwirtschaft. Direkte Demokratie sollte die Macht der Lobbies und Bosse brechen.

3. Direktdemokratische Einrichtungen und Verfahren auf Gliedstaatenebene

3.1. Heutige Verbreitung

Die heutige Verbreitung der direkten Demokratie in den US-Gliedstaaten ist auf *Tabelle 1* festgehalten.

Das Verfassungsreferendum ist in allen Staaten ausser in Delaware obligatorisch. Das Gesetzesreferendum kennen 25 Staaten; es ist meist fakultativ. 17 Gliedstaaten kennen die Initiative auf Teilrevision der Verfassung. In 21 Staaten ist die Gesetzesin-itiative zulässig.

Die direktdemokratische Trias »Initiative, Referendum und Recall« ist vor allem im Westen der USA verbreitet. Staaten, in denen die direktdemokratischen Instru-mente, insbesondere die Initiative, häufig angewandt werden, sind Arizona, Colora-

---

[6] Details bei *Silvano Möckli*, Direkte Demokratie. Ein Vergleich der Einrichtungen und Verfahren in der Schweiz und Kalifornien, unter Berücksichtigung von Frankreich, Italien, Dänemark, Irland, Österreich, Liechtenstein und Australien, Bern und Stuttgart 1994, S. 60ff.

[7] Zwischen 1889 und 1898 erschienen 15 Bücher und in verschiedenen Zeitschriften mehr als 50 Artikel, in denen Beschreibungen und Hinweise über die direkte Demokratie in der Schweiz enthalten waren.

[8] James Sullivan war Gewerkschaftsführer und Journalist und hatte 1888 für mehrere Monate die Schweiz besucht, um dort die direkte Demokratie zu studieren.

[9] Zitiert nach *James H. Hutson*, The Sister Republics. Die Schweiz und die Vereinigten Staaten von 1776 bis heute, Bern 1992, S. 80.

Abbildung 1:
Zeitgenössische Darstellung von 1893: Die Swiss Miss bietet der Miss America
(mit dem Adler) das Referendum an[10].

Zeichnung: Dan Beard (1893)

do, Kalifornien, Nord Dakota, Oklahoma, Oregon und Washington State – alles
Staaten, die westlich des Mississippi liegen.

In den USA wird auch der Recall (die Abberufung) unter »direkte Demokratie«
subsumiert, obwohl dieser Personenfragen betrifft. 15 Staaten kennen ihn.[11] Er ist
gegen einzelne Amtsträger gerichtet, nicht gegen eine Gesamtbehörde. Oft angewandt wird er auf lokaler Ebene.

Auf lokaler Ebene ist die direkte Demokratie generell differenzierter ausgebaut als
auf gliedstaatlicher. Einige US-Staaten, die auf Staatenebene ausschliesslich das obligatorische Verfassungsreferendum kennen, erlauben zusätzliche direktdemokratische Verfahren auf lokaler Ebene.

Bei der folgenden Beschreibung der Institutionen werde ich v.a. erwähnen, was die

---

[10] Aus: *James H. Hutson* (Anm. 9), S. 2.
[11] Das Recht auf Abberufung einer Gesamtbehörde gibt es auch in sieben Kantonen der Schweiz,
allerdings ohne jede praktische Relevanz.

Silvano Möckli

Tabelle 1:

Direktdemokratische Institutionen in US-Gliedstaaten:

Staat	Jahr der Einführung	fakultatives Gesetzes-referendum	Recall	Initiative, Typ	
				Verfassung, Gesetz oder beides	Direkt, indirekt oder beides
Alaska	1959	ja	ja	Gesetz	direkt
Arizona	1910	ja	ja	beides	direkt
Arkansas	1909	ja	–	beides	direkt
California	1911	ja	ja	beides	direkt
Colorado	1910	ja	ja	beides	direkt
Florida	1968	–	–	Verfassung	direkt
Georgia	1978	–	ja	–	–
Idaho	1912	ja	ja	Gesetz	direkt
Illinois	1970	ja	–	Verfassung	direkt
Kansas	1914	–	ja	–	–
Kentucky	1917	ja	–	–	–
Louisiana	1914	–	ja	–	–
Maine	1908	ja	–	Gesetz	indirekt
Maryland	1915	ja	–	–	–
Massachusetts	1918	ja	–	beides	indirekt
Michigan	1908	ja	ja	beides	beides
Missouri	1908	ja	–	beides	direkt
Montana	1906	ja	ja	beides	direkt
Nebraska	1912	ja	–	beides	direkt
Nevada	1904	ja	ja	beides	beides
New Mexico	1911	ja	–	–	–
North Dakota	1914	ja	ja	beides	direkt
Ohio	1912	ja	–	beides	beides
Oklahoma	1907	ja	–	beides	direkt
Oregon	1902	ja	ja	beides	direkt
South Dakota	1898	ja	–	beides	direkt
Utah	1900	ja	–	Gesetz	beides
Washington	1912	ja	ja	Gesetz	beides
Wisconsin	1926	–	ja	–	–
Wyoming	1968	ja	–	Gesetz	indirekt
Total		25	15	total 23: 6 Gesetz, 2 Verfassung, 15 beides	3 indirekt, 15 direkt, 5 beides

In Anlehnung an: *David B. Magleby* (Anm. 16, S. 33 ff.). Das obligatorische Verfassungsreferendum ist nicht angeführt.

direkte Demokratie in den USA von den direktdemokratischen Einrichtungen in Westeuropa, insbesondere jenen in der Schweiz, unterscheidet.

3.2. Unterschiede zu Westeuropa

Vorweg sei darauf hingewiesen, dass die USA direkte Demokratie auf nationaler Ebene nicht kennen und damit Gegenstände, für welche der Bund zuständig ist, beispielsweise Staatsverträge, nicht zur Volksabstimmung gelangen können. Es gab zwar mehrere Anläufe zur Einführung direktdemokratischer Elemente auf Bundesebene; sie scheiterten aber allesamt. [12]

In 20 Staaten gelangt eine Initiative direkt an die Stimmbürgerschaft, ohne vorher den parlamentarischen Prozess durchlaufen zu haben. Das Parlament gibt auch keine Abstimmungsempfehlung heraus. Damit ist eine Verständigung zwischen Initianten und Parlament erschwert. Bei der indirekten Form der Initiative – wenn sie also zunächst ans Parlament gelangt – gilt ein in Westeuropa unbekanntes Verfahren: Über die Initiative wird nur dann an der Urne entschieden, wenn das Parlament nicht von sich aus Rechtsnormen im Sinne der Initiative erlässt und die Initianten danach eine bestimmte Anzahl zusätzlicher Unterschriften beibringen können. Ein solches Verfahren kennen Massachusetts und Michigan.

Der Rückzug von zustandegekommenen Initiativen ist nicht vorgesehen. Von der Möglichkeit, dass das Parlament eine eigene Verfassungs- oder Gesetzesvorlage als Gegenvorschlag zu einer Initiative der Abstimmung unterbreitet, wird selten Gebrauch gemacht. Was in jüngster Zeit jedoch im Trend liegt, sind taktische »Gegeninitiativen« von Interessengruppen zur Bekämpfung missliebiger Volksbegehren.

Die Zahl der für ein fakultatives Referendum oder für eine Initiative beizubringenden Unterschriften ist in den meisten Gliedstaaten nicht absolut definiert, sondern relativ. [13] Die Zahl der notwendigen Unterschriften bemisst sich nach der Beteiligung bei vorausgegangenen Wahlen, i.d.R. den Gouverneurswahlen. So liegt beispielsweise die Hürde für eine Verfassungsinitiative in Arizona bei 15 Prozent, in Ohio bei 10 Prozent und in Kalifornien bei 8 Prozent [14] der Wählerstimmen, die bei den vorausgegangenen Gouverneurswahlen abgegeben worden sind. In Zeiten hoher Konfliktintensität, in denen hohe Wahlbeteiligung herrscht, werden auch die Hürden für die Inanspruchnahme der Volksrechte höher. Die Unterschriften müssen innert relativ kurzer Zeit gesammelt werden, gewöhnlich innert 90 bis 120 Tagen.

Für die Annahme eines Referendums oder einer Initiative genügt meist die Mehr-

---

[12] 1977 wurde die »Initiative America« ins Leben gerufen, welche sich die Einführung einer Gesetzesinitiative auf nationaler Ebene in den USA zum Ziel gesetzt hatte. Versuche zur Einführung der direkten Demokratie auf Bundesebene gab es in den USA schon früher, und zwar in drei Wellen: während des Populist und Progressive Movement (1890–1912), während der Isolations- und Friedensbewegung (1914–1940) und während des »issue Aktivismus« (1970–1981). Die zweite Bewegung kreiste um die Einführung eines »war referendums«. Bekannt geworden ist insbesondere das sog. »Ludlow Amendment« von 1935, benannt nach dem Kongressabgeordneten Louis Ludlow (Demokrat, Indiana). Danach sollte vor jeder amerikanischen Kriegserklärung ein Volksentscheid durchgeführt werden. Nach Gallup-Umfragen gab es in der amerikanischen Öffentlichkeit im April 1936 eine Zustimmung von 71 Prozent für diese Idee, im Oktober 1937 von 73 Prozent, im September 1939 von 51 Prozent und im Januar 1940 von 60 Prozent. Nach dem japanischen Überfall auf Pearl Harbour änderte sich das schlagartig.

[13] In Italien müssen für ein abrogatives Referendum 500 000 Unterschriften beigebracht werden, das sind etwa 1 Prozent des Elektorats. In der Slowakei beträgt die nötige Unterschriftenzahl für ein Referendum 350 000 (9,3 Prozent des Elektorats), in Litauen 300 000 (12 Prozent). In der Schweiz braucht es für eine Verfassungsinitiative 100 000 Unterschriften (2,2 Prozent), in Liechtenstein 1 500 (10,7 Prozent).

[14] Das waren 1994 615 000 Unterschriften.

heit der abgegebenen Stimmen. Beteiligungsquoren sind nirgends bekannt, wohl aber Zustimmungsquoren. In Idaho ist eine Initiative nur dann angenommen, wenn die Jastimmen mehr als die Hälfte jener Stimmen ausmachen, die bei der vorausgegangenen Gouverneurswahl abgegeben wurden. In Illinois müssen Verfassungsinitiativen von drei Fünftel der Stimmenden oder von der Mehrheit jener, die an der »general election« teilgenommen haben, gutgeheissen werden.[15] In Massachusetts, Nebraska und Washington müssen für Gesetzesinitiativen nicht allein mehr Ja- als Neinstimmen abgegeben werden, die Jastimmen müssen darüber hinaus nicht weniger als 30, 35 bzw. 33 Prozent all jener ausmachen, die sich an der Abstimmung beteiligt haben.[16] Bemerkenswert auch das Verfahren bei Verfassungsinitiativen in Nevada: die Stimmenden müssen sie bei zwei aufeinanderfolgenden Abstimmungen gutheissen.

Arizona, Kalifornien, Michigan, Nevada und Washington kennen ein obligatorisches Referendum für Parlamentsbeschlüsse, die ein Gesetz modifizieren oder aufheben, das durch eine Gesetzesinitiative eingeführt wurde. Es gibt in diesen fünf Gliedstaaten somit zwei Kategorien von Gesetzen: solche, die allein vom Parlament verabschiedet wurden und von ihm frei verändert werden können, und solche, die von den Stimmenden sanktioniert worden sind und nur mit ihrer expliziten Zustimmung verändert werden können.[17]

Lokal-, Bezirks- und Gliedstaatenregierungen werden direkt vom Volk gewählt. Damit sind die Regierungsmitglieder nicht von einer Mehrheit im Parlament abhängig. Sie können nicht gestürzt werden. Der Regierungschef kann Regierungsmitglieder auch nicht entlassen. Die Regierungsweise ist weder parlamentarisch noch konkordanzdemokratisch. Die einzelnen Regierungsmitglieder fühlen sich nicht verpflichtet, den Willen der Regierungsmehrheit nach aussen zu vertreten. Dies gilt auch bei umstrittenen Sachabstimmungen.[18]

Einnahmen und Ausgaben bei Abstimmungs- und Wahlkampagnen müssen i.d.R. exakt deklariert werden. Zur Überwachung der Einhaltung dieser Vorschriften gibt es in Kalifornien eine unabhängige Behörde, die »Kommission für faire politische Praktiken«. So wurden zum Beispiel für die Kampagne vom Herbst 1988 in Kalifornien – es stand eine Rekordzahl von 29 Sachvorlagen zur Abstimmung – insgesamt 130 Millionen Dollar ausgegeben. Auch die finanziellen Verhältnisse der Amtsträger sind offenlegungspflichtig.

Volksentscheide können von Gerichten auf ihre Übereinstimmung mit der Staats- und der Bundesverfassung hin überprüft werden. Fast jede erfolgreiche Initiative, die in der Abstimmung umstritten war, wird vor Gericht bekämpft. Gegen die eingangs erwähnte Proposition 187 wurden mindestens acht Klagen erhoben. Schon wenige Stunden nach der Annahme haben ein Bundesrichter in Los Angeles und ein Richter

---

[15] *Andreas Auer* (Anm. 3), S. 52.

[16] Weil die Stimmenden oft mit ganzen »Abstimmungspaketen« konfrontiert werden, überspringen sie Vorlagen, zu denen sie sich keine Meinung gebildet haben. Dieser »Dropoff« kann bei Referenden und Initiativen bis 25 Prozent betragen. Vgl. *David B. Magleby*, Direct Legislation. Voting on Ballot Propositions in the United States, Baltimore and London 1984, S. 46.

[17] Vgl. *Andreas Auer* (Anm. 3), S. 11.

[18] So hat etwa der Gouverneur von Kalifornien, Pete Wilson, Proposition 187 zu einem Teil seiner Wahlkampagne gemacht. Dieser Positionsbezug dürfte wesentlich zu seiner Wiederwahl beigetragen haben.

eines kalifornischen Gerichtes in San Francisco entschieden, dass das neue Gesetz gegen illegale Einwanderer vorläufig nicht angewendet werden kann. Die Gesetzesinitiative wird voraussichtlich den Obersten Gerichtshof in Washington erreichen.[19]

4. Praxis der direkten Demokratie

Urnengänge finden in den US-Gliedstaaten auf Staatenebene normalerweise nur alle zwei Jahre zusammen mit Wahlen statt, und zwar jeweils zweimal (bei den Primär- und den eigentlichen Wahlen). In Kalifornien gab es zwischen 1970 und 1990 24 Urnengänge. Die Zahl der Urnengänge ist damit deutlich niedriger als in der Schweiz, wo die Stimmbürgerschaft im gleichen Zeitraum 63mal zu den Urnen gerufen wurde.

Hingegen ist die Zahl der Urnenentscheide in Gliedstaaten mit intensiver Inanspruchnahme der direktdemokratischen Rechte höher als in der Schweiz. Seit Beginn des Jahrhunderts haben die Stimmenden in den US-Gliedstaaten über mehr als 20000 Vorlagen entschieden, die kalifornischen Stimmenden allein über mehr als 1000. In den 23 US-Gliedstaaten, welche die Volksinitiative kennen, wurde von 1900 bis 1987 über fast 1400 Initiativen abgestimmt.

Die Gegenstände, die zur Abstimmung gelangen, widerspiegeln, wie in Westeuropa, die grossen gesellschaftlichen Streitthemen. In Kalifornien betrafen die meisten Abstimmungen Verfassungsfragen, so das Wahlsystem, die direktdemokratischen Instrumente, die Kompetenzen der Staatsorgane. Fast einen Drittel der Abstimmungen hatten Wirtschaft und Finanzen zum Gegenstand. Mit einem Anteil von fast 20 Prozent spielten in Kalifornien Fragen der öffentlichen Moral eine Rolle, so das Glücksspiel, die Abtreibung, die Todesstrafe, Aids. In jüngster Zeit stehen Umweltfragen im Mittelpunkt.

Ich führe zur Illustration drei eher ungewohnte Beispiele von Volksabstimmungen an:

Die erste Initiative, welche 1920 in Massachusetts angenommen wurde, bestimmte, dass Most und Bier nicht berauschende Alkoholika und damit von der herrschenden Prohibition ausgenommen seien.[20] In etlichen Staaten wurde die Wiedereinführung der Todesstrafe in Volksabstimmungen gutgeheissen, so 1972 und 1978 in Kalifornien, 1974 in Colorado, 1984 in Oregon und 1975 in Washington State. Und ein Beispiel einer Abberufung. Gegen zwei Mitglieder des Stadtrates von Paradise im Norden Kaliforniens wurde 1981 ein Abberufungsverfahren eingeleitet, weil sie sich erlaubt hatten, anlässlich der jährlich stattfindende Gold Nugget Days Parade ein Parkverbot für die Hauptdurchfahrtsstrasse zu erlassen.[21]

Die Erfolgsquote bei obligatorischen Referenden ist hoch: Parlamentsvorlagen werden im Durchschnitt zu über 60 Prozent gutgeheissen. Bei Initiativen beträgt die Erfolgsquote etwa einen Drittel (in der Schweiz liegt sie auf Bundesebene bei nur 10 Prozent).

Die Stimmbeteiligung ist im Vergleich zu Westeuropa tief. Wenn es ausschliesslich

[19] Vgl. Neue Zürcher Zeitung vom 11. November 1994, S. 5.
[20] *David D. Schmidt*, Citizen Lawmakers. The Ballot Initiative Revolution, Temple U Press 1989, S. 241.
[21] *Charles Bell/Charles Price*, California Government Today. Politics of Reform? Third Edition, Chicago 1988, S. 92.

über Sachabstimmungen zu befinden gilt, wird eine Beteiligung von 40 Prozent schon als gut erachtet.[22] Werden Sachabstimmungen mit Präsidentschaftswahlen zusammengelegt, so ist die Beteiligung etwas höher, meist über 50 Prozent. Erwähnt sei nochmals das Phänomen des »Dropoff«: 10 bis 25 Prozent der Stimmenden überspringen Vorlagen, die sie nicht verstehen, enthalten sich also der Stimme.

Bekanntlich weist auch die Schweiz gewöhnlich eine tiefe Stimmbeteiligung auf. Zwischen 1970 und 1990 betrug sie im Durchschnitt 41 Prozent (Kalifornien: 44 Prozent). Das führt zur Feststellung: wo die Stimmbürgerschaft am meisten Rechte hat, ist die institutionelle politische Partizipation am tiefsten.

5. Stärken der direkten Demokratie

Ich möchte nun auf einer eher theoretischen Ebene Stärken und Schwächen der direkten Demokratie in den USA diskutieren. Im Mittelpunkt meiner Ausführungen steht die Initiative, weil das Referendum in den USA nicht den gleich hohen Stellenwert hat wie in Westeuropa und das Plebiszit unbekannt ist.

Zunächst zu den Stärken der direkten Demokratie. Ich möchte deren fünf erwähnen: Partizipationschancen, Agenda-Setting, Innovationskraft, Legitimation und Sozialisation. Zuerst zum politischen Input.

5.1. Chance der Partizipation

Direkte Demokratie ist ein zusätzlicher institutioneller Kanal zur Artikulation und Aggregation von politischen Forderungen. Vor allem politischen Gruppen ausserhalb des etablierten Parteien- und Verbändesystems, die keinen Zugang zum repräsentativen System haben, bietet direkte Demokratie zusätzliche Chancen der Partizipation. Sie können damit neue Forderungen einbringen, im Bedarfsfall aber auch unliebsame Entscheide verhindern oder verzögern. Davon machen in den USA Splitterparteien, ad-hoc- und Einzelthemen-Gruppen fleissig Gebrauch, und zwar solche aus allen Positionen des politischen Spektrums. Die Initiative lenkt gewissermassen Druck von unten in institutionelle Kanäle und ist so auch ein politischer Seismograph für unbewältigte Probleme.

Für etablierte politische Kräfte ist direkte Demokratie eine zusätzliche Option, falls sie mit ihren Forderungen in den repräsentativdemokratischen Kanälen nicht durchgedrungen sind bzw. wenn es ihnen nicht gelungen ist, unliebsame Entscheide im Parlament zu verhindern.

---

[22] So betrug die Stimmbeteiligung in Kalifornien bei den »Special elections« vom 2. November 1993 gerade 24,7 Prozent. – Beim Vergleich der Stimmbeteiligungen zwischen Westeuropa und den USA ist darauf zu achten, dass man für die USA als Bezugsgrösse die Zahl der Stimmberechtigten und nicht die Zahl der registrierten WählerInnen heranzieht.

5.2. Agenda-Setting

Direkte Demokratie ermöglicht ein sog. Agenda-Setting: ein Gegenstand wird damit auf die politische Traktandenliste der Öffentlichkeit gesetzt. Umstrittene Initiativ- und Referendumsgegenstände lösen gewöhnlich breite Diskussionen im Volk und in den Medien aus.[23] Wer initiativ- und referendumsfähig ist, hat damit die Möglichkeit, zu bestimmen, welche politischen Diskussionen in einem Staat geführt werden. So werden auch Initiativen ergriffen, die von vornherein als chancenlos eingeschätzt werden, allein um der Funktion des Agenda-Setting willen. Initianten erhoffen sich davon sog. indirekte Wirkungen, nämlich einen allmählichen Bewusstseinswandel im Volk, der das Anliegen später mehrheitsfähig macht.

5.3. Innovationskraft

Direkte Demokratie bietet die Möglichkeit, politische Neuerungen zu artikulieren bzw. durchzusetzen. Die Innovationskraft der direkten Demokratie ist in den USA stärker als etwa in der Schweiz. Begünstigt wird dies durch den, im Vergleich zur Schweiz, viel rascheren Ablauf direktdemokratischer Verfahren. Eine direkte Initiative, die formell korrekt zustandegekommen ist, wird z.B. in Kalifornien ohne weiteres Hin und Her auf den Abstimmungszettel des nächsten Urnenganges gesetzt. Etliche Neuerungen zur Reform der politischen Institutionen sind in US-Gliedstaaten auf direktdemokratischem Weg gegen den Widerstand der politischen Elite durchgesetzt worden. Die Initiative hat auch dazu gedient, politische Blockierungen im Parlament zu lösen.

Nun zu zwei Stärken der direkten Demokratie beim politischen Output:

5.4. Legitimation

Die erste ist deren Legitimationskraft. Je mehr Staatsbürger über einen Gegenstand entscheiden, desto legitimer ist er gewöhnlich. Ein Volksentscheid wird eher akzeptiert und lässt sich leichter durchsetzen als ein Entscheid einer politischen Elite. Direkte Demokratie ist eine starke Legitimationsquelle für politische Entscheide. Sie legitimiert in den USA wie in der Schweiz aber nur Entscheide, nicht wie das Plebiszit auch die Amtsträger. In einem autoritären System lassen sich politische Entscheide sehr rasch fällen. Aber deren Durchsetzung ist ohne massive Repression oft schwierig.

5.5. Sozialisation

Nicht allein der Abschluss des direktdemokratischen Prozesses, der Volksentscheid, ist wichtig, sondern auch die ihm vorausgehende öffentliche Diskussion – der Prozess der Meinungsbildung. Deshalb können Volksentscheide auch nicht durch Meinungsumfragen ersetzt werden. Selbst wenn sich nur zehn Prozent der Stimmbürgerschaft intensiv mit einer Abstimmungsvorlage beschäftigen, so sind damit immer noch sehr viel mehr Staatsbürger über einen wichtigen Gegenstand der Politik

---

[23] Wie Proposition 187 wieder einmal bewiesen hat.

informiert als in jeder repräsentativen Demokratie. Jede Volksabstimmung ist auch Lern- und Reifeprozess, für die politische Elite wie für die Stimmbürgerschaft. So hat jede Abstimmung auch eine Sozialisationsfunktion. Erfahrungen im Umgang mit direktdemokratischen Institutionen prägen politische Einstellungen und Werthaltungen.

In den US-Gliedstaaten, in welchen oft über Sachfragen abgestimmt wird, ist die direkte Demokratie als Wert stark internalisiert, und nur eine kleine Minderheit denkt ernsthaft an deren Abschaffung. Nirgendwo, wo direkte Demokratie in den USA einmal eingeführt worden ist, wurde sie wieder beseitigt.

6. Schwächen der direkten Demokratie

Ich führe fünf Schwächen auf: geringe Partizipation, Überforderung der Stimmbürgerschaft, Kommerzialisierung, Konfliktverschärfung sowie Schwächung von Parlament und Parteien. Ich beginne wiederum beim politischen Input:

6.1. Geringe Partizipation

Direkte Demokratie bietet zwar zusätzliche Möglichkeiten der politischen Partizipation und der Problemartikulation. Wer aber macht von den zusätzlichen Möglichkeiten auch tatsächlich Gebrauch? Nur eine kleine Minderheit politisch aktiver Bürger. Direkte Demokratie erhöht weder die Partizipation der Stimmbürgerschaft noch den Anteil jener Staatsbürger, die in Parteien, politischen Interessengruppen und anderen Bewegungen politisch aktiv sind.

Oft machen jene von den direktdemokratischen Instrumenten Gebrauch, welche schon am repräsentativdemokratischen Prozess beteiligt sind. Die direktdemokratischen Instrumente sind dann einfach eine zusätzliche Option im politischen Kampf. Systemtheoretisch gesprochen: Die Inputströme ins politische System werden wegen des Vorhandenseins direktdemokratischer Elemente nicht unbedingt verbreitert; sie fliessen vielmehr zum Teil statt durch den repräsentativdemokratischen durch den direktdemokratischen Kanal, nämlich dann, wenn im ersteren kein Durchkommen ist.

6.2. Überforderung der Stimmbürgerschaft?

Empirische Untersuchungen aus den USA wie in der Schweiz belegen, dass die Mehrheit der Stimmbürger ihre Entscheide mit einem Minimum an Sachwissen fällt.

Die Stimmbürgerinnen und Stimmbürger sind, zumal wenn sie mit einer grossen Anzahl von Abstimmungsgegenständen konfrontiert werden, nicht, schlecht oder falsch über die Vorlagen informiert, und selbst wenn sie sich zu informieren versuchen, sind manche Gegenstände zu komplex, als dass sie verstanden würden. Für eine fundierte Kenntnis aller Abstimmungsgegenstände wären die Informationskosten enorm hoch.

So sagte selbst ein Beamter der Parlamentsdienste in Colorado, welcher mit der Ausarbeitung des Abstimmungsbüchleins betraut ist: »Ich verfasse die Argumentation und Gegenargumentation zu den Vorlagen im Abstimmungsbüchlein. Offengestanden, manchmal weiss ich auch nicht, welches die Konsequenzen einer Vorlage wären, falls sie vom Volk angenommen würde.«[24]

6.3. Kommerzialisierung

Heute ist in Kalifornien und anderen bevölkerungsstarken Gliedstaaten der USA die Initiative nicht nur ein direktdemokratisches Recht, sondern auch ein Geschäft. Für durchschnittlich einen Dollar pro Unterschrift können sich jene Staatsbürger oder Organisationen, die finanzkräftig genug sind, eine Initiative ganz einfach »kaufen«. Werden die Unterschriften mit Hilfe von »direct-mail« gesammelt, so belaufen sich in Kalifornien die Kosten allein für die Qualifizierung einer Initiative auf mindestens eine Million Dollar. Natürlich übernimmt eine spezialisierte Unternehmung auch gerne jede millionenschwere Abstimmungskampagne.[25]

Hohe Hürden für die Qualifizierung von Initiativen und Referenden sowie das Vorhandensein einer Abstimmungsindustrie können dazu führen, dass die tatsächliche Inanspruchnahme der zusätzlichen Instrumente politischer Partizipation auf Kreise beschränkt wird, die über ausreichende finanzielle Ressourcen verfügen.

Es besteht die Gefahr der Kommerzialisierung der direkten Demokratie, indem sich nämlich Unternehmungen der Abstimmungsindustrie durch die Lancierung eigener Initiativen selbst Beschäftigung verschaffen. Sie suchen nach Abstimmungsgegenständen, von denen sie sich erhoffen, dass reichlich fliessende Spendengelder ihre »Investitionen« mehr als wettmachen. Was auf diese Weise auf die politische Agenda gesetzt wird, braucht nicht das zu sein, was den Durchschnittsbürger vordringlich beschäftigt.

6.4. Konfliktverschärfung

Zwar wickelt sich, wie erwähnt, der direktdemokratische Prozess in den USA schneller ab als in der Schweiz, dies jedoch oft um den Preis einer hohen Konfliktintensität und einer nur oberflächlichen Diskussion der anstehenden Probleme. Der Output ist dann konfliktträchtig, wenn die Initiative dazu benützt wird, mit einer »Alles oder Nichts«-Politik und politischen »Patentrezepten« Probleme, die eines breiten Diskurses und einer Kompromisslösung bedürften, rasch zu »bewältigen«. Wenn Initiativen mit extremen Forderungen angenommen werden, manifestiert sich der Widerstand oft in der gerichtlichen Anfechtung des Ergebnisses.

Direkte Demokratie begünstigt die weisse Mittelklasse gegenüber den Asiaten, Schwarzen und Hispanics, da die letzteren eine tiefere Stimmbeteiligung aufweisen. Die Weissen (non-Hispanics) machten 1986 in Kalifornien 61 Prozent der Gesamtbevölkerung aus, stellten aber 84 Prozent der Stimmenden. Direkte Demokratie kann zur Tyrannei der weissen Mehrheit über rassische Minderheiten werden. Minderhei-

---

[24] Zitiert nach *Thomas E. Cronin*, Direct Democracy. The Politics of Initiative, Referendum, and Recall. Cambridge (MA) and London 1989, S. 80.

[25] »No Initiative?« hiess es in einer Anzeige der Kimball Petition Management aus Northridge doppeldeutig. Danach werden die Dienste für die Sammlung von Unterschriften, die Ausbildung von freiwilligen Helfern und Abstimmungskampagnen angeboten.

ten können durch Volksentscheide Rechte verlieren, die sie in repräsentativen Körperschaften erkämpft haben. Bei politisch wertgeladenen Kontroversen, etwa der Todesstrafe oder der Abtreibung, kann direkte Demokratie bestehende Konflikte verschärfen.

6.5. *Schwächung der Parlamente und der Parteien*

Die direkte Initiative ermöglicht es, das Parlament zu umgehen und direkt an die Stimmbürgerschaft zu gelangen. Das schwächt die Parlamentsmehrheit, stärkt aber oppositionelle Parlamentarier. Nicht ohne Sorge stellt man in jüngster Zeit fest, dass immer mehr Parlamentarier offen oder verdeckt Initiativen lancieren, um damit Forderungen Nachachtung zu verschaffen, die im Parlament nicht mehrheitsfähig wären. Damit entfällt auch, was den parlamentarischen Aushandlungsprozess prägen sollte: Reflexion, Gegenargumentation, Kompromissfindung, wissenschaftliche Beratung und persönliche Konfrontation der Kontrahenten. Eher radikal und schlecht formulierte Gesetzes- und Verfassungstexte sind die Folge. Kein Wunder, dass erfolgreiche Initiativen oft von Gerichten ganz oder teilweise für verfassungswidrig erklärt werden. Damit werden aber Gerichte, nicht die Stimmbürgerschaft zur letzten Instanz.

Interessengruppen können dank direkter Demokratie jene Themen herausgreifen, die für sie von Bedeutung sind, ohne politische Verantwortung für das Ganze zu tragen. Sie treten damit in der Interessenvermittlung zwischen Gesellschaft und Staat fallweise in Konkurrenz zu den Parteien. Dies schwächt die politischen Parteien. Die direkte Demokratie ist natürlich auch, wegen des Referendums, ein Instrument zur Entscheidungsverhinderung, nicht nur ein Instrument zur Durchsetzung von Innovationen.

7. Beurteilung der direkten Demokratie

Ich gehe nun über zu einer kurzen grundsätzlichen Beurteilung der direkten Demokratie.

Eine interessante Frage ist, ob ein häufiger Gebrauch der Initiative in US-Gliedstaaten ein Indikator dafür sei, dass die Qualität des Parlaments schlechter ist. Dies ist zu verneinen. Bei der Qualität der Parlamente sind keine wesentlichen Unterschiede auszumachen zwischen Staaten mit häufigem und jenen mit moderatem Gebrauch der Initiative.[26] Hingegen ist das Parteiensystem in Staaten mit intensiver direkter Demokratie im allgemeinen schwächer.[27]

Politisch Entfremdete können durch die direkte Demokratie nicht aktiviert werden. In den US-Gliedstaaten mit und ohne direkte Demokratie stellt man keine signifikanten Unterschiede hinsichtlich des allgemeinen politischen Interesses fest. Politische Innovationen setzen sich in Staaten mit direkter Demokratie nicht leichter durch. Die Stimmbeteiligung in Staaten ohne Initiative oder mit nur geringem

---

[26] *Charles M. Price*, The Initiative. A Comparative State Analysis and Reassessment of a Western Phenomenon, in: Western Political Quarterly, Volume XXVII, Number 28 (June 1975), S. 257.
[27] *Charles M. Price* (Anm. 26), S. 252f.

Gebrauch derselben liegt nur unwesentlich – im Durchschnitt etwa drei Prozent – tiefer als in jenen mit häufigem Gebrauch der Initiative.

Direkte Demokratie ist also kaum der entscheidende institutionelle Erklärungsgrund für politische Unterschiede zwischen den US-Gliedstaaten. Die Funktionen, welche direkte Demokratie erfüllt, können durch bessere Bildung, bessere Medien und stärkeren Wettbewerb zwischen den politischen Parteien substituiert werden. Wir können nicht sagen, ob beispielsweise Kalifornien heute besser oder schlechter dastehen würde, hätte es 1911 Initiative, Referendum und Recall nicht eingeführt.

Eine zweite Frage lautet, ob man direkte Demokratie, da sie ja mehr Partizipation ermöglicht als repräsentative, als »höherwertige Form« von Demokratie betrachten kann. Meine Antwort heisst nein.

Direkte Demokratie ist nicht schon zum vornherein besser als andere Formen von Demokratie. Es kommt bei der Beurteilung der Qualität der Demokratie eben nicht allein auf die Institutionen an, sondern vielmehr darauf, wie sie gelebt werden. Ein rein repräsentatives System kann demokratischer sein als ein direktdemokratisches, in welchem dieser Prozess monopolisiert wird, meist von denjenigen, die über finanzielle Ressourcen verfügen und ohnehin den Politikprozess dominieren.

Eine dritte Frage heisst, ob direkte Demokratie ein Exportartikel sei, der auf andere politische Systeme übertragen werden sollte. Meine Antwort ist eher nein.

Die direktdemokratischen Institutionen können nicht isoliert werden von den politischen Rahmenbedingungen und den übrigen politischen Institutionen. In einen anderen Kontext gestellt, hätten die direktdemokratischen Instrumente andere Wirkungen. Insbesondere sind sie schwer vereinbar mit einer parlamentarischen Regierungsweise, die weder die USA noch die Schweiz kennen. Wenn die direkte Demokratie in den USA einigermassen befriedigend funktioniert, so bedeutet das nicht, dass dies in politischen Systemen mit anderer Tradition und Struktur ebenso wäre.

Ich würde eher folgende Hypothese aufstellen: Weil das politische System in den USA insgesamt einigermassen intakt und lernfähig ist, funktionieren auch die direktdemokratischen Elemente.

»Was an dem Konzept der direkten Demokratie ... bedenklich erscheint, ist, dass es dem Wähler die Illusion vermittelt, unmittelbarer und aktiver an der Regierung seines Staates beteiligt zu sein, während er in Wirklichkeit ein Spielball derselben organized interests bleibt, deren Einfluss auf Administration und Gesetzgebung durch die Einführung von Initiative, Referendum und Recall gebrochen werden sollte.«[28]

Letzte Frage deshalb: Gaukelt direkte Demokratie eigentlich nur den Schein von mehr Demokratie vor, da sie die in sie gesetzten Erwartungen gar nicht erfüllen kann? Diese Frage würde ich verneinen und für ein realistisches Demokratieverständnis plädieren.

Direkte Demokratie ist immer nur Ergänzung, nie Ersetzung der repräsentativen Demokratie. Sie ist, wie gesagt, keine höherwertige Form von Demokratie. Direkte Demokratie hat, wie jede gesellschaftliche Institution, Stärken und Schwächen.

---

[28] *Michael Silagi*, Direkte Demokratie in den US-Staaten, in: Jahrbuch des öffentlichen Rechts der Gegenwart, N. F., Band 31, Tübingen 1982, S. 288.

Es kommt bei der Beurteilung der Demokratie darauf an, ob man mehr Wert auf die Input- oder die Outputseite des politischen Prozesses legt. Wer rasche Entscheide möchte, setzt eher auf beschränkte Partizipation. Wer Partizipation als Wert an sich betrachtet, nimmt dafür einen verlangsamten Entscheidungsprozess in Kauf. Er kann aber damit rechnen, dass die Entscheide tragfähig sind. Partizipation und Effizienz stehen immer in einem Spannungsverhältnis. Für die US-Gliedstaaten und die Schweiz gilt, dass, über einen längeren Zeitraum gesehen, die direkte Demokratie nicht weniger effizient ist als die rein repräsentative.

Die geringe Beteiligung und das bescheidene Sachwissen des durchschnittlichen Stimmbürgers mögen auf den ersten Blick erstaunen. Man kann indessen nicht erwarten, dass alle Staatsbürger einen grossen Teil ihrer Freizeit zur politischen Information und Partizipation verwenden. Beteiligung ist auch Funktion der Konfliktintensität. Konstant hohe Beteiligung kann auch Alarmsignal sein und ist nicht unbedingt ein Zeichen gefestigter demokratischer Verhältnisse.

Nun ist man sich in den USA der Mängel und Schwächen der direktdemokratischen Institutionen wohl bewusst. Man weiss aber auch, dass ein rein repräsentatives System – ja irgendein politisches System – ebenfalls seine Nachteile hätte. Insofern gibt man sich keinen Illusionen hin und ist pragmatisch genug, die direktdemokratischen Institutionen nicht an einer Idealvorstellung von Demokratie zu messen. Direkte Demokratie hat man um die Jahrhundertwende ja gerade aus Unzufriedenheit mit dem repräsentativen System eingeführt.[29]

8. Reformieren, nicht Eliminieren

Die Überlegung der grossen Mehrheit der politischen Entscheidungsträger in den USA gehen deshalb in Richtung Reformierung, nicht Abschaffung der direkten Demokratie. Ein substantieller Abbau der direkten Demokratie wäre politisch auch gar nicht durchsetzbar, denn alle Umfragen zeigen, dass etwa drei Viertel der Stimmbürgerschaft der direkten Demokratie positiv gegenüberstehen.

Die Reformen beim Initiativprozess in den USA müssen meines Erachtens zwei Stossrichtungen haben:
1. Eine bessere Kombination des parlamentarischen mit dem direktdemokratischen Prozess.
2. Eine Verbesserung der Chancengleichheit der Akteure.

Das erste Ziel könnte durch folgende institutionelle Reformen erreicht werden:

Die direkte Initiative sollte zum Ausnahme-, die indirekte Initiative zum Regelfall werden. Das indirekte Verfahren sollte so ausgestaltet werden, dass nach Einreichung einer Initiative noch Änderungen des Initiativtextes möglich sind. Nur so ist eine Kompromissbildung möglich. Bedingung für Textänderungen wäre die Beibringung einer zusätzlichen Anzahl Unterschriften. Beispielsweise könnte man für die Einreichung einer Initiative 100 000 Unterschriften verlangen und danach, falls der

---

[29] »Hiram Johnson – father of the initiative, referendum and recall in California and former progressive governor – would probably roll over in his grave if he could see what has happened to his cherished reforms.« *Charles M. Price,* The Mercenaries Who Gather Signatures for Ballot Measures, in: California Journal, Vol. XII, Number 10, October 1981, S. 357.

Text abgeändert werden soll, nochmals 50 000. Damit könnte der Initiativprozess zu einem ähnlichen Lern- und Aushandlungsprozess gemacht werden, wie es bei der parlamentarischen Gesetzgebung der Fall ist. Die Gefahr der Konfliktverschärfung durch grobschlächtige Initiativen würde gemindert. Die Erfolgschancen von Initiativen in der Volksabstimmung würden steigen.

Zur Verbesserung der Chancengleichheit der Akteure sähe ich folgende Massnahmen:

– Die Begrenzung der Spenden und der Ausgaben in Abstimmungskämpfen. Solche Vorschriften gibt es in den USA für Wahlen bereits.
– Der Kommerzialisierung der direkten Demokratie muss Einhalt geboten werden. Die Anstellung von besoldeten Unterschriftensammlern sollte verboten werden, wie dies in einigen Staaten schon der Fall ist.[30]
– Wenn in den USA schon für Wahlen staatliche Finanzhilfen zur Verfügung stehen, wieso nicht auch für Sachabstimmungen? Das Ungleichgewicht der Ressourcen sollte durch staatliche Beiträge vermindert werden.
– Eine weitere Idee ist ein interner Finanzausgleich unter den Kontrahenten. Gibt eine Seite beispielsweise viermal mehr aus als die gegnerische, so hat sie einen Zehntel ihrer eingesetzten Mittel nachträglich der anderen Seite zu vergüten. Das wäre quasi ein sich selbst regulierendes System.

Ohne Zweifel können die USA und Westeuropa wechselseitig von ihren Erfahrungen und Bestrebungen um institutionelle Reformen profitieren und damit den ideengeschichtlichen Kreislauf, der vor mehr als zwei Jahrhunderten begonnen hat, reaktivieren.

---

[30] Colorado hatte ein Verbot für die bezahlte Unterschriftensammlung erlassen. Dies wurde 1988 vom U. S. Supreme Court für verfassungswidrig erklärt (*Thomas E. Cronin*, Anm. 24, S. 216). Sechs Staaten kennen Restriktionen für bezahlte Unterschriftensammler (*David B. Magleby*, Anm. 16, S. 38 f.).

Constitutional Justice in Peru

by

César Landa[*]

"Summum ius summa iniuria"
Cicero

Contents

1. Democratic constitutionalism and authoritarian constitutionalism

Peruvian constitutional history has been prodigious in providing constitutional texts and in nominal incorporation of modern democratic institutions, but not in creating a constitutional conscience in either the citizenry or its authorities. It could be said that the righting of this lack of effect of constitutional texts on social life is due to the fact that the issuance of these political documents has arisen from unanimous political and social changes in each epoch: some structural, such as independence and the establishment of the Republic, an others to face existing situations such as civil wars, international wars and civil and military revolutions[1].

This historic course shows that the Constitution and constitutional life have depended directly on political and military occurrences in each epoch and that constitutional engineers have not been capable of processing these phenomena within the framework of the Constitution. This has been due, on one hand, to the lack of political stability, which means a lack of a minimum consensus or social pact between

---

[*] (1958) Ph. D. in Law, Professor of Constitutional Law at the Catholic University and San Marco's National Major University (Lima, Peru).

[1] Lizardo Alzamora Silva, *La evolucion política y constitucional del Perú independiente*, Lima, 1942; José Pareja Paz Soldan, *Derecho constitucional peruano y la constitución de 1979*, Lima, 1980; Domingo García Belaunde, *El constitucionalismo peruano en la presente centuria*, in the review DERECHO NO. 43–44, Lima, 1990; A. V. *La constitución diez años después*, Lima 1989.

the elite leaders to ensure at least a lasting State of Law. But, on the other hand, this course also created civic incredulity regarding the State and the Constitution, since the population's needs and expectations were not satisfied by the constitutions, or any of their long ideological flows: liberal in 1823, 1828, 1834, 1856 and 1867; conservative in 1826, 1836, 1839 and 1860; and social in 1920, 1933 and 1979[2] and apparently this will not change in the present "neoliberal" constitution of 1993.

Moreover constitutions that have always sought to end a political stage and begin a new one, usually call themselves revolutionary. For this reason, "up to a certain point one can sustain that the history of the constitutional theme and of the various approaches to dealing with it, is nothing more than a logical correlation and logical consequence of the process of change in the ideological scope and constitutional legitimacy serving as its basis"[3].

Nevertheless, in Peru, unrealistic political ideologies have had hardly any hold on social life and legal business, producing nominal constitutions that do not accord with economic and social budgets and/or semantic constitutions for the benefit of the deforciant faction in power[4], thus creating more dissonance between the constitutional pattern and constitutional normality[5], as well as seriously limiting realisation of the Constitution[6].

In this sense, the 1979 political charter closed the populist military regime period begun by General Velasco and inaugurated the 1980s with a wide *ad hoc* democratic setting for legal and political reflection, rather than of reality, especially by the establishment of a modern democratic and social constitutional design, emphasizing the creation of constitutional jurisprudence: human rights and supranational jurisdiction, constitutional guarantees and a Constitutional Guarantees Tribunal, which soon found itself checked on one hand, by the appearance of corrosive, countersystem practices, such as terrorism and the economic crisis, which once again opened a breach between the constitutional text and reality making evident the precarious constitutional life and the frail conviction in the country's constitutional justice; and on the other hand, by the weakness of the constitutional tribunal itself, due to the minimal competences assigned in the Constitution, to the scarce demand by the justiciable and to the repetition of the vices of ordinary justice in constitutional justice, as studied later on.

Following the trail of the unstable Peruvian constitutional course, the new constitutional text in 1993 expressed, on one hand, a political answer to the social State of the 1979 Constitution, granting a handhold for claimed neoliberal thinking, that

---

[2] Toribio Rodriguez, Franciso Javier Mariategui, José Faustino Sanchez, and others; *Discursos con que la Comisión presentó el Proyecto de ella al Congreso Constituyente*, Lima, 1823; Toribio Pacheco, *Cuestiones constitucionales*, Lima, 1854; Benito Laso, José Gálvez, José Gonzales de Paula Vigil and others (editors) *El constitucional*, political and literary newspapers, Lima, 1858; Manuel Atanasio Fuentes, *Derecho constitucional filosófico*, Lima, 1973; Luis Felipe Villarán, *La constitución peruana*, Lima 1899; Manuel Vicente Villarán, *Exposición de motivos del anteproyecto de constitución de 1931*, Lima, 1962.

[3] Pedro de Vega Garcia, *En torno a la legitimidad constitucional*, in Studies in Homage to Dr. Héctor Fix-Zamudio on his thirty years as a legal sciences researcher, Vol. 1, Constitutional Law, National University of Mexico, Mexico, 1988, pages 803–825.

[4] Karl Loewenstein, *Teoria de la Constitución*, Ariel, Barcelona, 1976, pages 218–222.

[5] Hermann Heller, *Teoría del estado*, FCE, Mexico, 1985, pages 199–216.

[6] Konrad Hesse, *Escritos Constitucionales*, CEC, Madrid, 1983, pages 26–31.

closed the stage of social constitutionalism, more nominal than real, to which an obstructionist role was attributed to the present modernization of the country insofar as the market economy was concerned; and, on the other hand, a political out from facing internal political pressure and above all international economic pressure resulting from the Fujimori's *autogolpe de Estado* (self-coup d'état) in 1992.

In this respect, the 1993 constitutional outline legally expressed the government's political programme and especially its economic program[7], to serve as a letter of guarantee for investors, through the ratification of an economic market constitution and the elimination of democratic or concerted planning, free of state enterprise atavism and price controls, completely free defender of private property with no expropriation by social interests possible, and the exclusion of preferential treatment for certain marginally social and economic sectors. In this regard, once the economic constitutional outline and, of course, the figure for presidential reelection, was assured, there remained pending the organization of the justice system, that is to say, the Judicial Power, the Constitutional Tribunal, the Public Defender's Office, the National Magistracy Council, the Ministry of Justice, etc., that do not present obstacles to the programmed objectives of Fujimori's present government.

Nevertheless, in this setting, the standard constitutional jurisdiction becomes a potential and renewed instrument for solving profound constitutional problems of both institutions and citizens, by incorporating aside from unconstitutional action and popular action, the conflict of competence as well as recognizing both *habeas corpus* and the *acción de amparo* (protective action), and *habeas data* and the *acción de cumplimiento* (mandamus).

It was precisely from the start of the praxis of constitutional jurisdiction and of legislation that made it easy or difficult, that a glimpse could be seen also of the possibility for overcoming the erratic Peruvian constitutional process. On this new constitutional course, the diffused and concentrated justice must not be separated from the techniques of constitutional interpretation[8] and of democratization as a form of jurisprudential resolution, otherwise they could be naively covering up old and new authoritarian wagers by society and the public powers, who sometimes appear as standard bearers for extraordinary measures for constitutional modernization.

In conclusion, in Peru's constitutional history we find spasmodic processes of democratic-authoritarian modernization that, utilizing democratic institutions of classic and contemporary constitutionalism itself, exercise a juridical practice of autocratic traits, not only of a conservative nature but also of a social and neoliberal one. But in any of these cases concentrated on harsh presidential leadership, no distinction is made between a strong government and an authoritarian government that finally creates medium and long-term instability, with the aggravation of the great social cost of its intolerance.

---

[7] Alessandro Pizzorusso, *Lecciones de Derecho Constitucional*, Vol. 1, CEC; Madrid, 1984, page 11.

[8] Enrique Alonso Garcia, *La interpretación constitucional* CEC, Madrid, 1984; Konrad Hesse, *Escritos Constitucionales*, op. cit., pages 35–57; Hector Fix-Zamudio, *Breves Reflexiones sobre la interpretación constitucional*, in Constitutional Jurisdiction, Seminar on Constitutional Justice, III Anniversary of the creation of Constitutional Hall, San José, Costa Rica; and Domingo García Belaunde, *La interpretación constitucional como problema* in Constitutional Thinking (Editor César Landa) Master's Degree in Law, with Mention of Constitutional Law, Catholic University, Lima, 1994.

2. Traditionalist judicial modernization

In the uneven Peruvian democratic constitutional profile presented, an analysis should be made of the uprising of constitutional jurisdiction in Peru. In fact, "the dramatic process through which it travelled towards democracy in these countries is reflected unequivocally in the sense given to Constitutional Justice"[9]. But, this in turn should be formally incorporated into the framework of the characteristics and limits of the justice administration of which it is a tributary, so that it will allow us to have an idea of the reasons for the origin of concentrated constitutional justice as a negation of the Peruvian justice administration model and of constitutional justice itself, while still a carrier of the vices of ordinary justice practice.

In this respect it should be noted that on Judicial Power all epochs agree on frontal criticism of the quality of jurisdictional function, identified by submission to the dominant political and economic powers, the lack of uniform jurisprudential criteria and corruption. Together with these, the obsolete substantive and procedural codes, the archaic systems of judicial working and the lack of economic resources all constitute features of the Judicial Power itself[10], that have obstinately created in public opinion the idea of delegitimizing the practical administration of justice and law.

Thus, for example, one of the self-justifying reasons for the *autogolpe de Estado* in 1992 was the state of justice administration "winning over through political sectaries, the ancillary venality and irresponsibility (...) a scandal that has permanently disgraced democracy and the law"[11]; the autocratic consequence of this political diagnosis was the removal from office of the constitutional magistrates, as well as members of the Supreme Court, the Court of Appeals and the closing of the Constitutional Guarantees Tribunal, and other institutions.

In this sense, the government has pragmatically assumed the need to modernize justice administration in Peru, otherwise, "the subsistence of the democratic system, as well as of important economic reforms introduced by the present government will not be viable without an efficient justice administration system to meet the needs of modern society"[12]. Consequently, it has nominally incorporated into the 1993 Constitution a set of administrative judicial reforms that go from the inviolability of legal protection, due process, control of constitutionality, judicial independence, through the establish of the Supreme Court as a court of cassation, the naming of its magis-

---

[9] Javier Perez Royo, *Estado democrático y justicia constitucional*, Tecnos, Madrid, 1988, page 40.

[10] Ministry of Justice, *Foro nuevas perspectivas para la reforma integral de la administración de justicia en el Perú*, sponsored by the United Nations Development Programme, Lima, 1994, showing the collected diagnoses and conclusions of the Commission for Restructuring Justice Administration. From an unofficial perspective, Javier de Belaunde and others in *Poder Judicial y democracía* (Editor Diego Garcia-Sayan), CAJ and CIJA, Lima, 1991, pages 21–58; Juan Monroy, *El Poder Judícial a 10 años de vigencia de la Constitución de 1979*, Lima 1990; *Perú: La independencía del Poder Judicial*, mission report by Jose Antonio Martin Pallin, Centre for Independence of Judges and Lawyers, and the International Commission of Jurists, Lima, 1989; Luis Pásara, *Jueces, justicia y poder en el Perú*, CEDYS, Lima, 1982, and Domingo García Rada, *Memorias de un juez*, Andina, Lima, 1978.

[11] Alberto Fujimori, Manifesto to the Nation of 5 April 1992, newspaper La Republica, Lima, 5 June 1992, page 5.

[12] Ministry of Justice, *Foro nuevas perspectivas para la reforma integral de la administración de justicia en el Perú ...*, op. cit., page 9.

trates by a National Magistracy Council, popular election of justices of the peace, recognition of peasant and native communities as jurisdictional instances applying their common law, basically; to the creation of the "Defender of the People" office (Ombudsman), redefining the Constitutional Tribunal, the National Elections Board and the National Magistracy Council, among other constitutional agencies.

However, judicial processes generally continue to be carried out with marked inefficiency and a certain amount of corruption in open violation of the purposes of justice administration and lack of respect for the laws of due process and effective legal protection of the justiciable, so that "the practical effects of the *reorganization* of the Judiciary Power and its associated institutions carried out by President Fujimori on 5 April 1992, when judged according to the applicable standards, has proved to be a grave erosion if not elimination of the institutional independence of ordinary justice" [13].

The fundamental result of this self-denominated judicial reform process, is that it has produced firstly, *de facto* removal from office of the majority of the members and to a lesser degree the magistrates and prosecutors, and, secondly, the partial revision of retirees by the Magistracy Honor Tribunal created *ad hoc* by the Democratic Constituent Congress in 1993 [14]. This now corresponds constitutionally to the National Magistracy Council, agency that has just been installed and which will approach this matter, according to statements by its members, only in the name of the members and judges of the provinces still lacking.

The political and legislative negligence of governors in the implementation of judicial agencies, such as the above-mentioned National Council, the "Defender of the People" office or the Magistracy Academy, sometimes becomes frightening, in face of the necessary and urgent putting into practice of constitutional control in the charge of the Constitutional Tribunal, for the following reasons:

a) Political

Due to the fact that the Tribunal of Constitutional Guarantees at the beginning of the Fujimori's governmental period, from August 1991 to March 1992, declared four laws to be unconstitutional -three delegates decrees authorities (DDA) and one Act- that statutorily established a radical economic liberalization, violating social constitutionalism explicitly approved in the 1979 political text, for which reason the Constitutional Guarantees Tribunal was closed in the *autogolpe* (self-coup d'état) on 5. April 1992.

In this respect, the Constitutional Tribunal was not incorporated into the first

---

[13] Report of the International Commission of Jurists, *Sobre la administración de la justicia en el Perú*, IDL, Lima, 1994, pages 79–86, this report was the result of an understanding reached between the government of the United States and the government of Peru, for a commission, presided by Professor Robert Goldman, to evaluate the most important characteristics of the judicial system and legal and constitutional reforms introduced.

[14] An example of the maintained submission of justice to political power was shown in the case of La Cantuta, in which the Supreme Court, recently renewed in April 1994 by the Magistracy Honor Tribunal, abdicated before military jurisdiction excluding its power to administer justice against a group of paramilitary personnel of the army; considering that the crime had been committed in the exercise of regular actions – kidnapping and killing a university teacher and nine students, and then burning their remains.

drafts elaborated by the Democratic Constituent Congress (DCC) in 1993, but only after debate by the full DCC charged with final approval of the constitutional text to be put to the vote by referendum. This made two things clear: on the first hand, the intention of the Fujimorist parliamentary majority that the Supreme Court assume the function of constitutional jurisdiction in the first drafts and, on the other hand, that for the government the existence of an autonomous Constitutional Tribunal was not functional to take charge of constitutional control of power, but rather a tame Judiciary Power to assume the task of judicially controlling public powers.

But in the constituent debate, the more conservative sectors opposed to and fearful of the creation of the Constitutional Tribunal, headed by Enrique Chirinos Soto, had to succumb: on one hand, before the historic contemporary tendency towards establishment of a modern concentrated constitutional justice, but without any ethical conviction of its democratic need and, on the other hand, before the unanimous public opinion specialized in matters of constitutional law that promoted full and improved restoration of constitutional justice through the Constitutional Tribunal[15].

b) Juridical

Constitutional justice, by creating a jurisdictional power charged with inspecting the constitutionality of acts by public powers -legislative, judicial and especially executive- could only limit them when capable of submitting them to constitutional control, particularly to obstinate Latin American presidentialist regimes, such as the Peruvian[16] which go beyond ordinary limits.

However, the new version of the Constitutional Tribunal created towards the end of the constituent debate in 1993[17], has not been implemented to date, due to the government's presidentialist deal and its obedient parliamentary majority and, during 1994, due to the lack of promulgation of the Constitutional Tribunal Organic Law (CTOL) and now that it has been published – on 10 January 1995 – through Law No. 26435 and modified by Law No. 26446 of 10. April last, due to the lack of designation of magistrates and the issuance of an organic law on constitutional guarantees. So that, for more than three years there has existed no constitutional control of laws in Peru.

Consequently, the incorporation of concentrated constitutional justice in the 1993 Constitution was born with great mistrust on the part of public powers liable to control – particularly the President of the Republic – to make legal standards, conflicts of competence of Parliament and the Executive Power justiciable, as well as substituting for the Supreme Court as the last instance in matters of old and new constitutional

---

[15] Lima Lawyers College, *Proyecto de Reforma de la Administración de Justicia*, Lima, 1993. Moreover, to revise the draft constitutional reform of the Section on Constitutional Guarantees of the 1979 Constitution, that was presented to the Congress of the Republic in 1991, a group of constitutional law professors of Catholic University grouped around the Constitutional Studies Centre; the proposal can be seen in Readings on Constitutional Themes No. 8, Lima, 1992, pages 255 onwards.

[16] Maurice Duverger, *Instituciones políticas y derecho constitucional*, Ariel, Barcelona, 1984; where it is proposed that "presidentialism constitutes a deformed application of the classic presidential regime, by a weakening of Parliamentary powers an hypertrophy of the President's powers", page 152.

[17] Democratic Constituent Congress, *Debates del Pleno del Congreso Constituyente Democrático de 1993*, version by disketts, Lima, 1994.

guarantees – *habeas corpus, acción de amparo, habeas data* and *action of mandamus*. Nevertheless, we understand that no Constitutional Tribunal has been born without enemies in intolerant and antipluralist regimes, the proper conduits of closed societies[18], that is without any culture of freedom, and for them "freedom only becomes real through a culture beyond the natural state, in globalization through the family, the constitutional state and the community of peoples"[19].

In this context, it makes good sense to diagnose some limitations and virtues of the ex-Constitutional Guarantees Tribunal, for the sake of a critical conscience on the composition and functioning of the new Constitutional Tribunal and its future exercise as a jurisdictional control organ over the constitutionality of legislative and judicial acts.

3. Evaluation of the Constitutional Guarantees Tribunal

An evaluation of the Constitutional Guarantees Tribunal functioning from 19. November 1982, the date it was installed, to 5. April 1992, the date it was closed, must be made on the results of its jurisdictional function to guarantee freedom and to control the legislative excesses of power and not only from criticism of the constitutional model which gave rise to its origin[20].

However, it should be remembered that the 1979 Constitution gave the CGT two competences: to declare the unconstitutionality of norms having the rank of laws, and resolve by "cassation" the Judiciary Power's negatory resolutions on matters of *habeas corpus* and *acción de amparo*.

During its ten years of functioning, the CGT was presented with more than twenty-five unconstitutionality actions, having resolved only fifteen due to its abrupt closure (see table No. 1). But, more significant was the fact that between 1983 and 1990, during the Acción Popular and APRA administrations, only nine unconstitutionality actions were resolved, the CGT having declared only one case unconstitutional, while the rest of the actions were declared unfounded and did not obtain the number of votes necessary to hand down a decision.

But, as from 1990, which the Fujimori administration, during which the "economic shock" was applied, there began the issuance of a set of legislative measures for structural economic regime and social labor laws guaranteed by the 1979 Constitution. In this respect, there were issued for example: the economic constitutional decree authority D. S. No. 057-90-TR, limiting salary increases and improvement of working conditions for collective bargaining by labor unions of public

---

[18] Peter Häberle, *Die Verfassung des Pluralismus, Studien zur Verfassungstheorie der offenen Gesellschaft*, Athenäum, Germany, 1980, pages 79–105. Moreover, review Javier Perez Royo, *Tribunal constitucional y división de poderes* ..., op. cit., page 25.

[19] Peter Häberle, *El concepto de los derechos fundamentales* in Present Problems of Fundamental Laws (Editor Jose Sauca), University Carlos III of Madrid, Official State Bulletin, Madrid, 1994, page 103. Furthermore, same author, *Recientes aportes sobre los derechos fundamentales en Alemania* in Constitutional Thinking (Editor César Landa), op. cit., page 54–57, and, same author, *Le libertá fondamentali nello stato costituzionale* NIS, Rome, 1993, page 126–133.

[20] Manuel Garcia Pelayo and others, *El Tribunal de Garantias Constitucionales en Debate* in Enfoques Peruanos 6, Latin American Law and Development Council, Lima, 1988.

Table No. 1

Constitutional Guarantees Tribunal Resolutions and Pronouncements (1982–1992)

	Resolutions			
	Uncon-stitution-ality	constitu-tionality	inadmiss-able	Pro-nounce-ments[21]
1. Law No. 23332 (Art. 2) Felony of contempt and Delegated Decree Authority (DDA) No. 46 (Art. 6) Terrorism			X	
2. Law No. 23339. Departmental development Corporation		X		
3. Law No. 23331 and DDA No. 46				X
4. Law No. 23903 (Art. 6) Validly issued votes				X
5. Law No. 23903 (Arts. 10, 11, 12, 20). Preferential vote in the presidential election				X
6. Law No. 24617 and DDA No. 371. Reorganization of the National Police			X	
7. Law No. 25202. Union Work Purse		X		
8. Law No. 25051. Expropriation of landed property in Chanchamayo	X			
9. Law No. 24243. State expropriates land and awards it to Yurimaguas Club.				X
10. Supreme Decree No. 057-90-TR (CDA) limits collective aggreements			X	
11. Law No. 25334 (Arts. 20, 21) and Law No. 25303 (Art. 292). Limits salary increases and improved working conditions	X	x		
12. DDA No. 651, liberalises price of public transport	X	x		
13. DDA No. 674 (Art. 27) Limits activities of public enterprises	X	x		
14. DDA No. 650. Compensation for time served countermanded	X	x		
15. Law No. 24243 State expropriates land and gives it to Club Yurimaguas.				X

Sources: Constitutional Guarantees Tribunal files, official newspaper El Peruano and Gabriela Guillén, *Tribunal de Garantías Constitucionales: información estadistica,* in Ius et Praxis No. 17, University of Lima, 1991
Drawn up: César Landa

companies. Laws 25334 and 25303 ratified restrictions on negotiation of collective agreements in the public sector. Moreover, a series of delegated decree authorities were passed, inciting unconstitutionality such as Delegated Decree Authority No. 650, modifying the regimen of workers' pensions, permitting the banking and private financing system to capture these deposits obligatorily; Delegated Decree

---

[21] Organic Law on Constitutional Guarantees Tribunal No. 23385, established in Art. 8 that it had declared unconstitutional a law with six votes in favour out of nine magistrates; nevertheless due to each magistrate issuing a singular vote, they did not manage to achieve a sentence in favour or against, so later, they denominated these sentences as "pronouncements".

Authority No. 651, transferring to the Central Government the constitutional competence for regulating the public transports of municipalities and liberalising the limits of ticket prices; Delegated Decree Authority No. 674 limited the activity of the State's enterprises, in particular the economic activities of public enterprises. Delegated Decree Authority No. 677 deprived workers in public companies from participating in their property, profits and management, and restricted those in private ones.

However, Delegated Decree Authority No. 688 was passed, incorporating insurance companies into the consolidation of workers social benefits to be charged to the companies. Delegated Decree Authority No. 718 created a private pension system, complementary to the public pension system administered by the Peruvian Social Security Institute. Delegated Decree Authority No. 727 created private administrators of pension funds.

Finally, Delegated Decree Authority No. 727 promotes private investment in construction, excluding construction companies from labor obligations indicated in Law No. 25202, Law of the Union Work Purse, that was considered as inciting to presumed unconstitutionality and that the Constitutional Guarantees Tribunal declared constitutional in 1989. Delegated Decree Authority No. 728, Law for Fostering Employment, making the labor market more flexible, eliminating labor stability and job protection. At the end, an unconstitutionality action was filed against some articles in Delegated Decree Authority No. 767, Organic Law of the Judiciary Power.

These laws, among other norms, made up the legislative package dictated by the Executive Power that gave place to the filing of fifteen new unconstitutionality actions, only five of which were resolved. One, the decree of economic urgency (CDA), was declared inadmissible because although backed by the law, it did not pass the abstract constitutional control permitted restrictively by the 1979 Constitution according to the majority of the constitutional magistrates.

Insofar as the four last resolutions given by the CGT are concerned, one against a budget law and three against three other delegated decree authorities, the CGT declared the unconstitutionality actions on the basis of how well founded they were, even thought the form of the last three cases was rejected. While, in the last CGT resolution published in the official newspaper "El Peruano" one day before the *autogolpe* (self-coup d'état) of the State on 5. April 1992, no sentence was ever issued, but only a pronouncement made, due to the fact it did not achieve the six votes required by law to declare an action of unconstitutionality well founded. The remaining delegated decree authorities sued for being unconstitutional remain pending resolution, due to its *de facto* closure.

The CGT was responsable also to resolve the acción de amparo y habeas corpus (see table No. 2). But there was scarce utilization of *acción de amparo* and especially *habeas corpus* during the recorded period, despite the fact that this decade was characterized not so much by solidarity as, on one hand, by violation of human rights due to terrorist action by the Shining Path and the repressive legal and illegal action of the Armed Forces, especially in states of emergency and, on the other by the economic, social and institutional crises that the arbitrariness of the authorities as well as of private and particularly forceful powers. In this respect this modest CGT balancing is partly understandable due to the ignorance or little value assigned by the justiciables to constitutional guarantee actions, given the crises of the State of Law and the lack of a culture of liberty.

But, on the other hand, the Constitutional Guarantees Tribunal itself underestimated the majority of the "cassation" suits presented to it, making even evident the small relevance granted by constitutional justice to the few constitutional processes initiated by citizens (see table No. 3).

Given the statistical information presented, it is important to carry out below a brief diagnosis of the limits of the Constitutional Guarantees Tribunal's experience[22]:

Table No. 2

Constitutional Guarantees Tribunal: Causes Seen in Protection of Acción de Amparo and Habeas Corpus Matters

Years	Acción de Amparo	Habeas Corpus	Total
1983	27	03	30
1984	54	15	69
1985	25	05	30
1986	56	13	69
1987	68	13	81
1988	43	09	52
1989	32	02	34
1990	75	07	82
1991	68	15	83
1992★	46	01	47
Total	494	83	577

★ Until 5. April 1992, the date the CGT was closed.

Sources: Constitutional Guarantees Tribunal Files, the official newspaper El Peruano, and Gabriela Guillen Fernandez, *Tribunal de Garantías Constitucionales: información estadística,* in Ius et Praxis No. 17, Lima, 1991. *Drawn up:* César Landa

Table No. 3

Constitutional Guarantees Tribunal: Causes Voted on Acción de Amparo and Habeas Corpus Matters (1982–1992★)

	Repealed	Not Repealed	Pronouncements
Acción de Amparo	89	377	27
Habeas Corpus	08	67	08
Total	97	444	35

★ Until 5. April 1992, when Constitutional Guarantees Tribunal was closed.

Sources: Constitutional Guarantees Tribunal Files, official newspaper El Peruano and Gabriela Guillén, *Tribunal de Garantías Constitucionales: información estadística,* in Ius et Praxis No. 17, Lima, 1991. *Drawn up:* César Landa

---

[22] Manuel Aguirre, *La razón principal del fracaso del TGC* in Themis 20, Lima, 1991.

a) *Scarce competence*

Although in the first draft of the section on Constitutional Guarantees in the 1979 Constitution, there was consigned an extensive list of competences and attributions[23], that were not recognized, the declaration of unconstitutionality of law and the "cassation" of negatory resolutions of the Judiciary Power were only conferred in matters of *habeas corpus* and *acción de amparo*.

b) *Procedural Legitimacy*

The few unconstitutionality suits find explanation partly in the fact that the requisite for presenting such actions by the citizenry was 50 000 signatures, as well as that of the President of the Republic, a third of the Senators or Congressmen, the Supreme Court of Justice and the Attorney General of the Nation. That is to say that, on one hand the procedural legitimacy was permitted for principal authorities of the country but the people were required to give a high quota of support to a demand that was scarcely utilized in the unconstitunality action that was brought by the industrial community workers in January 1992 against a law that violated their rights, and to which no resolution was found due to the closing of the CGT.

c) *Nominations*

The designation of the new magistrates, three by the Legislative Power, three by the Executive Power and three by the Judiciary Power generated a dependence on origin which most of the magistrates never managed to undo, which practically led to weak action by the CGT, during its first eight years (1982–1990), during which it barely resolved nine unconstitutionality actions, which it rejected except in one case which it declared was well founded. However, as there had been no renovation of the magistrates by political powers, it left the remaining six unconstitutionality actions resolutes by the CGT against legal standards passed by Fujimori's government, four of which were declared well founded, one was rejected to declare as inadmissible the unconstitutionality action brought against a decree of urgency since the 1979 Constitution did not expressly recognize the supposed incitement, constitutionally, against a decree of urgency, and other by second time obtained only an pronouncement.

d) *Pronouncements*

As the Organic Law of the Constitutional Guarantees Tribunal established on one hand, the requisite of six votes to sentence demands of unconstitutionality of laws, in five of the fifteen cases (33%) no sentence was handed down. Meanwhile, in order to solve *habeas corpus* and *acción de amparo*, although five votes were required to resolve annulment appeals, only in 6% of cases were pronouncements issued, outstanding being the hight issuance of non-annulment resolutions (77%).

---

[23] Debates Daily of the Principal Commission of the Constituent Assembly, 1978–1979, Vols. III and VIII. Javier Valle Riestra, *El Tribunal de Garantías Constitucionales*, the case of null and blank votes, Lima, 1986, pages 7–20.

e) Cassation

The CGT Organic Law established that once passed through the judicial process, the annulment function of the CGT could be used against resolution when they violated the law, applied the law falsely of erroneously or committed infractions of procedure. However, the reasoning of most of the constitutional magistrates was to find on the basis of the matter before repealing or nor repealing the judicial resolutions presented to their consideration, converting the CGT into a sort of fourth judicial instance, with the aggravation that most of the CGT's *Habeas Corpus* resolutions (80.7%) and *acciones de amparo* (76%) were for non cassation.

In fact, the cassation on *habeas corpus* and *acción de amparo* protection matters, was scarcely 9.6% and 18% respectively. This shows a residually guarantee-type constitutional jurisprudence for protection of fundamental rights invoked by the justiciables. The work having been abrogative, the fundamental task of the CGT, due to the scarcely 25 suits of unconstitutionality brought in ten years showed that, faced with violations of fundamental rights in Peru, the CGT carried out a timid and opaque role as a control organ for the Constitution and above all for overseeing the constitutionality of acts of authority.

f) In dubio pro stato reasoning

The reasoning of most of the constitutional magistrates was "a) Guarantee Actions (demands for *acción de amparo* and *habeas corpus*) aimed at the defence of constitutional rights; b) therefore, if no violation or threat of violation of a constitutional right is proved, it is overruled; and, c) consequently, – oh! terrible and fateful result – resolutions reaching abrogation are not revoked ("abrogated"), when the corresponding files do not show any attempt (violation, damage or threat) against any constitutional right even when the causes of abrogation appear in said appealed resolutions"[24].

This jurisprudential reasoning based on procedural economy, also arose from virtually assuming that it could not redress the violation of basic rights unless the interested party had proved the hindrance to his right, when really in an atmosphere of violence and social crisis it was the State and private powers who where the agents ready to violate fundamental rights and, consequently, there existed real suppositions that could reasonably lead one to presume aggression by the State for example, unless the infractor had demonstrated his lack of responsibility.

This reasoning of *indubio pro libertate* is precisely that which the Inter-American Human Rights Court, in reiterated jurisprudence, postulates since "unlike internal penal law, in processes of violations of human rights the State's defence may not rest on the impossibility of the plaintiff to allege proofs that, in many cases, cannot be obtained without the State's cooperation. It is the State that has control of the means

---

[24] Manuel Aguirre, *La Razón Principal del Fracaso del TGC* . . . op. cit., page 10.

for clearing up occurrences within its territory[25]. That is to say that the Court considers that the burden of proof falls on the State sued.

The origin and evolution of contemporay peruvian constitutional justice shown us that the experience of Constitutional Guarantees Tribunal could repeat by the future Constitutional Tribunal. Them the Congress must regulate carefully the new law of constitutional guarantees and design proportionality with the public opinion the seven constitutionals magistrates. But the *Verfassungsgefühl* and the check of powers by one open society, is the most important guarantee to achieve the Constitutional State.

Lima, September 1995
Bayreuth, November 1995

---

[25] Inter-American Court on Human Rights, *Caso Neira Alegría y otros, sentencia del 19 de enero de 1995*, page 21. German Bidart Campos, *La interpretación de los derechos humanos*, in Andean Constitutional Readings 3, CAJ, Lima, 1994.

Religionsfreiheit und Tradition in Japan
– zum Verständnis ostasiatischer Verfassungen –

von

Dr. Osamu Ishimura

Professor für öffentliches Recht an der Senshu Universität in Tokio

1. Vorwort[1]

Das neue Selbstbewußtsein der modernen ostasiatischen Verfassungsdiskussion läßt sich durch einen von einem südkoreanischen Historiker geprägten und in Ost-asien vielfach rezipierten politischen Kunstbegriff, nämlich den des »BeSoTo« ver-deutlichen. BeSoTo ist die Abkürzung für die Städte Beijin (engl. für Peking), Soul (engl. für Seoul) und Tokio, zusammengesetzt aus den jeweils ersten beiden Buchsta-ben dieser Städtenamen. Verwendet wird dieser Begriff zur Bezeichnung des poli-tisch-ökonomischen Zentrums in Nordost-Asien, und um seine Bedeutung als drit-ter (gleichberechtigter) Kern neben Europa und Nordamerika in der politisch-ökono-mischen Welt zu verdeutlichen.

Geographisch liegen die Städte BeSoTo in der Form eines spiegelverkehrten »S«, vergleichbar mit der Lage der europäischen Kulturstädte London, Paris und Wien. Ähnlich wie diese im 18./19. Jahrhundert in Europa bestimmen heute in Asien die Städte BeSoTo das kulturelle Leben.

Die Zentren BeSoTo mit über 100 Millionen Einwohnern stehen in zunehmend enger wirtschaftlicher Verbindung, gemeinsam ist ihnen aber die Kulturtradition des Konfuzianismus, an den viele die Hoffnung knüpfen, er werde für diese Region auch eine politisch integrierende Rolle spielen. Diese Erwartung an die Funktion des Konfuzianismus ist jedoch nicht unproblematisch, denn nach der Lehre des Konfu-zius (551–479 v. Chr.) ist es die Funktion des Staates, eine sichere Ordnung für die Menschen zu schaffen und aufrechtzuerhalten. Demgegenüber betont der Buddhis-mus, der für die Entwicklung des ostasiatischen Raums nicht minder wichtig ist, die persönliche Heilsentwicklung des Individuums. In Japan beispielsweise wurde seit dem 17. Jahrhundert unter dem starken Patronat der mächtigen Tokugawa-Familie

---

[1] Dieser Beitrag ist während meines Forschungsaufenthaltes in Deutschland 1994/95 an der Johann Wolfgang Goethe-Universität Frankfurt a. M. entstanden. Ich danke Herrn Prof. Dr. Erhard Denninger für die überaus freundliche Aufnahme als Gast an seinem Lehrstuhl und Dr. Johann Bizer, wiss. Mitarbeiter an diesem Lehrstuhl, für seine Hilfestellung bei der sprachlichen Verbesserung meines Manuskriptes.

auf der Basis des Konfuzianismus eine Staats- und Gesellschaftslehre entwickelt, die über viele Jahrhunderte zu einer innenpolitischen Stabilisierung des autoritären Regimes geführt hat. Entsprechende Entwicklungen ergaben sich in China und Korea. Zur Illustration verweise ich auf das staatliche Prüfungssystem in allen drei Ländern, das sicherstellte, daß das Denken der staatlichen Beamten ausschließlich im Konfuzianismus wurzelte.

Die Tradition des Konfuzianismus wirkt noch heute weiter, jedoch abgeschwächt, denn heute stehen die modernen Industriezentren Ostasiens in der Gedankenwelt des Neo-Konfuzianismus und des Neo-Buddhismus, die wiederum selbst von der Gedankenwelt moderner Abendländer beeinflußt sind. Dies zeigt sich beispielsweise in einer größeren Toleranz gegenüber religiösen Minderheiten, auch wenn die Gewährleistung der Religionsfreiheit nicht in allen Staaten westeuropäischem Standard entspricht. Zudem müssen die ökonomischen und kulturellen Diskrepanzen der einzelnen Regionen Ostasiens, beispielsweise Nordchina einerseits und Japan andererseits, berücksichtigt werden. Gleichwohl stellt sich die Frage, welche Gedankenwelt in Ostasien, sei es nun im geographischen Raum der Drei-Städteachse BeSoTo oder in einer zukünftigen Asien Union (AU), eine integrierende Funktion haben kann.

Die Erwartungen an die Asien-Union sind vielfältig. Das ökonomische Zentrum Asiens könnte auf diese Weise eine politische Einheit erhalten. Die Asien-Union wäre dann die politische Vertretung der ökonomischen und politischen Interessen Asiens gegenüber anderen Staaten und Regionen. Sie könnte aber auch eine weltpolitische Aufgabe bekommen, nämlich die militärische Sicherheit in Asien zu gewährleisten, die seit dem zweiten Weltkrieg von den USA garantiert wurde. Schließlich könnte die Asien-Union zu einer Angleichung der Lebensverhältnisse der wirtschaftlich und politisch sehr unterschiedlich entwickelten Länder Asiens führen und schließlich einigen Ländern das Image der Dritten Welt nehmen.

Gleichwohl sind die Ausgangsbedingungen für eine politische Einheit Asiens in den einzelnen Staaten sehr verschieden. So werden die Staaten Asiens auf der jährlich von den Vereinten Nationen (UN) und der Zeitschrift »Freedom at Issue« herausgegebenen Skala für die Entwicklung von Freiheit und Sicherheit höchst unterschiedlich bewertet. Während Japan eine mit den Staaten Europas vergleichbar hohe Bewertung erhält, Südkorea seine Position verbessern konnte, fällt bspw. die Bewertung der Entwicklung in Nordkorea und China negativ aus.

Aber auch die ökonomische Entwicklung der Staaten Asiens verläuft sehr unterschiedlich. Sehr reiche Staaten stehen sehr armen gegenüber, innerhalb der Staaten bestehen erhebliche Unterschiede in der Verteilung des Reichtums, in einigen Staaten werden ethnische und religiöse Minderheiten unterdrückt, ein unkontrolliertes wirtschaftliches Wachstum zieht erhebliche Belastungen der Umwelt und entsprechende Folgeschäden nach sich und schließlich führt das ökonomische Gefälle zu erheblichen Wanderungsbewegungen von Arbeitssuchenden. In diesem Zusammenhang kann nur darauf hingewiesen werden, daß tendenziell die Gefahr besteht, daß zugunsten der wirtschaftlichen Entwicklung in Ostasien die der Menschenrechte vernachlässigt wird.

Gleichzeitig muß man sehen, daß eine Harmonisierung der verschiedenen Traditionen und Gedankenwelten Ostasiens auf erhebliche Schwierigkeiten stößt. So leben in Asien nicht nur von der Tradition des Konfuzianismus und des Buddhismus geprägte Bevölkerungsgruppen, sondern auch solche islamischen Glaubens sowie andere religiöse Minderheiten.

2. Kennzeichen des ostasiatischen Konstitutionalismus

Die jüngere Verfassungsentwicklung in Ostasien muß vor dem Hintergrund eines latenten Spannungsverhältnisses zwischen der eigenen historischen Tradition und den Einflüssen der politischen, sozialen und Rechtskultur Amerikas gesehen werden, letztere begünstigt durch die Militärherrschaft der Amerikaner nach dem zweiten Weltkrieg.

Vor dem zweiten Weltkrieg verfügten nur drei Länder Asiens über geschriebene Verfassungen im modernen Sinne. Es handelt sich um die Verfassung des Japanischen Reichs von 1889, die sogenannte Meiji-Verfassung, die monarchische Verfassung des früheren Thailands (Siam) von 1932 und die philippinische Verfassung von 1935.

Die Verfassungsentwicklung in Japan und in Siam weist mehrere Gemeinsamkeiten auf. Beide Länder waren keine Kolonien, verfügten durch die Zugehörigkeit der Bevölkerung zu einer Religion über eine gewisse homogene Basis und wurden durch starke Monarchien regiert, die nunmehr konstitutionell abgesichert wurden. Zwar sind beide Länder mittlerweile eine parlamentarische Demokratie, in der der Monarch nur eine symbolische Stellung hat, gleichwohl sind die alten vor dem Krieg herrschenden Traditionen noch in der politischen Kultur verankert und haben bis heute Einfluß auf die Verfassungswirklichkeit. Überhaupt ist die Diskrepanz zwischen normativem Gehalt der Verfassung und der Verfassungswirklichkeit ein Wesenszug des ostasiatischen Konstitutionalismus.

Als weitere Kennzeichen fasse ich thesenartig zusammen:

1. Alle Länder Asiens haben sich nach dem zweiten Weltkrieg neue Verfassungen gegeben. Fast alle Länder haben zu Beginn des 20. Jahrhunderts wenigstens formal die europäisch-nordamerikanischen Menschenrechte übernommen.

2. Wegen der unsicheren außen- und innenpolitischen Lage werden die nach den Verfassungen geltenden Menschenrechte selten verwirklicht. Teilweise war die normative Kraft einzelner Verfassungen so schwach, daß sie keine ausreichende Sicherheit gegen Regierungswechsel durch Staatsstreich boten.

3. Vielfach besteht noch immer ein persönliches Treueverhältnis zwischen Bürger und Staat, das mit der Treuepflicht der Beamten im Feudalismus vergleichbar ist. Verstärkt wird diese Bindung durch die Einflüsse der traditionellen Religion. Häufig werden Menschenrechte im Arbeits- und Schulverhältnis, der Strafrechtspflege und von Frauen und Ausländern in der Rechtswirklichkeit mißachtet.

4. In nicht wenigen Staaten besteht nach der Verfassung eine Verbindung zwischen herrschender Religion und Regierungssystem, insbesondere der Monarchie. Vor allem in Indochina fungiert die Religion als Legitimation dynastischer Regierungen.

5. Regelmäßig wird das Individuum der Gemeinschaft untergeordnet, beispielsweise der Familienordnung. Häufig wird die Persönlichkeit auch von Gemeinschaften, denen der Betroffene freiwillig beigetreten ist, wie Firma, Schule oder Universität, verletzt oder nicht beachtet.

6. Die prosperierende wirtschaftliche Entwicklung in Ostasien und die damit verbundene Öffnung gegenüber dem Westen haben die Bedeutung von Demokratie und Menschenrechte in Ostasien gestärkt, auch wenn sie (noch) nicht überall vollständig verwirklicht sind.

3. Der Einfluß des Shintoismus auf die Verfassung

Vielfach läßt sich nachweisen, daß in ostasiatischen Ländern vorherrschende Religionen (Staatsreligionen) erheblichen Einfluß auch auf die Verfassungen dieser Länder gehabt haben. Am Beispiel der japanischen Meji-Verfassung von 1889, der ersten modernen Verfassung Ostasiens, soll nun die Verbindung von Staatsreligion und ersten zaghaften Anfängen eines die Herrschaftsgewalt bindenden Rechts gezeigt werden. Die Stellung des Tennos als Kaiser beruhte einerseits auf der Tradition des Konfuzianismus, nach dem dieser die höchste Regierungsgewalt hatte, und zum anderen auf dem Shinto, wonach die Legitimation des Tenno als Kaiser, jedenfalls nach dem überlieferten Mythos, auf seiner Erbfolge als Sohn des Staatsgründers beruhte.

Die Meji-Verfassung wurde vom japanischen Kaiser, dem »Tenno«, nach dem Muster der Preußischen Verfassung von 1850 erlassen. Die Preußische Verfassung war Vorbild, weil sie im Vergleich zu anderen europäischen Verfassungen der Zeit am ehesten die Staatsgewalt im König zentralisierte und dem Volk Rechte allenfalls unter Vorbehalt einräumte. Diese Orientierung an einem europäischen Vorbild bewirkte immerhin, daß erstmals Grundgedanken des modernen Konstitutionalismus in Japan eingeführt wurden. In Wirklichkeit ging es jedoch machtpolitisch lediglich um die Ablösung des feudalen Lehnsstaates der Shogun durch die absolute Monarchie des Tennos, eine Verwirklichung der Verfassung war gar nicht beabsichtigt.

Nach Art. 1 und 4 (Kokutai-Artikel) herrschte der Tenno über das japanische Reich und führte die Oberaufsicht über die gesamte Staatsgewalt. Grundlage des Regierungssystems war die Unantastbarkeit des Tennos (Art. 3), der nach dem Shinto von Gott abstammte und dessen Würde auf seinen erstgeborenen Sohn übertragen wurde. Bei der Ausübung der Exekutivgewalt durch den Tenno hatte das Kabinett, das vom Parlament gewählt und vom Tenno ernannt wurde, nur beratende Funktion. Der Tenno entschied über alle staatlichen Angelegenheiten. Er hatte von dem zuständigen Minister beraten sogar das Recht, Notverordnungen zu erlassen.

Für das Verhältnis von Monarch und Regierung nach dem absolutistischen Verfassungsmodell war charakteristisch, wer die Verantwortung für Regierungsakte übernahm. Fast alle absolutistischen Verfassungen sahen vor, daß Regierungsakte des allein zur Regierung legitimierten Monarchen der Gegenzeichnung durch den zuständigen Minister bedürfen, der dadurch die persönliche Verantwortung übernahm, vgl. Art. 44 f. Preußische Verfassung von 1850. Entsprechende Regelungen finden sich bereits in der französischen Verfassung von 1791.

Das Modell von Unter- und Gegenzeichnung weist auch die japanische Meji-Verfassung von 1889 auf. In den zwei hier maßgeblichen Artikeln über die Befugnisse des Kabinetts wurde das Verhältnis von Tenno und Minister durch den Begriff des »Hohitu« geprägt (Art. 55), der wiederum aus dem chinesischen Regierungssystem übernommen wurde und auf den chinesischen Philosophen Junshi zurückgeht. Danach hatte der verantwortliche Minister den persönlich regierenden Tenno zu beraten und übernahm damit gleichzeitig nicht nur die rechtliche, sondern auch die persönliche Verantwortung, die im Extremfall auch die Erduldung der Todesstrafe für die fehlerhafte Ausübung der Regierungsgewalt beinhalten konnte. Der Tenno hatte also das Regierungsrecht, ohne jedoch verantwortlich zu sein. Auf diese Weise konnte der Tenno die rechtliche Verantwortung und die Verpflichtung zur Sühne für von ihm an sich zu verantwortende Kriegsfolgen vermeiden.

Andererseits hatte der Minister faktisch die Möglichkeit, einen nach Art. 55 der Meiji-Verfassung zur Gegenzeichnung vorzulegenden Regierungsakt nicht zu unterzeichnen. Noch heute ist umstritten, ob der Minister verfassungsrechtlich auch berechtigt war, einen Regierungsakt des Tennos nicht gegenzuzeichnen. Tatsächlich ist aber ein solcher Fall unter der Meiji-Verfassung auch nicht bekanntgeworden. Theoretisch hätte der Minister jedenfalls entlassen werden können und die Gegenzeichnung durch seinen Nachfolger oder den Premierminister vorgenommen werden können.

Das Recht der Gegenzeichnung wurde damals und wird noch heute von einem Teil der Interpreten als Realisierung des »Rechtsstaates« im Sinne einer Beschränkung der Regierungsgewalt des Tennos durch das Verfassungsrecht verstanden. Insofern kann das Recht der Gegenzeichnung auch als zaghafter Anfang eines unter einem Götter-Tenno herrschenden »Rechtsstaates« interpretiert werden.

4. Der Stellenwert der Religionsfreiheit

Vor allem in den Ländern, in denen eine Staatsreligion das Regierungssystem beeinflußt hat, sind Defizite gegenüber den für den modernen Konstitutionalismus zentralen Verfassungsinhalten festzustellen. Im folgenden konzentriere ich mich beispielhaft auf den Stellenwert der Freiheitsrechte, insbesondere die Religionsfreiheit.

4.1. Die japanische Verfassung von 1946

Ein Kennzeichen der ostasiatischen Staaten, die von der europäischen Kolonialpolitik befreit wurden oder totalitäre Regime überwunden haben, ist, daß ihre Verfassungen den Bürgern Freiheitsrechte garantieren. Gegenüber der Rezeption universeller Menschenrechte weisen diese Verfassungen jedoch Besonderheiten auf, die die Stellung der Staats- oder Volksreligion betreffen. Als ein typisches Beispiel ist die Thai-Verfassung von 1991 zu nennen, wonach der König selbst Buddhist und oberster Patron des Buddhismus ist. Der König muß, um sich nach der Krönung Achtung zu verdienen, in seiner Jugend in ein buddhistisches Kloster (auf Zeit) eingetreten sein. Im Gegensatz dazu steht die japanische Verfassung von 1946, die die nach der Meiji-Verfassung herrschende Staatsform des »Kokutai«, des göttlichgewordenen Tenno, ablöste und einen auf der Volkssouveränität basierenden »symbolischen« Tennoismus statuierte.

Die japanische Verfassung von 1946 realisierte Vorgaben der amerikanischen Militärregierung, die einerseits die Grundgedanken individueller Menschenrechte verwirklicht sehen wollte, andererseits aber auch die Daseinsberechtigung des Tennos erkannte, nachdem sie ihn dazu gezwungen hatte, in einer öffentlichen Rundfunkrede die Göttlichkeit seiner Person zu verneinen. Jedenfalls zum Teil deckten sich diese Vorgaben mit Vorstellungen der japanischen Nachkriegsregierung über ein freiheitli-

ches, demokratisches und antimilitaristisches Japan. Das Ergebnis ist eine nur symbolische Stellung des Tennos (Art. 1), womit gemeint ist, daß er bloß durch seine
physische Existenz die Einheit des japanischen Volkes darstellt. Weitere grundlegende Reformen betrafen die Abschaffung der Reichsarmee und der Zentralpolizei, die
Entflechtung großer Konzerne, die Abschaffung der Staatsreligion des Shinto und die
Demokratisierung des Beamtentums.

Die neue Verfassung enthält eine Reihe von Freiheitsrechten des Bürgers gegenüber dem Staat[2]. Nach der japanischen Verfassungslehre, die sich insoweit auf die
amerikanische bezieht, werden geistige und körperliche Freiheiten unterschieden,
letztere umfassen die nach deutschem Verfassungsverständnis klassischen Justiz-
grundrechte, Art. 31 bis 40, erstere entsprechen weitgehend dem Grundrechtskatalog
des Grundgesetzes[3].

Allerdings stellt sich auch in Japan die Frage, ob und inwieweit der Staat die
Voraussetzungen für die Freiheitsausübung seiner Bürger schaffen muß. Besondere
Bedeutung hat schließlich auch die Bestimmung des Art. 12 Satz 2. Danach hat sich
das Volk »jedes Mißbrauches dieser Freiheiten und Rechte zu enthalten und ist immer
dafür verantwortlich, daß sie im Interesse des öffentlichen Wohls wahrgenommen
werden«. Diese Beschränkung ermöglicht es, die Bürger in der Ausübung ihrer
Freiheitsrechte sowohl gegenüber dem Staat als auch in ihren jeweiligen Sozialbezie-
hungen zu disziplinieren.

Besondere Bedeutung hatte diese Bestimmung, als die amerikanische Militärregierung und die japanische Regierung 1950 versuchten, die politische Kritik am Kore-
akrieg niederzuhalten. Überhaupt hat der Kalte Krieg zu einer Verschärfung des
innenpolitischen Klimas in Japan und in diesem Zusammenhang auch zu erheblichen
Einschränkungen der Freiheitsrechte geführt, u. a. auch zu einer restriktiveren Interpretation der Religionsfreiheit.

4.2. *Das Verhältnis von Staat und Religion*

Art. 20 der japanischen Verfassung schreibt vor, daß die Glaubens- und Religionsfreiheit von jedermann als subjektives Recht gewährleistet ist. Außerdem garantiert
Art. 20 I 2 und III als objektiv-rechtliches Rechtsinstitut die strikte Trennung von
Staat und Religion. Der Staat und seine Einrichtungen dürfen weder religiöse Erziehung noch jede andere Art religiöser Tätigkeit betreiben. Zusätzlich verbietet Art. 89
die Ausgabe öffentlicher Geldmittel an religiöse Einrichtungen oder Vereinigungen.
Die Verfassungsgeber wollten mit dieser strikten Trennung von Staat und Religion,
die nach der alten Meiji-Verfassung bestehende Herrschaftslegitimation des Tenno
beseitigen.

In zahlreichen Entscheidungen hatte das oberste Gericht von Tokio Gelegenheit,

---

[2] Die Verfassung ist auf englisch abgedruckt in JöR 5 (1956), 321–328; dazu auch *T. Ohguchi,* Die
japanische Verfassung vom 3. November 1946. Im Gegensatz zum GG wurde die japanische Verfassung
bislang nicht geändert. Eine deutsche Übersetzung der japanischen Verfassung findet sich in: Sekretariat
des Verfassungsausschusses, Tokio 1962, zu beziehen über die Japanische Botschaft in Bonn.

[3] Näher dargestellt bei *T. Abe,* Die Entwicklung des japanischen Verfassungsrechts seit 1952, JöR 15
(1966), 513–565; *T. Abe/M. Shiyake,* Die Entwicklung des japanischen Verfassungsrechts von 1965–1976,
JöR 26 (1977), 595–629.

zum Grundsatz der Trennung von Staat und Religion Stellung zu nehmen. Während das Gericht nach dem Muster des amerikanischen Supreme Court zunächst einen strengen Prüfungsmaßstab angelegt hatte, relativierte es seine Rechtsprechung in der berühmten Tsu-Entscheidung aus dem Jahre 1977 erheblich. Diesem Fall lag folgender Sachverhalt zugrunde:

Die Grundsteinlegung der Sporthalle in Tsu wurde nach einem religiösen Zeremoniell des Jinja-Shinto gefeiert. Die dafür erforderlichen Kosten für den Shinto-Priester wurden aus öffentlichen Mitteln bestritten, gegen die sich ein Stadtrat mit seiner Klage wandte. Nach 12jähriger Prozeßdauer wies das oberste Gericht die Klage mit der Begründung ab, nicht jede religiöse Handlung, die der Staat durch eine seiner Organe unterstütze, sei verbotene staatliche Religionsausübung, maßgeblich sei vielmehr Art und Umfang der staatlichen Beteiligung an der religiösen Handlung.

Obwohl in Japan mittlerweile Shinto eine von mehreren Religionen ist, steht sie als frühere Staatsreligion häufiger als andere im Mittelpunkt von Rechtsstreitigkeiten. Ausgangspunkt ist meistens das Schutzbedürfnis von Bürgern anderer Religionen, die sich gegen die Vereinnahmung des Staates durch die Shinto-Religion wehren. Ein prominentes und gleichzeitig charakteristisches Beispiel ist die Auseinandersetzung um die Totenfeier des ehemaligen Tennos im Jahre 1989 und den sich anschließenden Krönungsfeierlichkeiten des neuen Tennos, denn das Zeremoniell sieht Elemente der Shinto-Religion vor. Nur wenn die Totenfeier nach dem Shinto-Ritus vollzogen wird, wird der tote Tenno nach dem Shinto-Glauben zum Gott und sein erstgeborener Sohn zum legitimen Nachfolger des Staatsgründers. Eine Reihe von Prozessen über die Anwendung des Shintozeremoniells im Rahmen der staatlichen Feierlichkeiten sind noch anhängig. Vermutlich wird das oberste Gericht jedoch von seiner die Trennung von Staat und Religion relativierenden Entscheidung aus dem Jahre 1977 nicht abweichen.

4.3. Religiöse Minderheiten

Der Aufweichung einer strikten Trennung von Staat und Religion korrespondiert, daß die Glaubensrechte von religiösen Minderheiten in Japan verglichen mit der Bundesrepublik Deutschland nicht in ausreichendem Maß geschützt sind. Beispielhaft ist der Fall eines Oberschülers, der den Unterricht von »Kendo«, einem traditionellen Schwertkampf, der auf die Kriegskunst der Samurai zurückgeht, unter Berufung auf Glaubensgründe verweigerte, weil er als Zeuge Jehowas keinem Menschen Gewalt antun dürfe. Das zuständige japanische Gericht wies die Klage des Schülers zurück (Landgericht Kobe, Urteil vom 22. 2. 1993). In seiner Begründung führte er aus, daß erstens Art und Umfang des Unterrichts im Ermessen des Lehrers stehe, zweitens Kendo ein gesunder Sport sei, der überall von Völkern betrieben werde, drittens ein Ersatzunterricht an Stelle von Kendo andere Schüler benachteilige, viertens Ersatzunterricht noch mehr Lehrer und Geld erfordere und schließlich fünftens der Schüler nicht mehr der Schulpflicht unterliege, so daß seine Freiheit beschränkt werden könne.

Ergebnis und Begründung sind leider unzutreffend, denn die persönliche Glaubensfreiheit sollte unabhängig vom Willen der Mehrheit und ihrem religiösen Verständnis garantiert sein. Zudem ist es unlogisch, einerseits für Behinderte einen Ersatz

für den Sportunterricht vorzusehen, ihn aber andererseits Andersgläubigen zu ver-
wehren. Grundrechtsfreundlicher ist hier die Rechtsprechung des deutschen Bundes-
verwaltungsgerichts, das das Begehren eines islamischen Mädchens, vom koedukati-
ven Sportunterricht aus religiösen Motiven befreit zu werden, akzeptiert hat[4].

Nunmehr liegt erstmals eine Entscheidung einer zweiten Instanz vor, die einen
derartig betroffenen Schüler schützt und seine religiösen Motive akzeptiert hat
(Oberlandesgericht Kobe vom 22. 12. 1994). Nach dieser Entscheidung war die
Ablehnung des Kendo-Unterrichts religiös motiviert und die Verweisung von der
Schule wegen der Verweigerung des Kendo-Unterrichts ein unzumutbarer Eingriff
in das Recht auf Erziehung und Ausbildung. Jedoch liegt die Streitsache nunmehr mit
ungewissem Ausgang dem Obersten Gericht zur Entscheidung vor.

4.4. Traditionelle Einflüsse

Im modernen Japan bestehen zahlreiche verschiedene Religionen nebeneinander.
Tatsächlich ist die Zahl der Gläubigen, die sich einer Religion zurechnen, größer als
die statistische Einwohnerzahl. Dieses Paradox erklärt sich aus der animistischen
Weltanschauung, wonach zahlreiche Götter in der Natur bestehen, so daß sich viele
Gläubige mehreren Religionen zurechnen.

Die nach der neuen japanischen Verfassung von 1946 garantierten Freiheitsrechte
ermöglichen eine Verbindung des traditionellen animistischen Pluralismus mit dem
modernen Relativismus. Gerade in der Wissenschaftsgeschichte Japans läßt sich ein
großer Einfluß Max Webers aber auch der Reinen Rechtslehre Hans Kelsens nachweisen. Im Kontrast dazu steht jedoch der traditionelle Konservativismus, der sich
bemüht, den Pluralismus der Gottheiten mit Hilfe konfuzianistischer Lehren und ihn
verkörpernder Gesetze zu unterdrücken. Dieser Konflikt läßt sich anhand der gesetzlichen Regelungen über die Todesstrafe und die Abtreibung verdeutlichen.

Aszendentenmord

Nach konfuzianistischer Lehre gehört es zu den traditionellen Aufgaben der Kinder, besonders des erstgeborenen Sohnes, sich um ihre pflegebedürftigen Eltern zu
kümmern. Diese Aufgabe mußte ein Kind im Geiste des Konfuzianismus wahrnehmen. Im japanischen Strafgesetzbuch von 1908, das zum größten Teil noch gültig ist,
läßt sich ein deutlicher Einfluß des Konfuzianismus noch heute belegen. Nach
Art. 199 wird Mord mit mindestens drei Jahren Gefängnis oder dem Tod bestraft,
jedoch an einem Vorfahren (Aszendenten) nach Art. 200 nur mit lebenslänglichem
Gefängnis oder mit dem Tod. Erst der Oberste Gerichtshof hat im Jahre 1973
entschieden, daß die höhere Bestrafung des Aszendentenmordes gegen den Gleichheitssatz der Verfassung, Art. 14 I, verstößt, weil er höher bestraft werde als der
gewöhnliche Mord. Eine parlamentarische Initiative, die in den 70er Jahren den
Artikel über den Aszendentenmord abschaffen wollte, scheiterte am Widerstand
konservativer Kreise.

Im Straftatbestand der Körperverletzung wirkt die Tradition der unterschiedlichen

---

[4] Entscheidung vom 25. 8. 1993, BVerwGE 94, 82 ff. = NVwZ 1994, 578.

Bewertung an sich gleicher Rechtsgüter noch weiterhin. Nach Art. 205 II wird die Körperverletzung eines Aszendenten mit der Mindeststrafe von drei Jahren Gefängnis belegt, wohingegen für die Verletzung jedes anderen Menschen eine Mindeststrafe von zwei Jahren Gefängnis gilt, Art. 205 I.

Schwangerschaftsabbruch

Demgegenüber wird in Japan und in den übrigen Ländern Ostasiens der Schwangerschaftsabbruch erheblich geringer bestraft, weil nach konfuzianistischer Tradition Kinder eher unter Nützlichkeitserwägungen betrachtet werden. Traditionelle Überzeugungen wirken hier mindestens unterschwellig noch weiter, beispielsweise daß nur ein gesundes Kind später seine Eltern versorgen kann, Mädchen nur einen geringeren wirtschaftlichen Lebenswert haben oder zuviele Kinder unter dem Gesichtspunkt der Überbevölkerung zu einer Verschlechterung der Lebensbedingungen führen können.

Eine der deutschen Rechtsprechung über die staatliche Schutzpflicht für das ungeborene Leben vergleichbare rechtliche Konstruktion besteht nicht, so daß das einzige rechtliche Entscheidungskriterium für einen Schwangerschaftsabbruch der Wille der Eltern ist. An dem Schutz des ungeborenen Lebens besteht auch kein öffentliches Interesse, denn im Vordergrund steht in Ostasien die Bevölkerungsregulierung. Das japanische Strafgesetzbuch stellt zwar den Abbruch prinzipiell unter Strafe, aber ein besonderes Sozialgesetz von 1948[5] erlaubt den Abbruch aus medizinischen, eugenischen, sittlichen oder wirtschaftlichen Gründen. Wegen dieser weitgehenden Legalisierung des Schwangerschaftsabbruches wurde in den letzten zwanzig Jahren in Japan niemand wegen illegaler Abtreibung angeklagt.

Nicht nur die Tatbestandsmerkmale für eine legale Abtreibung, sondern auch die großzügigen Fristen, innerhalb der eine Abtreibung zulässig ist, erweitern die Möglichkeiten einer legalen Abtreibung ohne Zustimmung der Behörden. Die Frist richtet sich nämlich danach, ab wann das Kind unabhängig von seiner Mutter leben kann.

Diese Rechtslage steht m. E. nicht mit der Verfassung in Einklang, denn Art. 13 der japanischen Verfassung gewährleistet das Recht auf Leben, das auch den Schutz des ungeborenen Lebens umfassen muß.

Todesstrafe

Noch gravierender als die Regelung der Abtreibungsfrage ist die Existenz der Todesstrafe. Obwohl schon viele europäische Länder in der Welt die Todesstrafe abgeschafft haben, kann sie nach dem japanischen Gesetzbuch noch immer für insgesamt 14 Delikte verhängt werden[6]. Das Oberste Gericht hat in seinem Urteil von 1948 die Auffassung vertreten, jede Person, die das Leben anderer mißachte,

---

[5] Das Gesetz über die Geburtenkontrolle lautet bezeichnender Weise »Gesetz zur Verhinderung erbkranken Nachwuchses«.

[6] Neben dem bereits erwähnten Aszendentenmord werden beispielsweise mit dem Tode bestraft: Geiselnahme, Anstiftung zum Bürgerkrieg, Spionage, gefährliche Verkehrsgefährdung mit Todesfolge und Trinkwasservergiftung mit Todesfolge.

müsse auch die Mißachtung seines eigenen Lebens in Kauf nehmen. In diesem Urteil kann man die überkommene Auffassung von der Funktion der Strafe als Vergeltung finden. Die japanische Verfassung enthält ihrem Wortlaut nach keine Äußerung zur Todesstrafe, sie wird weder ausdrücklich verboten noch bejaht. Andererseits ergeben sich aber aus anderen Verfassungsbestimmungen wichtige Argumente gegen die Todesstrafe. So ist die Würde des Menschen in Art. 13 ausdrücklich garantiert[7], was meines Erachtens ein starkes verfassungsrechtliches Argument gegen die Todesstrafe ist. Darüber hinaus garantiert Art. 13 das Recht auf Leben, nach Art. 31 darf niemand seines Lebens beraubt werden, es sei denn auf gesetzlicher Grundlage[8], nach Art. 36 gilt das Verbot der Folter sowie der grausamen Bestrafung.

Schließlich ist zu sehen, daß in den letzten zehn Jahren in insgesamt fünf Fällen nach Ausspruch der Todesstrafe ein eingeleitetes Wiederaufnahmeverfahren mit einem Freispruch endete. Japan bedarf noch etlicher Anstrengungen, um ein von früheren Traditionen befreiter und damit moderner Staat zu werden.

5. Schlußbemerkung

Aus gutem Grund hat in dieser Darstellung die Religionsfreiheit eine besondere Stellung eingenommen: Die Glaubensfreiheit spielt für die Verwirklichung der menschlichen Persönlichkeit eine sehr wichtige Rolle. Hier ist nicht der Ort, um näher auf die Entstehung dieses Menschenrechts einzugehen. Festzuhalten bleibt aber, daß die Religionsfreiheit ein gemeinsames Element moderner Verfassungen ist.

Etwas anderes kann für die Trennung von Staat und Religion gelten. Hier ist schon die Vielfalt unterschiedlicher Modelle Grund genug, ihren Stellenwert anders zu bewerten als den der Glaubensfreiheit. Häufig beziehen staatliche Herrschaftssysteme ihre Legitimation aus vorherrschenden Religionen. Auch kann sich, wie das Beispiel Japan zeigt, die Rechtsstellung der Religionsgemeinschaften gegenüber dem Staat ändern. Vor dem Hintergrund der japanischen Geschichte sollte die Trennung von Staat und Religion jedenfalls konsequent aufrechterhalten werden.

Implizit hat sich gezeigt, daß die japanische Rezeption der westlichen Rechtskultur eine wichtige Voraussetzung für die Modernisierung Japans darstellte. Sie war aber auch Grundlage für eine selbständige japanische Entwicklung. Betrachtet man die Beziehungen zwischen Europa und Ostasien, insbesondere Japan, unter dem Gesichtspunkt moderner Rechtstraditionen, dann ist ein direkter Einfluß Europas auf Japan nur im Sinne einer Einbahnstraße festzustellen, jedoch leider nicht umgekehrt. Nun, nachdem die wirtschaftliche und gesellschaftliche Entwicklung beider Regionen sowie die Rezeption europäischer Rechtstraditionen zu einem gewissen Gleichstand geführt hat, ist zu hoffen, daß die Rechtskulturen beider Regionen durch einen wechselseitigen Austausch belebt werden.

Zum Schluß ein Blick in die Zukunft der Menschenrechte in Ostasien. Die politi-

---

[7] Art. 13 schützt »das Streben nach Glück«, das von der modernen japanischen Verfassungslehre auch als Schutz der Menschenwürde ausgelegt wird.

[8] Inhalt und Reichweite dieser Bestimmung ist heftig umstritten. Art. 31 lautet: »Niemand darf des Lebens oder der Freiheit beraubt werden, noch darf irgendeine andere gesetzliche Strafe auferlegt werden, außer in Übereinstimmung mit einem gesetzlich festgelegten Verfahren.«

sche und wirtschaftliche Sicherheit und Entwicklung hat diesen Ländern als ein Geschenk der Moderne den Geltungsanspruch der Menschenrechte gebracht. Jedoch bleiben noch viele Fragen offen, nämlich die Durchsetzung dieser Rechte sowie die Formierung einer regionalen Organisation für Menschenrechte in Ostasien. 1982 wurde auf Initiative der UN auf der internationalen Tagung in Colombo ein »Vertrag über die Gründung eines Komitees für Menschenrechte in Asien und den Pazifikstaaten« vorgeschlagen, der bislang aber nicht verwirklicht wurde.

Zu unterstützen sind schließlich auch die Bestrebungen einer Gruppe von Juristen, einen Menschenrechtsvertrag in Ostasien zu verwirklichen, bspw. in Form eines »Manifests der asiatischen Völker und ihrer Pflichten« von 1983. In diesem Manifest wird auf den engen Zusammenhang zwischen Menschenrechten und Frieden hingewiesen. Jeder Staat sollte das Recht auf friedliches Leben, so immerhin auch die Präambel der japanischen Verfassung, als Grundrecht anerkennen. Zu wünschen ist, daß diese Anstöße aus der asiatischen Menschenrechtsdiskussion den Beginn einer gegenseitigen Rezeptionsgeschichte bilden.

III. Afrika

Südafrika auf dem Wege zu einer demokratisch-rechtsstaatlichen Verfassung

von

Dr. Ulrich Karpen

Professor für öffentliches Recht an der Universität Hamburg

I. Die »ausgehandelte Revolution«

1. Schritte auf dem Wege zur Demokratie

Die alte Verfassung vom 28. September 1983 hatte die Konstitutionalisierung der Apartheid[1] auf die Spitze getrieben. Die Demokratisierung des Landes begann mit Präsident Frederik Willem De Klerks »Rubikon«-Rede bei der Eröffnung des Parlaments am 2. Februar 1990 nach seiner Wahl zum Präsidenten am 6. September 1989. Er kündigte die Entlassung Nelson Mandelas und anderer politischer Gefangener und die Aufnahme von Verfassungsverhandlungen mit allen Parteien an, auf der Grundlage der Gleichberechtigung aller Südafrikaner[2]. Am 11. Februar wurde Mandela aus dem Gefängnis entlassen. Die »Aushandlung der Revolution«[3] begann.

---

[1] Die alte Verfassung (Act 110) ist abgedruckt in Government Gazette No 8914, Cape Town, 28. September 1983, S. 1–79. Zur älteren (Verfassungs-)Geschichte Südafrikas vergl. *Dietrich Westermann*, Geschichte Afrikas, Staatenbildungen südlich der Sahara, Köln 1952/London 1968; *Robert* und *Marianne Cornevin*, Geschichte Afrikas, von den Anfängen bis zur Gegenwart, Stuttgart, 1966; *Joseph Ki-Zerbo*, Die Geschichte Schwarz-Afrikas, Frankfurt/Main 1981.

[2] Dazu die beiden Biographien: *Nelson Mandela*, Der lange Weg zur Freiheit, Autobiographie, Frankfurt 1994; *Willem de Klerk, F. W. de Klerk*, Eine Hoffnung für Südafrika, Herford 1991.

[3] Zu den politischen und verfassungsgeschichtlichen Entwicklungen der Jahre 1990 bis 1994 vgl. *Allister Sparks*, Tomorrow is Another Country. The Inside Story of South Africa's Negotiated Revolution, Johannesburg, 1994; *Klaus Freiherr von der Ropp*, Perspektiven der unvollendeten Revolution in Südafrika, in: Albrecht Zunker (Hrsg.), Weltordnung oder Chaos? Beiträge zur internationalen Politik. Festschrift zum 75. Geburtstag von Prof. Dr. Klaus Ritter, Baden-Baden 1993; *Anton Harber – Barbara Ludman*, A–Z of South African Politics. The Essential Handbook 1994, London 1994; *Ulrike Schumacher*, Politische Formen für fragmentierte Gesellschaften. Das Beispiel Südafrika, Berlin 1994; *Franz Ansprenger*, Südafrika. Eine Geschichte von Freiheitskämpfen, Mannheim 1994; *Michael Behrens, Robert von Rimscha*, Gute Hoffnung am Kap? Das neue Südafrika, Zürich, Osnabrück 1994.

Nach Vorverhandlungen trafen sich die Vertreter aller politischer Parteien im Rahmen der »Convention for a Democratic South Africa« (CODESA) am 21. und 22. Dezember 1991 zu Verfassungsberatungen. Umstritten waren vor allem Wahlrechtsfragen und Art und Umfang der Selbständigkeit der neu zu bildenden Provinzen gegenüber der Zentralregierung (Föderalismusfragen). Die Verhandlungen wurden 1992 fortgesetzt (CODESA II), scheiterten aber am 15. Mai 1992, und zwar im wesentlichen an drei Punkten: dem Umfang der erforderlichen Mehrheit in der verfassunggebenden Versammlung (66%, 70%, 75% ?), dem Zeitrahmen für die Arbeit dieser Versammlung und möglichen Instrumenten, mögliche Blockaden in der Versammlung aufzulösen.

2. Der Konsens zerbricht

Im Dezember 1992 erzielten die National Party (NP) (de Klerks), der African National Congress (ANC) (Nelson Mandelas) und 17 kleinere Parteien eine Einigung (Record of Unterstanding) über wesentliche Punkte des Reformprozesses. Nicht alle Streitpunkte konnten ausgeräumt werden. So befürwortete der ANC eine starke Zentralregierung und ein striktes Verhältnismäßigkeitswahlrecht, nicht jedoch besondere Minderheitenrechte. Die NP wollte einen kräftigen Föderalismus und besondere Minderheitenschutzrechte.

Die vorwiegend in der Provinz Kwa Zulu/Natal verankerte Inkatha Freedom Party (IFP) (Buthelezis[4]) hatte schon frühzeitig eigene, ebenfalls deutlich föderalistisch geprägte Verfassungsvorstellungen entwickelt[5]. Sie befürchtete, ihre und anderer Parteien Vorschläge könnten von dem Kartell der großen Parteien (ANC, NP) erdrückt werden. Die IFP schloß sich deshalb mit anderen Parteien, wie der Afrikaner Volksunie (AVU) (A. Beyers) und der Conservative Party (CP) (Hartzenbergs) sowie den Verwaltungen der Homelands Ciskei und Bophutatswana, die ebenfalls an starken dezentralen Einheiten interessiert waren, zur »Concerned South Africans Group« (COSAG) zusammen. Sie wurde später die »Freedom Alliance« (FA), die in den folgenden Monaten parallel zu den Mehrparteiengesprächen mit dem ANC und der Regierung de Klerks über eine Verfassung verhandelte.

3. Die »Kempton-Park«-Gespräche und die Übergangsverfassung

Eine neue Runde von Verfassungsgesprächen begann am 1. April 1993 im World Trade Center (»Kempton Park«) in Johannesburg. In einigen Punkten wurde eine Annäherung erzielt. Das gilt etwa für die Frage föderalistischer Elemente in der neuen Verfassung. Der ANC erwies sich verhandlungsbereiter, nachdem eine parteiinterne Studiengruppe 1992 in Deutschland gewesen war. Der Besuch nahm den Verhandlungsführern die Furcht, ein starker Bundesstaat könne der Zentralregierung die Macht nehmen[6]. Am 18. November 1993 einigten sich der ANC, die NP und einige

---

[4] Vgl. seine Selbstbiographie: *Mangosuthu Buthelezi*, South Africa. My Vision of the Future. Johannesburg, London 1990.

[5] *Gatsha Buthelezi*, Buthelezi-Report. Mit einem Vorwort von Prof. Dr. *Hans H. Klein*, Sankt Augustin 1982, vor allem S. 113 f.

[6] Sparks (Fn. 3), S. 182.

kleinere Parteien zum Abschluß der Mehrparteiengespräche in Kempton Park auf einen Text für die Übergangsverfassung. Die Freedom Alliance und der Pan Africanist Congress (PAC) lehnten diese Vereinbarungen ab.

Die wesentlichen Punkte der Kempton Park-Vereinbarungen sind:
- die Errichtung eines Übergangsrates (Transitional Executive Council/TEC);
- die Bildung einer unabhängigen Wahlkommission und einer Medienkommission;
- ein Mehrparteienkabinett für die nächsten fünf Jahre (»Regierung der nationalen Einheit«);
- Bildung von neun Provinzen, nämlich: Western Cape, Eastern Cape, Northern Cape, Kwa Zulu/Natal, Free State, North-West, Northern Transvaal, Eastern Transvaal, Pretoria-Witwatersrand-Vereenigung (Gauteng);
- eine Grundrechtscharta, Verfassungsgerichtsbarkeit und Verhältniswahlrecht.

Der Verfassungsentwurf wurde ab dem 22. November 1993 im Parlament in Kapstadt beraten, am 22. Dezember 1993 verabschiedet, am 25. Januar von Präsident de Klerk ausgefertigt und verkündet[7]. Mit den Novellen vom 3. März[8] und 26. April [9] trat die Übergangsverfassung am 27. April 1994 in Kraft[10, 11].

4. Die Einbeziehung der Inkatha Freedom Partei

Zu diesem Zeitpunkt, kurz vor dem für den 26.–28. April 1994 angesetzten Termin für die ersten freien Wahlen, bestand die Gefahr einer Wahlenthaltung jedenfalls durch die IFP und eines Zerbrechens der Republik. Es gab Bestrebungen in der IFP, Kwa Zulu/Natal selbständig zu machen, und bei der NP und der Konservativen Partei (KP) dachte man an einen Burenstaat (»Volksstaat«, »Afrikaaner Heimatland«). In letzter Minute wurde am 19. April 1994 eine Einigung zwischen der IFP und der Regierung von Kwa Zulu/Natal einerseits sowie dem ANC und der südafrikanischen Regierung und der NP andererseits erzielt. Sie umfaßte im wesentlichen drei Punkte:
- Die IFP erklärte sich bereit, an den Wahlen teilzunehmen.
- Es sollte der Versuch einer internationalen Vermittlung gemacht werden, u. a. unter Beteiligung des früheren US-amerikanischen Außenministers Henry Kissinger. Die Vermittlung begann am 12. März und wurde am 14. März als gescheitert erklärt. Danach wurde aber weiterverhandelt, und am 19. April 1994 wurde die Einigung erzielt (Memorandum on the Agreement on Peace and Reconciliation).
- In die Übergangsverfassung sollte eine Bestimmung aufgenommen werden, daß die Institution, der Status und die Rolle des Königs der Zulus und des Königreichs der Zulus garantiert werde. Das geschah durch die Verfassungsnovelle vom 26. April 1994[12].

---

[7] Act 200 of 1993, Government Gazette No 15466 vom 28. Januar 1994.

[8] Act 2 of 1994, Government Gazette No 15550 vom 3. März 1994.

[9] Act 3 of 1994, Government Gazette No 15681 vom 26. April 1994.

[10] Article 251.

[11] Die Übergangsverfassung wurde durch Act 13 of 1994, Gouvernment Gazette No 15878 vom 22. Juli 1994 sowie durch Act 15986 vom 19. September 1994 und Act 29 of 1994, Government Gazette No 16098 vom 23. November 1994 erneut novelliert.

[12] *Ulrich Karpen*, Südafrika als Bundesstaat – Einheit in Vielfalt. Wie die Inkatha für die Teilnahme an der ersten freien Wahl gewonnen werden konnte. Frankfurter Allgemeine Zeitung, Nr. 113 vom 17. Mai 1994.

5. Die Durchführung der Wahlen vom 26.–28. April 1994

Am 26. April 1994 um Mitternacht wurde die Flagge des »Neuen Südafrika«[13] gehißt; am 27. April 1994 trat die Übergangsverfassung in Kraft. Wahlen[14] fanden am 26.–28. April statt. Am 9. Mai wurde Nelson Mandela als Staatspräsident vereidigt.

Die Wahlen verliefen nicht störungsfrei, nicht zuletzt wegen der sehr spät angelaufenen Vorbereitungen für die Beteiligung der IFP, was vor allem die Provinz KwaZulu/Natal betrifft: Die Wahl war vorbereitet worden vom Transitional Executive Council (TEC)[15], der am 7. Dezember 1993 seine Arbeit aufgenommen hatte. Ihm gehörte, als einer Art vorläufiger, konkordanzdemokratischer Mehrparteienregierung, je ein Vertreter der 19 Parteien und politischen Gruppierungen an, die an den Verfassungsberatungen bis zum Schluß teilgenommen hatten. Die Freedom Alliance, die Afrikaaner Volksunie (AVU) und der Pan Africanist Congress (PAC) lehnten eine Mitarbeit ab. Neben der Vorbereitung der Wahlen erledigte der TEC in mehreren Unterabteilungen praktisch alle Aufgaben einer Regierung, von der Verteidigung bis zur Außenpolitik und Fragen des Status der Frauen. Einzelheiten der Wahlvorbereitung wurden von der Wahlkommission bearbeitet[16], die die Wahlen auch organisierte.

An der Wahl beteiligten sich 27 Parteien. Stichtag für die Registrierung der Parteien war der 4. März 1994. Der Termin für die Einreichung der Kandidatenliste war der 16. Mai 1994. Eine Änderung des Wahlgesetzes ermöglichte die späte Registrierung der IFP, die ihre Kandidatenliste am 25. April einreichte.

Die südafrikanischen Wähler haben über die Zusammensetzung der Nationalversammlung, wie folgt, entschieden:
– ANC 62,65%
– NP 20,39%
– IFP 10,54%
– FF, Democratic Party, Pan Africanist Congress und übrigen Parteien 6,42%

Der ANC Nelson Mandelas errang also eine überzeugende Mehrheit, blieb allerdings knapp unterhalb der Zweidrittelmehrheit, so daß er für die Verfassungsgebung auf Zusammenarbeit mit anderen Parteien angewiesen bleibt.

Bei den im selben Wahlgang abgehaltenen Wahlen zu den Provinzparlamenten errang der ANC in sieben Provinzen die absolute Mehrheit (in Northern Transvaal 91,63%), KwaZulu/Natal ging mit 50,32% an die IFP, Western Cape (Kapstadt) mit 53,25% an die NP. In Northern Cape errang die ANC 49,74% der Stimmen.

Der Senat, die zweite Kammer des Parlamentes, in die jedes Provinzparlament 10 Vertreter entsendet, setzt sich wie folgt zusammen:

---

[13] Zu wichtigen Zahlen und Daten vgl. Minette Pietersen (ed), This is South Africa, Pretoria 1992, South African Institute of Race Relations (ed.), Race Relations Survey 1993/94, Johannesburg 1994, South Africa Yearbook 1994, 1st ed, Pretoria 1994, zur Verfassungsentwicklung insbes. S. 613 ff.; *Michael Behrens – Robert von Rimscha*, Südafrika nach der Apartheid. Aspekte des politischen, sozioökonomischen und kulturellen Wandels in der Ära de Klerk, Baden-Baden 1994; *Anthony Leysens*, The Political Economy of South Africa's Relations with the International Monetary Fund and World Bank, Stellenbosch, 1994.

[14] *Frank Spengler* und *Annkatrin Bollig*, Die Wahlen in Südafrika, Konrad-Adenauer-Stiftung Auslandsinformationen, Heft 6/1994, S. 34–73; *Ulrich Karpen*, Südafrika auf dem Weg zu einer demokratisch-rechtsstaatlichen Verfassung, Konrad Adenauer-Stiftung Auslandsinformationen, Heft 4/1995, S. 27 (30 ff.).

[15] Sect. 2 of the Transitional Executive Council Act of 1993 (Act No 151 of 1993).

[16] Sect. 4 of the Electoral Commission Act of 1993 (Act No 150 of 1993).

– ANC 60
– NP 17
– IFP 5
– FF 5
– DP 3

In der ersten Sitzung der neugewählten Nationalversammlung wurden am 9. Mai 1994 Nelson Mandela zum Präsidenten und Thabo Mbeki sowie F. W. de Klerk zu Vizepräsidenten gewählt. Der neuen Regierung der nationalen Einheit gehören heute 28 Minister an, davon 18 dem ANC, 3 der IFP und 6 der NP; ein Minister ist parteilos. Damit sind die Staatsorgane konstituiert.

II. Die Übergangsverfassung vom 27. April 1994

1. Normenbestand

Die Übergangsverfassung[17], deren erster Entwurf vom 21. Juli 1993 in verschiedenen Parteiengesprächen weitgehend verändert wurde, wurde am 25. Januar 1994 verkündet[18] und trat am 27. April 1994 in Kraft. Zwei vor Inkrafttreten der Interimsverfassung verabschiedete Änderungsgesetze – das erste vom 3. März 1994[19] und das zweite vom 26. April 1994[20] – betrafen vor allem die Abgrenzung der Gesetzgebungskompetenzen zwischen der Republik und den Provinzen; letzteres verankerte die Zulu-Monarchie in der Verfassung.

Die Übergangsverfassung besteht aus 15 Kapiteln und einem Anhang. Sie ist recht umfangreich. Der Verfassungstext umfaßt 251 Artikel, die z. T. sehr lang sind. Mit Anhang bildet die Verfassung ein Buch von 100 DIN A 4-Seiten. Das 1. und 2. Kapitel – betr. Symbole, Sprache, Staatsbürger und Wahlrecht – umfaßt 6 Artikel. Der Grundrechteteil (3. Kap.) umfaßt 28 Artikel. Das 4. Kap. ist dem Parlament – Nationalversammlung und Senat – gewidmet. 6 Artikel regeln im 5. Kap. die Entstehung der endgültigen Verfassung. Kap. 6 und 7 sind Exekutive und Judikative gewidmet. In Kap. 8 geht es um eine Reihe von Sonderbehörden und -beauftragten: den Ombudsman (Public Protector), die Menschenrechtskommission, den Gleichstellungsbeauftragten, eine Institution zur Wiederherstellung von Bodenrechten usw. Im 9. Kap. ist die Verfassung der Provinzen – Legislative, Exekutive, Finanzen, Verfassung – sehr detailliert geregelt. 10. und 11. Kap. sind der Gemeindeverwaltung und den traditionellen (Stammes-)Autoritäten gewidmet. Das 12. Kap. umfaßt die Finanzverfassung, das 13. den Öffentlichen Dienst und das 14. Polizei und Landesverteidigung. Naturgemäß besonders umfangreich ist das 15. Kap., das die Übergangsbestimmungen enthält; es umfaßt textmäßig beinahe ein Viertel der Verfassung.

---

[17] Zur Interimsverfassung *Rob Amato*, Understanding the New Constitution, Cape Town 1994; *Ulrich Karpen*, Der Rat gebrannter Kinder. Deutsche Staatsrechtler könnten den Streit um Südafrikas neue Verfassung entschärfen, Die Zeit Nr. 5/1994 vom 27. Januar 1994; Bertus de Villiers (ed), Birth of a Constitution, Kenwyn, 1994; kritisch: The Democracy Trust, Media Conference on the Interim Constitution, 10. Februar 1994.

[18] Government Gazette No 15466 vom 28. Januar 1994.

[19] Government Gazette 15550

[20] Government Gazette 15681

Die Verfassung enthält einen siebenteiligen Anhang. Anhang 1 umschreibt die Grenzen der neugebildeten Provinzen, 2 enthält Wahlvorschriften, 3 Eidesformeln. Äußerst wichtig ist Anlage 4 mit 34 Verfassungsprinzipien, die für die Ausarbeitung der endgültigen Verfassung (sowie für die neu zu erlassenden Provinzverfassungen) verbindlich sind. Anlage 5 regelt das Verfahren der Präsidentenwahl. Im Anhang 6 sind die Gesetzgebungszuständigkeiten der Provinzen aufgelistet, und die letzte (7.) Anlage umfaßt aufgehobene Vorschriften.

2. Präambel und grundlegende Verfassungsbestimmungen

Die Präambel nimmt – ebenso wie die Schlußformel – auf die historische Situation der Entstehung der Übergangsverfassung Bezug. Die Verfassung sei notwendig, weil in Südafrika eine neue Ordnung geschaffen werden müsse, in der es eine gemeinschaftliche Staatsbürgerschaft gebe und in der alle Rassen und Männer und Frauen gleichberechtigt seien. Es sei notwendig, die nationale Einheit zu fördern und die Regierung zu reorganisieren, während eine gewählte verfassunggebende Versammlung die endgültige Staatsverfassung ausarbeite.

Noch ausführlicher beschwört die Schlußformel die große nationale Aussöhnungsaufgabe: Diese Verfassung bilde eine Brücke zwischen einer Vergangenheit, die durch tiefe Klüfte in der Gesellschaft gekennzeichnet gewesen sei, durch Ungerechtigkeit und Streit, und einer Zukunft, in der Menschenrechte, demokratische und friedliches Miteinander herrschten. Die Verfassung solle der Herstellung der nationalen Einheit dienen, dem Wohl des Volkes und der Aussöhnung und solle ein neues Kapitel in der Geschichte Südafrikas aufschlagen. Gott möge Südafrika schützen!

Im Ersten Verfassungsprinzip (Anlage 4) sind die Verfassungsstrukturbestimmungen für das neue Südafrika zusammengefaßt. Die Verfassung soll garantieren, daß Südafrika ein unteilbarer souveräner Staat mit einer einheitlichen Staatsbürgerschaft ist, mit einem demokratischen Regierungssystem, das die Gleichheit von Mann und Frau und Menschen aller Rassen erreichen soll. Südafrika hat elf offizielle Sprachen (Art. 3). Die Verfassung ist oberstes Gesetz (Art. 4), das alle Staatsorgane bindet. Ein Gesetz oder ein Staatsakt, der im Widerspruch zur Verfassung steht, ist nichtig, es sei denn, daß die Verfassung ausdrücklich oder implizit etwas anderes bestimmt.

Art. 35 enthält als Schlußbestimmung des Grundrechteteils eine Auslegungsbestimmung. Wenn ein Gericht die Verfassung anwendet, soll es die Werte fördern, die einer offenen und demokratischen Gesellschaft zugrunde liegen, welche auf Freiheit und Gleichheit aufgebaut ist. Das Gericht soll internationales Menschenrechtsschutzrecht anwenden und mag sich dabei auch auf ausländisches (Fall-)Recht beziehen (Absatz 1). Absatz 2 enthält die Anordnung, daß Recht verfassungskonform auszulegen ist. Ein Gesetz, das Grundrechte einschränkt, darf nicht allein deshalb als verfassungswidrig verworfen werden, weil eine Wortauslegung »prima facie« (so der Verfassungstext!) einen Verfassungsverstoß indiziert, solange eine restriktive Auslegung einen Sinn ergibt, der innerhalb der Verfassungsgrenzen bleibt. Letztlich bestimmt Absatz 3 des Art. 35, daß ein Gericht bei der Gesetzesinterpretation und der Fortentwicklung des Common Law wie des Gewohnheitsrechtes den Geist, den Zweck und das Ziel der Grundrechte beachten soll.

Eine Verfassungsänderung erfordert nach Art. 62 die Zweidrittelmehrheit.

3. Grundrechte

Das Grundrechtekapitel (2. Kap.) ist mit 28 Artikeln recht ausführlich[21]. Art. 7 Abs. 4 öffnet jedem, dessen Grundrechte verletzt sind, den Rechtsweg. Das Gleichheitsrecht (Art. 8) geht dem Recht auf Leben (Art. 9), der Menschenwürde (Art. 10) mit dem Hauptfreiheitsrecht (Art. 11) voran, aus Ausdruck der historischen Situation des Landes. Art. 8 Abs. 4 enthält eine Beweislastregel. Der prima facie-Beweis (so der Text!) einer Diskriminierung nach Rasse, Gewissen, Religion, Kultur, sexueller Orientierung usw. reicht für die Annahme eines Verstoßes gegen den Gleichheitsgrundsatz aus, bis das Gegenteil bewiesen ist. Das Habeas-Corpus-Grundrecht des Art. 25 ist – ebenfalls Spiegel der historisch erklärbaren besonderen Schutzwürdigkeit – ungewöhnlich detailliert geregelt, erstreckt sich über eine DIN A 4-Seite. Es gibt ein Grundrecht auf wirtschaftliche Betätigung (Art. 26) und eine die Gesundheit nicht schädigende Umwelt. Die Verfassung enthält ausführliche Kindesgrundrechte, auf Ernährung, gegen Mißbrauch (Art. 30). Nach Art. 31 hat jeder das Recht auf seine Sprache und auf Teilnahme am kulturellen Leben, ferner (Art. 32) auf Grundschulerziehung und gleichen Zugang zu weiterführenden Bildungseinrichtungen. Art. 33 verankert im Rahmen der Regelung der Einschränkbarkeit von Grundrechten explizit das Verhältnismäßigkeitsprinzip. Grundrechte können danach durch Gesetz eingeschränkt werden, soweit das vernünftig (reasonable) ist und sich rechtfertigen läßt in einer offenen und demokratischen Gesellschaft, die auf Freiheit und Gleichheit aufgebaut ist. Auf keinen Fall darf das Grundrecht in seinem Kernbereich angetastet werden (shall not negate the essential content of the right) (Art. 33 Abs. 1 Satz b). Weitere als in Art. 33 genannte Einschränkungen sind nach Art. 34 nur im Notstands- und Verteidigungsfall möglich.

4. Demokratie

Der 4. Abschnitt ist der Legislative gewidmet. Das Parlament besteht aus der Nationalversammlung und dem Senat. Erstere umfaßt 400 Abgeordnete und wird für fünf Jahre nach dem Verhältniswahlrecht gewählt. Ein Abgeordneter verliert nach Art. 43 b sein Mandat u. a. dann, wenn er nicht mehr Mitglied der Partei ist, die ihn nominiert hat. Der Senat besteht nach Art. 48 aus 10 Mitgliedern pro Provinz. Die Senatoren werden von den Parteien benannt, die im Provinzparlament vertreten sind, und zwar nach dem Verhältnismäßigkeitsschlüssel. Beide Häuser des Parlamentes können nach Art. 57 zusammen tagen, wann immer das notwendig ist.

Gesetzentwürfe können in der Nationalversammlung oder im Senat eingebracht werden. Beide Häuser müssen einem Gesetz zustimmen. Es gibt einen Vermittlungsausschuß. Gesetze, die den Vermittlungsausschuß passiert haben, sind in einer gemeinsamen Sitzung beider Häuser dann angenommen, wenn die absolute Mehrheit der Mitglieder beider Häuser ihnen zustimmt.

»Geldgesetze«, d. h. Ausgabengesetze und Steuergesetze, können nur in der Natio-

---

[21] *Bertus de Villiers*, The New Constitution: Framework and Protection of Human Rights in: Occasional Papers der Konrad-Adenauer-Stiftung, July 1994, S. 7; *M. J. von Wyk*, Civil Society and Democracy in South Africa, in: Africa Insight, vol. 23, Nr. 3, 1993, S. 136–140; *Johann von der Westhuizen*, Introductory Notes on South African Human Rights Law, Pretoria 1993.

nalversammlung eingebracht werden. Die Initiative liegt hier stets beim Finanzminister oder einem Ressortminister nach Abstimmung mit ersterem. Der Senat kann Geldgesetzentwürfe nicht abändern. Gesetze (Art. 61), die Provinzgrenzen oder Ausübung der Staatsgewalt durch die Provinzen betreffen, müssen getrennt in beiden Häusern verabschiedet werden. Solche Gesetze bedürfen auch der mehrheitlichen Zustimmung der Senatoren der betroffenen Provinz(en).

Verfassungsändernde Gesetze bedürfen der Zweidrittelmehrheit der Mitglieder in beiden Häusern. Wenn Verfassungsänderungen eine Provinz oder mehrere Provinzen betreffen, bedürfen sie auch der Zustimmung der betroffenen Provinzparlamente.

Die Annahme der endgültigen Verfassung durch das Parlament ist in einem eigenen Abschnitt 5 behandelt und später zu erörtern (unter III 3.)

5. Rechtsstaat

Die beiden anderen Zweige der Ausübung von Staatsgewalt, Exekutive und rechtsprechende Gewalt (einschließlich der Verfassungsgerichtsbarkeit), sind in den Kapiteln 6 und 7 der Verfassung enthalten. Weit ausgefächerte besondere Behörden, Ausschüsse und Beauftragte (wie der Ombudsman) sind im 8. Kapitel behandelt. Das 12. Kapitel behandelt die Finanzverfassung, und wichtige Aufgaben der Regierung und ihre dafür vorgesehene Organisation – wie innere Sicherheit, Polizei, Landesverteidigung – sind in einem eigenen Abschnitt 14 geregelt. Letzterer spiegelt Mißstände und Übergriffe der bewaffneten Organe in der Vergangenheit wider.

a) Die Regierung besteht aus dem Präsidenten, Vizepräsidenten und dem Kabinett. Ersterer wird nach Art. 80 auf fünf Jahre gewählt. Nach Art. 77 in Verbindung mit Anlage 5 muß der Präsident der Nationalversammlung angehören, nach der Wahl aber seinen Parlamentssitz räumen. Gewählt ist, wer die Mehrheit der abgegebenen Stimmen auf sich vereinigt. Erreicht keiner der Kandidaten das Quorum, scheidet in folgenden Wahlgängen jeweils der Kandidat mit der geringsten Stimmenzahl aus, bis ein Kandidat gewählt ist. Er sitzt dem Kabinett vor, ist Oberbefehlshaber der Streitkräfte, hat ein weitgehendes Antragsrecht vor dem Verfassungsgericht usw. Die Zahl der Vizepräsidenten ist nicht festgelegt. Nach Art. 84 hat jede Partei, die wenigstens 80 Sitze in der Nationalversammlung einnimmt, das Recht, einen Vizepräsidenten zu stellen. Das Kabinett ist nach Art. 88 eine Regierung der »nationalen Einheit« (Art. 88 Abs. 2). Jede Partei, die in der Nationalversammlung wenigstens 20 Sitze hat, hat nach dem Verhältnismäßigkeitsschlüssel Anspruch auf einen oder mehrere Kabinettsposten. Nach Art. 88 Abs. 5 soll sich die Regierung bei ihren Entscheidungen vom »Geist der nationalen Einheit« leiten lassen und stets Konsens anstreben. Zugleich soll sie nach Art. 89 Abs. 2 die Staatsgeschäfte aber auch »effektiv« führen. Nach Art. 92 Abs. 2 führen die Minister ihre Ressortgeschäfte im Rahmen der politischen Richtlinien des Präsidenten. Nach Art. 93 kann das Parlament dem Kabinett das Mißtrauen aussprechen. Schließt das Mitrauensvotum den Präsidenten ein (Abs. 1), so kann er zurücktreten oder Neuwahlen anberaumen. Richtet es sich allein gegen den Präsidenten, muß er zurücktreten; die Minister bleiben im Amt (Abs. 2). Richtet es sich allein gegen das Kabinett, unter Ausschluß des Präsidenten, hat er die Möglichkeit nach Abs. 1 oder kann ein neues Kabinett berufen (Abs. 3).

b) Das 12. Kapitel ist der Finanzverfassung gewidmet, regelt die Stellung des Rechnungshofes, der Währungs- und Notenbank, die unabhängig ist. Eine sehr starke Stellung nimmt die Finanz- und Budgetkommission ein (Art. 198–206), der beratende und Vorschlagsfunktionen in allen Finanzfragen auf nationaler, Provinz- und Lokalebene zukommen.

c) Das 7. Kapitel ist der rechtsprechenden Gewalt gewidmet. Sie besteht aus dem Supreme Court und dem Verfassungsgerichtshof. Ersterer hat seinen Sitz (Appellate Division) in Bloemfontein, letzterer in Johannesburg. Der Verfassungsgerichtshof wird tätig in folgenden Verfahrensarten (Art. 98):
– Verfassungsbeschwerde;
– Verfassungsmäßigkeit von Regierungs- oder Verwaltungsakten;
– Normenkontrolle (vor- und nachkonstitutionellen Rechtes);
– Prüfung der Verfassungsmäßigkeit von Gesetzentwürfen, die im Parlament oder in Provinzparlamenten beraten werden;
– Organstreitigkeiten.
Es gibt keine Vorkehrung für die Entscheidung eines Streites zwischen der Republik und einer Provinz.

Das Gericht besteht aus seinem Präsidenten und 10 Richtern. Sie werden vom Präsidenten ernannt. Vier von den 10 Richtern werden aus dem Kreis der Richter des Supreme Court ausgewählt, nach Konsultation des Kabinetts und des Präsidenten des Supreme Court. Die übrigen sechs werden vom Präsidenten nach Konsultation des Kabinetts und des Verfassungsgerichtshofpräsidenten ernannt (Art. 99). Sie werden einer von der »Judicial Services Commission« geführten Liste entnommen.

Der Supreme Court besteht aus einem zentralen Obergericht (Appellate Division) und aus Provinz- sowie lokalen Gerichten nach Maßgabe eines einfachen Gesetzes (Art. 101).

Die Gerichte des Supreme Court dürfen die Verfassungsmäßigkeit von Staatsakten überprüfen; allerdings hat der Verfassungsgerichtshof das Verwerfungsmonopol für Parlamentsgesetze auf nationaler Ebene. Die Verfassung enthält weitere Vorschriften für die Abgrenzung der Supreme Court- und Verfassungsgerichtshofrechtswege. Art. 102 ist dem Verfahren der beiden Gerichtszweige gewidmet; er enthält nicht weniger als 18 Vorschriften.

d) Trotz der z. T. sehr ins Einzelne gehenden Regelung der gewaltenteiligen Organe des Rechtsstaates kann der Eindruck entstehen, das Vertrauen des Verfassungsgebers in das Funktionieren der Gewaltenbalance sei noch nicht ausreichend gewesen. Die Verfassung enthält nämlich eine große Zahl von mehr oder weniger unabhängigen Kommissionen, Beauftragten, Organen, die Sachkunde, Objektivität, Unparteilichkeit verbürgen sollen. Eine Durchmusterung der vorläufigen Verfassung ergibt nicht weniger als ca. zwanzig solcher Institutionen, von der Kommission für richterliches Personal (Art. 105) über die Beamtenkommission (Art. 109), die Kommission für die Provinzregierungen (Art. 163) usw. In einem eigenen Unterabschnitt (Art. 115–118) wird eine Menschenrechtskommission geregelt, obwohl es den Weg der Verfassungsbeschwerde zum Verfassungsgericht gibt. Hingegen ist die verfassungsrechtliche Garantie der Unabhängigkeit des Rechnungshofes (Art. 192) und der Zentralbank (Art. 196) üblicher Verfassungsbestand. Die Vorkehrung für eine so große Zahl von unabhängigen Institutionen – gewissermaßen ein bypass der »normalen« Staatsorgane – ist nur historisch zu erklären und mag sich nach ersten Erfahrungen mit einer funktionierenden rechtsstaatlich-demokratischen Verfassung als weniger notwendig erweisen. Gegenwärtig machen die Vorschriften für die genannten Institutionen etwa ein Drittel des Verfassungstextes aus.

6. *Bundesstaat und lokale Selbstverwaltung*

Die Begriffe »Bundesstaat«, »föderalistisch« etc. kommen in der Übergangsverfassung nicht vor. Allerdings ist den Problemen der Provinzen das 9. Kapitel mit 50 Artikeln gewidmet, ihren Parlamenten, Exekutiven, Finanzen, ihrer Verfassungsgebung sowie der zentralen Kommission für die Provinzen. Die Frage, wie weit diese Vorkehrungen bereits einen Bundesstaat beschreiben oder doch zulassen, gehört zu den umstrittensten der gegenwärtigen Verfassungsdiskussion[22], zumal – hier wie auch sonst – nicht eindeutig ist, was »Föderalismus« ist und es »den« Bundesstaat nicht gibt, vielmehr so viele bundesstaatliche Entwürfe, wie Bundesstaaten existieren. Einer der längsten Artikel der Verfassung – er läuft über drei DIN A 4-Seiten – zählt die Provinzen auf und regelt die Einzelheiten von Gebietsänderungen.

a) Gesetzgebungskörperschaften und Gesetzgebung

Die Provinzen haben Gesetzgebungsorgane (legislatures); der Verfassungsbegriff »Parlament« ist dem nationalen Parlament in Kapstadt vorbehalten. Die Verteilung der Gesetzgebungszuständigkeit war während der Verfassungsberatungen großen Veränderungen unterworfen, zuletzt durch die 2. Verfassungsnovelle vom 26. April 1994. Durch diese Verfassungsnovelle wurde die Anlage 6 eingefügt, die 29 Gesetzgebungsmaterien als Provinzmaterien benennt, von Landwirtschaft, Wetten, Straßenbau bis zur Erziehung und Bildung. Es handelt sich jedoch nicht um eine ausschließliche Kompetenz, sondern um eine konkurrierende. Denn nach Art. 126 Abs. 3 kann der nationale Gesetzgeber in diesen Materien tätig werden,
– wenn sie durch die Provinzen nicht effektiv geregelt werden können;
– wenn republikweit einheitliche Normen und Standards gesetzt werden müssen;
– wenn die wirtschaftliche Einheit des Landes es erfordert.
Nationale Gesetze in diesen Materien verdrängen Provinzrecht.

Die Verfassung enthält sehr detaillierte Vorschriften für die gesetzgebenden Organe der Provinzen (Art. 129–143), bis hin zu den Quoren bei Abstimmungen und Einzelheiten der Geschäftsordnung.

---

[22] *Ulrich Karpen*, Federalism – An Important Instrument for Providing Pluralism in the New Democratic South Africa, in: Occasional Papers der Konrad-Adenauer-Stiftung, April 1994; *David Welsh*, Federalism and the Divided Society. A South African Perspective, in: Bertus de Villiers, Evaluating Federal Systems, Dordrecht 1994, S. 243–250; *Bertus de Villiers*, Federalism in South Africa. Implications for Individual and Minority Protections; sowie *Lawrence Schlemmer*, Federalism and Democracy. Propositions and Problems, in: Federalism. Making it Work. Symposion der Konrad-Adenauer-Stiftung in Groundswell vom 2.–4. 11. 1992, Johannesburg 1992; Hennie Kotźe (ed), The Political Economy of Federalism in South Africa. Policy Opportunities and Constraints of the Interim Constitution, Stellenbosch, 1994. Einen guten Überblick über die neun Provinzen gibt South Africa, Country Report, Poole, UK, 1994.

b) Verwaltung, Finanzen

Gesetzgebung und Verwaltung laufen parallel, denn Provinzverwaltungsbehörden führen Provinzgesetze aus, nationale Verwaltungsbehörden Parlamentsgesetze. Außerdem kann der nationale Gesetzgeber oder im Rahmen von Gesetzen die nationale Regierung der Provinzverwaltung weitere Agenden übertragen (Art. 144 Abs. 2). Die Provinzverwaltung liegt beim Premier und einem Verwaltungsrat (Executive Council). Der Begriff »Regierung« wird für die Provinzverwaltung nicht verwandt. Der Premier entstammt der gesetzgebenden Körperschaft und wird von ihr gewählt. Mit zwei Dritteln seiner Mitglieder kann das Haus die Amtszeit des Premiers durch ein Impeachment-Verfahren beenden (Art. 146 Abs. 2), wenn er gegen die Verfassung verstößt oder sich als unfähig erweist, seine Aufgaben ordentlich zu erfüllen.

Die Verfassung enthält eine eigene Finanzverfassung für die Provinzen (Art. 155–159). Danach können die Provinzen aufgrund nationalgesetzlicher Ermächtigung Steuern erheben. Im übrigen werden sie am Steueraufkommen der Republik beteiligt, wobei verschiedene Verteilungskriterien beachtet werden. Das Recht, Kredite aufzunehmen, ist sehr beschränkt. Im übrigen hat die Finanz- und Budgetkommission auf nationaler Ebene beträchtlichen Einfluß auf das Finanzgebaren der Provinzen (Art. 198 ff.). Der nationale Rechnungshof (Art. 193) prüft auch die Provinzrechnung.

c) Provinzverfassungen

Nach Art. 160 ist ein Provinzparlament berechtigt, mit Zweidrittelmehrheit seiner Mitglieder eine Provinzverfassung zu erlassen. Ein Referendum ist nicht vorgesehen; gleichwohl erwägen einige Provinzparlamente, die Verfassungsentwürfe dem Volk zur Entscheidung vorzulegen. Provinzverfassungen dürfen der Verfassung der Republik nicht widersprechen, unter Einschluß der 34 Verfassungsprinzipien der Anlage 4. Aufgrund der Verfassungsänderung vom 26. April 1994 sieht Art. 160 Abs. 3 Satz b nunmehr vor, daß eine Provinzverfassung, wo angezeigt, die Institution, den Status und die Autorität traditioneller Stammeskönige in der Provinz berücksichtigen kann, und daß eine solche Berücksichtigung für den König der Zulus in der Provinz KwaZulu/Natal statthaben soll.

Nach Abs. 4 des Art. 160 muß der Entwurf einer Provinzverfassung dem Verfassungsgerichtshof zur Überprüfung ihrer Übereinstimmung mit der Verfassung der Republik vorgelegt werden.

Art. 161 bestimmt, daß der Aufbau der Provinzregierungen in der verfassunggebenden Versammlung Priorität genießen soll. Eine in den Artikeln 163–173 – auf drei DIN A4-Seiten – eingerichtete Kommission für die Provinzverwaltung berät den Präsidenten und die Nationalversammlung in allen Fragen, die den Aufbau der Provinzverwaltungen betreffen.

d) Kommunale Selbstverwaltung, Traditionelle Führer, »Volksstaat«

Im 10. Kapitel, umfassend die Artikel 174–180, ist die Selbstverwaltungsebene relativ knapp geregelt. Die Einzelheiten sollen in Gesetzen geregelt werden, wobei der Verfassungstext keine abschließende Klarheit vermittelt, ob das Republik- oder Provinzgesetze sein sollen (Art. 175 Abs. 1 spricht von der »zuständigen Autorität«). Die Lokalverwaltung liegt in der Hand eines Stadt- oder Gemeinderates (Art. 177). Die Gemeinden haben eigenes Steuererhebungsrecht, z. B. zur Erhebung einer Grundsteuer, sowie das Recht, Gebühren und Beiträge zu erheben (Art. 178), sind im übrigen aber von Finanzzuweisungen seitens der nationalen und Provinzebene abhängig.

Auf lokaler Ebene spielen die traditionellen Führer – König, Häuptlinge etc. – eine Rolle. Ihre Rollen, Funktionen, ihr Status beruhen auf Stammesrecht, das von der neuen Rechtsordnung anerkannt wird (Art. 181). Es wird Schwierigkeiten bereiten und Zeit kosten, die neue demokratische Grundrechte-Rechtsordnung mit dem traditionellen (Gewohnheits-)Recht zu integrieren. Nach Art. 181 Abs. 2 unterliegt Stammesrecht der Regelung durch das Gesetz. Nach Art. 182 können Stammesführer ex officio Gemeinderäten angehören. Sie sind zu Gemeindeämtern – etwa dem des Bürgermeisters – wählbar. Nach Art. 183 muß eine Provinz, in der es traditionelle Stammesführer gibt, eine »Provinzversammlung der traditionellen Führer« errichten, die, etwa vor Verabschiedung von Provinzgesetzen, gehört werden muß. Art. 184 trägt für die Errichtung eines »Rates der traditionellen Führer« Sorge, der aus einem Vorsitzenden und 19 Mitgliedern besteht. Er berät in Fragen der Stammesrechte die nationale wie die Provinzregierung.

Durch Verfassungsänderung vom 26. April 1994 wurde Abschnitt 11 A eingefügt. Auf Drängen konservativer weißer Politiker sehen Art. 184 A und B einen »Volksstaat«-Rat vor, der zwanzig Mitglieder umfaßt und von den Parlamentsabgeordneten gewählt wird, die die Idee eines »Volksstaates für die, die es so wollen«, unterstützen. Dieser Rat soll Vorschläge machen, wie ein solcher »Volksstaat« für weiße Südafrikaner eingerichtet werden kann, wie Grenzen verlaufen könnten, welcher Art die Selbstgesetzgebungs- und -verwaltungsrechte sein könnten.

III. Auf dem Wege zur endgültigen Verfassung

1. Die gegenwärtige Verfassung als vorläufige Verfassung

Im Vorspruch zur Verfassung vom 27. April 1994 heißt es, daß sich das Volk diese Verfassung gebe, um den Aufbau und die Einheit des Landes zu fördern, während eine gewählte verfassunggebende Versammlung die endgültige Verfassung ausarbeite. Deren Entstehung und wesentlicher Inhalt ist im Kapitel 5, den Artikeln 68–74, sowie in den 34 Prinzipien der Anlage 4 genau vorgezeichnet. Danach soll die endgültige Verfassung Ende 1996 beschlossen sein, spätestens – nach zwischenzeitlicher Auflösung des Parlaments und Neuwahlen – 1998. Der Verfassungsgeber der vorläufigen Verfassung hat den Verfassungsgeber der endgültigen Verfassung strikt gebunden. Es heißt nämlich in Art. 74, daß die wesentlichen Verfahrensvorschriften dieses Kapitels sowie die Verfassungsprinzipien der Anlage 4 unabänderlich sind, während andere Vorschriften dieses Kapitels mit der verfassungsändernden Mehrheit von Zweidritteln der Mitglieder der verfassunggebenden Versammlung abänderbar sind[23].

2. Die Verfassungsprinzipien

Der wesentliche Gehalt der Interimsverfassung ist in den für unabänderlich erklärten Verfassungsprinzipien der Anlage 4 der Verfassung enthalten. Sie sind Gegenstand des Verfassungskompromisses der Parteien aus den Jahren 1993 und 1994. Danach muß die Verfassung die Einrichtung eines unteilbaren Staates, einer gemeinsamen Staatsbürgerschaft und eines demokratischen Regierungssystems erlauben, das sich dem Ziel der Gleichheit der Geschlechter und Rassen verpflichtet weiß (Verfassungsprinzip I). Die Grundrechte müssen gewährleistet sein (II). Die Verfassung ist höchstrangiges Recht (IV). Gewaltenteilung und Unabhängigkeit der Gerichte sind gewahrt (VI, VII). Repräsentative Demokratie, Parteienvielfalt, regelmäßige freie Wahlen nach dem Verhältnismäßigkeitswahlrecht sind vorgesehen (VIII). In XIII ist die Rolle der traditionellen Führer auch für die Zukunft festgeschrieben. Regierung und Verwaltung werden auf der nationalen, provinziellen und lokalen Ebene ausgeübt (XVI). Auf allen Ebenen muß es eine demokratische Repräsentation geben (XVII). Die Funktionen der Provinzen dürfen nicht wesentlich geringer als in der Übergangsverfassung sein (XVIII Abs. 2). Nach XIX kann es ausschließliche und konkurrierende Kompetenzen für die Republik und die Provinzen geben. XX bestimmt, daß jede Verwaltungsebene so mit gesetzgeberischen und Verwaltungszuständigkeiten ausgestattet sein muß, daß sie ihre Aufgaben effektiv erfüllen kann. XXI regelt sehr detailliert, wann die nationalen Staatsorgane ausschließlich handeln dürfen: wenn nationale Standards in Frage stehen, die nationale Sicherheit betroffen ist, »Südafrika mit einer Stimme sprechen muß« (XXI Abs. 3), der gemeinsame Markt und zwischenprovinzielle Handelsbeziehungen in Frage stehen. Wo es besonders um kooperatives Handeln geht, sind konkurrierende Kompetenzen angezeigt (XXI Abs. 7). Im Zweifel kann die Republik handeln (XXIII). Die kommunale Selbstverwaltung ist geschützt (XXIV). XXVII sieht vor, daß Finanzzuweisungen nicht nur an die Provinzen, sondern auch an die Gemeinden direkt aus der Republik-Kasse erfolgen, in letzterem Falle also nicht durch den Provinzhaushalt gehen. Die Koalitionsfreiheit (XXVIII) ist ebenso verankert wie die Unabhängigkeit der Kommission für den öffentlichen Dienst, der Zentralbank usw. (XXIX). XXXI verlangt, daß die Sicherheitskräfte (Polizei, Militär, Nachrichtendienste) nur dem Staatsinteresse dienen dürfen, nicht irgendeinem Parteiinteresse. Die Verfassung soll sicherstellen, daß die nationale Regierung bis zum 30. April 1999 eingerichtet ist (XXXII). Unbeschadet der Möglichkeit der Auflösung nach einem Mißtrauensvotum soll das Parlament nicht vor dem 30. April 1999 neu gewählt werden (XXXIII).

---

[23] *David Welsh*, Drafting the Final Constitution, in: Indicator South Africa, vol. 12, no. 1, 1994, pp 17–20.

3. Das Verfahren der Verfassungsgebung

a) Die neue Verfassung muß von der verfassunggebenden Versammlung mit zwei Dritteln ihrer Mitglieder angenommen werden, vom Volk in einem Referendum gutgeheißen und vom Präsidenten verkündet werden.

Die verfassunggebende Versammlung besteht aus den 400 Abgeordneten der Nationalversammlung und den 90 Senatoren (Art. 68). Sie hat einen Verfassungsausschuß eingerichtet, dem 40 Mitglieder angehören (Art. 72 Abs. 1).

b) Zusätzlich hat sie sechs Kommissionen eingesetzt, die sich mit den Hauptthemen der Verfassung beschäftigen sollen (»Theme-committees«). Ihnen gehören jeweils 26 Mitglieder an. Es sind die Kommissionen für:

(1) Demokratie (Präambel der Verfassung, Staatsbürgerschaft, Informationsfreiheit, Wahlrecht);

(2) Struktur der Regierung (Regierung und Verwaltung, Provinzen, Wahlsystem, Stammesführer);

(3) Beziehungen zwischen den Verwaltungsebenen;

(4) Grundrechte;

(5) Auswahl der Richter, Verhältnis zwischen neuer und traditioneller Rechtsordnung;

(6) Besondere Institutionen (Kommissionen, Notenbank, traditionelle Führer).

Die Themen-Kommissionen sind an der Arbeit[24]. Sie holen Stellungnahmen von gesellschaftlichen Organisationen ein und veranstalten öffentliche Anhörungen.

c) Außerdem hat die verfassunggebende Versammlung ein Gremium von sieben Verfassungsberatern (panel) ernannt (Art. 72, Abs. 2). Ihre Aufgabe ist es, in Unabhängigkeit die verfassunggebende Versammlung zu beraten und Kompromisse vorzubereiten, wenn die erforderliche Zweidrittelmehrheit nicht erreichbar erscheint. Ernannt wurden vier Hochschullehrer, zwei Rechtsanwälte und eine Jurastudentin[25].

Die Themen-Kommissionen legen ihre Arbeitsergebnisse dem Verfassungsausschuß der Versammlung vor. Die Versammlung muß vor Verabschiedung des Entwurfes eine Entscheidung des Verfassungsgerichtes herbeiführen, daß der Entwurf nicht den Verfassungsprinzipien widerspricht (Art. 71 Abs. 3).

d) Der Entwurf bedarf der Annahme durch zwei Drittel der Mitglieder der Versammlung. Wird dieses Quorum nicht erreicht, stimmen dem Entwurf jedoch die Mehrheit der Mitglieder zu, sucht das Gremium der Verfassungsberater einen Ausweg. Wenn das Gremium keinen einstimmigen Vorschlag macht oder sein Vorschlag nicht die Zweidrittelmehrheit findet, kann jeder andere Entwurf mit absoluter Mehrheit der Versammlung angenommen werden (Art. 73 Abs. 3, 4, 5). Der so angenommene Entwurf wird vom Präsidenten dem Volk zur Abstimmung unterbreitet und ist angenommen, wenn ihm wenigstens 60% der Abstimmenden zustimmen. Wird der Entwurf nicht angenommen und innerhalb von zwei Jahren seit dem ersten Zusammentreten der verfassunggebenden Versammlung am 24. Mai 1994 auch kein anderer Entwurf vom Volk akzeptiert, muß der Präsident das Parlament auflösen. Die Versammlung muß innerhalb eines Jahres nach dem Zusammentreten in der neuen

---

[24] The Star vom 20. September 1994.
[25] The Star vom 11. November 1994.

Zusammensetzung die neue Verfassung beschließen. Ein solcher Entwurf ist angenommen, wenn ihm 60% der Mitglieder der Versammlung zustimmen (Art. 73 Abs. 11). Der Präsident verkündet die neue Verfassung.

4. Die Verfassungsgebung in den Provinzen

Nach Art. 160 sind die Provinzen berechtigt, sich eigene Verfassungen zu geben. Diese müssen die Verfassungsprinzipien der Anlage 4 beachten. Die Verfassungen bedürfen der Annahme durch zwei Drittel der Mitglieder der provinziellen Vertretungskörperschaften.

Bei den Verfassungsberatungen ist das Parlament der Provinz KwaZulu/Natal besonders weit vorangeschritten. Dort gibt es seit 1815 eine von Chaka[26] (1787–1828) begründete Monarchie und eine festgefügte Hierarchie traditioneller Führer. Das Provinzparlament hat beschlossen, die Verfassung noch 1995 in Kraft zu setzen.

---

[26] *Thomas Mofolo*, Chaka Zulu, Zürich 1988.

Sachregister

Bearbeitet von Roland Schanbacher, Richter am Verwaltungsgericht Stuttgart

Die Zahlen verweisen auf die Seiten des Jahrbuchs

Grundgesetzreform
- Gewaltenteilung 84 f.
- Gleichberechtigung 55 ff.
- Gleichstellungsgesetze 55
- 42. Gesetz zur Änderung des GG 34 ff.
- grundrechtlicher Freiheitsschutz u. Staatsziele 80 f.
- Initiativrecht (Bundesrat) 43
- Integration 88 f.
- Kindergartenplatz
- – Rechtsanspruch 52
- kommunale Selbstverwaltung 50 f., 52
- Kompromiß 88 f.
- Konsens 88 f.
- Landesparlamente
- – Eintrittsrecht der ~ 44 f.
- Menschenwürde 65 f.
- Minderheitenartikel 69 ff.
- »mißbrauchte Einheit« 75 ff.
- Mitmenschlichkeit 72 f.
- öffentliche Haushalte (Krise) 50 f.
- ostdeutsche Landesverfassungen u. Grundgesetz 78 f.
- parlamentarische Phase 32 ff.
- Präambelergänzung
- – zur »inneren Einheit« 68 f.
- Rahmengesetzgebung 40 f.
- Rechtsverordnungen
- – zustimmungsbedürfte ~ 43
- Reformdebatte (Verlauf) 19 ff.
- Schlußbemerkung 88 f.
- Schutz der natürlichen Lebensgrundlagen (Staatsziel) 62 ff.
- Sozialstaatlichkeit 82
- Umweltschutz 62 ff.
- Verfahren 19 ff.
- Verfassungsablösung oder -reform? 26 ff.
- Verfassungsdiskussion
- – Akteure 87
- – Verfahren 87
- Verfassungskommission
- – gemeinsame ~ (B'Tag–B'Rat) 26 ff.
- verfassungspolitische Grundpositionen 22 ff.
- Verfassungsstruktur 80 f.
- – u. -sprache 86
- Verhältnismäßigkeitsgrundsatz 38
- Verwaltungsaufbau 49 f.

Grundprinzipien
- Lettland 398 f., 400 f.

Grundrecht
- Mobilität 167 ff.
- Definition 170
- in Südafrika 615

Grundrechtskataloge
- europäische ~ 318

Grundrechtskollisionen
- Mobilität 181 f.

Grundrechtskonkurrenzen
- Mobilität 181

Grundrechtskonzeption
- des EuGH 193

Häberle, P. 182, 235, 313 ff.

Haushalte
- öffentliche ~ (Krise) 50 f.

Heckmann, D. 237 ff.

Heiliger Koran 214

Hesse, K. 1 ff.

Holland
- Mobilität 184

Homogenität
- des Gemeinwesens 128

human rights
- integrational concept 105 f.
- in the Welfare State 137 ff.
- traditional (liberal) concept 139 ff.

Initiativrecht
- des Bundesrates 43

Inkatha Freedom Partei 611 f.

Innovation
- Assistententagung Öffentliches Recht 242 ff.

Innovationskraft
- der direkten Demokratie (USA) 575

Institutionen
- direktdemokratische ~ (USA) 570 f.

Integration
- europäische 103

Internationale Pakte
- Mobilität 196 f.

Intrasystematische Interferenzen
- islamische Menschenrechte 223 f.

Ipsen, H.-P. 238

Irland
- Mobilität 188

Ishimura, O. 597 ff.

Islam 205 ff.

islamische Menschenrechte 207 ff.
- »Islamisches Recht«
- – Rechtslehre u. Rechtsprechung 227 ff.
- praktisch-theoretische Probleme 223 ff.

islamische Rechtsnormen
- Rangordnung u. Verweisung 225 f.
- u. abendländische Rechtsnormen (Vergleich) 229